PiRAM

# 해설지의 사용법

이 해설지에서는 각 지문들 · 문제들을 읽으며 제가 했던, 그리고 여러분이 했어야 할 '생각들'을 제시합니다. 여러분은 이 해설지의 생각을 본인의 생각과 '비교'하며 생각의 힘을 키워나가셔야 합니다. 해설의 내용을 이해한 뒤에는 그것으로 그치지 마시고, 다시 스스로 해설해 보면서 본인 스스로 '필연적인' 사고 과정을 통해 해결할 수 있는지 확인하셔야 합니다. 다소 과할 정도로 깊이 들어가는 해설도 있고, 아주 실전적인 태도를 전하는 해설도 있을 것이에요. 이렇게 풍부한 해설들을 읽으며 저와 생각이 비슷해질 때, 여러분들의 국어 영역 실력은 몰라보게 올라와 있을 겁니다. 그 순간만을 기대하며 따라와 봅시다!

이 교재로 공부하셨으나 효과를 보지 못했던 학생들의 공통점 중 가장 대표적인 것으로 '해설지를 대충 읽었다'는 점을 꼽을 수 있습니다. 빠르게 읽어도 어느 정도 이해가 되고, 대충 무슨 말 하는지 알겠으니 휙휙 넘어가는 것이죠. '효율성'을 취한다는 미명하에 여러분의 '생각의 힘'을 기를 수 있는 기회를 놓치지 마시기 바랍니다. 문장 하나하나 많은 것을 배우고 익힐 수 있도록 최선을 다해서 작성했으니, 여러분도 문장 하나하나 열심히 읽고 따라와주세요.

스스로 고민해보고, 생각을 비교하며 체화한다. 간단하죠?

해설지 속에는 여러분의 공부를 돕기 위한 다양한 요소들이 포함되어 있습니다. 이들이 어떤 의미가 있는지를 아시면 훨씬 풍부하게 공부하실 수 있겠죠?

## ① 지문 정보

> **DAY 10 [113~115]**
> 2021.09 [43~45] 현대시 '사령 / 한강물 얼고, 눈이 내린 날' ☆☆☆

→ 순서대로 Day 정보와 본교재에서의 문제 번호, 그리고 시행 년도 및 실제 시험지에서의 문제 번호, 제재와 작품 제목, 난이도가 표시되어 있습니다. 난이도의 경우, 별 한 개부터 다섯 개까지 부여되며 정답률, 학생들의 당시 체감, 집필진의 주관적 난이도 평가, 완벽하게 이해하는 데 드는 시간 등을 반영하여 표시했습니다. 사람마다 다르게 느낄 수 있는 부분이나,

대략적인 참고가 되었으면 하는 바람으로 표시했습니다.

## ② 〈보기〉 확인

〈보기〉 확인

> ───────[보기]───────
>
> 「큰 산」에는 <u>도시화로 인한 가치관의 변화와 과도기적 상황</u>이 드러난다. 도시화 과정에서 도시인들은 공동체의 이익보다 개인의 이익을 중시하고, 남을 배려하기보다 자신의 안위를 보장받는 데 더 관심을 둔다. 또한 미신과 같은 주술적인 사고방식이 남아 있는가 하면 합리적인 사고방식으로 사태에 대처하려는 태도를 보이기도 한다. 이렇듯 상이한 가치관 사이에서 사람들은 혼란을 겪는다.

도시화로 인한 가치관의 변화, 과도기적 상황 등을~

→ 문학에선 기본적으로 〈보기〉를 먼저 확인하는 것을 원칙으로 합니다. 〈보기〉를 읽고 지문 독해에 도움이 되는 정보를 끄집어 내는 과정을 보여드립니다. 이를 통해 〈보기〉의 내용을 어떻게 읽어내면 되는지 확실하게 기준을 세울 수 있을 겁니다. 물론 〈보기〉가 지문 내용을 이해하는 데 큰 도움을 주지 않는다고 판단하는 경우, 그냥 넘어가기도 합니다.

## ③ 지문 독해

1) 운문문학 (실전적 지문 독해)
실전적 지문 독해

> (가)
>
> 　향아 너의 고운 얼굴 조석으로 우물가에 비취이던 오래지 않은 옛날로 가자
>
> 　수수럭거리는 수수밭 사이 걸찍스런 웃음들 들려 나오며 호미와 바구니를 든 환한 얼굴 그림처럼 나타나던 석양……
>
> 　구슬처럼 흘러가는 냇물가 맨발을 담그고 늘어

앉아 빨래들을 두드리던 <u>전설같은 풍속으로 돌아</u>
<u>가자</u>

　눈동자를 보아라 향아 회올리는 무지갯빛 허울
의 눈부심에 넋 빼앗기지 말고

　철따라 푸짐히 두레를 먹던 <u>정자나무 마을로</u>
<u>돌아가자</u> 미끈덩한 기생충의 생리와 허식에 인이
배기기 전으로 눈빛 아침처럼 빛나던 우리들의
고향 병들지 않은 젊음으로 찾아 가자꾸나

　향아 허물어질까 두렵노라 얼굴 생김새 맞지
않는 발돋움의 흉낼랑 그만 내자

　들국화처럼 소박한 목숨을 가꾸기 위하여 맨발
을 벗고 콩바심하던 차라리 <u>그 미개지에로 가자</u>
달이 뜨는 명절밤 비단치마를 나부끼며 떼지어
춤추던 <u>전설같은 풍속으로 돌아가자</u> 냇물 굽이치
<u>는 싱싱한 마음밭으로 돌아가자.</u>

-신동엽, 「향아」-

'향'이라는 인물에게 어딘가로 돌아가자는~

　정월(正月)ㅅ 나릿므른 아으 어져 녹져 ㅎ논디
　→ 정월 냇물은 아아 얼고 녹자 한데
　누릿 가온디 나곤 몸하 ㅎ올로 녈셔
　→ 누리(세상) 가운데 난 몸 홀로 사는구나
　아으 동동(動動)다리

〈정월령〉

→ 실전에서 시를 읽을 때 주목하면 좋은 화자의 상황·정
서 등의 부분에 밑줄을 쳐 두었습니다. 고전시가의 경우, '실
전적'인 지문 독해 과정을 제시하기도 했습니다. 실전에서
시를 어디까지 읽으면 되는지에 대해 배워보시기 바랍니다.

## 2) 운문문학 (현대시 독해 연습)
현대시 독해 연습

(가)
　검정 포대기 같은 까마귀 울음소리 고을에 떠
나지 않고
　밤이면 부엉이 괴괴히 울어
　남쪽 먼 포구의 백성의 순탄한 마음에도
　상서롭지 못한 세대의 어둔 바람이 불어오던
　-융희(隆熙) 2년!

'까마귀 울음소리'가 떠나지 않고, 밤에는 '부엉이'가 울고,
~

→ 'P.I.R.A.M 국어 생각의 전개'에서 다루는 '현대시 독해
연습'을 돕는 부분입니다. 실전을 넘어서서, 조금 더 완벽하
게 해당 시를 독해하는 과정을 제시했습니다. 이렇게 읽지
못했다고 자책하지만 마시고, 교재에서 제시한 가이드대로
현대시를 읽고 이해하는 연습 및 경험을 한다는 데 의의를
두시기 바랍니다.

## 3) 산문문학
지문 독해

　그렇게…… 그렇게도 배가 고프디야.
　그 넓은 운동장을 다 걸어 나올 때까지 불현듯
[어머니]의 입에서 새어 나온 말은 꼭 그 한마디였
다. 하지만 그것은 반드시 [그]를 향해 묻는 말이라
기보다는 <u>넋두리</u>에 더 가까웠다. 교문을 나선 어머
니는 집으로 가는 길을 제쳐 두고 웬일인지 곧장
다릿목에서 왼쪽으로 꺾어 드는 것이었다. 저만치
구호소 식당이 눈에 들어왔을 때 그는 <u>까닭 모를</u>
<u>두려움과 수치심</u>으로 뒷걸음질을 쳤다. 그런 그를
어머니는 별안간 무서운 힘으로 잡아끌었다.

'넓은 운동장'을 걸어 나오면서 '어머니'는 '그'에게 딱 한 마
디를 합니다. 이는 '넋두리'에 더 가까웠다고 해요. ~

→ [박스] : 주요 인물(최초 등장시에만)
→ <u>밑줄+굵은 글씨</u> : 시·공간적 배경
→ <u>그냥 밑줄</u> : 인물의 심리

→ 소설 지문을 읽으면서 주목해야 할 부분에 하는 표시들을 시각화시켰습니다. 저런 표시를 꼭 따라할 필요는 없지만, 어떤 부분에 주목하여 지문을 이해하는지 참고하시기 바랍니다. 이 표시와 해설을 따라가며, 저의 사고과정을 훔쳐보세요.

## ④ 문제풀이

| 선지 | ① | ② | ③ | ④ | ⑤ |
|---|---|---|---|---|---|
| 선택률(예상) | 10% | 5% | 7% | 73% | 5% |

### 141 [A]의 서술 방식으로 가장 적절한 것은? ④

– [A]는 '송 영감'이 자신의 예민한 상황에서 ~

→ 해당 문제의 실제 선택률(정답률 데이터가 없는 경우 예상 정답률)을 제시했습니다. 선택률을 통해 확인할 수 있는 다른 학생들의 반응을 바탕으로 나의 태도를 피드백할 수 있을 겁니다. 나는 쉽게 맞았는데 다른 학생들은 어려워한 선지나, 다른 학생들은 쉽게 넘어갔는데 나만 고민했던 그러한 선지들에 주목하세요. 여러분의 약점이 될 수 있는 부분들이니까요.

나아가 '발문'을 보고서 해야 하는 생각들이 있으면 역시 제시해두었습니다. 문제풀이의 시작은 '발문 독해'입니다. '발문'에서 필요한 정보를 확실하게 가져갈 수 있도록 합시다.

　① ㉠에서는 움직임이라는 '바람'의 속성을 '괴로움'이라는 내면의 흔들림을 지각하는 계기로 활용하고 있다.

> ㉠바람이 부는데
> 내 괴로움에는 이유가 없다.

| 선지 유형 | 근거가 있어서 허용 가능 |
|---|---|
| 실전에서의 판단 과정 | 바람 속에서 괴로움 생각하고 있으니까 계기라고 할 수 있지. |
| 해설 | '바람' 이야기를 한 다음에 '괴로움'을 지각하고 있으니 허용할 수 있겠네요. '계기'라는 말에 시비를 걸지 않고 ~ |

→ 해당 선지를 그대로 제시하고, 그 선지를 판단할 때 돌아가야 하는 부분이 있다면 함께 제시했으며, 아래 표를 통해 자세한 해설을 적어두었습니다. '선지 유형'을 통해 '허용

가능성 평가'라는 기본 원칙을 확실히 익힐 수 있도록 했고, '실전에서의 판단 과정'을 통해 만점을 받는 사람들의 시험장에서의 사고과정을 엿볼 수 있게 했습니다. 나아가 '근거'를 바탕으로 '허용'한다는 기본적인 태도를 바탕으로 완벽한 '해설'도 실어두었습니다.

## ⑤ FAQ

> **FAQ**
>
> **Q** 제사를 지내지 못하거나 손님을 접대하지 못하는 것은 사대부 입장에서 ~
>
> **A** 말씀하신 대로 ~

→ 지난 몇 년간 '피램의 국어공작소'라는 카페에서 QnA 서비스를 운영했습니다. 해당 카페에서 몇 천 개 이상의 질문을 받았고, 답해드렸습니다. 덕분에 학생들이 헷갈려하는 부분에 대해 인식할 수 있었는데, 이를 교재에 반영했습니다. 여러분이 궁금해했던 그 내용, 미리미리 답변드립니다. 간혹 FAQ 부분에서 상당히 중요한 내용이 언급되는 경우가 있습니다. 그러니 별로 안 궁금한 내용이었다고 해도 꼭 읽어 보시는 걸 추천합니다.

## ⑥ 생각 심화

> **| 생각 심화 |**
>
> 1번 선지와 2번 선지는 모두 '저 늙은이'라는 표현에 ~

→ 여러분의 '생각의 힘'을 극대화할 수 있는 다양한 이야기를 녹인 부분입니다. 약간은 사후적인 해설부터, 굳이 시험장에서 생각할 필요는 없지만 한 번쯤 이해해보면 좋은 내용들에 대한 설명, 자잘한 팁 및 알아두면 좋은 배경지식 등이 적혀 있습니다. 나올 때마다 꼼꼼하게 읽고 넘어가주세요. '심화'라는 이름만 보고 겁 먹어 넘어가 버리기엔 너무나 아까운 내용들이 많습니다.

## ⑦ 몰랐던 어휘 정리하기

**몰랐던 어휘 정리하기**

→ 한 지문의 마지막엔 항상 이런 칸이 있습니다. 교재의 초반부에서 강조했듯이, 국어 공부의 시작은 어휘력입니다. 지문에서 처음 보는 단어들, 생소한 단어들은 모두 스스로 정리하도록 합시다. 기출된 단어들은 평가원에서 여러분이 당연히 알고 있을 거라고 생각하는 '기본 수준의 어휘'에 해당하니까요!

## ⑧ 핵심 point

| **핵심 point** |
① **허용 가능성 평가** : 선지의 내용을 '허용'하려는 태도를 바탕으로 지문을 '독해'하며 '근거'를 찾아야 합니다. 허용할 수 있는 '근거'가 있어야만 허용할 수 있습니다. 주관적인 생각을 개입시키면 안 됩니다.
② **현대시 독해** : 〈보기〉의 도움 등을 통해 '주제' 위주로, 그리고 일상 언어의 감각으로 읽어내면 됩니다. 현대시도 읽을 수 있는 하나의 글입니다.

→ 해당 지문에서 주목했어야 할 포인트들을 정리한 부분입니다. 본교재에서 배운 내용을 기반으로 작성한 것이므로, 가벼운 복습도 가능할 것입니다. 복습할 때 이 부분들에 주목하면 더 효과적인 공부가 가능할 것이에요.

## ⑨ 지문 내용 총정리

| **지문 내용 총정리** |
세계와의 갈등으로 인해 내적 갈등을 겪는 ~

→ 그 지문에서 배울 수 있었던 내용을 요약해둔 파트입니다. 많이 공부하다보면 반복된다는 느낌이 들 겁니다. 그 느낌이 들면 공부를 잘 하고 있다고 생각하셔도 좋을 것 같아요. 모든 지문이 똑같이 해결되는 느낌이 든다는 것이니까요!

이렇게 중요한 내용은 끊임없이 강조하고 복습할 수 있도록 다양한 요소들을 통해 해설을 작성했습니다. 정말 열심히 쓰고 검토한 해설들입니다. 여러분의 공부에 적극적으로 활용해주시기 바랍니다.

※ 문제편과 해설편 모두 맨 뒤쪽에는 '빠른 정답'이 있습니다. 해설편을 보기 전 채점을 하고 싶으시다면 활용하시기 바랍니다.

# 해설편 목차 _ 문학 1권 〈2017~2021〉

# 연도별 기준 목차 (문학 1권 : 2017~2021)

이 교재의 구성대로 푸는 것이 아니라 연도별로 풀어보고 싶으신 분들을 위해 '연도별 기준 목차'를 제공합니다. 이 페이지에 제시된 순서대로 푸시면 2017학년도 6월 모의평가부터 순차적으로 공부하실 수 있으니, 많은 참고 바랍니다.

〈보기〉 확인

─────[보기]─────

　　이용악과 이시영의 시 세계에서 고향은 창작의 원천이 되는 공간이다. 이용악의 시에서 고향은 척박한 국경 지역이지만 언젠가 돌아가야 할 근원적 공간으로 그려지는데, (가)에서는 가족이 기다리는 궁벽한 산촌으로 구체화된다. 이시영의 시에서 고향은 지금은 상실했지만 기억 속에서 계속 되살아나는 공간으로 그려지는데, (나)에서는 이웃들과 함께했던 삶의 터전이자 생명이 살아 숨 쉬는 평화로운 농촌으로 구체화된다.

두 작가의 작품에서 '고향'이 중요한 역할을 한다는 내용입니다. '창작의 원천'이자 '근원적 공간', '기억 속 공간'이자 '삶의 터전'인 '고향'이 어떻게 제시되는지 기대하면서 읽어봅시다.

실전적 지문 독해

(가)

　눈이 오는가 북쪽엔
　함박눈 쏟아져 내리는가

　험한 벼랑을 굽이굽이 돌아간
　백무선 철길 위에
　느릿느릿 밤새어 달리는
　화물차의 검은 지붕에

　연달린 산과 산 사이
　너를 남기고 온
　작은 마을에도 복된 눈 내리는가

　잉크병 얼어드는 이러한 밤에
　어쩌자고 잠을 깨어
　그리운 곳 차마 그리운 곳

　눈이 오는가 북쪽엔
　함박눈 쏟아져 내리는가

　　　　　　　　　　　-이용악, 「그리움」-

〈보기〉에서 이야기하는 대로, '고향'에 대한 그리움을 표현하는 작품입니다. 제목에서부터 느껴지죠? '눈' 내리는 겨울의 '고향' 모습을 상상하면서 그리워하는 화자의 마음을 읽어내시면 충분합니다. '북쪽=작은 마을=그리운 곳=고향'. 이 정도는 파악하셔야 돼요!

(나)

　왜 그곳이 자꾸 안 잊히는지 몰라
　〈가름젱이 사래 긴 우리 밭 그 건너의 논실 이센 밭
　가장자리에 키 작은 탱자 울타리가 쳐진,
　훗날 나 중학생이 되어
　아침마다 콩밭 이슬을 무릎으로 적시며
　그곳을 지나다녔지
　수수알이 꽝꽝 여무는 가을이었을까
　깨꽃이 하얗게 부서지는 햇빛 밝은 여름날이었을까
　아랫냇가 굽이치던 물길이 옆구리를 들이받아
　벌건 황토가 드러난 그곳
　허리 굵은 논실댁과 그의 딸 영자 영숙이 순임이가
　밭 사이로 일어섰다 앉았다 하며 커다란 웃음들을 웃고
　나 그 아래 냇가에 소고삐를 풀어놓고
　어항을 놓고 있었던가 가재를 쫓고 있었던가
　나를 부르는 소리 같기도 하고
　쏴르르 쏴르르 무엇이 물살을 헤짓는 소리 같기도 하여
　고개를 들면 아, 청청히 푸르던 하늘
　갑자기 무섬증이 들어 언덕 위로 달려 오르면
　들꽃 싸아한 향기 속에 두런두런 논실댁의 목소리와
　까르르 까르르 밭 가장자리로 울려 퍼지던
　영자 영숙이 순임이의 청랑한 웃음소리
　나 그곳에 오래 앉아
　푸른 하늘 아래 가을 들이 또랑또랑 익는 냄새며
　잔돌에 호미 달그락거리는 소리 들었다〉
　왜 그곳이 자꾸 안 잊히는지 몰라
　소를 몰고 돌아오다가
　혹은 객지로 나가다가 들어오다가
　무엇이 나를 부르는 것 같아
　나 오래 그곳에 서 있곤 했다

　　　　　　　-이시영, 「마음의 고향 2 - 그 언덕」-

이번에도 '그곳'으로 표현된 고향을 그리워하는 작품입니다. 〈 〉 표시된 부분이 고향에서의 추억에 해당하겠죠? 나머지 내용도 어차피 다 같은 말을 할 테니, 나중에 선지 판단할 때 확인하면 되겠습니다.

| 선지 | ① | ② | ③ | ④ | ⑤ |
| --- | --- | --- | --- | --- | --- |
| 선택률 | 3% | 3% | 6% | 5% | 83% |

**01** (가)에 대한 이해로 가장 적절한 것은? ⑤

① '오는가'를 '쏟아져 내리는가'로 변주하여 대상에 대한 화자의 거부감을 드러내고 있다.

> 눈이 오는가 북쪽엔
> 함박눈 쏟아져 내리는가

| 선지 유형 | 근거가 없어서 허용 불가능 |
| --- | --- |
| 실전에서의 판단 과정 | 거부감은 주제랑 너무 어긋나지. |
| 해설 | '오는가'라고 하는 것과, '쏟아져 내리는가'라고 하는 것 모두 북쪽의 고향에 내리는 '눈'을 가리키는 것입니다. 그저 고향의 풍경을 떠올리며 그리워하는 부분인데, '거부감'이라니요! 허용할 수 없습니다. 애초에 '거부감'은 이 지문의 주제와도 크게 어긋나죠? 이렇게 '주제'에 주목하면 많은 선지를 빠르게 지워낼 수 있습니다. |

② '돌아간'과 '달리는'의 대응을 활용하여 두 대상 간에 조성되는 긴장감을 묘사하고 있다.

> 험한 벼랑을 굽이굽이 돌아간
> 백무선 철길 위에
> 느릿느릿 밤새어 달리는
> 화물차의 검은 지붕에

| 선지 유형 | 근거가 없어서 허용 불가능 |
| --- | --- |
| 실전에서의 판단 과정 | 화물차의 모습에서 긴장감을 어떻게 허용하냐. |
| 해설 | '돌아간' 것은 '철길'이고, '달리는' 것은 '화물차'입니다. 그저 '철길' 위를 달리는 '화물차'일 뿐인데, 둘 사이에 어떤 '긴장감'이 있나요? 허용할 근거가 전혀 없어요. |

③ '철길'에서 '화물차의 검은 지붕'으로 묘사의 초점을 이동하여 정적인 이미지를 강화하고 있다.

> 험한 벼랑을 굽이굽이 돌아간
> 백무선 철길 위에
> 느릿느릿 밤새어 달리는
> 화물차의 검은 지붕에

| 선지 유형 | 근거가 있어서 허용 불가능 |
| --- | --- |
| 실전에서의 판단 과정 | 화물차가 달리는데 어떻게 정적이야. |
| 해설 | '화물차의 검은 지붕'으로 초점이 이동한 건 맞지만, '정적인 이미지'는 절대 허용할 수 없죠? '화물차'는 열심히 '달리'고 있습니다. '동적'이라는 명백한 근거가 존재하므로, '정적'이라는 말은 절대 허용할 수 없겠습니다. |

④ '잉크병'이라는 사물이 '얼어드는' 현상을 활용하여 화자가 처한 현실의 변화 가능성을 암시하고 있다.

> 잉크병 얼어드는 이러한 밤에
> 어쩌자고 잠을 깨어
> 그리운 곳 차마 그리운 곳

| 선지 유형 | 근거가 없어서 허용 불가능 |
| --- | --- |
| 실전에서의 판단 과정 | 그냥 춥다는 건데, 변화를 허용하기는 어렵지. |
| 해설 | '잉크병'이 '얼어드는' 것은 그만큼 춥다는 걸 의미할 뿐이죠? 화자의 현실(고향을 벗어나 있음)이 변화할 것이라는 건 허용할 만한 근거가 전혀 없습니다. 그저 '그리움'이라는 '반응'이 나타나는 계기가 될 뿐이죠. |

⑤ '잠을' 깬 자신에게 '어쩌자고'라는 의문을 던져 현재의 상황에서 느끼는 화자의 애달픈 심정을 드러내고 있다.

> 잉크병 얼어드는 이러한 밤에
> 어쩌자고 잠을 깨어
> 그리운 곳 차마 그리운 곳

| 선지 유형 | 근거가 있어서 허용 가능 |
| --- | --- |
| 실전에서의 판단 과정 | 주제 그 자체네. |
| 해설 | '잠을' 깬 자신에게 '어쩌자고'라는 의문을 던지면서 '그리움'이라는 반응을 보이고 있습니다. '그리움'이라는 반응을 근거로 하면, '애달픔' 정도는 너무 쉽게 허용할 수 있겠죠? 애초에 '애달픈 심정'은 이 지문의 주제 그 자체니까요. |

| 선지 | ① | ② | ③ | ④ | ⑤ |
|------|-----|-----|-----|-----|-----|
| 선택률 | 13% | 64% | 10% | 6% | 7% |

## 02 ㉠~㉤의 의미를 고려하여 (나)를 감상한 내용으로 적절하지 <u>않은</u> 것은? ②

① ㉠을 활용하여 유년의 화자가 경험한 가을이 단단한 결실을 맺는 시간임을 부각하고 있군.

> 수수알이 ㉠꽝꽝 여무는 가을이었을까

| 선지 유형 | 근거가 있어서 허용 가능 |
|------|------|
| 실전에서의<br>판단 과정 | 꽝꽝 여물면 단단한 결실이라고 할 수 있지. |
| 해설 | 수수알이 '꽝꽝' 여문다고 합니다. 이 정도면 '단단한 결실'을 맺는 가을을 표현했다고 할 수 있겠죠? 설마 '꽝꽝'만 보고 '겨울'을 떠올린 건 아니겠죠? 항상 근처 '맥락'을 보고 '독해'하는 습관을 들여야 합니다! |

② ㉡을 활용하여 냇가에서 놀던 유년의 화자가 누군가 자신을 부르는 소리를 물소리로 느낀 경험을 부각하고 있군.

> 나를 부르는 소리 같기도 하고
> ㉡쏴르르 쏴르르 무엇이 물살을 헤짓는 소리 같기도 하여
> 고개를 들면 아, 청청히 푸르던 하늘

| 선지 유형 | 근거가 있어서 허용 불가능 |
|------|------|
| 실전에서의<br>판단 과정 | 나를 부르는 소리 같다고 추측하고 있는데 화자를 부르는 소리라고 단정하면 안 되지. |
| 해설 | 이번에도 결국 '독해'가 핵심이었습니다. 화자는 어떠한 소리가 '나를 부르는 소리'(A) 같기도 하고 '쏴르르 쏴르르 무엇이 물살을 헤짓는 소리'(B) 같기도 하다고 합니다. 즉, 어떤 소리가 있는데 그 소리가 A인지 B인지 모르겠다는 것이에요. 그런데 선지에서는 A를 B로 느꼈다고 했으니 허용하기 어렵네요. 아주 디테일한 독해를 요구한 선지였습니다. |

③ ㉢을 활용하여 유년의 화자에게 순간적 감동을 느끼게 한 맑고 푸른 하늘의 색채를 부각하고 있군.

> 나를 부르는 소리 같기도 하고
> 쏴르르 쏴르르 무엇이 물살을 헤짓는 소리 같기도 하여
> 고개를 들면 아, ㉢청청히 푸르던 하늘

| 선지 유형 | 근거가 있어서 허용 가능 |
|------|------|
| 실전에서의<br>판단 과정 | 청청히 푸른 하늘은 순간적 감동을 느끼게 한다고 볼 수 있지. |
| 해설 | 어떤 소리인지 몰라서 고개를 들었더니, 그 '순간'에 '푸른 하늘'을 보고 '아,'라는 표현을 통해 '감동'을 느끼고 있죠? 선지의 내용을 허용할 만한 근거가 넘쳐나니, 충분히 허용할 수 있는 선지네요. |

④ ㉣을 활용하여 무섬증에 언덕을 달려 오른 유년의 화자에게 또렷하게 인식된 이웃들의 밝은 웃음을 부각하고 있군.

> ㉣까르르 까르르 밭 가장자리로 울려 퍼지던
> 영자 영숙이 순임이의 청량한 웃음소리

| 선지 유형 | 근거가 있어서 허용 가능 |
|------|------|
| 실전에서의<br>판단 과정 | 영자 영숙이 순임이를 이웃이라고 할 수 있겠지. |
| 해설 | 화자는 '까르르 까르르'라는 소리를 '영자 영숙이 순임이'의 웃음소리로 인식하고 있습니다. 지문의 주제가 '고향'에 대한 것이므로, 이 지문에 나오는 인물들의 이름은 '고향 사람들', 즉 '이웃'이라고 할 수 있겠죠? 어렵지 않게 허용할 수 있네요. |

⑤ ㉤을 활용하여 유년의 화자가 곡식이 익어 가는 들녘의 인상을 선명하게 지각한 경험을 부각하고 있군.

> 푸른 하늘 아래 가을 들이 ㉤또랑또랑 익는 냄새며

| 선지 유형 | 근거가 있어서 허용 가능 |
|------|------|
| 실전에서의<br>판단 과정 | 또랑또랑이면 선명하지. |
| 해설 | '가을 들'이 '또랑또랑' '익는'다고 합니다. '가을'이라는 시간적 배경을 고려하면 이 표현을 '곡식이 익어가는 들녘의 인상'을 나타낸 것이라고 할 수 있겠습니다. 나아가 '또랑또랑' 정도면 '선명하게' 인식한 모습이라고 할 수 있겠죠? 근거가 충분하게 존재하니, 당연하게 허용할 수 있네요. |

| 선지 | ① | ② | ③ | ④ | ⑤ |
|------|-----|-----|-----|-----|-----|
| 선택률 | 5% | 6% | 5% | 80% | 4% |

**03** 〈보기〉를 참고하여 (가)와 (나)를 이해한 내용으로 적절하지 <u>않은</u> 것은? [3점] ④

① (가)는 '함박눈'으로 연상되는 겨울의 이미지를 통해 '북쪽' 국경 지역의 고향을, (나)는 '햇빛'을 받은 '깨꽃'에서 그려지는 여름의 이미지를 통해 생명력 넘치는 고향을 보여 준다.

> 눈이 오는가 북쪽엔
> <u>함박눈</u> 쏟아져 내리는가

> <u>깨꽃</u>이 하얗게 부서지는 <u>햇빛</u> 밝은 여름날이었을까

| 선지 유형 | 근거가 있어서 허용 가능 |
|------|------|
| 실전에서의<br>판단 과정 | 눈 오면 겨울 맞고, 깨꽃을 부수면 생명력 넘친다고 할 수 있겠지. |
| 해설 | '함박눈'을 통해 '겨울'의 이미지가 연상된다는 것은 당연히 허용이 될 겁니다. 나아가 여기서 말하는 '북쪽'이 '고향'이라는 건 주제를 생각하면 너무나 당연하죠? 〈보기〉에서 '국경 지역'이 고향이라고 했으니 이때의 '북쪽'은 아마 중국과의 국경을 의미하겠죠.<br><br>한편 '햇빛'을 받은 '깨꽃'에서 '하얗게 부서지는' 여름의 이미지가 나타나고 있습니다. 꽃을 부순다는 것은 '생명력'이 있어야만 할 수 있는 것이므로, 이를 근거로 '생명력 넘치는 고향'을 보여 준다는 것도 허용할 수 있겠네요. |

② (가)는 '험한 벼랑' 너머 '산 사이'라는 위치를 통해 산촌 마을인 고향의 궁벽함을, (나)는 '소고삐'를 풀어놓고 '가재를 쫓'는 모습을 통해 농촌 마을인 고향의 평화로움을 보여 준다.

> <u>험한 벼랑</u>을 굽이굽이 돌아간
> 백무선 철길 위에
> 느릿느릿 밤새어 달리는
> 화물차의 검은 지붕에
>
> 연달린 산과 <u>산 사이</u>
> 너를 남기고 온
> 작은 마을에도 복된 눈 내리는가

> 나 그 아래 냇가에 <u>소고삐</u>를 풀어놓고
> 어항을 놓고 있었던가 <u>가재를 쫓고</u> 있었던가

| 선지 유형 | 근거가 있어서 허용 가능 |
|------|------|
| 실전에서의<br>판단 과정 | 험한 벼랑 너머 산이면 궁벽하고, 가재 쫓는 모습은 평화롭지. |
| 해설 | '험한 벼랑' 너머 '산 사이'라는 위치는 아주 궁벽한(후미지고 으슥한) 모습을 드러낸다고 할 수 있겠습니다. 나아가 냇가에서 가재를 잡는 모습은 '평화로운' 풍경을 허용할 근거가 되기에 충분해 보입니다. |

③ (가)는 '남기고' 온 '너'를 떠올림으로써 고향에서 기다리는 사람에 대한, (나)는 '밭 사이'에서 웃던 이웃들의 이름을 떠올림으로써 고향에서 함께 살아가던 이웃에 대한 기억을 보여 준다.

> 연달린 산과 산 사이
> <u>너를 남기고 온</u>
> 작은 마을에도 복된 눈 내리는가

> 허리 굵은 논실댁과 그의 딸 영자 영숙이 순임이가
> <u>밭 사이</u>로 일어섰다 앉았다 하며 커다란 웃음들을 웃고

| 선지 유형 | 근거가 있어서 허용 가능 |
|------|------|
| 실전에서의<br>판단 과정 | 남기고 왔으면 고향에서 기다리는 사람이라 할 수 있고, 영자 영숙이 순임이라는 이름이 나왔네. |
| 해설 | (가)의 화자는 '작은 마을'로 표현된 고향에 '너'를 '남기고' 왔다고 했습니다. 남겨진 사람은 당연히 '기다리는' 사람이라고 할 수 있겠죠? 나아가 (나)의 화자는 '밭 사이'에서 웃던 '영자 영숙이 순임이'를 떠올리고 있습니다. 이들이 '이웃'이라는 건 어렵지 않게 허용할 수 있죠? |

④ (가)는 '눈'을 '복된' 것으로 인식함으로써 고향에 돌아갈 날에 대한, (나)는 '무엇'이 '부르는 것 같'았던 언덕을 회상함으로써 고향으로의 귀환에 대한 기대를 드러낸다.

> 연달린 산과 산 사이
> 너를 남기고 온
> 작은 마을에도 <u>복된 눈</u> 내리는가

왜 그곳이 자꾸 안 잊히는지 몰라
소를 몰고 돌아오다가
혹은 객지로 나가다가 들어오다가
무엇이 나를 부르는 것 같아
나 오래 그곳에 서 있곤 했다

| 선지 유형 | 근거가 없어서 허용 불가능 |
|---|---|
| 실전에서의 판단 과정 | 눈이 복되다는 게 어떻게 고향에 돌아갈 날에 대한 기대로 이어져. |
| 해설 | (가)의 화자가 '눈'을 '복된' 것으로 인식하는 건 맞는데, 이는 그저 남기고 온 '너'가 있는 '작은 마을'의 풍경을 상상으로 묘사한 것이죠? 그 어디에도 '고향에 돌아갈 날'에 대한 기대를 허용할 만한 근거가 없습니다.<br><br>한편 (나)의 화자는 '언덕'에 있다가 돌아가는 길에, '무엇'이 '부르는 것 같'은 느낌을 받습니다. 이 맥락을 독해해보면, 고향에 대한 미련이 남은 것이라고 할 수 있겠죠. 이는 고향으로 '귀환'하는 것에 대한 '기대감'이라기보다는, 꼭 고향이 나를 부르는 것 같은데 가지 못하는 아쉬움이라고 보는 것이 적절하겠죠. 이렇게 맥락을 독해하면 허용할 수 없다는 것을 쉽게 알 수 있고, 애초에 〈보기〉에서도 (나)의 '고향'은 '상실'된 공간이라고 했으니 '귀환에 대한 기대감'을 품을 수도 없겠죠. 여러모로 틀렸다고 판단할 수밖에 없는 선지였습니다. |

⑤ (가)는 '차마 그리운 곳'이라는 표현을 통해 근원적 공간인 고향에 대한 애틋함을, (나)는 '자꾸 안 잊히는지'라는 표현을 통해 내면에 존재하는 고향에 대한 변함없는 애정을 드러낸다.

잉크병 얼어드는 이러한 밤에
어쩌자고 잠을 깨어
그리운 곳 차마 그리운 곳

왜 그곳이 자꾸 안 잊히는지 몰라

| 선지 유형 | 근거가 있어서 허용 가능 |
|---|---|
| 실전에서의 판단 과정 | 그리운 곳이면 애틋함을, 자꾸 안 잊히는 거면 변함없는 애정을 허용할 수 있지. |
| 해설 | (가)에서는 '고향'을 '차마 그리운 곳'이라고 표현하고 있어요. 이를 근거로 하면 '애틋함'이라는 반응은 어렵지 않게 허용할 수 있겠죠? |

한편 (나)의 경우, 고향의 여러 모습들이 '자꾸 안 잊히는지' 모르겠다며 기억 속에 되살아나는 고향의 모습을 강조하고 있습니다. '자꾸 안 잊힌다.'라는 표현을 근거로 하면, '변함없는 애정'을 충분히 허용할 수 있겠죠?

현대시 독해 연습

(가)
　눈이 오는가 북쪽엔
　함박눈 쏟아져 내리는가

'북쪽'에 있는 누군가에게 말을 걸고 있습니다. 그곳에는 '눈'이 오는지 물어보고 있어요. 단순히 날씨가 궁금해서 물어보는 것은 아닐 것이고, '북쪽'에 있는 누군가가 화자에게 각별한 존재이기에 애정 어린 물음을 던지는 것이겠죠?

　험한 벼랑을 굽이굽이 돌아간
　백무선 철길 위에
　느릿느릿 밤새어 달리는
　화물차의 검은 지붕에

　연달린 산과 산 사이
　너를 남기고 온
　작은 마을에도 복된 눈 내리는가

'험한 벼랑을 ~ 작은 마을'에도 눈이 내리는지 묻고 있습니다. 1연에서는 '북쪽'에 눈이 내리고 있는지 물어봤으니, 이때의 '작은 마을'은 '북쪽'과 같은 공간을 의미한다고 할 수 있겠습니다.

그런데 그 '작은 마을'은 '너를 남기고 온' 곳이었습니다. 우리가 예상한 그대로, 화자가 말을 거는 '북쪽'의 누군가는 화자가 두고 온 소중한 사람이었어요. 아마 가족일 확률이 높겠죠?

　잉크병 얼어드는 이러한 밤에
　어쩌자고 잠을 깨어
　그리운 곳 차마 그리운 곳

　눈이 오는가 북쪽엔
　함박눈 쏟아져 내리는가
　　　　　　　　　　　－이용악, 「그리움」－

화자가 이렇게 '북쪽'의 '너'를 떠올리는 것은 '잉크병'이 얼 정도로 추운 밤에 잠을 깼기 때문입니다. 갑자기 잠을 깼더니, '너'가 있는 '북쪽'도 많이 추울 것이라는 생각을 하면서 '그리움'이라는 감정이 올라온 것이겠죠. 마지막 연에서는 수미상관으로 '북쪽'에 있는 '너'에 대한 그리움을 강조하고 있습니다.

참고로, 현대시에서 이렇게 '그리움'이라는 감정을 가진 공간은 십중팔구 '고향'입니다. 결국 화자는 '북쪽'에 있는 '고향'에 두고 온 가족에 대한 '그리움'을 느끼고 있는 것이었어요.

(나)
    왜 그곳이 자꾸 안 잊히는지 몰라

'그곳'을 잊을 수 없다고 합니다. 앞에서 설명했듯이, 이렇게 그리워하고 잊지 못하는 공간은 '고향'일 것입니다. 이걸 생각한 채로 계속 읽어보도록 합시다.

가름젱이 사래 긴 우리 밭 그 건너의 논실 이센 밭
가장자리에 키 작은 탱자 울타리가 쳐진.
훗날 나 중학생이 되어
아침마다 콩밭 이슬을 무릎으로 적시며
그곳을 지나다녔지

'그곳'에서의 일들을 떠올리고 있습니다. '중학생'이던 화자가 등장하는 것으로 보아, '그곳'은 고향이 확실한 것 같네요.

수수알이 꽝꽝 여무는 가을이었을까
깨꽃이 하얗게 부서지는 햇빛 밝은 여름날이었을까
아랫냇가 굽이치던 물길이 옆구리를 들이받아
벌건 황토가 드러난 그곳
허리 굵은 논실댁과 그의 딸 영자 영숙이 순임이가
밭 사이로 일어섰다 앉았다 하며 커다란 웃음들을 웃고
나 그 아래 냇가에 소고삐를 풀어놓고
어항을 놓고 있었던가 가재를 쫓고 있었던가
나를 부르는 소리 같기도 하고
쏴르르 쏴르르 무엇이 물살을 헤짓는 소리 같기도 하여
고개를 들면 아, 청청히 푸르던 하늘
갑자기 무섬증이 들어 언덕 위로 달려 오르면
들꽃 싸아한 향기 속에 두런두런 논실댁의 목소리와
까르르 까르르 밭 가장자리로 울려 퍼지던
영자 영숙이 순임이의 청랑한 웃음소리

나 그곳에 오래 앉아
푸른 하늘 아래 가을 들이 또랑또랑 익는 냄새며
잔돌에 호미 달그락거리는 소리 들었다

계속해서 '그곳'에서 있었던 일들을 회상하고 있습니다. 딱히 독해할 것은 없고, 이 풍경이 눈앞에 펼쳐지는 것과 같은 느낌을 받으신다면 충분할 것 같아요.

왜 그곳이 자꾸 안 잊히는지 몰라
소를 몰고 돌아오다가
혹은 객지로 나가다가 들어오다가
무엇이 나를 부르는 것 같아
나 오래 그곳에 서 있곤 했다
-이시영, 「마음의 고향 2 - 그 언덕」-

계속해서 '그곳'에 대한 그리움을 드러내고 있습니다. 화자는 지금도 고향의 사람들, 풍경들이 자신을 부르는 것 같은 느낌을 받으면서 가만히 서 있곤 합니다. '고향에 대한 그리움'이라는 주제의식을 위주로 읽어내면 그리 어렵지 않은 작품이었어요.

**몰랐던 어휘 정리하기**

<br><br><br><br>

| 핵심 point |

① **허용 가능성 평가** : 선지의 내용을 '허용'하려는 태도를 바탕으로 지문을 '독해'하며 '근거'를 찾아야 합니다. 허용할 수 있는 '근거'가 있어야만 허용할 수 있습니다. 주관적인 생각을 개입시키면 안 됩니다.

② **현대시 독해** : 〈보기〉의 도움 등을 통해 '주제' 위주로, 그리고 일상 언어의 감각으로 읽어내면 됩니다. 현대시도 읽을 수 있는 하나의 글입니다.

| 지문 내용 총정리 |

주제와 근처 맥락의 독해를 통한 선지의 '허용 가능성' 평가. 다 똑같은 문제입니다. 어렵지 않게 해결할 수 있을 것이라 생각합니다.

〈보기〉 확인

> ──────[보기]──────
>
> 「자서전들 쓰십시다」의 주인공은 <u>자서전 대필 작가로</u>
> <u>서의 글쓰기에 환멸을 느끼고 있다.</u> 이러한 글쓰기는 의
> 뢰인의 삶을 미화하여 결국 의뢰인에게 아첨하는 것일
> 뿐이기 때문이다. 어떤 의뢰인들은 자신의 요구를 강요
> 하는 일까지 서슴지 않아 주인공을 괴롭히기도 한다. 주
> 인공이 바라는 의뢰인은 <u>작가의 의사를 존중하면서 삶</u>
> <u>을 거짓 없이 성찰하는 사람</u>이다. 또한 주인공은, 후회나
> 의문이 없는 확신에 찬 태도로 독자를 사로잡는 주장을
> 하는 사람보다는 <u>타인의 삶에 기여할 수 있는 정직한 고</u>
> <u>백을 하는 사람을 원한다.</u>

이 지문의 주제를 자세하게 풀어주고 있는 〈보기〉입니다. 현대소
설의 전형적인 클리셰대로 '세계와의 갈등'을 그려내고 있는데,
그 갈등의 양상이 독특합니다. 이 지문의 주인공은 '자서전 대필
작가'인데, 주인공이 만나는 많은 의뢰인들이 보이는 모습에 환멸
을 느끼고 있어요. 주인공이 원하는 의뢰인은 거짓 없이, 그리고
정직하게 자신을 성찰하고 고백하는 사람이죠. 이러한 의뢰인을
찾지 못해 갈등하는 주인공의 모습이 나타난다는 점을 생각하며
지문을 읽어보도록 합시다.

지문 독해

> <u>지욱</u>은 차츰 <u>선생</u>의 그런 <u>신념이 두려워지기 시작했</u>
> <u>다.</u> 지욱의 이해와 능력으로는 감당할 수 없는 어떤 <u>무</u>
> <u>거운 압박감</u>이 그를 못 견디게 짓눌러 왔다. 믿음이 논
> 리를 초월할 수도 있다고는 했지만 그러나 논리적인 이
> 해가 불가능한 신념은 맹목적인 아집에 그칠 위험성이
> 있었다. 뿐만 아니라 그 자신감이 넘치고 있는 선생의
> 신념은 <u>털끝만큼 한 자기 회의마저 용납을 하지 않고 있</u>
> <u>었다.</u> 회의가 없는 신념은 맹목적인 자기 독단에 흐를
> 위험 또한 큰 것이었다. 그리고 무엇보다도 그것은 지욱
> 이 그에게 소망해 온 어떤 감동적인 자서전적 인물상으
> 로는 치명적인 결함일 수 있었다. 회의가 없는 자서전이
> 야말로 영락없이 한 거인의 동상에 불과할 뿐이었다. 지
> 욱이 최상윤의 신념을 두려워한 것은 그 자신 최상윤 선
> 생에게서와 같은 어떤 의식의 경화 현상을 싫어해 온 성
> 격 이외에도, <u>그와 같은 위험성을 어슴푸레 느끼고 있었</u>

<u>기 때문이다.</u> 하나 그보다도 지욱이 더더욱 그 선생의
<u>신념을 두려워한 것은</u> 그의 너무나도 일사불란한 언동
이나 생활 방식에서 오히려 어떤 씻을 수 없는 가식의
냄새를 맡고 있었기 때문이다. 사람이 도대체 이럴 수가
있을까. 한 인간의 생애에서 이처럼이나 말끔하게 후회
나 의구가 없을 수 있단 말인가. 이 깐깐하고 결백스런
노인에게서라도 어찌 따뜻한 아랫목과 좋은 음식에 대
한 바람이 전혀 없을 수 있단 말인가. 아무리 엄격한 극
기의 세월이었던들 그것이 어찌 감히 사람의 가장 사람
다운 욕망까지를 송두리째 근멸시켜 버릴 수가 있단 말
인가. 이 노인은 어찌하여 그것을 끝끝내 시인하려 들지
않고 있는 것인가. 그것이 진실로 그의 부끄러움이 될
수는 없단 말인가—

주인공인 '지욱'과 의뢰인으로 추정되는 '선생'의 이야기가 나오
며 시작하고 있습니다. '두려움', '압박감', '위험성' 등 비슷한 심리
가 반복되면서, '선생'이 '감동적인 자서전적 인물상'이 될 수 없다
는 이야기를 하고 있죠? 〈보기〉의 내용 그대로 적혀 있는 데다가,
인물의 심리를 반복적으로 서술하는 부분이니 'skip 가능 구간'으
로 간주하고 넘어갈 수 있겠습니다. 실전에선 이런 부분을 빠르게
읽으며 넘어갈 수 있어야 해요. '선생'이라는 의뢰인에게 반감을
가지고 있는 '지욱'의 심리에만 충분히 공감해주면서 말이죠!

> (중략)
>
> "이거 아무리 맘에 없는 웃음을 팔아먹고 사는 무식쟁
> 이라고 누구한테 지금 설교를 하려는 거야 뭐야, 건방
> 지게. 그래 내가 지금 당신 같은 위인의 신세 하소연이
> 나 듣자고 이런 델 찾아온 줄 알아? 그렇게 내가 한가
> 한 사람으로 보이느냐 말야. 왜 내 일을 안 하겠다는
> 건지 그걸 말해 보라는 거야. 이유를……"
> "아니, 그런 게 아니라 ……"
> 갑자기 반말 투로 윽박질러 오는 <u>피문오 씨</u>의 어조에
> 지욱은 <u>새삼 가슴이 내려앉는 표정</u>이었으나, 이미 본색
> 을 드러내기 시작한 피문오 씨의 행패는 걷잡을 수가 없
> 을 지경이었다.

(중략) 이후의 내용입니다. 윽박지르는 '피문오 씨'의 대사로 시작
하고 있는데, 그 내용을 살펴보니 '지욱'이 '피문오 씨'의 자서전
대필을 거절한 것으로 보입니다. '지욱' 입장에선 자신의 소신대로
행동했을 것인데, '피문오 씨'가 이에 공격적인 반응을 보이자 '가
슴이 내려앉는' 표정을 짓기도 하네요. 지문의 주제와 일맥상통하

는 내용이 전개되고 있으니 어렵지 않게 읽어나갈 수 있겠죠?

> "그게 아니라니? 아니 이거 당신 정말 이런 식으로 날 바보 취급하고 나설 테야? 당신 눈엔 정말로 내가 그렇게 얼렁뚱땅 되잖은 소리로도 그냥 넘어갈 것 같아 보인 모양이지? 그래, 뭐가 어째? 내 일을 하지 않게 된 게 내 탓이 아니구 당신의 그 알량한 양심 때문이라구? 내가 그래 그 알량한 당신의 양심에 들러리라도 서야 한다는 거야 뭐야. 업어치나 메치나 그게 그놈 아들놈 같은 소릴 가지고, 정 내게 말재간을 한번 부려 보고 싶어서 이래? 당신 눈엔 이 피문오가 그래 그만 말귀도 못 알아들을 바보 멍청이로만 보이느냐 말야? 내 아까부터 참자 참자 하다 보니 이 친구 아주 형편없이 맹랑한 데가 있는 작자로구만 그래."
> 피문오 씨는 이제 스스로도 분을 참을 수 없게 된 것 같았다. 벌건 얼굴에 튀어나올 듯 두 눈알을 부라려 대면서 장갑을 몰아 쥔 한쪽 손을 피스톤처럼 마구 지욱의 턱 앞으로 내질러 대고 있었다.
> 지욱은 그만 기가 콱 질리고 말았다. 무슨 말을 할래도 목이 말라 소리가 되어 나오질 않았다. 그는 부들부들 떨려 오는 두 다리를 간신히 버티고 선 채 절망적인 눈초리로 피문오 씨의 폭풍우 같은 수모를 고스란히 견디고 있었다.

계속해서 비슷한 상황이 반복되고 있습니다. 이러한 소설은 참 읽기가 편합니다. 같은 구도(맘에 안 드는 의뢰인-소신을 지키려는 지욱) 속에서 이야기가 전개되고 있으니까요. 밑줄 친 심리들에 공감하면서 쭉 읽어나가시면 됩니다. 어렵지 않죠?

> 불현듯 최상윤 선생의 일이 이 처참스런 곤욕을 견뎌 낼 수 있는 어떤 서광처럼 머릿속으로 떠올라 왔다. 최상윤 선생과의 약속이 그의 참을성에는 상당한 힘을 보태기 시작했다. 이런 자의 자서전 따윌 대필하려 했다니! 최상윤 선생과 같은 분에게조차 내 주관을 굽힐 수 없었던 이 지욱이 아닌가. 이런 자의 책을 쓰면서 그의 밑구멍을 핥느니 차라리 선생의 발밑에라도 나가 엎드려 선생의 신념을 찬미함이 낫지 않으냐. 참자! 작자의 일을 피하자면 이쯤 굴욕은 즐거이 참아 넘기자. 참아서 넘겨야 한다—

그런데 갑자기 '최상윤 선생'과의 일을 떠올리는 '지욱'입니다. 이러한 '곤욕'을 견디기 위해 떠올렸다는 점에서, '최상윤 선생'은

단순한 의뢰인이 아니라 '지욱'에게 의미 있는 존재였던 것 같습니다. '지욱'은 그러한 사람에게도 자신의 뜻을 굽히지 않을 만큼 소신 있는 성격인 것이죠. 아무튼, '지욱'은 '선생'과의 일을 떠올리며 굴욕을 참아 견디고 있습니다. 충분히 공감할 수 있겠죠?

> 하지만 피문오 씨는 그 정도로는 물론 분통이 풀릴 수가 없는 모양이었다.
> "어디 선생! 말씀을 좀 해 보시라구. 아니 글에서는 그처럼 잘난 체 말이 많더니, 제 잘난 소리나 시부렁거릴 줄 알았지 선생도 남의 말을 알아듣는 덴 귀가 꽉 멀어 버리셨나. 왜 통 대답이 없으셔? 그렇담 내가 좀 더 수고를 해 주실까? 어째서 내 일을 하지 않게 되었느냐, 내 일을 하기가 싫어졌느냐…… 그 이율 좀 더 솔직하게 말해 달라 이거야. 이 무식한 놈도 좀 분명하게 알아듣고 납득이 가게끔 말이야. 알아들어? 그래도 못 알아들으시겠다면 내 좀 더 똑똑히 말을 해 줄까?"
> 묵묵히 입을 다물고 있는 지욱을 마음 내키는 대로 매도해 대다 말고 피문오 씨는 무슨 생각을 해 냈는지 갑자기 목을 잔뜩 가다듬었다. 그리고는 청승맞도록 능청스런 목소리로 허공을 향해 외쳐 대기 시작했다.
> "고장 난 시계나 라디오들 고칩시다아— 채권 삽니다아— 부서진 우산이나 빈 병 삽니다아— 자서전이나 회고록들 쓰십시다아—"
> 고저단속(高低斷續)을 적당히 조화시켜 가며 길게 외쳐 대고 난 피문오 씨가 이젠 좀 알아듣겠느냐는 듯 여유만만한 표정으로 지욱을 이윽히 건너다보았다.
> —이청준, 「자서전들 쓰십시다」—

이렇게 굴욕을 견디고 있는 '지욱'을 앞에 두고, '피문오 씨'는 분이 덜 풀린 것으로 보입니다. 그렇게 쏘아붙이더니, 갑자기 "고장 난 시계나 라디오~"라며 외친 뒤 '여유만만한 표정'을 짓습니다. 완벽하게 이해하기는 조금 어려운데, '피문오 씨'에게 공감을 시도한다면 이 이야기가 '지욱'을 조롱하기 위한 것이라는 점 정도는 쉽게 생각할 수 있겠죠. 최소한 이 정도는 생각할 수 있어야 합니다. 인물의 행동과 그 근거에 주목했다면 충분히 떠올릴 수 있다고 봐요.

조금 더 깊게 이해해보면, '피문오 씨'는 '지욱'에게 자서전을 쓰는 행위도 결국 물건/서비스를 사고 파는 상행위의 일종에 지나지 않는다는 식의 메시지를 던지고 있는 것이라 할 수 있습니다. '지욱'이 자서전을 쓰는 행위에 거창한 의미를 부여하고 있지만, '자서전 쓰기'는 그저 글쓰기 능력을 파는 행위에 불과하다는 것

이죠. 그냥 상행위를 하는 것인데 뭘 그렇게 의미를 부여하냐는 것이 '피문오 씨'의 이야기인 거예요. 이는 자신의 소신을 중시하는 성격인 '지욱'에게는 아주 굴욕적인 말로 들릴 수 있겠죠? 이렇게 둘 모두에게 공감할 수 있어야 합니다!

| 선지 | ① | ② | ③ | ④ | ⑤ |
|---|---|---|---|---|---|
| 선택률 | 2% | 90% | 4% | 3% | 1% |

## 04 윗글의 서술상 특징으로 가장 적절한 것은? ②

① 장면의 빈번한 교차를 통해 인물 간의 갈등을 입체적으로 드러내고 있다.

| 선지 유형 | 근거가 없어서 허용 불가능 |
|---|---|
| 실전에서의 판단 과정 | 장면 교차가 언제 있었냐. |
| 해설 | '장면 교차'와 같은 중요한 부분이 있었다면 우리가 놓쳤을 리가 없습니다. 애초에 시·공간적 배경을 체크한 적이 없기 때문에 어렵지 않게 지워낼 수 있어요. |

② 서술자가 중심인물의 내면을 묘사하며 인물이 처한 갈등 상황을 제시하고 있다.

| 선지 유형 | 근거가 있어서 허용 가능 |
|---|---|
| 실전에서의 판단 과정 | 주제 그 자체네. |
| 해설 | 역시 답은 주제와 직결되어 제시되는 모습입니다. '지욱'이라는 중심인물의 내면을 묘사하며, 그가 처한 내적 갈등을 제시하고 있어요. '서술상 특징'을 묻는 문제는 문학 개념어 문제가 아니라, 얼마나 지문을 잘 이해했는지를 물어보는 문제라는 것, 잊지 맙시다! |

③ 이야기 내부의 서술자가 인물의 행위를 묘사하며 사건의 원인을 추리하고 있다.

④ 인물 간의 대화를 통해 인물이 겪은 사건의 비현실적인 면모를 드러내고 있다.

| 선지 유형 | 근거가 없어서 허용 불가능 |
|---|---|
| 실전에서의 판단 과정 | 뭔 헛소리야. |
| 해설 | 사건의 원인을 추리하거나, 비현실적인 면모가 드러나는 것은 지문의 전체적인 내용을 고려했을 때 너무 뜬금없는 내용이죠? 어렵지 않게 지워낼 수 있겠습니다. |

⑤ 공간의 이동에 따라 서술자를 달리하여 사건에 대한 다양한 관점을 서술하고 있다.

| 선지 유형 | 근거가 없어서 허용 불가능 |
|---|---|
| 실전에서의 판단 과정 | 총체적으로 헛소리네. |
| 해설 | 공간의 이동, 서술자의 변화, 다양한 관점 등이 나타나지는 않습니다. 모두 지문의 전체 내용에 영향을 주는 중요한 내용들인데, 우리는 저런 것들을 체크한 기억이 없어요. |

| 선지 | ① | ② | ③ | ④ | ⑤ |
|---|---|---|---|---|---|
| 선택률 | 22% | 2% | 8% | 3% | 65% |

## 05 문맥상 의미를 고려할 때, ㉠~㉤에 대한 설명으로 적절하지 않은 것은? ⑤

① ㉠: 피문오가 지욱의 말을 무시하고자 하는 경멸의 감정을 담고 있다.

> 업어치나 메치나 그게 그놈 아들놈 같은 소릴 가지고, 정 내게 ㉠말재간을 한번 부려 보고 싶어서 이래?

| 선지 유형 | 근거가 있어서 허용 가능 |
|---|---|
| 실전에서의 판단 과정 | 지욱의 말을 말재간으로 표현하고 있으니 경멸이라고 할 수 있겠다. |
| 해설 | '지욱'이 무어라 이야기를 했을 텐데, (아마 자서전에 대한 자신의 소신을 밝히며 '피문오'의 자서전 쓰기를 거절했겠죠?) '피문오'는 그에 대해 '말재간'이라는 표현을 쓰며 무시하고 있습니다. 참고로 '말재간'은 '말을 잘하는 능력'을 뜻한다고 보시면 되는데, '피문오'는 '지욱'의 소신을 그저 말을 꾸미는 것으로 낮게 보고 있는 것이죠. 이를 근거로 하면 '무시'와 '경멸'이라는 말을 충분히 허용할 수 있겠습니다.<br><br>여기서 만약 '에이 이 정도면 무시/경멸까지는 아니지.'와 같은 생각으로 이 선지를 골랐다면 반성하셔야 합니다. 문학 문제는 애매함의 정도가 아닌, '허용이 가능한 근거의 유무'를 가지고 해결하는 것입니다! |

② ㉡ : 지욱에게서 무시당하고 있다고 여기는 피문오의 성난 감정을 담고 있다.

> 당신 눈엔 이 피문오가 그래 그만 ㉡말귀도 못 알아들을 바보 멍청이로만 보이느냔 말야?

| 선지 유형 | 근거가 있어서 허용 가능 |
| --- | --- |
| 실전에서의 판단 과정 | 왜 자기를 멍청이로 보냐는 소리니까 맞지. |
| 해설 | 선지 그대로 쉽게 허용할 수 있죠? 말귀도 못 알아들을 것 같냐며 성을 내고 있습니다. |

③ ㉢ : 피문오에게서 수모를 당하는 지욱이 항변도 못하고 주눅이 든 상태를 나타낸다.

> 지욱은 그만 기가 콱 질리고 말았다. ㉢무슨 말을 할래도 목이 말라 소리가 되어 나오질 않았다. 그는 부들부들 떨려 오는 두 다리를 간신히 버티고 선 채 절망적인 눈초리로 피문오 씨의 폭풍우 같은 수모를 고스란히 견디고 있었다.

| 선지 유형 | 근거가 있어서 허용 가능 |
| --- | --- |
| 실전에서의 판단 과정 | 말을 하려 해도 못 하고 있으니 주눅든 것 맞지. |
| 해설 | 역시 선지 그대로 쉽게 허용할 수 있습니다. '지욱'은 '피문오'에게서 수모를 당하고 있는데, '무슨 말'도 못할 정도로 항변도 못한 채 주눅이 든 상태가 되고 있어요. 이 심리에 충분히 공감했던 기억이 있으니 어렵지 않게 허용할 수 있겠습니다. |

④ ㉣ : 피문오가 지욱의 해명을 요구하면서 닦달하고 있음을 나타낸다.

> "어디 선생! ㉣말씀을 좀 해 보시라구. 아니 글에서는 그처럼 잘난 체 말이 많더니, 제 잘난 소리나 시부렁거릴 줄 알았지 선생도 남의 말을 알아듣는 덴 귀가 꽉 멀어 버리셨나.

| 선지 유형 | 근거가 있어서 허용 가능 |
| --- | --- |
| 실전에서의 판단 과정 | 말을 좀 해 보라는 건 해명을 요구하는 거지. |
| 해설 | '피문오'는 아무런 말이 없는 '지욱'에게 ㉣처럼 이야기를 합니다. 이는 빨리 자신을 기분 나쁘게 만든 이러한 상황에 대해 해명할 것을 요구하는 모 |

습이라고 할 수 있겠죠? 어렵지 않게 허용할 수 있겠습니다.

⑤ ㉤ : 침묵하는 지욱에게 피문오가 자신에 대한 의구심을 풀 것을 독촉하고 있음을 나타낸다.

> 이 무식한 놈도 좀 분명하게 알아듣고 납득이 가게끔 말이야. 알아들어? 그래도 못 알아들으시겠다면 ㉤내 좀 더 똑똑히 말을 해 줄까?"

| 선지 유형 | 근거가 있어서 허용 불가능 |
| --- | --- |
| 실전에서의 판단 과정 | 의구심을 왜 풀어. |
| 해설 | 상황에 대해 완벽하게 이해하고 있는지를 묻는 선지입니다. 지문은 무례한 의뢰인 '피문오'와 자신의 소신을 지키는 작가 '지욱' 사이의 갈등이 드러나는 작품이에요. 의구심을 풀어 달라는 것은 잘 지내자고 하는 것과 같은 말인데, 이는 지문의 상황과 전혀 맞지가 않네요. 어렵지 않게 답으로 고를 수 있겠습니다. |

| 선지 | ① | ② | ③ | ④ | ⑤ |
| --- | --- | --- | --- | --- | --- |
| 선택률 | 7% | 7% | 72% | 8% | 6% |

**06** 〈보기〉를 참고할 때, 감동적인 자서전적 인물상에 대한 이해로 적절하지 <u>않은</u> 것은? [3점] ③

– 〈보기〉에 의하면, '지욱'이 생각하는 '감동적인 자서전적 인물상'은 자신의 삶을 거짓 없이 성찰하며 타인의 삶에 기여할 수 있는 정직한 고백을 하는 사람입니다. 반대로 자신의 요구를 강요하거나, 후회나 의문이 없는 확신에 찬 태도로 주장을 하는 사람은 바람직하지 않다고 생각하고 있죠. 이 정도 내용은 미리 생각해놓고 선지를 판단해봅시다.

① 작가에게 '압박감'이 느껴질 정도로 '자기 독단'이 강할 뿐만 아니라 확신에 찬 태도로 '신념'을 내세우는 것은 독자를 사로잡는 자기주장을 하는 것이라는 점에서 감동적인 자서전적 인물상에 부합한다고 할 수 없겠군.

> 지욱은 차츰 선생의 그런 신념이 두려워지기 시작했다. 지욱의 이해와 능력으로는 감당할 수 없는 어떤 무거운 압박감이 그를 못 견디게 짓눌러 왔다. 믿음이 논리를 초월할 수도 있다고는 했지만 그러나 논리적인 이

해가 불가능한 <u>신념</u>은 맹목적인 아집에 그칠 위험성이 있었다. 뿐만 아니라 그 자신감이 넘치고 있는 선생의 신념은 털끝만큼 한 자기 회의마저 용납을 하지 않고 있었다. 회의가 없는 신념은 맹목적인 <u>자기 독단</u>에 흐를 위험 또한 큰 것이었다.

| 선지 유형 | 근거가 있어서 허용 가능 |
|---|---|
| 실전에서의 판단 과정 | 자기 주장이 강하면 바람직하지 않다고 했지. |
| 해설 | '지욱'이 '선생'의 '신념'을 두려워한 것은, 그 '신념'이 '자기 독단'에 흐를 위험이 클 정도로 자신감이 넘쳤기 때문입니다. 이는 '지욱'이 생각하는 '감동적인 자서전적 인물상'에 해당하지 않죠? |

② 스스로 '회의'하며 '의식의 경화'를 경계할 줄 아는 것은 삶을 거짓 없이 성찰할 수 있다는 점에서 감동적인 자서전적 인물상에 부합한다고 할 수 있겠군.

<u>회의</u>가 없는 자서전이야말로 영락없이 한 거인의 동상에 불과할 뿐이었다. 지욱이 최상윤의 신념을 두려워한 것은 그 자신 최상윤 선생에게서와 같은 어떤 <u>의식의 경화</u> 현상을 싫어해 온 성격 이외에도, 그와 같은 위험성을 어슴푸레 느끼고 있었기 때문이다.

| 선지 유형 | 근거가 있어서 허용 가능 |
|---|---|
| 실전에서의 판단 과정 | 미리 생각한 내용과 일맥상통하네. |
| 해설 | '지욱'은 '회의'가 없는 자서전을 부정적으로 보고 있고, 또 '의식의 경화' 현상을 싫어하고 있습니다. 이는 반대로 '회의'하며 '의식의 경화'를 경계할 줄 아는 것을 바람직하게 바라본다는 뜻이기도 하겠죠? 이렇게 읽어낸다면 어렵지 않게 허용할 수 있네요. |

③ '엄격한 극기'로 '부끄러움' 없이 '결백'하게 사는 것은 독자에게 후회나 의문이 없는 삶을 주장할 수 있다는 점에서 감동적인 자서전적 인물상에 부합한다고 할 수 있겠군.

이 깐깐하고 <u>결백</u>스런 노인에게서라도 어찌 따뜻한 아랫목과 좋은 음식에 대한 바람이 전혀 없을 수 있단 말인가. 아무리 <u>엄격한 극기</u>의 세월이었던들 그것이 어찌 감히 사람의 가장 사람다운 욕망까지를 송두리째 근

멸시켜 버릴 수가 있단 말인가. 이 노인은 어찌하여 그것을 끝끝내 시인하려 들지 않고 있는 것인가. 그것이 진실로 그의 <u>부끄러움</u>이 될 수는 없단 말인가—

| 선지 유형 | 근거가 있어서 허용 불가능 |
|---|---|
| 실전에서의 판단 과정 | 후회나 의문이 없는 삶은 자서전의 인물상으로 적절하지 않다며. |
| 해설 | 일단 지문의 내용을 볼 것도 없이, 〈보기〉의 내용에 어긋나기 때문에 틀린 선지입니다. 우리가 미리 생각한 내용대로, 〈보기〉에서는 '후회나 의문이 없는 확신에 찬 태도'를 부정적으로 바라보았어요. 따라서 이러한 삶을 주장할 수 있다는 점이 '감동적인 자서전적 인물상'에 부합한다는 것은 허용할 수 없겠죠.<br><br>물론 지문의 내용과도 어긋납니다. '지욱'은 '선생'이 '결백'과 '엄격한 극기'의 삶을 살아왔다고 해도, 스스로 '부끄러움'이 없다고 느끼는 것을 아쉬워하고 있어요. 사실은 '사람의 가장 사람다운 욕망'과 같이 부끄러워할 만한 일도 많이 겪었을 텐데, 이를 성찰하고 회의하지 않는 모습이 아쉽다는 것이죠. 이를 근거로 하면, '선생'이 '부끄러움' 없이 '결백'하게 살아 왔다는 것은 허용하기 어렵겠죠? 결국 또 '독해력'에 기반한 선지 판단을 요구하는 모습이네요! |

④ 자서전을 쓰라고 '반말 투로' 작가를 '윽박'지르는 것은 자서전을 통해 자신에게 아첨하기를 요구하는 것으로 보인다는 점에서 감동적인 자서전적 인물상에 부합한다고 할 수 없겠군.

갑자기 <u>반말 투로 윽박</u>질러 오는 피문오 씨의 어조에 지욱은 새삼 가슴이 내려앉는 표정이었으나, 이미 본색을 드러내기 시작한 피문오 씨의 행패는 걷잡을 수가 없을 지경이었다.

| 선지 유형 | 근거가 있어서 허용 가능 |
|---|---|
| 실전에서의 판단 과정 | 자기 주장 강하면 안 되지. |
| 해설 | '반말 투로 윽박'지르는 사람은 자신의 주장을 너무나 강하게 펼치는 사람이고, 이러한 사람은 '감동적인 자서전적 인물상'이 될 수 없다는 것이 '지욱'의 생각입니다. |

⑤ 작가의 '양심'을 '알량'하다고 여기고 자신은 '들러리'가 아님을 주장하는 것은 작가를 존중하지 않고 삶을 미화하도록 요구한다는 점에서 감동적인 자서전적 인물상에 부합한다고 할 수 없겠군.

> 그래, 뭐가 어째? 내 일을 하지 않게 된 게 내 탓이 아니구 당신의 그 알량한 양심 때문이라구? 내가 그래 그 알량한 당신의 양심에 들러리라도 서야 한다는 거야 뭐야.

| 선지 유형 | 근거가 있어서 허용 가능 |
|---|---|
| 실전에서의 판단 과정 | 작가를 존중하지 않는데 바람직하지 않지. |
| 해설 | '피문오'는 작가인 '지욱'의 '양심'을 '알량'하다고 여기며, 자신은 그 양심에 '들러리'가 되기 싫다고 이야기를 합니다. 이는 '지욱'의 생각을 존중하지 않는 모습이죠? 〈보기〉에 의해서도, 상식적으로도 이러한 사람이 '감동적인 자서전적 인물상'에 부합한다고 보기는 어렵겠습니다. |

| 선지 | ① | ② | ③ | ④ | ⑤ |
|---|---|---|---|---|---|
| 선택률 | 83% | 5% | 5% | 3% | 4% |

**07** ⓐ에 대해 이해한 내용으로 가장 적절한 것은? ①

> ⓐ "고장 난 시계나 라디오들 고칩시다아— 채권 삽니다아— 부서진 우산이나 빈 병 삽니다아— 자서전이나 회고록들 쓰십시다아—"

– 지문을 읽으면서도 주목했던 부분입니다. '피문오'가 '지욱'을 조롱하는 부분이었어요. 조금 더 깊게 이해하면, '자서전'을 쓰는 행위가 다른 상행위와 다를 것이 없다는 이야기였죠? 이와 비슷한 말을 찾아봅시다.

① 피문오는 지욱이 생각하는 자서전의 가치를 폄하하여 지욱을 우롱하고 있다.

| 선지 유형 | 근거가 있어서 허용 가능 |
|---|---|
| 실전에서의 판단 과정 | 미리 생각한 내용이네. |
| 해설 | '자서전의 가치 폄하', '우롱'과 같은 말들은 우리가 미리 생각한 내용 그 자체네요. 어렵지 않게 답으로 고를 수 있습니다. |

② 피문오가 자서전을 상품으로 팔기 위한 방법을 지욱에게 직접 보여 주고 있다.

③ 피문오가 '잘난 소리'를 하는 지욱에게 자신은 '무식한 놈'이 아님을 과시하고 있다.

④ 피문오가 자서전 쓰기를 더 많은 사람들에게 권해야 한다고 지욱에게 요청하고 있다.

⑤ 피문오는 지욱의 자서전 쓰기에 소재를 제공하고자 '맘에 없는 웃음을 팔아먹'어 왔던 자신의 직업적 능력을 발휘하고 있다.

| 선지 유형 | 근거가 없어서 허용 불가능 |
|---|---|
| 실전에서의 판단 과정 | 뭔 헛소리야. |
| 해설 | 나머지 네 개의 선지들은 모두 ⓐ와 전혀 상관 없는 내용들이죠? 어렵지 않게 지울 수 있어야 해요. |

---

### 몰랐던 어휘 정리하기

---

| **핵심 point** |

① **허용 가능성 평가** : '근거'가 있어야 허용할 수 있습니다. 그리고 그 '근거'는 여러분의 머릿속이 아닌, '지문의 내용'에서 나와야 합니다.

② **소설 독해** : '누가, 어떤 행동/심리를, 왜' 보이고 있는지 생각하며 각 인물에게 '공감'하고, 그것을 바탕으로 내용을 '이해'하면 됩니다.

| **지문 내용 총정리** |

세계와의 갈등으로 인해 내적 갈등을 겪는 주인공의 모습에서 전형적인 현대소설의 클리셰를 읽어낼 수 있는 작품이었습니다. 나아가 '지욱'과 다른 인물 간의 갈등이라는 단순한 구도로 이루어져 있어, 내용을 이해하는 게 그리 어렵지 않았을 거예요. 이 정도는 가볍게 해결할 수 있어야 합니다.

〈보기〉 확인

─────────[보기]─────────

임진왜란(1592~1598년) 등 16세기 말~17세기 초 동아시아에서 발생한 전쟁들은 각국 백성들의 삶에 심대한 수난을 초래했다. 이러한 역사를 반영한 대표적인 작품이 조위한의 「최척전」이다. 최척에게서 체험의 전말을 전해 듣고 이 작품을 썼다는 후기로 보면 이 작품이 실제 체험에 바탕을 둔 인물들의 <u>이산(離散)과 귀향의 과정을 그린 유랑의 서사</u>임을 알 수 있다. 특히 서사 공간이 조선을 포함하여 아시아 여러 국가에 걸쳐 있고 국가 간 갈등을 넘어선 개인 간의 인간적 배려 및 전쟁의 참상에 대해 각국 백성들이 보인 <u>인류애적 연민의 모습</u>도 형상화하고 있다는 점이 주목할 만하다.

이 작품은 전쟁이라는 일을 겪은 동아시아 백성들의 실제 체험을 그린 소설이네요. 특이하게 우리나라만 다루는 것이 아니라 아시아 여러 국가의 인류애적 연민의 이야기도 담고 있다고 합니다. 어떤 식으로 나오는지 생각하면서 읽어봅시다.

지문 독해

<u>경자년(庚子年, 1600년)</u> 늦봄, 최척(崔陟)은 주우(朱佑)*와 함께 배를 타고 이곳저곳을 돌아다니며 차(茶)를 팔다가 마침내 **안남***에 이르게 되었다. 이때 일본인 상선(商船) 10여 척도 강어귀에 정박하여 10여 일을 함께 머물게 되었다.

날짜는 어느덧 **4월 보름**이 되어 있었다. 〈하늘에는 구름 한 점 없고 물은 비단결처럼 빛났으며, 바람이 불지 않아 물결 또한 잔잔하였다. **이날 밤**이 장차 깊어 가면서 밝은 달이 강에 비치고 옅은 안개가 물 위에 어리었으며, 뱃사람들은 모두 깊은 잠에 빠지고 물새만이 간간이 울고 있었다.〉 이때 문득 일본인 배 안에서 염불하는 소리가 은은히 들려왔는데, 그 소리가 매우 구슬펐다. 최척은 홀로 선창에 기대어 있다가 이 소리를 듣고 자신의 신세가 <u>처량하게 느껴졌다</u>. 그래서 즉시 행장에서 피리를 꺼내 몇 곡을 불어서 가슴속에 맺힌 <u>회한을 풀었다</u>. 때마침 〈바다와 하늘은 고요하고 구름과 안개가 걷히니,〉 애절한 가락과 그윽한 흐느낌이 피리 소리에 뒤섞이어 맑게 퍼져 나갔다. 이에 수많은 뱃사람들이 놀라

잠에서 깨어났으며, 그들은 처연하게 앉아 피리 소리에 조용히 귀를 기울였다. 격분해서 머리가 곧추선 사람도 피리 소리에 분을 가라앉힐 정도였다.

잠시 후에 일본인 배 안에서 조선말로 칠언절구(七言絕句)를 읊었다.

왕자진*의 피리 소리에 달마저 떨어지려 하는데,
[王子吹簫月欲底]
바다처럼 푸른 하늘엔 이슬만 서늘하구나.
[碧天如海露凄凄]

* 주우 : 최척과 함께 장사를 하는 중국인.
* 안남 : 베트남.
* 왕자진 : 주나라 영왕의 태자로, 죄를 입어 서인이 되었음.

'경자년 늦봄'이 시간적 배경이네요. '최척'이라는 사람이 '주우'라는 사람과 함께 이곳저곳을 돌아다니고 있습니다. 그러다가 '베트남'에 도착했는데, 일본인 상선도 열흘 정도를 함께 머물렀다고 해요. 날짜는 4월 15일 즈음! 이런 '시공간적 배경'은 계속 체크하고 계시죠?

그 뒤엔 〈 〉 표시한 부분과 같은 배경 묘사가 제시되고 있습니다. 전쟁 상황과는 달리 평화로운 분위기네요. 그리고 '이날 밤'도 평화롭습니다. 이처럼 '배경 묘사'를 바탕으로 작품의 전반적인 '분위기'를 잡을 수 있어야 합니다!

그런데 일본인 배 안에서 염불하는 '구슬픈' 소리를 들은 '최척'은 자신이 처량하게 느껴졌대요. 아마 타지에서 고생하는 자신의 처지가 서럽게 느껴졌겠죠. 조선 사람이 베트남까지 왔으니까 말이에요. 이렇게 '심리의 근거' 생각하면서 읽고 계시죠?

그러면서 피리를 부는데, 피리는 고전소설에서 '슬프고 처량한 감정'을 나타내는 청각적 심상으로 자주 쓰인다고 했습니다. '최척'의 상황과 찰떡이네요. 그 소리가 배경과 어우러지며 맑게 퍼져 나갔는데, 이 소리를 들은 뱃사람들이 놀라서 일어나고 처연하게 앉아서 피리 소리를 듣고 있네요. 지금 베트남에 조선인들과 일본인들이 있는 상황입니다. 서로의 처지가 비슷하니, 피리 소리에 충분히 공감할 수 있었던 것이겠네요. 이들의 처지를 간접적으로 경험했더니, 그 서러움이 확 공감되는 것 같습니다. 이렇게 읽고 있죠?

그런데 잠시 후에 갑자기 '일본인' 배 안에서 '조선말'로 시를 읊는 소리가 들렸네요! 무슨 일이죠? 일본인 배 안에 조선 사람이 있는 것 같아요.

시를 읊는 소리는 처절하여 마치 원망하는 듯, 호소하는 듯하였다. 시를 다 읊더니, 그 사람 은 길게 한숨을 내쉬었다. 최척은 그 시를 듣고 크게 놀라서 피리를 땅에 떨어뜨린 것도 깨닫지 못한 채, 마치 실성한 사람처럼 멍하니 서 있었다. 이를 보고 주우가 말했다.

"어디 안 좋은 곳이라도 있는가?"

최척은 대답을 하고 싶었으나 목이 메고 눈물이 떨어져 말을 할 수 없었다. 시간이 조금 흐른 뒤에 최척은 기운을 차려 말했다.

"조금 전에 저 배 안에서 들려왔던 시구는 바로 내 아내가 손수 지은 것이라네. 다른 사람은 평생 저 시를 들어도 절대 알아내지 못할 것일세. 게다가 시를 읊는 소리마저 내 아내의 목소리와 너무 비슷해 절로 마음이 슬퍼진 것이라네. 하지만 어떻게 내 아내가 여기까지 와서 저 배 안에 있을 수 있겠는가?"

이어서 온 가족이 왜군에게 포로로 잡혀간 일을 말하자, 배 안에 있던 사람들 가운데 비탄에 젖지 않은 사람이 없었다. 그 가운데 두홍(杜洪)*이라는 사람이 있었는데, 젊고 용맹한 장정이었다. 그는 최척의 말을 듣더니, 얼굴에 의기를 띠고 주먹으로 노를 치면서 분연히 일어나며 말했다.

"내가 가서 알아보고 오겠소."

주우가 저지하며 말했다.

"깊은 밤에 시끄럽게 굴면 많은 사람들이 동요할까 두렵네. 내일 아침에 조용히 물어보아도 늦지 않을 것일세."

주위 사람들이 모두 말했다.

"그럽시다."

* 두홍 : 최척과 함께 장사를 하는 중국인.

그 시를 읊는 소리는 '원망'하는 듯, '호소'하는 듯했다고 합니다. 이렇게 구슬프게 시를 읊은 '그 사람'은 한숨을 쉬고 있어요. 그 사람도 착잡한가봐요. 여기까지는 뭐 그러려니 할 수 있습니다. 우리가 공감하고 있는 내용 그대로니까요.

그런데 갑자기 '최척'이 깜짝 놀랍니다. '주우'가 물어봐도 눈물이 나서 대답을 하지 못해요. 왜 그런가 했더니, 잠시 후에 자신의 아내와 가족의 사연을 이야기해 주고 있습니다. 저 시를 읊은 '그 사람'이 '최척의 아내'만 알고 있는 시를 읊었다는 것이에요! 저라도 엄청 놀라고 눈물이 뚝뚝 떨어질 것 같습니다. 이런 이야기를 들은 사람들은 전부 슬퍼하고 있네요. 이때 '두홍'이라는 사람이 당장 물어보러 간다는데 '주우'가 말리면서 '아침'까지 기다리자고 합니다. 진짜 최척의 아내일까요?

최척은 앉은 채로 아침 이 되기를 기다렸다. 동방이 밝아 오자, 즉시 강둑을 내려가 일본인 배에 이르러 조선말로 물었다.

"어젯밤에 시를 읊었던 사람은 조선 사람 아닙니까? 나도 조선 사람이기 때문에 한번 만나 보았으면 합니다. 멀리 다른 나라를 떠도는 사람이 비슷하게 생긴 고국 사람을 만나는 것이 어찌 그저 기쁘기만 한 일이겠습니까?"

옥영(玉英)도 어젯밤에 들려왔던 피리 소리가 조선의 곡조인데다 평소에 익히 들었던 것과 너무나 흡사하여서 남편 생각에 감회가 일어 저절로 시를 읊게 되었던 것이다. 옥영은 자기를 찾는 사람의 목소리를 듣고 황망하게 뛰어나와 최척을 보았다. 두 사람은 서로 마주 바라보고는 놀라서 소리를 지르며 끌어 안고 모래밭을 뒹굴었다. 목이 메고 기가 막혀 마음을 안정할 수가 없었으며, 말도 할 수 없었다. 눈에서는 눈물이 다하자 피가 흘러내려 서로를 볼 수도 없을 지경이었다. 두 나라의 뱃사람들이 저잣거리처럼 모여들어 구경하였는데, 처음에는 단지 친척이나 잘 아는 친구인 줄로만 알았다. 뒤에 그들이 부부 사이라는 것을 알고 사람마다 서로 돌아보며 소리쳐 말했다.

"이상하고 기이한 일이로다! 이것은 하늘의 뜻이요, 사람이 이룰 수 있는 일이 아니로다. 이런 일은 옛날에도 들어 보지 못하였다."

최척은 옥영에게 그간의 소식을 물으며 말했다.

"산 속에서 붙들려 강가로 끌려갔다는데, 그때 아버님 과 장모님 은 어떻게 되었소?"

옥영이 말했다.

"날이 어두워진 뒤에 배에 오른 데다 정신이 없어 서로 잃어버리게 되었으니, 제가 두 분의 안위를 어찌 알 수 있었겠습니까?"

두 사람이 손을 붙들고 통곡하자, 옆에서 지켜보던 사람들도 슬퍼하며 눈물을 닦지 않는 이가 없었다.

그렇게 '아침'이 되자마자 '최척'은 배에 가서 물어봅니다. 그런데 '옥영', 즉 '최척'의 부인이 정말로 그 배에 있었네요! 여기서 '옥영'이 앞에서 봤던 '그 사람'에 해당한다는 건 굳이 설명하지 않아도 쉽게 알 수 있죠?

둘은 만나서 놀라가지고 소리 지르면서 울고 불고 난리가 났네요. 다들 이상하고 기이한 일로 생각하며 그 모습을 흐뭇하게 구경하고 있습니다. 애정소설의 클리셰대로, 고난을 겪다가 결국 행복한 결말에 이르는 모습이네요. 어느 정도 뻔한 내용들이기 때문에, 일종의 'skip 가능 구간'처럼 빠르게 읽어주시면 됩니다. 이처럼 지문이 긴 경우에는 skip 가능 구간이 있을 확률이 높아요. 적당히 뻔하고 똑같은 이야기만 하는 구간은 빠르게 넘어가시는 것도 방법입니다.

> 주우는 돈우(頓于)*를 만나 백금 세 덩이를 주고 옥영을 사서 데려 오려고 하였다. 그러자 돈우가 얼굴을 붉히며 말했다.
> "내가 이 사람을 얻은 지 이제 4년 되었는데, 그의 단정하고 고운 마음씨를 사랑하여 친자식처럼 생각해 왔습니다. 그래서 침식을 함께하는 등 잠시도 떨어진 적이 없었으나, 지금까지 그가 아낙네인 것을 몰랐습니다. 오늘 이런 일을 직접 겪고 보니, 이는 천지신명도 오히려 감동할 일입니다. 내가 비록 어리석고 무디기는 하지만 진실로 목석은 아닙니다. 그런데 차마 어떻게 그를 팔아서 먹고살 수 있겠습니까?"
> 돈우는 즉시 주머니 속에서 은자(銀子) 10냥을 꺼내어 전별금(餞別金)으로 주면서 말했다.
> "4년을 함께 살다가 하루아침에 이별하게 되니, 슬픈 마음에 가슴이 저리기만 하오. 온갖 고생 끝에 살아남아 다시 배우자를 만나게 된 것은 실로 기이한 일이며, 이 세상에는 없었던 일일 것이오. 내가 그대를 막는다면 하늘이 반드시 나를 미워할 것이오. 사우(沙于)*여! 사우여! 잘 가시게! 잘 가시게!"
> -조위한, 「최척전(崔陟傳)」-
>
> * 돈우 : 옥영을 데리고 장사를 하는 일본인.
> * 사우 : 돈우가 옥영에게 붙여 준 이름.

그렇게 '돈우'에게서 돈을 주고 '옥영'을 데려오려 하고 있습니다. 여기서 돈을 주는 주체가 '최척'이 아닌 '주우'라는 것에 주목할 수 있어야 합니다. '최척'은 정신이 없을 테니, 친구인 '주우'가 돕고 있다는 식으로 이해해주시면 되겠죠? '주체 왜곡'을 이용한 내용일치 선지로 내기에 좋은 부분이니 확실하게 체크할 수 있어야 합니다! '최척은 돈을 주고 옥영을 데려오려 하였다.'라고 하면 너무나 매력적인 오답 선지가 만들어지니까요.

아무튼 '돈우'는 돈을 받고 '옥영'을 팔기보다는 오히려 전별금을 주며 잘 가라고 하고 있습니다. 대사를 보니 '옥영'이 여자인 것도 몰랐다고 해요. 아마 '옥영'이 장사를 하기 위해 남장을 했을 것이라 추측할 수 있겠네요. 시대적 배경이 여성의 사회 진출이 막혀 있던 조선시대라는 걸 감안하면 충분히 공감할 수 있는 내용이겠습니다.

정말 〈보기〉에서 말한 대로 동아시아 인물들이 국가 차원의 갈등을 넘어 인류애적인 이야기를 주고받고 있어요. 애정소설의 클리셰가 그대로 작동하고 있다는 점도 흥미롭습니다. 문제 한 번 풀어볼까요?

| 선지 | ① | ② | ③ | ④ | ⑤ |
|---|---|---|---|---|---|
| 선택률 | 10% | 72% | 9% | 5% | 3% |

**08** 최척과 옥영의 재회에 대한 이해로 가장 적절한 것은? ②

– 이야기의 중심축에 대해 물어보고 있습니다. 우리가 이해한 내용을 바탕으로 가볍게 판단해보도록 합시다.

① 타국에서 만난 동포의 도움을 통해 우연히 이루어진다.

| 선지 유형 | 근거가 있어서 허용 불가능 |
|---|---|
| 실전에서의 판단 과정 | 동포가 아니라 외국인들 도움으로 이루어진거지. |
| 해설 | 둘의 만남은 '동포'가 아닌 외국인들의 도움으로 이루어지고 있죠? 애초에 〈보기〉에서부터 이 작품이 '각국 백성들이 보인 인류애적 연민의 모습'을 형상화하고 있다는 걸 강조했습니다. 이 지문의 중심 사건인 '최척과 옥영의 재회'는 당연히 이러한 주제에 맞추어 이루어진 것이라고 보는 게 맞겠네요. |

② 두 인물이 공유하고 있는 과거의 기억을 매개로 하여 이루어진다.

| 선지 유형 | 근거가 있어서 허용 가능 |
|---|---|
| 실전에서의 판단 과정 | 시와 피리를 통해 만났지. |
| 해설 | 이들의 만남은 '최척'이 불던 피리 소리, '옥영'이 읊던 시로부터 시작됩니다. 모두 두 인물이 공유하고 있는 과거의 기억이죠? 중심 사건이다보니 그 맥락을 너무나 잘 기억하고 계실 겁니다. 가볍게 답으로 고르면 되겠네요. |

③ 두 인물이 평소에 주변 사람들에게 베푼 자비로 인해 이루어진다.

| 선지 유형 | 근거가 없어서 허용 불가능 |
|---|---|
| 실전에서의 판단 과정 | 딱히 그런 말은 없었는데? |

| 해설 | 두 인물이 평소에 자비를 베풀었다는 내용을 허용할 만한 근거가 전혀 없어요. 이들의 만남은 정말 '우연'으로 이루어진 것이기도 하구요. |
|---|---|

④ 주변 사람들의 오해로 인해 우여곡절을 겪다가 기적적으로 이루어진다.

| 선지 유형 | 근거가 없어서 허용 불가능 |
|---|---|
| 실전에서의 판단 과정 | 딱히 우여곡절 없었는데? |
| 해설 | 일단 주변 사람들의 오해라고 할 만한 게 없었습니다. 굳이 찾자면 '최척'과 '옥영'이 친척이나 잘 아는 친구인 줄 알았다고 하는 부분인데, 이걸 '오해'의 범주에 속하는 것이라고 해도 이로 인해 '우여곡절'을 겪는다는 건 말이 안 되겠죠? 나름 스무스하게 이루어진 만남이었습니다. |

⑤ 주변 인물들 중 대다수에게는 환영을 받지만 일부에게는 의구심을 유발한다.

| 선지 유형 | 근거가 없어서 허용 불가능 |
|---|---|
| 실전에서의 판단 과정 | 누가 의구심을 가졌는데? |
| 해설 | '의구심'이라는 심리를 보인 사람들은 전혀 없었습니다. 만약 이런 심리를 보인 사람들이 있었다면, 우리가 먼저 그 이유를 추측했었겠죠. 허용할 만한 근거를 찾기 어렵네요. |

| 선지 | ① | ② | ③ | ④ | ⑤ |
|---|---|---|---|---|---|
| 선택률 | 6% | 7% | 7% | 6% | 74% |

**09** 윗글의 '밤'과 '아침'에 대한 설명으로 가장 적절한 것은? ⑤

– '밤'은 '최척'이 자신의 쓸쓸한 처지를 피리 소리로 드러내다가 '옥영'의 존재를 인식하게 되는 시간이고, '아침'은 '최척'과 '옥영'이 실제로 만나 행복한 결말을 맺게 되는 시간입니다. 이 내용 생각하면서 지문 읽어보도록 합시다.

① 밤은 주인공이 초월적 존재와 교감하고, 아침은 주인공이 현실적 문제와 대결하는 시간이다.

| 선지 유형 | 근거가 없어서 허용 불가능 |
|---|---|
| 실전에서의 판단 과정 | 초월적 존재가 어디 있었냐. |
| 해설 | '초월적 존재'라는 어마어마한 존재는 등장한 적이 없죠? '아침'을 '대결'하는 시간이라고 하기도 어렵겠구요. |

② 밤은 운명과의 대결을 통해 주인공이 위기에 처하고, 아침은 조력자의 등장으로 그 위기에서 벗어나는 시간이다.

| 선지 유형 | 근거가 없어서 허용 불가능 |
|---|---|
| 실전에서의 판단 과정 | 위기는 아니지! |
| 해설 | '운명과의 대결', '위기에 처함' 등은 이 지문의 내용에 비추어 봤을 때 너무 과한 표현들이죠? |

③ 밤은 폐쇄적인 공간에서 새로운 계획이 구상되고, 아침은 개방적인 공간에서 그 계획을 실행할지 논의하는 시간이다.

| 선지 유형 | 근거가 없어서 허용 불가능 |
|---|---|
| 실전에서의 판단 과정 | 논의는 밤에 했지. |
| 해설 | 일단 '선창'이라는 '밤'의 공간이 딱히 폐쇄적인 것도 아니고, '아침'에 계획을 논의했다는 것도 허용하기 어렵죠. '아침'에는 '밤'에 세워 둔 계획을 바탕으로 실행에 나선 것이니까요. |

④ 밤은 인물의 내면적 갈등이 점진적으로 심화되고, 아침은 그 내면적 갈등이 새로운 인물들 간의 갈등으로 비화되는 시간이다.

| 선지 유형 | 근거가 없어서 허용 불가능 |
|---|---|
| 실전에서의 판단 과정 | 아침에 갈등 다 해결됐잖아. |
| 해설 | '밤'에 내면적 갈등이 점진적으로 심화된다는 것은 어느 정도 허용이 가능한데, 아침에 새로운 인물들 간의 갈등이 나오지는 않죠. 아주 이쁘게 갈등이 마무리되고 있어요. |

⑤ 밤은 주인공이 새로운 상황을 맞이하면서 서사적 긴장이 조성되고, 아침은 극적 장면이 펼쳐지면서 그 긴장이 해소되는 시간이다.

| 선지 유형 | 근거가 있어서 허용 가능 |
|---|---|
| 실전에서의 판단 과정 | 생각한 내용 그대로를 멋진 말로 풀어 썼네. |

일단 '밤'에 '최척'이 '옥영'의 시 소리를 들으면서 (새로운 상황 맞이) 서사적 긴장이 조성되었습니다. 이때의 '서사적 긴장'은 '독자 입장에서 흥미를 가질 부분' 정도로 생각하시면 돼요. 반드시 치고받고 하는 싸움의 상황에서만 '서사적 긴장'이라는 말을 쓰는 게 아닙니다.

'아침'이 되자, '최척'과 '옥영'의 재회라는 극적 장면이 펼쳐지면서 '밤'에 조성되었던 긴장이 해소되고 있습니다. 미리 생각한 내용 그대로인데, '서사적 긴장'이라는 개념을 사용해서 좀 더 멋지게 풀어낸 선지네요. '서사적 긴장'이라는 개념에 대해서 확실하게 알아두도록 합시다!

| 선지 | ① | ② | ③ | ④ | ⑤ |
|------|------|------|------|------|------|
| 선택률 | 6% | 64% | 12% | 7% | 11% |

## 10 〈보기〉를 참고하여 윗글을 감상한 내용으로 적절하지 <u>않은</u> 것은? [3점] ②

① '경자년', '4년' 등은 최척과 옥영이 겪어야 했던 전란과 유랑체험이 역사적 실제성을 지닌 것임을 알려 주는군.

| 선지 유형 | 근거가 있어서 허용 가능 |
|------|------|
| 실전에서의 판단 과정 | 그렇지. |
| 해설 | 이 작품은 실제 일어난 '임진왜란'과 같은 전쟁에 의해 벌어졌던 일을 그린 것입니다. 〈보기〉에 의해서도 '역사적 실제성'이라는 말은 충분히 허용할 수 있겠죠. |

② <u>처절하게 시를 읊고 한숨까지 내쉰 것은 시가 옥영 자신의 이산과 유랑 체험을 계기로 지어진 것임을 알려 주는군.</u>

| 선지 유형 | 근거가 있어서 허용 불가능 |
|------|------|
| 실전에서의 판단 과정 | 저 시의 내용을 최척이 알고 있다는 건 이산과 유랑 전에 지었다는 거 아니야? |
| 해설 | 조금 어려운 선지입니다. 논리적인 사고를 요구하고 있어요! 만약 '옥영'이 읊은 시가 '이산과 유랑 체험'을 계기로 지어진 것이라면, 그 시가 '최척'과 이별한 이후에 지어진 것이라고 해야 할 겁니다. 이 경우, '최척'은 시의 내용을 알 리가 없죠. 자신과 헤어진 뒤에 지은 것이니까요. 하지만 '최척'은 그 시를 듣자마자 '옥영'의 것임을 알아 낸 모습입니다. 이는 해당 시를 '옥영'이 '최척'과 헤어지기 |

전에 지은 것임을 의미하겠네요. 마치 독서 문제처럼 선지의 내용을 바탕으로 추론할 것을 요구하는 어려운 문제였습니다. '심리의 근거'를 바탕으로 이해한 내용을 이용해서 이 정도의 선지도 판단할 수 있게끔 준비해야겠죠?

③ '조선말', '조선의 곡조' 등이 사건 전개에 중요한 역할을 하는 것은 최척 부부의 재회가 외국에서 이루어지고 있기 때문이겠군.

| 선지 유형 | 근거가 있어서 허용 가능 |
|------|------|
| 실전에서의 판단 과정 | 베트남에서 조선말 들렸으니 조선말, 조선의 곡조가 특이했던 거지. |
| 해설 | 이들의 재회가 외국에서 이루어지는데, 그 덕에 조선의 말과 곡조가 특이한 사항이 되어 재회에 결정적인 역할을 할 수 있었죠? 이 정도 선지는 충분히 허용할 수 있어야 합니다. |

④ 최척 가족의 이산의 사연을 듣고 주변 사람들이 눈물 흘린 것은 전쟁의 참상에 대한 인류애적인 연민을 보여 준 사례이겠군.

| 선지 유형 | 근거가 있어서 허용 가능 |
|------|------|
| 실전에서의 판단 과정 | 그렇지 뭐. |
| 해설 | 선지 그대로 허용이 가능하겠죠? 자신의 이야기도, 심지어 같은 나라의 백성도 아닌데 함께 울어 주고 있으니까요. |

⑤ 돈우가 백금을 받고 옥영을 파는 대신 오히려 옥영에게 전별금을 주며 안타까이 보낸 것은 국가 간 갈등을 넘어선 인간적 배려를 보여 주는 사례이겠군.

| 선지 유형 | 근거가 있어서 허용 가능 |
|------|------|
| 실전에서의 판단 과정 | 그렇지. |
| 해설 | '돈우'는 일본인이고, '임진왜란'은 조선과 일본이 벌인 전쟁입니다. 그럼 '돈우'와 같은 일본인과 '최척'과 같은 조선인 사이에는 앙금이 있을 만도 한데, '돈우'는 '옥영'을 안타깝게 여기며 기꺼이 보내 주고 있으니 '국가 간 갈등'을 넘은 '인간적 배려'라고 할 수 있겠죠. 이렇게까지 생각하지 않더라도, 그냥 보자마자 '뭐 그렇다고 볼 수 있지'라는 생각을 하면서 지울 수 있으면 좋겠어요. |

몰랐던 어휘 정리하기

| 핵심 **point** |

① **허용 가능성 평가** : 선지의 내용을 '허용'하려는 태도를 바탕으로 지문을 '독해'하며 '근거'를 찾아야 합니다. 허용할 수 있는 '근거'가 있어야만 허용할 수 있습니다. 주관적인 생각을 개입시키면 안 됩니다.

② **소설 독해** : '심리와 행동의 근거'를 바탕으로 인물에게 '공감'하며 읽어야 합니다. 이 과정이 물흐르듯 이어지면 지문의 내용을 완벽하게 이해할 수 있어요.

③ **애정소설 클리셰** : 조선시대의 사랑은 이루어지기 어렵습니다. 많은 장애물과 고난을 만나게 될 것이에요. 하지만 그 끝은 아름다울 겁니다. 고구마 같은 전개를 보여 주지만 결국 결말은 사이다라는 것! 이러한 클리셰를 이용하면서 지문을 읽어가도록 합시다.

| 지문 내용 총정리 |

'애정소설'의 클리셰를 충실히 따르는 지문이었습니다. 공간적 배경이 외국이라는 점에서 상당히 특이하기도 했지만, 인물들이 보여 주는 심리와 행동의 근거가 상당히 단순하게 잡히는 쉬운 지문이었어요. 다만 〈보기〉 문제의 정답 선지 판단 과정이 꽤나 복잡했었죠? 문학에서도 이렇게 복잡한 선지 판단을 물어볼 수 있다는 점. 확실하게 인지하도록 합시다.

〈보기〉 확인

┌─────────── [보기] ───────────┐

「눈이 오면」에서는 어머니의 목소리가 발화 내용과 어우러져 '그'에게 특별한 메시지를 전달한다. 그 목소리는 '그'에게 수치심, 죄책감, 불길함, 섬찟함, 당혹감 등의 감정을 불러일으키거나 특정한 행동을 야기한다.

└──────────────────────────────┘

어머니의 목소리가 '그'라는 인물에게 다양한 메시지를 전달하나 봐요. 이것 자체는 그리 중요하지 않은데, '수치심, 죄책감, 불길함, 섬찟함, 당혹감' 등의 다양한 감정이 드러난다는 힌트를 주고 있다는 게 볼 만합니다. 결국 '그'의 심리와 그 근거에 주목하는 게 핵심이 되겠네요.

지문 독해

┌──────────────────────────────┐

그렇게…… 그렇게도 배가 고프디야.
그 넓은 운동장을 다 걸어 나올 때까지 불현듯 어머니의 입에서 새어 나온 말은 꼭 그 한마디였다. 하지만 그것은 반드시 그를 향해 묻는 말이라기보다는 넋두리에 더 가까웠다. 교문을 나선 어머니는 집으로 가는 길을 제쳐 두고 웬일인지 곧장 다릿목에서 왼쪽으로 꺾어 드는 것이었다. 저만치 구호소 식당이 눈에 들어왔을 때 그는 까닭 모를 두려움과 수치심으로 뒷걸음질을 쳤다. 그런 그를 어머니는 별안간 무서운 힘으로 잡아끌었다.

└──────────────────────────────┘

'넓은 운동장'을 걸어 나오면서 '어머니'는 '그'에게 딱 한 마디를 합니다. 이는 '넋두리'에 더 가까웠다고 해요. 도대체 무슨 일이 있던 걸까요? '어머니'는 집으로 가지 않고 '구호소 식당'을 향해 가고 있습니다. 그런데 이 곳에 가자 '그'가 '두려움과 수치심'이라는 심리를 보여 주고 있어요. 인물의 심리가 나왔으니 그 근거를 생각해 봐야겠죠? '그'는 도대체 왜 '구호소 식당'을 보고 '두려움과 수치심'을 느낀 걸까요?

┌──────────────────────────────┐

가자. 아무리 없어서 못 먹고 못 입고 살더래도 나는 절대로 내 새끼를 거지나 도둑놈으로 키울 수는 없응께. 시상에…… 시상에, 돌아가신 느그 아버지가 이런 꼴을 보시면 뭣이라고 그러시끄나이.

└──────────────────────────────┘

이 생각을 가지고 조금 더 읽어 봤더니, '어머니'의 '거지나 도둑놈으로 키울 수는 없다.'라는 대사가 보입니다. 아! 아마도 이 구호소 식당에서 도둑질을 했나 보네요. 그래서 '그'는 두려움과 수치심을 느꼈던 것이구요. 이렇게 '심리의 근거'를 생각하며 읽으니까 내용이 잘 이해되죠? '도둑질'과 같은 행위를 콕 집어서 생각하지 못했더라고 해도, 뭔가 잘못했으니까 그렇겠구나.. 정도는 생각할 수 있어야 합니다. '두려움과 수치심'이라는 심리의 근거를 찾겠다는 목적의식이 있었다면 충분히 할 수 있는 생각이에요!

┌──────────────────────────────┐

어머니의 음성은 돌연 냉랭하게 변해 있었다. 끝내 그는 와앙 울음을 터뜨려 버리고 말았다. 그러나 어머니는 기어코 구호소 식당 안의 때 묻은 널빤지 의자 위에 그를 끌어다가 앉혀 놓았다.
잠시 후 어머니가 손바닥에 받쳐 들고 온 것은 한 그릇의 국수였다. 긴 대나무 젓가락이 찔려져 있는 그것을 어머니는 그의 앞으로 밀어 놓으며 말했다.
먹어라이. 어서 먹어 보란 말다이…….
어머니의 음성에는 어느새 아까의 냉랭함이 거의 지워져 있었다. 그는 몇 번 망설이다가는 젓가락을 뽑아 들고 무 조각 하나가 덩그러니 떠 있는 그 구호용 가락국수를 먹기 시작했다. 그러다가 문득 고개를 들었던 그는 그만 젓가락을 딸각 놓아 버리고 말았다. 마주 앉아서 그때까지 그를 줄곧 지켜보고 있었을 어머니의 눈에는 소리도 없이 눈물이 그득히 괴어오르고 있었기 때문이었다. 탁자 밑에 가지런히 모아져 있는 어머니의 낡은 먹고무신을 내려다보며 그는 갑자기 목구멍이 뻐근해져 옴을 느껴야 했다.

└──────────────────────────────┘

이런 이야기를 '냉랭하게' 하는 '어머니'를 보며, '그'는 그만 와앙 울어 버립니다. 앞에서 봤던 '두려움과 수치심'이 폭발했다고 할 수 있겠죠? 하지만 '어머니'는 기어코 그를 식당에 앉힙니다.

잠시 후 '어머니'는 '국수'를 들고 옵니다. 그리고 '그'에게 국수를 먹을 것을 권하고 있죠. 이렇게 말하는 '어머니'의 음성에는 '냉랭함'이 거의 지워진 모습입니다. 여기서 또 생각해야 합니다. 아니 혼낼 것처럼 하더니, 갑자기 왜 이렇게 말투가 부드러워진 거죠? '심리의 근거'를 생각하려고 하면 충분히 알아낼 수 있습니다. 바로 아들에 대한 '안쓰러움'과 미안함 때문이겠죠. 어린아이가 배가 고파 도둑질까지 했다는 건 평소에 집에서 제대로 밥을 못 먹었다는 소리이고, '어머니' 입장에서는 그렇게 키울 수밖에 없는 상황에 미안한 감정이 들었던 것이에요. 이렇게 우리는 '어머니'에게 공감을 했습니다. 지문을 완벽하게 이해한 것이에요!

어리둥절한 상태로 국수를 먹던 '그'는 갑자기 젓가락을 놓아 버립니다. 이번에도 그 행동의 '근거'를 생각해야 해요. 왜 그런 건가요? 뒤를 조금만 읽어 보니, '어머니'의 눈물을 봤기 때문이겠죠. 어린 나이 탓에 '어머니'의 마음을 완벽하게 이해하지는 못했겠지만, 자기 때문에 '어머니'가 울고 있으니 마음이 편치는 않을 겁니다. 이러한 심리는 '목구멍이 뻐근'해지는 것으로 이어지고 있네요.

> 그 후, 그는 두 번 다시 그 빈민 구호소 식당 앞에서 얼쩡거리지 않았다. 아마도 그런 기억 때문이었는지는 몰라도, **두 아이의 아버지가 된 지금**까지도 <u>국수는 그에게 여전히 싫어하는 음식</u>으로 남아 있었다.

아무튼 그 뒤로 그는 다시는 구호소 앞을 얼쩡거리지도 않았고, 두 아이의 아버지가 된 현재 시점까지도 국수가 가장 싫어하는 음식이라고 합니다. 그 심정이 잘 이해되겠죠? '국수 맛있는데 왜 그러지?' 이런 생각을 하면 안 돼요. '그'에게는 '국수'를 싫어할 수밖에 없는 이유가 있는 겁니다. 여기에 공감하면서 읽어 주시면 완벽하겠죠?

나아가 지금까지 '과거 회상'을 하다가 '현재'로 시점이 넘어왔다는 것도 자연스럽게 체크가 되어야 합니다. 평가원은 '시간의 변화'를 집요하게 물어보니까요.

> (중략)
>
> 어머니한테 뭔가 이상한 변화가 일어나고 있을지도 모른다는 <u>불길한 조짐</u>을 처음으로 느끼기 시작한 것은 **두 달 전**쯤부터였다. 그날따라 겨울이 전에 없이 일찍 앞당겨 찾아온 듯한 늦가을 날씨로 밖은 유난히 썰렁했다. 젓가락으로 밥알을 헤아리듯 하며 맛없는 아침상을 받고 있노라니까 아내가 심상찮은 기색으로 곁에 쪼그려 앉는 것이었다. 그녀가 미처 입을 열기도 전에 그는 짐짓 <u>신경질적인 표정</u>부터 준비했다. 그즈음은 마침 지난달의 봉급을 받지 못한 데다가 그달 봉급마저도 벌써 며칠째 넘기고 있던 참이었으므로, 이번에도 또 아내의 입에서 보나 마나 궁색한 소리가 튀어나오리라고 지레짐작했던 때문이었다. 급료도 제대로 나오지 않는 직장을 뭣 하러 나다녀야 하느냐는 당연한 투정 때문에 얼마 전에도 한바탕 말다툼을 벌였던 적이 있었던 것이다. 그러나 **이날 아침**은 그게 아니었다.
>
> 여보. 나가시기 전에 어머님 좀 잠시 들여다보세요. 암만 해도…….

(중략) 이전의 내용이 '그'의 과거 시점이었다면, 이제는 '현재'와 그로부터 '두 달 전'의 이야기입니다. 앞에서도 말씀드렸지만, 이러한 시간의 변화는 정말 디테일하게 잡아주셔야 해요!

시간적 배경에 유의해서 읽었다면, 내용을 이해하는 것은 크게 어렵지 않아 보여요. '아내'가 심상찮은 기색으로 곁에 앉자, 또 잔소리를 할 것이라 생각한 '그'는 '신경질적인 표정'부터 준비합니다. 그동안 비슷한 일이 많았나 보네요. 그런데 '이날 아침', 즉 '두 달 전'의 '아내'는 '어머니'를 들여다보라는, '불길한 조짐'이 드는 이야기를 합니다. 도대체 무슨 일이 일어난 것일까요?

> 아니 왜. 감기약을 지어 드렸는데도 여전히 차도가 없으시대?
>
> **며칠 전**부터 몸이 편찮으시다고 누워 계시는 줄은 그도 알고 있었다. 병원에 가 보는 게 어떻겠느냐고 물었더니, 특별히 아픈 데는 없노라고, 아마도 고뿔인 것 같으니까 누워 있으면 곧 괜찮아질 거라고 하며 어머니는 손을 내젓던 것이었다.
>
> 그게 아니라, 저어, 암만해도 어머님이 좀 이상해지신 것 같단 말예요.
>
> 그, 그건 또 무슨 소리야.
>
> 아내는 뭔가 숨기고 있는 듯한 어정쩡한 표정으로 그의 눈치를 살피고 있었다. 문득 <u>불길한 예감</u>이 뒤통수를 때렸다.
>
> 아무리 봐도 예전 같지가 않으시다구요. 그렇게 정신이 총총하시던 분이 별안간 무슨 말인지도 모를 헛소리를 하시기도 하고……. 어쩌다가는 또 말짱해 보이시는 것 같다가도 막상 물어 보면 전혀 엉뚱한 대답을 하시는 것이에요. 처음엔 일부러 그러시는가 했는데, 글쎄 그게 아니에요.
>
> 도대체 난데없이 무슨 소릴 하고 있는 거야, 지금.
>
> 설마 어머니가 그럴 리가 있을까 싶으면서도 왠지 <u>섬뜩한 예감</u>에 그는 숟가락을 놓고 곧장 건너가 보았다.

처음에 '그'는 무심하게 '감기약 지어 드렸잖아'라는 식으로 대꾸했으나, '아내'의 반응을 보고 '어머니'가 단순히 감기에 걸렸던 것이 아님을 알게 됩니다. '헛소리', '엉뚱한 대답'을 하셨단 얘기를 보니 아마 치매에 걸리신 것이 아닐까 싶어요. 그는 '아니겠지…'하는 식으로 반응하려다가도, '불길'하고 '섬뜩'한 예감을 느끼고 바로 어머니한테 달려갑니다. '그'의 이러한 심정을 함께 느끼면서 읽을 수 있어야 해요!

어머니는 이불을 덮고 누워 무얼 생각하는지 멀거니 천장만 올려다보고 있었다. <u>의외로 안색이 나아 보였으므로 그는 적이 맘을 놓았다.</u> 하지만 어머니는 두 번씩이나 부르는 아들의 목소리에도 대답이 없었다. 그저 꼼짝도 하지 않고 망연한 시선을 천장의 어느 한 점에 멈춰 두고 있을 뿐이었다. 한동안 멍청하게 앉아 있던 그가 자리에서 마악 일어서려 할 때였다.

찬우야이!

어머니의 입에서 불쑥 그 한마디가 튀어나오는 순간 그는 <u>가슴이 철렁했다.</u> 직감적으로 어떤 불길한 예감이 전신을 휩싸 안는 것 같았다. 아직까지 어머니는 한 번도 그렇게 아들의 이름을 직접 부르는 적이 없었다. 적어도 그가 결혼한 후로는 그랬다. 하지만 그보다도 더 그가 놀랐던 것은 어머니의 음성에서였다. 그것은 이미 예전의 귀에 익은 음성이 아니었다. 언제나 보이지 않는 따뜻함과 부드러움으로 흘러나오곤 하던 그 목소리에는 대신 어딘가 냉랭하면서도 들떠 있는 듯한 건조함이 배어 있었다. 그 음성을 듣는 순간 그가 <u>내심 섬찟했던 것은 바로 그 생경한 이질감 때문이었는지도 모른다.</u> 그는 <u>놀란 눈</u>으로 황급히 어머니의 얼굴을 들여다보았다.

찬우야이. 어서 꼬두메로 돌아가자이. 느그 아부지랑 찬세가 얼매나 기다리겄냐아. 더 추워지기 전에 싸게싸게 집으로 가야 한단 말다이.

어머니는 나직하게, 그러나 힘이 서린 목소리로 그렇게 말하는 것이었다. <u>그가 너무 당황하여</u> 그 말이 무슨 뜻인지를 얼른 쉽사리 가려낼 수가 없었다.

-임철우, 「눈이 오면」-

뛰어가 '어머니'의 안색을 살피니, 의외로 괜찮아보여 '맘을 놓'는 '그'입니다. 다행이다... 싶은데 갑자기?? '어머니'가 '찬우야이!'라는 말을 합니다. 그 말을 들은 '그'는 '가슴이 철렁'하며, 또 다시 '불길한 예감'을 느껴요. 결혼한 후로 한 번도 자기 이름을 제대로 부른 적이 없었는데 갑자기 이름을 부른다는 점, '이질감'이 느껴지는 음성 등이 그 심리의 근거로 기능한다고 할 수 있겠죠. 놀라고 당황한 '그'는 어찌할 줄을 모르는 반응을 보이고 있네요. 누구나 그럴 것이므로, '그'의 심리에 공감하는 게 그리 어려워보이지는 않습니다.

이처럼 '심리와 행동의 근거'에 주목하면서 지문을 읽어 나간다면, 어렵지 않게 이해할 수 있을 겁니다. 소설 독해는 이 태도 하나만 가지고 진행하는 겁니다. 익숙해질 때까지 많이 연습해보도록 합시다.

| 선지 | ① | ② | ③ | ④ | ⑤ |
|---|---|---|---|---|---|
| 선택률 | 60% | 3% | 6% | 25% | 6% |

## 11  윗글의 서술상 특징으로 가장 적절한 것은? ①

– 서술상 특징을 묻는 문항입니다. '개념어' 같은 걸 묻는 게 아닙니다! 우리처럼 인물들에게 공감하며 지문을 잘 이해했다면, 어렵지 않게 해결할 수 있을 것이에요.

① <u>특정 인물의 회상을 중심으로 이야기를 전개하고 있다.</u>

| 선지 유형 | 근거가 있어서 허용 가능 |
|---|---|
| 실전에서의 판단 과정 | (중략) 전/후가 모두 과거 이야기였지. |
| 해설 | 바로 답이네요. '그'라는 특정 인물의 어릴 적과 '두 달 전'이라는 과거 이야기의 회상을 통해 이야기가 전개되고 있으니까요. 시간의 변화를 체크하고, 그것을 통해 내용을 이해했다면 쉽게 답으로 고를 수 있었어요. |

### FAQ

**Q** (중략) 이전은 그냥 전지적 서술자가 주인공의 과거를 서술하는 부분 아닌가요? 이 부분은 왜 회상인가요?

**A** 전지적 서술자가 특정 인물의 시선에 제한하지 않고 단순히 전반적인 과거를 설명해주는 부분은 '회상'이라고 보기 어렵습니다. '회상'은 특정 주체가 자신의 내면세계를 바라보는 과정에서 과거의 특정 장면을 떠올리는 것을 말하니까요. 즉, 전지적 서술자가 '특정 인물의 관점'에서 바라본 과거를 설명하는 것은 특정 인물이 '회상'하는 모습을 설명하고 있다는 식으로 이해할 수 있습니다. 전지적 서술자는 인물의 내면세계에 대해서 다 알고 있을 것인데, 특정 인물이 '회상'하고 있다는 내면세계를 설명한 것이라 할 수 있다는 것이죠. 결국 (중략) 이전은 전지적 서술자가 '그'의 '회상' 장면을 설명하고 있다는 식으로 이해할 수 있겠습니다.

② 계절의 변화를 통해 사건 해결의 실마리가 드러나고 있다.

| 선지 유형 | 근거가 없어서 허용 불가능 |
|---|---|
| 실전에서의 판단 과정 | 해결될 만한 사건이 없는데? |
| 해설 | 늦가을이라는 계절이 드러나기는 했지만 계절이 변화했다는 내용도 없었고, 사건 해결의 실마리는 더더욱 없었죠. 갑자기 어머니의 치매가 치료되고 그런 건 아니잖아요. |

③ 공간적 배경에 대한 상세한 묘사를 통해 사건 전개를 지연시키고 있다.

| 선지 유형 | 근거가 없어서 허용 불가능 |
| --- | --- |
| 실전에서의 판단 과정 | 배경 묘사를 체크한 기억이 없는데? |
| 해설 | 구호소 식당이라는 공간적 배경이 등장하기는 했지만 그 공간을 상세하게 묘사하지는 않았죠. 만약 어떤 공간을 상세하게 묘사했다면 사건 전개가 지연되는 것은 허용할 수 있을 것이에요. '사건 전개 속도'라는 개념은 조금만 익숙해지면 어렵지 않으니 꼭 숙지하도록 합시다. 중요한 건 한 시점 속에서 얼마나 오래 머무느냐는 겁니다! |

④ 서술자가 관찰자의 입장에서 사건을 전달함으로써 객관성을 높이고 있다.

| 선지 유형 | 근거가 있어서 허용 불가능 |
| --- | --- |
| 실전에서의 판단 과정 | 전지적 작가 시점이잖아. |
| 해설 | 관찰자의 입장이면, 즉 3인칭 '관찰자' 시점이라면 '그'가 왜 저런 행동을 하는지 몰라야 해요. 이 작품은 '그'의 심리를 완벽하게 꿰뚫고 있으므로 '전지적 작가 시점'으로 봐 주셔야 합니다. 관찰자와 전지적 작가 시점의 차이는 '인물의 내면세계'를 직접적으로 말해주느냐의 여부라는 걸 확실하게 알아둡시다. |

⑤ 서술의 초점을 다양한 인물로 옮겨 가며 갈등을 다각적으로 조명하고 있다.

| 선지 유형 | 근거가 있어서 허용 불가능 |
| --- | --- |
| 실전에서의 판단 과정 | 그의 이야기만 했던 것 같은데? |
| 해설 | 이 소설은 오로지 '그'의 시점에서만 이야기를 전개하고 있어요. '초점 화자' 같은 개념어를 알고 있는지 묻는 선지가 아니라, 지문의 내용을 잘 이해하고 있는지 묻는 선지입니다. 공부의 초점을 잘 잡아보도록 합시다. |

| 선지 | ① | ② | ③ | ④ | ⑤ |
| --- | --- | --- | --- | --- | --- |
| 선택률 | 6% | 3% | 81% | 6% | 4% |

## 12 ⓐ에 대한 설명으로 가장 적절한 것은? ③

> 잠시 후 어머니가 손바닥에 받쳐 들고 온 것은 ⓐ 한 그릇의 국수였다.

– (중략) 이전 줄거리에서 가장 중요한 소재라고 할 수 있죠. 내용을 잘 이해했으니 어렵지 않게 해결할 수 있을 겁니다.

① '어머니'와 '그'의 갈등을 지속시키는 매개물이다.

| 선지 유형 | 근거가 없어서 허용 불가능 |
| --- | --- |
| 실전에서의 판단 과정 | 갈등이 지속된 적은 없는데? |
| 해설 | '국수'를 받은 '그'는 '어머니'의 눈물을 보고 목구멍이 뻐근해져 옴을 느낍니다. 우리가 이해한 내용에 따르면, 이 심리는 '어머니'의 마음을 알아버린 슬픔으로 봐야 할 겁니다. '갈등을 지속'시킨다고 하기엔 지문의 내용과 너무 어긋나네요. |

② '그'가 사회 문제에 관심을 갖게 하는 매개물이다.

| 선지 유형 | 근거가 없어서 허용 불가능 |
| --- | --- |
| 실전에서의 판단 과정 | 사회 문제 얘기가 언제 나왔냐. |
| 해설 | '사회 문제에 대한 관심'은 아이가 없을 정도의 헛소리네요. |

③ '그'가 '어머니'의 속마음을 깨닫게 하는 매개물이다.

| 선지 유형 | 근거가 있어서 허용 가능 |
| --- | --- |
| 실전에서의 판단 과정 | 목구멍이 뻐근해져 옴을 느낀 근거였지. |
| 해설 | '어머니'의 눈물을 본 '그'는 목구멍이 뻐근해져 옴을 느낍니다. 그리고 우리가 이해한 바에 따르면, 이 심리의 근거는 '어머니의 마음을 알아버렸기 때문'이에요. 인물에게 공감하며 내용을 이해했다면 1초만에 답으로 고를 수 있는 선지였네요. |

④ '어머니'에 대한 '그'의 배려를 드러내는 매개물이다.

| 선지 유형 | 근거가 없어서 허용 불가능 |
| --- | --- |
| 실전에서의 판단 과정 | 배려를 언제 보여줬냐. |

| 해설 | 역시 너무 헛소리죠? 지문의 내용을 이해했다면 쳐다도 보지 않아야 할 선지입니다. |
| --- | --- |

⑤ 어려운 처지의 '어머니'에게 위안을 주는 매개물이다.

| 선지 유형 | 근거가 없어서 허용 불가능 |
| --- | --- |
| 실전에서의 판단 과정 | 오히려 펑펑 울었잖아. |
| 해설 | 국수가 위안이 된다고 하는 건 지문을 아예 이해하지 못한 반응이죠. '어머니'는 오히려 국수를 주면서 미안함과 안타까움에 눈물을 흘렸습니다. |

| 선지 | ① | ② | ③ | ④ | ⑤ |
| --- | --- | --- | --- | --- | --- |
| 선택률 | 4% | 17% | 71% | 4% | 4% |

## 13 〈보기〉를 참고하여 ㉠~㉤을 감상한 내용으로 적절하지 않은 것은? [3점] ③

① ㉠에서 '어머니'가 넋두리에 가까운 말로 아들의 배고픔을 언급한 것은 '그'가 구호소 식당을 보았을 때 느낀 까닭 모를 두려움과 수치심으로 이어지는군.

| ㉠그렇게…… 그렇게도 배가 고프디야. |
| --- |

| 선지 유형 | 근거가 있어서 허용 가능 |
| --- | --- |
| 실전에서의 판단 과정 | 저런 말 들으면 나 같아도 두렵고 수치스럽겠다. |
| 해설 | '어머니'가 넋두리에 가까운 말로 아들의 배고픔을 언급하고 구호소 식당으로 가자, '그'는 '두려움'과 '수치심'을 느끼고 있었습니다. 본인의 도둑질과 그것을 상기시킨 '어머니'의 대사를 통해 나온 심리라는 점에서 충분히 허용할 수 있는 선지네요. |

② ㉡에서 '어머니'가 냉랭한 음성으로 '아버지'를 언급한 것은 '그'에게 죄책감을 불러일으켜 결국 '그'로 하여금 울음을 터뜨리게 하는군.

| ㉡가자. 아무리 없어서 못 먹고 못 입고 살더래도 나는 절대로 내 새끼를 거지나 도둑놈으로 키울 수는 없응께. 시상에…… 시상에, 돌아가신 느그 아버지가 이런 꼴을 보시면 뭣이라고 그러시끄나이. |
| --- |

| 선지 유형 | 근거가 있어서 허용 가능 |
| --- | --- |
| 실전에서의 판단 과정 | 아버지 이야기를 들었으면 자신의 행동이 더욱 부끄러웠을 수 있겠다. |
| 해설 | 전형적으로 '시비'를 걸면 틀리게 되는 선지입니다. '아버지'를 무서워했다거나 '아버지'를 그리워했다거나 하는 말이 없기 때문에, '허용'하겠다는 의지가 없다면 틀렸다고 판단하기 쉬운 선지죠.<br><br>하지만 우리는 '허용 가능성 평가'라는 태도를 가지고 있기 때문에, 이 선지를 간단하게 허용할 수 있습니다. '어머니'가 냉랭한 음성으로 '아버지'를 언급한 것은 어린 '그'에겐 꽤나 충격적인 이야기일 수 있을 겁니다. 안 그래도 지금 '수치심'을 느끼고 있었는데, '어머니'가 거기에 '아버지' 이야기까지 하면서 불을 붙이고 있으니까요. 그렇다면 '그'가 울음을 터뜨린 것은 무서운 '어머니'의 목소리와 함께 '아버지'에 대한 부끄러움 등이 중첩된 복합적인 감정 때문이라고 할 수 있겠습니다. 이러한 '공감'이 충분히 가능하기 때문에, 허용 가능한 선지로 판단해야겠네요. |

③ ㉢에서 '어머니'가 냉랭함이 사라진 음성으로 '그'에게 국수를 먹으라고 권하는 것은 '그'에게 불길함을 느끼게 하여 젓가락을 딸각 놓는 행동에 영향을 주는군.

| ㉢먹어라이. 어서 먹어 보란 말다이……. |
| --- |

| 선지 유형 | 근거가 있어서 허용 불가능 |
| --- | --- |
| 실전에서의 판단 과정 | 젓가락 놓는 건 어머니의 울음 때문이었는데? |
| 해설 | ㉢을 들은 '그'는 몇 번 망설이다가 국수를 먹습니다. 그런데 '어머니'의 눈물을 보고서 '젓가락을 딸각 놓는 행동'을 해요. 이 행동의 근거는 '어머니의 눈물'이지, ㉢이 아니었던 것이죠! 심리와 행동의 근거를 묻는 전형적인 선지였네요. |

④ ㉣에서 '어머니'가 생경한 이질감이 느껴지는 음성으로 '그'의 이름을 부른 것은 '그'에게 '어머니'의 변화를 인식하게 하여 섬찟함을 느끼게 하는군.

| ㉣찬우야이! |
| --- |

| 선지 유형 | 근거가 있어서 허용 가능 |
| --- | --- |
| 실전에서의 판단 과정 | 이거 듣고 당황했으니 허용할 수 있지. |

| 해설 | '찬우야이!'라는 대사를 들은 '그'는 여러 이유로 '가슴이 철렁'하고, '불길한 예감'을 느낍니다. 이를 근거로 하면 '섬찟함'이라는 심리를 쉽게 허용할 수 있겠네요. |
| --- | --- |

⑤ ⑩에서 '어머니'가 힘이 서린 목소리로 돌아가신 아버지가 있는 집으로 가자고 하는 것은 과거와 현재를 구분하지 못하는 '어머니'의 모습을 드러내어 '그'에게 당혹감을 갖게 하는군.

> ⑩ 찬우야이. 어서 <u>꼬두메로 돌아가자이</u>. 느그 아부지랑 찬세가 얼매나 기다리겄냐아. 더 추워지기 전에 <u>싸게싸게 집으로 가야 한단 말다이</u>.

| 선지 유형 | 근거가 있어서 허용 가능 |
| --- | --- |
| 실전에서의 판단 과정 | 이 말 듣고 당황했으니 허용되네. |
| 해설 | '찬우야이!'에 이어지는 ⑩을 들은 '그'는 너무 '당황'하여 아무것도 하지 못합니다. 이런 맥락에서 '당혹감'은 너무 쉽게 허용이 되겠죠? |

몰랐던 어휘 정리하기

| 핵심 point |

① **허용 가능성 평가** : 선지의 내용을 '허용'하려는 태도를 바탕으로 지문을 '독해'하며 '근거'를 찾아야 합니다. 허용할 수 있는 '근거'가 있어야만 허용할 수 있습니다. 주관적인 생각을 개입시키면 안 됩니다.

② **소설 독해** : '심리와 행동의 근거'를 바탕으로 인물에게 '공감'하며 읽어야 합니다. 이 과정이 물흐르듯 이어지면 지문의 내용을 완벽하게 이해할 수 있어요.

| 지문 내용 총정리 |

'어머니'와 '그'의 관계, 그리고 '어머니'의 행동 및 발화를 기반으로 인물들의 심리 및 그 근거를 체크하는 것이 아주 중요했습니다. 소설 독해의 기본기를 닦기에 아주 좋은 작품이니, 완벽하게 이해할 때까지 계속 공부해보도록 합시다.

〈보기〉 확인

〈보기〉를 먼저 보고 가려고 했는데, 딱히 내용이해에 도움이 되는 내용은 아니네요. 그냥 바로 지문을 읽어보도록 합시다.

지문 독해

> 자점이 심복을 보내 거짓 조서를 전하고 옥에 가두니, 경업이 옥에 갇혀 생각하되,
> '세자와 대군이 어찌 내 일을 모르고 구치 아니시는고?'
> 하며 주야번민하여 목이 말라 물을 찾는데, 옥졸이 자점의 부촉(咐囑)*을 들은 고로 물도 주지 아니하여 경업이 더욱 한하더니, 전옥(典獄) 관원은 강직한지라 경업의 애매함을 불쌍히 여겨 경업더러 왈,
> "장군을 역적으로 잡음이 다 자점의 흉계니, 잘 주선하여 누명을 벗으라."
>
> * 부촉 : 부탁하여 맡김.

'자점'이라는 인물이 '경업'을 모함해서 가둔 상태네요. '경업'은 '옥'에 갇혀 '세자'와 '대군'이 도대체 왜 옥에 갇힌 자신을 구하지 않는지 궁금해하고 있습니다. '경업'의 억울한 심정이 확실하게 느껴지시죠? '경업'이라는 영웅이 시련을 겪고 있다는 걸 생각해주시면 훨씬 더 이해하기 쉬울 것 같습니다. 영웅이 시련을 겪으면, '전옥 관원' 같은 조력자가 등장해야겠죠? '경업'을 '불쌍히' 여긴 '전옥 관원'은 이 모든 것이 '자점'의 흉계임을 알려주고 있습니다.

> 경업이 그제야 자점의 흉계로 알고 통분을 이기지 못하여 바로 몸을 날려 옥문(獄門)을 깨치고 궐내에 들어가 상을 뵙고 청죄한데, 상이 경업을 보시고 반겨 가로되,
> "경이 만리타국에 갔다가 이제 돌아오매 반가움이 끝이 없거늘 무삼 일로 청죄하느뇨?"
> 경업이 돈수사죄 왈,
> "신이 무인년에 북경에 잡혀가다가 중간에 도망한 죄는 만사무석이오나, 대명(大明)과 함께 호왕을 베어 병자년 원수를 갚고 세자와 대군을 모셔오고자 하였더니, 간인에게 속아 북경에 잡혀갔다가 천행으로 살아 돌아오더니, 의주(義州)에서 잡혀 아무 연고인 줄

알지 못하옵고 오늘을 당하와 천안(天顔)을 뵈오니 이제 죽어도 한이 없사옵니다."

사실을 알게 된 '경업'은 통분을 이기지 못하면서 '궐내'로 들어가 임금을 직접 만납니다. 아무것도 모르는 우리의 임금('상')은 그저 '반갑게' 맞이할 뿐이에요. '경업'은 자신의 억울함을 임금에게 알리고 있습니다.

> 상이 들으시고 대경하사 신하더러 왈,
> "경업을 무슨 죄로 잡아온고?"
> 하시고 자점을 패초(牌招)*하사 실사를 물으시니, 자점이 속이지 못하여 주왈,
> "경업이 역적이옵기로 잡아 가두고 계달코자 하였나이다."
> 경업이 대로하여 고성대매 왈,
> "이 몹쓸 역적아! 들으라. 벼슬이 높고 국록이 족하거늘 무엇이 부족하여 모반할 마음을 두어 나를 해코자 하느뇨?"
> 자점이 듣고 무언이거늘, 상이 노하여 왈,
> "경업은 삼국의 유명한 장수요, 또한 만고충신이거늘 네 무슨 일로 죽이려 하느뇨?"
> 하시고,
> "자점과 함께한 자를 금부에 가두고 경업은 물러가 쉬게 하라."
> 하시다.
>
> * 패초 : 임금이 승지를 시켜 신하를 부름.

어찌 된 일인지 '자점'에게 물은 임금은 '자점'이 모함을 했다는 것을 알게 되고, '자점'을 엄하게 꾸짖고 '금부'에 가두라 명합니다. 영웅소설의 전형적인 클리셰를 따라 죽을 고비를 넘기고 승리하는 '경업'의 모습이네요.

> [A] 경업이 사은하고 퇴궐할새, 자점은 궐문 밖에 나와 심복 수십 명을 매복하였다가, 경업이 나옴을 보고 불시에 달려들어 난타하니, 경업이 아무리 용맹한들 손에 촌철이 없는지라. 여러 번 맞아 중상하매 자점이 용사들을 분부하여 경업을 옥에 가두고 금부로 가니라.
> 이때 대군이 시자(侍者)더러 문왈,
> "임 장군이 입성하였으나 지금 어디 있느뇨?"

시자가 대왈,

"소인 등은 모르나이다."

대군이 <u>의심하여</u> 바삐 입궐하여 경업의 거처를 묻되, 상이 수말을 이르시니 대군이 주왈,

"자점이 이런 만고충신을 해하려 하오니 이는 역적이라. 엄치하소서."

하고, 명일을 기다려 친히 경업을 가 보려 하시더라.

[B] 차시, 경업이 자점에게 매를 많이 받아 천명이 진하게 되매 분기대발하여 신음하다 죽으니, 시년 사십팔 세요, **기축(己丑)** 9월 26일이라.

이렇게 해피엔딩으로 끝나나 싶었는데, 치사한 '자점' 무리는 '경업'을 습격합니다. 무언가 쎄함을 느낀 '대군'은 '의심'하며 빨리 '자점'을 처벌해야 한다고 주장하지만, [B]의 내용을 보니 '경업'은 죽고 말았네요. 약간 충격적인 전개입니다. 영웅소설의 클리셰가 깨지는 모습이에요!

---

(중략)

자점이 반심을 품은 지 오래다가 절도(絕島)에 안치되매 더욱 <u>앙앙(怏怏)하여</u>* 불측지심이 나타나거늘, 우의정 │이시백│이 자점의 일을 아뢰니, 상이 놀라 │금부도사│를 보내 엄형 국문하신 후 옥에 가두었더니, **이날 밤** 한 꿈을 얻으시니, 경업이 나아와 주왈,

"흉적 자점이 소신을 죽이고 반심을 품어 거의 일이 되었사오니 바삐 국문하옵소서."

하고 울며 가거늘, 상이 놀라 깨달으시니 경업이 앞에 있는 듯 한지라. 상이 슬픔을 이기지 못하시고 **날이 밝으매** 자점을 올려 국문하시니, 자점이 자복하여 역심을 품은 일과 경업을 모해한 일을 승복하거늘, 상이 노하여 자점의 삼족을 다 내어,

"저자 거리에서 죽이라."

하시고,

"그 동류를 다 문죄하라."

하시며, 경업의 자식들을 불러 하교 왈,

"너희 아비가 자결한 줄로 알았더니, 꿈에 와 '자점의 모해로 죽었다.' 하기로 내어 주나니 원수를 갚으라."

하시다.

–작자 미상, 「임장군전」–

* 앙앙하여 : 매우 마음에 차지 아니하거나 야속하여.

---

(중략) 이후에는 '자점'이 반심을 품고 역모를 꾸몄나 봐요. 결국엔 이 사실을 '우의정 이시백'이 알게 되고, 임금의 꿈에서 '경업'이 나와서 또 한 번 확인시켜 주면서 '자점'에게 정의 구현을 하는 것으로 마무리됩니다. '경업'이라는 영웅이 죽는 건 좀 충격적인 결말이었지만, 결국 악인은 처벌을 받는 전형적인 구조를 따르고 있었습니다. 체크한 포인트 위주로 가볍게 이해하고 넘어갈 수 있겠죠?

| 선지 | ① | ② | ③ | ④ | ⑤ |
|---|---|---|---|---|---|
| 선택률 | 3% | 7% | 5% | 7% | 78% |

**14** 윗글에 대한 설명으로 적절하지 <u>않은</u> 것은? ⑤

① 인물들의 대립 구도를 통해 서사적인 흥미를 높이고 있다.

| 선지 유형 | 근거가 있어서 허용 가능 |
|---|---|
| 실전에서의 판단 과정 | 대립 구도가 확실하지. |
| 해설 | '경업' vs '자점'이라는 완벽한 대립 구도를 통해 흥미를 높이고 있다고 할 수 있어요. |

② 주인공의 죽음을 제시하여 작품의 비극성을 고조하고 있다.

| 선지 유형 | 근거가 있어서 허용 가능 |
|---|---|
| 실전에서의 판단 과정 | 죽음이 있으면 비극적이라고 할 수 있지. |
| 해설 | '경업'이라는 인물이 죽었고, 누군가가(그것도 주인공이) 죽었다면 충분히 비극성을 강화한다고 할 수 있겠죠. |

③ 대화의 내용을 통해 이전에 일어난 사건의 정황을 나타내고 있다.

| 선지 유형 | 근거가 있어서 허용 가능 |
|---|---|
| 실전에서의 판단 과정 | 여러 번 나온 내용이지. |
| 해설 | '전옥 관원'의 대사, '경업'의 대사 등을 통해 충분히 허용할 수 있죠. |

④ 악인의 횡포를 징벌함으로써 권선징악의 세계관을 드러내고 있다.

| 선지 유형 | 근거가 있어서 허용 가능 |
|---|---|
| 실전에서의 판단 과정 | 영웅소설에선 당연하지. |
| 해설 | '악인'은 당연히 '자점'을 말하는 것이고, 경업을 죽이는 '횡포'를 저지른 그는 결국 왕에 의해 삼족이 죽게 되니 '권선징악의 세계관'을 허용할 수 있겠습니다. 전형적인 영웅소설의 클리셰죠? |

⑤ 적대자와의 지략 대결을 통해 주인공의 초월적 능력을 보여 주고 있다.

| 선지 유형 | 근거가 없어서 허용 불가능 |
|---|---|
| 실전에서의 판단 과정 | 지략 대결을 한 적은 없지. |
| 해설 | '경업'과 '자점'의 대결에는 '지략'이 개입하지 않습니다. 그저 문을 부수고 때려 죽이는 등 무력만이 개입하고 있죠. '경업'이 '상'의 꿈에 나타나는 모습을 보고 '초월적 능력'을 허용할 수 있을지는 모르겠지만, 이것이 '지략 대결'의 일부는 아니기 때문에 어렵지 않게 답으로 고를 수 있겠습니다. |

| 선지 | ① | ② | ③ | ④ | ⑤ |
|---|---|---|---|---|---|
| 선택률 | 5% | 7% | 20% | 10% | 58% |

**15** 윗글에 대한 이해로 가장 적절한 것은? ⑤

① 경업은 옥에 갇히기 전부터 거짓 조서 때문에 자점의 흉계를 알고 있었다.

| 선지 유형 | 근거가 있어서 허용 불가능 |
|---|---|
| 실전에서의 판단 과정 | 전옥 관원이 말해주고 나서야 알았지. |
| 해설 | '경업'은 옥에 갇힌 '후'에 '전옥 관원'을 통해서 '그제야' 사건의 전말을 알게 됩니다. 처음에 '경업'이 왜 '주야번민'하고 '한'하는지, 그 심리의 근거를 생각했다면 어렵지 않게 잡아낼 수 있는 흐름이었어요. |

② 옥졸은 자점의 부탁을 받고 경업의 죄를 상에게 밀고했다.

| 선지 유형 | 근거가 없어서 허용 불가능 |
|---|---|
| 실전에서의 판단 과정 | 옥졸은 그냥 옥을 지키는 사람인데 무슨 저런 일을 하냐. |
| 해설 | '옥졸'은 그냥 옥을 지키는 사람입니다. '자점'의 부탁을 받고 '경업'에게 물도 안 주고 한 것일 뿐, '상'(임금)을 만나 죄를 밀고한 적은 없습니다. |

③ 대군은 자점을 의심하며 경업에게 옥에 갇힌 경위를 물었다.

| 선지 유형 | 근거가 있어서 허용 불가능 |
|---|---|
| 실전에서의 판단 과정 | 대군이 나올 때 경업은 이미 얻어맞고 있었지. |
| 해설 | '대군'이 '자점'을 '의심'할 때, '경업'은 이미 두들겨 맞고 있었습니다. '경업'에게 옥에 갇힌 경위를 물을 수가 없었겠죠. |

④ 우의정 이시백은 경업이 옥에 갇힐 만한 정보를 상에게 제공했다.

| 선지 유형 | 근거가 있어서 허용 불가능 |
|---|---|
| 실전에서의 판단 과정 | 이시백은 그저 자점의 일을 아뢰었다고 했지. |
| 해설 | '이시백'은 '자점'이 반심을 품은 일에 대해서 아뢰었을 뿐, '경업'과 관련된 정보를 제공하지는 않았습니다. 인물이 많이 나올수록 각각이 어떤 역할을 하고 있었는지 정확하게 인지하셔야 합니다. |

⑤ 상은 꿈에 나타난 경업의 발언 이후 자점의 자복을 받아 내었다.

| 선지 유형 | 근거가 있어서 허용 가능 |
|---|---|
| 실전에서의 판단 과정 | 결말이 이랬었지. |
| 해설 | '상'은 꿈에 '경업'이 나온 뒤 엉엉 울고 '자점'을 국문해서 자복을 받아 냈어요. '권선징악'이라는 클리셰가 발동하는 부분이었으니, 머릿속에 확실하게 남아 있었을 거예요. |

| 선지 | ① | ② | ③ | ④ | ⑤ |
|---|---|---|---|---|---|
| 선택률 | 4% | 5% | 13% | 73% | 5% |

## 16 〈보기〉를 참고할 때, [A]와 [B]에 대한 이해로 적절하지 <u>않은</u> 것은? [3점] ④

─[보기]─

「임장군전」을 읽은 당시 독자층은 책의 여백과 말미에 특정 대목에 대한 자신의 생각을 적은 다양한 필사기를 남겼다. '식자층'은 "㉠ 대역 김자점의 소행이 혐오스러워 붓을 멈춘다."라는 시각을 나타내거나 "㉡ 잡혔으니 가히 아프고 괴로우며 애석하네."라며 경업에 대한 안타까움을 드러냈다. 한편 '평민층'은 "㉢ 슬프다, 임 장군이여. 남의 손에 죽으니 어찌 천운이 아니랴."라며 숙명론적인 반응을 보이거나, "㉣ 조회하고 나오는 것을 문외의 무사로 박살하니 그 아니 가엾지 아니리오."라는 안타까운 반응을 남기거나, "㉤ 사람마다 알게 하기는 동국충신의 말임에 혹 만민이라도 깨달아 본받게 함이라."라는 필사기를 남겼다. ㉠, ㉢, ㉤은 경업이 죽는 대목에, ㉡과 ㉣은 경업이 자점에게 피습되는 대목에 남아 있는 필사기이다.

─ [A]는 '경업'이 '자점'에게 피습되는 대목이고, [B]는 '경업'이 죽는 대목입니다. 〈보기〉에 따르면 독자층은 [A]를 읽을 때는 ㉡과 ㉣을, [B]를 읽을 때는 ㉠, ㉢, ㉤의 필사기를 남겼네요.

① [B]를 읽은 식자층은, ㉠을 통해 자점의 행위에 대해 부정적 평가를 내리고 있군.

| 선지 유형 | 근거가 있어서 허용 가능 |
|---|---|
| 실전에서의 판단 과정 | 혐오스러운 건 부정적 평가지. |
| 해설 | '김자점'의 소행이 '혐오스럽다'고 했어요. 혐오스럽다는데 이를 근거로 하면 '부정적 평가'는 당연히 허용할 수 있겠죠. |

② [A]를 읽은 식자층은, ㉡을 통해 경업의 시련에 대한 안타까움을 나타내고 있군.

| 선지 유형 | 근거가 있어서 허용 가능 |
|---|---|
| 실전에서의 판단 과정 | 애석하다네. |
| 해설 | '가히 아프고 애석하네'는 '안타까움'이라고 할 수 있겠죠? |

③ [B]를 읽은 평민층은, ㉢을 통해 경업의 죽음이 자점 때문임을 알고 있으면서도 그의 죽음에 대해 운명론적인 태도를 보이고 있군.

| 선지 유형 | 근거가 있어서 허용 가능 |
|---|---|
| 실전에서의 판단 과정 | 천운을 언급하는 건 운명론적인 태도라고 할 수 있지. |
| 해설 | '임 장군'으로 표현된 '경업'의 죽음이 '남의 손', 즉 '자점' 때문이라는 것을 알면서도, '천운'을 언급하고 있습니다. '천운(하늘의 운)'이라는 말을 근거로 하면, '운명론적인 태도'는 쉽게 허용할 수 있겠죠? |

④ [A]를 읽은 평민층은, ㉣을 통해 자점을 비판하면서도 그의 행위에 대한 연민을 드러내고 있군.

| 선지 유형 | 근거가 있어서 허용 불가능 |
|---|---|
| 실전에서의 판단 과정 | 자점한테 연민을 왜 느껴. |
| 해설 | '자점'한테 연민을 느낀다구요? ㉣에서 말하는 '가엾지 아니리오'의 대상은 당연히 '경업'이겠죠. 절대 허용할 수 없습니다. 내용을 이해했다면 '자점'한테 연민을 느낄 수가 없다는 걸 알 겁니다. |

⑤ [B]를 읽은 평민층은, ㉤을 통해 충신의 이야기가 널리 알려지기를 바라고 있군.

| 선지 유형 | 근거가 있어서 허용 가능 |
|---|---|
| 실전에서의 판단 과정 | 본받으라며. |
| 해설 | '깨달아 본받게 함이라'라고 한 건 '널리 알려지기' 바라기 때문이라고 해도 괜찮겠죠? |

| 몰랐던 어휘 정리하기 |
|---|
|  |

① **허용 가능성 평가** : 선지의 내용을 '허용'하려는 태도를 바탕으로 지문을 '독해'하며 '근거'를 찾아야 합니다. 허용할 수 있는 '근거'가 있어야만 허용할 수 있습니다. 주관적인 생각을 개입시키면 안 됩니다.

② **소설 독해** : '심리와 행동의 근거'를 바탕으로 인물에게 '공감'하며 읽어야 합니다. 이 과정이 물흐르듯 이어지면 지문의 내용을 완벽하게 이해할 수 있어요.

③ **고전소설 클리셰** : 일관된 성격을 가진 인물들이 다양한 관계를 맺지만, 악인과 선인의 구도가 두드러집니다. 나아가 악한 사람은 반드시 벌을 받고 착한 사람은 결국 보상을 얻어요. 이러한 클리셰를 알고 있다면 지문의 내용을 훨씬 쉽게 이해할 수 있을 겁니다.

| 지문 내용 총정리 |

주인공이 죽는 장면을 제시하고 있다는 점에서 영웅소설의 전형적인 클리셰를 살짝 벗어나는 충격을 준 작품이었습니다. 하지만 그 외에는 '권선징악'이라는 전형적인 전개를 벗어나지 않는 모습이죠? 고전소설은 기본적으로 힘든 사람들에 대한 위로라는 것을 잊지 맙시다.

〈보기〉 확인

> [보기]
>
> 17세기 가사 「월선헌십육경가」는 월선헌 주변의 16경관을 그린 작품으로 자연에서의 유유자적한 삶을 읊으면서도 현실적 생활 공간으로서의 전원에 새롭게 관심을 두었다. 그에 따라 생활 현장에서 볼 수 있는 풍요로운 결실, 여유로운 놀이 장면, 그리고 생업의 현장에서 느끼는 정서 등을 다양한 표현 방법을 통해 현장감 있게 노래했다.

(가) 작품은 자연에서의 '유유자적'한 삶과 '현실적'인 생활 공간을 모두 보여주는 작품이라고 하네요. 전형적인 '자연 예찬'과 관련된 고전시가네요. 가볍게 해결해봅시다.

> [보기]
>
> 「어촌기」의 작가는 벗의 말을 인용하여 자신의 생각을 드러내고 있다. 작가는 벗에 관한 이야기가 기록할 만한 가치가 있다는 근거를 벗과의 관계와 그의 성품에 대한 평을 통해 마련하고 있다. 이를 통해 작가는 자신이 추구하는 삶의 방향성과 가치관을 드러내며 벗의 생각에 공감하고 있다.

(나) 작품은 '벗'의 목소리를 이용해 화자가 추구하는 삶을 드러낸다고 해요. 그럼 '벗'이 좋아하는 건 곧 화자가 좋아하는 것이라고 생각해도 되겠네요.

실전적 지문 독해

> (가)
>
> 동녁 두던 밧긔 크나큰 너븐 들희
> → 동녘 뜨던 밖에 크고 넓은 들에
>
> 만경(萬頃) 황운(黃雲)이 혼 빗치 되야 잇다
> → 만경 황운이 한 빛이 되어 있다
>
> 중양이 거의로다 내노리 호쟈스라
> → 중양이 거의 다 왔다 내 놀이를 하자꾸나
>
> 블근 게 여믈고 눌은 둙기 슬져시니
> → 붉은 게는 여물었고 누런 닭은 살쪘으니
>
> 술이 니글션정 버디야 업슬소냐
> → 술이 익을지언정 벗이야 없겠느냐
>
> 전가(田家) 흥미는 날로 기퍼 가노매라　　[A]
> → 전가 흥미는 날로 깊어 간다

딱 이 정도 읽어 주시면 됩니다. 늘 말하지만, 본문 한 줄 밑마다 써 놓은 해석은 틀릴 수도 있는 '실전에서 하는 정도의 해석'입니다. 고전시가는 틀려도 되니, 최대한 현대어처럼 읽자고 했습니다!

'황운'은 '누런 구름'이라는 어휘인데, 가을에 벼가 전부 익어서 바람에 살랑살랑거리는 것을 두고도 황운이라 표현합니다. 꼭 아실 필요는 없지만, 알면 좋은 어휘죠. '가을'이라는 시간적 배경을 알려주니까요. 게도 여물고, 닭도 살찌고, 술도 익었습니다. 〈보기〉에서 말한 '풍요로운 결실'이 두드러져 보이는 장면이네요.

> 살여흘 긴 몰래예 밤블이 불가시니
> → 살여흘 긴 모래에 밤불이 밝았으니
>
> 게 잡는 아히둘이 그물을 훗텨 잇고
> → 게 잡는 아이들이 그물을 흩어 있고
>
> 호두포* 엔 구븨예 아젹믈이 미러오니
> → 호두포 굽이에 아적물이 밀려오니
>
> 둧둗비 애내성(欸乃聲)*이 고기 푸는 댱시로다
> → 돛단배 뱃사공의 노래가 고기 파는 장사같다
>
> 경(景)도 됴커니와 생리(生理)라 괴로오랴
> → 경치도 좋은데 생활이 괴로울까
>
> * 호두포 : 예산현의 무한천 하류.
> * 애내성 : 어부가 노를 저으면서 부르는 노랫소리.

이 부분도 〈보기〉의 '유유자적한 삶', '생업의 현장에서 느끼는 정서'로 이해하면 될 것 같아요. '괴로오랴'로 묻는 형식은, 자신의 상황이 괴로울 리 없고, 편하고 즐겁다는 사실을 강조하기 위해 사용된 것이겠죠.

> (중략)
>
> 어와 이 청경(淸景) 갑시 이실 거시런돌
> → 어와 이 경치 값이 있거든
>
> 적막히 다든 문애 내 분으로 드려오랴
> → 적막히 닫은 문에 내 분수로 들어오랴
>
> 사조(私照)* 업다 호미 거즌말 아니로다
> → 사사로이 비추는 게 없다 하는게 거짓말이 아니다

모재(茅齋)*예 빗췬 빗치 옥루(玉樓)라 다룰소냐
→ 모재에 비친 빛이 옥루(임금님 계신 곳)라 다룰까

* 사조 : 사사로이 비춤.
* 모재 : 띠로 지붕을 이어 지은 집.

윤선도의 「만흥」에도 이와 비슷한 구절이 있습니다. '강산이 됴타 혼둘 내 분으로 누얻ㄴ냐'라는 구절이죠(모의고사에도 출제되었고, 『P.I.R.A.M 국어 필수 고전시가』 교재에도 수록되었습니다). 자기 분수로 살고 있는 게 아니면 어떻게 살고 있다는 걸까요? 바로 '임금님 덕분'이라는 얘기입니다. 자기가 잘나서 잘 사는 게 아니라, 임금님 은혜로 인해 이렇게 살고 있다는 표현이죠.

'사조(사사로이 비춤)'가 없다는 얘기는, 임금님의 은혜가 백성들을 두루두루 비추고 있다는 표현입니다. 이는 정철의 「관동별곡」에서도 찾아볼 수 있는 구절이에요. 임금님을 찬양하는 표현은 다 거기서 거기입니다. '모재(초가집)'는 화자가 거주하는 공간일 텐데, 거기에 비친 빛(임금님 은혜)을 생각하다 '옥루'까지 얘기합니다. 이는 '사조'가 없다는 이야기의 재진술일 뿐 아니라, 자연에서 사는 상황에도 임금님을 잊지 않았음을 어필하는 것이죠.

물론 실전에서 여기까지 완벽하게 읽어낼 필요는 없습니다. 실전에선 '자연 속에서 행복함'이라는 주제만 잡아내도 충분해요. 여러분의 고전시가 실력 상승을 위해 고전시가 해설에서만 이렇게 조금 자세히 들어가겠습니다.

청준(淸樽)을 밧쎄 열고 큰 잔의 ㄱ득 브어
→ 청준을 바삐 열고 큰 잔 가득 부어서
죽엽(竹葉) ㄱ눈 술룰 둘빗 조차 거후로니
→ 죽엽 가는 술을 달빛조차 거후로니
표연훈 일흥(逸興)이 져기면 눌리로다
→ 표연한 일흥이 저기면 날겠다
이적선(李謫仙) 이려 ᄒ야 둘을 보고 밋치닷다
→ 이적선이 이러해서 달을 보고 미쳤구나
춘하추동애 경물이 아름답고
→ 춘하추동에 경치가 아름답고
주야조모(晝夜朝暮)애 완상이 새로오니
→ 밤낮아침저녁으로 완상이 새로우니
몸이 한가ᄒ나 귀 눈은 겨룰 업다
→ 몸이 한가하나 귀 눈은 쉴 틈이 없다

술 마시고, 흥겨워하고, 아름다운 풍경 보고... 자연에서 충분히 즐기는 모습! 정도로 파악하고 넘어가도 될 것 같네요. 마지막 줄은 벼슬을 하는 것도 아니고 놀기만 해서 몸은 한가하지만, 아름다운 풍경을 보느라 귀, 눈은 쉴 틈이 없다는 이야기로 해석할 수 있겠구요.

여생이 언마치리 백발이 날로 기니
→ 여생이 얼마인가 백발이 날로 길어간다
세상 공명은 계륵이나 다룰소냐
→ 세상 공명은 계륵과 다를 게 없다
강호 어조(魚鳥)애 새 밍셰 깁퍼시니
→ 강호 어조에 새 맹세가 깊었으니
옥당금마(玉堂金馬)*의 몽혼(夢魂)*이 섯긔엿다
→ 관직생활의 꿈이 섞이었다
초당연월(草堂煙月)의 시룸업시 누워 이셔
→ 초당연월에 시름 없이 누워 있어
촌주강어(村酒江魚)로 장일취(長日醉)룰 원(願)ᄒ노라
→ 촌주강어로 장일취를 원한다
이 몸이 이러구롬도 역군은(亦君恩)이샷다
→ 이 몸이 이리 잘 사는 것도 역군은이셨다

-신계영, 「월선헌십육경가」-

* 옥당금마 : 관직 생활.
* 몽혼 : 꿈.

남은 생이 얼마 남지 않았다고 합니다. 흰 머리는 날이 갈수록 길어지죠. 이 와중에 '세상 공명', 즉 속세에서의 벼슬과 같은 가치는 '계륵'처럼 되었다고 하네요. '계륵'은 '갖고는 싶지만, 막상 가지려면 번거로운 것'을 뜻하는 단어인데, 이 단어를 알았다면 화자가 벼슬 생각이 조금은 있지만 어느 정도 포기했구나~라고 추측할 수 있었을 거예요. '강호 어조'에 '새 맹세'는 아마 자연에 살겠다는 내용의 맹세일 텐데, 이게 '옥당금마의 몽혼'과는 반대되는 메시지를 가지는 것이죠. 속세에 대한 욕망이 줄어들고 자연에 살겠다는 다짐이 깊어지면서, 화자는 자연에서 쉬고 있습니다. 그러고 나서 '내가 이렇게 잘 사는 것은 임금님 은혜 덕분이야~'라는 식으로 마무리 짓네요. 자연을 예찬하는 전형적인 고전시가의 구성이네요.

다시 말씀드리지만, 실전에서는 그냥 주제만 건질 정도로 읽어도 무방합니다. 고전시가 독해에 너무 큰 시간을 들이지는 마세요. 다만 위와 같은 과정을 연습하는 것이 선지 판단에도 큰 도움을 줄 것입니다. 결국 선지 판단은 '독해'의 과정을 바탕으로 이루어지니까요.

(나)
　어촌(漁村)은 나의 벗 공백공의 자호(自號)다. 〈백공
은 나와 태어난 해는 같으나 생일이 뒤이기 때문에 내
가 아우라고 한다. 풍채와 인품이 소탈하고 명랑하여 사
랑할 만하다. 대과에 급제하고 좋은 벼슬에 올라, 갓끈
을 나부끼고 인끈을 두르고 필기를 위한 붓을 귀에 꽂고
나라의 옥새를 주관하니, 사람들은 진실로 그에게 원대
한 기대를 하였으나, 담담하게 강호의 취미를 지니고 있
다.〉 가끔 흥이 무르익으면, 「어부사」를 노래한다. 그 음
성이 맑고 밝아서 천지에 가득 찰 것 같다. 증자가 상송
(商頌)을 노래하는 것을 듣는 듯하여, 사람의 가슴으로
하여금 멀리 강호에 있는 것 같게 만든다. 이것은 그의
마음에 사욕이 없어 사물에 초탈하였기 때문에 소리의
나타남이 이와 같은 것이다.

'공백공'이라는 벗에 대한 이야기입니다. 그는 '좋은 벼슬'에 오를
정도로 능력 있는 인물이지만 '강호의 취미'를 지니고 있다고 해
요. 노래를 부르면서 자연을 즐기는 '공백공'의 모습을 확인할 수
있습니다.

하루는 나에게 말하기를,
"나의 뜻은 어부(漁父)에 있다. 그대는 어부의 즐거움
을 아는가. 강태공은 성인이니 내가 감히 그가 주 문왕
을 만난 것과 같은 그런 만남을 기약할 수 없다. 엄자
릉은 현인이니 내가 감히 그의 깨끗함을 바랄 수는 없
다. 아이와 어른들을 데리고 갈매기와 백로를 벗하며
어떤 때는 낚싯대를 잡고, 외로운 배를 노 저어 조류를
따라 오르고 내리면서 가는 대로 맡겨 두고, 모래가 깨
끗하면 뱃줄을 매어 두고 산이 좋으면 그 가운데를 흘
러간다. 구운 고기와 신선한 생선회로 술잔을 들어 주
고받다가 해가 지고 달이 떠오르며 바람은 잔잔하고
물결이 고요한 때에는 배에 기대어 길게 휘파람을 불
며, 돛대를 치고 큰 소리로 노래를 부른다. 흰 물결을
일으키고 맑은 빛을 헤치면, 멀고 멀어서 마치 성사를
타고 하늘에 오르는 것 같다. 강의 연기가 자욱하고 짙
은 안개가 내리면, 도롱이와 삿갓을 걸치고 그물을 걷
어 올리면 금빛 같은 비늘과 옥같이 흰 꼬리의 물고기
가 제멋대로 펄떡거리며 뛰는 모습은 넉넉히 눈을 즐
겁게 하고 마음을 기쁘게 한다. 밤이 깊어 구름은 어둡
고 하늘이 캄캄하면 사방은 아득하기만 하다. 어촌의
등불은 가물거리는데 배의 지붕에 빗소리는 울어느리
다가 빠르다가 우수수하는 소리가 차갑고도 슬프다.

…(중략)… 여름날 뜨거운 햇빛에 더위가 쏟아질 적엔
버드나무 늘어진 낚시터에 미풍이 불고, 겨울 하늘에
눈이 날릴 때면 차가운 강물에서 홀로 낚시를 드리운
다. 사계절이 차례로 바뀌건만 어부의 즐거움은 없는
때가 없다.
저 영달에 얽매여 벼슬하는 자는 구차하게 영화에 매
달리지만 나는 만나는 대로 편안하다. 빈궁하여 고기
잡이를 하는 자는 구차하게 이익을 계산하지만 나는
스스로 유유자적을 즐긴다. 성공과 실패는 운명에 맡
기고, 진퇴도 오직 때를 따를 뿐이다. 부귀 보기를 뜬
구름과 같이 하고 공명을 헌신짝 벗어 버리듯하여, 스
스로 세상의 물욕 밖에서 방랑하는 것이니, 어찌 시세
에 영합하여 이름을 낚시질하고, 벼슬길에 빠져들어
생명을 가볍게 여기며 이익만 취하다가 스스로 함정
에 빠지는 자와 같겠는가. 이것이 내가 몸은 벼슬을 하
면서도 뜻은 강호에 두어 매양 노래에 의탁하는 것이
니, 그대는 어떻게 생각하는가?"
하니 내가 듣고 즐거워하며 그대로 기록하여 백공에게 보
내고, 또한 나 자신도 살펴고자 한다. 을축년 7월 어느 날.
- 권근, 「어촌기」-

* 성사 : 옛날 장건이 타고 하늘에 다녀왔다고 하는 배.

굉장히 길지만, 앞에서 했던 말과 똑같은 내용입니다. '공백공'은
자신의 뜻이 '어부'에 있다고 하면서, 자연을 예찬하고 '벼슬하는
자'들을 비판하고 있습니다. 글쓴이도 '듣고 즐거워하'는 것을 보
니, 이에 동의하고 있는 것 같아요. (가)와 비슷한 주제 의식을 가
진 작품이었습니다.

| 선지 | ① | ② | ③ | ④ | ⑤ |
|------|-----|-----|-----|-----|-----|
| 선택률 | 3% | 50% | 37% | 4% | 6% |

## 17  ㉠~㉥에 대한 이해로 적절하지 <u>않은</u> 것은? ②

– ㉠~㉥이라니… 끔찍합니다. 어떻게든 시간을 끌겠다는 평가원의 의지가 보여요. 하지만 이렇게 낯선 것들이 나와도 당황하지 말고, 하던 대로 해결하면 된다고 했습니다. 선지들 하나하나 '평가'해봅시다.

① ㉠에는 전원에서의 생활상이, ㉤에는 자연과 동화되는 삶이 나타난다.

> ㉠게 잡는 아히들이 그물을 훗텨 잇고

> ㉤아이와 어른들을 데리고 갈매기와 백로를 벗하며

| 선지 유형 | 근거가 있어서 허용 가능 |
|------|------|
| 실전에서의 판단 과정 | 둘 다 자연에서의 모습이네. |
| 해설 | 〈보기〉에서 (가)의 화자는 전원에서 생활하고 있다고 했어요. 그럼 화자가 보고 있는 '게 잡는 모습'은 전원에서의 생활상이라고 할 수 있겠고, '갈매기', '백로'라는 자연물과 함께 하는 삶은 '자연과 동화되는 삶'이라는 해석의 근거로 충분하겠죠? |

② ㉡에는 한가로운 자연 속 흥취가, ㉦에는 고독을 해소하려는 의지가 나타난다.

> ㉡돗돈비 애내성(欸乃聲)*이 고기 푸는 댱시로다
>
> * 애내성 : 어부가 노를 저으면서 부르는 노랫소리.

> ㉦외로운 배를 노 저어 조류를 따라 오르고 내리면서 가는 대로 맡겨 두고,

| 선지 유형 | 근거가 있어서 허용 불가능 |
|------|------|
| 실전에서의 판단 과정 | 가는 대로 맡겨 두는데 왜 해소에 대한 의지야. |
| 해설 | 돗단배 위에서 노래를 부르는 모습은 '한가로운 자연 속 흥취'라고 할 수 있을 것 같은데, 그냥 배를 노 저어 가는 모습에서 '고독을 해소하려는 의지'요? '외로운 배'를 통해 '고독'이라는 반응을 허용할 수는 있냐도 애매하지만, 해소하려는 '의지'는 절대 허용할 수 없습니다. 심지어 '가는 대로 맡겨 |

둔다'는, 자신의 의지를 개입하지 않고 있다는 '근거'까지 존재하네요!

③ ㉢에는 자연현상에서 연상된 그리움의 대상이, ㉥에는 배의 움직임에 따른 청아한 풍경이 나타난다.

> ㉢모재(茅齋)*예 빗쵠 빗치 옥루(玉樓)라 다룰소냐
>
> * 모재 : 띠로 지붕을 이어 지은 집.

> ㉥흰 물결을 일으키고 맑은 빛을 헤치면, 멀고 멀어서 마치 성사*를 타고 하늘에 오르는 것 같다.
>
> * 성사 : 옛날 장건이 타고 하늘에 다녀왔다고 하는 배.

| 선지 유형 | 근거가 있어서 허용 가능 |
|------|------|
| 실전에서의 판단 과정 | 옥루면 임금님 계신 곳이니 그리움 허용이 되네. |
| 해설 | ㉢ 먼저 봅시다. 모재에 '비친 빛'이라는 자연현상에서 '옥루'라는 임금님이 계신 곳을 떠올리고 있으니 '그리움'을 허용할 수 있겠네요. 만약 이걸 허용하지 못하시겠다면 고전시가 공부를 안 하신 겁니다. '옥루'가 임금님이 계신 곳인 건 반드시 알아야 하는 것이고, 임금님은 무조건 그리운 대상이니까요! 이게 고전시가의 세계관입니다. 수능에서도 이렇게 알고 있다고 가정하고 출제하니, 고전시가는 필수적인 작품들을 통해 확실하게 정리하도록 합시다. 또한 ㉥은 '배를 타는 상황' 속에서 나온 이야기이니, 당연히 허용할 수 있겠죠? |

④ ㉣에는 운치 있는 풍류의 상황이, ⓜ에는 자연에서 누리는 흥겨운 삶의 모습이 나타난다.

> ㉣죽엽(竹葉) 7는 술롤 돌빗 조차 거후로니

> ⓜ구운 고기와 신선한 생선회로 술잔을 들어 주고받다가

| 선지 유형 | 근거가 있어서 허용 가능 |
|------|------|
| 실전에서의 판단 과정 | 자연에서의 행복한 모습 그대로네. |
| 해설 | ㉣은 자연 속에서 술을 마시며 노는 장면이니 '풍류'를 당연히 허용할 수 있고, ⓜ도 문장 그대로 허용할 수 있네요. 기본적인 주제만 파악해도 쉽게 지울 수 있는 선지죠? |

⑤ ⑩에는 변화하는 자연에서 얻는 즐거움이, ⑧에는 생동감 넘치는 자연에서 느끼는 만족감이 나타난다.

주야조모(晝夜朝暮)애 완상이 새로오니
⑩몸이 한가ᄒ나 귀 눈은 겨룰 업다

도롱이와 삿갓을 걸치고 그물을 걷어 올리면 금빛 같은 비늘과 옥같이 흰 꼬리의 물고기가 제멋대로 펄떡거리며 뛰는 모습은 ⑧넉넉히 눈을 즐겁게 하고 마음을 기쁘게 한다.

| 선지 유형 | 근거가 있어서 허용 가능 |
|---|---|
| 실전에서의 판단 과정 | 자연 좋다는 말 그 자체네. |
| 해설 | ⑩의 앞에서 '새롭다'라는 판단이 나왔으니 '변화하는 자연'을 허용할 수 있고, '자연에서 얻는 즐거움'은 큰 주제이니 당연하다고 생각할 수 있겠죠. ⑧도 펄떡거리는 물고기의 모습을 보며 '기쁘다'라는 반응을 보이고 있으니, 선지 뒷부분도 허용 가능하겠죠? |

| 선지 | ① | ② | ③ | ④ | ⑤ |
|---|---|---|---|---|---|
| 선택률 | 3% | 11% | 6% | 7% | 73% |

**18** 〈보기〉를 바탕으로 [A]를 감상한 내용으로 적절하지 <u>않은</u> 것은? [3점] ⑤

① 전원생활에서 목격한 풍요로운 결실을 '만경 황운'에 비유해 드러냈군.

동녁 두던 밧긔 크나큰 너븐 들히
만경(萬頃) 황운(黃雲)이 ᄒ 빗치 되야 잇다

| 선지 유형 | 근거가 있어서 허용 가능 |
|---|---|
| 실전에서의 판단 과정 | 벼가 익은 모습은 풍요로운 결실이지. |
| 해설 | 〈보기〉에 따르면 화자는 '전원생활'을 하며 행복한 나날들을 보내고 있습니다. '만경 황운'은 '넓은 들'과 관련되어 있다는 점에서 '풍요로운 결실'을 충분히 허용할 수 있겠네요. '벼가 익은 모습'이라는 '만경 황운'의 뜻을 알고 있었다면 더욱 쉽게 판단할 수 있었겠죠? |

② 전원생활 가운데 느끼는 여유를 '내노리 ᄒ쟈스라'와 같은 청유형 표현을 통해 드러냈군.

중양이 거의로다 <u>내노리 ᄒ쟈스라</u>

| 선지 유형 | 근거가 있어서 허용 가능 |
|---|---|
| 실전에서의 판단 과정 | 놀이 하자고 하고 있으니 청유형 맞지. |
| 해설 | '전원생활 가운데 느끼는 여유'는 지문의 주제와 직결되는 내용이고, '내노리 ᄒ쟈스라'는 놀이를 하자는 표현이니 이 주제와 연결된다고 할 수 있겠습니다. 나아가 'ᄒ쟈스라'가 '청유형' 표현이라는 것도 충분히 허용할 수 있겠죠? 청유형 표현의 종류를 외우는 게 중요한 것이 아닙니다. '함께 하자'는 의미가 담겨 있으면 되는 거예요. |

③ 전원생활의 풍족함을 여문 '블근 게'와 살진 '눌은 ᄃᆰ'과 같이 색채 이미지에 담아 드러냈군.

<u>블근 게</u> 여믈고 <u>눌은 ᄃᆰ</u>기 슬져시니

| 선지 유형 | 근거가 있어서 허용 가능 |
|---|---|
| 실전에서의 판단 과정 | 그렇네. |
| 해설 | '게'와 '닭' 같은 고기들은 '풍족함'의 근거로 충분할 것 같고, '붉다', '누르다'(누런 색)는 색을 직접적으로 나타내고 있으니 '색채 이미지'도 허용이 되네요. |

④ 전원생활에서의 현장감을 '밤블이 블가시니'와 '아젹물이 미러오니'와 같은 묘사를 활용해 드러냈군.

살여흘 긴 몰래예 <u>밤블이 블가시니</u>
호두포* 엔 구븨예 <u>아젹물이 미러오니</u>

* 호두포 : 예산현의 무한천 하류.

| 선지 유형 | 근거가 있어서 허용 가능 |
|---|---|
| 실전에서의 판단 과정 | 화자가 보는 것들을 묘사한 것이니 현장감 충분히 허용되겠네. |
| 해설 | 학생 입장에서 이게 무슨 말인지 확실하게 이해하기는 힘들었더라도, 화자가 보는 모습을 묘사하고 있으니 '현장감'을 충분히 허용할 수 있겠죠. |

⑤ 전원생활의 여유를 즐기면서도 생업의 현장에서 느끼는 고단함을 '생리라 괴로오랴'와 같은 설의적인 표현으로 드러냈군.

| 경(景)도 됴커니와 생리(生理)라 괴로오랴 |
| --- |

| 선지 유형 | 근거가 있어서 허용 불가능 |
| --- | --- |
| 실전에서의 판단 과정 | 괴로울 리가 없다는 거잖아. |
| 해설 | '생리라 괴로오랴'가 설의적인 표현인 건 맞는데, 이게 '고단함'을 드러낸다구요? 현대어로 대충 읽어도 '생리(생활)가 괴로울까'라는 표현이죠? 이는 괴롭지 않다는 의미를 함축하기에 절대 허용할 수 없겠습니다. |

| 선지 | ① | ② | ③ | ④ | ⑤ |
| --- | --- | --- | --- | --- | --- |
| 선택률 | 72% | 3% | 4% | 9% | 12% |

## 19 (나)의 '공백공'에 대한 설명으로 가장 적절한 것은? ①

– '공백공'은 자연을 사랑하고 속세를 비판하는 입장을 가진 인물이었습니다. 이를 바탕으로 선지를 판단해봅시다.

① 시간에 따른 공간의 다채로운 모습을 제시하며 자신의 감정을 드러내고 있다.

| 선지 유형 | 근거가 있어서 허용 가능 |
| --- | --- |
| 실전에서의 판단 과정 | 여름, 겨울의 모습을 제시했었지. |
| 해설 | '여름', '겨울' 같은 시간 표현에 주목했다면 간단하게 답으로 고르고 넘어갈 수 있겠네요. '자신의 감정'은 너무나 쉽게 허용할 수 있겠죠? 자연을 좋아한다는 주제와 직결되는 내용이니까요. |

② 상대의 말과 행동이 불일치함을 언급하여 자신의 결백을 입증하고 있다.

| 선지 유형 | 근거가 없어서 허용 불가능 |
| --- | --- |
| 실전에서의 판단 과정 | 결백을 갑자기 왜 입증해. |
| 해설 | 결백을 입증할 만한 상황이 없었습니다. 애초에 이 글의 주제와 너무 어긋나는 내용이죠? |

③ 상대에 대해 심리적 거리감을 느껴 자신의 생각 표현을 자제하고 있다.

| 선지 유형 | 근거가 없어서 허용 불가능 |
| --- | --- |
| 실전에서의 판단 과정 | 심리적 거리감을 왜 느껴. |
| 해설 | '공백공'의 상대라면 화자밖에 없을 텐데, 〈보기〉에서 화자와 '벗', 즉 '공백공'은 가치관이 같다고 했어요. '심리적 거리감'은 절대 허용할 수 없네요. |

④ 질문에 답변하며 현실에 대처하는 자신의 태도를 밝히고 있다.

| 선지 유형 | 근거가 없어서 허용 불가능 |
| --- | --- |
| 실전에서의 판단 과정 | 질문에 답변을 언제 했냐. |
| 해설 | 질문에 답변한 적 없죠? 그냥 자기 혼자 이야기하고 있어요. 마지막엔 오히려 질문을 던지고 있네요. |

⑤ 대상과 관련된 행위를 열거하며 자신의 무력감을 깨닫고 있다.

| 선지 유형 | 근거가 없어서 허용 불가능 |
| --- | --- |
| 실전에서의 판단 과정 | 무력감을 왜 깨달아. |
| 해설 | '무력감'이라는 반응은 이 지문의 화제와 너무 어긋나죠? '자연에서의 무력감'같은 뇌피셜로 선지를 판단하시면 안 돼요. 허용하려면 근거가 있어야 합니다! |

| 선지 | ① | ② | ③ | ④ | ⑤ |
| --- | --- | --- | --- | --- | --- |
| 선택률 | 3% | 4% | 81% | 6% | 6% |

## 20 〈보기〉를 참고하여 (나)를 이해한 내용으로 적절하지 않은 것은? ③

– '삶의 방향성과 가치관'에 대한 〈보기〉인데, 수필의 주제를 잘 파악하면서 읽었다면 쉽게 판단할 수 있을 것 같아요.

① 벗이 '영화'와 '이익'을 중시하는 삶을 거부한다는 것을 통해 벗의 가치관을 알 수 있군.

| 저 영달에 얽매여 벼슬하는 자는 구차하게 영화에 매달리지만 나는 만나는 대로 편안하다. 빈궁하여 고기잡이를 하는 자는 구차하게 이익을 계산하지만 나는 스스 |
| --- |

로 유유자적을 즐긴다.

| 선지 유형 | 근거가 있어서 허용 가능 |
| --- | --- |
| 실전에서의 판단 과정 | 둘 다 벗과 반대되는 속성이네. |
| 해설 | '영화'에 매달리고 '이익'을 계산하는 자들과 달리 '나'(벗)는 편안하고 유유자적을 즐긴다고 했습니다. 저런 이들과 대비하고 있다는 점에서 저러한 삶을 '거부'한다는 것, 가치관이 드러난다는 것 모두 허용할 수 있겠습니다. |

② 작가가 벗의 말을 '즐거워하며' 자신도 살피려 하는 것을 통해 작가는 벗의 생각에 공감하고 있음을 알 수 있군.

하니 내가 듣고 즐거워하며 그대로 기록하여 백공에게 보내고, 또한 나 자신도 살피고자 한다. 을축년 7월 어느 날.

| 선지 유형 | 근거가 있어서 허용 가능 |
| --- | --- |
| 실전에서의 판단 과정 | 그렇지. |
| 해설 | 선지에서 제시한 '즐거워하며'라는 걸 근거로 해서 허용할 수 있는 내용이죠? 〈보기〉에서 제시한 이 글의 주제이기도 하구요. |

③ 작가가 벗을 '아우'로 삼고 있다는 것을 통해 벗이 추구하는 삶의 자세가 작가로부터 전해 받은 것임을 알 수 있군.

백공은 나와 태어난 해는 같으나 생일이 뒤이기 때문에 내가 아우라고 한다.

| 선지 유형 | 근거가 있어서 허용 불가능 |
| --- | --- |
| 실전에서의 판단 과정 | 생일이 뒤라서 아우라며. |
| 해설 | '아우'로 삼은 건 그냥 어려서일 뿐, 벗이 추구하는 삶이 화자로부터 왔기 때문이 아니죠! '생일이 뒤이기 때문에'라는, 도저히 허용할 수 없는 '근거'가 존재하니 틀린 선지로 처리해주시면 되겠습니다. <br><br> 나아가 벗이 추구하는 삶의 자세는 본인 스스로 가지게 된 것일 뿐, 작가로부터 전해 받은 것이라는 근거가 없죠? 이렇게 지워도 좋겠네요. |

④ 벗이 '강태공'과 '엄자릉'을 들어 '내가 감히'라는 말을 언급한 것을 통해 그들의 삶에 미치지 못함을 스스로 인정하는 벗의 겸손한 성품을 알 수 있군.

강태공은 성인이니 내가 감히 그가 주 문왕을 만난 것과 같은 그런 만남을 기약할 수 없다. 엄자릉은 현인이니 내가 감히 그의 깨끗함을 바랄 수는 없다.

| 선지 유형 | 근거가 있어서 허용 가능 |
| --- | --- |
| 실전에서의 판단 과정 | 그렇지. |
| 해설 | '내가 감히'를 근거로 해서 '겸손함'을 허용하는데 또 어떤 생각이 더 필요할까요. |

⑤ 작가가 벗이 '대과에 급제'하여 기대를 받고 있는데도 '마음에 사욕이 없'다고 평한 것을 통해 벗의 말이 기록할 만한 가치가 있다고 여김을 알 수 있군.

대과에 급제하고 좋은 벼슬에 올라, 사람의 가슴으로 하여금 멀리 강호에 있는 것 같게 만든다. …(중략)… 이 것은 그의 마음에 사욕이 없어 사물에 초탈하였기 때문에 소리의 나타남이 이와 같은 것이다.

| 선지 유형 | 근거가 있어서 허용 가능 |
| --- | --- |
| 실전에서의 판단 과정 | 대과에 급제했는데 사욕이 없으면 기록할 만한 가치가 있다고 할 수 있겠네. |
| 해설 | '기대를 받는데도 사욕이 없는 성격'을 근거로 해서 '벗의 말은 기록할 가치가 있다'를 허용할 수 있겠죠? 본인은 그렇게 생각하지 않더라도, 충분히 허용할 수 있겠다는 생각은 하셔야 합니다. |

| 선지 | ① | ② | ③ | ④ | ⑤ |
|---|---|---|---|---|---|
| 선택률 | 65% | 4% | 11% | 5% | 15% |

**21** ⓐ와 ⓑ를 비교한 내용으로 가장 적절한 것은? ①

> 주야조모(晝夜朝暮)애 완상이 새로오니
> 몸이 한가ᄒ나 귀 눈은 겨를 업다
> 여생이 언마치리 백발이 날로 기니
> 세상 공명은 계륵이나 다룰소냐
> ⓐ 강호 어조(魚鳥)애 새 밍세 깁퍼시니
> 옥당금마(玉堂金馬)*의 몽혼(夢魂)*이 섯긔엿다
>
> * 옥당금마 : 관직 생활.
> * 몽혼 : 꿈.

> 　부귀 보기를 뜬구름과 같이 하고 공명을 헌신짝 벗어
> 버리듯하여, 스스로 세상의 물욕 밖에서 방랑하는 것이
> 니, 어찌 시세에 영합하여 이름을 낚시질하고, 벼슬길에
> 빠져들어 생명을 가볍게 여기며 이익만 취하다가 스스
> 로 함정에 빠지는 자와 같겠는가. ⓑ 이것이 내가 몸은
> 벼슬을 하면서도 뜻은 강호에 두어 매양 노래에 의탁하
> 는 것이니, 그대는 어떻게 생각하는가?"

– ⓐ는 '세상 공명'을 '계륵'이라고 표현하며 자연에서 '새 맹세'를 하는 와중에도 속세에 미련을 가지는 모습이었고, ⓑ는 속세에 있으면서도 자연에 관심을 두는 상황을 나타내는 표현이었습니다. 이 정도로 정리해놓은 상태로 선지 판단해 보도록 합시다.

　① ⓐ는 '내'가 '강호'에서의 은거를 긍정하지만 정치 현실에 미련이 있음을, ⓑ는 '공백공'이 정치 현실에 몸담고 있지만 '강호'에 은거하려는 지향을 나타낸다.

| 선지 유형 | 근거가 있어서 허용 가능 |
|---|---|
| 실전에서의 판단 과정 | 생각한 내용 그대로네. |
| 해설 | 생각한 내용 그대로입니다. 발문을 보고서 독해한 내용을 바탕으로 미리 정리하는 것이 이렇게 중요해요. 미리 생각했다면 훨씬 쉽게 답을 고를 수 있었겠죠? |

### FAQ

**Q** ⓐ 부분의 '일반적인' 해석은 '관직 생활에 대한 꿈이 희미해져간다'로 알고 있는데, 어떻게 이 선지가 맞는 건가요?

**A** 2020학년도 수능이 끝난 뒤 난리가 난 문제였습니다. '섯긔엿다'에 대한 내용인데, 이를 '성기다'의 옛말로 보면 다음과 같은 해석이 가능해집니다. '성기다'는 '관계가 깊지 않고 서먹하다'는 뜻인데, '관직의 꿈이 성기었다'는 건 그 꿈과 관계가 깊지 않다, 즉 '희미해진다'로 볼 수 있는 것이죠. 그리고 실제로 문학계에선 이것을 주된 해석으로 보고 있습니다. 아니 그러면 평가원이 틀린 걸까요? 당연히 아니죠. '섯긔엿다'를 '섞이다'와 같은 말로 보면, 1번 선지처럼 '관직에 미련이 남은 것'으로 해석할 수 있거든요. 이 해석 역시 일부 학자들이 주장하는 것이기도 하구요. 결국 핵심은, 마치 모순되는 것처럼 보이는 두 해석이 (사실은 모순도 아니죠. 꿈은 희미해져가지만 미련은 남는다는 건 충분히 동시에 성립할 수 있으니까요.) 모두 '허용'된다는 겁니다. 내 생각을 대입하는 게 아니라 그 선지의 해석만을 '평가'하는 것. 아주 중요했습니다.

물론 2020학년도 수능을 응시하지 않은 학생이라면 도대체 이게 왜 논란인지 궁금할 수도 있습니다. 애초에 위의 물음을 하려면 이 작품의 내용을 알고 있어야 하는데, '월선헌십육경가'는 미리 내용을 알고 있어야 할 '필수 고전시가'가 아니니까요. 사실 이 작품은 그 해의 'EBS 연계 작품'이었어요. 그러다보니 미리 공부해서 내용을 알고 있는 학생들이 많았고, ⓐ 부분의 해석을 '관직 생활에 대한 꿈이 희미해져간다'로 공부했던 학생들은 1번 선지를 바로 고를 수가 없게 된 것이죠.

'EBS 연계의 함정'과 관련되는 문제였습니다. 물론 저도 EBS 연계 교재에 있는 고전시가를 공부하면 효과가 있다고 말씀드리지만, 대전제는 같아요. 시험장에서는 '내가 공부해서 알고 있는 해석 이용'이 아닌, '객관적인 요소에 기반한 허용 가능성 평가'를 해야한다는 것 말이죠. 이 함정에 빠지는 안타까운 일이 없도록, 문학 문제풀이의 기본적인 태도를 갈고 닦도록 합시다. EBS 공부는 절대로 '메인'이 될 수 없어요!

　② ⓐ는 '내'가 '강호'에서의 은거를 마치고 정치 현실로 복귀하려는 의지를, ⓑ는 '공백공'이 정치 현실에서 신뢰를 잃어 '강호'에 은거하려는 소망을 나타낸다.

| 선지 유형 | 근거가 있어서 허용 불가능 |
|---|---|
| 실전에서의 판단 과정 | 지문 내용과 반대되네. |

| 해설 | '정치 현실로 복귀하려는 의지', '정치 현실에서 신뢰를 잃'은 모습 모두 지문과 정반대의 내용이죠? 어렵지 않게 지워낼 수 있습니다. |
| --- | --- |

③ ⓐ는 '내'가 '강호'에서 경치를 완상하며 정치 현실의 번뇌를 해소하려는 자세를, ⓑ는 '공백공'이 정치 현실과 갈등하여 '강호'에 은거하려는 자세를 나타낸다.

| 선지 유형 | 근거가 없어서 허용 불가능 |
| --- | --- |
| 실전에서의 판단 과정 | 정치 현실의 번뇌를 왜 해소해. |
| 해설 | '정치 현실의 번뇌'를 해소한다구요? 애초에 그런 번뇌가 드러나지도 않고, (정치 현실로 갈까하는 번뇌라면 모르겠지만 말이죠.) ⓑ의 내용이 '정치 현실과 갈등'하는 건 좀 아니죠? 애초에 '공백공'은 정치 현실에 관심도 없어요. 관직만 가지고 있을 뿐이죠. |

④ ⓐ는 '내'가 '강호'에서 늙어 감에 체념하면서도 정치 현실을 지향함을, ⓑ는 '공백공'이 정치 현실을 외면하면서 '강호'에 은거하려는 염원을 나타낸다.

| 선지 유형 | 근거가 없어서 허용 불가능 |
| --- | --- |
| 실전에서의 판단 과정 | 공백공은 벼슬에 올라 있는데? |
| 해설 | 정치 현실을 지향한다는 건 애매한데, '공백공'이 정치 현실을 외면한다는 건 허용하기 힘들죠? 어쨌든 관직에 있으니까요. |

⑤ ⓐ는 '내'가 '강호'에서 임금께 맹세하며 정치 현실의 이상을 실현하려는 태도를, ⓑ는 '공백공'이 정치 현실의 폐단에 실망하며 '강호'에 은거하려는 희망을 나타낸다.

| 선지 유형 | 근거가 없어서 허용 불가능 |
| --- | --- |
| 실전에서의 판단 과정 | 정치 현실의 이상을 왜 실현해. |
| 해설 | '강호'는 자연이고, '정치 현실'은 속세입니다. 이들은 절대 같이 갈 수 없어요! 물론 자연 속에서 속세를 그리워할 수는 있고, 그런 경우는 많지만 자연과 속세가 같은 속성이 되는 경우는 있을 수 없다는 겁니다. 또한 '공백공'이 자연에 은거하고 싶어하는 것은 그저 그런 삶이 좋아서였어요. '정치 현실의 폐단'에 실망한 적은 없었죠. |





| 핵심 point |

① **허용 가능성 평가** : 선지의 내용을 '허용'하려는 태도를 바탕으로 지문을 '독해'하며 '근거'를 찾아야 합니다. 허용할 수 있는 '근거'가 있어야만 허용할 수 있습니다. 주관적인 생각을 개입시키면 안 됩니다.
② **고전시가 독해** : 겁먹지 않고, 현대시를 읽듯이 읽어내면 됩니다. 현대시와 마찬가지로, 〈보기〉의 도움 등을 통해 '주제' 위주로 가볍게 읽어내면 되는 거예요. 자세한 해석은 선지가 해줄 겁니다!
③ **수필 독해** : 운문문학과 마찬가지로, 글쓴이가 하고자 하는 말인 '주제'를 파악하는 것이 핵심입니다. 수필이 어렵게 출제될 것을 대비해, 독서 지문을 읽듯이 꼼꼼하게 읽으며 주제를 파악하는 연습을 해야 해요.

| 지문 내용 총정리 |

고전시가의 기초적인 세계관을 모르고 있었다면 많이 어려웠을 것이고, 잘 알고 있었다면 꽤 쉽게 해결할 수 있는 세트였습니다. 전자였다면 후자가 될 수 있도록 많은 고전시가들을 경험하도록 합시다.

〈보기〉 독해

> ─────────[보기]─────────
> 「옹고집전」은 주인공 '참옹고집'이 소외를 경험하도록
> 그와 똑같이 생긴 '짚옹고집'을 등장시켜 그를 대신하게
> 하는 독특한 인물 관계를 설정하였다. 이는 '참옹고집'으
> 로 형상화된 조선 후기 향촌 사회의 부유층에게 요구되
> 는 사회적 책무와도 연결된다. 부유하게 살면서도 가난
> 한 이들을 구제하지 않고 외면하면 공동체로부터 소외
> 될 수 있음을 보여 주고 있기 때문이다.

아는 사람은 다 알고 있는 '옹고집전'의 내용을 설명하는 〈보기〉
입니다. '짚옹고집'이라는 가짜를 등장시켜 '참옹고집'에게 소외
를 경험하게 하는 독특한 내용을 담고 있네요. 나아가 부유한 이
들이 가난한 이들을 구제해야 한다는 주제 의식까지 확실하게 체
크하도록 합시다. 또 다른 〈보기〉는 이본의 내용이니, 나중에 읽
는 것이 좋겠죠?

지문 독해

> [앞부분 줄거리] 옹고집은 성격이 고약한 부자이다. 어느 날
> 옹고집 앞에 가짜 옹고집이 나타나, 서로가 자신이 진짜라고 주
> 장한다.

[앞부분의 줄거리]를 통해 '옹고집'이라는 주인공의 성격을 설명
하면서 시작하고 있습니다. 성격이 고약한 부자라는 것을 보니,
〈보기〉에서 이야기한 주제 의식을 드러내기에 좋은 인물임을 알
수 있겠죠? 나아가 〈보기〉에서 이야기한 것처럼 '가짜 옹고집'이
나타나 서로 자신이 진짜라고 주장하는 모습입니다.

> 두 옹고집이 송사 가는 제, 읍내를 들어가니 짚
> 옹고집 거동 보소. 주저 없이 제가 앞에 가며 읍의
> 촌가인 하나와 만나 보면 깜짝 반겨 두 손을 잡고,
> "나는 가변을 송사하러 가는지라. 자네와 나와 아
> 무 연분에 서로 알아 죽마고우로 지냈으니 나를 몰
> 라볼쏘냐."
> 　또 하나를 보면, "자네 내게서 아무 연분에 돈 오
> 십 냥을 취하여 갔으니 이참에 못 주겠느냐. 노잣
> 돈 보태 쓰게 하라."

　또 하나 보면, "자네 쥐골평 논 두 섬지기 이때까
지 소작할 제, 거년 선자(先資)* 스물닷 말을 어찌
아니 보내는가."
　이처럼 하니 참옹고집이 짚옹고집을 본즉 낱낱
이 내 소견대로 내가 할 말을 제가 먼저 하니 기가
질려 뒤에 오며, 실성한 사람같이, 아는 사람도 오
히려 짚옹고집같이도 모르는지라.
　짚옹고집이 노변에서 지나가는 사람 데리고 하
는 말이,
　"가운이 불길하여 어떠한 놈이 왔으되 용모 나와
[A]　비슷해 제가 내라 하고 자칭 옹고집이라 하기로,
억울한 분을 견디지 못하여 일체 구별로 송사하
러 가는지라. 뒤에 오는 사람이 기네. 자네들도
대소간 눈이 있거든 혹 흑백을 가릴쏘냐."
　참옹고집이 뒤에 오면서 기가 막히고 얼척도 없
어 말도 못하고 울음 울 제, 행인들이 이어 보고 하
는 말이, "누가 알아보리오. 뉘 아들인지 알 수가
없다. 아마도 상동이란 말밖에 또 하리오."

* 선자 : 일을 시작하기에 앞서 드는 돈.

두 '옹고집'은 누가 진짜인지 밝히기 위해 송사를 가고 있습니다.
그런데 '읍내'에 들어가자 '짚옹고집'은 만나는 사람마다 붙들고
'참옹고집'이 할 말을 먼저 하는 모습이에요. '참옹고집' 입장에서
는 당연히 기가 막히고 얼척이 없겠죠. 이런 상황이면 진짜 말도
못하고 울음만 울 것 같습니다. 행인들 입장에서도 엄청 헷갈릴
수밖에 없겠죠? 누가 진짜인지 알 방법이 없으니까요.

여기서 '짚옹고집'이 하는 말들 하나하나 다 읽으면서 시간을 낭
비하시면 안 됩니다. 결국 '짚옹고집이 참옹고집인 척을 하고 있
다.'라는 똑같은 이야기만 할 것이니, 일종의 'skip 가능 구간'으로
여기면서 빠르게 읽어야 해요. 특히 [A]로 묶인 부분들은 세세한
내용일치를 묻는 경우가 거의 없으니 조금 더 과감해도 됩니다.

> 　　　　　　　　　　　(중략)
>
> 　짚옹고집 반만 웃고 집으로 돌아와서 바로 내정으로
> 들어가니 처자 권속이 내달아 잡고 들어가니, "하늘도
> 무심치 아니하기로 내 좋은 형세와 처자를 빼앗기지 아
> 니하였다."
> 　송사를 이긴 내력을 말하니 처자 권속이며 상하 노복
> 등이 참옹고집으로 알고, 마누라는, "우리 서방님이 그
> 런 고생이 또 있을까."

뭇 아들 나서며, "그런 자식에게 아버지가 큰 봉재를 보았다."

노복 종이며 마을 사람들이 다 칭찬하거늘, 짚옹고집이, "내가 혈혈단신으로 자수성가하기로 전곡을 과연 아낄 줄만 알았더니 내빈 왕객 접대 상과 만가 동냥 거지들을 독하게 박대하였더니 인심부득 절로 되어 이런 재변이 난 듯싶으니, 사람 되고 개과천선 못할쏘냐. <u>오늘부터 재물과 곡식을 흩어 활인구제(活人救濟)하리라.</u>"

전곡을 흩어 사방에 구차한 사람을 구제한단 말이 낭자하니 팔도 거지들과 각 절 유걸승들이 구름 모이듯 모여드니 백 냥 돈 천 냥 돈을 흩어 주니 옹고집은 인심 좋단 말이 낭자하더라.

(중략) 이후의 상황입니다. '짚옹고집'이 '반만 웃고'(이길 것을 알고 있었으니 오래도록 좋아하지는 않았다는 의미라고 할 수 있겠죠?) 집으로 돌아와 가족들과 회포를 푸는 모습입니다. 아마 (중략) 이전에 했던 것처럼, '참옹고집'이 할 만한 이야기들을 먼저 하면서 신뢰를 얻은 것이겠죠?

여기에 '짚옹고집'은 재물과 곡식을 풀어 가난한 사람들을 구제하겠다는 이야기를 하고 있어요. 이 소문을 들은 '팔도 거지들'과 '각 절 유걸승'들은 구름 모이듯 모여들고 있구요. '참옹고집' 입장에선 진짜 짜증나는 상황이겠습니다. 어쨌든 〈보기〉에서 제시한 상황 그대로 진행되는 모습이네요.

<u>하루</u>는 주효를 낭자케 장만하고 원근에 모모한 친구며 사방 사람을 청좌하여 대연을 배설할 제, 이때의 참옹고집 전전걸식하다가 맹랑촌 옹고집 활인구제한단 말 듣고 <u>분심으로 하는</u> 말이,
"남의 재물 갖고 제 마음대로 쓰는 놈은 어떤 놈의 팔자인고. 찾아가서 내 집 망종 보고 죽자."
하고 죽장망혜로 찾아갈 제, 짚옹고집 도술 보고 근처에 참옹고집 온 줄 알고 사환을 분부하되,
"오늘 큰 잔치에 음식도 낭자하고 걸인도 많을 제, 타일 천하게 다투던 거짓 옹가 놈이 배도 고프고 기한(飢寒)을 견디지 못하여 전전걸식 다닐 제, 잔치 소문을 듣고 마을 근처에 왔으나 차마 못 들어오는가 싶으니 너희 등은 가서 데려오라. 일변 생각하면 되도 못할 일 하다가 중장(重杖)만 맞았으니 불쌍하다."
사환 등이 영을 듣고 사방으로 나가 보니 과연 마을 뒷산에 앉아 잔치하는 데를 보고 눈물을 흘리고 앉았거

늘 사환들이 바로 가서 <u>엉겁결에 배례하고 문안하니, 슬프다. 참옹고집이 대성통곡 절로 난다.</u>
사환들이 가자 하니, "<u>갈 마음 전혀 없다.</u>"

이렇게 잔치를 벌여 가난한 이들을 구제하고 있으니, '참옹고집'은 당연히 분한 마음이 들겠죠? 화가 잔뜩 난 채로 자신의 집으로 가려는 '참옹고집'의 모습입니다. 그런데 '짚옹고집'은 도술을 통해 이러한 '참옹고집'의 모습을 확인한 뒤, '사환'에게 불쌍한 '참옹고집'을 데려오라는 명을 내립니다.

그렇게 '사환' 등이 '참옹고집'을 찾는데, '사환'들은 '엉겁결에 배례하고 문안'하는 태도를 보이고 있어요. 그동안 '참옹고집'을 깍듯하게 모셨을 것인데, 그러한 버릇이 나온 것이라 할 수 있겠죠. 이 모습을 본 '참옹고집'은 자신의 처지가 더욱 슬플 것입니다. 이렇게 '짚옹고집'의 명을 받고 온 '사환'들도 엉겁결에 인사할 정도로 자신이 '옹고집' 그 자체인데, 전혀 인정을 받지 못하고 있으니까요. 이런 상황이니, '사환'들이 가자고 해도 자존심을 부리며 가지 않겠다는 '참옹고집'의 심정에 충분히 공감할 수 있겠죠?

여러 놈이 부축하여 들어가서 좌상에 앉히니 짚옹고집 일어서며 인사 후에,
"네 들어라. 형세 있어 좋다 하는 것이 활인구제하여 만인적선이 으뜸이거늘 천여 석 거부로서 첫째로는 부모 박대하니 세상에 용납지 못할 놈이요, 둘째는 유걸산승 욕보이니 불도가 어찌 허사리오. 우리 절 도승이 나를 보내어 묘하신 불법으로 가르쳐서 너의 죄목을 잡아 아주 죽여 세상에 영영 자취 없게 하여 세상 사람에게 모범이 [B] 되게 하라 하시거늘 너를 다시 세상에 내어 보내기는 나의 어진 용심으로 살린 것이니, 이만해도 후생에게 너 같은 행실을 징계한 사례가 될 듯싶으니 이후는 아무쪼록 개과하라."
하고, 좌상에 나앉으며 문득 자빠지니 허수아비 찰벼 짚 묶음이라.
이로 좌상이 <u>다 놀라</u> 공고를 하고 옹고집이 이날부터 개과천선하여 세상에 전하여 일가친척이며 <u>원근친고 사람에게 인심을 주장하니 옹고집의 인심을 만만세에 전하더라.</u>

–작자 미상, 「옹고집전」–

그렇게 '사환'들이 부축하여 '참옹고집'을 '짚옹고집'에게 데려가자, '짚옹고집'은 자신이 '참옹고집' 행세를 한 이유를 설명하며

다시 '허수아비 찰벼 짚 묶음'으로 돌아가고 있습니다. 이 내용을 보면, 〈보기〉에서 이야기했던 것처럼 자신의 부를 나누지 않고 욕심만 부리던 '옹고집'에게 소외를 경험하게 했음이 드러나네요.

이런 상황을 본 사람들은 당연히 놀라 자빠지고, '옹고집'은 개과천선하여 인심을 나누는 삶을 살았다고 합니다. 〈보기〉의 내용을 기반으로 인물에게 공감하면서 독해하면 어렵지 않게 이해할 수 있는 지문이네요.

| 선지 | ① | ② | ③ | ④ | ⑤ |
|---|---|---|---|---|---|
| 선택률 | 9% | 7% | 67% | 13% | 4% |

## 22 [A]에 대한 설명으로 가장 적절한 것은? ③

– '짚옹고집'이 '참옹고집' 행세를 하는 모습과, 이를 보며 기가 막혀 말도 못하고 울기만 하는 '참옹고집'의 심정이 드러난 부분이었습니다. 'skip 가능 구간'으로 여기고 가볍게 넘어간 부분이었는데, 이렇게만 해도 정말 답을 고를 수 있을지 확인해 봅시다.

① 송사 원인이 금전적 이해관계에 있음이 밝혀진다.

| 선지 유형 | 근거가 있어서 허용 불가능 |
|---|---|
| 실전에서의 판단 과정 | 송사 원인은 진짜 옹고집을 찾는 것이지. |
| 해설 | '짚옹고집'의 대사 하나하나를 꼼꼼하게 읽었다면 오히려 헷갈릴 수 있는 선지입니다. 이 지문에서의 송사 원인은 누가 진짜 '옹고집'인지를 가리는 것일 뿐, 금전적 이해관계와는 무관해요. |

② 송사 결과에 대한 행인들의 상반된 예측이 제시된다.

| 선지 유형 | 근거가 있어서 허용 불가능 |
|---|---|
| 실전에서의 판단 과정 | 행인들도 누가 진짜 옹고집인지 알 수 없다 했지. |
| 해설 | 행인들도 누가 진짜인지 모르겠고, 그저 '상동'이라는 말만 하는 모습이었습니다. 이러한 심리에 공감했던 기억이 있으니, '상반된 예측'은 허용하기 어렵겠네요. |

③ 송사 가는 이의 답답한 심정이 서술자에 의해 드러난다.

| 선지 유형 | 근거가 있어서 허용 가능 |
|---|---|
| 실전에서의 판단 과정 | 엄청 기막혀 했잖아. |
| 해설 | '참옹고집'의 '기가 막히고 얼척도 없어 말도 못하고 울음' 우는 심리에 공감했다면 바로 답으로 고를 수 있습니다. 이러한 심리는 '답답한 심정'이라고 할 수 있고, 이것이 서술자에 의해 드러나고 있으니까요. 역시 정답 선지는 세세한 내용일치가 아닌 인물의 '심리'에서 제시되는 모습이네요. 시간 단축을 위해서라도, 'skip 가능 구간'의 활용에 익숙해 지셔야 합니다! |

④ 송사 가는 이들 간에 서로를 비방하는 대화가 이어진다.

| 선지 유형 | 근거가 있어서 허용 불가능 |
|---|---|
| 실전에서의 판단 과정 | 참옹고집은 아무 말도 못했지. |
| 해설 | '참옹고집'은 '짚옹고집'을 비방하는 대화는커녕, 기가 막혀 아무런 말도 하지 못했습니다. 역시 이러한 심리에 공감했다면 어렵지 않게 지워낼 수 있는 선지네요. |

⑤ 송사 가는 길에 새롭게 등장한 인물의 외양이 묘사된다.

| 선지 유형 | 근거가 없어서 허용 불가능 |
|---|---|
| 실전에서의 판단 과정 | 외양 묘사가 있으면 놓쳤을 리가 없지. |
| 해설 | '외양 묘사'는 우리가 항상 주목하는 부분입니다. 정말 나왔다면 놓쳤을 리가 없어요. |

| 선지 | ① | ② | ③ | ④ | ⑤ |
|---|---|---|---|---|---|
| 선택률 | 4% | 4% | 80% | 6% | 6% |

## 23 ㉠~㉤에 대한 이해로 적절하지 <u>않은</u> 것은? ③

① ㉠: '마누라'는 집에 돌아온 이를 '참옹고집'으로 알고 있다.

> 송사를 이긴 내력을 말하니 처자 권속이며 상하 노복 등이 참옹고집으로 알고, 마누라는, "㉠우리 서방님이 그런 고생이 또 있을까."

| 선지 유형 | 근거가 있어서 허용 가능 |
|---|---|
| 실전에서의 판단 과정 | 마누라뿐만 아니라 다 속았잖아. |

| 해설 | '짚옹고집'이 송사를 이긴 내력을 말하자, 처자(아내와 자식) 권속(데리고 사는 식구) 및 상하 노복(노비) 모두 '짚옹고집'을 '참옹고집'으로 알았다고 했습니다. 그러니 '마누라'도 '서방님'이라고 부르며 고생했다고 말하는 반응을 보인 것이겠죠. |
| --- | --- |

② ㉡ : '참옹고집'은 '짚옹고집'을 못마땅하게 여기고 있다.

> "㉡남의 재물 갖고 제 마음대로 쓰는 놈은 어떤 놈의 팔자인고. 찾아가서 내 집 망종 보고 죽자."

| 선지 유형 | 근거가 있어서 허용 가능 |
| --- | --- |
| 실전에서의 판단 과정 | 참옹고집 입장에서는 엄청 짜증나지. |
| 해설 | '참옹고집' 입장에서는 자신의 재산을 '짚옹고집'이 마음대로 쓰는 상황이기 때문에, 굉장히 짜증났을 것입니다. 이러한 내용을 근거로 하면, '짚옹고집'을 못마땅하게 여기고 있다는 해석을 어렵지 않게 허용할 수 있겠네요. |

③ ㉢ : '짚옹고집'은 '참옹고집'의 거동을 수상히 여기고 있다.

> 하고 죽장망혜로 찾아갈 제, ㉢짚옹고집 도술 보고 근처에 참옹고집 온 줄 알고 사환을 분부하되,

| 선지 유형 | 근거가 있어서 허용 불가능 |
| --- | --- |
| 실전에서의 판단 과정 | 도술로 뭐하는지 다 알고 있었잖아. |
| 해설 | '짚옹고집'은 도술을 이용하여 '참옹고집'이 집 근처에 왔다는 것을 알았습니다. 이미 다 알고 있었다는 명백한 근거가 있으니, 수상히 여기고 있다는 해석, 즉 뭘 하는지 정확히 모른다는 해석은 절대 허용할 수 없겠습니다. |

④ ㉣ : '참옹고집'은 집에 들어가지 못한 채 서러워하고 있다.

> 사환 등이 영을 듣고 사방으로 나가 보니 ㉣과연 마을 뒷산에 앉아 잔치하는 데를 보고 눈물을 흘리고 앉았거늘

| 선지 유형 | 근거가 있어서 허용 가능 |
| --- | --- |
| 실전에서의 판단 과정 | 집에 들어가기 전이었지. |

| 해설 | ㉣은 '참옹고집'이 집에 들어가기 전에 '마을 뒷산'에서 서러워하는 장면이었습니다. 가볍게 허용할 수 있네요. |
| --- | --- |

⑤ ㉤ : '참옹고집'은 '사환들'에게 거절의 의사를 표하고 있다.

> 사환들이 가자 하니, "㉤갈 마음 전혀 없다."

| 선지 유형 | 근거가 있어서 허용 가능 |
| --- | --- |
| 실전에서의 판단 과정 | 자존심 부리는 거였지. |
| 해설 | '사환들'에게 괜히 자존심을 부리며 집에 가지 않겠다는 거절의 의사를 표하는 것, 지문을 읽으면서 미리 공감했던 내용이었습니다. |

| 선지 | ① | ② | ③ | ④ | ⑤ |
| --- | --- | --- | --- | --- | --- |
| 선택률 | 75% | 5% | 8% | 6% | 6% |

## 24 〈보기〉를 참고하여 윗글을 감상한 내용으로 적절하지 않은 것은? ①

① '내 좋은 형세와 처자를 빼앗기지 아니하였다'고 말한 데에서, '참옹고집'이 송사 이전부터 가족에게 소외되어 온 정황이 '짚옹고집'을 통해 드러남을 알 수 있군.

| 선지 유형 | 근거가 있어서 허용 불가능 |
| --- | --- |
| 실전에서의 판단 과정 | 짚옹고집이 소외를 경험하도록 한 거라며. |
| 해설 | 일단 송사 이전부터 '참옹고집'이 가족에게 소외되어 왔다는 근거도 없는 데다가, 〈보기〉에서는 '짚옹고집'의 등장이 '참옹고집'에게 소외를 경험시키기 위함이었다고 했습니다. 소외를 경험시키기 위해 새로운 사건이 필요하다는 것은 그 전에는 소외를 경험하지 않았다는 말이 되기에, 여러모로 틀린 선지라고 할 수 있겠네요. |

② '만가 동냥 거지들을 독하게 박대'하였다고 말한 데에서, 가난한 이들을 외면했던 '참옹고집'의 행적이 '짚옹고집'을 통해 언급됨을 알 수 있군.

| 선지 유형 | 근거가 있어서 허용 가능 |
| --- | --- |
| 실전에서의 판단 과정 | 거지들을 박대한 건 가난한 이들 외면한 거 맞지. |

| 선지 | ① | ② | ③ | ④ | ⑤ |
|---|---|---|---|---|---|
| 선택률 | 17% | 15% | 8% | 56% | 4% |



**25** 〈보기〉는 「옹고집전」 이본의 일부이다. [B]와 〈보기〉를 비교하여 이해한 내용으로 적절하지 <u>않은</u> 것은? [3점] ④

– 먼저 〈보기〉의 내용부터 [B]와 비교하며 읽어봐야겠죠?

---
[보기]

참옹고집 듣기를 다하여 천방지방 도사 앞에 급히 나아가 합장배례하며 공손히 하는 말이, "이놈의 죄를 생각하면 천사(千死)라도 무석(無惜)이요 만사라도 무석이나 명명하신 도덕하에 제발 덕분 살려 주오. 당상의 늙은 모친 규중의 어린 처자 다시 보게 하옵소서. 원견지 하온 후 지하에 돌아가도 여한이 없을까 하나이다. 제발 덕분 살려 주옵소서."

만단으로 애걸하니 도사 하는 말이, "천지간에 몹쓸 놈아. 인제도 팔십 당년 늙은 모친 냉돌방에 구박할까, 불도를 능멸할까. 너 같은 몹쓸 놈은 응당 죽일 것이로되 정상(情狀)이 불쌍하고 너의 처자 가여운 고로 놓아주니 돌아가 개과천선하라."

부적을 써 주며 왈, "이 부적을 몸에 붙이고 네 집에 돌아가면 괴이한 일 있으리라."

하고 홀연 간데없거늘 참옹고집 즐겨 돌아와서 제집 문전 다다르니 고루거각 높은 집에 청풍명월 맑은 경은 옛 놀던 풍경이라.

---

– 전반적인 내용은 비슷합니다. 그런데 일단 '짚옹고집'이 '도사'로 표현되어 있네요. 나아가 [B]와는 다르게 '참옹고집'이 '도사'에게 잘못을 비는 장면으로 표현된 모습입니다. 또한 [B]와 달리 '도사'가 '부적'을 써 주고 있고, '허수아비 찰벼 짚 묶음'으로 변하는 것이 아니라 그냥 사라진다는 차이점 등을 확인할 수 있겠습니다. 이런 내용들이 선지화되겠죠? 가볍게 해결해 봅시다.

① '참옹고집'을 살려 두는 이유로 [B]는 '나의 어진 용심'을, 〈보기〉는 '정상이 불쌍'함을 제시하는 것으로 보아, [B]에서는 용서하는 이의 마음을 고려했고, 〈보기〉에서는 용서받는 이의 처지까지도 고려하였군.

| 선지 유형 | 근거가 있어서 허용 가능 |
|---|---|
| 실전에서의 판단 과정 | 그렇다고 볼 수 있겠다. |
| 해설 | [B]에서는 '짚옹고집'이 자신의 어진 용심으로 살려 준다고 했고, 〈보기〉에서는 '도사'가 정상이 불쌍하니 살려 준다고 했습니다. 이는 각각 용서하는 |

---

'실전에서의 판단 과정' 그대로 허용할 수 있겠죠? 이러한 행적을 보였기에 '참옹고집'은 소외를 경험하게 된 것이었습니다.

③ '전곡을 흩어 사방에 구차한 사람을 구제'한다는 데에서, 가난한 이들을 구제해야 하는 '참옹고집'의 책무가 '짚옹고집'을 통해 이행됨을 알 수 있군.

| 선지 유형 | 근거가 있어서 허용 가능 |
|---|---|
| 실전에서의 판단 과정 | 그렇지. |
| 해설 | 선지 그 자체로 허용할 수 있겠죠? 〈보기〉에 따르면 '참옹고집'과 같은 부유한 이들은 가난한 이들을 구제해야 할 사회적 책무가 있는데, 이를 '짚옹고집'이 대신 이행하는 모습입니다. |

④ '짚옹고집'이 '백 냥 돈 천 냥 돈을 흩어' 줄 수 있을 만큼 '참옹고집'의 재물이 많았다는 데에서, 조선 후기 향촌 사회의 부유층을 연상시키는 '참옹고집'의 모습이 확인되는군.

| 선지 유형 | 근거가 있어서 허용 가능 |
|---|---|
| 실전에서의 판단 과정 | 그러네. |
| 해설 | 돈을 마음껏 주어도 될 만큼 재물이 많았다는 것은 조선 후기 향촌 사회의 부유층을 연상시킨다고 할 수 있겠죠. 역시 선지 그 자체로 허용할 수 있네요. |

⑤ '참옹고집'이 '짚옹고집'에게 자리를 빼앗기고 '전전걸식'하며 살아가는 데에서, 공동체로부터 소외되어 고통을 겪는 '참옹고집'의 처지가 확인되는군.

| 선지 유형 | 근거가 있어서 허용 가능 |
|---|---|
| 실전에서의 판단 과정 | 짚옹고집이 소외를 경험하게 하는 거라며. |
| 해설 | 〈보기〉에 따르면, '짚옹고집'으로 인해 '참옹고집'이 고생하는 것은 '참옹고집'이 소외를 경험하는 모습입니다. 가볍게 허용할 수 있겠네요. |

이(짚옹고집)의 마음을, 용서받는 이(참옹고집)의 처지를 고려한 모습이라고 할 수 있죠.

② '참옹고집'을 살려 두는 이유로 [B]는 '이만해도 후생에게' '징계한 사례'가 됨을, 〈보기〉는 '너의 처자 가여'움을 제시하는 것으로 보아, [B]에서는 징계의 사회적 효용이, 〈보기〉에서는 징계로 인한 가족의 피해가 고려되었군.

| 선지 유형 | 근거가 있어서 허용 가능 |
|---|---|
| 실전에서의 판단 과정 | 후생 이야기는 사회적 효용에, 처자 가여움은 가족의 피해에 대응되지. |
| 해설 | 앞 문제의 〈보기〉에서도 언급했듯이, '짚옹고집'은 '참옹고집'으로 대변되는 다른 부자들의 사회적 책무를 연상시키는 역할을 하고 있습니다. 따라서 [B]의 '짚옹고집'은 '후생에게 징계한 사례', 즉 사회적 효용과 관련된 이야기를 한 것이라고 할 수 있죠.<br><br>한편 이 문제의 〈보기〉에서는 '참옹고집'의 처자가 가엾다는 이야기를 하고 있습니다. 이는 징계로 인한 가족의 피해를 고려한 것이라고 할 수 있겠죠. |

③ '참옹고집'의 악행으로 [B]는 '부모 박대'를, 〈보기〉는 '모친' '구박'을 거론하는 것으로 보아, [B]와 〈보기〉에서 모두 '참옹고집'의 비인륜적 행위가 징계의 사유에 포함되었군.

| 선지 유형 | 근거가 있어서 허용 가능 |
|---|---|
| 실전에서의 판단 과정 | 부모 박대와 모친 구박은 비인륜적 행위지. |
| 해설 | [B]에서는 '부모 박대'를, 〈보기〉에서는 '모친'을 냉돌방에 '구박'했다는 것을 징계의 사유로 이야기하고 있습니다. 이는 충분히 '비인륜적 행위'라고 할 수 있겠죠. |

④ '참옹고집'에게 개과천선하라는 요청이 [B]와 〈보기〉 모두 인물의 발화에 나타나는 것으로 보아, [B]와 〈보기〉에서 모두 인물의 발화는 '참옹고집'이 용서를 구하기 시작하는 계기에 해당하는군.

| 선지 유형 | 근거가 없어서 허용 불가능 |
|---|---|
| 실전에서의 판단 과정 | [B]에서 참옹고집이 용서를 구한 적이 없는데? |
| 해설 | [B]와는 달리, 〈보기〉에서는 '참옹고집'이 용서를 비는 장면이 나타난다는 것을 미리 체크했습니다. 일단 [B]에는 '참옹고집'이 용서를 구하는 장면 |

자체가 없기 때문에 허용할 수 없어요. 나아가 〈보기〉에서도 '참옹고집'이 용서를 구하자 '도사'라는 인물이 개과천선하라는 요청을 하는 모습이에요. 이를 근거로 하면 인물의 발화가 '참옹고집'이 용서를 구하기 시작하는 '계기'라는 것도 허용할 수 없겠습니다. 여러모로 틀린 선지였네요.

⑤ '참옹고집'을 훈계하던 존재가 [B]에서는 '허수아비'로 변하고, 〈보기〉에서는 '홀연' 사라지는 것으로 보아, [B]와 〈보기〉에서 모두 신이한 사건이 벌어지는군.

| 선지 유형 | 근거가 있어서 허용 가능 |
|---|---|
| 실전에서의 판단 과정 | 둘 다 신이하지. |
| 해설 | 미리 생각한 차이점과 관련된 선지네요. '허수아비'로 변하는 것과 '홀연' 사라지는 것 모두 아주 신이한 사건이라고 할 수 있습니다. |

몰랐던 어휘 정리하기

<br><br><br><br>

| 핵심 point |

① **허용 가능성 평가** : 선지의 내용을 '허용'하려는 태도를 바탕으로 지문을 '독해'하며 '근거'를 찾아야 합니다. 허용할 수 있는 '근거'가 있어야만 허용할 수 있습니다. 주관적인 생각을 개입시키면 안 됩니다.
② **소설 독해** : '심리와 행동의 근거'를 바탕으로 인물에게 '공감'하며 읽어야 합니다. 이 과정이 물흐르듯 이어지면 지문의 내용을 완벽하게 이해할 수 있어요.
③ **skip 가능 구간** : 인물의 똑같은 내면을 반복적으로 묘사하거나, 뻔한 이야기가 반복되는 구간은 조금 빠르게 스캔하면서 읽어주시면 됩니다.

| 지문 내용 총정리 |

〈보기〉를 통해 지문의 전반적인 내용을 파악하고, '공감'이라는 포인트에 맞춰 지문을 이해하며, 'skip 가능 구간'을 활용하며 완급을 조절하는 기본적인 소설 독해 태도가 모두 이용된 지문이었습니다. 간단하게 해결할 수 있겠죠?

〈보기〉 확인

---[보기]---

　　교훈적 내용의 시조에는 설득력을 높이기 위한 몇 가지 특징적인 표현 전략이 있다. 우선 윤리적 덕목을 실천해야 하는 인물을 화자로 설정하여 대화 형식을 취하는 경우가 있다. 또한 비유나 상징, 유추, 다른 인물이나 사물과의 대비 등을 통해 화자가 개인 윤리는 물론 가정과 사회의 윤리를 실천하는 주체로서 추구해야 하는 가치를 정당화하기도 한다.

---

(가) 작품은 교훈적 내용을 담은 시조라고 합니다. 다양한 표현 전략을 사용하는데, 실전에서 이걸 전부 체크할 수는 없을 것이에요. '교훈적 내용'만 기억하고 읽어보도록 합시다.

실전적 지문 독해

---

**(가)**

　사람 사람마다 이 말삼 드러사라
　→ 사람 사람마다 이 말씀 들어라.

　이 말삼 아니면 사람이라도 사람 아니니
　→ 이 말씀 아니면 사람이라도 사람 아니니

　이 말삼 잇디 말고 배우고야 마로리이다
　→ 이 말씀 잊지 말고 배우고야 말 일이다.

〈제1수〉

　아바님 날 나흐시고 어마님 날 기르시니
　→ 아버지 날 낳으시고 어머님 날 기르시니

　부모(父母)곧 아니시면 내 몸이 업실랏다
　→ 부모님 아니었으면 내 몸이 없었을 것이로다.

　이 덕(德)을 갚흐려 하니 하늘 가이 업스샷다
　→ 이 덕을 갚으려 하니 하늘(처럼) 끝이 없으시도다.

〈제2수〉

　종과 주인과를 뉘라셔 삼기신고
　→ 종과 주인을 누가 만들었는가?

　벌과 개미가 이 뜻을 몬져 아니
　→ 벌과 개미가 이 뜻을 먼저 아니

　한 마암애 두 뜻 업시 속이지나 마옵사이다
　→ 한 마음에 두 뜻 없이 속이지나 말아야 할 것이다.

---

〈제3수〉

　지아비 밭 갈라 간 데 밥고리 이고 가
　→ 지아비 밭 갈러 간 데 밥고리 이고 가서

　반상을 들오되 눈썹에 마초이다
　→ 반상을 들되 눈썹에 맞춘다.

　진실로 고마오시니 손이시나 다르실가
　→ 진실로 고마우시니 손님이나 다르실까.

〈제4수〉

　형님 자신 젖을 내 조처 먹나이다
　→ 형님이 드신 젖을 내(가) 따라 먹나이다.

　어와 우리 아우야 어마님 너 사랑이야
　→ 아아 우리 아우야 어머님이 너를 사랑한다

　형제(兄弟)가 불화(不和)하면 개돼지라 하리라
　→ 형제가 불화하면 개돼지라 하리라.

〈제5수〉

　늙은이는 부모 같고 어른은 형 같으니
　→ 늙은이는 부모 같고 어른은 형 같으니

　같은데 불공(不恭)하면 어디가 다를고
　→ 같은데 공경하지 않으면 (짐승과) 어디가 다를 것인가?

　나이가 많으시거든 하고야 마로리이다
　→ 나이가 많으시거든 (공경을) 하고야 말 것이다.

〈제6수〉
-주세붕, 「오륜가」-

---

'부모', '종과 주인', '지아비', '형님과 아우', '늙은이, 어른' 등 다양한 인간 관계에서 지켜야 할 내용을 교훈적으로 담은 작품이네요. 제가 한 것처럼 전반적으로 교훈적인 내용을 담고 있다는 것만 생각하시면 됩니다. 굳이 꼼꼼하게 읽으실 필요 없어요!

---

**(나)**

　　나는 집이 가난해서 말이 없기 때문에 간혹 남의 말을 빌려서 탔다. 그런데 노둔하고 야윈 말을 얻었을 경우에는 일이 아무리 급해도 감히 채찍을 대지 못한 채 금방이라도 쓰러지고 넘어질 것처럼 전전긍긍하기 일쑤요, 개천이나 도랑이라도 만나면 또 말에서 내리곤 한다. 그래서 후회하는 일이 거의 없다. 반면에 발굽이 높고 귀가 쫑긋하며 잘 달리는 준마를 얻었을 경우에는 의기양양하여 방자하게 채찍을 갈기기도 하고 고삐를 놓기도 하면서 언덕과 골짜기를 모두 평지로 간주한 채 매우 유쾌하게 질주하곤 한다. 그러나 간혹 위험하게 말에서 떨어지는 환란을 면하지 못한다.

가난했던 글쓴이는 간혹 남의 말을 빌려서 탔다고 합니다. '노둔하고 야윈 말'을 빌리면 쓰러질까봐 조심하며 별일이 없고, '준마'를 얻었을 경우에는 신나서 달리다가 다치기도 했네요.

아, 사람의 감정이라는 것이 어쩌면 이렇게까지 달라지고 뒤바뀔 수가 있단 말인가. 남의 물건을 빌려서 잠깐 동안 쓸 때에도 오히려 이와 같은데, 하물며 진짜로 자기가 가지고 있는 경우야 더 말해 무엇 하겠는가.

글쓴이는 이러한 일로부터 사람의 감정이 판이하게 달라지고 바뀔 수 있다는 교훈을 얻었습니다. 고작 남의 물건을 빌릴 때에도 이러한 것을 보면, 진짜로 그 물건을 가지고 있는 경우에는 그 물건에 대한 감정이 더욱 휙휙 바뀔 것입니다. 여기서 글쓴이가 '진짜로 자기가 가지고 있는 경우'에 대해 경계하는 태도를 보이고 있다는 것을 생각할 수 있어야 합니다. 이런 주제 의식을 기반으로 해서 읽으면 되겠네요.

그렇긴 하지만 사람이 가지고 있는 것 가운데 남에게 빌리지 않은 것이 또 뭐가 있다고 하겠는가. 임금은 백성으로부터 힘을 빌려서 존귀하고 부유하게 되는 것이요, 신하는 임금으로부터 권세를 빌려서 총애를 받고 귀한 신분이 되는 것이다. 그리고 자식은 어버이에게서, 지어미는 지아비에게서, 비복(婢僕)은 주인에게서 각각 빌리는 것이 또한 심하고도 많은데, 대부분 자기가 본래 가지고 있는 것처럼 여기기만 할 뿐 끝내 돌이켜 보려고 하지 않는다. 이 어찌 미혹된 일이 아니겠는가.
그러다가 혹 잠깐 사이에 그동안 빌렸던 것을 돌려주는 일이 생기게 되면, 만방(萬邦)의 임금도 독부(獨夫)가 되고 백승(百乘)의 대부(大夫)도 고신(孤臣)이 되는 법인데, 더군다나 미천한 자의 경우야 더 말해 무엇 하겠는가.
맹자(孟子)가 말하기를 "오래도록 차용하고서 반환하지 않았으니, 그들이 자기의 소유가 아니라는 것을 어떻게 알았겠는가."라고 하였다. 내가 이 말을 접하고서 느껴지는 바가 있기에, 「차마설」을 지어서 그 뜻을 부연해 보노라.

-이곡, 「차마설」-

그런데 살짝 다른 이야기를 합니다. 글쓴이가 보기에는 사람이 '가진 것' 중에 '빌린 것'이 아닌 경우가 없다고 합니다. 그 뒤에 나오는 사례, '맹자'의 이야기 등을 바탕으로 생각하면 충분히 납득할 수 있겠죠?

앞의 내용과 엮어서 생각하면, 어차피 우리가 '가진 것'이라고 생각하는 것도 결국 다 '빌린 것'이니, 소유하는 것에 너무 신경쓸 필요가 없다는 식으로 이해할 수 있겠습니다. 이렇게 깊게 읽어내지 못하더라도, '주제' 중심으로 독해한다는 기본 원칙은 꼭 지켜주셔야 합니다.

| 선지 | ① | ② | ③ | ④ | ⑤ |
|---|---|---|---|---|---|
| 선택률 | 7% | 6% | 9% | 71% | 7% |

## 26 (가), (나)의 공통점으로 가장 적절한 것은? ④

– 표현법을 묻는 선지도 있지만, 결국 글의 큰 '주제'를 생각하면 쉽게 답을 골라낼 수 있는 문제입니다.

① 영탄적 표현을 통해 대상의 속성을 예찬하고 있다.

| 선지 유형 | 근거가 없어서 허용 불가능 |
|---|---|
| 실전에서의 판단 과정 | 예찬하는 건 주제랑 상관이 없지. |
| 해설 | (가)의 '어와', (나)의 '와' 등에서 영탄적 표현이 나타나기는 하지만, 어떤 대상을 예찬하는 반응은 나온 적이 없죠? 허용하기 어렵네요. |

② 상반된 세계관이 대구의 형식을 통해 구체화되고 있다.

| 선지 유형 | 근거가 없어서 허용 불가능 |
|---|---|
| 실전에서의 판단 과정 | 상반된 세계관은 너무 과하네. |
| 해설 | '상반된 세계관'이라는 거창한 내용을 허용할 만한 근거를 찾기는 어려워요. |

③ 바람직하지 않은 인간에 대한 연민의 시선을 담고 있다.

| 선지 유형 | 근거가 없어서 허용 불가능 |
|---|---|
| 실전에서의 판단 과정 | 연민의 시선은 아니지 않나..? |
| 해설 | 바람직하지 않은 인간에 대한 모습은 충분히 나타난다고 할 수 있겠는데, 이들에게 '연민'이라는 반응을 보이고 있다구요? 이 정도의 반응이면 우리가 놓쳤을 리가 없습니다. |

④ 삶의 태도에 대한 경계와 권고의 의도를 드러내고
있다.

| 선지 유형 | 근거가 있어서 허용 가능 |
| --- | --- |
| 실전에서의 판단 과정 | 주제 그 자체네. |
| 해설 | 둘 다 사람이 어떻게 살아야 하는지에 대해 다루는 작품이죠? 답은 결국 이렇게 '주제'와 같은 큰 범위에서 나오는 모습입니다. 너무 미시적인 개념어 공부에 매몰되지 마세요! |

⑤ 이상향에 대한 의식을 역설적 표현을 통해 진술하고
있다.

| 선지 유형 | 근거가 없어서 허용 불가능 |
| --- | --- |
| 실전에서의 판단 과정 | 너무 미시적이네. |
| 해설 | '이상향'에 대한 의식, '역설적 표현' 등은 모두 찾아보기 어렵네요. 애초에 공통점 문제의 답이 되기엔 너무 미시적인 선지죠? |

| 선지 | ① | ② | ③ | ④ | ⑤ |
| --- | --- | --- | --- | --- | --- |
| 선택률 | 5% | 6% | 74% | 8% | 7% |

## 27 (가), (나)에 대한 설명으로 가장 적절한 것은? ③

① (가)는 관념적 덕목을 열거하여 각각이 지닌 모순을
밝히고 있다.

| 선지 유형 | 근거가 없어서 허용 불가능 |
| --- | --- |
| 실전에서의 판단 과정 | 모순을 밝힌다니! 그렇게 거창한 내용 아니었어. |
| 해설 | 관념적 덕목을 밝히고 있는 건 너무나 당연한데, 각각이 지닌 '모순'을 밝히고 있다구요...? 이렇게 대단한 내용이면 눈에 확 띌 겁니다. |

② (가)는 사람들 사이의 관계를 의식하지 않는 삶의 모
습을 옹호하며 시상을 전개하고 있다.

| 선지 유형 | 근거가 있어서 허용 불가능 |
| --- | --- |
| 실전에서의 판단 과정 | 사람들 사이의 관계가 이 지문의 주제인데? |
| 해설 | (가)는 사람들 사이의 관계에서 지켜야 할 태도에 대해 훈계하는 지문이에요. 지문 전체의 내용을 부정하는 선지네요. |

③ (나)는 개인적 체험에서 얻은 깨달음을 사회적 차원으
로 일반화하고 있다.

| 선지 유형 | 근거가 있어서 허용 가능 |
| --- | --- |
| 실전에서의 판단 과정 | 주제 그 자체네. |
| 해설 | 말을 빌려타던 개인적 체험을 바탕으로 '빌린 것'에 대한 깨달음을 얻었고, 이를 '백성', '임금', '어버이' 등의 이야기로 확장했으니 '사회적 차원으로 일반화'한다는 걸 충분히 허용할 수 있겠네요. '주제' 중심으로 꼼꼼하게 독해했다면 답을 고르는 데 큰 문제가 없었을 것 같습니다. |

④ (나)는 인물의 내면 심리를 형상화하여 욕망의 실현을
돕는 자연적 질서에 대한 경이감을 표출하고 있다.

| 선지 유형 | 근거가 없어서 허용 불가능 |
| --- | --- |
| 실전에서의 판단 과정 | 욕망의 실현을 돕는 자연적 질서...?? 좀 너무하네. |
| 해설 | 자신의 이야기를 쓴 수필이니 인물의 내면 심리는 당연히 드러나는데, '욕망의 실현을 돕는 자연적 질서'는 너무 거창한 헛소리죠? 이런 선지는 보자마자 틀렸을 것이라는 생각이 들었으면 좋겠어요. 애초에 '주제'와 너무나 먼 이야기니까요. |

⑤ (가)와 (나)는 모두 자연물이 지닌 덕성을 부각하여 인
간적 삶에 대한 긍지를 드러내고 있다.

| 선지 유형 | 근거가 없어서 허용 불가능 |
| --- | --- |
| 실전에서의 판단 과정 | 자연물의 덕성이라니 도대체 무슨 소리를 하는 거야. |
| 해설 | 역시 거창한 헛소리죠? 허용할 만한 근거가 전혀 없습니다. 애초에 이렇게 미시적인 내용을 다루는 선지는 눈길조차 주지 않는 센스가 필요해요. |

| 선지 | ① | ② | ③ | ④ | ⑤ |
| --- | --- | --- | --- | --- | --- |
| 선택률 | 12% | 53% | 14% | 10% | 11% |

## 28 〈보기〉를 바탕으로 (가)를 감상한 내용으로 적절하지 않은 것은? [3점] ②

① 〈제3수〉에서는 '벌과 개미'의 생태로부터 윤리 실천의
주체가 추구해야 하는 가치를 유추하고 있다.

종과 주인과를 뉘라셔 삼기신고
벌과 개미가 이 뜻을 몬져 아니

한 마암애 두 뜻 업시 속이지나 마옵사이다

〈제3수〉

| 선지 유형 | 근거가 있어서 허용 가능 |
|---|---|
| 실전에서의 판단 과정 | 벌과 개미가 종/주인과 관련된 뜻을 먼저 알았다고 했으니 허용할 수 있겠네. |
| 해설 | '벌과 개미'가 '종과 주인' 간의 관계 속 뜻을 먼저 알았다고 했습니다. 이는 '벌과 개미'의 생태로부터 '종과 주인'이라는 윤리 실천의 주체가 추구해야 하는 가치를 유추하는 모습이라고 할 수 있겠습니다. |

② 〈제4수〉에서는 화자로 내세운 '지아비'와 지어미의 문답 방식을 통해 아내가 추구해야 할 윤리적 가치를 정당화하고 있다.

지아비 밭 갈라 간 데 밥고리 이고 가
반상을 들오되 눈썹에 마초이다
진실로 고마오시니 손이시나 다르실가

〈제4수〉

| 선지 유형 | 근거가 없어서 허용 불가능 |
|---|---|
| 실전에서의 판단 과정 | 문답 형식이 어딨어? |
| 해설 | '지아비'와 '지어미'의 문답 형식이라구요? 어디서 그런 모습이 나타나나요? 〈제4수〉에서는 그냥 아내가 '지아비'를 대하는 모습이 어때야 하는지를 서술하고 있을 뿐이에요. 묻고 답한 적이 없으니 절대로 허용할 수 없는 선지입니다. |

③ 〈제5수〉에서 어머니의 '젖'은 어머니의 사랑을 상징하는 표현으로서, '형님'과 '아우'가 이를 화제로 삼아 대화를 나누는 형식을 취하고 있다.

형님 자신 젖을 내 조처 먹나이다
어와 우리 아우야 어마님 너 사랑이야
형제(兄弟)가 불화(不和)하면 개돼지라 하리라

〈제5수〉

| 선지 유형 | 근거가 있어서 허용 가능 |
|---|---|
| 실전에서의 판단 과정 | 형님과 아우가 대화하는 형식이네. |

| 해설 | 〈제4수〉와는 달리 〈제5수〉에서는 '형님'과 '아우'의 대화 형식을 사용하고 있다고 할 수 있겠죠. '어와 우리 아우야'와 같은 명시적인 근거가 있으니까요. 이들이 어머니의 '젖'이 곧 '사랑'이라는 말을 하면서 대화를 나누고 있으니, 선지 그대로 허용이 가능하겠습니다. |

④ 〈제5수〉의 '개돼지'는 〈제1수〉의 '사람이라도 사람 아니니'의 의미를 비유적으로 표현한 것으로서 화자가 추구하는 가치를 따르는 윤리적 주체와 대비되고 있다.

형님 자신 젖을 내 조처 먹나이다
어와 우리 아우야 어마님 너 사랑이야
형제(兄弟)가 불화(不和)하면 개돼지라 하리라

〈제5수〉

사람 사람마다 이 말삼 드러사라
이 말삼 아니면 사람이라도 사람 아니니
이 말삼 잇디 말고 배우고야 마로리이다

〈제1수〉

| 선지 유형 | 근거가 있어서 허용 가능 |
|---|---|
| 실전에서의 판단 과정 | 개돼지는 사람이 아닌 대상이니 허용할 수 있네. |
| 해설 | 〈제1수〉에서 '이 말삼'대로 하지 않으면 사람이 아니라고 했고, 〈제5수〉에서 '형님과 아우'의 관계가 불화하다는 건 '이 말삼' 중 하나인 '형제 간의 우애'를 지키지 않은 것이니 '개돼지'는 곧 '사람이 아닌 존재'를 의미하는 것이라고 할 수 있겠죠. 이는 당연히 화자가 추구하는 윤리적 가치를 따르는 사람과 대비되는 존재일 것이구요. 선지에서 제시하는 방향대로 차분하게 독해하면 어렵지 않게 판단할 수 있는 내용입니다. |

⑤ 〈제6수〉에서 '부모'와 '형'은, 〈제2수〉의 '부모'와 〈제5수〉의 '형님'과는 달리, '늙은이'와 '어른'에 빗대어져 쓰임으로써 사회 윤리가 가정 윤리와 연결되어 있음을 보여 주고 있다.

늙은이는 부모 같고 어른은 형 같으니
같은데 불공(不恭)하면 어디가 다를고
나이가 많으시거든 절하고야 마로리이다

〈제6수〉

아바님 날 나흐시고 어마님 날 기르시니
<u>부모(父母)</u>곧 아니시면 내 몸이 업실랏다
이 덕(德)을 갚흐려 하니 하늘 가이 업스샷다

〈제2수〉


형님 자신 젖을 내 조처 먹나이다
어와 우리 아우야 어마님 너 사랑이야
형제(兄弟)가 불화(不和)하면 개돼지라 하리라

〈제5수〉

| 선지 유형 | 근거가 있어서 허용 가능 |
| --- | --- |
| 실전에서의 판단 과정 | 선지 그대로 허용되네. |
| 해설 | 선지 그대로 허용할 수 있겠죠? '부모, 형'이라는 가족 차원의 용어를 '늙은이, 어른'이라는 사회적 차원의 용어에 비유하고 있으니까요. |

| 선지 | ① | ② | ③ | ④ | ⑤ |
| --- | --- | --- | --- | --- | --- |
| 선택률 | 5% | 7% | 10% | 16% | 62% |

## 29 (나)의 '나'에 대한 이해로 가장 적절한 것은? ⑤

① '나'는 '노둔하고 야윈 말'을 빌리는 경우 '전전긍긍'하다가 위험에 처하기 때문에 후회하게 된다고 여기고 있다.

그런데 <u>노둔하고 야윈</u> 말을 얻었을 경우에는 일이 아무리 급해도 감히 채찍을 대지 못한 채 금방이라도 쓰러지고 넘어질 것처럼 <u>전전긍긍</u>하기 일쑤요, 개천이나 도랑이라도 만나면 또 말에서 내리곤 한다. 그래서 후회하는 일이 거의 없다.

| 선지 유형 | 근거가 있어서 허용 불가능 |
| --- | --- |
| 실전에서의 판단 과정 | 후회하는 일이 없다며. |
| 해설 | '노둔하고 야윈 말'을 얻을 경우에는 알아서 조심하기 때문에 '후회'하는 일이 거의 없다고 했습니다. 친절하게 굵은 글씨도 해 줬으니, 해당 부분으로 돌아가 차분하게 독해하면 어렵지 않게 해결할 수 있겠습니다. |

② '나'는 '준마'를 빌려 탈 때의 '의기양양'한 감정이 그것을 소유할 때에는 발생하지 않을 것이라고 예상하고 있다.

반면에 발굽이 높고 귀가 쫑긋하며 잘 달리는 <u>준마</u>를 얻었을 경우에는 <u>의기양양</u>하여 방자하게 채찍을 갈기기도 하고 고삐를 놓기도 하면서 ~
아, 사람의 감정이라는 것이 어쩌면 이렇게까지 달라지고 뒤바뀔 수가 있단 말인가. 남의 물건을 빌려서 잠깐 동안 쓸 때에도 오히려 이와 같은데, 하물며 진짜로 자기가 가지고 있는 경우야 더 말해 무엇 하겠는가.

| 선지 유형 | 근거가 있어서 허용 불가능 |
| --- | --- |
| 실전에서의 판단 과정 | 가지고 있어도 그런 감정 든다며. |
| 해설 | 빌려서 쓸 때도 이러한데 진짜로 자기가 가지는 경우는 말해 무엇 하겠냐고 했습니다. 이는 빌릴 때나 소유할 때나 별 차이 없다는 걸 뜻하니 허용하기 어려운 선지네요. |

③ '나'는 '가지고 있는 것'이 없는 천한 사람들을 '미혹'되었다고 생각하고 있다.

그렇긴 하지만 사람이 <u>가지고 있는 것</u> 가운데 남에게 빌리지 않은 것이 또 뭐가 있다고 하겠는가. 임금은 백성으로부터 힘을 빌려서 존귀하고 부유하게 되는 것이요, 신하는 임금으로부터 권세를 빌려서 총애를 받고 귀한 신분이 되는 것이다. 그리고 자식은 어버이에게서, 지어미는 지아비에게서, 비복(婢僕)은 주인에게서 각각 빌리는 것이 또한 심하고도 많은데, 대부분 자기가 본래 가지고 있는 것처럼 여기기만 할 뿐 끝내 돌이켜 보려고 하지 않는다. 이 어찌 <u>미혹</u>된 일이 아니겠는가.

| 선지 유형 | 근거가 없어서 허용 불가능 |
| --- | --- |
| 실전에서의 판단 과정 | 가지고 있는 것이 없는 사람들 이야기를 한 적이 없는데? |
| 해설 | 뭔가 맞는 선지인 것처럼 보이지만, 사실 (나)의 화자는 '가지고 있는 것'이 없는 천한 사람들의 이야기를 한 적이 없습니다. 그냥 대부분의 사람들이 가지고 있는 것은 빌린 것일 뿐이라는 이야기만 했을 뿐이에요. 지문에 없는 말인데 허용하는 건 논리적으로 맞지 않죠? 지문에서 이야기한 '미혹'된 일은 '빌린 건데도 가진 것처럼 행세하는 일'을 의미해요! 결국 또 '독해'가 핵심이었네요. |

④ '나'는 자기가 소유하고 있는 권력이 빌린 것임을 돌아 보는 '임금'의 모습을 '독부'로 표현하고 있다.

> 그러다가 혹 잠깐 사이에 그동안 빌렸던 것을 돌려주 는 일이 생기게 되면, 만방(萬邦)의 임금도 독부(獨夫)가 되고 백승(百乘)의 대부(大夫)도 고신(孤臣)이 되는 법 인데, 더군다나 미천한 자의 경우야 더 말해 무엇 하겠 는가.

| 선지 유형 | 근거가 없어서 허용 불가능 |
| --- | --- |
| 실전에서의 판단 과정 | 빌린 걸 돌려주면 독부가 된다고 했는데? |
| 해설 | 정확하게 독해해야 합니다. '임금'이 '독부'가 될 때는 자신의 권력이 빌린 것임을 돌아보는 순간이 아니라, '빌렸던 것을 돌려주는 일'이 생길 때입니다. 대충 '뇌피셜'로 판단하는 게 아니에요. 정확하게 읽고 이해하는, 즉 '독해'하는 태도가 바탕이 되어야 합니다! |

⑤ '나'는 '맹자'의 '이 말'에서, 빌린 것을 소유했다고 여기 는 사람들에 대한 문제의식을 떠올리고 있다.

> 맹자(孟子)가 말하기를 "오래도록 차용하고서 반환하 지 않았으니, 그들이 자기의 소유가 아니라는 것을 어떻 게 알았겠는가."라고 하였다. 내가 이 말을 접하고서 느 껴지는 바가 있기에, 「차마설」을 지어서 그 뜻을 부연해 보노라.

| 선지 유형 | 근거가 있어서 허용 가능 |
| --- | --- |
| 실전에서의 판단 과정 | 주제 그 자체네! |
| 해설 | '맹자'의 '이 말'은 '그들이 자기의 소유가 아니라 는 것을 어떻게 알았겠는가.'라는 말입니다. 이는 곧 빌린 것이 자신의 소유가 아님에도 소유했다고 여기는 사람들에 대한 문제의식을 나타낸 것이라 고 할 수 있겠죠. 쉽게 허용할 수 있어야 합니다!<br><br>나아가, 애초에 이 선지의 내용이 지문의 '주제'에 해당한다는 것도 눈여겨봤으면 좋겠습니다. '주제' 라는 것이 100% 완벽하게 통하는 만병통치약은 아니지만, 선지 판단에 있어 아주 중요한 기준으로 작용한다는 걸 생각해주세요! |



| 핵심 point |

① **허용 가능성 평가** : 선지의 내용을 '허용'하려는 태도를 바 탕으로 지문을 '독해'하며 '근거'를 찾아야 합니다. 허용할 수 있는 '근거'가 있어야만 허용할 수 있습니다. 주관적인 생각 을 개입시키면 안 됩니다.
② **고전시가 독해** : 겁먹지 않고, 현대시를 읽듯이 읽어내면 됩 니다. 현대시와 마찬가지로, 〈보기〉의 도움 등을 통해 '주제' 위주로 가볍게 읽어내면 되는 것이에요. 자세한 해석은 선지 가 해줄 겁니다!
③ **수필 독해** : 운문문학과 마찬가지로, 글쓴이가 하고자 하는 말인 '주제'를 파악하는 것이 핵심입니다. 수필이 어렵게 출 제될 것을 대비해, 독서 지문을 읽듯이 꼼꼼하게 읽으며 주 제를 파악하는 연습을 해야 해요.

| 지문 내용 총정리 |

'주제'를 기준으로 한 '독해'와 '허용 가능성 평가', 문학의 기본 기를 다질 수 있는 지문이었습니다. 최근의 문학 문제는 이 지문 의 수준보다는 훨씬 어렵게 출제되고 있습니다. 이 정도는 아주 빠르고 정확하게 해결할 수 있도록 많이 연습합시다.

**〈보기〉 확인**

---[보기]---

　「나무의 수사학 1」의 화자는 도심 속 가로수를 관찰하며 도시를 비판적으로 조망한다. 도시의 가로수는 나무의 푸름이나 아름다운 꽃조차도 도구적 가치에 의해서 평가된다. 화자는 삭막한 도시 환경에도 불구하고 고통을 참아 내며 꽃을 피우는 모습을 나무의 반어법으로 인식한다. 도시에 제대로 뿌리박지 못하면서도 도시 환경에 적응하여 꽃을 피우는 나무에서 치욕을 읽어 낸 것이다. 그것은 도시의 이주민인 화자가 나무에 대해 동질감을 느끼는 이유이기도 하다.

---

(나)의 주제를 소개하는 친절한 〈보기〉입니다. 전반적으로 '도시'에 비판적인 입장을 보이고 있고, 삭막한 도시에서 꽃을 피우는 '나무'의 모습에 동질감을 느낀다는 점 잡아주시면 되겠습니다. 굉장히 큰 힌트이니 독해 및 선지 판단 과정에서 적극적으로 활용해야겠죠?

**실전적 지문 독해**

(가)

높으디높은 산마루
낡은 고목(古木)에 못 박힌 듯 기대어　　[A]
내 홀로 긴 밤을
무엇을 간구하며 울어 왔는가.

아아 이 아침
시들은 핏줄의 구비구비로
사늘한 가슴의 한복판까지
은은히 울려오는 종소리.

이제 눈감아도 오히려
꽃다운 하늘이거니
내 영혼의 촛불로
어둠 속에 나래 떨던 샛별아 숨으라.

환히 트이는 이마 우
떠오르는 햇살은

시월상달의 꿈과 같고나.
메마른 입술에 피가 돌아
오래 잊었던 피리의
가락을 더듬노니

새들 즐거이 구름 끝에 노래 부르고
사슴과 토끼는
한 포기 향기로운 싸릿순을 사양하라.

여기 높으디높은 산마루
맑은 바람 속에 옷자락을 날리며　　[B]
내 홀로 서서
무엇을 기다리며 노래하는가.

　　　　　　　-조지훈, 「산상(山上)의 노래」-

(나)와 달리 〈보기〉가 없어 주제를 정확하게 인식할 수 없으니, 조금은 꼼꼼하게 읽어 줄 필요가 있겠습니다. 화자는 '홀로' '긴 밤'을 무언가를 '간구하면서' '울어' 왔다고 합니다. 처음부터 무언가 부정적인 내면세계를 보여 주고 있어요. '이 아침'에도 가슴은 '사늘'하고 그런데, 시상이 전개될수록 '꽃다운 하늘', '떠오르는 햇살', '피가 도는 입술', '즐거이 노래', '향기로운 싸릿순', '맑은 바람' 등의 긍정적인 내면세계가 나타납니다. 정확히 어떤 내용인지는 몰라도, 특이하게 '내면세계의 변화'라는 요소가 녹아 있는 지문이었습니다. 눈에 띄는 단어들 위주로 '부정적→긍정적'이라는 주제를 인식해주시면 됩니다.

이것도 어렵다면, 최소한 화자가 무엇을 기다리고 있다는 것 정도는 인식할 수 있어야 합니다. 어차피 자세한 독해는 문제풀이 과정에서 진행하게 될 것이니까요!

(나)

꽃이 피었다,
도시가 나무에게
반어법을 가르친 것이다
이 도시의 이주민이 된 뒤부터
속마음을 곧이곧대로 드러낸다는 것이
얼마나 어리석은가를 나도 곧 깨닫게 되었지만
살아 있자, 악착같이 들뜬 뿌리라도 내리자
속마음을 감추는 대신
비트는 법을 익히게 된 서른 몇 이후부터
나무는 나의 스승

그가 견딜 수 없는 건
꽃향기 따라 나비와 벌이
붕붕거린다는 것,
내성이 생긴 이파리를
벌레들이 변함없이 아삭아삭
뜯어 먹는다는 것
도로변 시끄러운 가로등 곁에서 허구한 날
신경증과 불면증에 시달리며 피어나는 꽃
참을 수 없다 나무는, 알고 보면
치욕으로 푸르다

–손택수, 「나무의 수사학 1」–

〈보기〉에서 이야기한 내용 그대로, '도시' 속에 있는 나무의 이야기를 하고 있습니다. 화자가 이러한 '나무'에게 '동질감'을 느끼며 도시의 모습을 비판하고 있다는 점을 상기하고 문제를 풀어보면 될 것 같습니다.

| 선지 | ① | ② | ③ | ④ | ⑤ |
|---|---|---|---|---|---|
| 선택률 | 4% | 10% | 68% | 12% | 6% |

**30** (가)와 (나)에 대한 설명으로 가장 적절한 것은? ③

① (가)는 계절의 변화에 따라 달라지는 주변 풍경을, (나)는 공간의 이동에 따른 풍경 변화를 묘사하고 있다.

| 선지 유형 | 근거가 없어서 허용 불가능 |
|---|---|
| 실전에서의 판단 과정 | 계절 변화, 공간 이동 같은 특이한 부분이 있었으면 미리 체크했겠지. |
| 해설 | '계절의 변화', '공간의 이동'과 같은 부분은 '주제'와 직결되는, 그러면서도 눈에 띄는 특이한 부분입니다. 정말로 제시되었다면 놓쳤을 리가 없어요. 이 작품들의 주제와 너무 동떨어진 내용이기도 하구요. |

② (가)는 시각적 이미지를 통해 자연의 위대함을, (나)는 청각적 이미지를 통해 자연에 대한 두려움을 표현하고 있다.

| 선지 유형 | 근거가 없어서 허용 불가능 |
|---|---|
| 실전에서의 판단 과정 | 자연의 위대함, 두려움은 주제랑 너무 상관이 없지. |
| 해설 | (가)에서 시각적 이미지가 나왔다는 것은 당연하겠지만, '자연의 위대함'을 허용할 만한 근거를 찾기는 어렵네요. 애초에 무언가를 기다린다는 주제를 가지고 있는데, 자연이 위대하다고 말하는 건 너무 부자연스럽죠.<br><br>또한 (나)의 경우, '붕붕', '아삭아삭' 등에서 청각적 이미지를 충분히 찾을 수 있지만 이것이 '자연에 대한 두려움'을 나타낸다는 것은 허용하기 어렵죠? '두려움'과 같은 반응을 허용하려면 정말 확실한 '근거'가 필요해요. |

③ (가)는 명령형 어조를 활용하여 대상의 행동을 유도하고, (나)는 단정적 진술을 활용하여 주제 의식을 드러내고 있다.

| 선지 유형 | 근거가 있어서 허용 가능 |
|---|---|
| 실전에서의 판단 과정 | (가)에 명령형 어조도 있고, (나)에 단정적 진술도 있네. 뭐 이런 걸 정답 선지로 내냐. |
| 해설 | (가)에 '명령형 어조'가 나타나는지를 묻고 있습니다. '명령'의 의미는 보통 문장 마지막에 나타날 테니, 문장 마지막 부분만 쭉 살피면 되겠습니다. '숨으라', '사양하라'라는 엄청난 명령 표현이 있죠? 이를 통해 '숨는 행동', '사양하라는 행동'을 유도하고 있다고 할 수 있겠죠.<br><br>(나)의 경우, '것이다, 푸르다'와 같은 단정적 진술을 활용하고 있네요. '주제 의식을 드러내고 있다'는 건 너무나 당연한 말이구요.<br><br>전반적으로 너무나 미시적인 내용을 정답 선지로 제시한 아쉬움이 있지만, 판단 자체가 어렵지는 않을 것 같습니다. |

## FAQ

**Q** '단정적 진술'은 어느 정도일 때 허용되나요?

**A** '의문형' 혹은 '추측성 표현'이 쓰이는 경우를 제외하면 모두 허용할 수 있다고 보면 됩니다. 애초에 이 지문에선 '것이다'라는 식으로 아주 단정적인 느낌이 들죠? 이렇게 확실한 것만 물어 봅니다. 애매하게 생각하지 마세요.

④ (가)와 (나)는 인격화된 사물을 청자로 하여 화자의 소망을 전달하고 있다.

| 선지 유형 | 근거가 없어서 허용 불가능 |
| --- | --- |
| 실전에서의 판단 과정 | 나무한테 소망을 전하지는 않는 것 같은데? |
| 해설 | (가)부터 확인해봅시다. 화자는 '나래 떨던 샛별'이라는 사물에게 '숨으라'거나, '사슴과 토끼' 같은 사물에게 '사양하라'는 말을 건네고 있죠? '숨는 것'이나 '사양하는 것'은 인간이 할 수 있는 것이니, '인격화된 사물을 청자'로 한다는 건 충분히 허용할 수 있겠습니다. 명령한다는 것은 그러한 행동을 해 줄 것을 '소망'하는 의도라고 할 수도 있겠구요.<br><br>하지만 (나)에선 인격화된 '나무'라는 사물은 있지만, 이 나무에게 말을 걸거나 소망을 전하는 모습은 없죠? (나) 때문에 허용할 수 없네요. |

⑤ (가)와 (나)는 도치된 표현을 활용하여 화자가 처한 부정적 현실에 대한 극복 의지를 강조하고 있다.

| 선지 유형 | 근거가 없어서 허용 불가능 |
| --- | --- |
| 실전에서의 판단 과정 | 극복 의지는 너무 갔다. |
| 해설 | (가)에는 아예 도치된 표현이 나타나지 않습니다. 일단 여기서 틀린 선지라고 할 수 있겠죠?<br><br>한편 (나)는 '참을 수 없다 나무는'에서 도치된 표현이 나타납니다. 다만 이는 부정적 현실에서 '꽃'을 피우며 적응하는 모습을 드러낸 것일 뿐, '극복 의지'를 강조하는 표현이라고 보기는 어렵습니다. 애초에 이 지문은 '비판'에서 그치는 것이지, '극복 의지'라는 거창한 내용을 주제로 하고 있지 않기도 하구요. |

| 선지 | ① | ② | ③ | ④ | ⑤ |
| --- | --- | --- | --- | --- | --- |
| 선택률 | 31% | 8% | 6% | 46% | 9% |

**31** [A]와 [B]를 이해한 내용으로 적절하지 <u>않은</u> 것은? ④

– 수미상관의 구조를 보이며, 화자가 '무엇'인가를 기다리고 있다는 것을 드러내는 구절들이었습니다. 이에 대한 해석의 허용 가능성을 평가해보도록 합시다.

① [A]의 '높으디높은 산마루'에서 화자를 울게 한 문제는 [B]의 '여기 높으디높은 산마루'에서의 기다림의 대상이 아니다.

| 선지 유형 | 근거가 있어서 허용 가능 |
| --- | --- |
| 실전에서의 판단 과정 | 화자를 울게 한 문제는 무엇의 부재인데, 기다림의 대상은 무엇이니 둘은 다르네. |
| 해설 | 선지에서 묻는 것을 바탕으로 차분하게 독해해야 합니다. 선지에서는 [A]에서 화자를 '울게 한 문제'가 무엇인지 묻고 있습니다. '무엇을 간구하며 울어 왔는가.'라는 구절을 독해하면, 화자는 '무엇'을 기다리며 울고 있다는 것을 알 수 있어요. 즉, 화자를 '울게 한 문제'는 '무엇의 부재'인 것이죠. '무엇'이 존재하지 않는 상황이 화자의 '울음'을 이끌어낸 것입니다.<br><br>한편, [B]에서 화자가 기다리는 대상은 '무엇'입니다. '무엇을 기다리며'라고 명시적으로 이야기를 했으니까요.<br><br>이렇게 독해한 결과를 선지의 표현에 대입하면, '무엇의 부재≠무엇'이 됩니다. 이는 충분히 맞는 말이라고 할 수 있죠? 무언가가 없는 것은 그 무엇 자체와는 '다른 말'이니까요.<br><br>대충 '무엇'이라는 말이 반복되니 둘은 다른 대상이 아니라는 식으로 얼버무리면 안 됩니다. '선지에서 묻는 것'이 무엇인지 정확하게 인식하고, 이와 관련된 내용을 집요하게 '독해'하는 태도가 필요해요. 문학도 결국 국어영역의 일부이니까요. |

② [A]의 '못 박힌 듯' 기댄 자세는 과거의 고통을, [B]의 '옷자락을 날리며' 서 있는 자세는 미래에 대한 기대를 드러내고 있다.

| 선지 유형 | 근거가 있어서 허용 가능 |
| --- | --- |
| 실전에서의 판단 과정 | 못 박히면 아플 것이고, 옷자락을 날리며 무언갈 기다리는 건 기대를 드러내는 표현이지. |
| 해설 | [A]의 '못 박힌 듯' 기댄 자세는 그 말 자체의 의미와 함께 '울어 왔는가'라는 명시적 표현을 근거로 하면, '과거의 고통'을 어렵지 않게 허용할 수 있겠습니다.<br><br>한편 [B]의 '옷자락을 날리며' 서 있는 것은 '무엇'을 기다리는 모습을 나타낸 것입니다. 이를 근거로 하면, '무엇'이 올 미래에 대한 '기대'를 드러내고 있다는 말을 허용하는 건 그리 어렵지 않을 것 같아요. |

③ [A]의 '긴 밤'에 담긴 부정적 상황은 '이 아침' 이후 [B]의 '맑은 바람'을 동반하는 새로운 상황으로 변화하고 있다.

> 아아 이 아침
> 시들은 핏줄의 구비구비로
> 사늘한 가슴의 한복판까지
> 은은히 울려오는 종소리.

| 선지 유형 | 근거가 있어서 허용 가능 |
| --- | --- |
| 실전에서의 판단 과정 | 이 아침 이후로 상황이 바뀌었지. |
| 해설 | 지문을 읽으면서 미리 생각했던 내용입니다. [A]에서 부정적이었던 상황은 '이 아침' 이후 긍정적인 모습으로 바뀌며 [B]의 '맑은 바람'과 같은 표현까지 이끌어냈습니다. 주제에 해당하는 내용이니 가볍게 지워낼 수 있어야 해요. |

④ [A]의 '무엇'이 [B]의 '무엇'으로 이행하는 과정에서 '나래 떨던 샛별'과 '향기로운 싸릿순'은 화자의 지향점으로 기능하고 있다.

> 이제 눈감아도 오히려
> 꽃다운 하늘이거니
> 내 영혼의 촛불로
> 어둠 속에 나래 떨던 샛별아 숨으라.

> 새들 즐거이 구름 끝에 노래 부르고
> 사슴과 토끼는
> 한 포기 향기로운 싸릿순을 사양하라.

| 선지 유형 | 근거가 있어서 허용 불가능 |
| --- | --- |
| 실전에서의 판단 과정 | 숨고 서로 양보하라는 건데 어떻게 지향점이냐. |
| 해설 | [A]의 '무엇'이 [B]의 '무엇'으로 이행하는 과정에서, 화자는 '부정적→긍정적'이라는 '상황의 변화'를 겪습니다. 이러한 맥락을 전제하고, '나래 떨던 샛별' 부분을 먼저 독해해봅시다.<br><br>일단 '이제 눈감아도 꽃다운 하늘'이라는 말에서 드러나듯이, 화자는 '부정적→긍정적'이라는 상황의 변화를 인식하고 있습니다. 그리고 이러한 상황에서 화자는 원래 '내 영혼의 촛불'로 있던 '나래 떨던 샛별'에게 '숨으라'는 말을 하고 있습니다. |

'내 영혼의 촛불'로 있던 과거와는 달리, '부정적→긍정적'으로 상황이 바뀌는 과정에서는 '나래 떨던 샛별'이 필요하지 않다는 의미겠죠. 이렇게 명백한 근거가 존재하니, '나래 떨던 샛별'을 '화자의 지향점'이라고 하기에는 어렵겠습니다. 과거에는 몰라도, 최소한 선지에서 묻는 '이행하는 과정'에서는 말이죠!

한편 화자는 상황이 긍정적으로 바뀐 뒤에, '사슴'과 '토끼'에게 '향기로운 싸릿순'을 '사양하라'는 말을 합니다. 이는 두 가지 의미로 나누어 생각할 수 있어요. 첫 번째는 '사슴'과 '토끼'가 서로 양보하라는 의미입니다. 이 경우에는 화자가 아닌 동물들에게 좋은 것이라는 점에서 '향기로운 싸릿순'이 '화자'의 지향점이라는 말은 허용하기 어렵겠네요. 두 번째는 화자에게 양보해달라는 의미입니다. 이 경우 '향기로운 싸릿순'은 '화자'가 얻고 싶어하는 것이 되기에, '화자의 지향점'이라는 말을 허용할 수도 있다고 할 수 있겠어요.

여기서 정확한 해석은 첫 번째로 보는 것이 일반적입니다. 외부적 정보를 가져 오면, 이 작품의 화자가 이야기하고자 하는 건 광복 이후의 '평화로운 세계'이기 때문이에요. '평화로운 세계'에 더 알맞은 것은 '서로 양보'하는 모습이지, 화자가 다 빼앗아 오는 모습이라고 보기는 어렵겠죠? 나아가 '싸릿순'은 식물의 일종인데, 화자가 굳이 식물을 '지향'한다는 것도 납득하기 어렵구요.

어쨌든 지문의 내용만으로 '독해'해서 얻을 수 있는 결론들을 모두 고려했을 때, 이 선지는 답이 될 수 없겠습니다. 상당히 어려운 선지이지만, 결국 요구하는 것은 똑같습니다. 반복합니다. 문학도 국어 영역의 일부예요. '독해력'을 활용할 준비를 하셔야 합니다!

⑤ [A]의 '간구'는 '사늘한 가슴'의 생명력 회복을 바라는 기원을, [B]의 '노래'는 '메마른 입술'에 생명력이 회복된 이후의 소망을 표출하고 있다.

> 아아 이 아침
> 시들은 핏줄의 구비구비로
> 사늘한 가슴의 한복판까지
> 은은히 울려오는 종소리.

메마른 입술에 피가 돌아
오래 잊었던 피리의
가락을 더듬노니

| 선지 유형 | 근거가 있어서 허용 가능 |
|---|---|
| 실전에서의 판단 과정 | 사늘한 가슴과 메마른 입술은 모두 부정적인 내용들이니 생명력을 회복해야겠지. |
| 해설 | '사늘한 가슴'에는 종소리가 들려오고, '메마른 입술'에는 피가 돕니다. 이는 모두 '부정적→긍정적'이라는 상황의 변화 덕분에 일어난 것이죠? [A]에서 '간구'하는 '무엇'과 [B]에서 '노래'하며 기다리는 '무엇'은 모두 이렇게 긍정적인 상황에 대한 기원·소망과 관련되어 있다고 할 수 있겠습니다. 주제 그 자체를 담고 있는 선지이니, 어렵지 않게 허용할 수 있겠어요. |

| 선지 | ① | ② | ③ | ④ | ⑤ |
|---|---|---|---|---|---|
| 선택률 | 5% | 3% | 6% | 4% | 82% |

**32** 〈보기〉를 바탕으로 (나)를 감상한 내용으로 적절하지 <u>않은</u> 것은? [3점] ⑤

① '들뜬 뿌리'는 나무가 처한 상황에 대한 화자의 동질감을 반영하고 있군.

이 도시의 이주민이 된 뒤부터
속마음을 곧이곧대로 드러낸다는 것이
얼마나 어리석은가를 나도 곧 깨닫게 되었지만
살아 있자, 악착같이 <u>들뜬 뿌리</u>라도 내리자

| 선지 유형 | 근거가 있어서 허용 가능 |
|---|---|
| 실전에서의 판단 과정 | 자기의 깨달음을 언급하면서 나무의 뿌리 이야기를 하는 건 동질감 때문이라고 할 수 있지. |
| 해설 | 화자는 '도시의 이주민'이 된 이후에 깨닫게 된 것을 이야기하면서, '나무'가 내린 것과 같은 '들뜬 뿌리'라도 내리자는 다짐을 보여 주고 있습니다. 〈보기〉 등을 근거로 하면, 이는 도시라는 환경에 적응하여 뿌리를 내리고 꽃을 피우는 나무와의 '동질성'을 강조하기 위한 것이라고 할 수 있겠죠. 허용하려고 하면 허용할 수 있습니다. |

② '내성이 생긴 이파리'는 나무가 도시에 적응하면서 지니게 된 성질을 보여 주는군.

그가 견딜 수 없는 건
꽃향기 따라 나비와 벌이
붕붕거린다는 것,
<u>내성이 생긴 이파리</u>를
벌레들이 변함없이 아삭아삭
뜯어 먹는다는 것

| 선지 유형 | 근거가 있어서 허용 가능 |
|---|---|
| 실전에서의 판단 과정 | 내성이라는 말 자체가 적응하면서 지니게 된 것을 의미하지. |
| 해설 | '실전에서의 판단 과정'처럼, '내성'이라는 단어가 가진 의미를 바탕으로 쉽게 허용할 수 있는 선지입니다. 도시라는 척박한 환경에서 피어난 '이파리'가 벌레들이 아무렇지 않게 뜯어 먹어도 될 정도로 잘 적응한 모습을 드러내고 있는 것이죠. |

③ '시끄러운 가로등 곁'은 꽃을 피우며 참아 내야 할 삭막한 도시 환경을 드러내고 있군.

④ '신경증과 불면증'은 나무가 도시에 적응하기 위해 견뎌 내야 할 고통을 보여 주고 있군.

도로변 <u>시끄러운 가로등</u> 곁에서 허구한 날
<u>신경증과 불면증</u>에 시달리며 피어나는 꽃

| 선지 유형 | 근거가 있어서 허용 가능 |
|---|---|
| 실전에서의 판단 과정 | 시끄러움, 신경증, 불면증 같은 건 전부 도시의 부정적인 모습이라고 할 수 있지. |
| 해설 | 두 선지는 사실상 같은 것을 물어보고 있죠? 나무는 '시끄러운 가로등 곁'이라는 삭막한 도시 환경 속에서 '신경증과 불면증'이라는 고통을 견뎌 내고 있습니다. |

⑤ <u>'치욕으로 푸르다'</u>는 도구적 가치로 평가받아 그 환경에 적응하지 못하는 나무에 대한 비판적 표현이군.

참을 수 없다 나무는, 알고 보면
<u>치욕으로 푸르다</u>

| 선지 유형 | 근거가 있어서 허용 불가능 |
|---|---|
| 실전에서의 판단 과정 | 갑자기 나무를 왜 비판해. |

해설

'나무'는 화자가 '동질감'을 보이는 대상입니다. 갑자기 비판하는 것은 말이 안 되겠죠. 애초에 화자가 비판하는 것은 도시의 모습이니까요. 나아가 화자가 '나무'에게 '동질감'을 보이는 것은 '나무'가 도시 환경에 치욕스럽게 적응했기 때문이지, 적응하지 못했기 때문이 아니었어요. 주제와 정반대되는 내용이니, 독해를 하기도 전부터 답으로 골라내야 합니다.

조금 더 디테일하게 뜯어보면, 〈보기〉에서 '치욕'이라는 표현에 대해 '나무의 반어법'이라는 의미를 부여하고 있다는 것을 확인할 수 있습니다. 즉, 도시라는 부정적 환경에서 '푸르게' 피어나는 모습이 나무에게 '치욕'으로 느껴질 것이라는 표현이죠. 이렇게 반어적으로 표현하며 '나무'의 심정에 공감하고 있는 것이지, '나무'를 '비판'하는 것이라고 볼 수는 없는 것입니다. 〈보기〉도 선지 판단의 근거가 된다는 것을 재인식시켜주는 문제였어요.

## 현대시 독해 연습

> (가)
> 높으디높은 산마루
> 낡은 고목(古木)에 못 박힌 듯 기대어
> 내 홀로 긴 밤을
> 무엇을 간구하며 울어 왔는가.

'높으디높은 산마루'에 못 박힌 듯 기대어서, 즉 고통스러운 현실 속에서 화자는 '긴 밤'을 무엇인가 간구하며 울어 왔다고 합니다. 화자는 무언가를 기다리고 있나봐요.

> 아아 이 아침
> 시들은 핏줄의 구비구비로
> 사늘한 가슴의 한복판까지
> 은은히 울려오는 종소리.

'긴 밤'이 지나 '아침'이 되었습니다. '상황의 변화'가 생겼어요. 화자의 '내면세계'가 변할 수도 있겠죠? 보아하니, 화자의 핏줄, 가슴의 한복판 등으로 '종소리'가 은은하게 들려옵니다. 화자가 '간구'하던 '무엇'이 이루어진 것일까요? 계속 읽어봅시다.



시에서 '종소리'는 '상황의 변화'를 나타내는 표현으로 쓰이는 경우가 많습니다. 학교에서의 종소리, 제야의 종소리 등은 모두 '수업시간/쉬는시간', '연도'의 '변화'를 나타내듯이 말이죠. 여기서도 '종소리'가 들려오면서 화자의 상황이 긍정적으로 변할 것임을 암시한다고 할 수 있는 거예요.

> 이제 눈감아도 오히려
> 꽃다운 하늘이거니
> 내 영혼의 촛불로
> 어둠 속에 나래 떨던 샛별아 숨으라.

아침이 되고 나니, 눈감아도 '꽃다운 하늘'이 보입니다. 상황이 긍정적으로 변했다는 것을 확실하게 알 수 있겠죠? 이제 '긴 밤'이라는 어둠 속에서 '내 영혼의 촛불' 역할을 하며 나래를 떨던 '샛별'은 숨어야 할 겁니다. '어둠'은 지나가고 '아침'이 되었으니까요.

> 환히 트이는 이마 우
> 떠오르는 햇살은
> 시월상달의 꿈과 같고나.
>
> 메마른 입술에 피가 돌아
> 오래 잊었던 피리의
> 가락을 더듬노니

'이마 우'도 환히 트이고, '햇살'도 떠오르고, '입술'에 피가 돌아 '피리'도 불어 봅니다. 모든 것에 생명력이 부여되고 있어요. 이제 '밤'을 지났으니, 화자에게 긍정적인 변화들이 나타나고 있는 것이죠!

> 새들 즐거이 구름 끝에 노래 부르고
> 사슴과 토끼는
> 한 포기 향기로운 싸릿순을 사양하라.

'새'들도 노래 부르고, '사슴'과 '토끼'는 한 포기의 '향기로운 싸릿순'을 사양하라고 합니다. '싸릿순'은 채소의 일종이에요. '향기'가 나는 이 '싸릿순'을 서로 사양하는 모습 등에서 아주 평화로운 세계가 그려지고 있어요. 화자가 기다리고 기다리던 '무엇'이 이루어진 것 같아요!

여기 높으디높은 산마루
맑은 바람 속에 옷자락을 날리며
내 홀로 서서
무엇을 기다리며 노래하는가.

-조지훈, 「산상(山上)의 노래」-

다시 '높으디높은 산마루'입니다. '긴 밤' 때와는 달리, '맑은 바람' 속에 홀로 선 화자는 다시 '무엇'을 기다리며 노래하고 있어요. 계속해서 '무엇'을 기다린다는 점에서, 지금까지의 긍정적인 내용들이 사실은 화자의 상상이었음을 읽어낼 수 있겠습니다. 아직 '무엇'은 이루어지지 않았지만, 화자는 훨씬 더 희망적인 자세로 노래하고 있는 거예요. 즉, 1연과 달리 '무엇'이라는 표현에 훨씬 더 희망적인 의미가 담겨 있다고 할 수 있는 것이죠.

(나)
꽃이 피었다,
도시가 나무에게
반어법을 가르친 것이다

나무에 꽃이 핀 모습을 도시가 가르쳐 준 '반어법'으로 표현하며 시작하고 있습니다. '도시'와 '나무'라는 표현을 바탕으로 하면, 화자는 삭막한 도시 환경에서도 꽃을 피우는 모습을 '반어법'으로 인식하고 있는 것이겠죠?

이 도시의 이주민이 된 뒤부터
속마음을 곧이곧대로 드러낸다는 것이
얼마나 어리석은가를 나도 곧 깨닫게 되었지만
살아 있자, 악착같이 들뜬 뿌리라도 내리자

삭막한 도시 속에서 꽃을 피운 나무처럼, 화자도 속마음을 곧이곧대로 드러내기 어려운 도시에서 '악착같이 들뜬 뿌리라도 내리'며 살아 있겠다는 의지를 보이고 있습니다. 결국 화자 본인의 이야기를 하기 위해 '나무'의 이야기를 빌린 거예요.

속마음을 감추는 대신
비트는 법을 익히게 된 서른 몇 이후부터
나무는 나의 스승

사실상 앞에서 했던 말을 다시 해 주고 있죠? 나무를 '스승'이라고 부르면서 동일시하는 모습입니다.

그가 견딜 수 없는 건
꽃향기 따라 나비와 벌이
붕붕거린다는 것,
내성이 생긴 이파리를
벌레들이 변함없이 아삭아삭
뜯어 먹는다는 것
도로변 시끄러운 가로등 곁에서 허구한 날
신경증과 불면증에 시달리며 피어나는 꽃
참을 수 없다 나무는, 알고 보면
치욕으로 푸르다

-손택수, 「나무의 수사학 1」-

삭막한 도시 환경에서 피워 낸 꽃이기에 나비나 벌들이 뜯어 먹기에 알맞지 않음에도, 벌레들은 변함없이 나무의 이파리를 뜯어 먹고 있습니다. 이런 상황을 화자는 '치욕'으로 묘사하고 있네요. 도시 속에서도 어떻게든 살아남기 위해 발버둥치는 모습을 '치욕'으로 표현하는 것이죠. 이는 화자 자신의 삶을 부정적으로 바라보는 태도라고도 할 수 있겠습니다. 화자가 어떠한 대상에게 주목했다는 건, 그 대상에게서 동질성을 발견했기 때문이라고 할 수 있으니까요.

| 몰랐던 어휘 정리하기 |
| --- |
|  |

| 핵심 point |

① **허용 가능성 평가** : 선지의 내용을 '허용'하려는 태도를 바탕으로 지문을 '독해'하며 '근거'를 찾아야 합니다. 허용할 수 있는 '근거'가 있어야만 허용할 수 있습니다. 주관적인 생각을 개입시키면 안 됩니다.

② **현대시 독해** : 〈보기〉의 도움 등을 통해 '주제' 위주로, 그리고 일상 언어의 감각으로 읽어내면 됩니다. 현대시도 읽을 수 있는 하나의 글입니다.

(가) 시를 독해하는 것이 상당히 어려웠습니다. 선지에서도 아주 까다로운 독해를 요구하고 있었구요. 다만 확실한 건, 평가원이 이제 문학에서도 이렇게 '독해력'을 요구하고 있다는 점입니다. 시도 하나의 '글'이라는 것을 잊지 말고, 일상 언어의 감각을 발휘하여 정확하게 '독해'하는 태도를 갖추도록 합시다.

〈보기〉 확인

———————[보기]———————

　「조웅전」에서 꿈은 초월적 세계의 뜻을 주인공에게 전달하는 기능을 한다. 꿈속 경험을 통해 주인공은 자신에게 부여된 천명과 현실 세계에서의 위기, 자신에 대한 초월적 세계의 비호 등을 알게 된다. 이러한 초월적 세계의 뜻에 대해 주인공은 확신하지 못하지만, 전달자와 구체적 증거물을 통해 초월적 세계의 뜻을 확인하게 된다. 주인공은 이와 같이 초월적 세계의 뜻을 확인하고 실천하여 영웅적 면모를 드러낸다.

영웅소설에서 자주 나오는 '꿈 모티프'를 이용한 지문이네요. 〈보기〉에서 이야기하는 것처럼, '꿈'은 '초월적 세계'의 뜻을 전달하며 주인공에게 영웅의 자격을 부여하는 역할을 합니다. 주인공이 어떤 꿈을 꾸게 될지 기대하면서 읽어보도록 합시다.

지문 독해

————————————————

　[앞부분 줄거리] 조웅은 송나라 회복을 위해 태자를 구해 함께 위국으로 가던 중 서번국 병사가 매복한 함곡을 향한다.

————————————————

[앞부분 줄거리]부터 확인해 봅시다. 송나라의 영웅, '조웅'이 '태자'를 구해 '위국'으로 가는 길입니다. '위국'이 어딘지는 모르겠지만, '태자'를 모실 만큼 안전한 곳이라고 할 수 있겠죠? 그런데 그 와중 '서번국 병사'가 매복한 '함곡'을 향한다고 합니다. 역시 '서번국'이 어딘지는 정확히 모르겠지만, '조웅'이 맞서 싸워야 하는 나라라고 추측할 수 있어야 합니다. 영웅이 위기에 빠진 모습이에요. 이 위기는 당연히 해결이 되겠죠?

————————————————

　이적에 원수가 여러 날 만에 **연주**에 도달하여 군마를 다 쉬게 하고 원수도 노곤하여 **사관**에서 쉬고 있었는데,
[A]　한 나비가 침상에 날아들거늘 원수도 자연스럽게 날개를 얻어 그 나비를 따라 공중에 날아 **한 곳**에 이르니, 〈첩첩한 산중에 수목이 빽빽한 곳을 깊이 들어가니 그 가운데 광활하여 완연한 별세계라. 또 한 곳을 들어가니 아름다운 궁궐이 하늘에 닿았거늘, 나아가 보니 문에 현판을 붙였으되, '만고충렬문'이라 뚜렷이 쓰여 있었다.〉

————————————————

'원수'가 '여러 날' 만에 '연주'라는 곳에 도달한 모습입니다. 지문의 흐름상 여기서의 '원수'는 당연히 '조웅'을 의미하겠죠? 호칭의 변화에 민감하게 반응해야 해요!

아무튼 그곳에 쉬고 있는데, 갑자기 '나비'가 '조웅'을 '한 곳'에 데려갑니다. 〈보기〉에서 이야기했던 '꿈' 속의 이야기가 나오는 것이겠죠? 〈 〉 표시된 배경 묘사를 참고하면, 그곳의 풍경은 참으로 아름답고 신비롭습니다. '초월적 존재'들이 사는 곳이니까 그렇겠죠.

————————————————

　궁궐 위를 바라보니 한 노인이 앉았으되 〈얼굴은 관옥 같고 머리에 황금관을 쓰고 몸에 용포를 입고 윗자리에 높이 앉았는데,〉 무수한 사람들이 열좌하여 큰 잔치를 배설하고 술과 음식이 가득한 중에 절대 가인이 차례로 앉았으니, 그 아름다움이 측량없더라. 좌석에 가득 앉은 사람들이 여러 왕의 흥망성쇠와 만고역대를 역력히 이르는지라. 맨 윗자리에 앉은 제왕은 어찌 된 줄을 모르매 분부 왈,
　"그대 등은 각각 공을 밝히어 올리라."
하니 좌석에 가득 앉은 사람들이 각각 공을 밝히는 글을 올리니 그 공적에 왈,
　"저는 본래 한나라 신하로 깊은 뜻이 많지 아니하리로다. 옛 일을 살펴보니 복이 북두칠성과 일월에 찬란하리로다."
　또 한 공적에 왈,
　"칼을 잡아 흉적을 소멸하니 제후 될 만하도다. 천하를 성처럼 막았으니 문호 세상에 진동하는도다."
하였더라.
　그 남은 공적은 어찌 다 기록하리오. 〈좌중의 여러 사람들이 각각 소회를 다하고, 혹 노기 등천하며, 혹 칼을 빼들고 매우 성을 내고, 어떤 자는 땅에 섰고, 어떤 자는 깡충깡충 뛰며, 어떤 자는 노래하고, 어떤 자는 춤추기도 하는지라.〉 이러한 좋은 장면을 세밀히 구경할새, 한 사람이 좌중에 나와 앉으며 왈,
　"우리 각각 소회는 옛일이라. 한하여도 미치지 못하려니와 알지 못하겠노라. 대송이 역적에 망하니 인하여 멸송이 되오면 언제 회복되오리까?"
하니 한 사람이
　"송나라의 복은 아직 길고 멀었는지라. 어찌 회복이 없사오리까?"
한데, 또 한 사람이,
　"그대 등은 알지 못하는도다. 하늘이 송나라 왕실을

회복하고자 조웅을 명하였더니, 불쌍하도다 조웅이
여! 일시가 극난하여 명일 미명에 서번 적의 간계에 걸
려들어 죽을 듯하니 불쌍하도다. 조웅의 일도 우리와
같을지라. 정해진 나이를 못 마치고 전쟁의 패한 혼이
될 듯하니 불쌍코 가련하다.”

꿈 속에서 '조웅'은 '궁궐 위'를 봅니다. 어떤 '노인'의 아래에서 '큰
잔치'를 하고 있다고 해요. 참고로 여기서 '노인'의 외양이 묘사된
것을 토대로, 아주 높고 중요한 사람이라는 걸 알 수 있겠죠?

이 '큰 잔치'에 참석한 사람들은 서로 자기 공적을 말하며 자랑하
는 모습입니다. 나아가 〈 〉 표시한 부분을 보면 즐거운 잔치의 모
습이 잘 드러나는 것 같아요. 배경 묘사를 기반으로 자연스레 흥
겨운 잔치의 분위기를 느껴주셔야 합니다!

그런데 '한 사람'들이 갑자기 '송나라'와 '조웅'의 이야기를 합니
다. 그러면서 '조웅'이 '서번 적'의 간계에 걸려들어 죽을 것이라
는 말을 하고 있어요. '서번 적'을 보자마자 [앞부분 줄거리]가 떠
올라야겠죠? 〈보기〉에서 이야기한 것처럼, '조웅'은 '함곡'에서
죽을 운명이라는 것을 '초월적 존재'들이 알려 주는 모습입니다.
영웅인 '조웅'은 이 위기를 잘 극복할 것이구요.

> 이러할 제 문 지키는 군사 급히 고하기를,
>   "送나라 문제 들어오시나이다."
> 하니, 여러 사람이 일시에 뜰로 내려와 영접하여 상좌한
> 후에 여러 사람이 아뢰기를,
>   "오늘날 만날 약속을 정하옵고 어찌 늦게 도착하시나
> 이까?"
> 문제 왈,
>   "송나라 왕실을 회복할 신하는 조웅이라. 오다가 한
> 곳을 보니 불측한 서번이 조웅을 잡으려고 이러저러
> 하였거늘, 행여 그러할까 하여 시운일수를 통치 못하
> 여 죽을 듯함에, 도사 를 찾아가 구하라 하고 부탁하고
> 오노라."
> 하시니, 좌중이 외쳐 왈,
>   "우리는 분명 조웅이 죽으리라 하고 불쌍한 공론을 하
> 였더니, 대운이 막히지 아니하였사오니 천수를 어찌
> 하오리까?"
> 원수가 깨달으니 남가일몽이라.

이렇게 혼란스러운 와중에, '송나라 문제'라는 사람이 들어옵니
다. '문제'가 말하길, '조웅'이 곧 큰 일을 당할 것 같아서 '도사'를

찾아 '조웅'을 구하라고 했다고 해요. 전형적으로 꿈 속의 초월적
존재들이 영웅의 조력자가 되어 주는 모습이네요.

'조웅'은 지금까지의 내용들이 꿈이라는 것을 알게 됩니다. 초월적
존재들의 도움을 얻었으니, 영웅답게 문제를 잘 해결해야겠죠?

> (중략)
>
>   원수 꿈속의 일을 생각하니 저절로 마음이 비창하여 슬
> 픔을 머금고 종일 행군할 동안에 염려가 끊이지 않았다.
>     이날 함곡에 도달하니 〈해는 서쪽 산 위로 떨어
> 지고 달은 동쪽 고개 위로 떠올랐는데, 무심한 잔
> 나비는 달빛 아래에서 슬피 울고, 그윽한 두견성은
> [B] 불여귀를 일삼았다. 갈 길은 험악한데 동쪽은 험한
> 산이고 서쪽은 깊은 골짜기여서 층층이 험한 산봉
> 우리는 가슴을 찌르는 듯하고 야광은 희미하기만
> 했다.〉

자기가 곧 죽을 것이라는 꿈을 꾸고 나니, '조웅'은 당연히 '비창'
하여 '슬픔'을 머금고 '염려'할 수밖에 없습니다. 이렇게 찝찝한
와중에 계획대로 '함곡'에 도착한 모습이에요. 그런데 〈 〉 표시한
배경 묘사를 보니, 너무나 불길하고 우울한 풍경입니다. 꿈속에서
이야기한 것처럼 '조웅'이 비참한 최후를 맞이할 것이라는 암시를
하는 것 같죠?

>   선봉을 재촉하여 함곡으로 들어가는데 문득 바라보니
> 동편 작은 골짜기에 갈포로 만든 두건과 베옷을 입은 한
> 노옹 이 있어 푸른 나귀를 재촉하며 백우선으로 원수를
> 만류하거늘 원수가 그 노옹을 바라보니 정신이 황홀하
> 였다. 원수가 말을 머물게 하고 잠깐 기다리니 그 노옹
> 이 묻기를,
>   "연주로부터 오십니까?"
>   원수가 답 왈,
>   "그러하오이다."
>   노옹이 왈,
>   "위국으로 가는 조 원수를 혹 보셨습니까? 보시면 바
> 삐 알려 주소서."
> 하였다. 원수는 마음속으로 의심하고 한편으로 이상하
> 게 여겨 왈,
>   "내가 바로 조웅이거니와 무슨 일로 긴히 찾습니까?"
> 하니, 노옹이 크게 기뻐하며 왈,
>   "나는 떠돌아다니는 나그네라. 성품이 남과 달라 빼어

난 산천과 명승지지를 즐겨 구경하고 두루 다녔는데,
오로봉에 들어갔다가 천명 도사를 만나 수삼 일을 머
물렀더니 출발할 때 한 서찰을 주며 왈, '그대에게 오
늘 오시에 전하라' 하여 나귀를 바삐 몰아 진시에 도착
하려고 했으나 피곤한 나귀 탓으로 시간을 넘겨 버렸
기에 행여 못 만날까 염려하였더니 이곳에서 만나니
어찌 즐겁지 아니하겠습니까?"

하며, 소매 속에서 한 통 편지를 내어 주고는 팔을 들어
하직하거늘 원수 다시 노옹을 바라보니 행색이 아득하
였다. 마음속으로 신기하게 여겨 그 편지를 급히 떼어
보니 다른 말은 없고 '함곡에 들어가지 말고 성중으로
먼저 들어가서 포를 한 번 쏘라'고만 쓰여 있었다. 원수
가 편지를 다 보고는 대경실색하여 좌장군 위홍창 을 불
러 왈,

"장졸을 함곡에 들어가지 못하게 하라."

하니, 홍창이 급히 아뢰길,

"선봉이 이미 함곡에 들어갔습니다."

하거늘 원수가 크게 놀라며 왈,

"너는 급히 들어가 선봉을 데려오라. 데려올 때 조금도
어수선하게 하지 말고 그곳에 진을 치고 있는 것처럼
하면서 한둘씩 숨어 나오되 빨리 데리고 나오너라."

홍창이 원수의 명을 듣고는 급히 함곡에 들어가서 전
하니 선봉이 군사를 물려 돌아왔다. 원수가 편지를 얻어
기뻐하며 진을 쳤다.

–작자 미상, 「조웅전」–

그 뒤의 내용은 전형적인 영웅소설의 클리셰를 따르고 있습니다.
꿈 속에서 '문제'가 이야기했던 '도사'가 '노옹'을 보내 '조웅'을 돕
는 모습이에요. 밑줄 친 여러 심리들의 근거는 어렵지 않게 잡아
낼 수 있겠죠?

아무튼 초월적 존재들의 도움을 얻은 '조웅'은 '위홍창'을 시켜 위
기에서 벗어나게 하고, 문제를 해결했음에 '기뻐하며' 지문이 마
무리되고 있습니다. 아주 전형적인 영웅소설의 전개이니, 어렵지
않게 이해할 수 있겠죠?

| 선지 | ① | ② | ③ | ④ | ⑤ |
|---|---|---|---|---|---|
| 선택률 | 4% | 4% | 85% | 5% | 2% |

**33** 윗글에 대한 이해로 가장 적절한 것은? ③

① 송 문제는 서번 적의 간계에 빠져 사람들과의 약속을
지키지 못했다.

| 선지 유형 | 근거가 있어서 허용 불가능 |
|---|---|
| 실전에서의<br>판단 과정 | 송 문제가 서번 적의 간계에 왜 빠져. |
| 해설 | '송 문제'가 사람들과의 약속 시간을 맞추지 못한 이유는 '도사에게 조웅을 구해주라고 전하느라'였습니다. '송 문제'는 서번 적과 만난 적도 없어요. 서번 적의 간계에 빠질 뻔한 사람은 주인공인 '조웅'이죠. 결국 기본적인 내용이해가 핵심입니다. |

② 원수는 함곡에서 연주로 가는 도중에 사관에서 쉬려
고 군마를 멈추었다.

| 선지 유형 | 근거가 있어서 허용 불가능 |
|---|---|
| 실전에서의<br>판단 과정 | 함곡으로 가는 길이었지. |
| 해설 | 다른 건 기억이 안 나더라도, '함곡'으로 가는 길이었다는 건 확실하게 알고 있어야 합니다. '함곡'은 '조웅'의 위기를 만드는 주요 공간이었으니까요. |

③ 노옹은 자신의 계획보다 늦게 도착했음에도 조웅을
만나게 되어 기뻐했다.

| 선지 유형 | 근거가 있어서 허용 가능 |
|---|---|
| 실전에서의<br>판단 과정 | 그런 대사가 있었나? 시간을 넘겼는데도 만나서 즐겁다고 했었네. |
| 해설 | '노옹'의 대사를 꼼꼼하게 읽지 않아 기억을 못하더라도, 돌아가서 확인하면 됩니다. 적어도 '노옹'의 이야기가 어디에 나오는지 정도는 파악하고 있을 테니까요. 확인해보니, "시간을 넘겨 버렸기에 ~ 어찌 즐겁지 아니하겠습니까?"라는 명백한 근거가 존재하네요. 쉽게 답으로 고를 수 있겠습니다. |

④ 위홍창은 역적에게 망한 송나라를 구하고자 선봉을
이끌고 함곡에 들어갔다.

| 선지 유형 | 근거가 있어서 허용 불가능 |
|---|---|
| 실전에서의<br>판단 과정 | 송나라 아직 안 망했는데? |
| 해설 | 일단 송나라는 아직 망하지 않았습니다. 따라서 '위홍창'의 어떠한 행위가 '송나라'를 구하고자 하는 이유에서 비롯되었다는 건 절대로 허용할 수 없겠네요. 나아가, '위홍창'은 '조웅'의 옆에 있다가 명을 받고 '함곡'으로 들어가 '선봉'을 데려 오는 모습이에요. 전체적으로 틀린 선지네요. |

⑤ 황금관을 쓴 노인은 모임의 상석에 앉아 있다가 뜰로
내려와 여러 사람을 맞이했다.

| 선지 유형 | 근거가 없어서 허용 불가능 |
|---|---|
| 실전에서의 판단 과정 | 노인은 가만히 앉아 있었잖아. |
| 해설 | 여러 사람이 뜰로 내려와서 영접하고 맞이하는 순간은 '송 문제'가 왔을 때입니다. 황금관을 쓴 노인이 내려왔다는 것을 알 수 있는 근거는 없네요. |

| 선지 | ① | ② | ③ | ④ | ⑤ |
|---|---|---|---|---|---|
| 선택률 | 4% | 2% | 5% | 3% | 87% |

## 34 [A]와 [B]에 대한 설명으로 가장 적절한 것은? ⑤

– 이제는 주관식으로 답을 생각할 수 있으면 좋겠습니다. [A]는 '조웅'이 경험한 꿈 속 공간의 신비로움을, [B]는 '조웅'의 불길한 미래를 예견하는 '함곡'의 분위기를 나타내는 부분입니다. 둘 다 '배경 묘사'라는 포인트를 활용하고 있었기에 미리 주목한 부분들이기도 하죠?

① [A]에서는 공간의 광활함을 통해 인물의 진취적인 기상이 드러나고 있다.

| 선지 유형 | 근거가 없어서 허용 불가능 |
|---|---|
| 실전에서의 판단 과정 | 조웅의 기상을 드러내는 것은 아니지. |
| 해설 | 꿈 속 공간이 '광활'하다고 한 것은 맞지만, 그것이 인물의 '진취적인 기상'을 드러낸다고 할 만한 근거는 없죠. 그저 신비로운 꿈 속 공간일 뿐입니다. |

② [B]에서는 시간의 흐름을 통해 인물의 낙관적 태도가 드러나고 있다.

| 선지 유형 | 근거가 있어서 허용 불가능 |
|---|---|
| 실전에서의 판단 과정 | [B]는 불길한 느낌이 드는 부분이지. |
| 해설 | '시간의 흐름'은 허용이 되는데, (해가 떨어지고 달이 떠오름) '낙관적 태도'를 허용하기는 어렵죠? 오히려 [B] 앞에서 '조웅'은 '염려'가 끊이지 않는 모습을 보이고 있습니다. 전반적인 분위기를 고려할 때 절대 허용할 수 없는 선지네요. |

③ [A]에서는 낭만적인 사건에 의한 환상성이, [B]에서는 구체적인 시대적 상황에 의한 현실성이 부각되고 있다.

| 선지 유형 | 근거가 없어서 허용 불가능 |
|---|---|
| 실전에서의 판단 과정 | [B]에 구체적인 시대적 상황이 어딨어. |
| 해설 | [A]는 '나비'를 따라 꿈 속으로 간다는 점에서 '낭만적'이고 '환상성'이 드러난다고 할 수 있지만, [B]에서 '구체적인 시대적 상황'이 드러난다고 할 만한 근거는 찾을 수가 없네요. |

④ [A]에서는 공간적 변화에서 비롯되는 긴장감이, [B]에서는 계절적 상황에서 비롯되는 쓸쓸함이 강조되고 있다.

| 선지 유형 | 근거가 없어서 허용 불가능 |
|---|---|
| 실전에서의 판단 과정 | [A]에서 도대체 무슨 긴장감이 강조되냐. |
| 해설 | [A]가 '공간적 변화'를 드러내는 부분이기는 하지만, '긴장감'이라는 분위기를 나타내지는 않습니다. 배경 묘사를 통해 '신비스러움'이라는 분위기를 나타낼 뿐이죠? 나아가 [B]에서 '계절적 상황'을 허용할 만한 내용을 찾기도 어렵네요. |

| 생각 심화 |

물론 '두견새'는 철새라서 특정 계절에만 울기 때문에, [B]에 계절적 상황이 드러난다고 할 수는 있습니다. 다만 굳이 알 필요는 없는 정보라고 생각해요. 다른 방식으로 지워내는 것이 합리적으로 보입니다.

⑤ [A]에서는 비현실적 공간에서 느껴지는 신비로움이, [B]에서는 현실 공간에서 느껴지는 불길함이 드러나고 있다.

| 선지 유형 | 근거가 있어서 허용 가능 |
|---|---|
| 실전에서의 판단 과정 | 미리 생각한 내용이네. |
| 해설 | '배경 묘사'를 통해 드러나는 분위기를 미리 생각했다면 바로 답으로 골라낼 수 있겠죠? 이렇게 '배경 묘사'가 있는 부분이 [A], [B] 등으로 묶일 때에는 그 분위기가 정답이 되는 경우가 많습니다. |

| 선지 | ① | ② | ③ | ④ | ⑤ |
|---|---|---|---|---|---|
| 선택률 | 43% | 18% | 8% | 25% | 6% |

## 35 큰 잔치 에 대한 설명으로 적절하지 <u>않은</u> 것은? ①

① 참석자들은 서로의 공적을 평가하며 소회를 드러내고 있다.

| 선지 유형 | 근거가 없어서 허용 불가능 |
|---|---|
| 실전에서의 판단 과정 | 그랬었나? 찾아보니 서로의 공적을 평가한 적은 없네. |
| 해설 | 참석자들은 각자의 공적을 밝히고, 즐겁게 놀면서 '소회'를 드러내고 있습니다. '서로의 공적을 평가'하는 부분은 찾아볼 수 없어요.<br><br>굉장히 디테일한 내용일치를 묻는 문제입니다. 사실 수능이라면 나오기 힘든 형태의, 조금 아쉬운 문제예요. 다만 중요한 것은 문학에서 선지 판단이 어려울 때는 반드시 지문이나 〈보기〉와의 '내용일치'를 우선적으로 따져야 한다는 것입니다. 머릿속에서 상상의 나래를 펼치지 말고 지문, 〈보기〉 등에서 근거를 확인하는 '객관적 선지 판단 태도'를 갖추도록 합시다. |

| 생각 심화 |

그렇다면 이 문제는 도대체 뭘 묻고자 한 것일까요? 정말 단순한 내용일치를 묻고자 한 것일까요? 틀린 말은 아니지만, 이는 사실 지문 독해 과정에서 텍스트를 '이미지화'하며 읽을 수 있는지 묻는 문제라고도 할 수 있습니다. 즉, '큰 잔치'와 관련된 내용을 읽으면서 그 장면을 상상했다면, 서로의 공적을 평가했던 모습이 없었다는 것을 알 수 있을 것이란 의도가 있는 것이죠. 물론 이를 고려하더라도 조금 과한 선지인 것은 맞으니, '상상력'이라는 것이 중요하다는 포인트만 확실하게 챙겨갑시다.

② 참석자들은 특정 인물에 대한 염려와 기대를 드러내고 있다.

| 선지 유형 | 근거가 있어서 허용 가능 |
|---|---|
| 실전에서의 판단 과정 | 조웅 이야기 하면서 드러났었지. |
| 해설 | '큰 잔치'의 참석자들은 '조웅'이라는 특정 인물에 대한 이야기를 하면서, 곧 죽을 것이라는 '염려'와 송나라를 구할 것이라는 '기대'를 드러내고 있습니다. 이는 초월적 존재들이 영웅을 돕는 모습이라는 점에서 아주 중요한 부분이었기에, 머릿속에 충분히 남길 수 있는 정보였을 거예요. |

③ 참석자들은 대화를 통해 국가의 흥망성쇠에 대한 관심을 드러내고 있다.

| 선지 유형 | 근거가 있어서 허용 가능 |
|---|---|
| 실전에서의 판단 과정 | 송나라 이야기 엄청 했었지. |
| 해설 | 참석자들은 '송나라'라는 국가가 곧 망할지도 모른다는 이야기를 하며, '흥망성쇠'에 대한 관심을 드러내고 있어요. |

④ 참석자들은 소회를 다한 후 여러 행위를 통해 각자의 심정을 드러내고 있다.

| 선지 유형 | 근거가 있어서 허용 가능 |
|---|---|
| 실전에서의 판단 과정 | 뛰고 노래하고 춤추고 했었지. |
| 해설 | 참석자들은 서로의 공적을 자랑하며 '소회'를 다한 후, '칼 빼들고, 땅에 서고, 깡충깡충 뛰고, 노래하고, 춤추는' 등의 모습을 보이며 잔치를 즐겼습니다. 이는 지문을 읽을 때부터 배경 묘사로 체크한 부분이기도 했죠? 이러한 '행위'는 당연히 각자의 '심정'을 드러내기 위한 것이라고 할 수 있으니, 어렵지 않게 허용할 수 있겠습니다. 모든 '행위'는 '심정'을 드러낸다는 것, 확실하게 알아두도록 해요! |

⑤ 많은 참석자와 가득한 음식 차림을 통해 풍성한 잔치 분위기를 드러내고 있다.

| 선지 유형 | 근거가 있어서 허용 가능 |
|---|---|
| 실전에서의 판단 과정 | 잔치 그 자체였지. |
| 해설 | 배경 묘사를 통해, 풍성한 잔치 '분위기'를 드러내고 있었습니다. 지문을 읽으면서 이미 체크가 된 내용이었어야 합니다. |

| 선지 | ① | ② | ③ | ④ | ⑤ |
|---|---|---|---|---|---|
| 선택률 | 6% | 82% | 4% | 5% | 3% |

## 36 〈보기〉를 참고하여 윗글을 감상한 내용으로 적절하지 <u>않은</u> 것은? [3점] ②

① 꿈속에서 송 문제가 조웅을 구하려 하는 것은, 조웅에 대한 초월적 세계의 비호를 보여 주는 것이겠군.

| 선지 유형 | 근거가 있어서 허용 가능 |
|---|---|
| 실전에서의 판단 과정 | 송 문제는 초월적 존재이니 맞는 말이네. |

| 해설 | 꿈속에서 '송 문제'가 '조웅'을 구하는 모습이 초월적 존재들의 도움이라는 것은 지문을 읽으면서 완벽하게 정리가 된 부분입니다. 영웅소설의 진부한 클리셰에 해당하니 어렵지 않게 체크할 수 있었어야 해요. |

② 조웅이 행군 중에 슬퍼하는 것은, 전쟁에 패한 혼이 될 것이라는 꿈속의 말에 대해 확신하지 못한 것이겠군.

| 선지 유형 | 근거가 있어서 허용 불가능 |
| --- | --- |
| 실전에서의 판단 과정 | 꿈 내용을 엄청 신경 쓰던데? |
| 해설 | '조웅'이 행군 중에 '슬퍼하는' 심리를 보인 것은, 꿈 속에서 자신이 죽을 것이라 말했고 그것을 의식했기 때문입니다. 지문을 읽으면서 미리 체크한 내용이죠? 따라서 이 내용이 꿈속의 말에 대해 '확신하지 못한 것'이라고 하기는 어렵겠죠.<br><br>굳이 '확신하지 못'하는 반응을 보이는 부분을 찾으라면, '함곡'에 가면 죽는다고 하는데도 그곳으로 가는 모습이라고 할 수 있겠습니다. |

③ 꿈속에서 송나라 왕실을 회복할 신하로 조웅이 거론되는 것은, 조웅에게 주어진 천명을 알게 하려는 것이겠군.

| 선지 유형 | 근거가 있어서 허용 가능 |
| --- | --- |
| 실전에서의 판단 과정 | 꿈속에서 조웅의 역할을 언급했으니 천명이라고 할 수 있겠다. |
| 해설 | 꿈속이라는 초월적 세계에서 '조웅'의 역할을 언급하고 있습니다. 이는 '조웅'에게 주어진 '천명', 즉 '하늘의 명령'을 알게 하는 것이라고 할 수 있겠죠? |

④ 조웅이 노옹을 통해 전달 받은 편지의 지시에 따른 것은, 조웅이 꿈속 경험에서 알게 된 초월적 세계의 뜻을 신뢰한 것이겠군.

| 선지 유형 | 근거가 있어서 허용 가능 |
| --- | --- |
| 실전에서의 판단 과정 | 노옹이 초월적 세계의 뜻을 전하는 사람이니 당연한 말이네. |
| 해설 | '노옹'은 초월적 세계의 뜻을 '조웅'에게 전달하는 역할을 합니다. 그러한 인물이 전달한 편지의 내용대로 하는 것은, '조웅'이 꿈속에서 알게 된 '초월적 세계'의 뜻을 신뢰하는 모습이라고 할 수 있겠죠. |

⑤ 노옹이 천명 도사의 부탁을 받아 편지를 전하고 떠나는 것은, 노옹이 초월적 세계의 뜻을 조웅에게 전달하는 사람임을 보여 주는 것이겠군.

| 선지 유형 | 근거가 있어서 허용 가능 |
| --- | --- |
| 실전에서의 판단 과정 | 도사가 초월적 세계의 존재였으니 맞는 말이지. |
| 해설 | 선지 그 자체로 허용할 수 있는 내용이죠? '노옹'의 역할을 생각했다면 어렵지 않게 지울 수 있습니다. |

몰랐던 어휘 정리하기

**| 핵심 point |**

① **허용 가능성 평가** : 선지의 내용을 '허용'하려는 태도를 바탕으로 지문을 '독해'하며 '근거'를 찾아야 합니다. 허용할 수 있는 '근거'가 있어야만 허용할 수 있습니다. 주관적인 생각을 개입시키면 안 됩니다.

② **소설 독해** : '심리와 행동의 근거'를 바탕으로 인물에게 '공감'하며 읽어야 합니다. 이 과정이 물흐르듯 이어지면 지문의 내용을 완벽하게 이해할 수 있어요.

③ **영웅소설 클리셰** : 모든 영웅은 엄청난 능력을 가지고 여러 가지 문제를 해결합니다. 이러한 클리셰를 알고 있다면 지문 독해가 수월해질 거예요.

**| 지문 내용 총정리 |**

내용 자체는 전형적인 영웅소설의 클리셰를 따르기에 그리 어렵지 않았지만, 선지에서 상당히 디테일한 판단을 요구하는 지문이었습니다. 답이 안 보일 때에는, 선지 판단의 근거가 여러분의 머릿속이 아닌 지문과 〈보기〉에 있다는 것을 잊지 마세요! 나아가 이러한 디테일한 판단을 조금이라도 빠르게 하기 위해서는 '상상력'이라는 능력을 지문 독해 과정에서 적극적으로 활용해야 한다는 것도 추가적으로 알아둡시다.

〈보기〉 독해

―――――――[보기]―――――――

　　임병양란 이후의 사대부들 사이에서는 긴 사연을 담을 수 있는 연시조 양식을 활용해 전란 후 현실의 문제를 다루려는 경향이 나타났다. 병자호란 직후 지어진 「비가」에도, 잡혀간 세자를 그리는 마음, 임금을 향한 충정, 전란 후 상황에 대한 견해 등 여러 내용이 복합되어 있다. 각 수의 시어를 연결하여 이해할 때 그 같은 내용들이 올바로 파악될 수 있다.

〈보기〉를 먼저 봐야겠죠? 특히 이 지문은 (가)의 〈보기〉를 보지 않으면 감상 자체가 힘들 수도 있어요. 한 번 봅시다!

병자호란 이후 세자가 잡혀가고 나라는 박살이 난 상황의 내용이네요. 병자호란 이후에 세자와 대군이 잡혀갔다는 것은 고전시가를 공부할 때도 한국사를 공부할 때도(?) 좋은 상식이니 알아 둡시다. 그럼 이걸 생각하면서 읽어 볼까요? 주제를 제시하면서 지문 독해에 큰 힌트를 주고 있어요.

실전적 지문 독해

(가)
반(半) 밤중 혼자 일어 묻노라 이내 꿈아
→ 밤중에 혼자 일어나서 묻는다 내 꿈아
만 리(萬里) 요양(遼陽)*을 어느덧 다녀온고
→ 만 리 요양을 어느덧 다녀왔구나
반갑다 학가(鶴駕)* 선객(仙客)을 친히 뵌 듯ᄒ여라
→ 반갑다 학가 선객을 친히 뵌 듯하다
〈제1수〉

박제상* 죽은 후에 님의 시름 알 이 업다
→ 박제상 죽은 후에는 님의 시름을 알 이가 없다
이역(異域) 춘궁(春宮)을 뉘라서 모셔 오리
→ 이역 춘궁을 누구라서 모셔 올까
지금에 치술령 귀혼(歸魂)을 못내 슬허ᄒ노라
→ 지금에 치술령 귀혼을 못내 슬퍼한다
〈제4수〉

조정을 바라보니 무신(武臣)도 하 만하라
→ 조정을 바라보니 무신도 참 많다
신고(辛苦)ᄒ 화친(和親)을 누를 두고 ᄒ 것인고
→ 신고한 화친을 누구를 두고 한 것이냐
슬프다 조구리(趙廐吏) 이미 죽으니 참승(參乘)ᄒᆯ* 이 업세라
→ 슬프다 충신이 이미 죽었으니 (임금을) 호위할 사람이 없다
〈제6수〉

구중(九重) 달 발근 밤의 성려(聖慮)* 일정 만흐려니
→ 구중 달 밝은 밤에 임금님의 염려가 많을 것이니
이역 풍상(風霜)에 학가인들 이즐쏘냐
→ 이역 풍상에 학가인들 잊겠느냐
이 밖에 억만창생(億萬蒼生)을 못내 분별ᄒ시도다
→ 이 밖에 억만창생을 못내 분별하신다
〈제7수〉

구렁에 났는 풀이 봄비에 절로 길어
→ 구렁에 난 풀이 봄비에 절로 길어간다
아는 일 업스니 긔 아니 조흘쏘냐
→ (풀은) 뭘 아는 일이 없으니까 그것이 아니 좋겠느냐
우리는 너희만 못ᄒ야 시름겨워 ᄒ노라
→ 우리는 너희같지 않아서 시름 겨워 한다
〈제8수〉

조그만 이 한 몸이 하늘 밖에 떨어지니
→ 조그만 이 한 몸이 하늘 밖에 떨어지니
오색 구름 깊은 곳에 어느 것이 서울인고
→ 오색 구름 깊은 곳에 어느 곳이 서울인가
바람에 지나는 검불* 갓ᄒ야 갈 길 몰라 ᄒ노라
→ 바람에 지나는 검불 같아 갈 길 몰라 한다
〈제9수〉
-이정환, 「비가(悲歌)」-

* 요양 : 청나라의 심양.
* 학가 : 세자가 탄 수레. 또는 세자. 여기서는 병자호란에서 패배하여 심양에 잡혀간 소현 세자를 가리킴.
* 박제상 : 신라의 충신. 왕의 아우가 왜에 볼모로 잡히자 그를 구하고 자신은 희생됨.
* 조구리 : 조씨 성을 가진 마부. 충신을 가리킴.
* 참승ᄒᆯ : 높은 이를 호위하여 수레에 같이 탈.
* 성려 : 임금의 염려.
* 검불 : 마른 나뭇가지나 낙엽 따위.

참고로 아래의 해석은 해당 부분을 읽는다면 이런 방식으로 읽으라는 가이드를 제공하는 것입니다. 실전에선 저렇게 모든 부분을 읽을 필요가 없습니다. 우리는 아래처럼 '주제' 위주로 가볍게 읽어내면 돼요.

〈보기〉에서 이야기한 그대로네요. 병자호란 이후에 힘든 그런 상황인데, 꿈에서 세자를 만나 반가운데 현실에는 박제상 같은 충신도 없고 해서 굉장히 슬픈가 보네요. 그러면서 계속 슬픔, 시름 등의 반응을 쏟아내고 있습니다. '갈 길 모른다', 즉 '혼란스럽다' 정도의 반응도 체크해 주면 좋겠죠? '주제' 위주로 읽으니 어렵지 않게 읽어낼 수 있습니다.

(나)

이전 서울 계동 홍술햇골에서 살 때 일이었다. 휘문 중학교의 교편을 잡고, 독서, 작시(作詩)도 하고, 고서도 사들이고, 그 틈으로써 난을 길렀던 것이다. 한가롭고 자유로운 맛은 몹시 바쁜 가운데에서 깨닫는 것이다. 원고를 쓰다가 밤을 새우기도 왕왕하였다. 그러하면 그러할수록 난의 위안이 더 필요하였다. 그 푸른 잎을 보고 방렬(芳烈)한 향을 맡을 순간엔, <u>문득 환희의 별유세계(別有世界)에 들어 무아무상의 경지에 도달하기도 하였다.</u>

글쓴이는 과거의 이야기를 하면서, '난'을 길렀을 때의 즐거웠던 감정을 드러내고 있습니다. '난'을 좋아하는 화자의 내면세계가 이 작품의 주제일 것 같네요.

그러다가 조선어 학회 사건에 피검되어 홍원·함흥서 2년 만에 돌아와 보니 난은 반수 이상이 죽었다. 그해 여산으로 돌아와서 십여 분을 간신히 살렸다. 갑자기 8·15 광복이 되자 나는 서울로 또 가 있었다. 한 겨울을 지내고 와 보니 난은 모두 죽었고, 겨우 뿌리만 성한 것이 두어 개 있었다. 그걸 서울로 가지고 가 또 살려 잎이 돋아나게 하였다. 건란(建蘭)과 춘란(春蘭)이다. 춘란은 중국 춘란이 진기한 것이다. 꽃이나 보려 하던 것이, 또 6·25 전쟁으로 피란하였다가 그 다음 해 여름에 가 보니, 장독대 옆 풀섶 속에 그 고해(枯骸)만 엉성하게 남아 있었다.

그 후 전주로 와 양사재에 있으매, 소공(素空)이 건란 한 분을 주었고, 고경선 군이 제주서 풍란 한 등걸을 가지고 왔다. 풍란에 웅란(雄蘭)·자란(雌蘭) 두 가지가 있는데, 자란은 이왕 안서(岸曙) 집에서 보던 것으로서 잎이 넓적하고, 웅란은 잎이 좁고 빼어났다. 물을 자주 주고,

겨울에는 특히 옹호하여, 자란은 네 잎이 돋고 웅란은 다복다복하게 길었다. 벌써 네 해가 되었다.

굉장히 길지만, 글쓴이의 고난을 함께 했던 '난'에 대한 애정 외에 다른 이야기는 찾아보기 힘듭니다. 이렇게 글쓴이의 내면세계라는 주제 중심으로 읽어주시면 돼요.

십여 일 전 나는 바닷게를 먹고 중독되어 곽란(霍亂)이 났다. 5, 6일 동안 미음만 마시고 인삼 몇 뿌리 달여 먹고 나았으되, 그래도 병석에 누워 더 조리하였다. 책도 보고, 시도 생각해 보았다. 풍란은 곁에 두었다. 하얀 꽃이 몇 송이 벌었다. 방렬·청상(淸爽)한 향이 움직이고 있다. 나는 밤에도 자다가 깨었다. 그 향을 맡으며 이렇게 생각을 하여 등불을 켜고 노트에 적었다.

[A]

잎이 빳빳하고도 오히려 영롱(玲瓏)하다
썩은 향나무 껍질에 옥(玉) 같은 뿌리를 서려 두고
청량(淸凉)한 물기를 머금고 바람으로 사노니

꽃은 하얗고도 여린 자연(紫煙) 빛이다
높고 조촐한 그 품(品)이며 그 향(香)이
숲속에 숨겨 있어도 아는 이는 아노니

완당 선생이 한묵연(翰墨緣)이 있다듯이 나는 난연(蘭緣)이 있고 난복(蘭福)이 있다. 당외자, 계수나무도 있으나, 이 웅란에는 백중(伯仲)할 수 없다. 이 웅란은 난 가운데에도 가장 진귀하다.

'십여 일 전', 글쓴이는 몸이 아팠습니다. 그런데 이때도 '풍란'을 곁에 두고 위안 삼고 있는 모습이네요. 그러다가 노트에 시를 쓰고 있습니다. 그 내용은 당연히 '난'을 예찬하는 것이겠죠? 이렇게 수필이나 소설에 삽입된 시들은 모두 인물의 심정과 관련되어 있다는 것을 알아두도록 합시다. 실제로 읽어봐도, '난'의 모습을 묘사하면서 애정이 듬뿍 담긴 표현들을 사용하고 있음을 알 수 있습니다.

'간죽하수문주인(看竹何須問主人)*'이라 하는 시구가 있다. 그도 그럴듯하다. 나는 어느 집에 가 그 난을 보면, 그 주인이 어떤 사람인가를 알겠다. 고서도 없고, 난도 없이 되잖은 서화나 붙여 놓은 방은, 비록 화려 광활하다 하더라도 그건 한 요릿집에 불과하다. <u>두실 와옥</u>

(斗室蝸屋)*이라도 고서 몇 권, 난 두어 분, 그리고 그 사
이 술이나 한 병을 두었다면 삼공(三公)을 바꾸지 않을
것 아닌가! 빵은 육체나 기를 따름이지만 난은 정신을
기르지 않는가!

-이병기, 「풍란」-

* 간죽하수문주인 : '대숲을 봤으면 그만이지 그 주인이 누구인지
  물을 필요가 있겠는가.'라는 뜻.
* 두실 와옥 : 몹시 작고 누추한 집.

마지막까지 '난'에 대한 애정을 드러내는 작품입니다. '화려 광활'
한 방도, '빵'도 필요없고 '난'만 있으면 된다는 글쓴이의 내면세
계를 잘 파악하셨다면 훌륭합니다.

| 선지 | ① | ② | ③ | ④ | ⑤ |
|---|---|---|---|---|---|
| 선택률 | 73% | 7% | 6% | 5% | 9% |

## 37 (가)와 (나)에 대한 설명으로 가장 적절한 것은? ①

① (가)에는 해소하기 어려운 문제적 상황에 당면하여 고
뇌하는 태도가 드러나 있다.

| 명시적 근거 | 근거가 있어서 허용 가능 |
|---|---|
| 실전에서의 판단 과정 | 주제잖아? |
| 해설 | '병자호란 이후의 고난'이라는 해소하기 어려운 문제적 상황에서 '슬픔' 등의 고뇌하는 태도를 보인다는 것, 이 지문의 주제 그 자체죠? 주제를 정답 선지로 제시한 모습이네요. 가볍게 답으로 골라 주시면 되겠습니다. |

② (가)에는 시대적 고난에 맞서지 못하는 자신의 나약함
을 극복하고자 하는 태도가 드러나 있다.

| 명시적 근거 | 근거가 없어서 허용 불가능 |
|---|---|
| 실전에서의 판단 과정 | 극복하려는 태도가 어디 있었냐. |
| 해설 | 시대적 고난에 맞서지 못하는 자신의 나약함. 여기까지는 충분히 허용할 수 있겠네요. 역시 (가)의 '주제'에 해당하니까요. 그런데 '극복'하고자 하는 '태도'는요? 그저 슬퍼하기만 하는 이 지문의 '주제'에 비추어 보았을 때 도저히 허용할 수 없겠죠. 애초에 '극복'이라는 태도를 허용할 만한 근거를 찾을 수가 없잖아요! |

③ (나)에는 인간의 유한한 삶에 대해 한탄하는 태도가
드러나 있다.

| 명시적 근거 | 근거가 없어서 허용 불가능 |
|---|---|
| 실전에서의 판단 과정 | 어디에...? |
| 해설 | '유한한 삶', '한탄하는 태도' 모두 허용을 하고 싶어도 도저히 허용할 만한 근거를 찾을 수가 없네요. |

④ (나)에는 희망을 찾을 수 없는 절망적 현실에 대한 냉
소적인 태도가 드러나 있다.

| 명시적 근거 | 근거가 없어서 허용 불가능 |
|---|---|
| 실전에서의 판단 과정 | 아니 그냥 난이 좋다는 건데 너무 오버잖아... |
| 해설 | 역시 그저 '난'과 함께 하는 것이 좋다는 (나)의 주제에 비추어 보았을 때 허용하기 어려운 선지입니다. 근거가 없으면 허용할 수 없어요! |

⑤ (가)와 (나)에는 이상과 현실의 괴리에서 비롯된 삶에
대한 회의적 태도가 드러나 있다.

| 명시적 근거 | 근거가 없어서 허용 불가능 |
|---|---|
| 실전에서의 판단 과정 | (나)에 회의적 태도가 어딨어. |
| 해설 | (가)부터 천천히 판단해봅시다. '이상과 현실의 괴리'는 충분히 허용할 수 있을 것 같습니다. 애초에 이 작품의 주제라고 해도 과언이 아니에요. 하지만 '삶에 대한 회의적 태도'는 조금 애매하죠? 화자는 그냥 이 상황이 슬플 뿐이지, 그렇다고 '인생무상이다 휴...' 이런 태도를 보이는 건 아니니까요.<br><br>한편 (나)의 경우에는, 애초에 주제가 '난'과 함께 해서 좋다는 내용이기에 '이상과 현실의 괴리', '삶에 대한 회의적 태도' 등을 모두 허용하기 어려워 보입니다. 그럼 틀린 선지라고 해야겠네요! |

| 선지 | ① | ② | ③ | ④ | ⑤ |
|---|---|---|---|---|---|
| 선택률 | 5% | 5% | 78% | 7% | 5% |

**38** (가), (나)에 대한 감상으로 적절하지 <u>않은</u> 것은? [3점] ③

① (가)는 '학가 선객'을 '꿈'에서나마 본 일을 언급함으로써 그를 만나고 싶어 하는 화자의 소망을 드러내고 있군.

> 반(半) 밤중 혼자 일어 묻노라 이내 꿈아
> 만 리(萬里) 요양(遼陽)*을 어느덧 다녀온고
> 반갑다 <u>학가(鶴駕)* 선객(仙客)</u>을 친히 뵌 듯ㅎ여라
>
> * 요양 : 청나라의 심양.
> * 학가 : 세자가 탄 수레. 또는 세자. 여기서는 병자호란에서 패배하여 심양에 잡혀간 소현 세자를 가리킴.

| 명시적 근거 | 근거가 있어서 허용 가능 |
|---|---|
| 실전에서의 판단 과정 | 꿈 속에서 볼 정도면 진짜 보고 싶나 보네. |
| 해설 | '꿈'에서 '학가 선객'을 만나 '반갑다'라는 반응을 보이고 있습니다. 이 내용을 근거로 하면 충분히 허용할 수 있는 내용이죠? 꿈에서 볼 정도면 평소에 정말 많이 생각하고 있다는 것이니까요. |

② (가)는 '박제상'이 살았던 시대와 대비함으로써 그와 같은 충신을 찾기 어려운 시대적 상황에 대한 화자의 안타까움을 드러내고 있군.

> <u>박제상</u>* 죽은 후에 님의 시름 알 이 업다
> 이역(異域) 춘궁(春宮)을 뉘라서 모셔 오리
> 지금에 치술령 귀혼(歸魂)을 못내 슬허ㅎ노라
>
> * 박제상 : 신라의 충신. 왕의 아우가 왜에 볼모로 잡히자 그를 구하고 자신은 희생됨.

| 명시적 근거 | 근거가 있어서 허용 가능 |
|---|---|
| 실전에서의 판단 과정 | 박제상이 죽은 후에는 님의 시름을 알 사람이 없다고 했네. 안타깝겠지. |
| 해설 | '박제상 죽은 후에~'라는 표현을 통해, 박제상이 살았던 때와 현재를 '대비'한다는 걸 허용할 수 있겠습니다. '박제상'은 '님의 시름'을 알 만큼 충신이었는데, 이제는 그럴 사람이 없다고 합니다. 화자는 이런 상황에 '슬퍼한다'는 반응을 보이고 있습니다. '슬퍼한다'라는 근거를 바탕으로 하면 '안타까움'이라는 내용을 충분히 허용할 수 있겠죠? |

③ (가)는 자신의 '몸'이 하늘 밖에 떨어진 상황을 설정하여 현실의 문제를 떠나 고통을 잠시라도 잊으려는 화자의 지향을 드러내고 있군.

> 조그만 이 한 몸이 하늘 밖에 떨어지니
> 오색 구름 깊은 곳에 어느 것이 서울인고
> 바람에 지나는 검불* 갓ㅎ야 갈 길 몰라 ㅎ노라
>
> * 검불 : 마른 나뭇가지나 낙엽 따위.

| 명시적 근거 | 근거가 없어서 허용 불가능 |
|---|---|
| 실전에서의 판단 과정 | 갈 길 몰라 하는데 고통을 언제 잊었냐. |
| 해설 | '몸'이 '하늘 밖'에 떨어진 상황에서, 화자는 '서울'이 어딘지 혼란스러워 '갈 길 몰라' 하고 있습니다. 계속해서 혼란스러운 반응을 보이고 있지, '고통을 잊으려 한다'는 내용을 허용할 만한 근거를 찾을 수는 없네요. 어렵지 않게 답으로 고를 수 있겠습니다. |

④ (나)는 역사적 상황에 따른 작가의 행적과 '난'의 생사를 관련지어 언급함으로써 '난'에 대한 작가의 애착을 드러내고 있군.

| 명시적 근거 | 근거가 있어서 허용 가능 |
|---|---|
| 실전에서의 판단 과정 | 주제잖아? |
| 해설 | 사실상 (나)의 주제를 드러내는 내용이죠? '실전적 지문 독해'에서 보여드린 만큼만 읽었어도 어렵지 않게 해결할 수 있었을 것이에요. |

⑤ (나)는 '두실 와옥'에 사는 사람이라도 만족감을 느낄 수 있도록 해 주는 '난'을 통해 작가가 지향하는 정신적 가치를 드러내고 있군.

> 두실 와옥(斗室蝸屋)*이라도 고서 몇 권, 난 두어 분, 그리고 그 사이 술이나 한 병을 두었다면 삼공(三公)을 바꾸지 않을 것 아닌가!
>
> * 두실 와옥 : 몹시 작고 누추한 집.

| 명시적 근거 | 근거가 있어서 허용 가능 |
|---|---|
| 실전에서의 판단 과정 | 두실 와옥에서도 난과 함께라면 좋다고 했네. |
| 해설 | '두실 와옥'이라도 '난'과 함께라면 '삼공'을 바꾸지 않을 만큼 만족스러울 것이라고 말했습니다. 글쓴이가 지향하는 정신적 가치가 '난'과 관련된 것이라고 허용할 수 있겠네요. |

| 선지 | ① | ② | ③ | ④ | ⑤ |
|---|---|---|---|---|---|
| 선택률 | 4% | 5% | 5% | 5% | 81% |

**39** ㉠과 ㉡을 비교한 내용으로 가장 적절한 것은? ⑤

> 구렁에 났는 ㉠풀이 봄비에 절로 길어
> 아는 일 업스니 긔 아니 조흘쏘냐
> 우리는 너희만 못ᄒ야 시름겨워 ᄒ노라
> 〈제8수〉
>
> 조그만 이 한 몸이 하늘 밖에 떨어지니
> 오색 구름 깊은 곳에 어느 것이 서울인고
> 바람에 지나는 ㉡검불* 갓ᄒ야 갈 길 몰라 ᄒ노라
> 〈제9수〉
>
> * 검불 : 마른 나뭇가지나 낙엽 따위.

- 일단 ㉠은 '긔 아니 조흘쏘냐, 우리는 너희만 못ᄒ야 시름겨워 ᄒ노라'라는 표현으로 미루어 볼 때 화자의 시름겨워 한다는 '반응'과 반대되는 대상을 뜻한다고 할 수 있겠네요. 한편 화자는 ㉡ '같아' '갈 길'을 몰라하고 있습니다. 이는 화자의 혼란스러운 '반응'을 공유하는 대상이라고 할 수 있겠네요. 어렵게 생각하지 말고, 그냥 현대어처럼 편하게 읽어 주시면 됩니다.

① ㉠과 ㉡은 모두 화자가 경외감을 가지고 바라보는 소재이다.

| 명시적 근거 | 근거가 없어서 허용 불가능 |
|---|---|
| 실전에서의 판단 과정 | 경외감은 무슨... |
| 해설 | '경외감'은 두려움과 존경심 등이 혼재된 감정을 말합니다. '풀'과 '검불'에게 경외감은 좀 너무하죠...? 허용하고 싶어도 할 수가 없는 선지네요. |

② ㉠과 ㉡은 모두 세월의 흐름을 나타내어 인생의 무상함을 느끼게 하는 소재이다.

| 명시적 근거 | 근거가 없어서 허용 불가능 |
|---|---|
| 실전에서의 판단 과정 | 인생의 무상함이 어딨냐... |
| 해설 | 세월의 흐름, 인생의 무상함 이런 건 ㉠, ㉡을 볼 필요도 없이 지문의 주제와 무관하기에 지워주셔야 합니다. |

③ ㉠은 화자의 울분을 심화하는 소재로, ㉡은 화자의 울분을 완화하는 소재로 활용되고 있다.

| 명시적 근거 | 근거가 없어서 허용 불가능 |
|---|---|
| 실전에서의 판단 과정 | 울분을 완화한다고 볼 수는 없지. |
| 해설 | ㉠과 ㉡은 모두 화자의 울분을 강조하는 역할을 합니다. 자신의 처지와 대비되는 '풀'이든, 자신의 처지와 비슷한 '검불'이든 결국 '자신의 처지'를 강조하는 것이니까요. '울분 완화'는 허용할 수 없겠네요. |

④ ㉠은 현재의 상황에 대한 인식의 계기가, ㉡은 과거의 사건에 대한 회고의 계기가 된 소재이다.

| 명시적 근거 | 근거가 없어서 허용 불가능 |
|---|---|
| 실전에서의 판단 과정 | 과거의 사건을 언제 회고했냐. |
| 해설 | ㉠이 '현재 상황에 대한 인식의 계기'라는 것은 억지로 근거를 찾자면 허용할 수 있을 것 같습니다. 화자는 이를 보면서 '너희만 못하다'라는 상황을 인식하고 있으니까요. 하지만 ㉡이 '과거의 사건에 대한 회고의 계기'라는 건 도저히 허용하기 어렵죠? 화자는 '검불'을 떠올리며 갈 곳 없는 자신의 처지를 생각할 뿐, 과거를 회고한 적은 없습니다. |

⑤ ㉠은 화자의 처지와 대비되는 소재로, ㉡은 화자의 처지와 동일시되는 소재로 제시되고 있다.

| 명시적 근거 | 근거가 있어서 허용 가능 |
| --- | --- |
| 실전에서의 판단 과정 | 미리 생각한 내용이네. |
| 해설 | 문항 설명에서 얘기한, 우리가 미리 찾아둔 내용이죠? 완전 쉬운 문제였습니다. 겁먹지 않고 현대어처럼 읽었다면 충분히 미리 할 수 있는 생각이었어요. 이렇게 빠르게 판단할 수 있었다면 좋았겠습니다. |

| 선지 | ① | ② | ③ | ④ | ⑤ |
| --- | --- | --- | --- | --- | --- |
| 선택률 | 4% | 4% | 14% | 11% | 67% |

**40** 〈보기〉를 바탕으로 (가)를 이해한 내용으로 적절하지 <u>않은</u> 것은? ⑤

① 〈제1수〉의 '어느덧 다녀온고'와 〈제4수〉의 '뉘라서 모셔 오리'라는 진술에는 잡혀간 세자를 그리는 화자의 마음이 투영되어 있다.

> 반(半) 밤중 혼자 일어 묻노라 이내 꿈아
> 만 리(萬里) 요양(遼陽)*을 어느덧 다녀온고
> 반갑다 학가(鶴駕)* 선객(仙客)을 친히 뵌 듯ᄒ여라
> 〈제1수〉
>
> 박제상* 죽은 후에 님의 시름 알 이 업다
> 이역(異域) 춘궁(春宮)을 <u>뉘라서 모셔 오리</u>
> 지금에 치술령 귀혼(歸魂)을 못내 슬허ᄒ노라
> 〈제4수〉
>
> * 요양 : 청나라의 심양.
> * 학가 : 세자가 탄 수레. 또는 세자. 여기서는 병자호란에서 패배하여 심양에 잡혀간 소현 세자를 가리킴.
> * 박제상 : 신라의 충신. 왕의 아우가 왜에 볼모로 잡히자 그를 구하고 자신은 희생됨.

| 명시적 근거 | 근거가 있어서 허용 가능 |
| --- | --- |
| 실전에서의 판단 과정 | 전부 세자와 관련된 내용들이니 허용되겠네. |
| 해설 | 화자는 '꿈'에서라도 세자를 만나러 '요양'을 다녀왔고, '박제상'이 없으니 이제 누가 세자를 모셔 오겠냐는 이야기를 하고 있습니다. 이 정도의 근거가 있다면, 선지에서 말하는 대로 세자를 그리워하는 모습이라고 할 수 있겠죠. |

② 〈제4수〉의 아무도 알아주지 못하는 '님의 시름'에 대해, 〈제6수〉의 '조구리'와 같은 인물이 없는 현실에 처한 화자는 애석함을 느끼고 있다.

> 박제상* 죽은 후에 <u>님의 시름</u> 알 이 업다
> 이역(異域) 춘궁(春宮)을 뉘라서 모셔 오리
> 지금에 치술령 귀혼(歸魂)을 못내 슬허ᄒ노라
> 〈제4수〉
>
> 조정을 바라보니 무신(武臣)도 하 만하라
> 신고(辛苦)ᄒ 화친(和親)을 누를 두고 ᄒ 것인고
> 슬프다 <u>조구리(趙廐吏)</u>* 이미 죽으니 참승(參乘)ᄒ*
> 이 업세라
> 〈제6수〉
>
> * 박제상 : 신라의 충신. 왕의 아우가 왜에 볼모로 잡히자 그를 구하고 자신은 희생됨.
> * 조구리 : 조씨 성을 가진 마부. 충신을 가리킴.
> * 참승ᄒ : 높은 이를 호위하여 수레에 같이 탈.

| 명시적 근거 | 근거가 있어서 허용 가능 |
| --- | --- |
| 실전에서의 판단 과정 | 조구리는 참승할 사람인데 없어서 슬프다고 했네. |
| 해설 | '박제상'이 죽은 후에는 '님의 시름'을 알아줄 사람이 없습니다. 나아가 '참승'을 할 만한 '조구리'와 같은 사람도 없네요. 화자는 이런 현실에 대해 '슬퍼하노라', '슬프다'와 같은 반응을 보이고 있어요. 이를 근거로 하면, '애석함'이라는 내용은 너무나 간단하게 허용할 수 있겠네요. |

③ 〈제6수〉에서 조정에 많은 '무신'이 남아 있음에도 '신고ᄒ 화친'을 맺은 결과로 〈제7수〉에서 세자가 '이역 풍상'을 겪는다고 화자는 판단하고 있다.

> 조정을 바라보니 <u>무신(武臣)</u>도 하 만하라
> <u>신고(辛苦)ᄒ 화친(和親)</u>을 누를 두고 ᄒ 것인고
> 슬프다 조구리(趙廐吏)* 이미 죽으니 참승(參乘)ᄒ*
> 이 업세라
> 〈제6수〉
>
> 구중(九重) 달 발근 밤의 성려(聖慮)* 일정 만ᄒ려니
> <u>이역 풍상(風霜)</u>에 학가인들 이즐쏘냐
> 이 밖에 억만창생(億萬蒼生)을 못내 분별 ᄒ시도다
> 〈제7수〉

* 조구리 : 조씨 성을 가진 마부. 충신을 가리킴.

* 참승홀 : 높은 이를 호위하여 수레에 같이 탈.

* 성려 : 임금의 염려.

| 명시적 근거 | 근거가 있어서 허용 가능 |
|---|---|
| 실전에서의 판단 과정 | 무신들이 있는데도 화친을 맺었고, 결국 세자가 고생하는 것이니 허용할 수 있겠네. |
| 해설 | 조정에는 '무신'들이 정말 많지만, 현실은 '신고한 화친'을 맺어 세자가 잡혀간 상황입니다. 이에 '학가'(세자)는 '이역 풍상'을 겪고 있는 것이라고 할 수 있겠죠? 임금은 이렇게 고생하는 세자 생각에 염려하고 있는 모습입니다. 〈보기〉를 바탕으로 지문의 주제만 잘 잡아냈어도 너무나 쉽게 허용할 수 있는 선지였네요. |

④ 〈제7수〉에서 근심에 싸여 있는 '구중'의 임금을 떠올렸던 화자는 〈제9수〉에서는 '서울'을 찾지 못해 애태우고 있다.

구중(九重) 달 발근 밤의 성려(聖慮)* 일정 만흐려니
이역 풍상(風霜)에 학가인들 이즐쏘냐
이 밖에 억만창생(億萬蒼生)을 못내 분별ㅎ시도다
〈제7수〉

조그만 이 한 몸이 하늘 밖에 떨어지니
오색 구름 깊은 곳에 어느 것이 서울인고
바람에 지나는 검불* 갓ㅎ야 갈 길 몰라 ㅎ노라
〈제9수〉

* 성려 : 임금의 염려.
* 검불 : 마른 나뭇가지나 낙엽 따위.

| 명시적 근거 | 근거가 있어서 허용 가능 |
|---|---|
| 실전에서의 판단 과정 | 구중에 임금의 염려 나왔고, 서울 어딘지 모르는 거 맞네. |
| 해설 | 지문의 내용을 그대로 읊어주는 선지죠? '구중'에 '염려'를 하고 있는 임금을 떠올린 화자는, 〈제9수〉에서는 어느 것이 '서울'인지 몰라 혼란스러워하고 있습니다. 이를 근거로 하면 '애태운다'라는 표현도 쉽게 허용할 수 있겠죠? |

⑤ 〈제7수〉의 '달 발근 밤'과 〈제8수〉의 '봄비'에는 부정적 현실이 개선되리라는 화자의 전망과 기대가 담겨 있다.

구중(九重) 달 발근 밤의 성려(聖慮)* 일정 만흐려니
이역 풍상(風霜)에 학가인들 이즐쏘냐
이 밖에 억만창생(億萬蒼生)을 못내 분별ㅎ시도다
〈제7수〉

구렁에 났는 풀이 봄비에 절로 길어
아는 일 업스니 긔 아니 조흘쏘냐
우리는 너희만 못ㅎ야 시름겨워 ㅎ노라
〈제8수〉

* 성려 : 임금의 염려.

| 명시적 근거 | 근거가 없어서 허용 불가능 |
|---|---|
| 실전에서의 판단 과정 | 전망과 기대는 주제와 완전 어긋나는데? |
| 해설 | '달 발근 밤'은 임금님이 염려하는 시간이고, '봄비'는 화자의 처지와 대비되는 '풀'을 자라게 하는 대상일 뿐입니다. 그 어디에서도 '전망과 기대'라는 반응을 허용할 만한 근거를 찾을 수는 없네요. 근거가 없으면, 허용할 수 없습니다! |

| 선지 | ① | ② | ③ | ④ | ⑤ |
|---|---|---|---|---|---|
| 선택률 | 62% | 6% | 11% | 11% | 10% |

**41** (나)의 맥락을 고려하여 [A]를 감상한 내용으로 적절하지 <u>않은</u> 것은? ①

– 수필에 삽입된 시는 결국 그 지문의 '주제'를 강화하는 역할을 한다고 했습니다. 미리 생각했던 것처럼, [A]는 '난'을 예찬하는 주제를 가진 작품이었죠? 이 내용 가지고 선지 판단해보도록 합시다.

① [A]의 '썩은 향나무 껍질'과 대조적인 의미를 지니는 '옥 같은 뿌리'는 '화려 광활'한 이미지를 지닌다고 볼 수 있겠군.

고서도 없고, 난도 없이 되잖은 서화나 붙여 놓은 방은, 비록 화려 광활하다 하더라도 그건 한 요릿집에 불과하다.

| 명시적 근거 | 근거가 있어서 허용 불가능 |
|---|---|
| 실전에서의 판단 과정 | 난은 좋은 건데 화려 광활한 방은 비판의 대상이잖아. |
| 해설 | 하나하나 천천히 허용해봅시다. '썩은 향나무 껍질', '옥 같은 뿌리'는 모두 '난'에 대한 설명이기는 하지만, '썩은'과 '옥'이라는 성질을 바탕으로 대조적이라고 할 수도 있을 것 같기는 하네요. 조금 더 디테일하게 읽으면 '썩은 향나무 껍질' 위에 '옥 같은 뿌리'를 서려 둔 것이니, '썩은 향나무 껍질'은 '난'의 일부가 아니라는 점에서 대조적이라고 할 수도 있겠죠?<br><br>하지만 지문을 독해해보면, '화려 광활'은 '난도 없이 되잖은 서화나 붙여놓은 방'을 수식하므로, 화자가 좋아하는 '난'이 지닌 이미지라고 볼 수는 없겠어요. 그럼 '옥 같은 뿌리'가 '화려 광활'한 이미지를 지닌다는 건 절대 허용할 수 없겠네요. [A]가 있는 (나) 작품이 애초에 난을 찬양하기 위한 것이므로 [A]에서 지칭하는 대상도 난일 것이라고 생각할 수 있었어야 했네요. |

② [A]의 '높고 조촐한 그 품이며 그 향'은 '풍란'의 속성을 드러낸 것으로, 작가가 '풍란'을 곁에 두고자 하는 이유로 볼 수 있겠군.

> 풍란은 곁에 두었다. 하얀 꽃이 몇 송이 벌었다. 방렬·청상(淸爽)한 향이 움직이고 있다. 나는 밤에도 자다가 깨었다. 그 향을 맡으며 이렇게 생각을 하여 등불을 켜고 노트에 적었다.

| 명시적 근거 | 근거가 있어서 허용 가능 |
|---|---|
| 실전에서의 판단 과정 | 그렇지 뭐. |
| 해설 | [A]는 글쓴이가 '풍란'을 바라보며 지은 것입니다. 그렇다면 여기서 예찬하고 있는 '높고 조촐한 그 품이며 향'은 '풍란'을 의미한다고 할 수 있겠고, 글쓴이는 이런 '품'과 '향'이 좋아 '풍란'을 곁에 둔다고 이해하는 건 충분히 허용 가능한 해석이겠네요. |

③ [A]의 '아는 이'는 '풍란'의 가치를 볼 수 있는 안목을 갖춘 사람으로, '난연'과 '난복'이 있다고 생각하는 작가도 이에 해당된다고 볼 수 있겠군.

> 완당 선생이 한묵연(翰墨緣)이 있다듯이 나는 난연(蘭緣)이 있고 난복(蘭福)이 있다.

| 명시적 근거 | 근거가 있어서 허용 가능 |
|---|---|
| 실전에서의 판단 과정 | 작가는 난을 좋아하니 허용할 수 있네. |
| 해설 | '아는 이'는 숲속에 숨어 있는 풍란의 '높고 조촐한 향'을 맡을 수 있는, 즉 '안목'을 갖춘 사람입니다. 난을 예찬하여 '난연', '난복'이 있다고 여기는 글쓴이는 당연히 이런 '아는 이'에 해당되겠죠? 난의 가치를 알아본 것이니까요. |

④ [A]는 평소 '난'을 통해 '위안'을 얻던 작가가 '병석'에 누워 조리할 때 '풍란'에서 영감을 얻어서 창작한 것으로 볼 수 있겠군.

| 명시적 근거 | 근거가 있어서 허용 가능 |
|---|---|
| 실전에서의 판단 과정 | 그렇지. |
| 해설 | 저런 상황에서 [A]를 쓴 것이라는 점은 앞의 선지들을 판단하는 과정에서 자연스럽게 이해한 내용이죠? 쉽게 허용할 수 있네요. |

⑤ [A]는 '난'과 함께한 작가의 정신세계를 함축적으로 제시하는 한편, '풍란'에 대한 예찬적 태도를 드러낸다고 볼 수 있겠군.

| 명시적 근거 | 근거가 있어서 허용 가능 |
|---|---|
| 실전에서의 판단 과정 | 미리 생각한 내용 그대로네. |
| 해설 | 발문을 보고 [A]를 독해하자마자 우리가 했던 생각입니다. 이 시의 '주제'를 나타내는 선지네요. 어렵지 않게 허용할 수 있어야 합니다. |

## | 핵심 **point** |

① **허용 가능성 평가** : 선지의 내용을 '허용'하려는 태도를 바탕으로 지문을 '독해'하며 '근거'를 찾아야 합니다. 허용할 수 있는 '근거'가 있어야만 허용할 수 있습니다. 주관적인 생각을 개입시키면 안 됩니다.

② **고전시가 독해** : 겁먹지 않고, 현대시를 읽듯이 읽어내면 됩니다. 현대시와 마찬가지로, 〈보기〉의 도움 등을 통해 '주제' 위주로 가볍게 읽어내면 되는 것이에요. 자세한 해석은 선지가 해줄 겁니다!

③ **수필 독해** : 운문문학과 마찬가지로, 글쓴이가 하고자 하는 말인 '주제'를 파악하는 것이 핵심입니다. 수필이 어렵게 출제될 것을 대비해, 독서 지문을 읽듯이 꼼꼼하게 읽으며 주제를 파악하는 연습을 해야 해요.

## | 지문 내용 총정리 |

'주제' 중심으로 독해하고, '허용 가능성 평가'라는 무기를 바탕으로 선지를 판단하는 연습을 하기에 아주 좋은 지문이었습니다. 고전시가/수필도 현대시처럼 '주제'를 바탕으로 그냥 읽고 이해하면 된다는 것, 확실하게 이해할 수 있겠죠?

〈보기〉 확인

〈보기〉를 먼저 확인하려고 했는데, '아이러니'라는 개념에 대한 설명만 제시되어 있네요. 지문의 주제 및 내용 파악에 큰 도움이 되지 않으니 그냥 넘어가도록 합시다.

지문 독해

> [앞부분 줄거리] 어린 시절의 친구 은자 를 주인공으로 한 소설을 발표했던 '나' 는 어느 날 오랫동안 소식을 몰랐던 은자로부터 연락을 받는다.

[앞부분 줄거리]입니다. 꼼꼼하게 읽어야겠죠? '나'는 소설가인데, 어린 시절의 친구 '은자'를 주인공으로 한 소설을 발표합니다. 그 후 오랫동안 소식을 몰랐던 소설의 주인공, '은자'에게 연락이 온 상황이에요. '나'의 입장에서는 굉장히 반가울 수 있겠어요. 자기가 쓰는 소설의 주인공으로 내세울 정도라면 꽤나 가까운 사이였을 테니까요. 이렇게 최대한 공감하려고 애를 쓰면서 읽어보도록 합시다.

> **다음날 아침** 어김없이 은자의 전화가 걸려 왔다. **토요일**이었다. 이제 오늘 밤과 내일 밤뿐이었다. 은자도 그것을 강조하였다.
> "설마 안 올 작정은 아니겠지? 고향 친구 한번 만나 보려니까 되게 힘드네. 야, 작가 선생이 밤무대 가수 신세인 옛 친구 만나려니까 체면이 안 서데? 그러지 마라. 네 보기엔 한심할지 몰라도 오늘의 미나 박이 되기까지 참 숱하게도 넘어지고 또 넘어지고 했으니까."

'다음날(=토요일) 아침'에 '어김없이' 전화가 걸려 왔다는 것으로 보아, '나'는 '은자'와 처음 연락한 이후에도 자주 연락을 주고받은 것 같습니다. 그런데 '은자'의 대사를 보니, 우리의 예상과 달리 '나'는 '은자'를 그렇게까지 반가워하지 않는 것 같아요. '은자'는 '밤무대 가수'를 하고 있는데, 이런 자신의 모습을 '나'가 부끄러워한다고 생각하고 있네요. '작가'라는, 상대적으로 사회적 인식이 좋은 직업을 가진 친구와 달리 자신의 처지에 자신감이 없으니 이러한 생각을 가지게 된 것이겠죠. 이렇게 공감할 수 있어야 합니다.

> 그렇게 말할 만도 하였다. 고상한 말만 골라서 신문에 내고 이렇게 해야 할 것 아니냐, 저렇게 되면 곤란하다, 라고 말하는 게 능사인 작가에게 밤무대 가수 친구가 웬 말이냐고 볼멘소리를 해 볼 만도 하였다. 나는 아무런 대꾸도 할 수 없었다. 박은자에서 미나 박이 되기까지 그 애는 수없이 넘어지고 또 넘어진 모양이었다. 누군들 그러지 않겠는가. **부천**으로 옮겨 와 살게 되면서 나는 그런 삶들의 운기 없는 목소리를 많이 듣고 있었다. 딱히 부천이어서가 아니라 내가 부천 사람이어서 그랬을 것이었다. 창가에 붙어 앉아 귀를 모으고 있으면 지금이라도 넘어져 상처 입은 원미동 사람들의 이야기를 들을 수 있었다. 넘어졌다가 다시 일어나고, 또 넘어지는 실패의 되풀이 속에서도 그들은 정상을 향해 열심히 고개를 넘고 있었다. 정상의 면적은 좁디 좁아서 아무나 디딜 수 있는 곳이 아니라는 엄연한 현실도 그들에게는 단지 속임수로밖에 납득되지 않았다. 설령 있는 힘을 다해 기어올랐다 하더라도 결국은 내리막길을 마주해야 한다는 사실 또한 수긍하지 않았다. 부딪치고, 아등바등 연명하며 기어 나가는 삶의 주인들에게는 다른 이름의 진리는 아무런 소용도 없는 것이었다. 그들에게 있어 인생이란 탐구하고 사색하는 그 무엇이 아니라 몸으로 밀어 가며 안간힘으로 두들겨야 하는 굳건한 쇠문이었다. 혹은 멀리 보이는 높은 산봉우리였다.

'나' 역시 작가인 자신의 처지를 생각했을 때 '밤무대 가수'인 친구는 그리 탐탁치 않은 것 같습니다. '은자'의 저런 말에 아무런 대꾸를 하지 못하고 있는 걸 보면 말이죠. 조금 너무하다는 생각도 들면서 어느 정도 이해도 되고, 그런 복잡한 감정을 느껴주시면 됩니다.

그러면서 '나'는 '부천', 그중에서도 '원미동'에 사는 사람들의 삶을 떠올리고 있어요. 이곳에 사는 사람들은 계속해서 실패하는 힘든 상황에서도 다시 일어서고, 또 좌절하는 힘든 삶을 살고 있어요. 현대소설의 전형적인 클리셰답게, 힘들게 살아가는 사람들에 대한 이야기를 하고 있네요. 전반적으로 비슷한 이야기만 하고 있으니, 일종의 'skip 가능 구간'으로 여기고 가볍게 넘어가주시면 되겠습니다.

> (중략)
>
> 일 년에 한 번씩 타인의 낯선 얼굴을 확인하러 고향 동네에 가는 일은 쓸쓸함뿐이었다. 이제는 그 쓸쓸함조

차도 내 것으로 남지 않게 될 것이었다. 누구라 해도 다시는 고향으로 돌아가지 못할 것이었다. 고향은 지나간 시간 속에 있을 뿐이니까. 누구는 동구 밖의 느티나무로, 갯마을의 짠 냄새로, 동네를 끼고 흐르는 긴 강으로 고향을 확인하며 산다고 했다. 내게 남은 마지막 표지판은 은자인 셈이었다. 보이는 것들은, 큰오빠까지도 다 변하였지만 상상 속의 은자는 언제나 같은 모습이었다. 은자만 떠올리면 옛 기억들이, 내게 남은 고향의 모든 숨소리가 손에 잡힐 듯이 다가오곤 하였다. 허물어지지 않은 큰오빠의 모습도 그 속에 온전히 남아 있었다. 내가 새 부천 클럽에 가서 은자를 만나 버리고 나면 그때부터는 어떤 표지판에 기대어 고향을 찾아갈 수 있을 것인지 정말 알 수 없었다.

(중략) 이후의 상황입니다. '나'는 계속해서 '고향'인 '원미동'에 대해 생각하고 있습니다. '나'는 일 년에 한 번씩 고향에 들렀는데, 그때마다 '쓸쓸함'을 느꼈다고 해요. 여기서 '쓸쓸함'이라는 심리를 확인했으면, 자연스럽게 그 근거를 생각해야 합니다. 일단 '나'는 '타인의 낯선 얼굴'을 보러 가는 것이 '쓸쓸'하다고 합니다. 나아가 다른 사람들처럼, 자신도 고향을 확인하는 표지판으로 '은자'를 삼았다고 해요. '큰오빠'와 같은 사람들은 모두 변했지만, 즉 '낯선 얼굴'이 되었지만 상상 속 '은자'만은 '나'가 생각하는 고향의 모습 그대로를 담고 있었으니까요. 결국 '나'는 고향에 가서 '타인의 낯선 얼굴'을 보며 자기가 생각하는 고향의 모습을 잃게 되는 것 때문에 '쓸쓸함'을 느꼈던 것입니다. '은자'는 그 '쓸쓸함'을 느끼지 않게 해 줄 수 있는 마지막 보루였던 것이구요.

따라서 '상상 속 은자'가 아닌 '현재 모습의 은자'를 만나게 되면, 더 이상 '나'에게는 고향을 찾아갈 만한 '표지판'이 존재하지 않게 되는 것입니다. 확실하게 공감할 수 있겠죠? '나'는 이러한 이유로 인해 '현재 모습의 은자'를 만나기를 원하지 않는 것 같습니다. '쓸쓸함'과 같은 심리의 근거를 생각하는 것으로부터 인물에게 완벽하게 공감할 수 있었습니다. 이렇게 읽어내는 연습을 해 주셔야 해요!

은자의 지금 모습이 어떤지 나는 전혀 떠올릴 수가 없다. 설령 클럽으로 찾아간다 하여도 그 애를 알아볼 수 있을지 자신할 수도 없었다. 내 기억 속의 은자는 〈상고머리에, 때 낀 목덜미를 물들인 박 씨의 억센 손자국, 그리고 터진 겨드랑이 사이로 내 보이던 낡은 내복의 계집아이〉로 붙박여 있었다. 서른도 훨씬 넘은 중년 여인의

그 애를 어떻게 그려 낼 수 있는가. 수십 년 간 가슴에 품어 온 고향의 얼굴을 현실 속에서 만나고 싶지는 않다, 라고 나는 생각하였다. 만나 버린 뒤에는 내게 위안을 주었던 유년의 소설도, 소설 속의 한 시대도 스러지고야 말리라는 불안감을 떨쳐 버릴 수가 없었다.

계속해서 비슷한 이야기입니다. '나'가 기억하는 '은자'는 〈 〉로 표시한 부분과 같은 모습인데, '현재 모습의 은자'는 알아보지도 못할 정도로 변했을 거예요. '나'는 '현재 모습의 은자'를 만나면 그나마 자신에게 위안을 주었던 '유년'의 기억 및 그와 관련된 소설이 사라질 것이라는 '불안감'을 느끼고 있습니다. 앞 문단을 읽으며 했던 생각과 같은 방식으로 공감할 수 있겠죠?

그렇다 하더라도 이미 현실로 나타난 은자를 외면할 수 있을는지 그것만큼은 풀 수 없는 숙제로 남겨 둔 채 토요일 밤을 나는 원미동 내 집에서 보내고 말았다.

하지만 '은자'가 이미 현실에 나타난 이상, 외면하기도 어렵습니다. 어쨌든 '은자'는 '나'에게 좋은 추억으로 남아 있고, 심지어 자기 소설의 주인공으로 쓸 정도로 가까운 사이였으니까요. 이런 사이의 친구를 외면하는 것도 쉬운 일은 아닐 텐데, '나'는 '토요일 밤'을 '원미동 내 집'에서 보내고 맙니다. 앞에서 '은자'를 만날 수 있는 날이 '토요일 밤'과 '일요일 밤'뿐이라고 했는데, 그중에서 '토요일 밤'은 만나지 않은 모습입니다. 결국 앞에서 이야기하던 '불안감'이 더 크게 느껴진 것이겠죠.

일요일 낮 동안 나는 전화 곁을 떠나지 못하였다. 이제 은자는 가시 돋친 음성으로 나의 무심함을 탓할 것이었다. 그녀의 질책을 나는 고스란히 받아들일 작정이었다. 나는 그 애가 던져 올 말들을 하나하나 상상해 보면서 전화를 기다렸다. 오전에는 그러나 한 번도 전화벨이 울리지 않았다.

－양귀자, 「한계령」－

'은자'는 더욱 실망해서 또 전화를 할 겁니다. '나'도 그것을 알고, '일요일 낮' 동안 전화 곁을 떠나지 못해요. '은자'의 질책을 고스란히 받아들일 각오를 하면서 말이죠. 그런데 전화는 오지 않습니다. '은자'도 포기를 한 것인지 무엇인지는 모르겠지만, 긴장감은 해소되지 않은 채 지문이 마무리되고 있네요.

| 선지 | ① | ② | ③ | ④ | ⑤ |
|------|------|------|------|------|------|
| 선택률 | 77% | 5% | 8% | 5% | 5% |

## 42 윗글의 서술상 특징으로 가장 적절한 것은? ①

– 계속 강조하지만, '문학 개념어' 문제가 아니라 '내용 이해'를 묻는 문제입니다. 인물에게 공감하며 이해한 내용을 바탕으로 답을 골라주셔야 해요.

① <u>독백적 진술을 중심으로 인물의 내면 심리를 드러낸다.</u>

| 선지 유형 | 근거가 있어서 허용 가능 |
|------|------|
| 실전에서의 판단 과정 | '나'의 독백을 중심으로 심리를 드러냈지. |
| 해설 | 바로 답으로 골라낼 수 있겠죠? '나'의 독백적 진술을 중심으로, '쓸쓸함'과 '불안감' 등의 내면 심리를 드러냈습니다. |

② 동시에 벌어진 사건들을 삽화처럼 나열하여 이야기의 흐름을 지연시킨다.

| 선지 유형 | 근거가 없어서 허용 불가능 |
|------|------|
| 실전에서의 판단 과정 | 동시에 벌어진 사건이 뭐가 있었냐. |
| 해설 | 애초에 이 지문은 처음부터 끝까지 '나'가 '은자'와 연락한 후의 사건만을 다루고 있어요. '동시에 벌어진 사건'이라고 할 만한 것이 없으니 허용할 수 없습니다. |

③ 이야기 외부의 서술자가 인물의 행위를 해설하고 사건의 의미를 직접 제시한다.

| 선지 유형 | 근거가 있어서 허용 불가능 |
|------|------|
| 실전에서의 판단 과정 | 1인칭 시점인데? |
| 해설 | 이 지문은 철저하게 '나'라는 1인칭의 시점에서 전개되었습니다. '이야기 외부의 서술자'는 절대로 허용할 수 없겠네요. |

④ 서술자가 다양한 인물로 바뀌면서 인물 간의 갈등을 다각적으로 조명한다.

| 선지 유형 | 근거가 있어서 허용 불가능 |
|------|------|
| 실전에서의 판단 과정 | 서술자는 '나' 한 명이었지. |
| 해설 | 서술자는 계속해서 '나' 한 명이었습니다. 애초에 '나'의 심리를 서술하는 게 이 지문의 내용 전부이기에 절대로 허용할 수 없는 선지네요. |

⑤ 서술자가 의문과 추측의 진술을 통하여 다른 인물에 대한 반감을 드러낸다.

| 선지 유형 | 근거가 없어서 허용 불가능 |
|------|------|
| 실전에서의 판단 과정 | 반감이 왜 드러나. |
| 해설 | '나'의 심리에 완벽하게 공감하고 있다면, '반감'이라는 심리는 도저히 허용할 수 없겠네요. '나'는 '은자'를 만나면 자신의 고향에 대한 추억이 사라질까 불안한 것이지, '은자'에게 반감 같은 감정을 가지고 있는 게 아니에요. |

| 선지 | ① | ② | ③ | ④ | ⑤ |
|------|------|------|------|------|------|
| 선택률 | 3% | 5% | 10% | 8% | 74% |

## 43 윗글의 '나'와 '은자'에 대한 이해로 가장 적절한 것은? ⑤

① '은자'는 가수로서의 성공을, '나'는 작가로서의 성공을 확신하고 있다.

| 선지 유형 | 근거가 없어서 허용 불가능 |
|------|------|
| 실전에서의 판단 과정 | 뭔 헛소리야. |
| 해설 | 성공을 확신한다는 내용은 나온 적이 없죠. 애초에 이 지문의 핵심 내용은 직업적 성공이 아니었어요. |

② '나'는 '은자'의 전화로부터 심리적 위안을 얻으며 갈등을 해소하고 있다.

| 선지 유형 | 근거가 있어서 허용 불가능 |
|------|------|
| 실전에서의 판단 과정 | 전화 받고 감정이 더 복잡해졌잖아. |
| 해설 | 역시 '나'에게 공감을 제대로 했는지 물어보는 선지입니다. '나'는 '은자'의 전화를 받은 뒤 그동안 느꼈던 '쓸쓸함'과 더불어 '불안감'을 느끼고 있어요. 이러한 근거가 명확히 살아 있는데 '심리적 위안', '갈등 해소'라는 말을 허용할 수는 없죠. |

③ '은자'는 '나'와의 재회를 기대하고 있고, '나'는 '은자'의 제안을 단호히 거절하고 있다.

| 선지 유형 | 근거가 있어서 허용 불가능 |
|---|---|
| 실전에서의 판단 과정 | 단호히 거절하지는 못하고 있지. |
| 해설 | '은자'는 확실히 '나'와의 재회를 기대하는 모습입니다. 매일같이 전화를 하면서 찾아오라고 닦달하는 모습이니까요. 여기에 '나'는 아무런 대꾸도 하지 못하고 고민할 뿐, '단호히 거절'하지는 않습니다. 역시 인물의 심리를 바탕으로 지문의 내용을 잘 이해하고 있는지 물어보는 선지였네요. |

④ '나'는 '은자'가 도도하다고 여기고 있고, '은자'는 '나'가 체면을 차린다고 여기고 있다.

| 선지 유형 | 근거가 없어서 허용 불가능 |
|---|---|
| 실전에서의 판단 과정 | 도도하다고 여기는 건 무슨 소리야. |
| 해설 | '나'가 '은자'를 도도하다고 여긴 적은 없죠. 도저히 허용할 만한 근거가 없습니다. 물론 '은자'는 '나'가 작가로서의 체면을 차린다고 여기고 있죠. |

⑤ '은자'는 현재의 자신을 '나'에게 보여 주려 하고 있고, '나'는 '은자'를 통해 옛 기억을 돌아보고 있다.

| 선지 유형 | 근거가 있어서 허용 가능 |
|---|---|
| 실전에서의 판단 과정 | 지문 내용 그 자체네. |
| 해설 | '은자'는 '나'가 '밤무대 가수'인 현재 자신의 모습을 찾아와 주길 바라고 있습니다. 한편 '나'는 과거 기억 속에 존재하는 '은자'의 모습을 떠올리며 옛날 고향의 추억을 돌아보고 있어요. 나아가 이러한 추억이 깨질까봐 불안해서 '은자'를 만나는 것을 주저하고 있죠. 지문 내용 그 자체이므로, 가볍게 답으로 골라낼 수 있겠습니다. |

| 선지 | ① | ② | ③ | ④ | ⑤ |
|---|---|---|---|---|---|
| 선택률 | 6% | 57% | 11% | 15% | 11% |

## 44 〈보기〉를 바탕으로 윗글을 감상한 내용으로 적절하지 않은 것은? [3점] ②

─[보기]─

아이러니는 흔히 말하는 반어보다 넓은 개념이다. 소설에서는 어떤 인물의 행위나 내면, 그리고 그가 살고 있는 세계에서 대립적인 두 의미를 동시에 찾을 수 있을 때에 아이러니가 발견될 수 있다. 이때 대립적인 의미는 양면성을 생성한다. 「한계령」에서는 인물이 바라보는 대상, 인물의 행위와 의식의 대립, 인물의 심리 등에서 이러한 양면성을 발견할 수 있다.

– '아이러니'라는 개념에 대해 설명하는 〈보기〉입니다. 우리가 알고 있는 단어의 의미 그대로, '대립적인 두 의미를 동시에 찾을 수 있을 때' 발견될 수 있는 개념이라고 해요. 이 지문에서는 어떤 '아이러니'가 숨어 있는지 궁금해하면서 읽어보도록 합시다.

① '결국은 내리막길을 마주해야' 하는데도, '있는 힘을 다해 기어' 오르고 있는 '그들'에게서 '나'는 양면성을 발견하는군.

| 선지 유형 | 근거가 있어서 허용 가능 |
|---|---|
| 실전에서의 판단 과정 | 내리막길을 마주해야 하는데도 기어 오르는 건 양면적이지. |
| 해설 | '나'는 '원미동 사람들'이 '있는 힘을 다해 기어' 올라도 '결국은 내리막길을 마주해야' 한다고 했어요. 이는 '오른다'와 '내리막길'이라는, '대립적인 두 의미'를 동시에 찾을 수 있는 상황이네요. |

② '몸으로 밀어 가'야 할 '굳건한 쇠문'을 '탐구하고 사색' 하려 하는 '그들'에게서 '나'는 양면성을 발견하는군.

| 선지 유형 | 근거가 있어서 허용 불가능 |
|---|---|
| 실전에서의 판단 과정 | 저게 양면성은 맞는 것 같은데... 원미동 사람들이 탐구하고 사색한다고? 확인해보니까 아닌데? |
| 해설 | 일단 '몸으로 밀어 가'야 한다는 것과 '탐구하고 사색'하는 것은 충분히 '양면적'이라고 할 수 있습니다. 각각 몸과 두뇌를 사용한다는 점에서 '대립적인 두 의미'를 동시에 찾을 수 있으니까요. |
| | 하지만 조금 더 생각해보면, '나'가 묘사하는 '원미동 사람들'은 힘든 상황을 겪고 있는 이들이었습니 |

다. 실패가 되풀이되어도 끊임없이 일어나는 끈질긴 모습이 핵심이었어요. 이들은 그저 열심히 일을 할 수밖에 없는 사람들일 뿐이에요. 따라서 '탐구하고 사색'하는, 조금은 여유로운 상황에서 할 수 있는 일을 하지는 못하겠죠. 나아가 '굳건한 쇠문'은 '몸으로 밀어 가'야 할 대상이지, '탐구하고 사색'한다고 열리는 것이 아닙니다.

이렇게 해결하는 게 이상적이겠지만, 현실적으로 가장 좋은 풀이는 지문과의 내용일치를 따지는 것입니다. 최소한 이 선지의 내용이 '나'가 '원미동 사람들'에 대해 생각하는 부분에서 등장했다는 걸 파악하고, 빠르게 지문으로 돌아가 선지를 판단해 주시면 돼요.

③ '일 년에 한 번씩' '고향 동네에 가'면서도, '누구라 해도 다시는 고향으로 돌아가지 못할 것'이라고 생각하는 '나'의 모습에서 양면성이 나타나는군.

④ '변해' 버린 '큰오빠'와 '온전히 남아' 있는 '큰오빠'가 '나'의 생각 속에 공존하고 있는 것에서 양면성이 나타나는군.

⑤ '은자'를 '만나고 싶지는 않다'고 생각하면서도, 만나자는 '은자'의 '전화를 기다'리는 '나'의 모습에서 양면성이 나타나는군.

| 선지 유형 | 근거가 있어서 허용 가능 |
| --- | --- |
| 실전에서의 판단 과정 | 전부 대립적 의미가 함께 나타나니 양면적이라고 할 수 있고, 지문과의 내용일치를 따져도 맞네. |
| 해설 | 나머지 세 선지는 모두 같은 논리로 해결할 수 있겠죠? 고향에 가면서도 갈 수 없다고 생각하는 것, 변한 모습과 온전히 남아 있는 모습이 공존하는 것, 만나고 싶지는 않으면서도 전화는 기다리는 모습 등은 모두 '대립적인 두 의미'를 동시에 찾을 수 있는, '양면적'인 아이러니 상황이라고 할 수 있습니다. |

| 몰랐던 어휘 정리하기 |
| --- |
|  |

| 핵심 point |

① **허용 가능성 평가** : '근거'가 있어야 허용할 수 있습니다. 그리고 그 '근거'는 여러분의 머릿속이 아닌, '지문의 내용'에서 나와야 합니다.

② **소설 독해** : '누가, 어떤 행동/심리를, 왜' 보이고 있는지 생각하며 각 인물에게 '공감'하고, 그것을 바탕으로 내용을 '이해'하면 됩니다.

| 지문 내용 총정리 |

전형적인 현대소설처럼, 힘들게 살아가는 인물들의 모습과 그러한 세계 속에서 내적 갈등을 겪는 주인공의 심리가 잘 드러난 지문입니다. '심리의 근거'에 주목하며 인물에게 공감하는 연습을 하기에 정말 좋은 지문이니, 스스로 해설지처럼 읽을 수 있을 때까지 복습해봅시다.

〈보기〉 확인

─────────────[보기]─────────────

　조선 시대에 과거 급제는 개인이 입신양명하는 길이
자 부모에게 효도하고, 임금을 보필할 수 있는 주된 통로
였다. 권호문 역시 이를 위해 과거에 여러 번 응시하였으
나 뜻을 이루지 못했다. 모친 사후, "뜻을 얻으면 그 은택
을 백성들에게 베풀고, 뜻을 얻지 못하면 자신을 수양한
다."라는 유교적 출처관(出處觀)에 따라 은자로서의 삶
을 살아가던 그는 42세 이후 줄곧 조정에 천거되어 정
치 현실로 나올 것을 권유받았으나 매번 이를 거절했다.
「한거십팔곡」에는 권호문의 이러한 삶과 생각이 반영되
어 있는 것으로 보인다.

──────────────────────────────

과거 급제를 하려 했으나 실패해 '은자'로서의 삶을 살아가던 작
가의 이야기입니다. 이 작가의 삶에는 '유교적 출처관'이라는 가
치관이 영향을 끼쳤다고 해요. 저기서 '뜻을 얻다.'라는 게 곧 '과
거에 급제한다.'를 의미한다는 건 충분히 읽어낼 수 있을 것이라
생각합니다. 이렇게 '뜻'을 얻지 못했으니, 정치 현실로 나오라는
권유를 매번 거절했겠죠. 지문의 주제를 거의 다 알려 준 것이나
다름 없는 〈보기〉입니다.

여기에 (다)에는 '비평문'도 나와 있네요. 이 역시 〈보기〉처럼 미
리 읽고 가면 좋다고 했습니다.

┌─────────────────────────────┐

(다)
　시의 원심력을 담당하는 비유와 달리 리듬은 시의 구
심력을 담당한다. 글자의 개수이건 음의 보폭이건 동일
요소의 반복은 시에 질서를 부여하고 리듬을 형성한다.
그런데 고전 시가의 리듬에는 외적 규율이 전제되어 있
는 반면 현대 시의 리듬은 내적 규범을 창출한다. 가령
시조는 4음보를 기본으로 종장 첫 음보는 3음절을 유지
하고, 둘째 음보는 그보다 길게 하는 규율을 따른다. 현
대 시에서는 따라야 할 규율이 없는 대신 말소리, 휴지
(休止), 고전 시가에 없던 쉼표나 마침표 등 모든 요소들
의 책임이 더 커졌다. 이들의 반복은 내적 규범을 형성
하여 시의 고유한 의미를 만들어 낸다.

└─────────────────────────────┘

"멀위랑 / 두래랑 / 먹고"와 같은 고려 속요의 3음보,
"동짓돌 / 기나긴 밤을 / 한 허리를 / 버혀 내여"와 같은
시조의 4음보 등 고전 시가의 리듬은 현대에 이르러 해
체되었다기보다는 배후로 물러나 때로는 강하게, 때로
는 약하게 압력을 행사하고 있다고 보는 것이 적절하다.
어떤 시는 고전 시가의 리듬이 강하게 감지되어 친숙하
지만 어떤 시는 리듬이라고 할 만한 부분이 거의 감지되
지 않아 낯설다. 우리는 앞의 예를 김소월의 시에서, 뒤
의 예를 이상의 시에서 찾을 수 있다. 한국의 현대 시는
김소월과 이상 사이에서 각각의 좌표를 찍는다.

'리듬'에 대한 내용입니다. 내용이 조금 어렵지만, '고전 시가'의
리듬에는 '외적 규율'이, '현대 시'의 리듬에는 '내적 규범'이 형성
되어 있다는 차이점에 주목하면 좋겠습니다. 자세한 내용은 선지
에 적용될 때 활용해도 될 것 같아요. 작품의 주제를 알려 주지는
않으니, 가볍게 읽고 바로 지문 독해를 해보도록 합시다.

┃ **생각 심화** ┃

(다)의 내용을 조금 깊게 이해해보도록 합시다. '비유'는 시의
'원심력'을 담당하고, '리듬'은 시의 '구심력'을 담당한다고 해요.
'원심력'은 원운동을 하는 물체가 원의 바깥쪽으로 받는 힘이고,
'구심력'은 원의 중심으로 받는 힘을 의미합니다. 이때 '원운동'
을 '시'라는 언어의 전개로 볼 때, '비유'는 세상에 존재하지 않
던 표현이기에 '시'의 바깥쪽으로 나가려고 하는 힘을 가집니다.
'너의 얼굴은 달덩이같아.'라는 표현이 있으면, '얼굴이 달덩이
라는 게 무슨 뜻이지?'라고 생각하게 되면서 '시'의 내용 파악은
잠시 뒷전으로 미뤄두게 되겠죠? 이는 '시'라는 '원운동'을 이탈
하려는 힘이라고 할 수 있는 것입니다.

한편, '리듬'은 그 자체로 '시'라는 '원운동'에 질서를 부여하면
서, 독자로 하여금 '시'의 내용 자체에 집중할 수 있게끔 합니다.
(다)에서 이야기하는 것처럼 고전 시가에서는 이 '리듬'을 '외적
규율'이라는 '구심력'으로 활용했고, 현대 시에서는 '내적 규범'
이라는 '구심력'으로 활용하고 있는 것이죠. '외적 규율'이든, '내
적 규범'이든 독자로 하여금 '시'의 내용 그 자체에 집중할 수 있
게끔 돕는 표지라고 할 수 있으니까요.

이에 (다)에서는 현대 시에 새롭게 등장한 여러 '리듬'의 요소들
이 '내적 규범'을 형성하여 '시의 고유한 의미'를 만들어 낸다는
표현을 하는 것입니다. 말소리, 휴지, 쉼표나 마침표 등을 반복
하여 이들을 마치 시에서 지켜야 하는 '규범'처럼 만들고, 이를
통해 '시의 고유한 의미', 즉 '화자의 내면세계'를 강조하게 된다
는 것이죠. 결국 (다)는 '리듬' 역시 '화자의 내면세계'라는 시의
중심으로 이끄는 역할을 한다는 이야기를 하고 있는 것입니다.

사실 문제를 푸는 데는 아무런 쓸모가 없긴 하지만, 이왕 나온 것 자세하게 설명해드리고자 했습니다. 핵심은 '리듬은 의미를 만들어낸다.'는 것을 알고 가는 것입니다.

## 실전적 지문 독해

(가)

생평(生平)에 원ᄒᆞᄂᆞ니 다만 충효(忠孝)뿐이로다
→ 평생 원하는 건 충효밖에 없다.

이 두 일 말면 금수(禽獸) ㅣ나 다르리야
→ 이 두 일(임금에 대한 충성, 부모에 대한 효도)을 안 하면 짐승이랑 다를 게 없다.

마음에 ᄒᆞ고져 ᄒᆞ야 십재황황(十載遑遑)*ᄒᆞ노라
→ 마음에 갖추고자 해서 십 년을 허둥지둥했다.

〈제1수〉

계교(計校)* 이렇더니 공명(功名)이 늦었어라
→ 생각이 이렇더니 공명(과거 급제)이 늦었다.

부급동남(負笈東南)*ᄒᆞ야 여공불급(如恐不及)*ᄒᆞᄂᆞᆫ 뜻을
→ 공부해서 이루지 못할까 하는 뜻을

세월이 물 흐르듯 ᄒᆞ니 못 이룰까 ᄒᆞ야라
→ 세월이 물 흐르듯 하니 못 이룰 것 같다.

〈제2수〉

강호(江湖)에 놀자 ᄒᆞ니 성주(聖主)를 버리겠고
→ 자연에 있으려니 임금님을 버릴 수 없고

성주를 섬기자 ᄒᆞ니 소락(所樂)에 어긋나네
→ 임금님을 섬기자 하니 즐거움을 얻을 수 없네.

호온자 기로(岐路)에 서서 갈 데 몰라 ᄒᆞ노라
→ 혼자 갈림길에 서서 갈 곳 몰라 한다.

〈제4수〉

출(出)ᄒᆞ면 치군택민(致君澤民) 처(處)ᄒᆞ면 조월경운(釣月耕雲)
→ 관직에 나아가면 백성들을 잘 다스리고 나아가지 않으면 자연을 즐겨야 한다.

명철군자(明哲君子)는 이룰사 즐기ᄂᆞ니
→ 똑똑한 군자는 이런 걸 즐기니

하물며 부귀(富貴) 위기(危機) ㅣ라 빈천거(貧賤居)를 ᄒᆞ오리라
→ 하물며 부귀는 위기가 있으니 (부귀를 이룰 수는 없으니) 빈천거를 해야겠다.

〈제8수〉

---

행장유도(行藏有道)*ᄒᆞ니 버리면 구태 구ᄒᆞ랴
→ 행장유도하니 날 버리시면 구태여 다시 구할까.

산지남(山之南) 수지북(水之北) 병들고 늙은 나를
→ 자연 속에서 병들고 늙은 나를

뉘라서 회보미방(懷寶迷邦)*ᄒᆞ니 오라 말라 ᄒᆞᄂᆞ뇨
→ 내가 누구길래 좋은 인재이니 오라 말라 하냐

〈제16수〉

성현(聖賢)의 가신 길이 만고(萬古)에 ᄒᆞᆫ가지라
→ 성현들이 가신 길이 만고에 한가지다.

은(隱)커나 현(見)*커나 도(道)ㅣ 어찌 다르리
→ 자연에 숨거나 벼슬에 나가거나 도가 어찌 다르겠냐.

일도(一道)ㅣ오 다르지 아니커니 아무 덴들 어떠리
→ 도는 다르지 않을 테니 자연이든 속세든 상관없다.

〈제17수〉

-권호문, 「한거십팔곡」-

* 십재황황 : 급한 마음에 십 년을 허둥지둥함.
* 계교 : 견주어 헤아림.
* 부급동남 : 책을 짊어지고 여기저기 다니면서 열심히 공부함.
* 여공불급 : 이르지 못할까 두려워하듯 함.
* 행장유도 : 쓰이면 세상에 나아가 도(道)를 행하고 버려지면 은둔하는 것을 자신의 상황에 따라 알맞게 함.
* 회보미방 : 뛰어난 능력을 지니고서 은둔하는 것은 나라를 혼란스럽게 하는 것과 같음.
* 현 : 세상에 나아감.

---

굉장히 어렵습니다. 일단 이 시의 해석(물론 100% 맞는 해석은 아닙니다. 늘 하던 대로 제가 처음 보고 하는 그대로 제시한 거예요.)을 보기 전에 아셔야 할 것은, '고전시가의 세계관'입니다. 고전시가는 기본적으로 세상을 '자연'과 '속세'라는 이분법으로 나눕니다. 그리고 자연은 깨끗하고, 욕심이 없고, 아름다운 곳으로, 속세는 더럽고 먼지가 많고('홍진'이라는 표현 기억해 두세요. 붉은 먼지라는 뜻입니다. 속세를 상징하는 단어예요.) 욕심이 많은 공간으로 그려집니다. 이 세계관을 알고 있고, 〈보기〉를 봤다는 전제하에 실전에서 제가 한 것 정도의 해석이 가능해져요.

내용은 〈보기〉의 내용과 거의 똑같습니다. 과거 급제를 못하는 상황에서 자연에 머물겠다는 다짐을 하고, 정계의 스카웃을 거절하는 모습 등이 나타나고 있습니다. 〈보기〉에서 제시한 주제가 적용되어 있다는 것만 생각할 수 있으면 충분해요.

(나)

  진주 장터 생어물전에는
  바닷밑이 깔리는 해 다 진 어스름을,

  울 엄매의 장사 끝에 남은 고기 몇 마리의
  빛 발(發)하는 눈깔들이 속절없이
  은전(銀錢)만큼 손 안 닿는 한(恨)이던가
  울 엄매야 울 엄매,

  별 밭은 또 그리 멀리
  우리 오누이의 머리 맞댄 골방 안 되어
  손 시리게 떨던가 손 시리게 떨던가,

  진주 남강 맑다 해도
  오명 가명
  신새벽이나 밤빛에 보는 것을,
  울 엄매의 마음은 어떠했을꼬,
  달빛 받은 옹기전의 옹기들같이
  말없이 글썽이고 반짝이던 것인가.

-박재삼, 「추억에서」-

뭐 어렵지 않습니다. 제목과 과거 시제 선어말 어미들에서 보듯 (시를 읽을 때 과거 시제의 어미를 체크하는 것은 은근히 중요해 요!) 상황 자체는 '회상'일 것이고, 진주 장터 생어물전에서 장사 를 하며 힘들게 살아가던 어머니와 누이들의 삶에 대해 이야기하 고 있습니다. 주제를 잡아내는 것이 어렵지는 않네요. 가볍게 문 제 풀어봅시다.

| 선지 | ① | ② | ③ | ④ | ⑤ |
|---|---|---|---|---|---|
| 선택률 | 72% | 6% | 15% | 3% | 4% |

**45** (가)와 (나)의 공통점으로 가장 적절한 것은? ①

– 공통점 문제는 항상 거시적으로, 답의 후보를 미리 정해두면서 풀자고 했습니다. '정서 강조', '주제 부각', '시상 형성', '시적 분 위기 고조', '화자의 상황 제시' 등 당연한 선지들이 제시되어 있 네요. 전부 거시적인 내용을 담고 있어요. 눈물을 머금고 하나씩 체크해봅시다.

① 의문형 어미를 활용하여 화자의 정서를 강조하고 있다.

| 선지 유형 | 근거가 있어서 허용 가능 |
|---|---|
| 실전에서의 판단 과정 | 의문형 어미 많네. |
| 해설 | 정서 강조는 당연한 것이니, '의문형 어미'만 찾으 면 되네요. 엄청 많죠? 답으로 골라주시면 되겠습 니다. 참고로 '설의법'을 포함하여 '의문형 어미'를 사용하는 시는 굉장히 많습니다. '의문형 어미'와 관련된 선지가 나오면 강력한 답의 후보로 설정하 도록 합시다. |

② 특정 대상과 대화하는 방식으로 주제를 부각하고 있다.

| 선지 유형 | 근거가 없어서 허용 불가능 |
|---|---|
| 실전에서의 판단 과정 | 대화를 하지는 않았지. |
| 해설 | '대화하는 방식'이 허용되려면, 화자의 이야기를 듣고 있는 '청자'의 존재와 그의 대답이 필요합니 다. 굉장히 미시적인 부분이기에, 답이 되는 경우 는 거의 없을 거예요. |

③ 시적 공간의 탈속성이 시상을 형성하는 데 기여하고 있다.

| 선지 유형 | 근거가 있어서 허용 불가능 |
|---|---|
| 실전에서의 판단 과정 | 탈속성이라니... |
| 해설 | '탈속성'은 (가)에서는 어느 정도 허용할 수 있겠 습니다. 속세에서 벗어난 모습이 나타나고 있으니 까요. (나)는 도저히 안 되겠죠? (나)는 속세의 이 야기 그 자체입니다.<br><br>참고로, '탈속성'은 '탈속'(부나 명예와 같은 현실 적인 이익을 추구하는 마음 혹은 속세부터 벗어 남.)의 성질을 가지고 있는 것을 말합니다. '문학 개념어'가 아닌 하나의 '어휘'로 알아두세요. |

④ 계절적 배경을 소재로 하여 시적 분위기를 고조하고 있다.

| 선지 유형 | 근거가 없어서 허용 불가능 |
|---|---|
| 실전에서의 판단 과정 | (가)에는 계절적 배경이라고 할 만한 게 없는 것 같네. |
| 해설 | (가)에서는 눈을 씻고 찾아봐도 계절적 배경이 없 네요. (나)도 애매하지만 '손 시리게 떨던가'가 겨울 이라 추워서 떤다고 '볼 수 있으니' 계절적 배경을 |

허용할 수도 있겠습니다. 작가의 의도가 무엇이든
간에, 그렇게 해석할 여지가 있으니까요.

⑤ 의성어와 의태어를 구사하여 화자의 상황을 제시하고
있다.

| 선지 유형 | 근거가 없어서 허용 불가능 |
| --- | --- |
| 실전에서의<br>판단 과정 | 의성어나 의태어가 없는 것 같은데? |
| 해설 | '의성어'나 '의태어'가 보이지는 않습니다. 애초에 이렇게 미시적인 내용은 답이 될 가능성이 낮아요. 조금 더 거시적인 내용에서 답을 찾는 습관을 들이도록 합시다! |

| 선지 | ① | ② | ③ | ④ | ⑤ |
| --- | --- | --- | --- | --- | --- |
| 선택률 | 6% | 43% | 31% | 10% | 10% |

## 46 (가)에 대한 설명으로 적절하지 <u>않은</u> 것은? ②

– 꽤나 어려운 문제입니다. 하지만 늘 강조하듯이, 고전시가에 대한 경험이 충분히 쌓이면 해낼 수 있는 수준이에요. 지금은 어렵더라도, 어느 정도 공부가 된다면 고전시가는 너무 쉽다는 생각을 가질 수 있을 겁니다. 다 똑같은 말만 하거든요!

① 〈제2수〉의 '부급동남'은 〈제4수〉의 '성주를 섬기'기 위해 화자가 행한 일이다.

계교(計校)* 이렇더니 공명(功名)이 늦었어라
부급동남(負笈東南)*ᄒ야 여공불급(如恐不及)*ᄒ는
뜻을
세월이 물 흐르듯 ᄒ니 못 이룰까 ᄒ야라
〈제2수〉

* 계교 : 견주어 헤아림.
* 부급동남 : 책을 짊어지고 여기저기 다니면서 열심히 공부함.
* 여공불급 : 이르지 못할까 두려워하듯 함.

강호(江湖)에 놀자 ᄒ니 성주(聖主)를 버리겠고
성주를 섬기자 ᄒ니 소락(所樂)에 어긋나네
호온자 기로(岐路)에 서서 갈 데 몰라 ᄒ노라
〈제4수〉

| 선지 유형 | 근거가 있어서 허용 가능 |
| --- | --- |
| 실전에서의<br>판단 과정 | 공부한 건 임금님을 섬기기 위해서겠지. |
| 해설 | '부급동남'은 쉽게 말하면 '공부'를 한다는 뜻입니다. 고전시가에서 '공부'를 하는 이유는 '벼슬'을 해서 임금님을 섬기기 위한 것이라고 보면 돼요. 이때 '성주'라는 말이 곧 '임금님'을 의미한다는 건 쉽게 추측할 수 있겠죠? 가볍게 허용할 수 있네요. |

② 〈제2수〉의 '공명'을 이루기 위해 화자는 〈제17수〉의 '성현의 가신 길'을 따르고자 한다.

계교(計校)* 이렇더니 공명(功名)이 늦었어라
부급동남(負笈東南)*ᄒ야 여공불급(如恐不及)*ᄒ는
뜻을
세월이 물 흐르듯 ᄒ니 못 이룰까 ᄒ야라
〈제2수〉

* 계교 : 견주어 헤아림.
* 부급동남 : 책을 짊어지고 여기저기 다니면서 열심히 공부함.
* 여공불급 : 이르지 못할까 두려워하듯 함.

성현(聖賢)의 가신 길이 만고(萬古)에 ᄒ가지라
은(隱)커나 현(見)*커나 도(道)ㅣ 어찌 다르리
일도(一道)ㅣ오 다르지 아니커니 아무 덴들 어떠리
〈제17수〉

* 현 : 세상에 나아감.

| 선지 유형 | 근거가 있어서 허용 불가능 |
| --- | --- |
| 실전에서의<br>판단 과정 | 이미 자연에 살기로 마음 먹었는데? |
| 해설 | 지문의 주제와 반대되는 내용을 말하고 있습니다. 〈제8수〉와 〈제16수〉의 내용에 따르면, 이 지문의 화자는 '속세'를 등지고 '자연'에 머물고자 하고 있어요. 〈제2수〉의 '공명'은 이미 늦었기 때문이죠! 이러한 내면세계가 유지되어 있는 채로 〈제17수〉가 나오고, 이를 독해하면 '성현의 가신 한 가지 길인 자연 속에서의 삶을 택하겠다.'라는 식으로 읽어낼 수 있겠죠. 이렇게 화자의 내면세계를 따라갔더니 허용하기 어렵다는 결론이 나오네요. |

③ 〈제4수〉의 '강호'를 화자가 선택한 이유 중 하나는 〈제8수〉의 '부귀 위기'이다.

> 강호(江湖)에 놀자 ᄒ니 성주(聖主)를 버리겠고
> 성주를 섬기자 ᄒ니 소락(所樂)에 어긋나네
> 호온자 기로(岐路)에 서서 갈 데 몰라 ᄒ노라
>
> 〈제4수〉

> 출(出)ᄒ면 치군택민(致君澤民) 처(處)ᄒ면 조월경운(釣月耕雲)
> 명철군자(明哲君子)는 이룰사 즐기ᄂ니
> 하물며 부귀(富貴) 위기(危機) ㅣ라 빈천거(貧賤居)를 ᄒ오리라
>
> 〈제8수〉

| 선지 유형 | 근거가 있어서 허용 가능 |
| --- | --- |
| 실전에서의 판단 과정 | 속세가 위기니까 자연을 선택한 것이겠지. |
| 해설 | '실전에서의 판단 과정'처럼 해결하는 게 가장 좋습니다. 다만 공부하는 과정이니 제대로 독해해서 해결해 봅시다. 생각보다 어려워요!<br><br>일단 화자가 〈제4수〉의 '강호'에 살고자 한다는 건 주제 그 자체이므로 허용이 됩니다. 그렇다면 핵심은 〈제8수〉의 독해인데, 초장에 나오는 '출'과 '처'에 주목해야 합니다. 〈보기〉를 독해하면서 얻은 내용에 따르면, 이는 '유교적 출처관'을 의미한다고 할 수 있겠습니다. '출'하면(벼슬을 하면) 백성(民)을 잘 다스려야 한다는 것이고, '처'하면(벼슬을 하지 못하면) 달(月)과 구름(雲)을 가까이 해야 한다는 뜻이죠. '명철군자', 즉 똑똑한 군자들은 이를 즐길 정도로 잘 알고 있다고 합니다. 그렇다면 화자의 입장에선 '유교적 출처관'을 지키는 것이 좋겠네요. 다른 군자들도 그렇게 하니까요! 이를 근거로 화자는 '강호'라는 자연에 머물겠다고 다짐하는 것입니다.<br><br>이러한 상황에서 '하물며' 부귀 위기라고 합니다. '하물며'라는 말의 의미를 생각하면, '부귀 위기'가 '유교적 출처관'의 의미와 비슷하다는 것을 독해할 수 있겠네요. '유교적 출처관'을 따르려고 하는데, 하물며 '부귀 위기'라는 일도 일어났으니 '빈천(가난하고 천함.)'하게 살겠다는 것이죠.<br><br>결국 '부귀 위기'는 화자가 자연에 머물 수 있는 이유를 제공한다는 3번 선지의 해석은 근거가 충분 |

한, 즉 '허용 가능한' 해석이 되는 것입니다. 비록 이 문제는 〈보기〉 문제가 아니지만, 주제를 알려주는 〈보기〉는 다른 문제의 풀이에 활용해도 좋다는 교훈을 얻을 수 있네요.

〈보기〉의 활용, 기본적인 한자어의 의미 파악, 부사를 활용한 독해 등 정말 많은 것들을 요구한 선지였습니다. 배울 것이 많으니 확실하게 이해할 수 있도록 합시다.

④ 〈제4수〉의 '기로'가 〈제17수〉의 '일도'로 나타난 데에서 화자의 내적 갈등이 해소되었음을 알 수 있다.

> 강호(江湖)에 놀자 ᄒ니 성주(聖主)를 버리겠고
> 성주를 섬기자 ᄒ니 소락(所樂)에 어긋나네
> 호온자 기로(岐路)에 서서 갈 데 몰라 ᄒ노라
>
> 〈제4수〉

> 성현(聖賢)의 가신 길이 만고(萬古)에 ᄒ가지라
> 은(隱)커나 현(見)*커나 도(道) ㅣ 어찌 다르리
> 일도(一道) ㅣ오 다르지 아니커니 아무 덴들 어떠리
>
> 〈제17수〉

* 현 : 세상에 나아감.

| 선지 유형 | 근거가 있어서 허용 가능 |
| --- | --- |
| 실전에서의 판단 과정 | 일도니까 하나의 길이고, 그럼 내적 갈등 해소지. |
| 해설 | 〈제4수〉에서 '기로'에 서서 갈 데 몰라 하던 화자는 〈제17수〉에선 아무 덴들 어떻겠냐는 반응을 보이고 있습니다. 지문의 주제와 〈제17수〉의 초장에 나온 '성현의 가신 길'이 가진 의미(2번 선지 해설 참고)를 고려할 때, 이때의 '일도'에는 '자연'으로 가겠다는 의지가 녹아 있다고 할 수 있겠죠? 고민하다가 '자연'으로 행선지를 정했으니, 이를 근거로 하면 '내적 갈등'이 해소되었음을 허용할 수 있겠습니다. 역시 쉽지 않은 선지였지만, '주제'에 대한 인식이 중요하다는 것을 다시 한번 배울 수 있게 해 주네요. |

⑤ 〈제8수〉의 '빈천거를 ᄒ'면서도 화자는 〈제17수〉의 '도'
   를 실천할 수 있다고 생각한다.

---

출(出)ᄒ면 치군택민(致君澤民) 처(處)ᄒ면 조월경운
(釣月耕雲)
   명철군자(明哲君子)는 이룰사 즐기ᄂ니
   하물며 부귀(富貴) 위기(危機) ㅣ라 빈천거(貧賤居)를
ᄒ오리라

〈제8수〉

---

성현(聖賢)의 가신 길이 만고(萬古)에 ᄒ가지라
은(隱)커나 현(見)*커나 도(道) ㅣ 어찌 다르리
일도(一道) ㅣ오 다르지 아니커니 아무 덴들 어떠리

〈제17수〉

* 현 : 세상에 나아감.

---

| 선지 유형 | 근거가 있어서 허용 가능 |
|---|---|
| 실전에서의 판단 과정 | 자연에 사는 것도 도의 실천이라고 생각하고 있지. |
| 해설 | 빈천거는 '부귀 위기'에 하는 것이니 자연의 삶을 의미하겠죠? 자연 속에서도 도를 실현할 수 있다고 말하는 것은 이 지문의 주제 그 자체이니, 가볍게 허용할 수 있습니다. |

---

| 선지 | ① | ② | ③ | ④ | ⑤ |
|---|---|---|---|---|---|
| 선택률 | 2% | 6% | 9% | 12% | 71% |

**47** 〈보기〉를 통해 (가)를 감상한 것으로 적절하지 **않은** 것은?

[3점] ⑤

① 〈제1수〉의 '충효'는 화자가 이루고자 했던 삶의 덕목으
   로 볼 수 있겠군.

---

생평(生平)에 원ᄒᄂ니 다만 충효(忠孝)뿐이로다
이 두 일 말면 금수(禽獸) ㅣ나 다르리야
마음에 ᄒ고져 ᄒ야 십재황황(十載遑遑)*ᄒ노라

〈제1수〉

* 십재황황 : 급한 마음에 십 년을 허둥지둥함.

---

| 선지 유형 | 근거가 있어서 허용 가능 |
|---|---|
| 실전에서의 판단 과정 | 평생 원한 것이니 허용되네. |

---

| 선지 유형 | 근거가 있어서 허용 가능 |
|---|---|
| 해설 | 한 평생 할 것이 충효뿐이며, 그걸 안 하면 금수(짐승)나 다름없다고 했으니 허용할 수 있겠네요. |

② 〈제1수〉에서 화자가 '십재황황'하는 모습은 과거에 여
   러 차례 응시했으나 급제하지 못했기 때문으로 볼 수
   있겠군.

---

생평(生平)에 원ᄒᄂ니 다만 충효(忠孝)뿐이로다
이 두 일 말면 금수(禽獸) ㅣ나 다르리야
마음에 ᄒ고져 ᄒ야 십재황황(十載遑遑)*ᄒ노라

〈제1수〉

* 십재황황 : 급한 마음에 십 년을 허둥지둥함.

---

| 선지 유형 | 근거가 있어서 허용 가능 |
|---|---|
| 실전에서의 판단 과정 | 허둥지둥한 건 충효를 다 못한 거니까 과거라고 할 수 있겠네. |
| 해설 | 〈보기〉에 따르면 과거에 급제하는 것은 '효도'와 '임금 보필'의 통로라고 했습니다. 각각 '효'와 '충'에 해당하는데, 이를 하고 싶었지만 그저 '허둥지둥'했다면 과거에 급제하지 못했기 때문이라고 할 수 있겠죠. 이렇게 〈보기〉와 지문 내용에서 '근거'를 잡을 수 있으니 충분히 허용할 수 있겠습니다. 허용하려고 하면 근거를 찾을 수 있어요! |

③ 〈제16수〉의 '행장유도ᄒ니'는 화자가 유교적 출처관을
   따르고 있음을 보여 주는 것이라고 할 수 있겠군.

---

행장유도(行藏有道)*ᄒ니 버리면 구태 구ᄒ랴
산지남(山之南) 수지북(水之北) 병들고 늙은 나를
뉘라서 회보미방(懷寶迷邦)*ᄒ니 오라 말라 ᄒᄂ뇨

〈제16수〉

* 행장유도 : 쓰이면 세상에 나아가 도(道)를 행하고 버려지면 은
  둔하는 것을 자신의 상황에 따라 알맞게 함.
* 회보미방 : 뛰어난 능력을 지니고서 은둔하는 것은 나라를 혼란
  스럽게 하는 것과 같음.

---

| 선지 유형 | 근거가 있어서 허용 가능 |
|---|---|
| 실전에서의 판단 과정 | 행장유도의 뜻이 유교적 출처관이네. |
| 해설 | '행장유도'의 뜻을 확인해보니, 〈보기〉에서 설명한 '유교적 출처관' 그 자체죠? 이를 근거로 하면 충분히 허용할 수 있겠습니다. |

④ 〈제16수〉의 '병들고 늙은 나를'은 화자가 정치 현실로
　　나오라는 권유를 거절하는 표면적 이유라고 할 수 있
　　겠군.

> 행장유도(行藏有道)*ᄒ니 버리면 구태 구ᄒ랴
> 산지남(山之南) 수지북(水之北) 병들고 늙은 나를
> 뉘라서 회보미방(懷寶迷邦)*ᄒ니 오라 말라 ᄒᄂ뇨
> 　　　　　　　　　　　　　　　　　〈제16수〉
>
> * 행장유도 : 쓰이면 세상에 나아가 도(道)를 행하고 버려지면 은
>   둔하는 것을 자신의 상황에 따라 알맞게 함.
> * 회보미방 : 뛰어난 능력을 지니고서 은둔하는 것은 나라를 혼란
>   스럽게 하는 것과 같음.

| 선지 유형 | 근거가 있어서 허용 가능 |
| --- | --- |
| 실전에서의 판단 과정 | 병들고 늙었는데 왜 부르냐고 하니까 허용되네. |
| 해설 | 누군가 '회보미방'이라며 화자를 정치 현실로 부르는 모습입니다. 그런데 화자는 '병들고 늙었'는데 왜 부르냐고 하고 있어요. 이는 거절하는 이유라는 말로 허용하기에 충분한 근거들이고, 지문에 적혀 있는 말 그대로이기 때문에 '표면적'이라는 해석도 허용할 수 있겠네요. |

⑤ 〈제16수〉의 '회보미방'은 조정의 권유에 대한 화자의
　　답변으로 볼 수 있겠군.

> 행장유도(行藏有道)*ᄒ니 버리면 구태 구ᄒ랴
> 산지남(山之南) 수지북(水之北) 병들고 늙은 나를
> 뉘라서 회보미방(懷寶迷邦)*ᄒ니 오라 말라 ᄒᄂ뇨
> 　　　　　　　　　　　　　　　　　〈제16수〉
>
> * 행장유도 : 쓰이면 세상에 나아가 도(道)를 행하고 버려지면 은
>   둔하는 것을 자신의 상황에 따라 알맞게 함.
> * 회보미방 : 뛰어난 능력을 지니고서 은둔하는 것은 나라를 혼란
>   스럽게 하는 것과 같음.

| 선지 유형 | 근거가 있어서 허용 불가능 |
| --- | --- |
| 실전에서의 판단 과정 | 저건 화자의 말이 아니잖아? |
| 해설 | 〈제16수〉를 〈보기〉에 근거하여 독해하면, '회보미방'이라며 정치 현실로 나오라는 이의 말을 거절하고 있는 화자의 모습을 확인할 수 있습니다. 즉, '회보미방'은 화자의 대답이 아닌 정치 현실에 나오라고 권유하는 사람의 이야기라는 것이죠. '화자의 답변'으로 해석할 수 없는 확실한 근거가 존재하기 때문에, 허용할 수 없는 선지가 되겠습니다. |



| 선지 | ① | ② | ③ | ④ | ⑤ |
| --- | --- | --- | --- | --- | --- |
| 선택률 | 2% | 3% | 89% | 4% | 2% |

**48** (나)에 대한 감상으로 적절하지 <u>않은</u> 것은? ③

① '해 다 진 어스름'은 어둠이 깔리는 파장 무렵 '생어물
　전'의 분위기를 보여 주는군.

> 진주 장터 생어물전에는
> 바닷밑이 깔리는 해 다 진 어스름을,

| 선지 유형 | 근거가 있어서 허용 가능 |
| --- | --- |
| 실전에서의 판단 과정 | 해가 다 졌다고 했으니 허용되네. |
| 해설 | 일단 '생어물전'이라는 공간적 배경이 드러나고, 이곳에 '해 다 진' 어스름이 깔리는 모습입니다. 해가 다 졌다고 했으니, '어둠이 깔리는 파장 무렵'이라는 해석은 쉽게 허용할 수 있겠죠? 사실 '분위기를 보여 주는군'과 같은 이런 선지는 웬만하면 옳은 것으로 생각해도 됩니다. |

② '빛 발하는 눈깔'은 '손 안 닿는' '은전'과 연결되어 '한'
　의 정서를 유발하는군.

> 울 엄매의 장사 끝에 남은 고기 몇 마리의
> 빛 발(發)하는 눈깔들이 속절없이
> 은전(銀錢)만큼 손 안 닿는 한(恨)이던가
> 울 엄매야 울 엄매,

| 선지 유형 | 근거가 있어서 허용 가능 |
| --- | --- |
| 실전에서의 판단 과정 | 눈깔=은전=손 안 닿는 한이니까 맞네. |
| 해설 | 핵심은 '독해'입니다. 화자는 '빛 발하는 눈깔'에 '손 안 닿는 한'이 녹아 있다고 보고, 이것은 '은전'과 비슷한 속성을 가지고 있다고 생각하고 있어요. 쉽게 허용할 수 있겠네요. |

③ '손 시리게 떨던가'에서는 추운 밤 '별 밭' 아래의 '골방'
　속에서 느꼈던 행복감이 드러나는군.

> 별 밭은 또 그리 멀리
> 우리 오누이의 머리 맞댄 골방 안 되어
> 손 시리게 떨던가 손 시리게 떨던가,

| 선지 유형 | 근거가 없어서 허용 불가능 |
| --- | --- |
| 실전에서의<br>판단 과정 | 도대체 행복감이 어디 드러나. |
| 해설 | '별 밭' 아래 '골방'에 앉아 있는 오누이는 너무 추워 '손 시리게 떨고' 있습니다. 추워서 오들오들 떠는 모습에서 '행복감'을 허용할 만한 근거를 찾아내기는 너무 어렵네요. |

④ '진주 남강'은 공간적 구체성을 보여 주는 한편 낮에 강을 보지 못할 정도로 바삐 생계를 꾸려 가던 '울 엄매'를 떠올리게 하는군.

> 진주 남강 맑다 해도
> 오명 가명
> 신새벽이나 밤빛에 보는 것을,
> 울 엄매의 마음은 어떠했을꼬,

| 선지 유형 | 근거가 있어서 허용 가능 |
| --- | --- |
| 실전에서의<br>판단 과정 | 엄마가 진주 남강을 신새벽이나 밤에만 보고 있네. |
| 해설 | 어머니가 '진주 남강'이라는 '오며 가며 보는 풍경'을 새벽이나 밤에만 본다고 했으니 바쁜 것을 허용할 수 있네요. 여러분도 매일 이렇게 바쁘게 살고 있죠? |

⑤ '글썽이고 반짝이던'은 달빛이 비친 '옹기'의 표면과 '울 엄매'의 눈물을 함께 환기하는군.

> 울 엄매의 마음은 어떠했을꼬,
> 달빛 받은 옹기전의 옹기들같이
> 말없이 글썽이고 반짝이던 것인가.

| 선지 유형 | 근거가 있어서 허용 가능 |
| --- | --- |
| 실전에서의<br>판단 과정 | 글썽이고 반짝이는 건 눈물이라고 할 수 있지. |
| 해설 | '글썽이고 반짝이던'이란 표현은 '옹기'와 '울 엄매의 마음'을 연결하는 속성으로 제시되었습니다. 따라서 이는 달빛 받은 옹기의 표면을 환기하는 것이며, 동시에 어머니의 '눈물'을 은유적으로 표현하여 환기하는 것이라고도 말할 수 있겠네요. |

| 선지 | ① | ② | ③ | ④ | ⑤ |
| --- | --- | --- | --- | --- | --- |
| 선택률 | 9% | 8% | 69% | 6% | 8% |

**49** (다)를 참고하여 (가)와 (나)를 이해한 내용으로 가장 적절한 것은? ③

– '리듬'에 대해 이야기하던 (다)가 활약할 차례입니다. '고전 시가'와 '현대 시'의 차이점인 '외적 규율vs내적 규범', 그리고 '현대 시'에 나타나기도 하는 '고전 시가의 리듬' 등을 떠올리면서 차분하게 판단해봅시다.

① (가)에서 각 수의 종장 첫째 음보를 3음절로 한 것은 내적 규범을 따른 것이다.

| 선지 유형 | 근거가 있어서 허용 불가능 |
| --- | --- |
| 실전에서의<br>판단 과정 | 고전 시가는 외적 규율이라며. |
| 해설 | '내적 규범'은 '현대 시'에서 확인할 수 있는 것이라고 했죠? 고전 시가의 리듬은 '외적 규율'과 관련된 것이라고 했습니다. |

② (가)에서 각 수의 종장 둘째 음보의 글자 수가 첫째 음보의 글자 수보다 많은 것은 따라야 하는 규칙을 위반한 것이다.

| 선지 유형 | 근거가 있어서 허용 불가능 |
| --- | --- |
| 실전에서의<br>판단 과정 | 규칙을 잘 따른 거 아니야? |
| 해설 | 일단 저 내용 자체가 규칙을 잘 따른 것이죠? 혹시나 해서 (다)를 확인해보니 '종장 첫 음보는 3음절 유지, 둘째 음보는 그보다 길게 하는 규율'이 있다고 하네요. 규칙을 위반했다고 보면 안 되는 근거가 확실하게 살아 있는 모습이죠? |

③ (나)에서 '울 엄매야 울 엄매'는 울림소리의 반복으로 리듬을 창출하고 화자의 정서를 표출한 것이다.

| 선지 유형 | 근거가 있어서 허용 가능 |
| --- | --- |
| 실전에서의<br>판단 과정 | 울림소리 반복되고 있고 정서는 당연히 표출되지. |
| 해설 | 모음, ㄹ, ㅁ 같은 울림소리가 반복되고 있고, 리듬 창출 및 이를 바탕으로 한 내적 규범, 즉 '화자의 정서'가 표출되고 있다고 할 수 있겠죠? 어렵지 않게 허용할 수 있겠습니다. |

④ (나)에서 '오명 가명'은 외적 규율에 따라 'ㅇ'을 반복하
여 일터의 무료한 삶에 생동감을 불어넣은 예이다.

| 선지 유형 | 근거가 있어서 허용 불가능 |
| --- | --- |
| 실전에서의<br>판단 과정 | 생동감은 무슨 헛소리야. |
| 해설 | 일단 '외적 규율'은 '고전 시가'에서 나타나는 특징<br>이라고 했습니다. 여기서부터 틀렸는데, '무료한<br>삶에 생동감'이라는 건 (나)의 주제를 고려했을 때<br>절대 허용할 수 없는 내용이죠? |

⑤ (나)에서 1연부터 3연까지 쉼표로 연을 마무리한 것은
고전 가의 리듬을 계승한 예이다.

| 선지 유형 | 근거가 있어서 허용 불가능 |
| --- | --- |
| 실전에서의<br>판단 과정 | 쉼표는 고전 시가에 없던 거라며. |
| 해설 | 쉼표는 현대 시에서 나타나는 것이라고 했습니다.<br>이는 고전시가의 리듬을 계승하는 사례보다, 오히<br>려 고전시가의 리듬을 약화시키는 사례라고 보는<br>것이 적절하죠. |

| 몰랐던 어휘 정리하기 |
| --- |
| |

〈보기〉 확인

――――――――――[보기]――――――――――

　　1930년대 리얼리즘 장편 소설에는 변화하는 사회적 환경 속에서 사회적 지위가 상승한 인물형이 등장한다. 이 유형의 인물들은 근대 문물에 발 빠르게 적응하면서도 소작제와 같은 전근대적 토지 제도에 편승하는 모습을 보인다. 이들은 근대 문물을 체험해 보지 못한 사람들에게 자신을 과시하지만 자신만의 이익을 추구하기 때문에 그 지위를 인정받지 못한다. 이러한 인물들을 통해 1930년대 농촌 사회에 등장한 속물적 인물형의 면모를 확인할 수 있다.

현대소설의 전형적인 클리셰인 '일제 강점기의 비극적 삶'을 담고 있는 작품이네요. 이 속에서 자신의 지위를 과시하면서 자신만의 이익을 추구하는 '속물적 인물형'이 등장한다고 합니다. 이 인물에게 주목하면서 읽어주면 되겠습니다.

지문 독해

　　안승학은 원래 **이 고을 읍내**에서 살았다. 지금부터 **이십 년 전**만 해도 그는 다 찌그러진 오막살이에서 콩나물죽으로 연명하던 처지였다. 그러던 사람이 **오늘**은 수백 석 추수를 하고 서울 사는 민판서 집 사음*까지 얼어서 **이 동리**로 옮겨 앉은 것이다.

　　그것은 안승학의 근본을 아는 사람은 누구나 놀랄 만한 일이었다. 그는 지체도 없고 형세도 없이 [A] 타관에서 떠들어온 사람이었다. 그러므로 이 고을에는 그의 일가친척이라고는 면 서기를 다니는 아우 하나밖에 아무도 없다. 그의 부친은 경기도 죽산이라던가 어디서 호방 노릇을 하던 아전이었다는데 승학이가 성년 되기 전에 별세하고 그의 모친도 부친이 돌아간 지 삼 년 만에 마저 세상을 떠났다 한다. 그래서 거기서는 살 수가 없어서 아내와 어린 동생 하나를 데리고 이 고장으로 들어왔다. 이 고을 읍내에는 그의 처가가 사는 터이므로. 처가도 역시 가난하였으나 그래도 처가 끝으로 옹대가리나마 다시 장만해 놓고 살림이라고 떠벌였다.

* 사음 : 마름. 지주를 대리하여 소작권을 관리하는 사람.

[앞부분의 줄거리]와 비슷한 역할을 하는 부분입니다. '안승학'이라는 인물에 대해서 소개하고 있어요. 원래 '이 고을 읍내'에서 살았고, '이십 년 전'에는 찢어지게 가난했다가 '오늘'은 여러 가지 지위를 얻게 된 모습이에요. 〈보기〉에서 말하는 '속물적 인물형'이 바로 여기 나오는 '안승학'이겠네요.

'안승학'의 원래 가난했던 근본을 아는 사람들은 당연히 이렇게 출세한 모습에 '놀랄' 수밖에 없을 겁니다. 나아가 '안승학'의 부모님은 모두 돌아가셨고, '아내'와 '아우'만 데리고 '처가'가 있는 '이 고장'으로 들어왔다는 정보들을 확실하게 챙겨주시면 되겠습니다. 한 마디로 정리하자면, 원래 가난했다가 지위가 높아진 모습이네요.

　　그런데 그 무렵이 마침 경부선이 개통한 직후이다. 이 근처 사람들은 생전 처음 보는 기차와 정거장과 전봇대를 보고 경이의 눈을 크게 떴다.
　　안승학은 지금도 그때 목판차를 맨 처음으로 먼저 타고 서울을 가 보았다는 것을 자랑삼아 말하였다. 그때 그는 어떤 친구의 심부름으로 혼수 흥정을 하러 따라간 것이었다.

이때는 '경부선'이 개통한 직후라고 합니다. 1905년 정도로 보시면 되는데, 기차를 비롯한 근대 문물을 보고 여러 사람들이 '경이'의 눈을 뜨던 시기예요. 그런데 이때 '안승학'은 자신이 서울에 가 보았다는 것을 자랑스럽게 이야기했다고 합니다. 〈보기〉에서 이야기한 대로 '자신을 과시'하는 모습이 드러나는 것이죠. 참고로 '목판차'는 기차가 아니라 화물차를 의미합니다. 기차를 타 본 것도 아니면서, 그저 '서울'에 가 봤다는 이유만으로 으스댔던 것이에요. 사실은 친구 심부름으로 간 것이면서 말이죠.

　　그의 자만(自慢)은 그것뿐만 아니었다. 그는 경기도 출생이라고 이 지방에서는 제일 똑똑한 체를 하였다.
　　우편소가 새로 생긴 것을 보고 이웃 사람들은 그게 무엇인지 몰라서 겁을 잔뜩 집어먹고 있었다. 장승같이 늘어선 전봇대에는 노상 잉-하는 소리가 들렸다. 그것은 전신줄을 감은 사기 안에다 귀신을 잡아넣어서 그런 소리가 무시로 난다는 것이다. 그리고 우편소 안에는 무슨 이상한 기계를 해 앉히고 거기서는 무시로 괴상한 소리가 들렸다. 그래서 이 [B] 웃 사람들은 그것도 무슨 귀신을 잡아넣어서 그런 소리가 들리는 것이라고 하였다.

그럴 때에 안승학은 마술사처럼 이 귀신을 부리는 재주를 그들 앞에서 시험해 보였다.

그는 엽서 한 장을 사서 자기 집 통호수와 자기 이름을 쓰고 편지 사연을 써서 우편통 안으로 집어넣었다. 그리고 그들에게 장담하기를 이것이 오늘 해전 안에 우리 집으로 들어갈 터이니 가 보자는 것이었다. 과연 **그날 저녁때**였다. 지옥사자 같은 누렁 옷을 입은 사람은 안승학의 집에 엽서 한 장을 던지고 갔다. 그것은 아까 써 넣던 그 엽서였다.

"참, 조홧속이다!"

하고 그들은 일시에 소리를 질렀다.

계속해서 '안승학'의 '자만'을 보여 주고 있습니다. 이번에는 '우편소'에 대한 에피소드예요. 뭘 하는 곳인지를 모른 채 그저 '귀신' 이야기나 하던 사람들에게, '안승학'은 능숙하게 우편을 보내는 모습을 보여 주면서 자신의 지위를 과시하고 있습니다. 〈보기〉에서 이야기한 것처럼 근대 문물에 잘 적응하면서 자신의 지위를 과시하는 모습이네요. 어렵지 않게 이해하면서 읽어나갈 수 있겠습니다.

(중략)

안승학이는 **사랑방**에서 혼자 앉아서 금테 안경을 콧잔등에 걸고는 문서질을 하다가 인동이를 앞세우고 김선달 조첨지 수동이아버지 희준이 이렇게 다섯 사람이 일시에 달려드는 것을 보고 적이 마음에 불안을 느꼈다.

(중략) 이후의 상황인데, '안승학'이 '사랑방'에 앉아 있습니다. 아마 (중략) 이전 근대 문물에 잘 적응하는 모습을 보이면서 지위가 크게 올라간 것이겠죠? 그런데 갑자기 '다섯 사람'이 오는 것을 보고 마음에 '불안'을 느낍니다. 집에 다섯 명이나 갑자기 찾아오면 저 같아도 무언가 불안할 것 같아요. 어렵지 않게 공감할 수 있겠죠?

그래 그는 붓을 놓고서 마당을 내려다보며

"무슨 일들인가? 식전 댓바람에 내 집에를 이렇게 찾아오거든 문간에서 주인을 찾고 들어와야지."

매우 위엄스럽게 하는 말이었다.

"아무도 없는데 누구보고 말하랍니까? 대문 기둥에다 대고 말씀하랍시오."

김선달이 받는 말이다.

저런 괘씸한 놈 말하는 것 좀 봐라…… 그런데 행랑 놈 은 어디를 갔기에 문간에 아무도 없었더람! 안승학은 속으로 분해했다.

아무튼, '안승학'은 불안함을 숨기고 '위엄스럽게' 이야기를 합니다. 하지만 '김선달'이 받아치는 것을 보니 딱히 그 위엄이 전달되지는 않는 것 같아요. 〈보기〉에서 이야기한 것처럼, '속물적 인물형'인 '안승학'은 그 지위를 인정받지 못하는 것 같습니다. 이런 상황에서 '안승학'은 그저 분할 뿐이에요. 자기는 '사랑방'에 살 만큼 지위가 높은데 '괘씸'하게 인정을 안하고 있으니 속이 터지겠죠. 대문을 지키는 '행랑 놈'도 보이질 않구요.

그러나 호령할 용기는 생기지 않는다. 희준이와 인동이와 김선달은 신발을 벗고 마루에 올라가 앉았다.

조첨지와 수동 아버지는 뜰아래서 올라갈까 말까 하는 눈치다.

그러나 '호령할 용기'는 생기지 않습니다. 아무래도 원래부터 지위가 높았던 인물이 아니기에, 다른 사람을 억박지르고 하는 데에 익숙하지 않겠죠. 다섯 장정이 자기 앞에 있으니 무섭기도 하겠구요.

그 와중에 '희준이', '인동이', '김선달'은 신발을 벗고 마루에 올라가 앉고, '조첨지'와 '수동 아버지'는 올라갈까 말까 하는 눈치예요. 앞의 세 인물은 '안승학'의 지위를 전혀 인정하지 않고 동등한 입장에서 대하는 모습이고, 뒤의 두 인물은 어느 정도는 인정해야 하는 거 아닌가 하면서 고민하는 모습이라고 할 수 있겠습니다. 원래 양반집의 마루에 평민이 신발을 벗고 올라가는 건 상상도 할 수 없는 일이라는 점을 알고 있다면 훨씬 쉽게 공감할 수 있겠죠? 이걸 몰랐다고 해도, '조첨지'와 '수동 아버지'는 왜 눈치를 보는지 공감하려 했다면 충분히 납득할 수 있었을 겁니다.

"하여간 무슨 일들인가?"

안승학은 얼른 이야기나 들어보고 돌려보내자는 계획이다.

"저희들이 이렇게 댁을 찾어왔을 때는 무슨 별다른 소관사가 있겠습니까…… 지난번에도 왔다가 코만 떼우고 갔습니다만 대관절 어떻게 저희들의 요구 조건을 들어주시겠습니까?"

희준이가 정식으로 말을 꺼냈다.

"그따위 이야기를 할 작정으로 이렇게들 식전 아침에 왔어? 못 들어주겠어! 발써 여러 번째 요구 조건은 들을 수 없다고 말했는데, 자꾸 조르기만 하면 될 줄 아는가? 어림없지…… 괜히 그러지들 말고 일찍이 나락을 베는 것이 당신들에게 유익할 것이야……."

안승학이는 긴 장죽에 담배를 한 대 담아 가지고 불을 붙이기 위해서 성냥을 세 개비나 허비했건만 잘 붙지 아니하므로 그래 네 번째 불을 댕겨서는 쉴 새 없이 빠끔빠끔 빨다가 그만 입귀로 붉은 침을 주르르 흘리고서는 제 풀에 화가 나서 담뱃대를 탁 밀어 내던진다.

"괜스리 시간만 낭비하고 피차의 물질상 손해만 더 나게 하지 말고 어서 돌아가서 잘들 의논해서 오늘부터라도 일을 시작하란 말이야! 나도 아침부터 바쁜 일이 있으니 어서들 가소."

"그래 정녕코 요구 조건을 못 들어주시겠다는 말씀이지요."

"암!"

-이기영, 「고향」-

이후로 '요구 조건'을 들어달라는 '다섯 사람'의 요청에 아랑곳 않는 '안승학'의 모습이 이어지면서 마무리되고 있습니다. '요구 조건'이 정확히 무엇인지는 모르겠지만, 〈보기〉에 의하면 아마 '전근대적 토지 제도'와 관련되어 '안승학'의 이익을 나눠야 하는 그런 조건이라고 볼 수 있겠습니다. 이를 들어주지 않는 이기적인 모습을 보이면서 일제 강점기 힘들게 살아가는 농민들의 고통을 가중하고 있는 거예요. 이렇게 '속물적 인물형'들은 인정받지 못하게 되는 것입니다.

| 선지 | ① | ② | ③ | ④ | ⑤ |
|---|---|---|---|---|---|
| 선택률 | 4% | 2% | 12% | 16% | 66% |

**50** [A]의 서술상 특징에 대한 설명으로 가장 적절한 것은? ⑤

– [A]는 '안승학'이라는 인물의 기본적인 정보들을 설명하는 부분이었습니다. '서술상 특징'이라고 하면 '정보 제시' 정도가 되겠죠? 이 말을 생각하면서 선지 판단해보도록 합시다.

① 서술 대상에 대한 독백적 서술을 통해 서술 대상에 대한 정서적 반응이 제시되고 있다.

| 선지 유형 | 근거가 없어서 허용 불가능 |
|---|---|
| 실전에서의 판단 과정 | 독백은 인물이 하는 거잖아. |
| 해설 | '독백적 서술'이라는 말이 허용되려면 '인물'이 특정한 청자를 상정하지 않고 이야기를 해야 합니다. 그런데 [A]는 인물이 아닌 '서술자'의 정보 제시로 이루어져 있어요. 따라서 '독백적 서술'이라는 말은 허용하기 어렵죠.<br><br>물론, 서술 대상인 '안승학'에 대한 '정서적 반응'이 '누구나 놀랄 만한 일'과 같은 방식으로 제시되고 있다는 것 자체는 허용할 수 있겠습니다. |

② 서술 대상에 대한 회고적 서술을 통해 서술 대상에 대한 성찰적 태도가 드러나고 있다.

| 선지 유형 | 근거가 없어서 허용 불가능 |
|---|---|
| 실전에서의 판단 과정 | 안승학에 대한 성찰을 왜 해. |
| 해설 | '안승학'의 과거 이야기를 하고 있으니 '회고적 서술'은 어느 정도 허용할 수도 있겠지만, '성찰적 태도'를 허용하기는 어렵죠? 단순히 '안승학'의 삶이 이렇다고 설명하는 것이지, '안승학'의 삶을 평가하고 반성하는 내용이 나오지는 않으니까요. |

③ 서술 대상에 대한 병렬적 서술을 통해 서술 대상에 관한 정보가 반복적으로 제시되고 있다.

| 선지 유형 | 근거가 없어서 허용 불가능 |
|---|---|
| 실전에서의 판단 과정 | 안승학의 삶을 쭉 이야기하고 있는데, 병렬적이라고 보기는 어렵지. |
| 해설 | [A]에서는 '안승학'의 삶을 시간의 흐름에 따라 설명하고 있습니다. '병렬적'이라는 단어의 의미를 생각하면 여러 가지 사건을 나란히 늘어놓는 느낌이 있어야 하는데, 여기선 하나의 사건('안승학 의 출세')만 다루고 있으니까요. 나아가 '정보가 반복적으로 제시'되고 있다는 것 자체는 '이 동리= 이 고장'으로 왔다는 정보가 반복된다는 점에서 허용될 수 있을 것 같습니다. 다만 앞서 설명한 대로 '병렬적 서술'을 허용할 수 없기에, 그것을 '통해' 반복적 제시를 한다는 건 틀린 선지가 되겠네요. 정확히는, 애초에 '병렬적 서술'을 통해 '반복적 제시'를 하는 것이 불가능하기 때문에 문장 자체가 모순이라고도 할 수 있겠습니다. |

④ 서술 대상에 대한 묘사적 서술을 통해 서술 대상에 관한 정보가 단계적으로 제시되고 있다.

| 선지 유형 | 근거가 없어서 허용 불가능 |
|---|---|
| 실전에서의 판단 과정 | 딱히 묘사하는 것 같지는 않은데? |
| 해설 | [A]에선 '안승학'의 삶을 소개하고 있을 뿐, '묘사적 서술'이라고 할 만큼 묘사를 깊게 하고 있지 않습니다. 특히 '서술 대상'인 '안승학'에 대한 묘사라면 '외양 묘사' 등을 떠올릴 수 있을 텐데, 그런 부분은 도저히 찾아볼 수가 없죠?<br><br>나아가 이를 통해 '단계적'으로 정보를 제시한다는 것도 허용하기 어렵습니다. [A]에는 딱히 '단계'의 느낌이 없으니까요! |

⑤ 서술 대상에 대한 요약적 서술을 통해 서술 대상에 관한 정보가 개괄적으로 제시되고 있다.

| 선지 유형 | 근거가 있어서 허용 가능 |
|---|---|
| 실전에서의 판단 과정 | 미리 생각한 내용이네. |
| 해설 | [A]에서는 '이십 년'이라는 긴 시간을 아주 짧게 '요약'하여 '안승학'의 정보를 제시하고 있습니다. 이는 정보를 '개괄적'(중요한 내용이나 줄거리를 대강 추려 내는)으로 제시하는 모습이라고도 할 수 있으니, 가볍게 답으로 골라낼 수 있습니다.<br><br>'요약적 서술', '개괄적 제시'는 어떠한 문학 개념어가 아니라 그냥 하나의 '어휘'라는 것도 생각해 주세요. '문학 개념어'라는 허상을 정리하는 것에 몰두해서 보다 실질적인 국어 공부의 기회를 놓치는 일이 없도록 해요. |

| 선지 | ① | ② | ③ | ④ | ⑤ |
|---|---|---|---|---|---|
| 선택률 | 2% | 89% | 4% | 3% | 2% |

**51** [B]에 대한 이해로 적절하지 <u>않은</u> 것은? ②

– [B]는 '안승학'의 '우편소'라는 근대 문물에 대한 적응력을 보여 주는 부분이었습니다. 어려운 부분이 아니었으니 쉽게 답을 고를 수 있겠죠?

① 새로운 문물의 도입이 사람들의 의식을 혼란스럽게 하는 상황이 나타나고 있다.

| 선지 유형 | 근거가 있어서 허용 가능 |
|---|---|
| 실전에서의 판단 과정 | 귀신 보는 상황이면 혼란스럽다고 할 수 있지. |
| 해설 | '우편소'라는 새로운 문물을 보고 '귀신'을 떠올리는 모습 등을 근거로 하면 '혼란스럽게 하는 상황'은 충분히 허용할 수 있겠죠? |

② 새로운 문물이 실생활에 쓰이는 현장을 소개함으로써 사람들의 생활 방식이 변해야 함을 알려 주고 있다.

| 선지 유형 | 근거가 없어서 허용 불가능 |
|---|---|
| 실전에서의 판단 과정 | 변해야 한다고 강조하는 부분은 아니지. |
| 해설 | '우편소'라는 '새로운 문물'을 소개하고 있는 건 맞는데, 사람들의 생활 양식이 변해야 한다고 계몽하는 내용은 아니었죠? [B]는 단순히 '안승학'이 나서는 모습을 보여 줄 뿐이었습니다. 허용할 만한 근거를 찾을 수가 없네요. |

③ 새로운 문물의 이용 방법을 알고 있는 인물과 그렇지 못한 사람들 간에 문물에 대한 이해의 차이가 있음이 드러나고 있다.

| 선지 유형 | 근거가 있어서 허용 가능 |
|---|---|
| 실전에서의 판단 과정 | 안승학과 다른 사람들은 확실히 차이가 있지. |
| 해설 | '우편소'를 보고 '안승학'은 능숙하게 편지를 보내고 있고, 다른 사람들은 겁을 먹고 놀라기만 합니다. 이 정도 근거라면 '이해의 차이'를 허용하는 건 어렵지 않겠네요. |

④ 새로운 문물을 접한 사람들의 반응이 직접적으로 드러남으로써 새로운 세상의 도래에 대한 정서적 충격을 표현하고 있다.

| 선지 유형 | 근거가 있어서 허용 가능 |
|---|---|
| 실전에서의 판단 과정 | 조홧속이다! |
| 해설 | '겁을 잔뜩 집어먹고 있었다'는 표현, '참, 조홧속이다!'라는 반응, '일시에 소리를 질렀다'와 같은 표현을 근거로 해서 충분히 허용할 수 있겠죠? |

⑤ 새로운 문물에서 신이한 현상을 연상하는 사람들의 반응을 통해 낯선 문물이 도입될 당시의 문화적인 환경을 보여 주고 있다.

| 선지 유형 | 근거가 있어서 허용 가능 |
|---|---|
| 실전에서의 판단 과정 | 다 똑같은 말이네. |
| 해설 | 정답 선지를 제외하곤 다 똑같은 말만 하고 있습니다. '우편소'라는 낯선 문물이 도입될 당시는 문화적으로 너무나 발달하지 못한 상황이라고 할 수 있어요. |

| 선지 | ① | ② | ③ | ④ | ⑤ |
|---|---|---|---|---|---|
| 선택률 | 5% | 3% | 85% | 3% | 4% |

**52** 요구 조건 을 중심으로 윗글을 이해한 내용으로 적절하지 않은 것은? ③

"저희들이 이렇게 댁을 찾어왔을 때는 무슨 별다른 소관사가 있겠습니까…… 지난번에도 왔다가 코만 떼우고 갔습니다만 대관절 어떻게 저희들의 요구 조건 을 들어주시겠습니까?"

– '요구 조건'은 '다섯 사람'이 '안승학'에게 들어달라고 하는 것입니다. 자세한 내용은 모르지만, '안승학'은 이를 거부하고 있었어요.

① '요구 조건'을 관철시키러 온 '김선달'의 '안승학'에 대한 비아냥거리는 태도가 표출되고 있다.

| 선지 유형 | 근거가 있어서 허용 가능 |
|---|---|
| 실전에서의 판단 과정 | 그래서 안승학이 분해했지. |
| 해설 | '안승학'이 '문간'에서 주인을 찾으라는 말을 하자 '김선달'은 "아무도 없던데? 기둥에다 대고 말하리?"라는 표현을 하며 비아냥거리는 모습을 보였습니다. 이는 '안승학'이 '분함'이라는 심리를 표출한 근거에 해당했으니, 확실하게 체크할 수 있는 내용이겠죠? |

② '요구 조건'의 이행을 요청하는 '희준'에 대해 '안승학'의 거부 의사가 직접적으로 표출되고 있다.

| 선지 유형 | 근거가 있어서 허용 가능 |
|---|---|
| 실전에서의 판단 과정 | 제대로 거절하고 있지. |
| 해설 | '안승학'은 아주 제대로 거절하고 있어요. '그따위 이야기'를 할 바에야 빨리 가서 나락을 베라고 하면서 말이죠. |

③ '요구 조건'의 불이행 때문에 벌어질 일을 경고하는 '희준'에 대해 '안승학'이 염려하고 있음이 암시되어 있다.

| 선지 유형 | 근거가 없어서 허용 불가능 |
|---|---|
| 실전에서의 판단 과정 | 요구 조건 안 들어주면 어떻게 하겠다고 말 한 적이 없는데? |
| 해설 | '희준'은 그저 '요구 조건'을 들어달라고 재차 이야기하고 있을 뿐, 들어주지 않았을 때 벌어질 일을 경고한 적은 없습니다. 따라서 '안승학'이 이를 염려하고 있다는 것도 절대 허용할 수 없겠죠. 애초에 '염려'라는 강력한 심리가 등장했다면 우리가 그 근거를 생각하며 이해했을 겁니다. |

④ '요구 조건'의 수락 여부를 둘러싸고 빚어진 '안승학'과 '다섯 사람' 간의 갈등 양상이 긴장된 분위기를 자아내고 있다.

| 선지 유형 | 근거가 있어서 허용 가능 |
|---|---|
| 실전에서의 판단 과정 | 당연한 말 아니야? |
| 해설 | (중략) 이후의 내용을 그냥 요약한 선지입니다. 갈등이 지속되고 있으니, '긴장된 분위기'를 자아낸다는 건 너무나 당연하겠죠. |

⑤ '요구 조건'에 대한 확답을 받기 원하는 '다섯 사람'의 갑작스러운 방문에 대한 '안승학'의 심리적인 동요가 제시되고 있다.

| 선지 유형 | 근거가 있어서 허용 가능 |
|---|---|
| 실전에서의 판단 과정 | 불안해했었지. |
| 해설 | 처음 '다섯 사람'이 자기 집을 찾아오자, '안승학'은 내색은 못해도 '불안함'이라는 심리를 보였습니다. 우리가 이 감정에 공감했던 기억이 있으니, 이를 근거로 '심리적인 동요'라는 말을 쉽게 허용할 수 있겠네요. |

| 선지 | ① | ② | ③ | ④ | ⑤ |
|---|---|---|---|---|---|
| 선택률 | 5% | 6% | 2% | 78% | 9% |

## 53 〈보기〉를 참고하여 윗글을 감상한 내용으로 적절하지 않은 것은? [3점] ④

① '지체도 없'이 '콩나물죽으로 연명하'다가 '사음까지' 된 인물의 모습은, 소작제를 이용하여 지위가 변한 인물형을 보여 주는군.

| 선지 유형 | 근거가 있어서 허용 가능 |
|---|---|
| 실전에서의 판단 과정 | 못 살다가 소작권 관리까지 했으면 지위가 변한 것이지. |
| 해설 | '콩나물죽으로 연명하'고 '지체도 없'던 인물이 '사음'까지 되었다는 것은 지위가 급격하게 올라갔다는 것을 의미하겠죠? 나아가 '사음'이라는 단어의 뜻을 고려하면, '소작제'를 이용했다는 것도 쉽게 허용할 수 있겠습니다. |

② '경부선이 개통'할 '무렵'의 시대 변화에 적응하여 '근본'에서 벗어날 기회를 얻었던 인물의 모습은, 근대 문물이 유입되는 사회적 환경 속에서 변모해 갈 수 있었던 인물형을 보여 주는군.

| 선지 유형 | 근거가 있어서 허용 가능 |
|---|---|
| 실전에서의 판단 과정 | 지문 내용 그대로네. |
| 해설 | '경부선'과 같은 근대 문물들이 유입되는 사회적 환경 속에서, '안승학'과 같은 인물은 과거의 비참했던 '근본'에서 벗어나 지위를 높였습니다. 이는 지문의 내용 그 자체이니 쉽게 허용할 수 있겠네요. |

③ '친구의 심부름으로' '목판차를 맨 처음으로' 타 보고서 '자만'하는 인물의 행동은, 근대 문물을 경험했다는 점을 앞세워 자신을 과시하는 인물의 모습을 보여 주는군.

| 선지 유형 | 근거가 있어서 허용 가능 |
|---|---|
| 실전에서의 판단 과정 | 서울 가봤다고 자랑 엄청 했었지. |
| 해설 | 역시 별다른 설명이 필요없는 선지죠? '친구의 심부름' 덕에 처음 '목판차'를 타고 서울에 가 본 것이면서, 마치 엄청난 일을 한 것처럼 '자만'하는 '안승학'의 모습이 잘 드러났었습니다. |

④ '위엄스럽게' 하대하면서도 '호령할 용기'를 내지 못하는 인물의 심리는, 자신의 사회적 지위를 인정하지 않는 이들에게 반감을 드러내는 인물의 모습을 보여 주는군.

| 선지 유형 | 근거가 없어서 허용 불가능 |
|---|---|
| 실전에서의 판단 과정 | 호령할 용기를 내지 않는 것은 무서워서지. |
| 해설 | '위엄스럽게' 하대하면서도 '호령할 용기'를 내지 못하는 '안승학'의 심리에 대해 묻고 있습니다. 이는 지위는 내세우면서도 사실 '다섯 사람'을 제압할 만한 용기는 부족한 '안승학'의 모습을 드러내는 것이라고 할 수 있어요. 즉, '호령할 용기'를 내지 못하는 심리의 근거는 '두려워서' 정도이지, '반감' 때문이라고 볼 수는 없습니다. |

### FAQ

**Q** 어쨌든 '안승학'이 '다섯 사람들'에게 '반감'을 가지고 있는 것은 맞지 않나요? 자신을 위협하면서 '요구 조건'을 강요하고 있다는 걸 근거로 하면 '반감'을 충분히 허용할 수 있을 것 같아요.

**A** 그건 맞아요. 하지만, 선지에서 묻는 것은 '호령할 용기'를 내지 못하는 이유입니다. '반감'을 가져서 '호령할 용기'를 내지 못하는 것인가요? 오히려 '반감'을 가지고 있다면 '호령할 용기'를 내야죠. 화가 나게 하는데 말이에요! '안승학'은 '다섯 사람들'에게 '반감'을 가지고 있기는 하지만, 그들이 '두렵기' 때문에 '호령할 용기'를 내지 못하는 것입니다. 선지에서 묻는 것이 정확히 무엇인지 따지고, 그것을 바탕으로 '심리의 근거'를 정확하게 체크할 수 있는지를 물어보는 선지였습니다.

⑤ '피차의 물질상 손해'를 강조하면서도 일방적으로 사람들에게 '나락을 베는 것'을 종용하는 인물의 모습은, 다른 사람의 이익보다 사적인 이익을 우선시하는 인물형을 보여 주는군.

| 선지 유형 | 근거가 있어서 허용 가능 |
|---|---|
| 실전에서의 판단 과정 | 자기한테 손해가 나게 하지 말고 나락을 베라고 하고 있으니 사적인 이익을 더 중시하는 것이지. |
| 해설 | '소작제'에 대한 지식이 없으면 확실하게 지우기 어려운 선지입니다. '소작제'는 농민이 지주의 땅을 빌려 농사를 짓고 그 대가로 일정한 소작료를 지급하는 형태의 제도예요. 식당을 빌려 장사를 하고 월세를 내는 것과 비슷합니다. 이러한 제도하에서는 '다섯 사람'과 같은 소작농들이 열심히 '나락을 베는 것'이 '안승학'과 같은 지 |

주의 대리인에게 이익이 되겠죠? 따라서 '요구 조
건'을 무시하고 '나락을 베는 것'을 종용하는 '안승
학'의 모습은 자신의 이익만을 따지는 인물형을 보
여 준다고 할 수 있습니다.

몰랐던 어휘 정리하기

| 핵심 point |

① **허용 가능성 평가** : 선지의 내용을 '허용'하려는 태도를 바
탕으로 지문을 '독해'하며 '근거'를 찾아야 합니다. 허용할 수
있는 '근거'가 있어야만 허용할 수 있습니다. 주관적인 생각
을 개입시키면 안 됩니다.

② **소설 독해** : '심리와 행동의 근거'를 바탕으로 인물에게 '공
감'하며 읽어야 합니다. 이 과정이 물흐르듯 이어지면 지문
의 내용을 완벽하게 이해할 수 있어요.

③ **현대소설 클리셰** : 현대사의 흐름을 바탕으로 인물들의 성
격을 유추할 수 있습니다. 이런 내용은 현대소설의 클리셰로
작용하니 확실하게 알아두도록 합시다.

| 지문 내용 총정리 |

'일제 강점기 농민의 삶'이라는 클리셰 속에서 '속물적 인물형'
을 등장시켜 갈등을 전개하는 작품이었습니다. 이러한 배경을
알고 있으면 각 인물에게 공감하는 게 그리 어렵지는 않았을 거
예요. 나아가 '문학 개념어 정리'가 아닌 '어휘력 향상'에 초점을
두어야 한다는 점, 선지에서 묻는 것이 무엇인지 정확하게 따지
는 것이 중요하다는 점 등도 추가적으로 정리하도록 합시다.

〈보기〉 확인

─────[보기]─────

　「장끼전」은 '까투리'를 중심으로 남존여비와 여성의 개가 금지 같은 가부장제 사회의 문제를, '장끼'를 중심으로는 몰락 양반의 삶과 조선 후기 향촌 사회의 다양한 변화상을 형상화했다. 이 대목은 가족의 생계 문제를 결정하는 몰락 양반의 출현과 향촌 사회에 새롭게 등장한 신흥 부호의 생활상을 보여 주고 있다. 또한 신흥 부호의 위세로 인해 빚어지는 신흥 부호와 몰락 양반의 갈등, 그리고 신흥 부호를 둘러싼 몰락 양반 간의 불화를 그려 내고 있다.

'가부장제 사회 문제' 및 '몰락 양반의 삶', '조선 후기 향촌 사회의 변화상' 등을 형상화한 작품이라고 합니다. 주제를 알려 준 것이나 다름 없으니, 어렵지 않게 읽어나갈 수 있겠죠?

지문 독해

　'콩알 하나 없으니 주린 처자를 어이할꼬? 어떻든 **협사촌**의 서대주가 도적들과 아래위 낭청을 다니며 함께 도적하여 부유하다 하니 찾아가 얻어 보리라.'
　하고 협사촌을 찾아간다. 허위허위 이 산 저 산 어정어정 걸어가며 생각하되,
　'이놈이 본디 큰 쥐로 도적질하는 놈이니 무엇이라 부를꼬? 쥐라 해도 좋지 않고, 서대주라 해도 좋지 않으니, 이놈 부르기 어렵구나. 어떻든 대접함이 으뜸이라.'

어떤 인물이 '협사촌'의 '서대주'라는 인물을 만나러 가는 모습입니다. 왜 그런 행동을 하나 했더니, 처자식이 굶고 있어 무엇이라도 얻어 보려고 가는 것이었네요. 그러면서 '서대주'를 대접해야겠다는 생각을 하고 있어요. '서대주'는 도적이기 때문에 무시할 수도 있지만, 당장 가족들이 굶어 죽게 생겼으니 자존심이고 뭐고 다 버려야겠죠. 어렵지 않게 공감할 수 있네요.

　길을 재촉해 협사촌을 찾아 서대주 집 문 앞에서 장끼 큰기침 두 번 하고,
　"서동지 계시오?"
　하며 찾으니, 이윽고 시비 쥐 나오거늘 장끼 문왈,

　"이 댁이 아래위 낭청으로 다니며 관리하시는 서동지 댁이오?"
　물으니 시비 답왈,
　"어찌 찾으시오?"
　장끼 가로되,
　"잠깐 뵈오리다."

이렇게 '서대주'를 찾아가는 인물은 '장끼'였습니다. '서대주' 집에 도착한 '장끼'는 '서동지 댁'과 같은 표현을 사용하며 '서대주'를 높이고 있습니다. 부탁을 해야 하는 입장이니 철저하게 숙일 수밖에 없는 것이죠. 그 마음에 충분히 공감할 수 있겠습니다.

　이때 서대주 자녀의 재미 보며 아내와 함께 있더니, 시비 와서 왈,
　"문전에 어떤 객이 왔으되 〈위풍이 헌앙(軒昂)*하고 빛갓 쓰고 옥관자 붙이고〉 여차여차 동지 님을 뵈러 왔다 하나이다."
　서대주 동지란 말을 듣더니 대희하여 **외헌**으로 청하고, 〈정주(頂珠) 탕건 모자 쓰고 평복으로 나아가〉 장끼를 맞아 예하고 자리를 정하니, 장끼 하는 말이,
　"댁이 서동지라 하시오? 나는 양지촌 사는 화충이라고도 하고, 세상에서 부르기를 장끼라고도 혹 꿩이라고도 하는데, 귀댁을 찾아 금일 만나니 구면처럼 반갑소이다. 한 번도 뵌 적 없으나 평안하시었소?"
　서대주 맹랑하다, 탕건을 어루만지며 답왈,
　"존객의 이름은 높이 들었더니 나를 먼저 찾아 누지에 와 주시니 황공 감사하오이다."
　장끼 답왈,
　"서로 찾기에 선후가 있는 것 아니니 아무커나 반갑다 못하여 진저리 나노라."

* 헌앙 : 풍채가 좋고 의기가 당당함.

이러한 상황에서, '시비 쥐'는 '아내'와 함께 즐거운 시간을 보내던 '서대주'에게 '장끼'가 찾아왔음을 알립니다. 그러면서 '장끼'의 외양을 묘사하고 있는데, 상당히 긍정적으로 묘사하고 있다는 걸 확인할 수 있겠죠? 이렇게 외양 묘사를 통해 인물의 심리와 성격을 체크할 수 있어야 합니다.

아무튼 '동지'라며 자신을 높이는 데 기분이 좋아진 '서대주'는 '외헌'으로 '장끼'를 부릅니다. 이때 '정주 탕건 모자', '평복' 등을 입으며 예의를 차리고 있어요. 정확히 어떤 복장인지는 몰라도, 자신을 높여주는 상대에게 예의를 차리는 모습이라는 것 정도는 생각할

수 있어야 합니다. 모든 외양 묘사는 심리와 성격을 드러내니까요! '장끼'는 계속해서 '서대주'에게 예의를 차리고 있고, '서대주'도 기분이 좋아 보입니다. '장끼'에게 좋은 결과가 있을 것만 같죠?

하거늘 서대주 <u>웃으며</u> 온갖 음식으로 대접하고 고금사를 문답하며 장끼를 조롱하며 벗하더니, 장끼 콧소리를 내며 말하기를,

"서동지께 청할 말이 있노라. 내 본시 넉넉지 못해 오늘까지 먹지 못하다가 처음 청하온데 양미 이천 석만 빌려주시면 내년 가을에 갚으리니 동지 님 생각에 어떠시오?"

서대주 <u>웃으며</u> 하는 말이,

"속담에 '우마(牛馬)도 초분식(草分食)하고, 산저(山猪)도 갈분식(葛分食)이라*.' 하였거든 우리 사이에 무엇이 어려우리오?"

(중략)

장끼 감사함을 칭사하고 **양지촌**으로 돌아가니라. 이때 서대주 노비 쥐를 명하여 창고를 열고 이천 석 콩을 배로 옮겨 양지촌으로 보내니라.

* 우마도 초분식하고, 산저도 갈분식이라: 소와 말도 풀을 나눠 먹고, 산돼지도 칡을 나눠 먹는다.

우리의 예상대로 모든 일은 술술 풀립니다. '장끼'는 '서대주'에게 '양미 이천 석'을 빌려달라 하고, '서대주'는 웃으며 허락합니다. 본래의 목적을 완벽하게 달성한 모습이네요. 어렵지 않게 이해할 수 있겠죠?

나아가 〈보기〉를 바탕으로, 여기 나온 '장끼'가 '몰락 양반'을, '서대주'가 '신흥 부호'를 상징한다는 것도 생각할 수 있겠습니다. 이는 '조선 후기 향촌 사회의 변화상'이라는 지문의 주제와 관련되는 것이에요.

각설. 이때 **동지촌**에 딱부리란 새가 있으되 〈주먹볏에 흑공단 두루마기, 홍공단 끝동이며, 주둥이는 두 자나 하고 위풍이 헌앙한 짐승이라.〉 양지촌 장끼를 찾아가 오래 못 본 인사 하고 하는 말이,

"자네는 어찌하여 양식이 저리 풍족하여 쌓아 두었는가?"

장끼가 협사촌 서대주를 찾아가 양식 빌린 사연을 자세히 말하니, 딱부리 놈이 고개를 끄덕이며,

"자네 마음이 녹녹지 아니하거늘 미천한 도적놈을 무엇이라 찾았는가?"

장끼 답왈,

"나도 생각이 있으나 옛글에 '교만한 자는 집이 망한다.' 했고, '남을 대접하면 내가 대접을 받는다.' 했고, 내 가난하여 빌리러 갔기로 저를 대접하여 서동지라 존칭하였더니 대희하여 후대하고 종일 문답하며 여차여차하였노라."

하거늘 딱부리 하는 말이,

"자네 일정 간사하도다. 만일 입신양명하면 충신을 험담하여 귀양 보내고 조정을 농권하며 임금을 어둡게 하리로다. <u>나는 그놈을 찾아가서 서대주라 하고 도적질한 말을 하면 그놈이 겁내어 만석이라도 추심(推尋)*하리라.</u>"

장끼 답왈,

"자네 재주를 몰랐더니 오늘에야 알리로다."

* 추심 : 찾아내어 가지거나 받아 냄.

이때 '동지촌'에 사는 '딱부리'라는 인물이 등장합니다. 이 인물의 외양 묘사도 제시되고 있는데, '주먹볏', '주둥이는 두 자' 등의 표현을 보니 서술자가 부정적으로 묘사하고 있다는 것을 인식할 수 있겠네요. 이 정도의 느낌은 와야 합니다.

아무튼, '딱부리'는 '장끼'에게 어떻게 양식을 쌓게 되었는지 묻고, '서대주'에게 존대를 한 '장끼'를 나무랍니다. 그러면서 자신이 '서대주'에게 가면 존대하지 않고도 겁을 주어 양식을 빼앗아 올 수 있다고 자신하고 있어요. 몰락 양반으로 보이는 '장끼'와 친하게 지내는 것으로 보아 '딱부리'도 몰락 양반이라고 할 수 있는데, 그래도 양반이었던 사람 입장에서 도적에게 존대하는 것은 자존심이 상할 수 있겠죠. 이렇게 공감할 수 있어야 합니다!

그런데 딱 봐도 끝이 좋지는 않을 것 같죠? 이렇게 예상할 수 있어야 해요. 많은 소설들을 경험한 뒤 얻게 되는 감입니다.

딱부리 웃으며 나와 **협사촌**을 찾아가, 구멍 앞에 나가서 생각은 <u>많으나</u> 이를 갈고 "서대주, 서대주." 찾으니 이윽하여 시비 쥐 나오며 하는 말이,

"뉘 집을 찾아오시니까?"

딱부리 하는 말이,

"네 명색이 무엇이냐? 이 집이 아래위 낭청으로 다니며 도적질하는 서대주 집이냐? 나는 동지촌 사는 딱장군이니 와 계시다 일러라."

'딱부리'는 그렇게 여유만만해하며 '협사촌'으로 찾아갑니다. 하지만 막상 도착하니 조금 겁나기는 하나 봐요. '생각은 많으나 이를 갈고', 즉 용기를 내어서 '서대주, 서대주'라며 불러 보고 있습니다. 그러면서 '시비 쥐'에게 '서대주'가 '도적질'하는 인물이라며 하대하고 있어요. 그래도 본인이 뱉은 말은 제대로 지키는 모습이네요.

> 하거늘 쥐란 놈이 골을 내어 대답하고 들어가 고하니,
> 서대주 크게 성내고 분부하는 말이,
>   "어떤 놈이든지 잡아들이라."
> 하니 수십 명 범 같은 쥐들이 명을 듣고 딱부리를 에워싸고 결박하고 이 뺨 치고 저 뺨 치며 몰아가니 딱부리 애걸하며 비는 말이,
>   "내 무슨 잘못이 있다 이리하시오? 내 손주 노릇할 터이니 놓아주고 달아났다 하시오."
> 한데 듣지 않고 잡아들여 서대주 앞에다 꿇리니 서대주 호령하되,
>   "이놈! 너는 어인 놈이기에 주인 찾을 때 근본을 해하여 찾으니 그중에 너 같은 놈은 만단을 내리라."
> 하며 매우 치라 하니 딱부리 머리를 조아리고 애걸하며 빌더라.
>
>                     –작자 미상, 「장끼전」–

'시비 쥐'는 '서대주'에게 이 사실을 고하고, '딱부리'는 철저하게 응징당하는 모습입니다. 실컷 얻어맞은 뒤 결국 '애걸하며 비는' 태도를 보이고 있어요. 자신을 무시한다고 생각해서 화가 난 '서대주'와 본인의 예상과 다르게 곤혹을 치른 '딱부리'의 심리에 모두 공감해주시면 됩니다. 〈보기〉에서 말한 대로 '신흥 부호'와 '몰락 양반' 사이의 갈등이 나타나는 부분이었네요.

| 선지 | ① | ② | ③ | ④ | ⑤ |
|---|---|---|---|---|---|
| 선택률 | 78% | 6% | 10% | 1% | 5% |

**54 윗글에 대한 설명으로 가장 적절한 것은? ①**

① 세밀한 외양 묘사를 통해 인물의 속성을 드러내고 있다.

| 선지 유형 | 근거가 있어서 허용 가능 |
|---|---|
| 실전에서의 판단 과정 | 외양 묘사 많이 나왔지. |
| 해설 | '장끼', '서대주', '딱부리' 등의 인물의 외양을 자세하게 묘사하며, 각 인물들의 성격을 드러내고 있었습니다. 이는 워낙 중요하기에 우리가 미리 체크한 내용이기도 하죠? 어렵지 않게 답으로 고를 수 있겠습니다. |

② 서술자가 개입하여 인물의 행동에 대해 호감을 보이고 있다.

| 선지 유형 | 근거가 없어서 허용 불가능 |
|---|---|
| 실전에서의 판단 과정 | 체크한 기억이 없는데? |
| 해설 | 서술자의 개입은 나올 때마다 체크하기로 한 내용이었습니다. 그런데 체크한 기억이 없으니, 가볍게 넘어가주시면 되겠죠? 불안하더라도, 이렇게 찾기 귀찮은 내용은 일단 넘기는 게 중요합니다. |

**FAQ**

**Q** '서대주'와 '장끼'가 만나는 장면에서 서술자가 '서대주 맹랑하다'라고 하는 부분은 서술자의 개입으로 보기 어렵나요?

**A** 그냥 '서대주'의 성격이 맹랑하다는 것을 설명하는 부분이라고도 할 수 있고, 서술자가 평가한 것이라고도 할 수 있어서 애매한 부분입니다. 그렇다고 해도 '호감을 보이고 있다'는 건 허용하기 어렵기에 틀린 선지가 되겠죠? '맹랑하다'는 '하는 짓이 만만히 볼 수 없을 만큼 똑똑하고 깜찍하다.'의 뜻이고, 맥락상 '장끼'와 같은 양반이 와서 존대해주는데도 거만하게 탕건을 만지고 한다는 이야기를 하는 것이라, 호감을 보인다기보다는 '요놈 요거 보소' 정도의 느낌이라고 보셔야 합니다.

③ 속담과 옛글을 삽입하여 인물의 내적 갈등을 강조하고 있다.

| 선지 유형 | 근거가 없어서 허용 불가능 |
|---|---|
| 실전에서의 판단 과정 | 내적 갈등을 강조한 적은 없는 것 같은데? |

| 해설 | '교만한 자는 집이 망한다.'와 같은 내용을 바탕으로 '속담과 옛글'이라는 말은 충분히 허용할 수 있겠습니다. 다만 이를 통해 '내적 갈등'을 강조한 적은 없죠? 단순히 '장끼'가 왜 '서대주'에게 존대를 했는지 강조하는 부분이었습니다. |
| --- | --- |

④ 과거와 현재를 대비하여 인물의 초월적 능력을 부각하고 있다.

| 선지 유형 | 근거가 없어서 허용 불가능 |
| --- | --- |
| 실전에서의 판단 과정 | 초월적인 능력이 어디 나오냐. |
| 해설 | 일단 '과거와 현재의 대비'라는 엄청난 내용을 체크한 기억이 없습니다. 이는 '시·공간적 배경'을 중시하는 우리가 놓쳤을 리가 없는데, 기억이 안 난다면 안 나온 것이겠죠. 나아가 '인물의 초월적 능력'이라는 게 허용될 여지도 없습니다. 가볍게 지울 수 있어야 합니다. |

⑤ 공간적 배경을 자세히 묘사하여 인물의 심리 변화를 암시하고 있다.

| 선지 유형 | 근거가 없어서 허용 불가능 |
| --- | --- |
| 실전에서의 판단 과정 | 딱히 공간적 배경이 묘사된 적은 없는 것 같은데? |
| 해설 | '배경 묘사' 역시 우리가 중요하게 생각하는 포인트이기 때문에, 만약 나왔다면 놓쳤을 리가 없습니다. 어렵지 않게 지워야 합니다. 물론 '딱부리'가 '서대주'를 만나러 가기 전과 후에 '심리 변화'를 보이기는 했지만, 이를 '암시'하는 요소도 존재하지 않았구요. |

| 선지 | ① | ② | ③ | ④ | ⑤ |
| --- | --- | --- | --- | --- | --- |
| 선택률 | 5% | 7% | 12% | 7% | 69% |

**55** '장끼'와 '딱부리'가 '서대주'를 각각 방문하는 상황에 대한 이해로 적절하지 <u>않은</u> 것은? ⑤

– 이 지문은 크게 '장끼의 방문'과 '딱부리의 방문'이라는 두 장면으로 나눠집니다. 이에 대한 이해를 묻고 있어요. 핵심은 '서대주'에 대한 대접이었습니다. 대접을 잘 해주면 보상이 따랐고, 그렇지 않으면 오히려 응징을 당했죠. 어렵지 않게 선지를 판단해보도록 합시다.

① 서대주를 방문하기 전에, 장끼와 딱부리는 서대주의 정체에 대해 알고 있었다.

| 선지 유형 | 근거가 있어서 허용 가능 |
| --- | --- |
| 실전에서의 판단 과정 | 둘 다 도적이라는 걸 알고 있었지. |
| 해설 | '장끼'와 '딱부리' 모두 '서대주'가 도적이라는 것은 알고 있었습니다. 다만 그러한 정체에 대해 어떻게 반응하는지에서 차이를 보였던 것이죠. |

② 서대주를 방문하기 전에, 장끼와 딱부리는 각자의 생각에 따라 서대주를 대할 방식을 계획했다.

| 선지 유형 | 근거가 있어서 허용 가능 |
| --- | --- |
| 실전에서의 판단 과정 | 미리 생각한 내용이네. |
| 해설 | '서대주'를 어떻게 대할 것인가에 대한 계획은 미리 생각한 내용이자, 두 장면의 가장 큰 차이점이라고 할 수 있죠? |

③ 서대주를 방문하여, 장끼는 시종 일관된 태도를 보였고 딱부리는 상황의 변화에 따라 자신의 태도를 바꾸었다.

| 선지 유형 | 근거가 있어서 허용 가능 |
| --- | --- |
| 실전에서의 판단 과정 | 장끼는 일관되게 잘 해줬고 딱부리는 맞고 나서 공손해졌지. |
| 해설 | '실전에서의 판단 과정' 그대로입니다. '장끼'는 일관되게 공손한 태도를 보였고, '딱부리'는 얻어맞은 후에 건방진 태도에서 겸손한 태도로 바뀌는 모습을 보였어요. |

④ 서대주의 거처를 확인하면서, 장끼는 서대주의 환심을 살 만하게, 딱부리는 서대주의 반감을 살 만하게 표현했다.

| 선지 유형 | 근거가 있어서 허용 가능 |
| --- | --- |
| 실전에서의 판단 과정 | 그랬었지. |
| 해설 | '장끼'는 '서대주'의 거처가 맞는지 확인하기 위해 '서 동지 댁'이라는 표현을 사용했습니다. 이는 '서대주'의 환심을 샀죠. 한편 '딱부리'는 '도적질하는 서대주'라는 표현으로 반감을 사는 모습이었어요. |

⑤ 서대주를 방문하는 목적을, 장끼는 경제적인 이익을
취하는 데에 두었고 딱부리는 도적질을 벌로 다스리
고 교화하는 데 두었다.

| 선지 유형 | 근거가 있어서 허용 불가능 |
|---|---|
| 실전에서의 판단 과정 | 둘 다 양식 빌리러 간 거잖아. |
| 해설 | 결국 또 '행동의 근거'를 묻고 있습니다. '장끼'와 '딱부리' 모두 '서대주'를 방문하는 목적은 양식을 빌리기 위해서입니다. '딱부리'가 '서대주'를 하대한 것은 도적질을 다스리기 위해서가 아니라, 그저 양반인 자신의 지위를 이용하기 위한 것이었죠. 각 인물들에게 공감하며 읽었다면 어렵지 않게 답으로 골라낼 수 있을 겁니다. |

| 선지 | ① | ② | ③ | ④ | ⑤ |
|---|---|---|---|---|---|
| 선택률 | 5% | 3% | 12% | 78% | 2% |

## 56 〈보기〉를 참고하여 윗글을 감상한 내용으로 적절하지 않은 것은? [3점] ④

① 장끼가 양식이 떨어져 굶주리는 처자식을 위해 부유한
서대주를 찾아가 양식을 빌리는 장면에서, 가장으로서
의 책무를 다하려는 몰락 양반의 면모를 알 수 있군.

| 선지 유형 | 근거가 있어서 허용 가능 |
|---|---|
| 실전에서의 판단 과정 | 선지 그 자체로 허용할 수 있네. |
| 해설 | '처자식'을 위해 양반의 지위에도 불구하고 '도적질'하는 '서대주'에게 양식을 빌리는 모습은 '가장으로서의 책무'를 다하려는 면모라고 할 수 있겠습니다. |

② 서대주가 '시비 쥐'를 부리고 복색을 갖추어 손님을
'외헌'에서 맞이하는 장면에서, 신흥 부호의 생활상을
알 수 있군.

| 선지 유형 | 근거가 있어서 허용 가능 |
|---|---|
| 실전에서의 판단 과정 | 잘 사는 모습이 나타나지. |
| 해설 | '시비 쥐'를 부리고, 좋은 옷을 입고, '외헌'과 같은 손님을 맞이할 수 있는 별도의 공간이 있을 정도로 큰 집에 사는 모습은 '신흥 부호의 여유로운 생활상'을 보여 준다고 할 수 있죠. |

③ 서대주를 대접하여 양식을 빌린 장끼에게 딱부리가
'간사하도다'라고 언급하는 장면에서, 신흥 부호에 대
한 처신을 놓고 몰락 양반 간에 의견 차이가 있었음을
알 수 있군.

| 선지 유형 | 근거가 있어서 허용 가능 |
|---|---|
| 실전에서의 판단 과정 | 서대주에게 존대한 장끼와 달리 딱부리는 하대해야 한다고 했지. |
| 해설 | '장끼'는 '서대주'에게 공손하게 대접하여 양식을 빌렸는데, '딱부리'는 이에 대해 '간사하도다'라며 비판합니다. 그러면서 '서대주' 같은 도적은 하대해야 한다는 자신의 의견을 보이죠. 이는 '서대주'와 같은 신흥 부호들에 대한 처신을 놓고 몰락 양반들 간에 의견이 갈리는 모습이라고 할 수 있습니다. |

④ 서대주의 '시비 쥐'가 딱부리에게 골을 내는 장면에서, 몰락 양반의 경제적 곤궁함을 업신여기는 신흥 부호의 모습을 알 수 있군.

| 선지 유형 | 근거가 있어서 허용 불가능 |
|---|---|
| 실전에서의 판단 과정 | 시비 쥐가 골을 낸 이유는 자기 주인을 무시해서였지. |
| 해설 | 서대주의 '시비 쥐'가 '골을 내는' 이유는 '딱부리'가 건방지게 자신의 주인을 무시해서였어요. 애초에 '시비 쥐'는 '딱부리'가 얼마나 잘 사는지 알지도 못하기 때문에, '몰락 양반의 경제적 곤궁함'을 업신여긴다는 말은 절대 허용할 수 없겠습니다. 물론 '시비 쥐'가 '신흥 부호'라고 보기도 어렵구요.<br><br>소설의 〈보기〉 문제 정답 선지답게, '심리의 근거'에서 답이 나오는 모습입니다. 이렇게 반복되는 출제 포인트는 확실하게 익혀 두는 것이 중요합니다. |

⑤ 서대주가 '수십 명 범 같은 쥐들'에게 명령하여 딱부리
를 결박하는 장면에서, 향촌 사회에서의 신흥 부호의
위세를 알 수 있군.

| 선지 유형 | 근거가 있어서 허용 가능 |
|---|---|
| 실전에서의 판단 과정 | 다른 쥐들을 부리는 모습에서 위세를 알 수 있지. |
| 해설 | '서대주'가 다른 쥐들에게 명령하는 모습은 그 위세를 드러내기에 충분합니다. 어렵지 않게 허용할 수 있겠죠. |

| 핵심 **point** |

① **허용 가능성 평가** : 선지의 내용을 '허용'하려는 태도를 바탕으로 지문을 '독해'하며 '근거'를 찾아야 합니다. 허용할 수 있는 '근거'가 있어야만 허용할 수 있습니다. 주관적인 생각을 개입시키면 안 됩니다.

② **소설 독해** : '심리와 행동의 근거'를 바탕으로 인물에게 '공감'하며 읽어야 합니다. 이 과정이 물흐르듯 이어지면 지문의 내용을 완벽하게 이해할 수 있어요.

| 지문 내용 총정리 |

각 인물의 심리와 행동의 근거를 생각하며 읽어 준다는 기본적인 원칙만으로 해결 가능한 쉬운 지문이었습니다. 이 정도는 어렵지 않다고 느낄 수 있어야 해요.

〈보기〉 확인

확인할 〈보기〉가 없네요. 바로 지문 읽어보도록 합시다.

지문 독해

> [앞부분 줄거리] 공동 경비 구역에서 근무하는 국군 이수혁 병장, 남성식 일병(수정의 오빠)과 인민군 오경필 중사, 정우진 전사 사이에 총격 사건이 일어난다. 중립국 감독 위원회는 소피 소령을 파견하여 보타 소장 관할 아래 사건을 조사하게 한다.

인물이 정말 많습니다. '이수혁, 남성식'이 국군이고, '오경필, 정우진'이 인민군이네요. 이때 '수정'이라는 인물이 '남성식'의 여동생이라는 것까지 외울 정도로 확실하게 체크해주셔야 합니다. 국군과 인민군 사이에 총격 사건이 일어난 상황입니다. 이를 '중립국' 감독 위원회에서 '보타' 소장 관할 아래 '소피' 소령이 조사하게 하네요. 상황이 확실하게 그려지시죠? [앞부분의 줄거리]는 외울 기세로 꼼꼼하게 읽어달라고 했어요!

> **S#79. 팔각정 (낮)**
> 　팔각정에서 본 판문각 근처 부감* 전경 ― 대질 심문을 받고 나온 수혁, 경필 일행이 회담장 앞에서 각각 차를 타고 현장을 떠난다. 카메라, 후진하면서 팔각정 내부로 초점 이동하면 보타의 손이 쑥 들어와 서류 봉투를 내민다.
>
> **소피 :** (영어) (봉투를 받아 들고) 뭐죠?
>
> 　보타, 대답 대신 관측경을 들여다본다.
>
> **보타 :** (영어) 한국이 처음이랬지?
>
> 　보타의 관측경으로, 판문각 앞에서 쌍안경을 들고 이쪽을 관찰하는 북한 군인이 보인다.
>
> **보타 :** (영어) (목소리) 그래 '아버지' 나라가 마음에 들던가?
>
> 　판문각 쪽에서 북한 군인의 쌍안경 시점으로, 사진을 보고 있는 소피의 모습이 잡힌다.
> 　보타의 설명 사이사이, 한국전 당시 거제도 포로수용소의 생활과 좌우 투쟁, 종전 후 공산 포로 북송, 반공

포로 석방 및 제3국행 포로의 출발과 도착 장면들이 사진과 기록 영화 화면으로 편집된다.

> * 부감 : 카메라가 인물의 시선보다 높은 곳에서 아래로 내려다보며 촬영하는 것.

공동 경비 구역의 이야기입니다. 사실 이 작품이 EBS 연계작품도 아니었고, 평가원 시험에 출제될 만큼 오래된 것도 아니라서 출제되었을 때는 여러 가지 말이 많았어요. 평가원이 낼 수 있는 작품의 폭이 굉장히 넓어졌다고 생각할 수 있는 포인트입니다. 섣불리 어떤 작품이 나올 것이라고 예측하지 맙시다.

'팔각정'이라는 공간에서 벌어지는 일입니다. [앞부분의 줄거리]에서 체크했던 '수혁'과 '경필' 일행이 현장을 떠나는 모습입니다. 총격 사건에 대한 조사를 받은 것으로 보이죠? 이를 비추던 카메라는 팔각정 내부로 시선을 돌리고, '보타'가 '소피'에게 서류 봉투를 내미는 모습이 보입니다. 그런데 갑자기 '보타'가 '소피'에게 '아버지' 이야기를 하고 있네요. '소피'는 한국이 처음인데, 한국이 '아버지'의 나라라고 합니다. 그러면서 한국의 역사적인 사건들이 기록 영화 형식으로 편집되고 있어요. 출생의 비밀이 밝혀지고 있습니다. '소피'는 한국인 아버지를 두고 있었어요.

극문학의 경우 영화나 연극 등의 대본에 해당하니, 내용을 머릿속으로 떠올리면서 영화를 본다고 생각하면 훨씬 생생하게 정리할 수 있어요. 여러분이 좋아하는 배우를 아무나 대입해서 읽다 보면 생각보다 쉽게 이해가 될 것이에요. '팔각정'에서의 상황을 상상하면서 계속 읽어봅시다.

> **보타 :** (영어) (목소리) 한국전 당시 거제도에는 인민군 포로 수용소가 있었지. 그 속에서 공산주의자와 반공주의자, 두 무리 간엔 처참한 살육이 계속됐어. 종전되고 그들에게 선택권이 주어졌어. 남으로의 귀순이냐, 북으로의 귀환이냐… 그 17만 포로 중 76명은 둘 다를 거부했어. 그들 중 지금도 행방이 묘연한 사람이 있네. 바로… 자네 아버지 장연우 같은 사람이지.
>
> 　소피, 놀란 얼굴로 손에 든 다른 사진을 내려다보면 거제 포로 수용소에서 포로들, 결박당한 채 쪼그리고 앉아 있다. 그중 동그라미가 쳐진 사람 얼굴로 줌인*.
>
> **보타 :** (영어) 표 장군이 매우 잽싸게 움직였더군. 국방부, 외무부, 인도, 아르헨티나, 스위스 대사관… 며칠 사이 정보란 정보는 다 모았어. 표 장군으로선 전 인민

군 장교의 딸인 자네에게 사건을 맡길 수 없었겠지.

소피 : (영어) (흥분해서) 3일이면 돼요. 곧 이 병장의 자백을 받아낼 수 있다구요.

* 줌인 : 피사체의 크기를 점점 확대 촬영하는 것.

'보타'가 '소피'의 아버지에 대한 자세한 정보를 제공하고 있습니다. 알고보니 소피의 아버지, 즉 '장연우'는 한국전 당시 남과 북을 모두 거부한 인민군 포로였어요. '소피'는 이 소식을 듣고 깜짝 놀라고 있습니다. 왜 놀라는지는 쉽게 공감할 수 있겠죠? 아버지의 정체를 모르다가 이렇게 갑작스럽게 들었고, 심지어 흔치 않은 사연까지 있었으니 놀라울 수밖에 없겠죠.

'보타'는 전 인민군 장교의 딸인 '소피'에게 사건을 맡길 수 없음을 통보합니다. 이 말을 들은 '소피'는 '흥분'하고 있어요. 사건 해결이 코앞인데, 알지도 못했던 아버지 정체 때문에 사건에서 배제된다는 것을 받아들이기 어렵겠죠. 쉽게 공감할 수 있습니다. 여기서 '대사 외 부분'에 나온 심리와 그 근거까지 정확하게 체크하는 것이 아주 중요해요.

(중략)

### S#81. 소피의 숙소 (낮)

침대에 가방을 올려놓고 짐을 싸는 소피. 사진 액자를 가방에 넣으려다 말고 들여다본다. 어린 시절의 소피와 스위스인 엄마 사진. 액자 뒤를 열어 가족사진을 꺼낸다. 접힌 부분을 펴자 숨겨진 아버지의 모습이 온전히 나타난다. 물끄러미 사진을 바라보는 소피.

(중략) 이후 '소피의 숙소'입니다. 가족사진을 물끄러미 바라보는데, 접힌 부분을 펼치자 '아버지'의 모습이 나타나네요. '아버지'의 사진을 접어 둔 것으로 보아, '소피'가 사실은 '아버지'의 존재에 대해 알고 있었고 나아가 '아버지'에 대해 복잡한 심정을 가지고 있다는 것을 생각할 수 있겠네요. 지문 내용으로는 그 심정이 어떤 것인지 정확히 알기는 어렵지만요. '보타'가 이러한 '아버지' 이야기를 하니 놀라고 동요하는 모습을 보였다는 식으로 공감할 수 있겠습니다.

### S#82. 수사본부 (낮)

문이 열리고 들어오는 수혁, 목발을 짚었다. 사진을 바라보고 앉아 있는 소피.

소피 : (수혁을 돌아보며) 오라고 해서 미안해요. 몸도 불편한데.

영문을 모르고 불려 온 수혁이 가만히 지켜보는 가운데, 탁자에 놓인 서류 봉투를 집어 들고 출입구 앞으로 가는 소피, 과녁판에서 다트 화살을 뽑아 든 다음 서류 한 장을 꽂아 고정시킨다.

소피 : 내일 자정을 기해 나를 제이에스에이 근무에서 해제한다는 명령서예요.
수혁 : 들었습니다, 아버지 얘기.
소피 : 그래, 내가 인민군 장교의 딸이란 얘길 듣고 기분이 어떻던가요?
수혁 : (주저 없이) 친근감이 들었습니다.

소피, 당황한 듯 잠시 침묵했다가 군복 안에 받쳐 입은 터틀넥 스웨터의 목을 젖혀 보인다. 목에 나 있는 피멍 자국.

소피 : 난 아직 흔적이 남아 있는데 이 병장은 깨끗하네요. 이 병장이 오 중사보다 힘이 센가 보지요?

당황하는 수혁, 대답 없다.

'수사본부'에서 '소피'와 '수혁'이 만난 상황입니다. '소피'가 '수혁'을 부른 상황인데, '수혁'은 영문도 모르고 불려 온 상황입니다. '소피'는 자신이 수사에서 배제되었다는 문서를 보여 주고, 자신의 아버지 이야기에 대해 어떻게 생각하는지 '수혁'에게 묻습니다. 그런데 '수혁'은 '주저 없이 친근감'이 들었다고 이야기하네요! 여기서 여러분은 '수혁'에게 공감할 준비를 해야 합니다. 국군인 '수혁'이 인민군인 '소피의 아버지'에게 친근감이 들었다는 것은, '수혁'이 인민군에게 큰 반감이 없음을 내포하고 있을 겁니다. 정확히 어떤 일이 있었는지는 모르겠지만, [앞부분의 줄거리]에 나왔던 총격 사건에 숨겨진 비밀이 있는 것으로 보이네요.

'수혁'의 이러한 반응에 '당황'한 '소피'는 자기 목에 있는 피멍 자국을 보여 주면서, 알 수 없는 이야기를 합니다. '수혁'은 이를 듣고 크게 '당황'하네요. '수혁'에게 공감해보면, 무언가 알아서는 안 될 비밀을 들킨 것으로 보입니다. '심리의 근거'를 바탕으로 공감하려는 태도가 제대로 갖춰져 있다면 충분히 생각할 수 있어요!

소피 : 자, 진짜 재미난 쇼는 이제부터예요. 잘 봐요.

  수정의 얼굴이 프린트된 출력물을 과녁판에 꽂는 소피. 당황하는 수혁.

소피 : 수정 씨를 만나자마자 전에 본 적이 있는 얼굴이라고 생각했어요. 그런데 그 사람이 누군지 알아내는 건 그렇게 어려운 일이 아니었죠.

  이번에는 수정의 초상화를 과녁판에 꽂는 소피. 놀라는 수혁.

소피 : 정우진이 그린 초상화예요. 그리고 이건 (찢어져 너덜 너덜한 얼굴 없는 사진을 과녁에 꽂으며) 정우진의 시신에서 나온 사진이에요.

  과녁판에 나란히 부착된 석 장의 이미지. 충격받은 표정의 수혁.

소피 : '사라진 탄환'이 남 일병의 알리바이를 깨는 증거였다면… (얼굴이 찢겨 나간 사진을 가리키며) '사라진 얼굴'은 네 명의 병사가 오랫동안 친하게 지냈다는 걸 뜻하는 증거죠.

  수혁, 애써 외면하고 걸어간다.

수혁 : 그래서요?

  노란색과 빨간색 디스켓 두 개를 꺼내 보이는 소피.

소피 : 완전히 다른 두 개의 수사 보고서예요. 내가 뭘 제출하느냐는 이 병장한테 달렸어요. 진실을 말해 준다면 난 후임자한테 어떤 증거나 추리도 제공하지 않겠어요.
수혁 : 협박입니까?
소피 : 거래죠.
수혁 : 영창을 가든 훈장을 받든 전 관심 없습니다. 그렇다면 진실의 대가로 소령님이 저한테 해 줄 수 있는 게 뭡니까?
소피 : 이 병장이 끝까지 보호하려고 하는 사람… 오경필의 안전이에요.

  -박상연 원작, 박찬욱 외 각색, 「공동 경비 구역 JSA」-

'소피'는 본격적으로 수사 내용을 공개하고 있습니다. 먼저 '수정'의 얼굴을 보여 주자 '당황'하는 '수혁'입니다. '수정'은 국군인 '남성식'의 동생이었습니다. 기억이 안 나면 [앞부분의 줄거리]에서 확인하고 왔어야 해요! 그런데 인민군인 '정우진'이 그린 초상화에 '수정'의 얼굴이 있다고 해요! 거기에 '정우진'의 시신에 '수정'의 것으로 추정되는 사진도 들어 있구요. 국군 병사의 여동생 초상화와 사진이 인민군 병사에게서 나왔다는 건, '소피'가 말하는 것처럼 네 명의 병사가 친하게 지냈다는 증거로 쓰일 수 있겠습니다. '소피'의 엄청난 추리력을 볼 수 있네요.

애써 담담한 척하는 '수혁'에게, '소피'는 진실을 알려줄 것을 요구합니다. 그 대가로 '오경필'의 안전을 지켜주겠다고 하죠. 이제 보니 [앞부분의 줄거리]에 나왔던 총격 사건은 사실 네 병사가 친하게 지냈다는 것과 관련된 사건이었나봅니다. 자세한 내막은 모르겠지만, 이 정도로만 읽어내도 정말 훌륭할 것 같아요. 참고로 이 영화 참 재미있습니다. 시간이 되실 때 한 번 보시는 걸 추천드려요 ㅎㅎ

| 선지 | ① | ② | ③ | ④ | ⑤ |
|---|---|---|---|---|---|
| 선택률 | 3% | 3% | 5% | 5% | 84% |

**57** 윗글의 인물에 대한 설명으로 가장 적절한 것은? ⑤

– 인물관계가 복잡했던 지문이니 이런 문제가 나올 수 있겠죠. 우리는 '소피'와 '아버지'의 이야기, '소피'와 '수혁'의 이야기, 그리고 그 속에서 나타난 네 명의 병사 사이의 이야기 등에 대해 제대로 이해하고 있습니다. 이를 바탕으로 선지 판단해봅시다.

  ① '소피'의 아버지는 전쟁이 끝나자 북으로 귀환한다.

| 선지 유형 | 근거가 있어서 허용 불가능 |
|---|---|
| 실전에서의 판단 과정 | 중립국을 택했지. |
| 해설 | '장연우'라는 소피의 아버지는 중립국을 택한 76명 중 한 명이었습니다. '소피'가 '보타'의 말을 듣고 놀라는 장면에서 그 근거를 정확하게 잡았다면 기억에 남을 만한 정보였어요. |

  ② '소피'는 사건의 진실에 대해 조사 의지가 없다.

| 선지 유형 | 근거가 있어서 허용 불가능 |
|---|---|
| 실전에서의 판단 과정 | 진실 너무 궁금해하던데? |

| 선지 | ① | ② | ③ | ④ | ⑤ |
|---|---|---|---|---|---|
| 선택률 | 7% | 10% | 5% | 4% | 74% |

| 해설 | 수혁에게 경필의 안전을 볼모로 잡고 진실을 요구하고 있습니다. 진실 조사 의지가 없다는 건 절대 허용할 수 없네요. |
|---|---|

③ '수혁'은 '소피'의 아버지의 전력을 듣고 '소피'를 경계한다.

| 선지 유형 | 근거가 있어서 허용 불가능 |
|---|---|
| 실전에서의 판단 과정 | 친근감이 들었다며. |
| 해설 | '수혁'은 '소피'의 아버지의 이야기를 듣고 '주저 없이' 친근감이 들었다고 했습니다. 이렇게 시나리오 지문에서는 지시문 같은 '대사 외 부분'이 중요합니다. '주저 없이'라는 지시문을 보고 '수혁'이 진심으로 친근감이 들었다는 걸 알 수 있는 것이죠. 이를 근거로 하면, '수혁'이 '소피'를 경계한다는 해석은 절대 허용할 수 없겠네요. |

④ '소피'는 '사라진 얼굴'이 누구인지 짐작하지 못한다.

| 선지 유형 | 근거가 있어서 허용 불가능 |
|---|---|
| 실전에서의 판단 과정 | 수정일 것이라고 추측하고 있잖아. |
| 해설 | '소피'는 '사라진 얼굴'을 바탕으로 '수혁'에게 협박(소피 표현대로라면 거래)을 하고 있습니다. 누구인지 짐작하지 못한다면 절대 그럴 수가 없겠죠. 그리고 그 대상은 맥락을 고려했을 때 '수정'일 것입니다. 국군 병사의 동생인 '수정'의 사진이 인민군 병사에게서 나온 것으로 그들이 친하게 지냈음을 추측한 것이죠. |

⑤ '소피'는 '수혁'이 '오경필'의 안전을 염려한다고 생각한다.

| 선지 유형 | 근거가 있어서 허용 가능 |
|---|---|
| 실전에서의 판단 과정 | 그러니까 오경필 안전을 볼모로 잡은 거지. |
| 해설 | '소피'는 '수혁'에게 진실의 대가로 '오경필'의 안전을 제시합니다. 거래의 대상으로 삼았다는 건, 상대가 그것을 필요로 한다고 여겼기 때문이겠죠? '소피'에게 공감했다면 쉽게 지워낼 수 있네요. |

## 58 ⓐ~ⓔ에 대한 설명으로 적절하지 <u>않은</u> 것은? ⑤

① ⓐ의 공간 범위는 팔각정 내부뿐만 아니라 외부도 포함한다.

| ⓐ S#79. 팔각정 (낮) |
|---|
| 팔각정에서 본 판문각 근처 부감* 전경 — 대질 심문을 받고 나온 수혁, 경필 일행이 회담장 앞에서 각각 차를 타고 현장을 떠난다. 카메라, 후진하면서 팔각정 내부로 초점 이동하면 보타의 손이 쑥 들어와 서류 봉투를 내민다.<br><br>* 부감 : 카메라가 인물의 시선보다 높은 곳에서 아래로 내려다보며 촬영하는 것. |

| 선지 유형 | 근거가 있어서 허용 가능 |
|---|---|
| 실전에서의 판단 과정 | 내부 외부 전부 나오네. |
| 해설 | 판문각 근처 '부감'을 근거로 하면 '외부'를 공간 범위로 허용할 수 있겠고, 그 밑에 '팔각정 내부'로 초점을 이동했다는 것을 보고 '내부'도 공간 범위로 허용할 수 있겠네요. |

② ⓑ는 '소피'가 직무에서 해제되는 원인이 된다.

| 보타 : (영어) 표 장군이 매우 잽싸게 움직였더군. 국방부, 외무부, 인도, 아르헨티나, 스위스 대사관… 며칠 사이 정보란 정보는 다 모았어. 표 장군으로선 ⓑ전 인민군 장교의 딸인 자네에게 사건을 맡길 수 없었겠지. |
|---|

| 선지 유형 | 근거가 있어서 허용 가능 |
|---|---|
| 실전에서의 판단 과정 | 이것 때문에 사건을 맡길 수 없다며. |
| 해설 | 전 인민군 장교의 딸인 '소피'에게 사건을 맡길 수 없다고 했으니 허용할 수 있네요. 다 전반적인 내용을 이해하고 있는지 묻고 있습니다. |

③ ⓒ는 '소피'가 네 병사의 관계를 짐작하게 된 단서
　　이다.

> 　과녁판에 나란히 부착된 ⓒ석 장의 이미지. 충격받은
> 표정의 수혁.
>
> **소피** : '사라진 탄환'이 남 일병의 알리바이를 깨는 증거
> 　였다면… (얼굴이 찢겨 나간 사진을 가리키며) '사라진
> 　얼굴'은 네 명의 병사가 오랫동안 친하게 지냈다는 걸
> 　뜻하는 증거죠.

| 선지 유형 | 근거가 있어서 허용 가능 |
| --- | --- |
| 실전에서의<br>판단 과정 | 이거 붙이고 나서 바로 관계를 짐작하고 있네. |
| 해설 | 석 장의 이미지를 바탕으로 '네 명의 병사'가 오랫동안 친하게 지냈다는 것을 짐작하고 있으니 허용할 수 있습니다. |

④ ⓓ는 '수혁'이 진실을 밝히느냐에 따라 어느 것이 제출
　　될지가 정해질 것이다.

> 　ⓓ노란색과 빨간색 디스켓 두 개를 꺼내 보이는 소피.
>
> **소피** : 완전히 다른 두 개의 수사 보고서예요. 내가 뭘 제
> 　출하느냐는 이 병장한테 달렸어요. 진실을 말해 준다
> 　면 난 후임자한테 어떤 증거나 추리도 제공하지 않겠
> 　어요.

| 선지 유형 | 근거가 있어서 허용 가능 |
| --- | --- |
| 실전에서의<br>판단 과정 | 그렇다고 했지. |
| 해설 | 거래의 내용이죠. 지문을 이해하며 읽었다면 쉽게 지울 수 있습니다. |

⑤ ⓔ는 '수혁'이 수사본부에 있는 '소피'를 만나러 온
　　이유이다.

> 　영문을 모르고 불려 온 수혁이 가만히 지켜보는 가운
> 데, ~
>
> **수혁** : 영창을 가든 훈장을 받든 전 관심 없습니다. 그렇
> 　다면 ⓔ진실의 대가로 소령님이 저한테 해 줄 수 있는
> 　게 뭡니까?

| 선지 유형 | 근거가 있어서 허용 불가능 |
| --- | --- |
| 실전에서의<br>판단 과정 | 수혁은 왜 불려 온지 모르고 있었잖아. |
| 해설 | 수혁은 소피를 만나러 왔다가 진실에 대한 거래를 제안 받습니다. 진실을 말해주려고 소피를 만난 것이 아니에요. S#82을 보면 수혁은 '영문도 모르고' 불려온다는 명확한 근거도 제시되어 있죠? 여기서도 '대사 외 부분'에 나온 '행동 및 심리의 근거'가 정답의 근거로 사용되었네요. |

| 선지 | ① | ② | ③ | ④ | ⑤ |
| --- | --- | --- | --- | --- | --- |
| 선택률 | 3% | 5% | 4% | 3% | 85% |

**59** 윗글을 영상화한다고 가정할 때, ㉠~㉃에 해당하는 감독의 연출 계획으로 적절하지 <u>않은</u> 것은? [3점] ⑤

– 극문학에서 자주 출제되는 유형입니다. 핵심은 실제 영화 장면을 상상해보는 것이에요. 실제 영화라면 '허용'될 만한 연출 계획인지 따져주시면 됩니다.

① ㉠과 ㉡은 각각 관측경과 쌍안경으로 상대측을 바라
　　보는 장면을 설정하여 남북한 대치 국면에 있는 S#79
　　공간의 특수성을 그려야겠어.

> 　㉠보타의 관측경으로, 판문각 앞에서 쌍안경을 들고
> 이쪽을 관찰하는 북한 군인이 보인다.

> 　㉡판문각 쪽에서 북한 군인의 쌍안경 시점으로, 사진
> 을 보고 있는 소피의 모습이 잡힌다.

| 선지 유형 | 근거가 있어서 허용 가능 |
| --- | --- |
| 실전에서의<br>판단 과정 | 남측의 보타와 북측의 북한 군인이 서로를 지켜보고 있네. |
| 해설 | '보타'는 남측에 있는 사람인데, '관측경'을 가지고 '북한 군인'을 보고 있습니다. '북한 군인' 역시 '쌍안경'을 가지고 남측에 있는 '소피'를 보고 있죠. 이러한 장면은 대치 국면 속에서 남북이 서로 감시하고 있는 '판문각'의 특수성을 잘 드러낼 수 있는 연출 계획이라고 할 수 있겠습니다. |

② ⓒ은 인물에 초점을 맞추는 촬영과 달리 사진이나 기록 영상물을 제시하여 당시 상황을 보여 주어야겠어.

---

보타의 설명 사이사이, 한국전 당시 거제도 포로수용소의 생활과 좌우 투쟁, 종전 후 공산 포로 북송, 반공 포로 석방 및 제3국행 포로의 출발과 도착 장면들이 사진과 기록 영화 화면으로 편집된다.

보타 : (영어) (목소리) ⓒ한국전 당시 거제도에는 인민군 포로 수용소가 있었지. 그 속에서 공산주의자와 반공주의자, 두 무리 간엔 처참한 살육이 계속됐어. 종전되고 그들에게 선택권이 주어졌어. 남으로의 귀순이냐, 북으로의 귀환이냐… 그 17만 포로 중 76명은 둘 다를 거부했어. 그들 중 지금도 행방이 묘연한 사람이 있네. 바로… 자네 아버지 장연우 같은 사람이지.

---

| 선지 유형 | 근거가 있어서 허용 가능 |
| --- | --- |
| 실전에서의 판단 과정 | 기록 영화 화면으로 편집한다며. |
| 해설 | ⓒ 바로 앞에서 '사진과 기록 영화 화면'으로 편집되었다는 이야기가 나오죠? 이는 인물에 초점을 맞추는 촬영과는 다른 연출 계획이라고 할 수 있는 기법입니다. 쉽게 허용할 수 있네요. |

③ ⓔ은 동그라미 처진 얼굴을 확대 촬영하여 '소피'의 아버지가 포로 중 한 사람이었다는 사실을 환기해야겠어.

---

소피, 놀란 얼굴로 손에 든 다른 사진을 내려다보면 거제 포로 수용소에서 포로들, 결박당한 채 쪼그리고 앉아 있다. ⓔ그중 동그라미가 처진 사람 얼굴로 줌인*.

* 줌인 : 피사체의 크기를 점점 확대 촬영하는 것.

---

| 선지 유형 | 근거가 있어서 허용 가능 |
| --- | --- |
| 실전에서의 판단 과정 | 아버지 얘기하고 있었으니 당연히 아버지 얼굴로 줌인해야겠지. |
| 해설 | 한창 아버지 이야기를 하고 있다가 동그라미 처진 사람 얼굴을 줌인했으니, 그 사람이 '아버지'임을 환기하는 연출 계획이라고 할 수 있겠죠. |

④ ⓜ은 대사 없이 인물의 행동과 소품으로 인물의 심리를 간접적으로 표현해야겠어.

---

ⓜS#81. 소피의 숙소 (낮)

침대에 가방을 올려놓고 짐을 싸는 소피. 사진 액자를 가방에 넣으려다 말고 들여다본다. 어린 시절의 소피와 스위스인 엄마 사진. 액자 뒤를 열어 가족사진을 꺼낸다. 접힌 부분을 펴자 숨겨진 아버지의 모습이 온전히 나타난다. 물끄러미 사진을 바라보는 소피.

---

| 선지 유형 | 근거가 있어서 허용 가능 |
| --- | --- |
| 실전에서의 판단 과정 | 대사가 없네. |
| 해설 | S#81에는 인물의 대사가 없으니 허용할 수 있네요. 가방과 사진 액자 등 소품도 제시되어 있고요. 나아가 산문문학에서 보여지는 인물의 행동, 그리고 사용된 소품 등은 당연히 인물의 내면세계를 간접적으로나마 표현할 것입니다. 애초에 작가나 감독이 그런 부분만 선택해서 제시할 것이니까요. 어렵지 않게 허용할 수 있겠네요. |

⑤ ⓗ은 사건의 맥락이 관객에게 인지될 수 있도록 실내 전체를 한 화면에 담아야겠어.

---

ⓗ소피, 당황한 듯 잠시 침묵했다가 군복 안에 받쳐 입은 터틀넥 스웨터의 목을 젖혀 보인다. 목에 나 있는 피멍 자국.

---

| 선지 유형 | 근거가 있어서 허용 불가능 |
| --- | --- |
| 실전에서의 판단 과정 | 목에 피멍을 보는데 왜 실내 전체를 담냐. |
| 해설 | 스웨터를 젖혀 보였다는 건 스웨터 부분(목의 피멍 자국)을 보라는 건데, 실내 전체를 한 화면에 담으면 목이 잘 안 보이겠죠? '목을 보여 줘야 한다'라는 의도를 제대로 실현할 수 없는 연출 계획이니 틀린 선지가 되겠습니다. |

| 핵심 point |

① **허용 가능성 평가** : 선지의 내용을 '허용'하려는 태도를 바탕으로 지문을 '독해'하며 '근거'를 찾아야 합니다. 허용할 수 있는 '근거'가 있어야만 허용할 수 있습니다. 주관적인 생각을 개입시키면 안 됩니다.
② **극문학 독해** : 소설과 마찬가지로, '심리와 행동의 근거'를 바탕으로 인물에게 '공감'하며 읽어야 합니다. 이 과정이 물 흐르듯 이어지면 지문의 내용을 완벽하게 이해할 수 있어요. 이때 '대사 외 부분'에 주목하며 장면을 상상하면서 읽으면 훨씬 깊게 받아들일 수 있을 것이에요.

| 지문 내용 총정리 |

숨겨진 사건의 진실을 파악해나가는 것이 중요한 지문이었습니다. 그 과정에서 심리/행동의 근거가 또 핵심이 되는 모습이었죠? 나아가 극문학답게 '대사 외 부분'이 중요하게 다뤄지기도 했네요. 극문학은 훨씬 어렵게 나올 수 있으니, 더 많은 지문들로 많이 연습해보도록 합시다.

〈보기〉확인

---[보기]---

　　자연은 시인에게 상상력의 주요한 원천이 되어 왔다. 그중 생태학적 상상력은 생태계 구성원 간의 관계에 주목한다. 생태학적 상상력은 모든 생태계 구성원을 평등한 존재로 보는 데에서 출발하여, 서로 교감·소통하며 유대감을 느끼는 관계로, 나아가 영향을 주고받는 순환의 관계로 인식한다. 생태학적 상상력을 통해 시인은 자연의 근원적 가치와, 인간과 자연의 조화로운 관계를 드러내며 궁극적으로는 이들을 **하나의 생태 공동체**로 형상화한다.

---

밑줄 친 부분 위주로 체크하면, 두 작품의 주제 의식을 확실하게 파악할 수 있겠죠? '평등한 존재', '유대감', '순환의 관계' 같은 키워드를 종합하면, 핵심은 인간과 자연을 '하나의 생태 공동체'로 본다는 것임을 파악할 수 있겠습니다.

실전적 지문 독해

---

(가)

호르 호르르 호르르르 가을 아침
취어진* 청명을 마시며 거닐면
수풀이 호르르 벌레가 호르르르
청명은 내 머릿속 가슴속을 젖어 들어
발끝 손끝으로 새어 나가나니

온 살결 터럭 끝은 모두 눈이요 입이라
나는 수풀의 정을 알 수 있고
벌레의 예지를 알 수 있다
그리하여 나도 이 아침 청명의
가장 고웁지 못한 노래꾼이 된다

수풀과 벌레는 자고 깨인 어린애라
밤새워 빨고도 이슬은 남았다
남았거든 나를 주라
나는 이 청명에도 주리나니
방에 문을 달고 벽을 향해 숨 쉬지 않았느뇨

햇발이 처음 쏟아오아

---

청명은 갑자기 으리으리한 관을 쓴다
그때에 토록 하고 동백 한 알은 빠지나니
오! 그 빛남 그 고요함
간밤에 하늘을 쫓긴 별살의 흐름이 저러했다

온 소리의 앞 소리요
온 빛깔의 비롯이라
이 청명에 포근 취어진 내 마음
감각의 낯익은 고향을 찾았노라
평생 못 떠날 내 집을 들었노라

　　　　　　　　　-김영랑, 「청명」-

---

* 취어진 : 계절의 정취에 젖어 든.

'가을 아침'의 자연 풍경을 묘사하면서, 그 '청명'한 풍경을 '낯익은 고향'이나 '평생 못 떠날 내 집'으로 표현하고 있습니다. 이처럼 자연에 대한 긍정적인 묘사가 나타난다는 것 정도만 읽어 주셔도 충분하겠습니다. 나머지 자세한 해석은 선지가 해 줄 것이니까요!

---

(나)

　뒷동산 청솔잎을 빗질해주던 바람이
　무어라 무어라 하는 솔나무의 속삭임을 듣고
　푸른 햇살 요동치는 강변으로 달려갔다 하자.
　달려가선, 거기 미루나무에게 전하니
　알았다 알았다는 듯 나무는 잎새를 흔들어
　강물 위에 짤랑짤랑 구슬알을 쏟아냈다 하자.
　그 의중 알아챈 바람이 이젠 그 누구보단
　앞들 보리밭에서 물결치듯 김을 매다
　이마의 구슬땀 씻어올리는 여인에게 전하니,
　여인이야 이윽고 아픈 허리를 곧게 펴곤
　눈앞 가득 일어서는 마을의 정자나무를 향해
　고개를 끄덕끄덕, 무언가 일별을 보냈다 하자.

　아무려면 어떤가, 산과 강과 들과 마을이
　한 초록으로 짙어가는 오월도 청청한 날에,
　소쩍새는 또 바람결에 제 한 목청 다 싣는 날에.

　　　　　　　　　-고재종, 「초록 바람의 전언」-

---

역시 '한 초록으로 짙어가는 오월도 청청한 날'의 풍경을 묘사하고 있습니다. 〈보기〉의 내용을 입혀서 읽어 보면, '바람', '솔나무', '미루나무', '여인', '정자나무' 등 인간과 자연이 서로 어떠한

관계를 맺고 있는 모습을 표현하고 있다는 걸 알 수 있겠죠? 이 정도로만 읽어 주시면 충분하겠습니다.

| 선지 | ① | ② | ③ | ④ | ⑤ |
|---|---|---|---|---|---|
| 선택률 | 3% | 81% | 7% | 6% | 3% |

## 60 (가)와 (나)에 대한 설명으로 가장 적절한 것은? ②

① (가)와 (나)는 가정의 진술을 활용하여 현실과 이상의 거리감을 드러내고 있다.

| 선지 유형 | 근거가 없어서 허용 불가능 |
|---|---|
| 실전에서의 판단 과정 | 현실과 이상의 거리감은 너무하다. |
| 해설 | (가)의 '거닐면'과 같은 표현이나, (나)의 '–했다 하자'라는 표현을 근거로 하면 '가정의 진술'은 허용할 수 있을 것 같습니다. 하지만 이들이 '현실과 이상의 거리감'을 드러내지는 않죠? 애초에 이 작품들의 주제는 긍정적인 내용들이기에, 이런 선지를 허용하기는 어렵겠습니다. |

② (가)와 (나)는 각각 동일한 종결 어미의 반복을 활용하여 리듬감을 형성하고 있다.

| 선지 유형 | 근거가 있어서 허용 가능 |
|---|---|
| 실전에서의 판단 과정 | 그러네. |
| 해설 | '종결 어미'에 대해 묻고 있으니, 각 행의 끝부분을 확인하면 쉽게 찾을 수 있을 것 같습니다. 찾아 보니, (가)에서는 '–노라'라는 종결 어미를, (나)에서는 '–자'라는 종결 어미를 반복하고 있네요. 이를 통해 '리듬감'을 형성한다는 것은 너무나도 당연하죠? 가볍게 답으로 고를 수 있겠네요.<br><br>종결 어미를 비롯해 시구, 시행 등의 반복을 활용하는 것은 '운율'을 강조하는 시의 특징을 고려할 때 답이 될 확률이 높다는 것을 미리 알아 두시면 더 좋을 것 같습니다. |

③ (가)와 (나)는 화자의 시선이 화자 내면에서 외부 세계로 이동하는 방식으로 시상을 전개하고 있다.

| 선지 유형 | 근거가 있어서 허용 불가능 |
|---|---|
| 실전에서의 판단 과정 | 외부 세계만 묘사하고 있는데? |

| | 두 작품은 모두 자연의 모습, 즉 외부 세계만 열심히 묘사하고 있습니다. 애초에 두 작품 모두 '화자의 내면'에 주목하지 않기 때문에 허용할 수 없는 선지네요. |
|---|---|
| 해설 | |

④ (가)는 여정에 따른 공간의 이동을 통해, (나)는 계절의 흐름에 따른 대상의 변화를 통해 풍경을 묘사하고 있다.

| 선지 유형 | 근거가 없어서 허용 불가능 |
|---|---|
| 실전에서의 판단 과정 | 귀찮아... 답 나왔으니까 넘어 가자. |
| 해설 | '실전에서의 판단 과정'처럼, 찾으려면 많은 시간을 써야 하는 귀찮은 선지이니 넘어 가시는 것이 상책입니다. 물론 아무리 찾아 봐도 '여정에 따른 공간의 이동'이나 '계절의 흐름에 따른 대상의 변화' 같은 것은 나타나지 않아요. |

⑤ (가)는 종교적 관념에 대한 사색을 바탕으로, (나)는 일상생활에서 깨달은 바를 바탕으로 주제를 구체화하고 있다.

| 선지 유형 | 근거가 없어서 허용 불가능 |
|---|---|
| 실전에서의 판단 과정 | 종교가 왜 나와. |
| 해설 | 일단 (가)에서 '종교적 관념'을 허용할 만한 근거를 도저히 찾을 수가 없죠? 나아가 (나)는 화자의 상상을 통해 전개되고 있으므로, '일상생활에서 깨달은 바'라는 표현을 허용하기도 어렵겠네요. |

| 선지 | ① | ② | ③ | ④ | ⑤ |
|---|---|---|---|---|---|
| 선택률 | 1% | 2% | 91% | 3% | 3% |

## 61 ㉠~㉤에 대한 이해로 적절하지 않은 것은? ③

① ㉠은 청각적 심상을 활용하여 산뜻한 가을 아침에 대한 화자의 인상을 표현하고 있다.

> 호르 호르르 호르르르 가을 아침
> 취어진* 청명을 마시며 거닐면
> ㉠수풀이 호르르 벌레가 호르르르
>
> * 취어진 : 계절의 정취에 젖어 든.

| 선지 유형 | 근거가 있어서 허용 가능 |
|---|---|
| 실전에서의 판단 과정 | 호르르는 청각적 심상이지. |
| 해설 | ㉠에서는 '호르르'와 같은 청각적 심상을 활용했고, 이는 '가을 아침'에 대한 화자의 인상이라고 할 수 있겠습니다. |

② ㉡은 청명한 날이 으리으리한 관을 쓴다는 비유를 활용하여 햇빛이 쏟아지는 순간의 아름다운 모습을 표현하고 있다.

> ㉡햇발이 처음 쏟아오아
> 청명은 갑자기 으리으리한 관을 쓴다

| 선지 유형 | 근거가 있어서 허용 가능 |
|---|---|
| 실전에서의 판단 과정 | 햇발이 쏟아지는 상황을 묘사한 거 맞지. |
| 해설 | ㉡은 '햇발'이 처음 쏟아지는 순간을 '청명'이 관을 쓴다는 비유적 표현으로 나타내고 있습니다. 선지 그 자체로 허용할 수 있겠네요. |

③ ㉢은 청명한 가을날에 느끼는 마음을 고향의 낯익음에 비유하여 지나가는 가을에 대한 아쉬움을 드러내고 있다.

> ㉢이 청명에 포근 취어진 내 마음
> 감각의 낯익은 고향을 찾았노라
> 평생 못 떠날 내 집을 들었노라

| 선지 유형 | 근거가 있어서 허용 불가능 |
|---|---|
| 실전에서의 판단 과정 | 아쉬움은 이 지문이랑 안 어울리지. |
| 해설 | 다른 건 다 좋은데, '지나가는 가을에 대한 아쉬움'은 도저히 허용할 수 없죠? 화자는 그저 지금 바라보고 있는 '가을 아침'의 풍경이 좋을 뿐이에요. 애초에 아직 '가을'이 지나가지도 않았기 때문에, '아쉬움'이라는 반응을 드러낼 이유가 전혀 없습니다. 가볍게 답으로 고를 수 있겠네요. |

④ ㉣은 역동적인 이미지를 활용하여 바람이 부는 강변의 풍경을 감각적으로 표현하고 있다.

> 뒷동산 청솔잎을 빗질해주던 바람이
> 무어라 무어라 하는 솔나무의 속삭임을 듣고

> ㉣푸른 햇살 요동치는 강변으로 달려갔다 하자.

| 선지 유형 | 근거가 있어서 허용 가능 |
|---|---|
| 실전에서의 판단 과정 | 바람이 강변으로 달려간 건 강변에 바람이 부는 풍경을 표현한 것이지. |
| 해설 | '바람'이 달려가는 것은 '역동적인 이미지'라고 할 수 있습니다. 나아가 이를 활용하여 '바람이 부는 강변의 풍경'을 표현하고 있다고 할 수 있겠죠. 역시 선지 그 자체로 허용할 수 있죠? |

⑤ ㉤은 청청한 날의 정경에 대한 화자의 반응을 제시하여 시적 상황에 대한 정서를 집약적으로 드러내고 있다.

> ㉤아무려면 어떤가, 산과 강과 들과 마을이
> 한 초록으로 짙어가는 오월도 청청한 날에,
> 소쩍새는 또 바람결에 제 한 목청 다 싣는 날에.

| 선지 유형 | 근거가 있어서 허용 가능 |
|---|---|
| 실전에서의 판단 과정 | 그러네. |
| 해설 | '오월도 청청한 날'의 정경에 대해 화자는 '아무려면 어떤가'라는 반응을 보이고 있습니다. 이는 시적 상황에 대한 정서(=뭐든 좋아!)를 집약적으로 드러낸 것이라고 할 수 있겠죠. 여기서 쓸데없이 '집약적'과 같은 말에 집착하며 시간을 낭비하면 안 됩니다. 너무나 당연한 선지로 느껴지셔야 해요. |

| 선지 | ① | ② | ③ | ④ | ⑤ |
|---|---|---|---|---|---|
| 선택률 | 2% | 3% | 4% | 87% | 4% |

**62** 〈보기〉를 참고하여 (가)와 (나)를 감상한 내용으로 적절하지 않은 것은? [3점] ④

① (가)에서 화자가 '온 살결 터럭 끝'을 '눈'과 '입'으로 삼아 자연을 대하는 것은 인간과 자연 간의 교감을, (나)에서 '바람'이 '뒷동산 청솔잎을 빗질'하는 것은 자연과 자연 간의 교감을 드러내는군.

> 온 살결 터럭 끝은 모두 눈이요 입이라
> 나는 수풀의 정을 알 수 있고
> 벌레의 예지를 알 수 있다

뒷동산 청솔잎을 빗질해주던 바람이

| 선지 유형 | 근거가 있어서 허용 가능 |
|---|---|
| 실전에서의 판단 과정 | 눈과 입은 인간이고, 바람과 청솔잎은 자연이지. |
| 해설 | (가)의 화자는 '온 살결 터럭 끝'을 '눈'과 '입'으로 삼아 '수풀'이나 '벌레'와 같은 자연과 교감하고 있습니다. 나아가 (나)의 화자는 '바람'이라는 자연물이 '뒷동산 청솔잎'이라는 자연물을 빗질해준다고 표현하며, 자연과 자연 간의 교감을 드러내고 있네요. 선지가 길어서 겁먹었지만, 너무나 당연하게 지워낼 수 있겠죠? |

② (가)에서 화자가 '수풀의 정'과 '벌레의 예지'를 '알 수 있다'고 하는 것과 (나)에서 '솔나무'가 '무어라' 하고 '미루나무'가 '알았다'고 하는 것은 구성원들이 서로 소통하는 조화로운 생태계의 모습을 보여 주는군.

나는 수풀의 정을 알 수 있고<br>
벌레의 예지를 알 수 있다

무어라 무어라 하는 솔나무의 속삭임을 듣고<br>
푸른 햇살 요동치는 강변으로 달려갔다 하자.<br>
달려가선, 거기 미루나무에게 전하니<br>
알았다 알았다는 듯 나무는 잎새를 흔들어

| 선지 유형 | 근거가 있어서 허용 가능 |
|---|---|
| 실전에서의 판단 과정 | 진짜 조화롭다. |
| 해설 | (가)의 화자와 같은 인간이 '수풀의 정'이나 '벌레의 예지' 같은 자연의 이치를 '알 수 있다'고 하는 것이나, '솔나무'와 '미루나무'가 서로 의사소통하는 모습은 모두 '조화로운 생태계'라는 주제 의식을 잘 드러내는 모습이라고 할 수 있겠습니다. |

③ (가)에서 화자가 '수풀'과 '벌레'의 소리를 듣고 '나도' 청명함의 '노래꾼이 된다'고 하는 것과 (나)에서 '솔나무의 속삭임'을 '바람'이 '미루나무'에게 전하고, 이를 '여인'도 '정자나무'에게 전하는 것은 자연과 인간 간의 유대감을 드러내는군.

나는 수풀의 정을 알 수 있고<br>
벌레의 예지를 알 수 있다

그리하여 나도 이 아침 청명의<br>
가장 고웁지 못한 노래꾼이 된다

뒷동산 청솔잎을 빗질해주던 바람이<br>
무어라 무어라 하는 솔나무의 속삭임을 듣고<br>
푸른 햇살 요동치는 강변으로 달려갔다 하자.<br>
달려가선, 거기 미루나무에게 전하니<br>
<br>
(중략)<br>
<br>
이마의 구슬땀 씻어올리는 여인에게 전하니,<br>
여인이야 이윽고 아픈 허리를 곧게 펴곤<br>
눈앞 가득 일어서는 마을의 정자나무를 향해<br>
고개를 끄덕끄덕, 무언가 일별을 보냈다 하자.

| 선지 유형 | 근거가 있어서 허용 가능 |
|---|---|
| 실전에서의 판단 과정 | 둘 다 인간과 자연이 어떠한 관계를 맺는 모습을 드러내고 있지. |
| 해설 | 선지에서 묻는 부분들은 화자와 '여인'이라는 인간이 수많은 자연물과 특정한 관계를 맺는 모습을 묘사하는 부분들입니다. 이를 근거로 하면 쉽게 허용할 수 있겠죠? |

④ (가)에서 화자가 '동백 한 알'이 떨어지는 모습에서 '하늘'의 '별살'을 떠올린 것과 (나)에서 화자가 '잎새'의 흔들림에서 반짝이는 '구슬알'을 떠올린 것은 생명의 탄생을 계기로 순환하는 생태계의 질서를 보여 주는군.

그때에 토록 하고 동백 한 알은 빠지나니<br>
오! 그 빛남 그 고요함<br>
간밤에 하늘을 쫓긴 별살의 흐름이 저러했다

알았다 알았다는 듯 나무는 잎새를 흔들어<br>
강물 위에 짤랑짤랑 구슬알을 쏟아냈다 하자.

| 선지 유형 | 근거가 없어서 허용 불가능 |
|---|---|
| 실전에서의 판단 과정 | 생명의 탄생이 어딨냐. |
| 해설 | 일단 '동백 한 알'이 떨어지는 모습에서 '하늘'의 '별살'을 떠올리는 것은 그저 둘 사이의 유사성을 발견한 것입니다. 아무리 허용하려고 해도, '생명의 탄생'이나 '순환하는 생태계의 질서'를 허용할 만한 근거를 찾아 보기가 어려워요. |

나아가 '잎새'를 흔들어 '구슬알'을 쏟아내는 것은
인과적·순차적으로 일어나는 일이지, 이 역시 '생
명의 탄생'과 '순환하는 생태계의 질서'와는 무관
합니다. 허용할 근거가 없으면 허용할 수 없죠.

⑤ (가)에서 자연을 '온 소리의 앞 소리'와 '온 빛깔의 비
롯'이라고 표현한 것은 근원적 존재로서의 자연의 가
치를, (나)에서 '오월'에 '산'과 '마을'이 '한 초록으로 짙
어' 간다고 표현한 것은 인간과 자연이 하나가 되어 가
는 생태 공동체를 형상화하는군.

> 온 소리의 앞 소리요
> 온 빛깔의 비롯이라

> 아무려면 어떤가, 산과 강과 들과 마을이
> 한 초록으로 짙어가는 오월도 청청한 날에,

| 선지 유형 | 근거가 있어서 허용 가능 |
|---|---|
| 실전에서의 판단 과정 | 앞 소리, 비롯이나 한 초록으로 짙어 간다는 표현 등을 고려하면 쉽게 허용할 수 있겠다. |
| 해설 | '온 소리의 앞 소리'라는 것은 모든 소리에 앞서는 소리라는 뜻이고, '온 빛깔의 비롯'이라는 것은 모든 빛깔의 시작점이라는 의미입니다. 이 정도 근거라면 '근원적 존재로서의 자연의 가치'라는 해석을 충분히 허용할 수 있겠죠? |
| | 나아가 '오월'에 '산'과 '마을'이 '한 초록'으로 짙어 간다는 것은 '산'과 '마을'의 색깔이 똑같이 '초록'이 된다는 의미입니다. 이때 '산'은 자연이고, '마을'은 인간이 사는 곳이니 이를 근거로 하면 '인간과 자연이 하나가 되어 가는 생태 공동체'라는 해석을 허용하는 것은 어렵지 않겠네요. |



> (가)
>
> 호르 호르르 호르르르 가을 아침
> 취어진* 청명을 마시며 거닐면
> 수풀이 호르르 벌레가 호르르르
> 청명은 내 머릿속 가슴속을 젖어 들어
> 발끝 손끝으로 새어 나가나니
>
> * 취어진 : 계절의 정취에 젖어 든.

'가을 아침'의 '청명'을 마시며 길을 거니는 화자의 모습입니다.
참고로 '청명'은 '맑고 밝은 날씨'를 뜻해요. 가을 아침의 좋은 날
씨를 떠올리면 어렵지 않게 읽을 수 있겠죠?

이렇게 길을 거니는 화자는 '수풀'과 '벌레'들을 인식하고 있습니
다. 이들과 함께 하는 '청명'은 화자의 '머릿속 가슴속'을 젖어 들
고, '발끝 손끝'으로 새어 나가고 있어요. 그만큼 자연의 풍경에
깊게 빠져드는 화자의 모습이네요.

> 온 살결 터럭 끝은 모두 눈이요 입이라
> 나는 수풀의 정을 알 수 있고
> 벌레의 예지를 알 수 있다
> 그리하여 나도 이 아침 청명의
> 가장 고웁지 못한 노래꾼이 된다

화자의 온 살결 터럭(털) 끝은 모두 '눈'과 '입'이라는 감각 기관이
라고 합니다. 그래서 '수풀의 정'과 '벌레의 예지'를 알 수 있다고
해요. 그만큼 자연과 깊게 교감할 수 있다는 의미가 되겠죠? 이
렇게 자연과 교감할 수 있다면, 화자가 '청명의 노래꾼'이 되어 이
풍경의 일부가 된다는 것은 어렵지 않게 이해할 수 있겠습니다.
나아가 화자는 스스로를 '가장 고웁지 못한 노래꾼'이라고 표현하
고 있어요. 이는 자연이 너무 아름다워서 자신의 모습은 보잘것
없다고 생각하는 화자의 겸손함이 드러나는 표현이라고 할 수 있
겠죠?

> 수풀과 벌레는 자고 깨인 어린애라
> 밤새워 빨고도 이슬은 남았다
> 남았거든 나를 주라
> 나는 이 청명에도 주리나니
> 방에 문을 달고 벽을 향해 숨 쉬지 않았느뇨

계속해서 '수풀'과 '벌레'라는 자연물에 대해 관심을 보이는 화자입니다. 화자가 보기에 '수풀'과 '벌레'는 '어린애'처럼 연약한 존재라서, '이슬'을 전부 빨아버릴 정도의 능력은 되지 않아요. 그리고 화자는 이렇게 남은 '이슬'을 자신에게 달라고 하고 있습니다. '청명'이라는 상황에서도 굶주리고 있으니, 그것을 충족시킬 수 있도록 '이슬'을 더 달라는 의미라고 할 수 있겠죠?

나아가, 화자는 그동안 방에 문을 달고, 벽을 향해 숨 쉬었다고 합니다. 지문의 주제 의식을 고려할 때, 이때의 '방'과 '벽'은 자연과 반대되는 대상이라고 할 수 있을 것 같아요. 즉, 화자는 지금까지 자연과 반대되는 삶을 살아 왔지만 이제는 '청명'의 일부가 될 정도로 교감하겠다는 의지를 설의적으로 드러내는 것이죠.

> 햇발이 처음 쏟아오아
> 청명은 갑자기 으리으리한 관을 쓴다
> 그때에 토록 하고 동백 한 알은 빠지나니
> 오! 그 빛남 그 고요함
> 간밤에 하늘을 쫓긴 별살의 흐름이 저러했다

이런 상황에서, '햇발'이 처음 쏟아지고 있습니다. 그러자 '청명'이라는 날씨는 '으리으리한 관'을 쓴 것처럼 밝게 빛나고 있어요. 이때 '동백 한 알'이 토록 하고 빠지고, 화자는 그 '빛남'과 '고요함'이 간밤의 '별살의 흐름'과 비슷하다고 인식하고 있어요. 핵심은 자연물들의 양상이 거의 다 비슷하다는 인식을 보이고 있다는 것이죠. 그리고 화자는 그 양상을 긍정적으로 바라보고 있구요.

> 온 소리의 앞 소리요
> 온 빛깔의 비롯이라
> 이 청명에 포근 취어진 내 마음
> 감각의 낯익은 고향을 찾았노라
> 평생 못 떠날 내 집을 들었노라
>
>                   -김영랑, 「청명」-

이렇게 '동백 한 알'이 떨어지는 '토록' 하는 소리는 '온 소리의 앞 소리'라고 합니다. 이는 자연의 모든 소리의 근본이 '동백 한 알'의 떨어지는 소리라는 의미겠죠. 그만큼 화자는 지금 자신이 인식하고 있는 '동백 한 알'의 떨어지는 소리를 높게 평가하는 것입니다.

나아가 '온 빛깔의 비롯'이라고 합니다. 이때의 주어는 맥락상 '청명' 혹은 '햇빛'이라고 할 수 있겠죠? '빛깔'이라고 할 만한 것들이 별로 없으니까요. 아무튼 이 '빛깔' 역시 온 빛깔의 '비롯'이라 할 만큼 근원적이라는 표현을 하는 화자입니다.

화자는 이러한 '청명'에 마음이 취어졌다고(축여졌다고) 하며, 그 '청명'을 '감각의 낯익은 고향'이자 '평생 못 떠날 내 집'으로 표현하고 있습니다. '가을 아침 청명'이라는 자연 풍경에 대한 화자의 애정이 듬뿍 묻어나는 작품이었네요.

> (나)
> 뒷동산 청솔잎을 빗질해주던 바람이
> 무어라 무어라 하는 솔나무의 속삭임을 듣고
> 푸른 햇살 요동치는 강변으로 달려갔다 하자.
> 달려가선, 거기 미루나무에게 전하니
> 알았다 알았다는 듯 나무는 잎새를 흔들어
> 강물 위에 짤랑짤랑 구슬알을 쏟아냈다 하자.
> 그 의중 알아챈 바람이 이젠 그 누구보단
> 앞들 보리밭에서 물결치듯 김을 매다
> 이마의 구슬땀 씻어올리는 여인에게 전하니,
> 여인이야 이윽고 아픈 허리를 곧게 펴곤
> 눈앞 가득 일어서는 마을의 정자나무를 향해
> 고개를 끄덕끄덕, 무언가 일별을 보냈다 하자.

'뒷동산 청솔잎'을 빗질하던 '바람'이 '솔나무'의 속삭임을 듣고 '강변'으로 달려가고 있습니다. 그곳에서 '솔나무'의 속삭임을 '미루나무'에게 전하자, '미루나무'는 잎새를 흔들어 강물 위에 '구슬알'을 쏟아내고 있어요. 우리의 '바람'은 그 의중을 알아채고 '구슬알'을 '여인'에게 전하고 있어요. 이는 '여인'의 '구슬땀'으로 이어지고, 그 뒤 이 '여인'은 '정자나무'에게 '일별'(한 번 흘깃 봄)을 보내고 있어요.

전반적으로 정확히 어떤 상황을 묘사하는 것인지 파악하기는 쉽지 않지만, 중요한 것은 '바람'이 매개체가 되어 인간과 자연을 이어 주고 있다는 것입니다. 이러한 주제 의식을 읽었다면 제대로 읽은 것이라고 할 수 있겠어요.

> 아무려면 어떤가, 산과 강과 들과 마을이
> 한 초록으로 짙어가는 오월도 청청한 날에,
> 소쩍새는 또 바람결에 제 한 목청 다 싣는 날에.
>
>                   -고재종, 「초록 바람의 전언」-

화자는 이러한 상황에 대해 '아무려면 어떤가'라는 반응을 보이고 있습니다. 인간과 자연이 어떤 방식으로 교감하든 간에, '산·강·들'(자연)과 '마을'(인간)은 '한 초록'으로 짙어가며 하나가 되고 있으니까요. 이 시기는 '오월도 청청한 날'이자 '소쩍새'가 매개체인 '바람'에 '한 목청'을 다 싣는 날입니다. 결국 '바

람'을 매개로 인간과 자연이 연결된다는 주제 의식을 한 번 더 강
조하는 연이었네요.

**몰랐던 어휘 정리하기**

| 핵심 **point** |

① **허용 가능성 평가** : 선지의 내용을 '허용'하려는 태도를 바
탕으로 지문을 '독해'하며 '근거'를 찾아야 합니다. 허용할 수
있는 '근거'가 있어야만 허용할 수 있습니다. 주관적인 생각
을 개입시키면 안 됩니다.
② **현대시 독해** : 〈보기〉의 도움 등을 통해 '주제' 위주로, 그리
고 일상 언어의 감각으로 읽어내면 됩니다. 현대시도 읽을
수 있는 하나의 글입니다.

| 지문 내용 총정리 |

주제도 명확하고, 선지도 다소 평이하게 제시된 쉬운 지문이었
습니다. 이 정도는 아무렇지 않게 다 맞히고 있는 여러분의 모습
을 기대해도 되겠죠?

〈보기〉 확인

이번 지문의 경우 〈보기〉는 따로 없지만, (가)에 비평문이 제시되어 있습니다. 이 경우 비평문을 〈보기〉라고 생각하며 먼저 읽어 보자고 했죠?

> (가)
>
> 　문학 작품의 의미가 생성되는 양상은 세 가지로 나누어 볼 수 있다. 첫째는 자기의 경험은 물론 자기 내면의 정서나 의식 등을 대상에 투영하여, 외부 세계에 새로운 의미를 부여하는 경우이다. 둘째는 외부 세계의 일반적 삶의 방식이나 가치관, 이념 등을 자기 내면으로 수용하여, 자신을 새롭게 해석함으로써 의미를 만들어 내는 경우이다. 셋째는 자기와 외부 세계를 상호적으로 대비하여 양자에 대한 새로운 해석을 통해 의미를 생성하는 경우이다.

'문학 작품의 의미가 생성되는 양상'에 대해 소개하고 있습니다. 총 세 가지인데, 첫째는 자기 내면을 통해 '외부 세계'에 새로운 의미를 부여하는 경우입니다. 둘째는 외부 세계를 바탕으로 '자신'을 새롭게 해석하는 겁니다. 첫째와 반대되는 내용이네요. 여기에 셋째는 자기와 외부를 상호적으로 대비하여 양자를 모두 새롭게 해석하는 것입니다. 어떻게 보면 당연한 내용들이죠?

> 　문학적 의미 생성의 이러한 세 가지 양상은 문학 작품에서 자기와 외부 세계의 관계를 파악할 때 적용할 수 있다. 첫째와 둘째의 경우, 자기와 외부 세계와의 거리는 가까워지고 친화적 관계가 형성된다. 셋째의 경우는 자기가 외부 세계를 바라보는 관점에 따라 둘 사이의 거리가 가까워져 친화적 관계가 형성되기도 하고, 그 거리가 드러나 소원한 관계가 유지되기도 한다.

이러한 세 가지 양상은 '자기와 외부 세계의 관계'를 파악하는 데에도 적용할 수 있다고 합니다. '첫째와 둘째'의 경우 친화적 관계가 형성된다고 합니다. 서로 영향을 주고받고 있으니 당연히 '친화적'이라고 할 수 있겠죠. 이렇게 납득할 수 있어야 합니다! '셋째'의 경우는 '친화적'일 수도, '소원한 관계'가 유지될 수도 있다고 해요. '자기'와 '외부 세계'를 대비하여 '새로운 해석'이 만들어진다고 했으니, 가까워질 수도, 멀어질 수도 있는 것이죠.

약간은 독서 지문 같은 비평문이었습니다. 충분히 납득할 수 있게끔 제시되었으니, 확실하게 이해하며 정리하셔야 합니다. 이걸 이용해서 지문을 읽고 선지를 판단해봅시다.

실전적 지문 독해

> (나)
>
> 산슈 간(山水間) 바회 아래 뛰집을 짓노라 ᄒ니
> → 산수 사이 바위 아래 초가집을 짓자 하니
>
> 그 모론 놈들은 욷는다 ᄒ다마는
> → 그걸 모르는 남들은 웃는다 하지만
>
> 어리고 햐암의 뜻의는 내 분(分)인가 ᄒ노라
> → 어리석은 나의 뜻에는 내 분인가 한다
>
> 　　　　　　　　　　　　　　　〈제1수〉
>
> 보리밥 픗ᄂ 물을 알마초 머근 후(後)에
> → 보리밥 풋나물을 알맞게 먹은 후에
>
> 바횟 긋 믉ᄀ의 슬ᄏ지 노니노라
> → 바위 끝 물가의 실컷 노니노라
>
> 그 나믄 녀나믄 일이야 부롤 줄이 이시랴
> → 그 남은 일(속세에서의 일)이야 부러울 리가 있으랴
>
> 　　　　　　　　　　　　　　　〈제2수〉
>
> 잔 들고 혼자 안자 먼 뫼흘 ᄇ라보니
> → 잔 들고 혼자 앉아서 먼 산을 바라보니
>
> 그리던 님이 오다 반가옴이 이리ᄒ랴
> → 그리던 님이 와도 반가움이 이정도겠냐
>
> 말솜도 우움도 아녀도 몯내 됴하ᄒ노라
> → 말씀도 우움도 아니 하셔도 못내 좋아하노라
>
> 　　　　　　　　　　　　　　　〈제3수〉
>
> 누고셔 삼공(三公)도곤 낫다 ᄒ더니 만승(萬乘)이 이만ᄒ랴
> → 누군가 삼공보다 낫다 하더니 만승이 이만하겠냐
>
> 이제로 헤어든 소부(巢父) 허유(許由)ㅣ 냑돗더라
> → 이제 생각해보니 소부 허유가 약았더라
>
> 아마도 님쳔 한흥(林泉閑興)을 비길 곳이 업세라
> → 아마도 자연을 즐기는 것을 비길 곳이 없을 것이다
>
> 　　　　　　　　　　　　　　　〈제4수〉
>
> 내 셩이 게으르더니 하늘히 아ᄅ실샤
> → 내 성이 게으르더니 하늘이 아셨나
>
> 인간 만ᄉ(人間萬事)를 ᄒ 일도 아니 맛뎌
> → 인간 만사를 한 일도 아니 마쳐

다만당 두토리 업슨 강산(江山)을 딕희라 ᄒ시도다

→ 다만 다툼이 없는 강산을 지키라 하셨도다

〈제5수〉

강산이 됴타 ᄒ돌 내 분(分)으로 누얻ᄂ냐

→ 강산이 좋다 한들 내 분으로 누웠냐

님군 은혜(恩惠)룰 이제 더욱 아노이다

→ 임금의 은혜를 이제 더욱 알겠다

아므리 갑고쟈 ᄒ야도 히올 일이 업세라

→ 아무리 갚고자 해도 할 일이 없다

〈제6수〉

-윤선도, 「만흥(漫興)」-

'자연' 속에서 안빈낙도하면서 '임금'의 은혜도 챙기는 고전시가의 전형적인 내용입니다. 이렇게 해석한 정도로만 읽을 수 있어도, 주제가 어렵지 않으니 충분히 이해할 수 있을 거예요.

(다)

산림(山林)에 살면서 명리(名利)에 마음을 두는 것은 큰 부끄러움[大恥]이다. 시정(市井)에 살면서 명리에 마음을 두는 것은 작은 부끄러움[小恥]이다. 산림에 살면서 은거(隱居)에 마음을 두는 것은 큰 즐거움[大樂]이다. 시정에 살면서 은거에 마음을 두는 것은 작은 즐거움[小樂]이다.

'부끄러움'과 '즐거움'을 각각 두 가지로 나누어서 제시하고 있습니다. 두 '부끄러움'의 '공통점'은 '명리'에 마음을 두는 것이고, 두 '즐거움'의 '공통점'은 '은거'에 마음을 두는 것이네요. 이 '공통점'을 바탕으로, 각각 '산림, 시정'이라는 공간에 있는 경우라는 '차이점'을 가진다는 생각을 해주시면 됩니다. 독서 지문의 비교/대조형 지문을 읽는 방법과 똑같죠? 최근에는 이런 '문학의 독서화'가 하나의 트렌드가 되고 있어요. 확실하게 정리합시다.

작은 즐거움이든 큰 즐거움이든 나에게는 그것이 다 즐거움이며, 작은 부끄러움이든 큰 부끄러움이든 나에게는 그것이 다 부끄러움이다. 그런데 큰 부끄러움을 안고 사는 자는 백(百)에 반이요, 작은 부끄러움을 안고 사는 자는 백에 백이며, 큰 즐거움을 누리는 자는 백에 서넛쯤 되고, 작은 즐거움을 누리는 자는 백에 하나 있거나 아주 없거나 하니, 참으로 가장 높은 것은 작은 즐거움을 누리는 자이다.

글쓴이는 이들 중 '작은 즐거움'을 누리는 자가 가장 높다는 이야기를 하고 있습니다. 그 수가 제일 적기 때문이에요! 맞는 논리인지는 모르겠지만, 뭐 글쓴이가 그렇다면 그런 것이겠죠. 핵심은 이러한 글쓴이의 생각, 즉 내면세계가 곧 주제임을 생각하는 것이에요.

나는 시정에 살면서 은거에 마음을 두는 자이니, 그렇다면 이 작은 즐거움을 가장 높은 것으로 말한 나의 이 말은 대부분의 사람들의 생각과는 거리가 먼, 물정 모르는 소리일지도 모른다.

-이덕무, 「우언(迂言)」-

글쓴이는 '시정에 살면서 은거에 마음을 두는 자'이니, 가장 높은 것인 '작은 즐거움'을 누리는 자라고 합니다. 그런데 화자 자신이 누리고 있는 '작은 즐거움'을 가장 높은 것으로 말한 건 대부분 사람들의 생각과는 거리가 먼 소리라고 해요. 애초에 '작은 즐거움'을 누리는 자는 백에 하나 있을까 말까 하기 때문에 세상 사람들 대부분이 선호하지 않는 것이고, 그렇다면 글쓴이의 말은 '물정 모르는 소리'일 수도 있다는 거죠. 말은 이렇게 하면서 사실 자신의 삶이 가장 낫다는 자부심이 드러나는 작품이네요. '독해'하는 것 자체도 그리 어렵지 않습니다. 이러한 주제를 확실하게 잡아줄 수 있겠죠?

| 선지 | ① | ② | ③ | ④ | ⑤ |
|---|---|---|---|---|---|
| 선택률 | 30% | 26% | 16% | 8% | 20% |

**63** (나)의 시상 전개에 대한 설명으로 가장 적절한 것은? ①

① 〈제1수〉에서는 경험적 성격과 연결된 공간으로부터, 〈제6수〉에서는 관념적 성격과 연결된 공간으로부터 시상이 전개된다.

산슈 간(山水間) 바회 아래 뛰집을 짓노라 ᄒ니
그 모론 놈들은 읏는다 ᄒ다마는
어리고 햐암의 뜻의는 내 분(分)인가 ᄒ노라

〈제1수〉

강산이 됴타 ᄒ돌 내 분(分)으로 누얻ᄂ냐
님군 은혜(恩惠)룰 이제 더욱 아노이다
아므리 갑고쟈 ᄒ야도 히올 일이 업세라

〈제6수〉

| 선지 유형 | 근거가 있어서 허용 가능 |
| --- | --- |
| 실전에서의 판단 과정 | 산슈 간에 있는 뛰집은 경험과 연결된 공간이고, 강산은 님군 은혜와 연결되어 있네. |
| 해설 | 먼저 〈제1수〉입니다. 여기서는 '산슈 간'이라는 공간이 나타나요. 이는 화자가 '띠집'을 짓고 사는, '경험적 성격'과 연결된 공간입니다. 화자가 실제로 '경험'하는 공간이라는 거죠. 한편 〈제6수〉의 공간은 '강산'입니다. 이는 화자가 실제로 경험하는 공간이라고 볼 수도 있기에 틀린 선지 같지만, 선지를 정확하게 독해해봅시다.<br><br>선지에서는 관념적 성격과 '연결'된 공간이냐고 묻고 있습니다. 다시 말해서, 그 자체가 '관념적 공간'이냐고 묻는 게 아니라 그 공간이 관념적 성격과 '연결'되었는지를 묻는다는 거죠. 그럼 '강산'이라는 공간이 어떤 개념과 '연결'되어 있는지를 생각해야 합니다. 근처를 독해해보니, '강산'에 화자가 누울 수 있는 이유는 '님군 은혜' 때문이라고 해요. 그럼 '강산'은 '님군 은혜'라는 '관념적 성격'과 연결된다고 할 수 있겠네요. 따라서 이 선지가 정답이 됩니다.<br><br>물론 한자 병기가 되지 않은 '강산'이라는 단어는 '자연 일반'을 의미하기에 '관념적 공간'이라고 볼 수도 있습니다. 하지만 평가원이 요구한 것은 그러한 '지식'이 있느냐보다 '선지에서 묻는 것'을 정확히 파악할 수 있는지였어요. '관념적'이라는 말 자체는 '추상성'을 지닌 대상에게 허용될 수 있는데, '은혜'라는 추상적이고 관념적인 성격을 가진 개념과 연결되는 '강산'이라는 공간으로부터 시상이 전개된다고 할 수 있다는 거죠. 독서뿐만 아니라 문학에서도 '선지에서 묻는 것'이 중요하게 작용하는 모습입니다. 답이 안 보일 때의 선지 판단 태도로 하나 더 추가하면 되겠죠? |

② 〈제2수〉에서는 구체성이 드러나는 소재로, 〈제3수〉에서는 추상성이 강화된 소재로 시상이 시작된다.

> 보리밥 픗ᄂ 물을 알마초 머근 후(後)에
> 바횟 긋 믉ᄀ의 슬ᄏ지 노니노라
> 그 나믄 녀나믄 일이야 부룰 줄이 이시랴
> 〈제2수〉
>
> 잔 들고 혼자 안자 먼 뫼흘 ᄇ라보니
> 그리던 님이 오다 반가옴이 이리ᄒ랴
> 말ᄉ도 우움도 아녀도 몯내 됴하ᄒ노라
> 〈제3수〉

| 선지 유형 | 근거가 있어서 허용 불가능 |
| --- | --- |
| 실전에서의 판단 과정 | 보리밥이랑 잔, 뫼 전부 구체적인데? |
| 해설 | 〈제2수〉의 '보리밥 픗ᄂ 물'뿐만 아니라 〈제3수〉의 '잔, 뫼'도 모두 '구체성'이 드러난 소재죠? 실제 현실에서 쉽게 볼 수 있는 것들이니까요! 선지에선 '시상이 시작'되는 지점을 묻고 있으니 당연히 초장을 보아야 하고, 각 수의 초장에 저러한 구체적 소재가 제시되었으니 틀린 선지가 되겠습니다. |

③ 〈제2수〉에서 설의적 표현으로 제기된 의문이 〈제5수〉에서 해소되었음이 영탄적 표현으로 드러난다.

> 보리밥 픗ᄂ 물을 알마초 머근 후(後)에
> 바횟 긋 믉ᄀ의 슬ᄏ지 노니노라
> 그 나믄 녀나믄 일이야 부룰 줄이 이시랴
> 〈제2수〉
>
> 내 셩이 게으르더니 하놀히 아르실샤
> 인간 만ᄉ(人間萬事)를 흔 일도 아니 맛뎌
> 다만당 ᄃ토리 업슨 강산(江山)을 딕희라 ᄒ시도다
> 〈제5수〉

| 선지 유형 | 근거가 없어서 허용 불가능 |
| --- | --- |
| 실전에서의 판단 과정 | 도대체 무슨 의문을 제기한다는 거야? |
| 해설 | 〈제2수〉에서 설의적 표현이 있기는 하지만, 이는 '다른 건 하나도 안 부러워~'의 느낌으로 화자의 반응을 표현한 내용일 뿐이죠. '의문'이라고 볼 수가 없습니다. '의문' 자체가 없었으니 〈제5수〉에서 해소된다는 것도 허용하기 어렵겠습니다. 애초에 '설의법'은 '의문'의 의미를 가지지 못한다는 걸 알아둡시다. 오히려 자신이 말하고자 하는 바를 '강조'하는 것이에요. |

④ 〈제3수〉에서의 현재에 대한 긍정이 〈제4수〉에서의 역사에 대한 부정으로 바뀌며 시상이 전환된다.

> 잔 들고 혼자 안자 먼 뫼흘 ᄇ라보니
> 그리던 님이 오다 반가옴이 이리ᄒ랴
> 말ᄉ도 우움도 아녀도 몯내 됴하ᄒ노라
> 〈제3수〉
>
> 누고셔 삼공(三公)도곤 낫다 ᄒ더니 만승(萬乘)이 이만ᄒ랴

이제로 헤어든 소부(巢父) 허유(許由) | 냑닷더라
아마도 님쳔 한흥(林泉閑興)을 비길 곳이 업세라

〈제4수〉

| 선지 유형 | 근거가 있어서 허용 불가능 |
|---|---|
| 실전에서의 판단 과정 | 소부 허유가 좋다고 했는데 어떻게 역사에 대한 부정이야. |
| 해설 | 〈제3수〉가 '현재에 대한 긍정'이라고 보는 것은 너무나 자연스러워요. '반가옴', '됴하ᄒ노라'와 같은 반응들을 근거로 하면 말이죠. 그런데 〈제4수〉가 '역사에 대한 부정'이라구요? 역사적 인물인 '소부'와 '허유'가 나오기는 했지만, (이 정도는 고전시가 공부를 했다면 알고 있어야 해요.) 이 인물들을 부정하기는커녕 오히려 긍정적으로 보고 있죠? 절대 허용할 수 없네요. |

⑤ 〈제3수〉에 나타난 정서적 반응이 〈제6수〉에서 감각적 표현을 통해 구체화된다.

잔 들고 혼자 안자 먼 뫼흘 ᄇ라보니
그리던 님이 오다 반가옴이 이리ᄒ랴
말ᄉ도 우옴도 아녀도 몯내 됴하ᄒ노라

〈제3수〉

강산이 됴타 ᄒ들 내 분(分)으로 누얼ᄂ냐
님군 은혜(恩惠)롤 이제 더옥 아노이다
아므리 갑고쟈 ᄒ야도 히올 일이 업세라

〈제6수〉

| 선지 유형 | 근거가 있어서 허용 불가능 |
|---|---|
| 실전에서의 판단 과정 | 좋다는 걸 구체화하면 어떻게 강산이 되냐. |
| 해설 | 〈제3수〉에서는 '반가옴', '됴하ᄒ노라'와 같은 정서적 반응이 나타납니다. 나아가 〈제6수〉에서 '감각적 표현'이 드러난다고 하는 것도, 틀렸다고 보기에는 조금 애매하네요.<br><br>하지만, 선지에서 묻는 것은 '〈제3수〉의 정서적 반응'이 〈제6수〉에서 '구체화'되었는지입니다. 〈제3수〉의 정서적 반응은 '뫼'와 관련된 것이에요. '뫼'를 바라보니 정말 즐겁다는 이야기를 하는 것이죠. 하지만 〈제6수〉에서 화자가 보이는 정서적 반응은 '님군'에 대한 감사이지, '강산'이라는 감각적 표현에 대한 즐거움이 아닙니다. 〈제6수〉에 강산이 좋다는 반응이 나타나기는 하지만, 이는 |

그저 '님군 은혜'에 대한 예찬을 위한 빌드업에 불과하다는 것을 생각하면 〈제3수〉의 정서적 반응이 〈제6수〉에서 '강산'과 같은 감각적 표현을 통해 '구체화'되었다는 것은 허용하기 어렵겠습니다. 다시 말하지만, 〈제6수〉에서 화자가 '강산'을 통해 나타내고자 하는 정서적 반응은 '감사함'이라는, '즐거움'의 구체적 표현이 아닌 아예 다른 방향의 정서적 반응이니까요.

물론, '강산'은 실제 강과 산이라기보다는 '자연' 자체를 상징하는 말이기 때문에, '감각적 표현'으로 볼 수 없다고 할 수도 있습니다. 하지만 결국 중요한 것은 〈제3수〉와 〈제6수〉 속 화자의 내면세계, 즉 정서적 반응이 무엇인지 정확하게 파악하는 것이었죠? 늘 같은 것만 묻고 있다는 것을 잊지 맙시다.

| 선지 | ① | ② | ③ | ④ | ⑤ |
|---|---|---|---|---|---|
| 선택률 | 4% | 7% | 48% | 30% | 11% |

**64** (가)를 참고하여 (나)를 감상한 내용으로 적절하지 <u>않은</u> 것은? ③

– '문학적 의미 생성'에 대해 이야기하던 (가)를 활용한 문제입니다. 기본적으로는 (나)의 내용을 바탕으로 해결하시면 되지만, 선지 판단이 애매할 때는 반드시 (가)의 내용을 근거로 사용해야 한다는 것을 잊지 맙시다.

① '산슈 간'에서 살고자 하는 마음과 이에 공감하지 못하는 '눔들'의 생각을 병치하여 화자와 '눔들' 사이의 거리가 드러남으로써, 자기와 외부 세계 사이의 소원한 관계가 유지된다.

<u>산슈 간(山水間)</u> 바회 아래 뛰집을 짓노라 ᄒ니
그 모론 <u>눔들</u>은 욷논다 ᄒ다마는
어리고 햐암의 뜻의는 내 분(分)인가 ᄒ노라

〈제1수〉

| 선지 유형 | 근거가 있어서 허용 가능 |
|---|---|
| 실전에서의 판단 과정 | 화자와 남들의 생각이 다르니까 거리가 드러나고 소원한 관계가 유지된다고 할 수 있겠지. |
| 해설 | '산슈 간'에서 살고자 하는 화자의 마음과 이를 모르는 '눔들'의 생각을 병치하고 있고, 이로 인해 둘 사이의 거리감이 드러난다고 할 수 있겠죠? 서로 |

다른 생각을 하고 있으니까요. 이 경우 화자라는 '자기'와 '눔들'이라는 '외부 세계' 사이의 소원한 관계가 유지된다고 할 수 있겠네요.

② '바횟 긋 믉ㄱ'에서 즐거움을 누리는 삶과 '녀나믄 일' 을 대비하여 세상일과 거리를 두려는 화자의 태도가 드러남으로써, 자기와 외부 세계 사이의 소원한 관계가 유지된다.

> 보리밥 픗ᄂ 믈을 알마초 머근 후(後)에
> 바횟 긋 믉ㄱ의 슬ᄏ지 노니노라
> 그 나믄 녀나믄 일이야 부룰 줄이 이시랴
>
> 〈제2수〉

| 선지 유형 | 근거가 있어서 허용 가능 |
|---|---|
| 실전에서의 판단 과정 | 자연 속에서 즐거움을 누리는 화자와 속세라는 외부 세계 사이에는 소원한 관계가 유지되겠지. |
| 해설 | '바횟 긋 믉ㄱ'에서 즐거움을 누리는 것은 '자연' 속에서 행복하게 사는 것이고, '녀나믄 일'은 '속세'에서의 일을 의미하죠? 이 둘을 대비하면서 '녀나믄 일'이라는 세상일에 관심이 없는 화자의 태도가 드러나고 있다고 할 수 있습니다. 나아가 이 경우 화자라는 '자기'와 '녀나믄 일'이라는 '외부 세계' 사이의 소원한 관계는 유지된다고 할 수 있겠네요. |

③ '님'에 대한 '반가옴'보다 더한 감흥을 불러일으키는 '뫼'의 의미를 부각하여 화자와 '님' 사이의 거리가 드러남으로써, 자기와 외부 세계 사이의 소원한 관계가 유지된다.

> 잔 들고 혼자 안자 먼 뫼흘 ᄇ라보니
> 그리던 님이 오다 반가옴이 이리ᄒ랴
> 말ᄉ도 우움도 아녀도 몯내 됴하ᄒ노라
>
> 〈제3수〉

| 선지 유형 | 근거가 있어서 허용 불가능 |
|---|---|
| 실전에서의 판단 과정 | 화자와 님의 거리가 드러나는 게 아니잖아? |
| 해설 | '님'에 대한 '반가옴'조차도 '뫼'를 바라보고 얻는 감흥보다 덜하다고 한 것은 맞는데, 이것이 화자와 '님' 사이의 거리를 드러나게 하나요? 화자는 그저 '뫼'가 '님'만큼 좋다는 내면세계를 드러내는 것이지, '님'이 싫다는 내면세계를 드러낸 것이 아닙니다. 절대 허용할 수 없어요. |

조금 애매하다면, (가)를 활용하면 됩니다. (가)에서 3번 선지가 이야기하는 대로 '자기와 외부 세계 사이의 소원한 관계가 유지'되려면 '셋째'의 경우에만 가능하다는 걸 알 수 있어요. '셋째'는 '자기'와 '외부 세계'를 '상호적으로 대비'하는 것인데, 지금 화자는 자신의 정서를 '님'과 '뫼'라는 대상에 투영하는 '첫째'를 행하고 있죠. '셋째'는 1번, 2번 선지처럼 '자기'와 '외부 세계'가 상호적으로 대비되어야 하잖아요! 이렇게 하면 조금 더 명확하게 해결할 수 있겠습니다. 철저하게 지문의 '독해' 위주로 선지가 구성되는 모습이에요.

④ '님쳔'에서의 '한흥'이 '삼공'이나 '만승'보다 더한 가치를 지닌다고 강조하여 화자와 '님쳔' 사이의 거리가 가까워짐으로써, 자기와 외부 세계 사이의 친화적 관계가 형성된다.

> 누고셔 삼공(三公)도곤 낫다 ᄒ더니 만승(萬乘)이 이 만ᄒ랴
> 이제로 헤어든 소부(巢父) 허유(許由) ㅣ 냑돗더라
> 아마도 님쳔 한흥(林泉閑興)을 비길 곳이 업세라
>
> 〈제4수〉

| 선지 유형 | 근거가 있어서 허용 가능 |
|---|---|
| 실전에서의 판단 과정 | 자연 좋아하는 게 주제니까, 친화적 관계는 당연히 생기겠지. |
| 해설 | '님쳔 한흥'은 자연 속에서 얻는 즐거움을 의미합니다. 흥(興)이라는 한자에 주목하면 더욱 쉽게 파악할 수 있었겠죠? 그리고 주제를 생각했을 때, 이는 '삼공', '만승'과 같은 속세의 가치보다 더 높게 평가될 것입니다. 이 역시 '자연 친화'를 모토로 하는 고전시가의 기본적인 세계관이니 알아두셔야 합니다. '삼공', '만승'이 '속세'와 관련되어 있다는 건 최소한 고전시가 공부가 되어 있다면 당연히 알아야 하는 내용이에요. 이 경우 화자와 '님쳔'이라는 자연 사이의 거리는 당연히 가까워질 것이고, 화자라는 '자기'와 자연이라는 '외부 세계' 사이의 친화적 관계가 형성된다고 할 수 있겠네요. |

## FAQ

**Q** 자기와 '외부 세계' 사이의 관계를 이야기할 때, '외부 세계'를 '속세'로 본다면 틀린 선지 아닌가요?

**A** 늘 이야기하지만, 설사 그런 해석이 맞다고 해도 '외부 세계'를 자연으로 보았을 때는 허용할 수 있기에 이 선지는 맞는 선지입니다. 선지의 반례를 따지는 게 아니라, 그 선지

자체의 허용 가능성을 따지는 태도를 꼭 갖춰주세요. 심지어 이 선지에서는 '님천'에 대해서 판단할 것을 요구하고 있으니, 굳이 '속세'를 끌고 올 필요가 없을 거예요.

⑤ '강산' 속에서의 삶이 '님군'의 '은혜' 덕택임을 제시하여 화자와 '님군' 사이의 거리가 가까워짐으로써, 자기와 외부 세계 사이의 친화적 관계가 형성된다.

> 강산이 됴타 흔들 내 분(分)으로 누얻ᄂᆞ냐
> 님군 은혜(恩惠)를 이제 더옥 아노이다
> 아므리 갑고쟈 ᄒᆞ야도 히올 일이 업세라
>
> 〈제6수〉

| 선지 유형 | 근거가 있어서 허용 가능 |
|---|---|
| 실전에서의 판단 과정 | 역시 주제 그 자체네. |
| 해설 | 4번 선지와 같은 맥락으로 설명할 수 있겠죠? 화자는 자연에서 즐겁게 살 수 있는 것이 전부 '님군' 덕분이라며 '님군'을 긍정적으로 평가하고 있으니, 화자라는 '자기'와 님군이라는 '외부 세계' 사이의 친화적 관계가 생긴다고 할 수 있겠죠. |

| 선지 | ① | ② | ③ | ④ | ⑤ |
|---|---|---|---|---|---|
| 선택률 | 47% | 6% | 26% | 14% | 7% |

**65** (다)를 이해한 내용으로 적절하지 <u>않은</u> 것은? ①

① '부끄러움'과 '즐거움'을 조화시킴으로써 더 나은 삶의 방식을 결정할 수 있다.

| 선지 유형 | 근거가 없어서 허용 불가능 |
|---|---|
| 실전에서의 판단 과정 | 주제가 이게 아닌데? |
| 해설 | '부끄러움'과 '즐거움'을 조화시킨다구요? 글쓴이는 '작은 즐거움'을 누리는 자신의 삶이 최고라고 말할 뿐이지, 이들을 조화시켜야 한다고 말 한 적은 없습니다. 허용할 만한 근거가 없으니, 바로 정답으로 골라 주시면 되겠네요. 지문의 '주제'와 어긋난다는 생각을 하면서 지우는 것도 훌륭하겠네요! |

② '나'는 어디에 사느냐와 어디에 마음을 두느냐를 고려하여 삶의 유형을 나누고 있다.

| 선지 유형 | 근거가 있어서 허용 가능 |
|---|---|
| 실전에서의 판단 과정 | 즐거움과 부끄러움의 조건이 어디에 살고 어디에 마음을 두느냐였지. |
| 해설 | '산림'과 '시정' 중 어디에 사는지, '명리'와 '은거' 중 어디에 마음을 두는지에 따라 삶의 유형을 나누고 있죠. 이 중에서 '시정'에 살며 '은거'에 마음을 두는 '작은 즐거움'이 최고라고 했구요. |

③ '산림'에 사는 사람들 중에는 '즐거움'을 누리는 경우보다 '부끄러움'을 가진 경우가 더 많다.

| 선지 유형 | 근거가 있어서 허용 가능 |
|---|---|
| 실전에서의 판단 과정 | 백에 서넛보다는 백에 반이 더 많겠지. |
| 해설 | '산림'에 사는 사람들에 대해 묻고 있습니다. 화자에 따르면, 이들이 느낄 수 있는 것은 '큰 부끄러움'과 '큰 즐거움'입니다. 그런데 2문단에서 '큰 부끄러움'은 백에 반이나 안고 살지만, '큰 즐거움'을 누리는 자는 백에 서넛쯤 된다고 했습니다. '산림' 속에서 사는 사람 중에서는 '큰 부끄러움'을 느끼는 사람이 더 많다고 할 수 있겠네요. 물론 분모가 정확히 무엇인지 특정하기 어려워 엄밀하게 따지면 '알 수 없음'이라고 이야기할 수도 있지만, 우리는 지금 '국어' 문제를 풀고 있죠? 허용이 가능하다면 맞다고 하는 겁니다. |

④ '큰 부끄러움'과 '작은 즐거움'은 어디에 사느냐와 어디에 마음을 두느냐가 모두 서로 다르다.

| 선지 유형 | 근거가 있어서 허용 가능 |
|---|---|
| 실전에서의 판단 과정 | 지문 돌아가서 확인하면 되겠다. 진짜 다 다르네. |
| 해설 | '큰 부끄러움'은 '산림'에 살면서 '명리'에 마음을 두는 것이고, '작은 즐거움'은 '시정'에 살면서 '은거'에 마음을 두는 것입니다. 모두 다르네요. |

⑤ '명리'를 '부끄러움'에, '은거'를 '즐거움'에 대응시킨 것으로 보아 '나'는 '은거'의 가치를 '명리'의 가치보다 높이 두고 있음을 알 수 있다.

| 선지 유형 | 근거가 있어서 허용 가능 |
|---|---|
| 실전에서의 판단 과정 | 즐거움이 부끄러움보다는 높은 가치를 의미하겠지. |
| 해설 | '부끄러움'과 '즐거움'의 의미만 안다면 충분히 허용할 수 있는 내용이겠죠? '명리'에 마음을 두는 것은 어찌 되었든 '부끄러움'이라고 생각하며, '은거'에 마음을 두는 것은 '즐거움'이라고 말하고 |

있음을 근거로 하면 간단하게 허용할 수 있습니다. '명리'를 꿈꾸는 것은 부끄러울 일이고, '은거'를 꿈꾸는 것은 즐거울 일이라고 하니 '은거'를 '명리'보다 높게 두고 있음은 확실해 보이네요.

| 선지 | ① | ② | ③ | ④ | ⑤ |
|---|---|---|---|---|---|
| 선택률 | 5% | 15% | 13% | 9% | 58% |

## 66 ㉠, ㉡에 대한 설명으로 가장 적절한 것은? ⑤

산슈 간(山水間) 바회 아래 뛰집을 짓노라 ᄒᆞ니
그 모론 ᄂᆞᆷ들은 운논다 ᄒᆞᆫ다마는
㉠ 어리고 햐암의 뜻의ᄂᆞᆫ 내 분(分)인가 ᄒᆞ노라
〈제1수〉

나는 시정에 살면서 은거에 마음을 두는 자이니, 그렇다면 이 작은 즐거움을 가장 높은 것으로 말한 ㉡ 나의 이 말은 대부분의 사람들의 생각과는 거리가 먼, 물정 모르는 소리일지도 모른다.

– ㉠은 자신을 '어리석은 사람'이라고 표현하며 자연 속의 삶이 자기 분수에 맞다고 하는 내용이고, ㉡은 자신의 주장을 '물정 모르는 소리'라고 표현하며 강조하고 있는 내용입니다. 이와 비슷한 말을 그대로 답으로 골라주시면 되겠죠?

① ㉠은 자신의 처지를 남의 일을 말하듯이 표현함으로써 자신의 문제를 회피하고 있다.

| 선지 유형 | 근거가 없어서 허용 불가능 |
|---|---|
| 실전에서의 판단 과정 | 남의 일을 말하듯이 한 건 아니지. |
| 해설 | '나'라는 주체를 직접 드러낸다는 점에서 '남의 일을 말하듯이 표현'했다는 내용을 절대 허용할 수 없네요. 나아가 '자신의 문제'도, 그걸 회피하려는 태도도 드러나 있지 않죠? ㉠은 자신의 삶이 만족스럽다는 걸 표현하고 있으니까요. |

② ㉡은 자신의 행동을 냉철하게 성찰함으로써 자신의 과오를 인정하고 있다.

| 선지 유형 | 근거가 있어서 허용 불가능 |
|---|---|
| 실전에서의 판단 과정 | 자기 잘못이라고 하는 게 아니지. |

| 선지 유형 | |
|---|---|
| 해설 | ㉡ 자체만 읽으면 허용할 수도 있는 선지입니다. 하지만 ㉡의 '맥락'을 따져야 해요. 이 말은 자신의 삶이 최고라는 내면세계를 강조하기 위해 한 것이지, 자신이 잘못 생각했다고 반성하는 게 아니에요! '부분'을 보고 선지를 판단하되, 인물의 '내면세계'를 바탕으로 그 '맥락'을 독해하며 디테일하게 판단해야 한다! 문학 선지 판단에서 가장 중요한 부분 중 하나입니다. |

③ ㉠은 ㉡과 달리, 자신의 처지를 자문자답 형식으로 말함으로써 자신의 생각을 일반화하고 있다.

| 선지 유형 | 근거가 없어서 허용 불가능 |
|---|---|
| 실전에서의 판단 과정 | 물어본 적이 없는데? |
| 해설 | ㉠은 자'문'을 하는 것이 아닙니다. 애초에 물어보고 있지도 않으니, '자문자답'이라는 말을 허용하기는 어렵겠네요. |

④ ㉡은 ㉠과 달리, 자신의 생각을 남의 말을 인용하여 표현함으로써 자신의 신념을 객관화하고 있다.

| 선지 유형 | 근거가 없어서 허용 불가능 |
|---|---|
| 실전에서의 판단 과정 | 인용이 어딨어. |
| 해설 | '대부분의 사람들의 생각'을 언급했을 뿐, 남의 말을 '인용'하지는 않았습니다. 나아가 ㉡은 '남들은 물정 모르는 소리라고 볼지 모르겠지만 나는 내 삶이 너무 좋아!'라는 의도를 담고 있기에, '객관화' 역시 허용하기 어렵겠네요. 자신의 주관적인 신념을 한 번 더 강조하는 것이니까요. |

⑤ ㉠과 ㉡은 모두, 자신이 말하고자 하는 바를 우회하여 표현함으로써 자신의 삶에 대한 자부심을 드러내고 있다.

| 선지 유형 | 근거가 있어서 허용 가능 |
|---|---|
| 실전에서의 판단 과정 | 어리석다는 것이나 물정 모른다는 건 전부 자부심 드러내려고 우회해서 표현한 것이라 할 수 있지. |
| 해설 | ㉠에서는 '이게 내 분수지 뭐~'라는 표현으로, ㉡에서는 '대부분의 욕심 많은 세상 사람들이 보기에는 내가 바보같겠지?ㅎㅎ'라는 표현으로 자신이 말하고자 하는 바(자신의 삶의 태도가 최고임)를 우회하여 표현하고, 그로부터 자부심을 드러낸다고 할 수 있겠어요. '맥락'을 '독해'하는 태도를 가지고 있었다면, 그리고 이를 통해 내면세계를 파악하는 능력이 있었다면 발문을 보자마자 떠올릴 |

| | 수 있는 내용이기도 할 겁니다. |
| --- | --- |

| 선지 | ① | ② | ③ | ④ | ⑤ |
| --- | --- | --- | --- | --- | --- |
| 선택률 | 5% | 6% | 14% | 68% | 7% |

## 67 ⓐ를 바탕으로 (나), (다)를 이해한 내용으로 적절하지 않은 것은? [3점] ④

> ⓐ 문학 작품의 의미가 생성되는 양상

– 총 세 가지로 나누어 제시되었던 '의미 생성 양상'에 대한 문제입니다. '자기→외부 세계', '외부 세계→자기', '자기↔외부 세계'라는 세 가지 양상을 떠올리면서 해결하면 되겠죠?

① (나)에서 무정물인 대상에 대해 호감을 표현한 것은 자신의 정서를 대상에 투영한 것이라고 볼 수 있다.

| 선지 유형 | 근거가 있어서 허용 가능 |
| --- | --- |
| 실전에서의 판단 과정 | 자기 내면을 자연물이라는 대상에 투영한 것이지. |
| 해설 | (나)에서는 무정물인 '자연'들에 계속해서 호감을 표현하고 있습니다. 이는 자신의 '정서'(호감)를 대상(자연)에 투영한 것으로 볼 수 있겠죠? |

② (다)에서 자연에 의미를 부여하는 것은 자신의 생각을 대상에 투영하여 세계를 해석하는 것이라고 볼 수 있다.

| 선지 유형 | 근거가 있어서 허용 가능 |
| --- | --- |
| 실전에서의 판단 과정 | 자기 생각을 자연이라는 대상에 투영하고 있는 것이지. |
| 해설 | (다)에서는 '자연'에 살거나 마음을 두는 것에 '즐거움', '부끄러움' 등의 의미를 부여하고 있고, 이는 자신의 '생각'을 대상에 투영하는 모습으로 볼 수 있겠네요. |

③ (다)에서 삶의 방식을 상대적 기준에 따라 나누어 평가한 것은 자신의 가치관과 세상 사람들의 생각을 비교하여 세계의 의미를 새롭게 파악한 것이라고 할 수 있다.

| 선지 유형 | 근거가 있어서 허용 가능 |
| --- | --- |
| 실전에서의 판단 과정 | 자기 생각과 세상 사람들의 생각이 다르다고 했으니 비교하는 셋째 방식이라고 할 수 있지. |

| 해설 | (다)에서는 삶의 방식을 상대적 기준에 따라 나누고 있고, 이런 기준에 대해 '대부분의 사람들'과 자신의 생각을 비교하면서 세계의 의미를 새롭게 파악하고 있다고 할 수 있겠죠. ⓐ의 '셋째' 방식을 활용하고 있는 거예요! |
| --- | --- |

④ (나)에서는 선인들의 삶의 태도를 자기 내면으로 수용하는 과정을 거쳐, (다)에서는 대다수 사람들의 뜻을 자기 내면으로 수용하는 과정을 거쳐 새로운 의미를 생성한다고 볼 수 있다.

| 선지 유형 | 근거가 있어서 허용 불가능 |
| --- | --- |
| 실전에서의 판단 과정 | (다)에서는 화자와 대다수 사람들이 생각이 다르다고 했잖아. |
| 해설 | (나)에서 '소부', '허유'와 같은 선인들의 삶의 태도를 자기 내면으로 수용하는 것은 충분히 허용할 수 있는데, (다)에서 대다수 사람들의 뜻을 자기 내면으로 수용한다구요? 오히려 '대부분의 사람들'과 자신의 생각이 다르다는 것을 강조하고 있죠. (다)를 정확히 독해했다면 너무나 쉽게 답으로 고를 수 있어요. |

⑤ (나)에서 자기 본성을 하늘의 뜻에 연관 지은 것과, (다)에서 자기 삶의 방식을 일반적인 삶의 방식과 견준 것은 자기 삶의 가치를 새롭게 해석하여 의미를 만들어 낸 것이라고 할 수 있다.

| 선지 유형 | 근거가 있어서 허용 가능 |
| --- | --- |
| 실전에서의 판단 과정 | 각각 둘째, 셋째 방식으로 의미를 생성하고 있네. |
| 해설 | 〈제5수〉에서는 자신의 '성'이 게으른 것을 '하늘'이 맡긴 것으로 표현했으니, 이를 근거로 '자기 본성을 하늘의 뜻에 연관'지었다고 허용할 수 있겠네요. 이는 '둘째' 방식을 통해 의미를 생성하는 모습이라고 할 수 있겠죠?<br><br>나아가 (다)에서는 '대부분의 사람들'과 자신의 생각을 비교하며 새롭게 의미를 만들고 있습니다. 이는 ⓐ의 '셋째' 방식을 활용하는 것이라고 할 수 있겠네요. |

| 핵심 **point** |

① **허용 가능성 평가** : 선지의 내용을 '허용'하려는 태도를 바탕으로 지문을 '독해'하며 '근거'를 찾아야 합니다. 허용할 수 있는 '근거'가 있어야만 허용할 수 있습니다. 주관적인 생각을 개입시키면 안 됩니다.

② **고전시가 독해** : 겁먹지 않고, 현대시를 읽듯이 읽어내면 됩니다. 현대시와 마찬가지로, 〈보기〉의 도움 등을 통해 '주제' 위주로 가볍게 읽어내면 되는 거예요. 자세한 해석은 선지가 해줄 겁니다!

③ **수필 독해** : 운문문학과 마찬가지로, 글쓴이가 하고자 하는 말인 '주제'를 파악하는 것이 핵심입니다. 수필이 어렵게 출제될 것을 대비해, 독서 지문을 읽듯이 꼼꼼하게 읽으며 주제를 파악하는 연습을 해야 해요.

④ **선지에서 묻는 것** : 독서에서도 문학에서도, 선지 판단의 기본은 그 선지가 무엇을 묻고 있는지 정확하게 따지는 것입니다. 선지를 대충 판단하는 습관은 시험장에서 꽤나 치명적으로 다가올 거예요. 항상 '묻는 것'이 무엇인지 체크하는 습관을 가지도록 합시다.

| 지문 내용 총정리 |

상당히 오답률이 높았던 고전시가+수필 세트입니다. 당시 EBS 연계라서 지문을 외우고 시험을 본 학생들이 많았지만, 그 학생들도 고전을 면치 못했던 지문이에요. 여러 번 강조하지만, 요즘 문학은 모르는 지문이 나와서 어려운 것도, 어려운 지문이 나와서 힘든 것도 아니에요. 그저 여러분들의 '독해력'을 물어보기에 어려운 것입니다. 이를 인지하고, 문학에서도 '독해력'을 기르는 것이 중요하다는 것을 잊지 말도록 합시다.

〈보기〉 확인

---
[보기]

　이 시의 화자는 '우포늪'에서 <u>왁새 울음소리를 들으며,
득음을 못한 채 생을 마감했던 한 '소리꾼'을 상상적으로
떠올리고 있다.</u> 화자는 왁새 울음소리에서 고단하고 외
로웠던 소리꾼이 평생을 추구했던 절창을 연상함으로
써, 우포늪의 생명력이 소리꾼의 영혼을 절창으로 이끌
었음을 표현하고자 했다. <u>자연과 인간이 어우러진 세계
에서 창조되는 예술의 경지</u>와 우포늪의 아름다움을 조
화롭게 형상화한 것이다.

---

(나) 지문에 대한 〈보기〉입니다. 우포늪의 '왁새' 소리를 들으면
서, 어떤 '소리꾼'에 대한 이야기를 떠올리는 내용이네요. '자연'
과의 조화를 중시한다는 주제까지 확실하게 체크해놓고 넘어가
면 되겠습니다.

실전적 지문 독해

---
(가)

　산과 산이 마주 향하고 믿음이 없는 얼굴과 얼굴이 마
주 향한 항시 어두움 속에서 꼭 한 번은 천둥 같은 화산
이 일어날 것을 알면서 요런 자세로 꽃이 되어야 쓰는가.

　저어 서로 응시하는 <u>쌀쌀한 풍경.</u> 아름다운 풍토는 이
미 고구려 같은 정신도 신라 같은 이야기도 없는가. 별
들이 차지한 하늘은 끝끝내 하나인데 …… 우리 무엇에
불안한 얼굴의 의미는 여기에 있었던가.

　모든 유혈(流血)은 꿈같이 가고 지금도 나무 하나 안
심하고 서 있지 못할 광장. 아직도 정맥은 끊어진 채 휴
식인가 야위어 가는 이야기뿐인가.

　언제 한 번은 불고야 말 독사의 혀같이 징그러운 바람
이여. 너도 이미 아는 모진 겨우살이를 또 한 번 겪으라
는가 <u>아무런 죄도 없이 피어난 꽃은 시방의 자리에서 얼
마를 더 살아야 하는가</u> 아름다운 길은 이뿐인가.

　산과 산이 마주 향하고 믿음이 없는 얼굴과 얼굴이 마
주 향한 항시 어두움 속에서 꼭 한 번은 천둥 같은 화산

---

이 일어날 것을 알면서 요런 자세로 꽃이 되어야 쓰는가.

-박봉우, 「휴전선」-

---

처음에는 이해하기 어렵다가도, 제목을 보고서야 비로소 이해할
수 있는 작품이네요. 6 · 25 전쟁과 관련된 이야기인 것 같습니
다. 그런 부정적 상황에서 부정적인 반응들을 보이고 있는 작품
이네요. 자세한 해석은 어차피 선지에서 해줄 테니 다음 시로 넘
어가 봅시다.

---
(나)
　득음은 못하고, 그저 시골장이나 떠돌던
　소리꾼이 있었다, 신명 한 가락에
　막걸리 한 사발이면 그만이던 흰 두루마기의 그 사내
　꿈속에서도 폭포 물줄기로 내리치는
　한 대목 절창을 찾아 떠돌더니
　<u>오늘은, 왁새* 울음 되어 우항산 솔밭을 다 적시고</u>　┐
　<u>우포늪 둔치, 그 눈부신 봄빛 위에 자운영 꽃불</u>　[A]
질러 놓는다　└
　살아서는 근본마저 알 길 없던 혈혈단신　┐
　텁텁한 얼굴에 달빛 같은 슬픔이 엉켜 수염을 흔　[B]
들곤 했다　└
　늙은 고수라도 만나면
　어깨 들썩 산 하나를 흔들었다
　<u>필생 동안 그가 찾아 헤맸던 소리가</u>　┐
　<u>적막한 늪 뒷산 솔바람 맑은 가락 속에 있었던가</u>　[C]
　소목 장재 토평마을 양파들이 시퍼런 물살 몰아　┐
칠 때　[D]
　일제히 깃을 치며 동편제* 넘어가는　└
　저 왁새들
　완창 한 판 잘 끝냈다고 하늘 선회하는　┐
　<u>그 소리꾼 영혼의 심연이</u>　[E]
　<u>우포늪 꽃잔치를 자지러지도록 무르익힌다</u>　└

-배한봉, 「우포늪 왁새」-

* 왁새 : 왜가리의 별명.
* 동편제 : 판소리의 한 유파.

---

〈보기〉에서 이야기한 내용 그대로죠? 소리꾼의 소리가 '왁새'가
되어 '우포늪'에 꽃불을 질러 놓고 있습니다. 화자는 이러한 모습
에 주목하며, '우포늪 왁새'라는 자연과 '소리꾼'이라는 인간 사이
의 조화로운 모습을 이야기하고 있네요. 더 자세한 해석은 선지
에게 맡겨두면 되겠죠?

(다)

그 바위를 가리켜 어느 건방진 옛사람이 오심암(吾心岩)이라고 이름을 지어 주었다 한다. 그보다도 조금 겸손한 누구는 세심암(洗心岩)이라고 불렀다 한다.

기운차게 일어선 산발이 이곳에 이르러 오심암의 절경을 남기기 위하여 한 둥근 골짜기를 이루어 놓고 다시 다물어졌다.

짙은 단풍 빛에 붉게 누렇게 물든 검은 절경의 성장(盛裝), 그것을 선을 두른 동해보다도 더 푸른 하늘빛, 천사가 흘리고 간 헝겊인 듯 봉우리 위에 가볍게 비낀 백옥보다도 흰 엷은 구름 조각.

이것은 분명히 자연이 흘려 놓은 예술의 극치다. 그러나 겸손한 자연은 그의 귀한 예술이 홍진(紅塵)에 물들 것을 염려하여 그것을 이 깊은 산골짜기에 감추었던 것인가 보다.

글쓴이는 '오심암'이라는 곳에 구경을 온 모습이에요. 밑줄 친 부분 위주로 보면, '오심암'이라는 자연의 풍경을 아주 멋진 것으로 묘사하고 있죠? '자연 예찬'이라는 주제를 인식한 채로 계속 읽어 봅시다.

어귀까지 '버스'를 불러오고 이곳까지 2등 도로를 끌어 오는 것은 본래부터 그의 뜻은 아니었을 게다. 오직 사람만이 장하지도 아니한 그들의 예술을 천하에 뽐낼 기회만 엿보나 보다.

둘러보건대 이 골짜기에는 일찍이 먼지를 품은 미친 바람과 같은 것은 지나가 본 일이 아주 없었나 보아서 아득히 쳐다보이는 높은 하늘 아래 티끌을 품은 듯한 아무것도 없다. 잠깐 내 자신을 굽어보니 허옇게 먼지 낀 의복, 그 밑에 숨은 먼지 낀 내 몸뚱어리, 그리고 또 그 속에 엎드린 먼지 낀 내 마음, 나는 그 텃기 모르는 순결한 자연 속에 쓰레기처럼 동떨어진 내 몸의 더러움을 새삼스럽게 부끄러워하였다.

계속해서 '자연 예찬'이라는 주제에 맞는 이야기를 하고 있습니다. 나아가 '인간'에 대해 비판하는 모습도 보이고 있어요. 사실 '자연 예찬'이라는 주제가 나타나는 경우 '인간 비판'은 거의 세트로 따라 오는 것이니, 어렵지 않게 정리하고 갈 수 있겠습니다.

(중략)

차디찬 바위 위에 신발을 벗고 모자를 던지고 외투를 벗어 팽개치고 반듯이 누워서 눈을 감으니 인생도 예술도 다 어디로 사라지고 오직 끝없는 망각이 내 마음을 아니 우주를 채우며 온다. 그러나 몸을 식히며 스며드는 찬 기는 어느새 거리에서 멀리 떨어진 우리들의 위치를 깨닫게 한다. 우리는 채 씻기지 않은 마음을 거두어 가지고 잠시나마 정을 들인 오심암을 두 번 세 번 돌아다보면서 간 길을 다시 내려오기 시작하였다. 좋은 벗 떠나기란 싫은 것처럼, 좋은 자연에도 석별의 정은 마찬가진가 보다. 또한 좋은 음식을 만났을 때 벗을 생각하는 것이 자연스러운 것처럼 떠나고 싶지 않은 자연을 앞에 두고는 멀리 있는 벗들이 갑자기 그리웁다. 나는 마음속으로 어느새 오심암에게 무언(無言)의 약속을 주어 버렸다.

'내년에는 벗을 데리고 또 찾아오마'고.

−김기림, 「주을온천행」−

마지막까지 '자연 예찬'이라는 주제 의식을 강조하고 있습니다. 마치 소설 지문에서 'skip 가능 구간'을 읽을 때처럼,(뒤에서 배웁니다!) 뻔한 소리라는 생각을 하며 넘어갈 수 있겠죠?

| 선지 | ① | ② | ③ | ④ | ⑤ |
|---|---|---|---|---|---|
| 선택률 | 75% | 4% | 8% | 9% | 4% |

## 68 (가)~(다)의 공통점으로 가장 적절한 것은? ①

① 인간의 삶과 공간의 의미를 연결 지어 주제 의식을 구체화하고 있다.

| 선지 유형 | 근거가 있어서 허용 가능 |
|---|---|
| 실전에서의 판단 과정 | 주제 의식은 당연하고, 휴전선, 우포늪, 오심암이라는 공간 나왔으니 허용되겠네. |
| 해설 | '주제 의식'이 있네요! 공통점을 묻는 문제의 경우에는 이렇게 거시적인 선지가 답이 되는 경우가 매우 많다고 했습니다. 앞의 내용만 확인하면 될 것 같네요. 일단 세 작품 모두 공간(휴전선, 우포늪, 오심암이 있는 곳)의 의미를 드러내고 있습니다. 나아가 이 모든 공간은 '전쟁, 소리꾼의 소리, 인간의 더러움'이라는 '인간의 삶'과 연결되어 있죠? 애초에 거의 대부분의 문학 작품은 '인간의 이야기'라는 것을 잊지 맙시다. |

② 갈등과 대립이 없는 화합의 세계를 보여 줌으로써 희망적인 미래를 예견하고 있다.

| 선지 유형 | 근거가 있어서 허용 불가능 |
|---|---|
| 실전에서의 판단 과정 | 애초에 (가)는 전쟁 이야기인데 너무하네. |
| 해설 | 일단 (가) 하나만으로 지워낼 수 있는 선지죠? '전쟁'이라는 갈등 그 자체의 상황을 제시하고 있으니까요. 나아가 (가)~(다) 모두 주제를 생각하면 '희망적인 미래 예견'을 허용하기는 어렵죠? |

③ 역사적 상황을 직시함으로써 부정적 현실을 극복하려는 참여 의식을 표방하고 있다.

| 선지 유형 | 근거가 없어서 허용 불가능 |
|---|---|
| 실전에서의 판단 과정 | (나)와 (다)에 이런 내용이 있을 리가 없지. |
| 해설 | (가)의 경우에는 주제 그 자체라고 할 수 있겠지만, '역사적 상황'을 직시하는 것과 부정적 현실을 극복하려는 '참여 의식' 모두 (나)와 (다)의 주제를 고려하면 허용하기 어렵죠? |

## FAQ

**Q** (가)는 단순히 전쟁 상황에 대한 안타까움을 드러내는 작품이라고 생각했는데, '부정적 현실을 극복하려는 참여 의식'이 어떻게 (가)의 주제 그 자체가 되나요?

**A** 작가 내지는 화자가 이 작품을 어떤 마음으로 세상에 내놓았는지 생각해 보세요. '시'라는 도구를 통해 분단이라는 부정적 현실을 극복해야 하지 않겠냐는 메시지를 던진 것이라고 할 수 있을 것입니다. 구체적으로, '요런 자세로 꽃이 되어야 쓰는가.'와 같은 표현은 그렇게 해서는 안 된다는 '참여 의식'을 표방한 표현이라고도 할 수 있겠죠?

④ 자연이 인간에게 미친 긍정적인 영향을 강조함으로써 사물에 대한 예찬적 태도를 드러내고 있다.

| 선지 유형 | 근거가 없어서 허용 불가능 |
|---|---|
| 실전에서의 판단 과정 | (가)에서는 예찬을 허용하기 어렵지. |
| 해설 | 일단 (가)의 주제를 고려하면 절대 허용할 수 없는 선지입니다. 전쟁 상황에 대한 이야기인데 '예찬적 태도'를 허용하기는 어려울 테니까요. (나)와 (다)의 경우에는 좀 애매하죠? |

⑤ 특정한 장소에 대한 직접적인 경험을 바탕으로 인간의 교만한 태도에 대한 비판을 이끌어 내고 있다.

| 선지 유형 | 근거가 없어서 허용 불가능 |
|---|---|
| 실전에서의 판단 과정 | 교만한 태도는 너무 헛소리네. |
| 해설 | 화자나 글쓴이가 (가)에서는 '휴전선' 혹은 '한반도 전체'를, (나)에서는 '우포늪'을, (다)에서는 '오심암'이라는 특정한 장소를 직접적으로 경험하는 모습이 나타나 있다고 할 수 있습니다. 그런데 '인간의 교만한 태도에 대한 비판'은 (가)와 (나)의 주제를 고려할 때 허용하기 어렵죠? 물론 (다)의 주제와는 찰떡이라고 할 수 있겠지만요. |

| 선지 | ① | ② | ③ | ④ | ⑤ |
|---|---|---|---|---|---|
| 선택률 | 3% | 13% | 72% | 7% | 5% |

**69** (가), (나)에 대한 설명으로 적절하지 <u>않은</u> 것은? ③

① (가)는 설의적 표현으로 현실에 대한 화자의 안타까움을 드러내고 있다.

| 선지 유형 | 근거가 있어서 허용 가능 |
|---|---|
| 실전에서의 판단 과정 | 설의적 표현 엄청 많고, 안타까움은 주제 그 자체지. |
| 해설 | (가)에서는 한눈에 봐도 설의적 표현을 많이 찾을 수 있고, 이를 통해 '안타까움'이라는 반응을 드러내고 있죠? 주제 그 자체이니 어렵지 않게 허용할 수 있겠네요. |

② (나)는 청각의 시각화를 통해 소재의 생동감을 부각하고 있다.

| 선지 유형 | 근거가 있어서 허용 가능 |
|---|---|
| 실전에서의 판단 과정 | 귀찮으니까 나중에 찾아야지. |
| 해설 | 왁새의 '울음'이 '꽃불'을 질러 놓고 있습니다. 이 정도면 '청각'을 '시각'으로 표현한 것이라고 할 수 있겠죠? '실전에서의 판단 과정'처럼, 일단 넘기고 다른 선지를 먼저 체크하는 것이 현명했을 겁니다. |

③ (가)는 시간의 흐름에 따라, (나)는 시선의 이동에 따라 시상을 전개하고 있다.

| 선지 유형 | 근거가 없어서 허용 불가능 |
| --- | --- |
| 실전에서의 판단 과정 | 아무리 봐도 둘 다 없는데? |
| 해설 | 일단 (가)에서는 '시간의 흐름'을 허용할 만한 근거를 찾기 어렵습니다. '시간'에 대한 내용은 화자의 '상황'을 결정하는 중요한 단서인데, 만약 있었다면 놓쳤을 리가 없었을 것이에요.<br><br>나아가 '시선의 이동'이라는 표현은 화자의 시선에 맞추어 지문 내용을 상상했는지 묻고 싶을 때 출제하는 표현입니다. (나)의 화자는 철저하게 '우포늪 왁새'만을 바라보면서 '소리꾼'과 관련된 여러 관념들을 상상하고 있죠? 화자는 철저하게 '우포늪 왁새'에게 시선을 고정하고 있다는 것을 상상할 수 있기 때문에, '시선의 이동'이 나타난다는 것 역시 허용하기 어렵겠네요. 문학 텍스트를 독해할 때는 항상 그 상황을 상상하는 습관이 필요하다는 것, 잊지 마시기 바랍니다. |

④ (가)는 동일한 시구를 반복하여, (나)는 인물에 대한 이야기를 활용하여 주제 의식을 강조하고 있다.

| 선지 유형 | 근거가 있어서 허용 가능 |
| --- | --- |
| 실전에서의 판단 과정 | (가)는 동일한 시구가 수미상관으로 쓰였고, (나)는 소리꾼 이야기를 하고 있었지. |
| 해설 | (가)는 첫 연과 마지막 연에 완전히 '동일한' 구조가 쓰였고, (나)는 소리꾼에 대한 이야기를 하고 있으니 허용할 수 있습니다. '주제 의식 강조'는 고민하면 안 되겠죠? 무조건 맞는 내용이에요. |

⑤ (가)와 (나)는 모두 화자의 인식을 자연물에 투영하여 시적 정서를 환기하고 있다.

| 선지 유형 | 근거가 있어서 허용 가능 |
| --- | --- |
| 실전에서의 판단 과정 | 꽃, 왁새 같은 자연물 나오네. |
| 해설 | '시적 정서 환기'라는 말은 무조건 맞는 말이라고 할 수 있으니, 화자의 인식이 투영된 '자연물'이 있는지만 생각하면 되겠습니다. (가)에서는 '하늘', '꽃'과 같은 자연물이 제시되고 있고, (나)에서는 '우포늪 왁새'라는 자연물 자체가 화자의 인식과 연결되어 있죠? |

| 선지 | ① | ② | ③ | ④ | ⑤ |
| --- | --- | --- | --- | --- | --- |
| 선택률 | 7% | 63% | 8% | 7% | 15% |

## 70 (가)와 (다)에 대한 감상으로 가장 적절한 것은? ②

① (가)의 '천동 같은 화산'은 신뢰를 잃은 상황이 초래한 불안한 현실을, (다)의 '검은 절경'은 아름다움을 잃은 풍경에서 느껴지는 암울한 심정을 드러내고 있다.

> 산과 산이 마주 향하고 믿음이 없는 얼굴과 얼굴이 마주 향한 항시 어두움 속에서 꼭 한 번은 천동 같은 화산이 일어날 것을 알면서 요런 자세로 꽃이 되어야 쓰는가.

> 짙은 단풍 빛에 붉게 누렇게 물든 검은 절경의 성장(盛裝), 그것을 선을 두른 동해보다도 더 푸른 하늘빛, 천사가 흘리고 간 헝겊인 듯 봉우리 위에 가볍게 비낀 백옥보다도 흰 엷은 구름 조각.

| 선지 유형 | 근거가 있어서 허용 불가능 |
| --- | --- |
| 실전에서의 판단 과정 | 믿음이 없으니 신뢰를 잃은 상황을 허용할 수 있겠는데, 검은 절경은 이쁜 자연 그 자체지. |
| 해설 | '천동 같은 화산'은 '믿음이 없는' 얼굴들이 마주한 상황에서 일어날 수 있는 '불안한 현실'이라고 할 수 있습니다. 선지 내용 자체를 허용할 만한 근거가 충분하네요.<br><br>하지만 '검은 절경'이 아름다움을 잃은 풍경이라는 건 (다)의 전반적인 분위기를 봤을 때 절대 허용할 수 없는 헛소리죠? 근처 맥락을 보아도 자연이 이쁘다는 이야기만 나오고 있구요. |

② (가)의 '별들이 차지한 하늘'은 하나로 이어진 세계를, (다)의 '아득히 쳐다보이는 높은 하늘 아래'는 흠결 없는 세계를 그려내고 있다.

> 저어 서로 응시하는 쌀쌀한 풍경. 아름다운 풍토는 이미 고구려 같은 정신도 신라 같은 이야기도 없는가. 별들이 차지한 하늘은 끝끝내 하나인데 …… 우리 무엇에 불안한 얼굴의 의미는 여기에 있었던가.

둘러보건대 이 골짜기에는 일찍이 먼지를 품은 미친 바람과 같은 것은 지나가 본 일이 아주 없었나 보아서 <u>아득히 쳐다보이는 높은 하늘 아래 티끌을 품은 듯한 아무것도 없다.</u>

| 선지 유형 | 근거가 있어서 허용 가능 |
|---|---|
| 실전에서의 판단 과정 | 끝끝내 하나이면 하나로 이어진 세계라고 할 수 있고, 티끌 하나 없으니 흠결 없다고 할 수 있네. |
| 해설 | '별들이 차지한 하늘'은 '끝끝내 하나인 곳'이라는 '근거'를 통해 하나로 이어진 세계를 허용할 수 있겠죠. 나아가 '아득히 쳐다보이는 높은 하늘 아래'는 '티끌을 품은 듯한 아무것도 없'는 곳이라는 '근거'를 통해 흠결 없는 세계를 허용할 수 있겠습니다. 허용할 만한 근거가 충분하니 어렵지 않게 답으로 골라주실 수 있겠죠? |

③ (가)의 끊어진 '정맥'은 '유혈'을 이겨낸 삶의 의지를, (다)의 엄습하는 '찬기'는 정든 곳을 떠나야 하는 절망감을 환기하고 있다.

모든 <u>유혈(流血)</u>은 꿈같이 가고 지금도 나무 하나 안심하고 서 있지 못할 광장. 아직도 <u>정맥</u>은 끊어진 채 휴식인가 야위어 가는 이야기뿐인가.

차디찬 바위 위에 신발을 벗고 모자를 던지고 외투를 벗어 팽개치고 반듯이 누워서 눈을 감으니 인생도 예술도 다 어디로 사라지고 오직 끝없는 망각이 내 마음을 아니 우주를 채우며 온다. 그러나 몸을 식히며 스며드는 <u>찬기</u>는 어느새 거리에서 멀리 떨어진 우리들의 위치를 깨닫게 한다.

| 선지 유형 | 근거가 없어서 허용 불가능 |
|---|---|
| 실전에서의 판단 과정 | 삶의 의지, 절망감은 주제와 크게 상관이 없지. |
| 해설 | '정맥'은 '유혈'로 인해 끊어진 것일 뿐, '삶의 의지'와는 관련이 없어 보입니다. 끊어진 채 가만히 있기만 한 모습을 나타낸 것이니까요. 한편 '찬기' 역시 자연에서 느낄 수 있는 감각을 의미할 뿐, '절망감'을 허용할 만한 근거를 찾기가 어렵습니다. 애초에 지문의 '주제'와 별로 상관이 없는 내용들이죠. |

④ (가)의 '징그러운 바람'은 미래에 닥칠지 모를 모진 상황을, (다)의 '미친 바람'은 삶에서 지켜야 할 소중한 존재를 상징하고 있다.

언제 한 번은 불고야 말 독사의 혀같이 <u>징그러운 바람</u>이여. 너도 이미 아는 모진 겨우살이를 또 한 번 겪으라는가 아무런 죄도 없이 피어난 꽃은 시방의 자리에서 얼마를 더 살아야 하는가 아름다운 길은 이뿐인가.

둘러보건대 이 골짜기에는 일찍이 먼지를 품은 <u>미친 바람</u>과 같은 것은 지나가 본 일이 아주 없었나 보아서 아득히 쳐다보이는 높은 하늘 아래 티끌을 품은 듯한 아무것도 없다.

| 선지 유형 | 근거가 있어서 허용 불가능 |
|---|---|
| 실전에서의 판단 과정 | 먼지를 품었다는데 왜 소중하냐. |
| 해설 | '징그러운 바람'은 화자가 언제 한 번은 불고야 말 것으로 인식하고 있는 대상입니다. 이를 근거로 하면 '미래에 닥칠지 모를 모진 상황'을 허용할 수 있겠습니다.<br><br>하지만 '미친 바람'은 화자가 먼지를 품은 것으로 인식하고 있는 대상입니다. 이를 근거로 하면 '소중한 존재'라는 해석을 절대 허용할 수 없겠죠? 먼지를 품고 있는 것을 소중하게 여길 리는 없으니까요. |

⑤ (가)의 '꽃'은 죄 없이 '요런 자세'로 삶에 순응하는 존재를, (다)의 '바위'는 지나온 과거를 '망각'하며 삶을 회의하는 존재를 표현하고 있다.

산과 산이 마주 향하고 믿음이 없는 얼굴과 얼굴이 마주 향한 항시 어두움 속에서 꼭 한 번은 천동 같은 화산이 일어날 것을 알면서 <u>요런 자세</u>로 꽃이 되어야 쓰는가.

차디찬 <u>바위</u> 위에 신발을 벗고 모자를 던지고 외투를 벗어 팽개치고 반듯이 누워서 눈을 감으니 인생도 예술도 다 어디로 사라지고 오직 끝없는 <u>망각</u>이 내 마음을 아니 우주를 채우며 온다.

| 선지 유형 | 근거가 있어서 허용 불가능 |
|---|---|
| 실전에서의 판단 과정 | 회의는 주제와 너무 상관이 없지. |
| 해설 | '꽃'은 '천둥 같은 화산'이 일어날 것을 알면서도 죄 없이 '요런 자세'로 있습니다. 이는 자신이 원하지 않는 모습으로 있다는 것이니, 이를 근거로 '순응'하는 존재라는 해석을 충분히 허용할 수 있겠습니다.<br><br>한편 '회의'라는 반응은 이 지문의 주제를 생각했을 때 절대 허용할 수 없는 내용이죠? 화자를 '망각'에 빠지게 하는 '바위'는 그저 자연의 모습일 뿐이니까요. |

| 선지 | ① | ② | ③ | ④ | ⑤ |
|---|---|---|---|---|---|
| 선택률 | 5% | 5% | 15% | 47% | 28% |

## 71 〈보기〉를 참고하여 [A]~[E]를 이해한 내용으로 적절하지 않은 것은? ⑤

① [A] : 화자는 왁새 울음소리와 우포늪의 풍경을 연결지어 소리꾼이 추구했던 절창을 상상적으로 떠올리고 있다.

| 선지 유형 | 근거가 있어서 허용 가능 |
|---|---|
| 실전에서의 판단 과정 | 왁새 울음소리가 우포늪 둔치와 연결되었고, 이건 소리꾼을 상상적으로 떠올린 것이라 했지? |
| 해설 | '왁새 울음소리'는 '우포늪 둔치'에 꽃불을 질러 놓습니다. 이러한 표현을 근거로 하면 '왁새 울음소리'가 '우포늪의 풍경'과 연결된다는 걸 어렵지 않게 허용할 수 있겠죠? 나아가 이 '왁새 울음소리'가 '소리꾼이 추구했던 절창'을 의미한다는 것, 그리고 이러한 내용을 '상상적'으로 떠올린다는 것은 〈보기〉를 통해 충분히 확인한 정보입니다. |

② [B] : 득음의 경지를 찾아 떠돌았던 소리꾼의 얼굴에 묻어나는 삶의 비애를 감각적으로 표현하고 있다.

| 선지 유형 | 근거가 있어서 허용 가능 |
|---|---|
| 실전에서의 판단 과정 | 달빛 같은 슬픔이면 삶의 비애라고 할 수 있지. |
| 해설 | 소리꾼의 '텁텁한 얼굴'에는 '달빛 같은 슬픔'이 엉켜 있다고 했습니다. 이는 '슬픔'이라는 소리꾼의 삶의 비애를 '시각적 이미지'를 통해 감각적으로 표현한 것이라 할 수 있겠죠? 이 정도는 어렵지 않게 허용할 수 있을 겁니다. |

③ [C] : 소리꾼이 평생 추구했던 절창을 우포늪에서 찾아낸 화자의 정서를 드러내고 있다.

| 선지 유형 | 근거가 있어서 허용 가능 |
|---|---|
| 실전에서의 판단 과정 | 소리꾼의 소리가 우포늪에 있었던 것이니 맞는 말이네. |
| 해설 | 화자는 소리꾼이 평생 찾아 헤맸던 소리, 즉 '절창'이 적막한 '늪' 속에 있다고 인식하고 있습니다. 그리고 이때의 '늪'은 당연히 '우포늪'이겠죠? 나아가 이는 〈보기〉를 통해서도 확실하게 체크한 내용입니다.<br><br>그렇다면 '화자의 정서를 드러내고 있다.'라는 말을 허용할 근거가 있는지를 생각해야 하는데, 이는 고민하지도 않고 허용해야 하는 내용이죠? 명시적으로 드러나지는 않지만, 시의 모든 내용은 화자의 '정서'를 드러내니까요. 좀 더 자세히 설명하자면, '~던가'와 같은 방식을 이용하는 '설의법'은 화자의 정서를 드러내기 위해 사용하는 것이라고 보면 됩니다. 여기서는 화자의 감탄과 같은 정서가 드러난다고 할 수 있겠죠. 이런 선지에서 고민하는 일은 없어야 합니다. |

④ [D] : 화자가 상상적으로 떠올린 세계를 우포늪 일대의 현실적 공간과 결부하고 있다.

| 선지 유형 | 근거가 있어서 허용 가능 |
|---|---|
| 실전에서의 판단 과정 | 토평마을이면 현실적 공간이라고 할 수 있고, 이게 왁새 울음소리와 결부되고 있지. |
| 해설 | 〈보기〉에 따르면, '동편제'를 넘어가는 '왁새'의 모습을 언급한 것은 화자가 '소리꾼'을 '상상적'으로 떠올린 결과라고 할 수 있습니다. 이것이 '소목 장재 토평마을'이라는 현실적 공간과 함께 제시되고 있으니, 이를 근거로 하면 '결부'한다는 것을 어렵지 않게 허용할 수 있겠습니다.<br><br>당시 많은 학생들이 '왁새'를 보는 건 상상이 아닌 '사실적' 사건이 아니냐는 식으로 '시비'를 걸었던 선지입니다. 이런 선지에 '시비'를 거는 게 아니라, 일단 '허용'하려고 하는 태도를 갖추고 있는 것이 아주 중요했습니다. |

⑤ [E] : 날아가는 왁새와 완창을 한 소리꾼을 대비하여 자연과 인간이 통합된 예술의 형상을 사실적으로 보여 주고 있다.

| 선지 유형 | 근거가 있어서 허용 불가능 |
|---|---|
| 실전에서의 판단 과정 | 소리꾼을 왁새로 표현한 것이면 대비라고 볼 수는 없지. |
| 해설 | 이번에도 '허용'하려고 했는데, 절대로 허용할 수 없다는 '근거'가 명확히 살아 있습니다. 이 지문의 핵심은 '왁새=소리꾼'이에요. 이는 누가 뭐라 해도 깰 수 없는 대전제이므로, '대비'된다는 말은 절대 허용할 수 없겠네요.<br><br>한편 '자연과 인간이 통합된 예술의 형상'을 보여 준다는 것까지는 맞다고 할 수 있지만, 이를 '사실적'으로 보여 준다는 것은 허용할 수 없죠? 〈보기〉에서 계속해서 화자가 이런 내용들을 '상상적'으로 떠올렸음을 강조했기 때문에, 이를 근거로 하면 '사실적'으로 보여 준다는 건 절대 허용할 수 없겠습니다. |

| 선지 | ① | ② | ③ | ④ | ⑤ |
|---|---|---|---|---|---|
| 선택률 | 6% | 28% | 16% | 47% | 3% |

**72** 〈보기〉는 '선생님'의 안내에 따라 학생들이 (다)를 감상한 내용이다. ⓐ~ⓔ 중 적절하지 <u>않은</u> 것은? [3점] ④

―――――[보기]―――――

**선생님** : 수필은 글쓴이의 성찰을 보여 준다는 점에서 <u>반성적</u>이고, 깨달음을 전한다는 점에서 <u>교훈적</u>이며, 인생과 사회에 대한 인식과 판단을 드러낸다는 점에서 <u>비판적</u>인 특징을 갖습니다. 글쓴이의 발상과 통찰은 <u>제재에서 새로운 의미를 이끌어 내</u>고, 글쓴이의 <u>문체는 내용을 효과적으로 표현</u>하는 데 활용되지요. 그러면 이 작품에 드러난 수필의 특징을 확인해 봅시다.

– 수필의 다양한 특징을 소개하고 있는 〈보기〉입니다. 밑줄 친 부분 위주로 그 내용을 정확하게 파악하고, 가볍게 선지를 판단해보도록 합시다.

① **학생 1** : 가을의 풍경을 효과적으로 그려 내기 위해 감각적인 문체를 활용하고 있음을 알 수 있어요. ⋯ ⓐ

| 선지 유형 | 근거가 있어서 허용 가능 |
|---|---|
| 실전에서의 판단 과정 | 여러 가지 있겠지. |

| 해설 | 가을의 풍경을 효과적으로 그려내기 위해서 '누런 단풍', '푸른 하늘빛' 등의 감각적인 문체를 활용하고 있네요. 수필 역시 문학 장르의 하나라는 점에서, 애초에 이렇게 명시적인 근거를 찾지 않아도 '감각적인 문체'는 당연하게 허용할 수 있겠죠? |

② **학생 2** : '예술의 극치'와 '장하지도 아니한' 예술을 대비하는 데에서, 인간에 대한 비판적 인식을 엿볼 수 있어요. ⋯⋯⋯⋯⋯⋯⋯⋯⋯⋯⋯⋯⋯ ⓑ

> 이것은 분명히 자연이 흘려 놓은 <u>예술의 극치</u>다. 그러나 겸손한 자연은 그의 귀한 예술이 홍진(紅塵)에 물들 것을 염려하여 그것을 이 깊은 산골짜기에 감추었던 것인가 보다.
>
> 어귀까지 '버스'를 불러오고 이곳까지 2등 도로를 끌어 오는 것은 본래부터 그의 뜻은 아니었을 게다. 오직 사람만이 <u>장하지도 아니한</u> 그들의 예술을 천하에 뽐낼 기회만 엿보나 보다.

| 선지 유형 | 근거가 있어서 허용 가능 |
|---|---|
| 실전에서의 판단 과정 | 장하지도 아니하다면 비판적이라고 할 수 있지. |
| 해설 | '예술의 극치'는 '자연'이 흘려 놓은 것으로, 자연을 예찬하는 지문의 주제와 잘 들어맞는 표현입니다. 한편 '인간'의 예술을 '장하지도 아니한' 것으로 표현하고 있다는 점에서, 이것이 '자연'과 대비된다는 점과 '비판적 인식'을 드러낸다는 점 모두 어렵지 않게 허용할 수 있겠습니다. |

③ **학생 3** : '오심암'의 경치에서 '겸손한 자연', '순결한 자연'을 이끌어 내는 데에서, 대상의 새로운 의미에 대한 통찰을 엿볼 수 있어요. ⋯⋯⋯⋯⋯⋯⋯ ⓒ

> 그 바위를 가리켜 어느 건방진 옛사람이 <u>오심암(吾心岩)</u>이라고 이름을 지어 주었다 한다.
>
> …(중략)… 이것은 분명히 자연이 흘려 놓은 예술의 극치다. 그러나 <u>겸손한 자연</u>은 그의 귀한 예술이 홍진(紅塵)에 물들 것을 염려하여 그것을 이 깊은 산골짜기에 감추었던 것인가 보다.
>
> …(중략)… 그리고 또 그 속에 엎드린 먼지 낀 내 마음, 나는 그 틧기 모르는 <u>순결한 자연</u> 속에 쓰레기처럼 동떨어진 내 몸의 더러움을 새삼스럽게 부끄러워하였다.

| 선지 유형 | 근거가 있어서 허용 가능 |
| --- | --- |
| 실전에서의<br>판단 과정 | 자연을 겸손하고 순결하다고 하는 건 새로운 의미라고 할 수 있지. |
| 해설 | 글쓴이는 '오심암'을 '겸손'하고 '순결'한 자연으로 표현하고 있습니다. 이를 근거로 하면, 〈보기〉에서 이야기한 것처럼 작가의 발상과 통찰을 통해 '자연'에서 '새로운 의미'를 이끌어 내고 있다고 할 수 있겠습니다. |

④ **학생 4** : 인간의 삶에서 자연이 '티끌'처럼 작아 보인다고 한다는 점에서, 사색을 통해 교훈을 얻는 수필의 특성을 확인할 수 있어요. ················· ⓓ

> 둘러보건대 이 골짜기에는 일찍이 먼지를 품은 미친 바람과 같은 것은 지나가 본 일이 아주 없었나 보아서 아득히 쳐다보이는 높은 하늘 아래 <u>티끌</u>을 품은 듯한 아무것도 없다.

| 선지 유형 | 근거가 있어서 허용 불가능 |
| --- | --- |
| 실전에서의<br>판단 과정 | 언제 티끌처럼 작아 보인다고 했어. 티끌 하나 없다고 한 것이지. |
| 해설 | 지문에서 '티끌'을 언급하는 것은 딱 한 부분밖에 없는데, 해당 부분을 독해해보면 '티끌'은 자연이 너무나 깨끗하다는 것을 강조하기 위해 나온 것이었습니다. 즉, 자연이 '티끌'처럼 작아 보인다는 것이 아니라 자연이 '티끌' 하나 품고 있지 않다는 것을 이야기한 것이죠. 이러한 독해의 결과를 근거로 하면, 어렵지 않게 틀린 선지로 처리할 수 있겠습니다.<br><br>혹은 이 지문의 '주제'를 바탕으로 가볍게 처리할 수도 있습니다. 이 지문은 '자연 예찬'이라는 주제를 가지고 있었습니다. 그런데 이 선지의 내용은 자연이 작아 보인다는 식으로 낮게 평가하는 것이죠? 주제를 고려해도 절대 허용할 수 없는 선지라고 할 수 있겠네요. 문학에서도 선지 판단은 '주제' 중심으로 이루어진다는 것을 잊지 맙시다. |

⑤ '먼지 낀 의복'을 보고 '몸뚱어리'와 '마음'에 대한 부끄러움을 떠올린 데에서, 스스로를 돌아보는 반성적인 태도를 확인할 수 있어요.. ················· ⓔ

> 잠깐 내 자신을 굽어보니 허옇게 <u>먼지 낀 의복</u>, 그 밑에 숨은 먼지 낀 내 <u>몸뚱어리</u>, 그리고 또 그 속에 엎드린 먼지 낀 내 <u>마음</u>, 나는 그 텃기 모르는 순결한 자연 속에 쓰레기처럼 동떨어진 내 몸의 더러움을 새삼스럽게 부끄러워하였다.

| 선지 유형 | 근거가 있어서 허용 가능 |
| --- | --- |
| 실전에서의<br>판단 과정 | 의복을 보고 자기 몸과 마음을 떠올리면 반성적이라고 할 수 있지. |
| 해설 | 글쓴이는 자신의 '먼지 낀 의복'을 본 다음, 또 자신의 '몸뚱어리'와 '마음'을 떠올리며 부끄러워하고 있습니다. 자기 자신의 내면세계를 살피며 '성찰'하고 있고, 심지어 부끄러워까지 하고 있으니 '반성적인 태도'라는 말을 쉽게 허용할 수 있겠네요. |

## 현대시 독해 연습

> **(가)**
> 산과 산이 마주 향하고 믿음이 없는 얼굴과 얼굴이 마주 향한 항시 어두움 속에서 꼭 한 번은 천동 같은 화산이 일어날 것을 알면서 요런 자세로 꽃이 되어야 쓰는가.

'산과 산'이 마주 보고 있는 공간입니다. 이곳에서 '믿음이 없는 얼굴'들은 서로 마주 보고 있고, 그곳에서 '꼭 한 번은 천동 같은 화산'이 일어날 것이라고 해요. '화산'이라는 단어를 사용한 것으로 보아 무언가 무서운 일이 일어날 것 같은데, '얼굴'들은 그것을 알면서 '요런 자세로 꽃이 되어' 있는 모습이네요. '꽃'이 의미하는 바가 무엇인지 파악하기는 어렵지만, 어쨌든 불행한 일이 일어날 것임을 아는 상태로 서로 마주 보고 있다고 하니 생각만 해도 두려울 것 같습니다.

> 저어 서로 응시하는 쌀쌀한 풍경. 아름다운 풍토는 이미 고구려 같은 정신도 신라 같은 이야기도 없는가. 별들이 차지한 하늘은 끝끝내 하나인데 …… 우리 무엇에 불안한 얼굴의 의미는 여기에 있었던가.

계속해서 이들이 '서로 응시하는' 상황에 대해 이야기하고 있습니다. '아름다운 풍토'도 없고, '끝끝내 하나'인 하늘 아래에서 '불안한 얼굴'로 마주 보고 있는 슬픈 현실이에요. 화자가 생각하기에

'믿음이 없는 얼굴과 얼굴'들은 사실은 '끝끝내 하나'인 대상들인 것 같습니다. 어차피 하나인데 쓸데없이 불안을 안은 채 대치하고 있는 것이죠.



이곳에서는 '유혈' 사태도 있었고, '나무 하나'도 안심하지 못합니다. '정맥'이 끊어졌다는 것은 '유혈' 사태를 의미할 것이고, '휴식인가 야위어가는 이야기뿐인가.'는 가만히 있는 '나무 하나'도 안심하지 못하는 불안정한 상태를 의미한다고 할 수 있겠죠. 가만히 서서 휴식을 취하는 것도 아니고 그렇다고 야위어 가는 것도 아닌 것이니까요. 계속해서 같은 말만 하고 있네요.



'징그러운 바람'은 '언제 한 번은 불고야 말' 것입니다. 이는 1연에서 이야기한 '천동 같은 화산'과 같은 말이라고 할 수 있겠죠. 나아가 이런 바람은 1연에서 이야기했듯이 '죄도 없이 피어난 꽃'으로 서 있는 '얼굴'들을 괴롭힐 것입니다. 이 '얼굴'들은 도대체 언제까지 이 자리에 있어야 하는지 물어보면서, 현재 상황에 대한 안타까움을 계속해서 드러내고 있습니다.



수미상관으로 마무리되고 있습니다. 그런데 이때 '휴전선'이라는 제목을 보자마자 모든 것이 이해되네요. 계속 이야기했던 '얼굴'들은 결국 남북한의 병사들을 의미하는 것이었습니다. '끝끝내 하나'인 동포들끼리 '천동 같은 화산', '징그러운 바람'을 기다리는, 그러한 불안한 상황이 지속되는 모습을 안타까워하는 화자의 마음이 잘 드러나네요.



어떤 '소리꾼'에 대해 이야기하면서 시작하고 있습니다. '득음'도 못했고, 소소한 일상만 즐길 수 있으면 만족하는 그런 평범한 사람이었어요. 하지만 '소리꾼'답게, '한 대목 절창'을 찾아 떠돌았다고 해요. 그런데 오늘은 '소리꾼'이 '왁새' 울음이 되어 '우포늪 둔치'에 '자운영 꽃불'을 질러 놓는 모습입니다.

'소리꾼'이 '있었다'와 같은 표현과 '왁새' 울음이 되었다는 내용들을 바탕으로 생각하면, '소리꾼'은 아마 죽은 사람인 것 같아요. 어쨌든, '소리꾼의 소리=왁새의 울음'이라는 도식을 잡아놓고 계속 읽어봅시다.



앞에서도 이야기했듯이, 이 '소리꾼'은 살아 있을 때 그리 대단한 업적을 이루지는 못했습니다. 그래서 평생 '소리'를 찾아 헤맸을 것인데, 화자가 그 '소리'를 '적막한 늪'에서 찾아낸 모습이에요. '소리꾼=우포늪 왁새'라는 도식을 계속해서 강조하고 있습니다.

> 소목 장재 토평마을 양파들이 시퍼런 물살 몰아칠 때
> 일제히 깃을 치며 동편제* 넘어가는
> 저 왁새들
> 완창 한 판 잘 끝냈다고 하늘 선회하는
> 그 소리꾼 영혼의 심연이
> 우포늪 꽃잔치를 자지러지도록 무르익힌다
> -배한봉, 「우포늪 왁새」-
>
> * 동편제 : 판소리의 한 유파.

이번에도 '왁새'들을 바라보고 있는 화자입니다. 이 '왁새'들은 '소리꾼'과 동일시되는 대상이기에, '왁새'들이 '소리꾼'의 영역인 '동편제'를 넘어간다고 표현한 것이겠죠. 화자는 '왁새'를 '소리꾼 영혼의 심연'으로까지 표현하면서, '소리꾼=우포늪 왁새'라는 도식을 강조하고 있습니다. 이번에도 '같은 말'로 도배하는 형태의 작품이었네요.

---

### 몰랐던 어휘 정리하기

---

| 핵심 **point** |

① **허용 가능성 평가** : 선지의 내용을 '허용'하려는 태도를 바탕으로 지문을 '독해'하며 '근거'를 찾아야 합니다. 허용할 수 있는 '근거'가 있어야만 허용할 수 있습니다. 주관적인 생각을 개입시키면 안 됩니다.

② **현대시 독해** : 〈보기〉의 도움 등을 통해 '주제' 위주로, 그리고 일상 언어의 감각으로 읽어내면 됩니다. 현대시도 읽을 수 있는 하나의 글입니다.

| **지문 내용 총정리** |

역시 까다로운 선지들이 많이 출제되었던 세트였습니다. 하지만 '허용 가능성 평가' 및 '주제' 중심의 선지 판단 태도가 갖춰져 있었다면 충분히 답을 골라낼 수 있었을 거예요. 아무리 어려워도, 평가원이 요구하는 '생각'의 흐름은 똑같다는 것 명심하면서 계속 복습해봅시다.

〈보기〉 확인

---
[보기]

　　18세기의 선비인 이양오는 「사씨남정기」를 읽고 「사씨남정기 후서」를 썼다. 그는 이 소설이 <u>착한 사람은 복을 받고 악한 사람은 벌을 받는다는 '복선화음'의 이치</u>를 담고 있다고 평가한다. 다만 <u>과오가 있는 사람이라도 잘못을 깨닫고 착한 데로 나아가는 과정에서 재앙이 상서로움으로 바뀌는 경우</u>에도 주목한다. 한편 꿈속에서 벌어지는 일이나 기이한 만남이 나타나는 등 <u>허구적인 이야기라도 사람의 일에 연관된다면 이를 두고 괴이하거나 맹랑한 것이라고 치부할 수만은 없다</u>고 평한다. 그러면서 "말이 교화에 관련되면 괴이해도 해롭지 않고 일이 사람을 감동시키면 괴이하고 헛되어도 기뻐할 만하네."라는 김시습의 시 구절을 인용하였다.

---

작품의 전반적인 주제 의식이 나타나고 있습니다. '권선징악'과 같은 의미를 가진 '복선화음'의 이치를 담고 있는데, 갱생의 여지가 있는 경우에는 재앙이 상서로움(복되고 길한 일이 일어날 조짐이 있는 상태)으로 바뀌는 경우가 있다고 하네요. 다 똑같은 말이죠? 핵심은 착한 사람은 복을 받고 악한 사람을 벌을 받는다는, 전형적인 고전소설의 클리셰가 나타나고 있다는 점입니다. 이를 의식하면서 지문을 읽어 보도록 해요.

지문 독해

---

　　왕비 가 웃으며 말했다.
　　"부인이 **이곳**에 오긴 오겠지만 아직 때가 멀었소. 남해 도인 이 그대와 인연이 있으니 잠깐 의탁하게 될 것이오. 이 또한 하늘의 뜻이니라."
　　사 씨 가 여쭈었다.
　　"남해라면 바다 끝으로 알고 있사옵니다. 첩에게는 탈 것이 없고 돈도 없는데 어찌 갈 수 있겠나이까?"
　　왕비가 말했다.
　　"조만간 길을 인도하는 자가 있을 것이니 조금도 염려 마라."
　　이윽고 좌우에 앉아 있는 부인들을 하나하나 소개했다. 위국 부인 장강 *, 한나라의 반첩여 * 등이 있었다. 사 씨가 다소곳이 일어나 머리를 조아리고 말했다.
　　"뜻밖에도 모든 부인님의 얼굴을 오늘 뵙게 되니 크나큰 영광입니다."

---

---
* 장강 : 춘추 전국 시대 위나라 장공의 아내.
* 반첩여 : 한나라 성제의 후궁.

---

'왕비'와 '사 씨'의 대화 장면입니다. '왕비'는 '사 씨'가 '이곳'에 오기에는 아직 때가 멀었다고 합니다. 고전소설을 공부한 경험이 충분하다면, 여기서 말하는 '이곳'이 곧 천상계를 의미한다는 것을 생각할 수 있어야 합니다. '사 씨'는 천상계로 가게 될 귀한 인물인 것이었어요.

아무튼, '왕비'는 '사 씨'에게 '남해 도인'을 만나러 가라고 합니다. 탈 것도 돈도 없는 '사 씨'는 걱정하지만, '왕비'는 조력자가 있을 것이니 걱정하지 말라고 하네요. 여기에 '장강', '반첩여' 등 유명한 부인들을 만나 인사를 하는 '사 씨'입니다. 전형적인 고전소설 주인공의 모습을 보여 주고 있는 '사 씨'죠? 내용이 뻔하다는 느낌이 드셔야 합니다.

---

　　드디어 하직을 하고 여동의 인도를 받아 내려오는데, 걸었던 주렴을 내리는 소리가 요란하였다. 이 소리에 놀라 몸을 일으키니 유모 와 시비 가 부인이 깨신다 하고 부르거늘 사 씨가 일어나 앉으니 **이미 날이 저물었다.** 멍한 정신이 한참 만에야 진정되었다. 입에서는 향기로운 냄새가 났고 왕비께서 하시던 말씀이 뚜렷했다. 유모에게 물었다.
　　"내가 어디 갔다 왔느냐?"
　　유모와 시비가 대답했다.
　　"부인께서 기절하는 바람에 소인들이 간호하여 이제야 깨어나셨는데 어디를 가셨단 말입니까?"
　　사 씨가 조금 전에 있었던 일을 다 말하고 **대나무 수풀**을 가리키며 말했다.
　　"분명히 저 길로 갔다 왔으니 어찌 꿈이라 하리오. 믿지 못하겠다면 나를 따라오라."

---

여러 부인들에게 인사를 하고 내려오는데, 갑자기 큰 소리가 나 몸을 일으키는 '사 씨'입니다. '유모'와 '시비'의 반응을 보아하니, '사 씨'는 쓰러진 후 꿈을 꾼 것이었네요. 이렇게 꿈을 꾸는 모습도 전형적인 고전소설의 클리셰라고 할 수 있죠?

꿈속의 일이 생생한 '사 씨'는 꿈속 공간이었던 '대나무 수풀'을 가리키고, 그곳으로 가려고 하는 모습입니다. 너무나 생생한데 주변 사람들은 꿈이라고 하니, 그 답답한 감정에 충분히 공감할 수 있겠습니다.

그러고는 길을 찾아 대나무 수풀 뒤쪽으로 가니 사당이 하나 있었다. 현판이 걸려 있는데 **황릉묘***라고 쓰여 있었다. 분명 아황과 여영, 두 왕비의 묘로 꿈에서 본 것과 같았다. 사당 안으로 들어가 살펴보니 두 왕비의 초상화가 걸려 있는데 꿈에서 본 것과 같았다. 이에 사 씨가 향을 피우고 절하며 말했다.

"첩이 왕비의 가르치심을 입어 훗날 좋은 시절을 만나서 영화를 누리게 된다면 어찌 그 은혜를 잊으리까?"

분향을 마친 후 앉아서 신세를 생각하니 <u>슬픔이 밀려왔다</u>. 시비를 시켜 묘지기 집에 가서 밥을 구해 와서는 세 사람이 나누어 먹었다. 이윽고 사 씨가 말했다.

"의지할 곳이 없으니 신령이 나를 놀리시는구나."

앞길이 막막하여 어쩔 줄 모르는 중 벌써 **달이 밝았다**. 세 사람이 방황하고 있는데 묘문으로 두 사람이 들어와 물었다.

"어려움을 만나 물에 빠지려 하시는 부인이 아니옵니까?"

사 씨가 눈을 들어 자세히 보니 한 명은 여승이고 다른 한 명은 여동이었다. 크게 놀라며 말했다.

"어찌 우리를 아는가?"

여승이 합장하고 말했다.

"우리는 **동정 군산**에 사는 사람인데 조금 전 꿈결에 관음보살께서 어진 여자가 화를 만나 날이 저물어 갈 곳을 몰라 방황하니 급히 황릉묘로 가서 구하라고 하셨습니다. 이에 배를 저어 와서 부인을 만나게 되었습니다."

---

* 황릉묘 : 순임금의 두 왕비인 아황과 여영을 추모하기 위해 세운 사당.

(중략)

한편 한림학사 여연수는 유배지에 도착하니 바람이 거세고 인심이 사나워 <u>갖은 고초</u>를 겪게 되었다. 외로운 가운데 이러한 고생을 하니 예전의 총명함이 점점 돌아와 <u>뉘우치며</u> 말했다.

"사 씨가 동청을 꺼렸는데 이제 와서 생각하니 그 말이 옳도다. 어진 아내를 의심했으니 무슨 면목으로 조상을 대하리오."

밤낮 이런 생각을 하면서 탄식하니 병에 걸리고 말았다. 이곳에는 마땅한 의약이 없었다. 병세는 날로 심해져 죽을 지경에 이르렀다. 하루는 흰 옷 입은 노파가 병(瓶)을 들고 와서 말했다.

"상공의 병이 위독하니 이 물을 먹으면 좋아지리라."

한림이 물었다.

"그대는 누구인데 유배당한 사람의 병을 구하시오?"

노파가 말했다.

"나는 **동정 군산**에 사는 사람이로다."

그러고는 병을 뜰 가운데 놓고 사라졌다. 한림이 놀라 일어나니 꿈이었다. 이상하게 생각했는데 **다음 날 아침 하인**이 뜰을 청소하다가 들어와 고했다.

"뜰에서 물이 솟아나옵니다."

---

이렇게 '사 씨'가 조력자를 만난 상황에, 갑자기 '유연수'의 이야기를 제시하고 있습니다. 그는 '유배지'에 도착해 여러 고생을 하고 있는데, '사 씨'를 의심한 것을 후회하는 모습을 보니 '사 씨'의 남편인가 보네요. 나아가 '사 씨'를 의심한 결과 유배를 온 것이겠죠? 이런 상황에 처하면 '뉘우치고 탄식하는' 심리를 보이는 것은 당연하겠습니다.

그런데 이번에도 '노파'라는 인물이 꿈속에 등장한 모습입니다. '노파'는 '여승'과 '여동'처럼 '동정 군산'에 사는 사람이라고 해요. 그렇다면 '유연수'를 도와 줄 조력자라고 할 수 있겠죠? '노파'의 말대로 뜰에서 물이 솟아나고 있네요. 이 물이 '유연수'의 병을 치료하는 데 쓰일 것입니다. 나아가 '유연수'를 '한림'이라는 새로운 호칭으로 부르고 있다는 것도 자연스럽게 인식하고 있을 것이라 믿습니다.

여기서 〈보기〉의 내용을 가져 오면, '유연수'가 '사 씨'를 의심한 것을 뉘우치는 등 착한 모습을 보이자 재앙이 '상서로움'으로 바뀌는 상황이라고 할 수 있겠습니다.

---

그렇게 '대나무 수풀' 쪽으로 가 보니, '황릉묘'라는 사당이 있었습니다. 이는 '사 씨'의 꿈에 나왔던 풍경이었어요. 꿈속 공간이 실제로 펼쳐진 것은 맞지만, 꿈속 인물들은 온데간데없이 사라진 상황입니다. 이런 상황이니, '왕비'의 제사를 치른 뒤 '슬픔'이 밀려오는 '사 씨'의 마음에 공감하는 것은 어렵지 않겠습니다.

그렇게 날이 밝았는데, '여승'과 '여동'이라는 인물들이 나타나 '사 씨'에게 말을 걸고 있습니다. 대화 내용을 들어 보니, 꿈속에서 '왕비'가 이야기했던 조력자들인 것 같죠? 이들은 '사 씨'가 '남해 도인'을 만날 수 있도록 도울 것입니다. 이렇게 내용을 당연하게 받아들이면서 계속 읽어 보도록 합시다.

한림이 이상하게 여겨 창을 열고 보니 꿈에 노파가 병을 놓았던 자리였다. 물을 한 그릇 떠오라고 해서 마시니 맛이 달고 상쾌한 것이 마치 단 이슬을 먹은 것 같았다. 원래 행주는 수질이 좋지 않은 곳이다. 한림의 병도 그렇게 좋지 않은 물 때문에 생긴 것이었다. 그런데 이 물을 먹은 즉시 병세가 사라지고 예전의 얼굴과 기력을 회복하였다. 그것을 본 사람들이 모두 신기하게 여겼다. 이후로도 그 샘은 마르지 않아 마을 사람들이 나누어 마셨다. 이로 인해 물로 인한 병이 없어지자 사람들이 그 샘을 학사정이라고 하였는데 지금까지 전해진다.

-김만중, 「사씨남정기」-

역시나 그 물은 '노파'가 병을 놓고 간 자리에서 솟아난 것이었고, '행주'라는 유배지의 수질이 좋지 않아 병에 걸린 '유연수'를 비롯, 수많은 사람들을 치료해 주었다고 합니다. '복선화음'의 이치라는 주제 의식을 명확하게 드러내는, 다소 뻔한 내용의 고전소설이었네요.

| 선지 | ① | ② | ③ | ④ | ⑤ |
| --- | --- | --- | --- | --- | --- |
| 선택률 | 3% | 84% | 3% | 5% | 5% |

## 73 윗글의 내용에 대한 이해로 적절하지 않은 것은? ②

① '사 씨'는 꿈에서 '왕비'로부터 '남해 도인'과 인연이 있어 바다 끝으로 향할 여정이 예비되어 있음을 들었다.

| 선지 유형 | 근거가 있어서 허용 가능 |
| --- | --- |
| 실전에서의 판단 과정 | 왕비가 조력자 있다고 했지. |
| 해설 | '왕비'라는 초월계의 인물은 '남해 도인'이라는 조력자가 '사 씨'를 도울 것이라 일러 주었습니다. 꿈 속 상황을 정확히 이해했다면 어렵지 않게 허용할 수 있겠네요. |

② '사 씨'가 기절한 사이 '유모'는 황릉묘에 가서 '사 씨'를 깨울 방도를 찾아 왔다.

| 선지 유형 | 근거가 있어서 허용 불가능 |
| --- | --- |
| 실전에서의 판단 과정 | 유모는 그냥 간호만 했는데? |
| 해설 | '사 씨'가 기절하여 꿈속에서 '왕비' 등을 만날 때, '유모'와 '시비'는 그저 '사 씨' 옆에서 간호만 하고 있었습니다. '사 씨'가 깨어난 뒤 '사 씨'의 말을 따라 '황릉묘'로 간 것이죠. 이러한 스토리가 머릿속에 확실히 잡혀 있어야 합니다. |

③ '사 씨'는 묘에서 만난 '여승'의 말을 통해 여승 일행이 찾아 온 연유를 알게 되었다.

| 선지 유형 | 근거가 있어서 허용 가능 |
| --- | --- |
| 실전에서의 판단 과정 | 그랬지. |
| 해설 | '여승'은 자신이 '관음보살'의 명으로 '사 씨'를 도우러 왔다고 말을 했습니다. 이 사람이 바로 '왕비'가 말한 '길을 인도하는 자'였죠? '여승'과 같은 인물의 등장은 미리 예상한 내용이었기에, 간단하게 지워낼 수 있겠습니다. |

④ '유 한림'은 전에 '동청'을 꺼렸던 '사 씨'의 말을 받아들이지 않고 '사 씨'를 의심했었다.

| 선지 유형 | 근거가 있어서 허용 가능 |
| --- | --- |
| 실전에서의 판단 과정 | 이걸 반성했지. |
| 해설 | '유 한림'은 '동청'을 꺼렸던 '사 씨'를 의심했던 과거를 뉘우치고 있었습니다. 이 감정에 공감한 기억이 있기에, 간단하게 허용할 수 있는 선지네요. |

⑤ '마을 사람들'은 '유 한림'의 사례를 보고 수질 탓에 생긴 병을 없앨 방도를 찾을 수 있었다.

| 선지 유형 | 근거가 있어서 허용 가능 |
| --- | --- |
| 실전에서의 판단 과정 | 유 한림 덕에 학사정이 생긴 거지. |
| 해설 | '유 한림'이 '학사정'의 물을 마시고 병이 낫자, '마을 사람들'도 따라한 것이었죠? 내용을 이해하고 있으면 너무 쉬운 선지입니다. |

| 선지 | ① | ② | ③ | ④ | ⑤ |
|---|---|---|---|---|---|
| 선택률 | 2% | 3% | 7% | 84% | 4% |

## 74 ㉠~㉤에 대한 설명으로 적절하지 <u>않은</u> 것은? ④

① ㉠ : '사 씨'가 꿈에서 깨게 되는 소리로, '사 씨'가 비현실 세계에서 현실 세계로 돌아오게 되는 계기이다.

> 드디어 하직을 하고 여동의 인도를 받아 내려오는데, 걸었던 ㉠주렴을 내리는 소리가 요란하였다. 이 소리에 놀라 몸을 일으키니 유모와 시비가 부인이 깨신다 하고 부르거늘~

| 선지 유형 | 근거가 있어서 허용 가능 |
|---|---|
| 실전에서의 판단 과정 | 꿈을 깨는 소리네. |
| 해설 | 선지 자체로 허용할 수 있겠죠? '사 씨'는 ㉠을 들은 뒤 꿈에서 깼어요. |

② ㉡ : '사 씨'가 꿈에서 보았던 곳과 같은 장소로, 비현실적 상황과 현실적 상황의 경계를 모호하게 만드는 공간이다.

> 사 씨가 조금 전에 있었던 일을 다 말하고 ㉡대나무 수풀을 가리키며 말했다.

| 선지 유형 | 근거가 있어서 허용 가능 |
|---|---|
| 실전에서의 판단 과정 | 그렇지. |
| 해설 | 역시 선지 그 자체로 허용할 수 있습니다. 지문을 읽으면서 미리 했던 생각이죠? |

③ ㉢ : '사 씨'가 꿈에서 보았던 왕비의 모습을 환기하는 물건으로, 초월적 존재에 대한 '사 씨'의 믿음을 드러내는 소재이다.

> 사당 안으로 들어가 살펴보니 두 왕비의 ㉢초상화가 걸려 있는데 꿈에서 본 것과 같았다.

| 선지 유형 | 근거가 있어서 허용 가능 |
|---|---|
| 실전에서의 판단 과정 | 꿈에서 본 것과 같았다는데 뭘 더 따지냐. |

| 해설 | ㉢은 '사 씨'가 꿈에서 봤던 '왕비'의 얼굴을 그린 그림입니다. 이는 '꿈에서 본 것과 같'은 모습이라고 했어요. 이 상황에 처한 '사 씨'에게 공감하면 '초월적 존재에 대한 믿음'은 당연하게 허용할 수 있죠. |

④ ㉣ : '사 씨'가 꿈에서 계시를 받아 사전에 준비한 수단으로, '사 씨'가 두 왕비와 재회할 수 있도록 돕는 매개체이다.

> "우리는 동정 군산에 사는 사람인데 조금 전 꿈결에 관음보살께서 어진 여자가 화를 만나 날이 저물어 갈 곳을 몰라 방황하니 급히 황릉묘로 가서 구하라고 하셨습니다. 이에 ㉣배를 저어 와서 부인을 만나게 되었습니다."

| 선지 유형 | 근거가 있어서 허용 불가능 |
|---|---|
| 실전에서의 판단 과정 | 배를 사 씨가 어떻게 준비해. |
| 해설 | '배'는 '여승'과 '여동'이 준비한 것입니다. 애초에 '사 씨'가 '배'를 준비할 겨를은 없었죠? 지문의 내용을 이해하고 있다면 간단하게 답으로 고를 수 있겠습니다. |

⑤ ㉤ : '유 한림'이 꾼 꿈에 등장한 물건으로, '유 한림'이 처한 위급한 상태를 호전시킬 방도가 생기게 하는 단초이다.

> 밤낮 이런 생각을 하면서 탄식하니 병에 걸리고 말았다. 이곳에는 마땅한 의약이 없었다. 병세는 날로 심해져 죽을 지경에 이르렀다. 하루는 흰 옷 입은 노파가 ㉤병(瓶)을 들고 와서 말했다.

| 선지 유형 | 근거가 있어서 허용 가능 |
|---|---|
| 실전에서의 판단 과정 | 그렇지. |
| 해설 | 역시 선지 그 자체로 허용 가능한 선지입니다. '고전소설 클리셰'에 맞춰서 미리 생각했던 내용이죠? |

| 선지 | ① | ② | ③ | ④ | ⑤ |
|---|---|---|---|---|---|
| 선택률 | 88% | 2% | 2% | 5% | 3% |

**75** ⓐ와 ⓑ에 대한 이해로 가장 적절한 것은? ①

> 분명 아황과 여영, 두 왕비의 묘로 ⓐ꿈에서 본 것과 같았다.

> 한림이 놀라 일어나니 ⓑ꿈이었다.

– ⓐ와 ⓑ는 각각 '사 씨'와 '유연수'가 꿨던 꿈이었습니다. 둘 다 '천상계' 및 '조력자' 정도의 키워드로 요약할 수 있을 것 같아요. 이 내용과 관련된 선지를 답으로 고르면 되겠죠?

① ⓐ와 ⓑ에는 모두 꿈을 꾼 주체를 돕는 역할을 하는 존재가 출현한다.

| 선지 유형 | 근거가 있어서 허용 가능 |
|---|---|
| 실전에서의 판단 과정 | 미리 생각한 내용이네. |
| 해설 | '조력자'의 출현, 발문을 보자마자 미리 생각했던 내용이었습니다. 가볍게 답으로 고를 수 있겠네요. |

② ⓐ와 ⓑ에는 모두 꿈을 꾼 주체가 만나고 싶어 하던 역사적 인물이 등장한다.

| 선지 유형 | 근거가 없어서 허용 불가능 |
|---|---|
| 실전에서의 판단 과정 | 그 인물들을 만나고 싶어 한 적은 없었는데? |
| 해설 | '사 씨'와 '유연수'는 어떠한 인물을 만나고 싶어 한 적이 없었습니다. |

③ ⓐ와 ⓑ에는 모두 꿈을 꾼 주체가 처한 고난이 심화될 것임을 암시하는 징표가 제시된다.

| 선지 유형 | 근거가 있어서 허용 불가능 |
|---|---|
| 실전에서의 판단 과정 | 고난이 해결되겠지. |
| 해설 | 두 꿈은 모두 인물들의 고난이 해결될 것임을 암시했습니다. 지문의 내용을 반대로 이해하고 있네요. |

④ ⓐ에는 ⓑ에서와 달리, 꿈을 꾼 두 주체가 공유하고 있는 과거의 기억이 나타나고 있다.

| 선지 유형 | 근거가 없어서 허용 불가능 |
|---|---|
| 실전에서의 판단 과정 | 과거 이야기가 나온 적은 없는데? |
| 해설 | ⓐ에서는 '사 씨'가 다시 '이곳'으로 오게 될 것이라는 '왕비'의 예언만이 있었을 뿐, '과거의 기억'이 나타나지는 않습니다. 만약에 '사 씨'가 과거에 천상계 인물이어서 돌아가는 것이라고 하더라도, '사 씨'는 그러한 기억이 전혀 없는 상태라고 할 수 있겠죠? 따라서 이 경우에도 '공유하고 있는'이라는 말을 허용하기는 어렵겠습니다. |

⑤ ⓑ에는 ⓐ에서와 달리, 꿈을 꾼 주체의 출생 내력이 제시되어 있다.

| 선지 유형 | 근거가 없어서 허용 불가능 |
|---|---|
| 실전에서의 판단 과정 | 없는데...? |
| 해설 | ⓑ의 '노파'는 갑자기 등장해서 '병'을 내려 놓고 갔습니다. 자신이 '동정 군산'에 사는 사람이라는 말만 덧붙이고 말이죠. '유연수'의 출생 내력 같은 것들을 언급한 적은 없으니 어렵지 않게 지워낼 수 있겠습니다. |

| 선지 | ① | ② | ③ | ④ | ⑤ |
|---|---|---|---|---|---|
| 선택률 | 5% | 5% | 6% | 8% | 76% |

**76** ⟨보기⟩를 참고하여 윗글을 감상한 내용으로 적절하지 않은 것은? [3점] ⑤

① 유 한림이 유배지에서 얻은 질병이 '단 이슬'과 같은 물로써 치료된다는 설정에서, 유 한림의 재앙이 상서로움으로 전환되는 양상을 엿볼 수 있겠군.

| 선지 유형 | 근거가 있어서 허용 가능 |
|---|---|
| 실전에서의 판단 과정 | 미리 생각한 내용이네. |
| 해설 | 지문을 읽으면서 ⟨보기⟩와 엮어 미리 생각한 내용이었죠? 가볍게 허용할 수 있겠습니다. |

② 유 한림이 유배지에서 고초를 겪는 가운데 '예전의 총 명함'을 회복하는 장면에서, 과오가 있는 사람이라도 잘못을 깨닫고 착한 데로 나아가는 과정을 엿볼 수 있 겠군.

| 선지 유형 | 근거가 있어서 허용 가능 |
| --- | --- |
| 실전에서의 판단 과정 | 1번 선지랑 똑같은 거 아냐? |
| 해설 | 1번 선지와 같은 맥락에서 허용할 수 있겠죠? '유 연수'는 '사 씨'를 내친 나쁜 인물이었지만,(고전소 설에서 주인공에게 못되게 하는 사람은 나쁜 사람 이에요.) 자신의 잘못을 뉘우치면서 '상서로움'을 얻게 되는 인물이기도 했습니다. |

③ 사 씨의 꿈에서 예견된 인도자와의 인연이 '여승'의 꿈 에서 계시된 바와 조응하여 '여승' 일행이 사 씨를 찾 은 장면에서, 기이한 만남이 이루어지는 양상을 엿볼 수 있겠군.

| 선지 유형 | 근거가 있어서 허용 가능 |
| --- | --- |
| 실전에서의 판단 과정 | 꿈속 내용 그대로 이어지는 건데 기이하지. |
| 해설 | '왕비'는 '사 씨'의 꿈에서 인도자가 있을 것이라 했고, 실제로 '여승'이 '사 씨'를 만나 '배'를 타고 '남해 도인'을 만날 수 있게 했습니다. 이는 충분히 기이한 모습이라고 할 수 있겠네요. |

④ 학사정이 생기게 된 유래가 신이하지만 사람들에게 받아들여져 '지금까지 전해진다'고 한 점에서, 허구적 인 이야기일지라도 사람의 일에 연관되므로 괴이한 것만으로는 볼 수 없겠군.

| 선지 유형 | 근거가 있어서 허용 가능 |
| --- | --- |
| 실전에서의 판단 과정 | 그러네. |
| 해설 | 선지 그 자체로 허용할 수 있습니다. '학사정'이 생 기게 된 유래는 허구의 이야기이지만, 사람들의 병 을 고치는 등 사람의 일과 연관이 되면 괴이한 것 만이 아닌 기뻐할 만한 것으로 볼 수 있겠죠. |

⑤ 유 한림에게 갖은 고초를 줄 만큼 '인심이 사나웠'던 행주 사람들이 샘에 얽힌 이야기를 듣고 복선화음의 이치를 깨달은 데서, 그 이야기를 맹랑한 것으로 치부 해서는 곤란하다는 점을 알 수 있겠군.

| 선지 유형 | 근거가 없어서 허용 불가능 |
| --- | --- |
| 실전에서의 판단 과정 | 사람들이 복선화음의 이치를 깨닫지는 않았지. |
| 해설 | '행주 사람들'이 '인심이 사나웠'고 이에 '유 한림' 이 갖은 고초를 겪은 것은 맞습니다. 하지만 '학사 정'이라는 샘에 얽힌 이야기를 듣고 '행주 사람들' 이 '복선화음'의 이치를 깨달은 적은 없죠. 그저 병 을 낫게 해 주는 좋은 물이라는 인식만 있었을 뿐 입니다. 애초에 '복선화음'은 이 작품의 주제 의식 일 뿐, 어떤 인물들이 깨닫는 이치가 아니었어요. |

| 몰랐던 어휘 정리하기 |
| --- |
|  |

| 핵심 point |

① **허용 가능성 평가** : 선지의 내용을 '허용'하려는 태도를 바 탕으로 지문을 '독해'하며 '근거'를 찾아야 합니다. 허용할 수 있는 '근거'가 있어야만 허용할 수 있습니다. 주관적인 생각 을 개입시키면 안 됩니다.

② **소설 독해** : '심리와 행동의 근거'를 바탕으로 인물에게 '공 감'하며 읽어야 합니다. 이 과정이 물흐르듯 이어지면 지문 의 내용을 완벽하게 이해할 수 있어요.

③ **고전소설 클리셰** : 일관된 성격을 가진 인물들이 다양한 관 계를 맺지만, 악인과 선인의 구도가 두드러집니다. 나아가 악한 사람은 반드시 벌을 받고 착한 사람은 결국 보상을 얻 어요. 이러한 클리셰를 알고 있다면 지문의 내용을 훨씬 쉽 게 이해할 수 있을 겁니다.

| 지문 내용 총정리 |

고전소설의 정석과도 같은 지문이었습니다. 나아가 인물에게 공 감하며 내용을 잘 이해하면 선지가 얼마나 빠르게 해결되는지도 잘 배울 수 있는 지문이었어요. 그리 어렵지 않게 해결했으리라 고 믿습니다.

〈보기〉 독해

---
[보기]

「삼대」의 서술자는 대체로 특정 인물의 시각에 의존하여 다른 인물을 서술 대상으로 포착한다. 이때 그 특정 인물은 장면에 따라 선택되며, 서술자는 특정 인물의 시각을 통해 서술 대상이 되는 인물들의 심리를 보여 준다. 이러한 서술 방식으로 서술자는 특정 인물이 지닌 의식과 행동 사이의 인과관계, 다른 인물과의 관계에서 겪는 심리적 갈등을 통해 인물의 성격과 그에 대한 평가를 복합적으로 드러낸다.

---

주제가 명시적으로 드러나지는 않지만, 인물들의 '관계'와 그에 따른 '심리적 갈등'이 드러난다는 것은 확인할 수 있겠습니다. 이 내용을 바탕으로 천천히 독해해보도록 합시다.

지문 독해

---

"누가 돈 쓰는 것을 아랑곳하랬나? 누가 저더러 돈을 쓰라니 걱정인가? 내 돈 가지고 내가 어떻게 쓰든지……."
"아버지께서 하시는 일에……."
조금 뜸하여지며 부친이 쌈지를 풀어서 담배를 담는 동안에 상훈이는 나직이 말을 꺼냈다.
"……돈 쓰신다고만 하는 것도 아닙니다마는 어쨌든 공연한 일을 만들어 내는 사람들이 첫째 잘못이란 말씀입니다."
"무에 어째 공연한 일이란 말이냐?"
부친의 어기는 좀 낮추어졌다.
"대동보소만 하더라도 족보 한 질에 오십 원씩으로 매었다 하니 그 오십 원씩을 꼭꼭 수봉하면 무엇 하자고 삼사천 원이 가외로 들겠습니까?"
"삼사천 원은 누가 삼사천 원 썼다던?"
영감은 아들의 말이 옳다고는 생각하였으나 실상 그 삼사천 원이란 돈이 족보 박이는 데에 직접으로 들어간 것이 아니라 ×× 조씨로 무후(無後)한 집의 계통을 이어서 일문일족에 끼려 한즉 군식구가 늘면 양반에 진국이 묽어질까 보아 반대를 하는 축들이 많으니까 그 입들을 씻기기 위하여 쓴 것이 [A] 다. 하기 때문에 난봉자식이 난봉 피운 돈 액수를 줄이듯이 이 영감도 실상은 한 천 원 썼다고 하는

---

것이다. 중간의 협잡배는 이런 약점을 노리고 우려 쓰는 것이지만 이 영감으로서 성한 돈 가지고 이런 병신 구실해 보기는 처음이다.

'아버지'와 아들 '상훈이'가 싸우고 있네요. 정확히 무슨 말인지 알 수는 없지만 '돈' 때문에 싸우고 있는데, '아버지'는 '상훈이'의 말이 맞다고 생각하면서도 자기가 잘못한 게 있어서 그냥 우기는 상황이네요. 자존심을 지키려는 모습이라는 생각을 하면서 받아들이시면 됩니다. 충분히 공감할 수 있죠?

이처럼 인물관계와 중간중간 등장하는 '심리의 근거'를 잡아주면서 읽어 주시면 됩니다. 족보 이야기 같은 건 정확히 이해하지 못해도, 부자 간에 돈 때문에 싸우고 있고, '아버지'가 억지를 쓰고 있다는 상황 정도는 확실하게 들어와야 합니다!

---

"그야 얼마를 쓰셨던지요. 그런 돈은 좀 유리하게 쓰셨으면 좋겠다는 말씀입니다."
'재하자 유구무언(在下者 有口無言)'의 시대는 지났다 하더라도 노친 앞이라 말은 공손했으나 속은 달았다.
"어떻게 유리하게 쓰란 말이냐? 너같이 오륙천 원씩 학교에 디밀고 제 손으로 가르친 남의 딸자식 유인하는 것이 유리하게 쓰는 방법이냐?"
아까부터 상훈이의 말이 화롯가에 앉아서 폭발탄을 만지작거리는 것 같아서 위태위태하더라니 겨우 간정되려던 영감의 감정에 또 불을 붙여 놓고 말았다.
상훈이는 어이가 없어서 얼굴이 벌게진다.

---

상훈이는 공손하게 말하면서도 속으로 자기 말을 들어주었으면 좋겠다고 하고 있습니다. 상훈이 말하는 것의 핵심은 '돈 좀 똑바로 써요!' 정도가 되겠고, 아버지는 '너처럼 여자 꼬시는 데 돈 쓰는 게 똑바로 쓰는 거냐?'라는 식으로 대응하고 있네요. 이 말을 들은 '상훈이'는 어이가 없어서 얼굴이 벌게집니다. 왜 어이가 없는지는 이해가 되시죠? 굳이 다른 이야기 가져오는 게 짜증나기도 하고, 자신의 치부가 부끄럽기도 하고 할 거예요. 여러분이 상훈이라고 생각하면 체감이 바로 될 겁니다. 이처럼 '심리의 근거'를 토대로 쉽게 공감해주시면 돼요!

[중략 부분의 줄거리] 조 의관(덕기의 조부)이 죽고, 덕기가
재산 상속자가 된다. 조 의관의 유산 목록에 정미소가 없었다는 것
을 안 상훈은 정미소를 차지하려고 한다. 한편 상훈은 세간 값을 적
은 종이들을 덕기에게 보내 값을 치르라고 한다.

이제 [중략 부분의 줄거리]를 보는데, 갑자기 '조 의관', '덕기'라
는 새로운 인물이 등장합니다. 긴장하고 인물관계를 체크해야겠
죠? '조 의관'의 유산 중 하나인 '정미소'를 '상훈이'가 차지하려는
모습입니다. 그럼 '상훈이'는 '조 의관'과 무언가 관계가 있을 것
이라고 추측할 수 있겠죠? 아무 관계도 없는데 유산을 가지려고
하지는 않을 테니까요. 나아가 '상훈이'는 '조 의관'의 손자인 '덕
기'에게도 세간 값을 치르라고 하고 있어요. 정확한 관계는 모르
겠지만, '조 의관-상훈-덕기' 사이에 어떠한 관계가 있다는 걸 생
각하면서 읽어 봅시다. 여기서도 '줄거리'가 아주 큰 역할을 하고
있죠? 확실하게 정리하고 넘어가도록 해요!

---

　　"어제 그건 봤니?"
　　부친이 비로소 말을 붙이나 아들은 다음 말을 기
　다리고 가만히 앉았다.
　　"치를 수 없거든 거기 두고 가거라."
　　역정스러운 목소리나 여자 손들이 많은데 구차
　스럽게 세간 값으로 부자 충돌을 하는 꼴을 보이기
　싫기 때문에 아들의 입을 미리 막으려는 것이다.
　　"안 치러 드린다는 것은 아닙니다마는……."
　　덕기는 너무 오래 잠자코 있을 수 없어서 말부리
　만 따고 또 가만히 고개를 떨어뜨리고 앉았다. 그
　러나 복통이 터져서 속은 끓었다. 속에 있는 말이
　나 시원스럽게 하고싶으나 부친 앞에서, 더구나 조
　인광좌(稠人廣座)* 중에서 그럴 수도 없다.
　　"이 판에 용이 이렇게 과하시면 어떡합니까. 여
　　간한 세간 나부랭이야 저 집에 안 쓰고 굴리는
　　것만 갖다 놓으셔도 넉넉할 게 아닙니까?"
　　안방 치장 하나에 천여 원 돈을 묶어서 들인다는
　것은 생돈 잡아먹는 것 같고, 누가 치르든지 간에
[B]　어려운 일이다.

　　* 조인광좌 : 여러 사람이 빽빽하게 많이 모인 자리.

---

'부친', '아들'이라는 인물들이 또 등장하는데, 이들은 '세간 값'으
로 다투고 있습니다. '세간 값'은 분명히 [중략 부분의 줄거리]에
서 확인했던 내용이에요. 여기서 '상훈'이 '덕기'에게 '세간 값'을
치르라고 했었죠? 이를 통해 '상훈이'가 바로 '덕기'의 아버지였

다는 것을 알 수 있네요. 나아가 [A]에서 '상훈'의 아버지는 '덕기'
의 할아버지가 될 텐데, [중략 부분의 줄거리]에서 '덕기'의 조부
가 '조 의관'이라고 했으므로 결국 지문 첫 부분에서 '상훈'과 싸
우던 '아버지'가 '조 의관'임을 알 수 있습니다.

이런 인물관계 때문에 제목이 '삼대'였던 것이에요. '조 의관-상
훈-덕기'로 이어지는 삼대! 인물관계를 잡으려고 노력하지 않았
다면 이 관계를 잡기 힘들었을 거예요. 이 관계를 못 잡으면 지문
내용을 이해하는 건 불가능했을 것이구요. [줄거리]를 바탕으로
내용을 이해하는 것이 중요하다는 걸 다시 한번 상기할 수 있겠
습니다.

아무튼 '상훈'은 자기 아버지와도 돈으로 싸우더니, 자기 아들과
도 싸우고 있네요. 계속 읽어 봅시다.

---

　　"이 판이 무슨 판이란 말이냐? 그 따위 아니꼬운
　　소리 할 테거든 그거 내놓고 어서 가거라. 안 쓰
　　고 굴리는 세간은 너나 쓰렴!"
　　영감은 자식에게라도 좀 점해서* 그런지 화만
　버럭버럭 내고 호령이다.
　　"할아버지께서 산소에 돈 쓰신다고 반대하시던
　　걸 생각하시기로……."
　　"무어 어째? 널더러 먹여 살리라니? 걱정 마라.
　아니꼽게 네가 무슨 총찰이냐? 그러나 정미소
　장부는 이따라도 내게로 보내라."
　　부친은 이 말을 하려고 트집을 잡는 것이었다.
　　"정미소 아니라 모두 내놓으라셔도 못 드릴 것은
　　아닙니다마는, 늘 이렇게만 하시면야 어디 드릴
　　수 있겠습니까?"
　　"드릴 수 있고 없고 간에, 내 거는 내가 찾는 게
　　아니냐?"
　　"왜 그렇게 말씀을 하셔요. 제게 두시면 어디 갑
　　니까?"
　　"이놈 불한당 같은 소리만 하는구나? 돈 천도 못
　　되는 것을 치러 줄 수 없다는 놈이 무어 어째?"

　　* 점해서 : 부끄럽고 미안해서.

---

아무튼 '영감(상훈)'은 '아들(덕기)'에게 계속 화만 내고 있습니
다. 괜히 자기가 민망하니까 아들 말에 트집을 잡으면서 쏘아 붙
이고 있는 것 같아요. '덕기'는 '상훈'이 '할아버지(조 의관)'가 산
소에 돈 쓰는 것을 반대하던 이야기를 하면서 설득하려 하지만,
'상훈'은 그저 막무가내입니다.

부친은 신경질이 일어났는지 별안간 달려들더니 주먹으로 뺨을 갈기려는 것을 덕기가 벌떡 일어서니까 주먹이 어깨에 맞았다. 병적인지 벌써 망녕인지는 모르겠으나 점점 흥분하게 해서는 아니 되겠다 하고 마루로 피해 나와 버렸다. 그러나 금시로 정이 떨어지는 것 같고, 그 속에 앉은 부친은 딴 세상 사람같이 생각이 들었다. 신앙을 잃어버리고 사회적으로 활약할 야심이나 희망까지 길이 막히고 보면야, 생활이 거칠어 가는 수밖에는 없을 것이라고 동정도 하는 한편인데, 이미 신앙을 잃어버린 다음에야 가면을 벗어 버리고 파탈하고 나서는 것도 오히려 나은 일이라고도 하겠으나, 노래(老來)에 이렇게도 생활이 타락하여 갈까 하고, 덕기는 부친에게 반항하기보다도 다만 혼자 탄식을 하는 것이었다.

-염상섭, 「삼대」-

* 점해서 : 부끄럽고 미안해서.

---

'상훈'은 심지어 주먹으로 아들의 얼굴을 때리려고 하기까지 하네요. '덕기'는 그런 '부친'에게 화도 나지만 '동정'과 '탄식'을 보내기도 하네요. 충분히 공감할 수 있겠죠? 말이 안 통하는 부모님과 대화를 하다보면, 짜증나고 답답하면서도 언제 저렇게 늙으셨나 싶어 한숨이 나오기도 할 테니까요. 〈보기〉에서 이야기한 대로 인물들의 관계 속 여러 갈등이 나타난 작품이었네요.

| 선지 | ① | ② | ③ | ④ | ⑤ |
|---|---|---|---|---|---|
| 선택률 | 63% | 4% | 10% | 8% | 11% |

**77** 윗글에 대한 이해로 적절하지 <u>않은</u> 것은? ①

① 상훈의 부친은 족보를 만드는 데에 '한 천 원'이 들었다며 다행이라 여기고 있다.

> 영감은 아들의 말이 옳다고는 생각하였으나 실상 그 삼사천 원이란 돈이 족보 박이는 데에 직접으로 들어간 것이 아니라 ×× 조씨로 무후(無後)한 집의 계통을 이어서 일문일족에 끼려 한즉 군식구가 늘면 양반에 진국이 묽어질까 보아 반대를 하는 축들이 많으니까 그 입들을 씻기 위하여 쓴 것이다. 하기 때문에 난봉자식이 난봉 피운 돈 액수를 줄이듯이 이 영감도 실상은 한 천 원 썼다고 하는 것이다.

| 선지 유형 | 근거가 있어서 허용 불가능 |
|---|---|
| 실전에서의 판단 과정 | 진짜로 한 천 원만 쓴 게 아니잖아. |
| 해설 | '상훈'의 부친, 즉 '조 의관'은 애초에 족보를 만드는 데에 '한 천 원'을 쓴 것이 아닙니다. '한 천 원'을 썼다고 거짓말을 하기는 했지만, 실상은 족보에 이름을 넣고, 반대하는 이들에게 돈을 쥐여주는 등 하면서 '삼사천 원'을 썼죠. 애초에 조 의관은 '한 천 원'이 들었다고 거짓말을 한 것인데, 조 의관이 '한 천 원'이 들었다며 다행이라 여겼다는 선지는 절대 허용할 수 없겠죠? |

② 상훈의 부친은 상훈이 '오륙천 원'을 학교에 '디밀'었던 것은 돈을 '유리하게' 쓴 것이 아니라고 본다.

> "어떻게 유리하게 쓰란 말이냐? 너같이 오륙천 원씩 학교에 디밀고 제 손으로 가르친 남의 딸자식 유인하는 것이 유리하게 쓰는 방법이냐?"

| 선지 유형 | 근거가 있어서 허용 가능 |
|---|---|
| 실전에서의 판단 과정 | 지문에 있는 말 그대로네. |
| 해설 | '오륙천 원 쓰는 게 유리한 거냐?'라는 대사가 명시적으로 있으니, 이를 근거로 하면 충분히 허용할 수 있겠죠? |

③ 상훈은 자신의 부친이 '산소'에 '돈'을 쓰는 것에 동의하지 않았다.

> "할아버지께서 산소에 돈 쓰신다고 반대하시던 걸 생각하시기로……."

| 선지 유형 | 근거가 있어서 허용 가능 |
|---|---|
| 실전에서의 판단 과정 | 덕기가 상훈이한테 한 말이니까 맞지. |
| 해설 | 이 선지를 지우려면 '조 의관-상훈-덕기'의 인물 관계를 정확히 체크했어야겠죠. '덕기'가 '할아버지께서 산소에 돈 쓰신다고 반대하시던 걸 생각하시기로…….'라고 말한 것을 보니, '상훈'은 '조 의관'이 산소에 돈 쓰는 걸 반대했나봐요. 만약 저 관계를 잡지 못했다면, [A] 부분에서 '산소'라는 말만 눈 빠지게 찾다가 시간을 흘려보냈겠죠. 인물들이 나오면, 그 인물들이 무슨 관계인지 확실하게 잡아주셔야 합니다! |

④ 덕기는 '세간 값'으로 치러야 하는 돈을 낭비라고 생각
한다.

> "이 판에 용이 이렇게 과하시면 어떡합니까. 여간한
> 세간 나부랭이야 저 집에 안 쓰고 굴리는 것만 갖다
> 놓으셔도 넉넉할 게 아닙니까?"
> 안방 치장 하나에 천여 원 돈을 묶어서 들인다는 것은
> 생돈 잡아먹는 것 같고, 누가 치르든지 간에 어려운 일
> 이다.

| 선지 유형 | 근거가 있어서 허용 가능 |
| --- | --- |
| 실전에서의 판단 과정 | 세간은 집에 있는 것만 쓰라는 건, 새로 사는 게 낭비라고 생각하는 거지. |
| 해설 | '덕기'는 안방 치장 하나에 천여 원 돈을 쓰는 것도 생돈 잡아먹는 일이라고 생각하며, 웬만한 세간은 집에서 안 쓰고 있는 것만 갖다 놓아도 충분하다고 말합니다. 이 정도의 내용을 근거로 하면 '세간 값'을 낭비라고 생각한다는 말을 허용할 수 있겠죠? |

⑤ 덕기는 집안의 재산이 낭비되지 않게 하기 위해 '정미
소 장부'를 내놓지 않으려 한다.

> "무어 어째? 널더러 먹여 살리라니? 걱정 마라. 아니
> 꼽게 네가 무슨 총찰이냐? 그러나 정미소 장부는 이따
> 라도 내게로 보내라."
> 부친은 이 말을 하려고 트집을 잡는 것이었다.
> "정미소 아니라 모두 내놓으라셔도 못 드릴 것은 아닙
> 니다마는, 늘 이렇게만 하시면야 어디 드릴 수 있겠습
> 니까?"

| 선지 유형 | 근거가 있어서 허용 가능 |
| --- | --- |
| 실전에서의 판단 과정 | 지문 내용 그 자체네. |
| 해설 | '덕기'는 주구장창 아버지인 '상훈'이 돈을 함부로 쓴다고 생각하고 있습니다. 그래서 '정미소 장부'도 주지 않으려는 것이구요. 정확히 말하자면, '정미소 장부를 줄 순 있지만, 아버지가 맨날 이러시면 제가 어떻게 줍니까.'라는 대사를 토대로 허용할 수 있겠네요. [B]의 내용 그 자체를 담고 있는 선지네요. |

| 선지 | ① | ② | ③ | ④ | ⑤ |
| --- | --- | --- | --- | --- | --- |
| 선택률 | 9% | 3% | 9% | 6% | 73% |

**78** 윗글의 맥락을 고려할 때, ⓐ의 의미로 가장 적절한 것은?
⑤

> 역정스러운 목소리나 여자 손들이 많은데 구차스럽게
> 세간 값으로 부자 충돌을 하는 꼴을 보이기 싫기 때문에
> ⓐ아들의 입을 미리 막으려는 것이다.

⑤ 아들이 말하고자 하는 것을 못 하게 하려는 것이다.

| 선지 유형 | 근거가 있어서 허용 가능 |
| --- | --- |
| 실전에서의 판단 과정 | 입을 막는다는 것의 의미 그 자체네. |
| 해설 | '상훈'은 아들에게 돈을 달라고 요구합니다. 그런데 굳이 사람들이 많이 있는 앞에서 돈을 달라고 하는 이유는 무엇일까요? 바로 앞에 제시되어 있듯이, 구차스럽게 세간 값으로 부자 충돌하는 모습을 보여 주고 싶지 않으면서도 원하는 것을 얻고자 했기 때문이라고 할 수 있겠죠. 즉 ⓐ는 아들이 쉽게 말을 할 수 없도록 의도한 것이라는 뜻입니다. 아들이 말을 하면 싸울 테고, 그 꼴을 사람들다 보는 데서 보이기는 싫으니까 아들이 하고자하는 말을 막고 원하는 것만 취하겠다는 심산이죠. 그걸 찾으면 5번 선지밖에 없네요. 내용을 이해했는지 묻는 문제였어요.<br><br>사실 이 문제는 '입을 막는다'라는 관용구의 뜻을 아는지 묻는 어휘 문제이기도 합니다. 위와 같은 생각을 거치지 않고도 가볍게 답을 고를 수 있었으면 좋겠어요. |

| 선지 | ① | ② | ③ | ④ | ⑤ |
|---|---|---|---|---|---|
| 선택률 | 11% | 21% | 54% | 6% | 8% |

## 79 [A], [B]에서 각각 드러나는 부자간의 갈등에 대한 이해로 적절하지 <u>않은</u> 것은? ③

– [A]는 조 의관과 상훈의 갈등, [B]는 상훈과 덕기의 갈등입니다. 이 관계 확실히 잡아둔 채로 풀어 봅시다.

① [B]와 달리 [A]에서는 아버지가 아들의 치부를 들추어 내며 책망한다.

| 선지 유형 | 근거가 있어서 허용 가능 |
|---|---|
| 실전에서의 판단 과정 | [A]에서는 아버지가 아들의 치부를 들추었지. |
| 해설 | [A]에서는 '조 의관'이 '상훈이'가 여자를 꼬시는 데 돈 쓴 것을 뭐라고 하고 있습니다. 반면 [B]에서 '상훈이'는 때만 쓰고 있지, '덕기'의 치부를 구체적으로 언급한 적은 없습니다. 인물들의 갈등이 어떻게 전개되고 있는지 이해했다면 어렵지 않게 허용할 수 있는 선지네요. |

② [A]와 달리 [B]에서는 아들이 아버지를 동정한다.

| 선지 유형 | 근거가 있어서 허용 가능 |
|---|---|
| 실전에서의 판단 과정 | 동정한다는 심리는 [B]에만 나왔었지. |
| 해설 | [A]에서 '상훈이'는 그냥 어이없어 하기만 했는데, [B]에서는 '덕기'가 동정하는 모습이 나옵니다. 충분히 허용 가능하네요. ⓒ 부분에 나온 '덕기'의 심리를 토대로 내용을 이해하고 있는지 묻고 있어요. '동정'이라는 심리에 대한 근거를 생각했던 기억이 있었다면 아주 빠르게 지워낼 수 있었을 거예요! |

③ [A]와 달리 [B]에서는 아버지가 자신의 잘못을 아들의 탓으로 돌린다.

| 선지 유형 | 근거가 없어서 허용 불가능 |
|---|---|
| 실전에서의 판단 과정 | 아들 탓으로 돌린 적은 없지. |
| 해설 | [A]와 [B] 둘 다 딱히 아버지가 자신의 잘못을 아들의 탓으로 돌리는 장면은 보이지 않습니다. 전부 '아 몰라 그냥 내가 맞아!!' 이러고 있지, '네 탓이야!'라는 모습은 보이지 않으니까요. |

④ [A]와 [B] 모두에서 아버지는 아들의 간섭을 못마땅해 한다.

| 선지 유형 | 근거가 있어서 허용 가능 |
|---|---|
| 실전에서의 판단 과정 | 아버지들 모두 아들이 간섭해서 화내는 것이지. |
| 해설 | [A]에서는 '상훈'이 '조 의관'을 지적합니다. '조 의관'이 족보를 만드는 데에 너무 큰 돈을 쓴다고 지적한 것이고, '조 의관'은 되레 '상훈'에게 화를 냈죠. 한편 [B]에서는 '덕기'가 '상훈'에게 씀씀이가 너무 크다고 지적을 하고 있고, '상훈'은 괜히 트집을 잡으면서 계속 화를 내요. [A]에서는 '조 의관'이, [B]에서는 '상훈'이 각각 자신의 아들이 간섭하는 것에 기분 나빠했으므로 허용할 수 있는 선지네요. 사실 지문 내용의 핵심이기도 하네요! |

⑤ [A]와 [B] 모두에서 아들은 자신과 생각이 다른 아버지의 행위를 문제 삼는다.

| 선지 유형 | 근거가 있어서 허용 가능 |
|---|---|
| 실전에서의 판단 과정 | 아들 전부 아버지와 생각이 달라서 화를 내는 거지. |
| 해설 | [A]에서 '상훈'은 '조 의관'이 족보에 큰 돈을 쓰는 것을 지적하고, [B]에서 '덕기'는 '상훈'이 '용이 과하다'고 지적하고 있습니다. 둘 모두 아들이 아버지와 다른 생각을 갖고 '아버지'의 행위를 문제 삼는 장면이니, 이를 근거로 하면 허용할 수 있는 선지네요. |

| 선지 | ① | ② | ③ | ④ | ⑤ |
|---|---|---|---|---|---|
| 선택률 | 9% | 11% | 15% | 10% | 55% |

## 80 〈보기〉를 바탕으로 ㉠과 ㉡을 설명한 내용으로 가장 적절한 것은? [3점] ⑤

㉠영감은 아들의 말이 옳다고는 생각하였으나 실상 그 삼사천 원이란 돈이 족보 박이는 데에 직접으로 들어간 것이 아니라 ×× 조씨로 무후(無後)한 집의 계통을 이어서 일문일족에 끼려 한즉 군식구가 늘면 양반에 진국이 묽어질까 보아 반대를 하는 축들이 많으니까 그 입들을 씻기기 위하여 쓴 것이다. 하기 때문에 난봉자식이 난봉 피운 돈 액수를 줄이듯이 이 영감도 실상은 한 천 원 썼다고 하는 것이다.

> ⓛ 신앙을 잃어버리고 사회적으로 활약할 야심이나 희망까지 길이 막히고 보면야, 생활이 거칠어 가는 수밖에는 없을 것이라고 동정도 하는 한편인데, 이미 신앙을 잃어버린 다음에야 가면을 벗어 버리고 파탈하고 나서는 것도 오히려 나은 일이라고도 하겠으나, 노래(老來)에 이렇게도 생활이 타락하여 갈까 하고, 덕기는 부친에게 반항하기보다도 다만 혼자 탄식을 하는 것이었다.

───────── [보기] ─────────

「삼대」의 서술자는 대체로 특정 인물의 시각에 의존하여 다른 인물을 서술 대상으로 포착한다. 이때 그 특정 인물은 장면에 따라 선택되며, 서술자는 특정 인물의 시각을 통해 서술 대상이 되는 인물들의 심리를 보여 준다. 이러한 서술 방식으로 서술자는 특정 인물이 지닌 의식과 행동 사이의 인과관계, 다른 인물과의 관계에서 겪는 심리적 갈등을 통해 인물의 성격과 그에 대한 평가를 복합적으로 드러낸다.

– 앞서 지문의 주제와 무관하기에 굳이 읽지 않았던 부분을 다시 확인해야 합니다. '특정 인물'의 시각에 의존하여 다른 인물을 '서술 대상'으로 포착한다고 해요. 이 정의 확실하게 잡아두고 가 봅시다. 〈보기〉에서 새롭게 제시한 정보는 당연히 중요하게 다룰 것이니까요!

① ㉠에서는 서술자가 선택한 특정 인물이 영감에서 아들로 달라지는 반면, ㉡에서는 덕기로 고정되어 있다.

| 선지 유형 | 근거가 있어서 허용 불가능 |
| --- | --- |
| 실전에서의 판단 과정 | ㉠의 특정 인물은 계속 영감인데? |
| 해설 | ㉠의 특정 인물은 '영감'으로 고정되어 있습니다. 영감의 생각을 말해주고 있으니까요. 그럼 일단 틀린 선지네요. ㉠에는 아들, 즉 '상훈'의 시선이 나오지 않았으니까요. 그리고 ㉡의 특정 인물은? '덕기'라고 할 수 있겠죠. 덕기의 입장에서 '상훈'이라는 서술 대상에 대한 이야기를 하고 있잖아요. |

② ㉠에서는 서술 대상인 상훈의 의식과 행동 사이의 인과관계가, ㉡에서는 덕기가 포착한 상훈의 심리적 갈등이 드러난다.

| 선지 유형 | 근거가 있어서 허용 불가능 |
| --- | --- |
| 실전에서의 판단 과정 | ㉠의 서술 대상은 영감인데? |

㉠에서는 '상훈'의 의식과 행동 사이의 인과관계가 나타나 있지 않고, '영감'의 의식과 행동 사이의 인과관계가 드러나고 있어요. 애초에 '서술 대상'이 '영감'이었던 것이죠. 이 때문에 허용하기 어려운 선지가 되겠죠? 물론 ㉡에서는 '덕기'가 포착한 '상훈'의 심리적 갈등이 드러나고 있다고 할 수 있습니다. '덕기'는 '상훈'이 신앙을 잃고 사회적으로 활약할 야심이나 희망까지 잃어버린 심리적 갈등 상황에 처해있다고 보고 있어요.

③ ㉠에서는 영감의, ㉡에서는 덕기의 시각에서 서술 대상인 상훈을 낮게 평가하며 그와의 심리적인 갈등을 드러내고 있다.

| 선지 유형 | 근거가 있어서 허용 불가능 |
| --- | --- |
| 실전에서의 판단 과정 | ㉠의 서술 대상은 상훈이 아니잖아. |
| 해설 | ㉠은 '영감'이라는 특정 인물의 시각에서 '영감'이라는 서술 대상의 내면을 이야기하는 장면입니다. 서술 대상이 '상훈'이라고 볼 수는 없어요. 심지어 '상훈'을 낮게 평가한 것도 아니구요. (상훈의 말이 맞다고는 생각했으니까요.)<br><br>한편 ㉡에서는 '덕기'라는 특정 인물이 '상훈'이라는 서술 대상을 '신앙을 잃어버리고 사회적으로 활약할 야심이나 희망까지 길이 막'혔다는 식으로 낮게 평가하고 있으니 충분히 허용할 수 있겠습니다. '심리적인 갈등'은 이 지문의 내용 그 자체구요. |

④ ㉠에서는 서술 대상인 상훈에 대한 영감의 평가가 달라지는 반면, ㉡에서는 서술 대상인 상훈에 대한 덕기의 평가가 달라지지 않는다.

| 선지 유형 | 근거가 있어서 허용 불가능 |
| --- | --- |
| 실전에서의 판단 과정 | ㉠의 서술 대상은 상훈이 아니지! |
| 해설 | 일단 ㉠의 '서술 대상'은 '상훈'이라고 보기 어렵습니다. 〈보기〉에서 이야기한 바에 의하면, '서술 대상'의 '심리'를 보여 주어야 하는데 ㉠은 '영감'의 심리만을 보여 주고 있으니까요. 나아가 '상훈'에 대한 평가가 달라지지도 않죠?<br><br>나아가 ㉡에서는 '상훈'을 '서술 대상'이라고 할 수 있겠습니다. 이에 대한 '덕기'의 평가 역시 달라지지 않죠? 계속해서 부정적이에요. |

⑤ ㉠에서는 서술자가 선택한 특정 인물인 영감의 성격
이, ㉡에서는 서술자가 선택한 특정 인물인 덕기와
서술 대상인 상훈의 성격이 드러난다.

| 선지 유형 | 근거가 있어서 허용 가능 |
| --- | --- |
| 실전에서의 판단 과정 | 성격은 당연히 드러나겠지. |
| 해설 | ㉠의 '특정 인물'이 '영감'이라는 것은 일단 허용이 됩니다. 그리고 ㉡의 '특정 인물'과 '서술 대상'이 각각 '덕기', '상훈'인 것도 나머지 선지를 판단하면서 확인한 내용이구요.<br><br>그럼 ㉠과 ㉡이 이 인물들의 '성격'을 보여 준다는 것을 허용할 수 있냐는 것이 핵심이네요. '인물의 성격'은 굉장히 넓은 범위로 허용이 가능하다고 했습니다. 여기서도 '영감'은 맞는 말을 인정 못하는 고집 센 성격, '덕기'는 인물을 객관적으로 판단하는 냉철한 성격, '상훈'은 생활이 타락해가며 고집만 늘어가는 성격 등으로 '허용'할 수 있겠네요. 이렇게 생각을 하지 못하더라도, '성격을 드러낸다.'라는 표현은 웬만하면 허용을 하자고 했습니다. 가볍게 답으로 골라주시면 됩니다. |

## FAQ

**Q** 〈보기〉에서는 '특정 인물'의 시각에 의존하여 '다른 인물'을 '서술 대상'으로 포착한다고 했습니다. 그런데 이 문제의 전반적인 해설에 따르면 ㉠의 '특정 인물'과 '서술 대상'을 모두 '영감'으로 설정하신 것 같습니다. 이는 〈보기〉와 모순되는 거 아닌가요?

**A** 〈보기〉에서는 이 작품의 서술자가 '대체로' 그렇게 한다고 했습니다. 즉, 그렇게 하지 않을 수도 있다는 것이죠. ㉠에서는 예외적으로 서술자가 '특정 인물'의 시각에 의존하여 '다른 인물'이 아닌 '같은 인물'을 '서술 대상'으로 삼았다고 할 수 있는 것입니다. 물론 조금 아쉬운 출제라고 할 수도 있겠지만, ㉠의 '특정 인물'과 '서술 대상'이 '영감'이라는 것은 의심의 여지가 없기 때문에 이 정도로 이해하시고 넘어가면 될 것 같습니다.

---

몰랐던 어휘 정리하기

---

| 핵심 **point** |

① **허용 가능성 평가** : 선지의 내용을 '허용'하려는 태도를 바탕으로 지문을 '독해'하며 '근거'를 찾아야 합니다. 허용할 수 있는 '근거'가 있어야만 허용할 수 있습니다. 주관적인 생각을 개입시키면 안 됩니다.
② **소설 독해** : '심리와 행동의 근거'를 바탕으로 인물에게 '공감'하며 읽어야 합니다. 이 과정이 물흐르듯 이어지면 지문의 내용을 완벽하게 이해할 수 있어요.

---

| 지문 내용 총정리 |

[중략 부분의 줄거리]를 활용하여 인물관계 파악만 제대로 되었다면, 우리의 원칙으로 쉽게 해결이 되는 지문이었네요. 물론 인물관계 파악이 지금껏 나왔던 소설 지문 중에서 손꼽을 정도로 어려운 지문이긴 했습니다. 다시 한번 복습해 봅시다.

〈보기〉 독해

> ──────────[보기]──────────
>
> 　김춘수는 샤갈의 그림 「나와 마을」에서 받은 느낌을 시로 표현함으로써 상호 텍스트성을 구현했다. 올리브빛 얼굴을 가진 사나이와 당나귀가 서로 마주 보고 있는 그림에서 영감을 받은 시인은, "특히 인상 깊었던 것은 커다란 당나귀의 눈망울이었고, 그 당나귀의 눈망울 속에 들어앉아 있는 마을이었다."라고 느낌을 말했다. 또한 밝고 화려한 색감을 지닌 이질적 이미지들의 병치로 이루어진 샤갈의 초현실주의적 그림에 대한 감각적 인상을, 자신의 고향 마을에 투사하여 다양한 이미지의 병치로 변용했다. 이는 봄을 맞이한 생동감과 고향 마을의 따뜻한 풍경에 대한 그리움을 형상화한 것이라고 할 수 있다.

(나)에 대한 〈보기〉입니다. 작가가 샤갈의 그림을 보고 받은 느낌을 시로 표현한 것이라고 해요. 이 느낌을 표현할 때, 여러 방법을 활용하여 '봄을 맞이한 생동감'과 '고향 마을의 따뜻한 풍경에 대한 그리움'을 형상화했다고 합니다. 작품의 창작 방식과 주제 의식까지 친절하게 제시하고 있으니, 확실하게 챙겨 가시면 되겠죠?

실전적 지문 독해

> (가)
> 　검정 포대기 같은 까마귀 울음소리 고을에 떠나지 않고 ⎤[A]
> 　밤이면 부엉이 괴괴히 울어 ⎦
> 　남쪽 먼 포구의 백성의 순탄한 마음에도
> 　상서롭지 못한 세대의 어둔 바람이 불어오던
> 　─융희(隆熙) 2년!
>
> 　그래도 계절만은 천 년을 다채(多彩)하여 ⎤[B]
> 　지붕에 박넌출 남풍에 자라고 ⎦
> 　푸른 하늘엔 석류꽃 피 뱉은 듯 피어
> 　나를 잉태한 어머니는
> 　짐짓 어진 생각만을 다듬어 지니셨고 ⎤[C]
> 　젊은 의원인 아버지는
> 　밤마다 사랑에서 저릉저릉 글 읽으셨다 ⎦

> 　왕고못댁 제삿날 밤 열나흘 새벽 달빛을 밟고 ⎤[D]
> 　유월이가 이고 온 제삿밥을 먹고 나서 ⎦
> 　희미한 등잔불 장지 안에
> 　번문욕례 사대주의의 욕된 후예로 세상에 떨어졌나니
>
> 　신월(新月)같이 슬픈 제 족속의 태반을 보고 ⎤
> 　내 스스로 고고(呱呱)*의 곡성(哭聲)*을 지른 것이 아니련만 ⎥[E]
> 　명(命)이나 길라 하여 할머니는 돌메라 이름 지었다오 ⎦
>
> 　　　　　　　　　　　　　　─유치환, 「출생기(出生記)」─
>
> * 고고 : 아이가 세상에 나오면서 처음 우는 울음소리.
> * 곡성 : 사람이 죽어 슬퍼서 크게 우는 소리.

〈보기〉가 따로 제시되지 않았으니, 전반적인 상황과 내면세계를 바탕으로 주제를 체크할 수 있어야 합니다. 일단 '융희 2년'이라는 시간적 배경이 제시되고 있는데, '상서롭지 못한', '어둔 바람' 등의 묘사를 바탕으로 생각하면 그리 긍정적인 상황은 아니라고 할 수 있겠어요. 2연~4연의 내용을 보면 이렇게 긍정적이지는 않은 상황에서 화자가 태어난 모습을 드러내고 있다는 걸 알 수 있겠죠? 제목 그대로, 화자의 '출생'을 묘사한 작품이었습니다.

> (나)
> 　샤갈의 마을에는 삼월에 눈이 온다.
> 　봄을 바라고 섰는 사나이의 관자놀이에
> 　새로 돋은 정맥이
> 　바르르 떤다.
> 　바르르 떠는 사나이의 관자놀이에
> 　새로 돋은 정맥을 어루만지며
> 　눈은 수천수만의 날개를 달고
> 　하늘에서 내려와 샤갈의 마을의
> 　지붕과 굴뚝을 덮는다.
> 　삼월에 눈이 오면
> 　샤갈의 마을의 쥐똥만 한 겨울 열매들은
> 　다시 올리브빛으로 물이 들고
> 　밤에 아낙들은
> 　그해의 제일 아름다운 불을
> 　아궁이에 지핀다.
> 　　　　　　　　　　　　　─김춘수, 「샤갈의 마을에 내리는 눈」─

<보기>의 내용을 적극적으로 이용하면서 읽으면 어렵지 않게 이해할 수 있는 작품입니다. '삼월'이라는 '봄'을 맞이한 '사나이'의 '정맥이 바르르' 떠는 '생동감'을 드러내고, '아낙들'이 불을 지피는 따뜻한 풍경을 묘사하면서 그에 대한 '그리움'을 드러내고 있다는 식으로 이해할 수 있을 것 같습니다. 자세한 해석은 선지 판단 과정에서 만나 보면 되겠죠?

| 선지 | ① | ② | ③ | ④ | ⑤ |
|---|---|---|---|---|---|
| 선택률 | 66% | 3% | 12% | 3% | 16% |

## 81  (가)와 (나)의 공통점으로 가장 적절한 것은? ①

① 시간과 관련된 표지를 제시하여 시적 분위기를 조성하고 있다.

| 선지 유형 | 근거가 있어서 허용 가능 |
|---|---|
| 실전에서의 판단 과정 | 융희 2년, 삼월! |
| 해설 | '융희 2년'과 '삼월'이라는 시간 표지를 체크했던 기억이 있기 때문에, 가볍게 답으로 고를 수 있겠습니다. (가)에서는 화자의 '상황' 중심으로 이해하려는 노력을 통해, (나)에서는 <보기>를 통해 알게 된 '봄'에 대한 인식을 통해 체크할 수 있었죠? |

② 과거 시제를 사용하여 서사적 사건을 들려주는 형식을 취하고 있다.

| 선지 유형 | 근거가 없어서 허용 불가능 |
|---|---|
| 실전에서의 판단 과정 | (나)에는 없는 것 같네. |
| 해설 | '시제'는 각 행의 끝부분만 보고 빠르게 확인할 수 있겠죠? (가)에서는 '불어오던', '지니셨고', '읽으셨다' 등 과거 시제를 많이 확인할 수 있고, 이를 통해 (가)가 화자의 '출생'이라는 '서사적 사건'을 들려주는 형식을 취하고 있다고 할 수 있습니다.<br><br>하지만 (나)에서는 현재 시제만 나타날 뿐, '과거 시제'는 찾아 볼 수가 없죠? '서사적 사건'을 들려주는 것도 아니구요. (가)의 특징을 이야기하는 선지였습니다. |

③ 시적 상황의 객관적 관찰에 초점을 둠으로써 주관적 의미의 서술을 배제하고 있다.

| 선지 유형 | 근거가 없어서 허용 불가능 |
|---|---|

| 실전에서의 판단 과정 | 이게 시에서 맞을 수 있는 선지인가? |
|---|---|
| 해설 | (가)의 경우에는 화자가 태어나던 상황을 주관적으로 해석하여 보여 주고 있고, (나)의 경우에도 화자가 본 샤갈의 그림을 주관적으로 묘사하고 있습니다. 애초에 '객관적 관찰' 및 '주관적 의미의 서술 배제'는 실험 보고서 쓸 때나 하는 것이지, '시 창작' 과정에서 생각할 내용은 아니겠죠? |

④ 암울하고 비관적인 정서를 내포한 시어를 사용하여 비극적 상황을 고조하고 있다.

| 선지 유형 | 근거가 없어서 허용 불가능 |
|---|---|
| 실전에서의 판단 과정 | 뭐가 비극적이야. |
| 해설 | (가)의 경우, '융희 2년'이라는 시간에 어느 정도 암울하고 비관적인 정서가 내포되어 있다고 할 수 있지만, 전반적인 상황은 결국 화자의 '출생'입니다. 화자의 '출생'이 비극적 상황이라고 하기는 어렵죠.<br><br>나아가 (나)의 경우, '봄의 생동감' 및 '고향 마을의 따뜻한 풍경에 대한 그리움'을 형상화한 작품이었습니다. 역시 '비극적 상황'을 허용하기는 어렵죠. |

⑤ 자연물을 살아 있는 대상으로 묘사하여 화자가 느끼는 이국적인 세계의 모습을 담아내고 있다.

| 선지 유형 | 근거가 있어서 허용 불가능 |
|---|---|
| 실전에서의 판단 과정 | (가)는 우리나라 이야기인데? |
| 해설 | (가)의 경우, '융희 2년'이라는 조선(정확히는 대한제국)의 시간에 태어난 조선(대한제국) 사람인 화자의 '출생기'를 다루고 있습니다. 이렇게 명백한 근거가 있는데, '이국적인 세계의 모습'을 허용하기는 어렵겠죠. 물론 '석류꽃 피 뱉은 듯' 등에서 '자연물을 살아 있는 대상으로 묘사'했다는 것은 허용할 수 있겠지만요.<br><br>한편 (나)의 경우, '눈은 수천수만의 날개를 달고' 등의 표현에서 '자연물을 살아 있는 대상으로 묘사'했고, '샤갈'이라는 외국인의 그림을 보고 쓴 작품이라는 점에서 '이국적인 세계'를 허용할 여지가 있어 보입니다. 물론 결국에는 화자의 고향을 묘사한 것이기도 하다는 점에서 애매하기는 하지만요. |

| 선지 | ① | ② | ③ | ④ | ⑤ |
|---|---|---|---|---|---|
| 선택률 | 4% | 5% | 7% | 77% | 6% |

## 82 [A]~[E]에 대한 이해로 적절하지 <u>않은</u> 것은? [3점] ④

① [A]: 청각의 시각화를 통해 음산한 시적 상황을 조성하고 있다.

| 선지 유형 | 근거가 있어서 허용 가능 |
|---|---|
| 실전에서의 판단 과정 | 까마귀 울음소리가 검정 포대기 같다고 했네. |
| 해설 | '까마귀 울음소리'라는 청각을 '검정 포대기'로 시각화하였고, 이는 전반적으로 어둡고 음산한 시적 분위기를 조성하는 데 기여했다고 할 수 있겠죠. |

② [B]: 시대 상황과 대비되는 자연의 모습을 통해 생명력을 표현하고 있다.

| 선지 유형 | 근거가 있어서 허용 가능 |
|---|---|
| 실전에서의 판단 과정 | 시대와 달리 계절은 천 년을 다채했다고 했네. |
| 해설 | '융희 2년'이라는 시대 상황은 암울했지만, '계절'이라는 자연은 '천 년을 다채'하여 '박넌출'을 만들고 '석류꽃'을 피어 냈습니다. 이는 시대 상황과 대비되면서 '생명력'을 표현한 자연의 모습이라고 할 수 있겠죠. |

③ [C]: 대구 형식을 활용하여 화자의 출생을 앞둔 집안의 분위기를 드러내고 있다.

| 선지 유형 | 근거가 있어서 허용 가능 |
|---|---|
| 실전에서의 판단 과정 | 그러네. |
| 해설 | '~한 누구는 ~했다.'라는 형식의 문장을 반복하여 화자의 출생을 앞둔 집안의 분위기를 드러냈죠. 이러한 집안의 분위기는 주제 그 자체이므로 가볍게 허용하고 넘어갈 수 있겠습니다. |

④ [D]: 화자가 태어난 날의 상황을 구체적으로 서술하여 출생에 대한 감격을 드러내고 있다.

| 선지 유형 | 근거가 없어서 허용 불가능 |
|---|---|
| 실전에서의 판단 과정 | 감격은 도저히 허용이 안 되네. |
| 해설 | 화자가 태어난 날의 상황을 서술하는 것은 맞는데, 이를 통해 출생에 대한 '감격'이라는 내면세계를 드러내지는 않았죠? 허용하고 싶어도 도저히 근거를 찾을 수가 없어요. 심지어 [D]는 화자의 출생 전에 일어난 상황들이구요. |

⑤ [E]: 울음소리에서 연상되는 상반된 의미와 연결하여 화자의 이름이 지어진 이유를 제시하고 있다.

| 선지 유형 | 근거가 있어서 허용 가능 |
|---|---|
| 실전에서의 판단 과정 | 고고와 곡성은 상반되는 의미이고, 명이나 길라 하는 이름을 지어 줬네. |
| 해설 | 화자의 울음소리('고고')는 '곡성', 즉 사람이 죽어 슬퍼서 우는 소리 같았다고 합니다. 이는 태어남과 죽음이라는 '상반된 의미'가 연상되는 것이라고 할 수 있는데, 이와 연결하여 할머니는 '명이나 길라 하'는 의미로 '돌메'라는 이름을 지어 줬다고 해요. 이러한 독해의 결과를 근거로 하면 어렵지 않게 허용할 수 있을 것 같습니다. '태어남&죽음'과 '오래 살라는 것'은 충분히 연결되니까요. |

| 선지 | ① | ② | ③ | ④ | ⑤ |
|---|---|---|---|---|---|
| 선택률 | 4% | 12% | 64% | 10% | 10% |

## 83 〈보기〉를 참고하여 (나)를 감상한 내용으로 적절하지 <u>않은</u> 것은? ③

① '샤갈의 마을'은 시인이 그림 속 마을 풍경에서 받은 인상을 자신의 고향 마을에 투사하여 표현한 것이군.

<u>샤갈의 마을</u>에는 삼월에 눈이 온다.

| 선지 유형 | 근거가 있어서 허용 가능 |
|---|---|
| 실전에서의 판단 과정 | 그렇다며. |
| 해설 | 〈보기〉에서 이야기한 내용 그대로입니다. '주제'까지는 아니어도 핵심적인 정보에 해당하는 내용이니, 가볍게 허용할 수 있겠죠? |

② '삼월에 눈', '봄을 바라고 섰는 사나이', '새로 돋은 정 맥' 등은 시인이 그림 속 이질적 이미지들의 병치를 다양한 이미지들의 병치로 변용하여 봄의 생동감을 형상화한 것이군.

> 샤갈의 마을에는 <u>삼월에 눈</u>이 온다.
> <u>봄을 바라고 섰는 사나이</u>의 관자놀이에
> <u>새로 돋은 정맥</u>이

| 선지 유형 | 근거가 있어서 허용 가능 |
|---|---|
| 실전에서의 판단 과정 | 〈보기〉 내용 그대로네. |
| 해설 | 일단 '그림 속 이질적 이미지들의 ~ 병치로 변용'은 〈보기〉에서 설명한 내용 그 자체이니 가볍게 허용할 수 있겠습니다. 〈보기〉 문제를 풀 때 선지 판단이 쉽게 되지 않으면 반드시 〈보기〉를 꼼꼼하게 독해하는 태도가 필요해요.<br><br>나아가 '삼월의 눈', '봄을 바라고 섰는 사나이'는 모두 '봄'과 관련된 내용들이고, 이 사나이의 '새로 돋은 정맥' 역시 '봄'이 되면서 얻게 된 것이라는 점에서, 이러한 표현들이 '봄의 생동감'을 형상화한다는 것도 충분히 허용할 수 있겠죠. 애초에 '봄의 생동감 형상화'는 이 작품의 주제이기도 하구요. |

③ '날개', '하늘', '지붕과 굴뚝' 등은 시인이 밝고 화려한 색감을 지닌 그림 속 마을의 모습을 공감각적 이미지의 풍경으로 변용한 것이군.

> 눈은 수천수만의 <u>날개</u>를 달고
> <u>하늘</u>에서 내려와 샤갈의 마을의
> <u>지붕과 굴뚝</u>을 덮는다.

| 선지 유형 | 근거가 없어서 허용 불가능 |
|---|---|
| 실전에서의 판단 과정 | 공감각적 이미지가 없는데..? |
| 해설 | '날개', '하늘', '지붕과 굴뚝'은 그저 시각적 이미지일 뿐, '공감각적 이미지'가 아닙니다. 진짜 허용하고 싶어도, 근거가 없으니 허용할 수 없다는 판단을 하면 되겠죠? 참고로 (나)와 같이 '묘사'가 주를 이루는 시의 경우에는 그 표현법을 디테일하게 묻는 문제가 출제될 가능성이 높으니 주의하세요. |

④ '올리브빛'은 시인이 그림 속에서 영감을 받은 것으로 '겨울 열매들'을 물들이는 따뜻한 봄의 이미지를 표상한 것이군.

> 샤갈의 마을의 쥐똥만 한 <u>겨울 열매들</u>은
> 다시 <u>올리브빛</u>으로 물이 들고

| 선지 유형 | 근거가 있어서 허용 가능 |
|---|---|
| 실전에서의 판단 과정 | 〈보기〉 내용 그대로네. |
| 해설 | 〈보기〉에 따르면, '올리브빛'은 샤갈의 그림에 나타난 사나이의 얼굴색이었습니다. 이러한 내용을 근거로 하면 '시인이 그림 속에서 영감을 받은 것'이라는 말을 쉽게 허용할 수 있겠죠?<br><br>나아가 '겨울 열매들'이 '올리브빛'에 물들었다고 했다는 점, 지문의 주제를 고려할 때 이것은 '봄'이 왔음을 의미한다고 할 수 있는 점 등을 생각하면 충분히 허용할 수 있는 선지가 되겠네요. |

⑤ '아낙', '아궁이' 등은 시인이 초현실주의적 그림 속 풍경에 대한 감각적 인상을 고향 마을을 떠올리게 하는 이미지로 전이시킨 것이군.

> 밤에 <u>아낙</u>들은
> 그해의 제일 아름다운 불을
> <u>아궁이</u>에 지핀다.

| 선지 유형 | 근거가 있어서 허용 가능 |
|---|---|
| 실전에서의 판단 과정 | 미리 생각한 내용이네. |
| 해설 | '실전적 지문 독해' 과정에서 미리 생각한 내용이죠? '샤갈의 마을'에 있는 사람들을 '아낙'이라고 부르지는 않을 것이고, '아궁이' 등이 있지는 않을 것이니 이 부분은 화자의 고향 마을을 떠올리게 하는 이미지로 전이시킨 것이라 할 수 있습니다. |

> (가)
>   검정 포대기 같은 까마귀 울음소리 고을에 떠나지 않고
>   밤이면 부엉이 괴괴히 울어
>   남쪽 먼 포구의 백성의 순탄한 마음에도
>   상서롭지 못한 세대의 어둔 바람이 불어오던
>   -융희(隆熙) 2년!

'까마귀 울음소리'가 떠나지 않고, 밤에는 '부엉이'가 울고, '순탄한 마음'을 가진 백성들에게도 '상서롭지 못한 세대의 어둔 바람'이 불 정도로 암울한 '융희 2년'이었다고 합니다. 참고로 '융희 2년'은 1908년을 의미하는데, 이 시기는 일제강점기가 시작되기 직전으로 아주 우울했던 시기였다고 할 수 있어요.

> 그래도 계절만은 천 년을 다채(多彩)하여
>   지붕에 박넌출 남풍에 자라고
>   푸른 하늘엔 석류꽃 피 뱉은 듯 피어
>   나를 잉태한 어머니는
>   짐짓 어진 생각만을 다듬어 지니셨고
>   젊은 의원인 아버지는
>   밤마다 사랑에서 저릉저릉 글 읽으셨다

이렇게 우울한 시대였지만, '계절만은 천 년을 다채'했다고 합니다. 자연은 아랑곳하지 않고 '박넌출'과 '석류꽃' 등을 내놓았다는 것이죠. 이렇게 자연이 제 할 일을 제대로 하는 상황 속에서, 화자를 잉태한 '어머니'는 태교를 위해 '어진 생각만을' 했고, '아버지'는 사랑방에서 글을 읽었다고 합니다. 화자가 태어나기 전의 어느 정도 평화로운 집안 분위기가 묘사되고 있네요. 비록 시대는 우울했지만, 자연은 여전했고 화자의 집안도 화자를 평화롭게 기다리고 있는 상황이었나 봅니다.

> 왕고못댁 제삿날 밤 열나흘 새벽 달빛을 밟고
>   유월이가 이고 온 제삿밥을 먹고 나서
>   희미한 등잔불 장지 안에
>   번문욕례 사대주의의 욕된 후예로 세상에 떨어졌나니

그러던 와중에 '왕고못댁'에서는 제사가 있었고, 14일이라는 시간이 지나 '유월이'가 이고 온 '제삿밥'을 먹은 뒤에 '희미한 등잔불 장지 안'에서 태어난 화자의 모습입니다. 참고로 '번문욕례'는 '허례허식'을 의미하는데, '번문욕례 사대주의의 욕된 후예'라는 표

현은 이렇게 '허례허식'과 '사대주의'를 일삼는 우리 민족에 대한 비판적인 의미를 담고 있다고 할 수 있겠죠. '융희 2년'이라는 시대적 배경과 엮어서 이해하면 화자가 느끼는 감정에 더 쉽게 공감할 수 있을 것 같습니다.

> 신월(新月)같이 슬픈 제 족속의 태반을 보고
>   내 스스로 고고(呱呱)*의 곡성(哭聲)*을 지른 것이 아니련만
>   명(命)이나 길라 하여 할머니는 돌메라 이름 지었다오
>                   -유치환, 「출생기(出生記)」-
>
> * 고고 : 아이가 세상에 나오면서 처음 우는 울음소리.
> * 곡성 : 사람이 죽어 슬퍼서 크게 우는 소리.

이렇게 화자가 우리 민족에 대해 가지고 있는 비판적인 태도는 '신월같이 슬픈 제 족속의 태반'에서 다시 나타납니다. '태반'은 태아의 탯줄과 연결된 부분을 의미하는데, 슬픈 우리 민족의 핏줄을 이어받았다는 것에 대해 부정적인 태도를 보인다고 할 수 있는 것이죠. 이렇게 '슬픈 제 족속의 태반'을 본 화자는 누가 죽은 것처럼 슬프게 '고고의 곡성'을 지르고, 이를 들은 '할머니'는 그냥 오래 살기나 하라며 '돌메'라는 이름을 지어 주었다고 합니다. 우울한 시대적 배경과 그 속에서 태어나 슬펐던 화자의 태도를 읽어냈다면 훌륭하겠습니다.

> (나)
>   샤갈의 마을에는 삼월에 눈이 온다.

'샤갈의 마을'이라는 곳에 대해 묘사하고 있습니다. 이곳은 '삼월에 눈이 온다'고 해요. '삼월'은 봄인데, '샤갈의 마을'이라는 곳에서는 '삼월'에도 눈이 오나 봅니다. 사실 지금은 '삼월'에 눈을 보는 것이 어렵지 않기는 하지만, 일단 '봄'에 눈이 온다는 것이 독특하다는 생각을 하면서 읽어 보도록 합시다.

> 봄을 바라고 섰는 사나이의 관자놀이에
>   새로 돋은 정맥이
>   바르르 떤다.

그곳에 사는 어떤 '사나이'는 '봄을 바라고' 있는데, '삼월의 눈'은 '봄'이 왔다는 신호이기 때문에 그 '사나이'는 '정맥'이 새로 돋을 정도로, 그리고 관자놀이의 그 '정맥'이 바르르 떨릴 정도로 기쁠 것입니다. 이는 '사나이'에게 마치 새 생명을 불어넣은 것 같은 느낌일 거예요. '봄'을 바라고 기다린 보람이 있을 것 같습니다.

바르르 떠는 사나이의 관자놀이에
새로 돋은 정맥을 어루만지며
눈은 수천수만의 날개를 달고
하늘에서 내려와 샤갈의 마을의
지붕과 굴뚝을 덮는다.

이렇게 '삼월의 눈'은 '사나이'의 '새로 돋은 정맥'을 어루만지기도 하고, '샤갈의 마을의 지붕과 굴뚝'을 덮어 주기도 하면서 '봄'의 생명력을 전달하고 있습니다.

삼월에 눈이 오면
샤갈의 마을의 쥐똥만 한 겨울 열매들은
다시 올리브빛으로 물이 들고

그리고 이렇게 '삼월에 눈이 오면', 즉 '봄'이 오면 '샤갈의 마을'의 '겨울 열매들'은 '올리브빛'으로 물이 든다고 합니다. 이는 '눈'이 직접적으로 하는 일은 아니지만, '봄'이 오면 일어나는 일이라고 이해할 수 있겠죠?

밤에 아낙들은
그해의 제일 아름다운 불을
아궁이에 지핀다.
-김춘수, 「샤갈의 마을에 내리는 눈」-

나아가 '밤'이 되면 '아낙들'은 '아궁이'에 '그해의 제일 아름다운 불'을 지핀다고 합니다. 지문 전체적으로 '같은 말'만 한다는 원칙에 의거하면, 이러한 행위 역시 '봄의 생명력'이 나타나는 모습이라고 할 수 있겠죠. '불'이라는 뜨거운 생명력을 가진 이미지를 활용해서 '봄'의 생명력을 형상화했다고 이해하시면 됩니다.

사실 이 정도까지 깊게 이해할 것도 없이, '샤갈의 마을'에 온 '봄'의 모습을 묘사하고 있다는 것만 읽어내셔도 충분할 것 같습니다.

몰랐던 어휘 정리하기

| 핵심 point |
① **허용 가능성 평가** : 선지의 내용을 '허용'하려는 태도를 바탕으로 지문을 '독해'하며 '근거'를 찾아야 합니다. 허용할 수 있는 '근거'가 있어야만 허용할 수 있습니다. 주관적인 생각을 개입시키면 안 됩니다.
② **현대시 독해** : 〈보기〉의 도움 등을 통해 '주제' 위주로, 그리고 일상 언어의 감각으로 읽어내면 됩니다. 현대시도 읽을 수 있는 하나의 글입니다.

| 지문 내용 총정리 |
'묘사'가 중심이 되는 작품들이 출제된 모습입니다. 하지만 결국 이 '묘사'를 통해 전하고자 하는 '주제 의식'이 있을 것이고, 이것을 중심으로 선지를 판단하면 어렵지 않게 해결할 수 있었죠? 한편 이렇게 '묘사'가 중심이 되는 작품들이 나오는 경우, '공감각적 이미지'처럼 표현법을 디테일하게 물어 보는 선지가 출제될 수 있다는 것만 알아 두도록 합시다.

〈보기〉 확인

―――――[보기]―――――

　「방옹시여」는 선조(宣祖) 사후에 정계에서 밀려난 신흠이 은거 상황을 배경으로 창작한 시조 작품을 모아 놓은 것이다. 여기에 수록된 30수는 몇 개의 작품군으로 분류될 수 있다. 예컨대 은자로서의 <u>자족감이나 자긍심</u>을 표현한 작품군, '님'으로 표상되는 <u>선왕에 대한 그리움과 연모의 정</u>을 표현한 작품군 등이 있다.

'은거 상황'이라는 말을 보자마자 뻔한 지문일 것이라는 생각이 들게 하는 〈보기〉입니다. 자연을 좋아하면서도 임금을 그리워하는 전형적인 고전시가의 모습이죠? 이 주제 의식을 바탕으로 간단하게 해결해 보도록 합시다.

실전적 지문 독해

> (가) 산촌(山村)에 눈이 오니 돌길이 뭇쳐셰라
> 　➔ 산촌에 눈이 오니까 돌길이 묻혔다
> 시비(柴扉)룰 여지 마라 날 츠즈리 뉘 이스리
> 　➔ 시비(사립문)를 열지 마라 날 찾을 사람 누가 있냐
> <u>밤듕만 일편명월(一片明月)이 긔 벗인가 ᄒ노라</u>
> 　➔ 밤중에 뜨는 달이 그 벗인가 한다
> 　　　　　　　　　　　　　　　　　　〈1수〉
>
> (나) 섯 ᄀ래 기나 즈르나 기동이 기우나 트나
> 　➔ 서까래 기나 자르나 기둥이 기우나 트나
> 수간모옥(數間茅屋)*을 죽은 줄 웃지 마라
> 　➔ 초가집 작다고 웃지 마라
> <u>어즈버 만산 나월(滿山蘿月)*이 다 닉 거신가 ᄒ노라</u>
> 　➔ 산, 달이 다 내 것 같다
> 　　　　　　　　　　　　　　　　　　〈8수〉
>
> (다) 한식(寒食) 비 온 밤에 봄빗치 다 퍼졋다
> 　➔ 한식 비 온 밤에 봄빛이 다 퍼졌다
> 무정(無情)ᄒ 화류(花柳)도 째를 아라 픠엿거든
> 　➔ 무정한 꽃도 때를 알아서 피었거든
> <u>엇더타 우리의 님은 가고 아니 오ᄂ고</u>
> 　➔ 어쩌자고 우리의 님은 가고 아니 오는가
> 　　　　　　　　　　　　　　　　　　〈17수〉

> (라) 어지밤 비 온 후(後)에 석류(石榴)곳지 다 픠엿다
> 　➔ 어젯밤 비 온 후에 석류꽃이 다 피었다
> 부용 당반(芙蓉塘畔)*에 수정렴(水晶簾)을 거더 두고
> 　➔ 연못가에 수정렴을 걷어 두고
> <u>눌 향한 깁흔 시름을 못내 푸러 ᄒ노라</u>
> 　➔ 누굴 향한 깊은 시름을 못내 풀어낼까
> 　　　　　　　　　　　　　　　　　　〈18수〉
>
> (마) 창(窓)밧긔 워셕버셕 님이신가 이러 보니
> 　➔ 창밖에 바스락바스락 님인가 이렇게 보니까
> 혜란 혜경(蕙蘭蹊徑)*에 낙엽(落葉)은 무스 일고
> 　➔ 혜란 혜경에 낙엽이 무슨 일이냐
> <u>어즈버 유한흔 간장(肝腸)이 다 끈칠까 ᄒ노라</u>
> 　➔ 유한한 간장(창자)이 다 끊어질까 한다
> 　　　　　　　　　　　　　　　　　　〈19수〉
> 　　　　　　　　　　　　　–신흠, 「방옹시여(放翁詩餘)」–

* 수간모옥 :방이 몇 칸 되지 않는 작은 초가.
* 만산 나월 : 산에 가득 자란 덩굴 풀에 비친 달.
* 부용 당반 : 연꽃이 피어 있는 연못가.
* 혜란 혜경 : 난초가 자라난 지름길.

각 수의 종장만 봐도 주제 의식을 정확하게 파악할 수 있는 작품입니다. (가)와 (나)는 '자연 좋아!'라는 주제 의식을, (다)~(마)는 '임금님 그리워요ㅠㅠ'라는 주제 의식을 가지고 있는 부분이죠? 주제 중심으로 지문의 내용을 대강 파악했으니, 바로 문제를 풀어 보도록 합시다.

| 선지 | ① | ② | ③ | ④ | ⑤ |
| --- | --- | --- | --- | --- | --- |
| 선택률 | 5% | 4% | 76% | 11% | 4% |

## 84 윗글의 표현상 특징에 대한 설명으로 가장 적절한 것은? ③

– 다른 문제들처럼 지문 전체 내용의 특징을 묻는다면 거시적 차원의 정답 후보를 먼저 고르는 방식으로 해결하면 되겠지만, 이 문제는 (가)~(마)로 나누어서 특정 부분에 대해서 물어보고 있으니 하나씩 천천히 확인해도 무방할 것 같습니다.

① (가)에서는 대상과의 문답을 통해 시상을 심화하고 있다.

| 선지 유형 | 근거가 없어서 허용 불가능 |
| --- | --- |
| 실전에서의 판단 과정 | 물음도 답변도 없는데? |
| 해설 | 대상에서 물음을 던진 적도 없고, 답을 들은 적도 없습니다. 중장은 물음이 아니라 설의적 표현이라고 보는 게 맞겠죠? |

② (나)에서는 과거와 현재를 대비하여 화자의 삶의 태도를 암시하고 있다.

| 선지 유형 | 근거가 없어서 허용 불가능 |
| --- | --- |
| 실전에서의 판단 과정 | 과거가 없는데? |
| 해설 | (나)는 화자의 현재 상황을 드러내고 있을 뿐, 과거를 드러낸 적이 없습니다. 과거가 제시된 적도 없는데 '과거와 현재를 대비'할 수는 없겠죠. |

③ (다)에서는 선경후정의 전개 방식을 통해 화자의 내면을 드러내고 있다.

| 선지 유형 | 근거가 있어서 허용 가능 |
| --- | --- |
| 실전에서의 판단 과정 | 선경후정 맞네. |
| 해설 | 초장과 중장에서는 '한식 비 온 밤'의 풍경을 묘사했고, 종장에서는 '님'에 대한 그리움을 드러내고 있습니다. 이는 전형적인 '선경후정'의 전개 방식이라고 할 수 있겠죠? 간단하게 허용할 수 있네요. |

④ (라)에서는 대상에 감정을 이입하여 심리적 변화를 우회적으로 표출하고 있다.

| 선지 유형 | 근거가 없어서 허용 불가능 |
| --- | --- |
| 실전에서의 판단 과정 | 감정 이입도, 심리적 변화도 없지. |
| 해설 | 애초에 화자가 감정을 이입하고 있는 대상을 찾아볼 수도 없고, '심리적 변화'는 더더욱 허용할 수 없죠? '심리적 변화'와 같은 강력한 변화가 나타났다면 분명히 체크를 했을 거예요. |

⑤ (마)에서는 대상을 의인화하여 대상이 지닌 속성들을 점층적으로 나열하고 있다.

| 선지 유형 | 근거가 없어서 허용 불가능 |
| --- | --- |
| 실전에서의 판단 과정 | 점층적 나열은 너무 헛소리네. |
| 해설 | 일단 대상을 의인화한 부분을 찾아 보기 어렵습니다. 나아가 '점층적으로 나열'한다는 말을 허용하기도 어렵겠네요. 그냥 '님에 대한 그리움'이 야기한 착각으로 인해 고통스러워하는 모습만 나타나고 있습니다. |

| 선지 | ① | ② | ③ | ④ | ⑤ |
| --- | --- | --- | --- | --- | --- |
| 선택률 | 4% | 5% | 10% | 75% | 6% |

## 85 〈보기〉의 ⓐ, ⓑ를 고려하여 (가)~(라)를 이해한 내용으로 가장 적절한 것은? ④

> ⓐ 은자로서의 자족감이나 자긍심
> ⓑ '님'으로 표상되는 선왕에 대한 그리움과 연모의 정

– 이 작품의 두 주제 의식이죠? 가볍게 답을 골라 봅시다.

① (가)의 '눈'은 ⓐ와 연관된 시어로, 화자의 은거가 자발적으로 이루어졌음을 알려 주는 단서이다.

| 선지 유형 | 근거가 없어서 허용 불가능 |
| --- | --- |
| 실전에서의 판단 과정 | 눈이랑 자발적 은거랑 도대체 뭔 상관이야. |
| 해설 | '눈'은 그저 화자가 처한 상황을 드러낼 뿐입니다. 단순한 배경일 뿐, '은거'가 자발적인지 아닌지를 드러내는 단서라는 근거는 찾을 수 없죠. 나아가 〈보기〉에 따르면 작가가 정계에서 밀린 뒤 은거했다고 했으니, 화자의 은거가 자발적이지는 않을 것이라고 추측할 수 있겠습니다. |

② (나)의 '수간모옥'은 ⓐ와 연관된 시어로, 화자의 답답
한 심정이 투영되어 있는 대상이다.

| 선지 유형 | 근거가 있어서 허용 불가능 |
|---|---|
| 실전에서의 판단 과정 | 자연에 있는데 왜 답답해. |
| 해설 | '수간모옥'이 ⓐ와 연관된 것은 맞습니다. 하지만 화자는 '수간모옥'에 '만산 나월'이 모두 자신의 것으로 느껴진다며 만족스러운 모습을 보이고 있어요. 이러한 근거가 있으니 '답답한 심정'은 허용할 수 없기도 하고, 애초에 고전시가에서 자연에 있는데 답답하다고 하는 표현이 나타날 리가 없겠죠. |

③ (나)의 '만산 나월'은 ⓑ와 연관된 시어로, '님'이 부재
한 상황을 절감하게 하는 소재이다.

| 선지 유형 | 근거가 있어서 허용 불가능 |
|---|---|
| 실전에서의 판단 과정 | 만산 나월은 ⓐ와 연관된 것이지. |
| 해설 | 지문을 읽으면서 미리 생각했듯이, (가)와 (나)는 모두 ⓐ와 관련된 부분이었습니다. '만산 나월' 역시 화자에게 만족감을 주는 자연물이라는 점에서 ⓑ가 아닌 ⓐ와 연관된 시어라고 봐야겠죠? 애초에 (나)는 '님'이 부재한 상황과는 무관한 부분이었습니다. |

④ (다)의 '봄빛'은 ⓑ와 연관된 시어로, '님'에 대한 화자
의 그리움을 촉발하는 계기이다.

| 선지 유형 | 근거가 있어서 허용 가능 |
|---|---|
| 실전에서의 판단 과정 | 봄빛은 다 퍼졌는데 님은 왜 안 오냐고 했네. |
| 해설 | (다)부터는 본격적으로 ⓑ와 연관된 부분입니다. 화자는 '봄빛'이 다 퍼지고 꽃들도 때를 알아 폈는데도 '님'은 오지 않는다며 그리움을 드러내고 있어요. 이러한 독해의 결과를 근거로 하면 어렵지 않게 허용할 수 있는 선지네요. |

⑤ (라)의 '부용 당반'은 ⓑ와 연관된 시어로, 화자가 연모
하는 대상과 함께 지내는 공간이다.

| 선지 유형 | 근거가 있어서 허용 불가능 |
|---|---|
| 실전에서의 판단 과정 | 화자는 혼자 있지. |
| 해설 | 화자가 연모하는 대상과 함께 있다면, ⓑ와 같은 감정을 가질 이유가 없겠죠? '부용 당반'은 '님'에 대한 '깊은 시름'을 풀어 놓는 곳으로, 화자가 혼자 외롭게 있는 공간입니다. 이러한 근거가 있으니 절대 허용할 수 없는 선지겠네요. |

| 선지 | ① | ② | ③ | ④ | ⑤ |
|---|---|---|---|---|---|
| 선택률 | 5% | 4% | 6% | 75% | 10% |

**86** (마)와 〈보기〉를 비교하여 감상한 내용으로 적절하지
<u>않은</u> 것은? [3점] ④

〈보기〉

벽사창(碧紗窓)이 어른어른커늘 님만 너겨 풀쩍 니러나
쑥싹 나셔 보니
→ 벽사창이 아른아른하길래 님인가 여겨서 벌떡 일어나 뚝딱 나가 보니

님은 아니오 명월(明月)이 만정(滿庭)혼디 벽오동(碧梧桐) 져즌 닙히 봉황(鳳凰)이 느려안자 긴 부리를 휘여다가
두느래예 너허 두고 슬금슬젹 깃 다듬는 그림자 | 로다
→ 님은 아니고 명월이 만정한데 벽오동 젖은 잎에 봉황이 내려앉아 긴 부리를 휘어다가 두 날개에 넣어 두고 슬금슬쩍 깃 다듬는 그림자구나

모쳐로 밤일시만정 행여 낫이런들 눔 우일 번 호여라
→ 모처럼 밤이니 망정이니 행여 낮이었다면 남 웃길 뻔했구나

-작자 미상-

– 일종의 필수 고전시가에 속하는 '착각 모티프'를 활용한 작품
입니다. 이는 (마)와 비슷한 구조를 가지고 있죠? 두 작품은 공통
적으로 '님'에 대한 그리움 때문에 어떤 대상을 '님'으로 '착각'한
다는 내용을 가지고 있습니다. 이를 바탕으로 선지를 판단해 봅
시다.

① (마)의 초장과 〈보기〉의 초장에서는 모두 감각적 자극
이 착각을 불러일으키는 원인이 되고 있군.

| 선지 유형 | 근거가 있어서 허용 가능 |
|---|---|
| 실전에서의 판단 과정 | (마)는 청각, 〈보기〉는 시각적 자극이 있네. |
| 해설 | (마)에서는 '바스락바스락'하는 '청각적 자극'이, 〈보기〉의 초장에서는 '어른어른'하는 '시각적 자극'이 화자의 착각을 불러일으키고 있어요. 이는 모두 '감각적 자극'이니 가볍게 허용할 수 있네요. |

② (마)의 초장과 〈보기〉의 초장에서는 모두 창밖의 변화에 즉각적으로 반응하는 화자의 모습이 그려지고 있군.

| 선지 유형 | 근거가 있어서 허용 가능 |
| --- | --- |
| 실전에서의 판단 과정 | 님이 그리우니 당연히 즉각 반응하겠지. |
| 해설 | 두 작품 모두 '님'으로 착각한 대상에 바로 반응하는 모습을 보이고 있었습니다. '님'에 대한 그리움이 크기 때문에 나타나는 당연한 반응이라고 할 수 있겠죠. |

③ (마)의 중장과 〈보기〉의 중장에서는 모두 화자의 착각을 불러일으킨 대상이 확인되고 있군.

| 선지 유형 | 근거가 있어서 허용 가능 |
| --- | --- |
| 실전에서의 판단 과정 | 낙엽과 봉황으로 확인되었지. |
| 해설 | (마)에서는 착각을 일으킨 대상이 '낙엽'이었고, 〈보기〉에서는 '봉황'이었습니다. 이들의 정체는 모두 중장에서 확인되고 있죠. |

④ (마)의 중장에서는 착각을 야기한 대상에 대한 묘사가, 〈보기〉의 중장에서는 착각을 야기한 대상에 대한 비판이 제시되고 있군.

| 선지 유형 | 근거가 없어서 허용 불가능 |
| --- | --- |
| 실전에서의 판단 과정 | 봉황을 비판한 적은 없는데? |
| 해설 | (마)의 중장에서 '낙엽'이라는 대상에 대한 묘사가 나타난다는 것은 충분히 허용할 수 있을 것 같습니다. '혜란 혜경'이라는 공간에 굴러다니는 것으로 표현되고 있으니까요. 하지만 〈보기〉의 중장에서 '봉황'에 대한 비판이 제기된다는 것은 도저히 허용하기 어렵죠? 그냥 '봉황'의 모습을 묘사하고 있을 뿐, 이에 대한 비판을 허용할 만한 부분을 찾아 보기는 어려우니까요. |

⑤ (마)의 종장에서는 화자의 내면적 고통을 토로하고 있고, 〈보기〉의 종장에서는 타인의 평가와 조소를 의식하고 있군.

| 선지 유형 | 근거가 있어서 허용 가능 |
| --- | --- |
| 실전에서의 판단 과정 | 그러네. |
| 해설 | '간장이 다 끊어질까 하노라'라는 표현을 근거로 하면 '내면적 고통 토로'를 충분히 허용할 수 있고, '남 웃길 뻔했다'는 표현을 근거로 하면 '타인의 평가와 조소 의식'을 충분히 허용할 수 있겠습니다. |

---

몰랐던 어휘 정리하기

| 핵심 point |

① **허용 가능성 평가** : 선지의 내용을 '허용'하려는 태도를 바탕으로 지문을 '독해'하며 '근거'를 찾아야 합니다. 허용할 수 있는 '근거'가 있어야만 허용할 수 있습니다. 주관적인 생각을 개입시키면 안 됩니다.

② **고전시가 독해** : 겁먹지 않고, 현대시를 읽듯이 읽어내면 됩니다. 현대시와 마찬가지로, 〈보기〉의 도움 등을 통해 '주제' 위주로 가볍게 읽어내면 되는 거예요. 자세한 해석은 선지가 해줄 겁니다!

| 지문 내용 총정리 |

고전시가의 클리셰를 잘 활용하고 있는 작품이었습니다. 지문도 짧고 문제도 쉬웠으니, 어렵지 않게 정리할 수 있겠죠?

〈보기〉 확인

〈보기〉가 있기는 하지만, 이 지문의 내용은 아니니 그냥 넘어가
도록 합시다. 저 정도 영웅소설의 특징은 사실상 미리 알고 있어
야 해요!

지문 독해

> (가)
> [앞부분 줄거리] 전우치는 구미호로부터 천서를 빼앗아 술법
> 을 배웠으나 구미호가 전우치를 속여 천서의 일부를 가져간다.

[앞부분 줄거리]부터 확인해봅시다. '전우치'가 '구미호'의 천서를
빼앗아 술법을 배웠다고 합니다. 그렇게 신이한 능력을 가진 '영
웅'의 모습이 되었는데, '구미호'에 속아 천서를 빼앗긴 모습이네
요. 둘은 원수 같은 사이겠죠? 이러한 인물관계를 확실하게 잡아
두고 계속 읽어보도록 합시다.

> 우치 대노 왈,
> "흉악한 요물이 나를 업수이 여겨 이같이 속이니 내
> 이제 여우굴에 가 책을 찾고 요괴를 소멸하리라."
> 하고 방망이와 송곳을 가지고 여우 굴로 가니, 〈산천이
> 깊고 길이 아득하여 찾을 수 없어〉 도로 돌아와 생각하
> 되, '이 요괴 변화가 예측하기 어려우니 가히 이곳에 오
> 래 머물지 못하리라.' 하고 서책을 수습하여 돌아오니,
> 대저 천서 상권은 부적을 붙인 까닭에 빼앗아 가지 못함
> 이러라.

천서를 빼앗긴 '전우치'는 '여우 굴'로 가 '구미호'를 없애려고 합
니다. 그런데 그곳은 〈 〉 표시한 배경 묘사에서 드러나듯 깊고 아
득해요. 그래서 '구미호'를 없애는 것은 일단 포기하고, 부적을 붙
여 '구미호'가 빼앗아 가지 못한 '천서 상권'을 들고 돌아옵니다.
영웅이지만 '구미호'를 마음대로 가지고 놀 만큼 능력이 뛰어나지
는 않은 '우치'의 모습이네요.

> 우치 집에 돌아와 천서를 보아 못 할 술법이 없
> 으매, 과거에 뜻이 없어 스스로 생각하되, '내 벼슬
> 하여 모친을 봉양하려 하면 자연히 더디리라.' 하
> 고 이에 한 계교를 생각하여 몸을 흔들어 변하여
> 선관이 되어 오색구름을 타고 하늘에 올라 바로 궐
> 내로 들어가 대명전에 자리하니 서기가 공중에 어
> 리었으니 궁중이 황홀했다.

그 '천서'를 보고 여러 술법을 익힌 '우치'는 '모친'을 봉양하기 위
한 방법을 생각합니다. 그러면서 벼슬을 하는 것은 너무 더디기
에, '계교'를 생각하여 '선관'으로 변신한 뒤 '대명전'에 들어가는
모습입니다. 도대체 뭘 하려는 것일까요?

> 이에 조정의 신하들이 당황하여 갈팡질팡하고
> 임금께 아뢰기를,
> "고금에 드문 괴변이라."
> 하니, 왕이 대경하사 여러 신하를 모아 의논하시더
> 니, 우치가 운무 중에 서고 청의동자가 외쳐 왈,
> "고려국 왕은 옥황상제 전교를 들으라."
> 하거늘, 왕이 명하사 바닥에 깔 자리와 향로를 올
> [A]  려놓은 상을 갖춰 놓게 하고 나아가 보니 한 선관
> 이 금관 홍포로 동자를 좌우에 세우고 오색구름 중
> 에 싸여 단정히 섰거늘, 왕이 네 번 절한 후 땅에
> 엎드리시니, 우치 왈,
> "하늘의 궁궐이 오래되어 낡고 헐었기에 이제 수
> 리하고자 하여 인간 여러 나라에 뜻을 전하여 모
> 든 물건을 다 바쳤으나 다만 황금 들보 하나가
> 없는지라. 옥황상제께서 그대 나라에 황금이 유
> 족함을 아시고 이제 뜻을 전하사 칠 월 칠 일 오
> 시에 상량하리니, 그날 미쳐 대령하되 길이 십
> 척 오 촌이요, 너비 삼 척 이 촌, 만일 그날 미치
> 지 못하면 큰 변을 내리우시리라."
> 하고 말을 마치자 선악 소리 은은하며 오색구름이
> 남녘으로 향하여 가더라.

'선관'이 내려왔다고 여긴 '신하들'과 '임금'은 '당황하여 갈팡질
팡하는' 모습을 보이는데, '우치'는 뻔뻔하게 '황금'을 요구합니
다. 앞에서 '모친'을 봉양하기 위한 빠른 방법이 바로 술법을 통해
조정의 재산을 가져 가는 것이었네요. 탁월한 능력을 가졌지만
그것을 꼼수로 활용하는 '우치'입니다. 공적인 일을 위해 능력을
사용하는 대부분의 영웅들과는 다른 모습을 보이고 있네요.

우치 무안하여 달아나고자 하더니 [화담]이 알고 변신하여 삵이 되어 달려드니, 우치가 보라매 되어 날려 한즉, 화담이 또한 청사자가 되어 우치를 물어 쓰러뜨리고 크게 꾸짖어 왈,

"너 같은 요술이 임금을 속이고 세상을 희롱하니 어찌 죽이지 아니하리오?"

우치 애걸 왈,

"선생의 도술이 높으심을 모르고 존엄을 범하였으니 죄당만사(罪當萬死)이오나, 소생에게 노모가 있사오니 원컨대 선생은 잔명을 빌리소서."

화담 왈,

"내 이번은 살리거니와 다시 그런 버릇없는 일을 행치 말고 그대 모친을 봉양하다가 그대 모친이 돌아가신 후에 나와 영주산에 들어가 선도(仙道)를 닦음이 어떠하뇨?"

우치 왈,

"선생의 교훈대로 봉행하리이다."

이번엔 '우치'가 '화담'이라는 인물과 대결하는 장면입니다. '우치'가 '임금'을 속였다는 '화담'의 대사를 보니, 아마 (중략) 전에 나타났던 '우치'의 꼼수를 비판하는 것 같아요. '화담'과의 대결에서 패배한 '우치'는 '모친'을 들먹이면서 살려달라 '애걸'하고, '화담'은 자비를 내리면서 나중에 '영주산'에 같이 가자는 제안을 합니다. '우치' 입장에선 받아들일 수밖에 없겠죠? 전형적인 영웅소설의 클리셰를 조금씩 벗어나서 더 재밌는 작품이네요.

하고 인하여 하직한 후에 집에 돌아와 요술을 행치 아니하고 모친을 봉양하더니, **세월이 여류하여 우치 모부인이 졸하니** 우치 예를 갖추어 선산에 안장하고 삼 년을 받들더니, 하루는 화담이 왔거늘, 우치가 황망히 나와 맞아 인사를 마치고 자리에 앉은 후에 화담 왈,

"그대와 약속한 일이 있으매 그대 상중에 있는 것을 알고 왔거늘, 이제 그 산에 있는 구미호를 잡아 돌상자에 가두고 그 굴에 불 지름이 어떠하뇨?"

우치 왈,

"이제 선생이 그 여우를 없이하시면 진실로 온 나라의 아주 다행스러운 일이 아닐까 하나이다."

화담 왈,

"내 이제 그대를 데려가려 하나니, 행장을 꾸리거라."

하거늘, 우치 크게 기뻐하며 재산을 흩어 [노복]을 주며 왈,

"나는 이제 영원히 이별하려 하니, 너희들은 탈 없이 있어 나의 조상의 제사를 받들라."

하고 조상의 무덤에 하직한 후에 화담을 모시고 구름을 타고 영주산으로 향하니, 그 뒷일은 알지 못하니라.

–작자 미상, 「전우치전」–

그렇게 '화담'의 말을 잘 듣고 열심히 효도한 '우치'는, '모친'이 죽은 뒤 약속대로 '화담'에게 찾아갑니다. '화담'은 '우치'의 숙적인 '구미호'를 죽이고 함께 '영주산'으로 가자는 제안을 하고, '우치'는 기쁘게 받아들이며 자신의 재산을 '노복'에게 줍니다. 독특하게 개과천선하는 영웅의 모습을 그린 작품이었네요.

(나)

**S#1. 궁궐. 낮.**

궁궐을 향해 날아 내려가는 오색구름. 선녀와 천군 호위 속에 [전우치]가 지상을 내려 본다.

**왕** : 옥황상제의 아드님께서 오신다. 예를 갖춰라.

왕이 손짓하자, 궁중 악사들이 정악을 연주한다. 지상으로 내려온 구름. 전우치가 입을 연다. 쩌렁쩌렁한 목소리에 왕이 고개를 더 낮춘다.

**전우치** : 지상의 왕은 내가 시킨 대로 황금 1만 냥을 함경도 기근 지역에 보냈느냐?

**왕** : 그제 제 꿈에 나타나 하명하신 대로 한 치 틀림없이 그리 했습니다.

**전우치** : 하늘에서 그대의 덕을 높이 사 그대가 하늘로 돌아올 때 7배 70배 700배로 갚아 줄 것이다.

**왕** : 황공하옵니다. 왕가의 보물을 보자시길래 그것 역시 준비 했습니다.

**전우치** : 지상의 왕이 보기보다 아주 똘똘하구나. 근데… 에이 가락이 맘에 안 드는구나.

전우치가 손짓하자, 궁중 악사들이 무엇에 홀린 듯 다른 음악을 연주한다. 맘에 안 드는지, 전우치가 손가락을 튕기자, 악사들은 음악을 바꾼다. 그제서야 맘에 든 전우치. 머리를 흔들어 박자를 느끼며, 보물이 늘어선 곳으로 걷는다. 보물을 발로 툭 쳐 보고, 도자기는 관심 없어 깨고, 보고, 던지고, 보고, 깨는데,

일명 '유튜브 연계'로 유명한 부분입니다. 실제 2009년에 개봉한 '전우치'라는 영화의 첫 장면으로, 흥겨운 노래와 함께 많은 사람들에게 알려진 장면 중 하나죠. 영화로 상영된지 약 10년밖에 되지 않은 작품을 출제한 것으로 보아, 출제할 수 있는 작품에 한계가 없다는 것을 계속해서 강조하는 모습으로 보입니다.

'궁궐'이라는 공간에 내려온 '전우치'의 모습입니다. (가)의 내용과 연결되는 모습이죠? (가)의 '왕'처럼, 여기서의 '왕'도 '전우치'를 하늘에서 내려 온 사람으로 인식하고 엎드리는 모습입니다. (가)보다 훨씬 더 익살스럽게 표현되고 있죠?

---

(중략)

거울을 연신 깨던 전우치. 한 거울에 눈이 멈춘다. 작고 투박하다. 앞면은 청동이라 탁하고 뒷면은 자개로 덮여 있다. <u>전우치가 슬쩍 주머니에 넣는다.</u>

**전우치** : 왕은 고개를 들라.
**왕** : 예?
**전우치** : 내 본시 그림 그리기를 즐겨 해 나무를 그리면 나무가 점점 자라고 짐승을 그리면 그림에서 튀어나오니 내 재주가 아까워 그런데…

전우치가 품에서 두루마리를 꺼내 펼친다. 산수화. 궁녀2 손에 들게 한다.

**전우치** : 어떤가?
**왕** : 지상의 풍경이 아닌 듯 살아 움직이는 것 같습니다. 소인이 과문하여 묻는데 주인 없는 빈 말은 무엇을 상징하는 것입니까?
**전우치** : 이 도사 전우치가 타고 갈 말이니라.
**왕** : … 전우치? 망나니 전우치?

전우치가 대동하고 왔던 천군들을 보면, 그저 허수아비에 불과하다.

**전우치** : 나를 아는가? 유명하면 아무리 이름을 숨긴다고 숨겨지는 것도 아니고 거 참.
**왕** : <u>감히 도사 놈이 주상을 능멸해. 여봐라 이놈을 잡아라.</u>

---

그렇게 '궁궐'에서 계속해서 망나니 짓을 하는 '전우치'입니다. 여기서 '거울' 하나를 슬쩍 주머니에 넣는 것은 그것이 마음에 든다는 의미라는 것을 생각할 수 있으면 좋겠어요. 충분히 공감할 수 있겠죠?

그런데 '전우치'는 자신의 정체를 밝히고, 이를 알게 된 '왕'은 잔뜩 화가 납니다. (가)에서는 없었던 내용이 제시되어 있네요. '왕'의 대사를 보니, 당시 '도사'가 그리 높은 지위는 아니었나봐요.

---

궁중 무관들이 들이닥치는데, 전우치는 태평하게 한 잔 더 걸치고는, 손가락을 튕겨 음악을 바꾼다. 음악은 점점 흥겨워진다. 진땀나는 궁중 악사들.

**전우치** : 도사 놈이라? 에… 도사는 무엇이냐? 도사는 바람을 다스리고 (바람이 분다) 마른 하늘에 비를 내리고 (순식간에 장대비가 내린다) 땅을 접어 달리고 (술상을 향해 축지법으로 갔다가 돌아온다) 날카로운 검을 바람보다도 빨리 휘두르고 (검이 쉭 – 하는 소리와 함께 허공을 가르고) 그 검을 꽃처럼 다룰 줄 아니 (검이 왕 얼굴 앞에서 꽃으로 변한다) 가련한 사람들을 돕는 게 바로 도사의 일이다. 무릇 생선은 대가리부터 썩는 법! 왕과 대신들이 기근에 시달리는 백성을 보살피지 않아 이 도사 전우치가 친히 백성들 심부름을 하고자 왔으니 공치사 받을 일도 아니고.

전우치를 에워싸는 궁중 무관들. 섣불리 접근하지 못하는데, 전우치 천천히 붉은 붓을 들어 술병 모가지 테두리를 둘러 원을 그린다. 서로를 바라보다 자신의 목을 보는 무관들. 모두의 목에 붉은 테두리가 그려져 있다.

**전우치** : 내가 이 병 목을 치면 너희들은 어떻게 될 거 같으냐?

무관들, <u>술렁거리며 주춤한다.</u>

**왕** : 저놈을 잡는 자에게 황금 2천 냥을 주겠다.
**전우치** : 하하하… 돈을 막 쓰는구나. 하하하…

전우치가 그림 속으로 들어가 말을 타고 사라진다. 웃음 소리는 오래도록 <u>왕을 언짢게 한다.</u>

－최동훈, 「전우치」－

---

그렇게 '궁중 무관들'이 '전우치'를 잡으러 가는데, '전우치'는 바람과 비를 불러오고 축지법을 쓰는 등 자신의 능력을 이용해서 상황을 역전시킵니다. 끝까지 '왕'을 놀리며 얄밉게 도망가는 '전우치'의 모습으로 마무리되고 있어요.

이 장면의 경우 실제로 영상으로 접한 학생들이 아주 쉽게 읽었다는 후기가 많았습니다. 이렇게 이해하기 어려운 소설의 내용은 영상처럼 재구성하며 읽으면 쉬워지는 경우가 많아요. 여러분이 좋아하는 배우들을 총동원해서, 마치 영화를 보는 느낌으로 내용을 이해해주시면 좋습니다! 어쨌든 이 정도로 내용을 이해했으니, 문제 풀어보도록 합시다!

| 선지 | ① | ② | ③ | ④ | ⑤ |
| --- | --- | --- | --- | --- | --- |
| 선택률 | 67% | 8% | 11% | 10% | 4% |

## 87 (가)의 화담에 대한 이해로 가장 적절한 것은? ①

– '화담'은 '우치'의 버릇을 단단히 고쳐 주는 역할을 했습니다. 이와 관련된 내용을 답으로 고르면 되겠죠?

① 전우치가 요술로 세상을 어지럽히지 않도록 이끈다.

| 선지 유형 | 근거가 있어서 허용 가능 |
| --- | --- |
| 실전에서의 판단 과정 | 사실상 스승 같은 역할이었지. |
| 해설 | '화담'은 '전우치'를 혼내 준 뒤, 요술로 세상을 어지럽히지 말라고 하고 있습니다. '전우치'와 '화담' 사이의 인물관계만 생각했다면 너무 쉽게 답으로 고를 수 있었어요. |

② 전우치의 요청에 따라 선도를 닦기 위해 함께 간다.

| 선지 유형 | 근거가 있어서 허용 불가능 |
| --- | --- |
| 실전에서의 판단 과정 | 선도를 닦자고 한 건 화담이었지. |
| 해설 | '선도'를 닦기 위해 가자고 한 것은 '우치'가 아니라 '화담'이었습니다. 역시 내용일치 차원에서 가볍게 해결할 수 있겠죠? |

③ 전우치의 공격을 받으나 도술로 전우치를 제압한다.

| 선지 유형 | 근거가 있어서 허용 불가능 |
| --- | --- |
| 실전에서의 판단 과정 | 그랬었나? 보니까 우치는 보라매가 되어서 도망가려고 했네. |
| 해설 | 디테일한 선지 판단을 요구하고 있습니다. 차분하게 지문으로 돌아가서 확인하면 되겠죠? 확인해 보니, '우치'는 '보라매'가 되어 '날려'고 했습니다. 즉, 도망가려고 한 것이죠. 이러한 근거가 있으니, '전우치의 공격을 받으나'라는 내용은 허용할 수 없겠습니다. |

④ 전우치와 함께 구미호를 퇴치하여 나라를 안정시킨다.

| 선지 유형 | 근거가 있어서 허용 불가능 |
| --- | --- |
| 실전에서의 판단 과정 | 아직 구미호 퇴치 안 했잖아. |
| 해설 | 아직 '구미호'를 퇴치하지 않았습니다! 이제 '구미호'를 퇴치하자는 계획을 세운 것이죠. 철저하게 지문 속의 내용만으로 선지를 판단하셔야 합니다. |

⑤ 전우치와의 약속을 지키지 않고 영주산에 갈 것을 재촉한다.

| 선지 유형 | 근거가 있어서 허용 불가능 |
| --- | --- |
| 실전에서의 판단 과정 | 뭔 헛소리야. |
| 해설 | '영주산'에 가자고 한 것이 '우치'와의 약속이죠? 역시 핵심 내용이었으니 어렵지 않게 지워낼 수 있습니다. |

| 선지 | ① | ② | ③ | ④ | ⑤ |
| --- | --- | --- | --- | --- | --- |
| 선택률 | 9% | 43% | 17% | 20% | 11% |

## 88 〈보기〉는 선생님의 안내에 따라 학생들이 (가)를 이해한 내용이다. ⓐ~ⓔ 중 적절하지 않은 것은? [3점] ②

> ───────────────[보기]───────────────
>
> **선생님** : 일반적으로 영웅 소설에서 주인공은 <u>고난을 겪지만 조력자를 만나 병서나 무기 등을 얻어 탁월한 능력을 갖게 됩니다.</u> 이후 주인공이 <u>위기에 처한 나라를 구하는 공을 세워 이름을 떨치며 부귀영화를 누리는 것</u>으로 마무리됩니다. 이때 주인공은 <u>유교적 이념을 존중하는 인물</u>입니다. 이와 같은 전형적인 영웅 소설과 「전우치전」이 어떻게 유사하고 다른지 이야기해 봅시다.

– 일단 '일반적인 영웅 소설'의 내용부터 정리해봅시다. '고난, 조력자, 탁월한 능력, 나라 구함, 부귀영화, 유교적 이념 존중' 등이 제시되었네요. 우리가 알고 있는 영웅 소설의 클리셰 그 자체죠? 이 내용을 '전우치전'과 비교해보도록 합시다.

학생 1 : 전우치가 천서를 익혀 뛰어난 능력을 얻게 된 것은 병서를 익혀 탁월한 능력을 갖게 된 일반적인 영웅 소설과 비슷해요.

| 선지 유형 | 근거가 있어서 허용 가능 |
| --- | --- |
| 실전에서의 판단 과정 | 탁월한 능력은 있었지. |
| 해설 | '천서'를 익혀 '도술'이라는 뛰어난 능력을 얻었습니다. 일반적인 영웅 소설과 비슷하다고 할 수 있겠네요. 지문을 읽으면서도 미리 생각했던 내용입니다. |

학생 2 : 전우치가 충을 다함으로써 효를 실천하는 것은 충효라는 유교적 이념을 중시하는 일반적인 영웅 소설과 비슷해요.

| 선지 유형 | 근거가 있어서 허용 불가능 |
| --- | --- |
| 실전에서의 판단 과정 | 전우치가 언제 충을 다했어. |
| 해설 | '전우치'가 '충'을 다함으로써 '효'를 실천한다는 것은 절대로 허용할 수 없습니다. 그가 '효'를 실천하는 방식은 '왕'을 겁박하는 방식, 즉 '충'을 저버리는 방식이었으니까요. 지문의 내용을 제대로 이해하고 있었다면 어렵지 않게 답으로 고를 수 있네요. |

학생 3 : 전우치가 입신양명의 길을 선택하지 않은 것은 나라에 공을 세워 이름을 널리 떨치는 일반적인 영웅 소설과는 달라요.

| 선지 유형 | 근거가 있어서 허용 가능 |
| --- | --- |
| 실전에서의 판단 과정 | 전우치는 그냥 영주산에 들어갔지. |
| 해설 | '전우치'는 벼슬을 해서 입신양명의 길을 택하기보다는, '영주산'에 들어가서 '선도'를 닦는 길을 택하고 있죠? 이는 일반적인 영웅 소설과 다른 모습이라고 할 수 있겠어요. |

학생 4 : 전우치가 옥황상제의 권위를 이용하여 나라의 재산을 취하려 한 것은 위기에 처한 나라를 구하는 일반적인 영웅 소설과는 달라요.

| 선지 유형 | 근거가 있어서 허용 가능 |
| --- | --- |
| 실전에서의 판단 과정 | 나라를 구하기는커녕 재산을 가져갈 생각만 했지. |

| | 역시 선지 그대로 허용할 수 있습니다. '전우치'는 '옥황상제'를 들먹이며 나라의 재산을 취하려 하고 있어요. 이는 나라를 구하기는커녕 오히려 위기에 빠뜨리는 행위라고 할 수 있고, 일반적인 영웅 소설과 분명하게 구분되는 지점이죠. |
| 해설 | |

학생 5 : 전우치가 재산을 흩어 노복에게 주고 떠나는 것으로 마무리되는 것은 부귀영화를 누리게 되는 일반적인 영웅 소설과는 달라요.

| 선지 유형 | 근거가 있어서 허용 가능 |
| --- | --- |
| 실전에서의 판단 과정 | 재산을 다 줬으면 부귀영화를 누린 게 아니지. |
| 해설 | 자신의 재산을 모두 '노복'에게 준 모습을 보면 '부귀영화'를 누리는 것으로 보기는 어렵죠? 일반적인 영웅 소설과는 분명히 다른 점이라고 할 수 있네요. |

| 선지 | ① | ② | ③ | ④ | ⑤ |
| --- | --- | --- | --- | --- | --- |
| 선택률 | 6% | 16% | 15% | 52% | 11% |

**89** (가)를 토대로 (나)가 창작되었다고 할 때, [A]와 (나)에 대한 비교로 적절하지 <u>않은</u> 것은? ④

– [A]와 (나)는 같은 장면을 다르게 표현한 부분입니다. '전우치'가 '궁궐'에서 하늘의 사람인 척을 하며 재산을 취하는 내용이었죠? 가볍게 선지를 판단해보도록 합시다.

① 전우치가 왕에게 말하는 태도는 [A]에서는 근엄하였으나, (나)에서는 거드름을 피우는 것으로 변화하였다.

| 선지 유형 | 근거가 있어서 허용 가능 |
| --- | --- |
| 실전에서의 판단 과정 | 이제 보니 말투가 확실히 다르네. |
| 해설 | [A]에서는 '~하라'와 같은 말투를 통해 '근엄한 태도'를 드러내고 있지만, (나)에서는 '지상이 왕이 보기보다 똘똘하구나'와 같은 말투로 거드름을 피우고 있다고 할 수 있겠죠. 실제로 (나) 장면을 보신 분들은 배우의 능청스러운 표정과 말투가 떠오를 거예요. 보지 않았더라도 그런 느낌으로 읽을 수 있을 것이구요! |

② 전우치가 왕에게 황금을 요구한 까닭은 [A]에서는 모친 봉양을 위한 것이었으나, (나)에서는 백성을 보살피는 것으로 바뀌었다.

| 선지 유형 | 근거가 있어서 허용 가능 |
| --- | --- |
| 실전에서의 판단 과정 | 그랬었지. |
| 해설 | [A]에서는 '모친'을 봉양하기 위한 하나의 '계교'로 왕에게 황금을 요구했고, (나)에서는 '함경도 기근 지역'의 백성들을 위해 황금을 요구하는 것으로 나왔조? 내용을 이해했다면 충분히 허용할 수 있습니다. |

③ 전우치가 자신의 요구 실현에 대해 취한 조치는 [A]에서는 실행하지 않을 경우 변을 당하리라 위협하는 것으로, (나)에서는 실행한 것에 대해 보상을 약속하는 것으로 표현되었다.

| 선지 유형 | 근거가 있어서 허용 가능 |
| --- | --- |
| 실전에서의 판단 과정 | 그랬었지. |
| 해설 | [A]에서는 황금을 제때 준비하지 않으면 하늘이 큰 변을 내린다고 협박했고, (나)에서는 왕이 죽은 뒤 '7배 70배 700배'로 갚아 주겠다고 했습니다. 이를 근거로 어렵지 않게 허용할 수 있네요. |

④ 전우치가 왕과의 만남을 끝내는 모습이 [A]에서는 구름을 타고 남쪽으로 가는 것으로, (나)에서는 돌아올 것을 예고하며 말을 타고 산수화 속으로 들어가는 것으로 나타났다.

| 선지 유형 | 근거가 없어서 허용 불가능 |
| --- | --- |
| 실전에서의 판단 과정 | 돌아올 것을 언제 예고했냐. |
| 해설 | [A]에서는 '오색구름'이 '남녘'으로 향하여 간다고 했고, (나)에서는 말을 타고 사라지기는 했지만 '돌아올 것을 예고'한 적이 없죠? 기억이 안 나더라도, 뇌피셜이 아닌 '전우치'가 그림 속으로 들어가는 부분으로 가서 정확하게 확인을 하셨어야 합니다. 선지 판단의 근거는 지문과 〈보기〉에 있으니까요. |

⑤ 전우치가 왕에게 자신의 요구를 전하는 장면은 [A]에서는 왕에게 요구하는 모습이 자세히 서술되었으나, (나)에서는 꿈에 나타나 하명하였다는 왕의 대사로 간략히 처리되었다.

| 선지 유형 | 근거가 있어서 허용 가능 |
| --- | --- |
| 실전에서의 판단 과정 | 그랬네. |

| 해설 | [A]에서는 하늘의 궁궐에 '황금 들보'가 없다고 하면서 '황금'을 줄 것을 자세하게 서술했지만, (나)에서는 '왕'의 대사 속 '그제 제 꿈에 나타나 하명하신 대로'라는 부분을 통해 '전우치'의 요구를 간접적으로 제시했습니다. 선지 내용 그 자체로 허용할 수 있어야 해요. |
| --- | --- |

| 선지 | ① | ② | ③ | ④ | ⑤ |
| --- | --- | --- | --- | --- | --- |
| 선택률 | 4% | 4% | 8% | 8% | 76% |

**90** (나)에 나타난 갈등 양상에 대한 이해로 적절하지 <u>않은</u> 것은? ⑤

– (나)에서는 '전우치'와 '왕' 사이의 갈등이 첨예하게 드러납니다. 이러한 갈등 양상에 대해 묻는 문제네요.

① 전우치가 자신의 정체를 드러낸 것을 계기로 왕과의 갈등이 표출되어 상황이 새로운 국면으로 전환된다.

| 선지 유형 | 근거가 있어서 허용 가능 |
| --- | --- |
| 실전에서의 판단 과정 | 그랬었지. |
| 해설 | '전우치'가 자신의 정체를 드러내자, '왕'은 '망나니 전우치?'라고 하면서 화를 내고 있습니다. 이를 근거로 하면 충분히 허용할 수 있겠네요. |

② 전우치가 '생선은 대가리부터 썩는 법'이라고 말함으로써 왕과의 갈등이 부패한 지배층에 대한 비판으로 확장된다.

| 선지 유형 | 근거가 있어서 허용 가능 |
| --- | --- |
| 실전에서의 판단 과정 | 대가리부터 썩는다고 했으니 왕부터 그 아래까지 다 썩었다는 것이겠지. |
| 해설 | 생선은 대가리'부터' 썩는 법이라고 했습니다. 이는 '왕'이라는 '대가리'가 먼저 썩고, 그 아래의 '지배층'이 썩는다는 의미라고 할 수 있겠죠? '왕'과 갈등하는 도중에 이러한 이야기를 했으니, 부패한 지배층에 대한 비판으로 '확장'된다는 말을 허용할 수 있겠죠. |

③ 왕이 전우치에게 속아 그를 최고의 예우로 대하는 것은 장차 전우치의 정체가 밝혀질 때 갈등이 증폭되는 요인이 된다.

| 선지 유형 | 근거가 있어서 허용 가능 |
| --- | --- |

| 실전에서의<br>판단 과정 | 너무 잘해 줬으니 더 화가 나겠지. |
|---|---|
| 해설 | '왕'이 '전우치'가 '옥황상제'의 아들이라고 생각해서 극진히 대해줬는데, 알고 보니 '도사 놈'인 걸 알고는 '주상을 능멸해'라며 화를 내고 있었습니다. 속은 느낌이 들었으니, 갈등이 더욱 증폭되었다고 할 수 있겠죠. '왕'에게 공감하려 했다면 어렵지 않게 허용할 수 있습니다. |

④ 왕이 전우치를 '옥황상제의 아드님'에서 '도사 놈'으로 바꿔 부르는 것에서 전우치를 향한 왕의 적대적인 인식이 드러난다.

| 선지 유형 | 근거가 있어서 허용 가능 |
|---|---|
| 실전에서의<br>판단 과정 | 놈이라고 하는 건 적대적이니까 그런 거지. |
| 해설 | 역시 선지 그대로 허용할 수 있죠? '도사 놈'을 근거로 '적대적인 인식'을 허용하는 건 너무나 자연스러워 보입니다. |

⑤ 왕과 전우치의 주문에 따라 연주되는 음악이 계속 바뀜으로써 왕과 전우치 간의 대결이 우열을 가리기 힘든 상황임이 드러난다.

| 선지 유형 | 근거가 있어서 허용 불가능 |
|---|---|
| 실전에서의<br>판단 과정 | 전우치가 압도적으로 이기는데? |
| 해설 | '왕'과 '전우치'의 주문에 따라 연주되는 음악이 달라지는 것은 맞는데, 그들의 대결이 '우열을 가리기 힘든 상황'이라구요? 누가 봐도 '전우치'가 '왕'을 가지고 놀고 있습니다. 절대 허용할 수 없겠죠. '갈등 양상'이라는 지문의 흐름을 정확히 이해하고 있다면, 어렵지 않게 답으로 골라낼 수 있겠습니다. |

| 선지 | ① | ② | ③ | ④ | ⑤ |
|---|---|---|---|---|---|
| 선택률 | 7% | 30% | 23% | 36% | 4% |

**91** (나)를 영화로 제작한다고 할 때, ㉠~㉤에 대한 연출 계획으로 적절하지 <u>않은</u> 것은? ④

– 극문학 지문이 나올 때 자주 출제되는 형태의 문제입니다. '영화'로 제작한다고 했으니, 정말 영화를 보는 것처럼 장면을 상상하시면 조금 더 쉽게 해결할 수 있을 겁니다.

① ㉠: 전우치의 권위와 위엄이 느껴지게 하려면, 지상을 내려다보는 전우치를 올려다보며 촬영해야겠군.

> 궁궐을 향해 날아 내려가는 오색구름. ㉠선녀와 천군 호위 속에 전우치가 지상을 내려 본다.

| 선지 유형 | 근거가 있어서 허용 가능 |
|---|---|
| 실전에서의<br>판단 과정 | 올려다보면 권위를 느끼게 할 수 있지. |
| 해설 | '전우치'를 지상에서 올려다보면, 그 '권위'와 '위엄'이 충분히 느껴진다고 할 수 있겠죠? '올려다본다'라는 말이 가진 의미를 생각하면 충분히 허용할 수 있겠습니다. |

② ㉡: 전우치가 거울에 관심을 갖고 있음을 강조하려면, 전우치의 얼굴이나 눈동자를 화면에 가득 담아야겠군.

> 거울을 연신 깨던 전우치. ㉡한 거울에 눈이 멈춘다. 작고 투박하다. 앞면은 청동이라 탁하고 뒷면은 자개로 덮여 있다. 전우치가 슬쩍 주머니에 넣는다.

| 선지 유형 | 근거가 있어서 허용 가능 |
|---|---|
| 실전에서의<br>판단 과정 | 전우치가 관심 보이는 얼굴을 하면 되지. |
| 해설 | '전우치'가 거울에 관심을 갖고 있음을 표현하기 위해 '전우치'의 얼굴이나 눈동자를 화면에 가득 담는 건 나쁘지 않죠? 얼굴이나 눈동자를 통해 '관심'이라는 심리를 충분히 드러낼 수 있을 테니까요. |

## FAQ

**Q** '거울'에 대한 관심을 드러내려면, 그 '거울'을 클로즈업해야 하는 것 아닌가요? 왜 '얼굴이나 눈동자'를 화면에 담는 것이 맞는지 잘 모르겠어요.

**A** 제가 늘 강조하는 문학 문제풀이의 기본을 잊으신 겁니다. 말씀하신 대로, '거울'을 화면에 담아도 나쁘지는 않습니다. 즉, 충분히 '허용 가능'한 연출입니다. 그런데, 중요한 건 선지에서 '얼굴이나 눈동자'를 담는 게 어떻냐고 묻고 있습니다. 그럼 우리는 다른 상황이 아닌, 이 내용 자체에 주목해서 허용해야 합니다! '얼굴이나 눈동자'를 통해 관심을 가지고 있다는 표정을 짓는 등의 연기가 추가적으로 들어가면, 그 거울에 대한 관심을 충분히 허용할 수 있을 거예요. 잊지 마세요. 문학 선지 판단의 기본은 해당 선지에 '시비'를 걸지 않는 것입니다.

③ ⓒ: 천군들의 정체로 인한 왕의 당혹감을 표현하려면, 천군이 있던 자리에 놓인 허수아비를 왕의 시점으로 보여 주어야겠군.

> 왕 : … 전우치? 망나니 전우치?
>
> 　전우치가 대동하고 왔던 천군들을 보면, ⓒ <u>그저 허수아비에 불과하다.</u>
>
> 전우치 : 나를 아는가? 유명하면 아무리 이름을 숨긴다고 숨겨지는 것도 아니고 거 참.
>
> 왕 : 감히 도사 놈이 주상을 능멸해. 여봐라 이놈을 잡아라.

| 선지 유형 | 근거가 있어서 허용 가능 |
|---|---|
| 실전에서의 판단 과정 | 천군이 알고 보니 허수아비인 것을 보는 왕의 시점을 이용하면 당혹감이 충분히 표현되겠지. |
| 해설 | '왕'의 '시선'에서 '허수아비'를 보면, 그동안 '전우치'를 옥황상제의 아들로 대했던 본인이 모습이 떠오르면서 굉장히 당혹스러운 심리를 잘 드러낼 수 있겠죠? 우리가 '왕'의 시선에서 '당혹감'을 함께 느낀다는 거예요! 이 정도 선지는 정말 쉽게 허용할 수 있어야 합니다. |

④ ⓓ: 전우치가 도사로서 가진 출중한 능력을 입체적으로 전달하려면, 여러 공간에서 동시에 일어나는 각각의 장면을 번갈아 보여 주어야겠군.

> 전우치 : 도사 놈이라? 에… 도사는 무엇이냐? ⓓ <u>도사는 바람을 다스리고 (바람이 분다) 마른 하늘에 비를 내리고 (순식간에 장대비가 내린다) 땅을 접어 달리고 (술상을 향해 축지법으로 갔다가 돌아온다) 날카로운 검을 바람보다도 빨리 휘두르고 (검이 쉭 – 하는 소리와 함께 허공을 가르고) 그 검을 꽃처럼 다룰 줄 아니</u> (검이 왕 얼굴 앞에서 꽃으로 변한다)

| 선지 유형 | 근거가 있어서 허용 불가능 |
|---|---|
| 실전에서의 판단 과정 | 저걸 어떻게 동시에 하냐. |
| 해설 | 일단 '여러 공간'이라고 보기가 어렵습니다. 지금 이 사건이 벌어지는 것은 '궁궐'이라는 하나의 공간이니까요. 나아가, '바람'이 불게 하고 '비'를 내리고 '축지법'을 쓰는 등의 행동을 '동시에' 하는 것은 불가능합니다. 지문에서도 '~하고'라는 표현을 통해 나열하고 있으니까요. 이러한 내용들을 근거로 하면 절대로 허용할 수 없겠네요. |

⑤ ⓔ: 왕이 전우치로 인해 불쾌감을 지속적으로 느끼고 있음을 감각적으로 표현하려면, 언짢아하는 왕의 표정을 보여 주며 전우치가 남긴 웃음소리를 효과음으로 길게 끌어야겠군.

> 　전우치가 그림 속으로 들어가 말을 타고 사라진다. ⓔ <u>웃음 소리는 오래도록 왕을 언짢게 한다.</u>

| 선지 유형 | 근거가 있어서 허용 가능 |
|---|---|
| 실전에서의 판단 과정 | 웃음소리가 길게 들리면 진짜 언짢겠지. |
| 해설 | '왕'을 언짢게 하는 '전우치'의 웃음소리를 '길게' 끌면, 불쾌감이 '지속적으로' 느껴진다고 할 수 있겠죠? 나아가 이는 '청각'을 이용한 '감각적 표현'이라고 할 수 있습니다. 충분히 허용되네요. |

---

**몰랐던 어휘 정리하기**

---

**| 핵심 point |**

① **허용 가능성 평가** : '근거'가 있어야 허용할 수 있습니다. 그리고 그 '근거'는 여러분의 머릿속이 아닌, '지문의 내용'에서 나와야 합니다.

② **고전소설 독해** : '누가, 어떤 행동/심리를, 왜' 보이고 있는지 생각하며 내용을 '이해'하면 됩니다. 고전소설에선 특히 '누가'에 주목합니다. 새로운 호칭이 나오면, 정말로 새로운 인물인지 생각하셔야 합니다!

③ **극문학 독해** : '누가, 어떤 행동/심리를, 왜' 보이고 있는지 생각하며 내용을 '이해'하면 됩니다. 이때 '대사 외 부분'에도 주목하면서, 해당 장면들이 눈앞에 펼쳐져야 합니다.

**| 지문 내용 총정리 |**

전형적인 영웅소설의 클리셰를 조금씩 벗어나는 모습 때문에, 오히려 더 흥미롭게 읽을 수 있는 지문이었습니다. 애초에 '전우치전'은 너무나 유명한 내용이기에, 지문을 이해하는 것 자체가 어렵지는 않았을 거예요. 나아가 선지 판단의 기본적인 태도인 '허용 가능성 평가'가 제대로 갖춰지지 않았다면 헷갈릴 만한 선지들이 정말 많았을 겁니다. 이 정도까지 온 여러분들은 어렵지 않게 해결했을 것이라 믿어요.

〈보기〉 독해

─────────── [보기] ───────────

　　금기란 어떤 대상을 꺼리거나 피하는 행위를 가리킨다. 공동체의 구성원들은 금기를 위반하면 그 대상에 의해 공동체 혹은 그 구성원이 처벌을 받는다는 인식을 공유한다. 일반적으로 금기를 설정하는 근본적인 이유는 알려지지 않지만, 금기와 그 대상에 대한 추측은 구전의 방식을 통해 은밀하게 전파되어 구성원들 간에 회자된다. 이를 통해 금기와 금기의 대상이 환기하는 의미는 세대를 거쳐 전달됨으로써 서로 다른 세대 간에 공동체의 체험을 공유하는 데에 기여하기도 한다.

'금기'에 대한 〈보기〉입니다. 사실 지문 내용 자체를 설명하기보다는 어떠한 개념에 대해 소개하는 〈보기〉이니 굳이 읽지 않고 넘어갈 수도 있지만, 이 지문에 '금기'와 관련된 내용이 나온다는 것을 알려 주기도 하니 미리 체크하면 좋겠죠? '금기'를 위반하면 처벌을 받는다는 인식을 공유한다는 것, '금기'는 공동체의 체험 공유에 기여한다는 것 등을 생각하면서 지문의 내용을 이해해 봅시다.

지문 독해

　　조무래기들은 도깨비불만 보면 네 그르니 내 옳으니 하며 짜그락거리기 일쑤였고, 그러면 나이 좀 있는 사람이 얼른 쉬쉬하면서, 도깨비가 듣겠다고 나무라 주게 마련이었던 것이다. 도깨비가 들으면 무엇이 어떻다고 불똥 끄듯 서두르며 말리려 들었을까. 그것은 아무도 가르쳐 주지 않았다. 알면서도 짐짓 모르는 시늉을 해 보이려 했지만, 그네들도 어려서부터 가르쳐 준 이가 없어 이렇다 하게 내놓지 못하는 눈치가 역연하던 것이다. 그것은 바지랑대에 등을 매달고 멍석에 둘러앉아 삼을 삼거나 태모시를 톺던* 늘그막의 아낙네들도 마찬가지로 가늠을 못 해, 도깨비불에 손가락질하면 도깨비가 쫓아온다는 것밖에 다른 말은 할 줄 모르고 있었다. 그네들은 낮춘말로, 도깨비들이 벌거벗고 산다더라고 귀띔해 주었으며, 그것은 그것들이 여름내 왕대뫼 자드락이나 갯가에 나와 불놀이를 하다가도, 기러기 그림자에 논두렁 콩노굿*이 지고 오려논에 자마구*가 일며부터는 아무도 모르게 간곳없이 사라지던 것을 보아 믿을 만한 말

이라고 우길 따름이었다.

* 톺던 : 끝을 가늘고 부드럽게 하려고 톱으로 훑던.
* 콩노굿 : 콩의 꽃.
* 자마구 : 곡식의 꽃가루.

〈보기〉에서 이야기한 '금기'의 정체가 바로 나오고 있습니다. 바로 '도깨비불'에 대한 내용이네요. '도깨비불'에 손가락질을 하면 '도깨비'가 쫓아온다는 것이 이 마을에서 공유되는 '금기'인데, 밑줄 친 부분 위주로 읽으면 〈보기〉에서 언급한 '금기'의 특징들을 확인할 수 있죠? 다들 '금기'의 정확한 내용은 모른다는 것, 그래도 그 '금기'를 위반하면 처벌을 받는다는 것 정도는 공유하고 있다는 것, 나아가 공동체가 '금기'와 관련된 체험을 공유하고 있다는 것 등을 생각하면서 읽어 주시면 되겠습니다.

어쨌든 마을 공동체 모두가 이런 '금기'를 믿고 있다면, 이 마을의 사람들은 알게 모르게 그에 대한 두려움을 가지고 있겠죠? 이러한 내용을 기반으로 앞으로 나올 인물들의 모습에 공감해 주시면 되겠습니다.

　　된내기* 빛에 두엄이 허옇게 쇤 위로 난초 치던 붓끝 같은 마늘 싹이 솟고, 보리밭 머리에 장끼가 내리기 시작하여 이듬해 구렁찰 논배미에서 뜸— 뜸— 뜸부기 짝 찾는 소리로 개구리 논두렁 넘기 바쁘던 여름까지는 도깨비들이 감뭇하기도* 했었다. 그러나 아직 학령기에도 이르지 않았던 나는 정말 알지 못했다. 차지던 바람이 메져지고 개펄에 성에 엉기듯 허옇게 소금기가 끼는 철이 되면, 음습한 바람이 맴돌아야 난동하던 인화(燐火)가 전혀 일지 않던 것을.
　　어른들이 눈을 꿈적이며 먹탕곳 개펄께를 그만 보라고 타이른 밤이면 담 밑에 반딧불만 자주 날아도, 촛불 붙이려 혼자 사당(祠堂)문을 열 때처럼 뒷덜미가 선뜩하고 떨떠름하여 담 밑에도 가지 못할 만큼이나 그 도깨비불은 여간 두려운 존재가 아니었다. 그러므로 그런 날은 아무리 무더워도 모기가 떠메어 간다는 핑계로 마실 마당에서 일찍 물러나곤 하였다.

* 된내기 : 된서리.
* 감뭇하기도 : 보이던 것이 전연 보이지 않아 찾을 곳이 감감하기도.

이런 상황에서 학령기에도 이르지 않았던 어린 '나'의 시선이 나타나고 있는데, 어른들이 겁을 준 날이면 '선뜩함', '떨떠름함', '두

려움' 등을 느끼는 모습을 보이고 있습니다. 어린 나이이기에, '금기'의 영향을 더 크게 받았다고 할 수 있겠죠?

전반적으로 어려운 표현들이 많이 사용되어 이해하기는 어렵지만, 〈보기〉에서 언급한 대로 '도깨비불'이라는 '금기'에 대해 두려움을 느끼는 사람들의 모습은 충분히 확인할 수 있을 것 같습니다.

---

(중략)

[복산이]가 자리를 만들 동안 나는 변소를 찾아 나섰다. 농가라면 흔히 그렇듯 그곳은 저만치 밭마당 구석에 따로 나와 있었다. 나는 마당을 가로질러 가면서 무심결에 개펄 쪽을 둘러보다가 <u>소스라쳐 놀라며</u> 그 자리에 굳어 버리고 말았다.

아— 나는 참으로 오랜만에 <u>가슴이 벅차오르는 것</u>을 느꼈다. 도깨비불—— 그렇다. 왕대뫼 밑 먹탕곶 개펄에 푸른빛을 내뿜는 도깨비불이 즐비하게 늘어서 있던 것이다.

하나 둘 서이 너이…… 나는 어느새 도깨비불들을 손가락으로 헤아려 나가고 있었다. 변치 않은 것이 한 가지 더 있다는 반가움, <u>반가움과 즐거움에 들떠</u> 그것들을 차곡차곡 빠뜨리지 않고 세어 나갔다.

"마흔다섯……."

하고 중얼거리며 나는 손가락을 떨었다. 내일 새벽엔 안개도 볼 수 있으리라고 믿어, <u>가슴의 설렘</u>에 손가락마저 떨린 거였다. 모를 일이었다. 옛날로 돌아가 혹시 길 잃은 여우가 울부짖게 되는지도.

---

(중략) 이후의 상황입니다. '복산이'라는 새로운 인물이 등장하고 있는데, '나'는 우연히 '도깨비불'을 발견하고 소스라쳐 놀라기도 하고, 가슴이 벅차오르기도 하는 모습입니다. '복산이'라는 새로운 인물의 등장과 유년 시절 '나'가 '도깨비불'을 무서워했다는 것 등을 종합하면, 지금은 시간이 흘러 어른이 된 '나'의 모습을 그리고 있다는 것을 알 수 있겠습니다. 어쨌든 어릴 때의 추억을 상기시켜 주는 '도깨비불'은 당연히 '반가움과 즐거움', '가슴의 설렘' 등의 감정을 불러일으키겠죠. 이러한 감정에 충분히 공감하면서 읽어 주시면 됩니다.

---

"게서 뭣 허나?"

복산이가 같은 용무로 나오면서 허텅지거리를 했다.

"아, 도깨비불…… 생전 못 볼 줄 알았다가 보니 좋은데. 멋있는걸."

---

나는 건너편을 손가락질하면서 들뜬 소리로 말했다.

"무엇이?"

"저 도깨비불……."

"무엇 불?"

"옛날에 보던 도깨비불, 그거 아녀?"

"무슨 불? 허어 참, 그렇게 장가를 가라구."

"……"

"도깨비불 좋아허네…… 저게? 술고래라서 안주두 고루 먹어 헛소리는 안 헐 중 알았더니……."

"그럼 모르겠는데……."

"뭘 몰러? 저건 서울서 온 낚시꾼들의 간드레 불이여. 명색 문화인이라면서 밤낚시 한 번두 못 해 봤구먼."

나는 무엇에 받혀 하늘 높이 떠올랐다가 거꾸로 떨어진 <u>기분이었다. 오랜 꿈결에서 순간적으로 깨어난 것처럼 허망하고 민망했다.</u>

---

그런데 '복산이'가 나오더니, '나'에게 감동을 주고 있는 '도깨비불'이 사실은 낚시꾼들의 '간드레 불'이라는 이야기를 합니다. 오랜만에 추억에 젖어 벅찬 감정을 느끼고 있었는데, 찬물을 부어 버리는 이야기죠? 이를 들은 '나'는 당연히 '허망'하고 '민망'한 기분을 느낄 것입니다. 밑줄 친 '나'의 심정이 너무나도 공감되시죠?

---

"이리 죽 늘어앉은 디는 물길이구, 저쪽 저리 둘러앉은 디가 유수지여. 갯물이 들어오면 수문을 막았다가 쓸물 때 열어 물을 빼는디 민물고기 갯물 고기가 섞이구 해서 씨알두 게가 굵구, 물길에서는 잔챙이래두 붕어만 문다네. 남포, 청라 담에는 여기를 친다는 겨."

그제서야 나는 늘어앉은 불빛들이 제자리에 죽어 있음을 비로소 깨달았다. 무등 타기와 숨바꼭질을 하던 살아 있는 불이 아니란 것만 진작 알았어도 마흔다섯까지 수효를 헤아리지는 않았을 터였다. 나는 무슨 재산붙이를 어둠 속에 잃고 찾지 못한 투로 <u>무거워진 가슴</u>을 안고 복산이 따라 방으로 들어갔다.

—이문구, 「관촌수필」—

---

'복산이'의 추가 설명이 이어지고, '나'도 비로소 '도깨비불'이 아니라는 것을 깨닫습니다. 민망함과 허무함 등 여러 감정으로 '무거워진 가슴'을 안고 '방'으로 들어가는 '나'의 모습이네요. '무거워진 가슴'이라는 글자를 보면서 괜히 울적해지셨다면, 즉 '나'에게 제대로 공감했다면 완벽하게 읽었다고 할 수 있겠습니다.

| 선지 | ① | ② | ③ | ④ | ⑤ |
|---|---|---|---|---|---|
| 선택률 | 4% | 8% | 77% | 6% | 5% |

## 92 윗글에 대한 설명으로 가장 적절한 것은? ③

① 반복되는 사건을 제시하여 인물들의 갈등을 심화하고 있다.

| 선지 유형 | 근거가 없어서 허용 불가능 |
|---|---|
| 실전에서의 판단 과정 | 갈등이 심화된 적이 없는데? |
| 해설 | 일단 '반복되는 사건'이라고 부를 만한 것이 없을 뿐 아니라, '인물들의 갈등'이 크게 나타나지도 않았습니다. 지문의 내용과 너무 동떨어진 선지네요. |

② 빈번하게 장면을 교차하여 상황의 긴박한 분위기를 조성하고 있다.

| 선지 유형 | 근거가 없어서 허용 불가능 |
|---|---|
| 실전에서의 판단 과정 | 딱히 안 긴박한데... |
| 해설 | '빈번한 장면 교차'도 허용할 만한 근거를 찾기 어려울 뿐 아니라, '긴박한 분위기'는 이 작품의 전반적인 분위기에서 크게 벗어나죠? |

③ 과거와 현재를 매개하는 경험을 제시하여 인물이 겪는 인식의 변화를 드러내고 있다.

| 선지 유형 | 근거가 있어서 허용 가능 |
|---|---|
| 실전에서의 판단 과정 | 도깨비불에 대한 인식 변화를 드러냈지. |
| 해설 | (중략) 이전의 '유년' 시절이라는 과거와 (중략) 이후의 현재를 매개하는 '도깨비불'이라는 경험을 제시하여, '나'라는 인물이 '도깨비불'에 대해 겪는 인식의 변화(두려움→반가움)를 드러내고 있습니다. '나'라는 인물에게 공감하며 읽었다면 보자마자 답으로 고를 수 있는 선지입니다. |

④ 공간의 이동에 따라 서술자를 달리하여 사건에 대한 다양한 관점을 제시하고 있다.

| 선지 유형 | 근거가 없어서 허용 불가능 |
|---|---|
| 실전에서의 판단 과정 | 서술자는 계속 1인칭이었지. |
| 해설 | 공간이 어디든 서술자는 계속 '나'였습니다. 서술자를 달리했다는 것도 틀렸고, 같은 맥락에서 '다양한 관점'도 허용하기 어렵죠. |

⑤ 시간의 역전을 통해 인과 관계를 재구성한 서사를 함께 제시하여 사건의 내막을 감추고 있다.

| 선지 유형 | 근거가 없어서 허용 불가능 |
|---|---|
| 실전에서의 판단 과정 | 시간의 역전이 어딨냐. |
| 해설 | '시간의 역전'도, '인과 관계를 재구성한 서사'도, '사건의 내막 감추기'도 모두 허용할 수 없죠? 인물에게 공감하며 지문을 이해했다면, 완전 헛소리를 하고 있다는 것을 바로 알아차릴 수 있을 겁니다. |

| 선지 | ① | ② | ③ | ④ | ⑤ |
|---|---|---|---|---|---|
| 선택률 | 12% | 66% | 14% | 4% | 4% |

## 93 ㉠~㉤에 대한 이해로 적절하지 <u>않은</u> 것은? ②

① ㉠에는 어른들의 말을 온전하게 받아들이지는 않는 '나'의 미심쩍음이 드러난다.

> ㉠기러기 그림자에 논두렁 콩노굿*이 지고 오려논에 자마구*가 일며부터는 아무도 모르게 간곳없이 사라지던 것을 보아 믿을 만한 말이라고 우길 따름이었다.
>
> * 콩노굿 : 콩의 꽃.
> * 자마구 : 곡식의 꽃가루.

| 선지 유형 | 근거가 있어서 허용 가능 |
|---|---|
| 실전에서의 판단 과정 | 우길 따름이었다! |
| 해설 | ㉠은 '어른들'의 말인데, '나'는 이를 '우길 따름이었다'는 말로 받아들이고 있습니다. 우긴다는 표현을 썼다는 것은, '어른들'의 말에 대한 '나'의 미심쩍음을 드러낸다는 해석의 근거가 되기 충분하네요. |

② ㉡에는 착각으로 인해 연상된 상황을 궁금해 하는 '나'의 호기심이 나타난다.

> 어른들이 눈을 꿈적이며 먹탕곶 개펄께를 그만 보라고 타이른 밤이면 ㉡담 밑에 반딧불만 자주 날아도, 촛불 붙이려 혼자 사당(祠堂)문을 열 때처럼 뒷덜미가 선뜩하고 떨떠름하여

| 선지 유형 | 근거가 없어서 허용 불가능 |
|---|---|
| 실전에서의 판단 과정 | 궁금해 하는 게 아니라 무서워 하는 거지. |

| 해설 | 우리는 ⓒ을 읽으면서 '궁금함'이 아니라 '두려움'이라는 감정에 공감했습니다. 착각으로 인해 연상된 상황에 두려움을 느끼는 '나'의 모습이라고 하는 것이 옳겠죠. |

③ ⓒ에는 우연히 발견한 대상에 대한 '나'의 반가움이 담겨 있다.

> ⓒ 나는 마당을 가로질러 가면서 무심결에 개펄 쪽을 둘러보다가 소스라쳐 놀라며 그 자리에 굳어 버리고 말았다.

| 선지 유형 | 근거가 있어서 허용 가능 |
|---|---|
| 실전에서의 판단 과정 | 도깨비불을 반가워했지. |
| 해설 | ⓒ은 성인이 되어 '도깨비불'을 만난 '나'의 모습입니다. '나'는 '도깨비불'을 보고서 '반가움과 즐거움'을 느꼈고, 우리는 이에 공감했던 기억이 있어요. ⓒ에 '반가움'이라는 감정이 직접적으로 나타나지는 않지만, 왜 '소스라쳐 놀라'는 심리를 보인 것인지 그 이유를 생각하며 공감하는 태도를 보였다면 '반가움'을 충분히 읽어낼 수 있었을 것입니다. 소설의 핵심은 결국 공감이라는 것! 잊지 마세요. |

④ ⓔ에는 예측하는 상황이 일어날 것이라는 짐작에서 비롯된 '나'의 기대감이 나타난다.

> ⓔ 내일 새벽엔 안개도 볼 수 있으리라고 믿어, 가슴의 설렘에 손가락마저 떨린 거였다.

| 선지 유형 | 근거가 있어서 허용 가능 |
|---|---|
| 실전에서의 판단 과정 | 설렌다며. |
| 해설 | 내일 새벽에는 안개도 볼 수 있으리라는 예측이 현실이 될 것이라는 짐작에서 '가슴의 설렘'을 느끼고 있습니다. 이를 근거로 하면 '기대감'은 어렵지 않게 허용할 수 있겠죠. |

⑤ ⓜ에는 대상의 실체를 확인하기 전에 했던 자신의 행동에 대한 '나'의 허무감이 드러난다.

> ⓜ 무등 타기와 숨바꼭질을 하던 살아 있는 불이 아니란 것만 진작 알았어도 마흔다섯까지 수효를 헤아리지는 않았을 터였다.

| 선지 유형 | 근거가 있어서 허용 가능 |
|---|---|
| 실전에서의 판단 과정 | 살아 있는 불이 아니란 것만 알았어도 착각하지 않았을 것이라는 말이지. |
| 해설 | ⓜ에서 '나'는 과거 무등 타기와 숨바꼭질을 하던 '살아 있는 불'이 아니란 것만 알았어도 '간드레 불'을 '도깨비불'로 착각하지 않았을 것이라는 말을 했습니다. 그리고 이 속에 담겨 있는 '나'의 감정이 '허무감'이라는 것은 확실하게 공감한 내용이죠? |

| 선지 | ① | ② | ③ | ④ | ⑤ |
|---|---|---|---|---|---|
| 선택률 | 5% | 4% | 5% | 73% | 13% |

**94** 〈보기〉를 참고하여 윗글을 감상한 내용으로 적절하지 않은 것은? [3점] ④

① '짜그락'거리는 '조무래기들'을 말리던 어른들이 그 이유를 '이렇다 하게 내놓지 못하는 눈치가 역연'하였던 것은, 금기가 설정된 근본적 이유가 알려지지 않았기 때문이겠군.

| 선지 유형 | 근거가 있어서 허용 가능 |
|---|---|
| 실전에서의 판단 과정 | 알았으면 제대로 알려 줬겠지. |
| 해설 | 지문을 읽으면서 미리 생각했던 내용이죠? '어른들'도 '금기'의 설정 이유를 잘 모르기 때문에, 제대로 설명할 수 없었던 것입니다. |

② '늘그막의 아낙네들'이 아이들에게 '도깨비불에 손가락질하면 도깨비가 쫓아온다'고 말하는 것은, 공동체의 금기를 서로 다른 세대가 공유하는 장면이라고 할 수 있겠군.

| 선지 유형 | 근거가 있어서 허용 가능 |
|---|---|
| 실전에서의 판단 과정 | 아낙네랑 아이들이랑 공유하고 있네. |
| 해설 | 역시 지문을 읽으면서 미리 했던 생각과 관련된 선지입니다. '아낙네들', '아이들'처럼 서로 다른 세대의 공동체 구성원들도 '금기'를 공유하고 있어요. |

③ '그네들'이 '낮춘말'로 '도깨비들이 벌거벗고 산다'고 '귀띔'을 해주는 행위는, 구전의 방식을 통해 금기의 대상에 대한 추측이 은밀하게 전파되는 정황을 보여주는 것이겠군.

| 선지 유형 | 근거가 있어서 허용 가능 |
| --- | --- |
| 실전에서의 판단 과정 | 귀띔은 은밀하게 전파되는 구전의 방식이지. |
| 해설 | '실전에서의 판단 과정' 그대로 해결하면 되겠죠? '귀띔'을 근거로 충분히 허용할 수 있어요. |

④ '아무리 무더워도' 핑계를 대고 '마실 마당에서 일찍 물러나곤' 한 것은, 금기를 위반한 '나'가 자신에게 닥칠 어른들의 처벌이 두려워서 한 행동이겠군.

| 선지 유형 | 근거가 있어서 허용 불가능 |
| --- | --- |
| 실전에서의 판단 과정 | 그냥 도깨비불 무서워서 그랬던 거지. |
| 해설 | 아무리 더워도 '마실 마당'에서 일찍 물러나는 '나'의 행동은 '도깨비불'에 대한 두려움 때문에 나타난 것입니다. '금기'를 위반한 것도 아니고, 어른들이 처벌하려고 한 것도 아니기 때문에 그것을 두려워한다는 건 허용하기 어렵죠. 소설 〈보기〉 문제의 정답 선지답게, '두려움'이라는 심리에 정확하게 공감했는지 물어 보는 선지였네요. |

⑤ '재산붙이'를 잃은 듯 '무거워진 가슴을 안고' 방으로 들어가는 행동은, 공동체에서 공유되던 금기에 관련된 일들이 추억으로만 남게 된 상황에 대한 '나'의 심리를 드러낸 것이라 할 수 있겠군.

| 선지 유형 | 근거가 있어서 허용 가능 |
| --- | --- |
| 실전에서의 판단 과정 | 정확히는 허무함! |
| 해설 | '무거워진 가슴'은 '복산이'에게 자신이 발견한 '도깨비불'의 정체를 듣고 나서 느낀 허무함을 담고 있습니다. 이때의 허무함은 선지에서 이야기하는 것처럼 자신이 기억하던 '금기'가 과거의 추억으로만 남은 것에 대한 아쉬움과 직결된다고 할 수 있죠. |

**몰랐던 어휘 정리하기**

〈보기〉 확인

─────────[보기]─────────

「최고운전」은 비범한 인물로서의 최치원을 형상화했다. 주인공은 문제 해결의 국면에서 치밀함, 기지, 당당함을 보인다. 또한 초월적 존재의 도움을 받으면서도 이에 전적으로 의존하지 않고 자신이 지닌 신이한 능력을 발휘하여 개인의 문제와 국가의 과제를 직접 해결한다. 이는 당대 독자들이 원했던 새로운 영웅상을 최치원에 투영하여 작품 속에서 구현한 것이다.

'최치원'이라는 실존 인물을 영웅처럼 그린 작품이라고 합니다. '초월적 존재'의 도움을 받으면서도 '신이한 능력'을 발휘하는, 전형적인 '영웅'의 모습을 그린 작품이네요. 클리셰를 활용하며 가볍게 이해해보도록 합시다.

지문 독해

─────────────────────────

승상 나업은 딸 하나가 있었다. 재예(才藝)가 당대에 빼어났다. 아이는 이 말을 듣고 헌 옷으로 갈아입고 거울 고치는 장사라 속여 승상 집 앞에 가서 "거울 고치시오!"라 외쳤다. 소저는 이 말을 듣고 거울을 꺼내 유모에게 주어 보냈다. 스저는 유모 뒤를 따라 바깥문 안쪽까지 나가 문틈으로 엿보았다. 장사가 소저의 얼굴을 언뜻 보고 반해, 손에 쥐었던 거울을 일부러 떨어뜨려 깨뜨렸다. 유모가 놀라 화내며 때리자 장사가 울며 말했다.

"거울이 이미 깨졌거늘 때려 무엇 하세요? 저를 노비로 삼아 거울 값을 갚게 해 주세요."

유모가 들어가 이를 승상께 아뢰니 허락하였다. 승상은 그의 이름을 거울을 깨뜨린 노비라는 뜻으로 파경노(破鏡奴)라 짓고 말 먹이는 일을 시켰다. 말들은 저절로 살쪄 여윈 것이 하나도 없었다.

─────────────────────────

다양한 인물들이 등장하는데, 호칭이 순간적으로 변하고 있습니다. '승상=나업', '딸=소저', '아이=장사=파경노' 정도는 충분히 잡아낼 수 있죠? 항상 새로운 호칭이 나오면, 정말 새로운 인물인지 생각해보는 습관을 들이자고 했습니다.

'아이'는 '소저'가 재예(재능과 기예)에 빼어나다는 소문을 듣고 찾아갔다가, '소저'의 얼굴을 보고 반해버린 뒤 기지를 발휘합니다.

'거울'을 일부러 깨뜨려 '승상' 집에 취업을 한 것이죠. 말 먹이는 일을 맡겼더니 말들이 저절로 살쪘다고 하네요. '신이한 능력'을 가진 영웅의 어린 시절이 소개되고 있는 모습입니다.

─────────────────────────

하루는 천상의 선관들이 구름처럼 몰려와 말 먹일 꼴을 다투어 그에게 주었다. 이에 파경노는 말들을 풀어놓고 누워만 있었다. 날이 저물어 말들이 파경노가 누워 있는 곳에 와 그를 향해 머리를 숙이며 늘어서자 보는 자마다 모두 기이하게 여겼다. 승상 부인은 이 말을 듣고 승상에게 말했다.

"파경노는 용모가 기이하고 탄복할 일이 많으니 필시 비범한 사람일 것입니다. 마부 일도, 천한 일도 맡기지 마세요."

승상이 옳게 여겨 그 말을 따랐다. 이전에 승상은 동산에 꽃과 나무를 많이 심었는데, 파경노에게 이를 기르게 했다. 이때부터 동산의 화초가 무성하며 조금도 시들지 않아, 봉황이 쌍쌍이 날아들어 꽃가지에 깃들었다.

**열흘이 지났다.** 파경노는 소저가 동산의 꽃을 보고 싶으나 파경노가 부끄러워 오지 못한다는 말을 들었다. 이에 파경노는 승상을 뵙고 말했다.

"제가 이곳에 온 지 여러 해 지났습니다. 한 번도 노모를 뵙지 못했으니, 노모를 뵙고 올 말미를 주십시오."

승상은 닷새를 주었다. 소저는 파경노가 귀향했다는 소식을 듣고 동산에 들어와 꽃을 보고,

"꽃이 난간 앞에서 웃는데 소리는 들리지 않네."라고 시를 지었다. 파경노는 꽃 사이에 숨어 있다가,

"새가 숲 아래서 우는데 눈물 보기 어렵네."라고 시로 화답했다. 소저가 부끄러워 얼굴을 붉히며 돌아갔다.

─────────────────────────

'선관들'과 같은 '초월적 존재'들의 도움을 받기도 하는 등 계속해서 '파경노'에게 기이한 일이 일어나자, '승상 부인'(새로운 호칭이 나와서 생각해보니 새로운 인물이죠? 정확하게 체크해야 해요!)은 '승상'에게 '파경노'가 다른 일을 하게끔 하자고 말합니다. 이 덕에 '파경노'는 동산의 꽃과 나무를 기르는 일을 맡게 되었네요. '파경노'는 엄청난 능력을 가진 인물이기에, 당연히 이 꽃과 나무들은 잘 자라겠죠?

그러다 열흘이 지났습니다. 이런 시간의 변화, 민감하게 반응하고 계시죠? '파경노'는 '소저'가 자신을 '부끄러워'한다는 이야기를 듣고 또 꾀를 부리고 있어요. 그 내용을 읽어보면, 정말 기가 막히게 작업을 거는 모습이죠? 영웅 소설의 클리셰를 잘 익히고 있다면 이해하는 게 그리 어렵지 않을 것 같습니다. 계속 읽어봅시다.

[중략 부분 줄거리] 중국 황제는 신라 왕에게 석함을 보내, 그 안에 있는 물건을 알아내 시를 지어 올리라 명한다. 신라 왕은 이를 해결하지 못하고 나업에게 과업을 넘긴다.

[중략 부분 줄거리]입니다. 꼼꼼하게 읽어야겠죠? '중국 황제'가 '신라 왕'에게 무엇인가를 시킨 모습이에요. '신라 왕'은 이걸 '나업'에게 넘겼구요. 그동안 고전소설을 풀면서 생긴 경험치가 조금 있다면, 여기서 '나업'이 문제를 해결하지 못할 것이라는 느낌이 들어야 합니다. '나업'은 영웅이 아닌 일반인이니까요! 영웅인 '파경노'가 활약할 기회가 있어야 해요.

나업은 집으로 돌아와 석함을 안고 통곡했다. 파경노는 이 말을 듣고 사람들에게 왜 우는지를 물었다. 사람들이 모두 말해 주자, 자못 기쁨을 띠며 꽃가지를 꺾어 외청으로 갔다.
소저가 슬피 울다가 문득 벽에 걸린 거울에 비친 그림자를 보았다. 속으로 놀라 창틈으로 엿보니 파경노가 꽃을 들고 서 있었다. 소저가 이상히 여겨 묻자, 시치미를 떼며 말했다.
"그대가 이 꽃을 보고 싶다 하여 그대를 위해 가져 왔소. 시들기 전에 받아 보시오."
소저가 한숨을 크게 쉬니, 파경노가 위로하며 말했다.
"거울 속에 비친 이가 반드시 그대 근심을 없애 줄 것이오. 근심치 말고 꽃을 받으시오."
소저가 꽃을 받고 부끄러워하며 안으로 들어갔다.

아니나다를까 '나업'은 통곡하고 있습니다. 왜죠? 자기가 해결하지 못할 걸 알고 있으니까요! 그런데 영웅 '파경노'는 '기쁨'을 보이고 있습니다. 본인이 해결할 수 있다고 생각하는 것이죠. 이렇게 기본적으로 영웅소설에서의 영웅은 모든 문제를 해결할 수 있는 대단한 존재라고 봐 주시는 게 좋습니다.

'파경노'는 슬퍼하는 '소저'에게 눈치 없이 '꽃'으로 장난이나 치면서, 자신이 근심을 없애주겠다며 위로하고 있습니다. '파경노'는 이 문제를 어떻게 해결할까요?

얼마 뒤 소저는 파경노의 말을 괴이히 여겨 승상께 말했다.
"파경노가 비록 어리지만 재주가 남보다 뛰어나고, 신인(神人)의 기운이 있어 석함 속의 물건을 알아내어 시를 지을 수 있을 것입니다."

승상이 말했다.
"너는 어찌 쉽게 말하느냐? 만약 파경노가 할 수 있다면 나라의 이름난 선비 가운데 한 명도 시를 짓지 못해 이 석함을 나에게 맡겼겠느냐?"
소저가 말했다.
"뱁새는 비록 작지만 큰 새매를 살린다 합니다. 그가 비록 노둔하나 큰 재주를 지니고 있는지 어찌 알겠습니까?"
이어서 파경노가 걱정하지 말라고 했음을 고했다.
"만약 그가 시를 지을 수 없다면 어찌 그런 말을 냈겠습니까? 원컨대 그를 불러 시험 삼아 시를 짓게 하소서."

이런 일이 있고 난 후, '소저'는 '파경노'의 이야기를 '승상'에게 전합니다. '승상'은 '파경노'가 문제를 해결하지 못할 것이라고 생각하지만, '소저'는 강하게 밀어붙이는 모습이에요. 계속해서 영웅이 활약할 수 있는 판을 깔아주는 모습이에요.

승상이 파경노를 불러 구슬리며 말했다.
"만약 이 석함 속의 물건을 알아내 시를 짓는다면 후한 상을 줄 것이며, 마땅히 네 뜻을 이루어 주겠다."
파경노가 거절하며 말했다.
"비록 후한 상을 준다 한들 제가 어찌 시를 짓겠습니까?"
소저가 이 말을 듣고 승상에게 말했다.
"살고 싶고 죽기 싫은 것이 인지상정입니다. 옛날에 어떤 이가 사형을 당하게 되었을 때, 그에게 '네가 만약 시를 짓는다면 내 마땅히 사면해 주겠다.' 했습니다. 그 사람은 무식한 이였으나 그 명을 따랐습니다. 하물며 파경노는 문학이 넉넉해 시를 지을 수 있지만 거짓으로 못하는 체하고 있습니다. 지금 아버님께서 그를 겁박하시면 어찌 삶을 좋아하고 죽음을 싫어하는 마음이 없어 복종치 않겠습니까?"
승상이 그럴듯하다 여기고 파경노를 불렀다.

－작자 미상, 「최고운전」－

결국 '승상'은 '파경노'를 구슬려 시를 짓게 하는데, 의외로 '파경노'는 거절하는 모습입니다. 그래도 우리의 '소저'는 포기하지 않고 '승상'을 설득하고 있어요. 그런데 그 내용이 좀 살벌합니다. 좋게 말하지 말고, '겁박'하여 복종하게 하자는 것이에요. 조금 과격한 방법이기는 하지만, 어쨌든 이 뒤엔 '파경노'라는 영웅이 문제를 멋지게 해결하겠죠?

'신이한 능력'을 가진 영웅의 모습이 잘 드러나는 작품이었습니다. 이런 클리셰를 살리며 읽었다면 정말 쉽게 이해할 수 있었을 거예요.

| 선지 | ① | ② | ③ | ④ | ⑤ |
|---|---|---|---|---|---|
| 선택률 | 2% | 11% | 3% | 83% | 1% |

## 95 윗글의 서술상 특징으로 가장 적절한 것은? ④

① 시간의 역전을 통해 사건의 진상을 밝히고 있다.

| 선지 유형 | 근거가 있어서 허용 불가능 |
|---|---|
| 실전에서의 판단 과정 | 시간은 순차적으로 흘렀지. |
| 해설 | 시간의 역전은 드러나 있지 않고, 오히려 '열흘' 뒤, '얼마 뒤'처럼 시간의 흐름이 순차적으로 구성되고 있었죠? '시간의 역전'과 같은 엄청난 일이 있었다면 우리가 놓쳤을 리가 없습니다. '사건의 진상'을 밝히는 것이 이 작품의 주제가 아니기도 하구요. |

② 서술자의 개입을 통해 사건의 전모를 밝히고 있다.

| 선지 유형 | 근거가 없어서 허용 불가능 |
|---|---|
| 실전에서의 판단 과정 | 서술자의 개입은 없었던 것 같은데? |
| 해설 | 서술자의 개입 역시 우리가 선제적으로 체크하고 있는 부분이죠? 있었다면 먼저 체크했을 겁니다. 불안하다면 일단 넘어가셔도 좋아요. 귀찮은 건 나중으로 미뤄두는 것도 훌륭한 실전 전략이에요. 1번 선지와 비슷하게 '사건의 전모'와 작품의 주제가 무관하기도 하구요. |

③ 인물의 희화화를 통해 사건의 반전 효과를 나타내고 있다.

| 선지 유형 | 근거가 없어서 허용 불가능 |
|---|---|
| 실전에서의 판단 과정 | 뭔 헛소리야. |
| 해설 | '인물의 희화화'도, '사건의 반전 효과'도 나타난 적이 없습니다. 작품의 주제와 너무 무관해요. |

④ 인물 간의 대화를 통해 사건 해결의 방안을 제시하고 있다.

| 선지 유형 | 근거가 있어서 허용 가능 |
|---|---|
| 실전에서의 판단 과정 | 대화를 통해 석함 문제를 해결하려고 했지. |
| 해설 | '소저', '승상'의 대화를 통해 '석함'과 관련된 사건의 해결 방안이 나오고 있었습니다. '파경노'를 겁박하자는 것이죠? 이러한 내용을 이해했다면 바로 답으로 고를 수 있었겠네요. |

⑤ 꿈과 현실의 교차를 통해 앞으로 일어날 사건을 암시하고 있다.

| 선지 유형 | 근거가 없어서 허용 불가능 |
|---|---|
| 실전에서의 판단 과정 | 꿈을 꾼 적이 없잖아. |
| 해설 | 애초에 '꿈'을 꾸는 인물의 모습이 나타난 적이 없습니다. 절대로 허용할 수 없겠네요. |

| 선지 | ① | ② | ③ | ④ | ⑤ |
|---|---|---|---|---|---|
| 선택률 | 8% | 51% | 12% | 7% | 22% |

## 96 윗글의 내용에 대한 이해로 적절하지 않은 것은? ②

① 유모에게 주어 보낸 '거울'은 아이가 소저의 얼굴을 보게 되는 계기를 만들고, 벽에 걸린 '거울'은 파경노가 소저에게 자신의 존재감을 드러내는 계기를 만든다.

| 선지 유형 | 근거가 있어서 허용 가능 |
|---|---|
| 실전에서의 판단 과정 | 선지 자체로 허용할 수 있겠네. |
| 해설 | '소저'가 '유모'에게 '거울'을 주어 보내면서 몰래 따라 나간 덕에 '아이'가 '소저'의 얼굴을 보게 되었으니, '계기를 만든다'는 내용을 충분히 허용할 수 있겠네요.<br><br>또 '소저'가 벽에 걸린 '거울'에 비친 그림자를 본 뒤 '파경노'의 모습을 확인했으니, '존재감을 드러내는 계기' 역시 충분히 허용할 수 있겠습니다. |

② 깨뜨린 '거울'은 아이가 파경노라는 이름을 얻고 승상의 집안으로 들어가는 계기가 되고, 파경노가 관리한 동산의 '화초'는 승상 부인으로부터 인정받는 계기로 작용한다.

| 선지 유형 | 근거가 있어서 허용 불가능 |
| --- | --- |
| 실전에서의 판단 과정 | 승상 부인이 인정해서 화초 관리를 한 거 아냐? |
| 해설 | '거울'을 깨뜨려 '파경노'(거울을 깨뜨린 노비)라는 이름을 얻고 승상의 집안으로 들어갔다는 건 너무나 쉽게 허용할 수 있습니다. 그런데 뒤쪽의 내용은 사건의 선후 관계를 뒤집은 것이죠? '말 먹이는 일'을 기가 막히게 하는 '파경노'의 모습을 본 '승상 부인'이 저런 하찮은 일 말고 '화초' 관리와 같은 일을 시키자고 한 것입니다. 따라서 '화초' 관리가 '승상 부인'으로부터 인정받는 계기라는 것은 허용하기 어렵죠.<br><br>사건의 선후 관계를 묻는 선지가 포함된 문제들은 언제나 높은 오답률을 기록합니다. 사건의 선후 관계 파악이 이루어지기 위해서는 지문 전체의 흐름이 완벽하게 잡혀야 하기 때문이에요. 각 인물들이 등장할 때마다 어떤 행동, 생각을 왜 하는지 생각하면서 읽어내는 게 아주 중요했습니다! |

③ 동산의 '꽃'은 소저가 보고 싶었으나 파경노로 인해 접근하기 어렵게 된 대상이고, 파경노가 들고 서 있던 '꽃'은 소저에게 자신의 마음을 전달하기 위한 수단이다.

| 선지 유형 | 근거가 있어서 허용 가능 |
| --- | --- |
| 실전에서의 판단 과정 | 선지 그 자체로 맞는 말이네. |
| 해설 | '소저'는 동산의 '꽃'을 보고 싶었지만, '파경노'가 언제나 지키고 있기에 '부끄러워' 보러 가지 못했다고 했습니다. '부끄러움'이라는 심리의 근거를 정확히 이해했는지 묻고 있죠?<br><br>나아가 '파경노'가 들고 서 있던 '꽃'은 '소저'를 위로하고 안심시킬 때 사용한 것이었어요. 이를 근거로 하면 '자신의 마음 전달'이라는 해석을 충분히 허용할 수 있겠습니다. |

④ 동산에서 화답한 '시'는 파경노가 소저와 교감하기 위해 읊은 것이고, 석함 속 물건에 대한 '시'는 파경노가 해결할 수 있다고 소저가 기대하는 과제이다.

| 선지 유형 | 근거가 있어서 허용 가능 |
| --- | --- |
| 실전에서의 판단 과정 | 선지 그 자체로 허용할 수 있네. |
| 해설 | 동산에서 '파경노'가 화답한 '시'는 '소저'에게 작업을 걸기 위한 것이었습니다. 이를 근거로 하면 '소저와 교감'이라는 말을 충분히 허용할 수 있겠네요.<br><br>한편 석함 속 물건에 대한 '시'는 영웅인 '파경노'가 해결해야 하는 문제이자, 그럴 수 있으리라고 '소저'가 기대하는 과제였어요. 쉽게 허용할 수 있죠. |

⑤ 석함 속 물건에 대한 '시'는 나업에게 슬픔을 유발하는 과업이지만, 파경노에게는 소저의 슬픔을 해소시켜 줄 수 있는 수단이다.

| 선지 유형 | 근거가 있어서 허용 가능 |
| --- | --- |
| 실전에서의 판단 과정 | 나업은 해결 못할 것 같아서 울었고, 파경노는 소저에게 이를 해결할 수 있다고 했지. |
| 해설 | '나업'이 '통곡'하는 '이유'를 생각했다면 너무나 쉽게 지워낼 수 있습니다. '나업'은 석함의 '시'와 관련된 문제를 해결하지 못할 것이라 생각하기에 '통곡'했던 것이에요. '통곡'했다는데, '슬픔 유발' 정도는 가볍게 허용할 수 있겠죠.<br><br>그리고 '소저'가 '슬피' 우는 이유도 여기에 있었습니다. 하지만 우리의 영웅 '파경노'는 이 문제를 해결할 수 있을 거예요. 그럼 이 과제가 '소저'의 슬픔을 해소시켜 줄 수 있는 수단이라고 볼 수 있겠네요. '심리의 근거'를 생각하며 지문을 읽었다면 이런 선지를 아주 빠르게 지워낼 수 있습니다. |

| 선지 | ① | ② | ③ | ④ | ⑤ |
| --- | --- | --- | --- | --- | --- |
| 선택률 | 4% | 11% | 4% | 21% | 60% |

**97** 〈보기〉를 참고하여 윗글을 감상한 내용으로 적절하지 <u>않은</u> 것은? [3점] ⑤

① 아이가 헌 옷으로 바꾸어 입고 거울 고치는 장사라 속이는 장면은 최치원이 치밀한 면모를 지닌 인물임을 보여 주는군.

| 선지 유형 | 근거가 있어서 허용 가능 |
|---|---|
| 실전에서의 판단 과정 | 일부러 접근한 거니까 치밀하다고 할 수 있지. |
| 해설 | '소저와의 만남'이라는 목적을 위해 '헌 옷으로 바꾸어' 입고 '거울 고치는 장사'라 속이는 정도면 '치밀한 면모'라는 말은 충분히 허용할 수 있겠죠? |

② 파경노에게 선관들이 몰려와 말먹이를 가져다주는 장면은 최치원이 초월적 존재에게 도움을 받는 인물임을 보여 주는군.

| 선지 유형 | 근거가 있어서 허용 가능 |
|---|---|
| 실전에서의 판단 과정 | 선관들은 초월적 존재였지. |
| 해설 | '선관들'이 몰려와 '파경노'의 일인 '말먹이'를 가져다주고 있습니다. 이 정도면 '초월적 존재'에게 도움을 받는다고 할 수 있겠죠? 지문을 읽으면서부터 생각했어야 하는 내용입니다! '선관'이라는 단어의 뜻을 몰랐다면 반성하시구요. |

③ 파경노가 기른 뒤로 화초가 시들지 않아 봉황이 날아드는 장면은 최치원이 신이한 능력을 지닌 인물임을 보여 주는군.

| 선지 유형 | 근거가 있어서 허용 가능 |
|---|---|
| 실전에서의 판단 과정 | 저 정도면 충분히 신이하지. |
| 해설 | 화초가 시들지 않고, 봉황이 날아들고 하는데 '신이한 능력'이 아니라고 하는 게 더 어렵겠죠. |

④ 파경노가 노모를 핑계 삼아 말미를 얻는 장면은 최치원이 원하는 바를 얻기 위해 기지를 발휘하는 인물임을 보여 주는군.

| 선지 유형 | 근거가 있어서 허용 가능 |
|---|---|
| 실전에서의 판단 과정 | 노모 이야기는 결국 소저랑 만나고 싶어서였지. |
| 해설 | '파경노'가 '노모' 핑계를 대는 이유를 생각하면 쉽게 지울 수 있습니다. 바로 '소저'를 화초밭으로 오게 하기 위해서였죠? 자신이 원하는 바('소저'와의 만남)를 위해 '노모' 핑계라는 기지를 발휘하고 있으니 충분히 허용할 수 있네요. '행동'의 근거를 물어보는 선지였네요. |

⑤ 파경노가 승상의 제안을 거절하는 장면은 최치원이 보상을 추구하기보다 스스로 국가의 과제를 해결하려는 당당한 인물임을 보여 주는군.

| 선지 유형 | 근거가 없어서 허용 불가능 |
|---|---|
| 실전에서의 판단 과정 | 파경노는 국가 과제 해결에 딱히 관심이 없지. |
| 해설 | '파경노'가 '승상'의 제안을 거절하는 이유는 정확히 알 수 없습니다. (아마 '소저'와의 결혼과 같은 보상을 함께 받기 위한 것이라고 할 수 있을 것입니다. 더 나은 제안을 위해 일단 거절한 것이죠.) 어쨌든 그것이 '국가의 과제 해결'을 위한 것은 아니라는 건 확실하죠? '파경노'는 지금 온통 '소저' 생각뿐이에요. 오히려 앞에서 말한 것처럼 '소저'와 관련된 어떤 '보상'을 추구한다고 보는 것이 더 합리적일 것입니다. 허용할 만한 근거가 없으니, 틀린 선지라고 해야겠네요. |

| 몰랐던 어휘 정리하기 |
|---|
|  |

| 핵심 point |

① **허용 가능성 평가** : 선지의 내용을 '허용'하려는 태도를 바탕으로 지문을 '독해'하며 '근거'를 찾아야 합니다. 허용할 수 있는 '근거'가 있어야만 허용할 수 있습니다. 주관적인 생각을 개입시키면 안 됩니다.

② **소설 독해** : '심리와 행동의 근거'를 바탕으로 인물에게 '공감'하며 읽어야 합니다. 이 과정이 물흐르듯 이어지면 지문의 내용을 완벽하게 이해할 수 있어요.

③ **영웅소설 클리셰** : 모든 영웅은 엄청난 능력을 가지고 여러 가지 문제를 해결합니다. 이러한 클리셰를 알고 있다면 지문 독해가 수월해질 거예요.

| 지문 내용 총정리 |

영웅소설의 클리셰를 활용하며 읽었다면 지문 자체는 쉽게 이해할 수 있었을 겁니다. 다만 '심리의 근거' 및 '행동의 근거'를 집요하게 체크하지 않았다면 디테일함을 요구하는 선지들에 당할 수도 있었을 거예요. 정답률이 도대체 왜 저렇게 낮게 나왔는지 이해가 안 된다는 생각을 하면서 정리할 수 있어야 합니다.

〈보기〉 확인

---[보기]---

　「구름의 파수병」에는 시와 생활 사이에서 갈등하는 화자의 진솔한 자기 성찰이 드러난다. 화자는 ㉠생활에 몰두하려는 자아와 이러한 자아를 극복하고자 하면서 ㉡시를 새롭게 지향하려는 자아를 등장시킨다. ㉠은 시선을 고정하려는 태도나 움츠러들어 있는 이미지로 나타나는데, ㉠에서 벗어나 ㉡으로 변모하고자 하는 화자는 '날아간 제비'를 떠올리다가 '반역의 정신'을 추구하는 데 이른다.

---

(가)의 주제를 알려주는 친절한 〈보기〉입니다. '시와 생활 사이에서 갈등'하는 모습, 나아가 '시'를 지향하는 쪽으로 변모하려는 의지 등을 드러낸다는 점에 주목해주시면 되겠습니다. '날아간 제비'와 '반역의 정신'이 의미하는 바가 이러한 의지라는 것도 미리 체크하면 좋겠죠?

---[보기]---

　(가)의 공간이 화자의 내면이 투영된 상징적 공간이라면, (나)의 공간은 제한된 시간 내에 인생을 압축해서 보여 줘야 하는 극의 특성상 극중 인물의 현실이 상징화된 공간이라고 할 수 있다. (가)와 (나)에서, 공간들은 때로 대비되면서 여러 가지 상징적인 의미를 지닌다.

---

내용을 이해하는 데 직접적으로 도움이 되는 〈보기〉는 아닌 것 같지만, '공간들'에 집중해서 읽어야 한다는 사실은 알 수 있겠네요.

실전적 지문 독해

---

(가)

　만약에 나라는 사람을 유심히 들여다본다고 하자
　그러면 나는 내가 시와는 반역된 생활을 하고 있다는 것을 알 것이다

　먼 산정에 서 있는 마음으로 나의 자식과 나의 아내와
　그 주위에 놓인 잡스러운 물건들을 본다

　그리고

---

　나는 이미 정해진 물체만을 보기로 결심하고 있는데
　만약에 또 어느 나의 친구가 와서 나의 꿈을 깨워 주고
　나의 그릇됨을 꾸짖어 주어도 좋다

　함부로 흘리는 피가 싫어서
　이다지 낡아빠진 생활을 하는 것은 아니리라
　먼지 낀 잡초 우에
　잠자는 구름이여
　고생도 마음대로 할 수 없는 세상에서는
　철 늦은 거미같이 존재 없이 살기도 어려운 일

　방 두 칸과 마루 한 칸과 말쑥한 부엌과 애처로운 처를 거느리고
　외양만이라도 남과 같이 살아간다는 것이 이다지도 쑥스러울 수가 있을까　[A]

　시를 배반하고 사는 마음이여
　자기의 나체를 더듬어 보고 살펴볼 수 없는 시인처럼 비참한 사람이 또 어디 있을까
　거리에 나와서 집을 보고 집에 앉아서 거리를 그리던 어리석음도 이제는 모두 사라졌나 보다
　날아간 제비와 같이

　날아간 제비와 같이 자국도 꿈도 없이
　어디로인지 알 수 없으나
　어디로이든 가야 할 반역의 정신

　나는 지금 산정에 있다―
　시를 반역한 죄로
　이 메마른 산정에서 오랫동안 꿈도 없이 바라보아야 할 구름
　그리고 그 구름의 파수병인 나.

　　　　　　　　　　　　-김수영, 「구름의 파수병」-

---

〈보기〉에서 이야기한 그대로네요. '시와는 반역된 생활'을 하던 화자는 성찰의 시간을 거쳐 '쑥스러움'을 느끼고 '반역의 정신'을 떠올리고 있습니다. 그러면서 '메마른 산정'에서 오랫동안 '구름'을 바라보겠다는 이야기를 하고 있네요. '시'를 지향하는 쪽으로 변모한 모습이 보이죠?

나아가 두 번째 〈보기〉를 통해, 화자가 현재 '집'과 '거리', 혹은 '먼 산정', '메마른 산정'이라는 공간 속에 자신의 내면을 투영

하고 있다는 것도 생각할 수 있겠죠. 이렇게 〈보기〉의 내용을 이용할 수 있다면 적극적으로 활용하도록 합시다.

---

(나)

**함이정** : 처녀 때 난 생각했었지. 영리하고 듬직한 아들 하나 있으면 얼마나 좋을까…… 기쁜 일 슬픈 일 뭐든지 의논할 수 있는 내 아들…… 그러다가 너를 느꼈고…… 네 느낌과 이야기하길 즐겼다. 사람들은 나 혼자 중얼중얼거린다고 괴상하게 보더라. 사실은 너와 나, 둘이서 함께 말하고 있었는데…….

**조숭인** : 처음부터 다시 이야기해 주세요, 어머니.

**함이정** : 처음부터……?

**조숭인** : 네. 제가 태어나기 전, 어머니의 처녀 시절부터요. 그때 두 분 아버지의 관계는 어땠죠?

**함이정** : 그땐 좋았다. 두 분 다 우리 집에서 가족처럼 살면서, 우리 아버님한테 불상 제작을 배우는 제자였지. <u>그런데 어느 날</u>, 스승인 아버님이 불상 제작장에 가 보니까 두 제자들이 자릴 비우고 없었어. 몹시 화가 난 아버님은 집 안으로 들어와 제자들의 이름을 부르셨지. "동연아! 서연아!" 아버님 목소리가 어찌나 쩌렁쩌렁 울렸는지, 천 리 밖까지 들릴 것 같더라.

(조명, 밝게 변화한다. 한가운데 펼쳐 있던 천막이 접혀지면서 무대 천장 위로 올라간다. 함묘진의 집. 함묘진이 성난 모습으로 등장한다. 함이정과 조숭인은 서연의 관, 촛대, 향로 등을 무대 밖으로 갖고 나간다.)

---

'함이정'과 '조숭인'이라는 인물의 대화로 시작하고 있습니다. '함이정'이 아들인 '조숭인'에게 옛날 이야기를 해 주는 것으로 보이는데, '조숭인'은 자신이 태어나기 전부터의 이야기를 해달라고 합니다. 그 중에서도 '두 분 아버지'의 관계에 대해 묻고 있어요. 아버지가 두 명이었나 보네요. '함이정'은 그때의 이야기를 해 주는데, '어느 날'이라는 특정 시점에 주목하고 있습니다. 이때는 '함이정'의 아버지가 갑자기 없어진 두 제자, '동연'과 '서연'을 찾는 날이었습니다. 여기서 '두 분 아버지'가 '함이정'의 아버지에게 불상 제작을 배우는 제자였다는 점에서, '동연'과 '서연'이 '조숭인'의 '두 분 아버지'임을 파악할 수 있겠습니다.

이렇게 인물관계를 집요하게 파악하는 것은 기본이고, '과거'로 시간적 배경이 바뀌었다는 것을 꼭 생각해야 합니다. 시간적 배경을 체크하는 것은 기본 중의 기본이니까요.

---

**함묘진** : 동연아! 서연아! 어디 있느냐?

**함이정** : (<u>무대 밖에서</u>) 여긴 없어요, 아버지.

**함묘진** : 여기 집 안에도 없다……?

**함이정** : (<u>무대 밖에서</u>) 내가 나가서 찾아올까요?

**함묘진** : 넌 가만 있거라. (다시 외쳐 부른다.) 동연아! 서연아!

(<u>상복을 벗고 밝은 색 옷을 입은 함이정과 조숭인, 무대 안으로 나온다.</u>)

**조숭인** : 할아버지 목청은 왜 저렇게 커요?

**함이정** : 귀머거리도 들을 정도야. 그치?

**함묘진** : 동연아! 서연아!

(동연과 서연, 등장한다. 그들은 당황한 모습으로 함묘진 앞에 선다.)

**동연, 서연** : 부르셨습니까?

**함묘진** : 작업장엔 너희들이 없더구나!

**동연** : 죄송합니다. 잠깐 밖에 나가 있었습니다.

**함묘진** : 밖에는 왜?

**동연** : 말다툼 때문에…… 서로 의견이 달라서요.

**함묘진** : 말다툼?

**동연** : 네.

**함묘진** : 서연아, 네가 다툰 이유를 말해 봐라.

**서연** : 송구스럽습니다…….

**함묘진** : 너흰 생각도 행동도 똑같았다. 그런 너희들이 말다툼을 하다니, 도대체 다르다면 뭐가 달랐더냐?

**서연** : 동연은 부처의 모습을 만들면, 그 모습 속에 부처의 마음도 있다고 했습니다.

**함묘진** : 그런데, 너는?

**서연** : 그런데 저는…… 부처의 모습을 만들어도, 부처의 마음이 그 안에 없다면 무슨 소용이 있겠는가 했습니다.

**동연** : 사부님, 서연을 꾸짖어 주십시오. <u>서연은 쓸데없는 주장으로 저를 괴롭힙니다.</u>

---

본격적으로 과거의 장면이 나타나고 있습니다. '함묘진'이 '동연'과 '서연'을 찾는 상황인데, '함이정'이 '무대 밖'에서 대사를 하고 있습니다. 극문학의 특성상, '무대 안'과 '무대 밖'은 중요한 출제 포인트 중 하나입니다. 이렇게 대놓고 '무대 밖'이라고 하는 경우에는 더더욱 확실하게 체크할 수 있어야겠죠?

나아가, 여기서 '상복'을 벗고 '밝은 색 옷'으로 갈아 입은 뒤 '무대'에 등장한 '함이정'과 '조숭인'의 모습에 주목해야 합니다. 여기서 두 가지 정보를 얻어야 해요. 하나는 '함이정'과 '조숭인'이 '무대 안'으로 들어왔으니 과거의 상황으로 들어왔다는 점(지금은 과거 장면이니까요.), 그리고 또 하나는 '상복'을 벗었다는 것에서 '현재' 시점은 장례식이었다는 점입니다. 이렇게 '대사 외 부분'에 제시되는 디테일한 내용들에 주목할 수 있어야 합니다. 선지화되면 오답률이 치솟는 부분들이에요.

아무튼, 화난 스승의 모습에 '당황'한 '동연'과 '서연'은 알고보니 밖에서 말다툼을 하고 있었네요. 불상에 '부처의 마음'이 들어가야 하는지에 대해 논쟁을 하고 있었어요. 완벽하게 이해할 수는 없지만, '동연'에 비해 '서연'은 조금 더 근본적인 것까지 따지는 성격이라는 걸 체크할 수 있겠네요. '두 분 아버지'의 성격이 확실히 다른 모습입니다.

---

(중략)

(서연과 함이정, 일어선다. 돌부처를 만들면서 길을 따라간다. 물 흐르는 소리가 점점 가깝게 들려온다. 조명, 개울물의 흐름을 나타낸다.)

**함이정** : 개울물이에요, 서연 오빠. 여기서 길은 끊겼어요.
**서연** : (<u>개울가</u>로 다가가서 두 손으로 물을 떠서 마시며) 너도 마시렴. 목마를 텐데…….
**함이정** : (서연 곁으로 가서 개울물을 바라본다.) 물 위에 비쳐 보여요, 우리 얼굴이…… 얼굴 뒤엔 구름이…… 구름 뒤엔 하늘이……. (물을 떠서 마신다.) 물이 맑고 시원해요.　[B]

(서연, 장난스럽게 개울물을 마치 눈덩이처럼 뭉치는 동작을 한다.)

**함이정** : 오빠…… 뭘 하는 거죠?
**서연** : 물부처를 만든다.
**함이정** : 물부처요?
**서연** : <u>돌로도 부처님을 만드는데, 물이라고 안 될 건 없지.</u>

(서연, 흐르는 물 속으로 들어가 물로 만든 부처를 세워 놓는다. <u>부처의 느낌은 남고 형태는 사라진다.</u>)

**함이정** : 오빠, 이쪽으로 나와요.
**서연** : (개울물을 건너가며) <u>난 이제 저쪽으로 간다.</u>

---

**함이정** : 서연 오빠…….
**서연** : 넌 나중에 건너와.
**함이정** : (손을 흔든다.) 그래요, 오빠…… 먼저 가요. 나는 나중에…….

---

(중략) 이후입니다. '서연'과 '함이정'이 함께 걸어가는 모습이에요. '돌부처'를 만들다가, '개울가'에서 '물부처'를 만들기도 하는 '서연'입니다. '동연'과 다투는 모습에서도 확인할 수 있었지만, 불상의 형태보다는 '마음'에 더 주목하는 모습이에요.

그런데 '서연'은 '함이정'이 있는 곳이 아닌 '저쪽'으로 가겠다고 하고 있습니다. 정확히 무엇을 의미하는 건지 알 수는 없지만, '함이정'은 그걸 받아들이고 있네요. 확실한 의미보다도, '길'을 걷던 두 사람이 '개울가'에서 '이쪽', '저쪽'이라는 공간으로 갈리게 되었다는 점을 생각해주시면 되겠습니다. 〈보기〉에서 '공간'의 의미에 주목해보라고 했으니까요.

---

(서연과 함이정, 잠시 개울물 양쪽에서 서로를 바라본다. 조숭인이 피아노 앞에 앉아 건반을 두드리며 작곡 중이다. 개울물 건너쪽, 눈부시도록 밝아진다. 때를 놓치지 않으려는 듯 함묘진이 <u>다급하게</u> 휠체어 바퀴를 굴리면서 들어온다. 그는 피아노 옆을 지나 개울물을 건너간다. / 코러스(돌부처)들, 개울물을 건너가는 서연을 배웅하듯이, 따라가듯이, 마중하듯이, 서연과 함께 어우러져 춤을 추며 간다. 개울 저쪽, 눈부시도록 빛이 밝다. 함묘진이 <u>다급하게</u> 휠체어 바퀴를 굴리며 들어온다.)

**조숭인** : 할아버지, 어딜 그렇게 급히 가세요?
**함묘진** : 극락문이 열렸다! 극락문이 열렸어!

(함묘진, 휠체어에서 일어난다. <u>그는 서연의 뒤를 따라 빛 안으로 들어간다.</u> **무대 조명, 변화한다**. 동연, 등장한다. 그는 조숭인에게 다가와서 전보 용지를 내놓는다.)
-이강백, 「느낌, 극락같은」-

---

상당히 혼란스러운 전개입니다. 그렇게 '개울물'에서 갈라진 '서연'과 '함이정'의 모습 근처에서 '조숭인'이 피아노를 치고 있습니다. 그 옆을 지나는 '함묘진'은 휠체어를 굴리며 지나가고 있구요. 그 이유는 '서연'이 있는 '저쪽'에서 빛이 나오기 때문이죠? '함묘진'은 그곳을 '극락문'으로 여기며, 열심히 따라갑니다. 이해하기는 어렵지만, '함묘진'이 '서연'의 길을 따라간다는 객관적인 사실은 확실하게 챙겨갈 수 있어야겠네요.

그러다가 '무대 조명'이 변화하네요. 무대 조명이 바뀌었다는 것은, 시간이나 공간의 변화가 있는 것이라고 할 수 있겠죠? '동연'이 '조숭인'에게 전보 용지를 내놓고 있습니다. 그 내용을 정확히 알 수는 없지만 아마 '서연'과 관련된 것이겠죠. 이해하기 어려운 내용들로 점철된 마무리였습니다.

| 선지 | ① | ② | ③ | ④ | ⑤ |
|---|---|---|---|---|---|
| 선택률 | 6% | 81% | 5% | 4% | 4% |

## 98 (가)를 이해한 내용으로 적절하지 <u>않은</u> 것은? ②

① 화자는 자신과 가족뿐만 아니라 '주위'의 '물건들'까지 살펴보면서 자기의 생활을 성찰하고 있다.

> 먼 산정에 서 있는 마음으로 <u>나의 자식</u>과 <u>나의 아내</u>와
> 그 <u>주위</u>에 놓인 잡스러운 <u>물건들</u>을 본다

| 선지 유형 | 근거가 있어서 허용 가능 |
|---|---|
| 실전에서의 판단 과정 | 가족들, 물건들 보는 거 맞고 자기 이야기하니까 성찰이라고 할 수 있지. |
| 해설 | 화자는 자식과 아내, 즉 '가족'들을 보는 데서 그치지 않고, '주위'에 놓인 '물건들'까지 살펴보고 있습니다. 화자가 '시와는 반역된 생활'을 하고 있는 자신의 모습을 '성찰'한다는 건 이 작품의 주제 그 자체이기 때문에, 자신의 '생활'과 관련된 것들을 살펴보는 것이 '성찰'하는 행위라는 건 충분히 허용할 수 있겠습니다. |

② 화자는 '나의 친구'가 방문한 뒤에야 비로소 자신의 삶이 '그릇됨'을 자각하고 있다.

> 그리고
> 나는 이미 정해진 물체만을 보기로 결심하고 있는데
> 만약에 또 어느 <u>나의 친구</u>가 와서 나의 꿈을 깨워 주고
> 나의 <u>그릇됨</u>을 꾸짖어 주어도 좋다

| 선지 유형 | 근거가 있어서 허용 불가능 |
|---|---|
| 실전에서의 판단 과정 | 친구가 오기 전부터 그릇되었다는 걸 알고 있는 거잖아. |
| 해설 | '나의 친구'가 자신의 '그릇됨'을 꾸짖어도 좋다고 했습니다. 즉, 화자는 이미 자신의 삶이 잘못되었다는 것을 알고 있는 것이죠. 심지어 아직 친구가 방문한 것도 아니기 때문에, 절대 허용할 수 없는 선지네요. 객관적인 '독해'를 바탕으로 '근거'를 잡아낼 수 있었습니다. |

③ 화자는 '고생도 마음대로 할 수 없는 세상'에서 '존재 없이' 살아가는 것이 어렵다고 느끼고 있다.

> 고생도 마음대로 할 수 없는 세상에서는
> 철 늦은 거미같이 존재 없이 살기도 어려운 일

| 선지 유형 | 근거가 있어서 허용 가능 |
|---|---|
| 실전에서의 판단 과정 | 지문 내용 그대로네. |
| 해설 | 지문의 내용을 그대로 읊어주는 것과 같은 선지네요. 가볍게 허용해주시면 됩니다. |

④ 화자는 자신을 '자기의 나체를 더듬어 보고 살펴볼 수 없는' 비참한 존재로 인식하고 있다.

> 시를 배반하고 사는 마음이여
> 자기의 나체를 더듬어 보고 살펴볼 수 없는 시인처럼
> 비참한 사람이 또 어디 있을까

| 선지 유형 | 근거가 있어서 허용 가능 |
|---|---|
| 실전에서의 판단 과정 | 지문 내용 그대로네. |
| 해설 | '자기의 나체를 더듬어 보고 살펴볼 수 없는' 것은 맥락을 고려하면 '시를 배반'했기 때문이라고 할 수 있습니다. 이는 화자의 모습 그 자체를 의미하죠? 이러한 자신을 '비참한' 사람으로 여기고 있으니, 이를 근거로 충분히 허용할 수 있는 선지네요. |

⑤ 화자는 '시와는 반역된 생활'을 '죄'로 받아들이면서 자신을 '구름의 파수병'으로 규정하고 있다.

> 나는 지금 산정에 있다―
> 시를 반역한 죄로
> 이 메마른 산정에서 오랫동안 꿈도 없이 바라보아야
> 할 구름
> 그리고 그 <u>구름의 파수병</u>인 나.

| 선지 유형 | 근거가 있어서 허용 가능 |
|---|---|
| 실전에서의 판단 과정 | 지문 내용 그대로네. |
| 해설 | 역시 지문 내용 그대로입니다. '시와는 반역된 생활'을 하는 자신의 모습을 '시를 반역한 죄'를 지은 것으로 인식하고 있고, '메마른 산정'에서 오랫동안 바라보아야 하는 '구름의 파수병'이 자기 자신이라는 말도 했으니 어렵지 않게 허용할 수 있네요. |

| 선지 | ① | ② | ③ | ④ | ⑤ |
|---|---|---|---|---|---|
| 선택률 | 4% | 73% | 7% | 8% | 8% |

**99** 〈보기〉를 고려하여 (가)를 감상한 내용으로 적절하지 <u>않은</u> 것은? ②

① '내가 시와는 반역된 생활을 하고 있다'에서는 화자의 진솔한 성찰의 어조가 느껴지는군.

> 그러면 나는 내가 시와는 반역된 생활을 하고 있다는 것을 알 것이다

| 선지 유형 | 근거가 있어서 허용 가능 |
|---|---|
| 실전에서의 판단 과정 | 자기 이야기하니까 성찰이지. |
| 해설 | 〈보기〉에서 '진솔한 자기 성찰'이 있다고도 했고, '시와는 반역된 생활'은 화자 자신의 이야기이므로 '성찰'이라는 것을 허용할 수 있겠습니다. |

② '나는 이미 정해진 ~ 결심하고'는 ㉠과 ㉡의 갈등을 해소한 화자의 심정을 드러낸 것이겠군.

> 그리고
> 나는 이미 정해진 물체만을 보기로 결심하고 있는데
> 만약에 또 어느 나의 친구가 와서 나의 꿈을 깨워 주고
> 나의 그릇됨을 꾸짖어 주어도 좋다

| 선지 유형 | 근거가 있어서 허용 불가능 |
|---|---|
| 실전에서의 판단 과정 | 저런 결심을 꾸짖어 달라고 하면 아직 결정 안 했다는 거 아니야? |
| 해설 | 화자는 '이미 정해진 물체만을 보기로 결심하고' 있다고 하면서도, 친구가 와서 자신을 꾸짖어 주어도 좋다고 했습니다. 정말 확실하게 마음을 굳히고 '갈등을 해소'한 것이라면, 친구에게 자신을 꾸짖어 달라는 이야기를 하지 않았겠죠? 이를 근거로 하면 절대 허용할 수 없겠네요.<br><br>조금 더 명확하게 처리해볼까요? 〈보기〉를 자세히 읽어보면, ㉠이 '시선을 고정하려는 태도나 움츠러들어 있는 이미지'로 나타난다고 했습니다. 그리고 선지에서 묻는 부분은 '정해진' 물체만을 보는, '시선을 고정하려는 태도'입니다. 이는 〈보기〉에 의하면 ㉠에 해당한다고 할 수 있겠습니다. 아직 ㉠에 머물러 있으니, '갈등 해소'를 허용할 수는 없는 것이죠. 〈보기〉 역시 선지 판단의 근거가 될 수 있다는 걸 잊지맙시다. |



③ 화자가 자신을 '어디로이든 가야 할' 존재로 여기는 것은 ㉠에서 ㉡으로 나아가려는 의지에서 비롯한 것이겠군.

④ 화자가 '메마른 산정'에서 지향하는 '반역의 정신'은 ㉡이 추구하는 것이겠군.

⑤ '구름의 파수병'은 두 자아의 갈등 속에서 시를 새롭게 지향하려는 화자의 의식이 반영된 이미지이겠군.

> 날아간 제비와 같이 자국도 꿈도 없이
> 어디로인지 알 수 없으나
> 어디로이든 가야 할 반역의 정신
>
> 나는 지금 산정에 있다—
> 시를 반역한 죄로
> 이 메마른 산정에서 오랫동안 꿈도 없이 바라보아야 할 구름
> 그리고 그 구름의 파수병인 나.

| 선지 유형 | 근거가 있어서 허용 가능 |
|---|---|
| 실전에서의 판단 과정 | 어딘가 간다는 건 자기 상황에서 벗어난다는 거니까 시 쪽으로 가려는 의지라고 할 수 있지. |
| 해설 | 이 세 선지는 같은 맥락에서 해결할 수 있습니다. 화자는 현재 자신이 '날아간 제비'와 같은 처지에 있다고 인식하고 있습니다. 이러한 상황에서 화자는 '어디로이든' 가야 한다는 마음을 먹고 있어요. 어딘가 가겠다는 것은 현재 상황에서 벗어나겠다는 뜻으로 해석할 수 있고, 〈보기〉를 통해 주제와도 엮으면 자신의 '생활'에서 벗어나 '시'를 새롭게 지향하려는 화자의 의지가 드러나는 부분이라고 할 수 있겠습니다.<br><br>나아가 이렇게 '어디로이든 가야 할' 자신의 모습을 '반역의 정신'으로 표현하고 있습니다. 맥락을 독해해보면, 이때의 '반역'은 '시'가 아닌 '생활'에 대한 반역이라고 해야겠죠. '어디로이든 가야 할' 자신의 모습은 곧 '시를 지향'하는 것이니까요. |

이런 마음을 가진 화자는 '메마른 산정'에서 구름을 바라보고 있습니다. 구름을 바라보는 것은 '시를 반역한 죄'로 인해 하는 행동이므로, '생활'에 반역하는 정신을 가진 화자가 '메마른 산정'에서 '반역의 정신'을 추구한다는 것도 어렵지 않게 허용할 수 있겠네요. 나아가 자신이 그곳에서 바라봐야 할 '구름의 파수병'이라고 했으니, '구름의 파수병' 역시 '시를 지향'하려는 화자의 의식이 포함된 이미지라고 할 수 있겠습니다. '생활'에 '반역'하는 정신을 가진 채로 바라보는 '구름'은 당연히 '시', 즉 '생활'과 반대되는 것에 대한 지향이라고 할 수 있을 테니까요.

이렇게 허용하려고 하면 근거를 찾을 수 있습니다. 객관적인 '독해'를 기반으로 한 선지 판단의 태도를 잊지 맙시다!

| 선지 | ① | ② | ③ | ④ | ⑤ |
|---|---|---|---|---|---|
| 선택률 | 70% | 15% | 3% | 6% | 6% |

**100** [A]와 [B]에 대한 설명으로 가장 적절한 것은? ①

– [A]는 화자가 자신의 주변을 둘러보며 '쑥스러움'이라는 반응을 보인 부분이고, [B]는 '서연'과 함께 있던 '함이정'이 개울물을 바라보며 여러 대상을 떠올리던 장면입니다. 이 정도로는 정리해 두고 선지 판단에 나서는 걸 추천해요.

① [A]는 대상을 나열함으로써 화자의 정서가 촉발된 상황을 제시하고 있다.

| 선지 유형 | 근거가 있어서 허용 가능 |
|---|---|
| 실전에서의 판단 과정 | 대상 나열, 쑥스러움이라는 정서 촉발. 모두 허용되지. |
| 해설 | 사실상 미리 생각한 내용 그 자체입니다. 화자 주변의 대상을 나열하고 있고, 그렇게 '외양만이라도 남과 같이 살아'가는 자신의 모습을 쑥스러워하고 있습니다. 이러한 맥락을 근거로 하면 '쑥스럽다'라는 '정서'가 촉발된 상황이 제시되었다는 내용을 허용할 수 있겠네요. |

② [B]는 의미가 확장되는 대상들의 연쇄를 통해 인물의 혼란스러운 내면을 보여 주고 있다.

| 선지 유형 | 근거가 없어서 허용 불가능 |
|---|---|
| 실전에서의 판단 과정 | 뭐가 혼란스러워. |
| 해설 | '얼굴→구름→하늘'로 의미가 확장되는 대상들을 '연쇄'하고 있다는 건 충분히 허용할 수 있는데, '혼란스러운 내면'을 허용할 만한 근거는 찾기가 어렵죠? 오히려 '서연'과 함께 즐거워하는 모습이라고 보는 게 더 적절하겠죠. |

③ [A]의 대상들은 화자의 만족을, [B]의 대상들은 인물의 불만을 드러내는 기능을 하고 있다.

| 선지 유형 | 근거가 있어서 허용 불가능 |
|---|---|
| 실전에서의 판단 과정 | 도대체 뭐가 만족스러워. |
| 해설 | [A]에서 화자는 '쑥스럽다'고 했어요. 강력한 근거가 있으니, '만족'이라는 말을 허용하기는 힘들죠? [B] 역시 행복하게 개울가에 있는 장면이니 이를 근거로 하면 '불만'을 허용하기 힘들구요. |

④ [A]에서는 화자와 대상들 간의 연속성이 드러나고, [B]에서는 인물 간의 단절감이 암시된다.

| 선지 유형 | 근거가 있어서 허용 불가능 |
|---|---|
| 실전에서의 판단 과정 | 같이 있는데 단절감은 말도 안 되지. |
| 해설 | 일단 허용하려고 하고 독해해보도록 합시다. [A]에 나타난 여러 가지 대상들은 화자의 '생활'을 이루는 것들입니다. 나아가 화자는 자신을 '외양만이라도 남과 같이 살아'가는, 즉 '생활' 속에서 살아가는 존재로 규정하고 있어요. 이렇게 화자와 대상들 모두 '생활'과 관련되어 있다는 점에서, '연속성'이라는 해석을 허용할 수 있을 것 같습니다.

반면, [B]의 두 인물은 '함께' 개울가에서 즐거운 시간을 보내고 있습니다. 이렇게 명백한 근거가 존재하니, '단절감'을 허용하기는 어렵겠네요. |

⑤ [A]와 [B]는 대상의 속성을 반어적으로 표현함으로써 화자나 인물의 심리적 상황을 드러내고 있다.

| 선지 유형 | 근거가 없어서 허용 불가능 |
|---|---|
| 실전에서의 판단 과정 | 반어적 표현이 어딨어. |
| 해설 | '반어적 표현'은 찾아보기 어렵습니다. 애초에 이런 표현이 나타난 작품이 거의 없으니, 시험장에서 과감하게 넘길 수 있는 용기가 필요합니다. |

| 선지 | ① | ② | ③ | ④ | ⑤ |
|------|-----|-----|-----|-----|-----|
| 선택률 | 5% | 72% | 6% | 12% | 5% |

## 101 무대 상연을 전제로 하는 희곡의 특성을 고려할 때, ⓐ~ⓔ를 설명한 내용으로 가장 적절한 것은? ②

– '무대 상연을 전제로 하는 희곡의 특성'이라고 했습니다. 극문학을 읽을 때는 이렇게 '무대'를 상상하며 읽어주시는 게 좋아요.

① ⓐ: 무대 장치의 이동으로 극중 공간을 좌우로 분리시킨다.

> (조명, 밝게 변화한다. ⓐ한가운데 펼쳐 있던 천막이 접혀지면서 무대 천장 위로 올라간다. 함묘진의 집. 함묘진이 성난 모습으로 등장한다. 함이정과 조숭인은 서연의 관, 촛대, 향로 등을 무대 밖으로 갖고 나간다.)

| 선지 유형 | 근거가 있어서 허용 불가능 |
|------|------|
| 실전에서의 판단 과정 | 위로 올라가는데 왜 좌우로 분리되냐. |
| 해설 | 한가운데 펼쳐 있던 천막이 '위'로 올라간다고 했습니다. '좌우'로 분리되어 있던 공간이 통합되는 것이겠죠? 이를 근거로 하면 '좌우로 분리'시키는 건 절대 허용할 수 없겠습니다. |

② ⓑ: 등장인물들의 의상 교체로 장면 전환을 나타낸다.

> (ⓑ상복을 벗고 밝은 색 옷을 입은 함이정과 조숭인, 무대 안으로 나온다.)

| 선지 유형 | 근거가 있어서 허용 가능 |
|------|------|
| 실전에서의 판단 과정 | 의상이 바뀌면서 과거로 왔다는 걸 확실하게 알 수 있었지. |
| 해설 | 지문을 읽으면서 미리 생각한 내용이죠? 현재 시점에 입고 있던 '상복'을 벗고 과거 시점의 옷인 '밝은 색 옷'으로 갈아입었다는 것을 통해 과거 장면이 되었음을 명확하게 알려 주었습니다. 이들이 '무대 안'으로 들어오는 모습을 상상하면, 관객들이 '장면 전환'을 인식했다는 말을 충분히 허용할 수 있겠죠. |

③ ⓒ: 조명 변화를 통해 등장인물들의 갈등 해소를 보여 준다.

> (서연과 함이정, 일어선다. 돌부처를 만들면서 길을 따라간다. 물 흐르는 소리가 점점 가깝게 들려온다. ⓒ조명, 개울물의 흐름을 나타낸다.)

| 선지 유형 | 근거가 없어서 허용 불가능 |
|------|------|
| 실전에서의 판단 과정 | 갈등이 없는데 어떻게 해소해. |
| 해설 | '조명 변화'는 있는데, 저 장면에서 인물들의 갈등을 허용할 만한 근거가 없죠? 갈등이 없는데 갈등 해소는 말이 안 되네요. |

④ ⓓ: 등장인물이 무대 밖에서 피아노로 음향 효과를 낸다.

> (서연과 함이정, 잠시 개울물 양쪽에서 서로를 바라본다. ⓓ조숭인이 피아노 앞에 앉아 건반을 두드리며 작곡 중이다. 개울물 건너쪽, 눈부시도록 밝아진다. 때를 놓치지 않으려는 듯 함묘진이 다급하게 휠체어 바퀴를 굴리면서 들어온다. 그는 피아노 옆을 지나 개울물을 건너간다.)

| 선지 유형 | 근거가 있어서 허용 불가능 |
|------|------|
| 실전에서의 판단 과정 | 함묘진이 피아노 옆을 지나고 있다고 했으니 무대 안이라고 해야지. |
| 해설 | '조숭인'이 피아노를 치고 있는데, '함묘진'이 그 옆을 지나면서 개울물을 건너고 있습니다. '개울물'은 '서연'이 있는 공간으로 가는 길로, '무대 안'에 있는 곳이라고 할 수 있겠죠. 이러한 공간으로 가는 길에 '피아노'를 지났다는 것은, 피아노 역시 '무대 안'에 있는 소품임을 의미하겠습니다. 이번에도 근처 맥락을 정확히 독해하는 것이 핵심이었네요. |

⑤ ⓔ: 소품을 이용해서 극적 긴장감을 완화시킨다.

> 코러스(돌부처)들, 개울물을 건너가는 서연을 배웅하듯이, 따라가듯이, 마중하듯이, 서연과 함께 어우러져 춤을 추며 간다. 개울 저쪽, 눈부시도록 빛이 밝다. ⓔ함묘진이 다급하게 휠체어 바퀴를 굴리며 들어온다.)

| 선지 유형 | 근거가 있어서 허용 불가능 |
|------|------|
| 실전에서의 판단 과정 | 극적 긴장감 최고조에 이르는데? |

| 해설 | '극적 긴장감'은 독자의 흥미에 비례하는 것이라고 했습니다. ⓔ 부분은 내용이 절정에 달하는 부분이니 '극적 긴장감'이 극대화된다고 해야겠죠. |
|---|---|

| 선지 | ① | ② | ③ | ④ | ⑤ |
|---|---|---|---|---|---|
| 선택률 | 7% | 9% | 5% | 72% | 7% |

**102** 〈보기〉를 바탕으로 (가), (나)를 감상한 내용으로 적절하지 않은 것은? [3점] ④

① (가)의 '집'과 '거리'는 삶의 방향을 정하지 못했던 화자에게 대비적으로 인식되었던 공간이군.

> 거리에 나와서 집을 보고 집에 앉아서 거리를 그리던 어리석음도 이제는 모두 사라졌나 보다

| 선지 유형 | 근거가 있어서 허용 가능 |
|---|---|
| 실전에서의 판단 과정 | 거리에선 집을 보고 집에선 거리를 보면 대비되는 공간이라고 할 수 있지. |
| 해설 | '거리'에서는 '집'을, '집'에서는 '거리'를 본다고 했습니다. 서로 바라볼 수 있는 다른 공간으로 표현되었으니 이를 근거로 하면 두 공간을 '대비'되는 공간으로 인식하고 있다고 할 수 있겠죠? 나아가 화자가 '삶의 방향을 정하지 못했'다는 것은 주제를 고려할 때 당연히 맞는 말이구요. |

② (가)에서 생활공간과 대비되는 '먼 산정'은 화자가 자신의 현실을 응시하기 위해 상정한 공간이군.

> 먼 산정에 서 있는 마음으로 나의 자식과 나의 아내와 그 주위에 놓인 잡스러운 물건들을 본다

| 선지 유형 | 근거가 있어서 허용 가능 |
|---|---|
| 실전에서의 판단 과정 | 먼 산정에 서 있는 마음으로 자신의 현실을 보고 있으니 맞지. |
| 해설 | '먼 산정'에서는 나의 자식, 아내, 그리고 잡스러운 물건들을 본다고 합니다. 이것들은 모두 '생활', 즉 자신의 현실과 관련된 것이라고 할 수 있겠죠? 그럼 '먼 산정'에서 자신의 현실을 응시한다는 것은 충분히 허용할 수 있겠습니다.<br><br>결국 '먼 산정'을 '생활공간과 대비되는 곳'으로 볼 수 있느냐가 핵심인데, 충분히 그렇게 생각할 수 있겠죠? '먼'이라는 거리감이 느껴지는 표현이 있다는 점, 그리고 먼 산정에 서 있는 '마음으로' 본다 |

고 했다는 점 등을 근거로 하면 '먼 산정'은 본인의 생활공간이 아니라는 것으로 볼 수 있는 것이죠.

③ (나)에서 '작업장'은 불상을 제작하는 과정에서 동연과 서연의 예술관이 부딪치는 공간이군.

> **동연, 서연** : 부르셨습니까?
> **함묘진** : 작업장엔 너희들이 없더구나!
> **동연** : 죄송합니다. 잠깐 밖에 나가 있었습니다.
> **함묘진** : 밖에는 왜?
> **동연** : 말다툼 때문에…… 서로 의견이 달라서요.

| 선지 유형 | 근거가 있어서 허용 가능 |
|---|---|
| 실전에서의 판단 과정 | 작업장에서 싸우다가 밖으로 나간 것이니 예술관 부딪친 거 맞지. |
| 해설 | '동연'과 '서연'은 '작업장'에서 불상을 제작하다가, '부처의 마음'과 관련된 예술관이 충돌하여 '말다툼'을 했고, 이에 잠시 밖에 나가 있었다고 합니다. 내용 그 자체를 읊은 선지이므로 어렵지 않게 허용할 수 있겠네요. |

④ (나)의 '돌부처'를 만들며 가는 '길'은 '하늘'과 대비되는 곳으로 서연의 예술관이 조숭인에게 전수되는 공간이군.

> (서연과 함이정, 일어선다. 돌부처를 만들면서 길을 따라간다. 물 흐르는 소리가 점점 가깝게 들려온다. 조명, 개울물의 흐름을 나타낸다.)
>
> **함이정** : 개울물이에요, 서연 오빠. 여기서 길은 끊겼어요.
> **서연** : (개울가로 다가가서 두 손으로 물을 떠서 마시며) 너도 마시렴. 목마를 텐데…….
> **함이정** : (서연 곁으로 가서 개울물을 바라본다.) 물 위에 비쳐 보여요, 우리 얼굴이…… 얼굴 뒤엔 구름이…… 구름 뒤엔 하늘이……. (물을 떠서 마신다.) 물이 맑고 시원해요.

| 선지 유형 | 근거가 없어서 허용 불가능 |
|---|---|
| 실전에서의 판단 과정 | 갑자기 왜 조숭인에게 전수를 해. |
| 해설 | '길'과 '하늘'이 대비된다고 하는 건 조금 애매한데, 서연의 예술관이 조숭인에게 전수된 적이 있나요? 애초에 서연과 조숭인이 대화를 하는 장면도 없어요. 근거가 없으니 허용할 수 없겠네요. |

⑤ (나)의 개울물 '저쪽'은 개울물 '이쪽'과 대비되는 곳으로 예술의 본질을 추구하던 서연이 도달하게 되는 공간이군.

> **함이정** : 오빠, <u>이쪽</u>으로 나와요.
> **서연** : (개울물을 건너가며) 난 이제 <u>저쪽</u>으로 간다.

| 선지 유형 | 근거가 있어서 허용 가능 |
|---|---|
| 실전에서의 판단 과정 | 이쪽/저쪽은 당연히 대비되고, 서연이 예술의 본질을 추구하는 것도 맞지. |
| 해설 | '저쪽'과 '이쪽'은 단어 자체로도 대비되지만, 각각 '서연'과 '함이정'이 있는 곳이라는 점에서 확실하게 대비된다고 할 수 있습니다. 나아가 '서연'이 예술의 본질을 추구한다는 건 지문 전체 내용을 근거로 충분히 허용할 수 있죠? |

| 선지 | ① | ② | ③ | ④ | ⑤ |
|---|---|---|---|---|---|
| 선택률 | 3% | 5% | 84% | 5% | 3% |

## 103 (나)의 등장인물에 대한 이해로 적절하지 <u>않은</u> 것은? ③

① "그런데 어느 날, 스승인 아버님이 ~ 두 제자들이 자릴 비우고 없었어."라는 대사에서 함이정은 극 중의 사건을 현재에서 과거로 전환시키는 기능을 한다.

> **함이정** : 그땐 좋았다. 두 분 다 우리 집에서 가족처럼 살면서, 우리 아버님한테 불상 제작을 배우는 제자였지. <u>그런데 어느 날, 스승인 아버님이 불상 제작장에 가 보니까 두 제자들이 자릴 비우고 없었어.</u> 몹시 화가 난 아버님은 집 안으로 들어와 제자들의 이름을 부르셨지. "동연아! 서연아!" 아버님 목소리가 어찌나 쩌렁쩌렁 울렸는지, 천 리 밖까지 들릴 것 같더라.

| 선지 유형 | 근거가 있어서 허용 가능 |
|---|---|
| 실전에서의 판단 과정 | 저 대사 이후로 과거로 돌아갔으니 허용되지. |
| 해설 | 저 대사를 할 때 '함이정'은 '조숭인'과 함께 누군가의 장례식을 치르고 있었습니다. 그러다 저 대사를 기점으로 과거 장면으로 사건이 전환되는 모습을 보였죠? 가볍게 허용할 수 있습니다. |

② "동연아! 서연아! 어디 있느냐?"라는 대사에서 함묘진은 '어머니의 처녀 시절' 이야기 속의 인물들을 무대로 등장하게 하는 기능을 한다.

> **조숭인** : 네. 제가 태어나기 전, <u>어머니의 처녀 시절</u>부터요. 그때 두 분 아버지의 관계는 어땠죠?
>
> (중략)
>
> **함묘진** : <u>동연아! 서연아! 어디 있느냐?</u>

| 선지 유형 | 근거가 있어서 허용 가능 |
|---|---|
| 실전에서의 판단 과정 | 저 대사 이후에 동연이랑 서연이가 등장하지. |
| 해설 | '어머니의 처녀 시절' 이야기 속의 대표적인 인물들로 '동연, 서연'을 꼽을 수 있습니다. '함묘진'이 이들을 찾자 '동연'과 '서연'이 무대로 등장했었죠? |

③ "할아버지 목청은 왜 저렇게 커요?"라는 대사에서 조숭인은 등장인물의 행동을 평하면서 다른 인물들 간의 갈등을 유발하는 기능을 한다.

> **조숭인** : <u>할아버지 목청은 왜 저렇게 커요?</u>
> **함이정** : 귀머거리도 들을 정도야. 그치?

| 선지 유형 | 근거가 없어서 허용 불가능 |
|---|---|
| 실전에서의 판단 과정 | 그냥 할아버지 목소리 크다고 하는 건데 갈등을 어떻게 유발해. |
| 해설 | 단순히 할아버지 목소리가 크다는 건데, 이것이 '갈등'을 유발한다는 건 너무 근거가 없는 생각이죠? 그리고 애초에 '조숭인'이 저 대사를 하기 전부터 인물들 간의 갈등(동연vs서연, 함묘진vs동연/서연)은 존재하는 모습이었습니다. '조숭인'이 갈등을 유발하는 것이 아예 불가능한 것이죠. |

④ "서연은 쓸데없는 주장으로 저를 괴롭힙니다."라는 대사에서 알 수 있듯 동연은 '어머니의 처녀 시절' 이야기 속 갈등의 한 축으로서 기능한다.

> **조숭인** : 네. 제가 태어나기 전, <u>어머니의 처녀 시절</u>부터요. 그때 두 분 아버지의 관계는 어땠죠?
>
> (중략)
>
> **서연** : 그런데 저는…… 부처의 모습을 만들어도, 부처의 마음이 그 안에 없다면 무슨 소용이 있겠는가 했습니다.
> **동연** : 사부님, 서연을 꾸짖어 주십시오. <u>서연은 쓸데없는 주장으로 저를 괴롭힙니다.</u>

| 선지 유형 | 근거가 있어서 허용 가능 |
| --- | --- |
| 실전에서의 판단 과정 | 동연이가 갈등의 한 축인 건 확실하지. |
| 해설 | '어머니의 처녀 시절' 이야기에서 핵심적인 갈등은 '동연'과 '서연'의 예술관에 대한 갈등입니다. '동연'이 '서연'의 주장을 '쓸데없'다고 하는 데에서 이러한 모습이 잘 드러나죠? 따라서 '동연'이 갈등의 한 축이라는 것은 너무나 당연하게 허용이 되겠습니다. |

## FAQ

**Q** 이 문제를 풀다보니 이상한 점이 있어요. 분명히 어머니의 '처녀 시절' 이야기인데, 왜 '조숭인'이 "할아버지 목청은 왜 저렇게 커요?"라는 대사를 하고 있나요? '처녀 시절'이면 아직 '조숭인'이 태어나기 전이어야 하는 것 아닌가요?

**A** 날카로운 질문이네요. 일단 '조숭인'이 '어머니의 처녀 시절' 이야기를 해달라고 했고 '함이정'이 그에 대답하고 있으니, '동연'과 '서연'의 이야기는 분명히 '처녀 시절'일 것입니다. 말씀하신 대로 '조숭인'은 존재하면 안 되는 시기죠. 따라서 이때 '조숭인'이 대사를 한다는 것은, 현재의 '조숭인'이 과거 장면을 보면서 어머니와 이야기를 나누는 것이라고 봐야 할 것입니다. 즉, "할아버지 목청은 왜 저렇게 커요?"는 어린 시절의 '조숭인'이 아니라 현재의 '조숭인'이 하는 대사라는 것이죠.

실제 이 작품의 대본을 보아도, '조숭인'이 태어나기 전부터 태어난 직후의 과거 이야기를 '조숭인'과 '함이정' 둘이서 감상하며 이야기를 나누는 형태로 되어 있습니다. 물론 문제를 푸는 데에는 아무런 도움이 되지 않고, 실제 작품의 내용을 모른다면 하기 힘든 생각이기는 합니다. 정말로 궁금한 학생들을 위해 쓴 내용이라고 봐 주세요.

⑤ "돌로도 부처님을 ~ 안 될 건 없지."라는 대사에서 알 수 있듯 서연은 작품의 주제 의식을 전달하는 인물 중 하나로 기능한다.

> **함이정** : 오빠…… 뭘 하는 거죠?
> **서연** : 물부처를 만든다.
> **함이정** : 물부처요?
> **서연** : 돌로도 부처님을 만드는데, 물이라고 안 될 건 없지.

| 선지 유형 | 근거가 있어서 허용 가능 |
| --- | --- |
| 실전에서의 판단 과정 | 당연한 소리 아니야? |

| 해설 | 애초에 모든 인물은 작품의 '주제 의식'을 전달하는 기능을 할 것이고, 특히 '서연'은 '부처의 마음'에 집중하면서 그 기능을 더욱 잘 수행하고 있었습니다. |
| --- | --- |

### 현대시 독해 연습

> **(가)**
> 만약에 나라는 사람을 유심히 들여다본다고 하자
> 그러면 나는 내가 시와는 반역된 생활을 하고 있다는
> 것을 알 것이다

화자는 자신의 모습을 들여다보면서 자아성찰을 하고 있습니다. 그리고 자신이 '시와는 반역된 생활'을 하고 있다는 것을 깨닫고 있어요. 시인이라는 작가의 정체성을 생각해보면 이에 대해 반성하는 방식으로 내용이 전개되겠죠?

> 먼 산정에 서 있는 마음으로 나의 자식과 나의 아내와
> 그 주위에 놓인 잡스러운 물건들을 본다

화자는 '먼 산정'에서 '자식·아내·잡스러운 물건들'을 보고 있습니다. '시와는 반역된 생활'인 화자의 일상적인 모습들을 멀리서 바라보는 것이겠죠? 이 역시 화자 주변의 풍경이라는 점에서 자아성찰을 하는 모습의 연장선상이라고 할 수 있겠습니다.

> 그리고
> 나는 이미 정해진 물체만을 보기로 결심하고 있는데
> 만약에 또 어느 나의 친구가 와서 나의 꿈을 깨워 주고
> 나의 그릇됨을 꾸짖어 주어도 좋다

이러한 상황에서, 화자는 이미 정해진 물체만을 보기로 결심하고 있다고 해요. 화자는 현재 '시와는 반역된 생활'을 하고 있으니, 여기서 '정해진 물체만을 보는 것'은 '시'를 지향하는 태도는 아니라고 할 수 있겠죠?

하지만 화자는 자신이 잘못하고 있다는 것을 알고 있습니다. '나의 친구'가 와서 자신의 '꿈'을 깨워 주고, 자신의 '그릇됨'을 꾸짖어 주어도 좋다고 하고 있어요. '나의 친구'라는 표현을 사용하기는 했지만, 사실은 화자 자신이 지금 스스로의 '꿈'을 깨우고 싶고 자신의 '그릇됨'을 반성하고 싶은 모습이라고 할 수 있겠습니다. 화자는 앞에서부터 계속 자아성찰을 하고 있었으니까요.

그리고 이때의 '꿈'은 당연히 '시를 지향하는 것'이라고 할 수 있겠죠? '시와는 반역된 생활'을 하는 자신을 꾸짖고 있으니, 현실과 반대되는 '꿈'은 '시와 반역되지 않은 생활'이라고 할 수 있으니까요.

> 함부로 흘리는 피가 싫어서
> 이다지 낡아빠진 생활을 하는 것은 아니리라

화자는 '함부로 흘리는 피'가 싫어서 이렇게 '낡아빠진 생활'을 하는 것은 아니라고 합니다. '낡아빠진 생활'은 당연히 '시와는 반역된 생활'을 의미하는 것이겠고, '함부로 흘리는 피'는 반대로 '시를 지향'할 때 발생하는 결과라고 할 수 있겠죠. '시를 지향'하면서 '피'를 흘리는 것이 싫어서 '시와는 반역된 생활'을 하는 것은 아니라는 겁니다. 다른 이유가 있다는 것이죠!

> 먼지 낀 잡초 우에
> 잠자는 구름이여

추상적이고 어려운 행들이지만, '잠자는'이라는 말과 앞에서 봤던 '꿈'을 연결지을 수 있을 것 같습니다. 화자는 '나의 친구'가 와서 자신의 '꿈'을 '깨워 주'기를 바라고 있었어요. 즉, 자신의 '꿈'이 현재는 잠들어 있다는 것인데, 이로부터 '잠자는 구름'이 곧 화자의 '꿈'이라는 것을 읽어낼 수 있는 것이죠.

화자는 자신의 현재 처지를 '먼지 낀 잡초'로 보고, 그 위에 자신의 '꿈'이 잠자고 있다는 이야기를 하는 것입니다. '시를 지향'하지 못하는 자신의 처지를 계속해서 비판적으로 보고 있네요.

> 고생도 마음대로 할 수 없는 세상에서는
> 철 늦은 거미같이 존재 없이 살기도 어려운 일

화자는 '시를 지향'하여 피도 흘리고 '고생'도 하고 싶지만, 그것을 마음대로 할 수는 없습니다. 역시 앞쪽의 내용과 연계해서 이해하면, '나의 자식과 나의 아내'라는 표현에 집중할 수 있겠죠? '고생'하고 싶어도 가족들이 있기 때문에 마음대로 할 수는 없는 상황입니다.

하지만 그렇다고 '철 늦은 거미'같이 사는 것도 쉽지 않아요. '존재 없이'라는 말은 아마 '시와 반역된 생활'을 의미할 텐데, 이렇게 살자니 그것도 참 괴로운 일이니까요.

> 방 두 칸과 마루 한 칸과 말쑥한 부엌과 애처로운 처를 거느리고
> 외양만이라도 남과 같이 살아간다는 것이 이다지도 쑥스러울 수가 있을까

화자는 다시 자신의 생활을 성찰하고 있습니다. 적당한 집에서 처와 함께 '외양만이라도 남과 같이 살아'가는 것에 '쑥쓰러움'을 느끼고 있어요. '시와는 반역된 생활'에 대해 부정적으로 생각하는 화자의 마음이 계속해서 재진술되고 있습니다.

> 시를 배반하고 사는 마음이여
> 자기의 나체를 더듬어 보고 살펴볼 수 없는 시인처럼 비참한 사람이 또 어디 있을까

계속해서 '시와 반역된 생활'을 하는 자신의 모습을 비판적으로 바라보고 있습니다. 화자가 생각하기에 시를 쓰는 것은 '자신의 나체를 더듬어 보고 살펴보는 행위'인데, 그것을 못하는 자신의 모습을 '비참'하게 바라보고 있네요. 마치 독서 지문처럼 재진술의 향연이죠?

> 거리에 나와서 집을 보고 집에 앉아서 거리를 그리던 어리석음도 이제는 모두 사라졌나 보다
> 날아간 제비와 같이

화자는 원래 '거리'에 나와서 '집'을 보고, '집'에서는 '거리'를 그리는 '어리석음'을 가지고 있었습니다. 맥락상 '거리=시와 관련된 곳', '집=시와는 반역된 곳'이라고 할 수 있겠죠? 눈앞에 있는 가족들 생각에 제대로 시를 지향할 수도 없고, 집에 있으면 계속해서 시가 아른거리는 갈등의 모습을 보였던 것입니다.

그런데 화자는 이제 이러한 '어리석음'이 '날아간 제비'처럼 모두 사라졌다고 말하고 있어요. 갈등 상황에서 벗어나려는 모습을 보이고 있어요! 시인이라는 작가의 정체성을 고려하면, 그리고 시인의 삶을 노래하고 있다는 주제를 고려하면 '시를 지향하는 삶'을 선택할 것이라고 생각할 수 있겠습니다. 마치 고전시가에서 '속세vs자연'의 대립이 있으면 언제나 '자연'이 승리하는 것처럼 당연한 것이에요.

> 날아간 제비와 같이 자국도 꿈도 없이
> 어디로인지 알 수 없으나
> 어디로이든 가야 할 반역의 정신

이렇게 '어리석음'이 사라졌으니 화자는 어딘가로 가야 합니다. 화자는 '자국도 꿈도 없이', 어디든 가야겠다는 의지를 보여 주고 있어요. 그러면서 '반역의 정신'을 이야기하고 있네요. 이때의 '반역'을 '시와는 반역된 생활'의 '반역'과 같은 의미로 읽는 건 독해력이 부족한 것이겠죠? 화자는 분명 '시를 지향하는 삶'을 선택할 것이고, 따라서 이때의 '반역'은 '그동안의 삶'에 대한 것으로 보아야 합니다.

> 나는 지금 산정에 있다―
> 시를 반역한 죄로
> 이 메마른 산정에서 오랫동안 꿈도 없이 바라보아야 할 구름
> 그리고 그 구름의 파수병인 나.
>
> 　　　　　　　　　　　　　-김수영, 「구름의 파수병」-

화자는 다시 아까의 '산정'으로 옵니다. 아까의 '산정'은 자신의 일상을 되돌아보는 공간이었는데, 이번엔 '구름'을 바라보아야 한다고 하고 있어요. 앞에서 '구름'은 화자의 '꿈'으로 '시'와 관련된 것임을 파악했는데, 화자는 자신이 '시를 반역한 죄'를 지었기에 그에 대한 벌로 자신의 '꿈'인 '구름'을 바라보기만 해야 한다고 생각하는 것이죠. 그 전에는 '산정'에서 자신의 일상을 바라보았는데 이제는 '꿈'을 바라본다는 점에서 화자의 '시'에 대한 명확한 지향이 드러나는 모습입니다.

나아가 화자는 자신을 그 '구름의 파수병'으로 인식하고 있어요. '파수병'은 무언가를 지키는 병사를 의미하는데, 자신을 '구름'이라는 '꿈'을 바라보고 지키기만 하는 존재로 인식하는 모습인 것이죠.

이때 '오랫동안 꿈도 없이'와 같은 표현에 주목하면, 화자가 적극적으로 '시를 지향'하는 것이 아닌 그저 자신의 '꿈'을 바라보고 지키기만 하는 소극적인 지향을 하고 있다는 것도 생각할 수 있을 것 같아요. 가족들의 생활 등 현실적인 이유 때문에 정말로 '꿈'을 이룰 수는 없지만, 그동안 그 '꿈'을 외면하고 살았으니 그에 대한 벌로 그 '꿈'을 바라보고 지키는 '파수병' 역할을 하겠다는 것이죠.



| 핵심 point |

① **허용 가능성 평가** : 선지의 내용을 '허용'하려는 태도를 바탕으로 지문을 '독해'하며 '근거'를 찾아야 합니다. 허용할 수 있는 '근거'가 있어야만 허용할 수 있습니다. 주관적인 생각을 개입시키면 안 됩니다.

② **현대시 독해** : 〈보기〉의 도움 등을 통해 '주제' 위주로, 그리고 일상 언어의 감각으로 읽어내면 됩니다. 현대시도 읽을 수 있는 하나의 글입니다.

③ **극문학 독해** : 소설과 마찬가지로, '심리와 행동의 근거'를 바탕으로 인물에게 '공감'하며 읽어야 합니다. 이 과정이 물 흐르듯 이어지면 지문의 내용을 완벽하게 이해할 수 있어요. 이때 '대사 외 부분'에 주목하며 장면을 상상하면서 읽으면 훨씬 깊게 받아들일 수 있을 것이에요.

| 지문 내용 총정리 |

현대시와 극문학이 섞인 독특한 형태의 지문이었습니다. 다만 둘 사이의 연계성이 그리 강하지는 않아 현대시 지문 하나, 극문학 지문 하나를 푸는 느낌이었어요. '독해'를 기반으로 한 '허용 가능성 평가'라는 원칙을 이용하면 시간은 좀 걸려도 어렵지 않게 해결할 수 있는 세트였을 것으로 보입니다.

〈보기〉 확인

---[보기]---

「유원십이곡」은 <u>강호에서의 삶을 추구</u>하는 노래지만, 화자는 강호에 머문 뒤에도 강호와 속세 사이에서 갈등을 반복한다. 이는 강호에서의 만족한 삶이라는 이상에 도달하는 것이 쉽지 않음을 보여 주는 것이다. 그뿐 아니라 화자가 갈등을 반복하면서도 <u>항상 강호를 선택</u>하는 모습은, 결국 자신의 결정이 가치 있는 것임을 드러내기 위한 것으로 이해할 수 있다.

---

전형적으로 자연을 예찬하는 고전시가의 내용이라고 할 수 있네요. 강호와 속세 사이에서 '갈등'을 반복하기도 하지만, 항상 강호를 택하면서 자연을 예찬하는 작품일 것으로 보입니다. 주제를 얻었으니 소중하게 가지고 가도록 합시다.

---[보기]---

「조용」에서 필자는 '나'와 '게으름 귀신'의 대화라는 구조를 활용하여 게으름에 대한 사색의 결과를 담아내고 있다. 필자는 <u>게으름의 양면성</u>을 드러내어 게으름의 부정적 측면을 경계하는 한편 게으름의 긍정적 측면을 통해 <u>세태에 대한 비판적 시각</u>을 보여 준다.

---

(나)는 '게으름의 양면성'이라는 독특한 이야기를 바탕으로, '세태에 대한 비판적 시각'이라는 주제를 담고 있는 작품인가 보네요. 우리는 흔히 나쁘게만 보는 '게으름'이 어떤 긍정적 측면을 가지고 있고, 그게 '세태 비판'과 어떻게 연결되는지 궁금해하면서 읽어보도록 합시다.

실전적 지문 독해

---

(가)
　문장(文章)을 흐쟈 흐니 인생식자(人生識字) 우환시(憂患始)*오
　→ 문장을 하자 하니 글자를 알면 고통스럽고
　공맹(孔孟)을 비호려 흐니 도약등천(道若登天) 불가급(不可及)*이로다
　→ 공맹을 배우고자 하니 도를 알기도 어렵다.
　이 내 몸 쓸 딕 업스니 성대농포(聖代農圃)* 되오리라
　→ 이 내 몸 쓸 데 없으니 농사나 짓자

〈제1장〉

---

홍진(紅塵)에 절교(絕交)흐고 백운(白雲)으로 위우(爲友)흐야
→ 속세에 절교하고 자연과 어울리자
녹수(綠水) 청산(靑山)에 시름 업시 늘거 가니
→ 자연 속에서 시름 없이 늙어 가니
이 듕의 무한지락(無限至樂)을 헌스홀가 두려웨라
→ 이 중의 무한지락을 한사할까 두려워라

〈제3장〉

인간(人間)의 벗 잇단 말가 나는 알기 슬희여라
→ 인간의 벗이 있단 말인가 나는 알기 슬프다
물외(物外)에 벗 업단 말가 나는 알기 즐거웨라
→ 물밖에 벗이 없단 말이냐 나는 알기 즐겁다
<u>슬커나 즐겁거나 내 분인가 흐노라</u>
→ 슬프거나 즐겁거나 내 분인가 한다

〈제6장〉

유정(有情)코 무심(無心)홀 손 아마도 풍진(風塵) 붕우(朋友)
→ 유정하고 무심한 건 아마도 풍진 붕우고
무심(無心)코 유정(有情)홀 손 아마도 강호(江湖) 구로(鷗鷺)
→ 무심하고 유정한 건 아마도 강호 구로다
이제야 작비금시(昨非今是)*을 씨둗론가 흐노라
→ 이제야 옳은 것을 깨달았나 한다

〈제8장〉

도팽택(陶彭澤) 기관거(棄官去)*홀 제와 태부(太傅) 걸해귀(乞骸歸)*홀 제
→ 도연명이 벼슬을 버릴 때와 걸해귀가 사직을 간청할 때
호연(浩然) 행색(行色)을 뉘 아니 부러흐리
→ 호연 행색을 누가 아니 부러워할까
<u>알고도 부지지(不知止)*흐니 나도 몰나 흐노라</u>
→ 알고도 (속세에 대한 욕심을) 그만두질 못하니 나도 모르겠다

〈제9장〉

인간(人間)의 풍우(風雨) 다(多)흐니 므스 일 머무느뇨
→ 인간 세상의 풍우가 많으니 무슨 일 머무는가
물외(物外)에 연하(煙霞) 족(足)흐니 므스 일 아니 가리
→ 물밖에 연하 만족하니 무슨 일이 아니 갈까
<u>이제눈 가려 정(定)흐니 일흥(逸興) 계워 흐노라</u>
→ 이제는 가서 정하려니까 신난당

〈제11장〉<br>-안서우, 「유원십이곡」-

* 인생식자 우환시 : 사람은 글자를 알게 되면서부터 근심이 시작됨.
* 도약등천 불가급 : 도는 하늘로 오르는 것과 같이 미치기 어려움.
* 성대농포 : 태평성대에 농사를 지음.
* 작비금시 : 어제는 그르고 지금은 옳음.
* 도팽택 기관거 : 도연명이 벼슬을 버리고 떠남.
* 태부 걸해귀 : 한나라 태부 소광이 사직을 간청함.
* 부지지 : 그만두어야 할 때를 알지 못함.

제 해설이 항상 그렇듯, 위의 현대어 풀이는 완벽하지 않습니다. 제가 실제 시험장에서 저 정도 읽었다는 것이에요. '현대어와 비슷하게 대충.' 고전시가 읽기의 기본적인 태도 기억하시죠? 보다 정확한 해석을 원하신다면 『P.I.R.A.M 국어 필수 고전시가』 책을 참고해보세요.

나중에 문제를 풀 때야 엄청나게 꼼꼼하게 읽겠지만, 실전에서는 대충 읽으셔도 됩니다. 전반적으로 자연 속에서 자연을 좋아한다는 주제 정도만 잡아주시면 돼요. 처음 보는 시라도, 아무리 어려운 내용을 가지고 있다고 해도 고전시가를 비롯한 운문문학 해결법은 똑같아요.

(나)

　어느 날 나는 잠이 들었는데 비몽사몽간이었다. 정신이 산란하고 병이 아닌데 병이 든 듯하여 그 원기가 상했다. 가슴이 돌에 눌린 것처럼 답답한 게 게으름의 귀신이 든 것이 틀림없었다. 무당을 불러 귀신에게 말하게 했다.

　"네가 내 속에 숨어들어서 큰 병이 났다. …(중략)… 게을러서 집을 수리할 생각도 못하며, 솥발이 부러져도 게을러서 고치지 않고, 의복이 해져도 게을러서 깁지 않으며, 종들이 죄를 지어도 게을러서 묻지 않고, 사람들이 시비를 걸어도 게을러서 화를 내지 않아서, 마침내 날로 행동은 굼떠 가고, 마음은 바보가 되며, 용모는 날로 여위어 갈 뿐만 아니라 말수조차 줄어들고 있다. 이 모든 허물은 네가 내게 들어와 멋대로 함이라. 어째서 다른 이에게는 가지 않고 나만 따르며 귀찮게 구는가? 너는 어서 나를 떠나 저 낙토(樂土)로 가거라. 그러면 나에게는 너의 피해가 없고, 너도 너의 살 곳을 얻으리라."

　이에 귀신이 말했다.

잠이 들어 '게으름 귀신'이 든 글쓴이가 '게으름 귀신'에게 물러나라고 하는 부분입니다. 〈보기〉에서 이야기했던 대로 '게으름'의 부정적 측면이 나오고 있죠? 글쓴이는 자신이 게을러져서 너무 힘드니 제발 자기 몸에서 나가라고 하고 있습니다.

　"그렇지 않습니다. 내가 어떻게 당신에게 화를 입히겠습니까? 운명은 하늘에 있으니 나의 허물로 여기지 마십시오. 굳센 쇠는 부서지고 강한 나무는 부러지며, 깨끗한 것은 더러워지기 쉽고, 우뚝한 것은 꺾이기 쉽습니다. 굳은 돌은 고요함으로 이지러지지 않고, 높은 산은 고요함으로 영원한 것입니다. 움직이는 것은 쉽게 요절하고 고요한 것은 장수합니다. 지금 당신은 저 산처럼 오래 살 것입니다. 경우에 따라서는 세상의 근면은 화근이, 당신의 게으름은 복의 근원이 될 수도 있지요. 세상 사람들은 세력을 좇다 우왕좌왕하여 그때마다 시비의 소리가 분분하지만, 지금 당신은 물러나 앉았으니 당신에 대한 시비의 소리가 전혀 없지 않습니까? 또 세상 사람들은 물욕에 휘둘려서 이익을 얻기 위해 날뛰지만, 지금 당신은 걱정이 없어 제정신을 잘 보존하니, 당신에게 어느 것이 흉하고 어느 것이 길한 것이겠습니까? 당신이 이제부터 유지(有知)를 버리고 무지(無知)를 이루며, 유위(有爲)를 버리고 무위(無爲)에 이르며, 유정(有情)을 버리고 무정(無情)을 지키며, 유생(有生)을 버리고 무생(無生)을 즐기면, 그 도는 죽지 않고 하늘과 함께 아득하여 태초와 하나가 될 것입니다. 내가 앞으로도 당신을 도울 것인데, 도리어 나를 나무라시니 자신의 처지를 아십시오. 그래서야 어디 되겠습니까?"

　이에 나는 그만 말문이 막혔다. 그래서 앞으로 나의 잘못을 고칠 터이니 그대와 함께 살기를 바란다고 했더니, 게으름은 그제야 떠나지 않고 나와 함께 있기로 했다.

-성현, 「조용(嘲慵)」-

이렇게 떠나라고 하는 글쓴이에게, '게으름 귀신'은 게으름의 긍정적 측면을 이야기해주고 있습니다. 게으르게 사니 오히려 조용하고 걱정없이 잘 살 수 있다는 거죠! 이런 식으로 자신을 버리지 말라며 설득하고, 글쓴이는 넘어가고 맙니다. 그래서 결국 게으르게 산다는(?) 이야기로 마무리되고 있네요. 〈보기〉의 내용이 그대로 녹아 있습니다. 가볍게 읽어낼 수 있겠죠?

| 선지 | ① | ② | ③ | ④ | ⑤ |
|---|---|---|---|---|---|
| 선택률 | 84% | 5% | 4% | 6% | 1% |

## 104 (가)와 (나)의 공통점으로 가장 적절한 것은? ①

– 거시적인 부분에서 답이 나올 겁니다! 미시적인 부분은 그냥 무시하면서 가볍게 해결해봅시다.

① 대조적 소재를 통해 삶에 대한 글쓴이의 인식을 드러내고 있다.

| 선지 유형 | 근거가 있어서 허용 가능 |
|---|---|
| 실전에서의 판단 과정 | 자연이랑 속세랑 대조적이고, 게으름의 양면성도 대조적이니 맞네. |
| 해설 | '자연↔속세', '게으름의 부정적 측면↔긍정적 측면'이라는 대조적 소재가 있으니 완벽하게 정답이네요. '글쓴이의 인식' 같은 당연한 말은 고민할 필요가 없겠죠? 역시 정답은 아주 거시적으로 나오는 모습이네요. |

② 명령적 어조를 통해 세태에 대한 부정적 시각을 진술하고 있다.

| 선지 유형 | 근거가 없어서 허용 불가능 |
|---|---|
| 실전에서의 판단 과정 | 명령적 어조가 어디 있는데? |
| 해설 | 일단 (가)에서는 명령적 어조를 찾아보기가 어렵습니다. 하지만 (나)에는 '게으름 귀신'으로 하여금 떠나라고 명령하는 글쓴이의 말이 나타나고 있어요. 그런데 〈보기〉를 보면, '세태에 대한 부정적 시각'은 '게으름의 긍정적 측면'을 통해 드러낸다고 했습니다. 여기서 명령적 어조는 '게으름의 부정적 측면'과 함께 나타났으니, (나)에서도 허용할 수 없는 선지가 되겠네요. 애초에 이렇게 미시적인 내용은 답이 되기 어렵겠죠? |

③ 공간의 이동을 통해 주어진 삶에 순응해야 함을 드러내고 있다.

| 선지 유형 | 근거가 없어서 허용 불가능 |
|---|---|
| 실전에서의 판단 과정 | 공간의 이동이 어디에 있는데? |
| 해설 | '공간의 이동'이 있다면 우리가 민감하게 체크했겠죠? '주어진 삶에 순응하는 자세'는 허용이 될 듯해요. 각각 '자연', '게으름'이라는 화자와 글쓴이의 현재 상황을 받아들인다는 근거가 있으니까요. |

④ 구체적인 청자를 설정하여 자연에서 얻은 깨달음을 진술하고 있다.

| 선지 유형 | 근거가 없어서 허용 불가능 |
|---|---|
| 실전에서의 판단 과정 | (가)에는 구체적인 청자가, (나)에는 자연에서 얻은 깨달음이 없지. |
| 해설 | (가)에는 눈을 씻고 찾아봐도 '구체적인 청자'가 나타나지 않습니다. (나)에서는 '게으름 귀신'이라는 청자가 나타나긴 하지만, 이러한 청자 설정으로 '자연'에서 얻은 깨달음을 진술한다는 건 주제를 너무 벗어나는 내용이죠? |

⑤ 계절의 변화를 통해 과거와 대비되는 현재의 상황을 드러내고 있다.

| 선지 유형 | 근거가 없어서 허용 불가능 |
|---|---|
| 실전에서의 판단 과정 | 계절의 변화가 도대체 어디에 나타나냐. |
| 해설 | (가)와 (나) 모두 '계절의 변화'를 허용할 만한 근거를 찾기는 어렵습니다. |

| 선지 | ① | ② | ③ | ④ | ⑤ |
|---|---|---|---|---|---|
| 선택률 | 6% | 15% | 15% | 53% | 11% |

## 105 〈보기〉를 참고하여 (가)를 이해한 내용으로 적절하지 않은 것은? [3점] ④

① 〈제1장〉의 초장에는 화자가 강호를 선택하게 되는 동기가 드러난다.

> 문장(文章)을 ㅎ쟈 ㅎ니 인생식자(人生識字) 우환시(憂患始)*오
>
> * 인생식자 우환시 : 사람은 글자를 알게 되면서부터 근심이 시작됨.

| 선지 유형 | 근거가 있어서 허용 가능 |
|---|---|
| 실전에서의 판단 과정 | 글자를 알게 되면서 근심이 시작되었고, 이것이 동기가 되어 자연을 선택한 거지. |
| 해설 | '글자를 알게 되면서부터 근심이 시작된다.'라고 했습니다. 고전시가에 대한 경험이 풍부하다면, '글자→공부→과거시험→벼슬'과 같은 논리로, 자연스레 '글자'가 곧 '속세'를 의미한다고 생각하실 수 있을 겁니다. '글자를 알면 근심이 있기 때문에 자연을 택했다!'라고 볼 여지가 충분하니 허용할 수 있겠네요. |

② 〈제3장〉의 중장에는 강호를 선택한 삶의 모습이 긍정적으로 드러난다.

| 녹수(綠水) 청산(靑山)에 시름 업시 늘거 가니 |
| --- |

| 선지 유형 | 근거가 있어서 허용 가능 |
| --- | --- |
| 실전에서의 판단 과정 | 시름이 없으니 긍정적이라고 할 수 있지. |
| 해설 | '녹수 청산'은 '강호', 즉 '자연'을 의미한다고 할 수 있겠습니다. 물(水)과 산(山)을 보고서 확실히 알 수 있겠죠? 이곳에서 화자는 '시름 없이' 늙어 간다고 합니다. 시름이 없다는데, '긍정적인 삶의 모습'을 허용하기는 너무나 쉽겠습니다. |

③ 〈제6장〉의 종장에는 화자 자신이 분수에 맞는 선택을 했음이 드러난다.

| 슬커나 즐겁거나 내 분인가 ᄒ노라 |
| --- |

| 선지 유형 | 근거가 있어서 허용 가능 |
| --- | --- |
| 실전에서의 판단 과정 | 자기 분수라는데 당연히 허용되겠지. |
| 해설 | '내 분인가 하노라'라는 표현은 '다 내 분수다.'를 의미하죠? 굉장히 자주 나오는 표현이기 때문에, 고전시가에 대한 경험치가 쌓인 학생들은 당연하게 지워낼 수 있는 선지였을 겁니다. |

④ 〈제9장〉의 중장에는 속세에 미련을 갖게 하는 가치를 언급함으로써 화자의 갈등이 드러난다.

| 도팽택(陶彭澤) 기관거(棄官去)*홀 제와 태부(太傅) 걸해귀(乞骸歸)*홀 제<br>　호연(浩然) 행색(行色)을 뉘 아니 부러ᄒ리 |
| --- |

* 도팽택 기관거 : 도연명이 벼슬을 버리고 떠남.
* 태부 걸해귀 : 한나라 태부 소광이 사직을 간청함.

| 선지 유형 | 근거가 있어서 허용 불가능 |
| --- | --- |
| 실전에서의 판단 과정 | 벼슬 버리는 걸 부럽다고 하면서 왜 속세에 미련을 갖는다고 해석하냐. |

| 해설 | 〈제9장〉의 중장에서 화자가 부러워하는 '호연 행색'은, 근처 맥락을 독해하면 '도팽택 기관거'와 '태부 걸해귀'를 의미합니다. 각주를 보면 모두 '속세'를 등진 사람들의 이야기임을 알 수 있죠? 속세를 등졌다는 것은 당연히 '자연'을 택한다는 이야기일 겁니다. 그것이 고전시가의 세계관이니까요. 이러한 근거가 있는데, '속세에 미련'을 갖게 한다는 해석은 절대로 허용할 수 없겠죠. |
| --- | --- |

⑤ 〈제9장〉의 종장에는 갈등하는 화자의 모습이, 〈제11장〉의 종장에는 자신의 선택에 만족하는 화자의 모습이 드러난다.

| 도팽택(陶彭澤) 기관거(棄官去)*홀 제와 태부(太傅) 걸해귀(乞骸歸)*홀 제<br>　호연(浩然) 행색(行色)을 뉘 아니 부러ᄒ리<br>　알고도 부지지(不知止)*ᄒ니 나도 몰나 ᄒ노라 |
| --- |

* 도팽택 기관거 : 도연명이 벼슬을 버리고 떠남.
* 태부 걸해귀 : 한나라 태부 소광이 사직을 간청함.
* 부지지 : 그만두어야 할 때를 알지 못함.

| 이제ᄂᆞᆫ 가려 정(定)ᄒ니 일흥(逸興) 계워 ᄒ노라 |
| --- |

| 선지 유형 | 근거가 있어서 허용 가능 |
| --- | --- |
| 실전에서의 판단 과정 | 나도 모르겠다고 하니 갈등을 허용할 수 있고, 흥이 난 모습을 보이고 있으니 만족도 허용되겠네. |
| 해설 | '속세'를 등진 사람들의 모습을 부러워하면서도 '부지지'하며 모르겠다고 하는 모습, '갈등'의 근거로 쓰기에 충분하겠죠? 나아가 '일흥 계워 ᄒ노라'는 쉽게 말해 '너무 신난다.'라는 뜻입니다. 이를 근거로 하면 '만족감'은 충분히 허용이 되겠죠? '일흥 계워 ᄒ노라'라는 구절은 여기저기 많이 등장하므로, 몰랐다면 확실하게 알아두도록 합시다. |

| 선지 | ① | ② | ③ | ④ | ⑤ |
|------|-----|-----|-----|-----|-----|
| 선택률 | 7% | 17% | 10% | 10% | 56% |

## 106 절교와 위우를 중심으로 (가)를 감상한 내용으로 적절하지 <u>않은</u> 것은? ⑤

> 홍진(紅塵)에 절교(絶交)ᄒ고 백운(白雲)으로 위우(爲友)ᄒ야

– 일단 '절교'와 '위우'가 의미하는 바를 생각해 봅시다. 절교라는 말에서도 바로 느낌이 오기도 하고, '홍진'과 절교한다고 했으니 절교는 연을 끊는다는 부정적인 느낌이네요. 참고로 '홍진'이 '속세'를 의미한다는 건 기본적으로 알고 계셔야 합니다. 한편 '위우'하는 대상은 '백운', 즉 자연이니 긍정적인 느낌이라고 할 수 있겠습니다. 싫어하는 것, 즉 '속세'와 관련된 것은 '절교'하고 '자연'과 관련된 것은 '위우'한다는 게 핵심입니다.

① 화자가 '절교'하고자 하는 대상은 '인간의 벗'으로 볼 수 있다.

> 인간(人間)의 벗 잇단 말가 나는 알기 슬희여라

| 선지 유형 | 근거가 있어서 허용 가능 |
|------|------|
| 실전에서의 판단 과정 | 인간이면 속세지. |
| 해설 | '인간의 벗'은 인간 세상, 즉 '속세'와 관련된 내용이기도 하고, 대놓고 '알기 슬프다'라는 반응을 보이고 있으니 이를 근거로 '절교'하고자 하는 대상이라는 말을 허용할 수 있겠습니다. |

② 화자는 '붕우'를 '절교'하고자 하는 대상으로 인식한다고 볼 수 있다.

> 유정(有情)코 무심(無心)ᄒᆯ 순 아마도 풍진(風塵) 붕우(朋友)
> 무심(無心)코 유정(有情)ᄒᆯ 순 아마도 강호(江湖) 구로(鷗鷺)

| 선지 유형 | 근거가 있어서 허용 가능 |
|------|------|
| 실전에서의 판단 과정 | 강호랑 반대되는 것이니까 속세겠지. |
| 해설 | '붕우'는 '유정코 무심한' 대상이자, '강호 구로'라는 자연과 대비되는 대상입니다. ('강호 구로'는 무심코 유정하니까요. 뭔가 반대로 쓰여 있으니 반대된다는 걸 생각할 수 있겠죠?) 그럼 '붕우'는 속세와 관련된 대상이니 절교해야 한다고 할 수 있겠네요. 해당 작품에 대한 배경지식으로 푸는 것이 아니라, 고전시가에 대한 기본적인 감 + 논리적인 관계를 통해, 즉 '팩트'를 통해 풀어주시면 됩니다. |

| 생각 심화 |

'유정코 무심'과 '무심코 유정'은 사실 같은 말처럼 보이기도 합니다. 'A이고 B'와 'B이고 A'는 같은 말이니까요. 하지만 이 둘은 다른 표현으로 쓰이고 있습니다. '유정코 무심'의 경우 '정이 있는 척하면서 사실은 서로에게 무심한' 인간들의 속세를 비판하는 어휘입니다. 반면 '무심코 유정'은 '무심한 척하면서 사실은 항상 우리에게 정을 주는' 자연을 예찬하는 어휘입니다. 이걸 미리 알고 있으면 훨씬 쉬웠겠지만, 몰랐더라도 풀 수 있어야 합니다. 고전시가를 많이 보셨다면 '자연과 속세의 대비 구도'를 충분히 떠올릴 수 있으실 거예요. 기본적으로 자연과 속세는 정반대의 속성을 가지고 있으니, '자연'과 반대되는 것은 자동으로 '속세'라고 생각할 수 있어야 합니다! 역시 고전시가에 대한 경험치가 쌓이면 자연스레 알 수 있는 내용이에요.

③ 화자는 '백운'과의 '위우'를 통해 '무한지락'을 느끼고 있다고 볼 수 있다.

> 홍진(紅塵)에 절교(絶交)ᄒ고 백운(白雲)으로 위우(爲友)ᄒ야
> 녹수(綠水) 청산(靑山)에 시롬 업시 늘거 가니
> 이 듕의 무한지락(無限至樂)을 헌ᄉ홀가 두려웨라

| 선지 유형 | 근거가 있어서 허용 가능 |
|------|------|
| 실전에서의 판단 과정 | 전부 자연 관련 내용이네. |
| 해설 | '백운'과의 '위우', '무한지락' 모두 '자연'에서 느끼는 '즐거움'과 관련된 내용이네요. 가볍게 허용할 수 있겠죠? '자연↔속세' 구도를 적극적으로 활용하면서 읽어야 해요. |

④ 화자가 '위우'하고자 하는 '구로'는 '물외에 연하 족'한 곳에 있다고 볼 수 있다.

> 유정(有情)코 무심(無心)ᄒᆯ 순 아마도 풍진(風塵) 붕우(朋友)

무심(無心)코 유정(有情)홀 순 아마도 강호(江湖) 구로(鷗鷺)

---

인간(人間)의 풍우(風雨) 다(多)ᄒ니 므스 일 머므ᄂᆞ뇨
물외(物外)에 연하(煙霞) 족(足)ᄒ니 므스 일 아니 가리

| 선지 유형 | 근거가 있어서 허용 가능 |
|---|---|
| 실전에서의 판단 과정 | 전부 자연 관련 내용이네. |
| 해설 | 2번 선지에서 '구로'는 자연과 관련된 것임을 알 수 있었습니다. 이렇게 '속세'인지 '자연'인지만 생각하면 되고, '구로'가 정확히 무엇인지 따질 필요는 없어요. 또한 '물외에 연하' 역시 바로 위의 '인간'과 대비되는, '자연'과 관련된 장소라고 할 수 있습니다. 그럼 '구로' 같은 자연이 '물외에 연하' 같은 곳에 있다고 할 수 있겠네요. 이렇게 '자연 예찬'의 주제를 가진 고전시가는 '자연↔속세' 구도로 모든 시어를 단순화시키면서 읽어내는 게 좋습니다. |

⑤ 화자가 '물외에 벗'과 '위우'하고자 하는 이유는 '유정코 무심'하기 때문으로 볼 수 있다.

---

인간(人間)의 벗 잇단 말가 나는 알기 슬희여라
물외(物外)에 벗 업단 말가 나는 알기 즐거웨라

---

유정(有情)코 무심(無心)홀 순 아마도 풍진(風塵) 붕우(朋友)
무심(無心)코 유정(有情)홀 순 아마도 강호(江湖) 구로(鷗鷺)

| 선지 유형 | 근거가 있어서 허용 불가능 |
|---|---|
| 실전에서의 판단 과정 | 물외에 벗은 자연이고, 유정코 무심은 속세지. |
| 해설 | '물외에 벗'과 '위우하는 것'은 모두 '자연'과 관련된 내용입니다. 반면 '유정코 무심'한 것은 '붕우', 즉 '속세'와 관련된 내용이네요. '자연'과 '속세'를 연결 짓고 있으니 절대 허용할 수 없다고 판단할 수 있겠습니다. 앞 선지에서 판단한 내용이 다음 문제를 푸는데 큰 도움을 주고 있네요. 나아가 '자연↔속세' 구도로 단순화시키는 것의 위력도 실감할 수 있죠? |

---

| 선지 | ① | ② | ③ | ④ | ⑤ |
|---|---|---|---|---|---|
| 선택률 | 4% | 6% | 6% | 77% | 7% |

**107** ㉠과 ㉡을 참고하여 (가)와 (나)를 이해한 내용으로 가장 적절한 것은? ④

---

유정(有情)코 무심(無心)홀 순 아마도 풍진(風塵) 붕우(朋友)
무심(無心)코 유정(有情)홀 순 아마도 강호(江湖) 구로(鷗鷺)
㉠이제야 작비금시(昨非今是)*을 씨ᄃᆞ론가 ᄒ노라

* 작비금시 : 어제는 그르고 지금은 옳음.

---

이에 나는 그만 말문이 막혔다. 그래서 ㉡앞으로 나의 잘못을 고칠 터이니 그대와 함께 살기를 바란다고 했더니, 게으름은 그제야 떠나지 않고 나와 함께 있기로 했다.

---

– ㉠은 진짜 정이 있는 건 '강호 구로'와 같은 자연임을 깨달은 모습을, ㉡은 '게으름 귀신'이 말한 '게으름의 긍정적 측면'을 받아들이는 모습을 나타내고 있습니다. 이와 비슷한 말을 찾아봅시다.

① ㉠의 화자는 '공맹을 비호'기 위해 '성대농포'의 길을 가야 함을 알게 되었다.

---

공맹(孔孟)을 비호려 ᄒ니 도약등천(道若登天) 불가급(不可及)*이로다
이 내 몸 쓸 디 업수니 성대농포(聖代農圃)* 되오리라

* 도약등천 불가급 : 도는 하늘로 오르는 것과 같아 미치기 어려움.
* 성대농포 : 태평성대에 농사를 지음.

| 선지 유형 | 근거가 있어서 허용 불가능 |
|---|---|
| 실전에서의 판단 과정 | 공맹은 속세 쪽이고 농사는 자연 쪽인데? |
| 해설 | '공맹을 배우는 것'은 '도'를 배워 벼슬을 하고자 하는 행위, 즉 '속세'와 관련된 것이라고 할 수 있습니다. 반면 '성대농포'는 '농사', 즉 '자연'과 관련된 것이니 둘을 연결하는 건 허용하기 어렵네요.<br><br>나아가 ㉠에서 화자가 깨달은 건 '자연'이 좋다는 내용이었지, '속세'와 관련된 내용을 이루어야 한다는 것이 아니었죠? 여러모로 허용하기 어려운 선지였네요. |

② ㉡의 '나'는 '태초와 하나가' 되게 하는 상대방의 제안
을 수용하며 '굳센 쇠'와 같은 변치 않는 삶을 다짐하
고 있다.

> 당신이 이제부터 유지(有知)를 버리고 무지(無知)를 이
> 루며, 유위(有爲)를 버리고 무위(無爲)에 이르며, 유정
> (有情)을 버리고 무정(無情)을 지키며, 유생(有生)을 버
> 리고 무생(無生)을 즐기면, 그 도는 죽지 않고 하늘과 함
> 께 아득하여 태초와 하나가 될 것입니다.

> 굳센 쇠는 부서지고 강한 나무는 부러지며,

| 선지 유형 | 근거가 있어서 허용 불가능 |
| --- | --- |
| 실전에서의 판단 과정 | 굳센 쇠는 부서진다며. |
| 해설 | '태초와 하나가' 되게 하는 '게으름 귀신'의 제안은 쉽게 말하면 게으르게 살라는 것입니다. 이때 '굳센 쇠'는 성실하게 사는 사람에 대한 비유로 제시된 것이죠? 둘을 연결하는 건 허용하기 어렵겠네요.<br><br>혹은 '실전에서의 판단 과정'처럼, 애초에 '굳센 쇠'는 부서진다고 했는데 '변치 않는 삶'으로 해석하고 있으니 허용하기 어렵다고 해도 됩니다. |

③ ㉠의 화자는 '녹수 청산'에서의 삶을 즐거워하고, ㉡의
'나'는 '깨끗한 것'을 '길한 것'으로 받아들이고 있다.

> 녹수(綠水) 청산(靑山)에 시룸 업시 늘거 가니

> 깨끗한 것은 더러워지기 쉽고, …(중략)… 당신에게 어
> 느 것이 흉하고 어느 것이 길한 것이겠습니까?

| 선지 유형 | 근거가 있어서 허용 불가능 |
| --- | --- |
| 실전에서의 판단 과정 | 깨끗한 건 더러워지기 쉽다면서 어떻게 길한 것으로 연결되냐. |
| 해설 | ㉠의 화자가 '녹수 청산'에서의 삶을 즐거워한다는 건 너무나 당연하게 허용할 수 있습니다. 하지만 '깨끗한 것'은 더러워지기 쉬운, '게으름'과 대조되는 '성실함'의 이미지로 제시된 것인데 '길한 것'은 '게으름 귀신'이 제안하는 '글쓴이에게 좋은 것'입니다. 그 내용은 당연히 게으르게 살라는 것이겠죠? 이를 근거로 하면 '깨끗한 것'을 '길한 것'이라고 하는 건 절대 허용할 수 없습니다. |

④ ㉠의 화자는 현재의 삶이 옳음을 '찌두론가'로 밝히고,
㉡의 '나'는 반성의 태도를 '고칠 터이니'로 드러내고
있다.

| 선지 유형 | 근거가 있어서 허용 가능 |
| --- | --- |
| 실전에서의 판단 과정 | 지금은 옳다는 것을 깨달았다고 했고, 잘못을 고친다고 했으니 반성의 태도도 허용되겠네. |
| 해설 | '실전에서의 판단 과정' 그대로입니다. 발문을 보고 미리 생각한 내용과도 유사하고, 각 내용을 허용할 만한 근거가 충분히 살아 있는 쉬운 선지네요. |

⑤ ㉠의 화자는 '풍우 다'한 현실을 긍정적으로 받아들이
고, ㉡의 '나'는 '시비의 소리'에 흔들렸던 자신의 잘못
을 고치겠다고 다짐하고 있다.

> 인간(人間)의 풍우(風雨) 다(多)ᄒ니 므스 일 머므ᄂ뇨

> 세상 사람들은 세력을 좇다 우왕좌왕하여 그때마다
> 시비의 소리가 분분하지만,

| 선지 유형 | 근거가 있어서 허용 불가능 |
| --- | --- |
| 실전에서의 판단 과정 | 풍우 다한 현실은 속세와 관련된 것이잖아. |
| 해설 | 일단 '풍우 다'한 것은 '인간'이라는 '속세'와 관련된 것이므로 이를 긍정적으로 받아들인다는 건 절대 허용할 수 없겠습니다. 한편 '시비의 소리'는 '세상 사람들'의 우왕좌왕하는 모습으로 인해 듣는 이야기이지, '나'를 흔들리게 하고 잘못을 뉘우치게 하는 소리라고 보기는 어렵겠죠? |

| 선지 | ① | ② | ③ | ④ | ⑤ |
| --- | --- | --- | --- | --- | --- |
| 선택률 | 8% | 11% | 68% | 7% | 6% |

## 108 〈보기〉를 참고하여 (나)를 감상한 내용으로 적절하지 않은 것은? ③

① '나'가 무당을 내세워 '귀신'에게 말을 건네는 것에서,
자신의 게으른 생활에 대해 살펴보려는 필자의 모습
을 알 수 있겠군.

| 선지 유형 | 근거가 있어서 허용 가능 |
| --- | --- |
| 실전에서의 판단 과정 | 귀신한테 말 걸어서 사색한 결과라며. |

| 선지 유형 | 근거가 있어서 허용 가능 |
|---|---|
| 해설 | <보기>도 선지 판단의 근거로 사용해야 합니다. <보기>에서는 '게으름 귀신'과 대화하는 구조가 곧 '게으름에 대한 사색의 결과'라고 했습니다. 그렇다면 '귀신'에게 말을 건네는 모습은 사실 자기 자신의 '게으름'에 대한 사색이 시작되는 순간이라고 할 수 있겠죠? 충분히 허용할 수 있네요. |

② '나'가 집안의 대소사를 해결하지 않고 게으름을 피우는 행위를 나열하는 것에서, 게으름의 폐단을 드러내려는 필자의 생각을 알 수 있겠군.

| 선지 유형 | 근거가 있어서 허용 가능 |
|---|---|
| 실전에서의 판단 과정 | 처음엔 게으름의 부정적 측면을 드러냈지. |
| 해설 | '나'는 '게으름 귀신'에게 자신이 게을러서 집안의 대소사도 해결하지 않는다며 한탄했습니다. 이는 '게으름'이 가진 '부정적 측면'을 드러낸 것이라 할 수 있으므로, '폐단'을 드러낸다는 해석을 허용하기에 충분하다고 봐야겠네요. |

③ '나'가 '멋대로' 행동하는 게으름을 탓하면서도 게으름은 자신의 '허물'이라 여기는 것에서, 게으름의 양면성을 드러내려는 필자의 의도를 알 수 있겠군.

이 모든 허물은 네가 내게 들어와 멋대로 함이라.

| 선지 유형 | 근거가 있어서 허용 불가능 |
|---|---|
| 실전에서의 판단 과정 | 둘 다 게으름의 부정적인 측면이잖아. |
| 해설 | <보기>에서 이야기하는 '게으름의 양면성'은 '긍정적 측면'과 '부정적 측면'을 모두 드러내는 것입니다. 그런데 '멋대로' 행동해서 '허물'이 만들어진 것은 모두 게으름의 '부정적 측면' 때문이죠? 선지의 내용이 단순히 '양면적'이라고 허용해버리는 우를 범하면 안 돼요. 핵심은 이 문제에서 이야기하는 '양면성'의 정의가 무엇인지 정확히 따지는 겁니다. 이것만 됐다면 어렵지 않게 답으로 고를 수 있겠네요. |

④ '나'가 게으름 덕분에 '물욕'에서 벗어날 수 있다는 '귀신'의 말에서, 게으름의 긍정적 측면을 보여 주려는 필자의 의도를 알 수 있겠군.

또 세상 사람들은 물욕에 휘둘려서 이익을 얻기 위해 날뛰지만, 지금 당신은 걱정이 없어 제정신을 잘 보존하니,

| 선지 유형 | 근거가 있어서 허용 가능 |
|---|---|
| 실전에서의 판단 과정 | 물욕 걱정이 없으면 긍정적이라고 할 수 있지. |
| 해설 | 글쓴이는 '게으름 귀신'의 말을 빌려 '게으름'이 가진 긍정적 측면을 강조한다고 했습니다. 그 중 하나로, 세상 사람들이 휘둘리는 '물욕'에 대한 걱정이 없다는 것을 이야기하고 있네요. '물욕' 걱정이 없다는 걸 근거로 하면, '긍정적 측면'을 충분히 허용할 수 있겠습니다. |

⑤ '나'가 게으름 덕분에 세상 사람들과 달리 걱정 없이 살 수 있다는 '귀신'의 말에서, 이익을 얻기 위해 다투는 사람들에 대한 필자의 비판적 시각을 알 수 있겠군.

또 세상 사람들은 물욕에 휘둘려서 이익을 얻기 위해 날뛰지만, 지금 당신은 걱정이 없어 제정신을 잘 보존하니,

| 선지 유형 | 근거가 있어서 허용 가능 |
|---|---|
| 실전에서의 판단 과정 | 물욕 걱정이 없는 게 좋은 것이면, 반대로 물욕 걱정을 하는 건 안 좋다는 뜻이겠지. |
| 해설 | 처음 <보기>를 확인할 때부터 궁금해하던 내용이 제시되고 있습니다. '세태에 대한 비판적 시각'이 도대체 무엇인가 했더니, 여기서 드러나고 있네요. '물욕'에 대한 걱정을 안 할 수 있다는 게 '게으름'의 긍정적 측면이라면, '물욕'에 대한 걱정을 하면서 살아가는 건 좋지 않은 일이라는 비판적 시각을 보이고 있다고 할 수 있겠습니다. 어렵지 않게 허용할 수 있어야 해요! |

| 핵심 point |

① **허용 가능성 평가** : 선지의 내용을 '허용'하려는 태도를 바탕으로 지문을 '독해'하며 '근거'를 찾아야 합니다. 허용할 수 있는 '근거'가 있어야만 허용할 수 있습니다. 주관적인 생각을 개입시키면 안 됩니다.

② **고전시가 독해** : 겁먹지 않고, 현대시를 읽듯이 읽어내면 됩니다. 현대시와 마찬가지로, 〈보기〉의 도움 등을 통해 '주제' 위주로 가볍게 읽어내면 되는 거예요. 자세한 해석은 선지가 해줄 겁니다!

③ **수필 독해** : 운문문학과 마찬가지로, 글쓴이가 하고자 하는 말인 '주제'를 파악하는 것이 핵심입니다. 수필이 어렵게 출제될 것을 대비해, 독서 지문을 읽듯이 꼼꼼하게 읽으며 주제를 파악하는 연습을 해야 해요.

| 지문 내용 총정리 |

고전시가에 대한 기본적인 접근법, 그리고 '허용 가능성 평가'라는 문학 선지 판단의 대원칙을 잊지 않았다면 어렵지 않게 다 맞혔을 것이에요. 지금은 이 고전시가가 어렵다고 생각할 수도 있겠지만, 정말 조금만 공부하시면 고전시가가 더 이상 두렵지 않을 거라고 자신 있게 말씀 드립니다. 그날까지 최선을 다해 봅시다!

〈보기〉 확인

―――――[보기]―――――
　불교 설화를 근원으로 하고 있는 「적성의전」은 소설로 형성되는 과정에서 <u>유교적 덕목인 효행이 강조</u>된다. 또한 대결 구도를 근간으로 하면서 <u>초월적 존재 혹은 천상계가 설정</u>되는 특징을 보여 준다. 특히 형제 갈등이라는 가족 내의 문제를 다루면서 <u>권선징악적 성격</u>을 드러내고 있다.

'효행'을 강조하고, '천상계'가 설정되고, '가족 내의 문제' 및 '권선징악적 성격'이 드러나는 작품이라고 합니다. 뻔한 내용이겠죠? 바로 지문 읽어봅시다.

지문 독해

> "이곳은 <u>서방 세계(西方世界)</u>라, 속객이 어찌 오시니잇가?"
> [성의]가 공손히 답례하고 가로되,
> "나는 안평국 사람이러니 천성금불 [보탑존자]를 뵈러 왔사오니 어디 계시니잇가?"
> [화상]이 왈,
> "보탑존자는 금강천불대사라. 인간 육신으로 이곳을 들어왔으니 정성을 가히 알지라. 그대 정성을 신령이 감동함이나 마음이 부정(不淨)하면 대사를 보지 못할지라. 물러가 칠 일 재계(齋戒) 후에 대사를 보소서."
> 하거늘 성의가 슬프게 눈물 흘리며 재배 왈,
> "소자 무변광해를 주유하와 천신만고하여 왔삽거늘 어찌 물러가 칠 일을 머물리잇가? 바라건대 스님은 살피사 일각이 삼추 같사온 성의 마음을 불쌍히 여기지 아니하시면 차라리 이곳에서 죽어 사부의 어엿비 여기심을 바라나이다."

'서방 세계'라는 신비한 공간에 '성의'라는 인물이 도착한 모습입니다. 여기서 '화상'이라는 인물을 만나 '보탑존자'를 만나게 해달라고 하는데, 처음에는 '칠 일 재계'를 한 후에 보라며 거절당하는 모습입니다. 〈보기〉에서 이야기한 '천상계'가 바로 이 '서방 세계'인 것 같은데, '성의'는 '천상계'에서 시키는 대로 하지 않고 '슬프게' 눈물을 흘립니다. 왜 그러는 걸까요? 뭐가 그렇게 서러워서 천상계에서까지 차라리 죽이라며 고집을 부리는 걸까요?

> 하니 화상이 왈,
> "이곳을 한 번 보면 삼재팔난이 소멸되나니 <u>귀객의 효성이 창천에 사무치는지라</u>. 작일에 존자 분부하시되, '명일 유시에 안평국 왕자 내게 올 것이니 오는 즉시 아뢰라.' 하시더니, 생각건대 그대를 이르심이라."
> 하고,
> "잠깐 머무소서."
> 하며 들어가더니 이윽고 나와 청하거늘 성의 따라 들어가니 〈칠층 전각의 일위 존자 머리에 누런 송라를 쓰고 칠건 가사를 메고 좌수에 금강경을 쥐고 우수로 백팔염주를 두르며 경문을 외우니, 좌편의 오백 나한이며 우편의 칠백 중들이 합송하니 송경 소리 반공에 사무치는지라.〉 성의 칠보대 아래에서 재배하는데, 존자 왈,

'화상'은 귀객(성의)의 '효성'을 알아봅니다. 〈보기〉에서 이야기한 것처럼, '성의'는 '효도'를 하기 위해 '보탑존자'를 찾아 온 것 같아요. 그래서 이렇게 절박한 모습을 보이고 있는 것이죠. 물론 '서방 세계'까지 오는 데 고생스러웠기 때문에 울고불고 한다고 할 수도 있겠지만, 이게 부모님과 관련된 일이니 더욱 애걸복걸한 것이라고 생각하면 훨씬 풍부한 이해가 가능하겠죠. 여기서 '효성'을 찾지 못했어도 상관은 없어요. 다만 계속해서 '왜 슬퍼하는지' 궁금해하는 태도는 갖춰 주셔야 합니다!

'화상'의 대사를 조금 더 읽어보니, '존자'가 '안평국 왕자', 즉 '성의'가 올 것임을 미리 명령했다고 합니다. 아니 말을 해줬으면 바로 들여보내주지 왜 막았는지 모르겠어요. 아무튼 '성의'는 〈 〉표시한 외양 묘사와 같이 위엄 있는 모습의 '존자'를 만나러 갑니다. 천상계의 인물을 만난다는 점에서 '영웅'의 면모가 잘 드러나고 있네요. 우리가 알고 있는 클리셰에 따르면, '성의'와 관련된 일은 결과적으로는 무조건 잘 풀리겠죠?

> "내 일찍 수도하여 천하제국 중생의 선악을 보는지라. 이제 네 효도하여 위친지성(爲親至誠)이 지극하여 극락서역이 창해 누만 리거늘 <u>부모에게 효도함에 위친지성으로 길을 삼아 금일로 올 줄을 알았더니 과연 오도다</u>."
> 하며 환약 일봉을 주며 왈,
> ┌ "이 약이 일영주니 바삐 돌아가 모환을 구하라. 너는 본디 하계(下界) 사람이 아니라. 전세에
> [A] │ [묘일성신]과 혐의* 있더니, 금세에 형제 됨에 곤액(困厄)*이 있으나 필경에 원한을 풀 날이 있으리라."
> └

* 혐의 : 꺼리고 미워함.
* 곤액 : 몹시 딱하고 어려운 사정과 재앙이 겹친 불운.

'존자'는 다시 한번 '성의'의 '효도함'을 칭찬하고, (최소한 여기서라도 왜 '성의'가 그렇게 슬퍼하며 고집을 부렸는지 이해할 수 있어야 합니다! '효성'보다는 '효도함'이 쉬우니까요.) 어머니를 구할 수 있는 약을 건네줍니다. 그러면서 '성의'가 하계 사람이 아니라는 이야기를 하고 있네요. 아주 전형적인 영웅소설의 모습입니다. '묘일성신'이라는 인물과 전생에 원한이 있었는데, 이번 생에 '형제'가 되었다고 해요. '성의'의 '형제'와 갈등이 생길 것이라는 점을 충분히 예측할 수 있겠죠? 아주 전형적인 '영웅소설'의 모습을 보이고 있습니다. 이 갈등도 잘 해결되고, '성의'는 훌륭한 영웅 대접을 받을 것이에요.

전반적으로 사용된 어휘가 어려워 독해에 어려움을 겪을 수 있겠지만, '영웅소설'이 가지고 있는 클리셰만 잘 이용하면 전반적인 흐름 정도는 충분히 이해할 수 있을 겁니다. 잘 하고 있죠?

> **[중략 줄거리]** 일영주를 구해 돌아오던 중 성의는, 왕위를 이어받는 데 위협을 느낀 형 항의 에게 공격을 당해 일영주를 빼앗기고 눈이 먼다.

아니나다를까 [중략 줄거리]에서 형인 '항의'에게 공격을 당하고 눈이 멀어버린 '성의'의 모습이 나옵니다. 앞에서 '묘일성신'으로 표현되었던 '성의'의 형제가 바로 '항의'였던 것이네요. 전생의 악연을 그대로 이어 가는 모습입니다. '성의'에게 본격적으로 시련이 시작되었네요. 어떻게 해결하게 될까요? 우리가 알고 있는 고전소설의 전형적인 클리셰에 따르면, 이러한 시련은 무조건 해결이 될 것이에요!

> 〈각설, 이때 성의 한 조각 판자를 의지하였으니 어찌 가련치 아니하리오. 두 눈이 어두웠으니 천지일월성신이며 만물을 어찌 알리오. 동서남북을 어찌 분별하며 흑백장단을 어이 알리오.〉 다만 바람이 차면 밤인 줄 알고 일기가 따스한즉 낮인 줄 짐작하나 만경창파에 금수 소리도 없는지라.
> 　　삼일 삼야 만에 판자 조각이 다다른 곳이 있는지라. 놀래어 손으로 어루만지니 **큰 바위**라. 기어 올라가 정신을 수습하여 바위를 의지하고 앉아 <u>탄식</u> 왈,
> 　　"사형(兄)*이 어찌 이다지 불량하여 무죄한 인명을 창파 중에 원혼이 되게 하고, 나로 하여금 이

> [B]　지경이 되게 하였으니 이제는 부모가 곁에 계신들 얼굴을 알지 못하게 되었으니 <u>어찌 통한치 아니하리오</u>. 그러나 모친 환우가 어떠하신지, 일영주를 썼는지 알지 못하니 어찌 원통치 아니하며, 인자하신 우리 모친이 속절없이 황천에 돌아가시겠도다."
> 　하고 슬피 통곡하니 창천이 욕열하고 일월이 무광한지라.

* 사형 : 자기의 형을 겸손하게 이르는 말.

〈 〉로 표시한 '서술자의 개입'으로 시련에 대한 서술자의 생각을 잘 드러내고 있네요. 역시나 서술자는 주인공인 '성의'의 편입니다. 정말로 안타까워하고 있어요. 눈이 먼 '성의'는 주변의 바람, 햇빛 등에 의지하여 살아가고 있습니다.

이렇게 며칠만에 '큰 바위'에 기어 올라간 '성의'는, 형 때문에 눈도 잃은 상황에서 어머니의 생사도 모르는 자신의 처지가 '통한'하다고 외치고 있습니다. 굳이 설명할 필요도 없이 쉽게 공감이 되겠죠?

> 〈사고무인(四顧無人) 적막한데 십이 세 적공자가 불량한 사형에게 두 눈을 상하고서 일시에 맹인이 되어 외로운 암석 상에 홀로 앉아 자탄하니 그 아니 처량한가.〉 적적무인(寂寂無人) 야삼경의 추풍은 삽삽하여 원객의 수심을 자아내고, 강수동류원야성(江水東流猿夜聲)의 잔나비 슬피 울고, 유의한 두견성과 창파만경의 백구들은 비거비래(飛去飛來) 소리 질러 자탄으로 겨우 든 잠을 놀라 깨니 첩첩원한 무궁리라. 하늘을 우러러 <u>탄식</u>을 마지 아니하더니 문득 청아한 소리 들리거늘 귀를 기울여 들으며 헤아리되, '이는 분명한 대 소리로다. 이 같은 대해 중에 어찌 대밭이 있는고.' 하며 '이는 반드시 촉나라 땅이로다.' 하고 소리를 쫓아 내려가고저 하더니, 문득 오작(烏鵲)이 우지지며 손에 자연 짚이는 것이 있거늘 이는 곧 실과라. 먹으니 배 부른지라 <u>정신이 상쾌</u>하거늘, 오작에게 사례하고 인하여 바위에 내려 죽림을 찾아가니 울밀한 죽림이라. 들으니 그중에 한 대가 금풍을 따라 스스로 응하여 우는지라. 여러 대를 더듬어 우는 대를 찾아 잡고 주머니에서 칼을 내 대를 베어 단저*를 만들어서 한 곡조를 부니 〈소리 처량하여 산천초목이 다 우짖는 듯하더라.〉

〈차시에 성의 오작에게 밥을 부치고 단저로 벗을 삼아 심회를 덜며 일분도 그 형을 원망치 아니하고, 주야에 부모를 생각하니 그 천성대효(天性大孝)를 천지신명이 어찌 돕지 아니하리오.〉

* 단저 : 짧은 피리.

처음 〈 〉 표시한 부분에서 계속해서 '서술자의 개입'이 등장하고 있습니다. 그 다음 부분을 꼼꼼하게 읽는 건 바보예요. 그냥 '성의'의 처량한 신세를 드러내고 있다는 생각만 해주시는 겁니다! 일종의 'skip 가능 구간'인 것이죠. 정말로 아예 안 읽고 skip하라는 것은 아니지만, 굳이 꼼꼼하게 읽으면서 시간을 낭비할 필요는 없어요.

그러다가 '성의'는 갑자기 '청아한 소리'를 듣고 이곳이 '촉나라'임을 알아차립니다. 여기서 '실과'를 통해 배도 채우고, 대나무로 피리도 만들어 불고 있습니다. 마지막까지 계속해서 〈 〉 표시한 '서술자의 개입'을 통해 처량한 처지를 드러내고 있다는 것도 놓치면 안 돼요!

그런데 마지막 '서술자의 개입'을 보니, '형'을 원망하지 않고 '부모'를 생각하는 '성의'의 모습에 '천지신명'이 도울 것이라는 내용이 등장합니다. 전형적인 영웅소설의 클리셰대로 흘러가고 있네요. 조력자나 천상계의 도움으로 이러한 위기를 극복하게 될 '성의'입니다.



고전 문학에서 '피리'는 주로 인물의 쓸쓸한 처지를 드러내는 데 사용됩니다. 만약 인물의 처지를 정확히 파악하지 못한 상황에서 '피리'를 부는 모습이 나타난다면, 혹시 '쓸쓸한 처지'에 있는 것은 아닌지 생각하며 다시 읽어보도록 합시다.

각설, 이때 중국에 호마령이라 하는 재상이 있으니 벼슬이 승상에 오른지라. 황명을 받자와 남일국에 사신 갔다가 삼 삭 만에 돌아오더니 이곳에 이르러 일행을 쉬더니 청풍은 서래하고 수파는 고요한데, 처량한 피리 소리 풍편에 들리거늘 호 승상이 혜오되, '이곳은 무인지경(無人之境)이라. 분명 선동(仙童)이 옥저를 불어 속객을 희롱하는도다.' 하고 시동(侍童)을 명하여,
  "피리 소리 나는 곳을 찾아보라."
하시되 시동 승명하고 피리 소리를 따라 한곳에 이르니

한 동자 죽림 암상에 비겨 앉아 단저를 처량하게 불거늘 시동이 왈,
  "그대 신동인가? 선동인가?"
하니 성의 놀라더라.

–작자 미상, 「적성의전」–

이때 '호마령'이라는 인물에 대해 소개하고 있습니다. 여기서 '호마령'을 '승상'으로 바꿔 부르고 있다는 걸 쉽게 생각할 수 있겠죠? 이러한 '호칭의 변화'에 민감하게 반응할 수 있어야 해요!

'호 승상'은 사신을 갔다가 돌아오는 길인데, 갑자기 '처량한 피리 소리'를 듣습니다. 이는 당연히 '성의'의 피리 소리겠죠? '시동'을 통해 '성의'를 찾은 '호 승상'은 '성의'를 '신동' 혹은 '선동'이라 부르고 있습니다. '성의'는 당연히 놀라겠죠. 눈은 안 보여도, 갑자기 누군가가 자신을 부르고 있으니까요.

당연히 이 '호 승상'이 '성의'를 도와 줄 조력자겠죠. 자세한 이야기는 나오지 않지만, 이렇게 예상할 수 있으면 좋겠습니다. 고전소설은 클리셰의 끝판왕이니까요.

| 선지 | ① | ② | ③ | ④ | ⑤ |
|---|---|---|---|---|---|
| 선택률 | 10% | 20% | 56% | 9% | 5% |

**109** 윗글의 내용에 대한 이해로 가장 적절한 것은? ③

① 화상은 인간 육신으로 서방 세계에 온 성의를 의심하여 그의 능력을 시험하였다.

| 선지 유형 | 근거가 없어서 허용 불가능 |
|---|---|
| 실전에서의 판단 과정 | 능력 시험을 언제 했냐. |
| 해설 | '화상'이 '성의'를 의심한 건 맞는데, 능력을 시험한 적은 없죠? '존자'가 말했던 인물임을 알아챈 뒤 그냥 들여보내 주고 있어요. |

② 성의는 죽어서라도 대사의 제자가 되기를 원한다고 화상에게 전했다.

| 선지 유형 | 근거가 없어서 허용 불가능 |
|---|---|
| 실전에서의 판단 과정 | 엄마 때문에 찾아 온 건데 제자는 무슨. |

| 해설 | ‘성의’가 ‘대사’, 즉 ‘존자’를 찾아온 이유는 제자가 되기 위해서가 아니에요! ‘어머니’를 살리기 위해서였죠. ‘성의’에게 공감하면서 이 안타까운 사연을 이해했다면 쉽게 허용할 수 있었겠네요. |
| --- | --- |

③ 보탑존자는 성의가 찾아올 것이라고 화상에게 미리 일러두었다.

| 선지 유형 | 근거가 있어서 허용 가능 |
| --- | --- |
| 실전에서의 판단 과정 | 미리 일러둬서 성의를 들여보내 준 거지. |
| 해설 | ‘존자’는 ‘성의’가 찾아올 것이라고 ‘화상’에게 미리 알려 주었고, 이를 들은 ‘화상’이 ‘성의’를 들여보내 주고 있죠? 이해만 잘 했다면 답이 쉽게 나오는 모습이네요. |

④ 호 승상은 남일국에 사신으로 가는 길에 선동에게 희롱당하고 일행과 함께 자리를 떴다.

| 선지 유형 | 근거가 있어서 허용 불가능 |
| --- | --- |
| 실전에서의 판단 과정 | 오히려 선동을 찾으러 갔지. |
| 해설 | ‘선동’은 ‘호 승상’이, 피리를 불고 있는 ‘성의’의 정체로 착각하고 있던 인물입니다. 실제로 이 인물(‘성의’)에게 희롱을 당한 것도 아니고, 그 자리를 뜨지도 않았죠? 오히려 누군가 싶어서 찾으러 갔죠. |

⑤ 시동은 사람이 살지 않는 곳에 혼자 나서는 것을 두려워하여 호 승상의 명령을 따르지 않았다.

| 선지 유형 | 근거가 없어서 허용 불가능 |
| --- | --- |
| 실전에서의 판단 과정 | 잘만 찾으러 가더만. |
| 해설 | 완전 헛소리죠? ‘시동’은 ‘호 승상’의 명을 받고 나아가 ‘성의’와 만났습니다. ‘호 승상’이 ‘성의’와 만나게 되는 계기가 바로 ‘시동’의 명령 이행이었어요. |

| 선지 | ① | ② | ③ | ④ | ⑤ |
| --- | --- | --- | --- | --- | --- |
| 선택률 | 7% | 5% | 53% | 27% | 8% |

**110** [A]를 바탕으로 [B]를 이해한 내용으로 가장 적절한 것은? ③

– [A]는 ‘존자’가 ‘성의’에게 ‘어머니’를 구할 약을 주며 ‘형’과 관련된 시련을 예고하는 부분이었고, [B]는 이 시련이 실제로 일어나 ‘성의’가 한탄하는 모습이 나타나는 부분이었습니다. [A]를 ‘바탕으로’ 이해하라고 하니, [A]와 [B]의 연결고리가 되는 ‘시련’이 답의 포인트가 될 것 같아요. 이렇게 미리 생각하고 풀 수 있으면 더욱 완벽한 풀이가 되겠죠?

① [A]에서 존자는 성의에게 ‘모환을 구하라’고 했는데, [B]를 보면 성의는 어머니가 돌아가셔서 한탄하고 있음을 알 수 있다.

| 선지 유형 | 근거가 없어서 허용 불가능 |
| --- | --- |
| 실전에서의 판단 과정 | 어머니가 언제 죽었냐. |
| 해설 | [A]에서 ‘모환을 구하라’고 한 건 맞는데, [B]에서 ‘성의’가 ‘어머니’가 돌아가셔서 한탄하는 모습은 나오지 않죠? [B]에선 ‘어머니’가 곧 돌아가실까봐 걱정하는 모습만이 나옵니다. |

② [A]에서 존자는 성의가 ‘본디 하계 사람이 아니라’고 했는데, [B]를 보면 성의가 황천으로 돌아가고 있음을 알 수 있다.

| 선지 유형 | 근거가 없어서 허용 불가능 |
| --- | --- |
| 실전에서의 판단 과정 | 황천으로 언제 돌아갔냐. |
| 해설 | [B]에서 ‘성의’가 황천으로 돌아간다구요? ‘성의’가 죽나요? 전혀 아니죠. 허용하기 어렵네요. |

③ [A]에서 존자는 성의에게 ‘전세에 묘일성신과 혐의 있더니, 금세에 형제 됨에’라고 했는데, [B]를 보면 성의는 형과의 전세 악연을 이어 가고 있음을 알 수 있다.

| 선지 유형 | 근거가 있어서 허용 가능 |
| --- | --- |
| 실전에서의 판단 과정 | 생각한 내용 그대로네. |
| 해설 | ‘혐의’가 있는 ‘묘일성신’과 ‘형제’가 되었다고 했고, 실제로 형인 ‘항의’에 의해 눈이 먼 상황을 한탄하고 있으니 그 악연을 이어 가고 있다고 할 수 있겠네요. 완벽한 정답 선지입니다. |

④ [A]에서 존자가 성의에게 '곤액이 있'다고 했는데, [B]를 보면 성의는 이제 부모의 곁에 있게 되었지만 그 얼굴을 알지도 못하게 된 고통을 겪고 있음을 알 수 있다.

| 선지 유형 | 근거가 없어서 허용 불가능 |
| --- | --- |
| 실전에서의 판단 과정 | 부모가 곁에 없어서 슬퍼한 거 아니야? |
| 해설 | [B]에서 '성의'가 부모의 곁에 있게 되었다구요? '성의'는 '어머니'의 얼굴을 보지 못하는 상황, 생사조차 알 수 없는 상황을 한탄하고 있어요. 부모의 곁에 있게 된 상황을 허용할 근거가 전혀 없으니 허용하기 어렵습니다. 역시 '성의'의 처지에 공감하려는 태도를 갖추고 있었는지가 핵심이네요. |

⑤ [A]에서 존자가 성의에게 '필경에 원한을 풀 날이 있으리라'고 했는데, [B]를 보면 성의는 탄식을 통해 자연물의 공감을 얻음으로써 형에 대한 통한을 풀고 있음을 알 수 있다.

| 선지 유형 | 근거가 없어서 허용 불가능 |
| --- | --- |
| 실전에서의 판단 과정 | 통한을 언제 풀었냐. |
| 해설 | 딱히 '자연물의 공감'을 얻는 장면도 없는 데다가, 결정적으로 형에 대한 '통한'을 풀고 있다고 할 근거가 보이지 않죠? [B]는 처음부터 끝까지 한탄만 하는 부분이었어요. |

| 선지 | ① | ② | ③ | ④ | ⑤ |
| --- | --- | --- | --- | --- | --- |
| 선택률 | 7% | 10% | 8% | 70% | 5% |

**111** ㉠~㉤에 드러나는 소리에 대한 이해로 적절하지 **않은** 것은? ④

① ㉠ : 표류하던 성의가 자신이 있는 위치를 가늠할 수 있게 하는 정보다.

> 하늘을 우러러 탄식을 마지 아니하더니 문득 ㉠청아한 소리 들리거늘 귀를 기울여 들으며 헤아리되, '이는 분명한 대 소리로다. ~

| 선지 유형 | 근거가 있어서 허용 가능 |
| --- | --- |
| 실전에서의 판단 과정 | 대나무 소리를 듣고 촉나라인 걸 알았지. |
| 해설 | ㉠을 듣고 자신의 위치가 '촉나라 땅'임을 알아내고 있으니 충분히 허용할 수 있겠네요. |

② ㉡ : 먹을 것이 주위에 있다는 것을 성의에게 알려 주는 신호다.

> '이는 반드시 촉나라 땅이로다.' 하고 소리를 쫓아 내려가고저 하더니, 문득 ㉡오작(烏鵲)이 우지지며 손에 자연 짚이는 것이 있거늘 이는 곧 실과라.

| 선지 유형 | 근거가 있어서 허용 가능 |
| --- | --- |
| 실전에서의 판단 과정 | 이 소리 듣고 과일을 찾았으니 허용할 수 있지. |
| 해설 | ㉡ 이후 '실과'를 먹고 있으니, ㉡이 먹을 것(실과)이 있다는 걸 알려 주는 신호라고 할 수 있겠죠. |

### FAQ

**Q** '오작'(까마귀, 까치)의 소리가 어떻게 '먹을 것을 알려 주는 신호'가 되나요?

**A** 엄밀하게 따지자면 꽤 어려운 선지입니다. [B] 바로 위에서는 '성의'가 지금 '금수(짐승) 소리'도 없을 만큼 조용한 곳에 있다고 했는데, 갑자기 '오작'의 소리가 들렸습니다. 새 소리가 들린다는 건 새가 먹을 만한 것이 근처에 있다는 걸 의미한다고 할 수 있겠고, 그 먹을 만한 것이 바로 '실과'였던 것입니다. 이렇게 본다면, '먹을 것을 알려 주는 신호'라는 말을 충분히 허용할 수 있을 것입니다.

물론 시험장에서 이렇게 생각해내는 것이 어려울 수도 있습니다. 시험장에서는 그냥 '당연하지 뭐~' 하며 지워내는 것이 가장 좋고, 혹시나 이런 의문이 들었다면 일단 체크하고 '확실한 정답'을 찾아 나서는 게 차선일 것입니다. 시험장에서의 우리의 목표는 모든 선지에 해설을 쓰는 게 아니라, 정답만 골라내는 것이에요!

③ ㉢ : 성의가 피리의 재료로 쓸 대나무를 발견하는 계기가 된다.

> 들으니 그중에 ㉢한 대가 금풍을 따라 스스로 응하여 우는지라. 여러 대를 더듬어 우는 대를 찾아 잡고 주머니에서 칼을 내 대를 베어 단저*를 만들어서 한 곡조를 부니 ~
>
> * 단저 : 짧은 피리.

| 선지 유형 | 근거가 있어서 허용 가능 |
| --- | --- |
| 실전에서의 판단 과정 | 대나무가 우니까 그걸로 단저를 만들었잖아. |

| 해설 | 피리의 재료가 될 ‘대나무’가 자신을 쓰라는 듯 울고 있었으니 ‘대나무의 울음’은 피리의 재료를 발견하는 계기라고 할 수 있죠. |

④ ㉢ : 성의가 자신의 피리 부는 재능이 탁월함을 천상계에 알리는 신호다.

단저*를 만들어서 한 곡조를 부니 ㉢ 소리 처량하여 산천초목이 다 우짖는 듯하더라.

* 단저 : 짧은 피리.

| 선지 유형 | 근거가 있어서 허용 불가능 |
| --- | --- |
| 실전에서의 판단 과정 | 이때의 피리 소리는 처량함을 드러내는 것이었지. |
| 해설 | 고전 문학에서 ‘피리’는 주로 인물의 쓸쓸함을 드러내는 도구로 사용된다고 했습니다. 이 지문에서도 ‘성의’의 쓸쓸함과 처량함을 강조하는 도구로 쓰인 것이지, 자신의 ‘재능’을 뽐낸다거나 ‘천상계’에 보낸다거나 하는 건 절대로 허용할 수 없겠죠? |

⑤ ㉣ : 고립되어 있던 성의가 타인과 만나는 계기가 된다.

이곳에 이르러 일행을 쉬더니 청풍은 서래하고 수파는 고요한데, ㉣ 처량한 피리 소리 풍편에 들리거늘 호 승상이 혜오되, ‘이곳은 무인지경(無人之境)이라. 분명 선동(仙童)이 옥저를 불어 속객을 희롱하는도다.’ 하고 시동(侍童)을 명하여, ~

| 선지 유형 | 근거가 있어서 허용 가능 |
| --- | --- |
| 실전에서의 판단 과정 | 호 승상이 이 소리를 듣고 성의와 만나지. |
| 해설 | ㉣을 들은 ‘호 승상’의 명령으로 ‘성의’를 찾은 ‘시동’을 만나게 되죠? 타인과 만나는 계기라는 건 어렵지 않게 허용할 수 있겠네요. |

| 선지 | ① | ② | ③ | ④ | ⑤ |
| --- | --- | --- | --- | --- | --- |
| 선택률 | 5% | 4% | 74% | 11% | 6% |

## 112 〈보기〉를 참고하여 윗글을 감상한 내용으로 적절하지 않은 것은? [3점] ③

– 효행, 천상계, 가족 내의 문제 등 지문에 제시된 내용들이 빠짐없이 적혀 있던 〈보기〉였습니다. 단순히 내용을 잘 이해했는지 묻는 문제입니다. 어렵지 않게 해결해봅시다.

① 성의가 원래 하계 사람이 아니라는 존자의 말로 보아 천상계가 설정된 이 소설의 특징을 알 수 있군.

| 선지 유형 | 근거가 있어서 허용 가능 |
| --- | --- |
| 실전에서의 판단 과정 | 하계 사람이 아니면 천상계 사람이라는 소리지 뭐. |
| 해설 | ‘하계’라는 말이 나온다는 것 자체가 ‘천상계’가 설정되어 있음을 전제하고 있다고 할 수 있겠죠. |

② 금강경, 백팔염주, 보탑존자 등의 불교적 소재를 취한 것으로 보아 불교 설화의 흔적이 남아 있음을 알 수 있군.

| 선지 유형 | 근거가 있어서 허용 가능 |
| --- | --- |
| 실전에서의 판단 과정 | 불교 설화였기 때문에 불교적 소재를 썼겠지. |
| 해설 | ‘불교적 소재’를 썼다는데 ‘불교 설화’의 흔적이 없다고 하기도 어렵죠. |

③ 천하제국 중생의 선악을 볼 수 있는 존자가 부정한 성의를 만나지 않겠다고 한 것으로 보아 권선징악적 성격을 알 수 있군.

| 선지 유형 | 근거가 있어서 허용 불가능 |
| --- | --- |
| 실전에서의 판단 과정 | 뭔소리야. 칭찬까지 하면서 만나 놓고. |
| 해설 | ‘존자’가 부정한 ‘성의’를 만나지 않겠다고 했다구요? 언제요? 오히려 ‘성의’를 적극적으로 만나서 그의 효행을 칭찬하고 있었죠. 내용을 이해했다면 고르지 않고는 못 배길 선지였습니다. |

④ 형에 의해 두 눈이 멀고 홀로 암석 위에서 자탄하고 있
  는 성의의 모습으로 보아 인물 간의 갈등이 가족 내의
  문제임을 알 수 있군.

| 선지 유형 | 근거가 있어서 허용 가능 |
| --- | --- |
| 실전에서의<br>판단 과정 | 형이랑 갈등이 있었으면 가족 내의 문제지 뭐. |
| 해설 | '실전에서의 판단 과정' 그대로입니다. 〈보기〉에서도 '가족 내의 갈등'을 그렸고, 가족의 일부인 '형'과 갈등하는 모습이 지문에 나왔으니 쉽게 허용할 수 있겠네요. |

⑤ 성의가 어머니를 위한 지극한 효성으로 창해 누만 리
  떨어진 곳까지 일영주를 얻기 위해 갔다는 것으로 보
  아 유교적 덕목을 드러내고 있음을 알 수 있군.

| 선지 유형 | 근거가 있어서 허용 가능 |
| --- | --- |
| 실전에서의<br>판단 과정 | 효행은 유교적 덕목이라고 했지? |
| 해설 | '어머니'를 위한 '효성'으로 완전 고생을 했으니, '효행'을 강조하는 유교적 덕목을 드러내고 있다고 할 수 있겠습니다. |

<table>
<tr><td align="center">몰랐던 어휘 정리하기</td></tr>
<tr><td><br><br><br><br><br><br></td></tr>
</table>

〈보기〉 확인

─────[보기]─────

　자유로운 의사소통이 제한되는 사회에서 개인은 자신의 의사를 온전히 표현할 수 없어서 자유가 억압되고, 그 사회 또한 경직된다. 이런 맥락에서 (가)와 (나)를 해석할 수 있다. (가)는 활발한 의사소통의 수단이어야 할 언어가 '활자'의 상태로만 존재한다고 표현함으로써 언어가 제 기능을 제대로 하지 못하는 상황에 주목한다. 이러한 상황에서 화자는 위축된 의사소통의 장에 적극적으로 참여하지 못하여, 경직된 사회에 대응하지 못하는 자신을 성찰한다. (나)는 자유롭게 쓰여야 할 언어를 '붙박힌 말'로 표현함으로써 개인의 언어 사용이 제한된 상황을 비판한다. 이러한 상황에서 말을 대체할 수 있는 웃음이나 몸짓과 같은 또 다른 의사소통의 방법을 보여 준다.

'자유로운 의사소통'이 제한된 사회에 대한 작품입니다. 현대시에서 자주 출제된 주제에 해당하니, 어느 정도 수월하게 읽을 수 있겠죠? 각 지문의 주제가 명시되어 있으니 확실하게 챙겨 주고 지문을 읽어보도록 합시다.

실전적 지문 독해

(가)
　…… 활자(活字)는 반짝거리면서 하늘 아래에서
간간이
자유를 말하는데
나의 영(靈)은 죽어 있는 것이 아니냐

벗이여
그대의 말을 고개 숙이고 듣는 것이
그대는 마음에 들지 않겠지
마음에 들지 않아라

모두 다 마음에 들지 않아라
이 황혼도 저 돌벽 아래 잡초도
담장의 푸른 페인트빛도
저 고요함도 이 고요함도

그대의 정의도 우리들의 섬세도
행동이 죽음에서 나오는
이 욕된 교외에서는
어제도 오늘도 내일도 마음에 들지 않아라

그대는 반짝거리면서 하늘 아래에서
간간이
자유를 말하는데
우스워라 나의 영(靈)은 죽어 있는 것이 아니냐
　　　　　　　　　　　　　　-김수영, 「사령(死靈)」-

〈보기〉에서 이야기한 것처럼, '활자'의 형태로만 존재하는 '언어'에 대해 부정적으로 묘사하고 있습니다. '나의 영은 죽어 있는 것이 아니냐'와 같은 표현에서는 그러한 상황에 적극적으로 대응하지 못하는 자신에 대한 성찰이 보이는 것 같네요. 딱 이 정도로만 읽어주시면 됩니다. 나머지는 선지에서 해 주는 해석에 맡깁시다.

(나)
　한강물 얼고, 눈이 내린 날
강물에 붙들린 배들을 구경하러 나갔다.
훈련받나봐, 아니야 발등까지 딱딱하게 얼었대.
우리는 강물 위에 서서 일렬로 늘어선 배들을
비웃느라 시시덕거렸다.

한강물 흐르지 못해 눈이 덮은 날
강물 위로 빙그르르, 빙그르르.
웃음을 참지 못해 나뒹굴며, 우리는
보았다. 얼어붙은 하늘 사이로 붙박힌 말들을.

언 강물과 언 하늘이 맞붙은 사이로
저어가지 못하는 배들이 나란히
날아가지 못하는 말들이 나란히
숨죽이고 있는 것을 비웃으며, 우리는
빙그르르. 올 겨울 몹시 춥고 얼음이 꽝꽝꽝 얼고.
　　　　　　　　　　　-김혜순, 「한강물 얼고, 눈이 내린 날」-

'한강물'이 얼어 있는 모습을 통해 '자유로운 의사소통의 제한'을 표현하고 있습니다. 이러한 상황에서 묶여 있는 배들을 보며 '비웃는' 모습도 나타나고 있네요. 역시 자세한 해석은 못해도 괜찮습니다. 선지에서 다시 만나보도록 합시다.

| 선지 | ① | ② | ③ | ④ | ⑤ |
|---|---|---|---|---|---|
| 선택률 | 3% | 8% | 6% | 9% | 74% |

## 113  (가)에 대한 이해로 가장 적절한 것은? ⑤

① 시간적 표현을 열거하여, 시대에 대한 화자의 인식 변화를 드러낸다.

| 선지 유형 | 근거가 없어서 허용 불가능 |
|---|---|
| 실전에서의 판단 과정 | 인식 변화가 나타난 적은 없지. |
| 해설 | '시간적 표현'이라고 해봤자 '어제도 오늘도 내일도'인데, 이는 '마음에 들지 않는다'라는 자신의 반응을 강조하기 위해 제시한 것일 뿐, '인식 변화'와는 상관이 없죠. '인식 변화'와 같은 엄청난 반응이 제시되었다면 우리가 놓쳤을 리가 없어요. |

② 대상에 대한 호칭을 전환하여, 시적 대상에 대한 화자의 경외감을 표현한다.

| 선지 유형 | 근거가 없어서 허용 불가능 |
|---|---|
| 실전에서의 판단 과정 | 경외감이 어디 있어. |
| 해설 | '벗'이라고 부르다가 '그대'라고 부르는 모습을 통해 '호칭 전환'을 허용할 수 있는데, '경외감'이요? 화자는 '언어'의 기능이 제한되어 '언어'가 '활자'의 형태로만 존재하는 현실을 비판할 뿐, 어떠한 대상에게 '경외감'을 가지고 있지는 않습니다. 주제와도 무관하고, 근거를 찾을 수도 없으니 허용할 수 없네요. |

③ 원근을 나타내는 지시어를 사용하여, 화자의 시선에 포착된 대상의 움직임을 표현한다.

| 선지 유형 | 근거가 없어서 허용 불가능 |
|---|---|
| 실전에서의 판단 과정 | 대상의 움직임을 표현한 적은 없는 것 같은데? |
| 해설 | '원근을 나타내는 지시어'라는 표현이 굉장히 생소합니다. 아마 '이'와 '저'를 말하는 것 같은데, 이를 바탕으로 대상의 '움직임'을 표현한다고 보기는 어렵겠죠. '이'나 '저'로 표현된 '황혼', '돌벽', '고요함', '욕된 교외' 중 그 어떤 단어에서도 '움직임'을 읽기는 어려우니까요. 근거가 없으면 허용할 수 없어요! |

④ 물음의 형식으로 종결하여, 시적 대상에 대한 화자의 깨달음이 부정되고 있음을 나타낸다.

| 선지 유형 | 근거가 있어서 허용 불가능 |
|---|---|
| 실전에서의 판단 과정 | 깨달음을 강조하는 거 아니야? |
| 해설 | '아니냐'라는 물음의 형식으로 종결한 것은 맞지만, 깨달음을 '부정'한다구요? 오히려 '나의 영은 죽어 있다'는 깨달음을 1연에 이어 한 번 더 강조한다고 보는 것이 타당하겠죠. |

⑤ 동일한 구절을 반복하여, 시적 상황에 대한 화자의 부정적 정서가 심화되는 과정을 드러낸다.

| 선지 유형 | 근거가 있어서 허용 가능 |
|---|---|
| 실전에서의 판단 과정 | 동일한 구절 있고, 부정적 정서 맞네. 거시적인 선지가 답이었네. |
| 해설 | '나의 영은 죽어 있는 것이 아니냐'라는 동일한 구절을 반복하고 있고, 이 말에 내포된 부정적 '정서'가 반복되면서 '심화'되는 과정을 드러낸다고 할 수 있겠네요. 5번 선지의 경우, 기출에서 정답 선지로 정말 많이 제시된 형태의 선지입니다. 보자마자 답의 후보로 생각했어야 해요. |

| 선지 | ① | ② | ③ | ④ | ⑤ |
|---|---|---|---|---|---|
| 선택률 | 3% | 67% | 18% | 7% | 5% |

## 114  ㉠~㉤에 대한 이해로 적절하지 <u>않은</u> 것은? ②

- (나)의 내용이 상당히 어렵습니다. 이렇게 어려운 현대시가 나오는 경우에는 문제를 푸는 과정에서 내용이 이해되게 해 주는 경우가 많아요. 밑줄 근처를 독해한다는 태도를 생각하면서 가볍게 해결해봅시다.

① ㉠의 '붙들린 배'는 강이 얼었을 때 볼 수 있는 구경거리를 관심의 대상으로 표현한 것으로, 이를 통해 시상 전개의 계기가 형성된다.

> 한강물 얼고, 눈이 내린 날
> ㉠강물에 붙들린 배들을 구경하러 나갔다.

| 선지 유형 | 근거가 있어서 허용 가능 |
|---|---|
| 실전에서의 판단 과정 | 이걸로 시작하고 있으니 시상 전개의 계기라고 할 수 있지. |

| 해설 | 한강이 얼자 '붙들린 배'라는 구경거리에 '관심'을 가졌고, 이 내용을 바탕으로 시작하고 있으니 시상 전개의 '계기'라는 말도 쉽게 허용할 수 있겠습니다. |
|---|---|

② ⓛ의 '아니야'는 배가 훈련을 받고 있다는 추측을 부정하는 표현으로, 배가 움직일 수 없는 상황이 배의 내부적 원인에서 기인하고 있음이 이를 통해 드러난다.

한강물 얼고, 눈이 내린 날
강물에 붙들린 배들을 구경하러 나갔다.
ⓛ훈련받나봐, 아니야 발등까지 딱딱하게 얼었대.

| 선지 유형 | 근거가 있어서 허용 불가능 |
|---|---|
| 실전에서의 판단 과정 | 배가 움직일 수 없는 건 강이 얼었다는 외부적 원인 때문이잖아. |
| 해설 | '아니야'가 '훈련받나봐'라는 말을 부정하는 것은 충분히 허용할 수 있습니다. 그런데 배가 움직일 수 없는 상황이 배의 '내부적' 원인에 있다구요? 배는 지금 '한강'이 얼어서 못 움직이는 겁니다. 배의 '외부적' 원인 때문에 움직이지 못하는 거죠. '발등'이라는 말을 보고 '내부적'이라고 생각하면 안 돼요! 근처 맥락을 '독해'하면, 발등이 얼어버린 것 역시 강이 얼었다는 '외부적' 요인 때문이니까요.<br><br>조금 더 깊게 해석해볼까요? 〈보기〉에서 이 시가 자유로운 의사소통이 제한되는 '사회'에 대한 이야기를 한다고 했습니다. 그럼 '사회'와 같은 '외부적' 요인이 배가 움직이지 못하게 하는, 즉 자유로운 의사소통이 불가능하게 하는 것이라고 판단할 수 있겠죠. 이 지문의 주제가 '외부적 상황에 대한 비판'이므로, 어떠한 문제를 '내부적 원인'으로 돌리는 것은 절대 허용할 수 없다는 겁니다. 이렇게 '주제'까지 고려했다면 더욱 확실한 선지 판단이 가능하겠네요. |

③ ⓒ의 '시시덕거렸다'는 서로 모여 실없이 떠드는 모습을 표현한 것으로, 배가 질서정연하게 정렬된 모습에 대한 '우리'의 냉소가 이를 통해 드러난다.

우리는 강물 위에 서서 일렬로 늘어선 배들을
ⓒ비웃느라 시시덕거렸다.

| 선지 유형 | 근거가 있어서 허용 가능 |
|---|---|
| 실전에서의 판단 과정 | 시시덕거렸다고 하면 냉소라고 할 수 있지. |

| 해설 | '시시덕거렸다'라는 말 자체가 '서로 모여 실없이 떠드는 모습'을 의미하고, 주변을 '독해'해보면 이는 '일렬로 늘어선 배'들을 보고 '비웃는' 상황에서 나타나는 반응이죠? '비웃느라'라는 말을 통해 '냉소'를 충분히 허용할 수 있겠네요. 이 정도는 평가원이 기출을 통해 제시한 허용 범위의 안쪽에 있습니다. 쉽게 허용할 수 있어야 해요. |
|---|---|

④ ⓓ의 '흐르지 못해'는 강이 언 상황이 강물의 흐름을 막고 있다고 여기는 것으로, 강물의 자연스러운 흐름을 방해하는 외부의 힘이 이를 통해 강조된다.

ⓓ한강물 흐르지 못해 눈이 덮은 날

| 선지 유형 | 근거가 있어서 허용 가능 |
|---|---|
| 실전에서의 판단 과정 | 강물을 얼리는 건 외부의 힘이지. |
| 해설 | 추운 날씨 탓에 강물이 얼어 있다는 상황이 제시되었고, 그래서 강이 흐르지 못하고 있으니 자연스럽게 허용 가능하네요. |

⑤ ⓔ의 '꽝꽝꽝'은 강추위가 지속되는 현재의 상황을 감각적으로 표현한 것으로, 모든 것을 얼어붙게 하는 현실의 상황이 견고하다는 점이 이를 통해 강조된다.

ⓔ올 겨울 몹시 춥고 얼음이 꽝꽝꽝 얼고.

| 선지 유형 | 근거가 있어서 허용 가능 |
|---|---|
| 실전에서의 판단 과정 | 꽝꽝꽝이면 엄청 견고한 느낌이네. |
| 해설 | '꽝꽝꽝'이라는 표현은 '강추위'가 지속되는 상황과 '견고한' 현실의 상황을 드러내는 것 모두 허용할 만한 근거가 될 수 있겠습니다. |

| 선지 | ① | ② | ③ | ④ | ⑤ |
|---|---|---|---|---|---|
| 선택률 | 60% | 15% | 9% | 8% | 8% |

## 115 〈보기〉를 참고하여 (가), (나)를 감상한 내용으로 적절하지 <u>않은</u> 것은? [3점] ①

① (가)에서 '나의 영'에 대해 '우스워라'라고 자조한 것은 <u>의사소통의 여지가 축소된 상황에서 자신의 참여만으로는 의사소통의 장을 활성화할 수 없다는 성찰을 드러낸다</u>고 볼 수 있군.

> 그대는 반짝거리면서 하늘 아래에서
> 간간이
> 자유를 말하는데
> <u>우스워라 나의 영(靈)은 죽어 있는 것이 아니냐</u>

| 선지 유형 | 근거가 있어서 허용 불가능 |
|---|---|
| 실전에서의 판단 과정 | 자유를 말하지 못해서 우스운 거잖아. |
| 해설 | '나의 영'에 대해 '우스워라'라고 자조한 것에 대해 묻고 있습니다. 지금 이 상황이 〈보기〉를 근거로 하면 '의사소통의 여지가 축소'된 상황은 맞는데, 이게 '자신의 참여만으로는 의사소통의 장을 활성화할 수 없다는 성찰'을 드러내나요? 이 말을 허용할 만한 '근거'를 찾으려고 해도, 오히려 '죽어 있다'라는 표현을 통해 '참여' 자체를 하지 못하는 상황만 보입니다.<br><br>거기에 〈보기〉에서도 (가)의 화자가 위축된 의사소통의 장에 적극적으로 '참여'하지 못한다고 했네요. 결국 이 선지가 바로 정답이 되겠네요. 어설프게 끼워 맞추면서 해석하는 게 아니라, 냉철하게 이 해석을 '허용'할 만한 근거가 있는지 평가하려는 태도가 중요합니다! 나아가 선지 판단의 근거는 지문만이 아니라 〈보기〉에도 존재할 수 있다는 것을 잊지 마세요. |

② (나)에서 '우리'가 '언 강물' 위에서 비웃는 모습이나 '빙그르르' 뒹구는 장면은 언어 사용이 제한된 상황에서 또 다른 의사소통의 방법을 모색함을 드러낸다고 볼 수 있군.

> <u>언 강물과 언 하늘이 맞붙은 사이로</u>
> 저어가지 못하는 배들이 나란히
> 날아가지 못하는 말들이 나란히

> <u>숨죽이고 있는 것을 비웃으며, 우리는</u>
> <u>빙그르르</u>. 올 겨울 몹시 춥고 얼음이 꽝꽝꽝 얼고.

| 선지 유형 | 근거가 있어서 허용 가능 |
|---|---|
| 실전에서의 판단 과정 | 웃음이나 몸짓이 또 다른 의사소통이라고 했네. |
| 해설 | '비웃는 모습', '뒹구는 장면' 등이 '또 다른 의사소통의 방법 모색'을 드러낸다는 건 굉장히 당황스럽습니다. 지문만 가지고는 이 해석을 허용하기 어렵거든요. 이렇게 선지 판단이 어려울 때는, 여러분의 '머릿속'이 아닌 '눈'을 이용해야 합니다.<br><br>지문만 가지고는 근거를 잡기 어려우니 〈보기〉를 보면, (나)의 경우 '웃음'(비웃음)이나 '몸짓'(뒹굴기)과 같은 또 다른 의사소통의 방법을 보여 준다고 했습니다. 이를 근거로 하면 충분히 허용할 수 있겠죠? 〈보기〉 역시 선지 판단의 근거로 작용한다는 것, 확실하게 배워가도록 합시다! |

③ (가)의 '하늘 아래'는 '고요함'이 있는 공간이라는 점에서, (나)의 '맞붙은 사이'는 '배'와 '말'이 '숨죽이고 있는' 공간이라는 점에서, 의사소통이 자유롭지 못한 경직된 사회를 엿볼 수 있군.

> …… 활자(活字)는 반짝거리면서 <u>하늘 아래에서</u>
> 간간이
> 자유를 말하는데
> 나의 영(靈)은 죽어 있는 것이 아니냐

> 모두 다 마음에 들지 않아라
> 이 황혼도 저 돌벽 아래 잡초도
> 담장의 푸른 페인트빛도
> 저 <u>고요함</u>도 이 <u>고요함</u>도

> 저어가지 못하는 <u>배</u>들이 나란히
> 날아가지 못하는 <u>말</u>들이 나란히
> <u>숨죽이고 있는</u> 것을 비웃으며, 우리는

| 선지 유형 | 근거가 있어서 허용 가능 |
|---|---|
| 실전에서의 판단 과정 | 고요하고 숨죽이고 있다는데 의사소통 경직된 사회 맞지 뭐. |

| 해설 | '고요함'과 '숨죽이고 있는'이라는 말을 근거로 하면 '의사소통이 자유롭지 못한 사회'를 충분히 허용할 수 있겠죠. '근거'를 바탕으로 '허용'한다는 게 어떤 말인지 이해하시겠죠? |
| --- | --- |

④ (가)에서 '자유를 말하'는 것이 '활자'로 한정된 것은 의사소통의 장이 위축된 상황을 나타내고, (나)에서 '말'이 '날아가지 못'한다는 것은 자유로워야 하는 언어 사용이 제한되어 있는 상황을 나타낸다고 볼 수 있군.

> …… 활자(活字)는 반짝거리면서 하늘 아래에서
> 간간이
> 자유를 말하는데
> 나의 영(靈)은 죽어 있는 것이 아니냐

> 날아가지 못하는 말들이 나란히

| 선지 유형 | 근거가 있어서 허용 가능 |
| --- | --- |
| 실전에서의 판단 과정 | 한정되었으니 위축, 말이 날아가지 못하니 언어 사용 제한이 허용되네. |
| 해설 | 자유를 말하는, 즉 의사소통의 장을 여는 것은 오로지 '활자'뿐입니다. 이를 근거로 하면 '위축된 상황'이라는 말을 쉽게 허용할 수 있겠고, '말'이라는 게 '날아가지 못'하는 상황은 '말'이 제 역할을 제대로 하지 못한다는 해석의 근거로 쓰기에 충분하겠죠. |

⑤ (가)에서 주변 세계를 '마음에 들지 않'아 하는 것은 의사소통이 활발하지 못한 상황에 대한 생각을 드러낸 것이고, (나)에서 강물이 얼어 '배'를 '저어가지 못'하는 상황은 의사소통을 방해하는 환경을 표현한 것이라고 볼 수 있군.

> 모두 다 마음에 들지 않아라
> 이 황혼도 저 돌벽 아래 잡초도
> 담장의 푸른 페인트빛도

> 저어가지 못하는 배들이 나란히

| 선지 유형 | 근거가 있어서 허용 가능 |
| --- | --- |
| 실전에서의 판단 과정 | 전부 주제랑 연관되는 내용들이네. |

| 해설 | '마음에 들지 않'는다는 화자의 반응은 주제인 '의사소통의 부재'와 연결된다고 할 수 있겠고, '배'를 '저어가지 못'하는 상황 역시 지문의 주제인 '의사소통의 부재'와 직결되는 것이라 할 수 있겠죠. 단어의 의미, 주제와 연결 등을 고려하면 쉽게 허용할 수 있는 선지였습니다. |
| --- | --- |

### 현대시 독해 연습

> (가)
> …… 활자(活字)는 반짝거리면서 하늘 아래에서
> 간간이
> 자유를 말하는데
> 나의 영(靈)은 죽어 있는 것이 아니냐

'활자'와 '나의 영'을 비교하면서 시작하고 있습니다. 반짝거리면서 간간이 '자유'를 말하는 '활자'와는 반대로, '나의 영'은 죽어 있는 것이 아니냐고 묻고 있어요. 화자가 생각하기에 '자유'를 말하지 않는 것은 죽은 것이나 다름없나 봅니다. 이러한 내용을 전제로 계속 읽어 봅시다.

> 벗이여
> 그대의 말을 고개 숙이고 듣는 것이
> 그대는 마음에 들지 않겠지
> 마음에 들지 않아라

'벗'이 어떤 말을 하고 있는데, 화자는 그저 '고개 숙이고 듣'고 있습니다. 지문의 맥락상, 여기서 '벗'이 하는 말은 아마 '자유'와 관련될 것입니다. 하지만 '나의 영'이 죽어 있다고 생각하는 화자는 그저 '고개 숙이고' 들을 수밖에 없는 것이죠. '자유'를 설파하는 '벗'의 입장에서는 이러한 화자의 태도가 당연히 마음에 들지 않을 것이구요.

> 모두 다 마음에 들지 않아라
> 이 황혼도 저 돌벽 아래 잡초도
> 담장의 푸른 페인트빛도
> 저 고요함도 이 고요함도

화자의 입장에서도 마음에 들지 않는 것 투성이입니다. '황혼·잡초·페인트빛'이 왜 마음이 들지 않는 건가 했더니, 이들과 함께 '고요함'이 제시된 것을 보니 이해가 되는 것 같습니다. 이 지문의 맥락상 '고요함'은 '자유를 말하지 않음'과 같은 말이니까요. '황

혼·잡초·페인트빛' 모두 그저 '고요'하게 자리를 지킬 뿐, '자
유'를 말하지 못합니다. 화자는 '나의 영'도 이들과 마찬가지라고
생각하고, '벗'과 같은 이들이 자신의 모습을 마음에 들지 않아 하
는 것은 당연하다고 보는 것이죠.

> 그대의 정의도 우리들의 섬세도
> 행동이 죽음에서 나오는
> 이 욕된 교외에서는
> 어제도 오늘도 내일도 마음에 들지 않아라

그대(벗)의 '정의'와 우리들의 '섬세'에 대해 이야기하고 있습니
다. 일단 '섬세'라는 단어가 가지고 있는 일반적인 느낌(부드럽고
좋은 느낌)과는 달리, 이 지문에서는 부정적인 시어로 볼 수 있어
야 합니다. 화자의 입장에서 '자유'를 말하지 못하는 '우리들'은
모두 한심한 놈들이니까요. 즉, '섬세'하다고 할 만큼 소심하고 조
용한 '우리들'의 모습을 자조하고 있다고 할 수 있는 것이죠.

한편 화자는 현재 자신이 있는 공간을 '욕된 교외'라고 이야기하
는데, 이곳은 '행동이 죽음에서 나오는' 공간이라고 합니다. 일상
적인 의미 그대로 독해하면, 진짜 '자유'를 찾기 위해 행동하려면
죽음까지 각오해야 할 만큼 어려운 상황이라고 할 수 있겠네요.
이러다 보니 '자유'를 말하지 못하고 죽어 있던 것이었어요.

나아가, 다시 한번 '마음에 들지 않'는다는 이야기를 하고 있습니
다. 계속 하던 이야기라서 쉽게 이해할 수 있지만, 주목할 만한 것
은 마음에 들지 않는 것에 '우리들의 섬세'뿐 아니라 '그대의 정
의'도 포함되어 있다는 것입니다. 여기서의 '그대'는 '자유'를 부르
짖던 '벗'일 텐데, 화자는 왜 이것도 마음에 들지 않는 것일까요?

이는 '행동이 죽음에서 나오는 이 욕된 교외'라는 말을 바탕으로
생각할 수 있습니다. 화자가 지금 살고 있는 '욕된 교외'에서는
'자유'를 '행동'으로 옮기려면 '죽음'을 불사해야 합니다. 그런데
'벗' 역시 '고요함'을 비판하며 '자유'(=정의)를 말하기만 할 뿐,
그것을 '행동'으로 옮기지는 못하고 있어요. 이러한 이유로 마음
에 들지 않는다는 표현을 사용한 것이네요. 결국 '욕된 교외'에서
'죽음'을 두려워하지 않고 '자유'를 '행동'으로 옮기는 이들은 아
무도 없는 것입니다. 물론 거기에는 화자도 포함될 것이구요.

> 그대는 반짝거리면서 하늘 아래에서
> 간간이
> 자유를 말하는데
> 우스워라 나의 영(靈)은 죽어 있는 것이 아니냐
> -김수영, 「사령(死靈)」-

수미상관으로 끝나고 있습니다. 그런데 '활자'가 '그대'로 바뀌었
어요. 우리는 이로부터 지금까지 나왔던 '벗'이 곧 '활자'였음을
알 수 있습니다. 그래도 '활자'는 간간이 '자유'를 말하기라도 합
니다. 하지만 '나의 영'이 죽어 있는 화자는 그저 침묵으로 일관할
뿐이고, 이러한 자신의 태도에 '우스워라'라는 반응을 보이면서
자조하고 있네요.

> (나)
> 한강물 얼고, 눈이 내린 날
> 강물에 붙들린 배들을 구경하러 나갔다.
> 훈련받나봐, 아니야 발등까지 딱딱하게 얼었대.
> 우리는 강물 위에 서서 일렬로 늘어선 배들을
> 비웃느라 시시덕거렸다.

한강물이 얼고, 눈이 올 정도로 추운 겨울날입니다. 화자는 꽁꽁
언 한강에 '붙들린 배들'을 구경하러 나갔고, 다른 사람들과 이런
저런 이야기를 합니다. 꽁꽁 언 한강물에 '일렬로 늘어선 배들'은
마치 훈련받는 것 같기도 한데, '우리'들은 비웃느라 시시덕거리
고 있습니다. 외적 준거가 없으면 확실하게 이해하기 어려운 내
용이에요. 전반적인 상황만 이해하면서 계속 읽어 봅시다.

> 한강물 흐르지 못해 눈이 덮은 날
> 강물 위로 빙그르르, 빙그르르.
> 웃음을 참지 못해 나뒹굴며, 우리는
> 보았다. 얼어붙은 하늘 사이로 붙박힌 말들을.

이렇게 꽁꽁 얼어버린 한강물 위로, 배들을 비웃느라 시시덕거리
던 '우리'는 강물 위를 뒹굴거립니다. 뭐가 그렇게 웃긴지는 모르
겠지만, 발등이 얼어 '일렬로 늘어선 배들'이 꽤나 우스운 것 같습
니다.

그런데 이렇게 뒹굴거리던 '우리'는 '얼어붙은 하늘 사이로 붙박
힌 말들'을 봅니다. '배'도, '말'도 붙박혀 있는 상황이네요. 결국
이 지문이 하고 싶은 말들은 '붙박혀 있는 것들'이 우습다는 내용

인 것 같습니다. 여기서 현대시 독해 경험이 많은 학생들은 자연스럽게 현대사의 흐름을 생각할 수 있겠죠? 일제강점기일 수도 있고, 군부 독재일 수도 있지만 어쨌든 억압받고 있는 현실에 대한 이야기임을 파악할 수 있어야 합니다.

> 언 강물과 언 하늘이 맞붙은 사이로
> 저어가지 못하는 배들이 나란히
> 날아가지 못하는 말들이 나란히
> 숨죽이고 있는 것을 비웃으며, 우리는
> 빙그르르. 올 겨울 몹시 춥고 얼음이 꽝꽝꽝 얼고.
>
>                                  -김혜순, 「한강물 얼고, 눈이 내린 날」-

계속해서 똑같은 내용이 반복되고 있습니다. '강물'도 '하늘'도 모두 얼어 버릴 만큼 억압된 현실에서, '배'도 '말'도 나란히 숨죽일 수밖에 없습니다. 그리고 '우리'는 그것을 비웃으면서 빙그르르 뒹굴고 있을 뿐이에요. 제대로 된 말을 못하고 그저 비웃고 뒹굴기만 하는 것으로 보아, '우리'도 결국 억압받는 소시민에 불과하다는 것도 생각할 수 있겠네요.

<table>
<tr><td>몰랐던 어휘 정리하기</td></tr>
<tr><td><br><br><br><br><br></td></tr>
</table>

| 핵심 point |

① **허용 가능성 평가** : 선지의 내용을 '허용'하려는 태도를 바탕으로 지문을 '독해'하며 '근거'를 찾아야 합니다. 허용할 수 있는 '근거'가 있어야만 허용할 수 있습니다. 주관적인 생각을 개입시키면 안 됩니다.

② **현대시 독해** : 〈보기〉의 도움 등을 통해 '주제' 위주로, 그리고 일상 언어의 감각으로 읽어내면 됩니다. 현대시도 읽을 수 있는 하나의 글입니다.

| 지문 내용 총정리 |

아무리 어려운 현대시가 나와도, 〈보기〉를 바탕으로 주제를 잡고 독해하며 허용 가능성을 평가한다는 원칙은 변하지 않습니다. 특히 지문 외에 〈보기〉도 선지 판단의 근거가 될 수 있다는 점에 주목하세요.

〈보기〉 독해

〈보기〉가 없습니다! 〈보기〉가 없다면 그냥 바로 지문을 읽어주시면 되지만, 이렇게 '비평문'이 제시되는 경우에는 이를 〈보기〉처럼 활용하자고 했습니다. 2017학년도에는 이러한 '비평문'이 상당히 길게 출제되는 경향을 보이기도 했어요. 어느 정도 정독하는 것도 훌륭한 태도이지만, 기본적으로는 '주제'를 제시하는 부분 위주로 빠르게 읽어나가시는 겁니다! 한 번 해볼까요?

> (가)
> 　　**고려 속요**는 고려 시대 궁중에서 형성되어 조선 시대까지 궁중 연향(宴饗)에서 전승되어 불린 노래를 가리킨다. 고려 속요의 기원과 형성에는 민간의 노래가 관여되었다.
> 　　민간의 노래가 궁중 잔치의 노래로 사용된 연원은 중국의 오래된 시집인 『시경(詩經)』의 '풍(風)'에서 찾을 수 있다. '풍'에는 민간의 노래가 실려 있는데 사랑 노래가 대부분이다. '풍'에 실린 노래는 중국은 물론 고려와 조선의 궁중 잔치에서도 불렸다. 또한 조선의 궁중에서는 이를 참고하여 연향 악곡을 선정하였다.

'고려 속요'에 대한 내용입니다. 1문단과 2문단 모두 '민간의 노래'가 관여되었다는 이야기가 들어있죠? 어차피 독서 지문처럼 꼼꼼하게 읽을 것도 아니니, '고려 속요=민간의 노래 관여'라는 포인트만 잡으면서 넘어가보도록 합시다.

> 　　남녀 간의 사랑 노래를 포함한 민간의 노래가 궁중악으로 수용될 수 있었던 까닭은 무엇일까? 왕을 정점으로 하는 통치 구조에서는 왕권을 공고히 하고 풍속을 교화(敎化)하는 수단이 필요했는데, 예법(禮法)과 음악도 중요한 역할을 하였다. 이때 그 과정에서 민중의 생활상을 진솔하게 반영한 노래 가운데 인륜의 차원으로 확장될 가능성이 있는 노래들은 통치 질서를 구현하기에 적합한 노래로 여겨져 궁중악으로 편입되었다. 특히 남녀 간의 사랑 노래는 그 화자와 대상이 '신하'와 '임금'의 구도로 치환되기 용이했기 때문에 궁중악으로 편입될 수 있었다. 이처럼 민간 가요의 궁중 악곡으로의 전환은 하층에서 상층으로의 편입·흡수 과정을 통해 상·하층이 노래를 함께 향유한 화합의 차원으로 볼 수 있다.

화제의 흐름이 바뀌고 있습니다. '고려 속요=민간의 노래 관여'라는 건 알겠는데, 이게 어떻게 '궁중악'으로 수용되었는지가 핵심입니다. 그 이유는 결국 '통치 질서 구현'이었네요. 이는 상·하층이 노래를 함께 향유한 화합의 차원으로 볼 수 있다고 합니다.

이처럼 2017학년도의 비평문은 단순한 〈보기〉라기보다는 일종의 독서 지문처럼 제시되는 경우가 많았습니다. 애초에 여기까지의 내용도 (나)와 (다) 지문에 대한 설명이라기보다는 설명문 그 자체라고 할 수 있죠. 지문의 길이를 최대한 줄이려는 경향을 보이는 최근의 트렌드에서는 나오기 힘든 유형이지만, 혹시나 출제된다면 '화제' 위주로 가볍게 읽는 태도를 갖춰주도록 합시다.

> [A]
> 　關關雎鳩(관관저구) 꾸욱꾸욱 우는 물수리 한 쌍
> 　在河之洲(재하지주) 하수(河水)의 모래톱에 있도다.
> 　窈窕淑女(요조숙녀) 요조숙녀는
> 　君子好逑(군자호구) 군자의 좋은 짝이로다.
>
> 　　위의 시는 '풍'에 실린 「관저(關雎)」 편 첫째 작품으로 작품의 짜임은 대칭 구조를 이루고 있다. 이미 짝을 지은 물수리 암수의 모습과 앞으로 짝을 이룰 요조숙녀와 군자의 모습이 상응하면서 자연과 사람, 사람과 사람 사이의 조화로움을 노래한 것으로 해석되어 왔다. 문왕(文王)과 후비(后妃)*의 덕을 읊은 것, 부부간의 화락(和樂)과 공경(恭敬)을 읊은 것, 풍속 교화의 시초 등 이 노래에 대한 평(評)이 이를 짐작하게 한다. 이러한 점에서 이 노래는 궁중에서 불렸을 때 국가적 차원의 의미까지 담게 될 여지를 갖게 된다.
>
> * 문왕과 후비 : 고대의 이상적인 성인 군주와 그의 부인인 태사.

계속 같은 말을 하고 있죠? [A]의 시도 결국 '국가적 차원의 의미', 즉 '통치'를 용이하게 할 수 있는 내용을 주제로 하는 작품이라는 게 핵심입니다. 이 시는 문제에서 다루는 또 하나의 작품이므로, 아래 문단의 내용은 모두 해당 작품에 대한 〈보기〉로 이용할 수 있겠죠? 밑줄 친 부분(조화로움)이 바로 이 작품의 '주제'라고 할 수 있겠습니다. 정확하게 체크하고 읽어보도록 해요.

> 　　한편, 고려 속요와 『시경』의 '풍'은 공통점이 있지만 고려 속요는 '풍'과 구별되는 특성을 지니고 있기도 하다. 고려 속요는 민간의 사랑 노래가 궁중악으로 정제되어 편입되는 과정에서 변화를 겪기도 했다. 즉 작품의

특정 부분에 긴밀한 유기적 관계를 맺을 수 있는 <u>형식적 장치</u>를 마련하여 한 작품이 구성될 때 작품 전체에 통일성을 부여하는 기능을 더하였다. 그리고 <u>궁중 연향을 고려한 것으로 보이는 특정한 부분이 덧붙여지기도 했다.</u> 예컨대, 전체적으로 애틋한 그리움의 정서를 보이는 작품에 송축의 내용을 담거나 <u>이별의 상황과 동떨어진 시어를 붙이기도 한다.</u> 「동동」과 「가시리」는 이러한 변화를 비교적 잘 보여 주고 있다.

그런데 '고려 속요'의 이러한 특징 외에도, 궁중악으로 편입되는 과정에서 겪은 '변화'도 있다고 합니다. '형식적 장치', '궁중 연향 고려한 특정 부분 덧붙이기' 등이 그 내용이네요. '송축의 내용', '이별의 상황과 동떨어진 시어' 등의 사례가 있다고 하는데, (나) 작품인 '동동'과 (다) 작품인 '가시리'는 이러한 변화를 비교적 잘 보여 준다고 합니다. 이 문단이 (나)와 (다)의 〈보기〉 역할을 하던 것이네요! 크게 보면 [A], (나), (다)라는 세 작품이 제시된 것이고, 각각 〈보기〉가 하나씩 할당된 형태였던 겁니다. 이렇게 〈보기〉 정리를 마무리할 수 있겠네요.

그런데 이렇게 독서 지문처럼 제시되는 비평문의 경우, 단독 문제가 출제되는 경우가 많아요. 116번 문제처럼 말이죠. 이때는 그냥 독서 내용 일치 문제를 푸는 것처럼 바로 해결하시면 됩니다. 다만, 각 문학 작품에 대한 〈보기〉 역할을 하던 후반부의 내용보다는 정말 '설명'만 하던 전반부의 내용 위주로 출제될 가능성이 높겠죠? 이런 생각하면서 문제 풀어 보도록 합시다.

| 선지 | ① | ② | ③ | ④ | ⑤ |
|---|---|---|---|---|---|
| 선택률 | 4% | 4% | 5% | 82% | 5% |

**116** (가)를 이해한 내용으로 적절하지 <u>않은</u> 것은? ④

① 고려 속요는 조선 시대까지 궁중 연향에서 사용되었다.

| 명시적 근거 | 1문단 1번 문장 |
|---|---|
| 실전에서의 판단 과정 | 그렇다고 했지. |
| 해설 | 대충 읽어서 기억이 안 나더라도, '고려 속요'에 대해 처음으로 설명하던 1문단으로 돌아가서 확인할 생각은 할 수 있었겠죠. 첫 문장부터 제시된 정보네요. |

② 『시경』의 '풍'은 조선의 궁중악에 영향을 주기도 하였다.

| 명시적 근거 | 2문단 4번 문장 |
|---|---|
| 실전에서의 판단 과정 | 그랬었지. |
| 해설 | '풍'과 같은 '민간의 노래'가 궁중악으로 편입되었다는 것이 이 지문의 핵심이었죠? |

③ 『시경』의 '풍'에 실린 노래에는 민중의 삶이 반영되어 있다.

| 명시적 근거 | 2문단 2번 문장 |
|---|---|
| 실전에서의 판단 과정 | 민중의 노래였지. |
| 해설 | 역시 너무나 쉽게 지울 수 있는 선지네요. '풍'은 민중의 삶이 담긴 '민간의 노래'였고, 이것이 궁중악으로 편입되었다는 게 핵심이었습니다. |

④ 『시경』의 '풍'과 고려 속요는 모두 상층 노래가 하층 문화에 영향을 준 결과물이다.

| 명시적 근거 | 3문단 5번 문장 |
|---|---|
| 실전에서의 판단 과정 | 하층에서 상층으로 흡수된 거지. |
| 해설 | 하층 문화인 '민중의 노래'가 상층 노래인 '궁중악'으로 편입되었다는 것이 핵심이라고 했습니다. 결국 독서 지문처럼 '화제' 중심으로 출제가 이루어지는 모습이네요. |

⑤ 궁중악에서는 남녀의 사랑이 군신 간의 관계로 확장, 전환되어서 해석될 수 있었다.

| 명시적 근거 | 3문단 4번 문장 |
|---|---|
| 실전에서의 판단 과정 | 그렇지. |
| 해설 | 이러한 이유 때문에 '풍'과 같은 민간의 노래가 궁중악으로 편입될 수 있었던 거죠? |

어렵지 않죠? 이렇게 간단히 한 문제 해결해 놓고 본격적으로 지문 독해에 나서보도록 합시다.

실전적 지문 독해

(나)

덕(德)으란 곰비예 받줍고 복(福)으란 림비예 받줍고
→ 덕이란 곰배에 받으시고 ~

덕(德)이여 복(福)이라 호놀 나ᅀᆞ라 오소이다
→ 덕이여 복이라 하는 나라 오소이다?

아으 동동(動動)다리

〈서사〉


정월(正月)ㅅ 나릿므른 아으 어져 녹져 ᄒᆞ논디
→ 정월 냇물은 아아 얼고 녹자 한데

누릿 가온디 나곤 몸하 ᄒᆞ올로 녈셔
→ 누리(세상) 가운데 난 몸 홀로 사는구나

아으 동동(動動)다리

〈정월령〉


이월(二月)ㅅ 보로매 아으 노피 현 등(燈)ㅅ블 다호라
→ 이월 보름에 아아 높이 ~

만인(萬人) 비취실 즈싀샷다
→ 만인 비추실 듯하다.

아으 동동(動動)다리

〈이월령〉


삼월(三月) 나며 개(開)ᄒᆞᆫ 아으 만춘(滿春) 둘욋고지여
→ 삼월 나며 핀 아아 꽃이여

ᄂᆞ미 브롤 즈을 디녀 나샷다
→ 남이 바랄 줄을 지녀 나셨다

아으 동동(動動)다리

〈삼월령〉
-작자 미상, 「동동」-

'동동'은 정말로 어려운 작품입니다. 만약 여러분들이 이 내용을 미리 알지 못했다면, 아마 제대로 읽어내는 건 불가능에 가까울 것이에요. 〈보기〉에서 이야기하는 것처럼 '그리움'이 드러나는 작품이지만 궁중악 편입을 위해 '궁중 연향', 즉 일종의 축제를 고려한 내용이 덧붙여졌다는 것 정도를 체크하는 게 전부일 겁니다. 따라서 이번에는 실전을 좀 뛰어넘어서, '동동'의 구체적인 내용을 설명하는 방식으로 해설해보도록 할게요. 이 작품에 대해 여러분이 미리 알고 있어야 했던 내용은 다음과 같아요.


1) 어휘
누리 : 세상 / 녈다 : 살다


2) 내용

'동동'은 열두 달의 순서에 따라 노래하는 시가의 형식인 '월령체' 시가입니다. 〈서사〉는 '덕'과 '복'을 '곰비'와 '림비'에 바친다는 이야기로, 신나는 분위기를 기리고 축하하는 '송축'의 내용을 담고 있어요. 일단 '송축'이라는 어휘 자체도 어려울 뿐 아니라, 〈서사〉에 대한 완벽한 독해가 거의 불가능하다는 점에서 상당히 까다로운 부분이죠? 참고로 '곰비'와 '림비'의 해석은 여러 가지로 나뉩니다. 그냥 '술잔'이나 '임금' 등 좋은 의미로 해석할 수 있다는 것만 알아두도록 합시다.

이 외에 〈정월령〉부터 〈삼월령〉까지도 어떠한 해석을 담고 있지만, 이를 여기서 다 정리하는 건 의미가 없을 것 같습니다. 이에 대한 해석을 비롯해서, 필수적인 고전시가들을 한 번 정리하고 싶다면 "P.I.R.A.M 국어 – 필수 고전시가"를 이용하도록 하세요. 굳이 제 교재가 아니어도 되니, 필수적인 고전시가들은 꼭 한 번 정리하고 가도록 합시다!

(다)

가시리 가시리잇고 나ᄂᆞᆫ
→ 가시리 가시리잇고 나는

ᄇᆞ리고 가시리잇고 나ᄂᆞᆫ
→ 버리고 가시리잇고 나는

위 증즐가 대평셩디(大平盛代)


날러는 엇디 살라 ᄒᆞ고
→ 날러는 어찌 살라 하고

ᄇᆞ리고 가시리잇고 나ᄂᆞᆫ
→ 버리고 가시리잇고 나는

위 증즐가 대평셩디(大平盛代)


잡ᄉᆞ와 두어리마ᄂᆞᄂᆞᆫ
→ 잡사와 두어리마나는 (붙잡고 싶습니다만)

선ᄒᆞ면 아니 올셰라
→ 선하면 아니 올셰라 (서운하면 아니 오실까봐 두렵습니다)

위 증즐가 대평셩디(大平盛代)


셜온 님 보내ᄋᆞᆸ노니 나ᄂᆞᆫ
→ 서러운 님 보내드리니 나는

가시ᄂᆞᆫ 듯 도셔 오쇼셔 나ᄂᆞᆫ
→ 가시는 듯 돌아 오소서 나는

위 증즐가 대평셩디(大平盛代)

-작자 미상, 「가시리」-

그나마 좀 쉬운 '가시리'네요. 님과 이별한 화자가 가지 말라고 소리치는 내용입니다. 애초에 <보기> 역할을 하던 (가)의 마지막 문단에서 '동동'과 '가시리' 모두 '그리움'의 심정을 담은 작품이라고 했기 때문에, 이러한 내면세계를 읽어내는 것 정도는 충분히 해낼 수 있었을 것이에요.

그럼 본격적으로 문제를 풀어보도록 할까요?

| 선지 | ① | ② | ③ | ④ | ⑤ |
|---|---|---|---|---|---|
| 선택률 | 12% | 7% | 59% | 8% | 14% |

**117** ㉠~㉢을 바탕으로 (나)와 (다)를 설명한 내용으로 가장 적절한 것은? ③

> ㉠작품 전체에 통일성을 부여하는 기능
> ㉡송축의 내용
> ㉢이별의 상황과 동떨어진 시어

– 모두 (나)와 (다)에서 찾아볼 수 있었던 내용입니다. ㉠은 '아으 동동다리'나 '위 증즐가 대평셩디'에서, ㉡과 ㉢은 (나)의 <서사> 등에서 찾아볼 수 있네요. 애초에 '동동'이라는 작품에 대해 알고 있던 게 아니라면 제대로 푸는 게 많이 힘들었을 것 같아요. 평가원은 이처럼 '필수 고전시가'라고 생각되는 작품들은 사정없이 출제하는 경향을 보입니다.

① (나)의 '아으 동동다리'는 ㉠의 예로 볼 수 없다.

| 선지 유형 | 근거가 있어서 허용 불가능 |
|---|---|
| 실전에서의 판단 과정 | 아으 동동다리는 ㉠의 예시 그 자체였지. |
| 해설 | '아으 동동다리'는 대표적인 통일성 부여를 위한 형식적 장치예요. 사실 이 정도는 상식적으로도 알고 있어야 할 내용이라고 생각합니다. |

② (나)의 <서사>에서 '아으 동동다리'를 제외한 나머지 부분은 ㉠의 예로 볼 수 있으나, ㉢의 예로는 볼 수 없다.

| 선지 유형 | 근거가 있어서 허용 불가능 |
|---|---|
| 실전에서의 판단 과정 | 아으 동동다리 제외하면 ㉠이 아니지. |
| 해설 | <서사>에서 '아으 동동다리'를 제외한 나머지 부분이 통일성을 부여하지는 않죠? 한편 <서사>에서 '아으 동동다리'를 제외한 나머지 부분은 '송축' |

의 의미를 담고 있기 때문에, ㉢의 예로도 볼 수 있겠습니다. '송축'이라는 어휘를 몰랐다면 많이 힘들었을 것 같아요. 어휘력이 생명입니다!

③ (나)의 <서사>에서 '아으 동동다리'를 제외한 나머지 부분은 ㉡의 예로 볼 수 있다.

| 선지 유형 | 근거가 있어서 허용 가능 |
|---|---|
| 실전에서의 판단 과정 | 그렇지. |
| 해설 | <서사>는 '송축'의 의미를 담은 부분이라고 했습니다. 이걸 모르면 어떻게 푸냐구요? 못 푼다니까요! 평가원은 이렇게 '필수 고전시가'의 내용을 모르면 제대로 풀 수 없는 문제를 가끔 출제하기도 해요. "P.I.R.A.M 국어 – 필수 고전시가"와 같은 교재로 꼭 한 번 정리하도록 합시다. |

④ (다)의 '위 증즐가 대평셩디'는 ㉡의 예로 볼 수 있으나, ㉢의 예로는 볼 수 없다.

| 선지 유형 | 근거가 있어서 허용 불가능 |
|---|---|
| 실전에서의 판단 과정 | 이게 왜 송축이야. |
| 해설 | '위 증즐가 대평셩디'는 ㉠의 예시였어요. 다 헛소리죠. |

⑤ (다)의 제1연에서 '위 증즐가 대평셩디'를 제외한 나머지 부분은 ㉡의 예로 볼 수 있다.

| 선지 유형 | 근거가 없어서 허용 불가능 |
|---|---|
| 실전에서의 판단 과정 | 왜 버리고 가냐고 하는데 어떻게 송축이냐. |
| 해설 | (다)의 제1연은 그저 "왜 가냐!"라고 외치는 부분이기에, '송축'이라고 볼 만한 근거는 찾을 수가 없겠습니다. |

| 선지 | ① | ② | ③ | ④ | ⑤ |
|---|---|---|---|---|---|
| 선택률 | 10% | 10% | 6% | 66% | 8% |

**118** (가)를 참고하여 [A], (나), (다)를 감상한 것으로 적절하지 않은 것은? [3점] ④

– (가)를 <보기> 삼아 해결할 것을 대놓고 요구하는 문제입니다. 가볍게 처리해봅시다.

① [A]에서는 자연과 인간 간의 조화로움이, (나)의 〈정월 령〉에서는 남녀 간의 사랑으로 인한 외로움이 드러나 있군.

| 선지 유형 | 근거가 있어서 허용 가능 |
| --- | --- |
| 실전에서의 판단 과정 | (가)에서 이야기한 그대로네. |
| 해설 | (가)에서 이야기한 그대로죠? '남녀 간의 사랑'에 대한 명시적인 근거를 찾아 보면, 〈정월령〉의 '홀로'라는 표현을 가져올 수 있겠구요. 기본적으로 고전시가에서의 사랑은 남녀 간의 사랑으로 국한되고, 혼자 남은 모습은 님과 이별한 여성으로 봐 주셔야 합니다. |

② [A]의 '물수리 한 쌍'과 (나)의 '만춘 돌욋곳'은 생활 속에서 민중이 긍정적 가치를 부여하는 대상을 의미하는 것으로 볼 수 있군.

| 선지 유형 | 근거가 있어서 허용 가능 |
| --- | --- |
| 실전에서의 판단 과정 | 둘 다 긍정적으로 쓰이고 있네. |
| 해설 | '물수리 한 쌍'은 '조화로움'의 미덕을 지닌 긍정적 의미를 가지고 있는 걸 (가)에서 확인할 수 있죠? 한편, '만춘 돌욋곳'은 〈삼월령〉의 내용인데, 3월이라는 봄(春)에 피는 '꽃'으로 해석할 수 있으니 긍정적 가치를 충분히 허용할 수 있겠습니다.<br><br>아니 이런 해석을 도대체 어떻게 하는 거냐구요? "P.I.R.A.M 국어 – 필수 고전시가"와 같은 교재로 한 번만 정리하면 됩니다! 한 번만 정리하면 고전시가가 더 이상 두렵지 않을 것이에요. 꼭 시간을 들여 공부하도록 합시다. |

③ [A]에서는 화락의 상황을, (다)에서는 이별의 상황을 보여 주고 있군.

| 선지 유형 | 근거가 있어서 허용 가능 |
| --- | --- |
| 실전에서의 판단 과정 | 주제 그 자체네. |
| 해설 | 주제 그 자체를 이야기하는 선지네요. 가볍게 허용할 수 있겠습니다. |

④ [A]에서는 제1행과 제2행이, (다)에서는 제1연과 제2연이 대상의 변화에 따른 대칭 구조를 이루고 있군.

| 선지 유형 | 근거가 없어서 허용 불가능 |
| --- | --- |
| 실전에서의 판단 과정 | 대상의 변화가 도대체 어디에 있냐. |
| 해설 | [A]의 제1행과 제2행을 보면 '물수리 한 쌍'이 계속 '하수의 모래톱'에 있는 모습입니다. '대상의 변화'는 나타난 적이 없네요. 또한, (다)의 제1연과 제2연 역시 '님'이 '나'를 버리고 간 모습 그대로인 걸 확인할 수 있습니다. 이번엔 허용할 수 없는 근거가 제대로 살아 있는 모습이네요. 역시 '변화'는 맞는 선지가 되기 어렵네요. |

⑤ [A]에서는 풍속을 교화할 만한 이상적인 사랑을, (나)에서는 모두가 우러러볼 만한 '덕'을, (다)에서는 '님'에 대한 사랑의 감정을 읊고 있는 것으로 볼 수 있군.

| 선지 유형 | 근거가 있어서 허용 가능. |
| --- | --- |
| 실전에서의 판단 과정 | 주제네. |
| 해설 | 역시 주제 그 자체입니다. 어렵지 않게 허용할 수 있겠네요. |

몰랐던 어휘 정리하기

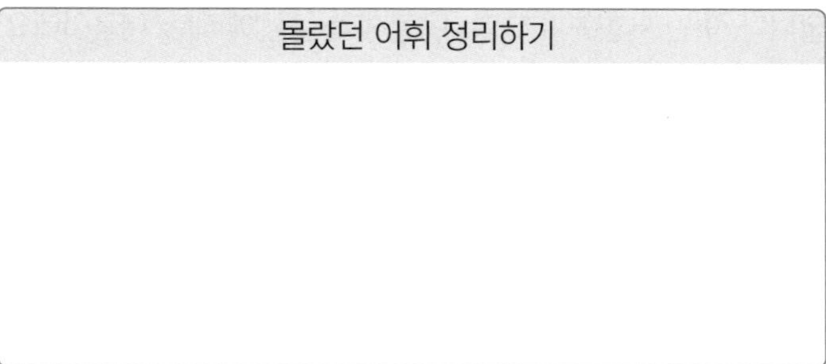

| 핵심 point |

① **비평문** : 기본적으로 〈보기〉처럼 활용하되, 독서 지문처럼 제시되는 경우에는 지문의 '화제' 중심으로 빠르게 읽어나가면 됩니다. 이때 단독 문제가 있다면 미리 해결하고 가는 것도 잊지 마세요.

② **필수 고전시가** : 대부분의 교과서에 실려 있을 정도로 필수적인 고전시가들은 그 내용을 아주 디테일하게 물어보는 경우가 많습니다. 확실하게 정리해두도록 합시다.

| 지문 내용 총정리 |

'필수 고전시가'의 무서움을 배울 수 있는 지문이었습니다. 필수 고전시가에 대한 공부는 이러한 지문에 대한 대처는 물론이고 처음 보는 고전시가에 대한 대처법을 키우는 데에도 정말 효과적이므로, "P.I.R.A.M 국어 – 필수 고전시가"와 같은 교재로 꼭 한 번 정리하도록 합시다. 나아가 '송축', '화락'과 같은 어려운 어휘들도 난이도에 일조를 하는 모습이었어요. 수능의 그날까지 어휘력을 극대화시키는 데에도 관심을 기울여 주세요!

〈보기〉 확인

―――――――[보기]―――――――
　이 작품은 신체의 감각을 활용해 '나'의 체험을 다양하게 형상화한다. 청각을 통해 현실에 대한 타인과의 인식 차이를 나타내거나, 과거 경험을 후각화하여 상징적으로 표현한다. 시각을 통해서는 긴장 상태에서 극대화된 감각 체험을 보여 주는 한편 전쟁의 실상을 체험하면서 갖게 된, 현실에 대한 체념을 드러낸다. 또한 체념 상태를 흔드는 사건을 주시하면서 생기는 번민을, 행동을 통해 제시한다. 이는 '나'가 사막 같은 현실에 발을 내딛는 계기로 작용한다.

'감각'을 활용해 '나'의 체험을 다양하게 형상화하는 작품이라고 합니다. 어떤 체험인가 했더니, '전쟁의 실상'에 대한 내용이네요. 전쟁 상황에 대한 체험이라는 주제를 확실하게 잡아놓고, 인물에게 공감하며 읽어보도록 합시다.

**지문 독해**

　나는 집에 도착한 그 첫 순간에 베일에 가린 듯이 모든 사물, 모든 사람들로부터 차단된 나 자신을 느꼈다. 집에서 맞는 첫날 아침을 나는 이상한 비현실감 속에서 맞았다. "이런 전선에서 두부 장수 종소리, TV에서 흘러나오는 노랫소리, 수돗물이 넘치는 소리가 웬일일까?"라고 중얼거리며 주위를 둘러보았던 것이다. '이런 전선에서'란 느낌은 어떤 긴박한 위기에 대처한 생생한 의지였다. 그것은 아직도 내 몸에 밴 전쟁 냄새였다. 그런데 두부 장수 종소리, 유행가 소리 따위를 의식했을 때 나는 뭔가 맥이 탁 풀리는 것 같았다. 나의 안에 있는 긴박감에 비해서 밖은 너무도 무의미하고 태평스럽고 어쩌면 패덕스럽기까지 했다. 나미도, 학교 공부도, 또 나로부터 그토록 수많은 밤을 앗아 갔던 아틀리에도 예외일 수는 없었다. 나는 그것들과의 관계를 다시 시작할 하등의 흥미도 관심도 없었다. 나날이 권태스럽고 짜증스럽기만 했다. 이따금 나는 내 안의 긴장에 대해서, 적어도 숨김없는 그 진실에 대해서 누군가에게 말하려 애써보았다. 그러나 이해하는 사람은 아무도 없었다.

시작부터 '나'의 체험이 제시되고 있습니다. '나'는 어딘가로부터 (아마 전쟁터겠죠?) 집에 도착한 순간 주변으로부터 '차단'된 느낌을 받았다고 해요. 왜 이런 심리를 보이나 했더니, 자신의 몸에 밴 '전쟁 냄새'와 다르게 밖은 너무나 평온했기 때문이네요. '나'는 이런 상황에서 '맥이 탁 풀리고', '권태스럽고 짜증스러운' 심리를 보입니다. 공감하기가 어렵지는 않죠? 전쟁에서 돌아와 잔뜩 긴장한 상태인데, 주변이 너무나 태평하다면 저런 감정을 느낄 법도 합니다. 전쟁이라는 상태에서 현실로 복귀하지 못하는 모습이에요.

　그렇다. 이제 생각이 난다. 며칠 전 다방에서의 일이. 실내엔 담배 연기가 꽉 차 있었고 선정적인 허스키로 어떤 여자가 느린 곡조로 노래를 들려주고 있었다. 어쩌다가 내가 나미에게 그 얘기를 들려주려고 했는지 알 수가 없다. 나는 다음과 같이 그 얘기를 시작했다.

그러다 '나'는 '며칠 전'의 이야기를 회상하고 있습니다. 과거로 시간이 변했다는 건 확실하게 체크해야겠네요. 여기서 '나'는 '나미'라는 인물에게 어떠한 '얘기'를 들려주고 있어요. 어떤 이야기일지 기대하면서 읽어봅시다.

　나는 D고지에서 전투 중인 ○○ 연대 근처까지 물을 실어다 주라는 명령을 받았어. 음료수가 떨어져서 전 연대원이 전투는 고사하고 타는 듯한 갈증과 싸우고 있다는 소식이었어. T에서 거기까진 팔십 킬로 거리였지. 나와 한병장은 밤중에 급수차를 몰아 T를 떠났어. 〈한 치 앞도 가릴 수 없는 어둠과 정적. 목쉰듯한 엔진 소리는 어둠과 정적의 벽에 부딪혀 바로 우리의 귓가에서 부서지고, 부챗살 모양으로 어둠이 지워진 헤드라이트의 반경 속에선 사물이 극도로 정밀해져 마치 입체 영화에서처럼 눈 속으로 뛰어들었지. 그 정밀함이란 길바닥에 뒹구는 돌에 묻은 티, 풀포기에 매달려 잠자는 벌레 따위의 미세한 것들까지도 죄다 눈에 잡히는 듯했어.〉 나는 온갖 사물들이 바로 내 심장에 맞닿아 있는 듯한 그런 느낌을 이전엔 한 번도 가져 보지 못했어. 이따금씩 여우나 늑대 따위들이 길을 횡단하여 쏜살같이 사라지곤 했어. 어둠 속에서 한가로이 떠돌던 나방이 떼들은 갑작스런 불빛에 방향 감각을 잃고 윈도에 머리를 부딪혀 빗방울처럼 떨어져 죽었고. 나는 운전하고 있는 한병장의 팔을 건드리며 유리창을 가리켰지. 그는 겁에 질린 해쓱한 표정으로 나를 힐끔 곁눈질했을 뿐이야. 그렇지, 혈관 속을 움직이는 피의 선회마저 느낄 듯한 이 비상한 감각, 그리고 심연에서 샘처럼 솟아오르는 넘칠 듯한 생동감이 없이는, 저 유리창에 부딪혀 죽는 나방이 따위야 아무것도 신기할 것이 없지, 라고 생각하며 나는 혼자서 빙긋 웃었어.

'나'가 '나미'에게 들려준 '얘기'는 전쟁터에서의 체험이었습니다. 이 체험을 이해하는 건 어렵지 않을 것 같아요. T라는 곳에서 D 고지까지 '한병장'과 함께 급수차를 몰고 가는 상황의 긴장감을 제시하고 있습니다. 〈 〉 표시한 배경 묘사 부분에서 여러분도 괜히 긴장되는 느낌을 느끼셨다면 정말 잘 읽고 있는 거예요.

그러면서도, 이 부분을 일종의 'skip 가능 구간'으로 여길 수 있으면 좋겠습니다. 전쟁터에서 작전을 수행하며 긴장되는 상황을 길게 나열하고 있기 때문에, 다 똑같은 말이라고 생각하면서 가볍게 처리해주시면 되는 거예요.

[A] 한병장이 다시 얼굴을 힐끔 돌리며 잡아 늘이는 듯한 목소리로 말했어. "차일병은 무섭지 않나?" "아뇨, 전연." "대단하군. 여기선 적이 언제 어디서라도 나타날 수 있지." "저는 적보다 진정으로 무서운 건 무감각이라고 깨달았습니다." "나는 제대하면 곧장 결혼할 거야." "언젭니까, 제대가?" "석 달 남았지." "저는 지금까지 마치 꿈을 꾸다가 깨어난 것 같아요. 이곳에 온 뒤론 바로 생명의 한가운데를 관통하는 느낌입니다." 그런데 중간에서 엔진이 고장났지. 몇 시간 지체하고 나니 벌써 **동이 트더군**. 이제부터 정말 위험이 시작된 것이라 싶더군. 왜냐하면 적의 정찰 비행에 발견되면 공중 사격을 받을 우려가 있는 데다 **불볕 같은 폭염**이 사정 없이 쏟아져 그도 또한 견디기 어려운 문제였지.

이렇게 긴장되는 상황이 지속되고 있습니다. '나'와 '한병장'이 대화를 주고받고 있는데, 이 장면에서 누가 어떤 대사를 하고 있는지 정확하게 이해할 수 있어야 합니다. '병장'과 '일병'이라는 계급을 생각하고, 반말과 존댓말을 쓰는 게 누구인지 체크하며 읽으면 어렵지 않았을 거예요. 나아가 이들의 대화가 제대로 이어지지 않는 모습을 보고서, 극도의 긴장감이 맴도는 상황을 더욱 확실하게 이해할 수 있겠죠?

이러던 와중에 엔진이 고장난 모습입니다. 동이 트고, 둘은 더 깊은 긴장감으로 빠져들고 있어요. 여러분도 똑같은 느낌을 받아주시면 됩니다.

(중략)

아까부터 나는 창 옆에서 노인이 나타나기를 기다리고 있었다. 오늘도 그가 그토록 진지한 얼굴로 잃어버린 물건을 계속 찾을 것인지. 대체로 그렇지 못할 것이라고 나는 믿고 있다. 그러나 만에 하나라도 노인이 어제와 같은 모습으로 내 앞에 나타난다면 무료한 가운데서도 어떤 안정성을 획득하고 있던 나의 생활은 송두리째 무너질지도 모른다. 그가 창밖에서 뭔가 열심히 찾고 있는 한 나는 계속 도전을 받는 셈이기에. 때문에 사실을 좀 더 명확하게 파악할 필요가 있다. 노인이 찾고 있는 물건의 정체가 무엇인지, 그런저런 것을 알아보노라면 노인의 그와 같은 숙연한 태도와 잃어버린 물건 사이의 상관관계도 알게 될 것이다. 아무튼 이제 나는 그와 한마디 얘기라도 나눠 보지 않으면 못 견딜 것 같은 심정이다.

(중략) 이후의 상황입니다. '나'는 갑자기 어떤 '노인'을 기다리고 있어요. '노인'이 어떤 인물이길래 그러나 했더니, 잃어버린 '물건'을 찾고 있는 사람이었어요. '나'는 '노인'이 오늘은 그것을 찾지 않을 것이라고 믿고 있습니다. 정확히는 찾지 않을 것을 바라고 있다고 할 수 있겠죠. 만약 그 물건을 계속 찾으려 한다면 자신의 생활이 송두리째 무너질지도 모른다고 하면서 말이에요. '노인'이 물건을 찾는 것과 '나'의 생활이 어떤 관련이 있는지는 잘 모르겠지만, 일단 그렇다고 하니 '나'에게 최대한 공감하면서 읽어봅시다. 드디어 전쟁에서 벗어나 '안정성'을 획득하고 있는데, 그러한 상황을 흔드는 위기가 나타난 거예요.

[B] 드디어 자전거에 짐을 싣고 공터 안으로 들어오는 노인의 모습이 눈에 잡힌다. 그 곁엔 개가 종종걸음으로 따르고 있다. 어제와 거의 같은 장소에서 노인은 자전거를 멈추고 짐을 내린다. 비치파라솔·궤짝·연탄불 따위들이 착착 있을 곳에 놓여진다. 그런데 얼마 후에 나를 놀라게 하는 일이 벌어진다. 준비를 끝낸 노인은 이내 포장 안에서 빠져나와 개를 데리고 물웅덩이 쪽으로 가는 게 아닌가. 개는 하루 사이 아주 눈에 띄게 쇠약한 모습이고, 노인도 피곤하고 지친 모습이긴 하나 끈질긴 어떤 힘이 그의 전신에서 면면히 솟아 나오고 있는 듯하다. 나는 완전히 안정을 잃고 방 안을 오락가락했다. 믿어지지 않는다. 거짓말이다. 무엇이 노인에게 저토록 소중하게 여겨진단 말인가. 아니, 노인은 무슨 실없는 망상을 하고 있는 걸까. 나는

└ 방에서 뛰쳐나왔다.

드디어 '노인'이 나타났습니다. 이것저것하다가, 갑자기 '나'를 '놀라게' 하는 일을 합니다! 왜 놀라는 걸까요? 그렇죠. '노인'이 '물건'을 찾지 않을 줄 알았는데 찾는 모습을 보이고 있으니까요! '나'는 완전히 '안정을 잃고' 방 안을 오락가락하는 모습입니다. 왜 이러는지는 알 수 없지만, '노인' 때문에 '나'의 멘탈이 무너졌다는 것만 확실하게 이해하면 어렵지 않게 읽어나갈 수 있겠네요. '노인'이 물건을 찾는 행위의 의미 같은 내용이 아니라, '나'의 심리에 주목할 수 있어야 해요. 결국 소설 독해의 핵심은 '인물에 대한 공감'이니까요.

| 선지 | ① | ② | ③ | ④ | ⑤ |
|---|---|---|---|---|---|
| 선택률 | 7% | 80% | 2% | 10% | 1% |

**119** [A]와 [B]의 서술상 특징에 대한 설명으로 가장 적절한 것은? ②

– [A]와 [B]의 '서술상 특징'을 묻고 있습니다. [A]는 '한병장'과 '나'가 대화를 나누는 장면, 상황이 변하면서 긴장감이 고조되는 장면 등을 실감나게 전달하고 있고, [B]는 '노인'의 모습을 바라보는 '나'의 심리를 그리고 있어요. 이 정도 생각하고 비슷한 말을 찾으러 가봅시다.

① [A]는 회상 장면을 삽입하여, [B]는 시간의 흐름에 따라 사건을 서술하여 인물들이 처한 상황을 객관적으로 전달하고 있다.

| 선지 유형 | 근거가 있어서 허용 불가능 |
|---|---|
| 실전에서의 판단 과정 | 1인칭 시점인데 객관적 전달은 너무하지. |
| 해설 | [A]에 회상 장면이 등장하는 것도 맞고, [B]에 시간의 흐름이 나타나는 것도 맞지만 인물의 상황을 '객관적'으로 전달한다는 건 지문의 내용에 완전히 어긋나죠? 이 작품은 '나'라는 사람의 '주관적'인 체험을 전달하고 있어요. |

② [A]는 구어체를 활용하여 경험한 사실을, [B]는 현재형 시제를 활용하여 관찰하고 있는 사실을 생생하게 나타내고 있다.

| 선지 유형 | 근거가 있어서 허용 가능 |
|---|---|
| 실전에서의 판단 과정 | 생각했던 내용 그대로네. |
| 해설 | [A]는 애초에 '나'가 '나미'에게 이야기를 해 주는 부분이기 때문에 구어체를 사용하여 경험한 사실을 전달하는 게 당연하고, [B]에서도 다양한 현재형 어미(-ㄴ다)를 활용하여 '노인'을 관찰하는 모습을 전달하고 있으니 충분히 허용할 수 있겠습니다. |

③ [A]는 공간 이동에 따라 일어나는 사건을 통해, [B]는 공간에 대한 묘사를 통해 인물들의 외적 갈등을 심화하고 있다.

| 선지 유형 | 근거가 없어서 허용 불가능 |
|---|---|
| 실전에서의 판단 과정 | 외적 갈등이 나타나지는 않지. |
| 해설 | '급수차'를 타고 있는 모습이 나타나는 [A]에는 '공간의 이동'이 있다고 할 수 있겠고, '노인'의 '한 공간'에서의 모습을 지켜보고 있는 [B]에서는 '공간에 대한 묘사'가 나타난다고 할 수 있겠습니다. 하지만 두 장면 모두 '외적 갈등'이 드러난다고 보기는 어려워요. [A]와 [B] 모두 '나'가 느끼는 긴장감, 괴로움 등의 '내적 갈등'만 나타날 뿐, '외적 갈등'을 허용할 만한 근거를 찾기는 어렵습니다. |

④ [A]는 인물 간의 대화를 삽입하여, [B]는 인물들의 반복되는 행동을 제시하여 갈등 해소 과정을 보여 주고 있다.

| 선지 유형 | 근거가 없어서 허용 불가능 |
|---|---|
| 실전에서의 판단 과정 | 갈등 해소가 어딨어. |
| 해설 | [A]에 대화가 삽입된 것은 맞습니다. 반면 [B]에는 '노인'의 행동이 드러날 뿐, '인물들의 반복되는' 행동은 드러나지 않죠? 거기에 '갈등 해소 과정'이 드러난다는 것 역시 너무나 헛소리구요. 지금까지 많은 소설 기출문제를 풀어봤다면, '갈등 해소 과정'이 맞는 선지로 나온 경우가 거의 없다는 것도 경험적으로 알고 있었을 겁니다. 보통 수능 지문으로 발췌되는 부분이 '위기'와 '절정' 단계이기 때문에 그래요. 이런 것까지 챙겨가세요! |

⑤ [A]는 중심인물의 말을 제시하여, [B]는 주변 인물의 말을 제시하여 사건들의 인과 관계를 드러내고 있다.

| 선지 유형 | 근거가 없어서 허용 불가능 |
|---|---|
| 실전에서의 판단 과정 | 인과 관계는 핵심이 아니지. |

| 해설 | [A]는 허용할 수 있을 것 같은데, [B]에서는 '주변 인물의 말'을 제시하지 않았죠? 그저 '노인의 행동 및 그로 인한 '나'의 심리를 드러내고 있을 뿐입니다. |
|---|---|

| 선지 | ① | ② | ③ | ④ | ⑤ |
|---|---|---|---|---|---|
| 선택률 | 81% | 4% | 3% | 7% | 5% |

## 120 윗글에 대한 이해로 가장 적절한 것은? ①

① '나'는 일상을 권태롭고 짜증스럽게 느끼는 상황에서 '나미'를 만나 전쟁의 경험담을 전한다.

| 선지 유형 | 근거가 있어서 허용 가능 |
|---|---|
| 실전에서의 판단 과정 | 권태롭고 짜증스럽게 느끼고 있던 것 맞지. |
| 해설 | 바로 정답으로 고를 수 있어야겠죠? '나'의 '권태롭고 짜증스러운' 심리와 그 근거, '나미'와 만나 전쟁의 이야기를 전하는 상황 등을 이해했다면 너무나 쉬운 선지가 되겠네요. |

② '나'는 D고지로 향하는 도중 음료수가 떨어져 곤란함이 가중된 상황에 처한다.

| 선지 유형 | 근거가 있어서 허용 불가능 |
|---|---|
| 실전에서의 판단 과정 | 음료수가 떨어져서 곤란한 게 아니었지. |
| 해설 | 음료수가 떨어진 건 D 고지의 병사들이고, '나'는 그곳으로 음료수를 전달하러 가는 길이었습니다. 나아가 '나'가 '곤란함'에 처한 것은 엔진이 고장나서 날이 밝았기 때문이었죠? 심리의 근거에 주목할 것을 요구하고 있네요. |

③ '나'와 '한병장'은 어둠을 밝히는 헤드라이트로 인해 적의 정찰 비행에 발견되어 공격을 받는다.

| 선지 유형 | 근거가 없어서 허용 불가능 |
|---|---|
| 실전에서의 판단 과정 | 그랬으면 살아 있을 리가 없지. |
| 해설 | 동이 트자 적의 정찰 비행에 발견되어 공격을 받을 수 있다며 두려움에 떠는 모습만 등장했죠. 실제로 공격을 받지는 않았어요. 실제로 공격을 받았다면 전쟁 이후 '집'으로 돌아간 '나'가 존재할 수 없을 겁니다. |

④ '나'는 임무 수행 중에 결혼할 계획을 밝히며 귀환 후의 꿈 같은 생활에 대한 기대를 갖는다.

| 선지 유형 | 근거가 있어서 허용 불가능 |
|---|---|
| 실전에서의 판단 과정 | 결혼 얘기한 건 한병장이지. |
| 해설 | 결혼 계획을 꿈꾸는 건 '한병장'이었습니다. 대화가 나오면, 누구의 대사인지 정확하게 체크하는 것이 중요해요. |

⑤ '나'는 전장에서 귀환한 후 자신의 긴장감을 이해해 주는 사람들을 만난다는 사실에 생동감을 느낀다.

| 선지 유형 | 근거가 있어서 허용 불가능 |
|---|---|
| 실전에서의 판단 과정 | 권태롭고 짜증났지. |
| 해설 | '나'는 전장에서 귀환한 후 '권태, 짜증' 등을 느낍니다. 하지만 아무도 '나'의 말을 이해하지 못하고 있었어요. 이러한 상황은 '나'를 더 힘들게 하는 요인으로 작용하고 있었죠? |

| 선지 | ① | ② | ③ | ④ | ⑤ |
|---|---|---|---|---|---|
| 선택률 | 68% | 3% | 7% | 12% | 10% |

## 121 ⓐ, ⓑ에 대한 이해로 적절하지 않은 것은? ①

나는 집에 도착한 그 첫 순간에 베일에 가린 듯이 ⓐ 모든 사물, 모든 사람들로부터 차단된 나 자신을 느꼈다.

노인이 찾고 있는 ⓑ 물건의 정체가 무엇인지, 그런저런 것을 알아보노라면 노인의 그와 같은 숙연한 태도와 잃어버린 물건 사이의 상관관계도 알게 될 것이다.

– ⓐ는 '나'가 차단된 느낌을 받는 '전쟁터 밖의 세상' 그 자체이고, ⓑ는 '나'에게 절망을 준 '노인'이 찾고 있는 것입니다. 이 내용을 근거로 해서 선지 판단에 나서보도록 합시다.

① '나'는 '노인'의 변화된 모습을 통해 ⓑ를 찾는 '노인'의 행위가 중단될 것임을 예감한다.

| 선지 유형 | 근거가 있어서 허용 불가능 |
|---|---|
| 실전에서의 판단 과정 | 예감한 건 아니지. |

'나'가 ⓑ를 찾는 '노인'의 행위가 중단될 것이라고 생각하기는 하지만, 이건 '노인'을 다시 만나기 전의 소망에 불과합니다. '믿음'이라고 표현하긴 했지만 그저 그렇게 바랄 뿐이었지, '예감'이라고 할 수는 없어요! (중략) 이후에 드러난 '나'의 마음에 정확히 공감할 수 있는지 묻는 선지였습니다.

④ '나'는 자신과 ⓐ의 관계에 대해 타인들은 이해하지 못한다고 생각한다.

| 선지 유형 | 근거가 있어서 허용 가능 |
|---|---|
| 실전에서의 판단 과정 | 그래서 더 힘들어했었지. |
| 해설 | '나'는 자신이 '모든 사물'로부터 '차단'된 느낌을 받지만, 알아 주는 이 없는 현실에 답답함을 느끼고 있었습니다. 이번에도 인물에 대한 '공감'을 기반으로 접근했다면 너무나 쉽게 답을 고를 수 있었네요. |

**해설** 나아가 이러한 생각이 '노인'의 변화된 모습을 통해 이루어진 것도 아니죠? '피곤하고 지친 모습'과 같은 '노인'의 변화된 모습을 보기 전부터 '나'는 '노인'이 ⓑ를 찾는 행위를 중단할 것이라고 믿고 있었습니다. 특정한 근거를 찾아서 해결하기보다는 '나'의 마음에 공감하면서 읽다 보니 당연하게 틀린 선지임을 알게 되었다는 식으로 해결할 수 있으면 좋겠습니다.

⑤ '나'는 ⓐ로부터 소외된 상태에, '노인'은 ⓑ를 상실한 상태에 있다.

| 선지 유형 | 근거가 있어서 허용 가능 |
|---|---|
| 실전에서의 판단 과정 | ⓐ, ⓑ에 대한 설명 그 자체네. |
| 해설 | '나'가 ⓐ로부터 소외되어 있다는 건 4번 선지와 같은 논리로 허용할 수 있고, '노인'이 ⓑ를 상실한 상태라는 건 그것을 찾는 행동을 근거로 해서 쉽게 허용할 수 있죠. |

② '나'는 ⓑ의 정체와 '노인'이 ⓑ를 찾는 태도 사이의 상관관계를 알고 싶어한다.

| 선지 유형 | 근거가 있어서 허용 가능 |
|---|---|
| 실전에서의 판단 과정 | 상관관계 알고 싶어하네. |
| 해설 | 이 내용을 정확히 기억하는 건 어렵지만, ⓑ 근처로 돌아가서 조금만 눈알을 굴려봤다면 찾을 수 있는 내용이네요. 지문에 있는 말을 그대로 적어두고 있죠? |

| 선지 | ① | ② | ③ | ④ | ⑤ |
|---|---|---|---|---|---|
| 선택률 | 5% | 7% | 6% | 66% | 16% |

**122** 〈보기〉를 참고하여 윗글을 감상한 내용으로 적절하지 **않은** 것은? [3점] ④

① '집에서 맞는 첫날 아침'의 느낌을 '나'가 '전선에서' 느끼는 '전쟁 냄새'라고 지각하는 데에서, 과거의 경험이 상징적 감각으로 표현되고 있군.

| 선지 유형 | 근거가 있어서 허용 가능 |
|---|---|
| 실전에서의 판단 과정 | 전쟁은 과거에 한 것이고, 이를 냄새로 표현했으니 상징적 감각이라고 할 수 있네. |
| 해설 | '나'는 과거에 경험했던 '전쟁'의 느낌을 집에 와서도 느끼고 있습니다. 그리고 이를 전쟁 '냄새'라는 후각적 표현으로 나타내고 있네요. 이 정도면 '상징적 감각'이라는 말도 어렵지 않게 허용할 수 있겠죠? |

③ '나'는 '노인'이 ⓑ를 가치 있는 대상으로 여기고 있다고 판단한다.

| 선지 유형 | 근거가 있어서 허용 가능 |
|---|---|
| 실전에서의 판단 과정 | 그러니까 열심히 찾는 것이라고 생각하겠지. |
| 해설 | 선지를 보고 그 자체로 허용할 수도 있고, 마지막 부분의 '무엇이 노인에게 저토록 소중하게 여겨진단 말인가.'를 근거로 허용할 수도 있겠죠. 내용을 이해했다면 딱히 근거를 잡지 않고도 허용할 수 있었을 거예요. 여러분도 그랬죠? |

② ‘두부 장수 종소리, 유행가 소리’를 듣고 ‘밖’은 ‘무의미
하고 태평스럽’다고 생각하는 데에서, ‘나’의 현실 인식
이 타인과 다르다는 것을 의식하고 있음이 드러나고
있군.

| 선지 유형 | 근거가 있어서 허용 가능 |
|---|---|
| 실전에서의 판단 과정 | 사람들은 저거 좋아하는데 나는 다르게 인식하고 있는 거지. |
| 해설 | ‘두부 장수 종소리’, ‘유행가 소리’ 등은 모두 ‘밖’의 사람들이 당연하게 즐기고 있는 것들입니다. 그런데 전쟁에 다녀온 ‘나’는 이렇게 사람들이 즐기고 느끼는 소리들이 ‘무의미하고 태평스럽’다고 생각하고 있어요. 이 정도면 ‘나’와 타인의 현실 인식이 다르다는 것을 충분히 허용할 수 있겠네요. |

③ ‘돌’, ‘벌레’ 같은 것들을 ‘입체 영화’처럼 보며 ‘심장에
맞닿아 있는 듯’ 체감하는 데에서, 전장의 긴장 속에서
‘나’의 감각이 극대화되고 있음이 나타나고 있군.

| 선지 유형 | 근거가 있어서 허용 가능 |
|---|---|
| 실전에서의 판단 과정 | 저 정도면 감각 극대화라고 할 수 있지. |
| 해설 | ‘돌’, ‘벌레’와 같은 사물들을 ‘심장에 맞닿아 있는 듯’ 체감하는 것은 극도의 긴장감 속에서 느끼는 ‘감각의 극대화’라고 할 수 있습니다. 평소에도 저런 걸 ‘감각’할 수는 있지만, 긴장되는 순간이 되면 ‘극대화’되어 ‘감각’할 수 있다는 말이죠. 선지 그대로 허용할 수 있습니다. |

④ ‘방향 감각’을 잃은 ‘나방이 떼들’이 차창에 ‘부딪혀’
죽는 것을 목격하는 데에서, ‘나’가 전쟁의 실상을 깨
달음으로써 체념적 현실 인식을 갖게 된다는 것이
나타나고 있군.

| 선지 유형 | 근거가 없어서 허용 불가능 |
|---|---|
| 실전에서의 판단 과정 | 저게 체념이랑 무슨 관련이 있어. |
| 해설 | ‘나방이 떼들’이 차창에 ‘부딪혀’ 죽는 것을 생생하게 느끼는 건 그저 ‘나’의 감각이 아주 민감하다는 것을 보여 주는 것이지, ‘전쟁의 실상’이나 ‘체념적 현실 인식’과는 아무런 관련이 없죠? 이를 허용할 만한 근거가 없으니, 쉽게 답으로 고를 수 있겠습니다. |

⑤ ‘믿어지지’ 않는 ‘노인’의 행위를 지켜보고 ‘방 안을 오
락가락’하는 데에서, 현실 인식에 대한 ‘나’의 번민이
행동을 통해 제시되고 있군.

| 선지 유형 | 근거가 있어서 허용 가능 |
|---|---|
| 실전에서의 판단 과정 | 방 안을 오락가락하면 번민이 드러난다고 할 수 있지. |
| 해설 | ‘노인’의 행위를 보고 생긴 ‘번민’(마음이 번거롭고 답답하여 괴로워함)을 ‘방 안을 오락가락’하는 행동으로 제시하고 있으니 쉽게 허용할 수 있겠네요. |

몰랐던 어휘 정리하기

| 핵심 point |

① **허용 가능성 평가** : 선지의 내용을 '허용'하려는 태도를 바탕으로 지문을 '독해'하며 '근거'를 찾아야 합니다. 허용할 수 있는 '근거'가 있어야만 허용할 수 있습니다. 주관적인 생각을 개입시키면 안 됩니다.

② **소설 독해** : '심리와 행동의 근거'를 바탕으로 인물에게 '공감'하며 읽어야 합니다. 이 과정이 물흐르듯 이어지면 지문의 내용을 완벽하게 이해할 수 있어요.

③ **skip 가능 구간** : 인물의 똑같은 내면을 반복적으로 묘사하거나, 뻔한 이야기가 반복되는 구간은 조금 빠르게 스캔하면서 읽어주시면 됩니다.

| 지문 내용 총정리 |

'심리의 근거'를 바탕으로 인물에게 공감하는 와중에, 비슷한 내용이 반복되는 부분은 가볍게 skip하면서 읽는 태도 등을 기를 수 있는 지문이었습니다. 나아가 〈보기〉와의 강력한 내용일치까지 경험을 하셨죠? 그리 어렵지는 않지만, 배울 게 많은 지문이었습니다. 여러 번 복습합시다!

〈보기〉 확인

[보기]

　　(가)와 (나)는 특정한 공간에서 사물과 교감하는 화자의 내면을 보여 준다. (가)의 화자는 삶의 여정이자 구도적 공간인 '길'에서 이상 세계인 '하늘'을 지향하는 소망을 드러낸다. (나)의 화자는 달밤의 조화로운 풍경을 포착하는 심미적 공간인 '마당'에서 사물의 아름다움에 대한 충만한 정서를 드러낸다.

특정한 공간에서 사물과 '교감'하는 화자의 내면을 담고 있는 두 작품이 출제되었네요. 이러한 주제의식과 함께, 각각 '이상 세계에 대한 지향' 및 '충만한 정서'를 드러내고 있다는 걸 체크하고 읽어보도록 합시다.

실전적 지문 독해

(가)

꿈을 아느냐 네게 물으면,
플라타너스,
너의 머리는 어느덧 파아란 하늘에 젖어 있다.

너는 사모할 줄을 모르나,
플라타너스,
너는 네게 있는 것으로 그늘을 늘인다.

먼 길에 올 제,
홀로 되어 외로울 제,
플라타너스,
너는 그 길을 나와 같이 걸었다.

이제 너의 뿌리 깊이
나의 영혼을 불어넣고 가도 좋으련만,
플라타너스,
나는 너와 함께 신이 아니다!

수고론 우리의 길이 다하는 어느 날,
플라타너스,
너를 맞아 줄 검은 흙이 먼 곳에 따로이 있느냐?
나는 오직 너를 지켜 네 이웃이 되고 싶을 뿐,
그곳은 아름다운 별과 나의 사랑하는 창이 열린 길이다.

－김현승, 「플라타너스」－

'플라타너스'에게 꿈을 묻고, 외로울 때 같이 걸었다고 하고, 그 곁을 계속해서 지키고 싶다는 이야기만 이어지는 작품입니다. 〈보기〉에서 이야기한 것처럼, '플라타너스'라는 사물에 교감하는 화자의 모습이 잘 드러나는 작품이라고 할 수 있겠네요. 나아가 '플라타너스'의 머리를 적시고 화자가 '플라타너스'와 함께 가고자 하는 '아름다운 별'이 있는 '그곳'은 이상 세계인 '하늘'로 향하는 길이라고 할 수 있겠습니다. 이것까지는 못 잡아도 좋겠지만, 일단 〈보기〉에 있는 내용이니 끌어올 수 있으면 좋겠죠? 이 이상의 해석은 선지에게 맡겨 두고 넘어가도록 합시다!

(나)

선뜻! 뜨인 눈에 하나 차는 영창
달이 이제 밀물처럼 밀려오다.

미욱한 잠과 베개를 벗어나
부르는 이 없이 불려 나가다.

한밤에 홀로 보는 나의 마당은
호수같이 둥긋이 차고 넘치노나.

쪼그리고 앉은 한옆에 흰 돌도
이마가 유달리 함초롬 고와라.

연연턴 녹음, 수묵색으로 짙은데
한창때 곤한 잠인 양 숨소리 설키도다.

비둘기는 무엇이 궁거워* 구구 우느뇨,
오동나무 꽃이야 못 견디게 향그럽다.

－정지용, 「달」－

* 궁거워 : 궁금하여.

많은 내용이 없는 작품입니다. '달'이 밀려오는 '밤'에 혼자서 보는 '마당'의 여러 가지 아름다운 풍경을 묘사하고 있는 작품이네요. 〈보기〉에서 말한 것처럼 마당의 수많은 사물들과 교감하고 있고, 그곳에서 '충만한 정서'를 드러내고 있습니다.

| 선지 | ① | ② | ③ | ④ | ⑤ |
|---|---|---|---|---|---|
| 선택률 | 88% | 3% | 4% | 3% | 2% |

## 123 (가)에 대한 설명으로 가장 적절한 것은? ①

① 반복적 호명을 통해 중심 대상으로 초점을 모으고 있다.

| 선지 유형 | 근거가 있어서 허용 가능 |
|---|---|
| 실전에서의 판단 과정 | 플라타너스를 계속 부르고 있으니 초점 모으기 허용되겠네. |
| 해설 | '플라타너스'를 계속해서 부르고 있으니 '반복적 호명'을 허용할 수 있겠습니다. 그리고 이렇게 반복해서 부르면 그 대상에게 '초점'이 모아진다는 것도 너무나 당연하게 허용할 수 있겠죠? |

② 반어적 표현을 활용하여 대상의 이중성을 부각하고 있다.

| 선지 유형 | 근거가 없어서 허용 불가능 |
|---|---|
| 실전에서의 판단 과정 | 반어는 어디 있고 이중성은 어디 나타나냐. |
| 해설 | '반어적 표현'이라는 미시적인 내용이 답이 될 리가 없겠죠? 실제로 찾을 수도 없구요. 이 선지가 확실히 틀렸다는 것은 '대상의 이중성'을 통해서도 생각할 수 있겠습니다. (가)의 주제는 '플라타너스'와의 교감이지, '플라타너스'의 이중성이 아니니까요. |

③ 색채어를 활용하여 대상의 고풍스러운 모습을 드러내고 있다.

| 선지 유형 | 근거가 없어서 허용 불가능 |
|---|---|
| 실전에서의 판단 과정 | 고풍스러운 모습이 어디에 드러나냐. |
| 해설 | '파아란', '검은' 등을 통해 '색채어'가 활용되었다는 것은 충분히 허용할 수 있겠습니다. 하지만 이를 통해 '고풍스러운' 모습을 드러낸다는 건 허용할 수 없겠죠? 참고로 '고풍스럽다'는 옛것과 같은 멋이 있다는 것을 의미합니다. 파란 '하늘'과 검은 '흙'이 옛것의 멋을 품고 있다고 볼 수는 없겠죠? 이처럼 '어휘력'도 중요한 평가 요소임을 잊지맙시다! |

④ 현재형 진술을 통해 대상의 역동적 성격을 보여 주고 있다.

| 선지 유형 | 근거가 없어서 허용 불가능 |
|---|---|
| 실전에서의 판단 과정 | 플라타너스가 역동적일 수는 없지. |
| 해설 | 현재형 진술(-ㄴ다)은 많이 나타나는데, 대상의 '역동적' 성격을 허용할 수는 없겠습니다. '플라타너스'는 식물이기 때문에 움직일 수 없으니까요. 그늘을 늘이는 건 굳이 움직이지 않아도 할 수 있는 것이기 때문에 '역동적'의 근거가 될 수 없어요! <br><br> 혹시나 '플라타너스'가 식물인 것을 몰랐다고 해도, '역동적 성격'을 허용할 만한 근거가 없으니 틀렸다고 할 수 있어야 합니다. |

⑤ 상승적 이미지를 활용하여 사물의 변화 과정을 표현하고 있다.

| 선지 유형 | 근거가 없어서 허용 불가능 |
|---|---|
| 실전에서의 판단 과정 | 사물의 변화가 어딨어. |
| 해설 | 딱히 '상승'하는 이미지가 나온 적도 없고, 결정적으로 '플라타너스'라는 사물이 '변화'한 적은 없죠? 이런 엄청난 일이 있었다면 우리가 놓쳤을 리가 없을 것이에요. |

| 선지 | ① | ② | ③ | ④ | ⑤ |
|---|---|---|---|---|---|
| 선택률 | 3% | 11% | 3% | 80% | 3% |

## 124 ㉠과 ㉡에 대한 이해로 가장 적절한 것은? ④

> 먼 길에 올 제,
> ㉠홀로 되어 외로울 제,
> 플라타너스,
> 너는 그 길을 나와 같이 걸었다.

> 한밤에 ㉡홀로 보는 나의 마당은
> 호수같이 둥긋이 차고 넘치노나.

- ㉠은 '플라타너스'와 함께 걷기 전 외로웠던 화자의 처지를, ㉡은 '마당'의 풍경을 즐기는 화자의 고고한 모습을 나타내는 표현입니다. 이를 바탕으로 선지를 판단해봅시다.

① ㉠은 화자의 관조적 자세를, ㉡은 화자의 반성적 자세를 보여준다.

| 선지 유형 | 근거가 없어서 허용 불가능 |
|---|---|
| 실전에서의 판단 과정 | 관조, 반성 둘 다 너무 헛소리네. |
| 해설 | '관조적 자세'는 화자가 아무런 내면세계를 투영하지 않은 채 외부세계를 인식하는 것을 의미합니다. ㉠은 '외로움'이라는 화자의 내면세계와 관련되어 있기 때문에, 이를 근거로 하면 '관조적 자세'는 허용하기 어렵겠죠? 나아가 '반성적 자세'는 성찰의 결과 자신의 부족함이나 잘못을 깨닫는 모습이 나와야 하는데, ㉡은 그저 '마당'을 즐기는 화자의 모습이 나타날 뿐이었습니다. '반성적 자세'를 허용할 근거가 없네요. |

② ㉠은 화자가 경험한 시련을, ㉡은 화자가 간직한 추억을 환기한다.

| 선지 유형 | 근거가 있어서 허용 불가능 |
|---|---|
| 실전에서의 판단 과정 | ㉡이랑 추억이랑 무슨 상관이 있냐. |
| 해설 | 혼자서 외로웠다고 하니 ㉠에서 '시련'은 허용되겠지만, ㉡이 화자가 간직한 추억을 환기한다는 말을 허용할 근거가 전혀 없습니다. 화자는 그저 마당을 '홀로 보'면서 그 풍경을 감상하고 있을 뿐이에요. |

③ ㉠은 화자의 무기력한 태도를, ㉡은 화자의 담담한 태도를 표현한다.

| 선지 유형 | 근거가 없어서 허용 불가능 |
|---|---|
| 실전에서의 판단 과정 | 주제랑 너무 어긋나네. |
| 해설 | ㉠에서 화자는 그저 혼자 있을 뿐, 먼 길을 걷는 등 무기력하지 않은 모습을 보여 주고 있습니다. 애초에 '외로움=무기력함'으로 보기는 어려우니 ㉠이 화자의 '무기력한 태도'를 표현한다는 것은 허용하기 어렵죠?<br><br>한편 ㉡의 화자가 '담담한 태도'를 가지고 있다는 것은 주제와 크게 어긋나기 때문에, 절대로 허용할 수 없겠습니다. |

④ ㉠은 화자의 적막한 처지를, ㉡은 화자를 둘러싼 고즈넉한 분위기를 드러낸다.

| 선지 유형 | 근거가 있어서 허용 가능 |
|---|---|
| 실전에서의 판단 과정 | 혼자 있으니 적막하고, 마당에서 경치 구경하면 고즈넉하겠네. |
| 해설 | ㉠에서 화자는 홀로 되어 '외로웠'다고 하니, 이를 근거로 '적막한 처지'를 허용할 수 있겠습니다. 한편 ㉡에서는 혼자서 마당을 보며 고요하고 아늑한 분위기를 만끽하고 있습니다. 여기서 '고요하고 아늑한'이 바로 '고즈넉한'의 뜻입니다. '고즈넉하다'라는 단어의 뜻만 제대로 알았다면 어렵지 않게 허용할 수 있는 선지였을 겁니다.<br><br>이렇게 '어휘력' 역시 수능 국어에서 핵심적인 평가 요소임을 잊지 말아야 합니다. |

⑤ ㉠은 현실에 대한 화자의 회의감을, ㉡은 앞날에 대한 화자의 기대감을 부각한다.

| 선지 유형 | 근거가 없어서 허용 불가능 |
|---|---|
| 실전에서의 판단 과정 | 회의감, 기대감은 주제랑 어긋나네. |
| 해설 | '회의감'과 '기대감' 모두 지문의 주제와 크게 어긋나는, 허용할 수 없는 내용들이죠? |

| 선지 | ① | ② | ③ | ④ | ⑤ |
|---|---|---|---|---|---|
| 선택률 | 6% | 8% | 69% | 7% | 10% |

### 125 〈보기〉를 바탕으로 (가)와 (나)를 감상한 내용으로 적절하지 않은 것은? [3점] ③

① (가)의 화자는 '플라타너스'와 '같이' 걷는 모습에서, (나)의 화자는 '흰 돌'의 '유달리' 고운 '이마'를 알아채는 모습에서 사물과의 교감을 보여 주는군.

| 선지 유형 | 근거가 있어서 허용 가능 |
|---|---|
| 실전에서의 판단 과정 | 사물과의 교감이 핵심이지. |
| 해설 | '같이' 걷고 사물의 특성을 '알아채는' 모습을 근거로 하면 '사물과의 교감'을 허용하는 건 어렵지 않겠죠? 나아가 '사물과의 교감'은 〈보기〉와 지문 독해를 통해 파악한 이 지문들의 주제이므로 당연히 맞는 선지라고 할 수 있겠습니다. |

② (가)의 화자는 '어느 날'에 이르는 과정을 통해 삶의 여정을 드러내고, (나)의 화자는 '한밤'에 '밀물'처럼 밀려온 달빛을 통해 조화로운 풍경을 포착하는군.

| 선지 유형 | 근거가 있어서 허용 가능 |
|---|---|
| 실전에서의 판단 과정 | 길이 다하는 어느 날이니 삶의 여정 허용되고, 밤에 달빛 보면 조화로운 풍경이라고 할 수 있겠지. |
| 해설 | '어느 날'은 '우리의 길이 다하는' 날입니다. 〈보기〉에서 '길'을 '삶의 여정'으로 표현했기 때문에, 이를 근거로 '어느 날'에 이르는 과정이 '삶의 여정'을 드러낸다는 건 어렵지 않게 허용이 되겠어요.<br><br>나아가 '한밤'에 '달빛'이 밀려오는 모습을 보면, '마당'에서의 '조화로운 풍경'을 보기에 적절한 조건이 갖춰진 것이라고 할 수 있겠죠? 이 역시 쉽게 허용할 수 있겠습니다. |

③ (가)의 '창'은 화자와 '하늘'을 잇는 매개체로서 이상 세계의 완전함을, (나)의 '영창'은 화자의 내면과 외부 세계를 잇는 매개체로서 화자의 만족감을 상징하는군.

| 선지 유형 | 근거가 없어서 허용 불가능 |
|---|---|
| 실전에서의 판단 과정 | 창문들이 이상 세계의 완전함이나 만족감을 상징한다고 보기는 어렵지. |
| 해설 | 먼저 '창'이 '화자와 하늘을 잇는 매개체'라는 것은 충분히 허용이 됩니다. 화자는 '창'을 통해 '하늘'을 볼 수 있을 테니까요. 그런데 '창'이 '이상 세계의 완전함'을 상징한다는 건 허용하기 어렵죠? '창'은 말 그대로 '매개체'일 뿐, 그 자체가 '완전함'을 의미한다는 걸 허용할 만한 근거가 없으니까요.<br><br>'영창'의 경우도 살펴볼까요? '영창'이 '화자의 내면과 외부 세계를 잇는 매개체'라는 건 충분히 허용이 가능합니다. '영창'을 매개로 '화자'와 '마당'이 연결되고 있으니까요. 하지만 '영창' 자체가 '화자의 만족감'을 상징한다고 보기는 어렵겠죠? 화자는 '마당'을 보고 만족스러운 것이지, '영창'을 보고 만족스러운 게 아니니까요.<br><br>이 선지를 정확하게 판단하기 위해서는 '선지에서 묻는 것'을 엄밀하게 따지는 태도가 필요했어요. 대충 보고 '매개체 맞고, 이상 세계 완전하겠고, 화자 만족스럽지 뭐'라는 식으로 판단을 하게 되면 이 문제의 정답이 없다고 느꼈을 것이에요. 이 선지가 묻는 것은 '창=매개체=이상 세계의 완전함', '영창=매개체=화자의 만족감'이라는 것이었습니다. |

즉, '창=이상 세계의 완전함', '영창=화자의 만족감'을 허용하기 위한 근거를 찾았어야 한다는 것이죠. 이러한 근거가 존재할 리는 없으니 틀린 선지로 처리되는 것입니다. '선지에서 묻는 것'을 따지는 태도, 여러분의 선지 판단 속도와 정확도에 모두 도움을 줄 것입니다. 확실하게 인식하도록 해요.

④ (가)는 반짝이는 '별'의 이미지를 활용하여 화자가 지향하는 세계의 아름다움을, (나)는 차고 넘치는 '호수'의 이미지를 활용하여 화자가 느끼는 '마당'의 아름다움을 표현하는군.

| 선지 유형 | 근거가 있어서 허용 가능 |
|---|---|
| 실전에서의 판단 과정 | 별이면 하늘에 있는 것이니 지향 세계 맞고, 호수가 차고 넘치는 건 아름다움이라고 할 수 있지. |
| 해설 | 반짝이는 '별'은 〈보기〉에서 언급한 이상 세계인 '하늘'에 있는 것입니다. '별'이 반짝인다는 것은 그 '지향 세계'가 아름답다는 말을 허용할 근거로 쓰기에 적절하겠네요. 나아가 '호수'가 차고 넘친다는 것 역시 화자가 느끼는 '아름다움'을 표현하기에 충분한 근거라고 할 수 있겠습니다. |

⑤ (가)의 화자는 '플라타너스'와 '이웃'이 되어 구도의 '길'을 함께하고자 하는 소망을, (나)의 화자는 오동 꽃이 '못 견디게 향그럽다'고 표현하여 자연에 대한 감흥을 드러내는군.

| 선지 유형 | 근거가 있어서 허용 가능 |
|---|---|
| 실전에서의 판단 과정 | 선지 그대로 맞는 말이네. |
| 해설 | (가)의 경우, 선지 내용 그대로 지문에 적혀 있죠? 당연하게 허용할 수 있겠고, (나)에서 오동 꽃이 '향그럽다'고 표현하는 것은 자연에 대한 '감흥'을 드러내는 것이라고 할 수 있겠습니다. |

## FAQ

**Q** 화자는 수고론 우리의 '길'이 끝나는 날 '플라타너스'와 함께하고 싶다고 하지 않았나요? 그런데 '플라타너스'와 '이웃'이 되어 '길'을 함께하고자 하는 소망이 왜 허용되는지 모르겠어요.

**A** 이 작품에서 '길'은 크게 두 가지가 있습니다. 하나는 '수고론 우리의 길'이고, 또 하나는 '아름다운 별과 나의 사랑하는 창이 열린 길', 즉 '그곳'이에요. 화자는 '수고론 우리의 길'이 끝나면 '플라타너스'와 '이웃'이 되어 '그곳'이라는 '길'을 걸어가고자 하고 있어요. 즉, 이 선지에서 묻는 '구도의 길'은 '그곳'을 의미한다고 할 수 있는 것이죠. 맥락을 고려하여 '길'이

현대시 독해 연습

> (가)
> 　꿈을 아느냐 네게 물으면,
> 　플라타너스,
> 　너의 머리는 어느덧 파아란 하늘에 젖어 있다.

화자는 '플라타너스'에게 꿈을 아느냐고 묻고 있습니다. '플라타너스'는 식물이기에 당연히 대답을 못할 텐데, 화자가 보기에 '플라타너스'의 머리는 어느덧 '파아란 하늘'에 젖어 있다고 해요. 이는 '플라타너스'가 자신의 꿈이 '파아란 하늘'에 있다고 대답한 것과 같은 의미라고 볼 수 있겠네요. 물론 시는 인간의 이야기이기에, '플라타너스'의 꿈이라기보다는 화자의 꿈이 '파아란 하늘'과 관련되어 있다고 생각하는 게 옳겠죠.

> 　너는 사모할 줄을 모르나,
> 　플라타너스,
> 　너는 네게 있는 것으로 그늘을 늘인다.

'플라타너스'는 식물이기에, '사모'할 줄을 모릅니다. 하지만 '플라타너스'는 자신의 잎을 이용해 '그늘'을 늘이고 있어요. 화자가 보기에는 이것이 '플라타너스'가 '사모'하는 방식이겠죠. 사실 '플라타너스'는 아무런 생각 없이 잎이 '하늘'을 향해 있을 뿐일 텐데, 화자는 아주 깊은 의미를 부여하고 있습니다.

> 　먼 길에 올 제,
> 　홀로 되어 외로울 제,
> 　플라타너스,
> 　너는 그 길을 나와 같이 걸었다.

왜 이렇게 깊은 의미를 부여하나 했더니, 화자가 '먼 길'에 '홀로 되어' 올 때 '플라타너스'가 그 길을 같이 걸어 주었다고 합니다.

이번에도 사실은 '플라타너스'가 잔뜩 자라 있는 숲을 걸은 것이겠지만, '홀로' 걸어 외로웠던 화자 입장에선 '플라타너스'가 너무나 고마웠던 것으로 보입니다. 충분히 공감할 수 있겠죠?

> 　이제 너의 뿌리 깊이
> 　나의 영혼을 불어넣고 가도 좋으련만,
> 　플라타너스,
> 　나는 너와 함께 신이 아니다!

화자는 '플라타너스'에게 깊게 몰입한 상태입니다. 그래서 '플라타너스'의 '뿌리 깊이' 자신의 '영혼'을 불어넣고 가도 좋을 것이라고 말하고 있어요. '영혼'을 불어넣는다면 죽게 될 것인데, 죽음을 감수할 정도로 '플라타너스'에게 애정을 느끼는 화자의 모습입니다.

하지만 '플라타너스'와 화자는 모두 '신이 아니'라고 해요. 이 연의 맥락을 고려하면, 이때 '신'이 할 수 있는 일은 '영혼 불어넣기'라고 할 수 있겠죠? 화자는 자신이 '신'이 아니기 때문에, '플라타너스'에게 '영혼 불어넣기'를 할 수 없음을 안타까워하는 것 같습니다.

> 　수고론 우리의 길이 다하는 어느 날,
> 　플라타너스,
> 　너를 맞아 줄 검은 흙이 먼 곳에 따로이 있느냐?
> 　나는 오직 너를 지켜 네 이웃이 되고 싶을 뿐,
> 　그곳은 아름다운 별과 나의 사랑하는 창이 열린 길이다.
> 　　　　　　　　　　　　　　　　　-김현승, 「플라타너스」-

'수고론 ~ 어느 날'은 화자와 '플라타너스'가 죽는 날을 의미할 것입니다. 화자는 이렇게 죽음의 순간이 왔을 때, '플라타너스'를 맞아 줄 '검은 흙'이 있는지 물어보고 있어요. '검은'이라는 표현과 이 연의 맥락에 따르면, '검은 흙'은 저승에서 '플라타너스'를 자라게 하는 토양 정도로 생각할 수 있겠습니다. 이 '검은 흙'의 존재에 대해서 묻는다는 건, 만약 없다면 화자가 '플라타너스'의 검은 흙이 되고 싶다는 의지를 드러낸 것이라 할 수 있겠죠?

마지막 2행에서는 그 의지를 구체화하고 있습니다. 화자는 '플라타너스'의 '이웃'이 되고 싶다고 해요. 죽어서도 함께 하고 싶은 의지를 드러내고 있는 것이죠. 그리고 화자와 '플라타너스'가 '이웃'이 된 '그곳'은 '아름다운 별과 나의 사랑하는 창이 열린 길'이라고 합니다. 여기서 '아름다운 별'이라는 것은 1연에 나온 '파아란 하늘'에 존재하는 대상이라고 할 수 있겠죠? 화자의 '꿈'에 해당하는 '파아란 하늘'로 가는 '길'에서 화자와 플라타너스는 '이웃'이 되는 것이죠. 마지막까지 자신의 꿈('플라타너스'와 함께 하고 싶음)이 이루어지는 공간을 '하늘'로 상정하는 모습입니다.

(나) 작품의 경우, '실전적 독해 연습'에서 읽은 것 이상의 독해를 하기는 어려우니 넘어가겠습니다. (나)에서 화자가 보고 있는 풍경이 눈앞에 펼쳐지는 느낌이 드신다면 정말 잘 읽은 것입니다.

몰랐던 어휘 정리하기

| 핵심 point |

① **허용 가능성 평가** : 선지의 내용을 '허용'하려는 태도를 바탕으로 지문을 '독해'하며 '근거'를 찾아야 합니다. 허용할 수 있는 '근거'가 있어야만 허용할 수 있습니다. 주관적인 생각을 개입시키면 안 됩니다.

② **현대시 독해** : 〈보기〉의 도움 등을 통해 '주제' 위주로, 그리고 일상 언어의 감각으로 읽어내면 됩니다. 현대시도 읽을 수 있는 하나의 글입니다.

③ **선지에서 묻는 것** : 독서에서도 문학에서도, 선지 판단의 기본은 그 선지가 무엇을 묻고 있는지 정확하게 따지는 것입니다. 선지를 대충 판단하는 습관은 시험장에서 꽤나 치명적으로 다가올 것이에요. 항상 '묻는 것'이 무엇인지 체크하는 습관을 가지도록 합시다.

| 지문 내용 총정리 |

〈보기〉의 도움을 통해 주제를 파악하고, 선지의 허용 가능성을 지문 속 '근거'로 해결하는 전형적인 지문이었습니다. 나아가 '선지에서 묻는 것'을 따지는 태도가 정말 중요하다는 것을 배울 수 있는 지문이었죠? 확실하게 정리하도록 합시다.

### 〈보기〉 확인

> ─────[보기]─────
>
> (가), (나)의 화자는 <u>특정한 대상에 대한 인식을 통해 자신을 성찰하고 대상에 공감</u>한다. (가)의 화자는 병원에서 본 '여자'의 모습에 주목하고 '여자'의 아픔에 비추어 자신의 처지를 성찰하며 '여자'가 지닌 치유에 대한 소망에 공감한다. (나)의 화자는 여행 중에 만난 '나무'들의 모습에 주목하고 '나무'들에 비추어 자신의 내면을 성찰하며 '나무'들의 모습에서 드러나는 정서에 공감한다. 이를 통해 <u>(가), (나)의 화자는 대상과의 동질성을 확인한다.</u>

두 지문이 각각 '여자'와 '나무'라는 '대상'에 대한 인식을 통해 '성찰 및 공감'이라는 '반응'을 보이고 있다는 내용입니다. 이것이 곧 주제 그 자체이니, 적극적으로 활용할 준비를 하면서 읽어 보도록 합시다. 나아가 이렇게 어떠한 '대상'에 '공감'하고 '동질성'을 느끼는 것은 현대시의 가장 기본적인 창작 원리라는 것, 다시 한 번 정리하도록 합시다.

### 실전적 지문 독해

> (가)
>
> 살구나무 그늘로 얼굴을 가리고, 병원 뒤뜰에 누워, 젊은 여자가 흰옷 아래로 하얀 다리를 드러내 놓고 일광욕을 한다. 한 나절이 기울도록 가슴을 앓는다는 이 여자를 찾아오는 이, 나비 한 마리도 없다. 슬프지도 않은 살구나무 가지에는 바람조차 없다.
>
> 나도 모를 아픔을 오래 참다 처음으로 이곳에 찾아왔다. 그러나 나의 늙은 의사는 젊은이의 병을 모른다. 나한테는 병이 없다고 한다. 이 지나친 시련, 이 지나친 피로, 나는 성내서는 안 된다.
>
> 여자는 자리에서 일어나 옷깃을 여미고 화단에서 금잔화 한 포기를 따 가슴에 꽂고 병실 안으로 사라진다. <u>나는 그 여자의 건강이—아니 내 건강도 속히 회복되기를 바라며 그가 누웠던 자리에 누워 본다.</u>
>
> ─윤동주, 「병원」─

'여자'라는 대상에 주목하며 자신의 '아픔'을 떠올리고, 그가 누웠던 자리에 누워 공감하고 있는 모습입니다. 전체적으로 〈보기〉의 내용 그대로인 작품이니 어렵지 않게 읽어낼 수 있겠네요.

> (나)
>
> 유성에서 조치원으로 가는 어느 들판에 우두커니 서 있는 한 그루 늙은 나무를 만났다. 수도승일까. 묵중하게 서 있었다.
>
> 다음날은 조치원에서 공주로 가는 어느 가난한 마을 어귀에 그들은 떼를 져 몰려 있었다. 멍청하게 몰려 있는 그들은 어설픈 과객일까. <u>몹시 추워 보였다.</u>
>
> 공주에서 온양으로 우회하는 뒷길 어느 산마루에 그들은 멀리 서 있었다. 하늘 문을 지키는 파수병일까, <u>외로워 보였다.</u>
>
> 온양에서 서울로 돌아오자, 놀랍게도 그들은 이미 내 안에 뿌리를 펴고 있었다. 묵중한 그들의. 침울한 그들의. 아아 고독한 모습. 그 후로 나는 뽑아낼 수 없는 몇 그루의 나무를 기르게 되었다.
>
> ─박목월, 「나무」─

역시 〈보기〉에서 이야기한 그대로네요. 공간의 이동이 나오고, 그 이동의 순간에서 확인한 나무들의 모습에 '공감'하고 있습니다. 자신의 내면을 '성찰'한다는 〈보기〉의 내용을 봤을 때, 춥고 외로운 건 나무뿐 아니라 화자 자신이라는 것까지 잡아주시면 좋겠죠?

| 선지 | ① | ② | ③ | ④ | ⑤ |
|---|---|---|---|---|---|
| 선택률 | 3% | 5% | 8% | 74% | 10% |

### 126 (가), (나)에 대한 설명으로 가장 적절한 것은? ④

① (가)와 (나)는 모두 색채 이미지를 활용하여 사물의 역동성을 드러내고 있다.

| 선지 유형 | 근거가 없어서 허용 불가능 |
|---|---|
| 실전에서의 판단 과정 | 사물의 역동성은 좀 오버지. |
| 해설 | (가)에는 '여자'의 모습에서 하얀 색채 이미지가 드러나지만, 이게 '사물의 역동성'을 드러낸다고 보기는 어렵죠? 하얀 색과 관련된 내용은 '누워서 일광욕을 하는 모습'이니까요. (나)에는 아예 색채 이미지가 드러나지 않네요. |

② (가)와 (나)는 모두 일상을 벗어난 공간과 대비하여 일
상의 공간에 의미를 부여하고 있다.

| 선지 유형 | 근거가 없어서 허용 불가능 |
| --- | --- |
| 실전에서의<br>판단 과정 | 일상을 벗어난 공간이 없는데? |
| 해설 | 일단 (가)와 (나)에 나타난 공간인 '병원', '유성→조치원→공주→온양→서울' 등에서 '일상을 벗어난 공간'을 찾기는 어려워 보이죠? 물론 (나)의 공간들은 여행 중에 거친 곳이라는 점에서 '일상을 벗어난 공간'이라고 할 수도 있을 것 같기는 하지만, 애초에 대비를 통해 '공간'에 의미를 부여하는 것(=내면세계를 투영하는 것)은 이 지문들의 주제 의식과 너무 동떨어진 부분이라고 할 수 있겠습니다. (가)는 '여자'에게, (나)는 '나무'에게 의미를 부여하고 있을 뿐이에요. |

③ (가)는 (나)와 달리, 사물의 속성을 분석하여 미래에
대한 긍정적인 전망을 제시하고 있다.

| 선지 유형 | 근거가 없어서 허용 불가능 |
| --- | --- |
| 실전에서의<br>판단 과정 | 전망을 하는 부분은 없지. |
| 해설 | (가)에 여자가 빨리 나으면 좋겠다고 '소망'하는 모습은 나타나지만, 나을 것이라는 '전망'은 찾아보기 어렵네요. '사물의 속성을 분석'한다는 부분도 허용하기 어렵겠구요. |

④ (나)는 (가)와 달리, 추측을 나타내는 표현을 변주하여
사물이 연상시키는 의미를 심화하고 있다.

| 선지 유형 | 근거가 있어서 허용 가능 |
| --- | --- |
| 실전에서의<br>판단 과정 | 추측하는 표현은 (나)에만 있네. |
| 해설 | 일단 (가)에는 아예 추측을 나타내는 표현이 없습니다. 따라서 '(가)와 달리'는 맞는 말이라고 할 수 있겠네요.<br><br>한편 (나)에서는 '수도승일까→어설픈 과객일까→하늘 문을 지키는 파수병일까'와 같은 방식으로 추측을 나타내는 표현을 '변주'하고 있죠? 조금이라도 바뀌면 변주라고 할 수 있으니까요! 나아가 이러한 변주를 통해 '나무'라는 사물이 연상시키는 의미를 조금 더 깊게 심화시킨다는 것도 어렵지 않게 허용할 수 있겠습니다.<br><br>애초에 '사물이 연상시키는 의미'를 생각하여 자신을 성찰하는 것 자체가 이 작품의 주제이기 때문에, |

더욱 확실하게 정답이라고 할 수도 있겠네요.



'사물이 연상시키는 의미 심화'를 조금 더 엄밀하게 설명해 보겠습니다. (나)의 화자는 '나무'라는 사물을 보고서 '수도승일까→어설픈 과객일까→하늘 문을 지키는 파수병일까'와 같은 방식으로 추측을 나타내는 표현을 '변주'하고 있는데, 이때마다 '묵중하게 서 있었다→몹시 추워 보였다→외로워 보였다'는 식으로 서로 다른 의미를 만들어 내고 있습니다. 여기서 묵중하게 서 있는 것은 외양만으로 알 수 있는 것이고, 몹시 추워 보였다는 것은 외양을 통해 알 수 있는 내면이고, 외로워 보였다는 것은 외양으론 알 수 없는 내면이라고 할 수 있죠? 즉 화자는 '나무'를 볼 때마다 그들의 외양이 아닌 더 깊은 내면을 들여다 보고 그로부터 의미를 생성하고 있는 것입니다. 이렇게 갈수록 더 깊은 내면과 관련된 의미를 생성한다는 점에서, '사물이 연상시키는 의미 심화'를 확실하게 허용할 수 있겠습니다.

⑤ (가)는 현재형 시제로 계절의 상징성을, (나)는 과거형
시제로 시간에 따른 사물의 변화상을 보여 주고 있다.

| 선지 유형 | 근거가 없어서 허용 불가능 |
| --- | --- |
| 실전에서의<br>판단 과정 | 계절의 상징성, 사물의 변화상은 주제와 너무 동떨어진 내용이지. |
| 해설 | 일단 (가)에서 '현재형 시제'가 쓰인 것 자체는 맞습니다. 나아가 '살구나무', '금잔화'와 같은 표현으로 계절을 드러내는 것까지도 어떻게 허용할 수 있겠지만, '현재형 시제'를 통해 그 계절이 가진 '상징성'을 보여 준다는 건 허용하기 어렵겠죠.<br><br>한편 (나)에서도 '과거형 시제'가 쓰인 것 자체는 맞지만, 과거형을 바탕으로 '사물의 변화상'을 드러낼 수 있다는 건 언어적으로 말이 되지 않네요. 가볍게 지워낼 수 있겠습니다.<br><br>애초에 (가)와 (나)의 주제는 '대상'에 대한 인식을 통해 '화자 자신'을 성찰하며 동질성을 확인하는 것입니다. 그런데 '계절의 상징성'은 '대상'(나무)이나 '화자 자신' 모두와 아무런 상관이 없는 내용이고, '사물의 변화상' 역시 '대상'에만 주목할 뿐 그것을 '화자 자신'으로 끌고 온다는 내용이 빠져 있네요. 이렇게 주제와 어긋나는 선지는 답이 되기 어렵다는 것까지 챙겨가도록 합시다. |

| 선지 | ① | ② | ③ | ④ | ⑤ |
|---|---|---|---|---|---|
| 선택률 | 3% | 6% | 83% | 4% | 4% |

**127** 〈보기〉의 관점에서 (가), (나)의 '화자와 대상의 관계'에 대해 이해한 내용으로 적절하지 <u>않은</u> 것은? [3점] ③

– 〈보기〉에 제시된 (가), (나)의 '화자와 대상의 관계'는 쉽게 말해 '동질적 관계'입니다. '대상에 대한 인식', '자신의 성찰', '대상에 대한 공감'이라는 포인트를 생각하면서 선지를 판단해보도록 합시다.

① (가)의 화자는 '병원 뒤뜰'에 누워 있는 '여자'를 관찰함으로써, (나)의 화자는 여로에서 만난 '나무'를 반복적으로 제시함으로써 대상을 인식하고 있음을 보여 주고 있다.

> 살구나무 그늘로 얼굴을 가리고, <u>병원 뒤뜰</u>에 누워, 젊은 <u>여자</u>가 흰옷 아래로 하얀 다리를 드러내 놓고 일광욕을 한다.

| 선지 유형 | 근거가 있어서 허용 가능 |
|---|---|
| 실전에서의 판단 과정 | 뭐 당연한 말이네. |
| 해설 | '여자'와 '나무'라는 대상을 인식하고 있다는 것, 〈보기〉에서도 언급한 당연한 내용이죠? |

② (가)의 화자는 찾는 이가 없는 '가슴을 앓는다는 이 여자'의 처지에, (나)의 화자는 '나무'에게서 본 '수도승', '과객', '파수병'의 모습에 자신을 비추어 보고 있다.

> 한 나절이 기울도록 <u>가슴을 앓는다는</u> 이 여자를 찾아오는 이, 나비 한 마리도 없다. 슬프지도 않은 살구나무 가지에는 바람조차 없다.
>
> 나도 모를 아픔을 오래 참다 처음으로 이곳에 찾아왔다.

> <u>수도승</u>일까. 묵중하게 서 있었다.
> 어설픈 <u>과객</u>일까. 몹시 추워 보였다.
> <u>파수병</u>일까, 외로워 보였다.
> 온양에서 서울로 돌아오자, 놀랍게도 그들은 이미 내 안에 뿌리를 펴고 있었다.

| 선지 유형 | 근거가 있어서 허용 가능 |
|---|---|
| 실전에서의 판단 과정 | 주제 그 자체네. |
| 해설 | (가)에서 찾는 이가 없어 '가슴을 앓는다는 이 여자'와 (나)에서 '수도승', '과객', '파수병'처럼 보이는 '나무'의 모습은 모두 화자와 동질감을 가진 대상들입니다. 이러한 대상들에 자신을 비추어 보는 것이 이 지문의 주제 그 자체였죠? |

③ (가)의 화자는 '젊은이의 병'을 모르는 '늙은 의사'에 대한 원망을 '여자'와 공유함으로써, (나)의 화자는 '멀리 서 있'는 '나무'들의 위치를 확인함으로써 대상과 자신의 거리를 좁히려 하고 있다.

> 나도 모를 아픔을 오래 참다 처음으로 이곳에 찾아왔다. 그러나 나의 <u>늙은 의사</u>는 젊은이의 병을 모른다. 나한테는 병이 없다고 한다. 이 지나친 시련, 이 지나친 피로, 나는 성내서는 안 된다.

> 공주에서 온양으로 우회하는 뒷길 어느 산마루에 그들은 <u>멀리 서 있</u>었다. 하늘 문을 지키는 파수병일까, 외로워 보였다.

| 선지 유형 | 근거가 없어서 허용 불가능 |
|---|---|
| 실전에서의 판단 과정 | 여자랑 원망을 공유하는 게 아니지. |
| 해설 | (가)의 화자는 '아픔'이 있어 '늙은 의사'를 찾아갔지만, 정작 그 의사는 '젊은이(=화자)의 병'을 모른다고 합니다. 화자의 입장에서 자신의 아픔을 알아주지 않는 의사에게 '원망'이라는 감정을 느낄 수는 있겠죠. (조금 과하긴 하지만요.) 하지만 이 지문의 주제는 '여자'와 '치유에 대한 소망'을 공유하는 것이지, '원망'을 공유하는 것은 아닙니다. 이를 허용할 만한 근거를 찾을 수도 없기 때문에 쉽게 답으로 골라낼 수 있겠네요. |
| | 한편 (나)의 화자는 '멀리 서 있'는 '나무'들의 위치를 확인하고 그로부터 '외로움'을 느낍니다. 그런데 선지에서는 화자가 이를 통해 '대상과 자신의 거리를 좁히려' 했는지 물어보고 있어요. 지문의 전체적인 주제를 고려했을 때, 화자는 '나무'들에게서 느껴지는 '외로움'을 함께 느끼고 있다는 것을 생각할 수 있습니다. 그리고 원래는 관심을 두기도 어려운 '멀리 서 있'는 '나무'들의 위치를 굳이 확인한다는 점을 근거로 하면, 화자 자신과 '나무' |

라는 대상 사이의 심리적 거리를 좁히려고 한다는 말도 충분히 허용할 수 있겠습니다. 심리적 거리를 좁히고자 '멀리 서 있'는 '나무'를 굳이 찾았다는 식의 선지의 해석은 근거가 충분한, 허용 가능한 내용이니까요.

화자에게 공감하며 독해한 내용을 바탕으로 선지의 '허용 가능성'을 평가한다는 원칙을 확인하기에 좋은 문제였습니다. 확실하게 체크하도록 하세요.

④ (가)의 화자는 '금잔화 한 포기'를 꽂고 병실로 들어가는 '여자'에게서 '회복'에 대한 소망을 읽어 냄으로써, (나)의 화자는 '나무'들이 '외로워 보였다'고 표현함으로써 대상에 공감하고 있다.

> 여자는 자리에서 일어나 옷깃을 여미고 화단에서 <u>금잔화 한 포기</u>를 따 가슴에 꽂고 병실 안으로 사라진다. 나는 그 여자의 건강이 — 아니 내 건강도 속히 <u>회복</u>되기를 바라며 그가 누웠던 자리에 누워 본다.

> 공주에서 온양으로 우회하는 뒷길 어느 산마루에 그들은 멀리 서 있었다. 하늘 문을 지키는 파수병일까, <u>외로워 보였다</u>.

| 선지 유형 | 근거가 있어서 허용 가능 |
| --- | --- |
| 실전에서의 판단 과정 | 주제 그 자체라고 할 수 있겠다. |
| 해설 | (가)의 화자는 '금잔화 한 포기'를 가슴에 꽂고 병실 안으로 사라진 '여자'가 누웠던 자리에 누워 보면서, 그 '여자'와 화자 자신의 건강이 '회복'되기를 소망하고 있습니다. 굳이 그 자리에서 '회복'을 소망한다는 것은, '여자'의 '회복'에 대한 소망을 읽어냄을 허용할 근거로 충분한 내용이겠습니다. '여자'도 그 자리에서 '회복'을 소망했을 것이니, 화자 자신도 그렇게 하겠다는 뜻이죠. 물론 〈보기〉에 제시된 '여자가 지닌 치유에 대한 소망에 공감'을 바탕으로 허용할 수도 있을 것 같습니다.<br><br>한편, (나)의 화자가 나무들을 보고서 '외로움'을 읽어내는 게 '공감'의 태도라는 것은 이미 생각했었죠? |

⑤ (가)의 화자는 '그가 누웠던' 곳에 '누워 본다'고 함으로써, (나)의 화자는 '뽑아낼 수 없'는 '나무를 기르게 되었다'고 함으로써 대상과 자신의 동질성을 드러내고 있다.

> 여자는 자리에서 일어나 옷깃을 여미고 화단에서 금잔화 한 포기를 따 가슴에 꽂고 병실 안으로 사라진다. 나는 그 여자의 건강이 — 아니 내 건강도 속히 회복되기를 바라며 <u>그가 누웠던</u> 자리에 <u>누워 본다</u>.

> 온양에서 서울로 돌아오자, 놀랍게도 그들은 이미 내 안에 뿌리를 펴고 있었다. 묵중한 그들의. 침울한 그들의. 아아 고독한 모습. 그 후로 나는 <u>뽑아낼 수 없는</u> 몇 그루의 나무를 기르게 되었다.

| 선지 유형 | 근거가 있어서 허용 가능 |
| --- | --- |
| 실전에서의 판단 과정 | 똑같은 자리에 누워 보고, 자기 안에 뿌리를 펴고 하면 동질적이라고 할 수 있지. |
| 해설 | (가)와 관련된 부분은 앞 선지들을 판단하면서 충분히 이해한 내용이라고 할 수 있겠습니다. (나)의 경우에도, 화자의 '안에 뿌리를 펴고 있'고 화자는 그것을 '뽑아낼 수 없'다고 하는 것으로 보아 마치 나무와 하나가 된 것 같은 '동질성'을 느끼고 있다는 것을 허용할 수 있겠습니다. 독해를 하면 근거가 보입니다. 그리고 근거가 있으면 허용하면 됩니다. |

현대시 독해 연습

> (가)
> 　살구나무 그늘로 얼굴을 가리고, 병원 뒤뜰에 누워, 젊은 여자가 흰옷 아래로 하얀 다리를 드러내 놓고 일광욕을 한다. 한 나절이 기울도록 가슴을 앓는다는 이 여자를 찾아오는 이, 나비 한 마리도 없다. 슬프지도 않은 살구나무 가지에는 바람조차 없다.

화자는 '병원 뒤뜰'에 누워 '일광욕'을 하는 '젊은 여자'를 바라보고 있습니다. '병원'에 있고, '한 나절이 기울도록 가슴을 앓는다'는 것을 보니 '여자'는 아픈 상태인 것 같아요. 그런데 그렇게 아픈 '여자'를 찾아오는 사람도, 나비도 없습니다. 그녀가 누워 있는 살구나무에는 바람도 찾아오질 않아요. 이러한 표현을 통해 '여자'는 아픈 자신을 찾아 올 사람도 없는 쓸쓸한 처지라고 할 수 있겠습니다. 화자는 이러한 '여자'에게 관심을 보이고 있는 것이에요.

> 　나도 모를 아픔을 오래 참다 처음으로 이곳에 찾아왔
> 다. 그러나 나의 늙은 의사는 젊은이의 병을 모른다. 나
> 한테는 병이 없다고 한다. 이 지나친 시련, 이 지나친 피
> 로, 나는 성내서는 안 된다.

이번엔 화자인 '나'의 이야기를 하고 있습니다. 화자도 '아픔'을 겪고 있는 상태네요. 참다 참다 이 '병원'으로 온 화자인데, '늙은 의사'는 '젊은이(=화자)의 병'을 몰라주고 있습니다. 화자 입장에선 자신의 '아픔'에 공감하지 못하는 '의사' 때문에 더 짜증이 나겠죠? 그렇게 '시련'과 '피로'를 겪지만, 화자는 '성내서는 안 된다'고 생각합니다. 어차피 다른 사람들도 '의사'처럼 자신의 심정에 공감해 주지 못할 테니까요.

> 　여자는 자리에서 일어나 옷깃을 여미고 화단에서 금
> 잔화 한 포기를 따 가슴에 꽂고 병실 안으로 사라진다.
> 나는 그 여자의 건강이―아니 내 건강도 속히 회복되기
> 를 바라며 그가 누웠던 자리에 누워 본다.
>
> -윤동주, 「병원」-

다시 '여자'를 바라봅니다. 살구나무 아래 누워 있는 그녀는 자리에서 일어나 '금잔화' 한 포기를 따 병실 안으로 사라집니다. 여기서 '금잔화'가 의미하는 것이 무엇인지 정확히는 알 수 없지만, 일반적으로 '꽃'이 가지고 있는 희망적인 이미지를 고려하면 '희망'과 같은 것을 읽어낼 수 있을 것 같습니다.

화자는 '그가 누웠던 자리'에 누워 봅니다. 그러면서 '여자'와 자신의 건강이 속히 회복되기를 바라고 있죠. 이러한 소망에 비추어 봤을 때, 화자가 '그가 누웠던 자리'에 눕는 것은 '여자'가 가지고 있는 상처와 치유에 대한 희망에 공감했음을 의미한다고 할 수 있겠습니다. 화자의 입장에 최대한 공감하면서 읽어 보도록 합시다.

> (나)
> 　유성에서 조치원으로 가는 어느 들판에 우두커니 서
> 있는 한 그루 늙은 나무를 만났다. 수도승일까. 묵중하게
> 서 있었다.

'유성'에서 '조치원'으로 가는 들판에서, 화자는 '한 그루 늙은 나무'를 만납니다. '나무'라는 대상에 주목하면서 시작하고 있네요. 이에 대해 어떤 이야기를 할까요?

> 　다음날은 조치원에서 공주로 가는 어느 가난한 마을
> 어귀에 그들은 떼를 져 몰려 있었다. 멍청하게 몰려 있
> 는 그들은 어설픈 과객일까. 몹시 추워 보였다.
> 　공주에서 온양으로 우회하는 뒷길 어느 산마루에 그
> 들은 멀리 서 있었다. 하늘 문을 지키는 파수병일까, 외
> 로워 보였다.

시간이 흘러 다른 길들을 가는 화자는, '그들'(=나무)이 '떼를 져 몰려 있'는 것을 봅니다. 전에는 '한 그루'의 나무를 봤는데, 이제는 나무들이 모여 있는 것을 본 것이에요. 그런데 화자는 이들이 '추워 보'이고 '외로워 보'인다는 이야기를 하고 있습니다. '나무'라는 대상에 대해 연민을 느끼고 공감하고 있네요.

> 　온양에서 서울로 돌아오자, 놀랍게도 그들은 이미 내
> 안에 뿌리를 펴고 있었다. 묵중한 그들의. 침울한 그들
> 의. 아아 고독한 모습. 그 후로 나는 뽑아낼 수 없는 몇
> 그루의 나무를 기르게 되었다.
>
> -박목월, 「나무」-

그렇게 다시 서울로 돌아 온 화자는, 그 나무들이 자기 '안에 뿌리를 펴고 있'다는 것을 알게 됩니다. 나무들에게서 느꼈던 추움, 외로움과 같은 감정들이 사실은 화자가 가지고 있는 감정이었나 봐요. 이처럼 자연물에 주목하며 그 자연물이 어떠한 감정을 가진 것처럼 묘사하는 경우, 화자 역시 그러한 감정을 가지고 있을 확률이 높다고 했습니다. 이러한 '현대시 창작 원리'를 미리 알고 있었다면 더 쉽게 읽어낼 수 있었겠죠?

<table>
<tr><td>몰랐던 어휘 정리하기</td></tr>
<tr><td><br><br><br><br><br><br></td></tr>
</table>

〈보기〉 확인

─────[보기]─────

　　사행 가사인 「일동장유가」에는 화자와 일본인 문인 사이의 필담 장면이 기술되어 있는데, 필담을 통한 문답 형식은 일종의 대화의 성격을 지닌다. 필담 속에는 대화가 시작되는 상황, 문답의 주요 내용, 의사소통의 심층적 의미, 선비로서의 예법 등이 자연스럽게 포함되어 있다.

이 작품에는 '필담'을 통한 문답 형식이 제시되어 있다고 합니다. 참고로 '필담'은 '筆붓 필 / 談말씀 담'으로, 말이 통하지 않고 글자만 공유할 수 있을 때 글로 써서 대화하는 것을 의미해요. 조선 말과 일본말이 통하지는 않겠지만, 한자를 쓰면서 대화하는 그런 상황으로 보입니다. 여기에는 다양한 내용들이 포함되어 있다고 해요. 천천히 읽어봅시다.

실전적 지문 독해

┌─────────────────────────────────┐

　배 방에 누워 있어 내 신세를 생각하니
　가뜩이 심란한데 대풍(大風)이 일어나서
　태산(泰山) 같은 성난 물결 천지에 자욱하니
　크나큰 만곡주가 나뭇잎 불리이듯
　하늘에 올랐다가 지함(地陷)*에 내려지니
　열두 발 쌍돛대는 차아*처럼 굽어 있고
　쉰두 폭 초석(草席) 돛은 반달처럼 배불렀네
　굵은 우레 잔 벼락은 등[背] 아래서 진동하고
　성난 고래 동(動)한 용(龍)은 물속에서 희롱하니
　방 속의 요강 타구(唾具) 자빠지고 엎어지며
　상하좌우 배 방 널은 잎잎이 우는구나
　이윽고 해 돋거늘 장관(壯觀)을 하여 보세
　일어나 배 문 열고 문설주 잡고 서서
　사면(四面)을 돌아보니 어와 장할시고
　인생 천지간에 이런 구경 또 있을까
　구만리 우주 속에 큰 물결뿐이로다

└─────────────────────────────────┘

* 지함 : 땅이 움푹하게 주저앉은 곳.
* 차아 : 줄기에서 벋어 나간 곁가지.

어려워보여도 친절하게 현대어로 풀이되어 있으니, 천천히 이해하면 되겠습니다. 혼자 배에 누워 심란한 상황인데, '대풍'이 일어나서 '태산 같은 성난 물결'이 천지에 자욱한 상황입니다. 그 뒤로 파도에 고생하는 모습이 쭉 나타나고 있네요.

그런데 해가 돋은 뒤에 '장관'을 보고 '이런 구경' 또 없다며 흡족해하고 있습니다. 하나하나 꼼꼼하게 읽을 필요는 없을 것 같고, 이렇게 전반적인 상황과 반응만 체크해주시면 되겠습니다.

┌─────────────────────────────────┐

(중략)

　그중에 전승산이 글 쓰는 양(樣) 바라보고　　[A]
　필담(筆談)으로 써서 뵈되 전문(傳聞)에 퇴석
　(退石) 선생
　쉬 짓기가 유명(有名)터니 선생의 빠른 재주　　[B]
　일생 처음 보았으니 엎디어 묻잡나니
　필연코 귀한 별호(別號) 퇴석인가 하나이다
　내 웃고 써서 뵈되 늙고 병든 둔한 글을
　포장(褒獎)을 과히 하니 수괴(羞愧)*키 가이 없다　　[C]
　승산이 다시 하되 소국(小國)의 천한 선비
　세상에 났삽다가 장(壯)한 구경 하였으니　　[D]
　저녁에 죽사와도 여한이 없다 하고
　어디로 나가더니 또다시 들어와서
　아롱보(褓)에 무엇 싸고 삼목궤(杉木櫃)에 무엇 넣어
　이마에 손을 얹고 엎디어 들이거늘
　받아 놓고 피봉(皮封)* 보니 봉(封)한 위에 쓰였으되
　각색 대단(大緞) 삼단이요 사십삼 냥 은자(銀子)로다
　놀랍고 어이없어 종이에 써서 뵈되
　그대 비록 외국이나 선비의 몸으로서
　은화를 갖다 가서 글 값을 주려 하니　　[E]
　그 뜻은 감격하나 의(義)에 크게 가하지 않아
　못 받고 도로 주니 허물하지 말지어다

　　　　　　　　　　　-김인겸, 「일동장유가」-

└─────────────────────────────────┘

* 수괴 : 부끄럽고 창피함.
* 피봉 : 겉봉.

(중략) 이후의 상황입니다. 이번엔 '전승산'이라는 인물이 등장했어요. 그러면서 〈보기〉에서 말한 '필담'이 시작되고 있네요. 밑줄 친 부분 위주로 읽어보니, 서로 칭찬하고 웃으면서 좋은 분위기인 것으로 보이네요. 어차피 자세한 해석은 선지에서 해 줄 것이니, 우리는 이렇게 큰 분위기만 잡아두고 넘어가도록 합시다.

| 선지 | ① | ② | ③ | ④ | ⑤ |
|---|---|---|---|---|---|
| 선택률 | 55% | 6% | 13% | 11% | 15% |

## 128 윗글에 대한 설명으로 적절하지 <u>않은</u> 것은? ①

– 이런 문제는 선지에서 가리키는 각 표현을 지문에서 찾는 데에도 시간이 꽤 걸릴 수 있습니다. 지문을 읽을 때 큰 흐름을 잡고 읽는 것, 그리고 평소에 이런 문학 기출을 많이 풀어 보는 것이 제일 중요해요! 물론 실전에서 이렇게 지문 전체의 내용을 한 번에 판단해야 하는 문제는 마지막에 푸는 것도 좋은 전략입니다.

① <u>동물의 역동성을 통해 공간의 분위기를 긍정적으로 바꾸고 있다.</u>

| 선지 유형 | 근거가 없어서 허용 불가능 |
|---|---|
| 실전에서의 판단 과정 | 큰 파도 때문에 난리가 났는데 긍정적이라니. |
| 해설 | '동물의 역동성'은 '성난 고래 동한 용은 물속에서 희롱하니'와 같은 부분을 근거로 허용할 수 있습니다. 그렇다면 분위기를 '긍정적'으로 바꾼다는 내용을 허용할 만한 근거가 있는지 찾아야 하는데, 아무리 찾아봐도 그저 파도가 쳐서 난리난 상황을 묘사할 뿐 분위기가 '긍정적'으로 바뀌었음을 암시하는 표현은 나오지 않네요. 근거가 없으면 허용할 수 없습니다! |

② 거대한 자연물에 비유하여 악화된 기상 상황을 표현하고 있다.

| 선지 유형 | 근거가 있어서 허용 가능 |
|---|---|
| 실전에서의 판단 과정 | 뭐 하나쯤은 있겠지. |
| 해설 | '태산 같은 성난 물결'이 있네요. 이렇게 미시적인 선지들은 바로 찾기 힘들 수 있습니다. 보이지 않으면 당황하지 말고 다른 선지부터 보시면 됩니다. '실전에서 판단 과정'을 실제로 행하셔도 되는 거예요. 답이 도저히 보이지 않으면 그때 찾아도 되니까요. |

③ 식물의 연약한 속성을 활용하여 화자의 위태로운 상황을 드러내고 있다.

| 선지 유형 | 근거가 있어서 허용 가능 |
|---|---|
| 실전에서의 판단 과정 | 뭐 하나쯤 있겠지. |
| 해설 | '크나큰 만곡주가 ~ 배불렀네' 부분에서 '나뭇잎'과 '차아' 등의 식물이 제시되고 있습니다. 나아가 이들은 각각 불려지고 굽어 있는 모습, 즉 식물 스스로의 의지가 아닌 타의에 의해 만들어진 모습으로 표현되고 있습니다. 이러한 표현을 근거로 하면 식물의 '연약한 속성'을 활용하고 있다는 것을 충분히 허용할 수 있겠습니다. 해당 속성을 통해 화자가 탄 배가 위태롭다는 것을 나타내고 있는 것이죠.<br><br>나아가 2번 선지처럼 그냥 있을 것이라 생각하고 가볍게 넘길 수 있는 미시적인 선지였습니다. '긍정적 분위기'라는 거시적인 내용을 담고 있는 1번 선지와 구분되시죠? |

④ 상승과 하강의 이미지를 대비하여 목전에 닥친 위기감을 강조하고 있다.

| 선지 유형 | 근거가 있어서 허용 가능 |
|---|---|
| 실전에서의 판단 과정 | 올랐다가 내려가는 거 있네. 위기감은 당연하고. |
| 해설 | '하늘에 올랐다가 지함에 내려지니'에서 상승과 하강 이미지가 모두 나타나네요. 화자의 전반적인 상황을 근거로 하면, '위기감'은 당연하게 허용할 수 있겠죠? |

⑤ 인물의 행동을 시간의 흐름에 따라 열거하여 상황을 구체적으로 보여 주고 있다.

| 선지 유형 | 근거가 있어서 허용 가능 |
|---|---|
| 실전에서의 판단 과정 | 혼자 있다가 파도 만났다가 멋진 경치 보는 거니까 시간의 흐름 맞네. |
| 해설 | (중략) 이전을 보면, 배 안에 혼자 있다가 큰 파도를 만나 고생하고, 이것이 끝난 뒤 멋진 경치를 구경하고 있습니다. 이는 철저히 '시간의 흐름'에 따라 열거된 것이라 할 수 있겠죠? 나아가 (중략) 이후의 '필담' 장면에서도 시간의 흐름에 따라 이야기를 주고받고 있습니다. 충분히 허용할 수 있겠네요. |

| 선지 | ① | ② | ③ | ④ | ⑤ |
| --- | --- | --- | --- | --- | --- |
| 선택률 | 4% | 4% | 80% | 7% | 5% |

## 129 ㉠과 ㉡에 대한 이해로 가장 적절한 것은? ③

> 이윽고 해 돋거늘 장관(壯觀)을 하여 보세
> 일어나 배 문 열고 문설주 잡고 서서
> 사면(四面)을 돌아보니 어와 장할시고
> 인생 천지간에 ㉠이런 구경 또 있을까

> 내 옷고 써서 뵈되 늙고 병든 둔한 글을
> 포장(褒獎)을 과히 하니 수괴(羞愧)*키 가이 없다
> 승산이 다시 하되 소국(小國)의 천한 선비
> 세상에 났삽다가 ㉡장(壯)한 구경 하였으니
>
> * 수괴 : 부끄럽고 창피함.

– ㉠은 해가 돋고 난 후에 아름다운 자연의 모습을 나타내는 표현이고, ㉡은 '승산'이 '나'의 글을 칭찬하는 표현이었습니다. 이 정도 파악하고 풀어봅시다.

① ㉠과 ㉡은 모두 화자의 고난 극복 의지를 드러내고 있다.

| 선지 유형 | 근거가 없어서 허용 불가능 |
| --- | --- |
| 실전에서의 판단 과정 | 고난 극복 의지가 어딨어. |
| 해설 | ㉠은 자연에 대한, ㉡은 글에 대한 '감탄'을 나타낼 뿐이죠? '의지'라는 반응을 허용할 만한 근거로 보기는 어렵겠네요. |

② ㉠과 ㉡은 모두 화자가 구경하는 대상의 실체를 은폐하고 있다.

| 선지 유형 | 근거가 없어서 허용 불가능 |
| --- | --- |
| 실전에서의 판단 과정 | 무슨 소리야... |
| 해설 | 실체를 은폐?? 너무 뜬금없어서 헛웃음이 나오는 선지죠. |

③ ㉠은 자연의 풍광에 대한 감탄을, ㉡은 인물의 능력에 대한 감탄을 표현하고 있다.

| 선지 유형 | 근거가 있어서 허용 가능 |
| --- | --- |
| 실전에서의 판단 과정 | 미리 생각했던 내용이네. |

| 선지 유형 | 근거가 있어서 허용 가능 |
| --- | --- |
| 해설 | 문제를 보자마자 미리 했던 생각이 그대로 나타나 있죠? 어렵지 않게 답으로 골라주시면 됩니다. |

④ ㉠은 화자의 관찰력에 대한, ㉡은 화자의 창조력에 대한 타인의 평가를 담고 있다.

| 선지 유형 | 근거가 있어서 허용 불가능 |
| --- | --- |
| 실전에서의 판단 과정 | ㉠에서는 화자 혼자 있던 거잖아. |
| 해설 | ㉡이 화자의 창조력에 대한 타인의 평가인 것은 충분히 허용이 되는데, ㉠은 화자 혼자만의 반응이죠? '타인의 평가'를 허용할 만한 근거가 없네요. |

⑤ ㉠은 대상에 대한 화자의 만족을, ㉡은 대상에 대한 화자의 아쉬움을 드러내고 있다.

| 선지 유형 | 근거가 없어서 허용 불가능 |
| --- | --- |
| 실전에서의 판단 과정 | 아쉽긴 뭐가 아쉬워. |
| 해설 | ㉠이 멋진 경치를 나타낸다는 점을 근거로 하면, 이것이 화자의 '만족'을 드러낸다는 것은 충분히 허용할 수 있겠습니다. 하지만 ㉡에 '아쉬움'이 드러난다는 건 도저히 허용하기 어렵네요. 애초에 ㉡이 '화자의 반응'도 아니고, 화자의 반응이라고 쳐도 '장한 구경'은 멋진 구경이라는 의미일 테니까요. |

| 선지 | ① | ② | ③ | ④ | ⑤ |
| --- | --- | --- | --- | --- | --- |
| 선택률 | 4% | 14% | 16% | 49% | 17% |

## 130 〈보기〉를 바탕으로 윗글을 감상한 내용으로 적절하지 <u>않은</u> 것은? [3점] ④

① [A]는 [B]~[D]의 필담이 시작되는 계기를 보여 주는군.

| 선지 유형 | 근거가 있어서 허용 가능 |
| --- | --- |
| 실전에서의 판단 과정 | 전승산이 글 쓰는 걸 보면서 시작되니까 맞다고 할 수 있지. |
| 해설 | '전승산'이라는 인물이 글 쓰는 것을 보면서 필담이 시작되고 있습니다. 이런 독해의 결과는 '계기'라는 해석의 근거로 사용하기에 충분하네요. |

② [B]의 '빠른 재주'는 '나'의 글에 대한 상대의 평가를, [C]의 '늙고 병든 둔한 글'은 자신의 글에 대한 '나'의 입장을 보여 주는군.

| 선지 유형 | 근거가 있어서 허용 가능 |
|---|---|
| 실전에서의 판단 과정 | [B]는 전승산의 이야기고 [C]는 화자의 이야기니까 맞는 말이지. |
| 해설 | [B]와 [C]를 읽으면서 누가 누구에게 하는 말인지 생각할 수 있어야 합니다. [C]의 '내 웃고 써서 뵈되'를 읽으면서, [B]를 읽은 '나'가 웃으면서 [C]의 내용을 말하고 있다는 걸 읽어낼 수 있어야 해요. 아주 기본적인 독해의 과정이죠! 따라서 [B]의 '빠른 재주'는 '전승산'이 '나'의 글을 평가하는 것이고, [C]의 '늙고 병든 둔한 글'은 자신의 글을 높게 평가해줘서 부끄럽다는 '나'의 입장이 들어 있다고 할 수 있겠습니다. 독서 지문처럼 읽어내면 됩니다! |

③ [B]의 '필담으로 써서 뵈되'와 [C]의 '내 웃고 써서 뵈되'를 통해, 문답의 형식을 활용하여 의사소통 장면을 구체적으로 제시하는군.

| 선지 유형 | 근거가 있어서 허용 가능 |
|---|---|
| 실전에서의 판단 과정 | 서로 말 걸고 있으니까 허용되지. |
| 해설 | [B]에서 전승산이 '필담'으로 써서 보여 준 내용은 '엎디어 묻잡나니'입니다. 현대어로 읽어내면 '엎드려 묻겠습니다.' 정도가 되겠죠? 화자는 이에 대해 웃으면서 대답을 하고 있으니, '문답의 형식'이라는 말을 충분히 허용할 수 있겠네요. 애초에 〈보기〉에서도 문답의 형식을 활용하고 있다고 했구요. |

④ [B]의 '귀한 별호 퇴석'과 [D]의 '소국의 천한 선비'는 선비의 예법을 동원하여 동일한 사람을 다르게 지칭한 표현이군.

| 선지 유형 | 근거가 있어서 허용 불가능 |
|---|---|
| 실전에서의 판단 과정 | 다른 사람이잖아? |
| 해설 | '귀한 별호 퇴석'은 '전승산'이 화자의 글을 평가하며 화자를 일컬은 내용이고, '소국의 천한 선비'는 '전승산'이 본인을 낮추어 부른 말이죠. 선비의 예법을 동원했는데 '야 이 천한 선비야'라고 하면 이상하잖아요. 두 표현은 다른 인물을 지칭하므로 허용할 수 없는 선지입니다. [B]~[D]를 유기적으로 독해할 수 있는지 물어보고 있네요. |

⑤ [D]에는 '나'의 글에 대한 상대의 찬사가 나타나 있고, [E]에는 상대의 글 값에 대한 '나'의 거절이 드러나 있군.

| 선지 유형 | 근거가 있어서 허용 가능 |
|---|---|
| 실전에서의 판단 과정 | 승산이 칭찬하고 돈 주니까 도로 주고 있네. |
| 해설 | [D]는 '전승산'이 '나'를 보고 '장한 구경'을 했다며 찬사를 보내는 부분입니다. 이는 당연히 '나'의 '글'에 대한 찬사라고 할 수 있겠죠? 나아가 [D]와 [E] 사이를 보면 '전승산'이 무언갈 들고 와서 '나'에게 내밀었는데 거기에 '대단'과 '은자'가 있다는 걸 확인할 수 있습니다. [E]에서 '나'는 이러한 선물이 '놀랍고 어이없어' 도로 주고 있죠. 지문에 적힌 말 그대로 상상하며 독해했다면 어렵지 않게 지워낼 수 있는 선지였습니다. |

몰랐던 어휘 정리하기



| 핵심 point |

① **허용 가능성 평가** : 선지의 내용을 '허용'하려는 태도를 바탕으로 지문을 '독해'하며 '근거'를 찾아야 합니다. 허용할 수 있는 '근거'가 있어야만 허용할 수 있습니다. 주관적인 생각을 개입시키면 안 됩니다.
② **고전시가 독해** : 겁먹지 않고, 현대시를 읽듯이 읽어내면 됩니다. 현대시와 마찬가지로, 〈보기〉의 도움 등을 통해 '주제' 위주로 가볍게 읽어내면 되는 것이에요. 자세한 해석은 선지가 해줄 겁니다!

| 지문 내용 총정리 |

고전시가지만, 현대어 풀이가 잘 되어 있어 읽는 게 어렵지는 않았을 겁니다. 막연한 두려움만 벗어나면 생각보다 쉽게 이해할 수 있어요. 핵심은 또 '독해'였습니다. 적힌 말 그대로 차분하게 읽고 이해할 수 있는지 확인해보도록 해요.

〈보기〉 확인

─────[보기]─────

「큰 산」에는 도시화로 인한 가치관의 변화와 과도기적 상황이 드러난다. 도시화 과정에서 도시인들은 공동체의 이익보다 개인의 이익을 중시하고, 남을 배려하기보다 자신의 안위를 보장받는 데 더 관심을 둔다. 또한 미신과 같은 주술적인 사고방식이 남아 있는가 하면 합리적인 사고방식으로 사태에 대처하려는 태도를 보이기도 한다. 이렇듯 상이한 가치관 사이에서 사람들은 혼란을 겪는다.

도시화로 인한 가치관의 변화, 과도기적 상황 등을 드러내는 작품이라고 합니다. 주제 의식이 명확하네요. 공동체보다는 개인의 이익을 중시하는 '가치관의 변화', 주술적 사고방식과 합리적 사고방식이 혼재하는 '과도기적 상황' 등이 나타나겠죠? 이러한 상황을 바탕으로 인물들에게 공감해 봅시다.

지문 독해

뒤에야 알았지만 아침에 그런 일이 있고 난 **그날 밤**에 아내는 그 고무신짝을 들고 골목길을 이리자리 기웃거리다가 길가의 아무 집이건 가림이 없이 여느 집 담장으로 휭 던졌던 모양이었다. 물론 아내는 제 자존심도 있었을 터여서 그런 얘기를 나에게는 입 밖에 내기는커녕 전혀 내색조차 하지 않았다. 나도 아침에 그런 일이 있고, 그 고무신짝은 대문 앞의 멋대가리 없게 생긴 시멘트 덩어리 쓰레기통에 버린 뒤, 그런 일은 없었던 셈으로 쳤다. 우리는 미심한 대로 그 일을 그렇게 처결해 버렸던 것이다. 그러나 아내는 그 미심한 점이 역시 미심했던 모양이었다. 나는 하루 종일 거리로 나와 있지만 아내는 종일토록 집에만 있었으니까, 그 미심한 느낌도 나보다도 훨씬 더했을 것이다. 그렇게 아내는 이미 그 고무신짝의 논리 속에 흠뻑 빠져 들어가고 있었다. 그리하여 어두울 무렵에 혼자 나갔을 것이다. 쓰레기통 속에서 희끄무레한 남자 고무신짝을 끄집어냈을 것이다. 골목길을 오르내리며 마땅해 보이는 장소를 물색했을 것이다. 그러다가 아무 집이건 담장 너머로 휭 던져 버렸을 것이다. 그렇게 그쯤으로 액땜을 했다고 자처해 버렸을 것이다.

'그날 밤'의 일을 설명하고 있습니다. '아내'는 고무신짝을 다른 집 담장으로 던져버렸다고 해요. 왜 그런 행동을 한 걸까요? 〈보기〉의 내용과 엮어서 이해하면, 일종의 '주술적인 사고방식'의 하나라고 할 수 있겠죠? '아침'에 무슨 일이 있었는지는 몰라도, 고무신짝을 던져 버리는 미신적인 행위로 그 일에 대처하는 모습이니까요.

〈보기〉에서 말한 것처럼 이 시기는 '과도기적 상황'이었기 때문에, 이러한 주술적인 사고방식을 맹목적으로 따르는 것에 대해 어느 정도 부끄러움을 가질 수도 있을 것입니다. 이에 '아내'는 자신의 자존심을 지키려고 '나'에게 내색을 하지 않았다고 해요. 충분히 공감할 수 있겠죠?

그런데 사실 '나'와 '아내'는 아침에 그 일을 겪고 난 뒤 이미 고무신짝을 집 앞 쓰레기통에 버렸다고 합니다. '나'도 어느 정도는 주술적인 사고방식을 가지고 있음을 알 수 있죠? 하지만 계속 집에만 있던 '아내'는 '미심한 느낌'을 계속해서 가지게 되었고, 결국 '어두울 무렵' 몰래 나가 고무신짝을 남의 집 담장으로 던져 버린 것이었습니다. 쓰레기통에 버렸다곤 하나 집 대문 앞에 있으니 찝찝했던 모양이네요. '고무신짝의 논리'로 표현되고 있는 주술적인 사고 방식에 큰 영향을 받고 있는 부부의 모습이 나타나고 있습니다.

**그 며칠 뒤**, 정확하게 열흘쯤 지나서였다.
**아침**에 자리에서 눈을 뜨자 먼저 일어나 밖으로 나갔던 아내가,
"아빠아, 눈 왔다아, 눈 왔어어."
호들갑을 떨듯이 소리를 질러서, 나도 벌떡 자리에서 일어나 아내의 바람으로 달려 나갔다.
아내는 뜰 한가운데 파자마 바람으로 싱글벙글 웃고서 있었다.
수북하게 눈이 와 있었다. 게다가 하늘은 활짝 개고 해는 금방 떠오를 모양이었다.
"밤새 왔던 모양이지요."
"그걸 말이라고 하나. 당연하지."
"아이, 야박스러. 좀 그렇다고 맞장구를 쳐 주면 어때요."
"나는 합리적인 사람이니까 이치에 닿지 않는 소린 싫거든."
"흥, 이치 좋아하시네."
하며 아내는 입은 비시시 웃고 눈은 얄팍하게 나를 흘겨보듯 하더니, 다시 장난스러운 표정이 되며 물었다.

"하늘에 갑북 구름이 차 있다가, 가장 빠른 시간 안으로 이렇게 온 하늘이 깨끗이 개어 오르려면 몇 분이나 걸리는지 알아요?"

나는 잠시 무슨 뜻인지 몰라서 뚱하게 아내를 쳐다보았다.

"그건 하늘 나름일 테지."

"하늘 나름이라뇨?"

"넓은 하늘도 있고 좁은 하늘도 있지 않겠어. 그건 어쨌든, 당신은? 당신은 아나?"

"몰라요, 모르니까 묻죠."

하고 아내는 낭랑한 목소리로 한바탕 또 웃었다.

눈 내린 겨울 아침과 저 낭랑한 웃음. 이 눈 내린 겨울 아침이 훨씬 더 눈 내린 겨울 아침으로 느껴지도록 하고 있는 저 웃음. 또한 저 웃음으로 하여금 더욱더 저 웃음이 도록 해 주고 있는 이 활짝 개어 오른 **눈 내린 겨울 아침**.

---

그렇게 고무신짝을 던져 버린 며칠 뒤, 눈이 온 아침입니다. '아내'는 싱글벙글 웃으며 호들갑을 떨고 있어요. 이 감정에 공감하셔야 합니다! '고무신짝의 논리'를 통해 마음속 불안감을 떨쳐 버렸으니, 눈이 온 풍경 속에서 해방감과 행복감을 느끼고 있는 것이죠. '나'는 '합리적인 사고방식'을 가진 척을 하면서 퉁명스럽게 대하고는 있으나, 전반적으로 '눈 내린 겨울 아침'에 행복한 시간을 보내고 있는 부부의 모습입니다.

---

그러나 무엇인가 빠져 있다. 나는 문득 고향의 그 큰 산이 떠오르려고 하는 것을 머리를 설레설레 흔들어 지워 버렸다.

---

이렇게 행복하기만 한 줄 알았는데, 갑자기 '나'는 '고향의 큰 산'을 떠올리면서 '무엇인가 빠져 있는' 느낌을 받습니다. 자세히는 모르겠지만, '나'는 '고향의 큰 산'과 관련해서 안 좋은 기억이 있는 것 같아요. 애써 그 기억을 떠올리지 않으려는 '나'의 모습입니다. 지금 행복한데, 굳이 안 좋은 기억을 떠올릴 이유는 없겠죠.

---

〈그러고 보니, 비나 눈이 오다가 개어 오를 때는 대개 바람이 불면서 스름스름 걷히는데, 어느새 눈 깜짝할 사이에 온 하늘은 활짝 개어 있곤 하는 것이다. 선들바람이 지나가면서 두꺼운 하늘 한복판에 파아란 구멍 하나가 깊숙하게 뽕 뚫렸다 싶으면 스름스름 구름이 날아간다. 다음 순간 눈 깜짝할 사이에 어느새 온 하늘은 끝까지 활짝 개어 있곤 한다. 그렇다, 늘 '어느새'다. '어느새'

---

라는 낱말 하나로 간단히 처리되지만, 간단히 처리 안될 수도 없게 그렇게 '어느새'다. 하늘 끝에서 끝까지 완전히 개어 오르는 그 과정을 처음부터 끝까지 완벽하게 지켜본 사람이 있을까. 온 하늘의 구름 조각 하나하나가 한꺼번에 스러져 가는 것을 완전히 본 사람이 있을까. 설령 보았대도 마찬가지일 것이다. 정신이 번쩍 들듯이 정신을 차려 보니까 '어느새' 온 하늘이 활짝 개어 있기는 마찬가지일 것이다.〉

이렇게 눈이 내려서, 게다가 하늘이 개어 올라서 아내는 저렇게도 단순하게 기분이 좋은 모양이었다. 눈을 밟으며 사뿐사뿐 큰 문 쪽으로 달려 나갔다. 그러더니 뜰 끝에서 멈칫 섰다. 일순 여들여들하게 유연하던 아내의 뒷등이 무언가 현실적인 분위기로 굳어지고 있었다.

---

그러면서 '나'는 '어느새'라는 키워드로 대변되는 생각들을 쏟아 내고 있습니다. 비나 눈이 오다가 하늘이 개어 있는 것이 '어느새' 일어난 일처럼 느껴진다는 말을 하는데, 이는 얼마 전까지 '고무신' 때문에 벌벌 떨다가 '어느새' 기분이 나아진 자신들의 모습을 비유한 것이라고 할 수 있겠죠? 이렇게 '배경 묘사'가 제시되는 경우에는 그와 관련된 작품의 분위기를 생각할 수 있어야 한다고 했습니다!

그런데, 갑자기 '아내'의 뒷등이 '현실적인 분위기'로 굳어지고 있었다고 합니다. 또 무슨 일일까요? 여러분도 덩달아 긴장하면서 읽어 봅시다.

---

"어마, 저게 뭐유?"

헛간 쪽의 블록 담 밑을 꾸부정하게 들여다보았다.

"뭔데?"

나도 가슴이 철렁해지며 문득 열흘쯤 전의 그 일이 떠올라 그쪽으로 급하게 다가갔다.

동시에 좀 전의 그 환하던 겨울 아침은 대뜸 우리 둘 사이에서 음산한 분위기로 둔갑을 하고 있었다.

"고무신짝이에요, 또 그, 그 고무신짝."

아내의 목소리는 완연히 떨고 있었다. 거의 헐떡거리듯 하였다. 맞다. 고무신짝이었다. 그 새하얗게 씻은 남자 고무신짝.

"……"

나는 마치 머릿속의 저 아득한 맨 끝머리에 쩌엉스런 깊고 빈 들판이 있다가, 그것이 또 확 열려 오는 듯한 공포 속으로 휘어 감겼다.

-이호철, 「큰 산」-

무언가 발견한 '아내'의 말을 듣고 '가슴이 철렁'해진 '나'는, '음산한 분위기' 속에서 '아내'가 고무신짝의 존재를 발견했음을 알게 됩니다. 굉장히 공포스럽죠? 아무리 '합리적인 사고방식'을 가지고 있다고 해도, 분명히 다른 집으로 던져 버렸던 고무신짝이 다시 돌아 온 상황이니 무서울 수밖에 없을 것입니다. 이러한 감정에 충분히 공감해 주신다면 잘 읽었다고 할 수 있겠어요.

| 선지 | ① | ② | ③ | ④ | ⑤ |
|---|---|---|---|---|---|
| 선택률 | 6% | 6% | 17% | 8% | 63% |

**131** 윗글에 대한 설명으로 가장 적절한 것은? ⑤

① 다른 장소에서 동시에 벌어진 사건을 병치하여 서사의 진행을 지연시키고 있다.

| 선지 유형 | 근거가 없어서 허용 불가능 |
|---|---|
| 실전에서의 판단 과정 | 다른 장소 어디? |
| 해설 | 이 지문은 주인공 부부의 집에서 일어난 사건만을 제시하고 있습니다. 물론 '아내'가 고무신짝을 던지러 다른 집 쪽으로 갔던 이야기가 나오기는 하지만, 이것이 어떠한 사건과 '동시에 벌어진 사건'은 아니었죠. 물론 1번 선지 자체는 맞는 말입니다. 동시에 벌어진 사건을 병치하면 해당 시간을 더 길게 설명해야 하니, '서사의 진행을 지연'시킬 수 있겠죠. |

② 작중 인물이 아닌 서술자가 등장하여 인물 간의 갈등을 새 국면으로 이끌고 있다.

| 선지 유형 | 근거가 없어서 허용 불가능 |
|---|---|
| 실전에서의 판단 과정 | 계속 1인칭 시점인데? |
| 해설 | 이 작품은 처음부터 끝까지 1인칭 시점으로 진행되고 있습니다. 다른 서술자가 등장한 적도 없고, '인물 간의 갈등'이라고 할 만한 부분도 없죠. |

③ 연상을 통해 새로운 공간을 제시하여 시대 상황의 이념적 성격을 구체화하고 있다.

| 선지 유형 | 근거가 없어서 허용 불가능 |
|---|---|
| 실전에서의 판단 과정 | 어떤 이념적 성격이 나타나는데? |
| 해설 | '고향의 큰 산'이라는 새로운 공간과 관련된 생각을 떠올리거나, '어느새'라는 키워드로 대변되는 연상이 나타나기는 했습니다. 그런데 이게 '시대 상황의 이념적 성격'과는 아무런 관련이 없죠? '나'는 그렇게 거창한 생각을 하는 사람이 아니었어요. |

④ 사건에 개입되지 않은 이의 객관적 관점을 통해 인물의 위선적 면모를 표면화하고 있다.

| 선지 유형 | 근거가 없어서 허용 불가능 |
|---|---|
| 실전에서의 판단 과정 | 사건에 개입되지 않은 이가 어딨냐. 계속 '나'인데. |
| 해설 | 2번 선지와 같은 맥락이네요. 이 지문은 처음부터 끝까지 '나'의 1인칭 시점으로 전개되었습니다. '나'는 당연히 사건에 개입된 인물이니, '사건에 개입되지 않은 이의 객관적 관점'이 드러날 리가 없네요. 나아가 '위선적 면모'를 허용할 근거도 없죠? |

⑤ 추측을 포함한 요약적 진술로 사건의 경과를 드러내어 현재 상황에 대한 이해를 돕고 있다.

| 선지 유형 | 근거가 있어서 허용 가능 |
|---|---|
| 실전에서의 판단 과정 | 아내의 행동을 추측했었지. |
| 해설 | 선지에서 묻는 '요약적 진술로 사건의 경과를 드러내'는 부분은 초반부에 제시된 '아내'의 행동 부분밖에 없습니다. '나'는 '아내'가 고무신짝을 다른 집 담장으로 던져 버리는 것을 직접 보지는 못했지만, 그랬을 것이라고 추측하고 있었어요. 이러한 요약적 진술을 통해 '고무신짝의 논리'에 따른 사건의 경과를 드러냈고, 우리는 이를 바탕으로 현재 상황을 이해했었죠. 가볍게 허용할 수 있는 선지네요. |

| 선지 | ① | ② | ③ | ④ | ⑤ |
|---|---|---|---|---|---|
| 선택률 | 5% | 63% | 5% | 21% | 6% |

**132** 눈 내린 겨울 아침에 대한 이해로 가장 적절한 것은? ②

- '눈 내린 겨울 아침'이라는 중요한 시간적 배경에 대해 묻고 있습니다. 열흘 전 고무신짝을 처리하고 마음이 편해진 부부는 '눈 내린 겨울 아침'에 행복한 시간을 보내고 있었어요. 그러다가 '아내'가 고무신짝을 발견하자 이 시간은 '음산한 분위기'를 띠게 되었죠. 인물들의 심리 및 행동을 바탕으로 충분히 공감했던 내용이니, 어렵지 않게 답을 고를 수 있을 것 같습니다.

① 눈 내린 겨울 아침의 활짝 갠 하늘을 보고 '나'는 '아내'의 자존심을 세워 주겠다고 다짐한다.

| 선지 유형 | 근거가 없어서 허용 불가능 |
| --- | --- |
| 실전에서의 판단 과정 | 언제 자존심을 세워 주겠다고 했냐. |
| 해설 | 일단 '나'가 '아내'의 자존심을 세워 주겠다는 다짐을 한 적이 없습니다. 단 한 번도 그런 마음에 공감한 적이 없으니, 절대 허용할 수 없겠어요. 오히려 '나'는 '아내'의 말에 퉁명스럽게 대답하는 모습을 보였죠? 자존심을 깎으면 깎았지 세워 준다고 볼 수는 없네요. |

② 눈 내린 겨울 아침의 밝은 분위기가 '나'와 '아내'의 불안감으로 인해 음산한 분위기로 바뀐다.

| 선지 유형 | 근거가 있어서 허용 가능 |
| --- | --- |
| 실전에서의 판단 과정 | 미리 생각한 내용이네. |
| 해설 | 미리 생각한 내용 그 자체죠? '음산한 분위기'와 함께 '나'와 '아내'가 느꼈을 공포에 충분히 공감했으니, 어렵지 않게 허용할 수 있을 겁니다. |

③ 눈 내린 겨울 아침에 '나'와 '아내'는 '열흘쯤 전의' 일에 대한 대화를 나누며 상실감에 젖는다.

| 선지 유형 | 근거가 없어서 허용 불가능 |
| --- | --- |
| 실전에서의 판단 과정 | 그런 대화를 나눈 적 없는데? |
| 해설 | 일단 '나'와 '아내'가 '열흘쯤 전의' 일, 즉 고무신짝을 처리했던 일에 대한 대화를 나눈 적이 없습니다. 나아가 이런 대화를 나눴다고 쳐도, 그 일은 부부에게 나름대로 만족스러운 일이었기 때문에 '상실감'에 젖을 이유가 없겠죠. |

④ 눈 내린 겨울 아침에 '아내'는 감정에 들떠 한때 '나'에 대해 가졌던 '미심한 느낌'을 떨쳐 버린다.

| 선지 유형 | 근거가 있어서 허용 불가능 |
| --- | --- |
| 실전에서의 판단 과정 | '나'에 대해 미심한 느낌을 가진 게 아니지. |
| 해설 | '아내'의 '미심한 느낌'이라는 감정에 공감했다면 어렵지 않게 지워낼 수 있는 선지입니다. '미심한 느낌'은 고무신짝에 대해 가진 것이지, '나'에 대해 가진 감정이 아니었어요. 애초에 '나'와 '아내'는 대립하는 관계가 아니기 때문에 '아내'가 '나'에 대해 '미심한 느낌'을 가질 이유가 없기도 하네요. |

⑤ 눈 내린 겨울 아침에 '나'는 '고향의 그 큰 산'에서 겪은 일에 대한 기억을 낱낱이 되살리려 애쓴다.

| 선지 유형 | 근거가 있어서 허용 불가능 |
| --- | --- |
| 실전에서의 판단 과정 | 지워 버렸다며. |
| 해설 | '나'는 '고향의 큰 산'에서의 기억을 떠올리지 않으려고 애썼습니다. 우리가 미리 공감했던 내용이죠? 그저 공감하면서 읽기만 했을 뿐인데 선지들이 너무 쉽게 지워지네요. |

| 선지 | ① | ② | ③ | ④ | ⑤ |
| --- | --- | --- | --- | --- | --- |
| 선택률 | 4% | 6% | 10% | 7% | 73% |

**133** 〈보기〉를 참고하여 윗글을 감상한 내용으로 적절하지 않은 것은? [3점] ⑤

① '고무신짝의 논리'가 '액땜'과 연관되어 있다는 점에서 주술적인 방식으로 문제를 인식하는 태도를 엿볼 수 있겠군.

| 선지 유형 | 근거가 있어서 허용 가능 |
| --- | --- |
| 실전에서의 판단 과정 | 그렇지. |
| 해설 | 미리 생각했던 내용이죠? 〈보기〉를 먼저 읽었으니 그 속의 정보를 이용하여 지문을 읽을 수 있어야 합니다. |

② '아내'가 '아무 집이건 담장 너머로' '고무신짝'을 던져 버렸다는 점에서 자신의 안위를 앞세우는 태도를 엿볼 수 있겠군.

| 선지 유형 | 근거가 있어서 허용 가능 |
| --- | --- |
| 실전에서의 판단 과정 | 다른 집은 신경도 안 쓴 거지. |
| 해설 | 사실 '아내'가 한 것처럼 다른 집 담장으로 고무신짝을 던져 버리면, 그 집에서도 엄청 찝찝해할 것입니다. 그런데 '아내'는 그런 건 신경쓰지 않고 있었죠? 이를 근거로 하면 '자신의 안위를 앞세우는 태도'를 충분히 허용할 수 있겠네요. |

③ '아내'가 '완연히 떨고 있'는 목소리로 무엇인가를 염려
하는 듯한 모습에서, 사태를 합리적 방식으로 파악하
는 데 익숙하지 않은 과도기적 상황을 엿볼 수 있겠군.

| 선지 유형 | 근거가 있어서 허용 가능 |
|---|---|
| 실전에서의 판단 과정 | 주술적인 이유로 떨고 있던 거니까 맞지. |
| 해설 | '아내'가 '완연히 떨고 있'는 목소리를 한 것은 고무신짝을 다시 발견했기 때문입니다. 이는 '고무신짝의 논리'라는 주술적인 사고방식과 관련된 생각이죠? 합리적으로 사고하려고 하는 '나'의 모습과 엮어서 생각하면, 선지에서 말하는 것처럼 이러한 모습이 합리적인 사고방식에 익숙하지 않은 '과도기적 상황'을 잘 드러낸다고 할 수 있겠습니다. |

④ '나'가 '이치에 닿지 않는 소린 싫'다고 하면서도 '남자
고무신짝'에 대해서는 '공포'를 느끼며 합리적으로 사
고하지 못한다는 설정에서, 가치관이 혼재된 상황을
짐작할 수 있겠군.

| 선지 유형 | 근거가 있어서 허용 가능 |
|---|---|
| 실전에서의 판단 과정 | 미리 생각한 내용이네. |
| 해설 | '나'는 합리적인 사고방식과 주술적인 사고방식을 모두 가지고 있다는 것, 지문을 읽으면서 미리 생각한 내용이죠? 가볍게 허용할 수 있겠습니다. |

⑤ 스스로 '합리적인 사람'이라고 강조하는 '나'에게 '아
내'가 '장난스러운 표정'으로 응대하는 대화 내용에서,
합리적 자세로 남을 배려하는 새로운 가치의 면모를
확인할 수 있겠군.

| 선지 유형 | 근거가 없어서 허용 불가능 |
|---|---|
| 실전에서의 판단 과정 | 무슨 배려? |
| 해설 | 선지에서 이야기하는 부분은 그저 부부가 장난스럽게 대화하는 부분입니다. '나'가 '합리적 자세'를 취하려고 애쓴다는 것은 맞는 말이라고 할 수도 있겠지만, 딱히 남을 '배려'하는 모습은 아니죠? 오히려 '나'가 퉁명스럽게 대답하는 모습을 보면 배려를 하지 않는다고 보는 게 더 적절할 것 같습니다. 도저히 허용할 수 없는 선지네요. |

몰랐던 어휘 정리하기

| 핵심 point |

① **허용 가능성 평가** : 선지의 내용을 '허용'하려는 태도를 바탕으로 지문을 '독해'하며 '근거'를 찾아야 합니다. 허용할 수 있는 '근거'가 있어야만 허용할 수 있습니다. 주관적인 생각을 개입시키면 안 됩니다.
② **소설 독해** : '심리와 행동의 근거'를 바탕으로 인물에게 '공감'하며 읽어야 합니다. 이 과정이 물흐르듯 이어지면 지문의 내용을 완벽하게 이해할 수 있어요.

| 지문 내용 총정리 |

〈보기〉에서 주제 의식을 체크하고, 인물들의 심리 · 행동 · 발화의 근거를 생각하며 공감한다는 아주 기본적인 태도가 강조되는 지문이었습니다. 어렵지 않게 해결할 수 있겠죠?

〈보기〉 확인

――――――――[보기]――――――――

　(가)에는 천상의 시간과 지상의 시간이 모두 나타난다. 천상에서는 지상과 달리 생로병사의 과정 없이 끝없는 사랑이 지속된다. 이러한 시간적 질서는 지상에 내려온 화자를 힘겹게 하는데, 이 과정에서 화자는 <u>지상의 물리적 시간을 심리적으로 변형</u>하여 자신의 심경을 드러낸다.

'천상'과 '지상'의 시간이 모두 나타나고, 화자는 '지상의 시간'을 적절히 변형하여 자신의 심경을 드러낸다고 합니다. '시간 표현'이 중요하게 다뤄지겠다는 것 정도를 얻을 수 있겠네요.

――――――――[보기]――――――――

　고요함은 소리나 움직임이 없이 잠잠한 상태인 외적 고요와 마음이 평온한 상태인 내적 고요로 구분할 수도 있다. 이에 주목하여 <u>(나)를 감상할 때, 화자가 처한 상황과 그에 따른 심리</u>는 <u>고요함의 측면에서 이해</u>될 수 있다. 또한 (다)에서 필자는 고요함에 대한 통찰을 통해 자신이 처한 공간에서 <u>내적 고요를 추구</u>하려 하는데, 이를 통해 삶에서 느끼는 불편이나 슬픔을 이겨 내는 동력을 얻고 있다.

(나)와 (다)는 '고요함'이라는 요소를 바탕으로 읽을 수 있다고 합니다. '외적 고요'와 '내적 고요'라는 개념의 정의는 정확하게 체크해주셔야겠죠? 특히 (다)에 대한 설명에서는 '내적 고요 추구'라는 주제를 제시하고 있네요. 꼼꼼하게 챙기고 나서 읽어보도록 합시다!

**실전적 지문 독해**

（가）
　이 몸 삼기실 제 님을 <u>조차 삼기시니</u>
　→ 이 몸 태어날 때 님을 좇아 태어났으니
　ᄒᆞᆼ싱 연분(緣分)이며 하늘 모를 일이런가
　→ 한생 연분임을 하늘이 모를 일이던가
　<u>나 ᄒᆞ나 졈어 잇고 님 ᄒᆞ나 날 괴시니</u>
　→ 나 하나 젊어 있고 님 하나 날 사랑하시니

이 ᄆᆞ음 이 ᄉᆞ랑 견졸 ᄃᆡ 노여 업다
→ 이 마음과 이 사랑은 견줄 데가 전혀 없다
평ᄉᆡᆼ(平生)애 원(願)ᄒᆞ요ᄃᆡ 혼ᄃᆡ 녜쟈 ᄒᆞ얏더니
→ 평생에 원하니 한 데 살자 했더니
늙거야 므스 일로 외오 두고 그리ᄂᆞᆫ고
→ 늙어서야 무슨 일로 외로이 두고 그리워하는가
엊그제 님을 뫼셔 광한뎐(廣寒殿)의 올낫더니
→ 엊그제 님을 모셔 광한전에 올랐더니
그 더디 엇디ᄒᆞ야 하계(下界)예 ᄂᆞ려오니
→ 그 동안에 어찌하여 하계에 내려오니
올 저긔 비슨 머리 헛틀언 디 삼 년일쐬
→ 올 때 빗은 머리 헝클어진 지도 삼년이구나
연지분(臙脂粉) 잇니마ᄂᆞᆫ 눌 위ᄒᆞ야 고이 ᄀᆞᆯ고
→ 연지분 있지만은 누굴 위해 곱게 할까
ᄆᆞ음의 미친 실음 텹텹(疊疊)이 ᄡᆞ혀 이셔
→ 마음에 맺힌 시름 첩첩이 쌓여 있어
짓ᄂᆞ니 한숨이오 디ᄂᆞ니 눈믈이라
→ 짓느니 한숨이고 디느니(?) 눈물이다
인ᄉᆡᆼ(人生)은 유혼(有限)ᄒᆞᆫ디 시름도 그지업다
→ 인생은 유한한데 시름도 끝이 없다
무심(無心)ᄒᆞᆫ 셰월(歲月)은 믈 흐르ᄃᆞᆺ ᄒᆞᄂᆞᆫ고야
→ 무심한 세월은 물 흐르듯 하는구나
염냥(炎凉)이 ᄣᆡ를 아라 가ᄂᆞᆫ 둧 고텨 오니
→ 염냥이 때를 알아 가는 듯 다시 오니
듯거니 보거니 늣길 일도 하도 할샤
→ 듣거니 보거니 느낄 일도 많다.
동풍이 건둧 부러 젹셜(積雪)을 헤텨 내니
→ 동풍이 불어 적설을 헤쳐 내니
창(窓) 밧긔 심근 미화(梅花) 두세 가지 픠여셰라
→ 창 밖에 심은 매화 두세 가지 피었다
ᄀᆞ득 넝담(冷淡)ᄒᆞᆫ디 암향(暗香)은 므스 일고
→ 가뜩이나 냉담한데 암향은 무슨 일이냐
황혼의 ᄃᆞᆯ이 조차 벼마티 빗최니
→ 황혼의 달이 좇아와 벼 맡에 비치니
늣기ᄂᆞᆫ 둧 반기ᄂᆞᆫ 둧 님이신가 아니신가
→ 흐느끼는 듯 반기는 듯 님이신가 아니신가
뎌 미화 것거 내여 님 겨신 ᄃᆡ 보내오져
→ 저 매화 꺾어 내어 님 계신 데 보내고자 한다
님이 너를 보고 엇더타 너기실고
→ 님이 너를 보고 어떻다고 여기실까

-정철, 「사미인곡」-

필수 고전시가 중의 하나인 '사미인곡'입니다. '삼기다', '괴다', '노여', '~할 제' 등의 어휘의 의미와 '동풍', ''적설', '매화' 등 계절을 나타내는 어휘의 쓰임을 잘 알고 계실 필요가 있습니다. 이 정도로 읽어내면 큰 문제는 없을 것 같아요. 결국 처음부터 끝까지 '임금님 보고싶어요!'라고 하는 작품이니까요. 이 정도의 주제는 확실하게 잡을 수 있겠죠?



(나)

창 밧긔 워석버석 님이신가 니러 보니
→ 창 밖에 워석버석 님이신거 일어나 보니

혜란(蕙蘭) 혜경(蹊徑)*에 낙엽은 므스 일고
→ 혜란 혜경에 낙엽은 무슨 일이냐

어즈버 유한(有限)ᄒᆞᆫ 간장(肝腸)이 다 그츨가 ᄒᆞ노라
→ 유한한 간장이 다 끊어질까 하노라

-신흠-

* 혜란 혜경 : 난초 핀 지름길.

2017학년도 9월 모의평가에도 출제되었던 '신흠'의 '방옹시여' 중 일부입니다. 워낙 유명한 클리셰를 가진 작품이에요. '착각' 모티프에 해당하는데, '님'을 기다리다가 다른 물체를 님으로 착각했다는 식으로 그리움을 표현하는 작품입니다. 그리 어렵지는 않죠?

(다)

나는 예전에 장흥방의 길갓집에 살았다. 그 집은 저잣거리에 제법 가까워서 소란스러웠다. 문 옆에 한 칸짜리 초당이 있어 볏짚으로 덮고 흙을 쌓았더니 그윽하고 조용해서 살 만했다. 그러나 초당이 동쪽으로 치우쳐 햇볕을 받았기에 여름이면 너무 더웠다. 그래서 '고요함이 더위를 이긴다[靜勝熱]'는 말을 당호(堂號)*로 정해 문설주에 편액을 해 걸어 두고 위안을 삼았다.

* 당호 : 집에 붙이는 이름.

글쓴이의 과거 이야기를 하면서 시작하고 있습니다. 꽤나 소란스러웠지만 초당을 만들어서 조용하게 지내려 했는데, 이렇게 했더니 너무 더웠다고 해요. 그런데 글쓴이는 '고요함이 더위를 이긴다.'는 말을 '당호'로 정해 위안을 삼았다고 합니다. 더운 것보다 조용한 게 더 중요했나봐요.

대저 고요함에는 두 가지가 있으니 하나는 몸의 고요함이요, 다른 하나는 마음의 고요함이다. 몸이 고요한 사람은, 앉고 눕고 일어나고 서는 등 모든 행동에 있어 편안함을 취할 뿐이다. 마음이 고요한 사람은, 천하만사가 마치 촛불로 비춰 보고 거북이로 점을 치는 듯하니 시원한 날씨와 더운 날씨가 무슨 상관이 있겠는가? 그러므로 '고요함이 이긴다'고 한 지금의 말은 마음의 고요함을 가리킨다.

글쓴이는 '몸의 고요함'과 '마음의 고요함' 중 '마음의 고요함'이 더위를 이긴다고 하고 있습니다. 〈보기〉에서 이야기한 것처럼, '외적 고요'보다는 '내적 고요'를 중시하는 모습이네요. 당호에 나타난 '고요함'은 내적 고요함을 뜻하는 것이라고도 구분해서 말해 주고 있어요.

그 집에서 이십 년을 살고 이사하였다. 그로부터 삼 년이 흐른 뒤 옛집을 찾아가 보았다. 그새 주인이 바뀐 지 여러 번이지만 집은 옛 모습 그대로였다.
〈은은하게 처마에 들어오는 산빛, 콸콸콸 담을 따라 도는 골짜기 물, 밀랍으로 발라 번들번들한 살창, 쪽빛으로 물들여 놓은 늘어진 천막.〉

그 집에서 이십 년을 살다 이사했고, 몇 번 찾아가봤다고 합니다. 그 집의 배경을 묘사해주고 있네요. 꽤 아름답게 묘사되는 모습이죠?

(중략)

내가 여기에 살던 시절은 집안이 번성하던 때였다. 선친께서 승명전에 봉직하실 때라, 퇴근하신 밤이면 우리 형제들이 모시고 앉아 학문과 예술을 담론하고 옛일을 기록하거나, 시를 읽거나 거문고를 들었으니 유중영의 옛일*과 비슷하였다. 그 즐거움을 잊을 수는 없건마는 다시 되찾을 수는 없다!

『서경』에 '그릇은 새것을 찾고, 사람은 옛 사람을 찾는다.'라고 했다. 집 역시 그릇과 같이 무언가를 담는 부류이긴 하나, 사람은 집이 아니면 몸을 붙여 머물 데가 없고 집보다 더 거처를 많이 하는 것은 없으므로, 집은 그릇보다는 사람에 가깝다 하겠다. 그러니 어찌 그리워하지 않을 수 있으랴!

* 유중영의 옛 일 : 당나라 때 문신 유중영이 늘 책을 가까이하며 자식들을 가르치던 일.

그러면서 그 집에서 살던 과거를 회상하고 있습니다. '집'은 '그릇'보다는 사람에 가깝기 때문에 그리워한다는 어려운 이야기를 하고 있어요. '그립다'는 반응만 정확하게 읽어내면 되겠습니다.

그렇지만 인간사가 벌써 바뀌어, 사물에 닿을 때마다 슬픔만 더하므로 이 집에 다시 살고 싶지는 않다. 마땅히 임원(林園)*에 집터를 보아 집을 지어서 옛 이름의 편액을 걸어 옛집에서 지녔던 뜻을 잊지 않으려 한다.

누군가는 '임원이 이미 고요하거늘, 지금 다시 '고요함이 이긴다'고 하면 또한 군더더기가 아닌가?'라고 말할 수 있으리라. 나는 답하리라. '고요한데 또 고요하니, 이것이야말로 고요함이라네.'라고.

　　　　　　　　　　–유본학, 「옛집 정승초당을 둘러보고 쓰다」–

* 임원 : 산림.

이 집에 살던 과거가 그립지만, 다시 살고 싶지는 않다고 합니다. 다만 새 집에 같은 이름을 지어 '내적 고요'를 마음속에 품으려고 하는 모습이네요. 과거를 회상하는 모습과 더불어, 〈보기〉에서 이야기한 '내적 고요 추구'라는 주제가 잘 드러난 작품이었습니다.

| 선지 | ① | ② | ③ | ④ | ⑤ |
|---|---|---|---|---|---|
| 선택률 | 3% | 5% | 10% | 6% | 76% |

## 134 (가)와 (나)에 대한 설명으로 가장 적절한 것은? ⑤

① (가)의 '노여'와 (나)의 '다'라는 수식어는 모두 임에 대한 원망의 정서를 강조하기 위해 사용된 것이다.

> 이 ᄆᆞᆷ 이 ᄉᆞ랑 견졸 ᄃᆡ 노여 업다

> 어즈버 유한(有限)ᄒᆞᆫ 간장(肝腸)이 다 그츨가 ᄒᆞ노라

| 선지 유형 | 근거가 없어서 허용 불가능 |
|---|---|
| 실전에서의 판단 과정 | 원망이 어디 있어. |
| 해설 | '노여'는 '전혀'라는 뜻이고, '다'는 '간장'이 끊어질 것 같다는 걸 강조하는 표현입니다. 맥락상 '원망'이라는 엄청난 반응을 허용할 근거가 없어요. |

② (가)의 'ᄒᆞᄂᆞᆫ고야'와 (나)의 'ᄒᆞ노라'는 모두 화자의 의지를 단정적인 종결형으로 나타낸 것이다.

> 무심(無心)ᄒᆞᆫ 셰월(歲月)은 믈 흐르ᄃᆞᆺ ᄒᆞᄂᆞᆫ고야

> 어즈버 유한(有限)ᄒᆞᆫ 간장(肝腸)이 다 그츨가 ᄒᆞ노라

| 선지 유형 | 근거가 없어서 허용 불가능 |
|---|---|
| 실전에서의 판단 과정 | 의지를 허용하기는 어렵겠는데? |
| 해설 | 'ᄒᆞᄂᆞᆫ고야'와 'ᄒᆞ노라'는 모두 '~한다'는 의미로 쓰인 것입니다. 여기서 '의지'라는 반응을 허용할 근거를 찾을 수가 없죠? |

③ (가)의 '미화'와 (나)의 '혜란'은 모두 화자와 동일시되는 자연물을 의인화하여 나타낸 것이다.

> 창(窓) 밧긔 심근 미화(梅花) 두세 가지 픠여셰라<br>ᄀᆞ득 닝담(冷淡)ᄒᆞᆫ디 암향(暗香)은 므스 일고

> 혜란(蕙蘭) 혜경(蹊徑)에 낙엽은 므스 일고

| 선지 유형 | 근거가 있어서 허용 불가능 |
| --- | --- |
| 실전에서의 판단 과정 | 혜란에는 의인화도, 동일시도 없는데? |
| 해설 | '매화'는 봄이 되자 피어난 것으로, 화자가 님에게 보내고자 하는 대상입니다. 이는 화자의 마음을 의미한다고 볼 수 있으니, '화자와 동일시되는 자연물'로 허용할 수 있을 것 같아요. '너를 보고'라는 표현을 통해 의인화도 되어 있구요.<br><br>하지만 '혜란'은 화자의 착각을 유발한 '낙엽'이 있는 곳의 꽃일 뿐입니다. 의인화가 쓰이지도 않았을 뿐 아니라, 화자의 마음을 아프게 한다는 점에서 '동일시'된 것이라 보기도 어렵겠죠. |

④ (가)의 '므스 일고'와 (나)의 '므스 일고'는 모두 뜻밖의 대상과 마주하게 된 반가움을 영탄적 어조로 표현한 것이다.

> 굿득 넝담(冷淡)호디 암향(暗香)은 므스 일고

> 혜란(蕙蘭) 혜경(蹊徑)에 낙엽은 므스 일고

| 선지 유형 | 근거가 있어서 허용 불가능 |
| --- | --- |
| 실전에서의 판단 과정 | 반가움은 주제랑 너무 어긋나네. |
| 해설 | 애초에 두 작품의 화자는 모두 님과 만나지 못한 상황입니다. '반가움'을 허용할 수가 없겠죠. 두 '므스 일고'는 각각 '암향, 낙엽'이라는, 화자가 기다리지 않는 대상에 대한 이야기라는 점에서 더 확실하게 틀렸음을 알 수 있겠죠? |

⑤ (가)의 '님이신가'와 (나)의 '님이신가'는 모두 임을 만나고 싶은 간절함을 독백적 어조로 드러낸 것이다.

> 늣기는 둣 반기는 둣 님이신가 아니신가

> 창 밧긔 워석버석 님이신가 니러 보니

| 선지 유형 | 근거가 있어서 허용 가능 |
| --- | --- |
| 실전에서의 판단 과정 | 주제 그 자체네. |
| 해설 | '님이신가'라는 말 자체가 님을 기다리고 있다는 표현이니, '간절함'은 자동으로 허용이 되겠습니다. 근처 맥락을 봐도 모두 화자가 님이 온 것 같은 |

느낌을 받고 있다는 점에서 더욱 그렇구요. 애초에 '임을 만나고 싶은 간절함'은 이 지문의 '주제'에 해당하기 때문에, 당연하게 맞는 선지라고 할 수도 있겠네요.

| 선지 | ① | ② | ③ | ④ | ⑤ |
| --- | --- | --- | --- | --- | --- |
| 선택률 | 6% | 12% | 10% | 18% | 54% |

### 135 〈보기〉를 바탕으로 (가)를 감상한 내용으로 적절하지 않은 것은? ⑤

① 임과의 '연분'을 '하눌'과 연결 짓는 것은, 임과의 사랑이 천상의 시간 질서처럼 끝없이 이어지기를 바라는 마음이 반영된 것이라 볼 수 있겠어.

> 이 몸 삼기실 제 님을 조차 삼기시니<br>혼싱 연분(緣分)이며 하눌 모롤 일이런가

| 선지 유형 | 근거가 있어서 허용 가능 |
| --- | --- |
| 실전에서의 판단 과정 | 하늘과 연결지었으면 천상의 시간 질서 허용되지. |
| 해설 | 근처로 돌아가서 독해해보니, '연분'임을 '하늘'이 모르겠냐고 하고 있습니다. 그럼 '사랑'이 '천상'의 시간 질서를 따라가길 바란다는 건 허용이 되겠습니다. '사랑'을 '천상'도 안다고 했으니까요. '연분'이 '사랑'과 관련된 단어라는 것만 알아도 쉽게 허용할 수 있겠죠? |

② '졈어 잇고'와 '늙거야'를 통해 화자가 천상의 시간에서 벗어나 지상의 시간으로 편입되었음을 알 수 있겠어.

> 나 ᄒ나 졈어 잇고 님 ᄒ나 날 괴시니<br>이 ᄆᆞᆷ 이 ᄉᆞ랑 견졸 ᄃᆡ 노여 업다<br>평싱(平生)애 원(願)ᄒ요디 혼디 녜쟈 ᄒ얏더니<br>늙거야 므스 일로 외오 두고 그리ᄂᆞ고

| 선지 유형 | 근거가 있어서 허용 가능 |
| --- | --- |
| 실전에서의 판단 과정 | 젊고 늙으면 지상의 시간으로 넘어 온 거지. |
| 해설 | 특이하게 1번 선지와 연결되는 형태입니다. 분명 화자는 님과의 '연분'이 '천상의 시간' 속에서 이어지길 바라고 있었는데, 갑자기 '젊음'과 '늙음'이라는 '지상의 시간' 이야기를 하고 있어요. 이 내용을 근거로 하면 '천상의 시간'에서 벗어나 '지상의 |

시간'으로 편입되었음을 쉽게 허용할 수 있겠네요. 작품을 처음 보자마자 해낼 수 있는 수준의 해석이 아니에요. '작품에 대한 해석'이 아니라, '선지에 대한 판단'이 수능 문학의 핵심이라는 것! 잊지 맙시다.

③ '삼 년' 전을 '엊그제'로 인식하는 것에서, 임과 함께한 기억이 아직도 선명하게 남아 있어 지상의 물리적 시간이 심리적으로 압축되어 나타나고 있음을 알 수 있겠어.

> 엊그제 님을 뫼셔 광한뎐(廣寒殿)의 올낫더니
> 그 더디 엇디ᄒ야 하계(下界)예 ᄂ려오니
> 올 저긔 비슨 머리 헛틀언 디 삼 년일쇠

| 선지 유형 | 근거가 있어서 허용 가능 |
|---|---|
| 실전에서의 판단 과정 | 삼 년 전이 엊그제면 심리적으로 압축된 것이지. |
| 해설 | '광한전'에 올라 임과의 사랑을 나누던 때를 '엊그제'라고 했습니다. 그런데 그 아래에선 '올 때 빗은 머리가 헝클어진 지도 삼 년이다.'라고 했습니다. 즉, '엊그제→돌아옴→머리 헝클어짐→삼 년지나 현재'라는 타임라인을 가지고 있는 것이네요. 따라서 삼 년 '전'을 '엊그제'로 인식한다는 건 허용이 되겠습니다. '삼 년 이상'이라는 지상의 물리적 시간이 심리적으로는 '엊그제'라는 짧은 시간으로 압축되어 나타나고 있는 것이네요. |

④ '인싱은 유훈'과 '무심ᄒ 셰월'을 통해 지상의 시간적 질서에 따라 소망을 이룰 수 있는 시간이 줄고 있는 것에 대한 불안한 마음을 엿볼 수 있겠어.

> 인싱(人生)은 유훈(有限)ᄒ디 시름도 그지업다
> 무심(無心)ᄒ 셰월(歲月)은 믈 흐ᄅ 듯 ᄒᄂ고야

| 선지 유형 | 근거가 있어서 허용 가능 |
|---|---|
| 실전에서의 판단 과정 | 유한한 세월이 흐르면 남은 시간이 줄고 있는 것이지. 당연히 불안할 것이고. |
| 해설 | 인생은 '유한'한데, 세월은 '무심'하게도 빠르게 흘러갑니다. 임을 만날 수 있는 '인생의 시간'이 얼마 남지 않았으니 불안한 마음이 나타난다고 할 수 있겠죠. 나아가 무심한 세월이 빠르게 흘러 가는 것을 '지상의 시간적 질서'라고 부르는 건 전혀 무리가 없구요. |

⑤ '염냥'이 '가ᄂ 듯 고텨' 온다는 인식에서, 임과의 관계 단절에 따른 절망감으로 인해 지상의 물리적 시간이 심리적으로 지연되어 나타나고 있음을 알 수 있겠어.

> 인싱(人生)은 유훈(有限)ᄒ디 시름도 그지업다
> 무심(無心)ᄒ 셰월(歲月)은 믈 흐ᄅ 듯 ᄒᄂ고야
> 염냥(炎凉)이 ᄍᆡ롤 아라 가ᄂ 듯 고텨 오니
> 듯거니 보거니 늣길 일도 하도 할샤
> 동풍이 건듯 부러 젹셜(積雪)을 헤텨 내니
> 창(窓) 밧긔 심근 미화(梅花) 두세 가지 피여셰라

| 선지 유형 | 근거가 있어서 허용 불가능 |
|---|---|
| 실전에서의 판단 과정 | 염냥이 다시 돌아온다는 말일 뿐, 시간이 심리적으로 지연된 건 아니지. |
| 해설 | 역시 '독해'가 핵심이었습니다. '염냥'은 '믈 흐ᄅ 듯' 하는 '무심한 세월', '동풍'이 '적설'을 헤치는 것, '매화'가 피는 것 등과 연관된 시어예요. 즉, 화자의 마음이 무색하게 흐르는 시간을 나타내는 표현이라는 것이죠. '염냥'이라는 단어가 '계절'을 의미한다는 것을 알지 못했더라도, '때를 알아 가는 듯 다시 오니'라는 표현과 함께 근처 시어들과의 관계를 '독해'했다면 '심리적 지연'과는 완전 정반대의 이야기를 하고 있다는 걸 알 수 있었을 겁니다. 시간이 너무 빠르다는 이야기를 하고 있는 것이니까요!<br><br>나아가, 애초에 '심리적 지연'이 맞는 선지가 되면 지금 시간이 느리게 가는 것처럼 느껴진다는 것이기에, 주제와 반대되는 선지가 됩니다. 이런 생각을 바탕으로 지워도 좋겠네요. |

| 선지 | ① | ② | ③ | ④ | ⑤ |
|---|---|---|---|---|---|
| 선택률 | 14% | 6% | 15% | 17% | 48% |

**136** 〈보기〉를 바탕으로 (나), (다)를 감상한 내용으로 적절하지 않은 것은? [3점] ⑤

① (나)에서 '낙엽' 소리가 창 안에서도 들린다는 것은 화자가 외적 고요의 상태에 있었다는 것을 의미하겠군.

> 창 밧긔 워석버석 님이신가 니러 보니
> 혜란(蕙蘭) 혜경(蹊徑)*에 낙엽은 므스 일고
>
> * 혜란 혜경 : 난초 핀 지름길.

| 선지 유형 | 근거가 있어서 허용 가능 |
| --- | --- |
| 실전에서의 판단 과정 | 창 안에서 낙엽 소리가 들릴 정도면 진짜 조용한 상태인 거지. |
| 해설 | 창 안에서도 '혜란 혜경'의 '낙엽' 소리가 들린다는 건, 주변이 아주 조용하다는 뜻일 것입니다. 이는 '외적 고요'의 상태라고 할 수 있겠죠. |

## FAQ

**Q** 어쨌든 낙엽 '소리'가 들리는 것이니까 '외적 고요'가 아니라고 봐야 하지 않을까요?

**A** 전형적으로 선지에 '시비'를 거는 형태의 생각입니다. 선지가 묻는 것은 '외적 고요'를 허용할 수 있냐는 것입니다. 그렇다면 이 말을 허용하려고 해야 하고, '원래라면 들리지도 않을 낙엽 소리가 들릴 정도로 조용하다'라는 근거를 바탕으로 허용할 수 있는 거예요. 굳이 시비를 걸어서 헷갈릴 필요가 없어요!

② (나)에서 '낙엽' 소리를 임이 오는 소리로 착각했다는 것은 화자의 심리가 내적 고요의 상태에 있지 못했기 때문이겠군.

> 창 밧긔 워석버석 님이신가 니러 보니
> 혜란(蕙蘭) 혜경(蹊徑)*에 <u>낙엽</u>은 므스 일고
>
> * 혜란 혜경 : 난초 핀 지름길.

| 선지 유형 | 근거가 있어서 허용 가능 |
| --- | --- |
| 실전에서의 판단 과정 | 님을 기다리느라 낙엽 소리에도 반응할 정도면 내적 고요에 있지 않다는 거지. |
| 해설 | (나)의 화자는 '낙엽' 소리에도 민감하게 반응하는 것을 확인할 수 있습니다. 아마 마음이 평온하지 않은 채 임을 기다리느라 불안하기 때문이겠죠. 이는 〈보기〉에서 말한 '내적 고요'의 반대 상태라고 할 수 있겠습니다. |

③ (다)에서 '사물에 닿을 때마다 슬픔만 더'한다는 것은 옛집을 돌아본 경험이 필자로 하여금 내적 고요를 이루기 어렵게 만들었다는 인식이 반영된 것이겠군.

> 그렇지만 인간사가 벌써 바뀌어, <u>사물에 닿을 때마다 슬픔만 더하므로 이 집에 다시 살고 싶지는 않다.</u> 마땅히 임원(林園)*에 집터를 보아 집을 지어서 옛 이름의 편액을 걸어 옛집에서 지녔던 뜻을 잊지 않으려 한다.
>
> * 임원 : 산림.

| 선지 유형 | 근거가 있어서 허용 가능 |
| --- | --- |
| 실전에서의 판단 과정 | 슬픔만 더하면 내적 고요를 이루기 어려운 것이지. |
| 해설 | 글쓴이가 닿을 때마다 '슬픔'만 더한다고 하는 '사물'은 맥락상 '옛집'의 물건들입니다. '옛집'의 물건이 닿을 때마다 슬프다는 건, '옛집'을 돌아본 경험이 글쓴이에게 '슬픔'이라는, '내적 고요'를 이루기 어렵게 만드는 감정을 줬다는 걸 의미한다고 할 수 있겠네요. 이러한 감정을 이유로 글쓴이는 '이 집에 다시 살고 싶지는 않다'고 선언하는 것이에요. 결국 또 '독해'가 핵심이 되는 모습이죠? |

④ (다)에서 '옛집'의 '초당'에 붙였던 당호를 '임원'의 새 집에서도 사용하겠다는 것은 필자가 외적 고요에 더해 내적 고요를 추구하고 있음을 보여 주는 것이겠군.

> 초당이 있어 볏짚으로 덮고 흙을 쌓았더니 그윽하고 조용해서 살 만했다. 그러나 초당이 동쪽으로 치우쳐 햇볕을 받았기에 여름이면 너무 더웠다. 그래서 '고요함이 더위를 이긴다[靜勝熱]'는 말을 당호(堂號)*로 정해 문설주에 편액을 해 걸어 두고 위안을 삼았다.
>
> (중략)
>
> 그렇지만 인간사가 벌써 바뀌어, 사물에 닿을 때마다 슬픔만 더하므로 이 집에 다시 살고 싶지는 않다. 마땅히 임원(林園)*에 집터를 보아 집을 지어서 옛 이름의 편액을 걸어 옛집에서 지녔던 뜻을 잊지 않으려 한다.
> 누군가는 '임원이 이미 고요하거늘, 지금 다시 '고요함이 이긴다'고 하면 또한 군더더기가 아닌가?'라고 말할 수 있으리라. 나는 답하리라. '고요한데 또 고요하니, 이것이야말로 고요함이라네.'라고.
>
> * 당호 : 집에 붙이는 이름.
> * 임원 : 산림.

| 선지 유형 | 근거가 있어서 허용 가능 |
| --- | --- |
| 실전에서의 판단 과정 | 고요한데 또 고요하다는 건 내적 고요를 더 추구한다는 거지. |
| 해설 | 마지막 문단의 표현들을 통해 허용할 수 있습니다. 글쓴이는 '이미 고요'한 임원의 새집에도 '고요함이 더위를 이긴다.'라는 당호를 사용하겠다고 했어요. 그리고 이는 '군더더기'가 아니냐는 세간의 물음에 대해, '고요한데 또 고요하니, 이것이야말로 고요함이라네.'라는 대답을 하고 있습니다. 이는 '(외적으로) 고요한데 또 (당호로도) 고요하니, |

이것이야말로 (내적) 고요함이라네.'라는 의미를 담고 있다고 볼 수 있으니, 충분히 허용할 수 있는 선지네요.

이렇게까지 생각하지 못하더라도, 〈보기〉를 바탕으로도, 우리가 읽은 내용을 바탕으로도 글쓴이가 '내적 고요'를 추구하고 있다는 것을 알 수 있고, '이미 고요'한 임원의 새집에서 또 '고요함'을 추구한다는 건 곧 '내적 고요'를 추구하는 것과 같다는 생각을 할 수 있겠습니다. 결국 수필의 '주제'가 중요하게 다뤄지고 있는 선지였네요.

⑤ (다)에서 '누군가'가 '고요함이 이긴다'는 당호를 '군더더기'로 본다는 것은 외적 고요만으로는 삶에서 느끼는 불편이나 슬픔을 이겨 내기 어렵다고 여겼기 때문이겠군.

누군가는 '임원이 이미 고요하거늘, 지금 다시 '고요함이 이긴다'고 하면 또한 군더더기가 아닌가?'라고 말할 수 있으리라. 나는 답하리라. '고요한데 또 고요하니, 이것이야말로 고요함이라네.'라고.

| 선지 유형 | 근거가 있어서 허용 불가능 |
| --- | --- |
| 실전에서의 판단 과정 | 외적 고요만으로 충분하다는 소리잖아? |
| 해설 | 4번 선지를 잘 판단했다면 너무나 쉽게 답으로 고를 수 있겠네요. '누군가'가 당호를 '군더더기'라고 보는 이유는 '외적 고요'만으로 충분하다고 생각하기 때문이었을 겁니다. 이미 외적으로 고요한데, 왜 또 '고요함'이라는 당호를 붙이냐는 뜻이니까요. 글쓴이는 이에 대해 '내적 고요'도 필요하다는 답을 하고 있습니다. 이 점을 파악해야 선지를 제대로 골라낼 수 있었습니다. 계속해서 '독해력'이 선지 판단에 핵심적인 역할을 하는 모습입니다. |

| 선지 | ① | ② | ③ | ④ | ⑤ |
| --- | --- | --- | --- | --- | --- |
| 선택률 | 6% | 3% | 61% | 17% | 13% |

### 137 (가)와 (다)를 비교하여 이해한 내용으로 가장 적절한 것은? ③

① (가)와 (다) 모두 인간의 외양이 변화하는 상황에 대한 안타까움이 나타나 있다.

| 선지 유형 | 근거가 없어서 허용 불가능 |
| --- | --- |
| 실전에서의 판단 과정 | (다)에 외양 변화 이야기는 없는 것 같은데? |
| 해설 | (가)에서는 '올 때 빗은 머리'가 헝클어졌다는 외양의 변화를 언급하고 있지만, (다)에서는 확인하기 어렵죠? |

② (가)와 (다) 모두 오래된 것보다는 새로운 것을 더 중시하는 삶의 자세가 나타나 있다.

| 선지 유형 | 근거가 있어서 허용 불가능 |
| --- | --- |
| 실전에서의 판단 과정 | 둘 다 오래된 것을 중시하고 있잖아. |
| 해설 | 완전 헛소리죠. 두 작품 모두 '과거 님과의 사랑', '과거의 집'이라는 '오래된 것'에 중요도를 두고 이야기하고 있습니다. |

③ (가)와 (다) 모두 자신이 있는 공간에서 그 공간에 부재하는 대상을 떠올리는 상황이 나타나 있다.

| 선지 유형 | 근거가 있어서 허용 가능 |
| --- | --- |
| 실전에서의 판단 과정 | 임과 선친을 그리워하고 있었지. |
| 해설 | (가)의 화자는 '님'이라는 부재의 대상을 떠올리고 있고, (다)에서는 '옛집'에 함께 살던 '선친, 형제들' 등을 떠올리고 있죠? 손쉽게 답으로 고를 수 있습니다. 애초에 주제와 직결되는 내용이기도 하죠? |

④ (가)에는 인생의 허무함에 대한 순응적 태도가, (다)에는 인생의 허무함에 대한 극복 의지가 나타나 있다.

| 선지 유형 | 근거가 없어서 허용 불가능 |
|---|---|
| 실전에서의 판단 과정 | 순응적 태도, 인생의 허무함, 극복 의지 전부 근거가 없네. |
| 해설 | (가)에서는 '유한한 인생'과 같은 표현을 통해 '인생의 허무함'에 대한 이야기를 하기는 하지만, 이것에 '순응'하고 있다고 보기는 어렵죠? 한편 (다)에서는 '인생의 허무함'도, '극복 의지' 같은 것도 찾아보기 어렵네요. 허용할 '근거'가 없어요! 주제와도 무관하구요. |

⑤ (가)에는 과거와 달라진 타인의 마음에 대한, (다)에는 과거와 달라진 자신의 마음가짐에 대한 아쉬움이 나타나 있다.

| 선지 유형 | 근거가 없어서 허용 불가능 |
|---|---|
| 실전에서의 판단 과정 | (다)의 글쓴이는 마음가짐에 변화가 없는데? |
| 해설 | (가)에는 과거와 달라진 '님'이라는 타인의 마음에 대한 아쉬움이 너무나 잘 드러나지만, (다)에는 과거와 달라진 자신의 마음가짐 자체가 나타나지 않죠? 글쓴이가 '내적 고요'를 추구하는 것은 과거나 지금이나 똑같습니다. |

| 선지 | ① | ② | ③ | ④ | ⑤ |
|---|---|---|---|---|---|
| 선택률 | 3% | 5% | 69% | 18% | 5% |

## 138 (다)에 대한 이해로 적절하지 <u>않은</u> 것은? ③

① 여름에 더웠던 경험을 바탕으로 옛집 초당의 당호를 정하게 된 내력을 서술하고 있다.

| 선지 유형 | 근거가 있어서 허용 가능 |
|---|---|
| 실전에서의 판단 과정 | 더위로부터 위안을 삼기 위해 당호를 정했지. |
| 해설 | 여름에 더웠으나, 그 더위를 이기기 위해 '고요함'을 더 중시하던 모습을 바탕으로 당호를 정하게 된 내력을 서술하고 있었습니다. |

② 과거 인물의 행적에 비추어, 다시 찾은 옛집에서 떠올린 기억에 대한 감회를 드러내고 있다.

| 선지 유형 | 근거가 있어서 허용 가능 |
|---|---|
| 실전에서의 판단 과정 | 각주가 달려 있던 유중영 이야기인가보네. |
| 해설 | (중략) 바로 아래 문단을 통해 허용할 수 있겠죠? '유중영'이라는 과거 인물의 행적을 이야기하면서, '즐거움을 잊을 수는 없건마는 다시 되찾을 수는 없다!'라는 감회를 드러내고 있습니다. 심지어 이를 떠올린 계기는 승명전에 봉직했다는 행적을 가진 '과거 인물', '선친'과의 기억이었습니다.이를 처음부터 기억하는 것은 어렵겠지만, '유중영의 옛일'이라는 단어의 각주를 체크했던 기억이 있었다면 충분히 떠올릴 수 있을 거예요. |

③ 새집에 붙이고자 하는 당호의 의미를 통해 옛집에서 다시 살고 싶어하는 마음을 표현하고 있다.

| 선지 유형 | 근거가 있어서 허용 불가능 |
|---|---|
| 실전에서의 판단 과정 | 옛집에 다시 돌아가고 싶지는 않다고 했는데? |
| 해설 | 글쓴이는 '옛집'을 그리워하기는 하지만, 다시 돌아가고 싶지는 않다고 분명히 이야기했습니다. 절대 허용할 수 없겠죠. |

④ 변함없는 옛집의 외양과 달리, 변해 버린 인간사로 인해 새집을 지으려는 마음을 갖게 되었음을 밝히고 있다.

| 선지 유형 | 근거가 있어서 허용 가능 |
|---|---|
| 실전에서의 판단 과정 | 그렇다고 했지. |
| 해설 | '옛집'에 다시 가도 외양은 분명히 그대로였음을 이야기했습니다. 그러나 '인간사가 벌써 바뀌어' 이 집에 다시 살고 싶지는 않고, '임원'에 새로 집을 짓겠다고 했으니 허용할 수 있겠네요. 지문 내용 그대로 독해를 하는 거예요. |

⑤ 집이 그릇과 같은 부류이지만 사람을 담고 있는 존재라는 점에 주목하여 옛집에 대한 그리움을 부각하고 있다.

| 선지 유형 | 근거가 있어서 허용 가능 |
|---|---|
| 실전에서의 판단 과정 | 그렇다고 했지. |

| 해설 | 서경의 구절을 언급하면서 선지에 서술된 집의 속성을 언급했습니다. 이 이야기는 결국 글쓴이가 자신의 옛집에 대한 그리움을 부각하기 위해 쓴 것이므로, 허용할 수 있겠네요.<br><br>기억이 나지 않았다고 해도, '그릇' 이야기로 돌아가서 확인했다면 어렵지 않게 지울 수 있었을 겁니다. |
| --- | --- |

몰랐던 어휘 정리하기

| 핵심 point |

① **허용 가능성 평가** : 선지의 내용을 '허용'하려는 태도를 바탕으로 지문을 '독해'하며 '근거'를 찾아야 합니다. 허용할 수 있는 '근거'가 있어야만 허용할 수 있습니다. 주관적인 생각을 개입시키면 안 됩니다.

② **고전시가 독해** : 겁먹지 않고, 현대시를 읽듯이 읽어내면 됩니다. 현대시와 마찬가지로, 〈보기〉의 도움 등을 통해 '주제' 위주로 가볍게 읽어내면 되는 거예요. 자세한 해석은 선지가 해줄 겁니다!

③ **수필 독해** : 운문문학과 마찬가지로, 글쓴이가 하고자 하는 말인 '주제'를 파악하는 것이 핵심입니다. 수필이 어렵게 출제될 것을 대비해, 독서 지문을 읽듯이 꼼꼼하게 읽으며 주제를 파악하는 연습을 해야 해요.

| 지문 내용 총정리 |

고전시가에 대한 공부가 되어있지 않다면, 수능 시험장에서 지문을 제대로 읽고 문제를 풀기 어려웠을 것 같습니다. 더하여 수필 문제도 상세한 내용일치를 물어 보면서 시간을 많이 쏟게 했을 것 같아요. 고전시가와 수필의 기본적인 풀이 태도를 확실하게 갖출 수 있게 연습합시다!

〈보기〉 확인

> ─────[보기]─────
> '장인(匠人)'을 소재로 한 문학 작품에서 '장인'은 <u>실용적 가치를 추구하는 기술자의 모습</u>과 <u>미적 가치를 추구하는 예술가의 모습</u>을 모두 지닌 존재로 등장하는 경우가 많다. 오랜 시간의 숙련 과정에서 다양한 갈등을 극복하며 경지에 이른 장인은 자신이 제작하는 작품을 통해 <u>예술가적 집념과 열의</u>를 보여 준다.

'장인'의 모습을 담고 있는 지문이 나오는 것 같습니다. '기술자'와 '예술가'의 모습이 모두 등장하고, '예술가적 집념과 열의'를 보여 주는 '장인'의 이야기를 만나러 가 봅시다.

> ─────[보기]─────
> 시나리오 「독 짓는 늙은이」는 원작과 달리, 인물의 관점에서 사건을 재구성하고 인물들의 행동과 대사를 통해 인물의 성격을 드러냄으로써 개연성을 높였다. 또한 영화 기법 용어들의 사용과 지시문을 통한 시각적 묘사는 현실감을 높이고 현장성을 강화하고 있다.

지문의 내용을 알려 주는 〈보기〉는 아니기에 굳이 먼저 읽을 필요는 없겠지만, (가)가 (나)라는 소설을 원작으로 하는 시나리오임을 알 수 있네요. (가)와 (나)가 같은 주제 의식을 가지고 있다는 생각을 하면서 읽어 보도록 합시다.

지문 독해

> (가)
> **# 124. 뜸막 안**
>   자리에 누운 송 영감. 나직히 신음한다. 처가 와서 약그릇을 놓는다.
> 옥  수 : 약 잡수셔야죠 ……
> 송 영감 : (눈을 뜨며) 음?!
>   옥수 일어나려는 송 영감을 부축하며 약그릇을 대 준다. 약을 마시는 송 영감.
> 송 영감 : (걱정스럽게) 가만 어떻게 됐지?
> 옥  수 : 저녁때 독을 끌어내야죠 ……
> 송 영감 : 음!

  그의 시선은 구석에 놓인 백자기에 가 있다. 햇볕을 받아 더욱 고담한 백자기의 형체.    -DIS*-

  * DIS : 화면이 서서히 사라지면서 그 위로 다음 화면이 나타남.

'뜸막 안'에서 자리에 누워 나직히 신음하는 '송 영감'입니다. 신음한다는 점, 약을 먹는다는 점 등으로 미루어 보아 몸이 아픈 상태인 것 같네요. 여기서 '처'와 '옥수'가 같은 인물이라는 것을 체크하는 건 어렵지 않겠죠? 이때 '옥수'의 대사에 말줄임표가 있다는 것에 주목하면, '옥수'가 '송 영감'의 눈치를 보고 있다는 것까지 생각할 수 있겠습니다. 극문학의 경우에는 이렇게 배우들의 연기를 상상하며 더 깊게 공감할 수 있다고 했어요.

나아가 그런 '옥수'를 두고 '백자기'에만 관심을 가지며 걱정하는 '송 영감'이 바로 〈보기〉에서 말한 '장인'일 것으로 보입니다. 본인의 몸이 아파 '백자기'가 제대로 만들어지지 않을 것이라는 생각에 '걱정'이라는 심리를 보인다고 볼 수 있겠죠? 충분히 공감할 수 있습니다.

> **# 125. 가마 앞(황혼)**
>   마당에 놓인 중옹, 통옹, 반옹 등 갖가지 독들. 그런데 그 형태가 모두 고르지 않다. 비틀어진 독, 밑이 내려앉은 독, 거미줄처럼 금이 간 독들.
> 왱손이, 석현이 걱정스럽게 본다. 그러자 송 영감이 비실거리며 달려온다. 독을 하나하나 살핀다.

'황혼'이 된 '가마 앞'입니다. 앞에서 '옥수'는 '저녁'이 되면 독을 끌어낼 것이라고 했습니다. 지금이 그 시간인가 보네요. 그런데 독들의 형태가 고르지 않습니다. 이를 보는 '왱손이'와 '석현'은 걱정스럽기만 하네요. 이들이 걱정한다는 점을 바탕으로 하면, '왱손이'와 '석현'은 '송 영감'의 작업과 연관이 있는 사람들인 것 같습니다. 일이 잘 풀리지 않았으니 당연히 걱정이 될 만도 하죠.

> 송 영감 : (혼잣말처럼) 이럴 수가 …… 지금까지 이런 일은 없었는데 …… 이게 내가 만든 독이야! (절망) 아냐! 이건 독이 아냐! (계속 보며) 이것두! 이것두 …… (비통하게) 이건 흙덩이다! 가마 앞에 달려가 망치를 든다.
> 왱손이 : 아니 여보게! 무슨 짓인가!
> 송 영감 : 비켯! (뿌리친다)
>   나가떨어지는 왱손이
> 석  현 : (잡으며) 안됩니다! 성한 것두 있어요!

> **송 영감** : 닥첫! 이건 부정을 탔어! 모두 쳐부셔야 햇!
> 　밀어붙이며 달려가 미친 사람처럼 독을 박살 내기 시
> 작한다.
> 　Ⓔ* 뚜왕! 뚜왕!
> 　박살 나는 독들. 마치 자기 심장이 박살 나는 것처럼
> 느껴지는 옥수.
>
> 　* Ⓔ : 효과음.

그런데 '송 영감'의 반응을 보니, '왱손이'와 '석현'의 '걱정'은 단순히 독이 잘 만들어지지 않아서 나타난 감정은 아닌 것 같습니다. '송 영감'은 '장인'답게 엉망진창인 독의 모습을 보고 '절망'하며 '비통'한 감정을 보이고 있습니다. '왱손이'와 '석현'은 안 그래도 몸이 좋지 않은 '송 영감'이 좌절할 것에 대해 '걱정'하는 것이었네요.

'송 영감'은 '성한 것'도 있다는 '석현'의 말도 무시한 채, 모든 독을 부수려고 합니다. 단 하나의 불량도 허용할 수 없는 장인의 모습을 보여 주고 있네요. 아내인 '옥수'는 당연히 자기 심장이 박살 나는 것 같은 느낌을 받겠죠? 몸도 안 좋은 남편이 심리적으로도 고통받는 상황이니까요.

> **왱손이** : (비통 혼잣말같이) 자네 환장했구먼!
> 　석현이 매섭게 보다가 횡하니 간다. 옥수 몹시 불안하
> 게 그를 바라본다.
> 　Ⓔ 뚜왕! 뚜왕!
> 　송 영감 그만 숨이 턱에 닿는다. 풀썩 주저앉고 만다.
> 목구멍에서 차츰 오열이 새어 나온다.
> 　Ⓔ 뚜왕! 뚜왕! 뚜왕!
> 　옥수 귀엔 언제까지나 확대되어 가는 박살 나는 독 소
> 리. 송 영감 조각난 독을 쓸어안고 오열해 운다. **석양에
> 물든 하늘.**
> 　-DIS-
>
> 　　　　-황순원 원작, 여수중 각색, 「독 짓는 늙은이」-

이런 '송 영감'의 모습을 보며, '왱손이'는 환장했다는 이야기를 하고 '석현'은 횡하니 가 버립니다. '옥수'는 '불안한' 마음으로 '송 영감'을 바라보고 있구요. 이 상황 속 인물들의 행동과 심리에는 어렵지 않게 공감할 수 있겠죠? '오열'하는 '송 영감'의 심리는 말할 것도 없구요.

> (나)
> 　차차 송 영감의 솜씨에는 틈이 생기기 시작했다. 더구나 조마구와 부채마치*로 두드려 올릴 때, 퍼뜩 눈앞에 아내와 조수의 환영이 떠오르면 짓던 독을 때리는지 아내와 조수를 때리는지 분간 못 하는 새, 독이 그만 얇게 못나게 지어지곤 했다. 그리고 전*을 잡는 손이 떨려, 가뜩이나 제일 힘든 마무리의 전이 잘 잡히지를 않았다. 열 때문도 있었다. 송 영감은 쓰러지듯이 짓던 독 옆에 눕고 말았다.
>
> 　* 조마구와 부채마치 : 옹기를 제작할 때 사용하는 한 쌍의 도구.
> 　* 전 : 옹기 등 물건의 위쪽 가장자리가 조금 넓적하게 된 부분.

(가)의 원작입니다. '송 영감'의 실력에 틈이 생기는 상황을 자세히 풀어 주고 있습니다. 그런데 여기서는 '아내'(=옥수)와 '조수'의 환영이 떠오르는 상황을 제시하고 있네요. 열이 오르는 등 몸이 아픈 탓도 있겠지만, '아내'와 '조수'의 환영 때문에 독 짓기 실력이 녹슬고 있는 '송 영감'이에요.

> 　송 영감이 정신이 들었을 때는 **저녁때가 기울어서**였다. 왱손이도 흙 몇 덩이를 이겨 놓고 가고 없었다. 언제부터인가 바깥 저녁그늘 속에 애가 남쪽 장길을 향해 쪼그리고 앉아 있었다. 어머니를 기다리는 거리라. 언제나처럼 장 보러 간 어머니가 언제나처럼 저녁때면 조수에게 장감을 지워 가지고 돌아올 줄로만 아직 아는가 보다.
> 　밖을 내다보던 송 영감은 제힘만이 아닌 어떤 힘으로 벌떡 일어나 다시 독 짓기를 시작하는 것이었으나, 이번에는 겨우 한 개를 짓고는 다시 쓰러지듯이 눕고 말았다.

쓰러졌던 '송 영감'은 '저녁때가 기울어서'야 정신을 차립니다. '왱손이'도 이미 가고 없을 정도로 늦은 시간이네요. 그런데 '애'라는 새로운 인물이 등장하고 있네요. '옥수'로 추정되는 '어머니'를 기다리며 쪼그리고 앉아 있는 '애'의 모습이 묘사되고 있습니다.

이러한 바깥 풍경을 내다보던 '송 영감'은 다시 '독 짓기'를 시도하지만, 겨우 한 개를 짓고 또 쓰러지고 있습니다. 몸이 정말 안 좋은 것 같죠?

[A]
> 　다음에 송 영감이 정신이 든 것은 **아주 어두운 속**에서 애가 흔들어 깨워서였다. 울먹이던 애가 깨나는 아버지를 보고 그제야 **안심된 듯이** 저쪽에서 밥그릇을 가져다 아버지 앞에 놓았다. 웬 거냐고 하니까 애가, 앵두나뭇집 할머니 가 주더라고 한다. 송 영감은 확 **분노**가 치밀어, 누가 거랑질해 오라더냐고 밥그릇을 밀쳐 놓자 애가 **훌쩍훌쩍 울기** 시작했다. 송 영감은 아침에 어제의 저녁밥 남은 것을 조금 뜨는 것처럼 하고는 하루 종일 아무것도 입에 대지 않은 것을 생각하고는, 애도 아직 저녁을 못 먹었을지 모른다고 밥그릇을 도로 끌어다 한 술 입에 떠넣으며 이번에는 애보고, 맛있으니 너도 먹으라는 것이었으나, 자신은 입맛을 잃은 탓만도 아닌 무엇이 밥 넘기려는 목을 치밀어 올라오곤 해, 좀처럼 밥을 넘길 수가 없었다.

그렇게 쓰러진 '송 영감'은 '아주 어두운 속'에서 '애'가 흔들어 깨우자 일어납니다. '아버지'라는 표현을 보면 여기서의 '애'가 미리 예상한 대로 '송 영감'의 자식이라는 것을 알 수 있겠죠? 아버지가 깨어난 것을 보고 '안심'한 '애'는 '앵두나뭇집 할머니'가 준 밥을 가져 옵니다.

그런데 '송 영감'은 뜬금없이 '분노'가 치밀어 오르고 있어요. 아무 죄도 없는 '애'에게 누가 거랑질해 오랬냐며 화를 내고 있습니다. 훌쩍훌쩍 우는 '애'가 너무 불쌍하지만, '송 영감'이 지금 처한 상황을 고려했을 때 매우 예민한 상태라는 것을 생각하며 '송 영감'에게 공감할 수 있어야 합니다. 세상 만사가 다 짜증나는 상황이니, '앵두나뭇집 할머니'가 자신을 동정하는 것 같고 해서 화가 나는 것이겠죠.

하지만 그러면서도 하루 종일 굶었을 '애'를 생각해 밥을 먹는 '송 영감'의 모습입니다. 아버지는 아버지이니, 최소한의 도리는 다 하려는 모습이겠죠? 이런 상황에서 좀처럼 밥을 넘길 수 없는 '송 영감'이에요. 이 막막한 심정에 충분히 공감할 수 있어야 합니다.

> 　**다음날 아침**에는 송 영감이 죽인지 밥인지 모를 것을 끓였다. 여전히 입맛은 없었으나 어제 저녁처럼 목이 메어 오르는 것은 없었다.
> 　오늘은 또 지어 올리는 독을 말리느라고 처음에는 독 밖에 피워 놓았다가 독이 한 반쯤 지어지면 독 안에 매달아 놓은 숯불의 숯내까지가 머리를 더 무겁게 했다.

> 사십 년래 없이 숯내를 다 먹는 듯했다.
> 　송 영감은 어제보다 더 쓰러져 넘어지는 도수가 많았다. 흙 이기던 왱손이가 이래서는 도무지 한 가마 채우지 못하리라고 송 영감에게 내년에 마저 지어 첫 가마에 넣도록 하는 게 어떠냐고 몇 번이고 권해 보았으나 송 영감은 일어났다가는 쓰러지고, 일어났다가는 쓰러지고 하면서도 **독 짓기를 그만두려고 하지는 않았다**.
>
> 　　　　　　　　　　　-황순원, 「독 짓는 늙은이」-

'다음날 아침', 밥을 먹고 다시 독 짓기에 나서는 '송 영감'입니다. 입맛은 없지만 목이 메어 오르는 것은 없다는 말로 보아, 그래도 조금은 회복이 되어 독을 지을 만한 것으로 보이네요.

하지만 '숯내'를 다 먹는 듯하다는 표현이 나올 정도로, 안 그래도 어지러운 머리를 더 무겁게 하는 '숯내'입니다. 여기에 일어났다가는 쓰러지고를 반복하는 등 독 짓기를 감당하는 것이 어려워진 '송 영감'의 모습이네요. 몸도 안 좋은데 독을 계속 짓는 것이 쉬워 보이지는 않아요.

이런 상황에서 '송 영감'은 '왱손이'의 제안도 거절한 채 독 짓기를 그만두려고 하지 않아요. 〈보기〉에서 계속 강조하는 장인 정신이 드러나는 부분이라고 할 수 있겠죠? '송 영감'의 고집스러운 성격을 바탕으로 여러 가지 심리와 행동에 공감했다면 잘 읽었다고 할 수 있겠습니다.

| 선지 | ① | ② | ③ | ④ | ⑤ |
| --- | --- | --- | --- | --- | --- |
| 선택률 | 4% | 8% | 18% | 62% | 8% |

**139** 〈보기〉의 관점에서 ⓐ, ⓑ를 이해한 것으로 적절하지 <u>않은</u> 것은? ④

> 　밀어붙이며 달려가 미친 사람처럼 ⓐ 독을 박살 내기 시작한다.

> 　밖을 내다보던 송 영감은 제힘만이 아닌 어떤 힘으로 벌떡 일어나 다시 ⓑ 독 짓기를 시작하는 것이었으나, 이번에는 겨우 한 개를 짓고는 다시 쓰러지듯이 눕고 말았다.

– ⓐ는 독 짓기의 결과물이 마음에 들지 않아 독을 박살 내는 상황이고, ⓑ는 말을 듣지 않는 몸을 이끌고 끊임없이 '독 짓기'를 시도하는 모습을 나타내고 있습니다. '송 영감'의 행동에 공감하고 있는지를 물어 보는 문제라고 할 수 있겠죠? 가볍게 해결해 봅시다.

① '아냐! 이건 독이 아냐!'는 ⓐ의 원인이 되는 장인의 엄격한 미적 기준을 드러내며, '일어났다가는 쓰러지고, 일어났다가는 쓰러지고'는 ⓑ를 향한 장인의 예술가적 집념을 보여 준다.

| 선지 유형 | 근거가 있어서 허용 가능 |
| --- | --- |
| 실전에서의 판단 과정 | 송 영감 성격 그대로 제시하고 있네. |
| 해설 | '아냐! 이건 독이 아냐!'라는 대사에는 조금의 불량도 허용하지 않으려는 '송 영감'의 고집스런 성격이 드러납니다. 이를 근거로 하면 '장인의 엄격한 미적 기준'이라는 말을 충분히 허용할 수 있겠죠?<br><br>나아가 일어났다가 쓰러지고를 반복하는 것 역시 '예술가적 집념'을 허용할 근거로 사용하기에 충분하겠습니다. |

② '흙덩이다!'는 장인의 가치 판단으로 ⓐ의 동기를 드러내고, '흙 몇 덩이'는 ⓑ에서 장인이 자신의 작품을 제작할 때 사용하는 소재를 지칭한다.

| 선지 유형 | 근거가 있어서 허용 가능 |
| --- | --- |
| 실전에서의 판단 과정 | 그러네. |
| 해설 | 선지 그 자체로 허용할 수 있죠? '송 영감'이라는 장인은 '흙덩이다!'라는 판단으로 인해 독을 박살 냈고, '흙 몇 덩이'를 이용하여 독이라는 작품을 제작했습니다. |

③ '매섭게 보다가 휑하니 간다'는 ⓐ로 인해 벌어지는 장인과 주변 인물의 갈등을 보여 주고, '조수의 환영'은 ⓑ의 과정에서 장인의 고뇌에 영향을 미치는 갈등 요인을 드러낸다.

| 선지 유형 | 근거가 있어서 허용 가능 |
| --- | --- |
| 실전에서의 판단 과정 | 석현이가 가 버린 건 갈등이라고 할 수 있고, 아내와 조수의 환영 때문에 독 짓기가 힘들었지. |
| 해설 | '매섭게 보다가 휑하니 간다'는 '석현'의 행동으로, '송 영감'이 이성을 잃은 상황에서 충분히 나타날 수 있는 것으로 공감했던 내용입니다. 이는 '송 |

영감'과 '석현' 등의 주변 인물이 갈등하는 모습이라고 할 수 있겠죠.

나아가 '조수의 환영'은 '아내의 환영'과 함께 '송 영감'의 독 짓기 실력을 녹슬게 하던 요소였습니다. 어렵지 않게 납득했던 내용이었죠?

④ '풀썩 주저앉고 만다'는 ⓐ를 계기로 예술가의 집념이 좌절됨을, '사십 년래 없이 숯내를 다 먹는 듯했다'는 ⓑ의 과정에서 부딪힌 장인으로서의 능력의 한계를 드러낸다.

| 선지 유형 | 근거가 있어서 허용 불가능 |
| --- | --- |
| 실전에서의 판단 과정 | 숯내를 먹는 게 왜 능력의 한계야. |
| 해설 | '풀썩 주저앉'는다는 표현은 그 자체로 '예술가의 집념 좌절'을 허용할 근거가 될 수 있습니다. 물론 '송 영감'은 독 짓기를 포기하지 않겠지만, 독을 박살 내는 행동을 하는 그 순간에는 집념이 좌절되었다고 볼 수 있겠죠.<br><br>하지만 '숯내를 다 먹는 듯'한 것을 '능력의 한계'로 해석하는 것은 도저히 허용할 수 없습니다. 우리가 미리 공감했던 내용처럼, '숯내'는 안 그래도 어지러운 '송 영감'의 머릿속을 무겁게 만드는 요소, 즉 '독 짓기'의 어려움을 보여 주는 요소이지 '능력의 한계'를 보여 주는 요소는 아니니까요. 애초에 '송 영감'이 독 짓기에 어려움을 보이는 것은 몸이 안 좋아서이지 '능력의 한계' 때문이 아니었습니다. 인물의 상황에 공감하며 지문 내용을 정확히 이해하고 있는지 물어 보는 선지였네요. |

⑤ ⓐ의 행동 이후 '조각난 독을 쓸어안고 오열하는' 것은 미적 가치 추구의 어려움을, ⓑ를 '그만두려고 하지는 않'는 것은 미적 가치의 실현에 대한 열의를 드러낸다.

| 선지 유형 | 근거가 있어서 허용 가능 |
| --- | --- |
| 실전에서의 판단 과정 | 선지 그 자체로 허용이 되네. |
| 해설 | ⓐ 이후 '오열'하는 '송 영감'의 심리, 조금 쉬었다가 내년에 다시 하자는 '왱손이'의 제안도 거절할 정도로 ⓑ를 그만두지 않으려는 '송 영감'의 심리에 공감했다면 어렵지 않게 허용할 수 있는 선지입니다. 이렇게 생각하며 빠르게 지워낼 수 있어야 해요. |

| 선지 | ① | ② | ③ | ④ | ⑤ |
|------|------|------|------|------|------|
| 선택률 | 6% | 4% | 80% | 4% | 6% |

## 140 ㉠~㉤에 대한 설명으로 가장 적절한 것은? ③

① ㉠: '옥수'의 걱정이 '송 영감'보다는 독에 가 있음을 알려준다.

| 송 영감 : (걱정스럽게) 가만 어떻게 됐지? |
|---|
| 옥　수 : ㉠저녁때 독을 끌어내야죠 …… |

| 선지 유형 | 근거가 있어서 허용 불가능 |
|---|---|
| 실전에서의 판단 과정 | 옥수는 송 영감 생각을 더 많이 하지. |
| 해설 | '옥수'가 '독'과 관련된 이야기를 한 것은 '독'에 관심이 있어서가 아니라, '송 영감'이 물어 보았기 때문입니다. 나아가 '옥수'는 '송 영감'의 약을 챙겨 주기도 하고, 말줄임표를 통해 추측할 수 있듯 '송 영감'의 눈치를 많이 보기도 하는 모습이었어요. 이러한 상황적 근거를 종합하면 '옥수'는 '독'보다는 '송 영감'에 대한 걱정이 더 크다는 것을 알 수 있습니다. |

② ㉡: '왱손이'가 '송 영감'의 행동을 오만함에서 비롯한 것으로 바라보고 있음을 알려 준다.

| 송 영감 : (혼잣말처럼) 이럴 수가 …… 지금까지 이런 일은 없었는데 …… 이게 내가 만든 독이야! (절망) 아냐! 이건 독이 아냐! (계속 보며) 이것두! 이것두 …… (비통하게) 이건 흙덩이다! 가마 앞에 달려가 망치를 든다. |
|---|
| 왱손이 : ㉡아니 여보게! 무슨 짓인가! |

| 선지 유형 | 근거가 없어서 허용 불가능 |
|---|---|
| 실전에서의 판단 과정 | 갑자기 무슨 오만함이야. |
| 해설 | '왱손이'는 그저 '송 영감'이 독을 부수려 하자 말릴 뿐입니다. '왱손이'가 '송 영감'의 행동에서 '오만함'을 읽어 내는 부분은 나온 적이 없어요. |

③ ㉢: '석현'이 독의 완성도에 대해 가지고 있는 기준이 '송 영감'의 기준과 다름을 보여 준다.

| 석　현 : ㉢(잡으며) 안됩니다! 성한 것두 있어요! |
|---|
| 송 영감 : 닥쳣! 이건 부정을 탔어! 모두 쳐부셔야 햇! |

| 선지 유형 | 근거가 있어서 허용 가능 |
|---|---|
| 실전에서의 판단 과정 | 송 영감은 부정 탔으니 성한 것도 다 부숴야 한다고 했지. 완성도의 기준이 다른 거네. |
| 해설 | '석현'은 성한 독이라도 살려야 한다고 했고, '송 영감'은 불량품이 조금이라도 있으면 죄다 부숴야 한다고 했습니다. 이는 두 사람이 독의 완성도에 대해 가지고 있는 기준이 다르다는 것을 드러내는 근거로 삼기에 충분하겠네요. |

④ ㉣: '송 영감'이 독을 제대로 구워 내지 못하는 가마에 불만을 품고 있음을 드러낸다.

| 송 영감은 ㉣쓰러지듯이 짓던 독 옆에 눕고 말았다. |
|---|

| 선지 유형 | 근거가 있어서 허용 불가능 |
|---|---|
| 실전에서의 판단 과정 | 그냥 아픈 거잖아. |
| 해설 | ㉣은 '송 영감'이 아파서 제대로 독을 짓지 못하는 상황을 그려낸 것입니다. 이를 가마에 대한 불만과 연결짓기는 어렵겠죠? 애초에 '송 영감'의 가마에 대한 불만이라는 심리에 공감한 기억이 없잖아요. |

⑤ ㉤: '애'가 언제나처럼 '왱손이'가 아버지를 모시고 올 것이라 믿고 있음을 나타낸다.

| 언제부터인가 바깥 저녁그늘 속에 애가 ㉤남쪽 장길을 향해 쪼그리고 앉아 있었다. 어머니를 기다리는 거리라. 언제나처럼 장 보러 간 어머니가 언제나처럼 저녁때면 조수에게 장감을 지워 가지고 돌아올 줄로만 아직 아는가 보다. |
|---|

| 선지 유형 | 근거가 있어서 허용 불가능 |
|---|---|
| 실전에서의 판단 과정 | 어머니를 기다리는 거라며. |
| 해설 | '애'는 '조수'와 함께 오는 '어머니'를 기다릴 것이라는 말이 대놓고 적혀 있습니다. '왱손이'와 아버지를 기다리고 있다는 것은 절대 허용할 수 없겠죠. |

| 선지 | ① | ② | ③ | ④ | ⑤ |
|---|---|---|---|---|---|
| 선택률 | 10% | 5% | 7% | 73% | 5% |

## 141 [A]의 서술 방식으로 가장 적절한 것은? ④

– [A]는 '송 영감'이 자신의 예민한 상황에서 비롯한 분노를 애꿎은 '애'에게 표출했다가 정신을 차리는 상황이었습니다. 이러한 상황에 알맞은 내용을 골라 봅시다.

① 시간의 흐름을 단계적으로 보여 줌으로써, 갈등이 해소되는 과정을 부각하고 있다.

| 선지 유형 | 근거가 없어서 허용 불가능 |
|---|---|
| 실전에서의 판단 과정 | 이 작품에서 갈등이 해소되지는 않지. |
| 해설 | 일단 '시간의 흐름을 단계적으로 보여' 준다는 것은 어느 정도 허용할 수 있을 것 같습니다. '송 영감'의 행동이 순차적으로 나타나니까요. 하지만 이것이 '갈등이 해소되는 과정'을 부각한다고 보기는 어렵죠? 이 작품의 메인 갈등인 '송 영감'의 내적 갈등은 해소되지 않고, 아버지를 생각하는 '애'의 모습을 바탕으로 생각하면 '송 영감'과 '애' 사이에 갈등이 있다고 보기는 어려우니까요. |

② 인물 간의 대화에 서술자가 개입함으로써, 인물에 대한 서술자의 평가를 제시하고 있다.

| 선지 유형 | 근거가 없어서 허용 불가능 |
|---|---|
| 실전에서의 판단 과정 | 서술자의 개입이 어딨냐. |
| 해설 | '서술자의 개입'이 나타났다면 우리가 놓쳤을 리가 없습니다. [A]의 처음부터 끝까지 장면 묘사 및 심리 제시만 하고 있을 뿐, 서술자가 개입한 부분은 없습니다. |

③ 새로운 인물이 다른 인물의 발화를 통해 등장함으로써, 인물 간의 대립 구도가 전환되고 있다.

| 선지 유형 | 근거가 없어서 허용 불가능 |
|---|---|
| 실전에서의 판단 과정 | 앵두나뭇집 할머니랑 대립하는 거 아니잖아. |
| 해설 | '애'의 발화를 통해 '앵두나뭇집 할머니'라는 새로운 인물이 등장하기는 하지만, 이것을 '인물 간의 대립 구도'를 바꾼다는 내용으로 연결하기는 어렵습니다. '송 영감'이 '앵두나뭇집 할머니'와 대립할 이유도 없고, 애초에 이 지문은 '인물 간의 대립'이 아닌 '내적 갈등'에 초점을 두고 있으니까요. |

④ 서술자가 인물의 분노를 직접적으로 제시함으로써, 상황에 대한 인물의 태도를 드러내고 있다.

| 선지 유형 | 근거가 있어서 허용 가능 |
|---|---|
| 실전에서의 판단 과정 | 송 영감의 분노를 직접적으로 제시했지. |
| 해설 | '앵두나뭇집 할머니'가 동정하는 것만 같은 생각과 자신의 상황에 따른 예민함이 합쳐진 '분노'의 감정, 우리가 확실하게 공감했던 내용이었습니다. 가볍게 답으로 골라 주시면 되겠네요. |

⑤ 인물들의 심리 상태를 공간적 거리와 결부하여 서술함으로써, 인물 간의 심리적 거리감을 보여 주고 있다.

| 선지 유형 | 근거가 없어서 허용 불가능 |
|---|---|
| 실전에서의 판단 과정 | 애랑 송 영감 사이에 심리적 거리감이 나타나지는 않지. |
| 해설 | 일단 '송 영감'과 '애'의 심리 상태가 '밥그릇'과의 공간적 거리와 결부되어 서술된다는 것은 억지로나마 허용할 수 있을 것 같습니다. '밥그릇'이 멀어지면 '송 영감'의 '분노', '애'의 '두려움'이라는 심리가, 가까워지면 조금은 진정한다는 심리가 나타난다고 볼 수 있으니까요.<br><br>하지만 이것이 '송 영감'과 '애'의 심리적 거리감을 보여 준다고 할 수는 없습니다. '송 영감'은 '애'가 굶었을 것이라는 생각에 다시 밥을 먹으라고 하기도 했고, '애'는 아버지인 '송 영감'이 깨어나자 안도하는 등 어느 정도의 애착을 보여 주었으니까요. '송 영감'이 예민하고 짜증나는 건 독 짓기가 잘 되지 않는 상황 때문이지, '애'와의 심리적 거리감 때문이 아니었어요. 인물에게 제대로 공감할 것을 요구하는 선지였네요. |

| 선지 | ① | ② | ③ | ④ | ⑤ |
|---|---|---|---|---|---|
| 선택률 | 11% | 4% | 9% | 5% | 71% |

## 142 〈보기〉를 참고하여 (가), (나)를 감상한 내용으로 적절하지 않은 것은? [3점] ⑤

① (가)에서는 '백자기의 형체'가 '햇볕을 받아 더욱 고담'하다고 함으로써 이를 바라보는 행위에 개연성을 더하고 있다.

| 선지 유형 | 근거가 있어서 허용 가능 |
|---|---|
| 실전에서의 판단 과정 | 햇볕을 받아 고담하게 보이면 바라볼 만하지. |

| 해설 | '백자기의 형체'가 '햇볕을 받아 더욱 고담'하다고 했습니다. '백자기'에 대한 애정을 가지고 있는 '송 영감' 입장에서는 이렇게 예쁜 '백자기'를 바라보는 것이 당연하겠죠? 충분히 허용할 수 있네요. |
|---|---|

② (가)에서는 '나가떨어지는'과 같은 사실적인 행위를 통해 갈등 상황을 현실감 있게 표현하고 있다.

| 선지 유형 | 근거가 있어서 허용 가능 |
|---|---|
| 실전에서의 판단 과정 | 그렇지. |
| 해설 | 선지 그 자체로 허용이 가능하겠죠? 사실적인 행위는 현실감 있는 상황 표현을 이끌어 내는 데 충분할 것입니다. |

③ (가)에서는 '뚜왕 뚜왕 뚜왕'의 효과음을 이용하여 현장성을 강조하고 인물의 내면적 반응을 드러내고 있다.

| 선지 유형 | 근거가 있어서 허용 가능 |
|---|---|
| 실전에서의 판단 과정 | 독을 부수면서 자기 마음이 부서지는 것 같은 느낌도 들겠지. |
| 해설 | '뚜왕 뚜왕 뚜왕' 같은 효과음을 이용하면 현장성이 강조되는 것은 당연할 것입니다. 나아가 이는 마치 자신의 마음이 부서지는 것 같은 느낌이 들 '송 영감'의 내면적 반응을 드러낸다고 할 수도 잇겠습니다. 충분히 공감이 가능한 영역이에요. |

④ (나)의 '못나게 지어지곤 했다'와 같이 진술되는 내용이 (가)에서는 '비틀어진 독'과 같은 구체적인 사물에 대한 시각적 묘사로 현실감을 높이고 있다.

| 선지 유형 | 근거가 있어서 허용 가능 |
|---|---|
| 실전에서의 판단 과정 | 그러네. |
| 해설 | (나)에서 '못나게 지어지곤 했다'와 같은 방식으로 추상적으로 진술된 내용이 (가)에서는 '비틀어진 독'과 같은 구체적인 사물에 대한 시각적 묘사로 나타나고 있습니다. 이렇게 구체적이고 시각적으로 묘사한다면 '현실감'이 높아지는 것은 당연하겠죠. |

⑤ (나)의 '제힘만이 아닌 어떤 힘으로 벌떡 일어나'와 (가)의 '마치 자기 심장이 박살 나는 것처럼 느껴지는'은 모두 시각적 묘사를 통해 인물의 성격을 드러내고 있다.

| 선지 유형 | 근거가 있어서 허용 불가능 |
|---|---|
| 실전에서의 판단 과정 | 자기 심장이 박살 나는 것처럼 느껴지는 게 왜 시각적 묘사야. |
| 해설 | '벌떡 일어나는 것'은 시각적 묘사라고 할 수 있지만, '자기 심장이 박살 나는 것처럼 느끼는 것'을 시각적 묘사라고 하기는 어렵겠죠? 심장이 박살 나는 것을 직접 볼 수는 없잖아요. 나아가 이 문장의 동사 부분은 '느껴지는', 즉 눈으로 볼 수 없는 것에 대한 서술이기에 '시각적 묘사'는 확실하게 허용할 수 없겠습니다.<br><br>물론, 성격을 드러낸다는 것은 충분히 허용할 수 있겠죠? 어떠한 행동을 통해 성격을 드러낸다는 것은 소설에서 무조건 맞는 말이라고 보시면 됩니다. 모든 행동, 대사에는 그 사람의 성격이 반영되기 마련이니까요. 여기서도 '옥수'의 공감을 잘하는 성격 등이 드러난다고 할 수 있죠? |

## FAQ

**Q** 〈보기〉에 따르면 '인물의 성격'을 드러내는 것은 '행동과 대사'이고, '시각적 묘사'는 '현실감·현장감 강화'에 기여한다고 되어 있습니다. 그런데 이 선지는 '시각적 묘사'를 통해 '인물의 성격'을 드러낸다고 했으니, 〈보기〉와의 내용 일치에 따라 틀렸다고 볼 수도 있지 않을까요?

**A** 발문에서 〈보기〉를 참고하여 감상할 것을 요구했으니, 그런 방식으로 이해해도 틀린 것은 아닙니다. 다만 해설에서도 언급했듯이, '시각적 묘사'든 다른 무엇을 활용하든 '성격을 드러낸다'는 것 자체를 틀렸다고 하기는 어렵습니다. 즉, 〈보기〉와는 어긋나지만 그 자체로는 아예 틀린 말은 아니라는 뜻이죠. 이러한 애매함 때문에 '시각적 묘사'라는 확실하게 틀린 근거를 준 것이라고 할 수 있는 것입니다.

또한, 〈보기〉는 원작인 (나)와 '대비되는' 시나리오 (가)의 특징을 설명하고 있습니다. 따라서 (가)의 특징 그 자체를 물어 본 1~3번 선지나, (나)를 시나리오화시킨 양상을 물어 본 4번 선지와 달리 (가)와 (나)의 '공통적인' 특징을 묻고 있는 5번 선지는 틀렸다는 식으로 해결할 수도 있겠습니다. 애초에 (나)의 '제힘만이 아닌 어떤 힘으로 벌떡 일어나'라는 부분에 주목하는 것 자체가 〈보기〉를 참고한 감상이 아니라는 것이죠. 결국 이러한 이유로 〈보기〉를 참고하여 감상하라는 발문의 요구를 무시했기 때문에 틀린 선지라고 보는 것도 맞을 것 같습니다.

몰랐던 어휘 정리하기
<br><br><br><br><br>

## | 핵심 point |

① **허용 가능성 평가** : 선지의 내용을 '허용'하려는 태도를 바탕으로 지문을 '독해'하며 '근거'를 찾아야 합니다. 허용할 수 있는 '근거'가 있어야만 허용할 수 있습니다. 주관적인 생각을 개입시키면 안 됩니다.

② **극문학 독해** : 소설과 마찬가지로, '심리와 행동의 근거'를 바탕으로 인물에게 '공감'하며 읽어야 합니다. 이 과정이 물 흐르듯 이어지면 지문의 내용을 완벽하게 이해할 수 있어요. 이때 '대사 외 부분'에 주목하며 장면을 상상하면서 읽으면 훨씬 깊게 받아들일 수 있을 거예요.

③ **소설 독해** : '심리와 행동의 근거'를 바탕으로 인물에게 '공감'하며 읽어야 합니다. 이 과정이 물흐르듯 이어지면 지문의 내용을 완벽하게 이해할 수 있어요.

## | 지문 내용 총정리 |

인물에게 공감하고, 이를 통해 선지의 허용 가능성을 평가한다는 전형적인 산문문학 지문이었습니다. 이때 독해력이나 깊은 수준의 공감을 요구하는 까다로운 선지들도 꽤 많이 나왔어요. 이 정도 선지들도 아무렇지 않게 해결할 수 있도록, 확실하게 복습하도록 합시다.

〈보기〉 확인

---
[보기]

「홍길동전」은 19세기에 오면 특정 대목을 확대·변형한 이본이 여럿 등장한다. 윗글은 이러한 이본 중 하나로, 이전에는 길동이 용력을 과시하는 장면이 바위를 드는 것으로만 제시되었으나 윗글에서는 철관을 쓰고 돌문을 넘는 장면이 추가되었다. 또한 활빈당의 우두머리가 되는 장면에서는 활빈당을 이끌던 수령을 새롭게 등장시켜 자신의 자리를 길동에게 넘겨주는 것으로 흥미를 높였다. 특히 이전에는 왕이 길동을 잡기 위한 계략으로 병조판서를 제수하였지만 윗글에서는 길동이 왕에게 직접 요구하여 원하던 바를 얻는 것으로 변형하였다. 이는 자신의 능력에 따라 신분 상승이 가능하기를 바라던 당대 독자들의 욕망을 작품에 반영한 것이다. 단, 이 과정에서 군신 관계를 바탕으로 한 조선의 유교적 질서에 대한 부정으로까지는 나아가지 않았다. 한편, 특정 장면에서 서술을 중단한 것은 다음 권을 보게 하려는 소설업자들의 상업적 전략에서 나온 것이다.

---

이 작품은 밑줄 친 부분들처럼 특정 대목을 확대·변형한 '홍길동전'의 이본이라고 합니다. 가능하다면 밑줄 친 내용들을 최대한 기억하고 지문에 적용하면서 읽으면 좋겠죠? 물론 전형적인 영웅소설인 '홍길동전'의 내용은 다들 알고 계실 테니, 클리셰를 생각하면서 지문 내용만을 담백하게 읽어 내는 것도 괜찮을 것 같습니다.

지문 독해

---

길동이 대희하여 **채문 안**에 들어가니 비단 병풍을 치고 영웅 호걸 수백이 앉았는지라. 그중에 상좌(上座)의 사람을 보니, 〈청포운삼에 자금관을 쓰고〉 팔을 가볍게 들며 용력을 자랑하니, 길동이 거만하게 들어가 길게 읍만 하고 절하지 않으며, 좌우 중인을 하찮게 여기고 윗자리에 앉으니, 청포 입은 사람이 먼저 문왈,
"소년은 어디로 오며, 성명은 뉘라 하느뇨?"

---

'길동'이 '채문 안'으로 들어가 거드름을 피우는 장면입니다. '홍길동'과 같은 영웅은 당연히 출중한 능력을 가지고 있을 것이니, 이와 같이 행동하는 것에 어렵지 않게 공감할 수 있을 것 같습니다. 그리고 당연하게도 본인의 능력을 바탕으로 거드름을 피울

만한 자격이 된다는 것을 증명하겠죠? '청포 입은 사람'이 이러한 '길동'에게 관심을 보이는 것은 너무나 당연하게 공감할 수 있겠습니다.

나아가, '상좌의 사람'의 외양이 묘사되고 있다는 것을 체크할 수 있어야 합니다. 그는 '청포운삼'에 자금관을 쓰고 있다고 했는데, 이에 따르면 '청포 입은 사람'이 곧 '상좌의 사람'이라는 것을 알 수 있겠죠? '외양 묘사'를 바탕으로 인물관계를 체크할 수 있게 하는 독특한 구성이었습니다. '외양 묘사'에 주목한다는 태도가 잡혀 있었다면 충분히 생각할 수 있었을 거예요.

---

길동이 대왈,
"나는 다른 사람이 아니요, 서울 장안에 있는 홍정승의 아들이러니, 들은즉 활빈당에 천하 역사(力士) 모여 용맹을 자랑한다 하기로 내 한번 찾아와 힘을 자랑코자 왔나니, 그대 등은 무슨 재주와 용력이 있으며, 나와 시험할쏘냐?"
그 사람들이 길동의 말을 듣고 서로 바라볼 뿐 답을 못하더니, 상석에 앉은 사람이 방목(榜目)을 지어 가지고 쓴 글을 내여 왈,
"그대는 이 세 가지를 행할쏘냐?"
[가] 하거늘 길동이 받아 보니,
"제일은 이 앞에 초부석(樵夫石)이란 돌이 있으되 무게 천 근이라, 능히 그 돌을 들면 우리 우두머리를 삼을 것이요, 제이는 무쇠로 철관을 만들었으니 무게 오백 근이라, 그 철관을 쓰고 이 앞 돌문 삼백 단을 세웠으니 그 돌문을 뛰어넘으면 가히 그 용맹을 알 것이요, 또한 해인사라 하는 절이 있으되 재물이 누거만(累巨萬)이요, 그 절 중의 용맹이 과인하기로 우리 등이 마음대로 못하는 고로, 우두머리에게 지략과 술법을 배우고 이후에 상장군 자리에 모시려 하나이다."

---

'길동'은 자신과 능력을 시험해 볼 사람이 있냐며 자신만만한 태도를 보이고 있습니다. 이런 당당한 태도에 사람들은 어이가 없는데, '상석에 앉은 사람'은 '길동'에게 세 가지 과제를 내 주며 이 과제들을 수행하면 '상장군'으로 삼겠다는 이야기를 합니다. 영웅소설의 클리셰를 생각하면, '길동'은 당연히 이 미션을 깔끔하게 해결하겠죠?

길동이 한 번 보고 대소 왈,

"이 세 가지를 어렵다 하니, 어찌 가소롭지 아니하리오?"

하고, 모든 역사를 데리고 초부석 있는 곳에 나아가 흔연히 소매를 걷고 그 돌을 잡아 공중에 던지니, 그 돌이 미처 땅에 떨어지기 전에 발로 돌을 차니 수십 보 밖에 내려지는지라. 중인이 대경하여 또 돌문 앞에 나아가니, 길동이 또한 철관 오백 근을 쓰고 돌문 삼백 단을 넘어가니, 모든 무리 일시에 고함하여 왈,

"천하장사로다!"

하고 용력을 칭찬하고, 길동을 장군 자리로 모신 후에 여러 도적 천여 명이 일시에 자리 아래 엎드려 군례(軍禮)를 마친 후에 그 용맹을 치하하더라.

예상한 그대로입니다. '길동'은 그 과제들을 아무렇지 않게 해결하고, '천하장사' 소리를 들으면서 '장군'이 된 모습입니다. 여기서 철관을 쓰고 돌문을 넘는 장면이 추가된 것이나, '상좌의 사람'처럼 원래 활빈당을 이끌던 수령을 새롭게 등장시키는 모습은 〈보기〉에서 언급한 '이본'의 특징이라고 할 수 있겠네요. 어렵지 않게 이해할 수 있겠습니다.

(중략)

상이 하교하사 왈,

"경은 자식을 분명히 알지라. 저 많은 길동 중에 경의 자식을 잡아내라."

하신대, 홍 의정 주왈,

"신의 자식 길동은 왼쪽 다리의 붉은 기미, 용의 비늘 같은 일곱 점이 있사오니, 그를 보면 알리이다."

상이 그리 여겨,

"빨리 잡아들여 수검(搜檢)하여 보라."

하신대, 홍 의정이 물러나와 길동을 바라보고 왈,

"내 자식 길동은 빨리 나와 나를 보라."

한대, 무수한 길동이 홍 의정을 보고 다 나와 절하여 왈,

"부친께선 강녕하시나이까?"

하거늘, 홍 의정 왈,

"내 자식은 왼쪽 다리에 검은 일곱 점이 있으니, 일곱 점 있는 자 길동이라."

하니, 많은 길동이 홍 의정 말을 듣고 일시에 다리를 걷고 보이니 각각 일곱 점이 있는지라. 홍 의정이 할 수 없어 상께 주왈,

"신의 역자(逆子)를 조사하여 밝힐 수 없사오니, 황공

대죄하나이다."

(중략) 이후의 장면입니다. '상'이 하는 이야기를 들어 보니, 많은 '길동' 중에 진짜를 찾아야 하는 상황인 것 같습니다. '길동'의 아버지인 '홍 의정'은 왼쪽 다리의 특징을 바탕으로 진짜를 찾으려 하지만, 모든 '길동'이 똑같은 특징을 가지고 있어 찾을 수 없는 상황입니다. 이 상황에서 '홍 의정'과 '상'이 느낄 답답함과 막막함에 공감해 주신다면 정말 잘 읽고 있는 것이죠.

상이 진노하사 길동을 보시고 왈,

"너희 등은 물러가 임의로 하라."

하시고 금부도사를 명하여 다 물려 보내라 하시니, 모든 길동 등이 나올새 종일토록 나오더니, 그제야 참 길동이 다시 궐내에 들어가 명을 받들고 절하며 슬피 통곡하여 왈,

"신의 아비 대대로 국은을 입었거늘 신이 어찌 나라를 저버리리까? 신의 몸이 천비(賤婢)에서 나와 아버지를 아버지라 못하옵고 형을 형이라 못하여 제 몸이 천대를 받으매, 여의주 없는 용이요 날개 부러진 봉이라, 어찌 장부의 힘을 갖고 속절없이 집안에서만 늙으리까? 그러므로 한번 재주를 시험코자 각 읍 각 관을 치고 군기를 탈취하기는 신의 책략을 자랑함이요, 상의 어위대장 이흡을 속임도 재주를 보임이요, 또 신의 가슴에 경서와 병서와 음양조화며 세상을 다스릴 재주를 지녔사오니 어찌 속절없이 세월만 보내오리까? 복걸 상께서 신에게 병조판서 삼 년만 제수하시면 남의 천대를 면하옵고 충성을 다하여 상을 받들리다."

상이 길동의 아룀을 듣고 탄식하여 왈,

"난세의 영웅이로다. 어찌 쓰지 아니 하리요?"

즉시 공부상서를 명해 홍길동에게 병조판서를 제수하니, 뒷일은 어찌 된고? 다음 권을 볼지어다.

－「홍길동전」－

진짜 '길동'이 잡히지 않자 '상'은 당연히 '진노'할 수밖에 없고, '금부도사'를 명하여 다 물려 보내라 합니다. 그러자 '참 길동'이 '궐내'로 들어가 '슬피 통곡'하고 있어요. 대사의 내용을 보면, 그동안 자신의 재주를 보여 주기 위해 말썽을 피운 것이고, 앞으로는 나라에 도움이 될 것이니 벼슬을 달라는 내용이죠? 이는 조선의 유교적 질서를 부정하지 않으면서도, 왕에게 직접 요구하여 원하던 바를 얻는다는 〈보기〉의 내용이 그대로 살아 있는 부분입니다. 나아가 '다음 권을 볼지어다.'라는 표현으로 독자들을 짜증나게 하는 상업적 전략까지 완벽하게 살아 있죠? 이렇게 〈보기〉를 글에 입히면서 읽었다면 정말 완벽하다고 할 수 있겠네요.

| 선지 | ① | ② | ③ | ④ | ⑤ |
|---|---|---|---|---|---|
| 선택률 | 3% | 3% | 80% | 10% | 4% |

## 143 윗글의 내용에 대한 이해로 적절하지 <u>않은</u> 것은? ③

① '청포 입은 사람'은 길동의 정체를 궁금해한다.

| 선지 유형 | 근거가 있어서 허용 가능 |
|---|---|
| 실전에서의 판단 과정 | 그랬지. |
| 해설 | '청포 입은 사람'은 기세등등한 '길동'의 정체를 궁금해했습니다. 미리 공감했던 내용이었죠? |

② 길동은 활빈당 무리에게 자기를 소개하며 자신감을 드러낸다.

| 선지 유형 | 근거가 있어서 허용 가능 |
|---|---|
| 실전에서의 판단 과정 | 거드름 장난 아니었지. |
| 해설 | '길동'은 자신의 능력을 과신하며 거드름을 피우는 모습이었습니다. 역시 미리 체크한 내용이었어요. |

③ 홍 의정은 '참 길동'을 찾으라는 상의 명령에 유보적 태도를 보인다.

| 선지 유형 | 근거가 있어서 허용 불가능 |
|---|---|
| 실전에서의 판단 과정 | 찾으라니까 찾았잖아. |
| 해설 | '홍 의정'은 '참 길동'을 찾으라는 '상'의 명령을 듣고 바로 나서는 모습이었어요. '유보적'(나중으로 미루어 두는)이라는 단어의 뜻만 알고 있었다면 어렵지 않게 답으로 고를 수 있겠네요. |

④ 무수한 길동이 홍 의정 앞에서 동일한 언행을 보이고 있다.

| 선지 유형 | 근거가 있어서 허용 가능 |
|---|---|
| 실전에서의 판단 과정 | 다 절하고 똑같은 점을 보여 줬지. |
| 해설 | '홍 의정'이 '참 길동'을 찾으려 하자, 무수한 길동이 절을 하고 왼쪽 다리에 있는 점을 보여 주었습니다. 이에 '홍 의정'은 '참 길동'을 찾는 것을 포기했었죠? 지문을 이해하고 있다면 정말 빠르게 지워낼 수 있습니다. |

⑤ 상에게 길동은 자신이 저지른 행위의 이유를 밝히고 있다.

| 선지 유형 | 근거가 있어서 허용 가능 |
|---|---|
| 실전에서의 판단 과정 | 재주를 보여 주기 위해서라고 했지. |
| 해설 | '길동'은 '상'에게 절을 하고 통곡하면서, 신분 탓에 자신의 재주를 펼칠 수 없었기에 그 재주를 보여 주기 위해 여러 말썽을 피웠다고 이야기를 했죠? 마지막 '길동'의 대사를 보고 그 마음에 공감했다면 어렵지 않게 허용할 수 있습니다. |

| 선지 | ① | ② | ③ | ④ | ⑤ |
|---|---|---|---|---|---|
| 선택률 | 2% | 3% | 89% | 3% | 3% |

## 144 [가]의 ⓐ~ⓒ에 대한 설명으로 가장 적절한 것은? ③

그대 등은 무슨 재주와 용력이 있으며, 나와 ⓐ시험할쏘냐?"
상석에 앉은 사람이 방목(榜目)을 지어 가지고 쓴 ⓑ글을 내여 왈,
우두머리에게 지략과 술법을 배우고 이후에 ⓒ상장군 자리에 모시려 하나이다.

– ⓐ는 '길동'이 자신의 재주를 보여 주기 위해 제안한 것이고, ⓑ는 그 '시험'의 내용이었습니다. 나아가 ⓒ는 ⓑ를 잘 수행했을 때 '길동'이 얻을 수 있는 지위였죠? 이 정도로 정리해 두고 선지를 판단해 봅시다.

① ⓐ는 길동이 활빈당 무리와 한편이 될 수 없음을 보여 준다.

| 선지 유형 | 근거가 있어서 허용 불가능 |
|---|---|
| 실전에서의 판단 과정 | 한편 됐잖아? |
| 해설 | '길동'은 활빈당을 접수했습니다. 이러한 근거가 있는데, 한편이 될 수 없음을 보여 준다는 건 절대 허용할 수 없겠죠? |

② ⓑ는 길동에게 활빈당이 세워진 이유가 무엇인지를 알려준다.

| 선지 유형 | 근거가 없어서 허용 불가능 |
| --- | --- |
| 실전에서의 판단 과정 | 활빈당이 세워진 이유랑 뭔 상관이냐. |
| 해설 | ⓑ는 그저 '길동'의 재주를 시험하기 위한 것일 뿐, '활빈당이 세워진 이유' 같은 것과는 무관합니다. |

③ ⓒ는 길동이 활빈당에서 ⓑ에 제시된 과제를 통과하면 차지할 지위이다.

| 선지 유형 | 근거가 있어서 허용 가능 |
| --- | --- |
| 실전에서의 판단 과정 | 그렇지. |
| 해설 | 미리 생각한 내용이죠? 가볍게 답으로 고를 수 있습니다. |

④ ⓐ는 길동이 활빈당에서 자아를 실현하게 하는 역할을 하고, ⓑ와 ⓒ는 이를 방해하는 역할을 한다.

| 선지 유형 | 근거가 있어서 허용 불가능 |
| --- | --- |
| 실전에서의 판단 과정 | ⓑ는 자아 실현을 돕는 것이지. |
| 해설 | ⓐ는 '길동'이 활빈당을 접수하기 위해 제시한 것이므로, 이를 근거로 '자아를 실현하게 하는 역할'을 충분히 허용할 수 있을 것 같습니다. 나아가 ⓑ는 이를 돕는 역할을 하는 것이었어요. ⓑ와 ⓒ가 이를 '방해'한다는 건 절대로 허용할 수 없죠. |

⑤ ⓐ는 길동이 활빈당에서 무리들과 갈등하게 되는 계기가 되고, ⓑ와 ⓒ는 이를 심화하는 역할을 한다.

| 선지 유형 | 근거가 있어서 허용 불가능 |
| --- | --- |
| 실전에서의 판단 과정 | ⓑ가 해소했지. |
| 해설 | ⓐ를 계기로 '길동'이 활빈당 무리들과 갈등하게 된다는 건 정말 억지로나마 허용할 수 있을 것 같습니다. 활빈당 무리들의 입장에서는 '얘는 뭐지...?'라는 생각과 함께 반감이 들 수 있으니까요.<br><br>하지만 ⓑ와 ⓒ는 이 갈등을 해소하는 역할을 하죠? ⓑ를 잘 해결한 '길동'에게 ⓒ 자리를 주면서 한편이 되었으니까요. 이러한 내용을 근거로 하면 절대 허용할 수 없는 선지가 되겠습니다. |

| 선지 | ① | ② | ③ | ④ | ⑤ |
| --- | --- | --- | --- | --- | --- |
| 선택률 | 4% | 2% | 86% | 6% | 2% |

## 145 〈보기〉를 참고하여 ㉠~㉢을 감상한 내용으로 적절하지 않은 것은? [3점] ③

– 지문을 읽으면서 미리 찾아 둔 내용들입니다. 가볍게 해결해 봅시다.

① ㉠은 추가된 인물을 통해서 작품의 흥미를 높이려는 것이겠군.

> ㉠ 그중에 상좌(上座)의 사람을 보니, 청포운삼에 자금관을 쓰고 팔을 가볍게 들며 용력을 자랑하니,

| 선지 유형 | 근거가 있어서 허용 가능 |
| --- | --- |
| 실전에서의 판단 과정 | 상좌의 사람은 추가된 인물이었지. |
| 해설 | 〈보기〉에 따르면, '상좌의 사람'은 원작에서는 등장하지 않았던 활빈당의 수령이었습니다. 이러한 인물을 새롭게 등장시켰다는 것을 미리 체크했죠? |

② ㉡은 길동의 용력을 보여 주는 장면이 더해진 것이겠군.

> 길동이 또한 ㉡ 철관 오백 근을 쓰고 돌문 삼백 단을 넘어가니,

| 선지 유형 | 근거가 있어서 허용 가능 |
| --- | --- |
| 실전에서의 판단 과정 | 더해진 것이라고 했지. |
| 해설 | '철관'을 쓰고 '돌문'을 넘는 장면 역시 추가된 것이라고 했습니다. 어렵지 않게 허용할 수 있네요. |

③ ㉢은 군신 관계를 바탕으로 한 유교적 질서를 무너뜨리고자 한 시도이겠군.

> ㉢ 각 읍 각 관을 치고 군기를 탈취하기는 신의 책략을 자랑함이요,

| 선지 유형 | 근거가 있어서 허용 불가능 |
| --- | --- |
| 실전에서의 판단 과정 | 유교적 질서를 무너뜨리려고 하지는 않았다며. |

| 해설 | 일단 〈보기〉에서 이 작품은 조선의 유교적 질서에 대한 부정으로까지는 나아가지 않았다고 했습니다. 여기서 이미 답이 되어야 하는 선지죠?<br><br>나아가 ⓒ과 같은 행동을 한 '길동'의 의도는 자신의 재주를 보여 주기 위해서였지 무슨 쿠데타를 일으키려던 것이 아니기 때문에, '행동의 근거'라는 측면에서도 허용할 수 없는 선지입니다. |
|---|---|

④ ㉣은 주인공의 신분 상승을 바라는 독자의 욕망이 반영된 것이겠군.

> ㉣ 상께서 신에게 병조판서 삼 년만 제수하시면

| 선지 유형 | 근거가 있어서 허용 가능 |
|---|---|
| 실전에서의 판단 과정 | 그렇다고 했지. |
| 해설 | 〈보기〉에 따르면 '길동'이 왕에게 직접 자신이 원하는 바를 요구하는 모습은 신분 상승에 대한 '독자의 욕망'을 작품에 반영한 것이라고 했습니다. 이를 근거로 가볍게 허용할 수 있겠네요. |

⑤ ㉤은 독자들의 궁금증을 유발하여 돈을 벌려는 소설 업자의 전략으로 볼 수 있겠군.

> ㉤ 뒷일은 어찌 된고? 다음 권을 볼지어다.

| 선지 유형 | 근거가 있어서 허용 가능 |
|---|---|
| 실전에서의 판단 과정 | 그렇다고 했지. |
| 해설 | 역시 지문을 읽으면서 미리 생각했던 내용입니다. 굳이 설명할 필요도 없겠죠? |

| 몰랐던 어휘 정리하기 |
|---|
|  |

| 핵심 point |

① **허용 가능성 평가** : 선지의 내용을 '허용'하려는 태도를 바탕으로 지문을 '독해'하며 '근거'를 찾아야 합니다. 허용할 수 있는 '근거'가 있어야만 허용할 수 있습니다. 주관적인 생각을 개입시키면 안 됩니다.

② **소설 독해** : '심리와 행동의 근거'를 바탕으로 인물에게 '공감'하며 읽어야 합니다. 이 과정이 물흐르듯 이어지면 지문의 내용을 완벽하게 이해할 수 있어요.

③ **영웅소설 클리셰** : 모든 영웅은 엄청난 능력을 가지고 여러 가지 문제를 해결합니다. 이러한 클리셰를 알고 있다면 지문 독해가 수월해질 거예요.

| 지문 내용 총정리 |

영웅소설 클리셰와 소설 독해의 기본 원칙을 확실하게 갖추고 있는 학생이었다면, 너무나 쉽게 해결할 수 있는 지문이었을 겁니다. 여러분도 그랬으리라고 믿어요.

## DAY 14 [146~149]
2021.06 [34~37] 현대소설 '황만근은 이렇게 말했다' ☆☆

〈보기〉 확인

> ┌─────────────── [보기] ───────────────┐
>
> 　윗글은 민담적 요소를 적극 활용한 현대 소설이다. 바보 취급을 받는 황만근이 신이한 존재와 대면했으나 위기를 극복하며 의외의 승리를 거둔다는 비현실적 이야기는 민담적 특징을 잘 보여 준다. 또한 반복적이거나 위협적인 어구 사용, 구성진 입담 등에는 언어의 주술성과 해학성이 잘 드러난다.

'비현실적 이야기'가 나타나는 '민담적 요소'를 적극 활용한 현대 소설이라고 합니다. 굉장히 특이하네요. 어떤 비현실적 요소가 드러나는지 확인하러 갑시다.

지문 독해

> [앞부분 줄거리] 황만근은 마을 사람들에게 바보 취급을 받지만, 외지 출신인 민 씨는 달리 생각한다. 어느 날, 밤늦게 집에 가던 황만근은 토끼 고개에서 거대한 토끼를 만난다.

[앞부분 줄거리]는 간단합니다. '황만근'이라는, 바보 취급을 받는 인물이 거대한 '토끼'를 만난 상황이에요. 여기서 '민 씨'라는 외지 출신의 인물은 '황만근'을 바보라고 생각하지 않는다고 하네요. 정확한 사연은 모르겠지만, 무언가 비밀이 있는 것처럼 보입니다. 이때 거대한 '토끼'를 마주한다고 하는 그런 상황을 보고서 〈보기〉의 '비현실적 이야기'를 떠올릴 수 있으면 좋겠어요. 거대한 '토끼'라는 건 현실적으로는 이해하기 어려운 내용이니까요.

> 　"그기 뭔 소리라? 내가 내 집에 내 발로 가는데 니가 뭐라꼬 집에 못 간다 카나. 귀신이마 썩 물러가고 토끼마 착 엎디리라. 내가 너를 타고서라도 집에 갈란다."
> 　거대한 토끼는 황만근이 한 번도 맡아 본 적이 없는 비린 냄새를 풍기면서 느릿하고 탁한 음성으로 다시 말했다.
> 　"너는 여기서 죽는다. 너는 여기서 죽는다. 너는 여기서 죽는다. 너는 집에 못 간다."
> 　황만근은 온몸에 소름이 돋고 털이란 털은 모두 위로 곤두섰다. 그래도 있는 힘을 다해 토끼를 밀치며 "비키라!" 하고 소리를 질렀다. 그런데 토끼를 밀친 황만근의 팔이 토끼의 털에 묻히는가 싶더니 진공청소기에 빨려

드는 파리처럼 쑤욱 안으로 빨려 들어가는 것이었다 (황만근이 한 말이 아니라 그 말을 들은 민 씨의 표현이다). 황만근은 한 팔로 옆에 있는 나무를 붙잡으면서 빨려 들어간 팔을 도로 빼려고 안간힘을 썼다. 황만근을 빨아들이려는 공간은 아무것도 잡히지 않을 정도로 넓었고 허전했고 또한 소름끼치도록 차가웠다. 토끼는 토끼대로 쉽게 끌려 들어오지 않는 황만근을 마저 끌어들이기 위해 온몸을 떨면서 뒷발을 든 채 버티고 있었다.

'토끼'를 만난 '황만근'의 이야기입니다. '토끼'가 생각보다 많이 무서운 것 같아요. '토끼'의 목소리를 들은 '황만근'은 소름이 돋았다는 반응 체크해주시고, 이 심리의 '근거'가 결국 '토끼'가 무서워서 그런 것이라는 점을 생각해주시면 되겠죠? 상황은 더욱 심각해집니다. '황만근'의 팔이 '토끼'의 털에 빨려 들어가고 있어요. 이 장면을 상상하고, 긴장감을 쭉 끌어 올리면서 읽어주시면 됩니다. 이해하기가 어렵지는 않은데, 특이하게 중간 괄호 부분에서 '민 씨'에 대한 이야기가 나오네요. 뭔지는 잘 모르겠지만 특이하니 일단 체크해두고, 계속 읽어봅시다.

> 　그런 상태로 **시간이 하염없이 흘렀다.** 어느새 **동쪽 하늘이 부옇게 밝아 오기 시작했다.** 그러자 토끼는 황만근을 향해 "너는 이제 살았다. 너는 이제 살았다. 너는 이제 살았으니 나를 놓아라"하고 말했다. 황만근은 오기가 나서 "택도 없는 소리 말거라. 니를 탕으로 끓이서 어무이하고 나하고 마주 앉아서 먹어 치울끼다. 니 가죽을 빗기서 어무이 목도리를 하고 내 토시를 하고 장갑을 할끼다. 니는 인자 죽었다, 자슥아" 하고 소리쳤다. 토끼는 다급하게 물었다. "그럼 어떻게 하면 네 팔을 빼겠느냐." 황만근은 팔을 안 빼는 게 아니라 못 빼고 있는데 토끼가 그렇게 물어 오자 할 말이 없었다. 그래서 되는 대로 "내 소원을 세 가지 들어주기 전에는 니까잇 거는 못 간다" 하고 말했다.
> 　"네 소원이 뭐냐."
> 　"우리 어무이가 팥죽 할마이 겉이 오래오래 사는 거다."
> 　(팥죽 할마이란 팥죽을 파는 할머니, 혹은 늘 팥죽을 쑤고 있는 할머니 같은데 그 할머니가 누구인지, 어째서 오래 산다고 하는지 민 씨는 모른다.)
> 　토끼는 마을이 있는 **서쪽**으로 고개를 기울였다가 몸을 소스라치게 떨고 나서 힘겨운 목소리로 말했다.
> 　"지금 들어주었다. 그 다음은?"
> 　"여우 겉은 마누라가 생기는 거다."

"송편을 세 번 먹으면 네 집으로 올 거다. 다음은 무엇이냐?"

"떡두깨(떡두꺼비) 겉은 아들이다."

"마누라가 들어오면 용왕이 와서 그렇게 해 준다. 이제 나를 놓아라."

"내가 언제 니를 잡았나. 니가 가 뿌리만 되지, 바보 자슥아."

그러자 토끼는 속았다는 걸 알았는지 얼굴을 무섭게 부풀리더니 황만근의 얼굴에 뜨겁고 매운 김을 내뿜었다. 황만근이 눈을 뜨지 못하고 쩔쩔매다가 간신히 떠 보니 어느새 자신의 팔이 돌아와 있는 것이었다. 황만근의 주변에는 토끼털이 무수히 떨어져 바늘처럼 반짝이고 있었다. 황만근은 제대로 숨 쉴 겨를도 없이 집으로 달려갔다. 동네 곳곳의 닭들이 홰대에서 소리쳐 울고 있었다. 황만근은 밖에서 "어무이, 어무이" 하고 소리치면서 마당으로 뛰어 들어갔지만 방 안에서는 아무 기척이 없었다. 방 안에 들어가 보니 그의 어머니는 그가 나갔을 때의 모습 그대로, 얼굴이 백지장처럼 변해 앉아 있었다.

이런 무시무시한 상황에서 시간이 흘러, '동쪽 하늘이 밝아 오기 시작'했다고 합니다. 해가 뜨고 있다는 소리겠죠? 시간의 변화 확실하게 체크해주시고, 상황이 역전되었다는 것도 이해를 해주셔야겠습니다. 이제는 오히려 '토끼'가 '황만근'에게 놓아 달라고 하소연하고 있습니다. 그러자 '황만근'은 오기를 부리고 있어요. 결국 '세 가지 소원'을 들어주겠다는 약속까지 받아내고, 속았다는 생각에 화가 난 '토끼'에게서 드디어 벗어납니다. 〈보기〉에서 이야기하는 것처럼 굉장히 비현실적이지만, 어쨌든 지문을 이해하기 위해 해야 하는 생각 자체는 다르지 않습니다. 인물의 심리와 그 근거에 주목하면서 읽어주시면 돼요.

여기서 또 중간에 '팥죽 할마이' 이야기를 하며 '민 씨'에 대한 이야기를 하고 있습니다. [앞부분에 줄거리]에 나올 정도로 중요해 보였던 '민 씨'가 이렇게 등장하고 있네요. 계속 체크해주셔야겠죠? 이 모든 이야기가 '민 씨'의 표현을 통해 제시되고 있는 것으로 보입니다.

그렇게 마을로 돌아온 우리의 '황만근', 시간은 어느새 닭들이 소리쳐 우는 아침이 되었어요. '어머니'를 찾으러 가는데, '방 안'에는 기척도 없고 '어머니'의 상태도 이상합니다. '어머니'를 오래오래 살게 해 준다더니, 도대체 무슨 일일까요?

"어무이, 어무이!"

그가 어깨를 흔들자 젊은 어머니는 모로 쓰러져 버렸다. 그러면서 "카악!" 하고는 목에서 주먹밥 덩어리를 토해 냈다. 황만근이 어머니를 껴안고 통곡을 하다가 손발을 주무르고 온몸을 어루만지자 어머니는 눈을 떴다.

"니 와 인자 왔노?"

"밤새도록 토깨이 귀신하고 씨름을 하다 왔다. 니는 괜않나."

"니 기다리다가 아까 해 뜰 녘에 닭이 울길래 밥 한 딩이를 입에 넣었다가 목이 맥히서 죽을 뿐했다. 움직있다가는 더 맥힐 거 같애서 손가락 하나 까딱 모하고 이래 니가 오기 기다리고 있었니라. 이 문디 겉은 놈의 자슥아, 와 밥만 해 놓고 물은 안 떠다 놨나!"

황만근은 울다가 웃다가 덩실덩실 춤을 추었다. 그러고는 어머니에게 엉덩이를 채여 물을 뜨러 동네 우물로 달려갔다.

[A] 그날 우물가에서는 황만근의 기이한 체험이 여러 사람의 입으로 하루 종일 수십 번 되풀이되었고 종내 황만근이 우물가로 초청되어 입이 아프도록 같은 이야기를 늘어놓아야 했다.

[B] 송편을 세 번 빚을 만큼의 시간, 곧 세 해가 흐른 뒤에 토끼의 말대로 어떤 처녀가 그의 집으로 들어왔을 때 동네 사람들이 황만근을 보는 눈이 달라졌다.

–성석제, 「황만근은 이렇게 말했다」–

다행히 '어머니'는 주먹밥을 먹다 목에 걸린 것이었습니다. '어머니'가 어떻게 된 줄 알고 껴안고 통곡을 하던 '황만근'은 '울다가 웃다가 덩실덩실 춤을 추'기도 하고 있네요. '토끼'와 혈투를 벌인 뒤 '어머니'가 죽다 살아난 상황이니 당연히 저런 반응을 보일 수 있겠죠? 어렵지 않게 이해할 수 있습니다.

'그날' 우물가에서는 '황만근'의 기이한 체험이 화젯거리였고, '토끼'의 말처럼 3년이 지난 후 아내가 될 '처녀'가 집으로 들어오자 사람들은 '황만근'을 다르게 보았다고 합니다. 원래는 그를 바보로 보다가 무언가 비범한 사람으로 다르게 보기 시작했다는 것이겠죠? 어렵지 않게 이해할 수 있겠네요.

| 선지 | ① | ② | ③ | ④ | ⑤ |
|---|---|---|---|---|---|
| 선택률 | 15% | 53% | 5% | 13% | 14% |

## 146 ㉠, ㉡의 서술 효과로 가장 적절한 것은? ②

> ㉠(황만근이 한 말이 아니라 그 말을 들은 민 씨의 표현이다).

> ㉡(팥죽 할마이란 팥죽을 파는 할머니, 혹은 늘 팥죽을 쑤고 있는 할머니 같은데 그 할머니가 누구인지, 어째서 오래 산다고 하는지 민 씨는 모른다.)

– ㉠, ㉡은 지문의 이야기가 '민 씨'를 통해 전달되고 있음을 알려주는 표지들이었습니다. 선지 판단해볼까요?

① ㉠을 통해 민 씨가 황만근에게 들은 말을 그대로 전하고 있음을 알 수 있다.

| 선지 유형 | 근거가 있어서 허용 불가능 |
|---|---|
| 실전에서의 판단 과정 | 황만근이 한 말이 아니라며. |
| 해설 | ㉠은 '황만근'이 한 말이 아니라 그 말을 들은 '민 씨'의 표현이라고 했습니다. '황만근'이 한 말이 아니라는 '근거'가 있으니, '그대로' 전하고 있다는 건 절대로 허용할 수 없겠죠? |

② ㉡을 통해 황만근의 말을 전하는 민 씨도 다른 인물들처럼 서술자의 서술 대상임을 알 수 있다.

| 선지 유형 | 근거가 있어서 허용 가능 |
|---|---|
| 실전에서의 판단 과정 | 민 씨의 생각도 서술해주고 있으니 민 씨도 서술 대상이지. |
| 해설 | ㉡은 '민 씨'의 생각을 서술한 부분입니다. 이렇게 '민 씨'의 '생각'을 이야기한다는 점에서, 서술자가 '민 씨' 역시 다른 인물처럼 서술하고자 한다는 걸 너무나 쉽게 허용할 수 있습니다. |

③ ㉠과 ㉡을 삭제하면 황만근과 토끼의 대결 과정을 파악하기 어렵게 된다.

| 선지 유형 | 근거가 있어서 허용 불가능 |
|---|---|
| 실전에서의 판단 과정 | 민 씨랑 대결 과정이 무슨 상관이야. |
| 해설 | ㉠과 ㉡은 모두 '민 씨'에 대한 내용일 뿐, '황만근'과 '토끼'의 대결 과정과는 아무런 관련이 없는 말입니다. 이걸 삭제하더라도 대결 과정을 파악하는 데는 아무런 지장이 없겠어요. |

④ ㉠과 ㉡은 황만근과 토끼의 대결 과정 자체에 더 몰입하여 읽도록 도와주는 기능을 한다.

| 선지 유형 | 근거가 있어서 허용 불가능 |
|---|---|
| 실전에서의 판단 과정 | 민 씨랑 대결 과정이 무슨 상관이야. |
| 해설 | 3번 선지와 같은 맥락이죠? 이것 때문에 오히려 '황만근'과 '토끼'의 대결 과정에 몰입할 수가 없죠. 갑자기 '민 씨'의 이야기가 나오니까요. |

⑤ ㉠과 ㉡을 통해 황만근이 민 씨로부터 전해 들은 이야기가 다시 서술되고 있음을 알 수 있다.

| 선지 유형 | 근거가 있어서 허용 불가능 |
|---|---|
| 실전에서의 판단 과정 | 민 씨가 들은 이야기라며. |
| 해설 | 일단 ㉠의 경우, '황만근'이 '민 씨'로부터 전해 들은 이야기가 아니라 '민 씨'가 '황만근'으로부터 전해 들은 이야기였죠? '황만근'은 그저 해당 사건을 경험했을 뿐이에요. 나아가 ㉡은 '민 씨'에 대한 정보를 서술자가 제공하고 있을 뿐입니다. '황만근'과 아무런 관련이 없어요. 선지에서 묻는 게 무엇인지 정확하게 파악해야 합니다! |

| 선지 | ① | ② | ③ | ④ | ⑤ |
|---|---|---|---|---|---|
| 선택률 | 2% | 4% | 4% | 6% | 84% |

## 147 ⓐ~ⓔ를 이해한 내용으로 적절하지 <u>않은</u> 것은? ⑤

① ⓐ: 주인공이 기이한 체험을 하는 공간

> "너는 ⓐ여기서 죽는다. 너는 여기서 죽는다. 너는 여기서 죽는다. 너는 집에 못 간다."

| 선지 유형 | 근거가 있어서 허용 가능 |
|---|---|
| 실전에서의 판단 과정 | 토끼랑 전투하는 거면 기이하지. |
| 해설 | '여기'서 '토끼'와의 전투라는, 아주 기이한 체험을 하고 있습니다. |

② ⓑ: 주인공이 복귀해야 할 일상적 공간

> 토끼는 ⓑ마을이 있는 서쪽으로 고개를 기울였다가 몸을 소스라치게 떨고 나서 힘겨운 목소리로 말했다.

| 선지 유형 | 근거가 있어서 허용 가능 |
| --- | --- |
| 실전에서의 판단 과정 | 황만근이 사는 곳이니 일상적 공간이지. |
| 해설 | '마을'은 어머니가 있고, 또 황만근이 돌아가야 할 곳이죠? 이를 근거로 하면 '일상적 공간'이라는 말을 쉽게 허용할 수 있겠습니다. |

③ ⓒ: 주인공의 지난밤 체험의 흔적이 남아 있는 공간

> 황만근의 ⓒ주변에는 토끼털이 무수히 떨어져 바늘처럼 반짝이고 있었다. 황만근은 제대로 숨 쉴 겨를도 없이 집으로 달려갔다.

| 선지 유형 | 근거가 있어서 허용 가능 |
| --- | --- |
| 실전에서의 판단 과정 | 토끼털이면 흔적이지. |
| 해설 | 황만근의 '주변'에 토끼와 싸웠던 흔적, 즉 '토끼털'이 무수히 떨어져 있죠? 이 정도 근거면 당연하게 허용해야겠죠. |

④ ⓓ: 주인공이 어머니에 대한 불안을 감지하는 공간

> 동네 곳곳의 닭들이 횃대에서 소리쳐 울고 있었다. 황만근은 밖에서 "어무이, 어무이" 하고 소리치면서 ⓓ마당으로 뛰어 들어갔지만 방 안에서는 아무 기척이 없었다.

| 선지 유형 | 근거가 있어서 허용 가능 |
| --- | --- |
| 실전에서의 판단 과정 | 어머니 부르면서 들어갔는데 아무도 없으면 불안을 느낄 수 있지. |
| 해설 | '어무이, 어무이' 하고 '마당'으로 뛰어 들어갔지만 방 안에는 아무 기척이 없었다고 합니다. '어머니'를 찾고 있는데 보이지 않는 것이니, 이를 근거로 하면 '불안'을 감지한다는 말을 충분히 허용할 수 있겠죠. |

⑤ ⓔ: 주인공이 어머니의 요청을 동네 사람들에게 전하러 간 공간

> 황만근은 울다가 웃다가 덩실덩실 춤을 추었다. 그러고는 어머니에게 엉덩이를 채어 물을 뜨러 동네 ⓔ우물로 달려갔다.

| 선지 유형 | 근거가 없어서 허용 불가능 |
| --- | --- |
| 실전에서의 판단 과정 | 동네 사람들한테 저걸 왜 전해. |
| 해설 | '우물'이 주인공인 '황만근'이 '어머니'의 요청(물을 떠달라)을 들어 주러 간 곳이라는 건 맞지만, 그 요청을 '동네 사람들'에게 전한다구요? 어머니의 부탁을 굳이 동네 사람들에게 전할 이유가 없죠. 허용할 근거가 없으니 틀렸다고 해야 합니다. |

| 선지 | ① | ② | ③ | ④ | ⑤ |
| --- | --- | --- | --- | --- | --- |
| 선택률 | 2% | 4% | 9% | 81% | 4% |

## 148 [A], [B]에 대한 설명으로 가장 적절한 것은? ④

– [A]는 '황만근'의 기이한 체험이 여러 사람들에게 전해졌다는 내용이었고, [B]는 그 체험의 일부가 실현되어 '황만근'의 평판이 달라졌다는 내용입니다. 확실하게 체크해두었죠?

① [A]는 마을 사람들이 '이야기'를 여러 차례 들었으나 여전히 흥미를 느끼지 못했음을 보여 준다.

| 선지 유형 | 근거가 있어서 허용 불가능 |
| --- | --- |
| 실전에서의 판단 과정 | 하루 종일 수십 번 되풀이되었다며. |
| 해설 | '흥미'를 보이지 않았다면 이야기를 여러 차례 늘어놓았을 리가 없겠죠. 허용할 수 없는 명백한 근거가 존재하고 있습니다. |

② [A]는 직접 경험한 사건이라도 반복적으로 전달되면서 '이야기'의 내용이 점차 달라지고 있음을 보여 준다.

| 선지 유형 | 근거가 있어서 허용 불가능 |
| --- | --- |
| 실전에서의 판단 과정 | 똑같은 내용이잖아. |
| 해설 | 이야기의 '내용'은 달라지지 않았어요. '같은' 이야기라는 근거가 확실하게 살아있잖아요! |

③ [B]는 새로운 등장인물의 '말'에 따라 '말'을 처음 전한
존재에 대한 평가가 달라졌음을 보여 준다.

| 선지 유형 | 근거가 있어서 허용 불가능 |
| --- | --- |
| 실전에서의 판단 과정 | 토끼는 새로운 등장인물이 아닌데? |
| 해설 | [B]에 나온 '말'은 '토끼'의 말입니다. '토끼'는 앞에서 계속 등장하던 인물이었으니, '새로운 등장인물'을 허용하기는 어렵겠습니다. 물론 이 '말'을 처음 전한 존재, 즉 '황만근'에 대한 평가가 달라졌다는 건 충분히 허용할 수 있겠어요. |

④ [B]의 '말'은 [A]의 '이야기'의 일부로, '말'의 실현이 '이
야기'의 신뢰성을 높이고 있음을 보여 준다.

| 선지 유형 | 근거가 있어서 허용 가능 |
| --- | --- |
| 실전에서의 판단 과정 | 토끼의 말은 황만근 이야기의 일부겠고, 이게 실현되면 신뢰성은 당연히 높아지지. |
| 해설 | [B]에 나온 '토끼의 말'은 [A]에 나온 '이야기'의 일부입니다. 그리고 '처녀'의 등장으로 그 '말'이 실현되어 '황만근'에 대한 평판이 좋아졌죠? 이는 '신뢰성을 높이고 있음'이라는 해석의 근거로 사용하기에 충분하겠습니다. |

⑤ [B]는 [A]의 '이야기'가 삼 년 동안 전해질 수 있었던 이
유가 '말'의 실현에 대한 공동체의 확신 때문임을 보여
준다.

| 선지 유형 | 근거가 있어서 허용 불가능 |
| --- | --- |
| 실전에서의 판단 과정 | 공동체가 언제 '말'의 실현을 확신했어. |
| 해설 | '말'의 실현에 대한 공동체의 확신이요? 그런 게 있었으면 '황만근'이 계속 '같은 이야기'를 늘어놓을 이유도, '동네 사람들'이 '황만근'을 보는 눈이 달라질 이유도 없었겠죠. 이런 내용들을 근거로 하면 절대 허용할 수 없습니다. |

| 선지 | ① | ② | ③ | ④ | ⑤ |
| --- | --- | --- | --- | --- | --- |
| 선택률 | 3% | 4% | 7% | 18% | 68% |

**149** 〈보기〉를 참고하여 윗글을 감상한 내용으로 적절하지
않은 것은? [3점] ⑤

① 황만근이 '거대한 토끼'와 겨루는 비현실적인 이야기
전개는 민담의 일반적 특성과 맞닿아 있는 것이겠군.

| 선지 유형 | 근거가 있어서 허용 가능 |
| --- | --- |
| 실전에서의 판단 과정 | 토끼랑 겨루는 건 비현실적이지. |
| 해설 | 황만근이 '거대한 토끼'와 겨루는 장면은 우리도 지문을 읽을 때부터 '비현실적인 이야기 전개'라고 생각했던 부분입니다. 〈보기〉에서 이러한 '비현실적인 이야기 전개'가 '민담적 특징'이라고 했으니, 충분히 허용할 수 있겠습니다. |

② 토끼가 '너는 여기서 죽는다.'라는 말을 세 번 반복한
것은 언어의 주술적 특성을 드러내는 것이겠군.

| 선지 유형 | 근거가 있어서 허용 가능 |
| --- | --- |
| 실전에서의 판단 과정 | 반복적 어구는 주술성을 드러낸다며. |
| 해설 | 〈보기〉에서 반복적인 어구를 사용하는 것은 언어의 '주술성'을 드러낸다고 했죠? 〈보기〉를 근거로 충분히 허용할 수 있겠습니다. 〈보기〉도 선지 판단의 근거가 될 수 있다는 것, 계속해서 생각해주시기 바랍니다! |

③ 황만근이 '니는 인자 죽었다.'라고 발언하며 위협한 것
은 의외의 결과를 가져와 토끼가 황만근의 소원을 들
어주기로 하였겠군.

| 선지 유형 | 근거가 있어서 허용 가능 |
| --- | --- |
| 실전에서의 판단 과정 | 지문 내용 그대로네. |
| 해설 | '황만근'이 '위협적인 어구'를 통해 '토끼'를 압박하자, '토끼'는 '황만근'이 이야기한 '세 가지 소원'을 들어주기로 했죠? 지문 내용 그대로 허용할 수 있는 선지네요. |

④ '바보 자슥아'라는 말은 황만근에 대한 신이한 존재의
우위가 변했음을 보여 주는 것이겠군.

| 선지 유형 | 근거가 있어서 허용 가능 |
|---|---|
| 실전에서의 판단 과정 | 원래 토끼한테 밀리다가 바보라고 부르는 걸 보면 우위에 선 것이므로 변했다고 할 수 있지. |
| 해설 | 그 전까지는 '토끼'에게 우위가 있다가, 이제는 '황만근'이 '바보 자슥아'라고 부르면서 '토끼'를 약올립니다. 약올리는 건 더 우위에 있는 사람이 하는 행동이라고 볼 수 있겠죠? 선지 그 자체로 허용할 수 있습니다. |

⑤ 어머니가 '주먹밥 덩어리'를 토해 내는 것은 황만근에
게 속은 것을 깨달은 토끼의 주술적 복수라 할 수 있
겠군.

| 선지 유형 | 근거가 없어서 허용 불가능 |
|---|---|
| 실전에서의 판단 과정 | 주먹밥 먹고 토한 게 토끼 때문은 아니잖아. |
| 해설 | '어머니'가 '주먹밥 덩어리'를 먹고 토해 내는 것은 '토끼'와는 아무런 관련이 없습니다. 여기서 '토끼'가 화나서 '주먹밥'을 목에 걸리게 했다는 식으로 생각하는 건 여러분의 '머릿속'에서 근거를 찾은 것이죠? 지문 그 어디에도 '토끼'가 복수했다는 내용이 없기 때문에, 가볍게 답으로 고를 수 있어야 합니다.<br><br>나아가 애초에 '주먹밥 덩어리'를 토해 내는 것은 '어머니'에게는 좋은 일입니다. '토끼'가 복수를 한다면, 목에 걸리게 해야지 토해 낼 수 있게 하면 안 되겠죠. 이러한 내용을 바탕으로 해도 허용할 수 없다고 볼 수 있겠네요. |

| 몰랐던 어휘 정리하기 |
|---|
|  |



① **허용 가능성 평가** : 선지의 내용을 '허용'하려는 태도를 바탕으로 지문을 '독해'하며 '근거'를 찾아야 합니다. 허용할 수 있는 '근거'가 있어야만 허용할 수 있습니다. 주관적인 생각을 개입시키면 안 됩니다.

② **소설 독해** : '심리와 행동의 근거'를 바탕으로 인물에게 '공감'하며 읽어야 합니다. 이 과정이 물흐르듯 이어지면 지문의 내용을 완벽하게 이해할 수 있어요.

| 지문 내용 총정리 |

〈보기〉를 바탕으로 내용을 이해하고, 선지 판단을 하는 연습을 하기에 좋은 지문이었습니다. 그리 어렵지 않았으니 기본적인 포인트 위주로 정리합시다.

〈보기〉 확인

내용이해에 도움이 되는 〈보기〉가 보이지 않네요. 바로 지문부터 읽어보도록 합시다.

실전적 지문 독해

---

(가)

　아랫도리 다박솔 깔린 산(山) 넘어 큰 산(山) 그 넘엇 산(山) 안 보이어 내 마음 둥둥 구름을 타다.

　우뚝 솟은 산(山), 묵중히 엎드린 산(山), 골골이 장송(長松) 들어섰고, 머루 다랫넝쿨 바위 엉서리에 얽혔고, 샅샅이 떡갈나무 억새풀 우거진 데 너구리, 여우, 사슴, 산(山)토끼, 오소리, 도마뱀, 능구리 등(等), 실로 무수한 짐승을 지니인,

　산(山), 산(山), 산(山)들! 누거만년(累巨萬年) 너희들 침묵(沈默)이 흠뻑 지리함즉 하매,

　산(山)이여! 장차 너희 솟아난 봉우리에, 엎드린 마루에, 확 확 치밀어 오를 화염(火焰)을 내 기다려도 좋으랴?

　핏내를 잊은 여우 이리 등속이 사슴 토끼와 더불어 싸릿순 칡순을 찾아 함께 즐거이 뛰는 날을 믿고 길이 기다려도 좋으랴?

–박두진,「향현(香峴)」–

---

'산'에 대한 이야기를 하는 작품입니다. 굉장히 어려운 말들로 구성되어 있어 이해하기 쉽지는 않지만, '산'이 보이지 않아 '둥둥 구름을 타'는 것 같은 마음을 가졌던 화자가 '화염', '즐거이 뛰는 날' 등을 '기다려도 좋'겠냐는 말을 하고 있다는 것 정도는 파악할 수 있을 것 같습니다. 별다른 〈보기〉도 없는 상황이기 때문에, 최소한 '기다림'의 태도를 보이고 있다는 것 정도만 읽어내도 훌륭할 것 같아요.

---

(나)

　우리가 물이 되어 만난다면
　가문 어느 집에선들 좋아하지 않으랴.
　우리가 키 큰 나무와 함께 서서

　우르르 우르르 비 오는 소리로 흐른다면.

　흐르고 흘러서 저물녘엔
　저 혼자 깊어지는 강물에 누워
　죽은 나무뿌리를 적시기도 한다면.
　아아, 아직 처녀인
　부끄러운 바다에 닿는다면.

　그러나 지금 우리는
　불로 만나려 한다.
　벌써 숯이 된 뼈 하나가
　세상에 불타는 것들을 쓰다듬고 있나니

　만 리 밖에서 기다리는 그대여
　저 불 지난 뒤에
　흐르는 물로 만나자.
　푸시시 푸시시 불 꺼지는 소리로 말하면서
　올 때는 인적 그친
　넓고 깨끗한 하늘로 오라.

–강은교,「우리가 물이 되어」–

---

'우리'가 '물'이 되어 만났으면 좋겠다는 이야기를 하고 있습니다. 역시 이해하기 쉽지는 않지만, 현재는 '불'로 만나려 한다는 이야기를 통해 화자가 생각하는 이상과 현실에 괴리가 있다는 걸 파악할 수 있겠네요. 그러면서도 이상에 닿을 수 있다는 희망을 놓지 않고 있습니다. 이 정도만 읽어내도 훌륭하겠네요.

---

(다)

　눈은 따뜻하다. 오버를 걸치고 눈길을 걸을 때 이마를 적시는 함박눈은 가슴속까지 따뜻하게 한다. 작은 산 너머 거의 눈에 파묻힌 초가집 굴뚝에서 나오는 연기가 삶의 짙은 온도를 체험케 한다. 눈이, 함박눈이 쏟아지는 저녁, 잊고 있던 친구들의 얼굴이 각별히 그리워지고 마치 두터운 옷 속에 간직된 체온처럼 그들을 생각하는 따뜻한 정이 조용히 피어남을 느낀다. 안부 편지를 쓰고 싶어지고 어디선가 정다운 전화를 받고 싶은 것이다. 이웃 동네와 교통이 단절된 자기 집에 식구들과 모여 앉아 따뜻한 온돌에 발을 뻗고 옛 이야기를 나누는 삶의 따뜻함을 느낀다.

'눈'이 따뜻하다는 이야기로 시작하고 있습니다. 전반적으로 '눈'이 내리는 상황에서의 정겨운 풍경을 묘사하면서 '따뜻함'을 강조하고 있네요.

> 눈은 조용하다. 사뭇 쏟아지는 함박눈은 한 송이 한 송이가 무한한 이야기를 도란거리는 것 같으면서도 모든 것을 더욱 고요하게 한다. 그것은 고요한 가락들로 이루어진 웅장한 교향곡이라는 인상을 준다. 특히 어두운 밤중에 창밖으로 그칠 줄 모르고 내리는 함박눈을 바라보면 온 세상 아니 온 우주가 무한히 깊은 고요 속에 파묻혀 가는 듯하다.

여기에 '눈'은 조용하다는 이야기가 이어집니다. '눈'에 여러 가지 속성을 부여하는 방식으로 전개되는 작품인 것 같네요. '눈' 속에 만들어진 여러 고요한 풍경을 묘사하면서 이 속성을 강조하고 있습니다.

> 눈이 쌓이는 밤은 고요하다. 그러기에 고독하기 마련이다. 그러나 그 고독은 삭막하거나 허전하기보다는 흐뭇한 내용을 갖게 한다. 고요 속에서 나는 나 자신을, 우리는 우리 자신을 새삼 의식하게 되고, 오랫동안 잊혀졌던 스스로를 다시금 발견하고 생각하게 된다. 나의 삶, 나의 위치, 우리와 자연의 관계를 그 본연의 모습 속에서 발견할 수 있는 기회를 갖게 되는 것이다.

이렇게 '눈'은 조용한 풍경을 만들기에, '눈'이 쌓이는 밤은 고요합니다. 이는 '고독'으로 이어진다고 해요. 하지만 화자가 생각하는 '고독'은 '흐뭇'한 내용을 갖고 있다고 합니다. 자신을 성찰하는데 큰 도움을 주니까요! 화자가 이렇게 '눈'이 만드는 '고요'에 긍정적인 인상을 가지고 있다는 내용만 확실하게 잡아주시면 되겠네요.

> 그래서 눈은 명상적이다. 눈이 소리 없이 쌓이는 밤, 혼자 방 안에 앉아 있으면 책상 위의 전깃불을 끄고 잠자리에 들어가지지 않는다. 각별한 무슨 사무적인 일이나 공부 때문이 아니다. 어느덧 명상에 잠기게 되기 때문이다. 이런 밤 누가 사색가가 되지 않을 수 있겠는가. 누가 철학가로 변하지 않겠는가. 무한히 고요하고 거룩할 만큼 순수한 시간이다. 사색이 날개를 펴고 자유로운 명상에 잠긴다. 눈이 쌓이는 깊은 밤 혼자 앉아 있는 서재는 사색의 보금자리요, 책상 위에 밝혀 놓은 램프불은

> 사색의 꽃이다. 눈 내리는 밤늦게까지 책상 앞에 앉아 있는 철학가의 모습은 자연스럽다.
>
> –박이문, 「눈」–

이렇게 '눈'은 자신을 돌아보는 '고독'을 제공하기에, 명상적이라고 할 수 있습니다. 뒤의 내용들은 모두 '명상적'이라는 말의 재진술에 불과하죠? '눈'과 관련된 포근하고 고요한 풍경을 긍정적으로 바라본다는 주제만 체크해주시면 되겠습니다.

| 선지 | ① | ② | ③ | ④ | ⑤ |
|------|-----|-----|-----|-----|-----|
| 선택률 | 13% | 5% | 64% | 11% | 7% |

**150** (가)~(다)에 대한 설명으로 가장 적절한 것은? ③

① (가)는 대구 표현을 통해 회고적인 정서를 드러내고 있다.

| 선지 유형 | 근거가 있어서 허용 불가능 |
|------|------|
| 실전에서의 판단 과정 | 기다린다는 건 미래에 대한 내용이잖아. |
| 해설 | (가)에 등장하는 '대구 표현'은 마지막 두 연에서 확인할 수 있습니다. 화자는 '~을 기다려도 좋으랴?'라는 문장 구조를 반복하고 있어요. 이는 '미래'에 벌어질 일에 대한 기대감을 드러내는 표현이므로, 이를 근거로 하면 '회고적'(지나간 일을 돌이켜 생각하는)인 정서를 드러낸다는 내용은 절대로 허용할 수 없겠습니다. '회고적' 정도의 어휘력은 갖추고 있을 것이라고 믿어요. |

② (나)는 대립적 이미지를 통해 계절의 변화를 부각하고 있다.

| 선지 유형 | 근거가 없어서 허용 불가능 |
|------|------|
| 실전에서의 판단 과정 | 계절은 나타난 적이 없는데? |
| 해설 | 대립적 이미지는 '물 · 불'이라는 표현을 근거로 허용할 수 있습니다. 그런데 '계절의 변화'는 찾아볼 수 없죠? 애초에 (나)를 읽으면서 딱히 계절을 드러내는 표현도 찾을 수가 없었어요. |

③ (가)와 (나)는 청자를 명시적으로 드러내어 화자의 바람을 표출하고 있다.

| 선지 유형 | 근거가 있어서 허용 가능 |
|---|---|
| 실전에서의 판단 과정 | 산이랑 그대한테 바람을 표출했지. |
| 해설 | (가)의 화자는 '산'이라는 청자에게, (나)의 화자는 '그대'라는 청자에게 자신의 바람을 표출하고 있습니다. 구체적으로 (가)의 화자는 '원하는 것의 도래'를, (나)의 화자는 '물로 만나는 것'을 바라고 있다고 할 수 있겠죠? 이러한 주제와 직결되는 선지라는 점에서 답이라는 확신을 더 강하게 가질 수 있겠습니다. |

④ (가)와 (다)는 비유적 표현의 반복을 통해 과거의 체험을 드러내고 있다.

| 선지 유형 | 근거가 없어서 허용 불가능 |
|---|---|
| 실전에서의 판단 과정 | 찾기 귀찮아... 앞에서 답 나왔으니까 틀렸겠지 뭐. |
| 해설 | '비유적 표현의 반복'과 같은 내용은 찾기 너무나 귀찮은 내용이기 때문에, 그리고 3번 선지에서 이미 주제와 직결되는 확실한 정답을 찾았기 때문에 그냥 넘어가도 무방한 선지입니다.<br><br>물론 '비유적 표현의 반복'이라고 할 만한 부분을 찾기 어렵고, '과거의 체험' 역시 나타난 적이 없다고 할 수 있어요. |

⑤ (나)와 (다)는 특정 어구를 점층적으로 나열하여 긴박감을 조성하고 있다.

| 선지 유형 | 근거가 없어서 허용 불가능 |
|---|---|
| 실전에서의 판단 과정 | 긴박감은 주제랑 너무 동떨어진 것 같은데? |
| 해설 | '점층적 나열'이라는 걸 찾아보기 어려운 건 둘째치고, '긴박감 조성'은 두 작품의 주제와 너무 동떨어진 내용이죠? 절대로 허용할 수 없겠네요. |

| 선지 | ① | ② | ③ | ④ | ⑤ |
|---|---|---|---|---|---|
| 선택률 | 10% | 13% | 7% | 64% | 6% |

**151** (가), (나)에 대한 감상으로 적절하지 **않은** 것은? [3점] ④

① (가)는 산이 '누거만년' 동안 '침묵'하고 있는 것을 '지리함즉 하'다고 말함으로써 화자가 마주한 현실이 지향하는 세계와 거리가 있음을 보여 주는 것이겠군.

산(山), 산(山), 산(山)들! 누거만년(累巨萬年) 너희들 침묵(沈默)이 흠뻑 지리함즉 하매,

산(山)이여! 장차 너희 솟아난 봉우리에, 엎드린 마루에, 확 확 치밀어 오를 화염(火焰)을 내 기다려도 좋으랴?

핏내를 잊은 여우 이리 등속이 사슴 토끼와 더불어 싸릿순 칡순을 찾아 함께 즐거이 뛰는 날을 믿고 길이 기다려도 좋으랴?

| 선지 유형 | 근거가 있어서 허용 가능 |
|---|---|
| 실전에서의 판단 과정 | 지루하다고 했으니까 지향하는 세계와 거리가 있다고 할 수 있겠지. |
| 해설 | '누거만년' (정확히 어느 정도의 시간인지는 몰라도, 꽤 긴 시간이라는 느낌은 오죠?)동안 침묵하는 게 '지리함즉' 하다고 합니다. (지루하다는 뜻인데, 정확히 몰라도 상관은 없어요. 무언가 부정적인 뉘앙스만 느껴지면 돼요. 이 느낌은 문학 작품을 다루는 경험이 쌓이면 자연스레 생길 겁니다.) 오랫동안, 지루하다는 느낌. 이를 근거로 하면 '지향하는 세계와의 거리감'을 충분히 허용할 수 있겠죠? 지루하다는 건 원하는 게 이루어지지 않은 상황이라고 할 수 있고, 이 상황이 오래 지속되는 것이라고 할 수 있으니까요!<br><br>'지리함즉 하다'의 의미가 전혀 감도 오지 않았다면, 다음과 같이 해결할 수도 있습니다. 화자는 '산'이 '누거만년' 동안 '침묵'한 상황을 '지리함즉 하'다고 말했습니다. 그리고 그 아래 두 연에서 어떠한 상황들을 '기다려도 좋'겠냐는 이야기를 하고 있어요. 무언갈 기다린다는 것은 아직 원하는 바가 이루어지지 않았다는 걸 의미합니다. 즉, '지리함즉 하다'라는 표현은 이 작품에서 '원하는 대로 되지 않는다.'의 의미를 가지는 것이죠. 이를 근거로 하면, '기다림'을 표현하고 있는 현재 느끼는 '지리함즉 함'은 '지향하는 세계와 거리가 있는 현실'이라고 할 수 있겠습니다.<br><br>어떻게 해결하든, 근처 맥락과 함께 '독해'하여 허용의 근거를 찾는다는 원칙만 잊지 않으면 됩니다. '지리함즉 하다'처럼 어려운 말들의 의미는 근처 맥락을 '독해'하여 만들어 낼 수 있는 거예요. |

② (가)의 '내 기다려도 좋으랴'와 관련하여 볼 때 '화염'이 치밀어 오르는 것은 화자가 기대하는 산의 변화를 나타내는 것이겠군.

산(山)이여! 장차 너희 솟아난 봉우리에, 엎드린 마루에, 확 확 치밀어 오를 화염(火焰)을 내 기다려도 좋으랴?

| 선지 유형 | 근거가 있어서 허용 가능 |
|---|---|
| 실전에서의 판단 과정 | 기다린다고 했으니까 기대하는 거 맞지. |
| 해설 | '화염'은 '장차' 치밀어 오르는 것입니다. 이를 통해 '변화'를 충분히 허용할 수 있겠고, 그것을 기다리겠다는 말을 근거로 하면 '기대'한다는 반응도 충분히 허용할 수 있겠네요. |

③ (나)에서 '만난다면', '좋아하지 않으랴'라고 말하는 화자는 자신이 소망하는 만남이 앞으로 실현되기를 바라는 태도를 취하고 있는 것이겠군.

우리가 물이 되어 만난다면
가문 어느 집에선들 좋아하지 않으랴.

| 선지 유형 | 근거가 있어서 허용 가능 |
|---|---|
| 실전에서의 판단 과정 | 만나고 싶다는 거잖아. |
| 해설 | 화자 자신이 소망하는 '물이 되어 만나는 것'이 이루어지면 어느 집에서든 좋아할 것이라고 합니다. 이는 이러한 만남이 실현되기를 바라는 태도가 깃든 표현이라고 할 수 있겠죠? |

④ (가)의 '내 마음'이 '둥둥 구름을 타'는 것은 '큰 산', '그 넘엇산'을 바꾸려는 화자의 바람이 이루어지는 과정을, (나)의 '키 큰 나무와 함께 서서'는 화자가 현실에서 벗어나 자연과 하나가 되고 싶은 마음을 표현한 것이겠군.

아랫도리 다박솔 깔린 산(山) 넘어 큰 산(山) 그 넘엇산(山) 안 보이어 내 마음 둥둥 구름을 타다.

우리가 물이 되어 만난다면
가문 어느 집에선들 좋아하지 않으랴.
우리가 키 큰 나무와 함께 서서
우르르 우르르 비 오는 소리로 흐른다면.

| 선지 유형 | 근거가 없어서 허용 불가능 |
|---|---|
| 실전에서의 판단 과정 | 산을 바꾸려는 화자의 바람이 어딨냐. |
| 해설 | 먼저 (가)와 관련된 내용부터 판단해봅시다. '큰 산'과 '그 넘엇산'을 바꾸려는 화자의 '바람'을 허용할 근거를 찾아야 합니다. 해당 부분을 독해해보니, 화자는 그저 '큰 산'과 '그 넘엇산'이 보이지 않을 뿐입니다. 안 보여서 답답하다는 것만 체크할 수 있을 뿐, '산을 바꾸려는 바람'을 허용할 만한 근거는 도저히 찾을 수가 없네요.<br><br>한편 (나)의 화자는 '물'이 되어 만나지 못한 현재의 현실에서 벗어나 '나무'와 같은 자연과 '함께' 하나가 되고자 한다고 볼 수 있겠습니다. 억지로라도 근거를 잡을 수 있으니, 여기가 틀렸다고 확신하기는 어려울 것 같아요. |

⑤ (가)의 '핏내를 잊은 ~ 즐거이 뛰는 날'은 평화로운 세계를, (나)의 '넓고 깨끗한 하늘'은 화자가 '그대'와 만나 진정한 합일을 이루려는 세계를 표현한 것으로 볼 수 있겠군.

핏내를 잊은 여우 이리 등속이 사슴 토끼와 더불어 싸릿순 칡순을 찾아 함께 즐거이 뛰는 날을 믿고 길이 기다려도 좋으랴?

만 리 밖에서 기다리는 그대여
저 불 지난 뒤에
흐르는 물로 만나자.
푸시시 푸시시 불 꺼지는 소리로 말하면서
올 때는 인적 그친
넓고 깨끗한 하늘로 오라.

| 선지 유형 | 근거가 있어서 허용 가능 |
|---|---|
| 실전에서의 판단 과정 | 뭐 화자가 원하는 건 좋은 곳이겠지. |
| 해설 | (가)의 화자가 기다리는 세계는 '핏내를 잊은' 동물들이 '함께 즐거이 뛰는' 곳입니다. 이 정도의 근거라면 '평화로운 세계'를 충분히 허용할 수 있겠죠?<br><br>나아가 (나)의 화자가 이야기하는 '넓고 깨끗한 하늘'은 '그대'와 만나는 곳입니다. 만난다는 것을 근거로 하면, '진정한 합일'을 어렵지 않게 허용할 수 있겠습니다. |

| 선지 | ① | ② | ③ | ④ | ⑤ |
|---|---|---|---|---|---|
| 선택률 | 4% | 5% | 5% | 81% | 5% |

## 152 ㉠과 ㉡에 대한 설명으로 가장 적절한 것은? ④

> 우리가 물이 되어 만난다면
> 가문 어느 집에선들 좋아하지 않으랴.
> 우리가 키 큰 나무와 함께 서서
> ㉠<u>우르르 우르르 비 오는 소리로 흐른다면.</u>

> 만 리 밖에서 기다리는 그대여
> 저 불 지난 뒤에
> 흐르는 물로 만나자.
> ㉡<u>푸시시 푸시시 불 꺼지는 소리로 말하면서</u>
> 올 때는 인적 그친
> 넓고 깨끗한 하늘로 오라.

– ㉠은 '우리'가 '물'이 되어 만난 상황을, ㉡은 '물'로 만나기 위해 '불'을 꺼뜨리는 상황을 의미합니다. 이에 대한 설명을 찾아봅시다.

① ㉠은 물의 결핍감을, ㉡은 불의 충족감을 비유한다.

| 선지 유형 | 근거가 있어서 허용 불가능 |
|---|---|
| 실전에서의 판단 과정 | 물이 많은 건데 왜 결핍감이고, 불이 꺼지는데 왜 충족감이야. |
| 해설 | ㉠은 '비'가 오는 것과 관련된 표현입니다. 이는 '물'이 결핍되기는커녕 너무나 많은 상황이죠? 나아가 ㉡은 '불'이 꺼지는 상황이기에, '충족감'이라는 말을 허용하기는 어렵겠습니다. |

② ㉠은 비의 부정적 의미를, ㉡은 소리의 긍정적 의미를 함축한다.

| 선지 유형 | 근거가 있어서 허용 불가능 |
|---|---|
| 실전에서의 판단 과정 | 비가 왜 부정적이야. |
| 해설 | 맥락상 이 지문에서 '물'과 관련된 것들은 긍정적 의미를 가진다고 할 수 있습니다. 따라서 ㉠이 '비'의 부정적 의미를 나타낸다는 것은 허용하기 어렵겠죠? 또한 ㉡의 경우, '소리' 자체가 긍정적 의미를 함축한다는 것을 허용할 근거를 찾기는 쉽지 않네요. 불이 꺼지는 것은 화자가 원하는 바가 이루어지는 것과 연관되기에 긍정적이라고 할 여 |

지가 있겠지만, 그 '소리'가 긍정적이라고 확신할 수는 없는 것입니다. 어쨌든 ㉠ 부분에서 확실하게 틀렸음을 알 수 있네요.

③ ㉠은 비에 대한 불안감을, ㉡은 소리에 대한 불안감을 반영한다.

| 선지 유형 | 근거가 없어서 허용 불가능 |
|---|---|
| 실전에서의 판단 과정 | 뭐가 불안하냐. |
| 해설 | (나) 작품 전체적으로 화자의 '불안감'을 찾아보기는 어렵습니다. 도저히 허용할 근거가 없네요. |

④ ㉠은 물의 생동하는 힘을, ㉡은 불이 소멸하는 상황을 형상화한다.

| 선지 유형 | 근거가 있어서 허용 가능 |
|---|---|
| 실전에서의 판단 과정 | 우르르 우르르랑 푸시시 푸시시부터 느낌이 확 오네. |
| 해설 | '실전에서의 판단 과정'처럼 판단하고 넘어가는 게 가장 좋을 것 같습니다. 조금 더 엄밀하게 판단해 볼까요? 비가 오는 모습에서 '생동하는 힘'을 허용할 수 있고, 불이 꺼지는 모습에서 '소멸하는 상황'을 허용할 수 있겠네요. 어렵지 않게 답으로 골라낼 수 있겠습니다. |

⑤ ㉠은 상승하는 물의 움직임을, ㉡은 하강하는 불의 움직임을 구체화한다.

| 선지 유형 | 근거가 있어서 허용 불가능 |
|---|---|
| 실전에서의 판단 과정 | 비 내리는 게 왜 상승이야. |
| 해설 | 비는 위에서 아래로 내립니다. '상승'이라는 말은 허용할 수 없겠죠? 물론 '불'이 '소멸'하는 모습은 '하강하는 움직임'이라고 할 수 있겠습니다. |

| 선지 | ① | ② | ③ | ④ | ⑤ |
|---|---|---|---|---|---|
| 선택률 | 5% | 5% | 79% | 6% | 5% |

## 153 (다)에 드러나는 글쓴이의 태도로 가장 적절한 것은? ③

– 긴 지문 속, 굵은 글씨가 되어 있지 않아 굉장히 짜증나는 문제입니다. 선지에서 묻는 부분을 하나하나 찾아가는 것이 쉽지 않으니까요. 이런 경우에는 '주제'와 직결되는 내용을 먼저 확인하시는 걸 추천드립니다. 만약 이 문제와 달리 '적절하지 않은' 것을 고르라는 문제였다면 '주제'와 무관하거나 정반대되는 내용을 먼저 확인할 수 있겠죠? 이 지문의 경우, '눈'이 만들어주는 풍경에 긍정적인 반응을 보이고 있었습니다. 이와 관련된 선지인 3번~5번 선지에 먼저 눈이 가야하는 것이죠. 일단 지금은 해설을 하는 시간이니 그냥 처음부터 풀어보도록 합시다.

① 글쓴이는 '온 세상'이 '깊은 고요' 속에 파묻혀 가는 듯한 모습을 보며 스스로에게 연민을 느끼고 있다.

> 특히 어두운 밤중에 창밖으로 그칠 줄 모르고 내리는 함박눈을 바라보면 <u>온 세상</u> 아니 온 우주가 무한히 깊은 <u>고요</u> 속에 파묻혀 가는 듯하다.

| 선지 유형 | 근거가 없어서 허용 불가능 |
|---|---|
| 실전에서의 판단 과정 | 연민을 왜 느껴. |
| 해설 | 글쓴이는 그저 '눈'으로 인해 '온 세상'이 '깊은 고요' 속에 파묻힌 풍경을 묘사하고 있습니다. '스스로에게 연민'과 같은 내용을 허용할 만한 근거를 찾을 수가 없네요. |

② 글쓴이는 '눈이 쌓이는 깊은 밤'에 '서재'에 앉아 '철학가'의 경지에 미치지 못하는 자신을 성찰하고 있다.

> 누가 철학가로 변하지 않겠는가. 무한히 고요하고 거룩할 만큼 순수한 시간이다. 사색이 날개를 펴고 자유로운 명상에 잠긴다. <u>눈이 쌓이는 깊은 밤 혼자 앉아 있는 서재</u>는 사색의 보금자리요, 책상 위에 밝혀 놓은 램프불은 사색의 꽃이다. 눈 내리는 밤늦게까지 책상 앞에 앉아 있는 철학가의 모습은 자연스럽다.

| 선지 유형 | 근거가 있어서 허용 불가능 |
|---|---|
| 실전에서의 판단 과정 | 철학가처럼 사색할 수 있어 좋다는 거잖아. |
| 해설 | 글쓴이는 '눈이 쌓이는 깊은 밤', '서재'에 앉아 '철학가'처럼 '사색'할 수 있는 시간이 있기에 '눈'은 명상적이라고 했습니다. 이는 그저 '철학가'처럼 사색할 수 있어 좋다는 의미이지, '철학가'의 경지 같은 것에 관심을 두는 것이 아니죠. |

③ 글쓴이는 자아를 재발견하는 계기가 된다는 점에서 '눈이 쌓이는 밤'에 체험하는 '고독'을 긍정적으로 인식하고 있다.

> 눈이 쌓이는 밤은 고요하다. 그러기에 고독하기 마련이다. 그러나 그 고독은 삭막하거나 허전하기보다는 흐뭇한 내용을 갖게 한다. 고요 속에서 나는 나 자신을, 우리는 우리 자신을 새삼 의식하게 되고, 오랫동안 잊혀졌던 스스로를 다시금 발견하고 생각하게 된다. 나의 삶, 나의 위치, 우리와 자연의 관계를 그 본연의 모습 속에서 발견할 수 있는 기회를 갖게 되는 것이다.

| 선지 유형 | 근거가 있어서 허용 가능 |
|---|---|
| 실전에서의 판단 과정 | 주제네? |
| 해설 | '눈이 쌓이는 밤'은 조용하고 고요합니다. 그래서 '고독'하지만, 이 시간은 자신을 성찰할 수 있다는 점에서 긍정적이라고 했습니다. 지문을 읽으면서부터 체크했던, 주제와 직결되는 내용이네요. 가볍게 답으로 골라주시면 되겠습니다. |

④ 글쓴이는 '눈이 소리 없이 쌓이는 밤'에 '사무적인 일이나 공부'와 같은 일상적인 일들에 새롭게 가치를 부여하고 있다.

> 그래서 눈은 명상적이다. 눈이 소리 없이 쌓이는 밤, 혼자 방 안에 앉아 있으면 책상 위의 전깃불을 끄고 잠자리에 들어가지지 않는다. 각별한 무슨 <u>사무적인 일이나 공부</u> 때문이 아니다. 어느덧 명상에 잠기게 되기 때문이다.

| 선지 유형 | 근거가 없어서 허용 불가능 |
|---|---|
| 실전에서의 판단 과정 | 사무적인 일이나 공부 때문이 아니라며. |
| 해설 | 글쓴이가 '눈이 소리 없이 쌓이는 밤'에 잠자리에 들어가지 않는 것은 '사무적인 일이나 공부' 때문이 아니라고 했습니다. 하지도 않은 일에 새롭게 가치를 부여한다는 건 허용하기 어렵겠죠. |

⑤ 글쓴이는 '옛 이야기를 나누는 삶의 따뜻함'을 떠올리면서 유대감이 '단절'된 '이웃'과의 관계가 회복되기를 바라고 있다.

> 이웃 동네와 교통이 단절된 자기 집에 식구들과 모여 앉아 따뜻한 온돌에 발을 뻗고 옛 이야기를 나누는 삶의 따뜻함을 느낀다.

| 선지 유형 | 근거가 있어서 허용 불가능 |
|---|---|
| 실전에서의 판단 과정 | 단절된 건 교통인데? |
| 해설 | 단어만 대충 보고 판단하면 당합니다. 지문 속에서 단어가 어떤 맥락으로 쓰였는지 정확하게 독해해야 해요. '단절'된 것은 '이웃' 동네와의 '교통'이고, 글쓴이와 소통하는 것은 '식구들'입니다. 이러한 독해의 결과를 근거로 하면 허용할 수 없겠네요. |

| 선지 | ① | ② | ③ | ④ | ⑤ |
|---|---|---|---|---|---|
| 선택률 | 4% | 4% | 6% | 6% | 80% |

**154** (다)를 바탕으로 〈보기〉에 제시된 선생님의 안내에 따라 학습 활동을 수행한 결과로 가장 걱절한 것은? ⑤

―[보기]―

ⓐ는 ㉮ 감각과 정서를 동시에 드러내는 단어인 '따뜻하다'를 사용하여 '눈'이라는 사물의 속성을 개성적으로 표현한 것입니다. 그 정서는 글쓴이가 ㉯ 그 사물과 함께 떠올린 기억속의 정경과 관련되어 있습니다. ㉮와 ㉯를 모두 포함하는 짧은 글을 두 문장으로 지어 봅시다.

> ⓐ눈은 따뜻하다.

– 작문 문제 같네요. '통합 교육'이 강조되기 시작한 시기라 이런 유형도 등장했었어요. 조건만 정리해봅시다.

1) 감각과 정서를 동시에 드러내는 단어 사용
2) 그 사물과 함께 떠올린 기억 속의 정경 제시

둘을 모두 만족하는 것은 5번밖에 없네요.

① 현재는 없다. 기나긴 과거와 끝없는 미래만 있을 뿐이다.
② 우리는 둘이 아니다. 너와 나는 한길을 걷는 영원한 벗이다.
③ 시간은 모순이다. 힘겨운 시간은 천천히, 즐거운 시간은 빨리 지나간다.
④ 지식은 차갑다. 지혜의 따뜻함이야말로 인간의 마음에 생기를 북돋아 준다.
⑤ 자갈밭은 포근하다. 자갈밭에서 어머니가 예쁜 자갈들을 내 손에 쥐어 주시던 모습에서 포근함을 느낀다.

현대시 독해 연습

> (가)
> 아랫도리 다박솔 깔린 산(山) 넘어 큰 산(山) 그 넘엇 산(山) 안 보이어 내 마음 둥둥 구름을 타다.

'아랫도리 다박솔'과 같은 말이 무슨 말인지는 잘 모르겠지만, 화자는 지금 '산'이 보이지 않습니다. 그래서 마음이 '둥둥 구름'을 탄다고 해요. 다 무슨 말인지 몰라도, '구름을 타다'='산이 보이지 않아 나타나는 심리'와 같은 식으로 '독해'할 수는 있겠네요. 조금 생각해보면 발을 동동 구르는 것과 비슷한 심리라고 할 수 있겠죠?

> 우뚝 솟은 산(山), 묵중히 엎드린 산(山), 골골이 장송(長松) 들어섰고, 머루 다랫넝쿨 바위 엉서리에 얽혔고, 샅샅이 떡갈나무 억새풀 우거진 데 너구리, 여우, 사슴, 산(山)토끼, 오소리, 도마뱀, 능구리 등(等), 실로 무수한 짐승을 지니인,

화자는 계속 '산'에 집착하고 있습니다. 여러 산들을 나열하는데, 이 '산'들은 여러 식물과 동물을 지니고 있다고 해요. 산에 동식물이 있다는 것이 그렇게 납득하기 어려운 이야기는 아닐 것 같습니다.

> 산(山), 산(山), 산(山)들! 누거만년(累巨萬年) 너희들 침묵(沈默)이 흠뻑 지리함즉 하매,

그렇게 '누거만년'이라는 오랜 시간 동안 이 산들의 '침묵'이 이어지는데, 화자는 여기서 '지리함'을 느끼고 있습니다. 맥락상 '지루함' 정도로 여길 수 있겠죠? 일반적으로 바라보는 대상이 '침묵'하고 있다면 '지루함'을 느낄 테니까요.

> 산(山)이여! 장차 너희 솟아난 봉우리에, 엎드린 마루
> 에, 확 확 치밀어 오를 화염(火焰)을 내 기다려도 좋으랴?
>
> 핏내를 잊은 여우 이리 등속이 사슴 토끼와 더불어 싸
> 릿순 칡순을 찾아 함께 즐거이 뛰는 날을 믿고 길이 기
> 다려도 좋으랴?
>
>                           -박두진, 「향현(香峴)」-

화자는 언젠가 이들의 봉우리, 마루에 '화염'에 치밀어 오를 것을 기다리겠다고 합니다. 정확히 해석할 수는 없어도, '침묵'이라는 시어가 '화염'이라는 시어와 대비되고 있으며, '화염'이 화자의 지향에 더 가깝다는 것 정도는 '독해'할 수 있겠죠?

그리고 이렇게 '화염'이 치밀어 오르는 날은 바로 여러 짐승들이 '싸릿순 칡순'을 찾아 '함께 즐거이 뛰는' 날이라고 해요. 화자에게 '지리함'을 가져다주었던 '침묵'과는 확연히 대비되는 상황이죠? 화자의 지향점이 뚜렷해서 읽기가 어렵지는 않은 작품이었네요.

> (나)
>   우리가 물이 되어 만난다면
>   가문 어느 집에선들 좋아하지 않으랴.
>   우리가 키 큰 나무와 함께 서서
>   우르르 우르르 비 오는 소리로 흐른다면.

'우리'가 '물'이 되어 만나는 상황을 가정하고 있습니다. 이렇게 되면 '가문 어느 집'(=가뭄에 든 어느 집)에서는 너무 좋아하겠죠. 화자는 이렇게 '물'이 되어 만나는 것을 '키 큰 나무'와 함께 '비 오는 소리'로 흐르는 모습으로 구체화시키고 있습니다. 단순히 '우리'끼리 '물'로 만나는 것에서 그치는 것이 아니라, '키 큰 나무'와 같은 대상들과도 함께 연대하는 모습을 의미한다고 할 수 있겠네요.

>   흐르고 흘러서 저물녘엔
>   저 혼자 깊어지는 강물에 누워
>   죽은 나무뿌리를 적시기도 한다면.
>   아아, 아직 처녀인
>   부끄러운 바다에 닿는다면.

이렇게 '물'로 만난 '우리'는 '강물'에 누워 '죽은 나무뿌리'를 적실 수도 있고, '아직 처녀인 부끄러운 바다'에 닿을 수도 있습니

다. 정확히 무엇을 의미하는지는 모르겠지만, 화자는 이러한 상황을 긍정적으로 바라보고 있다고 할 수 있겠죠. 물론 계속해서 가정법이라는 점에서 아직 이런 상황이 일어나지는 않았다는 걸 알 수 있겠지만요.

>   그러나 지금 우리는
>   불로 만나려 한다.
>   벌써 숯이 된 뼈 하나가
>   세상에 불타는 것들을 쓰다듬고 있나니

앞에서도 언급했듯이, '우리'가 '물'로 만나는 것은 가정밖에 할 수 없는 이상적인 상황입니다. '지금'은 '불'로 만날 수밖에 없어요. '벌써 숯이 된 뼈 하나'는 불에 다 타 버린 존재를 의미할 텐데, 이러한 존재가 아직 '불타는 것들'을 쓰다듬고 있다고 합니다. 자신은 다 타 버린 상황에서도 다른 존재를 보살피는 희생적인 모습이 나타나는 것 같아요. 빨리 이 '불'을 끌 '물'이 필요하겠죠?

>   만 리 밖에서 기다리는 그대여
>   저 불 지난 뒤에
>   흐르는 물로 만나자.
>   푸시시 푸시시 불 꺼지는 소리로 말하면서
>   올 때는 인적 그친
>   넓고 깨끗한 하늘로 오라.
>
>                     -강은교, 「우리가 물이 되어」-

화자가 계속 '우리'로 묶어 부르던 대상은 바로 '만 리 밖'에서 기다리는 '그대'였어요. 이 '그대'가 의미하는 바는 감상하는 사람의 생각에 따라 달라지겠지만, 중요한 건 화자가 모든 걸 태워버리는 '저 불'이 지난 뒤에 '그대'와 함께 '흐르는 물'로 만나고 싶어 한다는 겁니다. 이 '물'은 '불'을 꺼뜨리고, 불길이 사라진 '넓고 깨끗한 하늘'을 만들 수 있겠죠. 화자는 이러한 '하늘'에서 '그대'와 함께 만나고자 하는 것이네요.

<table>
<tr><th>몰랐던 어휘 정리하기</th></tr>
<tr><td><br><br><br><br></td></tr>
</table>

① **허용 가능성 평가** : 선지의 내용을 '허용'하려는 태도를 바탕으로 지문을 '독해'하며 '근거'를 찾아야 합니다. 허용할 수 있는 '근거'가 있어야만 허용할 수 있습니다. 주관적인 생각을 개입시키면 안 됩니다.

② **현대시 독해** : 〈보기〉의 도움 등을 통해 '주제' 위주로, 그리고 일상 언어의 감각으로 읽어내면 됩니다. 현대시도 읽을 수 있는 하나의 글입니다.

③ **수필 독해** : 운문문학과 마찬가지로, 글쓴이가 하고자 하는 말인 '주제'를 파악하는 것이 핵심입니다. 수필이 어렵게 출제될 것을 대비해, 독서 지문을 읽듯이 꼼꼼하게 읽으며 주제를 파악하는 연습을 해야 해요.

| 지문 내용 총정리 |

난해한 표현들이 가득한 작품과 꽤나 깊은 독해를 요구하는 선지 등이 포함된 세트였습니다. 현대시+수필 세트의 정석과도 같은 지문이니, 모든 선지가 명쾌하게 해결될 때까지 여러 번 복습하도록 합시다.

〈보기〉 확인

> ───────[보기]───────
>
> 「유씨삼대록」은 유씨 3대 인물들의 이야기들을 연결한 국문 장편 가문 소설이다. 각 이야기는 그 자체로 완결성을 갖추고 있어 독립적이지만, 혼사나 그로부터 파생된 각각의 갈등이 동일한 가문 내에서 전개된다는 점에서 연결된다. <u>이러한 갈등은 가법이나 인물의 성격에서 유발된다.</u> 가문의 구성원들은 혼사를 둘러싼 갈등이 가문의 안정과 번영을 저해한다고 여겼기에, <u>가문 차원에서 이를 해결</u>해 간다.

'가문 차원'에서 혼사나 그로부터 파생된 각각의 갈등을 해결하는 내용이라고 합니다. 어떤 갈등이 나오는지, 그리고 이를 어떻게 해결해 가는지 생각하며 읽어 봐야 하겠죠. 나아가 3대의 인물들이 나온다고 하니, 여러 인물들이 나타날 것임을 짐작하고 그 인물들 사이의 관계를 잘 정리해야겠다는 생각을 할 수도 있겠습니다.

지문 독해

> [앞부분의 줄거리] 아들 유세기 가 부모의 허락 없이 백공 과
> 혼사를 결정했다고 여긴 선생 은 유세기를 집에서 내쫓는다.

[앞부분의 줄거리]는 언제나 중요하게 읽는 습관을 들이자고 했습니다! '유세기'는 '선생'의 아들인데, '선생'은 '유세기'가 허락 없이 '백공'과의 혼사를 결정했다고 여겨서 아들을 내쫓았다고 합니다. 옛날에는 이런 게 큰 죄가 되었을 테니 충분히 공감하며 읽을 수 있겠죠? '~했다고 여긴'이라는 표현을 보면, '선생'의 이 생각이 뭔가 오해에서 비롯했을 수도 있을 것 같아요. 〈보기〉에서 말한 '갈등'이 시작되는 것 같은데, 이 줄거리를 고려하여 지문을 읽어 봅시다.

> 백공이 왈,
> "혼인은 좋은 일이라 서로 헤아려 잘 생각할 것이니 어찌 이같이 좋지 않은 일이 일어나는가? 내가 한림의 재모를 아껴 이같이 기별해 사위를 삼고자 하였더니 선생 형제 는 도학 군자라 예가 아닌 것을 문책하시는 도다. 내가 마땅히 곡절을 말하리라."

[앞부분의 줄거리]의 상황이 해결되기 시작하는 장면입니다. '백공'이 '한림의 재모를 아껴 이같이 기별해 사위를 삼고자'했다는 부분에서, '한림'이 유세기라는 것을 짐작할 수 있었다면 잘 하신 거예요. '한림'이라는 새로운 호칭이 나왔을 때, 정말로 새로운 인물인지 한 번만 생각했다면 어렵지 않게 체크할 수 있었을 겁니다. 나아가 '백공'은 '유세기=한림'과 결혼시키려 했던 어떤 여성의 아버지라고 할 수 있겠죠? '사위'라는 표현이 있으니까요. '백공'은 '선생 형제'를 찾아가서 오해를 풀고, '유세기'와 '선생' 사이의 갈등을 해결해주려 합니다. 어 그런데 '선생'에게 형제가 있나보네요? 체크할 준비하면서 읽어봅시다.

> 이에 백공이 유씨 집안에 이르러 선생 형제를 보고 인사를 하고 나서 <u>흔쾌히 웃으며</u> 가로되,
> "제가 두 형과 더불어 죽마고우로 절친하고 또 아드님의 특출함을 아껴 제 딸의 배필로 삼고자 하여, 어제 세기를 보고 여차여차하니 아드님이 단호하게 말하고 돌아가더이다. 제가 더욱 흠모하여 염치를 잊고 <u>거짓말로 일을 꾸며 구혼</u>하면서 '정약'이라는 글자 둘을 더했으니 이는 <u>진실로 저의 희롱함</u>이외다. 두 형께서 과도히 곧이듣고 아드님을 엄히 꾸짖으셨다 하니, 혼사에 도리어 훼방이 되었으므로 어찌 우습지 않으리까? 원컨대 두 형은 아드님을 용서하여 아드님이 저를 원망하게 하지 마오."
> 선생과 승상이 바야흐로 아들의 죄가 없는 줄을 알고 <u>기뻐하면서</u> 사례하여 왈,
> "저희 자식이 분에 넘치게 공의 극진한 대우를 받으니 마땅히 그 후의를 받들 만하되, 이는 선조로부터 대대로 내려오는 가법이 아니기에 감히 재취를 허락하지 못하였소이다. 저희 자식이 방자함이 있나 통탄하였더니 그간 곡절이 이렇듯 있었소이다."

백공은 '선생 형제'한테 가서 '흔쾌히 웃고' 있습니다. 왜? 그렇죠! 오해를 풀어야 하니, 웃는 낯으로 가야겠죠. 보아하니 결혼 이야기는 '유세기'의 잘못이 아니라, '백공'이 거짓말로 꾸며낸 소문이었네요.

'백공'의 해명을 들은 '선생'과 '승상'은 '기뻐하고' 있습니다. 오해가 풀렸고, 아들의 잘못이 아님을 알았으니 당연히 기쁘겠죠. 나아가 원래 '백공'이 대화를 건 대상은 '선생 형제'였는데, 기뻐하는 건 '선생, 승상'임을 토대로 '승상'이 바로 '선생'의 형제, 즉 '유세기'의 가족임을 생각할 수 있겠네요. 인물관계를 잡는 게 쉽지 않은 지문이었어요. 이처럼 새로 나온 인물(승상)이 정말로 뉴페이스인지를 끊임없이 생각해야 합니다. 아니라면 어떤 인물을 다

르게 표현하는 것인지를 토대로 관계를 만들어주셔야 해요!

백공이 화답하고 이윽고 돌아가서 다시 혼삿말을 이르지 못하고 딸을 다른 데로 시집보냈다. 선생이 백공을 돌려보낸 후에 한림을 불러 앞으로 더욱 행실을 닦을 것을 훈계하자 한림이 절을 하면서 명령을 받들었다. 〈차후 더욱 예를 삼가고 배우기를 힘써 학문과 도덕이 날로 숙연하고, 소 소저와 더불어 백수해로하면서 여덟 아들, 두 딸을 두고, 집안에 한 명의 첩도 없이 부부 인생 희로를 요동함이 없더라.〉

아무튼 이렇게 한바탕 소동이 끝난 뒤, '백공'의 딸은 다른 곳으로 시집을 갔다고 합니다. 쿨하네요. 이제 '선생'은 '한림'을 불러 훈계를 하고, '한림'은 그 말을 잘 들었다고 해요. '소 소저'와 잘 살고 그러기까지 하고 말이죠. 사실 제가 '유세기=한림'의 상황이었다면 부모님을 원망하고 그랬을 것 같은데, 역시 조선시대의 감성은 남다릅니다. 그 시대를 생각하면서, 이들의 심리와 행동에 최대한 공감해주셔야 해요!

승상의 둘째 아들 세형의 자는 문희이니, 〈형제 중 가장 빼어났으니 산천의 정기와 일월의 조화를 타고 태어나 아름다운 얼굴은 윤택한 옥과 빛나는 봄꽃 같고, 호탕하고 깨끗한 풍채는 용과 호랑이의 기상이 있으며, 성품이 호기롭고 의협심이 강하여 맑고 더러움의 분별을 조금도 잃지 않으니,〉 부모가 매우 사랑하여 며느리를 널리 구하더라.

그러다 갑자기 '승상'의 아들 '세형'에 대해 설명하고 있습니다. 여기서 '승상'이 누구인지는 알고 있죠? 갑자기 '세형'에 대해서 왜 말해주는지는 모르겠지만, 그의 '외양'을 묘사하고 있다는 점. 확실하게 체크할 수 있어야 합니다. 이 외양 묘사를 통해 성격을 유추해보니, 엄친아 그 자체인 것 같아요. 갑자기 이 인물을 설명해준 이유가 있겠죠? 확실하게 잡아두고 가 봅시다. '며느리를 구하는 상황'임도 놓치지 마시고요.

(중략)

화설, 장 씨 이화정에 돌아와 긴 단장을 벗고 난간에 기대어 하늘가를 바라보며 평생 살아갈 계책을 골똘히 헤아리자, 한이 눈썹에 맺히고 슬픔이 마음속에 가득하여 생각하되,

'내가 재상가의 귀한 몸으로 유생과 백년가약을 맺었으니 마음이 흡족하고 뜻이 즐거울 것이거늘, 천자의 귀함으로 한 부마를 뽑는데 어찌 구태여 나의 아름다운 낭군을 빼앗아 가 위세로써 나로 하여금 공주 저 사람의 아래가 되게 하셨는가? 도리어 저 사람의 덕을 찬송하고 은혜를 읊어 한없는 영광은 남에게 돌려보내고 구차한 자취는 내 일신에 모이게 되었도다. 우주 사이는 우러러 바라보기나 하려니와 나와 공주의 현격함은 하늘과 땅 같도다. 나의 재주와 용모가 저 사람보다 떨어지는 것이 없고 먼저 혼인 예물까지 받았는데 이처럼 남의 천대를 감심할 줄 어찌 알리오? 공주가 덕을 베풀수록 나의 몸엔 빛이 나지 않으리니 제 짐짓 능활하여 아버님, 어머님이나 시누이를 제 편으로 끌어들인다면 낭군의 마음은 이를 좇아 완전히 달라질지라. 슬프다, 나의 앞날은 어이 될고?'
생각이 이에 미치자 북받쳐 오르는 한이 마음속에 가득 쌓이기 시작하니 〈어찌 좋은 뜻이 나리오?〉

(중략) 이후의 상황입니다. '장 씨'라는 인물이 '이화정'이라는 공간에 있습니다. 여기서 '한과 슬픔'이라는 심리가 나오고 있어요! 왜 그러는지 알아보겠다는 생각을 하면서 읽어야겠죠?

'장 씨'는 '유생'과 결혼을 한 상태인데, '부마'를 뽑는 '천자' 때문에 남편을 '공주'에게 빼앗긴 상태네요. 참고로 '부마'는 왕의 사위(공주의 남편)를 가리키는 단어인데, 고전소설을 읽을 때 이 정도는 알아두시는 것이 좋습니다. 어쨌든, 이 사건을 통해 자신이 공주보다 한참 밑에 있는 존재라는 생각이 들어 '장 씨'는 굉장히 슬퍼 보입니다. 자기 남편을 뺏기고 찬밥신세가 되었다는데, 누구라도 '한과 슬픔'이라는 심리가 나오겠죠. 이번엔 어렵지 않게 공감할 수 있겠네요.

그렇다면 여기서 '유생'은 누구일까요? 그렇죠. 당연히 (중략) 직전에 나왔던 '세형'일 것입니다. 이렇게 연결시킬 게 아니라면, 마지막에 뜬금없이 '세형'을 등장시킬 이유가 없죠. 물론 뒤에서 더 확실해지기는 하지만, '유생'이라는 뉴페이스의 정체를 생각하는 과정을 거치셨다면 어렵지 않게 잡아낼 수 있었을 거예요.

나아가 '어찌 좋은 뜻이 나리오?' 부분은 서술자의 생각이 개입된 부분이죠? 이런 '서술자의 개입', 선지에 출제될 수도 있으니 확실하게 체크하고 넘어갑시다.

정히 눈물을 머금고 마음을 붙일 곳 없어하더니, 문득 세형이 〈보라색 두건과 녹색 도포를 가볍게 나부끼며〉 이르러 장 씨의 참담한 안색을 보고 옥수를 잡고 어깨를 비스듬히 기대게 하며 물어 왈,

"그대 무슨 일로 슬픈 빛이 있나뇨? 나를 좇음을 원망하는가?"

장 씨가 잠시 동안 탄식 왈,

"낭군은 부질없는 말씀 마옵소서. 제가 낭군을 좇는 것을 원망했다면 어찌 깊은 규방에서 홀로 늙는 것을 감심하였사오리까? 다만 제가 귀댁에 들어온 지 오륙 일이 지났으나 좌우에 친한 사람이 없고 오직 우러르는 바는 아버님, 어머님과 낭군뿐이라 어린 여자의 마음이 편안하지 못한 바이옵니다. 공주가 위에 계셔 온 집의 권세를 오로지하시니 그 위의와 덕택이 저로 하여금 변변찮은 재주 가진 하졸이 머릿수나 채워 우물 속에서 하늘을 바라보는 것 같게 만드옵니다. 제가 감히 항거할 뜻이 있는 것이 아니나 평생의 신세가 구차하여 슬프고, 진양궁에 나아가면 궁비와 시녀들이 다 저를 손가락질하며 비웃어 한 가지 일도 자유롭게 하지 못하게 하옵고, 제 입에서 말이 나면 일천여 시녀가 다 제 입을 가리니, 공주의 은덕에 의지하여 겨우 실례를 면하고 돌아왔사옵니다."

부마가 바야흐로 장 씨의 외로움을 가련하게 여기고 공주의 위세가 장 씨를 억누르는 것을 좋지 않게 여기고 있다가 장 씨의 이렇듯 애원한 모습을 보자 크게 불쾌하여 장 씨를 위한 애정이 샘솟는 듯하였다. 은근하고 간곡하게 장 씨를 위로하고 그 절개와 외로움에 감동하여 이날부터 발자취가 이화정을 떠나지 않았다. 연리지와 같은 신혼의 정은 양왕의 꿈에 빠진 듯 어지럽고, 낙천의 마음이 취한 듯 기쁘고 즐거워 바라던 바를 다 얻은 듯한 마음은 세상에 비할 데가 없더라.

–작자 미상, 「유씨삼대록」–

아니나다를까 여기서의 '유생'은 '세형'이었네요. 〈 〉 표시된 부분에서 멋진 외양 묘사와 함께 등장하고 있습니다. '세형'은 '장 씨'의 참담한 안색을 보고, 무슨 일인지 묻고 있습니다. 본인과 결혼한 것이 후회되냐는 눈치없는 이야기를 하자, 답답한 '장 씨'는 자신의 울분을 토해냅니다. 이 감정도 충분히 공감할 수 있겠죠?

'부마=유생=세형'도 '공주'를 좋지 않게 여기고 있었는데, 이 이야기를 듣고 '장 씨'에 대한 가련함과 '공주'에 대한 '불쾌'함을 느끼며 '장 씨'를 향한 '애정'이 샘솟는 모습입니다. '부마'가 '세형'

을 의미한다는 건 설명하지 않아도 알 수 있겠죠? 새로운 호칭이 나오면 계속해서 정말 새로운 인물이 등장한 것이 맞는지를 생각해주셔야 해요! 그 뒤론 '장 씨'가 살고 있는 '이화정'에서 아주 행복한 시간을 보냈다고 하네요.

| 선지 | ① | ② | ③ | ④ | ⑤ |
|---|---|---|---|---|---|
| 선택률 | 12% | 7% | 62% | 11% | 8% |

**155** 이같이 좋지 않은 일 에 대한 이해로 적절하지 <u>않은</u> 것은?

③

> "혼인은 좋은 일이라 서로 헤아려 잘 생각할 것이니 어찌 이같이 좋지 않은 일 이 일어나는가? 내가 한림의 재모를 아껴 이같이 기별해 사위를 삼고자 하였더니 선생 형제는 도학 군자라 예가 아닌 것을 문책하시는도다. 내가 마땅히 곡절을 말하리라."

– 간단한 내용 이해를 요구하는 문제입니다. '유세기'가 오해로 인해 집에서 쫓겨 나게 된 상황이었죠? '선생'이 오해를 하게 된 이유, 그리고 '백공'이 그 오해를 풀어 주는 상황에 대해 이해하고 있는지 물어볼 것입니다. 가볍게 해결해봅시다.

① 백공의 거짓말 때문에 일어난 일이다.

| 선지 유형 | 근거가 있어서 허용 가능 |
|---|---|
| 실전에서의 판단 과정 | 거짓말로 혼사를 꾸며서 일어난 일이지. |
| 해설 | '백공'이 거짓말로 혼사를 꾸며서 갈등이 시작된 것이었죠? 내용을 이해했는지 묻고 있습니다. '백공'이 '선생 형제'에게 가서 무엇을, 왜 했는지 정확히 이해했어야 해요! |

② 백공이 한림을 곤경에 처하게 한 일이다.

| 선지 유형 | 근거가 있어서 허용 가능 |
|---|---|
| 실전에서의 판단 과정 | 쫓겨났으면 곤경에 처하게 했다고 할 수 있겠네. |
| 해설 | '한림'이 '유세기'인 것을 체크했는지 묻는 선지네요. '백공'이 거짓말을 해서 '한림', 즉 '유세기'가 쫓겨날 뻔 했으니 허용할 수 있겠습니다. 새로운 호칭이 나올 때마다, 정말로 뉴페이스인지 생각해야 합니다! |

③ 선생과 승상 사이에서 의견 대립이 심화된 일이다.

| 선지 유형 | 근거가 없어서 허용 불가능 |
| --- | --- |
| 실전에서의 판단 과정 | 선생과 승상 사이에 의견 대립이 없었는데? |
| 해설 | 이번엔 '선생 형제'가 '선생+승상'으로 바뀌어서 불리고 있다는 걸 체크했는지 묻는 선지네요. 둘의 의견 대립은 나온 적이 없습니다. 오히려 '백공'의 이야기를 들은 뒤 동시에 기뻐하는 반응을 보였죠. |

④ 한림이 선생과 승상으로부터 꾸지람을 당한 일이다.

| 선지 유형 | 근거가 있어서 허용 가능 |
| --- | --- |
| 실전에서의 판단 과정 | 그랬었지. |
| 해설 | 이 일 때문에 '한림', 즉 '유세기'가 쫓겨날 뻔했고, 나중엔 행실을 바르게 하라고 한 소리 들었죠? 역시 '인물관계'를 통한 내용 이해를 묻고 있네요. |

⑤ 백공이 한림을 자신의 딸과 혼인시키려 일어난 일이다.

| 선지 유형 | 근거가 있어서 허용 가능 |
| --- | --- |
| 실전에서의 판단 과정 | 그랬었지. |
| 해설 | 1번 선지와 연결되는 내용이죠? 이를 위해 거짓말을 했다가 갈등이 생긴 겁니다. 내용만 잘 이해했다면 어렵지 않게 지울 수 있는 선지였네요. |

| 선지 | ① | ② | ③ | ④ | ⑤ |
| --- | --- | --- | --- | --- | --- |
| 선택률 | 3% | 5% | 9% | 77% | 6% |

**156** [A]와 [B]에 대한 설명으로 적절하지 <u>않은</u> 것은? ④

– [A]는 낭군을 빼앗겼다고 생각하는 '장 씨'가 혼자 자기 신세를 한탄하는 부분이고, [B]는 자신의 심정을 '세형'에게 털어 놓는 장면이었습니다. 대단한 문제는 아닙니다. 각 부분의 내용을 이해했는지 묻는 문제일 거예요.

① [A]와 [B]는 모두 과거 사건에 대한 정보를 제공하고 있다.

| 선지 유형 | 근거가 있어서 허용 가능 |
| --- | --- |
| 실전에서의 판단 과정 | 남편 뺏기고 그 이후의 상황 쭉 이야기한 거니까 과거 사건에 대한 정보 맞지. |
| 해설 | 모두 과거 이야기가 있죠? [A]와 [B] 모두 과거에 있었던 일들, 즉 '공주'에게 남편을 뺏기고 여러 사람들에게 구박을 받았던 일들을 토대로 '장 씨' 자신의 서러움을 토로하는 부분들이니까요. |

② [A]와 [B]는 모두 비유적 진술을 통해 자신이 처한 상황을 부각하고 있다.

| 선지 유형 | 근거가 있어서 허용 가능 |
| --- | --- |
| 실전에서의 판단 과정 | 에이 귀찮아. 일단 다른 선지부터 봐야지. |
| 해설 | 비유적 진술 찾아봅시다. 이런 건 어쩔 수 없이 선지를 보고 지문으로 가서 찾아야 해요. 지문 읽으면서부터 비유적 진술을 체크하는 건 사실 어려운 일이니까요. [A]에는 '하늘과 땅 같도다', [B]에는 '하졸이 머릿수나 ~ 같게 만드옵니다.' 등에서 찾을 수 있네요. |

③ [A]는 [B]와 달리 타인에 대한 자신의 원망을 의문형 표현을 활용하여 드러내고 있다.

| 선지 유형 | 근거가 있어서 허용 가능 |
| --- | --- |
| 실전에서의 판단 과정 | 의문형 표현 있고, 천자랑 공주 원망하고 있으니 허용되네. |
| 해설 | '비유적 표현'과 달리 '의문형 표현'은 찾는 게 어렵지 않습니다. 물음표만 찾으면 되니까요. [A]부터 볼까요? '~하여금 공주 저 사람의 아래가 되게 하셨는가?'에서 '의문형 표현'을 찾을 수 있고, 이 속에서 '천자'에 대한 원망을 읽어낼 수 있겠네요.<br><br>[B]에서는요? '~홀로 늙는 것을 감심하였사오리까?'에 의문형 표현이 나타나긴 하지만, 이는 '원망'을 드러내기 위한 것이 아닌 '세형'의 오해를 풀기 위한 발화였죠? 인물의 발화가 어떤 의도 속에서 이루어지고 있는지, 그 행동의 '근거'를 생각하는 게 중요했습니다! |

④ <u>[B]는 [A]와 달리 대화 상대의 환심을 사기 위해 자신의 우월한 지위를 드러내고 있다.</u>

| 선지 유형 | 근거가 없어서 허용 불가능 |
| --- | --- |
| 실전에서의 판단 과정 | 애초에 우월한 지위가 없잖아. |
| 해설 | 우월한 지위를 드러낸다구요? 우월한 지위를 가지고 있는데 저렇게 존댓말하면서 애절하게 말하지는 않았겠죠? '장 씨'가 우월한 지위를 가지고 있다거나, 그것을 드러냈다는 '근거'가 없으니 절대 |

⑤ [A]는 앞으로의 일을 추정하는, [B]는 지난 일을 토로 하는 방식으로 자신의 우려를 제시하고 있다.

| 선지 유형 | 근거가 있어서 허용 가능 |
| --- | --- |
| 실전에서의 판단 과정 | 그랬었지. |
| 해설 | [A]에서는 '낭군의 마음이 달라질 것이다'라거나 '나의 앞날은 어이 될고?'라고 하며 앞으로의 일을 추정하고 있고, [B]는 아예 대부분이 과거의 일들이죠? 주변에 친한 사람도 없어서 앞으로도 힘들 것 같다는 식의 우려도 내보였으니, 쉽게 허용할 수 있겠네요. |

| 선지 | ① | ② | ③ | ④ | ⑤ |
| --- | --- | --- | --- | --- | --- |
| 선택률 | 3% | 3% | 83% | 7% | 4% |

**157** '장 씨'를 중심으로 ㉠과 ㉡을 이해한 내용으로 가장 적절한 것은? ③

> 화설, 장 씨 ㉠이화정에 돌아와 긴 단장을 벗고 난간에 기대어 하늘가를 바라보며 평생 살아갈 계책을 골똘히 헤아리자, 한이 눈썹에 맺히고 슬픔이 마음속에 가득하여 생각하되,
> 은근하고 간곡하게 장 씨를 위로하고 그 절개와 외로움에 감동하여 이날부터 발자취가 ㉡이화정을 떠나지 않았다.

– '이화정'이라는 공간에 대해서 물어보고 있네요. 첫 번째 이화정은 '장 씨'가 자신의 한탄을 시작하는 공간이었고, 두 번째 이화정은 '세형'이 '장 씨'의 이야기를 듣고 행복하게 꿍냥대는 공간이었어요.

① ㉠은 학문을 연마하는 공간이고, ㉡은 덕행을 닦는 공간이다.

| 선지 유형 | 근거가 없어서 허용 불가능 |
| --- | --- |
| 실전에서의 판단 과정 | 학문 연마랑 덕행은 지문의 내용이랑 너무 상관이 없는데? |
| 해설 | '실전에서의 판단 과정'과 동일하게 해결하면 되겠죠? 내용을 이해했다면, 아무렇지 않게 지울 수 있어야 합니다. |

② ㉠은 불신을 드러내는 공간이고, ㉡은 조소를 당하는 공간이다.

| 선지 유형 | 근거가 없어서 허용 불가능 |
| --- | --- |
| 실전에서의 판단 과정 | 불신과 조소는 지문의 내용이랑 너무 상관이 없는데? |
| 해설 | '불신', '조소' 같은 내용 역시 지문을 이해했다면 허용할 수가 없네요. |

③ ㉠은 한탄을 드러내는 공간이고, ㉡은 애정을 확인하는 공간이다.

| 선지 유형 | 근거가 있어서 허용 가능 |
| --- | --- |
| 실전에서의 판단 과정 | 미리 생각한 내용 그대로네. |
| 해설 | 우리가 찾아둔 거죠? 바로 답이네요. 내용 이해가 핵심임을 몇 번이고 확인시켜주고 있네요. |

④ ㉠은 계책을 꾸미는 공간이고, ㉡은 외로움을 인내하는 공간이다.

| 선지 유형 | 근거가 없어서 허용 불가능 |
| --- | --- |
| 실전에서의 판단 과정 | 계책을 언제 꾸몄어. |
| 해설 | 계책을 꾸민 적도 없고, 두 번째 '이화정'에서는 외로움을 해소하면 해소했지 인내하지는 않았겠죠? |

⑤ ㉠은 선후 시비를 따지는 공간이고, ㉡은 오해를 해소하는 공간이다.

| 선지 유형 | 근거가 없어서 허용 불가능 |
| --- | --- |
| 실전에서의 판단 과정 | 선후 시비를 언제 따졌어. |
| 해설 | 두 번째 '이화정'에서 오해를 풀고 행복하게 산다는 건 허용할 수 있는데, 이 작품은 '선후 시비'를 따지는 내용이 아니죠? |

| 선지 | ① | ② | ③ | ④ | ⑤ |
|---|---|---|---|---|---|
| 선택률 | 6% | 8% | 58% | 11% | 17% |

**158** 〈보기〉를 참고하여 윗글을 감상한 내용으로 적절하지 않은 것은? [3점] ③

– 〈보기〉에서는 가법이나 인물의 성격에서 유발된 가문 차원의 갈등을 얘기하는데, '유세기'가 오해를 받고 쫓겨난 것이나, '유세형'이 공주와 혼인하면서 생겨난 갈등을 말하는 것 같아요. 이 둘은 서로 다른 이야기이지만, 같은 가문 내에서 전개되어 연결된다고 하니, 〈보기〉의 관점을 참고하여 선지를 판단해 봅시다.

① 유세기 이야기와 유세형 이야기를 보니, 각각의 갈등이 한 가문의 혼사를 중심으로 발생한다는 점에서 두 이야기가 서로 연결되어 있음을 알 수 있군.

| 선지 유형 | 근거가 있어서 허용 가능 |
|---|---|
| 실전에서의 판단 과정 | 유세기랑 유세형은 한 가문이니까 연결된다고 할 수 있지. |
| 해설 | 〈보기〉만 보고도 '유세기'와 '유세형'이 같은 집안 사람이라는 것은 짐작할 수 있을 듯하고, 지문만 보더라도 이 둘은 '승상'이라는 매개로 연결되고 있으니 둘이 한 가문인 것을 허용할 수 있을 것 같아요. 또한 둘 모두 결혼 이야기를 하고 있으니, 이들이 연결된다는 것까지도 허용할 수 있겠네요! 근거가 완벽하게 살아있습니다. |

② 유세기의 혼사 문제에 선생과 승상이 관여한 것을 보니, 혼사를 둘러싼 갈등 해결이 가문 구성원들의 문제로 다루어짐을 알 수 있군.

| 선지 유형 | 근거가 있어서 허용 가능 |
|---|---|
| 실전에서의 판단 과정 | 결혼 당사자가 아닌 사람들이 참여했으니 허용되겠네. |
| 해설 | '선생'과 '승상'은 '유세기'의 가족이었어요. 결혼 당사자가 아닌 이들이 '유세기'의 문제에 개입하고 있으니. 혼사를 둘러싼 갈등 해결이 가문 구성원들의 문제로 다루어진다고 할 수 있겠죠. |

③ 유세기가 혼사와 관련한 곤욕을 치른 것과 유세형이 공주를 멀리 한 것을 보니, 가법과 인물의 성격 간의 대립이 갈등의 원인임을 알 수 있군.

| 선지 유형 | 근거가 있어서 허용 불가능 |
|---|---|
| 실전에서의 판단 과정 | 가법과 성격의 대립? 이게 갈등의 원인이 아니지. |
| 해설 | '유세기'가 혼사와 관련한 곤욕을 치른 것 그리고, '유세형'이 '장 씨'의 말을 듣고 '공주'를 멀리 하는 것 등은 허용할 수 있는데, 이게 '가법과 인물 성격 간의 대립'이라구요? 애초에 인물의 '성격'이 갈등의 원인이 되지도 않았고, '유세기'가 '가법'을 지키지 않으려 한 것도 아니에요! '유세기'는 '백공'의 거짓말 때문에 억울하게 쫓겨날 뻔했을 뿐이죠. 내용을 이해했다면, 틀릴 수가 없는 문제입니다. |

## FAQ

**Q** '가법과 인물의 성격 간의 대립'을 '가법↔인물의 성격'으로 보신 것 같은데, '가법 / 성격 간의 대립'으로 볼 수는 없나요? 즉, 유세기 이야기는 '가법'이 갈등의 원인이고, 유세형 이야기는 '성격 간의 대립'이 갈등의 원인이라는 것을 묻고 있다는 것이죠.

**A** 중의적 문장이기에, 그렇게 볼 수 있습니다. 하지만 유세형 이야기의 주된 갈등인 '장 씨'와 '공주'의 갈등은 성격 차이가 아닌 지위 차이에 의해 발생한 것이기에 역시 허용할 수 없습니다. 〈보기〉에 제시된 '성격 간의 대립'은 사실 이 지문에 나타나지 않았던 것이에요. 〈보기〉는 그저 '유씨삼대록'에 대한 설명일 뿐, 이 지문에 대한 설명이 아니니 이런 일이 일어날 수 있습니다. 다른 기출문제에서도 가끔 있었던 일이기도 해요. 실제로 나머지 선지를 봐도, 가문 차원에서 갈등을 해소한다는 내용을 더 강조하고 있다는 것을 알 수 있습니다. 즉, 갈등의 원인은 이 문제에서 그렇게 관심있게 다루는 소재가 아니었던 것이죠.

④ 백공이 유세기를 사위 삼으려는 것과 천자가 유세형을 부마 삼은 것을 보니, 혼사가 혼인 당사자 개인의 문제에 그치지 않음을 알 수 있군.

| 선지 유형 | 근거가 있어서 허용 가능 |
|---|---|
| 실전에서의 판단 과정 | 그러네. |
| 해설 | '백공', '천자'는 모두 혼인 당사자가 아니죠? 쉽게 허용할 수 있겠네요. |

⑤ 유세기가 평생 첩을 두지 않고 소 소저와 해로했다는
　것을 보니, 유세기를 둘러싼 혼사 갈등이 해소되며 이
　야기 하나가 마무리됨을 알 수 있군.

| 선지 유형 | 근거가 있어서 허용 가능 |
| --- | --- |
| 실전에서의<br>판단 과정 | 행복하게 잘 살았다는데, 갈등 해소와 이야기 마무리를 허용할 수 있지. |
| 해설 | '유세기'를 둘러싼 혼사 갈등이 '백공의 딸'이 다른 곳에 시집감으로써 해소되었고, '선생'의 훈계를 받고 '소 소저'와 행복하게 지냈다고 했으니 이야기의 마무리까지 허용할 수 있겠네요. |

몰랐던 어휘 정리하기

| 핵심 point |

① **허용 가능성 평가** : 선지의 내용을 '허용'하려는 태도를 바탕으로 지문을 '독해'하며 '근거'를 찾아야 합니다. 허용할 수 있는 '근거'가 있어야만 허용할 수 있습니다. 주관적인 생각을 개입시키면 안 됩니다.
② **소설 독해** : '심리와 행동의 근거'를 바탕으로 인물에게 '공감'하며 읽어야 합니다. 이 과정이 물흐르듯 이어지면 지문의 내용을 완벽하게 이해할 수 있어요.

| 지문 내용 총정리 |

같은 인물을 다양한 호칭으로 쓰는 경우가 많아 조금 헷갈리긴 했겠지만, 심리의 근거를 잡는 것이 어렵지는 않았습니다. 이처럼 고전소설은 심리나 행동이 단순하게 제시되는 경우가 많아요. 겁먹지 말고 천천히 경험을 쌓아가신다면, 어느 순간 고전 파트가 더 쉽다는 말을 하고 있을 겁니다. 그날까지 화이팅!

## DAY 15 [159~162]
2018.06 [26~29] 현대시 '고풍 의상 / 결빙의 아버지' ☆☆

### 비평문 확인

〈보기〉는 없는데, (가)에 비평문이 있네요. 비평문이 제시되는 경우, 마치 〈보기〉를 읽듯이 먼저 읽고 정리하시는 것이 좋습니다.

> **(가)**
>
> **문학적 시간**은 작가의 체험이나 의식에 따라 자연적 시간을 의도적으로 재구성하여 미적 효과를 드러낸다. 삶의 과정과 시간의 흐름을 담은 사건은 주로 **과거형**으로, 대상의 특징을 감각적으로 형상화하는 이미지는 주로 **현재형**으로 표현한다.

'문학적 시간'을 표현하는 방식에 대해 이야기하고 있습니다. '삶의 과정·시간적 흐름'을 담은 사건은 과거형으로, 대상의 특징을 '감각적으로 형상화'하는 이미지는 현재형으로 표현한다는 당연한 내용이네요.

> 하지만 과거형과 현재형의 적용은 작품 내적 상황에 따라 달라질 수 있다. 과거의 사건이나 동작의 변화를 실감나게 드러내기 위해 현재형으로 표현하기도 하고, 이미지 묘사를 시간의 흐름이 드러나도록 과거형으로 표현하기도 한다.

물론 예외적인 상황도 존재하겠죠. 보통 사용하는 과거형·현재형의 적용을 반대로 하는 경우가 있다는 이야기도 제시되고 있네요.

> [A]
> 특히 **서정시**는 현재의 순간에 과거의 경험들이 공존해 있다는 점에서 이러한 시간의 모호성이 두드러진다. 즉 서정시는 과거와 현재를 분리하지 않고 시적 현재로 통합하는 시간의 의도적 변형을 드러내는 것이다.

특히 '서정시'는 이러한 '시간의 모호성'이 두드러진다고 합니다. 지문의 표현에 따르면 이렇게 과거형과 현재형을 섞어 사용하는 것은 '시적 현재'로 통합하고자 하는 의도적 변형이라고 하네요. 아마 (나)와 (다)에는 이러한 특징을 지닌 서정시들이 등장하겠죠? 미리 지문을 읽으면서 생각하기에는 쉽지 않은 내용이지만, 그래도 최대한 '시제'에 주목하면서 읽어보도록 합시다.

> **(나)**
>
> 하늘로 날을 듯이 길게 뽑은 부연* 끝 풍경이 운다
> 처마 끝 곱게 늘이운 주렴에 반월(半月)이 숨어
> 아른아른 봄밤이 두견이 소리처럼 깊어 가는 밤
> 곱아라 고아라 진정 아름다운지고
> 파르란 구슬빛 바탕에 자줏빛 호장*을 받친 호장저고리
> 호장저고리 하얀 동정이 환하니 밝도소이다
> 살살이 퍼져나린 곧은 선이 스스로 돌아 곡선을 이루는 곳
> 열두 폭 기인 치마가 사르르 물결을 친다
> 초마* 끝에 곱게 감춘 운혜(雲鞋) 당혜(唐鞋)
> 발자취 소리도 없이 대청을 건너 살며시 문을 열고
> 그대는 어느 나라의 고전(古典)을 말하는 한 마리 호접(蝴蝶)
> 호접인 양 사풋이 춤을 추라 아미(蛾眉)를 숙이고……
> 나는 이 밤에 옛날에 살아 눈 감고 거문곳줄 골라 보리니
> 가는 버들인 양 가락에 맞추어 흰 손을 흔들어지이다
>                                  -조지훈, 「고풍 의상」-
>
> * 부연(附椽) : 긴 서까래 끝에 덧얹는 네모지고 짧은 서까래.
> * 호장 : 회장(回裝). 여자 저고리를 색깔 있는 헝겊으로 꾸민 것.
> * 초마 : '치마'의 방언.

시가 쉽지는 않습니다. 다만 지문의 전반적인 내용과 제목을 보면, '호장저고리' 등으로 표현된 어떠한 옷의 아름다움을 묘사하고 있는 것 같죠? 주제는 어느 정도 잡아낸 것 같으니, 그냥 넘어가도록 합시다. 자세한 독해는 선지에서 요구하는 방향대로 하면 되니까요.

> **(다)**
>
> 어머님,
> 제 예닐곱 살 적 겨울은
> 목조 적산 가옥 이층 다다미방의
> 벌거숭이 유리창 깨질 듯 울어 대던 외풍 탓으로
> 한없이 추웠지요, 밤마다 나는 벌벌 떨면서
> 아버지 가랭이 사이로 시린 발을 밀어 넣고
> 그 가슴팍에 벌레처럼 파고들어 얼굴을 묻은 채
> 겨우 잠이 들곤 했었지요.

요즈음도 추운 밤이면
곁에서 잠든 아이들 이불깃을 덮어 주며
늘 그런 추억으로 마음이 아프고,
[B] 나를 품어 주던 그 가슴이 이제는 한 줌 뼛가루로 삭아
붉은 흙에 자취 없이 뒤섞여 있음을 생각하면
옛날처럼 나는 다시 아버지 곁에 눕고 싶습니다.

그런데 어머님,
오늘은 영하(零下)의 한강교를 지나면서 문득
나를 품에 안고 추위를 막아 주던
예닐곱 살 적 그 겨울밤의 아버지가
이승의 물로 화신(化身)해 있음을 보았습니다.
품 안에 부드럽고 여린 물살은 무사히 흘러
바다로 가라고,
꽝 꽝 얼어붙은 잔등으로 혹한을 막으며
하얗게 얼음으로 엎드려 있던 아버지,
아버지, 아버지……

-이수익, 「결빙(結氷)의 아버지」-

'어머님'에게 과거 이야기를 하다가, '요즈음', '오늘'로 시간이 흐르면서 '아버지'를 떠올리고 있음을 드러내는 작품입니다. 딱 이 두 가지, '시간의 흐름'과 '아버지에 대한 그리움'만 잡아내시면 거의 다 읽은 것이나 다름없어요. 주제가 선명하게 잡히시죠?

| 선지 | ① | ② | ③ | ④ | ⑤ |
|---|---|---|---|---|---|
| 선택률 | 65% | 10% | 5% | 13% | 7% |

**159** (가)를 바탕으로 (나)의 ㉠~㉤을 이해한 내용으로 가장 적절한 것은? ①

① ㉠은 자연적 시간이 작가의 의식에 의해 문학적으로 재구성된 경우에 해당한다.

아른아른 봄밤이 ㉠두견이 소리처럼 깊어 가는 밤

| 선지 유형 | 근거가 있어서 허용 가능 |
|---|---|
| 실전에서의 판단 과정 | 밤을 문학적으로 재구성하고 있네. |
| 해설 | 시에 드러난 자연적 시간은 '밤'인데, 작가는 이를 '두견이 소리'라는 감각적 이미지와 현재형 시제를 통해 문학적으로 재구성하고 있다고 볼 수 있습 |

니다. (가)의 첫 문단의 내용에 따라 충분히 허용할 수 있는 선지네요.

② ㉡은 과거형과 현재형의 적용이 작품 내적 상황에 따라 달라진 경우에 해당한다.

㉡곱아라 고아라 진정 아름다운지고

| 선지 유형 | 근거가 있어서 허용 불가능 |
|---|---|
| 실전에서의 판단 과정 | 감각적 형상화를 현재형으로 하고 있는데? |
| 해설 | '곱아라 고아라 진정 아름다운지고'는 대상의 특징을 감각적으로 형상화한 부분이고, (가)에서 이런 내용은 보통 현재형으로 표현한다고 했습니다. ㉡도 현재형으로 사용되었으니, 작품 내적 상황에 따라 달라진 '특이한' 케이스라고 볼 수 없겠네요. |

③ ㉢은 서정시에서 동작의 변화를 현재형으로 묘사하지 않은 경우에 해당한다.

㉢발자취 소리도 없이 대청을 건너 살며시 문을 열고

| 선지 유형 | 근거가 있어서 허용 불가능 |
|---|---|
| 실전에서의 판단 과정 | 현재형인데..? |
| 해설 | ㉢이 '동작의 변화'를 묘사한다는 건 맞는데, 완벽하게 현재형으로 묘사되고 있죠? 간단하게 지워낼 수 있는 선지네요. |

④ ㉣은 과거와 현재를 통합적으로 인식함으로써 시간의 정확성을 드러낸 경우에 해당한다.

나는 ㉣이 밤에 옛날에 살아 눈 감고 거문곳줄 골라 보리니

| 선지 유형 | 근거가 있어서 허용 불가능 |
|---|---|
| 실전에서의 판단 과정 | 정확성을 왜 드러내냐. |
| 해설 | '이 밤'이라는 '현재'의 시간과 '옛날'이라는 '과거'의 시간을 동시에 사용했기 때문에, 이를 근거로 하면 '과거와 현재의 통합적 인식'은 어느 정도 허용된다고 할 수 있겠습니다. 다만 이것이 '시간의 정확성'을 드러낸다고 하는 건 너무 뜬금없네요. '이 밤'과 '옛날'이 '정확한' 시간이라고 보기는 어려우니까요. |

나아가 [A]에서 서정시는 시간의 '모호성'이 두드러지는 장르라고 했습니다. 이를 근거로 하면, '시간의 정확성'은 절대로 허용할 수 없다는 게 확실해지겠네요.

⑤ ⑩은 시간의 흐름이 드러나도록 과거형을 사용한 경우에 해당한다.

⑩ 가는 버들인 양 가락에 맞추어 흰 손을 흔들어지이다

| 선지 유형 | 근거가 있어서 허용 불가능 |
| --- | --- |
| 실전에서의 판단 과정 | 현재형이잖아? |
| 해설 | 일단 '시간의 흐름'이 아니라, 손을 흔든다는 '동작'을 나타낸다는 점에서 틀린 선지입니다. 나아가 과거형이 아닌 현재형을 사용하고 있으니 절대로 답이 될 수 없겠네요. |

| 선지 | ① | ② | ③ | ④ | ⑤ |
| --- | --- | --- | --- | --- | --- |
| 선택률 | 4% | 72% | 5% | 7% | 12% |

## 160 [A]를 중심으로 (다)를 이해할 때 적절하지 않은 것은?
[3점] ②

– [A]는 서정시가 과거와 현재를 통합하는 '시간의 의도적 변형'을 드러낸다는 내용이었습니다. 가볍게 답을 골라봅시다.

① 화자가 '아버지'와 겪었던 유년 시절을 '어머님'에게 들려주는 시상 전개 방식으로 과거와 현재의 시간을 이어 준다.

| 선지 유형 | 근거가 있어서 허용 가능 |
| --- | --- |
| 실전에서의 판단 과정 | 과거 이야기를 현재의 대상에게 들려주고 있으니 맞네. |
| 해설 | '아버지'와 겪었던 유년 시절은 '과거'의 이야기이고, '어머님'에게 들려주는 시점은 '현재'입니다. 과거의 대상과 있었던 이야기를 현재의 대상에게 들려주는 방식은 이 지문의 전체적인 흐름이자, 과거와 현재의 시간을 이어 주는 효과를 낳는다고 할 수 있겠네요. |

② '목조 적산 가옥 이층 다다미방'이라는 현재 위치에서 화자가 과거의 이야기를 전해 주는 방식으로 시적 현재의 의미를 생성해 낸다.

제 예닐곱 살 적 겨울은
목조 적산 가옥 이층 다다미방의
벌거숭이 유리창 깨질 듯 울어 대던 외풍 탓으로
한없이 추웠지요, 밤마다 나는 벌벌 떨면서

| 선지 유형 | 근거가 있어서 허용 불가능 |
| --- | --- |
| 실전에서의 판단 과정 | 저기가 왜 현재 위치야. |
| 해설 | '목조 적산 가옥 이층 다다미방'은 '예닐곱 살 적 겨울'을 보내던 곳입니다. 과거의 공간이라는 명백한 근거가 있으니, '현재 위치'라는 말을 절대 허용할 수 없겠네요. |

③ '옛날처럼 나는'에서 현재의 순간에 과거의 경험들이 공존해 있는 시적 상황을 설정하고 있다.

나를 품어 주던 그 가슴이 이제는 한 줌 뼛가루로 삭아
붉은 흙에 자취 없이 뒤섞여 있음을 생각하면
옛날처럼 나는 다시 아버지 곁에 눕고 싶습니다.

| 선지 유형 | 근거가 있어서 허용 가능 |
| --- | --- |
| 실전에서의 판단 과정 | 주제 그 자체네. |
| 해설 | '옛날처럼 나는'이라고 이야기하는 시점이 '현재'이고, 화자는 이렇게 '현재'에 '옛날'을 떠올리고 있으니 '현재의 순간에 과거의 경험들이 공존해 있는 시적 상황'을 충분히 허용할 수 있겠죠. 애초에 이건 주제 그 자체이기도 하구요. |

④ '예닐곱 살 적 그 겨울밤'을 '영하의 한강교를 지나면서' 떠올리는 데서 과거와 현재의 통합이 드러난다.

그런데 어머님,
오늘은 영하(零下)의 한강교를 지나면서 문득
나를 품에 안고 추위를 막아 주던
예닐곱 살 적 그 겨울밤의 아버지가
이승의 물로 화신(化身)해 있음을 보았습니다.

| 선지 유형 | 근거가 있어서 허용 가능 |
| --- | --- |
| 실전에서의 판단 과정 | 오늘이라는 현재에 과거를 떠올리고 있으니 통합이라고 할 수 있겠다. |
| 해설 | '예닐곱 살 적 그 겨울밤'은 '과거'에 해당하고, '영하의 한강교'를 지나는 건 '오늘'이라는 '현재'에 해당합니다. 둘이 공존하고 있으니 이를 '통합'이라는 말로 바꿔 허용할 수 있겠죠? |

⑤ '그 겨울밤의 아버지'가 '이승의 물로 화신'했다고 표현함으로써 과거와 현재를 분리하지 않는 시간의 모호성을 드러낸다.

> 예닐곱 살 적 그 겨울밤의 아버지가
> 이승의 물로 화신(化身)해 있음을 보았습니다.

| 선지 유형 | 근거가 있어서 허용 가능 |
| --- | --- |
| 실전에서의 판단 과정 | 계속 똑같은 말만 하네. |
| 해설 | 역시 '그 겨울밤의 아버지'는 '과거'의 대상이고, '이승의 물로 화신'했다고 생각하는 것은 '현재'이므로 이 둘이 분리되지 않는다고 할 수 있죠? [A]에선 이를 '시간의 모호성'이라고 표현했으니 충분히 허용할 수 있겠습니다. |

| 선지 | ① | ② | ③ | ④ | ⑤ |
| --- | --- | --- | --- | --- | --- |
| 선택률 | 28% | 5% | 12% | 6% | 49% |

## 161 (나)의 표현상 특징에 대한 설명으로 적절하지 <u>않은</u> 것은? ⑤

① 의도적으로 변형한 시어를 통하여 리듬감에 변화를 주고 있다.

| 선지 유형 | 근거가 있어서 허용 가능 |
| --- | --- |
| 실전에서의 판단 과정 | 곱아라 고아라가 있네. |
| 해설 | '곱아라 고아라' 등에서 의도적으로 변형한 시어를 확인할 수 있고, 갑작스레 시어가 변했으니 '리듬감 변화'도 허용이 되겠네요. '곱아라'를 말하는 것과 '고아라'를 말하는 것에는 '리듬감'에 차이가 있다고 할 수 있으니까요. |

② 전통적인 소재와 예스러운 말투로 고전적 분위기를 조성하고 있다.

| 선지 유형 | 근거가 있어서 허용 가능 |
| --- | --- |
| 실전에서의 판단 과정 | 저고리 이야기를 옛날 말투로 하고 있으니 맞지. |
| 해설 | 애초에 제목 자체가 '고풍 의상'(옛날 풍속의 의상)입니다. 이걸 몰랐다고 해도, '저고리'가 소재이고 옛날 말투를 쓰고 있다는 점에서 허용할 수 있겠죠. |

③ 시적 상황에 등장하는 인물의 행위를 자연물에 빗대어 표현하고 있다.

| 선지 유형 | 근거가 있어서 허용 가능 |
| --- | --- |
| 실전에서의 판단 과정 | ⓒ에 있네. |
| 해설 | '가는 버들인 양 가락에 맞추어 흰 손을 흔들어지이다'에서 확인이 되겠죠? 손을 흔드는 행위를 '버들'이라는 자연물에 빗대고 있으니까요. |

④ 색채어를 활용하여 시적 대상의 아름다움을 감각적으로 형상화하고 있다.

| 선지 유형 | 근거가 있어서 허용 가능 |
| --- | --- |
| 실전에서의 판단 과정 | 자주색, 하얀색! |
| 해설 | 자주색, 하얀색 등 색채어가 아주 많이 등장하고 있네요. '시적 대상의 아름다움 형상화'는 이 작품의 주제에 해당하니, 쉽게 허용할 수 있겠습니다. |

⑤ 말줄임표를 사용하여 시적 대상의 정적인 상태와 동적인 상태가 충돌하는 상황을 표현하고 있다.

| 선지 유형 | 근거가 있어서 허용 불가능 |
| --- | --- |
| 실전에서의 판단 과정 | 춤추고 숙이는 건 전부 동적인데? |
| 해설 | 말줄임표를 사용한 곳은 '호접인 양 사뿟이 춤을 추라 아미를 숙이고……' 부분밖에 없습니다. 일단 춤을 추는 것은 누가 뭐라고 해도 '동적'이겠죠? 나아가 '아미를 숙이다.'라는 표현은 '여자의 머리를 숙이다.'라는 관용적 표현인데, 이 뜻을 몰랐다고 해도 '숙이다.'라는 표현을 근거로 '동적'이라는 걸 알 수 있습니다. 동적인 표현만 제시되고 있으니, '정적인 상태와 동적인 상태의 충돌'은 허용할 수 없겠네요. |

| 선지 | ① | ② | ③ | ④ | ⑤ |
|---|---|---|---|---|---|
| 선택률 | 3% | 3% | 8% | 84% | 2% |

**162** [B]를 중심으로 (다)를 감상한 것으로 적절하지 <u>않은</u> 것은? ④

① '곁에서 잠든 아이들 이불깃을 덮어 주'는 모습이 '나를 품에 안고 추위를 막아 주던' 모습과 호응하여, 자식을 걱정하는 아버지의 마음이 시적 화자에게로 이어짐을 보여 주는군.

> 요즈음도 추운 밤이면
> 곁에서 잠든 아이들 이불깃을 덮어 주며
>
> (중략)
>
> 나를 품에 안고 추위를 막아 주던
> 예닐곱 살 적 그 겨울밤의 아버지가
> 이승의 물로 화신(化身)해 있음을 보았습니다.

| 선지 유형 | 근거가 있어서 허용 가능 |
|---|---|
| 실전에서의 판단 과정 | 아버지랑 똑같은 행동 하는 거니까 허용할 수 있지. |
| 해설 | '곁에서 잠든 아이들 이불깃을 덮어 주'는 모습은 화자가 자신의 자식들을 위해 하는 행동이고, '나를 품에 안고 추위를 막아 주던' 모습은 아버지가 화자를 위해 하던 행동입니다. 둘은 모두 추위를 막아준다는 점에서 '호응'된다고 할 수 있겠고, 이러한 행동이 '자식을 걱정하는 아버지의 마음'이라는 건 너무나 당연하죠? |

② '늘 그런 추억으로 마음이 아프'다는 것으로 미루어 볼 때, '아버지, 아버지……'에서 아버지의 부재에 대한 시적 화자의 애틋함을 여운으로 남기고 있음을 알 수 있군.

> 곁에서 잠든 아이들 이불깃을 덮어 주며
> 늘 그런 추억으로 마음이 아프고,
>
> (중략)
>
> 하얗게 얼음으로 엎드려 있던 아버지,
> 아버지, 아버지……

| 선지 유형 | 근거가 있어서 허용 가능 |
|---|---|
| 실전에서의 판단 과정 | 주제 그 자체네. |

| 해설 | 아버지의 부재는 것은 이 시의 상황 그 자체이니 생각할 필요도 없고, '마음이 아프다'는 것을 근거로 '애틋함'을, 말줄임표를 근거로 '여운'을 충분히 허용할 수 있겠네요. 애초에 이 작품의 주제를 드러내는 선지라고도 할 수 있겠습니다. |
|---|---|

③ '한 줌 뼛가루'의 이미지와 '하얗게 얼음으로 엎드려 있'는 강의 이미지를 연관시켜, 아버지의 모습을 감각적으로 표현하고 있군.

> 나를 품어 주던 그 가슴이 이제는 한 줌 뼛가루로 삭아
> 붉은 흙에 자취 없이 뒤섞여 있음을 생각하면
> 옛날처럼 나는 다시 아버지 곁에 눕고 싶습니다.
>
> (중략)
>
> 오늘은 영하(零下)의 한강교를 지나면서 문득
> 나를 품에 안고 추위를 막아 주던
> 예닐곱 살 적 그 겨울밤의 아버지가
> 이승의 물로 화신(化身)해 있음을 보았습니다.
> 품 안에 부드럽고 여린 물살은 무사히 흘러
> 바다로 가라고,
> 꽝 꽝 얼어붙은 잔등으로 혹한을 막으며
> 하얗게 얼음으로 엎드려 있던 아버지,
> 아버지, 아버지……

| 선지 유형 | 근거가 있어서 허용 가능 |
|---|---|
| 실전에서의 판단 과정 | 둘 다 아버지의 모습을 나타낸 것이니까 허용되네. |
| 해설 | 일단 '한 줌 뼛가루'는 맥락상 화자를 품어주던 '아버지의 가슴'을 의미합니다. 또한 '하얗게 얼음으로 엎드려 있'는 모습 역시 '아버지'의 모습을 비유한 것이기에, 이들의 이미지가 연관된다는 건 어렵지 않게 허용할 수 있겠습니다.<br><br>중요한 건, '하얗게 얼음으로 엎드려 있'는 모습이 왜 '강의 이미지'냐는 것입니다. 화자는 지금 아버지의 옛모습을 떠올리고 있습니다. 그런데 화자가 떠올린 아버지는 '품 안에 부드럽고 여린 물살'이 무사히 '바다'로 갈 수 있게 하고 있습니다. 자신의 '잔등'은 '꽝 꽝 얼어붙'어 있는데 말이에요. 그래서 '하얗게 얼음으로'라는 표현이 제시된 것이죠.<br><br>이때 화자가 아버지의 모습을 떠올리는 공간은 다름아닌 '영하의 한강교'입니다. '한강'이라는 이미지와 이 내용을 엮으면, '품 만에 부드럽고 여린 물 |

살'이 무사히 '바다'로 갈 수 있게 '얼어붙'은 강의 모습에서 아버지를 떠올렸다고 할 수 있는 것이겠죠. 결국 화자는 아버지를 강의 모습과 연결짓는 방식으로 감각적으로 표현한 것입니다. 아버지가 '이승의 물로 화신'했다는 표현이 직접적으로 드러나기도 하구요.

사실 이 정도까지 생각하지 않아도 선지 그 자체로 쉽게 허용할 수 있는 선지이긴 하지만, 평가원이 우리에게 요구하는 '시 독해력'이 제대로 갖춰져 있는지 확인할 수 있었습니다. 시도 결국 하나의 글입니다. 우리가 알고 있는 단어의 의미 그대로 읽고 이해할 수 있다는 걸 잊지 맙시다.

④ '나를 품어 주던 그 가슴'과 '꽝 꽝 얼어붙은 잔등'의 대비를 통하여, 내면의 의도와 반대되는 행동을 보여 주셨던 아버지의 태도를 강조하고 있군.

> 나를 품어 주던 그 가슴이 이제는 한 줌 뼛가루로 삭아
> 붉은 흙에 자취 없이 뒤섞여 있음을 생각하면
>
> (중략)
>
> 꽝 꽝 얼어붙은 잔등으로 혹한을 막으며
> 하얗게 얼음으로 엎드려 있던 아버지,
> 아버지, 아버지……

| 선지 유형 | 근거가 없어서 허용 불가능 |
| --- | --- |
| 실전에서의 판단 과정 | 둘 다 화자를 안고 있는 모습인데, 내면의 의도와 반대되는 행동이라니! |
| 해설 | 일단 두 표현이 각각 따뜻한 이미지와 차가운 이미지를 가지고 있고, 가혹한 외부로부터 보호받는 내부와 가혹한 외부 그 자체라는 점에서 '대비'된다는 것은 허용할 수 있을 것 같습니다.<br><br>그런데 '나를 품어주던 그 가슴'과 '꽝 꽝 얼어붙은 잔등'은 모두 화자를 안아주던 아버지의 모습을 형상화한 것입니다. 이때 아버지의 내면과 그 행동 모두 자식에 대한 사랑이라고 보는 게 옳겠죠. '내면의 의도와 반대되는 행동'을 허용할 근거가 전혀 없으니, 가볍게 답으로 고를 수 있겠습니다. |

⑤ '다시 아버지 곁에 눕고 싶'은 현재와 '아버지 가랭이 사이로 시린 발을 밀어 넣'었던 과거를 연결하여, 아버지에 대한 그리움을 담아내고 있군.

> 아버지 가랭이 사이로 시린 발을 밀어 넣고
> 그 가슴팍에 벌레처럼 파고들어 얼굴을 묻은 채
> 겨우 잠이 들곤 했었지요.
>
> (중략)
>
> 나를 품어 주던 그 가슴이 이제는 한 줌 뼛가루로 삭아
> 붉은 흙에 자취 없이 뒤섞여 있음을 생각하면
> 옛날처럼 나는 다시 아버지 곁에 눕고 싶습니다.

| 선지 유형 | 근거가 있어서 허용 가능 |
| --- | --- |
| 실전에서의 판단 과정 | 주제 그 자체네. |
| 해설 | '다시 아버지 곁에 눕고 싶은' 현재 떠올리고 있는 '옛날'은 '아버지 가랑이 사이로 시린 발을 밀어 넣었던' 과거의 모습입니다. 아버지 곁에 눕고 싶다며 과거를 떠올린다는 건, 그 과거 및 대상에 대한 그리움의 표현이라고 볼 수 있겠죠. 충분히 허용할 수 있겠습니다. |

현대시 독해 연습

> (나)
> 하늘로 날을 듯이 길게 뽑은 부연* 끝 풍경이 운다
> 처마 끝 곱게 늘이운 주렴에 반월(半月)이 숨어
> 아른아른 봄밤이 두견이 소리처럼 깊어 가는 밤
> 곱아라 고아라 진정 아름다운지고
>
> * 부연(附椽) : 긴 서까래 끝에 덧얹는 네모지고 짧은 서까래.

하늘에 쭉 뻗어 있는 '부연' 끝의 풍경을 묘사하면서 시작하고 있습니다. 그 풍경은 처마 끝에 반달이 숨어 있는, '두견이 소리처럼 깊어 가는 봄밤'에 펼쳐진 모습이네요. 화자는 이것이 너무나 곱고 아름답다고 생각하고 있습니다.

> 　파르란 구슬빛 바탕에 자줏빛 호장*을 받친 호장저고리
> 　호장저고리 하얀 동정이 환하니 밝도소이다
> 　살살이 퍼져나린 곧은 선이 스스로 돌아 곡선을 이루
> 는 곳
> 　열두 폭 기인 치마가 사르르 물결을 친다
>
> * 호장 : 회장(回裝). 여자 저고리를 색깔 있는 헝겊으로 꾸민 것.

이번엔 '호장저고리'에 대한 묘사를 해 주고 있습니다. '환하니
밝'기도 하고, 곡선이 아름답게 펼쳐진 치마도 있는 모습입니다.
정확하게 이해하지는 못해도 아름다운 옷을 묘사하고 있다는 느
낌은 받을 수 있어야겠죠?

> 　초마* 끝에 곱게 감춘 운혜(雲鞋) 당혜(唐鞋)
> 　발자취 소리도 없이 대청을 건너 살며시 문을 열고
> 　그대는 어느 나라의 고전(古典)을 말하는 한 마리 호
> 접(蝴蝶)
> 　호접인 양 사풋이 춤을 추라 아미(蛾眉)를 숙이고……
>
> * 초마 : '치마'의 방언.

단어가 너무 어렵기 때문에 제대로 된 독해가 어려울 수 있습니
다. 일단 몇몇 단어들을 정리한 뒤에 읽어보도록 합시다.

운혜 당혜 : 여자의 전통 신발 / 호접 : 호랑나비 등의 나비
아미를 숙이다 : 여자의 얼굴을 숙이다

이 단어들과 앞서 나온 '저고리' 등을 가지고 유추했을 때, 화자
는 지금 어떤 여자의 모습을 묘사하고 있는 것임을 알 수 있겠습
니다. '치마'에 가려 잘 보이지 않는 신발을 신고 사뿐사뿐 걸어와
문을 열고, 한 마리 '호접'인 것처럼 춤을 추는 모습이에요. 아마
앞에서 봤던 '호장저고리'도 이 여자가 입고 있는 것이라고 할 수
있겠죠?

> 　나는 이 밤에 옛날에 살아 눈 감고 거문곳줄 골라 보
> 리니
> 　가는 버들인 양 가락에 맞추어 흰 손을 흔들어지이다
> 　　　　　　　　　　　　　　　　-조지훈, 「고풍 의상」-

이러한 상황에서 화자는 '이 밤'을 마치 '옛날'처럼 느낍니다. 옛
날의 그것처럼, 거문고를 타는 모습을 상상하는 것이죠. 그리고
그 여자는 이 가락에 맞춰 '흰 손'을 흔드는 모습입니다. 앞 내용

과 엮으면 춤을 추는 모습이라고 할 수 있겠네요. 묘사 위주의 작
품이었습니다. 최소한 '어떤 여자에게 아름다움을 느끼고 있다.'
정도의 독해는 할 수 있어야 합니다.

> (다)
> 　어머님,
> 　제 예닐곱 살 적 겨울은
> 　목조 적산 가옥 이층 다다미방의
> 　벌거숭이 유리창 깨질 듯 울어 대던 외풍 탓으로
> 　한없이 추웠지요, 밤마다 나는 벌벌 떨면서
> 　아버지 가랭이 사이로 시린 발을 밀어 넣고
> 　그 가슴팍에 벌레처럼 파고들어 얼굴을 묻은 채
> 　겨우 잠이 들곤 했었지요.

어머님에게 '과거' 이야기를 하면서 시작하네요. 예닐곱 살 적 다
다미방의 겨울은 정말 추웠고, 그때마다 아버지 품에 쏙 안겼다
고 합니다. 추웠던 과거와 그 속에서 느꼈던 아버지의 사랑을 표
현하고 있습니다. 어렵지 않게 이해할 수 있는 내용들이네요.

> 　요즈음도 추운 밤이면
> 　곁에서 잠든 아이들 이불깃을 덮어 주며
> 　늘 그런 추억으로 마음이 아프고,
> 　나를 품어 주던 그 가슴이 이제는 한 줌 뼛가루로 삭아
> 　붉은 흙에 자취 없이 뒤섞여 있음을 생각하면
> 　옛날처럼 나는 다시 아버지 곁에 눕고 싶습니다.

화자는 '요즈음'에 '추운 밤'이 되면 아이들의 이불깃을 덮어 주고
있습니다. 예닐곱 살 정도 되었던 어린아이가 이젠 어엿한 아버
지가 된 모습이네요. 하지만 아버지는 한 줌 뼛가루로 삭아 붉은
흙에 뒤섞여 계신 상황이에요. 돌아가셨다는 의미겠죠? 아버지
가 되어 다시 자신의 아버지를 그리워하는 애틋한 감정이 느껴집
니다.

> 　그런데 어머님,
> 　오늘은 영하(零下)의 한강교를 지나면서 문득
> 　나를 품에 안고 추위를 막아 주던
> 　예닐곱 살 적 그 겨울밤의 아버지가
> 　이승의 물로 화신(化身)해 있음을 보았습니다.

화자는 추운 겨울날 한강교를 지나면서 옛날의 그 아버지가 '이
승의 물'(한강)로 화신해 있음을 보았다고 합니다. '화신'이라는

건 부처님이 다양한 모습으로 나타나는 걸 의미하는데, 여기서는
아버지가 강의 모습으로 나타났다는 것을 이야기하겠죠. 아버지
에 대한 그리움이 너무나 큰 것인지, 한강을 아버지의 모습으로
생각하는 화자입니다.

> 품 안에 부드럽고 여린 물살은 무사히 흘러
> 바다로 가라고,
> 꽝 꽝 얼어붙은 잔등으로 혹한을 막으며
> 하얗게 얼음으로 엎드려 있던 아버지,
> 아버지, 아버지……
>
>        –이수익, 「결빙(結氷)의 아버지」–

'영하의 한강교'라는 표현에서 한강이 얼어있다는 걸 유추할 수
있는데, 한강은 품 안에 '부드럽고 여린 물살'이 무사히 흘러가도
록 '잔등'만 얼어있는 모습입니다. 여기서 '부드럽고 여린 물살'이
바로 어린 화자를 의미하는 것이겠죠? 이렇게 '여린 물살=어린
화자'를 위해 자신의 '잔등'을 '얼음'으로 만들어 엎드려 있던 아
버지를 그리워하며 마무리되고 있습니다. 주제를 인식하는 게 그
리 어려운 작품은 아니었네요.

<table><thead><tr><th>몰랐던 어휘 정리하기</th></tr></thead><tbody><tr><td><br><br><br><br><br><br></td></tr></tbody></table>

| 핵심 point |

① **허용 가능성 평가** : 선지의 내용을 '허용'하려는 태도를 바
탕으로 지문을 '독해'하며 '근거'를 찾아야 합니다. 허용할 수
있는 '근거'가 있어야만 허용할 수 있습니다. 주관적인 생각
을 개입시키면 안 됩니다.

② **비평문** : 기본적으로 〈보기〉처럼 활용하되, 독서 지문처럼
제시되는 경우에는 지문의 '화제' 중심으로 빠르게 읽어나가
면 됩니다. 이때 단독 문제가 있다면 미리 해결하고 가는 것
도 잊지 마세요.

③ **현대시 독해** : 〈보기〉의 도움 등을 통해 '주제' 위주로, 그리
고 일상 언어의 감각으로 읽어내면 됩니다. 현대시도 읽을
수 있는 하나의 글입니다.

| 지문 내용 총정리 |

비평문이 제시되기는 했지만, 관련 출제가 익숙하지 않은 초기
의 문제인 탓인지 문제풀이에 그렇게까지 결정적이지는 않았습
니다. 오히려 지문의 주제를 독해하고 선지의 허용 가능성을 평
가하는 기본적인 태도가 훨씬 중요했던 지문이었어요. 하지만
최근에는 비평문의 내용을 선지에 녹이는 형태의 출제를 아주
잘 하고 있으니, 비평문이 나올 때 조금 더 신경쓰는 태도를 갖
추도록 합시다.

## 〈보기〉 확인

> ─────[보기]─────
>
> 　　조선 전기의 시조와 가사는 노래로 향유되며, <u>사대부들이 서로의 문화적 동질성을 확인</u>하는 데 활용되었다. 이러한 갈래적 특성으로 인해 사대부 시가에는 <u>대화 상황이 연상되는 여러 표현</u>으로 공감을 유도하는 방식이 관습화되었다.

두 작품 모두 대화 상황이 연상되는 다양한 표현이 있다고 합니다. 이걸 기대하면서 읽으면 되겠네요. 사실 (가) 작품이 상춘곡이라는 걸 알자마자 여기서 말하는 '대화 상황'이 뭘 의미하는지를 알아야 한다고 생각해요. 상춘곡은 '필수 고전시가'의 하나라고 할 수 있으니까요. 이에 대해서는 뒤에서 더 자세히 이야기해 보도록 하겠습니다.

> ─────[보기]─────
>
> 　　이이의 생애를 기록한 연보에는, 그가 <u>고산구곡에 정사를 건립한 일이 주자가 무이구곡의 은병에서 후학을 양성한 것을 본받았다</u>는 점과 「고산구곡가」의 창작 이후 이곳을 찾는 이들이 더 많아졌다는 사실이 기록되어 있다. 한편 그가 고산구곡의 곳곳에서 지인들과 교유한 경험을 소개한 「송애기」에는 욕심 없는 마음으로 자연과 인간이 별개가 아님을 느끼고, <u>자연으로부터 마음을 바르게 하는 도리</u>를 찾으면 군자의 참된 즐거움을 누릴 수 있다는 그의 생각이 나타나 있다.

(나)를 이해하는데 아주 큰 힌트를 주는 〈보기〉네요. 주자를 본받아 학문을 하고, 자연을 좋아한다는 전형적인 고전시가의 주제를 가지고 있어요. '학문'과 '자연'에 대한 표현에 주목하면서 (나)를 읽어봅시다.

## 실전적 지문 독해

> (가)
>
> <u>홍진(紅塵)에 뭇친 분네 이 내 생애 엇더ᄒ고</u>
> ➡ 속세에 묻혀 있는 분네야 이 내 생애 어떠하냐
>
> 녯사롬 풍류룰 미촐가 못 미촐가
> ➡ 옛사람 풍류에 미치는가 못 미치는가

천지간 남자 몸이 날만 ᄒᆞ 이 하건마논
➡ 천지간에 남자 몸이 나만 한 사람 많지만

산림에 뭇쳐 이셔 지락(至樂)을 ᄆᆞ롤 것가
➡ 산림(자연)에 묻혀 있는 지락을 모를 것이다

수간모옥(數間茅屋)을 벽계수(碧溪水) 앏픠 두고
➡ 자연 앞에 두고

송죽 울울리*예 풍월주인 되여셔라
➡ 자연에 풍월주인이 되었다

엇그제 겨을 지나 새봄이 도라오니
➡ 엊그제 겨울 지나 새봄이 돌아오니

도화행화(桃花杏花)ᄂᆞᆫ 석양리(夕陽裏)예 퓌여 잇고
녹양방초(綠楊芳草)ᄂᆞᆫ 세우(細雨) 중에 프르도다
➡ 자연 이쁘다

칼로 ᄆᆞᆯ아 낸가 붓으로 그려 낸가
조화신공(造化神功)이 물물마다 헌ᄉᆞ롭다
수풀에 우ᄂᆞᆫ 새ᄂᆞᆫ 춘기(春氣)룰 ᄆᆞᆺ내 계워 소ᄅᆡ마다 교태로다
➡ 자연 이쁘다…

물아일체(物我一體)어니 흥이이 다롤소냐
➡ 자연 이쁘다…

시비예 거러 보고 정자애 안자 보니
소요음영*ᄒᆞ야 산일(山日)이 적적ᄒᆞ다
<u>한중진미(閑中眞味)룰 알 니 업시 호재로다</u>
➡ 자연에서 혼자 놀고 있다

이바 니웃드라 산수 구경 가쟈스라
➡ 이봐 이웃들아 산수 구경 가자

답청(踏靑)으란 오ᄂᆞᆯ ᄒᆞ고 욕기(浴沂)란 내일 ᄒᆞ새
➡ 답청은 오늘 하고 욕기는 내일 하자

아ᄎᆞᆷ에 채산(採山)ᄒᆞ고 나조히 조수(釣水)ᄒᆞ새
➡ 아침에 채산하고 저녁엔 조수하자

ᄀᆞᆺ 괴여 닉은 술을 갈건(葛巾)으로 밧타 노코
➡ 갓 익은 술을 갈건으로 받아 놓고

곳나모 가지 것거 수 노코 먹으리라
➡ 꽃나무 가지 꺾어 수 놓고 먹으리라

화풍(和風)이 건ᄃᆞᆺ 부러 녹수(綠水)룰 건너오니
➡ 바람이 건듯 불어 녹수를 건너오니

청향(淸香)은 잔에 지고 낙홍(落紅)은 옷새 진다
➡ 청향은 잔에 지고 낙흥은 옷에 진다

준중(樽中)이 뷔엿거ᄃᆞᆫ 날ᄃᆞ려 알외여라
➡ 준중이 비었거든 날더러 알려라

소동 아ᄒᆡ드려 주가에 술을 믈어
➡ 소동 애더러 주가에 술을 물어

얼운은 막대 집고 아히는 술을 메고

→ 어른은 막대 짚고 애들은 술을 메고

미음완보(微吟緩步)ᄒ야 시냇ᄀ의 호자 안자

→ 미음완보하여 시냇가에 혼자 앉아

명사(明沙) 조흔 믈에 잔 시어 부어 들고

→ 명사 좋은 물에 잔 씻어 부어 들고

청류(清流)를 굽어보니 ᄯ오ᄂ니 도화(桃花)ㅣ로다

→ 청류를 굽어보니 떠오는 게 꽃이다

무릉이 갓갑도다 져 ᄆ이 권 거인고

→ 자연 죽인다!

-정극인, 「상춘곡」-

* 울울리 : 빽빽하게 우거진 속.
* 소요음영 : 자유로이 천천히 걸으며 시를 읊조림.

처음엔 자연에 있다는 것, 그 자연 이쁘다고 하는 것 정도를 체크하다가, 나중엔 그냥 다 똑같은 소리라고 생각하면서 넘어가시면 되겠습니다. 일단 상춘곡이라는 '필수 고전시가'이기에 내용을 대강 알고 있었어야 해요. '홍진(紅塵)에 뭇친 분네 이 내 생애 엇더ᄒ고'는 '분네'와의 대화를 시작하는 부분이라는 건 알고 계시죠? 여기에 자연 예찬의 주제를 가지고 있는 전형적인 작품이라는 것만 확실하게 체크하시면 됩니다.

---

(나)

고산구곡담(高山九曲潭)을 사ᄅᆞᆷ이 모로더니

→ 고산구곡담을 사람이 모르더니

주모복거(誅茅卜居)ᄒ니 벗님ᄂᆡ 다 오신다

→ 주모복거하니 벗님네 다 오신다

어즈버 무이를 상상ᄒ고 학주자(學朱子)를 ᄒ리라

→ 무이를 상상하고 학주자를 하리라

〈1수〉

일곡은 어디미오 관암에 ᄒᆡ 비췬다

→ 일곡은 어디냐 관암에 해 비친다

평무(平蕪)에 ᄂᆡ 거드니 원산(遠山)이 그림이로다

→ 평무에 내 거드니 원산이 그림이다 (자연 이쁘다)

송간(松間)에 녹준*을 노코 벗 오ᄂ 양 보노라

→ 소나무 사이에 술잔을 놓고 벗 오는 모습 본다

〈2수〉

이곡은 어디미오 화암에 춘만(春晚)커다

→ 이곡은 어디냐 화암에 봄이 왔다

벽파*에 곳을 씌워 야외로 보ᄂ니노라
사ᄅᆞᆷ이 승지(勝地)를 모로니 알게 ᄒ들 엇더리

→ 자연 이쁘다

〈3수〉

오곡은 어디미오 은병(隱屏)이 보기 됴타

→ 오곡은 어디냐 은병이 보기 좋다

수변(水邊) 정사는 소쇄홈*도 ᄀ이 업다
이 중에 강학(講學)도 ᄒ려니와 영월음풍 ᄒ리라

→ 자연 이쁘다

〈6수〉

칠곡은 어디미오 풍암에 추색(秋色) 됴타

→ 칠곡은 어디냐 풍암에 가을빛이 좋다

청상(清霜) 엷게 치니 절벽이 금수(錦繡)ㅣ로다
한암(寒巖)에 혼ᄌ셔 안쟈 집을 잇고 잇노라

→ 자연 이쁘다

〈8수〉

구곡은 어디미오 문산에 세모(歲暮)커다

→ 구곡은 어디냐 문산에 세모커다(?)

기암괴석이 눈 속에 무쳐셔라

→ 기암괴석이 눈 속에 묻혔다.

유인(遊人)은 오지 아니ᄒ고 볼 것 업다 ᄒ더라

→ 유인은 오지도 않고 볼 것 없다고 하더라

〈10수〉<br>-이이, 「고산구곡가」-

* 녹준 : 술잔 또는 술동이.
* 벽파 : 푸른 물결.
* 소쇄홈 : 기운이 맑고 깨끗함.

---

이 작품도 마찬가지죠? 결국 자연을 이야기하고 있다는 것만 생각해주시면 됩니다. 그리고 〈보기〉에서 말한 것처럼 '학문과 자연의 연관'이라는 내용도 있다는 것도 정리하고 가면 될 것 같아요. 이처럼 각 수, 각 행 하나하나의 해석에 매몰되는 것이 아니라 (사실 위에 해 둔 해석만큼도 할 필요가 없어요.) 전반적인 주제만 잡고 나머지는 선지에게 맡기는 겁니다! 문제 풀어 볼까요?

| 선지 | ① | ② | ③ | ④ | ⑤ |
|---|---|---|---|---|---|
| 선택률 | 5% | 2% | 3% | 2% | 88% |

## 163 (가)와 (나)의 공통점으로 가장 적절한 것은? ⑤

– 공통점 문제입니다. 하던 대로 답이 될 가능성이 높은 '거시적' 인 선지들에 특히 주목하면서 해결해보도록 합시다.

① 과거를 회상하며 현실의 덧없음을 환기하고 있다.

| 선지 유형 | 근거가 없어서 허용 불가능 |
|---|---|
| 실전에서의 판단 과정 | 현실의 덧없음은 주제랑 너무 관련이 없지. |
| 해설 | 일단 (가)에서는 '엇그제' 같은 표현으로 과거를 회상한다고 볼 수 있는데, ('엇그제'가 '과거 회상'의 근거라는 건 2009학년도에 기출된 내용이기도 합니다.) 이게 덧없음이라는 '반응'을 환기한다고 보기는 어렵죠? 주제와 너무 어긋나니까요. (나)에는 애초에 과거 회상으로 볼 만한 표현이 없구요. |

② 음성 상징어의 사용으로 생동감을 부각하고 있다.

| 선지 유형 | 근거가 없어서 허용 불가능 |
|---|---|
| 실전에서의 판단 과정 | 음성 상징어를 본 기억이 없는데? |
| 해설 | '음성 상징어'는 나온 적이 없어요. '음성 상징어'는 굉장히 튀는 표현이기에, 있다면 분명히 눈에 띄었을 겁니다. |

③ 점층적인 표현으로 대상과의 거리감을 강조하고 있다.

| 선지 유형 | 근거가 없어서 허용 불가능 |
|---|---|
| 실전에서의 판단 과정 | 대상과의 거리감은 주제와 반대되는 내용이네. |
| 해설 | '점층적인 표현'도 없고, 애초에 두 작품 모두 자연을 좋아한다는 반응을 보이고 있기에 '대상과의 거리감'을 허용하기도 힘들겠죠. |

④ 역사적 인물들을 호명하여 회고적 분위기를 조성하고 있다.

| 선지 유형 | 근거가 없어서 허용 불가능 |
|---|---|
| 실전에서의 판단 과정 | 역사적 인물 누구? |
| 해설 | '역사적 인물'들이라고 할 만한 사람이 딱히 나오지 않았고, '회고적 분위기'라는 말은 지문의 주제와 크게 어긋나기 때문에 가볍게 틀린 선지로 처리해주시면 되겠습니다. |

⑤ 자연물을 통하여 시간적 배경을 시각적으로 드러내고 있다.

| 선지 유형 | 근거가 있어서 허용 가능 |
|---|---|
| 실전에서의 판단 과정 | 자연물은 당연히 있을 거고, 시간적 배경도 많이 나타났으니 맞겠지. |
| 해설 | 자연물이야 주제를 생각하면 당연히 엄청나게 많을 텐데, 이들이 '시간적 배경'을 '시각적'으로 드러내는지만 보면 되겠네요. (가)에서는 '새봄이 돌아'오며 핀 다양한 꽃들을 통해, (나)에서는 '춘만'한 '화암' 등을 통해 시간적 배경을 드러내고 있네요. 이들 모두 '시각적'으로 확인할 수 있는 내용이니 정답이네요. |

이러한 문제는 지문을 실전적으로 읽은 다음 바로 해결하기 쉽지 않기 때문에, 다른 문제들을 풀면서 지문의 내용을 어느 정도 파악한 후에 해결하는 것이 좋습니다. 이런 실전적인 풀이 태도도 갖춰 주도록 합시다!

| 선지 | ① | ② | ③ | ④ | ⑤ |
|---|---|---|---|---|---|
| 선택률 | 3% | 8% | 6% | 79% | 4% |

## 164 〈보기〉를 참고하여 ㉠~㉣을 설명한 내용으로 가장 적절한 것은? ④

① ㉠에서는 청자와 화자가 서로 동질적인 삶을 살고 있음을 질문하기를 통해 확인하고 있다.

> ㉠홍진(紅塵)에 뭇친 분네 이 내 생애 엇더ᄒᆞᆫ고

| 선지 유형 | 근거가 없어서 허용 불가능 |
|---|---|
| 실전에서의 판단 과정 | 화자는 자연에 있는데 분네는 속세에 있지. |
| 해설 | 화자는 지금 자연 속에 있는 상황인데, 대화를 건네는 대상은 '홍진'에 묻힌 사람입니다. '홍진'이 '속세'를 의미한다는 것 정도는 알고 계시죠? 그럼 이 대화는 자신과 '이질적'인 삶을 살고 있는 사람에게 건네는 말이라고 할 수 있겠네요. 사실 이 정도는 상춘곡에 대한 기본 지식으로 알고 계셔야 합니다. |

② ㉡에서는 청자를 불러들여 함께했던 지난날의 경험을 상기시키며 동질성 회복을 권유하고 있다.

> ㉡이바 니웃드라 산수 구경 가쟈스라

| 선지 유형 | 근거가 없어서 허용 불가능 |
| --- | --- |
| 실전에서의 판단 과정 | 지난날의 경험을 상기시키지는 않는데? |
| 해설 | '지난날의 경험' 상기요? 그냥 자연 구경을 가자는 거죠. '지난날의 경험을 상기'시켰다고 볼 '근거'가 없으므로 허용할 수 없습니다. |

③ ㉢에서는 화자가 상대의 부탁을 수용하며 자신과 뜻을 같이 할 것을 청자에게 명령하고 있다.

> ㉢준중(樽中)이 뷔엿거돈 날드려 알외여라

| 선지 유형 | 근거가 없어서 허용 불가능 |
| --- | --- |
| 실전에서의 판단 과정 | 상대의 부탁을 수용하지는 않는 것 같은데? |
| 해설 | '준중'이라는 단어의 뜻을 모르면 제대로 해석하기 힘든 시구입니다. '준중'은 '술이 든 곳'을 의미하는데, 술독이 비었으면 자신에게 알리라는 내용을 담고 있습니다. 이걸 몰랐다고 해도, '상대의 부탁 수용'을 허용할 만한 근거를 찾을 수는 없다는 식으로 해결할 수 있었어야 합니다. |

④ ㉣에서는 사람들을 일깨우려는 화자의 생각을 청자에게 묻는 방식으로 제시해 공감을 유도하고 있다.

> ㉣사룸이 승지(勝地)를 모로니 알게 흔들 엇더리

| 선지 유형 | 근거가 있어서 허용 가능 |
| --- | --- |
| 실전에서의 판단 과정 | 알게 하는 게 어떠냐고 하고 있으니 묻는 방식, 공감 유도 둘 다 허용되지. |
| 해설 | '승지'를 모르는 사람들이 '알게 하는 게 어떠냐'고 했습니다. 이를 근거로 하면 '묻는 방식'과 '공감 유도'를 모두 허용할 수 있겠죠. 현대어처럼 읽고 근거를 찾으면 됩니다. 고전시가를 너무 두려워하지 마세요! |

⑤ ㉤에서는 눈으로 확인한 사실만을 믿어야 한다고 주장하는 이의 말을 청자에게 전하며 조언을 구하고 있다.

> ㉤유인(遊人)은 오지 아니ᄒ고 볼 것 업다 ᄒ더라

| 선지 유형 | 근거가 있어서 허용 불가능 |
| --- | --- |
| 실전에서의 판단 과정 | 조언을 구하는 게 아닌데? |
| 해설 | ㉤은 '유인'들이 오지도 않고 볼 것 없다 한다고 비판하는 부분입니다. 이런 독해의 결과를 근거로 하면, '눈으로 확인한 사실만을 믿어야 한다'는 주장을 하고 있다는 건 억지로나마 허용할 수 있겠습니다. 하지만 선지에선 이러한 주장을 전하며 '조언'을 구하고 있는지 물어보고 있어요. 비판하는 부분인데, 뜬금없이 '조언'을 구한다고 하면 절대로 허용할 수 없겠죠? |

| 선지 | ① | ② | ③ | ④ | ⑤ |
| --- | --- | --- | --- | --- | --- |
| 선택률 | 5% | 78% | 13% | 2% | 2% |

**165** (가)에 대한 감상으로 적절하지 **않은** 것은? ②

① 자신의 삶을 옛사람과 비교하며 스스로를 풍월주인이라 여기는 데에서 화자의 자부심이 드러나는군.

> 녯사룸 풍류룰 미출가 못 미출가
> 천지간 남자 몸이 날만 ᄒᆞᆫ 이 하건마ᄂᆞᆫ
> 산림에 뭇쳐 이셔 지락(至樂)을 모룰 것가
> 수간모옥(數間茅屋)을 벽계수(碧溪水) 앞픠 두고
> 송죽 울울리*예 풍월주인 되어셔라
>
> * 울울리 : 빽빽하게 우거진 속.

| 선지 유형 | 근거가 있어서 허용 가능 |
| --- | --- |
| 실전에서의 판단 과정 | 옛사람 풍류에 미치는지를 물어봤으니 비교 허용되고, 풍월주인이라고 했으니 자부심 허용되지. |
| 해설 | '옛사람 풍류'에 미치는지 물어보고 있으니 옛사람과의 '비교'를 허용할 수 있겠고, 자연 속에서 '풍월주인'이 되었다고 말하는 것을 근거로 '자부심'을 허용할 수 있겠죠. '주인'이라는 표현에서 자부심이 제대로 느껴지시죠? |

② 붓으로 그린 듯한 숲 속에서 봄의 흥을 노래하는 새를 바라보는 데에서 새에 대한 화자의 부러움이 드러나는군.

> 칼로 물아 낸가 붓으로 그려 낸가
> 조화신공(造化神功)이 물물마다 헌스럽다
> 수풀에 우는 새는 춘기(春氣)를 못내 계워 소리마다 교태로다

| 선지 유형 | 근거가 있어서 허용 불가능 |
|---|---|
| 실전에서의 판단 과정 | 화자랑 새 둘 다 자연 속에 있는데 왜 부러워. |
| 해설 | 붓으로 그린 것이냐고 물어본 '수풀' 속에서 울고 있는 '새'는 '춘기'를 느끼며 '소리'마다 '교태'를 부리고 있습니다. 어렵게 설명했지만, 핵심은 노래하는 '새'가 '자연' 속에 있기 때문에 신난 것이라는 점이에요. 화자 역시 자연 속에서 충분히 신난 상황이기에, 이러한 '새'를 보고 '부러움'을 느낄 이유는 전혀 없겠습니다. 결국 화자의 '반응'이라는 주제가 정답의 근거로 사용되는 모습이네요. |

③ 오늘과 내일, 아침과 저녁에 할 일들을 나열하는 데에서 하고 싶은 일에 대한 화자의 기대감이 드러나는군.

> 답청(踏青)으란 오늘 하고 욕기(浴沂)란 내일 하새
> 아침에 채산(採山)하고 나조히 조수(釣水)하새

| 선지 유형 | 근거가 있어서 허용 가능 |
|---|---|
| 실전에서의 판단 과정 | 오늘, 내일, 아침, 저녁에 하고 싶은 일 나열하고 있지. |
| 해설 | 오늘은 답청을 하고, 내일은 욕기를 하고, 아침엔 채산을 하고, 저녁(나조흐ㅣ)에는 조수를 한다고 합니다. 이런 일들을 굳이 말하는 건, 이 일들을 하고 싶어서라고 볼 수 있겠죠? 또 이 지문 전반적으로 화자가 신난 모습이기도 하구요. 혹시 '저녁'을 못 찾았다면 고전시가에 대한 공부를 더 많이 해주셔야 해요! |

④ 맑은 향이 담긴 술잔과 옷에 떨어지는 꽃잎을 주목하는 데에서 자연과 화자의 일체감이 드러나는군.

> 청향(淸香)은 잔에 지고 낙홍(落紅)은 옷새 진다

| 선지 유형 | 근거가 있어서 허용 가능 |
|---|---|
| 실전에서의 판단 과정 | 주제 그 자체네. |
| 해설 | 잔에 지는 '청향'을 근거로 '맑은 향'이 담긴 술잔을, 옷에 지는 '낙홍'을 근거로 '떨어지는 꽃잎'을 충분히 허용할 수 있겠네요. 자연과의 '일체감'이라는 반응은 이 지문의 주제 그 자체죠? |

⑤ 시냇물에 떠내려오는 도화를 보며 이상향을 연상하는 데에서 화자의 고조되는 감흥이 드러나는군.

> 청류(淸流)를 굽어보니 쩌오느니 도화(桃花)ㅣ로다
> 무릉이 갓갑도다 져 미이 긘 거인고

| 선지 유형 | 근거가 있어서 허용 가능 |
|---|---|
| 실전에서의 판단 과정 | 청류의 도화를 보면서 무릉이 가깝다고 하니 이상향 및 고조되는 감흥을 허용할 수 있지. |
| 해설 | '청류'라는 '시냇물'을 굽어보니 '도화'가 떠올랐다고 합니다. 이걸 본 화자는 '무릉'을 떠올리고 있어요. '무릉'이라는 단어의 의미를 생각해보면, '이상향'을 연상한다는 말을 충분히 허용할 수 있겠죠. 이상향을 떠올리고 있다는 것을 근거로 하면 '고조되는 감흥' 또한 당연하게 허용할 수 있겠구요. |

| 선지 | ① | ② | ③ | ④ | ⑤ |
|---|---|---|---|---|---|
| 선택률 | 3% | 7% | 49% | 27% | 14% |

**166** ⓐ~ⓕ를 중심으로 (가)와 (나)를 이해한 내용으로 적절하지 **않은** 것은? ③

① (가)의 화자는 거처인 ⓐ를 나와 ⓑ와 ⓒ의 장소들로 옮겨 다니고 있다.

> ⓐ수간모옥(數間茅屋)을 벽계수(碧溪水) 앞픠 두고

> 시비예 거러 보고 ⓑ정자애 안자 보니

> 미음완보(微吟緩步)하야 ⓒ시냇 ㄱ의 호자 안자

| 선지 유형 | 근거가 있어서 허용 가능 |
|---|---|
| 실전에서의 판단 과정 | 수간모옥에서 정자, 시냇가로 옮겨 다니고 있네. |

| 해설 | (가)의 화자는 '수간모옥→정자→시냇가'의 순서대로 공간을 옮기고 있습니다. 지문을 좀 디테일하게 읽었다면 미리 체크할 수도 있었을 것이고, 그러지 못했더라도 선지를 통해 돌아가서 맞다고 할 수는 있겠죠. '수간모옥'(작은 초가집)과 같은 기본적인 어휘는 미리 알아두는 게 좋겠죠? |
|---|---|

② (나)의 화자가 소개하는 ⓔ와 ⓕ는 ⓓ를 구성하는 장소들이라는 점에서 서로 대등한 관계에 있다.

---

ⓓ고산구곡담(高山九曲潭)을 사룸이 모로더니

---

일곡은 어디미오 ⓔ관암에 히 비췬다

---

칠곡은 어디미오 ⓕ풍암에 추색(秋色) 됴타

---

| 선지 유형 | 근거가 있어서 허용 가능 |
|---|---|
| 실전에서의 판단 과정 | 일곡과 칠곡이 구곡을 구성하는 대등한 관계라는 건 쉽게 허용되네. |
| 해설 | 관암, 풍암은 각각 '고산구곡'의 '일곡', '칠곡'에 해당하는 곳입니다. 이들 모두 '구곡'의 일부라는 점에서, '대등한 관계'는 자연스레 허용이 되겠네요. |

③ (가)와 (나)의 화자는 각각 ⓑ와 ⓔ를 주위에서 가장 빼어난 경치를 볼 수 있는 곳이라고 예찬하고 있다.

---

시비예 거러 보고 ⓑ정자애 안자 보니
소요음영*ᄒ야 산일(山日)이 적적ᄒ디
한중진미(閒中眞味)를 알 니 업시 호재로다

* 소요음영 : 자유로이 천천히 걸으며 시를 읊조림.

---

일곡은 어디미오 ⓔ관암에 히 비췬다
평무(平蕪)에 니 거드니 원산(遠山)이 그림이로다
송간(松間)에 녹준*을 노코 벗 오는 양 보노라

〈2수〉

* 녹준 : 술잔 또는 술동이.

---

| 선지 유형 | 근거가 없어서 허용 불가능 |
|---|---|
| 실전에서의 판단 과정 | 가장 빼어난 경치라고 한 적은 없는데? |

| 해설 | '정자'와 '관암' 모두 자연의 아름다운 풍경을 묘사하는 건 맞는데, '가장' 빼어난 경치요? 최상급 표현을 사용한 적이 없으므로, 이를 허용할 만한 근거를 찾을 수가 없네요. 단순한 '느낌'이 아닌, 명확한 '근거'를 바탕으로 판단을 해 주셔야 합니다. |
|---|---|

④ (가)의 화자는 ⓐ에 인접한 맑은 풍경을, (나)의 화자는 자신이 ⓓ에 터를 정함으로써 생긴 변화를 드러내고 있다.

---

ⓐ수간모옥(數間茅屋)을 벽계수(碧溪水) 앏픠 두고
송죽 울울리*예 풍월주인 되어셔라

* 울울리 : 빽빽하게 우거진 속.

---

ⓓ고산구곡담(高山九曲潭)을 사룸이 모로더니
주모복거(誅茅卜居)ᄒ니 벗님니 다 오신다
어즈버 무이를 상상ᄒ고 학주자(學朱子)를 ᄒ리라

〈1수〉

---

| 선지 유형 | 근거가 있어서 허용 가능 |
|---|---|
| 실전에서의 판단 과정 | 수간모옥 근처는 당연히 맑겠고, 고산구곡담에 주모복거한 후에 벗님네가 모이고 있으니 변화도 맞네. |
| 해설 | '수간모옥' 근처는 당연히 자연 속이니 엄청 이쁘겠죠? 실제로 '벽계수'와 '송죽 울울리' 같은 '맑은 풍경'이라 할 만한 내용들이 같이 제시되고 있네요.<br><br>다음으로 '고산구곡담'입니다. 사람들은 원래 '고산구곡담'을 몰랐는데, '주모복거' 후엔 '벗님네'가 오고 있습니다. 사람이 없다가 모이고 있으니 '변화'를 허용할 수 있겠죠. 이때 '주모복거'가 바로 '화자가 터를 정함'을 의미합니다. '居(거주할 거)'라는 한자를 알고 있었다면 훨씬 확실하게 파악할 수 있었겠네요. 이처럼 자주 나오는 한자들은 눈에 익혀두는 것도 고전시가 실력 향상에 큰 도움이 될 겁니다. |

⑤ (가)의 화자는 ⓒ에서 주변으로 시선을 보내고 있고, (나)의 화자는 ⓕ를 향해 시선을 보내고 있다.

---

미음완보(微吟緩步)ᄒ야 ⓒ시냇ᄀ의 호자 안자
명사(明沙) 조흔 믈에 잔 시어 부어 들고
청류(淸流)를 굽어보니 ᄯ오ᄂ니 도화(桃花)ㅣ로다

칠곡은 어디미오 ⓕ풍암에 추색(秋色) 됴타

| 선지 유형 | 근거가 있어서 허용 가능 |
|---|---|
| 실전에서의 판단 과정 | 시냇가에서 시냇물 보고 있고, 칠곡에서 풍암에 시선을 보내고 있네. |
| 해설 | (가)의 화자는 '시냇가'에 혼자 앉아 '명사 좋은 물'이라는 '주변'으로 시선을 보내고 있습니다. 한편 (나)의 화자는 '칠곡'에서 '풍암'에 주목하고 있네요. 가볍게 허용할 수 있겠습니다. |

| 선지 | ① | ② | ③ | ④ | ⑤ |
|---|---|---|---|---|---|
| 선택률 | 3% | 9% | 16% | 8% | 64% |

## 167 〈보기〉를 활용하여 (나)를 탐구한 내용으로 적절하지 않은 것은? [3점] ⑤

① 고산구곡에서의 생활에 대한 「송애기」의 기록을 참고할 때, 고산구곡이 작자와 '벗님'들의 교유 장소로도 활용되었음을 추리할 수 있겠군.

| 선지 유형 | 근거가 있어서 허용 가능 |
|---|---|
| 실전에서의 판단 과정 | 송애기 자체가 고산구곡에서 벗들이랑 교유한 이야기라며. |
| 해설 | 〈보기〉에 나온 '송애기'의 정의 자체가 '고산구곡의 곳곳에서 지인들과 교유한 경험을 소개한 책'입니다. 이 내용을 근거로 하면 쉽게 허용이 되는 선지죠? 이렇게 〈보기〉도 선지 판단의 근거로 사용할 수 있어야 해요! |

② 작품 창작 이후와 관련한 연보의 기록을 참고할 때, '학주자'를 하려는 작자의 선택에 대한 사람들의 긍정적 반응을 추측할 수 있겠군.

고산구곡담(高山九曲潭)을 사람이 모로더니
주모복거(誅茅卜居)ᄒ니 벗님닉 다 오신다
어즈버 무이를 상상ᄒ고 학주자(學朱子)를 ᄒ리라
〈1수〉

| 선지 유형 | 근거가 있어서 허용 가능 |
|---|---|
| 실전에서의 판단 과정 | 주모복거한 후에 학주자를 한다고 했는데, 실제로 사람들이 더 많이 찾아줬다고 했네. |

| 해설 | 〈보기〉에 제시된 연보를 보면, '고산구곡가' 창작 이후 이곳을 찾는 이들이 더 많아졌다고 했습니다. 화자는 '고산구곡가'라는 작품 속에서 '학주자'를 하려는 의지를 보였는데, 이를 본 사람들이 '고산구곡'을 많이 찾았다는 내용을 근거로 하면 '사람들의 긍정적 반응'을 충분히 허용할 수 있겠네요. |
|---|---|

③ 정사에 대한 연보의 기록을 참고할 때, '은병'이 주자를 학문적으로 계승하기 위해 선택된 공간이기도 했음을 짐작할 수 있겠군.

오곡은 어디미오 은병(隱屛)이 보기 됴타
수변(水邊) 정사는 소쇄홈*도 ᄀ이 업다
이 중에 강학(講學)도 ᄒ려니와 영월음풍ᄒ리라
〈6수〉

* 소쇄홈 : 기운이 맑고 깨끗함.

| 선지 유형 | 근거가 있어서 허용 가능 |
|---|---|
| 실전에서의 판단 과정 | 주자와 관련된 은병을 보기 좋다고 했으니 허용되겠네. |
| 해설 | 〈보기〉를 보면, '주자'가 무이구곡의 '은병'에서 후학을 양성했다고 해요. 화자가 이걸 본받아 고산구곡가를 지었다고 했으니 일단 주자를 학문적으로 계승한 건 허용이 되겠습니다. 나아가 화자는 그러한 '은병'을 '보기 좋다'고 했습니다. 이는 화자 역시 '은병'이라는 공간을 선택하여 머물고 있다는 것을 의미하니 허용이 가능한 선지네요. |

④ 참된 즐거움과 관련한 「송애기」의 기록을 참고할 때, '강학'과 '영월음풍'이 모순 없이 서로 어울릴 수 있는 행위임을 유추할 수 있겠군.

오곡은 어디미오 은병(隱屛)이 보기 됴타
수변(水邊) 정사는 소쇄홈*도 ᄀ이 업다
이 중에 강학(講學)도 ᄒ려니와 영월음풍ᄒ리라
〈6수〉

* 소쇄홈 : 기운이 맑고 깨끗함.

| 선지 유형 | 근거가 있어서 허용 가능 |
|---|---|
| 실전에서의 판단 과정 | 강학과 영월음풍을 같이 하니까 모순 없는 거지. |

| | |
|---|---|
| 해설 | '강학'은 학문과 관련된, '영월음풍'은 자연과 관련된 것이라고 할 수 있습니다. 이 지문의 주제는 자연과 학문을 함께 추구하는 것이죠? 이를 근거로 하면 '모순 없이 서로 어울릴 수 있는 행위'를 가볍게 허용할 수 있겠네요. |

⑤ 자연의 감상에 대한 「송애기」의 기록을 참고할 때, 바위를 덮은 '눈'에서 자연과 합일을 이루려는 인간의 의지를 엿볼 수 있겠군.

> 구곡은 어디미오 문산에 세모(歲暮)커다
> 기암괴석이 눈 속에 무쳐셰라
> 유인(遊人)은 오지 아니ᄒ고 볼 것 업다 ᄒ더라
>
> 〈10수〉

| 선지 유형 | 근거가 없어서 허용 불가능 |
|---|---|
| 실전에서의 판단 과정 | 인간의 의지가 어디 있어. |
| 해설 | '눈'은 그저 '기암괴석'이라는 바위를 덮고 있습니다. 근처를 독해해봐도, 인간의 '의지'를 허용할 만한 근거를 찾을 수는 없어요. 단순한 묘사로부터 '의지'를 생각해내는 건 그저 여러분의 상상일 뿐이에요. 지문이나 〈보기〉 속에서 명백한 근거를 찾을 수 있어야 합니다. |

| 몰랐던 어휘 정리하기 |
|---|
| |



① **허용 가능성 평가** : 선지의 내용을 '허용'하려는 태도를 바탕으로 지문을 '독해'하며 '근거'를 찾아야 합니다. 허용할 수 있는 '근거'가 있어야만 허용할 수 있습니다. 주관적인 생각을 개입시키면 안 됩니다.

② **필수 고전시가** : 대부분의 교과서에 실려 있을 정도로 필수적인 고전시가들은 그 내용을 아주 디테일하게 물어보는 경우가 많습니다. 확실하게 정리해두도록 합시다.



'상춘곡'과 같은 필수 고전시가가 출제되면 디테일한 선지 판단을 요구하기도 한다는 것을 배울 수 있는 지문이었습니다. 기본적인 필수 고전시가들은 미리 공부해주셔야 합니다. 정리가 된 후에는 우리가 알고 있는 '허용 가능성 평가'의 원칙으로 선지를 판단해 주시면 되는 것이죠!

비평문 확인

〈보기〉가 따로 존재하지는 않지만, 비평문인 (가)가 길게 제시되어 있습니다. 이렇게 길게 제시되는 경우에는 선지 판단의 근거로 많이 활용될 수밖에 없으니, 쉬운 독서 지문을 읽는다는 생각으로 조금 시간을 들여주시는 게 좋습니다.

---

(가)

　전쟁을 다룬 소설 중에는 <u>실재했던 전쟁을 제재로 한 작품들</u>이 있다. 이런 작품들은 허구를 매개로 실재했던 전쟁을 새롭게 조명하고 있다. 가령, 「박씨전」의 후반부는 패전했던 병자호란을 있는 그대로 받아들이고 싶지 않았던 조선 사람들의 욕망에 따라, <u>허구적 인물 박씨가 패전의 고통을 안겼던 실존 인물 용골대를 물리치는 장면을 중심으로 허구화</u>되었다. 외적에 휘둘린 무능한 관군 탓에 병자호란 당시 여성은 전쟁의 큰 피해자였다. 「박씨전」에서는 이 비극적 체험을 재구성하여, 전화를 피하기 위한 장소인 피화당(避禍堂)에서 여성 인물과 적군이 전투를 벌이는 장면을 설정하고 있다. 이들 간의 대립 구도 하에서 전개되는 이야기는 조선 사람들의 슬픔을 위로하고 희생자를 추모함으로써 공동체로서의 연대감을 강화하였다. 한편, 「시장과 전장」은 한국전쟁이 남긴 상흔을 직시하고 이에 좌절하지 않으려던 작가의 의지가, <u>이념 간의 갈등에 노출되고 생존을 위해 몸부림치는 인물</u>을 통해 허구화되었다. 이 소설에서는 전장을 재현하여 전쟁의 폭력에 노출된 개인의 연약함이 강조되고, 무고한 희생을 목도한 인물의 내면이 드러남으로써 개인의 존엄이 탐색되었다.

---

'실재했던 전쟁'을 제재로 한 작품들에 대한 내용입니다. 이에 대한 예시로 '박씨전'과 '시장과 전장'을 들고 있는데, 이 내용을 이용하면 〈보기〉를 미리 읽는 것과 비슷한 효과를 낼 수 있을 것 같습니다. 각 작품의 줄거리 및 주제 의식을 제시하고 있습니다.

먼저 '박씨전'의 경우, 허구적 인물인 '박씨'가 실존 인물 '용골대'를 물리치는 장면을 그렸다고 합니다. '시장과 전장'의 경우에는 이념 간의 갈등에 노출되고 생존을 위해 몸부림치는 인물의 이야기를 그렸구요. 핵심은 허구를 매개로 실재했던 전쟁을 새롭게 조명하며 전쟁의 상처를 위로하고 직면한다는 것이네요. 어렵지 않은 주제 의식이니 확실하게 체크할 수 있겠죠?

---

　우리는 이런 작품들을 통해 <u>전쟁의 성격</u>을 탐색할 수 있다. 두 작품에서는 외적의 침략이나 이념 갈등과 같은 공동체 사이의 갈등이 드러나고 있다. 그런데 전쟁이 폭력적인 것은 이 과정에서 사람들이 죽기 때문만은 아니다. <u>전쟁의 명분은 폭력을 정당화하기에, 적의 죽음은 불가피한 것으로, 우리 편의 죽음은 불의한 적에 의한 희생으로 간주된다.</u> 전쟁은 냉혹하게도 아군이나 적군 모두가 민간인의 죽음조차 외면하거나 자신의 명분에 따라 이를 이용하게 한다는 점에서 폭력성을 띠는 것이다. 두 작품에서 사람들이 죽는 장소가 군사들이 대치하는 전선만이 아니라는 점도 주목된다. <u>전쟁터란 전장과 후방, 가해자와 피해자가 구분되지 않는 혼돈의 현장</u>이다. 이 혼돈 속에서 사람들은 고통 받으면서도 생의 의지를 추구해야 한다는 점에서 전쟁은 비극성을 띤다. 이처럼, 전쟁의 허구화를 통해 우리는 전쟁에 대한 인식을 새롭게 할 수 있다.

---

이런 작품들의 의의까지 제시되고 있습니다. 사실상 긴 〈보기〉와 다름없는 내용이네요. 이러한 작품들은 '전쟁의 성격'을 탐색하게 해 주는 역할을 한다고 해요. 그 성격 중 하나는 '폭력성'인데, 단순히 사람들이 죽는 데서 나타나는 폭력성뿐 아니라 적의 죽음은 불가피한 것으로 보는 등 명분에 따라 죽음을 이용하게 하기 때문에 폭력적이라는 것이네요. 이것 역시 지문의 내용과 연관될 것이니 확실하게 체크할 필요가 있겠죠?

나아가, 사람들이 전선에서만 죽는 것이 아니라는 점도 주목된다고 합니다. 전쟁터는 혼돈의 현장이며 고통을 받으면서도 생의 의지를 추구해야 하는 비극적인 곳이죠. 이러한 모습을 그렸다는 점에서 두 작품처럼 전쟁을 다룬 작품들은 의의를 가진다는 이야기로 마무리되고 있습니다.

친절한 〈보기〉처럼 활용했다면 훌륭합니다. (가) 단독 문제가 보이지는 않으니, 이 내용들을 기반으로 해서 바로 지문 속 인물들에게 공감하러 가 봅시다.

> (나)
>
> 　문득 나무들 사이에서 한 여인 이 나와 크게 꾸짖어 왈, "무지한 용골대 야, 네 아우 가 내 손에 죽었거늘 너조차 죽기를 재촉하느냐?" 용골대가 대로하여 꾸짖어 왈, "너는 어떠한 계집이완데 장부의 마음을 돋우느냐? 내 아우가 불행하여 네 손에 죽었지만, 네 나라의 화친 언약을 받았으니 이제는 너희도 다 우리나라의 신첩(臣妾)이라. 잔말 말고 바삐 내 칼을 받아라."

'한 여인'이 나와 '용골대'에게 도발을 하고 있습니다. 이 여인은 '용골대'의 '아우'를 죽였다고 하는데, 이와 관련된 도발에 '용골대'는 화가 날 수밖에 없겠죠. (가)를 바탕으로 하면 이때의 '용골대'는 패전의 고통을 안긴 실존 인물이고, '여인'은 허구적 인물인 '박씨'가 아닐까 하는 생각을 할 수 있겠습니다. 어쨌든 '용골대'의 대사를 들어 보면 이미 조선은 '화친 언약'을 한 상태네요. 이러한 상황에서 자신의 아우는 패전국의 한 여인에게 죽은 상황이니, 화가 날 만도 합니다.

> 　계화가 들은 체 아니하고 크게 꾸짖어 왈, "네 동생이 내 칼에 죽었으니, 네 또한 명이 내 손에 달렸으니 어찌 가소롭지 아니리오." 용골대가 더욱 분기등등하여 군중에 호령하여, "일시에 활을 당겨 쏘라." 하니, 살이 무수하되 감히 한 개도 범치 못하는지라. 〈용골대 아무리 분한들 어찌하리오.〉 마음에 탄복하고 조선 도원수 김자점 을 불러 왈, "너희는 이제 내 나라의 신하라. 내 영을 어찌 어기리오." 자점이 황공하여 왈, "분부대로 거행 하오리다."
>
> 　용골대가 호령하여 왈, "네 군사를 몰아 박 부인 과 계화를 사로잡아 들이라." 하니, 자점이 황겁하여 방포일성에 군사를 몰아 피화당 을 에워싸니, 문득 팔문이 변하여 백여 길 함정이 되는지라. 용골대가 이를 보고 졸연히 진을 깨지 못할 줄 알고 한 꾀를 생각하여, 군사로 하여금 피화당 사방 십 리를 깊이 파고 화약 염초를 많이 붓고, 군사로 하여금 각각 불을 지르고, "너희 무리가 아무리 천변만화지술이 있은들 어찌하리오." 하고 군사를 호령하여 일시에 불을 놓으니, 그 불이 화약 염초를 범하매 벽력 같은 소리가 나며 장안 삼십 리에 불길이 충천하여 죽는 자가 무수하더라.

그런데 '계화'라는 인물이 크게 꾸짖고 있습니다. 앞에서 봤던 '한 여인'은 우리의 예상처럼 '박씨'가 아니었네요. 아무튼 '계화'는

한 번 더 도발을 하고, '용골대'는 화가 나 화살을 쏘라고 합니다. 그런데 화살이 '계화'에게 제대로 먹히지를 않네요. 영웅소설의 뻔한 클리셰가 작동한 것으로 이해할 수 있겠죠? 〈 〉 부분의 '서술자의 개입'도 가볍게 체크할 수 있겠구요.

이에 '용골대'는 '김자점'이라는 조선의 도원수를 부르면서 명을 내리고 있습니다. 조선이 '화친 언약'을 했다고 하더니, 조선의 도원수가 '용골대'에게 명을 받고 있는 씁쓸한 모습입니다. 어쨌든 그 명의 내용은 '박 부인'과 '계화'를 사로잡으라는 것이었어요. 이때의 '박 부인'이 바로 주인공인 '박씨'라고 할 수 있겠죠? '자점'은 '피화당'을 에워싸며 그 명을 수행하려 하지만, 이번에도 '계화' 등의 능력으로 공격에 실패합니다.

이에 '용골대'는 아예 '피화당' 근처에 불을 질러 버립니다. 불길이 커지면서 죽는 자가 무수한 상황이 되어 버렸어요. 끔찍한 전쟁의 상황이 벌어지고 있는 것이죠?

> 　박씨가 주렴을 드리우고 부채를 쥐어 불을 부치니, 불길이 오랑캐 진을 덮쳐 오랑캐 장졸이 타 죽고 밟혀 죽으며 남은 군사는 살기를 도모하여 다 도망하는지라. 용골대가 할 길 없어, "이미 화친을 받았으니 대공을 세웠거늘, 부질없이 조그만 계집을 시험하다가 공연히 장졸만 다 죽였으니, 어찌 분한(憤恨)치 않으리오." 하고 회군하여 발행할 제, 왕대비 와 세자 대군 이며 장안미색 을 데리고 가는지라.

이번에는 드디어 '박씨'가 활약합니다. 주렴을 드리우고 도술을 펼쳤더니 불길이 오랑캐 진을 덮치고 있어요. 완벽한 반격에 절망한 '용골대'는 이미 공을 세웠는데 괜히 욕심을 내다가 장졸만 죽였다며 후회하고, '왕대비', '세자 대군', '장안미색' 등을 데리고 도망가고 있어요.

> 　박씨가 시비 계화로 하여금 외쳐 왈, "무지한 오랑캐야, 너희 왕 놈이 무식하여 은혜지국(恩惠之國)을 침범하였거니와, 우리 왕대비는 데려가지 못하리라. 만일 그런 뜻을 두면 너희들은 본국에 돌아가지 못하리라." 하니 오랑캐 장수들이 가소롭게 여겨, "우리 이미 화친 언약을 받고 또한 인물이 나의 장중(掌中)에 매였으니 그런 말은 생심(生心)도 말라." 하며, 혹 욕을 하며 듣지 아니하거늘, 박씨가 또 계화로 하여금 다시 외쳐 왈, "너희가 일양 그리하려거든 내 재주를 구경하라." 하더니, 이윽고 공중으로 두 줄기 무지개 일어나며, 모진 비가

천지를 뒤덮게 오며, 음풍이 일어나며 백설이 날리고, 얼음이 얼어 군마의 발굽이 땅에 붙어 한 걸음도 옮기지 못하는지라. 그제야 오랑캐 장수들이 황겁하여 아무리 생각하여도 모두 함몰할지라. 마지못하여 장수들이 투구를 벗고 창을 버려, 피화당 앞에 나아가 꿇어 애걸하기를, "오늘날 이미 화친을 받았으나 왕대비는 아니 뫼셔 갈 것이니, 박 부인 덕택에 살려 주옵소서."

박씨가 주렴 안에서 꾸짖어 왈, "너희들을 모두 죽일 것이로되, 천시(天時)를 생각하고 용서하거니와, 너희 놈이 본디 간사하여 외람된 죄를 지었으나 이번에는 아는 일이 있어 살려 보내나니, 조심하여 들어가며, 우리 세자 대군을 부디 태평히 모셔 가라. 만일 그렇지 아니하면 내 오랑캐를 씨도 없이 멸하리라."

이에 오랑캐 장수들이 백배 사례하더라.

-작자 미상, 「박씨전」-

'박씨'는 다시 한번 '계화'를 통해 '용골대'를 도발하고, '왕대비'를 데려가지 말라며 경고하고 있습니다. 아직도 정신을 못 차린 '오랑캐 장수들'은 가소롭게 여기다가 '박씨'에게 제대로 당하고, '왕대비'를 데려가지 않겠다는 약속과 함께 도망가고 있습니다.

전반적으로 영웅소설의 클리셰가 잘 나타나는 작품이었죠? '박씨'라는 영웅이 활약하는 모습을 바탕으로 읽었다면 그리 어렵지 않았을 것 같습니다.

---

(다)

　"피란 안 갔다고 야단맞지 않을까요?"

　윤씨가 걱정스럽게 묻는다. 김씨 댁 아주머니의 얼굴도 잠시 흐려진다. 그러나 이내 쾌활한 목소리로,

　"쌀 배급을 주는데 야단을 치려구요? 세상에 불쌍한 백성을 더 이상 어쩌겠어요?"

　"그래도 댁은…… 우린 애아범이 그래 놔서…… 전에도 배급을 못 타 먹었는데."

　"이 마당에서 그걸 누가 알겠어요? 어지간히 시달려 놔서 이젠 그렇게들 안 할 거예요."

　둑길을 건너서 인도교 가까이 갔을 때 노량진 쪽에서 사람들이 몰려온다. 어느 구석에 끼여 있었던지 용케 죽지도 않고, 스무 명 가량의 사람들이 떼 지어 간다. 김씨 댁 아주머니는,

　"여보시오! 어디서 배급을 줍니까?"

　하고 물었으나 그들은 미친 듯 뛰어갈 뿐이다.

---

'윤씨'의 걱정스러운 물음으로 시작하고 있습니다. 누구에게 야단을 맞는다는 것인지는 모르겠지만, 전쟁 상황에서 갈등하는 모습이라는 것 정도는 생각할 수 있겠죠? '김씨 댁 아주머니' 역시 갈등하다가 괜히 쾌활한 목소리로 답을 하고 있어요. 여기서 '김씨 댁 아주머니'의 쾌활한 목소리가 최대한 긍정적으로 생각하려는 인물의 모습이라는 점에 공감할 수 있어야 합니다. 얼굴이 잠시 흐려졌다가 목소리가 쾌활해지는 점에 주목해야 한다는 것이죠!

아무튼, 앞부분의 내용이 잘려서 무슨 말인지는 모르겠지만 대화를 주고받다가, 사람들이 미친 듯이 뛰어가는 것을 봅니다. 아마 배급일 것이라 생각하고 어디서 배급을 주냐고 묻지만, 사람들은 그저 미친 듯이 뛰어갈 뿐이에요. 무슨 일이 있는 걸까요?

---

　"여보, 여보시오! 어디서 배급을 줍니까?"

　다시 물었으나 여전히 그들은 뛰어간다. 윤씨와 김씨 댁 아주머니도 이제 더 이상 묻지 않고 그들을 따라 뛰어간다. 그들이 간 곳은 한강 모래밭이었다. 강의 얼음은 아직 풀리지 않았다. 그곳에는 여남은 명가량의 사람들이 몰려 있었다. 사실은 배급이 아니었다. 밤사이에 중공군과 인민군이 후퇴하면서 미처 날라 가지 못했던 식량이 여기저기 흩어져 있었던 것이다. 〈사람들은 갈가마귀떼처럼 몰려들어 가마니를 열었다. 그리고 악을 쓰면서 자루에다 쌀과 수수를 집어넣는다. 쌀과 수수가 강변에 흩어진다. 사람들은 굶주린 이리떼처럼 눈에 핏발이 서서 자루에 곡식을 넣어 짊어지고 일어섰다. 쌀자루를 짊어지고 강변을 따라 급히 도망쳐 가는 사나이들, 쌀자루에 쌀을 옮겨 넣는 아낙들, 필사적이다. 그야말로 전쟁이다. 김씨 댁 아주머니와 윤씨도 허겁지겁 달려들어 쌀을 퍼낸다. 그리고 떨리는 손으로 자루 끝을 여민 뒤 머리에 이고 일어섰다. 그 순간 하늘이 진동하고 땅이 꺼지는 듯 고함 소리, 총성과 함께 윤씨가 푹 쓰러진다. 윤씨는 외마디 소리를 지르며 쌀자루 위에 얼굴을 처박는다. 거무죽죽한 피가 모래밭에 스며든다.〉

---

계속 물어도 대답이 없는 사람들의 모습입니다. 전쟁통에 저런 물음에 답을 해 줄만큼 한가한 사람은 없겠죠? 이 정도면 '윤씨'와 '김씨 댁 아주머니'도 바로 따라가야 할 것입니다. 그곳은 '한강 모래밭'이었는데, 배급이 아니라 군대에서 날라 가지 못한 식량들이 떨어진 상황이었네요. 당연히 현장은 아수라장일 것이고, 〈 〉 표시한 '배경 묘사'를 보면 그 끔찍함이 눈에 보이는 것 같습니다.

이와 별개로 〈 〉 부분은 일종의 'skip 가능 구간'으로 처리할 수 있 겠죠? 마지막에 '윤씨'가 총을 맞고 쓰러지는 부분만 체크하면, 나 머지는 모두 '전쟁통의 아수라장' 정도로 요약할 수 있으니까요.

---

(중략)

김씨 부인 이,

"애기 엄마……."

하고 소리쳐 부른다. 지영 은 그냥 쫓아간다.

"큰일 나요! 큰일 나, 지금 가면 안 돼요! 애기를 어쩌 려고 그러는 거요."

지영은 언덕길을 미끄러지는 듯 달려간다. 둑길을 넘 었다. 강변 에는 아무도 없었다. 강물도 하늘도 강 건너 서울도 회색빛 속에 싸여 있었다. 지영은 윤씨를 내려다 본다. 쌀자루를 꼭 껴안고 있다. 쌀자루는 피에 젖어 거 무죽죽하다. 지영은 윤씨를 안아 일으킨다. 그리고 들쳐 업는다. 그는 한 발 한 발 힘을 주며 걸음을 옮긴다. 윤씨 를 업고 벼랑을 기어오른다. 아무것도 기억할 수가 없었 다. 아무것도 보이지 않았다. 얼마나 오랜 시간이 흘렀 는지 그는 둑길까지 나왔다. 둑길에서 저 멀리 과천으로 뻗은 길을 바라본다. 길은 외줄기…… 멀리멀리 뻗어 있 다. 지영은 집 으로 돌아왔다.

-박경리, 「시장과 전장」-

---

(중략) 이후의 상황입니다. '김씨 부인'과 '지영'이라는 새로운 인 물이 등장했어요. 그런데 '지영'은 '윤씨'가 총에 맞아 쓰러진 '강 변'으로 가고 있네요. (가)의 내용을 굳이 끌고 오자면, '윤씨'라는 무고한 인물의 희생을 목도한 '지영'의 내면을 통해 개인의 존엄 을 탐색하는 모습이라고 할 수 있겠죠? 어쨌든 '지영'은 '윤씨'를 업고 아무런 생각없이 걸어 '집'으로 돌아옵니다.

지문의 앞뒤가 너무 잘려 있어 내용을 이해하는 건 어렵지만, 전 쟁 상황에서 고통을 겪는 인물들의 모습은 잘 드러난다고 할 수 있겠습니다. 그 공포와 절망에 공감하셨다면 충분할 것 같아요.

| 선지 | ① | ② | ③ | ④ | ⑤ |
|---|---|---|---|---|---|
| 선택률 | 3% | 4% | 6% | 84% | 3% |

**168** (가)의 '전쟁의 허구화'를 바탕으로 (나), (다)를 설명한 것으로 적절하지 <u>않은</u> 것은? ④

① (나)는 실재했던 전쟁을 다루면서도 이를 있는 그대로 받아들이지 않으려는 욕망에 따라 허구화가 이루어 졌다.

| 선지 유형 | 근거가 있어서 허용 가능 |
|---|---|
| 실전에서의 판단 과정 | 허구적 인물이 나왔지. |
| 해설 | (나)는 '병자호란'이라는 실재했던 전쟁을 다루면 서도, 이를 있는 그대로 받아들이지 않으려는 욕망 에 따라 '박씨'와 같은 허구적 인물을 등장시켰습 니다. 이는 (가)에서도 충분히 설명했던 내용이죠? |

② (나)는 박씨 등의 여성 인물과 용골대 등의 가해 세력 간의 대립 구도를 통해 전쟁을 조명하고 있다.

| 선지 유형 | 근거가 있어서 허용 가능 |
|---|---|
| 실전에서의 판단 과정 | 그렇지. |
| 해설 | (가)에서도 설명하던 (나)의 내용 그 자체입니다. 어렵지 않게 허용할 수 있겠죠? |

③ (다)는 실재했던 전쟁을 다루면서도 그 상흔을 직시하 려는 의지에 따라 허구화가 이루어졌다.

| 선지 유형 | 근거가 있어서 허용 가능 |
|---|---|
| 실전에서의 판단 과정 | 전쟁의 상흔 그 자체를 다루고 있지. |
| 해설 | (가)에서 이야기한 (다)의 특징 그 자체입니다. '한 국전쟁'이라는 실재했던 전쟁을 다루면서, 그 상흔 을 직시하려는 의지를 보여 주고 있었어요. 실제로 지문의 내용도 너무나 비참했죠? |

④ <u>(다)는 윤씨와 지영의 관계에서 나타나는 피해자와 가 해자의 대립 구도를 통해 전쟁을 조명하고 있다.</u>

| 선지 유형 | 근거가 없어서 허용 불가능 |
|---|---|
| 실전에서의 판단 과정 | 누가 가해자냐. |

| 해설 | 
| --- |
| '지영'은 '윤씨'의 시체를 업고 집으로 돌아 간, 전쟁의 피해자 중 하나일 뿐입니다. 그 누구도 가해자라고 할 수 없겠죠?<br><br>나아가 (가)에서는 '시장과 전장'에서 전쟁의 폭력에 노출된 개인의 연약함이 드러난다고 했습니다. 즉 피해자들의 상처에 집중했다고 했기 때문에, (가)를 바탕으로 하면 '피해자와 가해자의 대립 구도'를 허용하기는 더더욱 어렵겠네요. |

⑤ (나)와 (다)는 '용골대'나 '중공군'과 같은 단어를 통해 실재했던 전쟁이 환기되도록 했다.

| 선지 유형 | 근거가 있어서 허용 가능 |
| --- | --- |
| 실전에서의 판단 과정 | 실재했던 인물들을 다루면 실재했던 전쟁이 환기되겠지. |
| 해설 | '용골대'나 '중공군'은 실재했던 인물들입니다. 이러한 단어를 통해 실재했던 전쟁을 환기한다는 것은 어렵지 않게 허용할 수 있겠죠. |

| 선지 | ① | ② | ③ | ④ | ⑤ |
| --- | --- | --- | --- | --- | --- |
| 선택률 | 4% | 5% | 6% | 78% | 7% |

**169** (가)를 바탕으로 (나)에 대해 〈학습 활동〉을 수행한 내용으로 적절하지 <u>않은</u> 것은? [3점] ④

∘ 병자호란에 대한 백성들의 욕망을 담은 「박씨전」과 다음의 「임장군전」을 읽고 전쟁 체험이 소설에 반영된 양상을 살펴봅시다.
- '박씨전'과 비슷한 내용을 담고 있는 '임장군전'과 비교하라는 문제입니다. 일단 '임장군전'을 제대로 읽어 보는 것이 중요하겠죠?

> 상께서 왈, "길이 막혀 인적이 통하지 못하니 경업이 어찌 알리오. 목전의 형세가 여차하여 아무리 생각하여도 항복할 밖에 다른 묘책이 없으니 경들은 다시 말 말라." 하시고, 〈앙천통곡하시니 산천초목이 다 슬퍼하더라.〉 병자년 12월 20일에 상이 항서를 닦아 보내시니, 〈그 망극함을 어찌 측량하리오.〉
> 용골대가 송파장에 결진하고 승전고를 울리며 교만이 자심하여 승전비를 세워 거드럭거리며, 왕대비와 중궁을 돌려보내고 세자 대군을 잡아 북경으로 가려 하더라.
> 　　　　　　　　　　　　　-작자 미상, 「임장군전」-

- '상'이 '용골대'를 비롯한 적군에게 항복하는 장면입니다. 〈 〉 표시한 부분에서 서술자의 개입을 확인할 수 있다는 점, 전반적으로 비참한 분위기 가운데 기세등등한 '용골대'의 모습이 나타난다는 점 등을 체크해 주시면 되겠습니다. '용골대'를 물리치는 허구적 인물들이 등장하던 (나)와는 정반대되는 느낌의 작품이라고도 생각할 수 있겠죠?

① (나)에서 용골대를 꾸짖는 계화와 박씨가 등장하는 것에는 병자호란 때에 있었으면 좋았을 인물에 대한 백성들의 소망이 반영되었겠군.

| 선지 유형 | 근거가 있어서 허용 가능 |
| --- | --- |
| 실전에서의 판단 과정 | 허구적 인물이라고 했지. |
| 해설 | (가)에서 '박씨전'은 허구적 인물이 실존 인물 '용골대'를 물리치는 장면을 중심으로 전쟁을 허구화했다고 했습니다. (나)에서 '계화'와 '박씨'가 이러한 '허구적 인물'의 역할을 하고 있었는데, 이러한 인물들의 등장은 '임장군전'의 내용처럼 짓밟히기만 했던 현실 속 백성들의 소망이 반영된 것이라고 할 수 있겠죠. |

② 「임장군전」에서 항서를 보낸 것에 대해 서술자도 슬픔을 토로하는 것은 패전한 나라의 백성이라는 연대감이 반영된 것이겠군.

| 선지 유형 | 근거가 있어서 허용 가능 |
| --- | --- |
| 실전에서의 판단 과정 | 서술자의 개입 나왔지. |
| 해설 | '임장군전'에서 항서를 보낸 것에 대해 '그 망극함을 어찌 측량하리오.'와 같은 서술자의 개입이 드러났다는 것을 미리 체크했어요. 서술자 역시 패전한 나라의 백성일 것이니, '상'과 함께 슬픔을 공유하는 연대감이 반영되었다고 할 수 있겠습니다. |

③ (나)와 「임장군전」에서 모두 용골대가 부정적인 모습으로 그려진 데에는 백성들이 겪었던 패전의 고통이 반영되었겠군.

| 선지 유형 | 근거가 있어서 허용 가능 |
| --- | --- |
| 실전에서의 판단 과정 | 실제로 고통받았으니 부정적으로 그렸겠지. |
| 해설 | '용골대'는 실존 인물이었는데, (나)와 '임장군전'에서 모두 부정적인 모습으로 그려지고 있습니다. 이는 실제로 '용골대'에게 고통을 받았던 백성들의 한이 반영된 것이라고 할 수 있겠죠. |

④ (나)에서는 박씨의 용서를 통해, 「임장군전」에서는 용골대의 승전비 건립을 통해, 조선 백성들의 희생에 대한 추모 의식이 반영되었겠군.

| 선지 유형 | 근거가 없어서 허용 불가능 |
|---|---|
| 실전에서의 판단 과정 | 용골대의 승전비가 왜 조선 백성들에 대한 추모 의식이냐. |
| 해설 | '박씨'의 용서도, '용골대'의 승전비 건립도 모두 조선 백성들의 희생에 대한 '추모 의식'이 반영되었다고 보기는 어렵습니다. 전자는 그저 승자의 관용이고, 후자는 승자의 자만심을 드러내는 도구일 뿐, 그 어디에서도 '추모 의식'을 찾아 볼 수는 없어요. |

⑤ 「임장군전」과 달리 (나)에서 박씨의 승전을 통해 왕대비가 볼모로 가지 않게 된 과정이 형상화된 것은 패전의 상실감을 위로받고자 하는 백성들의 욕망이 반영된 결과이겠군.

| 선지 유형 | 근거가 있어서 허용 가능 |
|---|---|
| 실전에서의 판단 과정 | 승전을 통해 자존심을 회복하려는 것이었지. |
| 해설 | '임장군전'에서는 '왕대비'가 그저 '용골대'의 아량 덕에 풀려나는 것으로 묘사되어 있습니다. 이와 달리, (나)에서는 '박씨'의 활약 덕분에 '왕대비'가 잡혀 가지 않는 것으로 나와요. 이는 굴욕적인 패전의 상실감을 위로받고자 하는 백성들의 욕망이 반영된 것이라 할 수 있겠죠. 이렇게 패전했던 병자호란을 있는 그대로 받아들이고 싶지 않았던 조선 사람들의 욕망은 (가)에서도 제시된 내용이었습니다. |

| 선지 | ① | ② | ③ | ④ | ⑤ |
|---|---|---|---|---|---|
| 선택률 | 9% | 10% | 5% | 6% | 70% |

**170** (가)를 바탕으로 (나)를 설명한 것으로 적절하지 <u>않은</u> 것은? ⑤

① 장안 삼십 리에 불길이 충천하고 장안 미색이 끌려가는 장면은 조선 백성들의 비극적 체험을 드러내고 있다.

| 선지 유형 | 근거가 있어서 허용 가능 |
|---|---|
| 실전에서의 판단 과정 | 비극적이지. |
| 해설 | '장안 삼십 리'가 불에 타고, '장안 미색'은 끌려가는 모습은 충분히 비극적입니다. |

② 용골대에게 조선 도원수가 복종하여 명령을 따르는 장면은 관군의 무능함을 허구를 매개로 조명하고 있다.

| 선지 유형 | 근거가 있어서 허용 가능 |
|---|---|
| 실전에서의 판단 과정 | 김자점이 복종하는 모습을 보였지. |
| 해설 | 지문을 읽으면서 미리 생각했던 내용이죠? '김자점'이라는 조선 대원수가 '용골대'의 명을 받는 속 터지는 장면은 '관군의 무능함'을 드러내는 것이라고 할 수 있겠습니다. |

③ 박씨의 재주에 오랑캐 장수들이 황겁해 하는 장면에서, 패전의 고통이 허구적 인물의 활약을 통해 위로받고 있다.

| 선지 유형 | 근거가 있어서 허용 가능 |
|---|---|
| 실전에서의 판단 과정 | (나)의 내용 그 자체지. |
| 해설 | '박씨'라는 허구적 인물의 활약을 통해 패전의 고통을 위로받는다는 점, (나)의 내용 그 자체였습니다. |

④ 오랑캐군의 침략이 은혜지국에 대한 침범이라는 박씨의 비난은 용골대를 비롯한 오랑캐군이 불의한 존재임을 드러내고 있다.

| 선지 유형 | 근거가 있어서 허용 가능 |
|---|---|
| 실전에서의 판단 과정 | 은혜지국을 침범하는 건 불의한 짓이지. |
| 해설 | 선지 그 자체로 허용할 수 있겠죠? 은혜지국을 침범하는 오랑캐군의 침략은 불의한 짓이죠. |

⑤ 용골대가 장졸들의 죽음에 탄식하는 장면에서, 죽음의 책임을 폭력적인 방식으로 박씨에게 돌리려는 오랑캐의 모습이 드러나고 있다.

| 선지 유형 | 근거가 있어서 허용 불가능 |
|---|---|
| 실전에서의 판단 과정 | 장졸들 죽음에 탄식하면서 도망갔잖아. |
| 해설 | '용골대'가 '박씨'의 능력으로 자신의 '장졸들'이 죽자, 탄식하면서 도망을 갔다는 것을 확실하게 체크했습니다. 이러한 근거가 있는데, 죽음의 책임을 '폭력적인 방식'으로 '박씨'에게 돌리려는 모습이 나타난다는 것은 절대로 허용할 수 없겠네요. '도망'(회군)이라는 행동의 근거를 정확히 이해했는지 물어 보는 선지였습니다. |

| 선지 | ① | ② | ③ | ④ | ⑤ |
|---|---|---|---|---|---|
| 선택률 | 6% | 10% | 69% | 7% | 8% |

**171** (가)를 바탕으로 (다)를 감상한 내용으로 적절하지 <u>않은</u> 것은? ③

① '식량'을 얻으려다가 인물이 죽게 되는 것은 전장과 후방이 구분되지 않는 혼돈의 현장을 보여 주는 것이로군.

| 선지 유형 | 근거가 있어서 허용 가능 |
|---|---|
| 실전에서의 판단 과정 | 전장에서 죽은 게 아니니까 혼돈이지. |
| 해설 | '식량'을 얻는 것은 '전장'에서 승리하기 위해 싸우는 행동이 아닙니다. 이러한 행동을 하다가 죽게 되는 것은 전후방이 구분되지 않는 혼란스러운 전쟁의 상황을 보여 준다고 할 수 있겠죠? |

② '갈가마귀떼'는 전쟁으로 인해 기본적인 존엄성마저 상실한 채 살아가는 사람들의 모습을 상기하게 하는군.

| 선지 유형 | 근거가 있어서 허용 가능 |
|---|---|
| 실전에서의 판단 과정 | 식량을 얻기 위해 존엄성마저 상실한 모습이라고 할 수 있지. |
| 해설 | 사람들은 '김씨 댁 아주머니'의 물음에 대꾸도 하지 않고 '한강 모래밭'으로 달려 가, '갈가마귀떼'처럼 식량 확보에 혈안이 됩니다. 이는 인간의 기본적인 존엄성마저 상실한 채 '식량 확보'라는 목표만 두고 살아가는 사람들의 모습을 나타낸 것이라고 할 수 있겠죠? |

③ '굶주린 이리떼'는 사람들이 전쟁의 폭력에 노출되어 이웃의 죽음조차 외면하는 냉혹한 존재로 변해 버렸음을 드러내는군.

| 선지 유형 | 근거가 있어서 허용 불가능 |
|---|---|
| 실전에서의 판단 과정 | 죽음은 그 다음에 일어난 일인데? |
| 해설 | '굶주린 이리떼'는 그저 식량 확보에 혈안이 된 사람들을 비유한 표현입니다. '윤씨'의 죽음은 '굶주린 이리떼'라는 표현이 사용된 시점 이후에 일어난 일이기도 하고, 그 죽음을 외면하는 모습이 나타나지도 않았기 때문에 허용하기 어려운 선지네요. |

④ 피에 젖은 '쌀자루'는 전쟁의 폭력이 무고한 인물에게 끼친 전쟁의 상흔을 나타내는군.

| 선지 유형 | 근거가 있어서 허용 가능 |
|---|---|
| 실전에서의 판단 과정 | 피는 전쟁의 상흔이라고 할 수 있지. |
| 해설 | '쌀자루'에는 '윤씨'라는 무고한 인물이 전쟁의 폭력에 의해 얻은 상흔(피)이 묻어 있습니다. 너무나 당연하게 허용할 수 있겠네요. |

⑤ '벼랑을 기어오른다'는 전쟁 속에서 생존을 위해 몸부림치는 인물의 처지를 상징적으로 보여 주는군.

| 선지 유형 | 근거가 있어서 허용 가능 |
|---|---|
| 실전에서의 판단 과정 | 기어오른다는 표현은 몸부림치는 처지를 보여 주기 위한 것이라고 할 수 있지. |
| 해설 | '지영'은 '윤씨'의 시체를 업고 벼랑을 기어오르고 있습니다. 이는 '윤씨'의 시체를 업고 있는 상황에서도 생의 의지를 불태우는 모습이라고 할 수 있겠죠? 특히 '기어오른다'라는 표현은 생존하려고 몸부림치는 인물의 처지를 상징적으로 보여 주기에 충분하다고 할 수 있겠습니다. |

| 선지 | ① | ② | ③ | ④ | ⑤ |
|---|---|---|---|---|---|
| 선택률 | 8% | 7% | 63% | 9% | 13% |

**172** (나), (다)에 대한 이해로 가장 적절한 것은? [3점] ③

① (나)에서 용골대는 화공이 실패하자 화살로 피화당을 공격하였다.

| 선지 유형 | 근거가 있어서 허용 불가능 |
|---|---|
| 실전에서의 판단 과정 | 반대 아냐? |
| 해설 | '용골대'는 '김자점'의 화살 공격이 실패하자 그 뒤에 화공을 펼친 것이죠? '화공'은 '박씨'가 능력을 펼치게 되는 계기였기 때문에, 이러한 사건의 순서는 충분히 기억할 수 있었을 것입니다. |

② (나)에서 박씨는 오랑캐군이 화친 언약을 받았다는 것을 몰랐기에 회군하는 오랑캐군을 공격했다.

| 선지 유형 | 근거가 있어서 허용 불가능 |
|---|---|
| 실전에서의 판단 과정 | 저걸 알든 모르든 회군하는 오랑캐군 공격한 건 왕대비 때문이지. |

| 선지 | ① | ② | ③ | ④ | ⑤ |
|---|---|---|---|---|---|
| 선택률 | 9% | 4% | 4% | 3% | 80% |



**173** (다)의 서술상의 특징에 대한 설명으로 가장 적절한 것은? ⑤

① 인물의 회상을 통해 인물 간 갈등의 원인을 제시하고 있다.

| 선지 유형 | 근거가 없어서 허용 불가능 |
|---|---|
| 실전에서의 판단 과정 | 갈등이 어딨냐. |
| 해설 | 일단 '인물의 회상'이 나타난 적도 없고, 딱히 '인물 간 갈등'이 드러난 적도 없습니다. 내용을 이해했다면 절대 허용할 수 없겠네요. |

② 시간적 배경을 묘사하여 인물의 성격 변화를 암시하고 있다.

| 선지 유형 | 근거가 없어서 허용 불가능 |
|---|---|
| 실전에서의 판단 과정 | 성격 변화가 어딨어. |
| 해설 | 딱히 시간적 배경을 묘사한 적도 없고, 인물의 '성격 변화'를 나타낸 적도 없습니다. 특히 '성격 변화'는 웬만해서는 허용하기 어려운 내용이니, 실전에서는 일단 넘어가는 습관을 들이도록 합시다. |

③ 인물의 경험을 관념적으로 서술하며 사건의 원인을 분석하고 있다.

| 선지 유형 | 근거가 없어서 허용 불가능 |
|---|---|
| 실전에서의 판단 과정 | 사건의 원인 같은 거창한 이야기가 어딨냐. |
| 해설 | 일단 인물의 경험이 아주 구체적으로 드러나고 있고, 이 지문에 '사건의 원인 분석'과 같은 거창한 내용이 담기지는 않았습니다. 그저 전쟁통에 고통받는 이들의 모습이 묘사되었을 뿐이에요. |

④ 대화를 통해 과거로 돌아가려 하는 인물들의 심리를 보여주고 있다.

| 선지 유형 | 근거가 없어서 허용 불가능 |
|---|---|
| 실전에서의 판단 과정 | 누가 과거로 돌아가려 해? |
| 해설 | 과거로 돌아가려 하는 인물이 나타난 적은 없습니다. 불안한 현재 상황에 대한 이야기밖에 없어요. |

---

해설

일단 전체적인 맥락상 '박씨'가 오랑캐군이 '화친 언약'을 받았다는 것을 몰랐다는 건 말이 되지 않죠? 회군하는 오랑캐군 공격하기 전에 '용골대'가 '화친 언약'을 받았음을 이야기하기도 했구요.

나아가, '박씨'가 회군하는 오랑캐군을 공격한 것은 '왕대비'를 지키기 위해서였지, '화친 언약'을 몰라서가 아니었습니다. 결국 또 '행동의 근거'를 묻는 선지였네요.

③ (다)에서 지영은 윤씨 때문에 김씨 부인의 만류에도 불구하고 강변으로 나갔다.

| 선지 유형 | 근거가 있어서 허용 가능 |
|---|---|
| 실전에서의 판단 과정 | 그랬지. |
| 해설 | '지영'은 '윤씨'의 시체를 데려 오기 위해 애기를 떡 어떡하려고 그러냐는 '김씨 부인'의 만류에도 불구하고 '강변'으로 나갑니다. 가볍게 허용할 수 있죠? 이번에도 '지영'이라는 인물의 행동의 근거를 묻고 있네요. 이 문제의 배점이 3점이라는 것이 '행동의 근거'라는 소설 독해의 포인트가 얼마나 중요한지를 대변하고 있죠? |

④ (다)에서 윤씨가 식량을 마련하기 위해 사람들을 따라 도착한 곳은 인도교였다.

| 선지 유형 | 근거가 있어서 허용 불가능 |
|---|---|
| 실전에서의 판단 과정 | 한강 모래밭이었는데? |
| 해설 | '인도교'는 '윤씨'가 미친 듯이 뛰어가는 사람들을 발견한 곳이고, 그들을 따라 도착한 곳은 '한강 모래밭'이었습니다. (중략) 이후 '지영'이 '윤씨'의 시체를 수습하러 온 곳도 '강변'이었기 때문에, 이러한 공간적 배경을 정확히 인식할 수 있었을 거예요. |

⑤ (다)에서 김씨 댁 아주머니는 피란 갔던 것을 걱정하는 윤씨를 안심시키려 하였다.

| 선지 유형 | 근거가 있어서 허용 불가능 |
|---|---|
| 실전에서의 판단 과정 | 피란 안 갔다고 야단 맞을 것 같다며. |
| 해설 | '윤씨'가 걱정한 것은 피란을 가지 않은 것이었습니다. 정확한 내용은 이해하지 못했어도, '윤씨'의 걱정에 공감했던 기억이 있으면 어렵지 않게 지워 낼 수 있었겠죠? |

⑤ 인물의 연속적인 행위를 제시하여 인물이 처한 긴박한 상황을 드러내고 있다.

| 선지 유형 | 근거가 있어서 허용 가능 |
| --- | --- |
| 실전에서의 판단 과정 | 지영의 모습을 설명하는 것 같네. |
| 해설 | 사람들이 '한강 모래밭'에서 식량을 확보하는 모습 등에서도 잘 나타나지만, 임팩트 있게 기억나는 모습은 (중략) 이후 '지영'의 행동이죠? '강변'으로 가고, '윤씨'를 업고, 벼랑을 기어오르고, 둑길까지 걷고 하는 모습들은 충분히 '연속적인 행위'라고 할 수 있겠고, 이러한 행동들이 모두 전쟁통에서의 행동이라는 점에서 '긴박한 상황' 역시 충분히 허용할 수 있겠습니다. |

| 몰랐던 어휘 정리하기 |
| --- |
|  |

| 핵심 **point** |

① **허용 가능성 평가** : 선지의 내용을 '허용'하려는 태도를 바탕으로 지문을 '독해'하며 '근거'를 찾아야 합니다. 허용할 수 있는 '근거'가 있어야만 허용할 수 있습니다. 주관적인 생각을 개입시키면 안 됩니다.
② **소설 독해** : '심리와 행동의 근거'를 바탕으로 인물에게 '공감'하며 읽어야 합니다. 이 과정이 물흐르듯 이어지면 지문의 내용을 완벽하게 이해할 수 있어요.
③ **비평문** : 기본적으로 〈보기〉처럼 활용하되, 독서 지문처럼 제시되는 경우에는 지문의 '화제' 중심으로 빠르게 읽어나가면 됩니다. 이때 단독 문제가 있다면 미리 해결하고 가는 것도 잊지 마세요.

| 지문 내용 총정리 |

아주 긴 〈보기〉처럼 제시된 비평문을 제외하면, 일반적인 소설 지문과 크게 다르지 않은 구성이었습니다. 이 비평문의 내용은 '전쟁'을 다루고 있는 다른 소설들을 읽을 때에도 큰 도움이 될 것이니, 여러 번 읽어 확실하게 알아 두도록 합시다.

〈보기〉 확인

〈보기〉가 없습니다. 〈보기〉도 없고, 쓱 읽어 봤을 때 주제가 무엇인지 한 번에 체크하는 것도 쉽지 않은 작품이네요. 그런데 이때 '연행가'라는 제목에서 '연행'이라는 단어의 뜻(사신이 중국의 베이징에 가던 일.)을 알고 있었다면 사신의 연행길에 있었던 여러 가지 사건을 다룬 작품일 것이라 예측할 수 있을 것입니다. '연행'은 동양 철학을 다룬 독서 지문에서도 가끔 나오는 단어이기 때문에, 미리 알고 있으면 좋은 단어라고 할 수 있어요. 이러한 '어휘력'도 중요한 요소 중 하나라는 것을 잊지 맙시다.

실전적 지문 독해

> 좌우에 탁자 놓아 만권 서책 쌓아 놓고
> 자명종과 자명악은 절로 울어 소리하며
> 좌우에 당전(唐氈) 깔고 담방석과 백전요며
> 이편저편 화류교의(樺榴交椅) 서로 마주 걸터앉고

전반적인 상황을 소개하고 있습니다. 책이 쌓여 있고, 자명종 같은 시계도 울고, '당전', '담방석', '백전요' 같은 것들도 있고, '화류교의'가 서로 마주 걸터앉은 모습입니다. 정확히 무슨 말인지는 몰라도, 전체적으로 화자가 있는 공간의 모습을 제시하고 있다는 것을 생각해 주시면 충분합니다.

> [A]
> 거기 사람 처음 인사 차 한 그릇 갖다 준다
> 화찻종에 대를 받쳐 가득 부어 권하거늘
> 파르스름 노르스름 향취가 만구하데
> 저희들과 우리들이 언어가 같지 않아
> 말 한마디 못 해 보고 덤덤하니 앉았으니
> 귀머거리 벙어린 듯 물끄러미 서로 보다
> 천하의 글은 같아 필담이나 하오리라
> 당연(唐硯)에 먹을 갈아 양호수필(羊毫鬚筆) 덤뻑 찍어
> 시전지(詩箋紙)를 빼어 들고 글씨 써서 말을 하니
> 묻는 말과 대답함을 글귀 절로 오락가락
> 간담을 상응하여 정곡(情曲) 상통(相通)하는구나

이런 상황에서 '거기 사람'과 이야기하는 상황을 제시하고 있습니다. 제목을 보고 유추한 내용에 따르면 여기서의 '거기 사람'은 중국인을 의미하겠죠? 말도 안 통하는 어색한 순간인데, '필담'이

나 하자고 하는 모습입니다. 서로 간담을 상응하고, '정곡'이 '상통'(서로 통함)하는 모습에서 나쁘지 않은 분위기임을 파악할 수 있겠어요.

> (중략)
>
> [B]
> 황상이 상을 주사 예부상서 거행한다
> 삼 사신과 역관이며 마두와 노자(奴子)까지
> 은자며 비단 등속 차례로 받아 놓고
> 삼배(三拜)에 구고두(九叩頭)*로 사례하고 돌아오니
> 상마연* 잔치한다 예부에서 지휘하기로
> 삼 사신과 역관들이 예부로 나아가니
> 대청 위에 포진하고 상을 차려 놓은 모양
> 메밀떡에 밀다식에 겉밤 머루 비자(榧子) 등물(等物)
> 푸닥거리 상 벌이듯 좌우에 떠벌였다
> 다 각기 한 상씩을 앞에다 받아 놓으니
> 비위가 뒤집혀서 먹을 것이 전혀 없네
> 삼배주를 마시는 듯 연파(宴罷)하고 일어서서
> 뜰에 내려 북향하여 구고두 사례한 후
> 관소로 돌아와서 회환(回還) 날짜 택일하니
> 사람마다 짐 동이느라 각 방은 분분하고
> 흥정 외상 셈하려 주주리는 지저귄다
> 장계(狀啓)를 발정(發程)하여 선래 군관(先來軍官) 전송하고
> 추칠월 십일일에 회환하여 떠나오니
> 한 달 닷새 유하다가 시원하고 상연(爽然)하구나
> 천일방(天一方) 우리 서울 창망하다 갈 길이여
> 풍진이 분운(紛紜)한데 집 소식이 돈절하니
> 사오 삭(朔) 타국 객이 귀심(歸心)이 살 같구나
> 숭문문 내달아서 통주로 향해 가니
> 올 적에 심은 곡식 추수가 한창이요
> 서풍이 삽삽하여 가을빛이 쾌히 난다
>
>                      –홍순학, 「연행가」–

* 구고두 : 공경하는 뜻으로 머리를 땅에 아홉 번 조아림.
* 상마연 : 일을 마치고 떠나가는 외국 사신들을 위하여 베풀던 잔치.

(중략) 이후의 상황입니다. 자세한 내용은 모르겠지만, '상마연'과 같은 단어의 뜻을 이용하면 조선의 사신들이 돌아가기 전에 중국에서 잔치를 벌여 주고 있는 모습인 것을 알 수 있겠네요. 그렇게 잔치를 벌인 후, 다시 조선으로 돌아가기 위해 길을 떠나니 어느

덧 가을이 되어 있는 모습입니다. 자세한 내용은 어차피 선지를 판단하면서 확인할 것이니, 이 정도로 전반적인 상황만 잡아 두어도 충분할 것 같아요. 그럼 문제 풀어 봅시다.

| 선지 | ① | ② | ③ | ④ | ⑤ |
|---|---|---|---|---|---|
| 선택률 | 6% | 6% | 63% | 11% | 14% |

**174** 윗글에 대한 설명으로 가장 적절한 것은? ③

① 자연의 경이로운 풍광에 대한 감상을 장황하게 서술하고 있다.

| 선지 유형 | 근거가 없어서 허용 불가능 |
|---|---|
| 실전에서의 판단 과정 | 딱히 주제랑 상관없는 것 같은데? |
| 해설 | 이 지문은 중국에 사신으로 갔다가 돌아오는 내용이었어요. '연행'의 뜻을 몰랐다고 해도, 지문의 전반적인 내용이 외국에 갔다가 돌아오는 상황을 그려내고 있다는 것 정도는 읽어낼 수 있었어야 합니다. |

② 학문과 관련된 사물을 나열하여 입신양명에 대한 화자의 관심을 드러내고 있다.

| 선지 유형 | 근거가 없어서 허용 불가능 |
|---|---|
| 실전에서의 판단 과정 | 입신양명이랑 무슨 상관이냐. |
| 해설 | 이 작품은 중국에 사신으로 가는 내용이었어요. 이미 입신양명을 한 것이기도 하고, 이에 대한 관심을 드러낸다는 것은 지문의 주제와 크게 상관이 없죠. |

③ 객지에서의 낯선 풍물 및 경험에 대한 정서를 드러내고 회환할 때의 심정을 서술하고 있다.

| 선지 유형 | 근거가 있어서 허용 가능 |
|---|---|
| 실전에서의 판단 과정 | 주제네. |
| 해설 | 대충이나마 읽으면서도 충분히 잡아낼 수 있는 내용들이었습니다. 전체적인 주제를 담고 있는 선지이므로 정답이네요. |

④ 공식적인 행사에 참여한 다양한 사람들의 외양과 감정을 개성적으로 표현하고 있다.

| 선지 유형 | 근거가 없어서 허용 불가능 |
|---|---|
| 실전에서의 판단 과정 | 외양과 감정을 표현한 적은 없는데? |
| 해설 | 작품 전반적으로 화자를 둘러싼 상황만을 제시하고 있었을 뿐, 사람들의 '외양과 감정'을 표현한 적은 없습니다. |

⑤ 구체적인 시간을 나타내는 표현을 제시하여 귀국까지의 여정이 마무리되었음을 알려 주고 있다.

| 선지 유형 | 근거가 있어서 허용 불가능 |
|---|---|
| 실전에서의 판단 과정 | 아직 도착하기 전인데? |
| 해설 | 아직 화자는 '통주'를 향해 가고 있습니다. '통주'가 정확히 어디인지는 모르지만, 목적지에 도착하지 못한 상황이라는 것은 확실하네요. |

| 생각 심화 |

사실 '실전적 지문 독해' 정도로 가볍게 읽고 나서 이 문제를 바로 해결하는 것은 쉬운 일이 아닐 수 있습니다. 이는 이 문제가 지문 전체적인 내용을 모두 이해하고 있어야 판단할 수 있는 내용들로 구성되어 있어서 그런 것이에요. 한편 뒤의 두 문제는 밑줄이나 [A], [B] 등 특정 '부분'의 내용에 대해서만 묻고 있습니다. 이런 문제들은 해당 '부분'으로 돌아가서 다시 독해하고 선지를 판단하면 된다는 점에서 '실전적 지문 독해' 정도로 가볍게 읽은 상태에서도 충분히 해결이 가능하다고 할 수 있어요. 따라서 이 문제처럼 지문 전체적인 내용에 대한 이해를 묻는 문제가 잘 해결되지 않는 경우, 특정 '부분'의 내용에 대해 묻는 다른 문제를 먼저 해결하는 것이 좋습니다. 그 문제들을 해결하는 과정에서 여러 가지 해석(선지들)을 만나며 지문의 이해도를 높일 수 있고, 이는 이 문제를 푸는 데 큰 도움이 되기 때문이죠.

'생각의 전개' 교재에서도 언급했듯이, 운문문학은 시험장에서 지문을 꼼꼼하게 독해하는 것이 다소 비효율적일 수 있습니다. 그러니 이와 같은 실전적인 전략에 대해서도 많이 고민해 보시기 바랍니다.

| 선지 | ① | ② | ③ | ④ | ⑤ |
|---|---|---|---|---|---|
| 선택률 | 7% | 8% | 5% | 5% | 75% |

**175** ㉠~㉢을 이해한 내용으로 가장 적절한 것은? ⑤

① ㉠: 청각적 이미지를 사용하여 대상이 지닌 슬픔을 표현하고 있다.

| | |
|---|---|
| 좌우에 탁자 놓아 만권 서책 쌓아 놓고<br>㉠자명종과 자명악은 절로 울어 소리하며 | |

| 선지 유형 | 근거가 없어서 허용 불가능 |
|---|---|
| 실전에서의<br>판단 과정 | 뭐가 슬퍼? |
| 해설 | ㉠은 그저 화자를 둘러싼 상황을 제시하는 역할을 할 뿐입니다. '대상이 지닌 슬픔'과는 아무런 관련이 없어요. 애초에 이 지문의 감성과도 맞지 않죠. |

② ㉡: 지시적 표현을 사용하여 상대와의 친밀감을 드러내고 있다.

| |
|---|
| 좌우에 당전(唐氈) 깔고 담방석과 백전요며<br>㉡이편저편 화류교의(樺榴交椅) 서로 마주 걸터앉고<br>거기 사람 처음 인사 차 한 그릇 갖다 준다<br>화찻종에 대를 받쳐 가득 부어 권하거늘<br>파르스름 노르스름 향취가 만구하데<br>저희들과 우리들이 언어가 같지 않아<br>말 한마디 못 해 보고 덤덤하니 앉았으니<br>귀머거리 벙어린 듯 물끄러미 서로 보다<br>천하의 글은 같아 필담이나 하오리라 |

| 선지 유형 | 근거가 있어서 허용 불가능 |
|---|---|
| 실전에서의<br>판단 과정 | 처음 인사하는 상황이잖아. |
| 해설 | '이편저편'이라는 지시적 표현을 사용한 것은 맞는데, 이들은 '처음 인사'하는 상황입니다. 어색하고 말도 통하지 않아서 '필담'이나 하려는 상황이었기 때문에, 이를 근거로 하면 '친밀감'을 허용하기는 어렵겠어요. |

③ ㉢: 음성 상징어를 사용하여 이동을 앞둔 여유로운 분위기를 드러내고 있다.

| | |
|---|---|
| ㉢사람마다 짐 동이느라 각 방은 분분하고 | |

| 선지 유형 | 근거가 있어서 허용 불가능 |
|---|---|
| 실전에서의<br>판단 과정 | 바빠 보이는데? |
| 해설 | 떠나기 전에 짐을 싸는 상황입니다. 당연히 여유가 없을 것이고, '각 방은 분분하다(떠들썩하다)'라는 표현을 근거로 하면 '여유로운 분위기'를 허용할 수 없다는 것은 확실하네요. 심지어 '음성 상징어'도 없기 때문에, 여러모로 절대 허용할 수 없는 선지가 되겠습니다. |

④ ㉣: 대구적 표현을 사용하여 새로운 계책을 마련한 기쁨을 드러내고 있다.

| |
|---|
| ㉣장계(狀啓)를 발정(發程)하여 선래 군관(先來軍官)<br>전송하고<br>추칠월 십일일에 회환하여 떠나오니<br>한 달 닷새 유하다가 시원하고 상연(爽然)하구나 |

| 선지 유형 | 근거가 없어서 허용 불가능 |
|---|---|
| 실전에서의<br>판단 과정 | 대구적 표현이 아닌데? |
| 해설 | 일단 문장 구조를 반복하는 모습이 없기 때문에 '대구적 표현'을 허용하기가 어렵습니다. 나아가 '새로운 계책'을 마련했다는 내용도 찾아 보기 어렵죠? |

⑤ ㉤: 계절감을 드러내는 표현을 사용하여 시간의 경과를 보여주고 있다.

| |
|---|
| ㉤올 적에 심은 곡식 추수가 한창이요<br>서풍이 삽삽하여 가을빛이 쾌히 난다 |

| 선지 유형 | 근거가 있어서 허용 가능 |
|---|---|
| 실전에서의<br>판단 과정 | 올 때 심은 곡식을 추수한다고 했으니 시간의 경과 나타나네. |
| 해설 | '올 적에 심은 곡식'을 '추수'하고 있다고 합니다. 곡식을 심는 때는 봄이기 때문에, 이는 시간이 꽤 많이 흘렀다는 것을 의미한다고 할 수 있겠네요. 가볍게 허용할 수 있습니다. |

| 선지 | ① | ② | ③ | ④ | ⑤ |
|---|---|---|---|---|---|
| 선택률 | 72% | 5% | 7% | 11% | 5% |

## 176 [A], [B]에 대한 감상으로 적절하지 않은 것은? [3점] ①

① [A]에서 '간담을 상응하여'는 상대방에 대한 경계심을, [B]에서 '뜰에 내려 북향하여'는 상대방에 대한 거부감을 드러내는군.

간담을 상응하여 정곡(情曲) 상통(相通)하는구나

뜰에 내려 북향하여 구고두 사례한 후

| 선지 유형 | 근거가 있어서 허용 불가능 |
|---|---|
| 실전에서의 판단 과정 | 경계심이랑 거부감은 주제랑 너무 멀다. |
| 해설 | [A]에서는 '간담을 상응하여 정곡 상통'했다고 했습니다. 이는 서로의 '필담'이 어느 정도 통했다는 것을 의미하겠죠? 이렇게 명백한 근거가 있으니, '경계심'이라는 말은 절대 허용할 수 없겠습니다.<br><br>나아가 [B]에서는 '뜰에 내려 북향'한 후 '구고두 사례'를 하고 있습니다. '구고두'는 '공경하는 뜻'으로 하는 것이라고 했으니, 이를 근거로 하면 '거부감'을 허용하기는 어렵겠네요. '경계심'과 '거부감'은 연행에서의 감상을 기록한 이 작품의 주제와는 거리가 있는 반응이니, 더 확실하게 정답으로 골라 줄 수 있을 것 같습니다. |

② [A]에서 '우리들'은 '거기 사람'에게 인사로 차를 대접받고, [B]에서 '삼 사신' 일행은 '예부상서'를 통해 황상의 상을 하사받고 있군.

거기 사람 처음 인사 차 한 그릇 갖다 준다
화찻종에 대를 받쳐 가득 부어 권하거늘
파르스름 노르스름 향취가 만구하데
저희들과 우리들이 언어가 같지 않아

황상이 상을 주사 예부상서 거행한다
삼 사신과 역관이며 마두와 노자(奴子)까지
은자며 비단 등속 차례로 받아 놓고

| 선지 유형 | 근거가 있어서 허용 가능 |
|---|---|
| 실전에서의 판단 과정 | 그러고 있네. |
| 해설 | 해당 부분을 독해한 내용 그대로죠? 현대어 풀이가 잘 되어 있기 때문에 이 정도는 읽어낼 수 있어야 합니다. |

③ [A]에서 '필담'은 의사소통의 어려움을 해결하는 수단을, [B]에서 '구고두'는 의례적 상황에서 감사를 표하는 공식적 예법을 나타내는군.

천하의 글은 같아 필담이나 하오리라

삼배(三拜)에 구고두(九叩頭)*로 사례하고 돌아오니

* 구고두 : 공경하는 뜻으로 머리를 땅에 아홉 번 조아림.

| 선지 유형 | 근거가 있어서 허용 가능 |
|---|---|
| 실전에서의 판단 과정 | 단어의 뜻 그대로네. |
| 해설 | '필담'은 글을 통해 이야기를 나누는 것을 의미하고, '구고두'는 각주에 제시된 그대로의 뜻을 의미합니다. 이 뜻들을 근거로 하면, '의사소통의 어려움 해결 수단' 및 '의례적 상황에서 감사를 표하는 공식적 예법'이라는 말을 모두 허용할 수 있겠죠. |

④ [A]에서 '글귀 절로 오락가락'은 난처한 상황이 해소되고 있음을, [B]에서 '비위가 뒤집혀서'는 난감한 상황에 처하게 되었음을 드러내는군.

묻는 말과 대답함을 글귀 절로 오락가락
간담을 상응하여 정곡(情曲) 상통(相通)하는구나

다 각기 한 상씩을 앞에다 받아 놓으니
비위가 뒤집혀서 먹을 것이 전혀 없네

| 선지 유형 | 근거가 있어서 허용 가능 |
|---|---|
| 실전에서의 판단 과정 | 말이 통하고 있고, 먹을 게 없으니 허용되네. |
| 해설 | [A]에서 '우리들'은 '거기 사람'들과 말이 통하지 않다가, '필담'을 통해 '정곡 상통'하는 모습을 보이고 있습니다. 이는 말이 통하지 않는다는 난처한 상황이 해소되고 있는 모습을 보여 주는 것이죠? |

나아가 [B]에서는 '비위가 뒤집혀서' 먹을 것이 없
다고 합니다. 기껏 잔치상을 차려 줬는데 먹을 것
이 없는 상황이니, 이를 근거로 하면 '난감한 상황'
이라는 말을 충분히 허용할 수 있겠죠.

⑤ [A]의 '귀머거리 벙어린 듯'은 대화가 이루어지지 못하
는 상황을, [B]의 '메밀떡에 밀다식에 겉밤' 등은 여러
가지 음식을 차려 놓은 상황을 알려 주는군.

> 저희들과 우리들이 언어가 같지 않아
> 말 한마디 못 해 보고 덤덤하니 앉았으니
> 귀머거리 벙어린 듯 물끄러미 서로 보다

> 메밀떡에 밀다식에 겉밤 머루 비자(榧子) 등물(等物)
> 푸닥거리 상 벌이듯 좌우에 떠벌였다

| 선지 유형 | 근거가 있어서 허용 가능 |
| --- | --- |
| 실전에서의 판단 과정 | 지문 내용 그대로 읊어 주고 있네. |
| 해설 | '언어가 같지 않아' 마치 '귀머거리 벙어리'가 된 것 같은 느낌이 든다고 했습니다. 이는 대화가 이루어지지 못하는 상황을 의미하겠죠.<br><br>나아가 '메밀떡에 밀다식에 겉밤' 같은 여러 음식을 '좌우에 떠벌'린 모습입니다. 선지에서는 이 내용을 그대로 읊어 주고 있네요. |

몰랐던 어휘 정리하기

| 핵심 point |

① **허용 가능성 평가** : 선지의 내용을 '허용'하려는 태도를 바탕으로 지문을 '독해'하며 '근거'를 찾아야 합니다. 허용할 수 있는 '근거'가 있어야만 허용할 수 있습니다. 주관적인 생각을 개입시키면 안 됩니다.

② **고전시가 독해** : 겁먹지 않고, 현대시를 읽듯이 읽어내면 됩니다. 현대시와 마찬가지로, 〈보기〉나 제목 등을 통해 '주제' 위주로 가볍게 읽어내면 되는 거예요. 자세한 해석은 선지가 해줄 겁니다!

| 지문 내용 총정리 |

〈보기〉가 제시되지 않았기 때문에, '연행'이라는 단어를 알지 못한다면 주제를 잡아 내기가 쉽지 않았을 지문입니다. 다만 문제를 푸는 과정에서 전반적인 내용의 흐름을 이해했다면 선지 판단 자체는 그리 어렵지 않았을 거예요. 어휘력의 중요성과 문학 선지 판단의 기본기를 모두 인식하면서 복습해 봅시다.

〈보기〉 확인

---
[보기]

　「토지」는 개화기부터 해방 무렵까지 우리 민족의 수난과 저항의 역사를 다루고 있다. 근대 이전까지 비교적 안정적이었던 신분 질서와 사회적 관계는 이 시기를 거치며 큰 변화를 겪는데, 「토지」에서는 몰락한 양반층, 친일 세력, 저항 세력, 기회주의자 등 다양한 인물들이 때로 협력하고 때로 대립하면서 복잡한 관계망을 형성한다.

---

작품의 시대적 배경 및 주제를 알려 주는 고마운 〈보기〉입니다. 일제 강점기 즈음 우리 민족의 힘들었던 삶, 그 속에서 형성되던 인물들의 복잡한 관계 등에 주목하면서 글을 읽어봅시다.

지문 독해

---
[앞부분 줄거리] 조준구와 아내 홍 씨는 서희가 물려받아야 할 최 참판가의 재산을 가로채고, 하인 삼수를 내세워 마을 사람들을 착취한다. 한편, 윤보는 의병 자금을 확보하기 위해 최 참판가 습격을 준비하는데 삼수가 찾아온다.

---

〈보기〉에서 인물들 사이의 복잡한 관계망이 있다고 말한 것처럼, [앞부분의 줄거리]부터 많은 인물들이 등장하고 있습니다. 천천히 읽으면서 이들의 관계를 확실하게 잡아주셔야 해요!

먼저 '조준구'와 아내 '홍 씨'가 있습니다. 이들은 '서희'가 물려받아야 할 '최 참판'가의 재산을 가로챘다고 해요. 혼란했던 시기의 모습을 반영하는 것 같은 모습이죠? '조준구'와 '홍 씨'는 나쁜 일을 하는 사람들이고, '서희'는 억울하게 당하는 모습으로 정리할 수 있겠습니다.

한편 '조준구'와 '홍 씨'는 하인으로 '삼수'를 부립니다. '삼수'는 이들이 마을 사람들을 착취하는데 앞장서고 있네요. '서희'의 재산을 가로채는 것으로도 모자라 마을 사람들 착취까지 하는 '조준구' 부부의 모습입니다.

그런데 '윤보'라는 인물이 있어요. 이 인물은 '의병'을 준비하는 사람 같은데, 자금 확보를 위해 '최 참판'가를 습격하려고 합니다. '최 참판'가는 '조준구'와 '홍 씨'가 가로챌 만한 재산을 가진 집일 테니, 의병 자금 확보를 위해 이곳을 습격하려는 계획은 충분히 납득할 수 있겠네요. 이렇게 '윤보'의 심정에 공감하면서 읽어주

셔야 합니다.

아니 그런데, 자기 주인을 공격하려고 하는 '윤보'에게 '삼수'가 찾아옵니다. 협박을 하러 온 것일까요? 긴장하면서 읽어봅시다.

---

　"아무리 그리 시치미를 떼 쌓아도 알 만치는 나도 알고 있이니께요. 머 내가 훼방을 놓자고 찾아온 것도 아니겄고, 나는 나대로 생각이 있어서 온 긴데 너무 그러지 마소. 한마디로 딱 짤라서 말하겄소. 왜눔들하고 한통속인 조가 놈을 먼지 치고 시작하라 그 말이오. 고방에는 곡식이 썩을 만큼 쌓여 있고 안팎으로 쌓인 기이 재물인데 큰일을 하자 카믄 빈손으로 우찌 하겄소. 그러니 왜눔과 한통속인 조가부터 치고 보믄 꿩 묵고 알 묵는 거 아니겄소."
　"야아가 참 제정신이 아니구마는."
　"하기사 전력이 있이니께 나를 믿지 않는 것도 무리는 아니겄소. 하지마는 두고 보믄 알 거 아니오?"
　"야, 야 정신 산란하다. 나는 원체 입이 무겁고 또 초록은 동색이더라도 내 안 들은 거로 해 둘 기니 어서 돌아가거라. 공연히 신세 망칠라."
　윤보는 삼수 등을 민다.
　"이거 놓으소. 누가 안 가까 바 이러요? 지내 놓고 보믄 알 기니께요. 내가 머 염탐이라도 하러 온 줄 아요? 흥, 그랬을 양이믄 벌써 조가 놈한테 동네 소문 고해바칠일 기고 읍내서 순사가 와도 몇 놈 왔일 거 아니오."
　큰소리로 지껄이며 삼수는 언덕을 내려간다.
　'빌어묵을, 이거 다 된 죽에 코 빠지는 거 아닌지 모르겄네. 날을 다가야겄다.'

---

사투리라서 알아듣기 쉽지는 않지만, '삼수'가 '윤보'에게 무엇인가를 제시하고 있네요. '조가'(아마 조준구겠죠?)를 먼저 치자고 합니다. '윤보'가 의병을 준비하는 것을 알고 있었던 모양인데, 자기 주인을 배신하자는 제안을 하고 있는 거예요. 살기 위해 여기저기 붙는 박쥐같은 모습을 보여 주고 있습니다.

이렇게 '윤보'를 꼬드기고 있는데, '윤보'는 '제정신이 아니구마는'이라고 대답합니다. 여기에 밑줄 친 이유는 인물들 간의 관계 및 그로 인한 심리를 적나라하게 보여주는 부분이기 때문이에요. '윤보'는 '삼수'의 제안을 단칼에 거절하고 있습니다. [앞부분 줄거리]를 통해 '삼수'의 그동안 행적이 못미더웠기 때문이라고 공감해주시면 되겠죠. '삼수'도 그것을 인정하고 있구요. 아무튼 냉정하게 거절 당한 '삼수'는 괜히 큰소리도 쳐보고, 안절부절며 언덕을 내려갑니다.

＜삼수가 왔다 간 **다음 날 밤, 자정이 넘었다.** ＜칠흑의 밤을 타고 덩어리 같은 침묵을 지키며 타작마당에 장정들이 모여들었다. 마을에서는 개들이 짖는다. 불은 켜지 않았지만 집집에선 인적기가 난다. 언덕 위의 최 참판댁은 어둠에 묻혀 위엄에 찬 그 형태는 보이지 않는다. 타작마당에서는 윤보의 그 우렁우렁한 목소리가 평소보다 얕게 울리고, 이윽고 횃불이 한 개 두 개 또 세 개, 계속하여 늘어나고 그 횃불은 움직이기 시작한다.＞

[A] 부분에서는 삼수가 왔다 간 '다음 날 자정'의 '배경'을 묘사해 주고 있습니다. 어둡다는 시간적 특성, 그리고 그 시간적 특성을 바탕으로 한 배경 묘사가 의미하는 '조심스레 뭔가를 준비하는' 모습을 인식해주시면 됩니다. [앞부분 줄거리]에서 윤보가 최 참판가를 습격하려고 준비하고 있다고 했으니 아마 그것을 준비하는 모습이겠죠. 이렇게 [앞부분 줄거리] 내용을 계속 끌어오면서 읽어주셔야 합니다.

[중략 부분 줄거리] 윤보 일행이 습격하자 조준구와 홍 씨는 사당 마루 밑에 숨어 있다가 삼수의 도움을 받는다. 윤보 일행이 떠나고 날이 밝았다.

그렇게 '윤보' 일행이 습격을 한 상황이 나타나고 있습니다. '조준구'와 '홍 씨'는 숨어 있다가 '삼수'의 도움을 받은 상황이네요. '윤보'의 습격이 완벽하게 성공하지는 못한 상황인데, '삼수'의 기회주의적인 모습이 여실히 드러나고 있습니다. 의병 자금을 준비하는 '윤보'에게 붙으려고 하다가, 거절당하니 다시 주인을 돕고 있는 모습이에요. 그런데 '윤보' 일행이 최 참판가를 습격했는데 '조준구'와 '홍 씨'가 그곳에 숨어 있었다는 것을 바탕으로 하면, '조준구'와 '홍 씨'가 사는 집이 바로 '최 참판가 댁'이라는 것을 알 수 있겠습니다. 단순히 재산만 가로챈 것이 아니라 집까지 차지하고 앉아 있는 것이네요.

아무튼, '윤보' 일행이 떠나고 날이 밝았습니다. 새로운 시간엔 또 어떤 새로운 사건이 발생할까요?

"서희 이, 이년! 썩 나오지 못할까!"
나오길 기다릴 홍 씨는 아니다. 방문을 박차고 들어가서 서희를 끌어 일으킨다.
"네년 소행인 줄 뉘 모를 줄 알았더냐? 자아! 내 왔다! 이제 죽여 보아라! 화적 놈 불러들일 것 없이!"

나오지 않는 목청을 뽑으며, 거품이 입가에 묻어 나온다.
"자아! 자아! 못 죽이겠니?"
손이 뺨 위로 날았다. 앞가슴을 잡고 와락와락 흔들어 댄다. 서희 얼굴이 흙빛으로 변한다. 울고 있던 봉순이,
"왜 이러시오!"달려들어 서희 몸을 잡아당기니 실 뜯어지는 소리와 함께 홍 씨 손에 옷고름이 남는다.
"감히 누굴! 감히!"
하다가 별안간 방에서 뛰쳐나간다. 맨발로 **연못**을 향해 몸을 날린다. 그는 **죽을** 생각을 했던 것이다.
"애기씨!"
울부짖으며 봉순이 뒤쫓아 간다.
"죽어라! 죽어! 잘 생각했어! 어차피 너는 산목숨은 아니란 말이야! 죽고 남지 못할 거란 말이야!"

갑자기 '홍 씨'가 '서희'를 끌어내고 있습니다. 밤중의 습격이 '네년 소행'이라고 하면서, 뺨을 때리고 난리가 난 모습입니다. 아니 습격은 '윤보' 일행이 했는데 도대체 왜 서희한테 난리를 치는 것이죠? 우리는 '홍 씨'에게 공감해야 합니다. '홍 씨'가 저런 행동을 보이는 이유를 생각해야 해요. 그 답은 [앞부분 줄거리]에 있다고 할 수 있겠죠? '홍 씨'는 '서희'의 재산을 가로챈 사람이니, 당연히 둘은 관계가 좋을 리가 없습니다. 이에 자신을 습격한 것이 '서희'일 것이라고 지레짐작하고 있는 거죠. 이렇게 '인물 관계'를 바탕으로 '행동의 근거'를 확실하게 체크하면서 읽을 수 있어야 합니다.

한편 이런 취급을 받던 '서희'는 얼굴이 흙빛으로 변하고, '연못'으로 뛰어 가 죽을 생각을 합니다. 자신이 그 습격에 가담하지 않았다면 너무나 억울해서 그럴 것이고, 정말로 가담했다면 앞으로 있을 일들이 너무나 두려워서 그런 것이라고 할 수 있겠죠? 충분히 공감할 수 있겠어요.

그리고, 이렇게 힘들어하는 '서희' 곁을 '봉순'이라는 인물이 지켜 주고 있습니다. '애기씨'라고 부르는 것으로 보아 '서희' 밑에서 일을 하는 사람으로 보이는데, '서희'에게 폭력을 휘두르는 '홍 씨'를 말리기도 하고 죽으려고 하는 '서희'를 쫓아가기도 하는 등 '서희'에게 아주 우호적인 모습을 보여 주고 있네요. 아마 둘의 관계가 정말 좋았나봐요.

고래고래 소리를 지른다. 서희는 연못가에서 걸음을 뚝 멈춘다. 돌아본다. 흙빛 얼굴에 웃음이 지나간다.
"내가 왜 죽지? 누구 좋아하라고 죽는단 말이냐?"

나직한 음성이다. 홍 씨 눈을 똑바로 주시한다.

"사람 영악한 것은 범보다 더 무섭다는 말 못 들으셨
소?"

여전히 나직한 음성이다.

"무서우면 어떻게 무서워! 우리 내외한테 비상을 먹이
겠다 그 말이냐?"

아이고! 아이고! 눈물도 안 나오는 <u>헛울음</u>을 울더니 이
번에는 봉순에게 달려들어 머리<u>끄덩이</u>를 꺼두르고 한
소동을 피운다. 읍내서 헌병, 순사들이 왔다는 말에 홍
씨는 겨우 본채로 돌아 갔다. 서희는 찢겨진 저고리를
내려다본다.

"길상이 놈이 날 죽으라고 내버리고 갔다."

눈이 부어오른 봉순이는,

"마지막까지 남아서 찾았지마는 사당 마룻장 밑에 숨
은 줄이야 우, 우찌 …… <u>으흐흐흐</u>."

<u>되풀이</u> 입술을 떨면서 서희는 말했다.

"길상이 놈이 날 죽으라고 내버리고 갔다."

백지장으로 변한다.

"예? 머, 머, 머라 캤십니까?"

"이놈! 네 죄를 몰라 하는 말이냐? 간밤에 감수한 생각
을 하면 네놈을 내 손으로 타살할 것이로되 으음, 능지
처참할 놈 같으니라구. 이놈! 어디 한번 죽어 봐라!"

"나, 나으리! 꾸, 꿈을 꾸시는 깁니까? 이, 이 목심을 건
지 디린 이, 이 삼수 놈을 말입니다!"

그러나 조준구는 <u>바로 저놈이 폭도의 앞잡이였다고
이미 한 말을 다시 강조할 뿐이다.</u> 물론 이 경우 폭도란
의병을 일컬은 것이다.

–박경리, 「토지」–

그런데 의아하게도 헌병이 먼저 잡아간 건 '삼수'입니다. 겁에 질
린 '삼수'는 '조준구'를 향해 도움을 청하지만, 돌아오는 것은 '조
준구'의 무서운 눈입니다. 아니 자기를 도와 준 '삼수'를 도대체
왜 헌병에게 잡아가라고 하는 것일까요? 마지막 줄을 보니, '조준
구'는 '삼수'가 '폭도의 앞잡이'였다고 생각하고 있습니다. '윤보'
에게 접선을 시도했던 모습을 알고 있었는지는 몰라도, '조준구'
는 '삼수'가 이번 습격의 핵심 인물이었다고 생각하고 있네요. '삼
수' 입장에선 여기저기 간만 보다가 결국 모든 상황을 망쳐버리
게 된 것입니다.

| 선지 | ① | ② | ③ | ④ | ⑤ |
|---|---|---|---|---|---|
| 선택률 | 5% | 5% | 19% | 9% | 63% |

### 177 [A]와 [B]에 대한 설명으로 적절하지 <u>않은</u> 것은? ⑤

– [A]는 '윤보' 일행이 습격을 준비하는 모습을 새벽의 '배경 묘
사'와 함께 제시한 부분이었습니다. 한편 [B]는 '홍 씨'에게 덜미
를 잡힌 '서희'가 충격을 받고 스스로 목숨을 끊으려다 마는 장면
이었어요. 다 확실하게 이해한 부분들이니, 가볍게 선지 판단해봅
시다.

① [A]는 비유적 표현을 활용하여 인물의 은밀한 행동 양
상을 드러낸다.

| 선지 유형 | 근거가 있어서 허용 가능 |
|---|---|
| 실전에서의<br>판단 과정 | 침묵이면 은밀하다고 할 수 있지. |
| 해설 | '덩어리 같은 침묵'이라는 비유적 표현이 등장하고, 그 속에서 '침묵'이라는 표현, 즉 조용하다는 것을 근거로 하여 '은밀한 행동 양상'을 허용할 수 있네요. |

그렇게 죽으려던 '서희'는, 갑작스레 걸음을 멈추고 '내가 왜 죽
지?'라는 생각을 합니다. 사실 맞는 말이죠. 여기서 '서희'가 죽어
버리면 '홍 씨'에게 좋은 일만 시켜주는 꼴이 됩니다. '홍 씨' 입장
에선 '서희'가 눈엣가시 같을 테니까요. '서희'는 '홍 씨' 눈을 똑바
로 주시하면서, 사람이 영악한 것이 무섭다는 경고성 발언을 합니
다. 무언가 '영악한' 모습을 보여 주려나 보네요.

이런 '서희'의 모습에 더 화가 난 '홍 씨'는 이번엔 '봉순'을 잡고
난리를 치다가, 헌병, 순사들이 왔다는 이야기에 돌아갑니다. '서
희'는 '길상'이라는 인물을 원망하면서 서러워하고 있네요. 누구
인지는 모르겠지만, '서희'를 배신하고 도망간 것으로 보여요. 정
말로 그랬다면 '서희'의 배신감이 장난이 아니겠습니다.

그런데 이때 '봉순'의 대사 '사당 마룻장 밑에 숨은 줄이야'를 보
고서 실제로 '서희'와 '봉순'이 '윤보' 일행의 습격에 가담했음을
알 수 있겠네요. 이렇게 확실하게 이해하면서 읽을 수 있겠죠?

달려온 헌병들에게 맨 먼저 당한 것은 삼수다.

"나, 나으리! 이, 이기이 우찌 된 영문입니까!"

헌병이 총대를 들이대자 겁에 질린 삼수는 그러나 무
엇인가 잘못 되었거니 믿는 구석이 있어서 조준구를 향
해 도움을 청하였다.

"이놈! 이 찢어 죽일 놈 같으니라구!"

<u>무섭게 눈을 부릅뜬</u> 조준구를 바라본 삼수 얼굴은 일순

② [B]는 음성 상징어를 활용하여 행동의 격렬함을 강조
한다.

| 선지 유형 | 근거가 있어서 허용 가능 |
|---|---|
| 실전에서의 판단 과정 | 와락와락! |
| 해설 | '와락와락'이라는 음성 상징어가 사용되어 있고, 이를 통해 '서희'의 몸을 흔드는 행동의 '격렬함'이 잘 드러난다고 할 수 있겠죠? |

③ [A]는 장면에 대한 관찰을 중심으로 서술하고, [B]에는
인물의 내면에 대한 직접적 서술이 나타난다.

| 선지 유형 | 근거가 있어서 허용 가능 |
|---|---|
| 실전에서의 판단 과정 | [A]에선 습격 준비 관찰하고 있고, [B]에선 인물의 내면 서술을 잘 해주고 있네. |
| 해설 | [A] 부분은 최 참판가네를 치기 전 마을의 모습이라는 장면을 관찰하고 있고, [B]에서는 '그는 죽을 생각을 했던 것이다.'로 서희의 내면 심리를 직접적으로 보여주고 있네요. '내면에 대한 직접적 서술'은 인물의 심리를 직접적인 표현을 통해 나타내는 경우 허용할 수 있습니다. 여기서는 '죽을 생각'이라는 표현이 되겠죠? |

④ [A]는 시제가 과거형에서 현재형으로 바뀌면서 장면
에 긴장감을 더하고, [B]는 현재형 진술을 활용하여 인
물 간 갈등을 더욱 생생하게 전달한다.

| 선지 유형 | 근거가 있어서 허용 가능 |
|---|---|
| 실전에서의 판단 과정 | 정말로 시제가 저렇게 바뀌었네. 긴장감/갈등은 당연히 허용되겠고. |
| 해설 | [A]에서는 '모여들었다'를 기점으로 과거형에서 현재형으로 바뀌고, 동시에 무언가를 준비하고 있다는 긴장감을 준다고 할 수 있죠? 반면 [B]에서는 현재형 진술만 나타나고 있네요. 현재형 진술을 사용하면 상황을 생생하게 전달한다고 할 수 있을 것이고, [B]에는 갈등도 나타나니 완벽하게 맞는 선지네요. |

⑤ [A]는 시간적 배경을 통해 장면의 분위기를 드러내
고, [B]는 공간적 배경의 변화를 통해 인물 간 대립의
원인을 드러낸다.

| 선지 유형 | 근거가 있어서 허용 불가능 |
|---|---|
| 실전에서의 판단 과정 | 서희랑 홍 씨가 대립하는 게 공간적 배경의 변화 때문은 아니잖아. |

| 해설 | [A]에서는 '자정'이라는 시간 표현을 통해서 분위기(어둡고 은밀한 분위기 정도?)를 나타낸다고 할 수 있겠죠? 애초에 어떤 '분위기'를 드러낸다는 건 작품의 전반적인 내용에 벗어나지만 않으면 맞는 말로 처리해주시면 된다고 했어요.<br><br>한편 [B]에서는 공간적 배경의 변화는 나타나는데, (방 → 연못) 그 변화를 통해 대립의 원인을 나타낸다고 볼 수는 없죠? 그냥 변화하고 끝이지, 그 변화 때문에 싸우는 것은 아니잖아요! 지문 내용을 이해했다면, 즉 대립의 원인이 '윤보' 일행의 '홍 씨' (정확히는 '최 참판'가) 습격이라는 것을 파악하고 있었다면 바로 답으로 고를 수 있었을 겁니다. |

| 선지 | ① | ② | ③ | ④ | ⑤ |
|---|---|---|---|---|---|
| 선택률 | 8% | 4% | 72% | 11% | 6% |

### 178 ㉠~㉤에 대한 이해로 가장 적절한 것은? ③

① ㉠: 삼수는 자신의 말대로 하면 '조가'도 제거할 수 있
고 윤보의 계획도 숨길 수 있음을 알리고 있다.

"조가 놈을 먼지 치고 시작하라 그 말이오. 고방에는
곡식이 썩을 만큼 쌓여 있고 안팎으로 쌓인 기이 재물
인데 큰일을 하자 카믄 빈손으로 우찌 하겠소. 그러니
왜눔과 한통속인 조가부터 치고 보믄 ㉠꿩 묵고 알 묵
는 거 아니겠소."

| 선지 유형 | 근거가 있어서 허용 불가능 |
|---|---|
| 실전에서의 판단 과정 | 조가부터 치고 재물로 빈손을 채우라고 했지, 계획을 숨기잔 이야기는 안 했는데? |
| 해설 | 밑줄 문제는 밑줄 근처를 꼭 보셔야 한다고 했습니다. ㉠ 근처(위쪽)를 보면 '큰일을 하자 카믄 ~ 조가부터 치고'라고 했습니다. 이를 통해 '꿩'과 '알'은 '큰일'과 '조가를 치는 것'(혹은 재물을 얻는 것)이라고 할 수 있겠죠. 윤보의 계획을 숨기는 것은 포함되지 않습니다. '꿩'과 '알'에 대응하는 것이 다른 내용이라는 근거가 명확히 살아 있으니, 이 선지는 허용하기 어렵겠네요. |

② ㉡ : 삼수는 자신이 윤보의 계획을 이미 알고 있어 이를 동네에 알리겠다며 윤보를 협박하고 있다.

> "이거 놓으소. 누가 안 가까 바 이러요? 지내 놓고 보믄 알 기니께요. 내가 머 염탐이라도 하러 온 줄 아요? 흥, ㉡그랬을 양이믄 벌써 조가 놈한테 동네 소문 고해바쳤일 기고 읍내서 순사가 와도 몇 놈 왔일 거 아니오."

| 선지 유형 | 근거가 있어서 허용 불가능 |
|---|---|
| 실전에서의 판단 과정 | 협박한 게 아니라 자기 믿어달라는 거잖아. |
| 해설 | 역시 근처를 보면, '염탐이라도 하러 온 줄 아요?'라는 말이 나옵니다. 이를 통해 ㉡의 의도가 '염탐을 하러 올 거라면 소문을 내겠지, 너한테 찾아왔겠냐?' 라는 것을 알 수 있겠네요. 지문 내용을 이해하셔야 합니다! ㉡ 부분이 협박이 아닌 믿음을 보여주는 부분이라는 걸 이해하고 있었어야 해요! |

③ ㉢ : 홍 씨는 자신을 습격했던 무리를 '화적 놈'이라 부르며 서희가 그들과 공모했다고 몰아가고 있다.

> [중략 부분 줄거리] 윤보 일행이 습격하자 조준구와 홍 씨는 사당 마루 밑에 숨어 있다가 삼수의 도움을 받는다. 윤보 일행이 떠나고 날이 밝았다.
>
> "서희 이, 이년! 썩 나오지 못할까!"
> 나오길 기다릴 홍 씨는 아니다. 방문을 박차고 들어가서 서희를 끌어 일으킨다.
> "네년 소행인 줄 뉘 모를 줄 알았더냐? 자아! 내 왔다! 이제 죽여 보아라! ㉢화적 놈 불러들일 것 없이!"

| 선지 유형 | 근거가 있어서 허용 가능 |
|---|---|
| 실전에서의 판단 과정 | 서희가 습격에 가담했다고 생각하니 저렇게 난리를 친 거지. |
| 해설 | ㉢의 근처를 봅시다. ㉢은 중략 부분 줄거리의 '날이 밝았다.' 이후 상황입니다. 즉 ㉢은 습격 사건이 있고 난 이후의 발화라는 것이죠. 그러면서 이제 자신이 왔으니 죽이라고 합니다. 이 모든 상황을 종합해보면, '홍 씨'는 '서희'가 주축이 된 무리가 자신을 습격했다고 생각하고, '화적 놈'이라는 그 무리를 부를 필요 없다고 한 것이니 이를 근거로 하면 습격했던 무리를 '화적 놈'이라고 부른 것도 허용이 되겠네요. 애초에 우리는 '홍 씨'의 심리에 공감하려는 태도를 바탕으로 완벽하게 |

---

이해해놓은 부분이죠? 지문을 잘 이해했다면, 이런 선지를 1초만에 답으로 고를 수 있는 겁니다.

④ ㉣ : 서희는 홍 씨에게 홍 씨의 뻔뻔함과 영악함이 도를 넘었음을 경고하고 있다.

> "내가 왜 죽지? 누구 좋아하라고 죽는단 말이냐?"
> 나직한 음성이다. 홍 씨 눈을 똑바로 주시한다.
> "㉣사람 영악한 것은 범보다 더 무섭다는 말 못 들으셨소?"
> 여전히 나직한 음성이다.
> "무서우면 어떻게 무서워! 우리 내외한테 비상을 먹이겠다 그 말이냐?"

| 선지 유형 | 근거가 있어서 허용 불가능 |
|---|---|
| 실전에서의 판단 과정 | 서희 본인이 영악하게 할 거라고 경고하는 거잖아. |
| 해설 | 역시 해당 부분을 잘 독해했는지 묻고 있는 선지입니다. '서희'는 죽을 생각을 하다가, 자기가 죽어봤자 '홍 씨' 좋은 일만 하는 것이라 생각하고 살기로 결심합니다. 그 직후에 '홍 씨'에게 ㉣의 발화를 하고 있죠. 이런 맥락을 고려하면, ㉣은 '나 영악하게 하면 무서울 텐데?'라는 의미라고 할 수 있겠습니다. 심지어 '홍 씨'가 이 대사에 '뭐가 무섭냐'고 반응한 것을 고려하면 이러한 독해가 맞다는 것에 더욱 확신을 가질 수 있겠습니다. 이런 독해의 결과를 근거로 하면, ㉣이 '홍 씨'의 뻔뻔함과 영악함을 경고하는 것이라는 해석은 허용할 수 없겠어요. |

⑤ ㉤ : 조준구는 지난밤 자신을 습격했던 삼수의 행동에 분노하고 있다.

> "이놈! 네 죄를 몰라 하는 말이냐? ㉤간밤에 감수한 생각을 하면 네놈을 내 손으로 타살할 것이로되 으음, 능지처참할 놈 같으니라구. 이놈! 어디 한번 죽어 봐라!"
> "나, 나으리! 꾸, 꿈을 꾸시는 깁니까? 이, 이 목심을 건지 디린 이, 이 삼수 놈을 말입니다!"
> 그러나 조준구는 바로 저놈이 폭도의 앞잡이였다고 이미 한 말을 다시 강조할 뿐이다. 물론 이 경우 폭도란 의병을 일컬은 것이다.

| 선지 유형 | 근거가 있어서 허용 불가능 |
|---|---|
| 실전에서의 판단 과정 | 폭도의 앞잡이여서 화났다며. |

| 해설 | '조준구'가 ⓒ에서 '분노'라는 심리를 보인 근거를 묻고 있습니다. 우리는 그에 대해 '삼수가 폭도의 앞잡이라고 생각해서'라는 답을 내려 놓은 상태였어요. 그런데 선지에서는 '자신을 습격했던' 삼수의 행동에 분노했다고 하고 있네요. 직접적으로 습격했기 때문에 화난 것이 아니고, 그 습격의 '앞잡이' 역할을 했기 때문에 화가 난 것입니다. 심리의 근거를 아주 디테일하게 물어 본 선지네요. |

| 선지 | ① | ② | ③ | ④ | ⑤ |
|---|---|---|---|---|---|
| 선택률 | 3% | 4% | 83% | 3% | 6% |

## 179 〈보기〉를 바탕으로 윗글을 감상한 내용으로 적절하지 <u>않은</u> 것은? [3점] ③

① 최 참판가 습격을 준비하던 윤보가 삼수의 제안을 듣지 않은 것으로 하겠다는 내용으로 보아, 윤보는 삼수와의 협력 관계를 거부한 것이군.

| 선지 유형 | 근거가 있어서 허용 가능 |
|---|---|
| 실전에서의 판단 과정 | 삼수가 믿을 만해야 믿을 텐데 말이지. |
| 해설 | 우리가 미리 생각했던 내용이죠? '삼수'의 지난 행적이 못 미더웠던 '윤보'는 '삼수'와의 협력 관계를 거부합니다. "야야가 참 제정신이 아니구마는." 이라는 대사에서 명시적으로 근거를 잡을 수도 있구요. |

② 타작마당에 모인 장정들이 횃불을 들고 윤보와 함께 움직이는 것으로 보아, 이들은 조준구로 대표되는 친일 세력과 대립하고 있군.

| 선지 유형 | 근거가 있어서 허용 가능 |
|---|---|
| 실전에서의 판단 과정 | 습격하러 간다는데 대립한다고 봐야지. |
| 해설 | 타작마당의 '장정들'은 '윤보' 일행인데, 이들은 '조준구'가 살고 있는 '최 참판가'를 습격했어요. 습격했다는 것을 근거로 하면 이들이 '조준구' 세력과 대립한다는 해석은 쉽게 허용이 가능하겠습니다. |

### FAQ

**Q** '조준구'가 '친일 세력'인 건 어떻게 아나요?

**A** 약간의 배경지식이 필요하다고 할 수도 있겠습니다. 이 작품의 배경이 되는 일제 강점기에는, 군사 경찰인 '헌병'과 더불어 가장 낮은 경찰 계급인 '순사'가 있었어요. 일제 강점기라는 배경을 생각하면, 이들이 일반 민중의 편이 아닌 일제에 부역하는 자들의 편이었음은 너무나 당연하죠? '조준구'처럼 '헌병'과 '순사'에게 누군가를 잡아가라고 할 수 있는 힘이 있고, 일제에 항거하려는 '의병'을 '폭도'라고 부르는 사람을 '친일 세력'이라고 부르는 것은 큰 무리가 없겠죠. 이 정도는 상식적인 내용으로 알아두도록 합시다.

③ 봉순이가 달려들어 서희 몸을 잡아당기는 것으로 보아, 이전까지 비교적 안정적이었던 신분 질서가 흔들리며 봉순이와 서희의 협력 관계가 약화되고 있군.

| 선지 유형 | 근거가 있어서 허용 불가능 |
|---|---|
| 실전에서의 판단 과정 | 신분 질서는 왜 흔들리고 봉순이 서희 협력 관계는 왜 약화돼. 말도 안 되는 선지네. |
| 해설 | '봉순이'가 '서희'의 몸을 잡아당기는 것은 '서희'를 도와주기 위한 행동이었습니다. 이는 둘 사이의 '협력 관계'를 적나라하게 보여 주는 것이라고 봐야겠죠? 나아가 '봉순이'는 계속해서 '서희'를 '애기씨'라고 부르며 '신분 질서'를 지키는 모습이에요. 이런 근거들이 있는데, 절대로 허용할 수 없겠습니다. |

④ 홍 씨의 모욕에 죽을 생각을 했던 서희가 홍 씨의 눈을 똑바로 주시한 것으로 보아, 홍 씨와 서희는 대립 관계를 이어 가겠군.

| 선지 유형 | 근거가 있어서 허용 가능 |
|---|---|
| 실전에서의 판단 과정 | 어떤 영악한 행동을 보여 줄지 기대됐었지. |
| 해설 | '서희'는 '홍 씨'의 눈을 똑바로 주시하고서, 자신이 영악하게 굴 것이니 긴장하라는 경고를 했습니다. 이를 근거로 하면 둘 사이의 '대립 관계'는 계속 이어진다고 할 수 있겠죠. |

⑤ 윤보에게 조준구를 치라고 했던 삼수가 조준구의 목
   숨을 구해 줬다는 것으로 보아, 조준구와 삼수의 관계
   는 상황에 따라 변하는군.

| 선지 유형 | 근거가 있어서 허용 가능 |
| --- | --- |
| 실전에서의 판단 과정 | 그렇지. |
| 해설 | '조준구'를 치라고 했다가 일이 잘 안 풀리자 다시 '조준구'를 습격으로부터 구해주는 모습을 근거로 하면, 대립했다가 협력하는 등 '조준구'와 '삼수'의 관계가 상황에 따라 변한다는 것을 쉽게 허용할 수 있겠습니다. |

<table>
<tr><td align="center">몰랐던 어휘 정리하기</td></tr>
<tr><td><br><br><br><br><br></td></tr>
</table>

| 핵심 point |

① **허용 가능성 평가** : 선지의 내용을 '허용'하려는 태도를 바
탕으로 지문을 '독해'하며 '근거'를 찾아야 합니다. 허용할 수
있는 '근거'가 있어야만 허용할 수 있습니다. 주관적인 생각
을 개입시키면 안 됩니다.

② **소설 독해** : '심리와 행동의 근거'를 바탕으로 인물에게 '공
감'하며 읽어야 합니다. 이 과정이 물흐르듯 이어지면 지문
의 내용을 완벽하게 이해할 수 있어요.

| 지문 내용 총정리 |

인물들에게 공감하기 위한 근거들이 곳곳에 잘 배치되어 있어,
'왜 그러는 거지?'라는 물음에 대한 답을 찾으려는 태도가 있었
다면 어렵지 않게 이해할 수 있었을 겁니다. 하지만 그런 태도가
없었다면, 대략적인 내용만 파악한 채 선지 판단에서 어려움을
겪었을 거예요. 기본적인 소설 독해의 포인트를 확실히 연습하
도록 합시다.

〈보기〉 확인

> [보기]
>
> 「심청전」은 효의 실현 과정에서 다양한 양상의 모순적 상황이 발생한다. 심청이 효를 실천하기 위해 자기희생을 선택함으로써 정작 부친 곁에 남아 있지 못하게 되는 것은 심청의 효행으로 인한 모순적 상황이다. 그리고 심청의 자기희생의 목적이었던 부친의 개안(開眼)이 뒤늦게 실현되는 것은 결말의 지연을 위해 설정된 모순적 상황이라 할 수 있다. 이러한 모순적 상황들로 인해 결말은 보다 극적인 양상을 띠게 되고 심청의 효녀로서의 면모가 더욱 강조된다.

대부분의 학생들이 그 내용을 알고 있는 '심청전'입니다. 이 작품에는 다양한 양상의 '모순적 상황'이 발생한다고 해요. 예로 들어 준 여러 상황들을 보면, 아버지를 위하는 심청의 행동이 여러 모순을 일으키고 있다는 것을 알 수 있네요. 이러한 상황은 당연히 결말을 극적이게 만들고, 심청의 효녀로서의 면모를 강조할 것입니다. 지문에 '모순적 상황'과 관련된 내용이 나올 것이라는 생각을 하면서 읽어 보도록 합시다.

지문 독해

> 심청이 왈,
> "나는 이 동네 사람이러니, 우리 부친 앞을 못 봐 '공양미 삼백 석을 지성으로 불공하면 눈을 떠 보리라.' 하되 가난하여 장만할 길이 전혀 없어 내 몸을 팔려 하니 어떠하뇨?"
> 뱃사람들이 이 말을 듣고,
> "효성이 지극하나 가련하다."
> 하며 허락하고, 즉시 쌀 삼백 석을 몽운사로 보내고,
> "금년 삼월 십오 일에 배가 떠난다."

'심청'이 '뱃사람들'에게 자신을 공양미 삼백 석에 팔겠다고 하는 모습입니다. 왜 자신을 팔아 넘기려고 하나 했더니, 공양미 삼백 석을 가지고 지성으로 불공하면(지극한 정성으로 부처에게 공양을 드리면) 아버지가 눈이 뜰 것이라는 이야기를 들었기 때문이네요. 이를 가련하게 여긴 '뱃사람들'은 쌀 삼백 석을 '몽운사'로 보내 불공을 드릴 수 있게 하고, '삼월 십오 일'에 배가 떠나니 다시 나오라는 말을 합니다. 우리가 잘 알고 있는 내용으로 시작하고 있습니다.

> 하고 가거늘 심청이 부친께,
> "공양미 삼백 석을 이미 보냈으니 이제는 근심치 마옵소서."
> 심봉사 깜짝 놀라,
> "너 그 말이 웬 말이냐?"
> 심청같이 타고난 효녀가 어찌 부친을 속이랴마는 어찌할 수 없는 형편이라 잠깐 거짓말로 속여 대답하길,
> "장승상댁 노부인이 일전에 저를 수양딸로 삼으려 하셨으나 차마 허락지 아니하였는데, 지금 공양미 삼백 석을 주선할 길이 전혀 없어 이 사연을 노부인께 여쭌즉 쌀 삼백 석을 내어 주시기에 수양딸로 가기로 했나이다."

그렇게 '심청'은 '심봉사'에게 가서 공양미 삼백 석을 얻었음을 알리는데, 슬퍼할 아버지를 생각해서 거짓말을 하고 있습니다. '심청'의 성격을 생각하면 거짓말은 상상도 못하지만, 이 상황에서는 어쩔 수 없이 거짓말을 하는 것에 충분히 공감할 수 있겠습니다.

그 거짓말의 내용은 '장승상댁 노부인'의 수양딸로 팔려 간다는 것입니다. 우리가 알고 있는 것처럼 공양미 삼백 석에 제물로 바쳐지는 것보다는 양반집에 수양딸로 가는 것이 훨씬 나으니 이런 거짓말을 치는 것이라고 할 수 있겠죠?

> 하니 심봉사 물색 모르고 이 말 반겨 듣고,
> "그렇다면 고맙구나. 그 부인은 일국 재상의 부인이라 아마도 다르리라. 복이 많겠구나. 저러하기에 그 자제 삼 형제가 벼슬길에 나아갔으리라. 그러하나 양반의 자식으로 몸을 팔았단 말이 이상하다마는 장승상댁 수양딸로 팔린 거야 관계하랴. 언제 가느냐?"
> "다음 달 보름에 데려간다 하더이다."
> "어, 그 일 매우 잘 되었다."

'심봉사'는 이러한 거짓말을 '반겨 듣고' 있습니다. 양반집에 수양딸로 가면 적어도 밥을 굶는 일은 없을 것이고, '장승상댁 노부인'은 일국 재상의 부인인 데다가 삼 형제가 벼슬길에 나아갔을 정도로 복이 많은 집안이기 때문이죠. 이렇게 딸에게도 좋은 일인데, 그 대가로 자신의 눈도 뜰 수 있으니 일석이조라고 생각하는 듯합니다.

여기에 '심봉사'는 양반의 자식으로 몸을 판다는 말이 좀 이상하기는 하다고 하면서 그래도 '장승상댁'에 수양딸로 팔린 것은 큰

문제가 되지는 않겠다는 이야기를 하고 있습니다. 사회 통념상 양반의 자식으로 몸을 판다는 게 이상하기는 한데, 그래도 앞에서 말한 것처럼 여러모로 훌륭한 '장승상댁'이니 괜찮다는 이야기를 하는 것이죠. '심청'의 거짓말에 좋은 일이라며 기뻐하는 모습입니다. 딸과 이별하게 된다는 점에서 아쉽기는 하겠지만, 그래도 딸이 더 나은 삶을 살 수 있으니 기뻐하는 모습에 충분히 공감할 수 있겠죠?

> 심청이 그날부터 곰곰이 생각하니, 눈 어두운 백발 부친 영영 이별하고 죽을 일과 사람이 세상에 나서 십오 세에 죽을 일이 정신이 아득하고 일에도 뜻이 없어 식음을 전폐하고 근심으로 지내더니 다시금 생각하되,
> '엎질러진 물이요, 쏘아 놓은 화살이다.'
> 날이 점점 가까워 오니,
> '이러다간 안 되겠다. 내가 살았을 제 부친 의복 빨래나 하리라.'
> 하고 춘추 의복 상침 겹것, 하절 의복 한삼 고이 박아 지어 들여 놓고, 동절 의복 솜을 넣어 보에 싸서 농에 넣고, 청목으로 갓끈 접어 갓에 달아 벽에 걸고, 망건 꾸며 당줄 달아 걸어 두고, 행선 날을 세어 보니 **하룻밤이 남은지라**. 밤은 깊어 삼경인데 은하수 기울어졌다. 촛불을 대하여 두 무릎 마주 꿇고 머리를 숙이고 한숨을 길게 쉬니, 아무리 효녀라도 마음이 온전할쏘냐.
> '아버지 버선이나 마지막으로 지으리라.'
> 하고 바늘에 실을 꿰어 드니 가슴이 답답하고 두 눈이 침침, 정신이 아득하여 하염없는 울음이 간장으로조차 솟아나니, 부친이 깰까 하여 크게 울지 못하고 흐느끼며 얼굴도 대어 보고 손발도 만져 본다.

이렇게 '심봉사'는 기뻐하지만, 진실을 알고 있는 '심청'은 당연히 슬플 수 밖에 없습니다. 〈보기〉에서 이야기한 것처럼 효를 실천하기 위해 자기희생을 선택하지만, 정작 부친 곁에 남아 있지 못하게 된 상황이 되어 버린 것이죠. 이에 식음을 전폐하고 근심으로 지내다가, 이미 지난 일이니 마음을 추스르고 '심봉사'의 의복 빨래나 하겠다는 '심청'입니다. 효녀로서의 면모가 여실히 드러나는 모습이죠?

이렇게 열심히 빨래를 하다 보니 어느덧 행선 전날입니다. 한숨을 길게 쉬고, 마음이 온전하지 않고, 버선을 짓다가 가슴이 답답하고 두 눈이 침침, 정신이 아득하여 하염없는 눈물이 솟아나고, 그 와중에 아버지 깰까봐 크게 울지도 못하는 '심청'의 절절한 감정에 충분히 공감해 주시면 완벽하겠습니다.

> (중략)
>
> 황후 반기시사 가까이 입시하라 하시니 상궁이 명을 받아 심봉사의 손을 끌어 별전으로 들어갈새 심봉사 아무란 줄 모르고 겁을 내어 걸음을 못 이기어 별전에 들어가 계단 아래 섰으니 심 맹인의 얼굴은 몰라볼레라 백발은 소소하고 황후는 **삼 년** 용궁에서 지냈으니 부친의 얼굴이 가물가물하여 물으시길,

(중략) 이후의 상황입니다. '황후'가 '심봉사'를 '별전'으로 데려오고, 아무것도 모르는 '심봉사'는 겁을 내고 있습니다. 그런데 '황후'가 '삼 년'을 용궁에서 지냈기에 부친의 얼굴이 가물가물하다고 해요. 이를 통해 자연스럽게 '황후'가 곧 '심청'임을 알 수 있겠죠?

역시 우리가 대충 알고 있는 것처럼, 자기희생을 택했지만 용궁의 '황후'가 된 '심청'의 모습이 나타나고 있습니다. 이 장면은 아버지와 재회하는 모습이었네요. 어렵지 않게 이해할 수 있겠죠?

> "처자 있으신가?"
> 심봉사 땅에 엎드려 눈물을 흘리면서,
> "아무 연분에 상처하옵고 초칠일이 못 지나서 어미 잃은 딸 하나 있삽더니 눈 어두운 중에 어린 자식을 품에 품고 동냥젖을 얻어먹여 근근 길러 내어 점점 자라나니 효행이 출천하여 옛사람을 앞서더니 요망한 중이 와서 '공양미 삼백 석을 시주하오면 눈을 떠서 보리라.' 하니 신의 여식이 듣고 '어찌 아비 눈 뜨리란 말을 듣고 그저 있으리오.' 하고 달리 마련할 길이 전혀 없어 신도 모르게 남경 선인들에게 삼백 석에 몸을 팔아서 인당수에 제물이 되었으니 그때 십오 세라, 눈도 뜨지 못하고 자식만 잃었사오니 자식 팔아먹은 놈이 세상에 살아 쓸데없으니 죽여 주옵소서."
> 황후 들으시고 슬피 눈물 흘리시며 그 말씀을 자세히 들으심에 정녕 부친인 줄은 아시되 부자간 천륜에 어찌 그 말씀이 그치기를 기다리랴마는 자연 말을 만들자 하니 그런 것이었다. 그 말씀을 마치자 황후 버선발로 뛰어 내려와서 부친을 안고,
> "아버지, 제가 그 심청이어요."
> 심봉사 깜짝 놀라,
> "이게 웬 말이냐?"

[A]

하더니 어찌나 반갑던지 뜻밖에 두 눈에 딱지 떨어지는 소리가 나면서 두 눈이 활짝 밝았으니, 그 자리 맹인들이 심봉사 눈 뜨는 소리에 일시에 눈들이 '희번덕, 짝짝' 까치 새끼 밥 먹이는 소리 같더니, 뭇 소경이 천지 세상 보게 되니 맹인에게는 천지개벽이라.

-작자 미상, 「심청전」-

가물가물한 '황후'는 '심봉사'에게 가족에 대해 묻고, '심봉사'는 딸이 있었지만 이러저러한 사정으로 잃었다는 이야기를 합니다. 이 사정은 우리가 다 알고 있는 내용이니 굳이 꼼꼼하게 읽을 필요가 없겠죠? 일종의 'skip 가능 구간'으로 처리하면 되겠습니다.

'황후', 즉 '심청'은 슬프게 눈물을 흘리면서 자신의 정체를 밝히고 있습니다. '심봉사'는 당연히 깜짝 놀랄 것인데, 그 순간 눈이 떠진 모습이에요. 이는 〈보기〉에서 말한 '결말의 지연을 위해 설정된 모순적 상황'이라고 할 수 있겠죠? '심청'이 희생을 하자마자 눈이 떠진 것이 아니라, 한참 뒤에야 눈이 떠지고 있으니까요. 이렇게 각 인물들에게 공감하고, 〈보기〉와 엮어 이해하면 정말 훌륭하겠습니다.

| 선지 | ① | ② | ③ | ④ | ⑤ |
|------|-----|-----|-----|------|------|
| 선택률 | 6% | 5% | 5% | 10% | 74% |

## 180 ㉠에 대한 이해로 적절하지 않은 것은? ⑤

> 심청같이 타고난 효녀가 어찌 부친을 속이랴마는 어찌할 수 없는 형편이라 잠깐 ㉠거짓말로 속여 대답하길,

– '심청'이 '심봉사'를 안심시키기 위해 어쩔 수 없이 했던 거짓말에 대한 문제입니다. 이는 '심봉사'에게 안심과 기쁨을 주었던 것이죠? 이를 바탕으로 가볍게 해결해 봅시다.

① '심청'과 '뱃사람'의 대화 속에서, ㉠으로 감추려고 한 사건을 확인할 수 있다.

| 선지 유형 | 근거가 있어서 허용 가능 |
|------|------|
| 실전에서의 판단 과정 | 제물로 바쳐지는 걸 숨긴 거지. |
| 해설 | '심청'은 '뱃사람'에게 자신을 공양미 삼백 석에 팔겠다는 이야기를 했고, 이를 숨겨 '심봉사'를 안심시키기 위해 '거짓말'을 한 것입니다. 가볍게 허용할 수 있네요. |

② '심청'이 ㉠을 결심할 때 드러나는 생각에서, '심청'이 불가피하게 ㉠을 선택했음을 알 수 있다.

| 선지 유형 | 근거가 있어서 허용 가능 |
|------|------|
| 실전에서의 판단 과정 | 어찌할 수 없는 형편이라고 했지. |
| 해설 | '심청'은 아버지를 속이지 못하는 성격을 가진 효녀였는데, 일단은 안심시키기 위해 어쩔 수 없이 '거짓말'을 한 것입니다. 충분히 불가피하다고 할 수 있겠죠. |

③ ㉠을 전후하여 진행된 '심청'과 '심봉사'의 대화에서, ㉠에 등장하는 인물이 '심봉사'에게 낯설지 않은 존재임을 알 수 있다.

| 선지 유형 | 근거가 있어서 허용 가능 |
|------|------|
| 실전에서의 판단 과정 | 장승상댁이면 괜찮다고 했지. |
| 해설 | '심봉사'는 '심청'이 '거짓말'로 '장승상댁 노부인'의 수양딸이 된다고 하자, '장승상댁'의 수양딸로 팔린 것이면 괜찮다며 좋아했습니다. 이렇게 '장승상'이 사는 집안에 대해 평가할 수 있다는 것은 원래부터 그 인물이 어떤 인물인지 잘 알고 있었다는 뜻이기에, 충분히 허용할 수 있겠습니다. |

④ '심봉사'가 ㉠을 듣고 보인 반응에서, ㉠이 '심봉사'에게 의심 없이 받아들여졌음을 확인할 수 있다.

| 선지 유형 | 근거가 있어서 허용 가능 |
|------|------|
| 실전에서의 판단 과정 | 거짓말 듣고 좋아했으니 의심 없이 받아들였다고 할 수 있겠다. |
| 해설 | '심봉사'는 '심청'의 '거짓말'을 들은 뒤, '반겨 듣고' 잘 되었다며 기뻐하는 모습을 보였습니다. 이를 근거로 하면 '의심 없이' 받아들였다는 것을 충분히 허용할 수 있겠죠. |

⑤ '심봉사'가 ㉠을 듣고 한 말에서, ㉠이 '심청'과 '심봉사' 사이의 갈등을 해소하는 단초가 됨을 알 수 있다.

| 선지 유형 | 근거가 없어서 허용 불가능 |
| --- | --- |
| 실전에서의 판단 과정 | 둘의 갈등이 어딨냐. |
| 해설 | 일단 '심청'과 '심봉사'는 사이 좋은 부녀 관계입니다. '해소'했다고 할 만한 '갈등' 자체가 존재하지 않아요. 거기에 선지의 말대로라면 '심청'의 '거짓말' 전에 둘 사이의 갈등이 있었어야 하는데, (㉠이 갈등 해소의 단초라고 했으니까.) 전혀 확인할 수 없죠? 가볍게 답으로 고를 수 있겠습니다. |

| 선지 | ① | ② | ③ | ④ | ⑤ |
| --- | --- | --- | --- | --- | --- |
| 선택률 | 2% | 82% | 6% | 4% | 6% |

**181** [A]에 대한 설명으로 가장 적절한 것은? ②

– [A]는 '황후'가 된 '심청'이 '심봉사'를 만나는 장면이었습니다. 아버지를 못 알아보던 '심청'의 모습, 딸을 잃은 슬픔을 이야기하던 '심봉사'의 모습, 자신의 정체를 밝히는 '심청'의 모습 등을 떠올리면서 문제를 풀어 봅시다.

① '황후'가 있는 별전에 '심봉사'가 들어가는 과정을 묘사함으로써 두 사람이 동일한 감정을 느끼고 있음을 보여 주고 있다.

| 선지 유형 | 근거가 있어서 허용 가능 |
| --- | --- |
| 실전에서의 판단 과정 | 심봉사는 잔뜩 겁을 먹었는데? |
| 해설 | '황후'는 '심봉사'를 반기면서 '별전'에 들어오라 했지만, '심봉사'는 아무것도 모른 채 잔뜩 겁을 먹었습니다. 이러한 감정들에 충분히 공감했으니, '동일한 감정'은 절대 허용할 수 없겠죠? |

② '심봉사'에게 가족에 관한 질문을 함으로써 '황후'가 '심봉사'의 정체를 확인할 수 있는 계기가 마련되고 있다.

| 선지 유형 | 근거가 있어서 허용 가능 |
| --- | --- |
| 실전에서의 판단 과정 | [A]의 내용 그 자체네. |
| 해설 | '황후'는 '심봉사'에게 가족에 관한 질문을 했고, '심봉사'는 '심청'의 이야기를 하며 답을 했습니다. 이로 인해 '황후'가 '심봉사'의 정체를 알게 되었죠? [A]의 내용을 그대로 담고 있으니 가볍게 허용할 수 있겠습니다. |

③ '심봉사'가 부인과 일찍 사별하게 된 이유를 눈물을 흘리며 언급함으로써 '심봉사'의 기구한 삶이 드러나고 있다.

| 선지 유형 | 근거가 없어서 허용 불가능 |
| --- | --- |
| 실전에서의 판단 과정 | 왜 사별했는지 말 안 한 것 같은데? |
| 해설 | '심봉사'가 부인과 일찍 사별했다는 이야기는 했지만, 그 이유를 설명한 적은 없습니다. 애초에 [A]로 묶여 있는 'skip 가능 구간'에서는 이렇게 디테일한 내용이 답이 되기 어렵다는 점도 하나의 팁으로 챙겨 가면 좋을 것 같습니다. |

④ '심봉사'가 딸에게 그녀의 의지와는 무관한 선택을 강요함으로써 결국 영원히 이별하게 된 과정을 풀어내고 있다.

| 선지 유형 | 근거가 있어서 허용 불가능 |
| --- | --- |
| 실전에서의 판단 과정 | 심봉사가 선택을 강요한 적은 없지. |
| 해설 | 우리가 완벽하게 이해하고 있는 것과 같이, '심청'은 '심봉사'에게 '거짓말'을 치면서까지 자기희생에 대한 의지를 보였어요. '심봉사'는 애초에 무슨 일이 일어났는지도 모르고 있었으니, 이를 근거로 하면 '무관한 선택 강요'는 절대 허용할 수 없겠죠. |

⑤ '심봉사'가 자신의 아버지임을 알아차린 '황후'가 '심봉사'의 발언이 끝나기 전에 자신이 딸임을 밝힘으로써 상봉의 기쁨을 강조하고 있다.

| 선지 유형 | 근거가 있어서 허용 불가능 |
| --- | --- |
| 실전에서의 판단 과정 | 말 끝나고 나서 정체를 밝혔지. |
| 해설 | 역시 너무 디테일한 내용이기에 답이 되기 어렵습니다. 지문을 다시 읽어 보면, '황후'는 '심봉사'가 자신의 아버지임을 알았지만 말을 끊지 않고 기다렸다가 말이 끝나자 자신의 정체를 밝혔다는 것을 알 수 있죠? 이런 근거가 있으니 허용할 수 없네요. |

| 선지 | ① | ② | ③ | ④ | ⑤ |
| --- | --- | --- | --- | --- | --- |
| 선택률 | 3% | 6% | 83% | 6% | 2% |

**182** 〈보기〉를 참고하여 윗글을 감상한 내용으로 적절하지 <u>않은</u> 것은? [3점] ③

① 심청이 '눈 어두운 백발 부친'과의 '영영 이별'을 근심하면서도 이를 '다시금 생각'하는 것으로 보아, 심청은 자신의 효행으로 인한 모순적 상황을 염려하면서도 결국은 이를 수용하려 함을 알 수 있군.

| 선지 유형 | 근거가 있어서 허용 가능 |
| --- | --- |
| 실전에서의 판단 과정 | 그러네. |
| 해설 | 선지 그 자체로 허용할 수 있겠죠? '심청'은 아버지와의 '영영 이별'을 근심하면서도 '다시금 생각'하여 이미 일어난 일이니 빨래나 하자는 등 이별을 수용하는 모습을 보였습니다. |

② 심청이 '이러다간 안 되겠다'며 '내가 살았을 제' 할 일을 생각하는 것으로 보아, 심청은 자신의 효행으로 인한 모순적 상황을 걱정하며 이를 대비하고 있음을 알 수 있군.

| 선지 유형 | 근거가 있어서 허용 가능 |
| --- | --- |
| 실전에서의 판단 과정 | 아버지와 이별하기 전에 빨래라도 하자는 것이지. |
| 해설 | '심청'은 자신의 효행으로 인한 모순적 상황, 즉 아버지와 이별하게 되는 상황을 대비하여, 살아 있을 때 빨래라도 해 두어야겠다는 생각을 합니다. 나중에는 아버지가 혼자 있을 테니 본인이 살아 있을 때 뭐라도 해야겠다는 것이겠죠. |

③ 심청이 '어찌 아비 눈 뜨리란 말을 듣고 그저 있으리오'라고 말했다는 것으로 보아, 심청은 효행 그 자체보다는 효행으로 인한 모순적 상황을 걱정하고 있음을 알 수 있군.

| 선지 유형 | 근거가 있어서 허용 불가능 |
| --- | --- |
| 실전에서의 판단 과정 | 모순적 상황을 걱정하면 아버지를 떠나지 말아야 하는 거 아냐? |
| 해설 | '심청'은 아버지의 눈을 뜰 수 있다는 말을 듣고 가만히 있을 수 없다는 말을 했는데, 이는 자신이 아버지를 떠나게 되는 한이 있더라도 효행을 해야 한다는 생각을 담고 있다고 할 수 있겠습니다. 즉, '심청'은 효행으로 인한 모순적 상황(아버지와 헤어지게 됨)에 대한 걱정보다는 그저 눈이 먼 아버지에 대한 걱정만 하고 있는 것이죠? 절대 허용할 수 없는 선지네요. |

④ 심봉사가 '자식만 잃었사오니'라고 말하는 것으로 보아, 심봉사는 결말의 지연을 위해 설정된 모순적 상황에 직면하여 자책하고 있음을 알 수 있군.

| 선지 유형 | 근거가 있어서 허용 가능 |
| --- | --- |
| 실전에서의 판단 과정 | 딸을 희생시켰는데 눈도 못 떴으니 모순적 상황에 직면한 거네. |
| 해설 | '심봉사'는 딸을 희생시켰지만, 그로 인한 보상인 '개안'을 얻지 못한 상황입니다. 이를 자식 '만' 잃었다는 한탄으로 드러내고 있었죠. 〈보기〉에 따르면 이러한 상황은 결말의 지연을 위해 설정된 모순적 상황이라고 할 수 있으니, '심봉사'가 여기에 직면하여 자책하고 있다는 것은 충분히 허용할 수 있겠습니다. |

⑤ 심봉사가 심청과의 상봉으로 인해 '뜻밖에 두 눈'을 뜨게 되는 것으로 보아, 모순적 상황으로 인한 결말의 지연이 극적인 효과를 자아내고 있음을 알 수 있군.

| 선지 유형 | 근거가 있어서 허용 가능 |
| --- | --- |
| 실전에서의 판단 과정 | 갑자기 눈을 뜨니까 극적인 효과라고 할 수 있지. |
| 해설 | 4번 선지 해설에서 언급한 것처럼 '심봉사'는 '개안'이라는 보상을 얻지 못하는 '모순적 상황'에 처해 있었는데, 이로 인해 결말이 지연되었다가 '심청'과 상봉하며 갑자기 눈을 뜨는 것은 충분히 극적인 효과를 자아내고 있다고 할 수 있겠습니다. 〈보기〉의 내용을 제대로 활용한 선지네요. |

<table><tr><th>몰랐던 어휘 정리하기</th></tr><tr><td><br><br><br><br><br></td></tr></table>

| 핵심 **point** |

① **허용 가능성 평가** : 선지의 내용을 '허용'하려는 태도를 바탕으로 지문을 '독해'하며 '근거'를 찾아야 합니다. 허용할 수 있는 '근거'가 있어야만 허용할 수 있습니다. 주관적인 생각을 개입시키면 안 됩니다.
② **소설 독해** : '심리와 행동의 근거'를 바탕으로 인물에게 '공감'하며 읽어야 합니다. 이 과정이 물흐르듯 이어지면 지문의 내용을 완벽하게 이해할 수 있어요.
③ **skip 가능 구간** : 인물의 똑같은 내면을 반복적으로 묘사하거나, 뻔한 이야기가 반복되는 구간은 조금 빠르게 스캔하면서 읽어주시면 됩니다.

| 지문 내용 총정리 |

익숙한 내용을 담고 있는 작품이고, 인물들에게 공감하는 것도 그리 어렵지는 않았던 쉬운 지문이었습니다. 기본적인 독해 및 선지 판단의 태도를 바탕으로 확실하게 정리해 봅시다.

⟨보기⟩ 확인

> ─[보기]─
>
> 공기와 바람은 눈에 보이지 않지만 사물의 움직임을 통해 지각되고, 계속 움직이며 대상에 영향을 주는 힘으로 인식되기도 합니다. 이런 속성이 시에 어떻게 활용되는지 알아봅시다.

두 작품은 '공기'와 '바람'의 속성을 이용한다고 합니다. 화자의 내면세계와 관련된 건 아니기 때문에, 가볍게 읽고 넘어가시면 되겠습니다.

> ─[보기]─
>
> 「새」에서 '새장에 갇힌 새'는 일상의 안온함에 길들어 자유를 억압하는 일상을 벗어나지 못하는 현대인의 알레고리이다. '새'의 행동에 대한 묘사는 일상에 충실할수록 잠재된 힘과 본질을 잃어 가는 아이러니와, 일상에 만족하며 자유로운 삶의 가능성을 외면하는 현대인의 모습을 보여 준다.

(나) 작품에 대한 ⟨보기⟩입니다. '일상을 벗어나지 못하는 현대인'에 대한 내용이라고 해요. 주제를 제시해준 소중한 ⟨보기⟩죠? 지문 독해에 큰 도움이 될 것 같습니다.

실전적 지문 독해

> (가)
>
> 바람이 어디로부터 불어와
> 어디로 불려 가는 것일까,
>
> 바람이 부는데
> 내 괴로움에는 이유가 없다.
>
> 내 괴로움에는 이유가 없을까,
>
> 단 한 여자를 사랑한 일도 없다.
> 시대를 슬퍼한 일도 없다.
>
> 바람이 자꾸 부는데
> 내 발이 반석 위에 섰다.
>
> 강물이 자꾸 흐르는데
> 내 발이 언덕 위에 섰다.
>
>        -윤동주, 「바람이 불어」-

깊은 의미까지는 모르겠어도, ⟨보기⟩에서 이야기하던 '바람'이 계기가 되어 화자가 스스로를 되돌아 본다는 정도는 파악할 수 있을 것 같습니다. '반성'의 태도로 유명한 윤동주 작가의 시이기도 하네요. 이렇게 주제만 가볍게 잡아두고, 자세한 건 선지 판단하면서 알아보도록 합시다.

> (나)
>
> 새는 새장 밖으로 나가지 못한다.
> 매번 머리를 부딪치고 날개를 상하고 나야 보이는,
> 창살 사이의 간격보다 큰, 몸뚱어리.
> 하늘과 산이 보이고 울음 실은 공기가 자유로이 드나드는
> 그러나 살랑거리며 날개를 굳게 다리에 매달아 놓는,
> 그 적당한 간격은 슬프다.
> 그 창살의 간격보다 넓은 몸은 슬프다.
> 넓게, 힘차게 뻗을 날개가 있고
> 날개를 힘껏 떠받쳐 줄 공기가 있지만
> 새는 다만 네 발 달린 짐승처럼 걷는다.
> 부지런히 걸어 다리가 굵어지고 튼튼해져서
> 닭처럼 날개가 귀찮아질 때까지 걷는다.
> 새장 문을 활짝 열어 놓아도 날지 않고
> 닭처럼 모이를 향해 달려갈 수 있을 때까지 걷는다.
> 걸으면서, 가끔, 창살 사이를 채우고 있는 바람을
> 부리로 쪼아 본다, 아직도 벽이 아니고
> 공기라는 걸 증명하려는 듯.
> 유리보다도 더 환하고 선명하게 전망이 보이고
> 울음 소리 숨내음 자유롭게 움직이도록 고안된 공기,
> 그 최첨단 신소재의 부드러운 질감을 음미하려는 듯.
>
>        -김기택, 「새」-

이번에는 ⟨보기⟩를 토대로 어느 정도 이해할 수 있을 것 같아요. 새장 안에 갇힌 새가 현대인의 모습처럼 느껴졌다면, 그걸로 됐습니다. 화자는 그 모습을 '슬프다'고 표현하고 있네요. 주제가 확실하게 잡혔죠? 이 상태로 선지 판단해봅시다.

| 선지 | ① | ② | ③ | ④ | ⑤ |
|---|---|---|---|---|---|
| 선택률 | 10% | 10% | 12% | 57% | 11% |

## 183 (가)에 대한 이해로 가장 적절한 것은? ④

① '불려 가는'이라는 피동 표현을 통해 자신이 처한 현실에 순응하려는 화자의 태도를 강조하고 있다.

> 바람이 어디로부터 불어와
> 어디로 불려 가는 것일까,

| 선지 유형 | 근거가 있어서 허용 불가능 |
|---|---|
| 실전에서의 판단 과정 | 불려 가는 건 바람인데? |
| 해설 | '불려 가는'이라는 표현을 바탕으로 화자가 '순응'이라는 반응을 보이고 있는지 묻고 있습니다. 해당 부분으로 돌아가 근거를 찾으려 했는데, '불려 가는' 건 '바람'이라는 내용이 명시되어 있네요. '바람'이 불려 가는 건데 그것이 '화자'가 순응하는 태도라고 해석할 수는 없겠습니다. 허용할 수 없네요. |

② '이유가 없을까'라는 물음의 형식으로 화자의 정신적 고통에 타당한 이유가 없음을 단정하고 있다.

> 바람이 부는데
> 내 괴로움에는 이유가 없다.
>
> 내 괴로움에는 이유가 없을까,

| 선지 유형 | 근거가 있어서 허용 불가능 |
|---|---|
| 실전에서의 판단 과정 | 물음의 형식인데 왜 단정이야. |
| 해설 | 허용 가능성을 따지기 전부터 틀린 선지네요. '물음'이 어떻게 '단정'의 근거가 될 수 있겠습니까. 이런 선지를 바로 넘겨 버리는 것도 문학 실력이에요. '물음'이 '단정'과 함께 쓰일 수 있는 예외적인 상황은 강한 어조의 설의법일 때입니다. '어찌 하지 않을 수 있겠는가?' 식의 발화 말이죠. |

③ '사랑한 일'과 '슬퍼한 일'을 병치하여 화자의 개인적 불행이 시대에 대한 무관심의 원인임을 암시하고 있다.

> 단 한 여자를 사랑한 일도 없다.
> 시대를 슬퍼한 일도 없다.

| 선지 유형 | 근거가 없어서 허용 불가능 |
|---|---|
| 실전에서의 판단 과정 | 둘 사이가 원인이라고 보기는 어렵지. |
| 해설 | 이번에도 선지에서 묻는 내용을 허용해봅시다. '사랑한 일'이 없다는 것은 '개인적 불행'으로, 시대를 '슬퍼한 일'도 없다는 것은 '시대에 대한 무관심'이라고 할 수는 있겠어요. 하지만 해당 부분을 아무리 독해해봐도, 한 여자를 사랑한 적도 없는 '개인적 불행' 때문에 '시대를 슬퍼하지 않는' 것은 아니죠? 둘 사이에는 인과성이 없어요. '원인'을 허용할 근거가 없다는 뜻이죠. 심지어 '도'라는 보조사를 통해 인과가 아닌 단순 나열임을 확실히 알 수 있습니다.<br><br>단순히 나란히 제시되었다고 '인과 관계'라고 단정하셨다면, 그 근거는 여러분의 머릿속이죠? 머릿속 뇌피셜은 허용의 근거로 삼을 수 없어요! |

④ '없다'의 반복을 활용하여 자신의 삶과 내면을 응시하는 화자의 반성적 자세를 드러내고 있다.

> 바람이 부는데
> 내 괴로움에는 이유가 없다.
>
> 내 괴로움에는 이유가 없을까,
>
> 단 한 여자를 사랑한 일도 없다.
> 시대를 슬퍼한 일도 없다.

| 선지 유형 | 근거가 있어서 허용 가능 |
|---|---|
| 실전에서의 판단 과정 | 성찰하면서 자기 인생 반성하고 있네. |
| 해설 | 화자는 자신의 '괴로움'에 이유가 '없다'는 것으로 시작된 '없다'라는 표현을 반복하면서, 그동안 자신이 단 한 여자를 사랑한 일도, 시대를 슬퍼한 일도 없다는 이야기를 하고 있습니다. 이는 자신의 내면을 들여다보며 '성찰'하는 모습이라고 할 수 있겠습니다. 이렇게 화자 자신이 느끼고 있는 '괴로움'의 원인을 탐구하는 '성찰'의 과정 속에서, |

화자는 자신이 누군가를 '사랑한 일'도, 시대를 '슬 퍼한 일'도 없다는 것을 발견했어요. 누군가를 사 랑하거나 시대를 슬퍼하는 것은 일반적으로 '괴로 움'을 불러일으키는 일인데, 이런 일도 겪지 않은 화자 자신이 왜 괴로운지 도대체 알 수가 없다는 것이죠. 화자는 이러한 자신의 모습에서 답답함을 느끼고 있기 때문에, '성찰'의 결과 '나는 도대체 왜 이러지?'라는 맥락의 '반성적 자세'를 드러내고 있다는 식으로이해할 수 있겠습니다. '반성'이라는 개념이 생각보다 넓게 허용된다는 것을 이번 기회 에 배워가도록 합시다.

조금 어렵기는 하지만, 현대시에 대한 경험이 쌓이 면 충분히 생각할 수 있는 내용입니다. 나아가 이 렇게 생각하기 어렵더라도, 이 선지는 우리가 지문 독해 과정에서 얻은 '주제'와 직결되는 내용이니 충분히 허용할 수 있다고 생각하시면 좋겠습니다. 이처럼 정답 선지는 '주제'와 직결되는 내용인 경 우가 많아요.

⑤ '흐르는데'와 '섰다'의 대비를 통해 변함없는 자연에서 깨달음을 얻으려는 화자의 의지를 드러내고 있다.

| 강물이 자꾸 <u>흐르는데</u><br>내 발이 언덕 위에 <u>섰다</u>. |
| --- |

| 선지 유형 | 근거가 없어서 허용 불가능 |
| --- | --- |
| 실전에서의<br>판단 과정 | 그냥 서 있는 건데 깨달음에 대한 의지를 허용하 긴 어렵지. |
| 해설 | '흐르는데'와 '섰다'가 대비된다는 건 충분히 허용 할 수 있을 것 같습니다. 움직임의 유무라는 차이 점이 존재하니까요. 그런데 선지에서 묻는 부분을 읽어보면, 강물이 '흐른다'라는 표현을 찾을 수 있 습니다. 이를 근거로 하면, '변함없는' 자연을 허용 하기는 어렵겠죠? 흐른다는 것은 강물의 위치 '변 화'가 있다는 것이니까요.<br><br>물론 강물이 흐르는 건 너무나 당연한, '변함없는' 자연의 모습이라고 생각할 수도 있을 것입니다. 그 렇다면 '깨달음을 얻으려는 화자의 의지' 부분에 대해 판단해 보아야겠네요. 해당 부분을 독해해 보 면, 화자는 그저 '언덕' 위에 발을 놓고 서 있을 뿐 무언가를 깨닫기 위한 의지를 보이고 있지는 않 죠? 나아가 '깨달음에 대한 의지'는 '성찰'이라는 이 지문의 주제와 아무런 관련이 없기도 하구요. 허용을 하고 싶어도 도저히 근거를 찾을 수가 없 네요. |

| 선지 | ① | ② | ③ | ④ | ⑤ |
| --- | --- | --- | --- | --- | --- |
| 선택률 | 9% | 60% | 9% | 16% | 6% |

**184** 다음에 제시된 선생님의 안내에 따라, ㉠~㉢을 탐구한 내용으로 적절하지 <u>않은</u> 것은? ②

– '바람'은 계속 움직이는 것이고, 대상에게 영향을 준다는 것이 제시문의 핵심이겠어요. 얼핏 해석을 요하는 어려운 문제처럼 보 이지만, 정작 판단 근거는 굉장히 객관적인 요소들일 겁니다. 허 용하러 가봅시다!

① ㉠에서는 움직임이라는 '바람'의 속성을 '괴로움'이라 는 내면의 흔들림을 지각하는 계기로 활용하고 있다.

| ㉠바람이 부는데<br>내 괴로움에는 이유가 없다. |
| --- |

| 선지 유형 | 근거가 있어서 허용 가능 |
| --- | --- |
| 실전에서의<br>판단 과정 | 바람 속에서 괴로움 생각하고 있으니까 계기라고 할 수 있지. |
| 해설 | '바람' 이야기를 한 다음에 '괴로움'을 지각하고 있 으니 허용할 수 있겠네요. '계기'라는 말에 시비를 걸지 않고 허용하려는 태도가 있으면 쉽게 넘어갈 수 있는 선지입니다. '괴로움'이 '내면의 흔들림'이 라는 건 어휘적으로 쉽게 허용이 되겠죠? |

② ㉡에서는 끊임없이 움직이는 '바람'의 속성을 활용해 '내 발'을 '반석 위'로 이끄는 힘을 보여 주고 있다.

| ㉡바람이 자꾸 부는데<br>내 발이 반석 위에 섰다. |
| --- |

| 선지 유형 | 근거가 있어서 허용 불가능 |
| --- | --- |
| 실전에서의<br>판단 과정 | 바람이 부는데도 불구하고 반석 위에 섰다는 거 잖아. |
| 해설 | '바람'이 '내 발'을 '반석 위'로 이끌었다는 것에 대 한 근거를 찾아야 합니다. 그런데 지문을 독해해보 니, 바람이 자꾸 부는'데' 내 발이 반석 위에 섰다 고 합니다. 이는 바람에도 '불구하고' 발은 반석 위 에 섰다는 소리죠? 이렇게 명확한 근거가 있으니, '바람'이 '발'을 '반석 위'로 이끌었다는 건 절대 허 용할 수 없겠네요. 결국 문학 선지 판단의 핵심은 이러한 '독해력'이에요. |

③ ㉢에서는 자유롭게 창살 사이를 이동하는 '공기'의 속
성을 '새'가 처한 상황을 부각하는 데 활용하고 있다.

새는 새장 밖으로 나가지 못한다.
매번 머리를 부딪치고 날개를 상하고 나야 보이는,
창살 사이의 간격보다 큰, 몸뚱어리.
　하늘과 산이 보이고 ㉢ 울음 실은 공기가 자유로이
드나드는

| 선지 유형 | 근거가 있어서 허용 가능 |
|---|---|
| 실전에서의 판단 과정 | 공기는 자유로운데 새는 그렇지 못하네. |
| 해설 | '공기'는 창살 사이를 자유롭게 넘나들지만, '새'는 '새장 밖을 나가지 못한다'고 합니다. '공기'의 처지가 '새'와 반대되는 것이니, '새'가 처한 상황을 부각하는데 효과적이겠죠? 이처럼 화자나 대상의 처지와 대비되는 상황에 놓인 대상을 제시하면서 그 처지를 강조하는 방식은 문학에서 자주 사용됩니다. 익숙해지면 비슷한 선지를 더욱 빠르게 처리할 수 있겠죠? |

④ ㉣에서는 '날개'를 '힘껏' 떠받치는 '공기'의 속성을 활
용해 '새'의 '날개'가 '공기'의 힘을 이용할 수 있음을
암시하고 있다.

넓게, 힘차게 뻗을 날개가 있고
㉣ 날개를 힘껏 떠받쳐 줄 공기가 있지만
새는 다만 네 발 달린 짐승처럼 걷는다.

| 선지 유형 | 근거가 있어서 허용 가능 |
|---|---|
| 실전에서의 판단 과정 | 떠받쳐 줄 수 있다고 했으니 이용할 수 있음을 암시한다고 할 수 있지. |
| 해설 | 허용하려고 하면, 근거가 너무 쉽게 잡힙니다. '떠받쳐 줄'이라는 표현을 근거로 하면, '새'의 '날개'가 언제든 '공기'로부터 도움을 받을 수 있다고 해석하는 것이 큰 무리는 아니겠습니다. |

⑤ ㉤에서는 보이지 않지만 존재하는 '바람'의 속성을 활
용해 '창살 사이'의 빈 공간을 쪼는 '새'의 동작에 의미
를 부여하고 있다.

새장 문을 활짝 열어 놓아도 날지 않고
닭처럼 모이를 향해 달려갈 수 있을 때까지 걷는다.
㉤ 걸으면서, 가끔, 창살 사이를 채우고 있는 바람을

부리로 쪼아 본다, 아직도 벽이 아니고
공기라는 걸 증명하려는 듯.

| 선지 유형 | 근거가 있어서 허용 가능 |
|---|---|
| 실전에서의 판단 과정 | 바람은 보이지 않으면서 빈 공간에 존재하는 거 맞고, 그걸 쪼는 새의 모습이 있으니 허용되네. |
| 해설 | 역시 허용하려고만 하면 어렵지 않습니다. '바람'은 '보이지 않지만 존재하는' 속성을 가졌다고 충분히 허용할 수 있고, '창살 사이'라는 빈 공간을 쪼는 '새'의 동작은 어떠한 의미를 가진다고 할 수 있겠죠? 어떤 의미인지를 정확하게 파악하는 건 중요하지 않습니다. 진짜 중요한 건, 시에 존재하는 모든 대상의 행동에 어떠한 '의미'가 있는 것은 너무나 당연하다는 생각을 하는 것이에요. |

| 선지 | ① | ② | ③ | ④ | ⑤ |
|---|---|---|---|---|---|
| 선택률 | 13% | 9% | 13% | 51% | 14% |

**185** 〈보기〉를 바탕으로 (나)를 감상한 내용으로 적절하지
않은 것은? [3점] ④

① 몸이 창살에 부딪치고 나서야 창살의 간격이 보이는
새는, 일상에 갇힌 자신을 의식하는 현대인의 모습을
보여 주는군.

새는 새장 밖으로 나가지 못한다.
매번 머리를 부딪치고 날개를 상하고 나야 보이는,
창살 사이의 간격보다 큰, 몸뚱어리.

| 선지 유형 | 근거가 있어서 허용 가능 |
|---|---|
| 실전에서의 판단 과정 | 창살의 간격을 의식했으니 허용되겠네. |
| 해설 | 이 작품의 주제는 '새'의 모습을 통해 '현대인'의 현실을 그려내는 것입니다. '새'가 '창살'에 부딪친 뒤 자기의 '몸뚱어리'보다 작은 '간격'을 봤다는 것은, 자신의 몸으론 그 창살을 벗어날 수 없다는 것을 깨달은 모습이라고 할 수 있겠습니다. 이를 현대인에게 적용하면, '일상'에서 탈출할 수 없음을 의식하는 모습이라고 할 수 있겠죠? 직접 나서서 해석한 결과가 아니라, 선지에서 제시한 대로 읽고 생각해본 결과입니다. 이런 '허용 가능성 평가'의 과정이 자연스러워질 때까지 열심히 연습합시다. |

② 바깥 풍경이 보일 정도로 적당한 간격의 창살로 된 새
   장은, 안온함과 억압성이라는 양가성을 지닌 일상을
   보여 주는군.

<table>
<tr><td colspan="2">하늘과 산이 보이고 울음 실은 공기가 자유로이 드나<br>드는<br>그러나 살랑거리며 날개를 굳게 다리에 매달아 놓는,<br>그 적당한 간격은 슬프다.</td></tr>
</table>

| 선지 유형 | 근거가 있어서 허용 가능 |
|---|---|
| 실전에서의<br>판단 과정 | 하늘과 산은 보이는데 날개를 매달아 놓으니 양가성을 허용할 수 있겠네. |
| 해설 | '하늘과 산'이 보인다는 점에서 '바깥 풍경'이 보인다는 건 허용할 수 있겠고, 지문에선 이를 '적당한 간격'이라는 말로 표현하고 있습니다. 그런데 이 '간격'은 '새'의 '날개'를 굳게 다리에 매달아 놓기도 하죠? 바깥이 보이는 '안온함'과 날개를 매달아 놓는 '억압성'이라는 '양가성'이 드러난다고 할 수 있겠네요. 〈보기〉에선 이 둘 모두 '일상'의 특성이라고 했죠? 충분히 허용할 수 있겠네요.<br><br>혹시나 '안온함', '양가성' 등의 어휘가 무슨 뜻인지 몰랐다면, 스스로 사전을 찾아보면서 정리하도록 합시다. 어휘력도 정말 중요해요! |

③ 닭처럼 날개가 귀찮아질 때까지 부지런히 걷는 새는,
   성실한 생활이 잠재력의 상실로 이어지는 아이러니를
   보여 주는군.

<table>
<tr><td>새는 다만 네 발 달린 짐승처럼 걷는다.<br>부지런히 걸어 다리가 굵어지고 튼튼해져서<br>닭처럼 날개가 귀찮아질 때까지 걷는다.</td></tr>
</table>

| 선지 유형 | 근거가 있어서 허용 가능 |
|---|---|
| 실전에서의<br>판단 과정 | 부지런히 걸었더니 날 수 있다는 잠재력을 잃었네. |
| 해설 | 선지에서 이야기하는 대로 '부지런히' 걷는다고 했으니 '성실한' 생활을 허용할 수 있겠죠? 그런데 이것이 결국 '날개의 퇴화'를 야기하고 있네요. '새'에게 있어 날 수 없다는 것은 '잠재력의 상실'이라고 하기에 충분하겠습니다. |

④ 새장 문이 열려도 날지 않고 모이를 향해 달려갈 수
   있을 때까지 걷는 새는, 자신의 본질에 충실하다 보니
   오히려 자유를 상실하게 되는 상황을 보여 주는군.

<table>
<tr><td>새장 문을 활짝 열어 놓아도 날지 않고<br>닭처럼 모이를 향해 달려갈 수 있을 때까지 걷는다.</td></tr>
</table>

<table>
<tr><td>'새'의 행동에 대한 묘사는 일상에 충실할수록 잠재된 힘과 본질을 잃어 가는 아이러니와, 일상에 만족하며 자유로운 삶의 가능성을 외면하는 현대인의 모습을 보여 준다.</td></tr>
</table>

| 선지 유형 | 근거가 있어서 허용 불가능 |
|---|---|
| 실전에서의<br>판단 과정 | 걷는 게 왜 본질이야. |
| 해설 | 이번에도 선지의 내용을 허용해봅시다. 일단 '새장 문이 열려도 날지 않고 달려'가는 새의 모습은 지문 속에 잘 드러나 있네요. 선지에선 이를 '본질에 충실'이라고 표현했는데, 새의 '본질'은 걷는 게 아니라 나는 것이라고 해야겠죠? 상식적인 선에서 답을 고를 수 있는 문제였습니다.<br><br>물론 굳이 확실한 근거를 찾는다면, 〈보기〉를 가져올 수 있겠습니다. 〈보기〉에서 이 작품은 '본질'을 잃어 가는 아이러니를 다루고 있다고 했어요. 그런데 새의 모습이 '본질'에 충실하는 것이라 하면, 〈보기〉에서 제시한 주제를 역행하는 선지가 되겠죠? 이처럼 〈보기〉와의 내용일치로 해결 가능한 선지도 많이 출제됩니다. 답이 보이지 않을 때, 혹은 조금 더 확신을 가지고 싶을 때 활용하는 태도를 가져보도록 합시다. |

⑤ 하늘을 자유롭게 날도록 날개를 밀어 올리는 공기를
   음미할 대상으로만 여기는 듯한 새는, 자유로운 삶의
   가능성을 외면하고 일상에 안주하려는 현대인의 모습
   을 보여 주는군.

<table>
<tr><td>날개를 힘껏 떠받쳐 줄 공기가 있지만<br>새는 다만 네 발 달린 짐승처럼 걷는다.<br><br>⋮<br><br>유리보다도 더 환하고 선명하게 전망이 보이고<br>울음 소리 숨내음 자유롭게 움직이도록 고안된 공기,<br>그 최첨단 신소재의 부드러운 질감을 음미하려는 듯.</td></tr>
</table>

| 선지 유형 | 근거가 있어서 허용 가능 |
| --- | --- |
| 실전에서의 판단 과정 | 공기를 음미만 하고 있으니 일상 안주라고 할 수 있겠지. |
| 해설 | 선지에서 이야기하는 대로, '새'는 자신의 '날개'를 떠받쳐 줄 수 있는 '공기'를 그저 '음미'하고만 있습니다. 이는 '자유'를 충분히 추구할 수 있는 일상을 그저 '음미'하며 안주하는 현대인의 모습을 상징한다고 할 수 있겠죠? 이번에도 직접 나서서 해석한 게 아니라, 선지에서 제시한 해석을 '평가'하는 과정을 보여드린 것이에요. 이런 태도에 익숙해지도록 합시다! |

### 현대시 독해 연습

> (가)
>
> 바람이 어디로부터 불어와
> 어디로 불려 가는 것일까,
>
> 바람이 부는데
> 내 괴로움에는 이유가 없다.
>
> 내 괴로움에는 이유가 없을까,

'바람'의 향방을 궁금해하면서 시작하고 있습니다. 그런데 이렇게 부는 '바람'을 보면서 자신의 '괴로움'에는 이유가 없다는 생각을 하는 화자예요. '바람'이 부는 것과 무슨 관련이 있을까 생각해 보면, '바람'조차도 어딘가에서 불어와 어디로 불려 가는 등 '이유'를 가지고 움직이는 것 같은데 자신의 '괴로움'은 이유가 없다는 것을 깨달았다고 볼 수 있겠네요. 여기저기 부는 '바람' 속에서 자신의 '괴로움'에는 정말로 이유가 없는 것인지 '성찰'을 시작하는 화자입니다.

> 단 한 여자를 사랑한 일도 없다.
> 시대를 슬퍼한 일도 없다.

화자가 스스로 생각해 보니, 자신은 '단 한 여자'를 사랑한 적도 없고 '시대'를 슬퍼한 적도 없는 사람이에요. 일반적으로 누군가를 사랑하거나 시대를 슬퍼하는 것은 '괴로움'으로 이어지는 일들인데, 이런 적도 없으면서 '괴로움'을 느끼고 있는 '이유'가 무엇인지 답답해하는 화자의 내면세계를 충분히 떠올릴 수 있겠죠?

> 바람이 자꾸 부는데
> 내 발이 반석 위에 섰다.
>
> 강물이 자꾸 흐르는데
> 내 발이 언덕 위에 섰다.
>
>         -윤동주, 「 바람이 불어」-

그 와중에 '바람'은 자꾸 불고, '강물'은 자꾸 흐릅니다. '바람'과 '강물' 같은 존재들은 나름의 '이유'를 가지고 계속해서 앞으로 나아가는데, 화자는 '반석'과 '언덕' 위에 서서 '괴로움'의 이유도 모른 채 멈춰 있습니다. 이런 처지에 있는 화자는 스스로가 답답하고 한심하게 느껴지겠죠? 이런 내면세계를 떠올릴 수 있다면 훌륭하겠습니다.

> (나)
>
> 새는 새장 밖으로 나가지 못한다.
> 매번 머리를 부딪치고 날개를 상하고 나야 보이는,
> 창살 사이의 간격보다 큰, 몸뚱어리.
> 하늘과 산이 보이고 울음 실은 공기가 자유로이 드나드는
> 그러나 살랑거리며 날개를 굳게 다리에 매달아 놓는,
> 그 적당한 간격은 슬프다.
> 그 창살의 간격보다 넓은 몸은 슬프다.

'새'가 '새장' 밖으로 나가지 못한다는 이야기를 하고 있습니다. 그 새장은 아주 잔인한 곳이에요. 새의 몸뚱어리보다 작은 간격의 창살을 가지고 있어 나가지는 못하지만, 바깥 풍경은 잘 보여 희망고문을 하는 곳이죠. 화자는 이러한 간격을 보며 '슬프다'라는 반응을 보이고 있네요.

> 넓게, 힘차게 뻗을 날개가 있고
> 날개를 힘껏 떠받쳐 줄 공기가 있지만
> 새는 다만 네 발 달린 짐승처럼 걷는다.
> 부지런히 걸어 다리가 굵어지고 튼튼해져서
> 닭처럼 날개가 귀찮아질 때까지 걷는다.
> 새장 문을 활짝 열어 놓아도 날지 않고
> 닭처럼 모이를 향해 달려갈 수 있을 때까지 걷는다.

이처럼 '새장'에 갇혀 있는 새는 사실 '날개'도 있고, '공기'의 도움을 받아 충분히 날아갈 수도 있습니다. 하지만 새는 마치 '네 발

달린 짐승'처럼 걷는다고 해요. '날개'가 있는데도, 즉 '새장'을 탈출할 수 있는 힘이 있는데도 '새장'에서의 삶이 너무 익숙해진 탓에 그 잠재력을 발휘하지 못하는 거죠.

> 걸으면서, 가끔, 창살 사이를 채우고 있는 바람을
> 부리로 쪼아 본다, 아직도 벽이 아니고
> 공기라는 걸 증명하려는 듯.

'새'는 걸으면서도 창살 사이의 바람을 부리로 쪼아 봅니다. 화자는 이 모습을 '벽이 아니고 공기라는 걸 증명'하는 행위라고 보고 있어요. 지문의 일관된 흐름을 따라 해석을 해 보면, '벽'이 아니라 '공기'인 게 어디냐는 식으로 만족하는 모습이라고 볼 수 있겠죠. '시'도 결국 하나의 주제를 담은 글이기 때문에, 전체적으로 '같은 말'을 하고 있어요. 앞에서 '새'가 '새장' 속에서의 삶에 안주하고 있다는 이야기가 나왔으니, 여기서도 같은 맥락으로 해석할 수 있는 겁니다.

> 유리보다도 더 환하고 선명하게 전망이 보이고
> 울음 소리 숨내음 자유롭게 움직이도록 고안된 공기,
> 그 최첨단 신소재의 부드러운 질감을 음미하려는 듯.
>                             -김기택, 「새」-

마지막 3행도 마찬가지죠? '새'에게 있어 '새장'은 '환하고 선명하게 전망이 보이고 / 울음 소리 숨내음 자유롭게 움직'일 수 있는 나쁘지 않은 곳입니다. 그래서 그 공기를 그저 '음미'하면서, 현실에 안주하는 모습을 보이고 있는 것이죠.

〈보기〉에서 언급된 내용이기는 하지만, 기본적으로 모든 시는 '인간의 이야기'라는 걸 생각하면 주제를 잡아내는 게 훨씬 쉬울 겁니다. 여기서의 '새'는 결국 '인간'에 대한 비유가 되는 거예요! '자유'를 추구하지 않고 현실에 '안주'하는 인간들의 모습을 나타낸다는 것까지 생각할 수 있다면 더욱 훌륭하겠습니다.

| 몰랐던 어휘 정리하기 |
| --- |
| |



| 핵심 point |

① **허용 가능성 평가** : 선지의 내용을 '허용'하려는 태도를 바탕으로 지문을 '독해'하며 '근거'를 찾아야 합니다. 허용할 수 있는 '근거'가 있어야만 허용할 수 있습니다. 주관적인 생각을 개입시키면 안 됩니다.

② **현대시 독해** : 〈보기〉의 도움 등을 통해 '주제' 위주로, 그리고 일상 언어의 감각으로 읽어내면 됩니다. 현대시도 읽을 수 있는 하나의 글입니다.

| 지문 내용 총정리 |

〈보기〉를 바탕으로 주제를 얻고, 이를 통해 선지에서 요구하는 만큼 '독해'하며 선지의 '허용 가능성'을 평가하는, 아주 전형적인 현대시 세트였습니다. 모든 선지가 명쾌하게 해결될 때까지 확실하게 정리하도록 합시다.

〈보기〉 독해

[보기]

　여러 작품에서 '춘향'은 다양한 면모를 지닌 인물로 형상화되었다. '춘향'은 원치 않는 상황을 받아들이는 <u>수용적 면모</u>를 보이기도, 목표를 이루려 단호하게 행동하는 <u>적극적 면모</u>를 보이기도 한다. 신세를 한탄하며 절규하는 <u>격정적 면모</u>를 드러내는가 하면, 문제를 숙고하여 대응책을 모색하는 <u>치밀한 면모</u>를 표출하기도 한다. 한편 '춘향'은 <u>당대 민중의 시각을 대변하는 면모</u>를 지니기도 한다.

우리가 잘 알고 있는 '춘향'의 여러 면모에 대해 소개하고 있습니다. 이러한 면모를 고려하면서 작품을 감상하면 되겠죠? '수용적'이면서 '적극적'이고, '격정적'이면서 '치밀'하고, '당대 민중의 시각을 대변'하기도 한다는 내용들은 사실 굉장히 당연한 이야기들이니, 어렵지 않게 정리할 수 있겠네요.

마지막 문제의 〈보기〉는 조선 후기 세책업자와 잡가의 담당층이 사용한 방법들을 바탕으로, (가)와 (나)의 특징을 설명하고 있습니다. 다만 지문을 이해하는 데 큰 도움이 되지는 않을 것 같으니, 나중에 꼼꼼하게 읽어 보는 것으로 합시다.

지문 독해

(가)

　만금 같은 너를 만나 백년해로하쟀더니, 금일 이별 어이하리! 너를 두고 어이 가잔 말이냐? <u>나는 아마도 못 살겠다!</u> 내 마음에는 어르신네 공조참의 승진 말고, 이 고을 풍헌(風憲)만 하신다면 이런 이별 없을 것을, 생눈 나올 일을 당하니, 이를 어이한단 말인고? 귀신이 장난치고 조물주가 시기하니, 누구를 탓하겠냐마는 속절없이 [춘향]을 어찌할 수 없네! 네 말이 다 못 될 말이니, 아무튼 잘 있거라!

[A]

　춘향이 대답하되, 우리 당초에 <u>광한루</u>에서 만날 적에 내가 먼저 [도련님]더러 살자 하였소? 도련님이 먼저 나에게 하신 말씀은 다 잊어 계시오? 이런 일이 있겠기로 처음부터 마다하지 아니하였소? 우리가 그때 맺은 금석 같은 약속 오늘날 다 허사로

세! 이리해서 분명 못 데려가겠소? 진정 못 데려가겠소? 떠보려고 이리하시오? 끝내 아니 데려가시려 하오? 정 아니 데려가실 터이면 날 죽이고 가오!

'이몽룡'과 '춘향'의 이별 장면으로 시작하고 있습니다. '이몽룡'은 어쩔 수 없이 이별하게 된 자신들의 처지에 한탄하며, '춘향'에게 잘 있으라는 이야기를 하고 있습니다. 이에 대해 '춘향'은 '광한루'에서 '도련님'이 먼저 만나자고 해 놓고 이렇게 떠나가냐며 화를 내고 있습니다. 출세를 위해 어쩔 수 없이 사랑하는 이와 헤어져야 하는 '도련님'의 입장과, 배신감에 화가 난 '춘향'의 입장 모두에 충분히 공감할 수 있겠죠?

　〈그렇지 않으면 광한루에서 날 호리려고 명문(明文) 써 준 것이 있으니, 소지(所志) 지어 가지고 본관 원님께 이 사연을 하소연하겠소. 원님이 만일 당신의 귀공자 편을 들어 패소시키시면, 그 소지를 덧붙이고 다시 글을 지어 전주 감영에 올라가서 순사또께 소장(訴狀)을 올리겠소. 도련님은 양반이기에 편지 한 장만 부치면 순사또도 같은 양반이라 또 나를 패소시키거든, 그 글을 덧붙여 한양 안에 들어가서, 형조와 한성부와 비변사까지 올리면 도련님은 사대부라 여기저기 청탁하여 또다시 송사에서 지게 하겠지요. 그러면 그 판결문을 모두 덧보태어 똘똘 말아 품에 품고 팔만장안 억만가호마다 걸식하며 다니다가, 돈 한 푼씩 빌어 얻어서 동이전에 들어가 바리뚜껑 하나 사고, 지전으로 들어가 장지 한 장 사서 거기에다 언문으로 상언(上言)을 쓸 때, 마음속에 먹은 뜻을 자세히 적어 이월이나 팔월이나, 동교(東郊)로나 서교(西郊)로나 임금님이 능에 거둥하실 때, 문밖으로 내달아 백성의 무리 속에 섞여 있다가, 용대기(龍大旗)가 지나가고, 협연군(挾輦軍)의 자개창이 들어서며, 붉은 양산이 따라오며, 임금님이 가마나 말 위에 당당히 지나가실 제, 왈칵 뛰어 내달아서 바리뚜껑 손에 들고, 높이 들어 땡땡하고 세 번만 쳐서 억울함을 하소연하는 격쟁(擊錚)을 하오리다!〉 애고애고 설운지고!

'춘향'의 절규는 여기서 끝나지 않습니다. '도련님'이 써 준 '명문'을 가지고 여러 사람들에게 자신의 처지를 알리겠다는 협박 아닌 협박을 하고 있어요. 먼저 '본관 원님'께 이야기를 했다가 통하지 않으면 '순사또'께 이야기를 할 것이고, 그것도 안 되면 '형조'와 '한성부'와 '비변사'에게까지 난리를 치겠다는 이야기를 하고 있는 것이죠.

물론 이 뒤로도 더 많은 이야기들이 있지만, 사실상 같은 말들이니 일종의 'skip 가능 구간'으로 넘길 수 있겠죠? '춘향'의 서러운 심정에 공감해 주시기만 하면 충분히 잘 읽고 있는 것입니다. 나아가 〈보기〉의 '적극적 면모'와 '격정적 면모' 등이 나타난다는 것까지 생각한다면 완벽하겠구요.

> 그것도 안 되거든, 애쓰느라 마르고 초조해하다 죽은 후에 넋이라도 삼수갑산 험한 곳을 날아다니는 제비가 되어 도련님 계신 처마에 집을 지어, 밤이 되면 집으로 들어가는 체하고 도련님 품으로 들어가 볼까! 이별 말이 웬 말이오?
> 이별이란 두 글자 만든 사람은 나와 백 년 원수로다! 진시황이 분서(焚書)할 때 이별 두 글자를 잊었던가? 그때 불살랐다면 이별이 있을쏘냐? 박랑사(博浪沙)*에서 쓰고 남은 철퇴를 천하장사 항우에게 주어 힘껏 둘러메어 이별 두 글자를 깨치고 싶네! 옥황전에 솟아올라 억울함을 호소하여, 벼락을 담당하는 상좌가 되어 내려와 이별 두 글자를 깨치고 싶네!
>
>                                                  –작자 미상, 「춘향전」–
>
> * 박랑사 : 중국 지명. 장량이 진시황을 암살하려 했던 곳.

마지막까지 자신의 서러운 감정을 쏟아내고 있는 '춘향'입니다. '제비'가 되어서라도 '도련님'에게 가겠다는 이야기나, '이별'이라는 글자를 부숴 버리고 싶다는 이야기, '옥황전'에 올라서 억울함을 표출하겠다는 등 여러 표현들을 보면 이 감정에 충분히 공감할 수 있겠네요. 전반적으로 같은 내용이 반복되고 있으니 어느 정도 'skip 가능 구간'을 설정하며 빠르게 읽어낼 수 있었어야 합니다.

## 실전적 지문 독해

> (나)
>
> 이별이라네 이별이라네 이 도령 춘향이가 이별이로다
>   춘향이가 도련님 앞에 바짝 달려들어 눈물짓고 하는 말이
>   도련님 들으시오 나를 두고 못 가리다
>   나를 두고 가겠으면 홍로화(紅爐火) 모진 불에
>   다 사르겠으면 사르고 가시오
>   날 살려 두고는 못 가시리라
> [B] 잡을 데 없으시면 삼단같이 좋은 머리를
>   휘휘칭칭 감아쥐고라도 날 데리고 가시오
>   살려 두고는 못 가시리다
>
> 날 두고 가겠으면 용천검(龍泉劍) 드는 칼로다
> 요 내 목을 베겠으면 베고 가시오
> 날 살려 두고는 못 가시리라
> 두어 두고는 못 가시리다
> 날 두고 가겠으면 영천수(潁川水) 맑은 물에다
> 던지겠으면 던지고나 가시오
> 날 살려 두고는 못 가시리다
> 이리 한참 힐난하다 할 수 없이 도련님이 떠나실 때
> 방자 놈 분부하여 나귀 안장 고이 지으니
> 도련님이 나귀 등에 올라앉으실 때
> 춘향이 기가 막혀 미칠 듯이 날뛰다가
> 우르르 달려들어 나귀 꼬리를 부여잡으니
> 나귀 네 발로 동동 굴러 춘향 가슴을 찰 때
> 안 나던 생각이 절로 나
> 그때에 이별 별(別) 자 내인 사람 나와 한백 년 대원수로다
> 깨치리로다 깨치리로다 박랑사 중 쓰고 남은 철퇴로
> 천하장사 항우 주어 이별 두 자를 깨치리로다
> 할 수 없이 도련님이 떠나실 때
> 향단이 준비했던 주안을 갖추어 놓고
> 풋고추 겨리김치 문어 전복을 곁들여 놓고
> 잡수시오 잡수시오 이별 낭군이 잡수시오
> 언제는 살자 하고 화촉동방(華燭洞房) 긴긴 밤에
> 청실홍실로 인연을 맺고 백 년 살자 언약할 때
> 물을 두고 맹세하고 산을 두고 증삼(曾參)* 되자더니
> 산수 증삼은 간 곳이 없고
> 이제 와서 이별이란 웬 말이오
> 잘 가시오
> 잘 있거라
> 산첩첩(山疊疊) 수중중(水重重)한데 부디 편안히 잘 가시오
> 나도 명년 양춘가절*이 돌아오면 또다시 상봉할까나
>
>                                              –작자 미상, 「춘향이별가」–
>
> * 증삼 : 공자의 제자. 고지식하여 약속을 반드시 지킴.
> * 양춘가절 : 따뜻하고 좋은 봄철.

주제를 너무 잘 알고 있는 고전시가이니, 빠르게 읽어낼 수 있겠죠? (가)와 비슷하게 이별을 맞이한 '춘향'의 서러운 감정이 잘 드러나고 있고, '이별'이라는 글자를 깨치고 싶다는 이야기 등이 나타나고 있습니다. 다만 (가)와는 달리 작별인사까지 깔끔하게 하고 있는 모습이죠? 자세한 해석은 선지를 판단하는 과정에서 해 보도록 하고, 이 정도로 넘어가시면 되겠습니다.

| 선지 | ① | ② | ③ | ④ | ⑤ |
|------|-----|-----|-----|-----|-----|
| 선택률 | 4% | 29% | 11% | 43% | 14% |

## 186 (가)에 대한 이해로 적절하지 <u>않은</u> 것은? ④

① '도련님'은 이별의 상황이 자신의 입장에서는 불가피한 것임을 드러내고 있다.

| 선지 유형 | 근거가 있어서 허용 가능 |
|------|------|
| 실전에서의 판단 과정 | 그랬지. |
| 해설 | '도련님'은 출세를 위해 어쩔 수 없이 '춘향'과 헤어지게 되었다며 아쉬운 마음을 드러냈습니다. 그러한 감정에 공감했던 기억이 있으니, 어렵지 않게 허용할 수 있겠죠? |

② '춘향'은 '도련님'을 처음 만날 때부터 이별의 상황을 우려하였음을 말하고 있다.

| 선지 유형 | 근거가 있어서 허용 가능 |
|------|------|
| 실전에서의 판단 과정 | 그랬나? 처음 만날 때 이야기는 앞쪽인데... 돌아가 보니 그렇게 말했네. |
| 해설 | 바로 기억하기는 어려운 세부적인 정보입니다. 그런데 선지에서 '처음 만날 때'에 대해 묻고 있으니, 그와 관련된 부분으로 돌아가면 되겠죠? [A] 부분에서 '춘향'은 '광한루'에서 처음 만났을 때의 이야기를 했는데, 그 부분으로 돌아가서 보니 '이런 일이 있겠기로~'라는 근거를 찾을 수 있네요. 기억하지는 못하더라도, 이러한 근거를 바탕으로 허용할 수 있어야 합니다. |

③ '춘향'은 '도련님' 곁에 머물고 싶은 마음을 자연물에 의탁하여 드러내고 있다.

| 선지 유형 | 근거가 있어서 허용 가능 |
|------|------|
| 실전에서의 판단 과정 | 제비? |
| 해설 | '춘향'은 '제비'라는 자연물이 되어서라도 '도련님' 곁에 머물고 싶다는 이야기를 했습니다. 이를 근거로 하면 어렵지 않게 허용할 수 있겠네요. |

④ '춘향'은 고사를 활용하여 자신의 상황이 역사적 사건과 관련되어 있음을 말하고 있다.

| 선지 유형 | 근거가 없어서 허용 불가능 |
|------|------|
| 실전에서의 판단 과정 | 분서가 춘향의 이별이랑 뭔 상관이야. |
| 해설 | '춘향'은 진시황의 '분서'라는 고사를 활용하기는 했습니다. 하지만 이는 '이별'이라는 글자가 없어지지 않은 것에 대한 서러움을 표출한 것일 뿐, 그 '분서' 때문에 '춘향'이 이별이라는 상황에 처했다고 볼 수는 없죠? '춘향'이 고사를 인용한 의도 자체가 '서러움 표현'일 뿐 '역사적 사건과의 관련성'을 드러내려고 한 것은 아니라는 점을 생각하시면 어렵지 않게 답으로 고를 수 있었을 것 같습니다. |

⑤ '춘향'은 천상의 존재에게 억울함을 전하는 상황을 설정하여 자신의 감정을 드러내고 있다.

| 선지 유형 | 근거가 있어서 허용 가능 |
|------|------|
| 실전에서의 판단 과정 | 옥황전! |
| 해설 | '춘향'은 마지막에 '옥황전'에 솟아올라서라도 억울함을 표출하겠다는 이야기를 했습니다. 이를 근거로 하면 '천상의 존재'에게 억울함을 전하는 상황이라는 것은 어렵지 않게 허용할 수 있겠죠? |

| 선지 | ① | ② | ③ | ④ | ⑤ |
|------|-----|-----|-----|-----|-----|
| 선택률 | 4% | 7% | 6% | 65% | 18% |

## 187 ㉠~㉤에 대한 설명으로 가장 적절한 것은? ④

① ㉠: '도련님'의 마음을 확인하고자 '춘향'이 쓴 글이다.

> 그렇지 않으면 광한루에서 날 호리려고 ㉠명문(明文) 써 준 것이 있으니,

| 선지 유형 | 근거가 있어서 허용 불가능 |
|------|------|
| 실전에서의 판단 과정 | 도련님이 쓴 거지. |
| 해설 | ㉠은 '도련님'이 '광한루'에서 '춘향'을 '호리려고' 써 준 것이라고 했습니다. |

② ㉡: '도련님'이 자신의 무고함을 밝히는 내용이 담길 것이다.

> ㉡소지(所志) 지어 가지고 본관 원님께 이 사연을 하소연하겠소.

| 선지 유형 | 근거가 있어서 허용 불가능 |
|------|------|
| 실전에서의 판단 과정 | 춘향이가 쓴 건데? |

| 해설 | ㉡은 '춘향'이 '본관 원님'께 하소연하기 위해 쓴 글입니다. '도련님'의 무고함을 밝히기 위한 것이 아니에요! |
|---|---|

③ ㉢ : '춘향'과의 친밀감을 강화하려는 '도련님'의 마음을 전하는 내용이 담길 것이다.

> 도련님은 양반이기에 ㉢ 편지 한 장만 부치면 순사또도 같은 양반이라 또 나를 패소시키거든,

| 선지 유형 | 근거가 있어서 허용 불가능 |
|---|---|
| 실전에서의 판단 과정 | 춘향이 패소시키려는 글이라며. |
| 해설 | ㉢은 '도련님'이 양반의 신분을 이용하여 '춘향'을 패소시키기 위한 글이라고 했습니다. 이러한 근거가 있는데, '친밀감 강화'를 허용하기는 어렵겠죠. |

④ ㉣ : '도련님'에게는 약속 파기의 책임을 물을 수 없음을 밝히는 내용이 담길 것이다.

> 도련님은 사대부라 여기저기 청탁하여 또다시 송사에서 지게 하겠지요. 그러면 그 ㉣ 판결문을 모두 덧보태어 똘똘 말아 품에 품고 팔만장안 억만가호마다 걸식하며 다니다가,

| 선지 유형 | 근거가 있어서 허용 가능 |
|---|---|
| 실전에서의 판단 과정 | 도련님의 뜻대로 된 것일 테니까 맞네. |
| 해설 | ㉣은 '도련님'이 여기저기 청탁하여 송사에서 '춘향'이 지게 만든 내용을 담고 있을 것입니다. 여기에는 당연히 '도련님'의 책임이 없다는 내용이 담겨 있겠죠. 근처 맥락을 독해하면 가볍게 허용할 수 있습니다. |

⑤ ㉤ : '춘향'이 '순사또'의 힘을 빌려 '임금'에게 자신의 입장을 전하는 내용이 담길 것이다.

> 팔만장안 억만가호마다 걸식하며 다니다가, 돈 한 푼씩 빌어 얻어서 동이전에 들어가 바리뚜껑 하나 사고, 지전으로 들어가 장지 한 장 사서 거기에다 언문으로 ㉤ 상언(上言)을 쓸 때, 마음속에 먹은 뜻을 자세히 적어 …(중략)… 임금님이 가마나 말 위에 당당히 지나가실 제, 왈칵 뛰어 내달아서 바리뚜껑 손에 들고,

| 선지 유형 | 근거가 있어서 허용 불가능 |
|---|---|
| 실전에서의 판단 과정 | 순사또의 힘을 왜 빌려. |
| 해설 | ㉤은 '춘향'이 스스로 고생하여 쓴 뒤 '임금'에게 전하는 글입니다. '순사또'의 힘을 빌린 적도 없고, 애초에 '순사또'는 '도련님'의 편으로 상정되었으니 '춘향'을 도울 리도 없겠죠. |

| 선지 | ① | ② | ③ | ④ | ⑤ |
|---|---|---|---|---|---|
| 선택률 | 3% | 6% | 13% | 73% | 5% |

## 188 ⓐ~ⓔ에 대한 설명으로 가장 적절한 것은? ④

① ⓐ는 인물이 지닌 자부심을 환기하여 좌절감을 완화하는 소재이다.

> 잡을 데 없으시면 ⓐ 삼단같이 좋은 머리를 휘휘칭칭 감아쥐고라도 날 데리고 가시오

| 선지 유형 | 근거가 없어서 허용 불가능 |
|---|---|
| 실전에서의 판단 과정 | 머릿결이 좋으면 이별 안 해도 되는 것도 아닌데 무슨 소리야. |
| 해설 | 일단 '삼단같이 좋은 머리'가 인물이 지닌 '자부심'을 환기한다는 것은 허용이 가능합니다. 하지만 이것이 '춘향'의 '좌절감'을 완화하지는 않죠? 머릿결이 좋다고 해서 '도련님'과 다시 만날 수 있는 것도 아니니까요. |

② ⓑ는 초월적 공간에 대한 지향을 드러내어 현재의 고통과 대비하기 위한 소재이다.

> 날 두고 가겠으면 ⓑ 영천수(潁川水) 맑은 물에다 던지겠으면 던지고나 가시오

| 선지 유형 | 근거가 없어서 허용 불가능 |
|---|---|
| 실전에서의 판단 과정 | 초월적 공간이 어딨어. |
| 해설 | 일단 '영천수'가 초월적 공간도 아닐 뿐 아니라, 두고 갈거면 그냥 '영천수'에 던져 버리라는 말이니 이에 대한 지향을 드러낸다는 것도 허용하기 어렵죠. 거기에 '영천수 맑은 물'이 현재의 고통과 대비된다는 것도 허용하기 어렵습니다. |

③ ©는 부정적인 상황을 희화화함으로써 당면한 현실을 풍자하는 표현이다.

> ©나귀 네 발로 동동 굴러 춘향 가슴을 찰 때

| 선지 유형 | 근거가 없어서 허용 불가능 |
|---|---|
| 실전에서의 판단 과정 | 갑자기 풍자를 왜 해. |
| 해설 | 일단 ©가 '희화화'한 결과라고 보기도 어렵고, '풍자'라는 거창한 의도를 담은 표현이라고 하기도 어렵죠? 말 그대로 당나귀가 발을 굴러 '춘향'의 가슴을 찬 상황일 뿐입니다. |

④ ⓓ는 기대가 어긋나 버린 사정을 부각하여 비애감을 심화하는 표현이다.

> 물을 두고 맹세하고 산을 두고 증삼(曾參)* 되자더니
> ⓓ산수 증삼은 간 곳이 없고
> 이제 와서 이별이란 웬 말이오
>
> * 증삼 : 공자의 제자. 고지식하여 약속을 반드시 지킴.

| 선지 유형 | 근거가 있어서 허용 가능 |
|---|---|
| 실전에서의 판단 과정 | 주제네. |
| 해설 | 반드시 약속을 지키는 '증삼'이 되자고 해 놓고 결국 이별하는 모습에서, '기대가 어긋나 버린 사정'과 그에 따른 '비애감'을 충분히 허용할 수 있습니다. 나아가 이는 이 지문의 '주제' 그 자체이므로, 가볍게 허용할 수 있겠죠? |

⑤ ⓔ는 미래에 대한 전망을 바탕으로 대상과의 재회를 확신하는 표현이다.

> 나도 ⓔ명년 양춘가절*이 돌아오면 또다시 상봉할까나
>
> * 양춘가절 : 따뜻하고 좋은 봄철.

| 선지 유형 | 근거가 없어서 허용 불가능 |
|---|---|
| 실전에서의 판단 과정 | 확신하는 건 아니지. |
| 해설 | '양춘가절'이 오면 또다시 상봉할 수 있지 않을까 하는 기대감이 나타난다고 할 수 있을 뿐, 재회를 '확신'한다고 볼 만한 근거가 없네요. |

| 선지 | ① | ② | ③ | ④ | ⑤ |
|---|---|---|---|---|---|
| 선택률 | 7% | 5% | 72% | 10% | 6% |

**189** 〈보기〉를 바탕으로 (가), (나)를 이해한 내용으로 적절하지 않은 것은? ③

① (가)에서 양반들이 한통속이어서 '도련님'을 두둔할 것이라고 언급하는 모습을 통해, 민중의 입장을 취하는 '춘향'의 면모를 확인할 수 있다.

| 선지 유형 | 근거가 있어서 허용 가능 |
|---|---|
| 실전에서의 판단 과정 | 양반 욕하는 건 민중 입장이라고 할 수 있지. |
| 해설 | '양반'들에 대해 비판적인 입장을 보이고 있다는 점에서, '춘향'의 '민중의 입장을 취하는 면모'를 확인할 수 있겠죠? 당시 민중들이 양반들에 대해 좋은 감정을 가졌을 리가 없으니까요. |

② (가)에서 구걸하고 다니면서라도 자신의 상황을 알리겠다는 모습을 통해, 뜻한 바를 성취하려는 '춘향'의 적극적 면모를 확인할 수 있다.

| 선지 유형 | 근거가 있어서 허용 가능 |
|---|---|
| 실전에서의 판단 과정 | 엄청 적극적이네. |
| 해설 | 구걸하면서도 자신의 상황을 알리겠다는 모습은 충분히 적극적이죠? |

③ (나)에서 이별 후 자신이 겪을 고난을 말하며 '도련님'의 마음을 돌리려는 모습을 통해, 문제 해결책을 강구하는 '춘향'의 치밀한 면모를 확인할 수 있다.

| 선지 유형 | 근거가 없어서 허용 불가능 |
|---|---|
| 실전에서의 판단 과정 | 해결책을 강구한 적은 없는데? |
| 해설 | 일단 (나)에서 '춘향'은 그저 가지 말라는 이야기만 했을 뿐, '이별 후 자신이 겪을 고난'을 이야기하지는 않았습니다. 나아가 문제 해결책을 강구한 적도 없죠? 그저 이별을 받아들이고 재회를 소망하고 있을 뿐이었습니다. 근거를 찾을 수 없으니 허용할 수 없네요. |

④ (나)에서 '도련님'에게 주안을 올리며 어쩔 수 없이 이별을 받아들이는 모습을 통해, 서글픈 현실을 감내하려는 '춘향'의 수용적 면모를 확인할 수 있다.

| 선지 유형 | 근거가 있어서 허용 가능 |
|---|---|
| 실전에서의 판단 과정 | 이별을 받아들이는 건 수용적이지. |
| 해설 | '이별을 받아들이는 모습'은 미리 체크한 내용이었죠? 화자의 반응에 해당하는 내용이니까요. 이러한 모습은 '춘향'의 '수용적'인 면모라고 할 수 있겠네요. '주안'과 관련된 내용을 기억하지 못했을 수도 있는데, 어쨌든 선지의 전반적인 내용이 주제와 직결되고 이미 3번 선지라는 정답을 찾았다는 점에서 그냥 넘어가셔도 무방하겠습니다. |

⑤ (가), (나)에서 '이별'이라는 두 글자를 철퇴로 깨뜨리고자 하는 모습을 통해, 북받친 감정을 토로하면서 탄식하는 '춘향'의 격정적 면모를 확인할 수 있다.

| 선지 유형 | 근거가 있어서 허용 가능 |
|---|---|
| 실전에서의 판단 과정 | 철퇴 이야기는 확실히 격정적이다. |
| 해설 | (가)와 (나) 모두에서 '춘향'은 '이별'이라는 두 글자를 철퇴를 깨뜨리고자 했습니다. 이는 '북받친 감정'을 토로하는 '춘향'의 '격정적'인 면모라는 해석을 허용하기에 충분한 근거가 되겠네요. |

| 선지 | ① | ② | ③ | ④ | ⑤ |
|---|---|---|---|---|---|
| 선택률 | 4% | 20% | 15% | 8% | 53% |

## 190 〈보기〉를 바탕으로 [A], [B]를 감상한 내용으로 적절하지 않은 것은? [3점] ⑤



조선 후기에 책을 대여하고 값을 받는 세책업자는 「춘향전」을 (가)와 같은 세책본 소설로, 유흥적 노래를 지은 잡가의 담당층은 「춘향전」의 대목을 (나)와 같은 잡가로 제작했다. **세책업자**는 과장되고 재치 있는 표현을 활용하여 흥미를 높이거나 특정 부분의 분량을 늘려 이윤을 얻으려 했다. **잡가의 담당층**은 노래의 내용을 단시간에 전달하기 위해 상황을 집약해 설명하고 인물의 감정을 드러내는 가사를 반복해 청중의 공감을 끌어냈다. 연속되지 않은 장면들을 엮어 노래를 구성할 때에는 작품 속 화자의 역할이 바뀌기도 하였다.

– '세책업자'의 전략은 (가)의 특징이 되고, '잡가의 담당층'의 전략은 (나)의 특징이 될 것입니다. 밑줄 친 부분에 나타난 특징들을 바탕으로 선지를 판단해 보도록 합시다.

① [A]에서 '생눈 나올 일'이라는 과장된 표현을 쓴 것은 작품의 흥미를 높이려는 취지와 관련되겠군.

| 선지 유형 | 근거가 있어서 허용 가능 |
|---|---|
| 실전에서의 판단 과정 | 생눈이 나오는 건 과장된 표현이지. |
| 해설 | [A]는 '세책본 소설'의 일부인데, '세책업자'는 과장된 표현을 사용하여 흥미를 높이려고 했다고 했습니다. 이별 때문에 '생눈'이 나온다는 것은 충분히 과장된 표현이라고 할 수 있겠죠. |

② [A]에서 '도련님'에게 거듭하여 묻는 형식을 사용한 것은 분량을 늘리려는 의도와 관련되겠군.

| 선지 유형 | 근거가 있어서 허용 가능 |
|---|---|
| 실전에서의 판단 과정 | 똑같은 말 반복하는 거니까 분량 늘리기지. |
| 해설 | '세책업자'는 분량을 늘리는 방식을 사용했다고 했습니다. 사실상 같은 의미를 담고 있는 물음을 반복하는 것은 분량을 늘리려는 의도라는 해석을 허용하기에 충분한 근거가 되겠죠. |

③ [B]에서 첫 행에 작품의 상황을 제시한 것은 청중을 작
  품의 내용에 빠르게 끌어 들이려는 전략과 관련되겠군.

| 선지 유형 | 근거가 있어서 허용 가능 |
|---|---|
| 실전에서의 판단 과정 | 상황을 집약해서 설명한 거지. |
| 해설 | [B]는 '잡가'의 일부인데, '잡가의 담당층'은 상황을 집약해서 설명하는 전략을 구사했다고 했습니다. 바로 '이별'이라는 상황을 제시한 것은 이러한 전략과 관련되어 있다고 할 수 있겠죠? |

④ [B]에서 '못 가시리다'라는 구절을 반복하여 인물의 감
  정을 강조한 것은 청중의 공감을 유발하려는 목적과
  관련되겠군.

| 선지 유형 | 근거가 있어서 허용 가능 |
|---|---|
| 실전에서의 판단 과정 | 감정을 드러내는 가사를 반복한 것이지. |
| 해설 | '잡가의 담당층'은 인물의 감정을 드러내는 가사를 반복하여 공감을 유도하는 전략을 사용했다고 했습니다. '못 가시리다'의 반복은 이러한 내용의 완벽한 예시라고 할 수 있죠? |

⑤ [B]에서 화자가 해설자에서 인물로 역할을 바꾸는 것
  은 연속되지 않은 장면들이 엮여 작품이 구성되었음
  을 알게 해 주는 단서이겠군.

| 선지 유형 | 근거가 있어서 허용 불가능 |
|---|---|
| 실전에서의 판단 과정 | 연속된 장면 아니야? |
| 해설 | '잡가의 담당층'이 연속되지 않은 장면들을 엮을 때 작품 속 화자의 역할을 바꾸는 전략을 사용한 것은 맞습니다. 나아가 화자가 1행~2행은 해설자 역할을, 3행 이후로는 인물 역할을 하고 있는 것도 맞구요. 하지만 [B]는 '도련님'과 '춘향'의 이별이라는 '연속된 장면'만 나타나고 있습니다. 실제로 화자의 역할 변화도 '연속된 장면' 속에서 자연스럽게 나타나고 있구요. 이렇게 명백한 근거가 있으니, 절대로 허용할 수 없는 선지가 되겠습니다. |

몰랐던 어휘 정리하기

| 핵심 point |

① **허용 가능성 평가** : 선지의 내용을 '허용'하려는 태도를 바탕으로 지문을 '독해'하며 '근거'를 찾아야 합니다. 허용할 수 있는 '근거'가 있어야만 허용할 수 있습니다. 주관적인 생각을 개입시키면 안 됩니다.
② **소설 독해** : '심리와 행동의 근거'를 바탕으로 인물에게 '공감'하며 읽어야 합니다. 이 과정이 물흐르듯 이어지면 지문의 내용을 완벽하게 이해할 수 있어요.
③ **skip 가능 구간** : 인물의 똑같은 내면을 반복적으로 묘사하거나, 뻔한 이야기가 반복되는 구간은 조금 빠르게 스캔하면서 읽어주시면 됩니다.
④ **고전시가 독해** : 겁먹지 않고, 현대시를 읽듯이 읽어내면 됩니다. 현대시와 마찬가지로, 〈보기〉의 도움 등을 통해 '주제' 위주로 가볍게 읽어내면 되는 거예요. 자세한 해석은 선지가 해줄 겁니다!

| 지문 내용 총정리 |

다소 독특한 형식의 지문이었지만, '공감'이라는 기본 원리와 'skip 가능 구간'이라는 스킬을 적절하게 사용하며 소설을 이해하는 것, 운문문학의 '주제' 중심으로 빠르게 읽고 선지를 판단하는 것 등 기본적인 태도는 그대로 사용되었습니다. 시험이 쉽든 어렵든 결국 핵심은 '기본기'입니다. 이를 잊지 맙시다.

〈보기〉 확인

─────────[보기]─────────

　소망이나 욕구가 충족되지 못해서 갈등을 겪는 개인은 심리적으로 불안한 상태에 빠진다. 특히 사회적으로 불안정한 처지에 놓여 있는 개인은 긴장과 갈등 상황에 과민하게 반응하며 현실에 적응하는 데에 어려움을 겪는다. 이 과정에서 불쾌감, 고독, 우울, 불면 같은 심리적 불안 증세가 표출된다. 이 같은 증세를 보이는 개인은 불안을 야기하는 요소를 차단하기 위해 자기만의 세계에 몰두하려고 한다. 그렇다고 자기만의 세계에 만족하는 것은 아니며 타인의 삶에 대한 관심과 실망을 오가는 이중적 감정을 드러낸다.

이 지문의 주인공이 밑줄 친 부분의 특징을 가지고 있나봐요. 아주 암울한 내용일 것 같은데, 바로 지문 읽어봅시다. 위의 특징들을 고려하면서 인물에게 공감하면 되겠죠?

**지문 독해**

　도시의 발전은 옛 성벽을 깨트리고, 아직도 초평(草坪)이 남아 있는 이 성 밖으로 뀌여 나오기 시작한 것이었다. 〈그리하여 아직도 자리 잡히지 않은 이 거리의 누렇던 길이 매연과 발걸음에 나날이 짙어서 꺼멓게 멍들기 시작한 이 거리를 지나면 얼마 안 가서 옛 성문이 있었다. 그 성문을 통하여 이 신작로의 수직선으로 뚫린 시가가 바라보이는 것이었다. 그 성문 밖을 지나치면 신흥 상공 도시라는 이 도시의 공장 지대에 들어서게 된다.〉 병일이가 봉직하고 있는 공장도 그곳에 있었다. 병일이는 이 길을 2년간이나 걸었다. 아침에는 집에서 공장으로, 저녁에는 공장에서 집으로 가는 가장 가까운 길이므로 이 길을 걷는 것이었다.
　병일이는 취직한 지 2년이 되도록 신원 보증인을 얻지 못하였다. 매일 저녁마다 병일이가 장부의 시재(時在)를 막아 놓으면, 주인은 금고의 현금을 헤었다. 병일이가 장부에 적어 놓은 숫자와 주인이 헤인 현금이 맞맞아떨어진 후에야 그날 하루의 일이 끝나는 것이었다. 주인이 금고 문을 잠근 후에 병일이는 모자를 집어 들고 사무실 문밖에 나선다. 한 걸음 앞서 나섰던 주인은 곧 사무실 문을 잠가 버리는 것이었다. 사무실 마루를 쓸고, 훔치

고, 손님에게 차와 점심 그릇을 나르고, 수십 장의 편지를 쓰고, 장부를 정리하는 등 소사와 급사와 서사의 일을 한 몸으로 치르고 난 뒤에 하숙으로 돌아가는 병일의 다리와 머리는 물병과 같이 무거웠다.

처음부터 아주 우울하게 시작하고 있습니다. 〈 〉 표시한 부분에서 이런 느낌을 받으실 수 있겠죠? '신흥 상공 도시'라는 공간을 우울하게 묘사했다는 건, 인물의 심리가 그렇기 때문이라고 할 수 있겠습니다. 이 작품은 이렇게 우울한 심리를 가진 인물의 내면에 주목하는 작품일 확률이 높겠어요.

이곳에서 '병일이'라는 인물이 나오는데, '주인'에게 의심받으며 사는 모습 등은 더더욱 비참해 보여요. 주변 풍경도 짜증나는데, 자기 앞에서 금고와 사무실 문을 단단하게 잠그는 '주인'의 모습은 더더욱 우울함을 더한다고 할 수 있겠네요. 물론 '신원 보증인'을 구하지 못한 '병일이'의 처지를 고려하면, 저렇게 돈을 숨기고 의심하는 '주인'의 마음도 어느 정도는 공감이 됩니다.

여하튼 다시 주인공인 '병일'의 관점에서 보면, '하숙'으로 돌아가는 길에 '무거운' 다리와 머리 역시 충분히 공감할 수 있겠습니다. 저런 상황이라면 마음에 드는 게 하나도 없을 거예요.

　주인에게 작별 인사를 하고 공장 문밖을 나서면 하루의 고역에서 벗어났다는 시원한 느낌보다도 작은 별들이 반짝이는 하늘 아래 말할 수 없이 호젓해짐을 금할 수 없었다. 그는 주인 앞에서 참고 있던 담배를 가슴 속 깊이 빨아 들이켜며, 2년 내로 구하여도 얻지 못하는 신원 보증인을 다시금 궁리하여 보는 것이었다. 현금에 손을 대지 못하고, 금고에 들어 있는 서류에 참견을 못하는 것이 책임 문제로 보아서 무한히 간편한 것이지만 취직한 첫날부터 지금까지 하루도 변함없이 자기를 감시하는 주인의 꾸준한 태도에 병일이도 꾸준히 불쾌한 감을 느껴온 것이었다. 주인의 이러한 감시에 처음 얼마 동안은 신원 보증이 없어서 그같이 못 미더운 자기를 그래도 써 주는 주인의 호의를 한없이 감사하고 미안하게 여겼다. 그다음 얼마 동안은 병일이가 스스로 믿고 사는 자기의 담박한 성정을 그리도 못 미더워하는 주인의 태도에 원망과 반감을 가지게 되었다.

다 똑같은 내용이죠? 이 부분은 일종의 'skip 가능 구간'으로 간주하고 빠르게 넘어가시면 됩니다. 이렇게 인물의 내면에 주목하는

작품의 경우에는 그 심리를 묘사하는 부분이 잔뜩 나오는 경우가 많다고 했습니다. 한 지문 내에서 인물의 심리가 변하거나 하기는 쉽지 않기 때문에, 결국 다 같은 말일 것이고 빠르게 스캔하며 읽을 수 있다는 거죠. 처음엔 고마웠는데 가만히 생각해보니까 짜증난다는 '병일'의 마음에 공감하며 계속 읽어보도록 합시다.

(중략)

근자에 병일이는 <u>사무실</u>에서 장부 정리를 할 때에도 혹시 후원에서 성낸 소와 같이 거닐고 있던 니체가 푸른 이끼 돋친 바위를 붙안고 이마를 부딪치는 것을 상상하고 작은 신음 소리가 나오려는 것을 깨닫고는 몸서리를 치기도 하였다. 그럴 때마다 곁에서 담배를 피우며 신문을 뒤적이고 있는 주인을 바라볼 때 신문 외에는 활자와 인연이 없이 살아갈 수 있는 그들의 생활이 <u>부럽도록 경쾌한 것</u> 같았다. 사실 월급에서 하숙비를 제하고 몇 푼 안 남는 돈으로 탐내어 사들인 책들이 요즈음에는 무거운 짐같이 겨웠다. 활자로 박힌 말의 퇴적이 발호하여서 풍겨 오는 문학의 자극에 자기의 신경은 <u>확실히 피곤하여졌다</u>고 병일은 생각하였다.

계속해서 '병일'의 내면에 주목하고 있습니다. 갑자기 나오는 '니체'의 이야기 같은 부분에 주목할 필요가 없어요. 소설에서 묻고자 하는 것은 추상적인 내용을 이해했는지가 아니라, 인물의 심리와 그 근거를 정확히 잡고 있느냐는 것이니까요. 결국 '니체' 이야기도 우울한 자신의 심정을 대변하는 것 이상의 의미는 없는 겁니다.

그런데 '활자'와 인연 없이 살아가는 '주인'의 생활이 '부럽도록 경쾌'한 것 같다고 합니다. 자신은 얼마 되지 않은 월급의 일부를 또 떼어서 책을 사고 하는데, 이제는 그러한 자신의 모습이 '피곤하여졌다'는 것이죠. 이렇게 무리해서라도 책을 사고 하는 건 그만큼 책이 중요하다고 생각하기 때문일 것인데, 만약 '주인'처럼 별로 책에 관심도 없고 한다면 책이 아닌 다른 곳에 돈도 신경도 쓸 수 있으니 부럽다는 의미일 것입니다. 역설적으로 자신이 얼마나 '책'을 소중히 여기는지 이야기하는 부분이기도 하네요.

<u>피곤한</u> 병일이는 사무실에서 돌아올 때마다 이 **지루한 장마**는 언제까지나 계속할 셈인가고 중얼거렸다. 지금부터는 마음대로 할 수 있는 '나의 시간'이라고 생각하며 돌아가는 길에 언제나 발을 멈추고 바라보는 성문을 요즈음에는 우산 속에 숨어서 그저 지나치는 때가 많았다. 혹시 생각나서 돌아볼 때에는 수없는 빗발에 씻기며

서 있는 누각을 박쥐조차 나들지 않았다. 전날 큰 구렁이가 기왓장을 떨어쳤다는 말이 병일에게는 육친의 시체를 보는 듯한 침울한 인상을 주는 것이었다. 모기 소리와 빈대 냄새와 반들거리다가 새침히 뛰어오르는 벼룩이가 기다릴 뿐인 바람 한 점 없는 하숙방에서 활자로 시꺼멓게 메워진 **책**과 마주 앉을 용기가 없어진 병일이는 어떤 유혹에 끌리듯이 **사진관**으로 찾아가게 되었다.

'지루한 장마'가 계속되는 것을 보니, '늦여름~초가을' 정도의 시간으로 추정됩니다. 안 그래도 힘든 '병일'에게 날씨마저 우울함을 더해주고 있네요. 예전엔 열심히 바라봤던 '성문'도 잘 안 보게 되고, '책'과도 마주 앉을 용기가 없어진 '병일'의 모습입니다. 점점 무너지는 모습이라 많이 안타깝네요.

그런데 이때 '병일'은 갑자기 '사진관'을 찾아갑니다. 현실이라면 별일 아닐 수 있겠지만, 소설 작품 속에서 '새로운 공간'에 찾아갔다는 건 인물의 내면세계에 어떤 전환이 일어날 가능성을 내포하고 있다고 보셔도 돼요. '사진관'은 '병일'에게 어떤 계기를 제공할까요?

<u>사진사</u>도 병일이를 <u>환영</u>하였다. 그리고 거기는 술과 한담이 있었다. 아직껏 취흥을 향락해 본 경험이 없던 병일이는 자기도 적지 않게 마시고 제법 사진사와 같이 한담을 주고받을 수 있다는 것이 <u>만족하게 생각되기도</u> 하였다. 사진사가 수다스럽게 주워섬기는 이야기를 듣고 있는 동안에 병일이는 문득 자기를 기다릴 듯한 어젯밤 펴놓은 대로 있을 책을 생각하고 시계를 쳐다보기도 하였으나 문밖에 빗소리를 듣고는 누구에 대한 것인지도 모른 <u>송구한 마음을 가라앉히는 것이었다.</u> 그럴 때마다 그는 이야기에 신이 나서 잊고 있는 사진사의 잔을 집어서 거푸 마셨다.

**밤 12시**가 거진 되어서 **하숙**으로 돌아가는 병일이는 비를 맞는 것이 오히려 <u>마음이 편하였다.</u> '이것이 무슨 짓이냐!' 하는 <u>반성</u>은 갈라진 검은 구름 밖으로 보이는 별 밑에 한층 더하므로 '이 생활은 일시적이다. 장마의 탓이다.' 하는 생각을 오는 비에 <u>핑계하기가 편하였던 것이다.</u> 책상 앞에 돌아온 병일이는 '내 마음대로 할 수 있는 시간'이 모두 없어진 것을 새삼스럽게 느끼고 있는 자기를 발견하는 것이었다. 이른 아침 시간을 위하여 자야 할 병일이는 벌써 깊이 잠들었을 사진사의 코 고는소리가 들리는 듯하여 <u>잠이 오지 않았다.</u>

－최명익, 「비 오는 길」－

'사진사'는 '주인'과 달리 '병일'에게 잘 해줍니다. 둘은 함께 술도 마시고 수다도 떠는데, 이러한 상황이 '병일'에게 은근히 '만족'스럽습니다. 중간중간 '책'에 대한 생각이 들긴 해도 빗소리와 함께 그런 감정은 씻어버립니다. 여러분도 친구와 수다 떨면서 신나게 놀다가도 '아 공부해야 하는데... 오늘만 놀지 뭐!'라는 생각을 하는 경우 많죠? 비슷한 감정을 '병일'도 느끼고 있다는 생각을 하며 공감해주시면 됩니다.

무려 '밤 12시'까지 재밌게 논 '병일'은, '하숙'으로 돌아가지만 마음이 편하기만 합니다. 책을 안 읽고 놀았다는 생각에 '반성'을 하다가도 장마 때문이라며 핑계를 대는, 쉽게 공감할 수 있는 모습을 보이기도 하네요. 원래는 '내 마음대로 할 수 있는 시간'에 책도 읽고 사색에 빠지기도 하고 해야 하는데, 그런 시간을 '사진사'와의 대화에 썼다는 것을 반성하면서도 나쁘지는 않았던 것 같습니다. '사진사'의 코 고는 소리를 상상하는 지경에 이르면서 잠도 못 자는 '병일'의 모습이네요. 어렵지 않게 공감할 수 있겠죠? 이렇게 열심히 공감한 '병일'의 내면에 관련된 문제들이 나올 거예요. 한 번 풀어봅시다.

| 선지 | ① | ② | ③ | ④ | ⑤ |
| --- | --- | --- | --- | --- | --- |
| 선택률 | 7% | 78% | 4% | 5% | 6% |

## 191 윗글에 대한 설명으로 가장 적절한 것은? ②

– 계속 강조하지만, 결국 기본적인 어휘력과 내용 이해 여부를 묻는 문항입니다. 우리처럼 인물들에게 공감하며 지문을 잘 이해했다면, 어렵지 않게 해결할 수 있을 거예요.

① 풍자적 어조를 통해 세태를 우회적으로 비판하고 있다.

| 선지 유형 | 근거가 없어서 허용 불가능 |
| --- | --- |
| 실전에서의 판단 과정 | 딱히 세태 이야기를 하지는 않지. |
| 해설 | 이 작품은 철저하게 '병일'의 내면에 주목하고 있을 뿐, '세태'와 같은 외부 세계에는 관심이 없습니다. 작품의 전반적인 주제를 물어보는 선지네요. |

② 상황에 대한 인물의 주관적인 판단을 중심으로 이야기를 서술하고 있다.

| 선지 유형 | 근거가 있어서 허용 가능 |
| --- | --- |
| 실전에서의 판단 과정 | 핵심이네. |

| 선지 유형 | |
| --- | --- |
| 해설 | 지문을 제대로 읽었다면 바로 답으로 고를 수 있겠죠? '주관적인 판단'이라고 할 수 있는 '심리'가 정말 많이 제시되고 있었으니까요. |

③ 인물의 과장된 말과 행동을 통해서 비극적인 분위기에 반전을 꾀하고 있다.

| 선지 유형 | 근거가 없어서 허용 불가능 |
| --- | --- |
| 실전에서의 판단 과정 | 과장된 말과 행동을 한 적은 없잖아. |
| 해설 | 딱히 '과장된 말과 행동'이 드러나지도 않았죠? '병일'의 현재 처지가 '비극적'이라 하고, 이것이 '사진사'와의 만남을 통해 반전을 맞이했다고 해도 그것이 '과장된 말과 행동'을 통한 것이라 보기는 어렵겠습니다. |

④ 자연에 대한 감각적인 묘사를 중심으로 환상적인 분위기를 그려내고 있다.

| 선지 유형 | 근거가 없어서 허용 불가능 |
| --- | --- |
| 실전에서의 판단 과정 | 좀 너무하네. |
| 해설 | 자연에 대한 감각적 묘사.. 환상적 분위기... 내용을 이해했다면 고를 수가 없습니다. |

⑤ 빈번하게 장면을 전환하여 인물들 사이에 조성된 긴장감을 해소하고 있다.

| 선지 유형 | 근거가 없어서 허용 불가능 |
| --- | --- |
| 실전에서의 판단 과정 | 그의 이야기만 했던 것 같은데? |
| 해설 | '빈번한 장면 전환'이라고 하긴 어렵죠? 공간의 변화도 '하숙방'에서 '사진관'으로의 변화 정도밖에 없으니까요. '빈번'이라는 말을 허용하려면 적어도 2번 이상의 변화는 나타나야 허용할 여지가 조금이라도 생긴다고 할 수 있겠습니다. <br><br> 나아가 '인물들 사이의 긴장감 해소'도 찾아보기 어렵죠. '인물들 사이'의 긴장감이라면 '주인'과 '병일' 정도는 되어야 할 텐데, 둘 사이가 좋아지지는 않으니까요. |

| 선지 | ① | ② | ③ | ④ | ⑤ |
|---|---|---|---|---|---|
| 선택률 | 5% | 4% | 7% | 71% | 13% |

## 192  ⓐ~ⓔ에 대한 이해로 적절하지 <u>않은</u> 것은? ④

① ⓐ는 변화하고 있는 주변 환경을 말하고 있다.

> 그리하여 아직도 자리 잡히지 않은 이 거리의 누렇던 길이 매연과 발걸음에 나날이 짙어서 ⓐ꺼멓게 멍들기 시작한 이 거리

| 선지 유형 | 근거가 있어서 허용 가능 |
|---|---|
| 실전에서의 판단 과정 | 누렇다가 꺼멓게 멍들었으니 허용되지. |
| 해설 | 항상 밑줄 근처까지 살피는 습관이 있어야 합니다. 원래 '누렇던 길'이었는데 '꺼멓게' 멍들었으니 허용할 수 있겠네요. |

② ⓑ는 '병일'이 '사무실'에서 하는 반복적인 일이다.

> 사무실 마루를 쓸고, 훔치고, 손님에게 차와 점심 그릇을 나르고, 수십 장의 편지를 쓰고, 장부를 정리하는 등 ⓑ소사와 급사와 서사의 일

| 선지 유형 | 근거가 있어서 허용 가능 |
|---|---|
| 실전에서의 판단 과정 | 그러네. |
| 해설 | ⓑ 자체가 '사무실'에서 단순하고 반복적으로 행하는 일들을 가리키는 것이죠? |

③ ⓒ는 피곤한 '병일'에게 지루함을 더하는 요인 중 하나이다.

> 피곤한 병일이는 사무실에서 돌아올 때마다 이 지루한 ⓒ장마는 언제까지나 계속할 셈인가고 중얼거렸다.

| 선지 유형 | 근거가 있어서 허용 가능 |
|---|---|
| 실전에서의 판단 과정 | 그렇지. |
| 해설 | '피곤한' 병일이가 장마를 '지루하다'라고 느끼고 있으니 허용할 수 있네요. 인물의 심리를 묻고 있는 선지입니다. |

④ ⓓ는 노동에서 벗어난 '병일'이 '나의 시간'을 보내는 곳이다.

> 혹시 생각나서 돌아볼 때에는 수없는 빗발에 씻기며 서 있는 ⓓ누각을 박쥐조차 나들지 않았다.

| 선지 유형 | 근거가 있어서 허용 불가능 |
|---|---|
| 실전에서의 판단 과정 | 박쥐조차 나들지 않는다며. |
| 해설 | '누각'은 그저 '나의 시간'이라고 생각하며 길을 걷는 '병일'이 돌아보는 곳입니다. 이곳은 '박쥐'조차 나들지 않는 황량한 곳이에요. 절대로 허용할 수 없겠네요. |

⑤ ⓔ는 '병일'의 휴식을 방해하는 상상의 소리이다.

> 이른 아침 시간을 위하여 자야 할 병일이는 벌써 깊이 잠들었을 사진사의 ⓔ코 고는 소리가 들리는 듯하여 잠이 오지 않았다.

| 선지 유형 | 근거가 있어서 허용 가능 |
|---|---|
| 실전에서의 판단 과정 | 잠 못 자게 하니 휴식 방해 허용되지. |
| 해설 | 들리는 '듯'하니 상상의 소리라고 할 수 있겠고, 잠이 오지 않으니 휴식을 방해한다고 할 수 있겠네요. 근거가 있으면 허용해야 합니다! |

### FAQ

**Q** '병일이'는 '사진사'에게 나름 좋은 감정을 가지고 있는 것 같은데, '방해'라고 할 수 있나요?

**A** 아무리 좋아하는 사람의 소리라고 해도, 잠을 방해하는 것 자체로 '휴식을 방해'한다고 할 수 있겠죠! 쉽게 말해 '휴식을 방해'한다고 볼 수 있는, '잠이 오지 않았다'라는 근거가 있으니 허용할 수 있다는 것이에요. 해설에서도 언급했지만, 근거가 있으면 허용해야 합니다!

| 선지 | ① | ② | ③ | ④ | ⑤ |
|---|---|---|---|---|---|
| 선택률 | 3% | 7% | 15% | 9% | 66% |

**193** 〈보기〉를 참고하여 ㉠~㉤을 감상한 내용으로 적절하지 <u>않은</u> 것은? [3점] ⑤

① ㉠은 사회적으로 불안정한 처지에 놓여 있는 '병일'의 상태를 보여 주는군.

> 그는 주인 앞에서 참고 있었던 담배를 가슴 속 깊이 빨아 들이켜며, ㉠<u>2년 내로 구하여도 얻지 못하는 신원 보증인</u>을 다시금 궁리하여 보는 것이었다.

| 선지 유형 | 근거가 있어서 허용 가능 |
|---|---|
| 실전에서의 판단 과정 | 신원 보증인을 못 구했으면 불안정하지. |
| 해설 | 2년 동안 신원 보증인을 구하지 못하고 있으니 이를 근거로 '불안정한' 처지를 허용할 수 있겠네요. |

② ㉡은 자신이 의심을 받는다고 생각하는 '병일'의 심리적 불안이 드러난 예이군.

> 현금에 손을 대지 못하고, 금고에 들어 있는 서류에 참견을 못 하는 것이 책임 문제로 보아서 무한히 간편한 것이지만 ㉡<u>취직한 첫날부터 지금까지 하루도 변함없이 자기를 감시하는 주인의 꾸준한 태도</u>에 병일이도 꾸준히 불쾌한 감을 느껴온 것이었다.

| 선지 유형 | 근거가 있어서 허용 가능 |
|---|---|
| 실전에서의 판단 과정 | 의심 받으니까 불쾌한 거지. |
| 해설 | '불쾌한 감'이라는 심리와 그 근거를 생각했다면 간단하게 허용할 수 있습니다. 자신을 '감시'하고 의심하는 주인의 모습 때문에 불쾌한 감정을 느끼는 거예요. |

③ ㉢에서는 자신의 세계에 만족하지 못하는 '병일'이 타인의 세속적 삶에 관심을 갖고 있음을 알 수 있군.

> 그럴 때마다 곁에서 담배를 피우며 신문을 뒤적이고 있는 주인을 바라볼 때 ㉢<u>신문 외에는 활자와 인연이 없이 살아갈 수 있는 그들의 생활이 부럽도록 경쾌한 것</u> 같았다.

| 선지 유형 | 근거가 있어서 허용 가능 |
|---|---|
| 실전에서의 판단 과정 | 활자와 인연 없으면 세속적 삶이라고 할 수 있지. |
| 해설 | '신문 외엔 활자와 인연이 없다'를 통해 '세속적 삶'을 허용할 수 있고, '그들의 삶이 경쾌해 보인다'고 했으니 '관심을 가진다'는 것도 허용할 수 있겠죠. 근거가 있으면 허용할 수 있어야 합니다! |

④ ㉣에서는 자신이 몰두하던 세계에서 '병일'이 더 이상 만족을 찾지 못하고 있음을 알 수 있군.

> 사실 ㉣<u>월급에서 하숙비를 제하고 몇 푼 안 남는 돈으로 탐내어 사들인 책들이 요즈음에는 무거운 짐같이 겨웠다.</u>

| 선지 유형 | 근거가 있어서 허용 가능 |
|---|---|
| 실전에서의 판단 과정 | 책이 무거운 짐같으면 불만족스럽다는 거지. |
| 해설 | 몇 푼 안 되는 월급으로 산 책들은 병일이 '몰두하던 세계'라고 할 수 있고, 이 책들이 무겁게 느껴진다고 했으니 더 이상 만족하지 못한다는 것도 허용할 수 있겠네요. 이해한 내용을 바탕으로 가볍게 허용해주시면 됩니다! |

⑤ ㉤에서는 '병일'이 타인의 삶에 대한 관심과 실망을 오가고 있음을 알 수 있군.

> 사진사가 수다스럽게 주워섬기는 이야기를 듣고 있는 동안에 병일이는 ㉤<u>문득 자기를 기다릴 듯한 어젯밤 펴 놓은 대로 있을 책을 생각하고 시계를 쳐다보기도 하였으나 문밖에 빗소리를 듣고는 누구에 대한 것인지도 모른 송구한 마음을 가라앉히는 것이었다.</u>

| 선지 유형 | 근거가 있어서 허용 불가능 |
|---|---|
| 실전에서의 판단 과정 | 애초에 타인의 삶에 대한 이야기가 아니잖아. |
| 해설 | 일단 ㉤에 '타인의 삶'이 나오지도 않았죠? 오히려 ㉤은 '타인'인 '사진사'의 이야기를 듣다가 자신의 물건들을 떠올리는 장면이니, '타인'에게 별로 관심이 없는 부분이라고 할 수 있겠습니다. 이렇게 보면 '관심과 실망'이라는 심리 역시 나타난다고 보기 어렵겠네요. 해당 부분의 '송구한 마음'이라는 심리의 근거가 '책'에 대한 알 수 없는 의무감이라는 점에 공감했다면 바로 답으로 골라낼 수 있었을 거예요. |

| 선지 | ① | ② | ③ | ④ | ⑤ |
|------|------|------|------|------|------|
| 선택률 | 74% | 4% | 5% | 13% | 4% |

**194** 하숙방과 사진관에 대한 이해로 가장 적절한 것은? ①

> 모기 소리와 빈대 냄새와 반들거리다가 새침히 뛰어
> 오르는 벼룩이가 기다릴 뿐인 바람 한 점 없는 하숙방
> 에서 활자로 시꺼멓게 메워진 책과 마주 앉을 용기가 없
> 어진 병일이는 어떤 유혹에 끌리듯이 사진관으로 찾아
> 가게 되었다.

– '하숙방'은 '병일'의 우울한 삶이 담겨 있는 공간이고, '사진관'
은 그 우울함에서 벗어나 모처럼 만족스러운 감정을 느끼는 공간
입니다. 물론 그 속에서 약간의 '송구한 마음'을 가지기도 하지만
요. 이처럼 '병일'에게 공감하며 이해해둔 내용을 바탕으로 어느
정도 정답을 설정해놓고 가야 합니다. 우리가 생각한 내용과 가
장 비슷한 걸 골라야 해요!

① 하숙방은 '병일'이 자신을 대면하는 고독한 곳이고, 사
　진관은 삶에 지친 '병일'이 일시적으로 도피하는 곳
　이다.

| 선지 유형 | 근거가 있어서 허용 가능 |
|------|------|
| 실전에서의 판단 과정 | 미리 생각한 내용이랑 비슷하네. |
| 해설 | '하숙방'은 혼자서 책만 읽으며 자신의 우울한 처지를 확인하는 '고독한' 공간이고, '사진관'은 삶에 지친 '병일'이 일시적이나마 만족스러운 경험을 하는 곳입니다. 이 정도면 '도피'라는 말을 허용하기에는 충분해 보이네요. |

② 하숙방은 '병일'이 '니체'에 관한 상상을 하였던 곳이
　고, 사진관은 '사진사'에 대한 '병일'의 동정이 드러나
　는 곳이다.

| 선지 유형 | 근거가 있어서 허용 불가능 |
|------|------|
| 실전에서의 판단 과정 | 사진사를 왜 동정해. |
| 해설 | 일단 '니체' 상상을 한 건 '사무실'입니다. 이것부터 틀리긴 했지만, '사진사'에게 '동정'하는 심리를 보인 적은 없다는 점을 바탕으로 지워내는 것이 더 쉬워보이네요. 인물의 심리와 그 근거에 주목하며 읽었는데도 찾아보기 힘든 내용이었으니까요. |

③ 하숙방은 '병일'이 자신의 사회적 관계를 회복하려고
　노력하는 곳이고, 사진관은 '병일'에게 위안을 주는 곳
　이다.

| 선지 유형 | 근거가 없어서 허용 불가능 |
|------|------|
| 실전에서의 판단 과정 | 사회적 관계 회복을 언제 했냐. |
| 해설 | '하숙방'은 그저 혼자서 우울해하는 공간입니다. '사회적 관계 회복'이라는 걸 허용할 만한 근거를 찾을래야 찾을 수가 없겠죠. 물론 '사진관'이 위안을 준다는 건 충분히 허용할 수 있겠습니다. |

④ 하숙방은 '주인'의 감시가 계속되는 곳이고, 사진관은
　'병일'이 이전에 해 보지 못한 경험을 하는 곳이다.

| 선지 유형 | 근거가 있어서 허용 불가능 |
|------|------|
| 실전에서의 판단 과정 | 하숙방에서 감시를 왜 하냐. |
| 해설 | '하숙방'은 혼자 있는 곳이에요! 여기서까지 '주인'이 감시한다는 건 말이 되지 않죠. 물론 '사진관'이 이전에 해 보지 못한 경험을 하게 한 공간이라는 건 당연히 허용할 수 있겠습니다. |

⑤ 하숙방은 '병일'이 '고역'을 지속하는 곳이고, 사진관은
　'병일'이 자신의 과거를 긍정하는 곳이다.

| 선지 유형 | 근거가 없어서 허용 불가능 |
|------|------|
| 실전에서의 판단 과정 | 과거를 갑자기 왜 긍정해. |
| 해설 | '사무실'에서 겪는 고역을 퇴근하고서도 벗어났다는 느낌이 없다고 했으니 앞의 내용은 허용이 되는데, '사진관'에서 과거를 긍정한다는 내용을 허용할 근거는 도저히 찾을 수가 없네요. |

| 몰랐던 어휘 정리하기 |
|------|
|  |

① **허용 가능성 평가** : 선지의 내용을 '허용'하려는 태도를 바탕으로 지문을 '독해'하며 '근거'를 찾아야 합니다. 허용할 수 있는 '근거'가 있어야만 허용할 수 있습니다. 주관적인 생각을 개입시키면 안 됩니다.

② **소설 독해** : '심리와 행동의 근거'를 바탕으로 인물에게 '공감'하며 읽어야 합니다. 이 과정이 물흐르듯 이어지면 지문의 내용을 완벽하게 이해할 수 있어요.

③ **skip 가능 구간** : 인물의 똑같은 내면을 반복적으로 묘사하거나, 뻔한 이야기가 반복되는 구간은 조금 빠르게 스캔하면서 읽어주시면 됩니다.

④ **현대소설 클리셰** : 현대사의 암울한 면에 주목한 소설이 많기 때문에, 현대소설에서의 세계는 부정적이고 우울하게 묘사되는 경우가 많습니다. 이를 알고 있으면 지문을 더욱 깊게 이해할 수 있어요.

| 지문 내용 총정리 |

'병일'이라는 주인공의 심리에 초점을 맞추어 전개되는 작품이었습니다. 암울한 현대사 탓에, 이렇게 우울한 주인공의 내면에 주목하는 현대소설들이 상당히 많아요. 이들의 슬픈 감정에 공감하면서 내용을 이해하는 과정을 많이 연습해보도록 합시다.

**〈보기〉 독해**

〈보기〉가 하나 있기는 하지만, '발견'이라는 개념에 대한 설명이니 굳이 읽지 않아도 될 것 같습니다. 지문 내용 자체를 이해해 봅시다.

**지문 독해**

> **최 노인** : (화단 쪽을 가리키며) 저기 심어 놓은 화초며 고추 모가 도무지 자라질 않는단 말이야! 아까도 들여다보니까 고추 모에서 꽃이 핀 지는 벌써 오래전인데 열매가 열리지 않잖아! 이상하다 하고 생각을 해 봤더니 저 멋없는 것이 좌우로 탁 들어 막아서 햇볕을 가렸으니 어디 자라날 재간이 있어야지! <u>이러다간 땅에서 풀도 안 나는 세상이 될 게다! 말세야 말세!</u>

'최 노인'의 대사로 시작하고 있습니다. '멋없는 것' 때문에 자신이 심어 놓은 '화초'나 '고추 모'가 자라지 않는다며 불평을 하고 있어요. 마지막 밑줄 친 부분을 보면, 이때의 불평은 단순히 '멋없는 것'에 대한 것만이 아니라 세상 자체에 대한 불만을 담고 있는 것이라고도 할 수 있겠습니다. 정확한 이유는 모르겠지만, '최 노인'은 불만이 가득한 상황이라는 점을 고려하면서 읽어 보도록 합시다.

> 이때 [경재] 〈제복을 차려 입고 책을 들고 나와서 신을 신다가〉 아버지의 이야기를 듣고는 <u>깔깔대고 웃는다.</u>
>
> **경재** : 원 아버지두……
> **최 노인** : 이눔아 뭐가 우스워?
> **경재** : 지금 세상에 남의 집 고추 밭을 넘어다보며 집을 짓는 사람이 어디 있어요?
> **최 노인** : 옛날엔 그렇지 않았어!
> **경재** : <u>옛날 일이 오늘에 와서 무슨 소용이 있어요? 오늘은 오늘이지.</u> (웅변 연사의 흉을 내며) 역사는 강처럼 쉴 새 없이 흐르고 인생은 뜬구름처럼 변화무쌍하다는 이 엄연한 사실을, 이 역사적인 사실을 똑바로 볼 줄 아는 사람만이 자신의 운명을 개척할 수 있다는 사실을 최소한도로 아셔야 할 것입니다! 에헴!

이때 '최 노인'의 아들로 보이는 '경재'는 '최 노인'의 이야기를 듣

고 깔깔대고 웃습니다. 아래의 대사들을 보니, '최 노인'의 불만은 '옛날'의 일들이 지켜지지 않는 것에 대한 것이었는데, '경재'는 이렇게 과거에 갇혀 있는 아버지가 우스워 보이는 것이죠. 〈 〉 표시한 외양 묘사를 보면 '경재'가 어느 정도 배운 사람이라는 걸 알 수 있는데, 이렇게 배운 사람이면 역사의 변화에 민감하게 반응해야 한다는 생각을 가질 수 있겠죠. 이러한 '경재'의 입장에서는, '최 노인'이 답답할 수도 있겠습니다. 어렵지 않게 공감할 수 있겠죠?

> (중략)
>
> **경수** : 여보 영감님! 여긴 **종로 한복판**입니다. 게다가 가게와 살림집이 붙었는데 그래 겨우 이백오십만 환이라구요? 그런 당치도 않은 거짓말은 공동묘지에서나 하시오.

(중략) 이후입니다. 이번엔 '경수'가 나왔네요. 이름을 보니 '경재'와 형제 관계임을 생각할 수 있겠죠? '경수'는 이곳이 '종로 한복판'에 가게와 살림집이 붙은 곳인데 겨우 '이백오십만 환'밖에 하지 않을 리가 없다는 이야기를 하고 있습니다. '공동묘지' 이야기를 할 정도로 어이 없다는 반응을 보이고 있는데, '이백오십만 환'의 가치를 정확히는 몰라도 '종로 한복판'에 있는 우리집의 가치가 낮게 책정되었다는 생각이 들면 화가 날 수도 있겠다는 식으로 공감해 주시면 되겠습니다.

> **복덕방** : 뭐 뭐요? 공동묘지에서라고? <u>예끼 버릇없는 놈 같으니라구!</u>
> **경수** : 아니 이 영감님이……
> **복덕방** : 그래 이눔아 너는 애비도 에미도 없는 놈이기에 나이 먹은 늙은이더러 공동묘지에 가라구? 이 천하에.
> **최 노인** : 여보 김 첨지. 젊은 애들이 말버릇이 나빠서 그런 걸 가지고 탓할 게 뭐요?
> **복덕방** : 그래 내가 집 거간이나 놓고 다니니까 뭐 사고무친한 외도토린 줄 아느냐? 이눔아! 나도 장성 같은 아들에다 딸이 육 남매여!
> **경수** : 아니 제가 뭐라고 했길래……
> **어머니** : 넌 잠자코 있어! 용서하시우. 요즘 젊은 놈들이란 아무 생각 없이 말을 하니까요…… 게다가 술을 마셨다우.
> **복덕방** : 음 이눔이 한낮부터 술 처먹고 어른에게 행패구나! 이눔아! 내가 그렇게 만만하니?
> **최 노인** : 김 첨지! 글쎄 진정하시라니까…… 내가 대신 이렇게 사죄하겠소 원!

복덕방 : 그러고 이백오십만 환이 터무니없는 값이라고? 이눔아 누군 돈이 바람 맞은 대추알이라던? 응? 그것도 잘 생각해서야! 음! 이런 분한 일이 있나!

최 노인 : 글쎄 참으시고 이리 앉으세요.

복덕방 : 난 그만 가 보겠소이다. 이런 일도 기분 문제니까요! 다른 사람 골라서 공동묘지로 보내구려! 에잇.

최 노인 : 아 김 첨지! 김 선생! (하며 뒤를 쫓아 나간다.)

경수 : 제길 무슨 놈의 영감이 저래?

어머니 : 네가 잘못이지 뭐니……

경수 : 집을 팔지 말라고 했는데……

물론 이 말을 들은 '복덕방'도 화가 납니다. 갑자기 '공동묘지' 이야기를 하면서 속을 긁으니, 당연히 화가 나겠죠. '경수'와 설전을 벌이는데, '최 노인'과 '어머니'는 이 사이에서 '복덕방'을 달래고 있습니다. 이러한 행동을 하는 것으로 보아, '최 노인'과 '어머니'는 '이백오십만 환'에 집을 팔고 싶은 생각이겠죠? 정확한 이유는 모르겠지만 말이에요.

아무튼 화가 난 '복덕방'은 가 버리고, '경수'는 궁시렁대고, '어머니'는 그런 '경수'를 나무라고, '최 노인'은 '복덕방'을 쫓아 갑니다. 각자의 행동들에 모두 공감할 수 있겠죠?

이때 최 노인 쌔근거리면서 등장하자 이 말을 듣고는 <u>성을 더 낸다.</u>

최 노인 : 이눔아! 누가 이 집을 판다고 했어? 응?

경수 : 아니 그럼 이 집을 파시는 게 아니면 뭘 하러 복덕방은……

최 노인 : 저런 쓸개 빠진 녀석 봤나! 아니 내가 뭣 때문에 이 집을 팔아? 응? 옳아 네놈 취직 자본을 대기 위해서? 응?

어머니 : 아니 그럼 이백오십만 환이란 무슨 얘깁니까?

최 노인 : 네 따위 놈을 위해서 하나 남은 집마저 팔아야만 속이 시원하겠니? 전세로 육 개월만 내놓겠다는 거야!

경수 : 예? 전세라구요?
(어머니와 경운은 서로 얼굴을 바라본다.)

그런데 '최 노인'은 성을 냅니다. 집을 팔려고 했던 것이 아니라, 전세로 내놓는 것이었어요. 전세니까 매매가보다는 싼 가격이었을 것이고, 이에 '이백오십만 환'이라는, '경수' 입장에서는 터무

니없는 금액이 나왔던 것이네요. 이제야 상황이 조금 이해되는 것 같네요.

그런데 이 이야기를 들은 '경수'가 되묻는 것은 이해가 되는데, '어머니'와 '경운'도 서로 얼굴을 바라본다고 합니다. 일단 '경운'이라는 새로운 인물이 나왔다는 것에 반응할 수 있어야 하고, 여기서 서로 얼굴을 바라보는 행위는 '전세라니 이게 도대체 뭔 소리야?'의 의미를 담고 있다는 것을 생각할 수 있어야 합니다. '어머니'가 앞서 '복덕방'을 달래는 모습을 보았을 때는 '이백오십만 환'이라는 금액에 동의하는 줄 알았더니, 그냥 버릇없는 아들을 나무라는 것이었네요. 결국 '최 노인'이 독단적으로 행동한 것이었습니다. 전반적인 상황을 확실하게 이해할 수 있겠죠?

최 노인 : 왜 아주 안 파는 게 양에 안 차지? 이눔아! 이 애비가 집도 절도 없는 거지가 되어서 죽는 꼴이 그렇게도 보고프냐?

경수 : (당황하며) 아버지 아니에요! 저는……

최 노인 : 아니면 껍질이냐?

어머니 : 여보 그럼 집을 전세로 줘서 뭣 하시게요?

최 노인 : 글쎄 아까 어떤 친구 얘기가 요즘 그 실내에서 하는 그 뭐드라 '샤풀이뿔'이라든가……

경운 : '샤뿔뽀오드*' 말씀이에요?

최 노인 : 그래 '샤뿔뽀오드' 말이다! 그건 차리는 데 돈도 안 들고 수입이 괜찮다고 하면서 4가에 적당한 집이 있다기에 그걸 해 볼까 하고 이 집을 보였지. 그래 얘기가 거이 익어 가는 판인데 글쎄 다 되어 간 음식에 코 빠치기로 저 녀석이……

어머니 : 아니 그럼 전세로 이백오십만 환이란 말인가요?

최 노인 : 그렇지! 저 가게만 해도 백만 환은 받을 수 있어!

어머니 : 그런 걸 가지고 나는 괜히……

최 노인 : 뭐가 괜히야?

경운 : 아버지께서 이 집을 팔으실 줄만 알았어요.

최 노인 : 흥! 너희들은 모두 한속이 되어서 어쩌든지 내 일을 안 되게 하고 이 집을 날려 버릴 궁리들만 하고 있구나! 이 천하에 못된 것들! (하며 불쑥 일어선다.)

어머니 : 그럴 리가 있겠어요! 다만……

최 노인 : 듣기 싫어! (화초밭으로 나오며) <u>이 집안에서는 되는 거라곤 하나도 없어! 흔한 햇볕도 안 드는 집이 뭣이 된단 말이야! 뭣이 돼!</u> (하며 화초밭을 함부로 작신작신 짓밟고 뽑아 헤친다.)

어머니 : (맨발로 뛰어내리며) 여보! 이게 무슨 짓이오! 그렇게 정성을 들여서 가꾼 것들을…… 원…… 당신도……

**최 노인** : 내가 정성을 안 들인 게 뭐가 있어…… 나는 모든 일에 정성을 들였지만 안 되지 않아! 하나도 씨도 말아!

-차범석, 「불모지」-

* 샤뿔뽀오드(shuffleboard) : 오락의 한 종류.

'최 노인'은 집을 팔지 않고 전세를 놓기로 한 자신의 결정에 가족들이 의아해하는 모습을 보이자, 자신이 거지꼴이 되는 것을 그렇게 보고 싶냐며 화를 냅니다. '최 노인' 나름대로는 서운한 감정이 들 수 있겠죠. 이러한 '최 노인'의 반응에 '경수'는 당황하고, '최 노인'은 실없는 농담이나 하면서 비아냥댑니다. 서운함이 극에 달한 모습이죠?

어쨌든, '최 노인'은 전세를 놓고 그 돈으로 '샤뿔뽀오드'를 차리려는 계획을 세웠던 것입니다. 오해가 풀린 가족들은 괜히 난리 쳤다는 이야기를 하는데, '최 노인'은 모든 것이 불만스럽습니다. 가족들과 상의 없이 전세 놓을 계획을 세웠다는 것, 집을 파는 게 낫지 않겠냐는 이야기 등이 내포되어 있다고 볼 수 있는 '어머니'의 '다만……'도 무시할 정도로 말이죠.

화가 난 '최 노인'은 '화초밭'으로 나가면서 울분을 토하고, 그러한 모습을 '어머니'가 말리면서 마무리되고 있습니다. 인물들의 행동 및 심리의 근거를 생각하는 것이 크게 어렵지 않은 지문이었네요.

| 선지 | ① | ② | ③ | ④ | ⑤ |
|---|---|---|---|---|---|
| 선택률 | 13% | 17% | 4% | 13% | 53% |

### 195 윗글에 대한 이해로 가장 적절한 것은? ⑤

① 언어유희를 통해 인물 간의 긴장을 고조시키고 있다.

| 선지 유형 | 근거가 있어서 허용 불가능 |
|---|---|
| 실전에서의 판단 과정 | 언어유희를 하는데 긴장이 왜 고조되냐. |
| 해설 | 일단 '아니면 껍질이냐?'와 같은 표현에서 '언어유희'가 나타난다는 것은 충분히 허용할 수 있습니다. 하지만 '언어유희'는 긴장을 고조시키는 역할을 할 수 없습니다. 대부분의 경우 긴장을 해소시키는 역할을 할 뿐이에요. '아니면 껍질이냐?' 부분에서도, 저 말을 통해 '경수'와 '최 노인' 사이의 긴장이 고조되기보다는 '어머니'가 화제를 전환하 |

게 되는 등 약간이나마 긴장 정도가 가라앉는 것을 알 수 있죠.

애초에 이 선지는 선지 자체로 틀린 것으로 처리하는 게 가장 좋습니다. 상대방과의 긴장을 고조시키기 위해 굳이 언어유희를 사용한다는 건 말이 되지 않으니까요.

② 장면의 전환을 통해 각 인물의 내면이 부각되고 있다.

| 선지 유형 | 근거가 없어서 허용 불가능 |
|---|---|
| 실전에서의 판단 과정 | 장면 전환이 어떻게 내면을 부각시켜. |
| 해설 | '장면의 전환'의 경우, 애매하지만 억지로라도 허용할 수 있을 것 같습니다. 특히 '복덕방vs경수'의 구도에서 '최 노인vs가족들'의 구도로 무대 위 사건이 변화했기 때문에, '장면의 전환'을 허용할 근거가 있다고 볼 수는 있어요.<br><br>하지만 '장면의 전환'을 통해 인물의 내면을 부각한다는 것은 말이 되지 않죠? 만약 위에서 나타난 '장면의 전환'을 바탕으로 각 인물의 내면을 부각했다면, '최 노인'과 '경재', '어머니' 등 두 장면 모두에서 나타나는 인물들의 내면이 '장면 전환'으로 인해 부각되어야 할 것입니다. 하지만 이들의 내면은 각 사건들의 진행 속에서 드러날 뿐, '장면의 전환'을 통해 직접적으로 나타나지는 않았어요.<br><br>결국, '통해'라는 단어 때문에 틀린 선지가 되는 것입니다. '선지에서 묻는 것'을 아주 디테일하게 따져야 하는 선지였습니다. 문학에서 고난도 문항을 만드는 방식 중의 하나이니, 꼭 알아 두도록 해요. |

③ 인물들의 복장을 통해 인물들의 심리를 드러내고 있다.

| 선지 유형 | 근거가 없어서 허용 불가능 |
|---|---|
| 실전에서의 판단 과정 | 제복이랑 심리랑 상관 없지. |
| 해설 | 인물들의 '복장'은 '경재'의 '제복'말고는 나온 적이 없습니다. 그런데 이것이 '경재'의 심리를 드러내지는 않았죠? 그저 어느 정도 배운 사람이라는, '경재'의 '성격'을 나타내는 도구였을 뿐입니다. |

④ 인물의 등퇴장을 통해 인물의 성격 변화를 드러내고 있다.

| 선지 유형 | 근거가 없어서 허용 불가능 |
|---|---|
| 실전에서의 판단 과정 | 성격 변화는 없지. |
| 해설 | 인물의 '성격 변화'는 나타난 적이 없습니다. 애초에 '복덕방'이나 '최 노인'이 등퇴장할 때마다 성격이 바뀐다는 건 말이 되지 않죠? '성격 변화'가 맞는 말이 되는 건 매우 어렵다고 했어요! |

⑤ 실제 지명의 노출을 통해 극중 상황에 사실감을 부여하고 있다.

| 선지 유형 | 근거가 있어서 허용 가능 |
|---|---|
| 실전에서의 판단 과정 | 종로 한복판! |
| 해설 | (중략) 직후 '경수'에게 공감하는 과정에서, '종로 한복판'이라는 서울 핵심지에 있는 자기 집의 가치가 제대로 평가받지 못하면 화가 날 수도 있겠다는 생각을 했습니다. 이렇게 '공감'하는 과정을 거쳤다면, '종로 한복판'이라는 실제 지명을 충분히 기억할 수 있었겠죠? 이러한 실제 지명을 노출했으니, 극중 상황에 '사실감'이 부여된다는 것은 너무나 당연하겠습니다. |

| 선지 | ① | ② | ③ | ④ | ⑤ |
|---|---|---|---|---|---|
| 선택률 | 2% | 5% | 3% | 88% | 2% |

## 196 ㉠~㉤에 대한 설명으로 적절하지 않은 것은? ④

① ㉠: 주변 환경의 변화에 대한 '최 노인'의 부정적 인식이 드러나 있다.

> 최 노인 : (중략) … 이러다간 땅에서 풀도 안 나는 세상이 될 게다! ㉠말세야 말세!
>
> (중략)
>
> 최 노인 : 옛날엔 그렇지 않았어!

| 선지 유형 | 근거가 있어서 허용 가능 |
|---|---|
| 실전에서의 판단 과정 | 최 노인이 불만인 건 옛날같지 않다는 것이었지. |

| 해설 | '최 노인'은 세상에 불만이 많은 사람인데, 그 이유가 '옛날'의 것들이 지켜지지 않기 때문, 즉 주변 환경이 변화했기 때문이라는 것을 미리 생각했습니다. '공감'하는 과정이 있었다면 바로 허용하고 넘어갈 수 있는 선지네요. |
|---|---|

② ㉡: '경재'의 말에 주목하게 하는 효과를 드러내고 있다.

> 경재 : (중략) … ㉡(웅변 연사의 흉을 내며)

| 선지 유형 | 근거가 있어서 허용 가능 |
|---|---|
| 실전에서의 판단 과정 | 웅변 연사처럼 말하면 주목하게 되지. |
| 해설 | '경재'는 자신의 생각을 '웅변 연사의 흉을 내며' 말하고 있습니다. '웅변 연사'는 청중을 주목하게 하는 방식으로 말을 할 테니, 이러한 흉을 내는 것은 '경재'의 말에 주목하게 하는 효과를 만든다고 할 수 있겠죠. |

③ ㉢: 호칭을 달리하면서 상대방의 마음을 돌리기 위한 '최 노인'의 노력이 드러나 있다.

> 최 노인 : 아 ㉢김 첨지! 김 선생! (하며 뒤를 쫓아 나간다.)

| 선지 유형 | 근거가 있어서 허용 가능 |
|---|---|
| 실전에서의 판단 과정 | 더 높여 불러서 마음을 돌리려고 한 거지. |
| 해설 | '김 첨지'보다는 '김 선생'이라는 호칭이 상대방을 더 높인다고 할 수 있습니다. '최 노인'은 '복덕방'과의 계약이 깨질 것이 두려워, 마음을 돌리고자 호칭을 높여 불렀다고 할 수 있겠죠. 이 정도 선지는 가볍게 허용할 수 있어야 합니다. |

④ ㉣: 두 인물이 '경수'와는 다른 생각을 가지고 있음을 동시에 확인하고 있다.

> ㉣(어머니와 경운은 서로 얼굴을 바라본다.)

| 선지 유형 | 근거가 있어서 허용 불가능 |
|---|---|
| 실전에서의 판단 과정 | 경수랑 다 같은 생각이지. |
| 해설 | '어머니'와 '경운'은 '경수'와 같은 생각으로 서로 얼굴을 바라본 것입니다. 이 부분의 갈등 구도가 '최 노인vs가족들'이라는 것을 이해했다면 어렵지 않게 답으로 골라낼 수 있는 선지네요. |

⑤ ⑩ : '어머니'의 다급한 심리를 행동을 통해 제시하고
있다.

| 어머니 : ⑩ (맨발로 뛰어내리며) |
| --- |

| 선지 유형 | 근거가 있어서 허용 가능 |
| --- | --- |
| 실전에서의 판단 과정 | 맨발이면 다급한 거지. |
| 해설 | '맨발'로 뛰어내릴 정도면 다급한 심리를 가지고 있다고 할 수 있겠죠? |

| 선지 | ① | ② | ③ | ④ | ⑤ |
| --- | --- | --- | --- | --- | --- |
| 선택률 | 2% | 3% | 5% | 87% | 3% |

## 197 〈보기〉와 ⓐ~ⓔ를 관련지어 윗글을 감상한 내용으로 적절하지 않은 것은? [3점] ④

> ─────[보기]─────
> '발견'이란 인물이 극의 전개 과정에서 사건의 숨겨진 측면을 알아차리는 계기를 드러내는 기법이다. '발견'의 대상은 중요한 의미를 지닌 물건이 될 수도 있고 몰랐던 사실이나 새로운 가치, 인물의 다른 면 등이 될 수도 있다. 이러한 '발견'을 통해 사건은 새로운 국면으로 바뀌기도 하고 인물들의 갈등 양상이 변모되기도 한다.

– '발견'에 대한 내용입니다. '발견'은 여러 대상으로부터 사건의 숨겨진 측면을 알아차리는 것으로, 사건을 새로운 국면으로 바꾸거나 인물들의 갈등 양상을 변모시키기도 한다는 것을 체크해 놓고 선지를 판단해 보도록 합시다.

① '경재'는 ⓐ를 통해 '최 노인'이 예전과 달라진 현실을 부정적으로 인식한다는 것을 발견함으로써, '최 노인'에게 변화를 수용하는 태도가 필요함을 드러내는군.

| 최 노인 : ⓐ 옛날엔 그렇지 않았어! |
| --- |
| 경재 : 옛날 일이 오늘에 와서 무슨 소용이 있어요? 오늘은 오늘이지. |

| 선지 유형 | 근거가 있어서 허용 가능 |
| --- | --- |
| 실전에서의 판단 과정 | 그렇지. |

| 해설 | ⓐ를 들은 '경재'는 '최 노인'의 불만의 원천을 발견하고, 변화를 수용하는 태도가 필요하다는 것을 드러냈습니다. 가볍게 허용할 수 있네요. |
| --- | --- |

② '복덕방'은 ⓑ를 통해 '경수'가 자신을 무시한다는 것을 발견함으로써, '최 노인'과의 흥정을 중지하게 되는군.

| 경수 : 여보 영감님! 여긴 종로 한복판입니다. 게다가 가게와 살림집이 붙었는데 그래 겨우 이백오십만 환이라구요? ⓑ 그런 당치도 않은 거짓말은 공동묘지에서나 하시오. |
| --- |

| 선지 유형 | 근거가 있어서 허용 가능 |
| --- | --- |
| 실전에서의 판단 과정 | 복덕방에게 공감했던 흐름 그대로네. |
| 해설 | '복덕방'은 ⓑ를 듣고 화가 나 '최 노인'과의 흥정을 중지했습니다. 이러한 맥락을 그대로 담고 있는 선지네요. |

③ '경수'는 ⓒ를 통해 '최 노인'이 집을 팔 의도가 없다는 것을 발견함으로써, '최 노인'에 대한 오해가 풀리게 되는군.

| 최 노인 : 이눔아! ⓒ 누가 이 집을 판다고 했어? 응? |
| --- |
| 경수 : 아니 그럼 이 집을 파시는 게 아니면 뭣 하러 복덕방은…… |

| 선지 유형 | 근거가 있어서 허용 가능 |
| --- | --- |
| 실전에서의 판단 과정 | 집을 팔려고 했다는 게 아니라는 걸 알게 되었지. |
| 해설 | '경수'는 ⓒ를 듣고, '최 노인'의 진짜 생각을 알게 되어 오해를 풀었습니다. 역시 공감했던 내용 그대로 나오고 있죠? |

④ '최 노인'은 ⓓ를 통해 자신의 계획을 '어머니'가 못마땅해 한다는 것을 발견함으로써, 자신의 계획을 변경하게 되는군.

| 어머니 : ⓓ 여보 그럼 집을 전세로 줘서 뭣 하시게요? |
| --- |

| 선지 유형 | 근거가 없어서 허용 불가능 |
| --- | --- |
| 실전에서의 판단 과정 | 최 노인이 언제 계획을 변경했냐. |

| 해설 | '최 노인'은 '어머니'를 비롯한 가족들이 자신의 계획을 못마땅해 한다는 것을 발견하지만, 그렇다고 고집을 꺾지는 않았습니다. '최 노인'의 성격을 바탕으로 공감했던 기억이 있다면 어렵지 않게 답으로 고를 수 있겠죠? |
|---|---|

⑤ '최 노인'은 ⓔ를 통해 집 문제에 대한 자신의 의도를 '경운'이 잘 모르고 있었다는 것을 발견함으로써, 가족들에 대한 불만을 드러내는군.

경운 : ⓔ <u>아버지께서 이 집을 팔으실 줄만 알았어요.</u>

| 선지 유형 | 근거가 있어서 허용 가능 |
|---|---|
| 실전에서의 판단 과정 | 최 노인은 가족들한테 엄청 서운해했지. |
| 해설 | '최 노인'은 ⓔ를 듣고 자신의 의도를 몰라 주는 가족들의 모습을 발견하고, 이에 대한 서운함과 불만을 드러냈습니다. 가볍게 허용할 수 있겠죠? |

| 선지 | ① | ② | ③ | ④ | ⑤ |
|---|---|---|---|---|---|
| 선택률 | 3% | 2% | 3% | 2% | 90% |

## 198 화초밭 에 대한 이해로 가장 적절한 것은? ⑤

| 최 노인 : 듣기 싫어! (화초밭 으로 나오며) 이 집안에서는 되는 거라곤 하나도 없어! 흔한 햇볕도 안 드는 집이 뭣이 된단 말이야! 뭣이 돼! (하며 화초밭을 함부로 작신작신 짓밟고 뽑아 헤친다.) |
|---|

– '화초밭'은 '최 노인'이 자신의 화를 이기지 못하고 뛰쳐 나간 곳이었습니다. 울분을 토하던 '최 노인'의 심정을 생각하면서 선지를 판단해 보도록 합시다.

① 경제적 안정에 대한 가족들의 희망이 드러나는 장소이다.

| 선지 유형 | 근거가 없어서 허용 불가능 |
|---|---|
| 실전에서의 판단 과정 | 최 노인이 화를 푸는 장소인데? |

| 해설 | '경제적 안정'에 대한 가족들의 희망은 정말정말 억지로나마 허용할 수 있을 것 같기도 합니다. 집을 팔라고 했으니까요. 하지만 '화초밭'은 이러한 희망이 드러나는 장소가 아니라, '최 노인'의 울분이 드러나는 장소였죠? |
|---|---|

② 중심인물이 집을 지키기 위해 자신의 꿈을 포기하는 장소이다.

| 선지 유형 | 근거가 없어서 허용 불가능 |
|---|---|
| 실전에서의 판단 과정 | 무슨 꿈을 포기했냐. |
| 해설 | '화초밭'은 집을 지키기 위해 간 곳도 아니고, '최 노인'이 어떠한 꿈을 포기한 적도 없습니다. 근거가 없으니 허용할 수 없네요. |

③ 두 인물의 상반된 행동을 통해 인물 간의 갈등이 해소되는 장소이다.

| 선지 유형 | 근거가 없어서 허용 불가능 |
|---|---|
| 실전에서의 판단 과정 | 갈등이 왜 해소돼. |
| 해설 | 말리는 '어머니'와 '화초밭'을 해치는 '최 노인'의 상반된 행동이 나타나기는 하지만, 이는 갈등을 고조시킬 뿐 해소하지는 않죠? |

④ 중심인물이 현재의 고통이 자신에게서 비롯되었음을 자책하는 장소이다.

| 선지 유형 | 근거가 없어서 허용 불가능 |
|---|---|
| 실전에서의 판단 과정 | 자책한 게 아닌데? |
| 해설 | '최 노인'은 그냥 되는 일이 없다며 울분을 토하고 있을 뿐, '자책'을 한 적은 없습니다. |

⑤ 자신의 노력이 결실을 맺지 못하여 허망해하는 중심인물의 감정이 드러나는 장소이다.

| 선지 유형 | 근거가 있어서 허용 가능 |
|---|---|
| 실전에서의 판단 과정 | 미리 생각한 내용이네. |
| 해설 | 모든 일에 정성을 들였지만 된 일이 없다는 점에서 '최 노인'은 울분을 토한 것입니다. 이러한 심리를 드러내는 공간이 '화초밭'이었다는 것, 미리 생각한 내용이죠? 가볍게 답으로 고를 수 있겠네요. |

| 핵심 **point** |

① **허용 가능성 평가** : 선지의 내용을 '허용'하려는 태도를 바탕으로 지문을 '독해'하며 '근거'를 찾아야 합니다. 허용할 수 있는 '근거'가 있어야만 허용할 수 있습니다. 주관적인 생각을 개입시키면 안 됩니다.

② **극문학 독해** : 소설과 마찬가지로, '심리와 행동의 근거'를 바탕으로 인물에게 '공감'하며 읽어야 합니다. 이 과정이 물 흐르듯 이어지면 지문의 내용을 완벽하게 이해할 수 있어요. 이때 '대사 외 부분'에 주목하며 장면을 상상하면서 읽으면 훨씬 깊게 받아들일 수 있을 거예요.

③ **선지에서 묻는 것** : 독서에서도 문학에서도, 선지 판단의 기본은 그 선지가 무엇을 묻고 있는지 정확하게 따지는 것입니다. 선지를 대충 판단하는 습관은 시험장에서 꽤나 치명적으로 다가올 거예요. 항상 '묻는 것'이 무엇인지 체크하는 습관을 가지도록 합시다.

| 지문 내용 총정리 |

인물들의 심리나 그에 따른 행동들이 꽤 투명하게 제시된 편이어서, 어렵지 않게 공감하며 읽을 수 있었을 것입니다. 다만 조금 디테일한 판단을 요구하는 선지들이 나온 모습이죠? 고난도 문학 문제의 요소에는 '선지에서 묻는 것'을 꼼꼼하게 파악하는 행동을 요구하는 것도 있다는 것을 꼭 기억하도록 해요.

〈보기〉 확인

> 〈학습 활동〉
>
> 「하늘과 돌멩이」는 사물에 대한 우리의 고정관념을 버리고 새로운 시각으로 사물들을 바라보려고 시도한다. 각 연의 서술어에 주목하여, 이 시에 나타난 새로운 관점을 사물에 대한 고정관념과 비교하여 탐구해 보자.

(나) 작품에 대한 〈보기〉 대신 〈학습 활동〉이 하나 있습니다. 이를 읽어보니, 사물에 대한 고정관념을 버리고 새로운 시각으로 보고자 했다는 내용이 들어 있습니다. 주제를 확실하게 인식했으니, 이를 바탕으로 지문을 읽고 선지를 판단해보도록 합시다.

실전적 지문 독해

> (가)
>
> 낙엽은 폴 – 란드 망명정부의 지폐
> 포화(砲火)에 이즈러진
> 도룬 시(市)의 가을 하늘을 생각케 한다
> 길은 한 줄기 구겨진 넥타이처럼 풀어져
> 일광(日光)의 폭포 속으로 사라지고
> 조그만 담배 연기를 내어 뿜으며
> 새로 두 시의 급행차가 들을 달린다
> 포플라 나무의 근골(筋骨) 사이로
> 공장의 지붕은 흰 이빨을 드러내인 채
> 한 가닥 구부러진 철책이 바람에 나부끼고
> 그 위에 세로팡지(紙)로 만든 구름이 하나
> 자욱 – 한 풀벌레 소리 발길로 차며
> 호올로 황량한 생각 버릴 곳 없어
> 허공에 띄우는 돌팔매 하나
> 기울어진 풍경의 장막 저쪽에
> 고독한 반원을 긋고 잠기어 간다
>
> -김광균, 「추일서정」-

〈보기〉가 없어 주제를 스스로 파악해야 하는 작품입니다. 일단 '낙엽'을 통해 화자가 쓸쓸한 가을의 풍경 속에 있다는 것을 인식할 수 있겠죠? 그곳에서 '홀로' '황량'하다는 반응을 보이는 화자의 모습입니다. '화자 자신에게 주목'하여, 쓸쓸한 가을 도시에서 느끼는 고독감 · 황량감을 표현하는 주제를 가지고 있네요. 이 정도는 어렵지 않게 읽어낼 수 있겠죠?

> (나)
>
> 담쟁이덩굴이 가벼운 공기에 업혀 허공에서
> 허공으로 이동하고 있다
>
> 새가 푸른 하늘에 눌려 납작하게 날고 있다
>
> 들찔레가 길 밖에서 하얀 꽃을 버리며
> 빈자리를 만들고
>
> 사방이 몸을 비워놓은 마른 길에
> 하늘이 내려와 누런 돌멩이 위에 얹힌다
>
> 길 한켠 모래가 바위를 들어올려
> 자기 몸 위에 놓아두고 있다
>
> -오규원, 「하늘과 돌멩이」-

〈학습 활동〉을 통해 얻은 주제 그대로인 작품입니다. 우리의 고정관념에 어긋나는 표현들을 보여 주고 있네요. 딱히 추가로 얻을 건 없을 것 같습니다.

| 선지 | ① | ② | ③ | ④ | ⑤ |
|---|---|---|---|---|---|
| 선택률 | 2% | 4% | 4% | 3% | 87% |

**199** (가)에 대한 설명으로 가장 적절한 것은? ⑤

① 수미상관의 기법을 활용하여 구조적 안정감을 얻고 있다.

| 선지 유형 | 근거가 없어서 허용 불가능 |
|---|---|
| 실전에서의 판단 과정 | 처음과 끝이 너무 다른데? |
| 해설 | '수미상관'이 있는지를 따지는 건 어렵지 않죠? 처음과 끝의 내용이 너무 달라 허용하기 어렵습니다. |

② 유사한 문장 형태를 변주하여 시간의 흐름을 드러내고 있다.

| 선지 유형 | 근거가 없어서 허용 불가능 |
|---|---|
| 실전에서의 판단 과정 | 유사한 문장 형태라고 할 만한 게 없네. |
| 해설 | 아무리 봐도 유사한 문장 형태라고 볼 만한 내용이 없고, '시간의 흐름'을 허용하기도 어렵죠? '시간의 흐름'과 같은 내용은 너무나 중요한 상황의 변화이기에 우리가 놓쳤을 리가 없을 거예요. |

③ 의도적으로 변형한 시어를 통해 현실 극복 의지를 드러내고 있다.

| 선지 유형 | 근거가 없어서 허용 불가능 |
|---|---|
| 실전에서의 판단 과정 | 현실 극복 의지는 없었는데? |
| 해설 | '호올로' 등에서 의도적으로 변형한 시어는 보이지만, '현실 극복 의지'라는 대단한 '반응'은 보이지 않습니다. 애초에 화자의 쓸쓸함을 강조하는 이 작품의 주제와도 크게 어긋나구요. |

④ 추측을 나타내는 표현을 통해 대상에 대한 회의감을 드러내고 있다.

| 선지 유형 | 근거가 없어서 허용 불가능 |
|---|---|
| 실전에서의 판단 과정 | 추측을 나타내는 표현이 없는데? |
| 해설 | 일단 아무리 살펴봐도 '추측을 나타내는 표현'(~인 것 같다)을 찾기가 어렵습니다. 이것만으로도 답이 되기 어렵겠죠? 나아가 '대상에 대한 회의감'이라는 말을 허용할 근거를 찾기도 어렵습니다. |

⑤ 자연물을 인공물에 빗대어 풍경에 대한 화자의 인상을 드러내고 있다.

| 선지 유형 | 근거가 있어서 허용 가능 |
|---|---|
| 실전에서의 판단 과정 | 자연물을 인공물에 빗댄 거 여러 가지 보이네. |
| 해설 | '낙엽'이라는 자연물을 '지폐'라는 인공물에 빗대거나, '구름'이라는 자연물을 '세로팡지'라는 인공물에 빗대는 모습이 보이네요. 이를 통해 풍경에 대한 화자의 황량한 인상을 드러내는 것은 이 지문의 주제 그 자체이므로, 어렵지 않게 답으로 고를 수 있겠습니다. |

| 선지 | ① | ② | ③ | ④ | ⑤ |
|---|---|---|---|---|---|
| 선택률 | 76% | 3% | 7% | 12% | 3% |

**200** 다음은 (나)에 대한 〈학습 활동〉 과제이다. 이를 수행한 결과로 적절하지 <u>않은</u> 것은? [3점] ①

① ㉠ : '업혀'에 주목하면, 담쟁이덩굴은 벽에 붙어 자라는 것이 아니라 공기를 누르며 수직 상승하는 강인한 존재로 볼 수 있다.

| | 사물 | 사물에 대한 고정관념 | 서술어 | 새로운 관점 |
|---|---|---|---|---|
| 1연 | 담쟁이덩굴 | 담쟁이덩굴은 벽에 붙어 자란다. | 업혀 | ㉠ |

| 담쟁이덩굴이 가벼운 공기에 업혀 허공에서 허공으로 이동하고 있다 |
|---|

| 선지 유형 | 근거가 있어서 허용 불가능 |
|---|---|
| 실전에서의 판단 과정 | 업혀 있는데 어떻게 수직 상승이야. |
| 해설 | 선지에서 물어보는 대로, '담쟁이덩굴'을 '수직 상승하는 강인한 존재'라고 볼 만한 근거가 있는지를 생각해야 합니다. 1연을 독해해보면, '담쟁이덩굴'은 공기에 '업혀' 허공으로 이동하고 있습니다. '업혀' 있다는 건 공기에게 '의존'하고 있다는 것이고, 이는 '수직 상승하는 강인한 존재'로 볼 수 없다는 근거로 작용하네요. 강인하다기엔 너무나 의존적이니까요. 어렵지 않죠? |

② ㉡ : '눌려'에 주목하면, 새가 아무 제약 없이 하늘을 나는 것이 아니라 하늘의 무게를 견디며 나는 것으로 볼 수 있다.

| | 사물 | 사물에 대한 고정관념 | 서술어 | 새로운 관점 |
|---|---|---|---|---|
| 2연 | 새 | 새는 자유롭게 하늘을 난다. | 눌려 | ㉡ |

| 새가 푸른 하늘에 눌려 납작하게 날고 있다 |
|---|

| 선지 유형 | 근거가 있어서 허용 가능 |
|---|---|
| 실전에서의 판단 과정 | 눌린다는 건 하늘의 무게를 견딘다는 것이지. |

⑤ ㉤ : '들어올려'에 주목하면, 모래는 바위 밑에 깔려 있지 않고 자신의 힘으로 거대한 바위를 지탱할 수 있는 존재로 볼 수 있다.

| | 사물 | 사물에 대한 고정관념 | 서술어 | 새로운 관점 |
|---|---|---|---|---|
| 5연 | 모래 | 모래가 바위 밑에 깔려 있다. | 들어 올려 | ㉤ |

길 한켠 모래가 바위를 들어올려
자기 몸 위에 놓아두고 있다

| 선지 유형 | 근거가 있어서 허용 가능 |
|---|---|
| 실전에서의 판단 과정 | 들어올리는 건 지탱하는 거지. |
| 해설 | 역시 '들어올려'라는 말을 근거로 하여, 모래가 바위를 '지탱'하고 있다는 해석을 허용할 수 있겠죠? 근거가 있으면 허용해야 합니다! |

| 선지 | ① | ② | ③ | ④ | ⑤ |
|---|---|---|---|---|---|
| 선택률 | 4% | 6% | 6% | 71% | 12% |

## 201 이미지의 활용을 중심으로 (가)와 (나)를 감상한 내용으로 적절하지 <u>않은</u> 것은? ④

① (가)는 '낙엽'을 '망명정부의 지폐'에 연결하여 낙엽의 이미지에서 연상되는 무상감을 드러내고 있군.

<u>낙엽</u>은 폴 – 란드 <u>망명정부</u>의 <u>지폐</u>

| 선지 유형 | 근거가 있어서 허용 가능 |
|---|---|
| 실전에서의 판단 과정 | 망명정부의 지폐는 참 무상하지. |
| 해설 | '낙엽'을 '망명정부'의 지폐와 연결했으니, '망명정부'가 주는 무상감을 드러낸다고 볼 수 있겠죠. '망명정부'(다른 나라에 의한 정복, 전쟁, 혁명 따위로 인해 외국으로 피신하여 세운 정부)가 무엇인지를 몰랐다면 어휘력이 많이 부족한 거예요. 모르는 어휘가 나올 때마다 항상 찾아보는 습관을 들입시다. |

---

| 해설 | '하늘의 무게를 견디며 나는 것'을 허용할 만한 근거가 있으면 됩니다. 선지에서 말하는 것 그대로, '눌려 납작하게'라는 말을 근거로 가져올 수 있겠네요. 새는 자유롭게 난다는 고정관념과 달리, 화자가 보기엔 새가 하늘의 무게를 견디며 날고 있다는 것이에요. |
|---|---|

③ ㉢ : '버리며'에 주목하면, 꽃이 저절로 떨어지는 것이 아니라 들찔레가 스스로 꽃을 떨어뜨리는 것으로 볼 수 있다.

| | 사물 | 사물에 대한 고정관념 | 서술어 | 새로운 관점 |
|---|---|---|---|---|
| 3연 | 들찔레 | 들찔레의 꽃이 떨어진다. | 버리며 | ㉢ |

들찔레가 길 밖에서 하얀 꽃을 버리며
빈자리를 만들고

| 선지 유형 | 근거가 있어서 허용 가능 |
|---|---|
| 실전에서의 판단 과정 | 버리는 건 꽃을 떨어뜨리는 것이지. |
| 해설 | 역시 '버리며'라는 강력한 근거를 토대로 '스스로 꽃을 떨어뜨림'을 허용할 수 있습니다. 우리의 고정관념과 달리, 화자가 보기에 들찔레는 자신의 꽃을 스스로 떨어뜨리는 존재인 거예요. |

④ ㉣ : '얹힌다'에 주목하면, 하늘은 땅과 멀리 떨어져 있지 않고 길에 가깝게 내려와 돌멩이 위에 닿는 존재로 볼 수 있다.

| | 사물 | 사물에 대한 고정관념 | 서술어 | 새로운 관점 |
|---|---|---|---|---|
| 4연 | 하늘 | 하늘은 땅에서 멀리 떨어져 있다. | 얹힌다 | ㉣ |

사방이 몸을 비워놓은 마른 길에
하늘이 내려와 누런 돌멩이 위에 <u>얹힌다</u>

| 선지 유형 | 근거가 있어서 허용 가능 |
|---|---|
| 실전에서의 판단 과정 | 얹히는 건 닿아 있을 때 가능한 거지. |
| 해설 | '얹히다'라는 표현은 선지에서 말하는 것처럼 '닿아 있을 때' 사용하는 것이죠? 이를 근거로 하면 하늘이 돌멩이 위에 '닿는 존재'라는 해석을 충분히 허용할 수 있겠습니다. |

② (가)는 '돌팔매'가 땅으로 떨어지는 이미지를 '고독한
반원'으로 표현하여 외로움의 정서를 부각하고 있군.

허공에 띄우는 돌팔매 하나
기울어진 풍경의 장막 저쪽에
고독한 반원을 긋고 잠기어 간다

| 선지 유형 | 근거가 있어서 허용 가능 |
|---|---|
| 실전에서의 판단 과정 | 고독하다고 했으니 외로움의 정서 맞지. |
| 해설 | 해당 부분을 독해해보면, '돌팔매'가 '고독한 반원'을 긋는다고 합니다. 이는 '돌팔매'를 '고독한 반원'으로 표현한 것이라고 할 수 있겠죠? 나아가 '고독'하다는 말을 근거로 하면 '외로움'이라는 정서를 쉽게 허용할 수 있겠죠. |

③ (나)는 '빈자리'를 '들찔레'가 의도적으로 만들어 낸 대
상인 것처럼 표현하여 비어 있는 공간의 이미지를 떠
올릴 수 있도록 의미를 부여하고 있군.

들찔레가 길 밖에서 하얀 꽃을 버리며
빈자리를 만들고

| 선지 유형 | 근거가 있어서 허용 가능 |
|---|---|
| 실전에서의 판단 과정 | 선지 그대로 허용되네. |
| 해설 | '들찔레'가 빈자리를 '만든다'고 했으니 의도적으로 만들었다는 것이 자연스럽게 허용되겠습니다. 나아가 '들찔레'에 있는 '빈자리'를 강조하고 있으니, 독자로 하여금 그곳을 '비어 있는 이미지'로 떠올릴 수 있도록 한다는 것도 쉽게 허용할 수 있겠죠. |

④ (가)는 '길'을 '구겨진 넥타이'의 이미지와 연결하여 도
시에서 느껴지는 소외감을 표현하고, (나)는 '길 밖'과
'길 한켠'처럼 중심에서 벗어난 공간의 이미지를 활용
하여 대상들 간의 거리감을 드러내고 있군.

길은 한 줄기 구겨진 넥타이처럼 풀어져

들찔레가 길 밖에서 하얀 꽃을 버리며
빈자리를 만들고

　　　　　　　　　　　(중략)

길 한켠 모래가 바위를 들어올려
자기 몸 위에 놓아두고 있다

| 선지 유형 | 근거가 있어서 허용 불가능 |
|---|---|
| 실전에서의 판단 과정 | 길이 넥타이처럼 풀어진 모습에서 어떻게 소외감을 표현하냐. |
| 해설 | 결론부터 말씀드리면, 평가원이 굉장히 애매하게 출제해버린, '6평스러운' 선지입니다. 이에 대한 해설은 엄청나게 갈리기 때문에, 여러분이 생각하기에 맞는 방향으로 정리하시면 됩니다. 수능에서는 절대 이렇게 애매한 출제를 하지 못할 테니까요. 여기서는 그냥 제가 이 선지를 처음 봤을 때의 사고 과정을 바탕으로 해설을 하겠습니다.<br><br>하나하나 따져봅시다. 먼저 (가)의 화자는 '길'이 '구겨진 넥타이'처럼 풀어져 있다고 표현하며, 둘의 이미지를 연결하고 있습니다. 하지만 이는 구불구불한 '길'의 모습을 묘사한 것일 뿐, 여기서 '소외감'을 읽어낼 만한 근거를 찾기는 어려워 보여요. 이를 바탕으로 하면 일단 이 선지가 정답이라는 건 확실히 정리할 수 있겠습니다.<br><br>다음은 (나)에 대한 내용입니다. (나)에서는 '길 밖'과 '길 한켠'이라는, '중심에서 벗어난 공간의 이미지'를 활용하고 있습니다. 여기까진 쉽게 허용할 수 있는데, 중요한 건 이로부터 '대상들 간의 거리감'을 드러내고 있다는 부분이네요. '길 밖'의 '대상들'은 '들찔레'이고, '길 한켠'의 '대상들'은 '모래'와 '바위'입니다. 이 '대상들'은 각각 '길 밖', '길 한켠'으로 표현된 다른 공간에 존재하기에, 이렇게 떨어져 있다는 것을 근거로 하여 '거리감'을 허용할 수 있겠습니다. 근거가 있으면 허용해야 하니까요! |

– 시 전체의 주제를 바탕으로 판단 : 미리 생각했듯이, (가)의 주제는 '도시에서 느끼는 고독감·황량감'입니다. 그리고 기본적으로 시의 모든 표현은 주제 의식을 드러내기 위해 존재합니다. 이러한 관점에 의거하면, '길'을 '구겨진 넥타이'로 표현한 부분에서도 '소외감'을 읽어낼 수 있습니다. '소외감'은 '고독감·황량감'이라는 주제와 일맥상통하는 내용이니까요. <u>따라서 선지의 내용 중 '소외감' 관련 부분은 충분히 허용할 수 있습니다.</u>

⇒ 둘 다 충분히 일리 있는 설명이라고 생각하고, 그동안의 평가원 출제 방식을 생각하면 후자처럼 생각하는 것이 옳다고 할 수 있습니다. 평가원이 문학에서 '주제'를 강조한 것은 하루이틀 일이 아니니까요. 하지만 이렇게 출제하는 경우 보통 정말로 그 주제와 직결되는 부분을 선지 판단의 근거로 사용하게 했다는 점에서, '길'을 '구겨진 넥타이'로 표현한 부분을 활용한 것은 조금 아쉽다고 볼 수 있습니다. EBS 연계를 과하게 의식하다가 생긴 애매함이라고 생각해요.

## 2) '거리감'에 대한 판단

'거리감'에 대한 판단은 선지에서 이야기하는 '대상들'이 정확히 무엇을 가리키는지에 따라 두 가지로 나눌 수 있습니다.

– '길 밖 ↔ 길 한켠'의 구도 : 이 경우, '길 밖'의 '대상들'인 '들찔레, 하얀 꽃'과 '길 한켠'의 '대상들'인 '모래, 바위'라는 대상들 사이의 거리감으로 선지를 해석할 수 있습니다. 그리고 해설에서 언급했듯이, '길 밖'과 '길 한켠'은 분명히 다른 공간이라는 점에서 <u>이를 근거로 하여 '거리감'을 허용하는 데에는 무리가 없어 보입니다.</u>

– '들찔레 ↔ 하얀 꽃', '모래 ↔ 바위'의 구도 : 반면 이 경우에는, '각 공간에 있는 대상들' 간의 거리감으로 해석이 됩니다. 그리고 이렇게 보면, '모래, 바위'는 분명히 붙어 있으니 <u>거리감이 없다고 할 수 있게 됩니다.</u>

– 주제를 고려하면? : 문학의 선지 판단에서는 '주제'가 중요하게 쓰인다는 점을 고려하면, <u>'거리감'을 허용하기 어렵다고 할 수 있습니다.</u> 이 작품은 '고정관념 탈피'라는 주제를 가지고 있을 뿐, 각 대상들의 '거리감'을 드러낸다는 말은 조금 쌩뚱맞으니까요.

⇒ 이 역시 평가원이 조금 오버스럽게 출제한 선지라고 할 수 있습니다. 논리적으로 딱 떨어지는 판단이 불가능하다는 점에서 굉장히 아쉬운 선지라고 생각해요. 다만 '소외감'이나 '거리감' 둘 중 하나에서 이질감을 느끼고 4번 선지를 답으로 골라내는 것 자체는 어렵지 않다고 생각합니다. 이 논란 자체는 중요한 것이 아니니, 여러분의 선지 판단 태도를 다듬는 것 정도로 정리하면 될 것 같습니다.

⑤ (가)는 '허공'을 '황량한 생각'이 드러나는 공허한 이미지로 활용하고, (나)는 '담쟁이덩굴'의 움직임을 활용하여 '허공'을 감각적으로 경험할 수 있는 대상으로 묘사하고 있군.

호올로 <u>황량한 생각</u> 버릴 곳 없어

<u>허공</u>에 띄우는 돌팔매 하나

<u>담쟁이덩굴</u>이 가벼운 공기에 업혀 <u>허공</u>에서

<u>허공</u>으로 이동하고 있다

| 선지 유형 | 근거가 있어서 허용 가능 |
|---|---|
| 실전에서의 판단 과정 | 그러고 있네. |
| 해설 | (가)부터 천천히 판단해봅시다. 화자는 '황량한 생각'을 버릴 곳이 없어 '허공'에 돌팔매를 던집니다. 그렇다면 '돌팔매'에는 화자의 '황량한 생각'이 깃들어 있다고 할 수 있겠죠? 따라서 '허공'은 '황량한 생각'이 깃든 공간이니, 이를 근거로 '공허한 이미지'를 허용할 수 있겠습니다.<br><br>한편 (나)의 '허공'은, '담쟁이덩굴'이 움직이는 공간입니다. 덩굴의 움직임은 눈으로 확인할 수 있는, 즉 '감각적으로 경험할 수 있는' 것이죠? 쉽게 허용할 수 있겠네요.<br><br>실전에서는 그냥 당연하다는 생각이 들어야 합니다. 문학 시간 단축의 핵심은 '당연한 선지'의 양을 늘리는 것이에요. |

현대시 독해 연습

(가)

낙엽은 폴 – 란드 망명정부의 지폐

포화(砲火)에 이즈러진

도룬 시(市)의 가을 하늘을 생각케 한다

'낙엽'을 '폴란드 망명정부의 지폐'에 빗대고 있습니다. 그리고 이 '낙엽'을 보면서 포화를 맞은 '도룬 시'의 가을 하늘을 떠올리고 있어요. 아마 '도룬 시'는 포화(전쟁)로 인해 망명정부가 들어선 '폴란드'에 있는 곳이겠죠? 화자는 '낙엽'을 보고 전쟁통의 도시를 떠올릴 만큼 우울한 내면세계를 가지고 있는 것 같습니다.

길은 한 줄기 구겨진 넥타이처럼 풀어져
　　　일광(日光)의 폭포 속으로 사라지고
　　　조그만 담배 연기를 내어 뿜으며
　　　새로 두 시의 급행차가 들을 달린다

‘길’을 ‘한 줄기 구겨진 넥타이’에 비유하고 있습니다. 구불구불한 길의 모습을 묘사하는 것이겠죠? 이 길은 ‘일광의 폭포’, 즉 태양(日光) 속으로 사라지고, ‘담배 연기’와 같은 연기를 뿜으면서 급행차가 달리는 모습입니다. 앞서 제시된 화자의 내면세계를 생각하면, 이러한 풍경은 화자의 입장에서는 꽤나 우울한 풍경이라고 할 수 있겠죠? 모든 화자는 자신의 내면세계대로 외부 세계를 인식하니까요.

　　　포플라 나무의 근골(筋骨) 사이로
　　　공장의 지붕은 흰 이빨을 드러내인 채
　　　한 가닥 구부러진 철책이 바람에 나부끼고
　　　그 위에 세로팡지(紙)로 만든 구름이 하나

‘흰 이빨’을 드러낸 공장의 지붕, 바람에 나부끼는 철책, 세로팡지로 만든 것 같은 구름. 이런 풍경 역시 화자에게는 우울하게만 느껴지는 풍경일 것입니다. 우울한 풍경이 눈앞에 그려지신다면 잘 읽고 계신 것입니다.

　　　자욱 – 한 풀벌레 소리 발길로 차며
　　　호올로 황량한 생각 버릴 곳 없어
　　　허공에 띄우는 돌팔매 하나
　　　기울어진 풍경의 장막 저쪽에
　　　고독한 반원을 긋고 잠기어 간다
　　　　　　　　　　　　　–김광균, 「추일서정」–

풀벌레 소리를 정말 발로 찰 수는 없을 것이고, 아마 풀벌레 소리가 들리는 길을 걸어가는 모습을 묘사한 것이겠죠? 이렇게 걸어가는 화자는 ‘호올로 황량한 생각’을 버릴 곳이 없다고 합니다. 우리가 미리 생각한 것처럼, 화자는 우울하고 ‘황량한’ 생각에 빠져 있는 것이에요. 심지어 허공에 띄우는 돌팔매가 ‘고독한 반원’을 긋고 잠기어 가는 것처럼 보일 정도로 말이죠. 돌팔매가 그 자체로 고독할 리는 없는데, 화자가 고독함을 느끼고 있으니 그렇게 보이는 것이라고 이해할 수 있겠습니다. ‘기울어진 풍경’과 같은 표현에서도 화자가 바라보는 풍경을 어떻게 인식하고 있는지 충분히 느낄 수 있겠구요. 이러한 화자의 내면세계대로 이해했다면 훌륭하겠습니다.



(나) 작품의 경우, 〈학습 활동〉에서 이야기했던 것처럼 고정관념에서 탈피하려는 모습만 체크해 주시면 어렵지 않게 정리할 수 있겠습니다. 추가적으로 읽어낼 만한 내용이 없으니 그냥 넘어가도록 합시다.

몰랐던 어휘 정리하기

| 핵심 point |

① **허용 가능성 평가** : 선지의 내용을 ‘허용’하려는 태도를 바탕으로 지문을 ‘독해’하며 ‘근거’를 찾아야 합니다. 허용할 수 있는 ‘근거’가 있어야만 허용할 수 있습니다. 주관적인 생각을 개입시키면 안 됩니다.
② **현대시 독해** : 〈보기〉의 도움 등을 통해 ‘주제’ 위주로, 그리고 일상 언어의 감각으로 읽어내면 됩니다. 현대시도 읽을 수 있는 하나의 글입니다.

| 지문 내용 총정리 |

아쉬운 선지가 하나 있어 짜증은 나지만, 주제 중심으로 독해하고 ‘허용 가능성 평가’의 원칙에 맞춰 선지를 판단하는 연습을 하기에 제격인 지문이었습니다. 나아가 ‘외부 대상에게 주목’하다가 ‘화자 자신에게 주목’하는 것으로 이어지는 전형적인 ‘현대시 창작 원리’도 확인할 수 있었죠? 이러한 기본적인 태도 위주로 가볍게 정리해 보도록 합시다.

〈보기〉 확인

---[보기]---

　조선의 사대부들은 자연에 하늘의 이치[天理]가 구현된 것으로 보았으며, 그들 중 대부분은 자연의 미를 관념적으로 형상화하였다. 한편 「관동별곡」의 작가는 자연의 미를 현실에서 발견하여 사실감 있게 묘사함으로써 그들과의 차별성을 드러내었다. 또한 그는 자연을 바라보며 사회적 책무를 떠올리고 자연에 투사된 이상적 인간상을 모색하기도 하였다.

---

자연의 미를 '관념적'으로 형상화한 대부분의 사대부들과 달리, 정철은 '현실'에서 자연의 미를 발견하여 사실감 있게 묘사했다고 합니다. 나아가 '사회적 책무' 및 '이상적 인간상'을 떠올렸다는 것까지 생각할 수 있겠죠? 우리가 알고 있는 '관동별곡'의 내용 그 자체이므로, 어렵지 않게 납득할 수 있겠습니다.

실전적 지문 독해

금강대 맨 우층의 선학(仙鶴)이 삿기 치니
→ 금강대 맨 윗층의 선학이 새끼 치니

춘풍 옥적성(玉笛聲)의 첫잠을 깨돗던디
→ 춘풍 옥적성의 첫잠을 깨우던데

호의현상*이 반공(半空)의 소소 뜨니
→ 호의현상이 반공에 솟았더니

서호 녯 주인*을 반겨셔 넘노는 듯
→ 서호 옛 주인을 반겨서 넘노는 듯

소향로 대향로 눈 아래 구버보고
→ 소향로 대향로 눈 아래 굽어보고

정양사 진헐대 고텨 올나 안즌마리
→ 정양사 진헐대 고쳐 올라 앉아서 하는 말이.

여산 진면목이 여긔야 다 뵈는구나
→ 여산 진면목이 여기야 다 보인다.

어와 조화옹이 헌사토 헌사할샤
→ 와.. 조화옹이 야단스럽기도 야단스럽구나.

날거든 뛰디 마나 섯거든 솟디 마나
→ 날거든 뛰지 마라 섰거든 솟지 마라.

부용(芙蓉)을 고잣는 듯 백옥(白玉)을 믓것는 듯
→ 부용을 꽂은 듯 백옥을 묶었는 듯

[A]

동명(東溟)*을 박차는 듯 북극(北極)을 괴왓는 듯
→ 동명을 박차는 듯 북극을 받치는 듯

놉흘시고 망고대 외로올샤 혈망봉이
→ 높다 망고대 외롭다 혈망봉

하늘의 추미러 므스 일을 사로려
→ 하늘을 추미러 무슨 일을 사로리라.

천만겁(千萬劫) 디나도록 구필 줄 모르느냐
→ 오랜 세월 지나도록 굽힐 줄 모르는가.

어와 너여이고 너 가트니 또 잇는가
→ 와.. 너구나 너 같은 이 또 있을까.

개심대 고텨 올나 중향성 바라보며
→ 개심대 고쳐 올라 중향성 바라보며,

만이천봉을 녁녁(歷歷)히 혀여 하니
→ 만 이천 봉을 넉넉히 혀여하니

봉마다 맷쳐 잇고 긋마다 서린 긔운
→ 봉마다 맺혀 있고 끝마다 서린 기운.

맑거든 조티 마나 조커든 맑디 마나
→ 맑거든 좋지 마라 좋거든 맑지 마라.

뎌 긔운 흐터 내야 인걸을 만들고쟈
→ 저 기운 흩어 내어 인걸을 만들고자.

형용도 그지업고 톄세(體勢)도 하도 할샤
→ 형용도 그지없고 태세도 많기도 많다.

천지 삼기실 제 자연이 되연마는
→ 천지가 생길 때 자연이 되었지만

이제 와 보게 되니 유정(有情)도 유정할샤
→ 이제 와 보게 되니 유정도 유정하다.

(중략)

그 알픠 너러바회 화룡소 되어셰라
→ 그 앞의 너러바위 화룡소 되었어라

천년 노룡(老龍)이 구비구비 서려 이셔
→ 천 년 늙은 용이 굽이굽이 살아 있어

주야의 흘녀 내여 창해(滄海)예 니어시니
→ 주야의 흘러내어 창해에 누었으니

풍운을 언제 어더 삼일우(三日雨)를 디련느냐
→ 풍운을 언제 얻어 삼일우를 내릴까

음애예 이온 플*을 다 살와 내여스라
→ 음애에 이은 풀을 다 살아 내여라.

마하연 묘길상 안문재 너머 디여
→ 마하연 묘길상 안문재 넘어

외나모 써근 다리 불정대 올라 하니
→ 외나무 썩은 다리 불정대 올라가니

천심(千尋) 절벽을 반공애 셰여 두고
→ 천심 절벽을 반공에 세워 두고

은하수 한 구비를 촌촌이 버혀 내여
→ 은하수 한 굽이를 촘촘히 베어 내어

실가티 플텨 이셔 베가티 거러시니
→ 실같이 풀어서 뵈같이 걸으시니

도경(圖經) 열두 구비 내 보매는 여러히라
→ 도경 열두 굽이 내 보기엔 여러개라

이적선 이제 이셔 고텨 의논하게 되면
→ 이적선이 이제 있어 다시 의논하면

여산*이 여긔도곤 낫단 말 못 하려니
→ 여산이 여기보단 낫단 말 못할거다.

–정철, 「관동별곡」–

* 호의현상 : 흰 저고리에 검은 치마란 뜻으로 학을 가리킴.
* 서호 녯 주인 : 송나라 때 서호에서 학을 자식으로 여기며 살았
  던 은사(隱士) 임포.
* 동명 : 동해 바다.
* 음애예 이온 플 : 그늘진 벼랑에 시든 풀.
* 여산 : 당나라 시인 이백(이적선)의 시구에 나오는 중국의 명산.

화자의 여정을 드러내고, 바라보고 있는 여러 가지 자연물들을 예찬하고 있는 내용입니다. 이를 바탕으로 '자연 좋아!'라는 주제의식은 어렵지 않게 확인하실 수 있을 거예요. 물론 〈보기〉에서 이야기한 것처럼, '인걸을 만들고자', 혹은 '삼일우'와 같은 표현에서 사회적 책무에 대한 이야기가 나오기도 하지만요. 워낙에 중요한 필수 고전시가인 만큼, 거의 안 읽고 풀 수 있어야 해요!

나아가 여기선 각주를 통해 제시했지만, 그동안 기출에 여러 번 출제된 '여산'이 중국의 산이라는 건 미리 알고 계셔야 합니다. '금강산'의 풍경을 강조하기 위한 장치였어요!

| 선지 | ① | ② | ③ | ④ | ⑤ |
|---|---|---|---|---|---|
| 선택률 | 4% | 9% | 64% | 14% | 9% |

## 202 윗글에 대한 설명으로 가장 적절한 것은? ③

① '금강대'에서 '진헐대'로 이동하면서 자연에 대한 화자의 이중적 태도를 보여 주고 있다.

| 선지 유형 | 근거가 없어서 허용 불가능 |
|---|---|
| 실전에서의 판단 과정 | 뭐가 이중적이냐. |
| 해설 | '금강대'에서 '진헐대'로 이동하는데 자연에 대한 '이중적 태도'를 보여 준다구요? 화자는 그저 자연이 이뻐서 좋다는 반응만 보이고 있습니다. 주제와 어긋나는 선지네요. |

② '진헐대'와 '불정대'에서는 이미지의 대립을 통해 화자의 내적 갈등이 고조되고 있다.

| 선지 유형 | 근거가 없어서 허용 불가능 |
|---|---|
| 실전에서의 판단 과정 | 내적 갈등은 주제와 너무 반대되지, |
| 해설 | '진헐대'와 '불정대'에서 이미지의 대립이 있지도 않고, 화자의 '내적 갈등이 고조'된다는 건 '자연 좋아!'라는 주제를 고려할 때 절대 허용할 수 없죠? |

③ '개심대'에서는 선경후정의 방식으로 화자가 바라본 풍경과 그에 대한 감흥이 서술되고 있다.

| 선지 유형 | 근거가 있어서 허용 가능 |
|---|---|
| 실전에서의 판단 과정 | 개심대에서 자연에 감탄한 다음 인걸에 대한 이야기를 했네. |
| 해설 | '개심대'에 오른 화자는 '만이천봉'을 바라본 뒤에 '기운'이 서려 있고, '맑고 좋고', '그 기운을 통해 인걸을 만들고 싶다'는 방식으로 감흥을 서술하고 있어요. 이렇게 먼저 '경치'를 서술하고 후에 '정서'를 드러내는 방식을 취하고 있으니 어렵지 않게 허용할 수 있겠네요. 나아가 이는 주제 그 자체이므로, 보자마자 답일 것이라는 강한 확신을 가져주셔야 합니다. |

④ '화룡소'에서는 화자의 시선이 원경에서 근경으로 이동하며 대상의 특징을 묘사하고 있다.

| 선지 유형 | 근거가 없어서 허용 불가능 |
| --- | --- |
| 실전에서의 판단 과정 | 여기서도 그냥 선경후정 방식 사용하고 있는데? |
| 해설 | '화룡소'를 보면서 그저 풍경을 담백하게 묘사하고, '삼일우' 이야기를 하며 자신의 감흥을 드러내고 있을 뿐이에요. '개심대'에서 했던 것과 비슷하게 '선경후정'의 방식으로 주제를 드러내는 부분이었죠? '원경'과 '근경'이라고 할 만한 부분을 찾을 수 없으니 틀린 선지로 판단해야 합니다. |

⑤ '화룡소'에서 '불정대'까지의 이동 경로를 드러내지 않아 시상이 빠르게 전개되고 있다.

| 선지 유형 | 근거가 있어서 허용 불가능 |
| --- | --- |
| 실전에서의 판단 과정 | 이동 경로 너무 잘 드러나는데? |
| 해설 | '화룡소'를 구경하다가, '마하연, 묘길상, 안문재'를 넘어 '불정대'에 도착하고 있습니다. 이동 경로가 너무 잘 드러나네요. 허용할 수 없는 명백한 근거가 있으니 틀린 선지로 처리해야겠죠? |

| 선지 | ① | ② | ③ | ④ | ⑤ |
| --- | --- | --- | --- | --- | --- |
| 선택률 | 5% | 53% | 11% | 21% | 10% |

## 203 [A]를 이해한 내용으로 적절하지 <u>않은</u> 것은? ②

– [A]는 '진헐대'의 풍경을 예찬하는 부분으로, 여러 가지 직유법이 사용되었다는 것이 주목할 만했어요. 이에 대해 판단해보도록 합시다.

① 봉우리를 '부용'을 꽂고 '백옥'을 묶은 듯한 시각적 형상으로 묘사하여 대상의 아름다움을 표현하였다.

| 선지 유형 | 근거가 있어서 허용 가능 |
| --- | --- |
| 실전에서의 판단 과정 | 미리 생각한 내용이네. |
| 해설 | 발문을 보고서 미리 생각한 내용입니다. '부용을 고잣는 듯 백옥을 믓것는 듯'을 현대어로 그대로 읽으면, 선지의 내용이 되겠죠? 나아가 '대상의 아름다움 표현'은 주제 그 자체구요. |

② 봉우리를 '백옥', '동명'과 같은 무생물에 빗대어 대상에서 느낄 수 있는 자연의 영속성을 표현하였다.

| 선지 유형 | 근거가 없어서 허용 불가능 |
| --- | --- |
| 실전에서의 판단 과정 | 영속성을 허용할 근거는 없는데? |
| 해설 | 봉우리를 '백옥', '동명'과 같은 무생물에 빗대었다는 건 얼핏 보면 맞다고 할 수 있는데, 자연의 '영속성'이요? '백옥'을 묶고 '동명'을 박차는 데 '영속성'을 허용할 만한 근거를 찾기는 어렵죠. '영원히 존재한다'는 의미를 가진 부분이 전혀 없으니, 허용할 수 없는 선지로 처리해야 합니다. |

| 생각 심화 |

이렇게 '영속성'의 근거가 없다는 방식으로 지우는 것도 좋은 풀이이지만, 최근 문학의 출제 경향을 고려하면 '무생물에 빗대어'라는 부분에 주목할 수 있습니다. 최근에는 문학에서도 '선지에서 묻는 것'을 디테일하게 따지는 것이 중요한 문제들이 많이 출제되고 있습니다. 이 선지가 묻는 것은 봉우리를 '부용', '동명' 같은 '무생물'에 빗대고 있는지입니다. 그런데 지문의 내용을 자세하게 독해하면, 봉우리의 모습을 '백옥을 묶은 듯'한 모습, '동명을 박차는 듯'한 모습에 빗대고 있다는 걸 확인할 수 있어요. 즉, '무생물' 자체에 빗대고 있는 게 아니라, 무생물과 관련된 어떠한 '행동'(묶기, 박차기)에 빗대고 있는 것이죠. 이렇게 보면, '무생물에 빗대어'라는 부분을 허용할 수 없는 근거가 존재하기에 틀린 선지라고 할 수 있겠죠?

물론 이는 시험장에서 생각하기 어려운 풀이일 것 같긴 하지만, 이렇게 '선지에서 묻는 것'을 집요하게 파고드는 문제들이 출제되기도 하는 경향을 알고 계시면 좋겠죠?

③ 봉우리를 '동명'을 박차고 '북극'을 받치는 듯한 모습에 빗대어 대상의 웅장한 느낌을 표현하였다.

| 선지 유형 | 근거가 있어서 허용 가능 |
| --- | --- |
| 실전에서의 판단 과정 | 바다와 북극이면 꽤 웅장하지. |
| 해설 | 2번 선지의 '생각 심화'에서 언급한 내용과 같은 맥락이죠? 이러한 '모습'에 빗대어 표현하고 있는 거예요. 나아가 '웅장한 느낌'이라는 내용은 '바다'와 '북극'이라는 단어의 의미 자체로 충분히 허용할 수 있을 것 같아요. |

④ '날거든 뛰디 마나 섯거든 솟디 마나'와 같이 행위를 부각하는 대구를 통해 봉우리의 역동적인 느낌을 표현하였다.

| 선지 유형 | 근거가 있어서 허용 가능 |
| --- | --- |
| 실전에서의 판단 과정 | 움직임이 있으니 역동적이라고 할 수 있겠다. |
| 해설 | 날고, 뛰고, 서 있고, 솟아 있고 등등은 모두 '행위'를 부각하는 것이라고 할 수 있겠죠? 이렇게 비슷한 구절을 반복하는 '대구법'을 통해 움직임을 드러내고 있으니, '봉우리의 역동적인 느낌'은 충분히 허용할 수 있겠습니다. |

⑤ '고잣는 듯', '박차는 듯'과 같이 상태나 동작을 보여 주는 유사한 통사 구조의 나열을 통해 봉우리의 다채로운 면모를 표현하였다.

| 선지 유형 | 근거가 있어서 허용 가능 |
| --- | --- |
| 실전에서의 판단 과정 | 여러 개니까 다채롭지. |
| 해설 | '꼿는 듯', '박차는 듯' 정도면 충분히 '상태나 동작을 보여 주는 유사한 통사 구조의 나열'이라고 할 수 있겠죠? 이를 비롯해서 '믓것는 듯', '괴왓는 듯'까지 무려 네 가지나 보여 주고 있으니, 이를 근거로 '다채로운 면모'를 쉽게 허용할 수 있겠어요. |

| 선지 | ① | ② | ③ | ④ | ⑤ |
| --- | --- | --- | --- | --- | --- |
| 선택률 | 7% | 9% | 57% | 11% | 16% |

## 204 〈보기〉를 바탕으로 윗글을 감상한 내용으로 적절하지 않은 것은? [3점] ③

① '혈망봉'을 '천만겁'이 지나도록 굽히지 않는 존재로 본 것은, 작가가 지향하는 이상적 인간상을 자연에 투사한 것이군.

| 선지 유형 | 근거가 있어서 허용 가능 |
| --- | --- |
| 실전에서의 판단 과정 | 오랜 시간이 지나도 굽히지 않는 모습은 이상적 인간상이지. |
| 해설 | '천만겁'이라는 오랜 시간이 지나도 굽히지 않는 존재는, 자신의 소신을 지키는 강직한 모습이라는 점에서 '이상적 인간상'을 허용할 근거로 충분하네요. |



② '개심대'에서 '뎌 긔운 흐터 내야 인걸을 만들'겠다는 의지를 드러낸 것은, 작가가 자연을 바라보며 자신의 사회적 책무를 인식하고 있음을 보여 주는군.

| 선지 유형 | 근거가 있어서 허용 가능 |
| --- | --- |
| 실전에서의 판단 과정 | 인걸을 만드는 건 사회적 책무라고 할 수 있지. |
| 해설 | 관동별곡에 대한 공부가 되어 있다면 이 정도는 미리 알고 있는 해석이어야 합니다. 화자는 '인걸', 즉 훌륭한 인재를 만드는 것을 자신의 '사회적 책무'로 인식하고 있어요. |

③ '중향성'을 바라보며 천지가 '자연이 되'었다고 본 것은, 자연의 미가 하늘의 이치가 구현된 인간 사회의 영향을 받는다고 생각하는 작가의 인식을 보여 주는군.

| 선지 유형 | 근거가 있어서 허용 불가능 |
| --- | --- |
| 실전에서의 판단 과정 | 하늘의 이치가 구현된 것으로 본 사대부들과 차별성을 가진다며. |
| 해설 | '중향성'을 바라보며 천지가 '자연이 되'었다고 본 것은 맞습니다. 하지만 이는 자연이 '유정'하다고 하는 말을 이끌어내는 장치일 뿐이에요. 여기서 '하늘의 이치 구현'이라는 말을 허용할 근거를 찾기는 어렵죠?<br><br>나아가, 애초에 〈보기〉에서 이 작품의 작가인 정철은 '자연의 미'를 '하늘의 이치'와 연관지었던 대부분의 사대부들과 '차별성'을 가지고 '사실감 있게 묘사'했다고 했어요. 〈보기〉를 근거로 하면 확실하게 틀렸음을 알 수 있네요. 이렇게 선지 판단의 근거는 〈보기〉 속에도 있다는 것을 잊지 맙시다! |

④ '불정대'에서 본 폭포의 아름다움을 '실'이나 '베'와 같
은 구체적 사물을 활용하여 표현한 것은, 자연을 사실
감 있게 나타내려는 작가의 태도를 반영한 것이군.

| 선지 유형 | 근거가 있어서 허용 가능 |
| --- | --- |
| 실전에서의 판단 과정 | 구체적 사물을 활용했으면 사실감 있지. |
| 해설 | 3번 선지의 내용과 딱 반대되는 모습이죠? '실'이나 '베' 같은 구체적 사물은 현실에서 볼 수 있는 것들이므로, 이들을 활용하여 자연을 표현한 것은 '사실감 있는 묘사'의 방법이라고 할 수 있겠죠. |

⑤ '불정대'에서 본 풍경을 중국의 '여산'과 비교하며 우
리 자연의 아름다움을 강조한 것은, 관념이 아닌 현실
에서 아름다움을 발견하는 작가의 차별성을 보여 주
는군.

| 선지 유형 | 근거가 있어서 허용 가능 |
| --- | --- |
| 실전에서의 판단 과정 | 불정대의 풍경은 현실이지. |
| 해설 | '여산'과 비교하면서 '불정대'의 아름다움을 강조하고 있는데, 이렇게 관념이 아니라 현재 바라보고 있는 '현실' 속 자연의 모습에 주목하는 건 정철이 다른 사대부들과 가지는 차별성이라고 했습니다. 역시 〈보기〉를 근거로 충분히 허용할 수 있는 내용이네요. |

몰랐던 어휘 정리하기

비평문 확인

제시문 복합 지문이네요. 이렇게 비평문과 함께 제시되는 경우, 비평문을 일종의 〈보기〉로 생각하며 미리 확인해주시는 것이 좋습니다. 최근에는 비평문이 문제풀이에 아주 중요하게 사용되는 경우도 많으니, 독서 지문을 읽듯이 꼼꼼하게 읽고 넘어가도록 합시다.

> (다)
>
> [A]
>
> 시는 인간의 삶을 반영한다. 시에서 반영은 현실과 인생을 모방한다는 의미에서 외부 현실을 시 속에 담아내는 것으로, 역사와 현실의 상황을 시를 통해 어떻게 재현할 것인가에 초점을 둔다. 여기서 반영은 '있는 그대로의 현실'로서의 반영과 '있어야 하는 현실'로서의 반영으로 구분할 수 있다. 전자는 역사와 현실의 모습을 사실 그대로 보여 주는 일상적 진실을 반영하는 것을 말하고, 후자는 일상적 현실을 넘어 화자가 지향하는 당위적 진실을 반영하는 것을 말한다.

시가 인간의 삶을 반영한다는 당연한 이야기를 하고 있습니다. 그런데 반영의 방법을 '있는 그대로의 현실'과 '있어야 하는 현실'의 두 가지로 나누고 있어요. 일상적 진실을 반영하느냐, 지향하는 당위적 진실을 반영하느냐의 두 가지가 있다는 것이죠. 어렵지 않게 이해할 수 있죠?

> 한편 '시에 대한 시 쓰기'라는 형식을 통해 시 그 자체를 반영하는 특수한 경우도 있다. 이때 반영의 대상은 외부 현실이 아니라 시 쓰기 상황이나 시를 쓰는 시인이 된다. 이 경우 시는 그 자체로 시론 혹은 시인론의 성격을 지닌다. 이러한 성격의 작품에서 시는 노래나 기타 여러 갈래의 글로 표상되기도 한다.

이게 끝이 아니었습니다. '시에 대한 시 쓰기'라는 형식도 있다고 해요. 현실이 아닌 '시'를 반영하는 경우가 있다는 것이죠. 이때 '시'는 그 자체로 시론/시인론이 되기도 하고, '시'를 노래나 다른 글로 표현하기도 하네요. 독특한 형태이니 기억을 하는 게 좋을 것 같아요.

> 이처럼 시인들은 시 속에 형상화된 세계를 통해 <u>인간이 지향해야 할 바람직한 삶의 방향을 모색한다.</u> 이를 통해 시는 무엇을 말해야 하고, 시인은 어떤 존재로 살아가야 하는가에 대한 자기 성찰의 태도를 드러내는 것이다.

이렇게 '시'에 있는 그대로의 현실, 지향하는 현실, 시 그 자체를 반영하는 방식을 통해 인간이 지향해야 할 바람직한 삶의 방향을 모색하는 이들이 시인들이라고 합니다. '시'의 역할을 자세하게 소개하는 글이었네요. 이러한 시 창작 방식은 현대시에서 '클리셰'라고 부를 수 있을 만큼 자주 나타나는 것이라고 했어요. 수능에 출제되는 현대시가 가지고 있는 기본 전제라는 것을 생각하면서 정리해 보도록 합시다.

실전적 지문 독해

> (가)
>
> 섣달에도 보름께 달 밝은 밤
> <u>앞내강 쨍쨍 얼어 조이던 밤에</u>
> 내가 부른 노래는 강 건너 갔소
>
> 강 건너 하늘 끝에 사막도 닿은 곳
> 내 노래는 제비같이 날아서 갔소
>
> 못 잊을 계집애 집조차 없다기에
> 가기는 갔지만 어린 날개 지치면
> 그만 어느 모래불에 떨어져 타서 죽겠죠.
>
> 사막은 끝없이 푸른 하늘이 덮여
> 눈물 먹은 별들이 조상* 오는 밤
>
> 밤은 옛일을 무지개보다 곱게 짜내나니
> 한 가락 여기 두고 또 한 가락 어디멘가
> 내가 부른 노래는 그 밤에 강 건너 갔소.
>
>                          –이육사, 「강 건너간 노래」–
>
> * 조상 : 남의 죽음에 대하여 슬퍼하는 뜻을 드러내어 위문함.

상당히 어려운 시입니다. (다)의 내용을 이리저리 적용해보려고 해도 쉽지 않네요. 실전에서는 화자가 '노래'를 보내는 시간이 추운 밤이라는 것, 계속해서 노래가 강을 건너 가고 있다는 것 정도만 읽어 내셔도 됩니다. 어떠한 상황, 반응이나 주제를 잡기도 매우 어렵죠? 이럴 때는 선지를 믿고 가시는 겁니다. 이 작품은 스스로 읽어 보는 과정이 꼭 필요한데, 자세한 건 뒤에서 만나보기로 해요!

<br>

(나)

　　한 줄의 시(詩)는커녕

　　단 한 권의 소설도 읽은 바 없이

　　그는 한평생을 행복하게 살며

　　많은 돈을 벌었고

　　높은 자리에 올라

　　이처럼 훌륭한 비석을 남겼다

　　그리고 어느 유명한 문인이

　　그를 기리는 묘비명을 여기에 썼다

　　비록 이 세상이 잿더미가 된다 해도

　　불의 뜨거움 꿋꿋이 견디며

　　이 묘비는 살아 남아

　　귀중한 사료(史料)가 될 것이니

　　역사는 도대체 무엇을 기록하며

　　시인(詩人)은 어디에 무덤을 남길 것이냐

－김광규, 「묘비명(墓碑銘)」－

<br>

시도, 소설도 읽은 바 없이 행복하게 살다 간 어떤 이의 '훌륭한 비석'에 대한 이야기입니다. 그런데 어투가 조금 이상합니다. 그 비석이 귀중한 '사료'가 된다면, 역사는 무엇을 기록하고 시인은 어디에 무덤을 남겨야 하냐고 물어보고 있어요. '시인'에 대한 이야기라는 걸 파악하고 (다)의 내용을 끌고 오면, 이 작품에 '반어법'이 쓰였다는 것을 알 수 있겠네요. (다)선 시인들이 시를 통해 어떻게 살아가야 하는지를 이야기한다고 했는데, 이 시의 주인공은 시도 소설도 한 번 읽지 않은 사람이니까요. 그 사람이 행복하게 살고 훌륭한 비석을 남겼다고 평가받으면, 도대체 시인들은 어디에 무덤을 남겨야 하냐며 비판하는 주제를 가지고 있습니다. 꽤 어려웠지만, (다)를 적용하기에 어렵지 않았고 현대시의 클리셰적인 내용을 주제로 하고 있기 때문에 충분히 읽어낼 수 있었을 겁니다.

| 선지 | ① | ② | ③ | ④ | ⑤ |
|---|---|---|---|---|---|
| 선택률 | 7% | 5% | 50% | 6% | 32% |

## 205 (가)와 (나)의 공통점으로 가장 적절한 것은? ③

– 공통점 문제네요! 역시 거시적인 내용이 답이 될 가능성이 높다는 생각을 하면서 선지 판단을 해보도록 합시다.

① 청자를 명시적으로 설정하여 풍자적으로 비판하고 있다.

| 선지 유형 | 근거가 없어서 허용 불가능 |
|---|---|
| 실전에서의 판단 과정 | 청자를 설정한 적이 없는데? |
| 해설 | 둘 다 청자를 명시적으로 설정하지는 않았으니 바로 틀렸네요. 풍자적 '비판'이라는 반응은 (나)에서만 허용할 수 있겠구요. |

② 유사한 시구를 반복함으로써 화자의 의지를 강조하고 있다.

| 선지 유형 | 근거가 없어서 허용 불가능 |
|---|---|
| 실전에서의 판단 과정 | (나)에는 유사한 시구가 없는데? |
| 해설 | (가)는 '강 건너 갔소'라는 유사한 시구를 반복하고 있고 '의지'도 허용할 수 있겠지만('노래'가 의지를 가지고 있는데 '내 노래'라고 했으니 '나'='노래'라고 볼 수 있고, 이를 통해 '화자'도 의지를 가지고 있다고 할 수 있겠죠. 문학에서 'A의 B'와 같은 표현에서는 'A=B'로 볼 수 있다는 것. 기출에도 자주 나왔으니 알아 둡시다.) (나)에는 '유사한 시구'도 '화자의 의지'도 없네요. 나름대로 거시적인 선지여서 답이 될 가능성이 높아보였는데 답이 아니었네요. |

③ 시적 대상에 생명력을 부여하여 의지를 지닌 존재로 나타내고 있다.

| 선지 유형 | 근거가 있어서 허용 가능 |
|---|---|
| 실전에서의 판단 과정 | 노래는 가고 있고 묘비명은 불을 견디고 있네. |
| 해설 | 먼저 (가)부터 허용해봅시다. (가)에서는 '노래'에 '간다'라는 표현을 쓰면서 생명력을 부여하고 있습니다. '생명력 부여'라는 말은 생명을 가진 존재가 할 수 있는 행위를 하는 것처럼 표현했을 때 쓴다고 보시면 됩니다. 그리고 이와 같은 말이 바로 '의지 부여'예요. 생명력을 가지고 있다는 건, 무언가 할 수 있는 '의지'를 지닌다는 것과 같은 말이거든요. |

④ 다양한 이미지를 통해 자연의 모습을 감각적으로 드러내고 있다.

| 선지 유형 | 근거가 없어서 허용 불가능 |
| --- | --- |
| 실전에서의 판단 과정 | (나)에는 자연의 모습이 없네. |
| 해설 | 가장 유력한 답의 후보처럼 보였던 선지죠? 그런데 (가)에서는 자연의 모습이 나온다고 할 수 있는데, (나)에는 자연의 모습이 아예 나오질 않네요. 웬만하면 답이 되는 선지를 오답 처리한 것으로 보아 어렵게 내겠다는 의지가 보이는 문제였네요. |

⑤ 반어적 어조를 활용하여 현실에 대한 비판적 태도를 드러내고 있다.

| 선지 유형 | 근거가 없어서 허용 불가능 |
| --- | --- |
| 실전에서의 판단 과정 | (가)에는 반어적 어조가 없잖아. |
| 해설 | 이 문제의 오답률 1위 선지입니다. (나)는 사실 당시의 EBS 연계교재였는데, EBS를 열심히 공부한 학생들이 (나)에 있는 반어법을 보고 그냥 찍어 버렸어요. (나)는 허용되지만 (가)에서는 반어법이 드러나지 않죠? 이처럼 문학 문제를 풀 때 배경지식'만으로' 해결하는 습관은 매우 위험합니다. 우리가 배운 원칙을 최대한 이용해서 읽어낸 내용만으로 해결하려고 하셔야 합니다. |

| 선지 | ① | ② | ③ | ④ | ⑤ |
| --- | --- | --- | --- | --- | --- |
| 선택률 | 2% | 6% | 3% | 85% | 4% |

## 206 [A]의 관점에서 ㉠~㉤을 이해한 내용으로 적절하지 않은 것은? ④

– 각 표현을 보고 허용 가능성을 따지는 문제입니다. [A]가 〈보기〉의 역할을 하고 있으니, 그 안에 서술된 내용도 선지 판단의 근거로 사용하면서 풀어주셔야 해요!

① ㉠ : 극한의 추위를 드러내는 시간적 배경을 제시하여, 화자나 인물이 처한 상황을 드러내고 있다.

> 섣달에도 보름께 달 밝은 밤
> ㉠앞내강 쨍쨍 얼어 조이던 밤에
> 내가 부른 노래는 강 건너 갔소

| 선지 유형 | 근거가 있어서 허용 가능 |
| --- | --- |
| 실전에서의 판단 과정 | 쨍쨍 얼면 극한의 추위지. |
| 해설 | 앞내강이 쨍쨍 얼어 조인다고 했으니 '극한의 추위'를 허용할 수 있겠네요. 나아가 '노래'는 '나'와 동일시되는 대상이라고 했으니, '화자나 인물'이 처한 상황이라는 말도 쉽게 허용할 수 있겠습니다. |

② ㉡ : 현실의 모습을 사막으로 표상하여, 화자나 인물이 직면하게 될 공간적 배경을 드러내고 있다.

> ㉡강 건너 하늘 끝에 사막도 닿은 곳
> 내 노래는 제비같이 날아서 갔소

| 선지 유형 | 근거가 있어서 허용 가능 |
| --- | --- |
| 실전에서의 판단 과정 | 사막이라는 공간에 노래가 갔으니 허용되네. |
| 해설 | [A]에 따르면 시는 '현실'을 반영할 수 있습니다. 이를 근거로 하면 공간적 배경인 '사막'을 '현실'이라 부르는 것은 큰 문제가 없을 것이고, 그 공간은 '나'와 동일시되고 있는 '노래'가 날아서 갈 곳과 연결되어 있으니 충분히 허용할 수 있겠네요. |

③ ㉢: 죽음의 상황을 가정하여, 화자에게 닥친 일상적
현실이 절망적인 상황임을 노래에 투영하여 드러내고
있다.

---

못 잊을 계집애 집조차 없다기에
가기는 갔지만 어린 날개 지치면
㉢ 그만 어느 모래불에 떨어져 타서 죽겠죠.

---

| 선지 유형 | 근거가 있어서 허용 가능 |
| --- | --- |
| 실전에서의 판단 과정 | 죽으면 절망적이지. |
| 해설 | '죽겠죠'라는 직접적인 표현을 근거로 '죽음의 상황 가정'을 허용할 수 있겠고, 마찬가지의 근거로 '절망적인 상황'이라는 것도 허용할 수 있겠죠. 나아가 [A]의 내용을 근거로 하면, 지금 이 모든 것들은 이 시에서 반영하고 있는 '일상적 현실'이라고 할 수 있겠습니다. |

④ ㉣: 자연물에 대한 화자의 태도 변화를 통해, 일상적
현실이 희망적으로 바뀌었음을 보여 주고 있다.

---

사막은 끝없이 푸른 하늘이 덮여
㉣ 눈물 먹은 별들이 조상* 오는 밤

* 조상 : 남의 죽음에 대하여 슬퍼하는 뜻을 드러내어 위문함.

---

| 선지 유형 | 근거가 없어서 허용 불가능 |
| --- | --- |
| 실전에서의 판단 과정 | 태도가 어떻게 바뀌었는데? |
| 해설 | 태도 변화? 태도 변화라면 '반응'이 변했다는 건데 그건 절대 허용할 수 없겠죠. 반응이 변했다는 걸 허용하려면 명시적으로 제시되거나 최소한 어떠한 반응이 나오기라도 해야겠죠. ㉣은 그냥 '밤'이라는 '상황'만 제시하고 있으니 '태도 변화'는 절대 허용할 수 없습니다. 심지어 '조상'을 오고 있는데 '희망적'이라니요! 시의 내용은 굉장히 어려웠지만, 선지를 판단하는 것은 그리 어렵지 않네요. |

⑤ ㉤: 밤과 무지개의 이미지를 대응시켜, 화자가 추구하
는 당위적 진실에 대한 소망을 담아내고 있다.

---

㉤ 밤은 옛일을 무지개보다 곱게 짜내나니
한 가락 여기 두고 또 한 가락 어디멘가
내가 부른 노래는 그 밤에 강 건너 갔소.

| 선지 유형 | 근거가 있어서 허용 가능 |
| --- | --- |
| 실전에서의 판단 과정 | 밤과 무지개 대응한 거 맞고, 당위적 진실 반영한 다고 했으니 뭐 맞겠지. |
| 해설 | 사실 실전에서 완벽하게 지워내기는 쉽지 않은 선지입니다. 이럴 땐 '실전에서의 판단 과정' 정도로만 정리하고, 답인 게 확실한 4번 선지를 고르고 넘어갈 수 있어야 해요.<br><br>그럼 제대로 한 번 풀어볼까요? 일단 천천히 ㉤을 독해해봅시다. 이에 따르면, '밤'은 '옛일'을 '곱게' 짜낼 수 있다고 합니다. '곱게'라는 말을 근거로 하면, 이때의 '옛일'은 무언가 '아름다운 추억' 정도를 의미한다고 할 수 있겠죠. 그런데 이걸 '무지개'라는 아름다운 것보다 더 '곱게' 짜낼 수 있다고 합니다. '옛일'이 꽤나 아름다운 것인가 봅니다. 이러한 독해의 결과를 근거로 하면, '밤'이라는 어두운 이미지와 '무지개'라는 밝은 이미지가 '대응'된다는 것은 충분히 허용할 수 있겠습니다.<br><br>그렇다면 이때의 '옛일'은 무엇을 의미할까요? 역시 지문의 맥락을 바탕으로 '독해'하면, 이 작품 속에서 '옛일'이라고 부를 만한 것은 '노래가 강을 건너 가는 것'밖에 없다고 볼 수 있습니다. 따라서 '밤'은 '노래가 강을 건너 가는 일'을 짜내는 상황이 되는 것입니다. 심지어 ㉤ 이후에서도 화자가 부른 '노래'는 강을 건너 가고 있네요. '옛일'을 반복하는 것이죠!<br><br>이때, [A]에서는 화자가 시를 통해 지향하는 '당위적 진실'을 반영할 수도 있다고 했습니다. 그런데 화자가 '노래가 강을 건너 가는 것'이라는 상황을 반복해서 이야기하고 있다는 것에 주목하면, 이 상황이 바로 화자가 지향하는 '당위적 진실'이라고 할 수 있겠습니다. 즉, 화자는 ㉤에서 '밤'과 '무지개'의 이미지를 대응시키며 '옛일'(=노래가 강을 건너 가는 것)이라는 '당위적 진실'의 아름다움을 강조하고, '밤'이 계속 이 '당위적 진실'을 짜내면서 현실화시키기를 '소망'하고 있는 것이었습니다. 열심히 독해했더니 충분히 허용할 수 있겠네요.<br><br>조금 어려웠죠? 하지만 이 선지를 판단하는 과정에서 문학적 지식 등을 하나도 활용하지 않았다는 점에 주목하셔야 합니다. [A]의 도움을 바탕으로, 객관적인 '독해력'만을 활용한 사고과정이에요. 문학이 어려워지면 이렇게 어려워지는 것입니다. 계속해서 연습해보도록 합시다. |

| 선지 | ① | ② | ③ | ④ | ⑤ |
|---|---|---|---|---|---|
| 선택률 | 5% | 6% | 19% | 9% | 61% |

**207** (다)를 참고하여, (가)의 |노래|와 (나)의 |묘비명|을 이해한 것으로 적절하지 <u>않은</u> 것은? [3점] ⑤

– 이 문제에서 사용되는 (다)의 내용상 핵심은 시인이 생각하는 '있는 그대로의 현실'과 '있어야 하는 현실'을 파악하는 것입니다. 이는 각 시인의 가치관이나, 추구하는 삶의 방향에 대한 이야기죠. 이를 바탕으로 허용 가능성을 판단해 나가면 되겠습니다.

① '노래'가 시를 표상한다면, 이 '노래'는 (가)를 쓴 시인 자신이 추구하는 바람직한 삶의 방향을 반영하고 있다고 할 수 있겠군.

| 선지 유형 | 근거가 있어서 허용 가능 |
|---|---|
| 실전에서의 판단 과정 | 노래가 시라면 바람직한 삶이라고 할 수 있겠지. |
| 해설 | (다)의 2문단에서, '시에 대한 시 쓰기' 형식을 사용하는 경우 '시'를 '노래'로 표현하는 경우가 많다고 했습니다. 선지의 표현대로 '노래'가 시를 표상한다고 가정하면, 이는 화자가 '시에 대한 시 쓰기'를 한 것이라고 할 수 있겠죠. 이런 상황에서 '시'는 화자가 생각하는 바람직한 삶의 방향을 내포한다고 볼 수 있습니다. 그렇다면 '시=노래'가 저런 역할을 한다는 건 쉽게 허용할 수 있겠네요.<br><br>이렇게 푸는 게 엄밀하지만, 실제 시험장에선 '실전에서의 판단 과정'처럼 가볍게 허용하고 넘어가시면 됩니다. 선지 자체가 딱히 틀린 말이 없는 것처럼 보이니까요. |

② '노래'가 시를 표상한다면, 이 '노래'는 시가 '집조차 없'는 처지에 있는 이의 삶에 다가서야 한다는, (가)를 쓴 시인의 관점을 드러내고 있겠군.

| 선지 유형 | 근거가 있어서 허용 가능 |
|---|---|
| 실전에서의 판단 과정 | 노래에 시인의 관점이 녹아 있다고 했지. |
| 해설 | 화자가 생각하는 바람직한 삶을 담고 있는 '노래'가 집조차 없는 계집애에게 '갔다'고 했으니, 이를 근거로 저러한 이들에게 다가서야 한다는 화자의 관점을 충분히 허용할 수 있겠죠. 이런 해석을 지문을 읽으면서 바로 하는 것은 매우 어렵지만, 이 해석을 보고 '나쁘지 않네~'는 할 수 있어야 합니다. 이런 선지 '평가의 태도'가 핵심입니다. |

③ '묘비명'이 시를 표상한다면, 이 '묘비명'은 (나)를 쓴 시인 자신이 추구하는 삶과는 거리가 있는 사람의 인생을 반영하고 있겠군.

| 선지 유형 | 근거가 있어서 허용 가능 |
|---|---|
| 실전에서의 판단 과정 | 묘비명의 주인공을 비판했지. |
| 해설 | '묘비명'의 주인공을 비판하고 있었으니 허용할 수 있겠네요. '반어적 표현'을 잡지 못했으면 해결하기 어려웠을 것이에요.<br><br>여기서 조금만 더 자세히 설명해보겠습니다. 1번, 2번 선지와 마찬가지로, 여기서도 '시'를 '묘비명'이라는 '여러 갈래의 글'로 표상하고 있는 모습입니다. 그렇다면 해당 선지는 (나)가 '시에 대한 시 쓰기'를 수행하고 있다는 가정하에 판단하라는 의미를 담고 있겠네요. 그렇다면 '묘비명' 역시 화자가 '바람직한 삶의 방향'이라고 생각하는 것을 내포하고 있을 것이고, 이는 곧 '저런 묘비명의 주인이 되면 안 돼.'라는 생각을 담고 있다는 생각으로 이어진다고 볼 수 있겠습니다. 실전이 아닌 공부하는 과정에서는 이렇게까지 생각할 수 있으면 좋겠어요! 발문에서 (다)를 참고하라고 했으니까요. |

④ '묘비명'이 시를 표상한다면, 이 '묘비명'은 (나)를 쓴 시인이 시 쓰기를 통해 '무엇을 기록'해야 하는지에 대해 자기 성찰을 하게 되는 계기라 할 수 있겠군.

| 선지 유형 | 근거가 있어서 허용 가능 |
|---|---|
| 실전에서의 판단 과정 | 저런 묘비명이 쓰이면 안 된다고 이야기하는 것이지. |
| 해설 | 3번 선지와 이어지는 내용입니다. '묘비명'은 '바람직한 삶의 방향'을 담고 있는 것으로, 어떤 내용을 기록해야 하는지에 대한 화자의 자기 성찰을 담고 있다고 할 수 있는 것이에요. |

⑤ '묘비명'이 시를 표상한다면, 이 '묘비명'은 <u>한 줄의 시조차 읽지 않아도 '행복하게 살' 수 있다는, (나)를 쓴 시인의 관점을 드러내는 소재라 할 수 있겠군.</u>

| 선지 유형 | 근거가 있어서 허용 불가능 |
|---|---|
| 실전에서의 판단 과정 | 주제와 반대되는 이야기잖아. |
| 해설 | 답은 상당히 쉽게 나왔네요. 한 줄의 시조차 읽지 않고 행복하게 살다 간 사람을 비판하는 것이 이 시의 주제입니다. 주제와 반대되는 이야기를 하고 있으니, 가볍게 답으로 골라내면 되겠어요. |

> (가)
>
> 섣달에도 보름께 달 밝은 밤
> 앞내강 쨍쨍 얼어 조이던 밤에
> 내가 부른 노래는 강 건너 갔소
>
> 강 건너 하늘 끝에 사막도 닿은 곳
> 내 노래는 제비같이 날아서 갔소

화자가 처한 상황은 '달 밝은 밤'입니다. 그런데 '앞내강'이 '쨍쨍 얼어 조'인다고 한 것을 보니, 정확히는 '겨울밤'이라고 할 수 있겠네요. 이러한 '겨울밤'에 화자가 부른 '노래'가 강을 건너 갔다고 합니다. 무슨 말인지 알 수가 없습니다. '겨울밤에 노래가 강을 건너 갔다.'는 객관적인 상황만 정확하게 체크합시다.

그리고 이 '노래'가 간 곳은 '강 건너 하늘 끝에 사막도 닿은 곳'입니다. 굉장히 멀리 날아간 것 같아요. 마치 '제비'처럼 말이죠.

> 못 잊을 계집애 집조차 없다기에
> 가기는 갔지만 어린 날개 지치면
> 그만 어느 모래불에 떨어져 타서 죽겠죠.

'~다기에'라는 표현이 쓰였습니다. 이는 특정한 행동을 하게 된 '원인'을 의미하는 것인데, 지금까지 나온 행동이라 하면 '노래가 강을 건너 멀리 가는 것'밖에 없었어요. 이를 연결하면, 화자의 '노래'가 '강을 건너 멀리 가는 것'은 '못 잊을 계집애'가 '집조차 없다'고 했기 때문입니다. 아주 자연스럽게 '못 잊을 계집애'를 '위로'하는 것이라고 생각할 수 있겠죠? 화자가 가진 '노래'는 이렇게 강력한 힘을 가지는 것이었습니다.

그런데 이 '노래'가 가진 '날개'는 어리다고 합니다. 이 날개가 지치면, '모래불'에 떨어져 타서 죽을 것이라고 해요. 이때 '모래불'은 앞에서 말한 '사막'에 있는 것이라고 할 수 있겠죠? '노래'는 '계집애'를 위해 열심히 날아가다가 그만 '사막'에 떨어져 타 죽을 운명이었습니다.

> 사막은 끝없이 푸른 하늘이 덮여
> 눈물 먹은 별들이 조상* 오는 밤
>
> * 조상 : 남의 죽음에 대하여 슬퍼하는 뜻을 드러내어 위문함.

이러한 '사막'에는 '푸른 하늘'이 덮이고, '눈물 먹은 별들'은 '조상'을 옵니다. 이때 '별들'이 '조상'하는 대상은 '노래'라고 할 수 있겠죠? 바로 앞에서 '노래'가 불에 타서 죽었다고 했으니까요. '계집애'를 위로하기 위해 희생한 '노래'를 '조상'하는 것은 자연스럽다고 할 수 있겠습니다.

> 밤은 옛일을 무지개보다 곱게 짜내나니
> 한 가락 여기 두고 또 한 가락 어디멘가
> 내가 부른 노래는 그 밤에 강 건너 갔소.
>
> -이육사, 「강 건너간 노래」-

1연에서부터 이야기했듯이, 현재 화자가 처한 상황은 '겨울밤'이었어요. 그런데 이러한 '밤'은 '옛일'을 짜낸다고 합니다. 일단 '옛일'을 짜낸다는 것은 마치 옷을 만드는 것처럼 '옛일'을 눈앞에 펼쳐내는 것이라고 할 수 있겠습니다. 화자에 따르면 '밤'은 이러한 '옛일'을 무려 '무지개'보다도 더 '곱게' 짜낸다고 하네요. '밤'이 가지고 있는 힘이 엄청나게 강력한 것 같습니다.

그런데 이 작품에서 '옛일'이라고 할 만한 것은, '노래'가 강을 건너 가다가 '모래불'에 떨어져 타서 죽은 것밖에 없습니다. 화자는 '밤'이 이러한 '옛일'을 '곱게' 짜낸다고 생각하고 있는 것이에요. 이게 도대체 무슨 의미일까요?

조금 더 읽어보니, 화자는 '한 가락'을 '여기' 두고 또 '한 가락'이라는 '노래'를 강 건너 보내고 있습니다. 이제 조금 확실하게 이해가 되는 것 같습니다. '밤'은 '옛일'을 아주 '곱게' 짜낼 수 있기 때문에, '한 가락'을 여기 두면 '밤'이라는 시간이 '강 건너 가는 것'이라는 '옛일'이 반복되게 할 수 있는 것이었어요. 따라서 화자는 '한 가락'이라는 재료를 남겨둔 채, 계속해서 '노래'가 강을 건너 가게끔 하는 것입니다. 즉, '옛일'을 반복하는 것이죠.

그렇다면 화자는 왜 이렇게 '옛일'을 반복하는 것일까요? 당연히 그 '옛일'이 계속해서 반복되기를 '바라기' 때문이겠죠. '이육사'라는 이름을 바탕으로 외부 정보를 조금만 넣으면, 우리 조선 민족(=계집애)을 위해서라도 독립운동(=옛일)을 멈출 수 없다는 주제를 가지고 있다고 볼 수도 있겠습니다. 굉장히 어려운 작품이었지만, 결국 철저하게 지문 속 어휘들의 일상적 표현을 바탕으로 '독해'할 수 있었어요.

(나)

　한 줄의 시(詩)는커녕
　단 한 권의 소설도 읽은 바 없이
　그는 한평생을 행복하게 살며
　많은 돈을 벌었고
　높은 자리에 올라
　이처럼 훌륭한 비석을 남겼다

‘그’에 대한 시입니다. ‘그’는 ‘한 줄의 시’, ‘한 권의 소설’도 읽은 바 없이 ‘행복하게’, ‘많은 돈을 벌’고, ‘높은 자리에 올’랐다고 합니다. 이 정도 지위를 가진 사람이었다면, 죽어서 ‘훌륭한 비석’을 남길 수 있겠죠.

그런데 일반적인 현대시의 생산 메커니즘을 생각하면, 이때의 ‘그’는 결코 바람직한 삶을 살았다고 볼 수 없습니다. ‘시’와 ‘소설’, 즉 ‘문학’의 가치를 제대로 누리지 못했으니까요. 결국 화자는 ‘그’를 비판하고 있는 것이었습니다. 이때의 ‘훌륭한’은 반어적 표현이었어요.

　그리고 어느 유명한 문인이
　그를 기리는 묘비명을 여기에 썼다

아이러니하게도, 문학과는 담을 쌓고 살았던 ‘그’를 위해 ‘유명한 문인’이 ‘묘비명’을 써 주었다고 합니다. 전반적인 주제 의식을 고려하면, 이때의 ‘유명한’이라는 표현도 비아냥이 섞인 반어적 표현이라고 할 수 있겠네요. 기본적인 현대시의 생산 메커니즘을 바탕으로 이러한 생각을 할 수 있어야 합니다.

　비록 이 세상이 잿더미가 된다 해도
　불의 뜨거움 꿋꿋이 견디며
　이 묘비는 살아 남아
　귀중한 사료(史料)가 될 것이니

이 세상이 ‘잿더미’가 되어도 ‘묘비’는 꿋꿋이 살아 남을 것이라고 합니다. 문맥상 ‘잿더미’가 된다는 것은 문학이 설 자리를 잃은 세상을 의미한다고도 볼 수 있겠죠? 이러한 상황에서 ‘훌륭한 사람’이었던 ‘그’의 묘비는 당연히 살아남을 것이고, ‘귀중한 사료’가 되어 역사에 이름을 남길 것입니다.

　역사는 도대체 무엇을 기록하며
　시인(詩人)은 어디에 무덤을 남길 것이냐

　　　　　　　-김광규, 「묘비명(墓碑銘)」-

이 작품의 진짜 주제가 제시되고 있습니다. 화자는 정말로 이러한 상황이 된다면, ‘역사’는 기록할 것이 없고 ‘시인’은 무덤을 남길 곳이 없다고 합니다. 문학과 함께 하지 않은 삶은 ‘기록’할 가치가 없는 삶이고, ‘시인’이 무덤을 남길 자리가 마련되어야 한다는 화자의 생각이 잘 드러나는 부분이네요. 여기를 읽으면서라도 이 작품에 ‘반어적 표현’이 쓰였다는 것을 알 수 있으면 좋겠습니다.

몰랐던 어휘 정리하기

| 핵심 point |

① **허용 가능성 평가** : 선지의 내용을 ‘허용’하려는 태도를 바탕으로 지문을 ‘독해’하며 ‘근거’를 찾아야 합니다. 허용할 수 있는 ‘근거’가 있어야만 허용할 수 있습니다. 주관적인 생각을 개입시키면 안 됩니다.

② **비평문** : 기본적으로 〈보기〉처럼 활용하되, 독서 지문처럼 제시되는 경우에는 지문의 ‘화제’ 중심으로 빠르게 읽어나가면 됩니다. 이때 단독 문제가 있다면 미리 해결하고 가는 것도 잊지 마세요.

③ **현대시 독해** : 〈보기〉의 도움 등을 통해 ‘주제’ 위주로, 그리고 일상 언어의 감각으로 읽어내면 됩니다. 현대시도 읽을 수 있는 하나의 글입니다.

| 지문 내용 총정리 |

(가)의 내용을 이해하기도, (나)의 ‘반어적 표현’을 끌어내기도 어려웠지만 ‘객관적인 요소를 통해 허용 가능성을 평가한다.’라는 대원칙은 여전히 지켜진 지문이었네요. 시험장에서 시가 읽히지 않더라도, 당황하지 않고 객관적인 요소 위주로 독해하며 풀어나가는 태도! 잊지 맙시다.

〈보기〉 확인

> ―――――――[보기]―――――――
> 이 소설의 서술자인 성인 '나'는 주로 세 가지 서술 방식을 활용한다. 첫째는 서술자가 등장인물의 내면 심리나 사건을 설명하는 것이다. 이 경우 독자는 서술자의 해석을 통해 사건을 이해하게 된다. 둘째는 서술자가 인물의 외양이나 행위만을 묘사하는 것이다. 이 경우 독자는 그 묘사가 갖는 의미를 스스로 해석해야 한다. 셋째는 서술자가 유년 '나'로 시선을 제한하여 유년 '나'의 눈에 보이는 다른 인물의 외양이나 행위를 묘사하는 것이다. 이 경우 독자는 사건의 현장을 직접 보는 듯한 느낌을 가질 수 있으며, 둘째 방식에서처럼 그 묘사에 대해 해석해야 한다. 셋째 방식에 유년 '나'의 심리가 함께 서술되면 독자는 인물의 심리에 쉽게 공감하게 된다.

지문의 주제 자체를 알려주지는 않지만, '성인'과 '유년'이라는 표현을 통해 '나'의 과거 이야기가 나올 것임을 파악할 수 있겠습니다. 여러 서술 방식이 나온다고는 하는데, 이를 전부 체크하는 건 어렵겠죠? '나'라는 주인공에게 공감할 준비하면서 읽어봅시다.


지문 독해

> **한 평도 채 안 되는 구멍가게**는 중풍으로 쓰러져 정상적 건강 상태가 아니었던 아버지의 유일한 수입원이자 생존 이유였다. 때문에 그 구멍가게에 대한 아버지의 몰두와 자존심은 각별했다.

'구멍가게'라는 공간에서 일어나는 일입니다. 그곳은 '아버지'가 몰두와 자존심이라는 심리를 보이는 곳이에요. 이러한 심리의 근거는 안 좋은 '건강'으로도 돈을 벌 수 있는 유일한 '수입원'이었기 때문이죠? 현대소설답게, 무언가 우울한 이야기로 시작되는 것 같습니다.

> **한번**은 내가 아버지가 가게를 잠깐 비운 사이에 곁에 허연 인공 설탕 가루를 묻힌 '미키대장군'이라는 캐러멜을 하나 아무 생각 없이 널름 집어먹은 적이 있었다. 하나에 이 원, 다섯 개에 십 원이었다. 잠시 뒤에 돌아온 아버지는 단박에 그 사실을 알아채고는 불같이 화를 내며

내 목덜미에 당수를 한 대 세게 내려 꽂는 것이었다. 그 캐러멜 갑 안에 미키대장군이 몇 개 들어 있는지조차 훤히 꿰차고 있는 아버지였다.

— 이런 민한 종간나래! 얌생이처럼 기러케 쏠라닥질을 허자면 이 가게 안에 뭐이가 하나 제대로 남아나겠니, 응?

그러고 나서는 좀 머쓱했는지 입이 한 발쯤 튀어나와 뾰로통해서 서 있는 내게 미키대장군 네 개를 집어 내미는 거였다. 어차피 짝이 맞아야 파니까, 하면서 억지로 내 손아귀에 쥐어 주었다. 나는 그 무허가 불량 식품인 캐러멜 네 개가 끈끈하게 녹아내릴 때까지 먹지 않고 쥔 채 서 있었다.

— 닐큼 털어 넣지 못하겠니, 으잉?

목덜미에 아버지의 가벼운 당수를 한 대 더 얹은 다음에야 한입에 털어 넣고 돌아서서 나왔다. 아버지도 가게 일을 수월하게 보려면 잔심부름꾼인 나를 무시하고는 아쉬울 때가 많을 터였다. 워낙 짧은 밑천으로 가게를 꾸려 가자니 아버지는 물건 구색을 맞추느라 하루에도 많을 때는 세 번까지 시장통 도매상으로 정부미 포대를 거머쥐고 종종걸음을 쳐야 했고, 막내인 나는 번번이 아버지의 뒤로 팔을 늘어뜨린 채 졸졸 따를 수밖에 없었다.

그러다 '나'가 등장하여 하나의 에피소드를 들려줍니다. 가게에 있던 캐러멜을 하나 먹었는데, 아버지는 그 사실을 알고 엄청 화를 내면서 '나'를 때립니다. '나'는 캐러멜 하나 먹었다가 엄청 혼나서 뾰로통해 있는데, 곧 아버지는 캐러멜을 쥐어주며 '나'를 어설프게 달래려 하네요. 이 에피소드 속에 밑줄 친 다양한 심리들과 그 근거들은 체크하고 계시죠? 이 인물은 왜 이런 행동을 하고, 왜 이런 심리를 보이는지 계속해서 생각하셔야 합니다! 내용 자체가 어렵지는 않아요. 현대소설의 기본적인 클리셰인 '빈곤층 이야기'로 제시되고 있습니다. 이들은 대부분 비참한 결말을 맞이할 거예요. '아버지'와 '나'도 안타깝지만 팔자를 고치거나 하지는 못할 겁니다. 이렇게 예상하면서 계속 읽어보도록 해요.

> 그땐 그게 죽도록 싫었다. 하마 시장통에서 야구 글러브를 끼거나 조립용 신형 무기 장난감 상자를 든 반 친구를 만나거나, 심지어 과외나 주산 학원을 가는 여자아이들을 만나는 날에는 정말 그 자리에서 혀를 빼물고 죽고 싶은 생각뿐이었다.

'나'는 아버지의 구멍가게 일을 돕는 게 엄청 부끄러웠나봐요. 도매상에 가는 아버지를 따라가다 조금 더 여유로운 친구들을 만나

면 죽고 싶은 생각까지 들 정도로요. '나'의 어린 마음을 생각하면 어렵지 않게 이해할 수 있겠죠?

(중략)

**어느** 날이었다. 아버지와 나는 앞서거니 뒤서거니 하면서 그 정부미 자루를 날라 왔다. 그런데 **집**에 도착해 한숨을 돌린 뒤 자루를 풀고 물건을 정리해 보니 스무 병이 와야 할 소주가 두 병이 모자란 채 열여덟 병만 온 것이었다.

아버지의 얼굴은 <u>맞보기가 민망할 정도로</u> 금세 하얗게 질렸다. 〈왜냐하면 그 덜 온 두 병을 빼고 나면 나머지 것들을 몽땅 팔아 봤자 결국 본전치기일 뿐이었기 때문이다.〉 아버지는 내 등을 떼밀어 물건을 받아 온 수도 상회의 혹부리 영감한테 내려 보냈다. 〈아버지는 말주변도 말주변이었지만 중풍 후유증 때문에 약간의 언어 장애가 있어 일부러 나를 보냈던 것이다.〉

그러다 새로운 에피소드가 등장합니다. 와야 할 소주가 두 병 덜 온 사건이었죠. 이는 생계 유지라는 가게 운영의 목적을 달성하지 못하게 한다는 점에서 굉장히 큰일이었어요. 전형적인 현대소설의 클리셰를 따라, 비참한 현실만이 '아버지'와 '나'를 기다리고 있습니다.

말을 잘 못하는 '아버지'는 '혹부리 영감'에게 '나'를 보내고 있습니다. '아버지'도 그러고 싶지 않았을 텐데 자신의 장애 때문에 자식을 고생시켜야 하니 마음이 많이 아팠을 것 같아요. 거기에 어린아이에 불과한 '나'가 느꼈을 두려움과 긴장감도 장난이 아니었을 것이구요. 이렇게 여러 가지 '심리 및 행위의 근거들' (〈 〉 표시한 부분들)을 바탕으로 인물에게 완벽하게 공감할 수 있어야 합니다.

— 뭐 하러 왔네?

가게 안에 북적거리는 손님들에게 셈을 치러 주느라 몇 번이고 주판알을 고르는 데 바쁜 혹부리 영감의 눈길을 잡아 두는 데 성공한 나는 더듬더듬 자초지종을 말했다. 그러나 〈귓등에 연필을 꽂은 채 심술이 덕지덕지 모여 이뤄진 듯한 왼쪽 이마빡의 눈깔 사탕만 한 혹을 어루만지며 듣던 혹부리 영감은 풍기 때문에 왼쪽으로 힐끗 돌아간 두터운 입술〉을 떠들쳐 굵은 침방울을 내 얼굴에 마구 튀겼다. 애초 자기 눈앞에서 까 보이지 않은 것은 인정할 수 없다며 막무가내였다. 나중엔 아버지까지 함

께 내려가서 하소연을 해 봤지만 돌아온 대답은 정 그렇게 우기면 거래를 끊겠다는 협박성 경고뿐이었다. 거래가 끊긴다면 아버지한테는 큰 타격이 아닐 수 없었다.

〈 〉 표시된 부분처럼 딱 봐도 나쁘게 생긴 '혹부리 영감'은 '나'의 이야기를 제대로 듣지도 않고 믿을 수 없다며 화를 내고 있습니다. 심지어 거래를 끊어버리겠다는 협박까지도 하네요. 현대소설에서 나타나는 전형적인 강자의 횡포입니다. 약자는 언제나 고통받을 뿐이에요.

혹부리 영감은 아버지한테 <u>무슨 큰 특혜를 내려 주듯이 거래를 터 준다고 허락을 놓았었다.</u> 같은 함경도 동향이기 때문이라는 말을 덧붙이면서. 하긴 혹부리 영감한테는 매번 소주 열 병 안짝에다 새우깡 열 봉지, 껌 대여섯 개, 빵 예닐곱 개 등 일반 소매 가격 구매자보다 더 많은 물건을 떼어 가지도 않으면서 부득부득 도맷값으로 해 달라고 통사정을 해 쌓는 아버지 같은 사람 하나쯤 거래를 끊어도 장부상 거의 표가 나지 않을 것이었다.

결국 아버지는 <u>자신의 과오를 인정하지 않을 수 없었다.</u> 당신의 자그마한 구멍가게로 돌아와 나머지 열여덟 병의 소주를 넋 나간 사람처럼 쓰다듬던 아버지는 기어코 아들인 내 앞에서 <u>눈물을 보이고 말았다.</u> 아! 아버지…….

－김소진, 「자전거 도둑」－

을인 '아버지'는 '혹부리 영감'에게 따질 수 있는 처지가 아닙니다. '혹부리 영감'은 당연한 '아버지'의 권리도 '큰 특혜'처럼 이야기하면서 갑질을 하고 있네요. 결국 소주 개수를 '혹부리 영감' 앞에서 확인하지 않은 자신의 '과오'라고 인정할 수밖에 없는 '아버지'는, 아들 앞에서 눈물을 보이고 맙니다.

전체적으로는 산업화와 도시화가 이루어진 사회에서 제대로 적응하지 못하고 가난하게 살았던 계층의 모습을 다루는 현대소설로 이해할 수 있겠습니다.

| 선지 | ① | ② | ③ | ④ | ⑤ |
|------|------|------|------|------|------|
| 선택률 | 90% | 2% | 4% | 2% | 2% |

## 208 윗글에 대한 이해로 가장 적절한 것은? ①

① 혹부리 영감의 위협적인 경고 때문에, 아버지는 혹부리 영감의 주장을 따를 수밖에 없었다.

| 선지 유형 | 근거가 있어서 허용 가능 |
|------|------|
| 실전에서의 판단 과정 | 갑질에 제대로 당한 거지. |
| 해설 | 두 번째 에피소드를 이해했는지 물어보고 있습니다. 거래를 끊는다는 '위협적인 경고' 때문에, '아버지'는 아무 말도 못하고 그냥 눈물을 흘릴 수밖에 없었죠. 이런 문제는 단순히 맞히는 것보다도 '빠르게' 맞히는 것이 중요합니다. 지문으로 돌아가고 말고 할 문제가 아니에요. |

② 아버지는 소주 두 병을 덜 받아 왔기 때문에 곤란했지만, '나'에게 당황한 내색을 하지 않았다.

| 선지 유형 | 근거가 있어서 허용 불가능 |
|------|------|
| 실전에서의 판단 과정 | 얼굴이 하얗게 질렸다며. |
| 해설 | '맞보기가 민망할 정도로 하얗게 질린' 심리, 그리고 그 뒤에 나오는 그 '근거'를 통해 내용을 이해했다면, 역시 바로 지울 수 있는 선지네요. |

③ 아버지는 '나'의 잘못을 묵인했지만, 혹부리 영감과의 잘못된 거래는 바로잡으려 노력했다.

| 선지 유형 | 근거가 있어서 허용 불가능 |
|------|------|
| 실전에서의 판단 과정 | 나한테 엄청 화냈잖아. |
| 해설 | 아버지는 첫 번째 에피소드에서 '나'의 잘못을 묵인하기는커녕 불같이 화내는 모습을 보였습니다. 이를 근거로 하면 절대로 허용할 수 없겠네요. 물론 두 번째 에피소드에서 '혹부리 영감'에게 가서 하소연을 하는 등 거래를 바로잡으려는 노력을 했다는 점은 충분히 허용할 수 있겠죠? |

④ 혹부리 영감은 가게 일로 바빴지만, '나'의 자초지종을 듣고 마지못해 '나'의 염려를 덜어 주었다.

| 선지 유형 | 근거가 있어서 허용 불가능 |
|------|------|
| 실전에서의 판단 과정 | 혹부리 영감은 나한테 아무 관심이 없었는데? |
| 해설 | 잘못된 거래였음에도 되려 화를 내며 '나'와 '아버지'를 몰아 붙였죠? '혹부리 영감'의 갑질을 파악했다면 절대 허용할 수 없는 선지입니다. |

⑤ 아버지는 '나'의 도움이 필요했기에, 친구들의 시선을 의식하여 우울해 하는 '나'를 기분 좋게 하려 노력했다.

| 선지 유형 | 근거가 없어서 허용 불가능 |
|------|------|
| 실전에서의 판단 과정 | 아버지가 나를 위해 해 준 게 딱히 없는데? |
| 해설 | '아버지'가 '나'의 도움이 필요했던 것도 맞고, 친구들의 시선을 의식해서 '나'가 우울해 했던 것도 맞지만, 그런 '나'를 기분 좋게 하려고 '아버지'가 노력한 장면은 없습니다. '아버지'는 생존 외에는 아무것도 관심이 없었어요. |

| 선지 | ① | ② | ③ | ④ | ⑤ |
|------|------|------|------|------|------|
| 선택률 | 2% | 4% | 3% | 8% | 83% |

## 209 윗글을 감상한 내용으로 적절하지 <u>않은</u> 것은? ⑤

① '한 평도 채 안 되는 구멍가게'를 각별한 애정으로 운영하던 아버지에 대한 기억은, '나'에게 아버지의 '생존 이유'를 짐작하게 했겠어.

> 한 평도 채 안 되는 구멍가게는 중풍으로 쓰러져 정상적 건강 상태가 아니었던 아버지의 유일한 수입원이자 생존 이유였다. 때문에 그 구멍가게에 대한 아버지의 몰두와 자존심은 각별했다.

| 선지 유형 | 근거가 있어서 허용 가능 |
|------|------|
| 실전에서의 판단 과정 | 구멍 가게를 지키는 게 생존의 이유였던 거지. |
| 해설 | '아버지'가 '구멍가게'를 각별한 애정으로 운영하던 모습을 본 '나'는 그것이 아버지의 유일한 '수입원'이자 '생존 이유'라고 생각합니다. |

② '캐러멜'을 먹었다고 화를 냈다가 남은 '캐러멜'을 '나'의 손에 쥐어 준 아버지에 대한 기억은, '나'에게 아버지가 속마음을 드러내는 데 서툰 사람이라고 생각하게 했겠어.

> 한번은 내가 아버지가 가게를 잠깐 비운 사이에 곁에 허연 인공 설탕 가루를 묻힌 '미키대장군'이라는 <u>캐러멜</u>

을 하나 아무 생각 없이 널름 집어먹은 적이 있었다.

(중략)

—이런 민한 종간나래! 얌생이처럼 기러케 쏠라닥질을 허자면 이 가게 안에 뭐이가 하나 제대로 남아나겠니, 응?

그러고 나서는 좀 머쓱했는지 입이 한 발쯤 튀어나와 뾰로통해서 서 있는 내게 미키대장군 네 개를 집어 내미는 거였다.

| 선지 유형 | 근거가 있어서 허용 가능 |
| --- | --- |
| 실전에서의 판단 과정 | 사과를 안 하고 캐러멜을 주는 모습은 서툰 감정 표현이라고 할 수 있지. |
| 해설 | '아버지'는 '나'에게 사과를 하기보다는 캐러멜을 쥐어주는 방식으로 '머쓱함'이라는 심리를 드러내고 있습니다. '나'가 '아버지는 속마음을 드러내는 데 서툰 사람이야'라고 직접적으로 서술한 부분은 없지만, 위의 부분을 근거로 충분히 허용할 수 있는 선지입니다. |

③ '팔을 늘어뜨린 채' 아버지를 따르던 '나'가 '시장통'에서 '반 친구'를 만났던 경험은, '나'에게 궁핍으로 인한 내면의 상처로 남은 기억이겠어.

막내인 나는 번번이 아버지의 뒤로 <u>팔을 늘어뜨린 채</u> 졸졸 따를 수밖에 없었다.

그땐 그게 죽도록 싫었다. 하마 <u>시장통</u>에서 야구 글러브를 끼거나 조립용 신형 무기 장난감 상자를 든 <u>반 친구</u>를 만나거나, 심지어 과외나 주산 학원을 가는 여자아이들을 만나는 날에는 정말 그 자리에서 혀를 빼물고 죽고 싶은 생각뿐이었다.

| 선지 유형 | 근거가 있어서 허용 가능 |
| --- | --- |
| 실전에서의 판단 과정 | 자기는 아버지의 구멍가게 일을 돕는데 친구들은 여유롭게 사니 내면의 상처를 받았겠지. |
| 해설 | '나'는 '아버지'의 구멍가게 일 때문에 제대로 놀지도 못하고 시장통을 돌아다니기만 하고 있습니다. 그런데 '반 친구'는 글러브도 사고 하면서 여유롭게, 좀 더 아이답게 지내는 모습이에요. 이를 본 '나'는 '궁핍'으로 인한 내면의 상처를 받을 수밖에 없겠죠. |

④ '중풍 후유증' 때문에 '언어 장애'가 있는 아버지 대신 혹부리 영감을 상대하게 된 경험은, '나'에게 어린 나이에 이해타산적인 어른들의 세계를 느끼게 한 기억이겠어.

아버지는 말주변도 말주변이었지만 <u>중풍 후유증</u> 때문에 약간의 <u>언어 장애</u>가 있어 일부러 나를 보냈던 것이다.

| 선지 유형 | 근거가 있어서 허용 가능 |
| --- | --- |
| 실전에서의 판단 과정 | 저런 이유 때문에 혹부리 영감을 상대했고, 갑질 제대로 당했지. |
| 해설 | '나'는 '아버지'의 '중풍 후유증' 때문에 '혹부리 영감'을 상대하게 되었고, 여기서 제대로 갑질을 하는 '혹부리 영감'의 모습을 보게 됩니다. 자신의 이익만을 추구하는 모습을 보면서, 어린 '나'는 '이해타산적'인 어른들의 세계를 충분히 느꼈겠죠. |

⑤ '거래를 끊어도' 표가 나지 않을 사람이었던 아버지와 거래를 끊지 않은 혹부리 영감에 대한 기억은, '나'에게 형편이 어려운 사람들 간의 유대감을 느끼게 했겠어.

하긴 혹부리 영감한테는 매번 소주 열 병 안짝에다 새우깡 열 봉지, 껌 대여섯 개, 빵 예닐곱 개 등 일반 소매가격 구매자보다 더 많은 물건을 떼어 가지도 않으면서 부득부득 도맷값으로 해 달라고 통사정을 해 쌓는 아버지 같은 사람 하나쯤 <u>거래를 끊어도</u> 장부상 거의 표가 나지 않을 것이었다.

| 선지 유형 | 근거가 있어서 허용 불가능 |
| --- | --- |
| 실전에서의 판단 과정 | 갑질하는 게 어떻게 유대감이야. |
| 해설 | 혹부리 영감이 '거래를 끊지 않는' 행동을 한 '이유'가 무엇이죠? 그렇죠. 아버지가 그냥 수용하고 돌아갔으니까! 이걸 '유대감'이라고 본다는 건 아예 이해를 못한거죠. '함경도 동향'에 낚였을 리는 없다고 믿을게요. 단어 하나하나에 집착하는 것이 아니라, 전반적인 내용을 이해해야 합니다! |

| 선지 | ① | ② | ③ | ④ | ⑤ |
|------|-----|-----|-----|-----|-----|
| 선택률 | 8% | 7% | 18% | 4% | 63% |

**210** 〈보기〉를 참고할 때, ㉠~㉤에 대한 반응으로 적절하지 <u>않은</u> 것은? [3점] ⑤

―――――[보기]―――――

이 소설의 서술자인 성인 '나'는 주로 세 가지 서술 방식을 활용한다. 첫째는 <u>서술자가 등장인물의 내면 심리나 사건을 설명하는 것</u>이다. 이 경우 독자는 서술자의 해석을 통해 사건을 이해하게 된다. 둘째는 <u>서술자가 인물의 외양이나 행위만을 묘사하는 것</u>이다. 이 경우 독자는 그 묘사가 갖는 의미를 스스로 해석해야 한다. 셋째는 <u>서술자가 유년 '나'로 시선을 제한하여 유년 '나'의 눈에 보이는 다른 인물의 외양이나 행위를 묘사하는 것</u>이다. 이 경우 독자는 사건의 현장을 직접 보는 듯한 느낌을 가질 수 있으며, 둘째 방식에서처럼 그 묘사에 대해 해석해야 한다. 셋째 방식에 유년 '나'의 심리가 함께 서술되면 독자는 인물의 심리에 쉽게 공감하게 된다.

― 단순히 주제만을 제시하는 〈보기〉가 아니었으니, 문제를 풀기 전에 한 번 더 읽어보는 것이 좋을 것 같습니다. 이 작품의 서술 방식은 크게 세 가지가 있다고 하네요. 내용 자체는 어렵지 않으니, 선지를 판단할 때 필요하다면 왔다갔다하면 될 것 같습니다.

① ㉠: 서술자가 아버지의 내면을 설명하여 독자는 서술자의 해석을 통해 상황을 이해하겠군.

한 평도 채 안 되는 구멍가게는 중풍으로 쓰러져 정상적 건강 상태가 아니었던 아버지의 유일한 수입원이자 생존 이유였다. 때문에 ㉠그 구멍가게에 대한 아버지의 <u>몰두와 자존심은 각별했다</u>.

| 선지 유형 | 근거가 있어서 허용 가능 |
|------|------|
| 실전에서의 판단 과정 | 내면 설명하고 있네. |
| 해설 | 아버지의 '구멍가게'에 대한 내면을 서술하고 있네요. 〈보기〉에서 이러한 '첫째 방식'에서는 '서술자의 해석'으로 받아들일 수밖에 없다고 했죠? |

② ㉡: 서술자가 유년 '나'의 행위를 묘사하여 독자는 그 행위가 갖는 의미를 스스로 해석하겠군.

㉡나는 그 무허가 불량 식품인 캐러멜 네 개가 끈끈하게 녹아내릴 때까지 먹지 않고 쥔 채 서 있었다.

| 선지 유형 | 근거가 있어서 허용 가능 |
|------|------|
| 실전에서의 판단 과정 | 둘째 방식이네. |
| 해설 | 역시 쉽게 허용할 수 있습니다. 행위만 묘사하고 있으니 〈보기〉에서 말하는 '둘째 방식'에 해당하겠고, 이 경우 그 의미를 해석하는 건, 즉 내용을 이해하는 건 우리 같은 독자의 몫이겠죠. |

③ ㉢: 유년 '나'로 시선을 제한하여 아버지의 내면이 직접적으로 서술되지 않았다고 생각한 독자라면 아버지의 내면을 스스로 해석하겠군.

㉢아버지의 얼굴은 맞보기가 민망할 정도로 금세 하얗게 질렸다.

| 선지 유형 | 근거가 있어서 허용 가능 |
|------|------|
| 실전에서의 판단 과정 | 내면이 직접 묘사되지는 않았으니 스스로 해석해야지. |
| 해설 | 유년 '나'로 시선을 제한하여 유년 '나'의 눈에 보이는 '아버지'의 외양을 묘사하는 부분입니다. 이는 '셋째 방식'에 해당하죠? 이 경우 독자들은 그 묘사에 대해 해석해야 한다고 했습니다. 단순히 외양만 묘사하고 내면을 직접적으로 서술하지는 않았으니 독자가 아버지의 내면을 스스로 해석해야겠네요. |

④ ㉣: 유년 '나'로 시선을 제한하여 혹부리 영감의 모습과 행동을 묘사했다고 생각한 독자라면 장면을 직접 보는 듯한 느낌을 받겠군.

그러나 귓등에 연필을 꽂은 채 심술이 덕지덕지 모여 이뤄진 듯한 왼쪽 이마빡의 눈깔 사탕만 한 혹을 어루만지며 듣던 ㉣혹부리 영감은 풍기 때문에 왼쪽으로 힐끗 돌아간 두터운 입술을 떠들쳐 굵은 침방울을 내 얼굴에 마구 튀겼다.

| 선지 유형 | 근거가 있어서 허용 가능 |
| --- | --- |
| 실전에서의 판단 과정 | 셋째 방식은 현장을 직접 보는 듯한 느낌을 가질 수 있다고 했지. |
| 해설 | '혹부리 영감'의 '외양'과 '행위'를 묘사하는데, 유년 '나'의 시선으로 제한하고 있으니 '셋째 방식'에 해당하네요. 〈보기〉에서 이 경우에는 장면을 직접 보는 느낌을 받을 수 있다고 했습니다. |

⑤ ⑩: 유년 '나'로 시선을 제한하여 아버지의 행위와 표정을 묘사하면서 유년 '나'의 심리를 함께 제시하여 독자는 그 심리에 공감하겠군.

> ⑩ 당신의 자그마한 구멍가게로 돌아와 나머지 열여덟 병의 소주를 넋 나간 사람처럼 쓰다듬던 아버지는 기어코 아들인 내 앞에서 눈물을 보이고 말았다. 아! 아버지…….

| 선지 유형 | 근거가 없어서 허용 불가능 |
| --- | --- |
| 실전에서의 판단 과정 | ⑩에는 나의 심리가 나오지 않는데? |
| 해설 | 유년 '나'의 시선에서 묘사하는 건 맞는데, '나'의 심리가 함께 나온다구요? ⑩에서는 눈을 씻고 찾아봐도 유년 '나'의 심리를 찾을 수 없어요. ⑩의 '기어코 ~ 눈물을 보이고 말았다.'와 같은 표현에서는 안타까움과 같은 심리가 나타난다고 할 수 있지만, 이는 어른이 된 서술자가 유년 시절을 회상하는 부분이지, 유년 '나'의 심리가 드러나는 부분은 아니죠? 이런 식으로 해결할 수 있겠네요. |

## FAQ

**Q** '아! 아버지…….'는 유년 '나'의 심리를 제시한 것으로 보기 어려운가요?

**A** 선지에서 묻는 건 '⑩'에 유년 '나'의 심리가 제시되었냐는 것입니다. 그리고 '아! 아버지…….'는 ⑩에 포함되지 않기 때문에, 답의 근거로 삼을 수가 없어요. 이렇게 밑줄에서만 답의 근거를 잡는 게 맞지만, 밑줄 부분에 포함된 심리나 행동의 이유를 떠올리는 데는 밑줄 외 부분을 끌고 올 수 있습니다. 예를 들어, 아래와 같은 상황이죠.

> 조무래기들은 도깨비불만 보면 네 그르니 내 옳으니 하며 짜그락거리기 일쑤였고, 그러면 나이 좀 있는 사람이 얼른 쉬쉬하면서, 도깨비가 듣겠다고 나무라 주게 마련이었던 것이다. 도깨비가 들으면 무엇이 어떻다고 불똥 끄듯 서두르며 말리려 들었을까. 그것은 아무도 가르쳐 주지 않았다. 알면서도 짐짓 모르는 시늉을 해 보이려 했지만, 그네들도 어려서부터 가르쳐 준 이가 없어 이렇다 하게 내놓지 못하는 눈치가 역연하던 것이다. 그것은 바지랑대에 등을 매달고 멍석에 둘러앉아 삼을 삼거나 태모시를 톺던 늘그막의 아낙네들도 마찬가지로 가늠을 못 해, 도깨비불에 손가락질하면 도깨비가 쫓아온다는 것밖에 다른 말은 할 줄 모르고 있었다. 그네들은 낮춘말로, 도깨비들이 벌거벗고 산다더라고 귀띔해 주었으며, 그것은 그것들이 여름내 왕대뫼 자드락이나 갯가에 나와 불놀이를 하다가도, ㉠기러기 그림자에 논두렁 콩노굿이 지고 오려논에 자마구가 일며부터는 아무도 모르게 간곳없이 사라지던 것을 보아 믿을 만한 말이라고 우길 따름이었다. (2018학년도 수능)

① ㉠에는 어른들의 말을 온전하게 받아들이지는 않는 '나'의 미심쩍음이 드러난다.

㉠에는 '어른들의 말'이라는 표현이 직접적으로 드러나지 않지만, 앞의 맥락을 바탕으로 '믿을 만한 말'이 곧 '어른들의 말'임을 충분히 읽어낼 수 있습니다. 해당 선지에서는 '미심쩍음'이라는 심리가 드러나는지를 중점적으로 묻고 있는데, 이 심리의 '이유'를 생각하는 데는 앞뒤의 맥락을 끌고 올 수 있는 모습이에요. 조금 이해가 되시나요? 직접적인 선지의 근거가 될 수는 없지만, 그 근거를 만드는 데에는 도움을 줄 수 있다는 것입니다!

몰랐던 어휘 정리하기

| 핵심 **point** |

① **허용 가능성 평가** : 선지의 내용을 '허용'하려는 태도를 바
탕으로 지문을 '독해'하며 '근거'를 찾아야 합니다. 허용할 수
있는 '근거'가 있어야만 허용할 수 있습니다. 주관적인 생각
을 개입시키면 안 됩니다.

② **소설 독해** : '심리와 행동의 근거'를 바탕으로 인물에게 '공
감'하며 읽어야 합니다. 이 과정이 물흐르듯 이어지면 지문
의 내용을 완벽하게 이해할 수 있어요.

③ **현대소설 클리셰** : 현대사의 암울한 면에 주목한 소설이 많
기 때문에, 현대소설에서의 세계는 부정적이고 우울하게 묘
사되는 경우가 많습니다. 이를 알고 있으면 지문을 더욱 깊
게 이해할 수 있어요.

| 지문 내용 총정리 |

현대소설의 클리셰가 정말 잘 살아있는 지문이었습니다. 강자와
약자의 대립이 나타나는 경우, 강자의 횡포와 그에 끊임없이 고
통받는 약자의 모습이 나타나는 게 일반적이에요. 이를 알고 있
으면 지문을 더욱 깊게 이해할 수 있겠죠?

〈보기〉 독해

〈보기〉가 있기는 하지만, 다른 작품과 비교하는 부분이기 때문에 무언가 도움을 얻기는 어려워 보입니다. 바로 지문을 읽어보도록 합시다.

실전적 지문 독해

---

(가)

서경(西京)이 아즐가 서경(西京)이 셔울히마르는
→ 서경이 서울이지만은 (아즐가: 의미 없는 감탄사)
위 두어렁셩 두어렁셩 다링디리
닷곤디 아즐가 닷곤디 쇼셩경 고외마른
→ 닦은 데인 서울을 고외마른
위 두어렁셩 두어렁셩 다링디리
여히므론 아즐가 여히므논 질삼뵈 부리시고
→ 여의면 질삼베를 버리고
위 두어렁셩 두어렁셩 다링디리
괴시란디 아즐가 괴시란디 우러곰 좃니노이다
→ 사랑해주시면 울면서 쫓겠습니다.
위 두어렁셩 두어렁셩 다링디리

〈제1연〉

구스리 아즐가 구스리 바회예 디신둘
→ 구슬이 바위에 닿은들
위 두어렁셩 두어렁셩 다링디리
긴히똔 아즐가 긴힛똔 그츠리잇가 나논
→ 끈이 그치겠습니까 (끊어지다 정도)
위 두어렁셩 두어렁셩 다링디리                                    [A]
즈믄 히를 아즐가 즈믄 히를 외오곰 녀신둘
→ 즈믄 해(천년)를 외롭게 사신들
위 두어렁셩 두어렁셩 다링디리
신(信)잇돈 아즐가 신(信)잇돈 그츠리잇가 나논
→ 믿음이 그치겠습니까
위 두어렁셩 두어렁셩 다링디리

〈제2연〉
-작자 미상, 「서경별곡」-

---

이번에도 필수 고전시가인 '서경별곡'입니다. 서경별곡 역시 내용을 모르면 아예 해석이 불가능한 수준이기에 확실하게 정리해두시는 것이 좋습니다.

일단 1연의 '셔울'은 평양을 의미합니다. 화자는 현재 이 '평양'에 머무르고 있습니다. 그리고 임과 이별한 상황인데, 질삼뵈(길쌈하는 베를 의미해요. 옛날 집안일의 상징 + 여성들에게 중요한 존재를 의미)를 버리면서까지 울며 임을 따르겠다고 하는 내용입니다. (질삼뵈 부리시고 / 괴시란디 아즐가 괴시란디 우러곰 좃니노이다) 와 이렇게까지 알아야 되나요? 네... 막막해도 어쩔 수 없어요. 몰랐으면 알아 둡시다.

그리고 2연은 '구슬이 바위에 떨어진들 끈이야 끊어지겠습니까?' (구스리 아즐가 ~ 그츠리잇가 나논) '천 년을 외롭게 살아간들 믿음이야 끊어지겠습니까?' (즈믄 흐를 아즐가 ~ 그츠리잇가 나논)로 해석됩니다. '녀신둘'에 쓰인 '녀다'라는 단어는 '지나다, 지내다(살다)'라는 뜻이에요. 알고 계셔야 해요! 정말로 내용 모르면 해석이 아예 안 될 것 같죠? 평가원이 이렇게 내고 있습니다. 필수 고전시가 목록에 있는 것들은 꼭 한 번 정리합시다.

물론 이렇게 읽지 못해도 여기 있는 문제의 답은 고를 수 있습니다. 하지만 이건 평가원이 봐준 것이고, 악랄하게 물어볼 가능성은 언제나 존재합니다. 현대시는 절대 이렇게 할 필요가 없습니다. 다만 '필수 고전시가'들은 내신처럼 빡세게 공부해 두시기 바랍니다. 꼭이요!!!

---

(나)

이 몸이 녹아져도 옥황상제 처분이요
→ 이 몸이 녹아도 옥황상제 처분이고
이 몸이 싀여져도 옥황상제 처분이라
→ 이 몸이 죽어도 옥황상제 처분이다
녹아지고 싀여지어 혼백(魂魄)조차 흩어지고
→ 녹고 죽어서 혼백조차 흩어지고
공산(空山) 촉루(髑髏)*같이 임자 업시 구닐다가
→ 텅 빈 산의 해골처럼 임자 없이 거닐다가
곤륜산(崑崙山) 제일봉의 만장송(萬丈松)이 되어 이셔
→ 곤륜산 제일봉의 만장송이 되어 있어
바람비 뿌린 소리 님의 귀에 들리기나
→ 바람비 뿌린 소리 님의 귀에 들리게 하거나
윤회(輪廻) 만겁(萬劫) 호여 금강산(金剛山) 학(鶴)이 되어
→ 윤회 만겁(여러 번 환생한다는 의미)하여 금강산 학이 되어
일만 이천봉에 무음껏 솟아올라
→ 일만 이천봉에 마음껏 솟아올라
フ을 둘 불근 밤에 두어 소리 슬피 우러
→ 가을 달 밝은 밤에 두어 소리 슬피 울어

님의 귀에 들리기도 옥황상제 처분이로다

→ 님의 귀에 들리게 하는 것도 옥황상제의 처분이다

흔(恨)이 뿌리 되고 눈물로 가지 삼아

→ 한이 뿌리가 되고 눈물로 가지를 삼아서

님의 집 창밧긔 외나모 매화(梅花) 되어

→ 남의 집 창밖에 외나무 매화가 되어

설중(雪中)에 혼자 피어 침변(枕邊)*에 시드는 듯

→ 눈 오는 데 혼자 피어 베갯머리에 시드는 듯

월중(月中) 소영(疎影)*이 님의 옷에 빗취어든

→ 달 그림자가 님의 옷에 비치게 하든

어엿븐 이 얼굴을 너로다 반기실가

→ 불쌍한 이 얼굴을 너구나 하고 반기실까

동풍이 유정(有情)ᄒ여 암향(暗香)을 불어 올려

→ 동풍이 유정하여 암향을 불어 올려 (봄의 이미지)

고결(高潔)혼 이내 생애 죽림(竹林)에나 부치고져

→ 고결한 이내 생애 죽림에나 부치고자

빈 낙대 빗기 들고 빈 비를 혼자 띄워

→ 빈 낙대를 빗겨 들고 빈 배를 혼자 띄워서

백구(白溝) 건네 저어 건덕궁(乾德宮)에 가고지고

→ 백구 건네 저어 건덕궁에 가고싶구나

–조위, 「만분가」–

* 공산 촉루 : 텅 빈 산의 해골.
* 침변 : 베갯머리.
* 월중 소영 : 달빛에 언뜻언뜻 비치는 그림자.

'만분가' 역시 '필수 고전시가'에 준하는 작품이라고 할 수 있습니다. 적어도 위에 적힌 정도로는 읽어낼 수 있으면 좋겠어요. 특히 주요 어휘는 확실하게 정리할 수 있어야 합니다. '만분가'는 임금을 그리워하는 마음을 담은 전형적인 작품이기에, 슬쩍 보고 그 주제를 파악할 수 있어야 합니다.

(가)와 (나) 모두 이별과 관련된 전형적인 작품들이었네요. 그럼 문제 한 번 풀어볼까요?

| 선지 | ① | ② | ③ | ④ | ⑤ |
|---|---|---|---|---|---|
| 선택률 | 3% | 4% | 25% | 62% | 6% |

**211** (가)와 (나)에 대한 설명으로 가장 적절한 것은? ④

① (가)의 '셔울'과 (나)의 '건덕궁'은 모두 화자가 현재 머무르고 있는 공간이다.

| 서경(西京)이 아즐가 서경(西京)이 셔울히마르는 |
|---|

| 백구(白溝) 건네 저어 건덕궁(乾德宮)에 가고지고 |
|---|

| 선지 유형 | 근거가 있어서 허용 불가능 |
|---|---|
| 실전에서의 판단 과정 | 건덕궁은 가고 싶은 곳이잖아. |
| 해설 | '셔울'은 화자가 현재 머무르는 공간이 맞습니다. 이건 그냥 알고 있어야 하는 내용이었어요. 하지만 이걸 몰랐다고 해도, '건덕궁'은 '가고지고' 하는 공간입니다. 가고 싶다는 근거가 있기에, '현재 머무르는 공간'을 허용하기는 어렵네요. |

② (가)의 '질삼뵈'와 (나)의 '빈 낙대'는 모두 화자가 현재 회피하고 싶은 대상이다.

| 여히므론 아즐가 여히므논 질삼뵈 부리시고 |
|---|

| 빈 낙대 빗기 들고 빈 비를 혼자 띄워 |
|---|

| 선지 유형 | 근거가 있어서 허용 불가능 |
|---|---|
| 실전에서의 판단 과정 | 빈 낙대를 들고 가고 있는데 어떻게 회피야. |
| 해설 | '질삼뵈'는 여성 화자에게 아주 중요한 물건이라고 했습니다. 화자는 이를 버리고서라도 님을 만나고 싶다고 하고 있어요. 이를 '회피하고 싶은 대상'을 허용하기 위한 근거로 쓰기에는 좀 애매한데, '빈 낙대'는 화자가 들고서 낚시하러 가는 도구이므로 '회피하고 싶은 대상'이 절대 아니라는 근거로 사용할 수 있겠죠? |

③ (가)의 '우러곰'과 (나)의 '슬피 우러'는 모두 임의 심정을 드러내고 있다.

| 괴시란디 아즐가 괴시란디 우러곰 좃니노이다 |
|---|

기을 둘 불근 밤에 두어 소리 <u>슬퍼 우러</u>

| 선지 유형 | 근거가 있어서 허용 불가능 |
|---|---|
| 실전에서의 판단 과정 | 둘 다 화자의 반응인데? |
| 해설 | '우러곰'과 '슬피 우러' 모두 '화자'의 슬퍼하는 반응을 의미하네요. 임의 심정이라고 보기는 어려워요. '우러곰'에 대해서 몰랐다면 틀리기 딱 좋겠죠? |

④ (가)의 '좃니노이다'와 (나)의 '빗춰어든'은 모두 임의 곁에 있고 싶은 화자의 소망을 드러내고 있다.

괴시란디 아즐가 괴시란디 <u>우러곰 좃니노이다</u>

월중(月中) 소영(疎影)*이 님의 옷에 <u>빗춰어든</u>

* 월중 소영 : 달빛에 언뜻언뜻 비치는 그림자.

| 선지 유형 | 근거가 있어서 허용 가능 |
|---|---|
| 실전에서의 판단 과정 | 주제와 직결되기도 하고, 맥락상 맞는 말이네. |
| 해설 | 울면서 '쫓겠다'는 건 임 근처를 쫓아가겠다는 뜻이고, 달 그림자가 님의 옷에 '비친다'는 건 그림자가 되어서라도 님의 근처에 있고 싶다는 마음을 드러낸 것이라고 할 수 있겠죠. 나아가 이는 두 작품의 '주제'이므로, 이 선지가 정답이라는 점에 더 확신을 가질 수 있겠습니다. |

⑤ (가)의 '그츠리잇가'와 (나)의 '반기실가'는 모두 미래 상황에 대한 의혹을 드러내고 있다.

신(信)잇돈 아즐가 신(信)잇돈 <u>그츠리잇가</u> 나는

어엿븐 이 얼굴을 너로다 <u>반기실가</u>

| 선지 유형 | 근거가 있어서 허용 불가능 |
|---|---|
| 실전에서의 판단 과정 | 그츠리잇가는 오히려 확신 아니야? |
| 해설 | '그츠리잇가'는 '끊길 일이 있겠냐'라는 표현으로, 오히려 미래에 대한 확신을 드러낸다고 할 수 있습니다. 한편 '반기실가'의 경우 임이 자신을 반길지 안 반길지 모르는 상황을 나타내므로 '의혹'이라는 말을 허용할 수 있겠네요. |

| 선지 | ① | ② | ③ | ④ | ⑤ |
|---|---|---|---|---|---|
| 선택률 | 5% | 5% | 6% | 11% | 73% |

**212** (나)에 대한 감상으로 적절하지 **않은** 것은? ⑤

① '임자 업시 구닐'던 '이 몸'이 '학'이 되어 솟아오르게 함으로써 상승의 이미지를 구현하고 있다.

공산(空山) 촉루(髑髏)*같이 <u>임자 업시 구닐</u>다가

* 공산 촉루 : 텅 빈 산의 해골.

윤회(輪廻) 만겁(萬劫)ᄒ여 금강산(金剛山) <u>학(鶴)</u>이 되어

| 선지 유형 | 근거가 있어서 허용 가능 |
|---|---|
| 실전에서의 판단 과정 | 솟아오르면 상승 이미지 허용되지. |
| 해설 | '학'은 하늘로 솟아오를 수 있고, 이는 '상승의 이미지'를 구현한 것이라고 할 수 있겠네요. |

② '만장송'과 '매화'라는 소재를 활용하여 임을 향한 화자의 마음을 표상하고 있다.

곤륜산(崑崙山) 제일봉의 <u>만장송(萬丈松)</u>이 되어 이셔

님의 집 창밧긔 외나모 <u>매화(梅花)</u> 되어

| 선지 유형 | 근거가 있어서 허용 가능 |
|---|---|
| 실전에서의 판단 과정 | 저것들이 되려는 게 다 임을 위한 거니까 허용되지. |
| 해설 | 이별의 상황을 주제로 하는 고전시가에서 무엇인가가 되고 싶다는 표현은 그것이 되어 임에게 도움을 주거나 만나고 싶다는 의미를 가집니다. 이를 알고 있다면 쉽게 허용할 수 있는 선지네요. |

③ '바람비 뿌린 소리'와 '두어 소리'의 청각적 이미지를 활용하여 임에게 알리고 싶은 화자의 심정을 나타내고 있다.

<u>바람비 뿌린 소리</u> 님의 귀에 들리기나

ᄀ을 돌 불근 밤에 두어 소리 슬피 우러
님의 귀에 들리기도 옥황상제 처분이로다

| 선지 유형 | 근거가 있어서 허용 가능 |
|---|---|
| 실전에서의 판단 과정 | 둘 다 님의 귀에 들리게 하려는 거네. |
| 해설 | 둘 다 '님의 귀'에 들리게 하려는 소리들을 나타내고 있습니다. '청각적 이미지'는 당연히 맞는 말이고, 자신의 외로운 마음을 임에게 알리고 싶은 심정이 드러나고 있다는 것도 쉽게 허용할 수 있겠네요. 애초에 '님의 귀'에 들리게 하려는 이유를 생각한다면 어렵지 않게 지울 수 있는 선지입니다. |

④ '매화'의 '뿌리'와 '가지'를 활용하여 '혼'의 정서를 형상화하고 있다.

> 혼(恨)이 뿌리 되고 눈물로 가지 삼아
> 님의 집 창밧긔 외나모 매화(梅花) 되어

| 선지 유형 | 근거가 있어서 허용 가능 |
|---|---|
| 실전에서의 판단 과정 | 그렇지. |
| 해설 | '한'이라는 정서가 '뿌리', '가지'가 되고, 이를 가진 '매화'로 탈바꿈한 모습입니다. 쉽게 허용할 수 있겠죠? |

⑤ 'ᄀ을 돌 불근 밤'과 '월중'이라는 시간적 배경을 통해 임과 재회한 순간을 드러내고 있다.

> ᄀ을 돌 불근 밤에 두어 소리 슬피 우러

> 월중(月中) 소영(疎影)*이 님의 옷에 빗취어든

* 월중 소영 : 달빛에 언뜻언뜻 비치는 그림자.

| 선지 유형 | 근거가 있어서 허용 불가능 |
|---|---|
| 실전에서의 판단 과정 | 애초에 임과 재회한 순간이 없잖아. |
| 해설 | '가을 달 밝은 밤'과 '월중'은 모두 임을 그리워하는 화자의 처지가 나타나는 시간입니다. 허용할 수 없네요. 애초에 임과 재회했다면 이렇게 구슬픈 노래를 하지도 않았을 터이니, 지문의 주제를 거스르는 선지이기도 합니다. 확실하게 정답으로 고를 수 있겠네요. |

| 선지 | ① | ② | ③ | ④ | ⑤ |
|---|---|---|---|---|---|
| 선택률 | 10% | 64% | 8% | 11% | 7% |

## 213 〈보기〉를 참고할 때, (가)의 [A]와 〈보기〉의 [B]를 비교하여 이해한 내용으로 적절하지 **않은** 것은? [3점] ②

[보기]

「서경별곡」의 제2연에서 여음구를 제외한 부분은 당시 유행하던 민요의 모티프를 수용한 것으로, 「정석가」에도 동일한 모티프가 나타난다. 고려 시대의 문인 이제현도 당시에 유행하던 민요를 다음과 같이 한시로 옮긴 적이 있다.

| | |
|---|---|
| 비록 구슬이 바위에 떨어져도 | 縱然巖石落珠璣 |
| 끈은 진실로 끊어질 때 없으리. | 纓纓固應無斷時 |
| 낭군과 천 년을 이별한다고 해도 | 與郞千載相離別 [B] |
| 한 점 붉은 마음이야 어찌 바뀌리오? | 一點丹心何改移 |

– [A]와 [B]는 모두 '구슬'을 '끈'에 대비하는 형식을 통해, 임에 대한 마음이 변치 않을 것임을 강조하고 있습니다. 이런 내용을 확실하게 정리한 채로 선지 판단해봅시다.

① [A]와 [B]에서 '구슬'은 변할 수 있는 것을, '긴'이나 '끈'은 변하지 않는 것을 비유하는 소재로 활용하였군.

| 선지 유형 | 근거가 있어서 허용 가능 |
|---|---|
| 실전에서의 판단 과정 | 그렇지. |
| 해설 | 미리 생각한 내용 그대로죠? '구슬'은 바위에 떨어져 깨질 수 있는 것이지만, '긴=끈'은 절대 끊어지지 않는 것입니다. 이는 '변하지 않는 것'을 비유하는 소재라는 해석의 근거로 쓰기에 충분한 내용이네요. |

② [A]에서는 '신'을, [B]에서는 '붉은 마음'을 굳건한 '바위'로 형상화하였군.

| 선지 유형 | 근거가 있어서 허용 불가능 |
|---|---|
| 실전에서의 판단 과정 | 바위는 구슬 깨는 건데 저것들이랑 무슨 상관이야. |
| 해설 | '바위'는 '구슬'을 깨뜨리는 존재로 제시된 것입니다. '신'과 '붉은 마음'은 모두 변하지 않는 화자의 마음을 드러낸 것인데, 이는 '바위'와 아무런 상관이 없죠. 가볍게 답으로 고를 수 있겠습니다. |

③ [A]와 [B] 모두에서 변하지 않는 마음을 소중한 가치로 여기는 화자의 태도가 나타나는군.

| 선지 유형 | 근거가 있어서 허용 가능 |
| --- | --- |
| 실전에서의 판단 과정 | 주제네. |
| 해설 | '끈'과 같이 변하지 않는 '신', '붉은 마음'을 강조하는게 두 작품의 주제죠? |

④ [A]와 [B]를 보니 동일한 모티프가 서로 다른 형식의 작품으로 수용되었군.

⑤ [A]와 [B]를 보니 여음구의 사용 여부에 차이가 있군.

| 선지 유형 | 근거가 있어서 허용 가능 |
| --- | --- |
| 실전에서의 판단 과정 | 그렇지. |
| 해설 | 가볍게 허용할 수 있는 내용들이죠? 사실상 주는 선지들입니다. |

| 몰랐던 어휘 정리하기 |
| --- |
|  |

| 핵심 point |

① **허용 가능성 평가** : 선지의 내용을 '허용'하려는 태도를 바탕으로 지문을 '독해'하며 '근거'를 찾아야 합니다. 허용할 수 있는 '근거'가 있어야만 허용할 수 있습니다. 주관적인 생각을 개입시키면 안 됩니다.

② **필수 고전시가** : 대부분의 교과서에 실려 있을 정도로 필수적인 고전시가들은 그 내용을 아주 디테일하게 물어보는 경우가 많습니다. 확실하게 정리해두도록 합시다.

| 지문 내용 총정리 |

'서경별곡'과 같은 고려 가요들은 현대 국어와 언어 체계가 정말 다르기 때문에, 미리 내용을 정리하지 않으면 시험장에서 읽어내는 게 불가능할 수 있습니다. 귀찮더라도, 꼭 "P.I.R.A.M 국어 – 필수 고전시가"와 같은 교재로 꼭 한 번 정리하도록 합시다.

비평문 확인

〈보기〉가 따로 존재하지는 않지만, 비평문인 (가)가 길게 제시되어 있으니 필요한 정보들을 챙겨보도록 합시다. 이렇게 길게 제시되는 경우에는 선지 판단의 근거로 많이 활용될 수밖에 없으니, 쉬운 독서 지문을 읽는다는 생각으로 조금 시간을 들여주시는 게 좋다고 했습니다.

> (가)
>
> 우리나라 전기소설(傳奇小說)은 중국의 전기(傳奇)와 우리의 설화 등 다양한 서사 갈래의 영향을 받아 성립했다. 중국의 전기는 기이한 사건을 다채로운 문체로 엮은 서사 양식이다. 이는 당나라 문인들이 자신의 글 솜씨가 담긴 작품집을 출세의 수단으로 삼았던 관습에서 유래했다. 기이한 사건은 흥미를 끌기 위한 소재로만 쓰여서, 서사 구조가 유기적이지 못했고 결말의 양상도 다양했다. 이에 비하면 우리의 전기소설에서 기이한 사건은 작가의 불우함을 위로하기 위한 창작 동기에 걸맞게 유기적으로 짜였다. 작가의 분신으로서 불우한 처지에 놓인 전기소설의 남주인공은 기이한 사건을 겪으면서 자신의 능력을 인정받고 위로받지만, 결국 비극적 종결을 맞이하는 전형성을 보인다. 이처럼 우리의 **전기소설**은 중국 전기의 영향을 받아 기이한 사건을 다루면서도, 비극적 종결을 통해 전기와 구별되는 독자성을 보인다.

우리나라 전기소설과 중국의 전기를 비교하면서 글이 시작됩니다. 둘의 공통점과 차이점을 정확하게 인지하는 것이 중요하겠죠? '기이한 사건'을 다룬다는 공통점이 있지만, '전기소설'은 작가의 불우함을 위로받기 위해 이러한 사건을 다룬다는 차이점이 있네요. 나아가 '비극적 종결'이라는 전형성을 보인다는 점도 주목할 만합니다. 어려운 내용은 아니니 확실하게 정리할 수 있겠죠?

> 우리 전기소설의 성립에는 민담과 전설 등 설화도 영향을 끼쳤다. 구전되던 설화를 기록하면서 작가의 역량이 발휘되었고, 이 과정에서 새로운 유형의 인물이 등장하여 전기소설의 갈래적 성격을 드러내었다. **전기소설 주인공의 특질**은 다음과 같다. 첫째는 외로움이다. 주인공은 사회적으로 소외된 존재이거나 짝을 얻지 못한 상태에서 실의에 빠져 있는 존재이다. 외로운 주인공은 현실에서의 소외를 부당하다고 느껴 온갖 금기를 넘어선 사랑을 하거나 용궁과 같은 이계(異界)에 가기를 주저하지 않는다. 둘째는 내면성이다. 주인공은 풍부한 감성을 지녀서 외로움을 토로하거나 시를 자주 짓고 시를 통해 자신의 능력을 인정받거나 서로 소외감을 나누고 싶어 한다. 셋째는 소극성이다. 남주인공은 소심하고 나약한 존재로서 자신으로서는 받아들이기 어려운 상황이나 모순된 현실에 대해 적극적으로 저항하지는 않는다. 사랑에 몰두하거나 세상을 등지는 등 세상과 소통하지 않으려는 폐쇄성을 통해 모순된 현실에 대한 비극적 인식을 보여 줄 뿐이다. 이처럼 전기소설의 주인공은 서사 문학사에서 새로운 인물이었다. 이런 주인공을 내세운 작품들은 설화로부터 분기되어 '소설'로 접근하게 되었고 동시에 다른 작품들과 달리 '전기소설'로 구분되었다.

이러한 '전기소설'의 성립에는 설화가 영향을 끼치기도 했다고 합니다. 이로 인해 새로운 유형의 인물이 등장했다고 해요. 그 특징은 크게 '외로움, 내면성, 소극성'이라고 합니다. 외로운 주인공이 자신의 내면을 여러 방법으로 표출하지만, 적극적으로 문제를 해결하려고 하지는 않는 모습인 것입니다. (나)와 (다)에도 이런 내용이 반영되겠죠?

> 물론 전기소설의 정립은 점진적으로 진행되어서, 「조신」, 「김현감호」, 「최치원」 등은 정도의 차이는 있지만 설화와 전기소설 중 어느 한쪽만으로 갈래적 성격을 규정할 수 없는 작품들로 평가받는다. 이들 작품은 남녀의 기이한 만남과 파국을 그린다는 점에서 전기소설의 성격을 지녔지만, 기이한 사건으로써 환기되는 현실에 대한 이해는 전설의 성격을 띤다. 전설에서 인물은 특정한 시공간에서 현실의 문제에 부딪히지만 이것은 인간의 힘으로는 어찌할 수 없는 경이로운 세계의 일부분으로 다루어진다. 가령 **「김현감호」**는 벼슬에 대한 김현의 간절함에 부처가 감동하여 범의 희생으로 응답하고, 김현이 이를 기린다는 이야기이다. 개인의 욕망을 포용하는 부처의 전능함을 형상화한 것이다. 전설과 달리 소설에서 인물은 구체적인 사회현실에서 현실의 문제에 부딪히고 갈등함으로써 인간과 세계는 서로 맞서는 관계로 다루어진다. 가령 **「이생규장전」**은 사랑하는 남녀가 전쟁 때문에 이별했다가 기이한 방식으로 다시 결연하지만 결국 비극적으로 종결되는 이야기이다. 생사를 초월한 사랑을 통해 개인과 세계의 갈등 관계를 형상화한

것이다. 전기소설은 『금오신화』를 통해 소설사에 안착했고, 『금오신화』는 현실의 문제를 드러내는 다양한 소설적 면모를 보였다. 그리고 이는 후대로 계승되었다. 사대부 남성이 이계를 체험하고 돌아오는 구도는 몽유록 소설로, 이원적 공간 구도는 적강한 영웅의 일생을 다룬 영웅 소설로 계승되었다. 금기에 도전하는 애정 추구의 구도와 능동적인 여인상 그리고 애정 교류의 매개로써의 시의 활용은 애정 소설로 이어졌다. 이렇게 보면 전기소설은 우리나라 최초의 소설 양식인 것이다.

그러면서도 '전기소설' 중에서 '설화'와 구분이 힘든 작품도 있다고 하네요. 이들은 '전기소설'의 성격과 '전설'의 성격을 동시에 가지고 있는데, (나)에 등장할 '김현감호'도 그 중 하나라고 합니다. 친절하게 내용을 요약해주고 있어요. 전체 줄거리를 알려 주고 있으니, 확실하게 챙겨가도록 합시다.

이런 식으로 그냥 쭉 읽고 넘어가려는데, 문제 중에 (가) 단독 문제가 있네요! 먼저 처리하고 가는 게 좋겠죠? 가볍게 해결해봅시다.

| 선지 | ① | ② | ③ | ④ | ⑤ |
|---|---|---|---|---|---|
| 선택률 | 5% | 10% | 9% | 12% | 64% |

**214** (가)에서 설명한 중국의 전기와 우리의 전기소설에 대한 이해로 가장 적절한 것은? ⑤

– 중국의 '전기'와 우리의 '전기소설'은 '기이한 사건'을 다룬다는 공통점이 있지만, '전기소설'은 작가의 불우함을 위로받기 위해 이러한 사건을 다룬다는 차이점이 있었습니다. 이 내용을 바탕으로 답을 골라봅시다.

① 전기에서 작가는 현실적 사건을 통해 독자들의 관심을 유도했다.

| 선지 유형 | 근거가 있어서 허용 불가능 |
|---|---|
| 실전에서의 판단 과정 | 기이한 사건이 공통점이었는데? |
| 해설 | '전기'와 '전기소설'의 공통점은 '기이한 사건'이었습니다. 현실적 사건은 말도 안 되겠네요. |

② 전기와 전기소설의 결말은 모두 유기적인 서사 구조 속에서 전형성을 보여 주었다.

| 선지 유형 | 근거가 있어서 허용 불가능 |
|---|---|
| 실전에서의 판단 과정 | 그랬었나? 확인해보니까 전기는 유기적이지 않았다고 했네. |
| 해설 | 잘 기억이 나지 않을 수도 있지만, 1문단으로 돌아가보니 '유기적인 서사 구조'는 우리의 '전기소설'만이 가지는 특징이라고 했네요. |

③ 전기소설은 작가가 자신의 글 솜씨가 담긴 작품집을 출세의 수단으로 삼기 위해 창작하였다.

| 선지 유형 | 근거가 있어서 허용 불가능 |
|---|---|
| 실전에서의 판단 과정 | 이건 당나라만 그랬던 것 같은데. |
| 해설 | 이번에도 기억이 안 날 수 있지만, 돌아가서 확인해보면 출세의 수단으로 삼은 건 당나라 문인들이었다는 걸 쉽게 알 수 있죠? |

④ 전기는 전기소설의 영향을 받아 다채로운 문체를 활용하면서도 서사적 독자성을 지향했다.

| 선지 유형 | 근거가 있어서 허용 불가능 |
|---|---|
| 실전에서의 판단 과정 | 전기소설이 전기의 영향을 받은 것이지. |
| 해설 | 전기소설이 전기의 영향을 받은 것이지, 전기가 전기소설의 영향을 받은 것은 아니죠. 이건 꽤나 중요한 정보였으니 기억이 났을 겁니다. |

⑤ 전기소설의 작가는 불우한 처지에 놓여 있는 자신의 삶을 작품 속 주인공을 통해 위로받고자 했다.

| 선지 유형 | 근거가 있어서 허용 가능 |
|---|---|
| 실전에서의 판단 과정 | 중요한 차이점이었지. |
| 해설 | 이는 '전기소설'이 가지는 중요한 특징으로, '전기'와의 큰 차이점이었죠? 정답 선지는 중요한 정보로 구성된 모습이네요. |

(나)

　　김현이 말하기를, "사람과 사람의 사귐은 인륜의 도리이지만 다른 유와 사귀는 것은 대개 정상이 아닙니다. 이미 조용히 만난 것은 진실로 천행이라고 할 것인데, 어찌 차마 배필의 죽음을 팔아서 일생의 벼슬을 바랄 수 있겠소?"라고 하였다.

　　처녀가 말하기를, "낭군은 그런 말 마십시오. 지금 제가 일찍 죽는 것은 천명이며, 또한 저의 소원이요, 낭군의 경사요, 우리 일족의 복이요, 나라 사람들의 기쁨입니다. 한 번 죽어 다섯 이로움이 갖춰지니 어떻게 그것을 어길 수 있겠습니까? 다만 저를 위하여 절을 짓고 불경을 강하여 불법(佛法)을 얻도록 도와주시면 낭군의 은혜는 더없이 클 것입니다."라고 하였다.

　　드디어 서로 울면서 헤어졌다.

(가)에 따르면, (나)는 '김현'이라는 인물이 벼슬을 원하자 부처가 감동하여 '범'을 희생시켜 준다는 내용이었습니다. 이를 생각하고 읽으면 어렵지 않게 이해할 수 있습니다. '김현'과 '처녀'의 대화를 보니, '처녀'가 (가)에서 말한 '범'으로 보이죠? 둘은 사랑하는 사이인데, '처녀'는 자신이 희생하여 '다섯 이로움'이 갖춰질 것이라며 말하고 있습니다.

　　다음 날 과연 사나운 범이 성 안으로 들어왔는데, 매우 사나워 감당할 수가 없었다. 원성왕이 이 소식을 듣고 범을 잡은 자에게는 벼슬 2급을 주라고 하였다. 김현이 대궐로 들어가서, "소신이 잡을 수 있습니다."라고 아뢰자, 임금이 우선 벼슬을 주어 그를 격려하였다. 김현이 단도를 지니고 숲 속으로 들어갔다. 범이 처녀로 변하여 반갑게 웃으면서, "간밤에 낭군과 함께 마음속 깊이 정을 맺던 일을 잊지 마십시오. 오늘 내 발톱에 상처를 입은 사람들은 모두 흥륜사의 간장을 바르고 그 절의 나발 소리를 들으면 나을 것입니다."라고 하였다.

　　이에 처녀가 김현의 칼을 뽑아 스스로 목을 찔러 쓰러지니 곧 범이었다. 김현이 숲 속에서 나와, "지금 범을 쉽게 잡았다."라고 소리쳤다. 그 사정은 누설하지 않았다. 일러 준 대로 상한 사람들을 치료하니 그 상처가 모두 나았다. 지금도 세간에서는 그 방법을 쓰고 있다.

　　김현은 등용된 뒤 서천(西川)에 절을 세워 호원사(虎願寺)라고 하고 항상 『범망경』을 강설하여 범의 저승길을 인도하고, 범이 제 몸을 죽여서 자기를 성공시켜 준 은혜에 보답하였다.



그 뒤의 내용은 (가)를 통해 알고 있던 그대로입니다. '김현'은 사랑하는 '처녀'의 본 모습인 '범'을 잡아 큰 벼슬을 얻게 되고, 절을 세워 은혜에 보답하는 결말이네요. 사실상 (가)의 내용을 확인하는 방식으로 읽어주시면 충분했습니다.

(다)

　　"장차 백년해로의 낙을 누리려 했는데 어찌 횡액(橫厄)을 만나 구렁에 넘어질 줄 알았겠습니까? 이리 같은 놈들에게 정조를 잃지는 않았으나, 육체는 진흙탕에서 찢겼사옵니다. 절개는 중하고 목숨은 가벼워 해골은 들판에 던져졌으나, 혼백을 의탁할 곳이 없었습니다. 가만히 옛일을 생각하면 원통한들 어찌하겠습니까? 당신과 그날 깊은 산골짜기에서 헤어진 뒤 속절없이 짝 잃은 새가 되었던 것입니다. 이제 저의 환신은 이승에 돌아와 남은 인연을 맺어 옛날의 굳은 맹세를 결코 헛되게 하지 않으려 하는데 당신 생각은 어떠십니까?"

　　이생은 매우 기뻐하고 감사히 여기며, "그것이 원래 나의 소원이오."라고 대답했다. 둘은 말을 주고받았다.

(가)에 의하면, (다)는 사랑하는 남녀가 전쟁으로 인해 헤어진 후 '기이한 방식'으로 다시 만나지만 비극적 결말을 맞는 내용이라고 했습니다. 이를 알고 읽으니, 목숨을 잃은 여인과 '이생'이 '귀신과 인간의 사랑'이라는 기이한 방식으로 다시 만나는 모습에 주목할 수 있습니다. 귀신이 되어서도 만나고 싶을 만큼 서로 사랑하고 있네요.

　　이생은, "모든 가산은 어떻게 되었소?"라고 물었다.

　　"하나도 잃지 않고 어떤 골짜기에다 묻어 두었습니다."

　　"그럼 양가 부모님의 유골은 어찌 되었소?"

　　"하는 수 없이 어떤 곳에 그냥 내버려 두었습니다."

　　이야기를 마치고 함께 취침하니 기쁜 정은 옛날과 조금도 다를 바 없었다. 이튿날 부부는 가산을 묻어 둔 곳을 찾아갔다. 그곳에는 금은 몇 덩이와 약간의 재물이 있었다. 그들은 양가 부모의 유골을 거두고 금은, 재물을 팔아 각각 오관산 기슭에 합장하고는 나무를 세우고 제사를 드려 모든 예를 다 마쳤다.

　　그 후 이생은 벼슬을 구하지 않고 최낭과 함께 살았고, 피란 갔던 노복들도 찾아왔다. 이생은 이제 세상사를 완전히 잊은 채 친척의 길흉사에도 가 보지 않고 집에서 늘 최낭과 함께 시를 지어 주고받으며 <u>즐거이 세월을 보냈다.</u>

어느덧 **몇 년이 지난 어느 날 밤**에 최낭은, "세 번 가약을 맺었건만, 세상일은 뜻대로 되지 않나 봅니다. 즐거움도 다하기 전에 슬픈 이별이 닥쳐왔습니다."라고 말하고는 <u>오열하였다.</u>

그렇게 양가 부모의 제사도 지내고, 재물도 다시 찾아온 뒤 행복한 시간을 보내는 둘입니다. 그런데 '몇 년이 지난 어느 날 밤', '최낭'은 이별의 시간이 왔다며 오열합니다. 현재 '최낭'은 귀신이기에, 하늘의 뜻에 따라 이별할 수밖에 없는 것이죠. (가)에서 이야기했던 '비극적 결말'이 다가온 모습입니다.

(중략)

[A]
"나도 부인과 함께 황천으로 갔으면 하오. 어찌 무료히 홀로 여생을 보내겠소. 지난번에 난리를 겪어 친척들과 노복들이 뿔뿔이 흩어지고, 부모님의 유골이 들판에 버려졌을 때, 부인이 아니었더라면 누가 능히 장사를 지내 주었겠소. 옛사람 말씀에, '부모님이 살아 계실 때에 예의를 다하여 섬기고 돌아가신 뒤에 예의를 다하여 장례 지낸다.' 했는데, 부인이 이를 실천했소. 그것은 부인의 천성이 순효하고 인정이 두터운 때문이니, 감격해 마지않았으며 스스로 부끄러움을 이기지 못하였소. 이승에서 함께 오래 살다가 백 년 후에 같이 세상을 떠날 수는 없겠소?"
최낭은, "낭군의 수명은 아직 남아 있으나 저는 이미 저승의 명부에 이름이 올라 있어 더 이상 머물 수 없습니다. 만일 제가 인간 세상을 그리워해 미련을 가지면 저승의 법에 위반되고, 죄가 제게만이 아니라 낭군님께도 미칠 것입니다. 다만 제 유골이 아무 곳에 흩어져 있으니 은혜를 베풀어 유골을 거두어 비바람 맞지 않게 해 주십시오." 하였다.
두 사람은 서로 바라보며 <u>눈물을 흘렸다.</u>
"낭군님 부디 안녕히 계십시오." 말을 마치자 점점 사라져서 마침내 자취를 감추었다. 이생은 아내가 말한 대로 그녀의 시신을 거두어 부모의 무덤 곁에 묻어 주었다.
그 후 이생은 최낭을 지극히 생각한 나머지 병이 나서 **두어 달** 만에 세상을 떠났다.

이 소식을 들은 사람들은 모두 <u>슬퍼하고 탄식하면서 그들의 절개를 사모하지 않는 사람이 없었다.</u>

-김시습, 「이생규장전」-

이렇게 이별을 맞이해야 할 순간이 오자, '이생'은 차라리 함께 죽겠다며 대단한 사랑을 보이고 있습니다. 하지만 '최낭'은 '저승의 법'을 이야기하며 자신의 시신만 잘 수습해달라는 이야기를 하고 있습니다.

이 부탁을 들어 준 '이생'은 '두어 달' 만에 세상을 떠났고, 사람들은 이를 슬퍼하고 탄식했다는 비극적인 사랑 이야기가 제시된 모습이네요. (가)의 내용 그대로죠?

| 생각 심화 |

(나)와 (다)는 애정 소설의 형태를 취하고 있지만, 우리가 배운 전형적인 클리셰와는 조금 어긋나는 모습을 보이고 있습니다. 주인공들의 위기가 깔끔하게 해결된 후 해피엔딩을 맞이하는 것이 아니라, '죽음'이라는 비극적 결말을 맞고 있으니까요.

다만 (나)의 경우 주인공인 '김현'의 소원이 이루어졌다는 점에서, 그리고 (다)의 경우 저승에서라도 둘의 사랑이 이루어질 것이라는 점에서 기본적인 클리셰의 내용을 벗어나지는 않는다는 걸 알 수 있습니다. 나아가 만약 알고 있던 클리셰와 달라 당황스럽더라도, 예상한 내용과 다르다는 사실만으로도 지문을 더욱 깊게 이해할 수 있을 겁니다. 생각한 것과 다르다는 임팩트 있는 사실이 지문 이해에 도움을 주는 것이죠.

요컨대, 이 지문을 통해 '소설의 클리셰'를 배운 목적을 다시 한 번 상기하셨으면 좋겠다는 말을 하고 싶었습니다. '소설의 클리셰'를 배운 목적은 이를 이용해서 지문의 이해도를 올리는 것에 있지, 클리셰와 하나하나 대응시키며 지문의 내용을 정리하는 것에 있지 않습니다. 따라서 우리가 알고 있던 클리셰대로 전개된다면 적극적으로 활용하시고, 그렇지 않다면 특이하다는 생각을 하면서 임팩트 있게 내용을 이해하시면 됩니다. 항상 이렇게 무언가를 배우면 그 목적이 무엇인지 생각해보는 습관을 들이도록 해요.

| 선지 | ① | ② | ③ | ④ | ⑤ |
|---|---|---|---|---|---|
| 선택률 | 10% | 9% | 11% | 11% | 59% |

**215** (가)를 바탕으로 (나), (다)의 인물에 대해 설명한 것으로 적절하지 <u>않은</u> 것은? [3점] ⑤

– 발문에서 (가)를 바탕으로 선지 판단할 것을 요구했습니다. 선지 판단의 근거를 (가)에서도 찾아야 한다는 것이죠? 이를 확실하게 인지한 채로 문제를 풀어봅시다.

① (나)의 김현은 배필의 죽음을 결국 막지 못하는 나약한 모습을 보인다는 점에서 '소극성'을 지닌 인물임을 알 수 있다.

| 선지 유형 | 근거가 있어서 허용 가능 |
|---|---|
| 실전에서의 판단 과정 | 배필이 죽는 걸 지켜만 보고 있었으니 소극적이라고 할 수 있지. |
| 해설 | '김현'은 '최낭'의 죽음에 저항하지 않고, 시키는 대로 나약한 모습을 보이고 있습니다. 이 정도면 전기소설 인물의 특징인 '소극성'을 가지고 있다고 할 수 있겠죠? |

② (나)의 범은 자신의 죽음을 통해 불법을 얻을 수 있도록 도와달라고 김현에게 부탁한다는 점에서 (나)에서 갈등 해결은 종교적 차원에서 모색되고 있음을 알 수 있다.

| 선지 유형 | 근거가 있어서 허용 가능 |
|---|---|
| 실전에서의 판단 과정 | 부처 이야기니까 종교적 차원이지. |
| 해설 | (가)를 통해 미리 정리하고 있던 내용이었죠? (나)의 내용은 '김현'의 바람에 대한 '부처'의 응답으로 구성되어 있었고, 이러한 내용이 선지에서 말하는 것처럼 '범'의 '불법'에 대한 언급 등으로 나타났습니다. 이는 '불교'라는 '종교적 차원'에서 갈등 해결을 모색하고 있는 것이라고 할 수 있겠죠. |

③ (다)의 이생은 최낭의 환신과 더불어 지낼 뿐 벼슬을 구하려하지 않는다는 점에서 '폐쇄성'을 지닌 인물임을 알 수 있다.

| 선지 유형 | 근거가 있어서 허용 가능 |
|---|---|
| 실전에서의 판단 과정 | 폐쇄성은 세상과 소통하지 않으려는 모습이구나. |
| 해설 | (가)에서 '사랑에 몰두하거나 세상을 등지는 등 세상과 소통하지 않으려는 특성'을 '폐쇄성'의 정의로 제시했습니다. 단어의 의미 그대로 '폐쇄'적인 모습을 의미하는 것이죠? 이를 바탕으로 하면, 사람들도 만나지 않고 집에서 '최낭'과만 시간을 보내는 '이생'이 '폐쇄성'을 지닌 인물이라는 것은 충분히 허용할 수 있겠네요. |

④ (다)의 최낭은 혼백을 의탁할 곳이 없어서 기이한 방식으로 이생과 인연을 이어 가려 한다는 점에서 '외로움'을 지닌 인물임을 알 수 있다.

| 선지 유형 | 근거가 있어서 허용 가능 |
|---|---|
| 실전에서의 판단 과정 | 귀신이 되어서도 만나자고 할 정도면 어지간히 외롭다고 볼 수 있지. |
| 해설 | 혼백을 의탁할 곳이 없는 '최낭'은 귀신이 되어도 '이생'과 인연을 이어 가려 합니다. 이렇게 '기이한 방식'을 사용해서라도 사랑을 이루려고 한다는 점에서, (가)에서 말한 '외로움'을 지닌 인물임이 드러난다고 할 수 있네요. |

⑤ (다)의 최낭이 이생의 말을 따르지 않고 자취를 감춘다는 점에서 (다)에서 현실의 문제는 서로 대등하게 맞서는 개인 사이의 갈등에서 비롯되고 있음을 알 수 있다.

| 선지 유형 | 근거가 있어서 허용 불가능 |
|---|---|
| 실전에서의 판단 과정 | 개인 사이의 갈등이 어딨어. |
| 해설 | (다)에서 나타난 현실의 문제는 '개인 사이의 갈등'이 아니라, '전쟁'이라는 외부 상황 때문에 나타난 것이었습니다. 애초에 '이생'과 '최낭'은 갈등을 겪지 않아요. (가)에서도 (다)는 '개인과 세계의 갈등' 관계를 형상화한 것이라고 했었죠? 이렇게 여러 가지 근거를 종합하면 절대 허용할 수 없는 선지라고 할 수 있겠습니다. |

| 선지 | ① | ② | ③ | ④ | ⑤ |
|---|---|---|---|---|---|
| 선택률 | 63% | 15% | 9% | 8% | 5% |

**216** (나)와 [A]를 비교한 내용으로 가장 적절한 것은? ①

① (나)의 남주인공은 여주인공이 스스로 희생을 선택한 것을 안타까워하고, [A]의 남주인공은 여주인공과 영원히 함께하고 싶은 마음을 드러낸다.

| 선지 유형 | 근거가 있어서 허용 가능 |
|---|---|
| 실전에서의 판단 과정 | 요약한 것과 다름이 없네. |
| 해설 | (나)와 [A]를 요약한 것과 다름이 없는 선지입니다. (나)의 '김현'은 '처녀'가 스스로 희생을 선택한 것을 안타까워하며 그녀의 소원을 들어주고 있고, [A]에서 '이생'은 '최낭'과 죽어서도 함께 하고자 하는 마음을 드러내고 있습니다. 가볍게 답으로 고를 수 있겠네요. |

② (나)의 여주인공은 자신의 죽음이 서로에게 이로운 일이라며, [A]의 여주인공은 자신의 죽음이 저승의 법을 어긴 대가라며 남주인공을 설득한다.

| 선지 유형 | 근거가 있어서 허용 불가능 |
|---|---|
| 실전에서의 판단 과정 | 저승의 법을 아직 어기진 않았지. |
| 해설 | (나)의 여주인공인 '처녀'가 자신의 죽음은 '다섯 이로움'을 가져다 준다며 서로에게 좋다고 한 것은 맞습니다. 하지만 [A]의 여주인공이 저승으로 돌아가야 하는 것은 그저 '죽을 때가 되어서'였죠? 만약 이를 거스르면 '저승의 법'을 어기는 것이 된다고 한 것입니다. 선후 관계를 뒤집은 선지네요. 내용을 이해한 것을 바탕으로 쉽게 지울 수 있겠죠? |

③ (나)의 여주인공은 남주인공에게 타인과의 관계에서 맺힌 한을 풀어달라는, [A]의 여주인공은 생전에 자신에게 맺힌 한을 풀어달라는 부탁을 한다.

| 선지 유형 | 근거가 없어서 허용 불가능 |
|---|---|
| 실전에서의 판단 과정 | 한을 언제 품었냐. |
| 해설 | 우리가 이해한 바에 따르면, (나)와 [A]의 여주인공은 한을 품은 적은 없어요. 한을 품은 적이 없는데, 한을 풀어달라는 부탁을 한다는 건 말이 안 되겠죠? 각각 '불법'을 얻도록 도와달라는 것과 시신을 수습해달라는 부탁만 하고 있을 뿐입니다. |

④ (나)의 남주인공은 여주인공의 부탁을 실현함으로써 사회로부터 인정을 받고, [A]의 남주인공은 여주인공의 부탁을 실현함으로써 사회로부터의 소외감을 해소한다.

| 선지 유형 | 근거가 있어서 허용 불가능 |
|---|---|
| 실전에서의 판단 과정 | 이생은 두 달 뒤에 죽었는데 무슨 소외감 해소야. |
| 해설 | (나)의 '김현'이 '처녀'의 부탁을 실현하여 벼슬을 얻는 등 사회로부터 인정을 받은 것은 맞지만, [A]의 '이생'이 사회로부터의 소외감을 해소한다는 건 허용할 수가 없죠? '이생'은 '최낭'이 죽은 뒤 혼자서 지극히 생각하다가 두 달 만에 죽었습니다. 이를 근거로 하면 '소외감 해소'는 절대 허용할 수 없죠. |

⑤ (나)의 남주인공은 세속적 삶에 회의를 느끼며 속세를 등지고, [A]의 남주인공은 세속적 삶의 무의미함을 견디지 못하고 세상을 떠난다.

| 선지 유형 | 근거가 있어서 허용 불가능 |
|---|---|
| 실전에서의 판단 과정 | 김현은 벼슬을 했는데 무슨 속세를 등져. |
| 해설 | (나)의 '김현'은 '속세'의 상징과도 같은 벼슬에 욕심을 부렸습니다. 이를 근거로 하면 '속세를 등지고'라는 해석을 절대 허용할 수 없겠죠. 나아가 [A]의 '이생'이 힘들어하며 세상을 떠난 이유는 '최낭의 죽음' 때문입니다. 이러한 '심리의 근거'를 바탕으로 하면, '세속적 삶의 무의미함'을 허용하기는 어렵겠죠? |

| 선지 | ① | ② | ③ | ④ | ⑤ |
|---|---|---|---|---|---|
| 선택률 | 57% | 8% | 10% | 13% | 12% |

**217** ㉠을 참고하여 (나)를 이해한 것으로 가장 적절한 것은?

①

가령 「김현감호」는 벼슬에 대한 김현의 간절함에 부처가 감동하여 범의 희생으로 응답하고, 김현이 이를 기린다는 이야기이다. ㉠개인의 욕망을 포용하는 부처의 전능함을 형상화한 것이다.

– (나)의 내용을 이끌어가는 부분이었죠? '김현'이라는 개인의 욕망을 '부처'가 포용하는 모습이었어요.

① 처녀가 자신의 죽음을 '낭군의 경사'라고 말하는 장면은 김현에 대한 부처의 응답을 암시한다.

| 선지 유형 | 근거가 있어서 허용 가능 |
|---|---|
| 실전에서의 판단 과정 | 주제 그 자체네. |
| 해설 | '처녀'가 자신의 죽음을 '낭군의 경사'라고 말하는 것은, '김현'에게 벼슬을 주겠다는 암시라고 할 수 있죠? 이는 (나)의 주제와 직결되는 내용이니, 가볍게 답으로 고를 수 있겠습니다. |

② 매우 '사나운 범'이 사람들을 해치는 장면은 김현 개인의 욕망 실현을 가로막는 현실의 경이로움을 보여 준다.

| 선지 유형 | 근거가 있어서 허용 불가능 |
|---|---|
| 실전에서의 판단 과정 | 범은 김현을 돕는 존재지. |
| 해설 | '사나운 범'이 사람들을 해치는 것은 '김현' 개인의 욕망을 실현하는 데 도움을 줍니다. 내용을 이해했다면 고를 수가 없는 선지네요. |

③ 김현이 임금에게 범을 '잡을 수 있'다고 아뢰는 장면은 김현과 범 사이의 긴장감이 해소됨을 보여 준다.

| 선지 유형 | 근거가 있어서 허용 불가능 |
|---|---|
| 실전에서의 판단 과정 | 김현과 범 사이에 긴장감이 어딨어. |
| 해설 | '김현'과 '범'은 긴장감을 보이는 사이가 아닙니다. 오히려 둘은 협력 관계라고 봐야 하기 때문에, 이를 근거로 하면 '긴장감 해소'라는 말을 절대로 허용할 수 없네요. |

④ 임금이 김현에게 '벼슬을 주어' 격려하는 장면은 부처의 전능함을 실현하려는 임금 개인의 의지를 드러낸다.

| 선지 유형 | 근거가 있어서 허용 불가능 |
|---|---|
| 실전에서의 판단 과정 | 벼슬 준 건 범 잡아달라고 한 것이었지. |
| 해설 | '임금'이 '김현'에게 벼슬을 준 것은 맞지만, 그 이유는 그저 '범'을 잡는 것을 격려하기 위해서였습니다. '임금'은 '부처'의 의지를 알지 못해요. 행동의 근거를 생각했다면 어렵지 않게 지울 수 있네요. |

⑤ 범이 김현 앞에서 '처녀로 변하여 반갑게 웃'는 장면은 부처가 남녀의 기이한 만남에 감동하는 계기를 드러낸다.

| 선지 유형 | 근거가 있어서 허용 불가능 |
|---|---|
| 실전에서의 판단 과정 | 범은 부처가 아닌데? |
| 해설 | 일단 '범'은 '부처'가 아니기 때문에, '범'이 웃는 장면을 '부처'가 감동하는 계기로 해석하는 것은 어렵겠습니다. 나아가 '부처'가 감동한 것은 '김현'의 벼슬에 대한 열망과 관련되어 있지, 남녀의 기이한 만남과 관련된 것이 아니었죠? 어렵지 않게 지워낼 수 있겠습니다. |

| 선지 | ① | ② | ③ | ④ | ⑤ |
|---|---|---|---|---|---|
| 선택률 | 6% | 6% | 9% | 73% | 6% |

**218** (다)에 나타난 주인공들의 사랑에 대한 감상으로 적절하지 않은 것은? ④

① 최낭이 '횡액을 만나 구렁에' 넘어졌다고 하는 것에서, 주인공들의 사랑이 외부적 요인에 의해 좌절되었음을 알 수 있군.

| 선지 유형 | 근거가 있어서 허용 가능 |
|---|---|
| 실전에서의 판단 과정 | 횡액은 외부적 요인이라고 할 수 있지. |
| 해설 | '횡액'이 바로 그 '외부적 요인'을 나타내는 것이겠죠. '횡액'이라는 단어의 뜻(뜻밖에 닥쳐오는 불행)을 몰랐더라도, (가)에서 (다)의 주인공들은 '전쟁' 때문에 이별한 것이라 했으니 '횡액'이 의미하는 바가 '전쟁'이라는 외부적 요인과 관련되었을 것이라 추론할 수 있겠습니다. |

② 최낭이 '깊은 산골짜기에서' 이생과 이별한 자신을 '짝 잃은 새'로 표현하는 것에서, 사랑을 잃은 여주인공의 슬픔을 알 수 있군.

| 선지 유형 | 근거가 있어서 허용 가능 |
|---|---|
| 실전에서의 판단 과정 | 짝 잃은 새는 슬프네. |
| 해설 | 자기 자신을 '짝 잃은 새'에 비유했고, 그 앞에 '원통함'이라는 감정도 제시되었으니 선지 그대로 허용할 수 있겠습니다. |

③ '굳은 맹세'를 지키자는 최낭의 말에 이생이 '그것이 원래 나의 소원'이라고 대답하는 것에서, 사랑을 지속하고 싶었던 남녀주인공의 마음을 알 수 있군.

| 선지 유형 | 근거가 있어서 허용 가능 |
|---|---|
| 실전에서의 판단 과정 | 굳은 맹세가 같이 살자는 거니까 맞지. |
| 해설 | '최낭'은 자신이 환신으로 이승에 남아 '굳은 맹세'를 지키겠다고 합니다. '굳은 맹세'의 내용은 당연히 오래오래 사랑하면서 함께 지내자는 것이겠죠. '이생'은 기뻐하며 이를 수락하므로, 어렵지 않게 허용할 수 있겠습니다. |

④ 최낭이 이생에게 '세 번 가약을 맺었건만, 세상일은 뜻대로 되지 않나 봅니다'라고 하는 것에서, 현세에서 좌절된 사랑을 저승에서 완성하고자 하는 여주인공의 의지를 알 수 있군.

| 선지 유형 | 근거가 없어서 허용 불가능 |
|---|---|
| 실전에서의 판단 과정 | 저승에서 완성한다는 이야기를 한 적이 없지. |
| 해설 | 세상일이 뜻대로 되지 않는다는 건 계속 같이 있고 싶은데 떠나야 한다는 의미입니다. 단순히 아쉬움을 표하는 것이기에, 저승에서 사랑을 완성하고자 하는 '의지'가 있다고 하기는 어렵겠네요. 허용하고자 해도 도저히 근거를 찾을 수가 없습니다. |

⑤ 최낭이 자신의 '죄'가 이생에게도 미칠 것을 염려하는 것에서, 남주인공의 안위를 우선시하는 여주인공의 사랑에 대한 인식을 알 수 있군.

| 선지 유형 | 근거가 있어서 허용 가능 |
|---|---|
| 실전에서의 판단 과정 | 당연히 염려가 사랑 때문이겠지. |
| 해설 | 저승으로 돌아가기 전까지 자신의 죄가 '이생'에게 미칠까 걱정하는 모습은, 충분히 '남주인공의 안위를 우선시하는 사랑'이라는 말을 허용할 근거라고 할 수 있겠습니다. |

<table>
<tr><td>선지</td><td>①</td><td>②</td><td>③</td><td>④</td><td>⑤</td></tr>
<tr><td>선택률</td><td>50%</td><td>11%</td><td>16%</td><td>11%</td><td>12%</td></tr>
</table>

## 219 (다)에서 구현된 ⓛ에 대한 이해로 적절하지 <u>않은</u> 것은?

①

전기소설은 「금오신화」를 통해 소설사에 안착했고, 「금오신화」는 현실의 문제를 드러내는 ⓛ 다양한 소설적 면모를 보였다. 그리고 이는 후대로 계승되었다. 사대부 남성이 이계를 체험하고 돌아오는 구도는 몽유록 소설로, 이원적 공간 구도는 적강한 영웅의 일생을 다룬 영웅 소설로 계승되었다. 금기에 도전하는 애정 추구의 구도와 능동적인 여인상 그리고 애정 교류의 매개로써의 시의 활용은 애정 소설로 이어졌다. 이렇게 보면 전기소설은 우리나라 최초의 소설 양식인 것이다.

– (가)에서 이야기한 '다양한 소설적 면모'로는 '사대부 남성의 이계 체험', '이원적 공간 구도', '금기에 도전하는 애정 추구', '능동적인 여인상', '애정 교류의 매개로써의 시의 활용'이 있네요. 이 중에서 (다)는 '사대부 남성의 이계 체험'을 제외하고 모두 반영했다고 할 수 있겠죠? '이생'이 이계를 체험하는 모습은 없으니까요.

① 사대부 남성이 이계를 체험하고 돌아오는 구도는 이생이 '가산을 묻어 둔 곳'을 찾아가 금은과 재물을 가져오는 데에서 나타나고 있다.

| 선지 유형 | 근거가 없어서 허용 불가능 |
|---|---|
| 실전에서의 판단 과정 | 가산을 묻어 둔 곳이 왜 이계야. |
| 해설 | '가산을 묻어 둔 곳'은 '이생'과 '최낭'이 이승에서 접근한 공간입니다. 이곳을 '이계'라고 볼 만한 근거가 없으니, 어렵지 않게 답으로 고를 수 있겠네요. 미리 생각한 것처럼, '사대부 남성의 이계 체험'은 (다)에 반영되지 않았습니다. |

② 능동적 여인상은 최낭의 '환신'이 이생에게 '남은 인연'을 맺자고 제안하는 데에서 나타나고 있다.

| 선지 유형 | 근거가 있어서 허용 가능 |
|---|---|
| 실전에서의 판단 과정 | 귀신이 되어서도 같이 살자고 하고 있으니 충분히 능동적이네. |
| 해설 | 죽었는데도 스스로 이승으로 돌아와 남주인공에게 먼저 함께 지내자고 제안하니, '능동적 여인상'을 허용할 수 있겠죠? |

③ 금기에 도전하는 애정 추구는 이생이 최낭의 '환신'과
   옛날과 다름없이 '기쁜 정'을 누리는 데에서 나타나고
   있다.

| 선지 유형 | 근거가 있어서 허용 가능 |
|---|---|
| 실전에서의 판단 과정 | 귀신과 사는 거면 금기에 도전한다고 할 수 있겠네. |
| 해설 | 죽은 뒤에도 옛날과 다름없이 기쁜 정을 누리는 모습은 충분히 '금기'에 도전하는 것이라고 할 수 있겠죠? 죽은 사람과 산 사람이 사랑을 하는 것은 금기시되는 행동이라고 할 수 있으니까요. |

④ 이원적 공간 구도는 최낭의 '환신'이 '이승'에 있음에도
   '저승의 법'을 따라 '황천'으로 가야 한다는 데에서 나
   타나고 있다.

| 선지 유형 | 근거가 있어서 허용 가능 |
|---|---|
| 실전에서의 판단 과정 | 이승에서 저승 이야기를 하고 있으니 이원적이지. |
| 해설 | '이승'과 '저승'이라는 두 공간이 이원적인 구도를 형성하고 있죠? '최낭'의 '환신'이 원래 속해야 할 곳은 저승이고, 그 연인인 '이생'은 이승에 있다는 점에서 이러한 이원적 구도가 나타납니다. |

⑤ 시가 애정 교류의 매개로 활용되는 것은 이생과 최낭
   이 '시를 지어 주고받'는 데에서 나타나고 있다.

| 선지 유형 | 근거가 있어서 허용 가능 |
|---|---|
| 실전에서의 판단 과정 | 그렇지. |
| 해설 | 사랑하는 사람끼리 서로 시를 주고받으며 재밌게 논다고 하니까, 이것이 '애정 교류의 매개'임을 허용할 수 있겠습니다. |

| 몰랐던 어휘 정리하기 |
|---|
|  |



① **허용 가능성 평가** : 선지의 내용을 '허용'하려는 태도를 바탕으로 지문을 '독해'하며 '근거'를 찾아야 합니다. 허용할 수 있는 '근거'가 있어야만 허용할 수 있습니다. 주관적인 생각을 개입시키면 안 됩니다.

② **소설 독해** : '심리와 행동의 근거'를 바탕으로 인물에게 '공감'하며 읽어야 합니다. 이 과정이 물흐르듯 이어지면 지문의 내용을 완벽하게 이해할 수 있어요.

③ **비평문** : 기본적으로 〈보기〉처럼 활용하되, 독서 지문처럼 제시되는 경우에는 지문의 '화제' 중심으로 빠르게 읽어나가면 됩니다. 이때 단독 문제가 있다면 미리 해결하고 가는 것도 잊지 마세요.

④ **애정소설 클리셰** : 조선시대의 사랑은 이루어지기 어렵습니다. 많은 장애물과 고난을 만나게 될 거예요. 하지만 그 끝은 아름다울 겁니다. 고구마 같은 전개를 보여 주지만 결국 결말은 사이다라는 것! 이러한 클리셰를 이용하면서 지문을 읽어가도록 합시다.

| 지문 내용 총정리 |

비평문이 길게 제시되던 2017학년도의 경향을 담고 있는 지문입니다. 또 다시 이렇게 출제될 확률은 높지 않지만, 〈보기〉의 내용을 지문 독해에 적용하는 것과 비슷한 메커니즘이라고 보시면 됩니다. 그 외에는 지문의 내용도 어렵지 않았고, 선지도 평이하게 출제된 모습이었어요. 아무리 길어도 묻는 것은 변하지 않는다는 점까지 다시 정리해보도록 해요.

〈보기〉 독해

〈보기〉가 하나 있기는 하지만, 지문의 주제나 내용을 알려 주지는 않죠? 나중에 문제를 풀 때 확인해야겠다는 생각 정도만 하고 넘어갑시다.

지문 독해

> (가)
>
> 　그 골목이 그렇게도 짧은 것을 그가 처음으로 느낄 수 있었을 때, 신랑의 몸은 벌써 차 속으로 사라지고, 자기와 차 사이에는 몰려든 군중이 몇 겹으로 길을 가로막았다. 이쁜이 어머니는 당황하였다. 그들의 틈을 비집고,
> 　'이제 가면, 네가 언제나 또 온단 말이냐?……'
> 　딸이 이제 영영 돌아오지 못하기나 하는 것같이, 그는 막 자동차에 오르려는 딸에게 달려들어,
> 　"이쁜아."
> 　한마디 불렀으나, 다음은 목이 메어, 얼마를 벙하니 딸의 옆 얼굴만 바라보다가, 그러한 어머니의 마음을 알아줄 턱없는 운전수가, 재촉하는 경적을 두어 번 울렸을 때, 그는 또 소스라치게 놀라며, 그 입에서 나오는 대로,
> 　"모든 걸, 정신 채려, 조심해서, 해라 ……"

'골목'이라는 공간 속에서 펼쳐지는 이야기입니다. '그'라는 인물은 골목이 너무나도 짧다고 느끼고 있어요. 여기서 말하는 '그'가 누구인지 특정하기는 어렵지만, '신랑'이라는 인물이 등장하는 것으로 보아 결혼식을 한 뒤에 부부가 차를 타고 떠나는 모습으로 보입니다. '신랑'은 차를 타 버리고 군중이 길을 가로막는 혼란스러운 상황에서, '이쁜이 어머니'는 당황하고 있어요. 여기서 '이쁜이'가 신부일 것이고, 딸을 떠나보내는 길이 너무 아쉬워 '골목'이 짧게만 느껴지는 '그'는 '이쁜이 어머니'일 것이라고 추측할 수 있겠습니다. '이쁜이 어머니'가 보여 주는 심리에 완벽하게 공감할 수 있겠죠? 딸을 시집보내는 어머니의 마음은 당연히 아쉬움 가득일 테니까요.

그러면서 '딸'에게 아쉬움을 잔뜩 표현하고 있습니다. 하지만 차를 운전하는 '운전수'는 그저 재촉할 뿐이에요. 경적 소리에 놀란 '이쁜이 어머니'는 소스라치게 놀라고, 계속 '딸'에게 말을 걸고 있습니다. 혼란스러운 상황 속 인물들의 심리가 확실하게 느껴지시죠?

　그러나 자동차의 문은 유난히 소리 내어 닫히고, 다시 또 경적이 두어 번 운 뒤, 달리는 자동차 안에 이쁜이 모양을, 어머니는 이미 찾아볼 수가 없었다. 그는 실신한 사람같이, 얼마를 그곳에 서 있었다. 깨닫지 못하고, 눈물이 뺨을 흐른다. 그 마음속을 알아주면서도, 아낙네들이, 경사에 눈물이 당하냐고, 그렇게 책망하였을 때, 그는 갑자기 조금 웃고, 그리고, 문득, 정신을 바짝 차리지 않으면, 그대로 그곳에서 혼도해 버리고 말 것 같은 극도의 피로와, 또 이제는 이미 도저히 구할 길 없는 마음속의 공허를, 그는 일시에 느꼈다.

그렇게 자동차가 떠나고, 떠나는 딸을 보는 '이쁜이 어머니'는 그저 '눈물'만 흐릅니다. 정말 많이 아쉽나 보네요. 주변 아낙네들의 이야기를 듣고 나서는 웃다가 피로감을 느끼다가 공허를 느끼는, 혼란스러운 심리를 보이고 있습니다. '딸이 시집가는 날'이라는 상황 하나면 이 모든 심리에 공감할 수 있겠죠?

> 　제6절 몰락
> 　한편에서 이렇게 경사가 있었을 때―(그야, 외딸을 남을 주고 난 그 뒤에, 홀어머니의 외로움과 슬픔은 컸으나 그래도 아직 그것은 한 개의 경사라 할 밖에 없을 것이다)―, 또 한편 개천 하나를 건너 신전 집에서는, 바로 이날에 이제까지의 서울에서의 살림을 거두어, 마침내 애달프게도 온 집안이 시골로 내려갔다.
> 　　[A] 독자는, 그 수다스러운 점룡이 어머니가, 이미 한 달도 전에, 어디서 어떻게 들었던 것인지, 쉬이 신전 집이 낙향을 하리라고 가장 은근하게 빨래터에서 하던 말을 기억하고 계실 것이다. 이를테면 그것이 그대로 실현된 것에 지나지 않는다. 그러나 다만 그들의 가는 곳은, 강원도 춘천이라든가 그러한 곳이 아니라, 경기 강화였다.
> 　이 봄에 대학 의과를 마친 둘째 아들이 아직 취직처가 결정되지 않은 채, 그대로 서울 하숙에 남아 있을 뿐으로―(그러나, 그도 그로써 얼마 안 되어 충청북도 어느 지방의 '공의'가 되어 서울을 떠나고 말았다)―, 신전 집의 온 가족은, 아직도 장가를 못 간 주인의 처남까지도 바로 어디 나들이라도 가는 것처럼, 별로 남들의 주의를 끄는 일도 없이, 스무 해를 살아온 이 동리에서 사라지고 말았다.

이렇게 결혼식이라는 경사가 있을 때, '신전 집'에서는 온 집안이 시골로 내려간 모습을 보이고 있습니다. 같은 시간, 다른 공간에서 벌어지는 일들이 함께 제시되고 있네요. 상당히 특이하죠? 나아가 ( ) 부분과 [A] 부분에서 일종의 '서술자의 개입'이 나타나고 있습니다. 이 역시 특이한 부분이니 체크하는 게 좋겠죠?

이렇게 '신전 집'이 낙향하는 모습은 수다스러운 '점룡이 어머니'가 이미 예고했던 일이라고 하네요. '둘째 아들' 및 주인의 '처남' 등 '신전 집' 가족들의 이야기를 해 주면서, 이들의 낙향이 '남들의 주의'도 끌지 못하고 이루어졌음을 알려 주고 있습니다. 굉장히 쓸쓸하네요.

한번 기울어진 가운은 다시 어찌는 수 없어, 온 집안사람은, 언제든 당장이라도 서울을 떠날 수 있는 준비 아래, 오직 주인 영감의 명령만을 기다리고 있었던 것이므로, 동리 사람들도 그것을 단지 시일 문제로 알고 있었던 것이나, 그래도 이 신전 집의 몰락은, 역시 그들의 마음을 한때, 어둡게 해 주었다.

그러나 오직 그뿐이다. 이 도회에서의 패잔자는 좀 더 남의 마음에 애달픔을 주는 일 없이 무심한 이의 눈에는, 참말 어디 볼일이라도 보러 가는 사람같이, 그곳에서 얼마 안 되는 작은 광교 차부에서 강화행 자동차를 탔다. 천변에 일어나는 온갖 일에 관찰을 게을리하지 않는 이발소 소년이, 용하게도 막, 그들의 이미 오래 전에 팔린 집을 나오는 일행을 발견하고 그래 이발소 안의 모든 사람이 그것을 알았을 뿐으로, 그들이 남부끄럽다 해서, 고개나마 변변히 못 들고 빠른 걸음걸이로 천변을 걸어 나가, 그대로 큰길로 사라지는 뒷모양이라도 흘낏 본 이는 몇 명이 못 된다. **얼마 있다**, 원래의 신전은 술집으로 변하고, 또 그들의 살던 집에는 **좀 더 있다**, 하숙옥 간판이 걸렸다.

-박태원, 「천변풍경」-

계속해서 '신전 집'에 대한 이야기를 하고 있습니다. 알고 보니 이들의 가운은 예전부터 기울어 '주인 영감'의 말 한마디면 서울을 떠날 준비가 되어 있었고, 실제로 그러한 일이 일어난 모습이었어요. 이를 알고 있던 '동리 사람들'도 당연히 어두운 마음을 가질 수밖에 없겠죠. 남일 같지 않을 테니까요.

그렇게 도망치듯 서울을 떠나는 모습을 '이발소 소년'이 보고 여기저기 소문을 냈고, 시간이 흘러 '신전 집'은 '술집'에서 '하숙옥'으로 바뀌는 모습입니다. 비슷한 시간 서로 다른 장소에서 각각

딸을 시집보내는 '이쁜이 어머니'의 아쉬움과, 기울어진 가운으로 인해 서울을 떠나는 '신전 집' 가족들의 이야기가 제시되었습니다. 무언가 우울한 느낌이 든다면 제대로 공감하면서 읽어낸 것이라 볼 수 있겠네요.

(나)

#### #68. 산비탈 길
　뚜벅뚜벅 걷고 있는 철호.

#### #69. 피난민 수용소 안(회상)
　담요바지 철호의 아내가 주워 모은 널빤지 조각을 이고 들어와 부엌에 내려놓고 흩어진 머리칼을 치키며 숨을 돌리고 있다.

**철호**Ⓔ* : 저걸 저토록 고생시킬 줄이야.
　담요바지 아내의 모습 위에 ─O·L* ─
　여학교 교복을 입고 강당에 서서 노래를 부르고 있는 그 시절의 아내. 또 O·L되며 신부 차림의 아내가 노래를 부르고 있다. 그 옆에 상기되어 앉아 있는 결혼 피로연 석상의 철호. 노래는 '돌아오라 소렌토'.

#### #70. 산비탈
　철호가 멍하니 시가지를 내려다보고 섰다. 황홀에 묻힌 거리.

* Ⓔ : 효과음(effect). 화면에 삽입된 음향.
* O·L(overlap) : 하나의 화면이 끝나기 전에 다음 화면이 겹치면서 먼저 화면이 차차 사라지게 하는 기법.

다음은 (나)를 읽어봅시다. 시나리오 대본을 다루는 극문학 지문에서는 각 씬마다 어떤 시간/공간에 대한 이야기인지를 정확히 파악하는 것이 중요합니다. #68에는 '산비탈 길'을 걷고 있는 '철호'의 모습이 나타나고 있는데, #69에서는 '회상'이 제시되고 있습니다. 여기서 '과거'의 이야기로 장면이 바뀌었다는 것을 파악할 수 있어야 해요! '피난민 수용소'에서의 과거 이야기에는 철호의 '아내'가 등장하고, '철호'가 Ⓔ를 통해 '아내'를 고생시켰다는 이야기를 하고 있습니다. 이때 '철호'의 목소리는 '현재'의 목소리(생각)라고 할 수 있겠죠? 영화의 한 장면이라고 생각하면 어렵지 않을 겁니다. 과거 회상 속에 현재의 생각이 들어가는 건 낯선 모습이 아니니까요.

나아가 '여학교 교복', '신부 차림'의 아내 모습이 등장하며 과거가 쭉 제시되고 있습니다. #70으로 바뀌며 다시 '산비탈'인데, 이곳에 올라온 '철호'는 '멍하니' 시가지를 바라보고 있어요. 아마 '아내'와의 과거를 회상하며 멍때리고 있는 것이겠죠. 아내를 고생시켰다는 '철호'의 대사를 통해 유추하면, 결혼 이후의 삶이 순

탄치 못했나봐요. 미안함, 공허함 등이 섞여 있을 '철호'의 '멍한 눈빛'에 공감하며 계속 읽어보도록 합시다.

#### #71. 자동차 안

해방촌의 골목길을 운전수가 땀을 빼며 빠져나와서 뒤를 돌아보고

운전수 : 손님! 이상 더 올라가지 못하겠는데요.

영호 : 그럼 내립시다. 시시한 동네까지 몰구 오느라고 수고했소.

천 환짜리 한 장을 꺼내 준다.

운전수 : (공손히) 감사합니다.

#### #72. 철호의 방 안

철호의 아내가 만삭의 배를 안고 누더기를 꿰매고 있다. 옆에서 콜콜 자고 있는 혜옥.

영호 : (들어오며) 혜옥아!

#71부터는 또 다른 이야기인 것 같아요. 이번엔 '영호'라는 인물이 '해방촌의 골목길'에서 등장합니다. '운전수'가 더 이상 올라가지 못할 정도로 험준한 곳인가봐요. '영호'는 '철호'의 방으로 들어갑니다. '철호'의 방으로 간다는 것과 비슷한 이름 등을 통해 이들이 형제가 아닐까 하고 추측할 수 있겠죠. 그곳에는 아까 고생만 했던 철호의 '아내'와 '혜옥'이라는 새로운 인물이 있네요. '영호'는 '혜옥'을 찾으러 왔나봅니다. 정확한 상황을 이해하기는 어렵겠지만, 최소한 새롭게 등장한 인물들과 그들을 둘러싼 전반적인 상황들은 확실하게 체크할 수 있어야 합니다.

(중략)

#### #73. 철호의 집 부엌 안

민호가 팔다 남은 신문을 끼고 들어와 신들메를 끌르며

민호 : 에이 날씨도 꼭 겨울 같네.

철호Ⓔ : 어쨌든 너도 인젠 정신을 차려야지! 군대에서 나온 지도 이태나 되잖니.

영호Ⓔ : 정신 차려야죠. 그렇잖아도 금명간 판결이 날 겁니다.

철호Ⓔ : 어디 취직을 해야지.

그렇게 (중략) 이후, #73에서는 다시 '철호'의 집입니다. 이곳에는 '철호의 아내, 혜옥, 영호'가 있을 것이에요. 그런데 이번엔 또 '민호'가 들어오고 있어요. '민호'가 들어오는데, '철호'와 '영호'의 이야기가 Ⓔ를 통해 제시되고 있습니다. 이는 집으로 들어온 '민호'의 귀에 '철호'와 '영호'의 이야기가 들리고 있다는 것을

의미하겠죠? 이 장면을 충분히 상상하면서 읽을 수 있어야 합니다. '철호'는 '영호'에게 정신을 차리라고 말하며, 취직할 것을 권하고 있습니다. 이렇게 형이 동생에게 조언을 건네는 모습은 어렵지 않게 상상할 수 있는 장면이네요.

#### #74. 철호의 집 방 안

영호 : 취직이요. 형님처럼 전차 값도 안 되는 월급을 받고 남의 살림이나 계산해 주란 말예요? 싫습니다.

철호 : 그럼 뭐 뾰죽한 수가 있는 줄 아니?

영호 : 있지요. 남처럼 용기만 조금 있으면.

철호 : 용기?

영호 : 네. 분명히 용기지요.

철호 : 너 설마 엉뚱한 생각을 하고 있는 건 아니겠지.

영호 : 엉뚱하긴 뭐가 엉뚱해요.

철호 : (버럭 소리를 지르며) 영호야! 그렇게 살자면 이 형도 벌써 잘살 수 있었단 말이다.

영호 : 저도 형님을 존경하지 않는 건 아녜요. 가난하더라도 깨끗이 살자는 형님을……. 허지만 형님! 인생이 저 골목에서 십 환짜리를 받고 코 흘리는 어린애들에게 보여 주는 요지경이라면야 가지고 있는 돈값만치 구멍으로 들여다보고 말 수도 있죠. 그렇지만 어디 인생이 자기 주머니 속의 돈 액수만치만 살고 그만둘 수 있는 요지경인가요? 형님의 어금니만 해도 푹푹 쑤시고 아픈 걸 견딘다고 절약이 되는 건 아니죠. 그러니 비극이 시작되는 거죠. 지긋지긋하게 살아야 하니까 문제죠. 왜 우리라고 좀 더 넓은 테두리까지 못 나가라는 법이 어디 있어요.

영호는 반쯤 끌러 놨던 넥타이를 풀어서 방구석에 픽 던진다. 철호가 무겁게 입을 연다.

철호 : 그건 억설이야.

영호 : 억설이오?

철호 : 네 말대로 꼭 잘살자면 양심이구 윤리구 버려야 한다는 것 아니야.

영호 : 천만에요.

#74로 바뀌면서, 본격적으로 '철호'와 '영호'의 이야기에 주목하고 있습니다. 취직을 하라는 '철호'의 말에 '영호'는 감정적으로 반응하면서, '용기'를 가지면 취직하지 않고도 잘 살 수 있다는 이야기를 하고 있습니다. '철호'의 이야기를 들어보니 '영호'는 반칙을 해서라도 잘 살겠다는 입장을 가지고 있네요. '가난하더라도 깨끗이' 살자는 '철호'는 이러한 '영호'의 모습에 화를 내고 있습니다. 이렇게 의견이 대립하면 당연히 감정도 격해지겠죠? 이런

감정을 '영호'는 '넥타이'를 던지는 행위를 통해 드러내고 있네요. 답답한 것이겠죠. '철호'는 무겁게 입을 열며 최대한 '영호'를 타이르고 있습니다.

> **#75. 철호의 집 골목**
>   스카프를 두르고 핸드백을 걸친 명숙이 가 엿듣고 있다.
> **철호**Ⓔ : 그게 바루 억설이란 말이다. 마음 한구석이 어딘가 비틀려서 하는 억지란 말이다.
> **영호**Ⓔ : 비틀렸죠. 분명히 비틀렸어요. 그런데 그 비틀리기가 너무 늦었단 말입니다.
>
> -이범선 원작, 이종기 각색, 「오발탄」-

그런데 또 장면이 바뀌고 있습니다. #75는 '철호'의 집 안이 아닌 '골목'입니다. 이곳에서는 또 '명숙이'라는 새로운 인물이 대화를 엿듣고 있네요. '명숙'이 '엿듣고' 있는 상황이기에, '철호'와 '영호'의 의견 대립은 Ⓔ 처리되는 모습입니다. 어렵지 않게 납득할 수 있겠죠?

전반적으로 우울한 장면들이 이어진 지문들이었습니다. 지문의 큰 흐름을 확실하게 파악하고 인물들에게 완벽하게 공감했다면 어렵지 않게 읽어낼 수 있었을 것이에요. 길어도 달라지는 건 없어요. 차분하게 독해하도록 합시다.

| 선지 | ① | ② | ③ | ④ | ⑤ |
|---|---|---|---|---|---|
| 선택률 | 10% | 6% | 6% | 18% | 60% |

## 220 (가)와 (나)의 공통점으로 가장 적절한 것은? ⑤

- 두 지문의 공통점을 묻고 있습니다. 미리 생각해보면 더 좋겠죠? 두 지문 모두 도시에서 일어나는 상황을 묘사했는데, 상당히 우울한 이야기들로 구성되어 있었습니다. 이 속에서 힘들어하는 인물들의 모습도 나타났었구요. 이런 내용과 비슷한 내용을 찾아보도록 합시다.

① 인물 간의 대결 의식을 통해 사건의 긴장감을 조성하고 있다.

| 선지 유형 | 근거가 없어서 허용 불가능 |
|---|---|
| 실전에서의 판단 과정 | (가)에서 딱히 인물들의 대결 의식을 나타내지는 않았는데? |
| 해설 | (가)에서 '인물 간의 대결 의식'이 나타나지는 않았습니다. '이쁜이 어머니', '신전 집 가족들' 모두 각자의 사정 속에서 슬퍼하고 있을 뿐, 인물들끼리 갈등을 보이고 있지는 않습니다.<br><br>물론 (나)는 허용할 수 있겠죠? '철호'와 '영호'의 갈등은 아주 표면적으로 드러나니까요. 갈등 같은 개념에 대해 깊게 알고 있는지를 묻는 게 아니라, '내용을 이해'했는지를 물어보는 겁니다! 인물들에게 공감한다는 하나의 원칙으로 지문을 읽어내려 갔다면 어렵지 않게 지울 수 있었을 것이에요. |

② 인물 간의 대화를 통해 특정 인물의 생각과 행동을 희화화하고 있다.

| 선지 유형 | 근거가 없어서 허용 불가능 |
|---|---|
| 실전에서의 판단 과정 | 희화화한 부분이 어디 있어. |
| 해설 | 인물의 생각이나 행동을 '희화화'한다는 건, 우울 그 자체인 두 작품의 흐름을 생각할 때 절대 허용할 수 없겠죠? 웃기려는 의도를 보이는 말장난 같은 것들을 찾을 수 없으니, 즉 '근거'를 찾을 수 없으니 허용할 수 없는 선지로 판단하면 되겠습니다. |

③ 인물의 회상 장면을 통해 사건 해결의 실마리를 과거에서 찾고 있다.

| 선지 유형 | 근거가 없어서 허용 불가능 |
|---|---|
| 실전에서의 판단 과정 | 사건 해결의 실마리가 이 지문들의 핵심이 아니지. |
| 해설 | (가)에서는 애초에 어떤 인물의 '회상' 장면이 없습니다. 서술자가 강제로 과거 장면('점룡이 어머니'의 이야기, '신전 집' 둘째 아들의 이야기 등)을 보여 줄 뿐이죠.<br><br>(나)에서는 초반부에 '철호'의 회상 장면이 등장하기는 합니다. 하지만 '사건 해결의 실마리'라는 말을 허용하기는 어렵죠? (가)도 (나)도 어떠한 사건을 해결하는 것이 핵심인 지문은 아니었으니까요. 전반적인 주제와 어긋나기에 가볍게 틀린 선지로 판단할 수 있겠습니다. |

④ 인물 간의 갈등을 다각적으로 조명하여 사건 전개의
양상을 다면화하고 있다.

| 선지 유형 | 근거가 없어서 허용 불가능 |
| --- | --- |
| 실전에서의<br>판단 과정 | (가)에는 인물 간의 갈등이 없다니까. |
| 해설 | 1번 선지를 설명하면서 한 번 확인했던 내용이죠? (가)에는 '인물 간의 갈등'이 드러나지 않습니다. 따라서 바로 틀린 선지로 처리할 수 있어야 해요. 소설은 크게 '인물(자아) 간의 갈등'과 '인물(자아)과 세계의 갈등'으로 주제를 구분할 수 있어요. (가)의 경우에는 후자인데, 이처럼 어떤 갈등이 나타나는지 생각하며 읽으면 지문 내용을 훨씬 더 풍부하게 이해할 수 있을 겁니다.<br><br>한편 (나)에서는 '철호'와 '영호'의 갈등이 나타나고, 이 갈등이 '민호'의 시점, '철호&영호'의 시점, '명숙'의 시점 등 여러 시점을 통해 제시되고 있으니 이를 근거로 '다각적 조명/사건 전개의 양상 다면화'를 허용할 수 있겠습니다. |

⑤ 인물의 내면을 행위로 제시하여 상황을 받아들이기
어려워하는 심리를 보여 주고 있다.

| 선지 유형 | 근거가 있어서 허용 가능 |
| --- | --- |
| 실전에서의<br>판단 과정 | 딸의 결혼과 자신의 말을 들어주지 않는 형의 모습 등의 상황을 받아들이기 어려워하는 거지. |
| 해설 | (가)에는 혼란스러운 내면(당황, 피로, 공허 등)을 가지고 있는 '이쁜이 어머니'의 여러 가지 행위가 제시되어 있었습니다. 이 심리와 행위의 근거를 '딸이 시집 가는 상황을 받아들이기 어려움'이라고 해석하는 건 어렵지 않게 허용할 수 있는 내용이네요.<br><br>한편 (나)에서는 '용기'를 내려는 자신의 생각이 받아들여지지 않아 답답해하는 '영호'의 내면이 넥타이를 던지는 것과 같은 행위를 통해 제시되고 있습니다. 이 역시 '철호'가 자신의 말에 동의하지 않고 고지식한 모습을 보이는 상황을 받아들이기 어려워하기 때문에 나타난 심리와 행동이라고 할 수 있겠죠? 이처럼 명백한 근거가 존재하므로, 어렵지 않게 허용할 수 있겠습니다. |

| 선지 | ① | ② | ③ | ④ | ⑤ |
| --- | --- | --- | --- | --- | --- |
| 선택률 | 73% | 4% | 2% | 11% | 10% |

## 221 (가)의 이발소 소년 에 대한 이해로 가장 적절한 것은?

①

– '이발소 소년'은 '천변에 일어나는 온갖 일에 관찰을 게을리하지 않는' 인물입니다. 이에 '신전 집' 가족이 낙향하는 모습도 관찰하고 소문을 낸 것이죠. 이와 관련된 내용을 찾아보도록 합시다.

① 주변을 관찰하여 일상의 변화를 포착한다.

| 선지 유형 | 근거가 있어서 허용 가능 |
| --- | --- |
| 실전에서의<br>판단 과정 | 지문에 적힌 그대로네. |
| 해설 | 바로 정답이네요. '천변'이라는 주변을 관찰하여 '신전 집'의 이사와 같은 일상의 변화를 포착하고 있습니다. |

② 특정 가족이 몰락하게 된 이유를 분석한다.
③ 새로운 사건을 모으고 그 진위를 논평한다.
④ 천변의 소식을 타 지역 주민에게 전해 준다.
⑤ 천변 주민들 사이에 발생하는 문제를 중재한다.

| 선지 유형 | 근거가 없어서 허용 불가능 |
| --- | --- |
| 실전에서의<br>판단 과정 | 애초에 얘가 그렇게 대단한 인물이 아니었지. |
| 해설 | '이발소 소년'은 '분석', '논평', '타 지역 주민에게 소식 전달', '문제 중재'와 같은 대단한 역할을 맡고 있지 않습니다. 어렵지 않게 지울 수 있겠네요. |

| 선지 | ① | ② | ③ | ④ | ⑤ |
| --- | --- | --- | --- | --- | --- |
| 선택률 | 2% | 12% | 4% | 79% | 3% |

## 222 [A]에 대한 설명으로 적절하지 않은 것은? ④

– 일종의 '서술자의 개입'으로, 특이하다고 생각했던 부분에 대한 문제입니다. 역시 가볍게 해결해봅시다.

① 독자가 가진 정보를 상기시키고 있다.

| 선지 유형 | 근거가 있어서 허용 가능 |
| --- | --- |
| 실전에서의<br>판단 과정 | 독자는 기억하고 있을 것이라며. |
| 해설 | 독자가 '점룡이 어머니'에 대한 이야기를 기억하고 있을 것이라며 정보를 상기시키고 있습니다. |

② 정보를 제공한 인물을 독자에게 환기시키고 있다.

| 선지 유형 | 근거가 있어서 허용 가능 |
|---|---|
| 실전에서의 판단 과정 | 점룡이 어머니가 소문을 냈다고 했지. |
| 해설 | 독자들도 알고 있는 '점룡이 어머니'가 '신전 집'과 관련된 정보를 제공했음을 환기시키고 있습니다. |

③ 독자를 언급하여 서술자의 개입을 드러내고 있다.

| 선지 유형 | 근거가 있어서 허용 가능 |
|---|---|
| 실전에서의 판단 과정 | 생각한 그대로네. |
| 해설 | 우리는 이미 생각하고 있는 내용 그대로죠? |

④ 정보가 실현되지 못한 원인을 독자의 망각에서 찾고 있다.

| 선지 유형 | 근거가 있어서 허용 불가능 |
|---|---|
| 실전에서의 판단 과정 | 정보가 실현되기도 했고, 독자가 기억하고 있을 것이라며. |
| 해설 | '점룡이 어머니'가 이야기한 '신전 집' 관련 정보는 제대로 실현되었기 때문에, 애초에 '정보가 실현되지 못한 원인'과 같은 것은 따질 수 없겠습니다. 나아가 독자의 '망각'이 아닌 '기억'을 강조하고 있으니 어렵지 않게 답으로 고를 수 있겠네요. |

⑤ 인물의 행선지와 관련한 정보를 독자에게 제공하고 있다.

| 선지 유형 | 근거가 있어서 허용 가능 |
|---|---|
| 실전에서의 판단 과정 | 춘천이 아니라 강화라며. |
| 해설 | '신전 집'의 가족들이 '경기 강화'로 갔다는, '행선지와 관련한 정보'를 제공했죠? |

| 선지 | ① | ② | ③ | ④ | ⑤ |
|---|---|---|---|---|---|
| 선택률 | 4% | 58% | 5% | 8% | 25% |

**223** (가)와 (나)에 대한 감상으로 적절하지 <u>않은</u> 것은? ②

① (가)의 짧게 느껴지는 '골목'은 어머니의 아쉬움을, (나)의 빠져나오기 힘든 '골목길'은 '시시한 동네'의 열악함을 보여 주고 있다.

그 골목이 그렇게도 짧은 것을 그가 처음으로 느낄 수 있었을 때, 신랑의 몸은 벌써 차 속으로 사라지고, 자기와 차 사이에는 몰려든 군중이 몇 겹으로 길을 가로막았다.

**#71. 자동차 안**
해방촌의 골목길을 운전수가 땀을 빼며 빠져나와서 뒤를 돌아보고
**운전수** : 손님! 이상 더 올라가지 못하겠는데요.
**영호** : 그럼 내립시다. <u>시시한 동네까지 몰구 오느라고 수고했소.</u>

| 선지 유형 | 근거가 있어서 허용 가능 |
|---|---|
| 실전에서의 판단 과정 | 골목을 떠나는 게 아쉬워서 짧게 느껴진 것이고, 빠져나오기 힘든 골목길은 열악하다고 할 수 있지. |
| 해설 | (가)에서 '골목'을 짧게 느끼는 것은 딸을 떠나보내기 싫은 '이쁜이 어머니'의 심리 때문이라고 할 수 있습니다. '아쉬움'을 허용할 만한 근거로 충분하겠네요.<br><br>한편 (나)의 '골목길'은 운전수가 빠져나오기도 힘든 동네이고, '영호'는 이 곳을 '시시한 동네'라고 표현하고 있습니다. 차가 들어가기도 힘든 곳이라면 '열악함'이 나타난다고 할 수 있겠죠. |

② <u>(가)는 딸이 멀리 떠나는 모습을 통해, (나)는 명숙이 집 밖에서 엿듣는 모습을 통해 가족들 간의 갈등 상황을 보여 주고 있다.</u>

| 선지 유형 | 근거가 없어서 허용 불가능 |
|---|---|
| 실전에서의 판단 과정 | (가)에는 갈등이 없다니까! |
| 해설 | (가)에서는 가족들이든 누구든 '인물들 간의 갈등'이 나타나지 않는다는 것을 계속해서 물어보고 있습니다. 딸이 멀리 떠나는 모습을 보는 '이쁜이 어머니'의 '내적 갈등'은 나타나겠지만, 딸과 다투거나 한 것은 아니므로 '가족들 간의 갈등'을 허용할 수는 없겠습니다.<br><br>한편 (나)에서 '명숙'이 '영호'와 '철호'의 갈등 상황을 집 밖에서 엿듣는다는 건 어렵지 않게 허용할 수 있죠? 애초에 지문에 적힌 상황 그대로니까요. |

③ (가)의 '눈물'은 가족을 떠나보내는 자의 아픔을, (나)
의 '어금니'는 가족의 생계를 꾸려 나가는 자의 견딤을
보여 주고 있다.

> 그러나 자동차의 문은 유난히 소리 내어 닫히고, 다시
> 또 경적이 두어 번 운 뒤, 달리는 자동차 안에 이쁜이 모
> 양을, 어머니는 이미 찾아볼 수가 없었다. 그는 실신한
> 사람같이, 얼마를 그곳에 서 있었다. 깨닫지 못하고, 눈
> 물이 뺨을 흐른다.

> 형님의 어금니만 해도 푹푹 쑤시고 아픈 걸 견딘다고
> 절약이 되는 건 아니죠. 그러니 비극이 시작되는 거죠.
> 지긋지긋하게 살아야 하니까 문제죠. 왜 우리라고 좀 더
> 넓은 테두리까지 못 나가라는 법이 어디 있어요.

| 선지 유형 | 근거가 있어서 허용 가능 |
| --- | --- |
| 실전에서의 판단 과정 | 딸을 떠나보내고 눈물을 흘리고 있고, 절약을 위해 아픈 어금니를 참고 있으니 허용되겠네. |
| 해설 | (가)의 '눈물'은 '이쁜이 어머니'가 딸을 떠나보내는 상황에서 흘린 것입니다. 이것을 '아픔'으로 해석하는 건 어렵지 않게 허용할 수 있겠네요.<br><br>나아가 (나)의 '어금니'는 '절약'을 위해 아픈 걸 견디는 '철호'의 삶을 보여 주는 것입니다. 가정을 꾸린 '철호'가 이러한 '견딤'을 통해 '절약'을 하는 이유는 '가족의 생계'를 위해서라고 할 수 있겠죠? |

④ (가)는 주인 영감의 명령만을 기다리는 신전 집 가족
들을 통해, (나)는 만삭의 몸에도 누더기를 꿰매는 아
내의 모습을 통해 가족이 처한 불우한 상황을 보여 주
고 있다.

| 선지 유형 | 근거가 있어서 허용 가능 |
| --- | --- |
| 실전에서의 판단 과정 | 가운이 기울어 서울을 떠나는 모습, 임신했는데 일하는 모습 정도면 불우하다고 할 수 있지. |
| 해설 | (가)에서 '주인 영감'의 명령만을 기다리는 '신전 집' 가족들은 가운이 기울어 서울을 떠나야 하는 처지입니다. 나아가 (나)에서 '철호의 아내'는 만삭의 몸으로도 누더기를 꿰매는 일을 하고 있어요. 이러한 모습들은 모두 '불우한 상황'에 대한 근거라고 하기에 충분해보입니다. |

⑤ (가)는 '도회에서의 패잔자'가 낙향하는 모습을 통해,
(나)는 영호가 취직을 거부하는 모습을 통해 현실에
적응하지 못하는 인물의 처지를 보여 주고 있다.

> 그러나 오직 그뿐이다. 이 도회에서의 패잔자는 좀 더
> 남의 마음에 애달픔을 주는 일 없이 무심한 이의 눈에는,
> 참말 어디 볼일이라도 보러 가는 사람같이, 그곳에서 얼
> 마 안 되는 작은 광교 차부에서 강화행 자동차를 탔다.

| 선지 유형 | 근거가 있어서 허용 가능 |
| --- | --- |
| 실전에서의 판단 과정 | 낙향하고 취직을 거부하는 건 현실에 적응하지 못하는 모습이라고 할 수 있지. |
| 해설 | (가)의 '도회에서의 패잔자'는 서울에서의 생활을 견디지 못해 낙향하고 있습니다. 나아가 (나)의 '영호'는 남의 일만 해 주고 돈은 많이 벌지 못하는 '취직'을 거부하고 있죠. 이 모습은 모두 자신들이 처한 '현실'(서울에 살고 있음, 취직을 해야 함)에 적응하지 못해 대안을 찾는 모습이라고 할 수 있겠습니다. 일단 '허용'하겠다는 생각을 하면 '근거'를 잡을 수 있습니다. 자신의 생각과 다른 선지라도, '근거'가 있다면 허용해야 합니다! |

| 선지 | ① | ② | ③ | ④ | ⑤ |
| --- | --- | --- | --- | --- | --- |
| 선택률 | 3% | 2% | 4% | 3% | 88% |

**224** (나)의 '#68~#71'에 대한 이해로 적절하지 <u>않은</u> 것은?

⑤

① #68의 장면에 이어지는 #69에서 '철호ⓔ'를 삽입하여
회상의 주체가 철호임을 알려 주고 있다.

> **#68. 산비탈 길**
> 　뚜벅뚜벅 걷고 있는 철호.
> **#69. 피난민 수용소 안(회상)**
> 　담요바지 철호의 아내가 주워 모은 널빤지 조각을 이
> 고 들어와 부엌에 내려놓고 흩어진 머리칼을 치키며 숨
> 을 돌리고 있다.
> **철호ⓔ*** : 저걸 저토록 고생시킬 줄이야.
>
> * ⓔ : 효과음(effect). 화면에 삽입된 음향.

| 선지 유형 | 근거가 있어서 허용 가능 |
| --- | --- |
| 실전에서의 판단 과정 | 미리 생각한 내용이네. |
| 해설 | 지문 독해 과정에서 미리 생각했던 내용이죠? '회상'하는 상황에 '현재'의 '철호'의 목소리가 나타나고 있으니, 이 회상의 주체가 '철호'라고 할 수 있겠습니다. |

② #69에서 '철호ⓔ'를 삽입하여 아내에 대한 연민을 드러내고 있다.

철호ⓔ* : 저걸 저토록 고생시킬 줄이야.

* ⓔ : 효과음(effect). 화면에 삽입된 음향.

| 선지 유형 | 근거가 있어서 허용 가능 |
| --- | --- |
| 실전에서의 판단 과정 | 저토록 고생시켰다는데 무슨 말이 더 필요해. |
| 해설 | '아내'의 모습을 회상하면서, 아내를 저렇게까지 '고생'시킬 줄은 몰랐다는 이야기를 하고 있습니다. 이는 아내의 '고생'을 인정한다는 뜻이므로, 이를 근거로 '연민'이라는 심리가 나타난다는 것을 허용할 수 있겠죠. |

③ #69에서 '노래'를 활용하여 학창 시절 아내의 화면을 결혼 피로연장 아내의 화면으로 전환하고 있다.

여학교 교복을 입고 강당에 서서 <u>노래</u>를 부르고 있는 그 시절의 아내. 또 O·L되며 신부 차림의 아내가 <u>노래</u>를 부르고 있다. 그 옆에 상기되어 앉아 있는 결혼 피로연석상의 철호. 노래는 '돌아오라 소렌토'.

| 선지 유형 | 근거가 있어서 허용 가능 |
| --- | --- |
| 실전에서의 판단 과정 | 학창 시절과 결혼 피로연장 모두 아내가 노래를 부르고 있으니 허용되겠다. |
| 해설 | '여학교 교복'을 입고 있는 학창 시절의 아내와, '신부 차림'의 결혼 피로연장 아내 모두 '노래'를 부르고 있습니다. 이 '노래'를 이용하여 화면이 오버랩되고 있으므로, '노래'를 활용하여 화면을 전환한다는 내용은 어렵지 않게 허용할 수 있겠네요. |

④ #70에서 침묵하는 철호의 모습과 시가지의 분위기를 대비하여, 거리를 바라보는 철호의 심리를 암시하고 있다.

**#70. 산비탈**

철호가 멍하니 시가지를 내려다보고 섰다. 황홀에 묻힌 거리.

| 선지 유형 | 근거가 있어서 허용 가능 |
| --- | --- |
| 실전에서의 판단 과정 | 철호는 멍한데 시가지는 황홀에 묻혀 있네. 철호의 마음이 착잡하겠다. |
| 해설 | '철호'는 시가지를 '멍하니' 쳐다보면서, 아무런 말을 하고 있지 않습니다. 이를 통해 '침묵하는 모습'을 허용할 수 있겠고, 쓸쓸한 '철호'의 처지와 '황홀에 묻힌 거리'가 대비되는 것은 '철호'의 착잡한 심리를 암시한다고 할 수 있겠어요. 애초에 인물의 모든 행동에는 '심리'가 내포되어 있다고 보셔도 좋아요. 당연하게 허용할 수 있어야 합니다. |

⑤ #70의 침묵과 #71의 대화를 상호 대비하여 영호의 소심함을 드러내고 있다.

**#70. 산비탈**

철호가 멍하니 시가지를 내려다보고 섰다. 황홀에 묻힌 거리.

**#71. 자동차 안**

해방촌의 골목길을 운전수가 땀을 빼며 빠져나와서 뒤를 돌아보고

운전수 : 손님! 이상 더 올라가지 못하겠는데요.

영호 : 그럼 내립시다. 시시한 동네까지 몰구 오느라고 수고했소.

천 환짜리 한 장을 꺼내 준다.

운전수 : (공손히) 감사합니다.

| 선지 유형 | 근거가 있어서 허용 불가능 |
| --- | --- |
| 실전에서의 판단 과정 | 영호가 왜 소심해? |
| 해설 | 일단 #70에서 침묵하는 건 '철호'이고, #71에서 대화를 하는 건 '영호'입니다. 애초에 #70과 #71은 별다른 연결고리가 없는, 아예 다른 장면이기에 이들을 상호 대비한다는 것부터 허용하기 어렵습니다. 나아가 #71의 '영호'는 '운전수'에게 할 말을 하는 모습을 보여 주고 있죠? 이를 근거로 하면 '소심함'이라는 성격은 절대로 허용할 수 없겠습니다. |

| 선지 | ① | ② | ③ | ④ | ⑤ |
|------|-----|-----|-----|-----|-----|
| 선택률 | 7% | 11% | 24% | 14% | 44% |

**225** 〈보기〉를 바탕으로 (가)의 ⊙~ⓒ과 (나)의 '#71~#75'에 대해 이해한 내용으로 적절하지 <u>않은</u> 것은? [3점] ⑤

> 그러나 ⊙자동차의 문은 유난히 소리 내어 닫히고, 다시 또 경적이 두어 번 운 뒤, 달리는 자동차 안에 이쁜이 모양을, 어머니는 이미 찾아볼 수가 없었다.

> 또 ⓒ한편 개천 하나를 건너 신전 집에서는, 바로 이 날에 이제까지의 서울에서의 살림을 거두어, 마침내 애달프게도 온 집안이 시골로 내려갔다.

> ⓒ얼마 있다, 원래의 신전은 술집으로 변하고, 또 그들의 살던 집에는 좀 더 있다, 하숙옥 간판이 걸렸다.

─────[보기]─────

작가는 시간의 흐름에 따라 나타나는 모든 상황을 서술하지는 않는다. 일련의 상황이나 사건들 중 작가의 시선에 의해 특정한 부분이 부각되어 서술되는 것이다. 즉, 서사는 시간과 공간을 배경으로 하는 사건의 선택과 결합을 통해 구성된다. 선택이란 시간과 공간을 분할한 후 의미 있는 부분을 선택하는 것을, 결합이란 이렇게 선택된 시간과 공간을 다양한 방식으로 연결하여 새롭게 사건을 구성하는 것을 의미한다. 이렇게 서사는 다양한 사건 구성의 방식을 통해 인간의 문제를 총체적으로 파악하고자 하는 고민을 담고 있다.

– 작가의 시선에 포착된 특정한 사건이 '선택'되고 '결합'되어 서사를 형성한다는 내용입니다. 어려운 말이지만, 사실은 당연한 내용이죠? 가볍게 선지를 판단해보도록 합시다.

① ⊙에서는 두 인물 사이에서 발생한 여러 상황에서 몇 개의 상황만을 선택적으로 제시하여 그 상황에 대한 인물의 심리를 암시하고 있고, #71과 #72에서는 서로 다른 두 공간을 동일 인물의 등장으로 연결하여 인물의 공간 이동을 나타내는군.

#### #71. 자동차 안
해방촌의 골목길을 운전수가 땀을 빼며 빠져나와서 뒤를 돌아보고

운전수 : 손님! 이상 더 올라가지 못하겠는데요.

영호 : 그럼 내립시다. 시시한 동네까지 몰구 오느라고 수고했소.
천 환짜리 한 장을 꺼내 준다.

운전수 : (공손히) 감사합니다.

#### #72. 철호의 방 안
철호의 아내가 만삭의 배를 안고 누더기를 꿰매고 있다. 옆에서 콜콜 자고 있는 혜옥.

영호 : (들어오며) 혜옥아!

| 선지 유형 | 근거가 있어서 허용 가능 |
|------|------|
| 실전에서의 판단 과정 | ⊙에서는 이쁜이와 어머니 사이에 있던 일 중 문이 닫히고 경적이 울리는 데에만 주목하고 있네. 이를 통해 어머니의 심리를 드러내고 있다고 할 수 있겠다. 그리고 #71~#72에서는 영호가 두 장면에 나타나고 있으니 공간 이동이라고 할 수 있겠다. |
| 해설 | ⊙의 상황에서 '이쁜이'와 '어머니'라는 두 인물 사이에 일어난 일들은 정말로 많을 겁니다. 작가는 그 중에서 문이 닫히고 경적이 울리는 일, '이쁜이'를 태운 자동차가 지나가는 일 등만을 '선택'해서 제시하고 있네요. '이쁜이'가 차에 타는 모습 등에는 주목하지 않은 것이죠. 나아가 이러한 '선택'을 통해 '어머니'의 아쉬운 심리를 효과적으로 암시하고 있다고 할 수 있습니다. '선택'된 장면들은 모두 '어머니' 입장에서는 '이쁜이'가 곧 떠난다는 신호에 해당하니까요.<br><br>한편 #71~#72에서는 '자동차 안'과 '철호의 방 안'이라는 서로 다른 두 공간을 '영호'라는 동일한 인물의 등장으로 연결하고 있습니다. 이는 '영호'라는 인물의 공간 이동을 나타낸다고 할 수 있겠죠. |

② ⓒ에서는 같은 날에 서로 다른 공간을 배경으로 하는 사건이 일어났음을 밝혀 ⓒ의 공간에서 일어나는 사건과 ⊙의 공간에서 일어나는 사건을 결합하고 있고, #73과 #74의 서로 다른 공간은 동일한 인물들의 이어지는 대화를 통해 서로 결합하고 있군.

#### #73. 철호의 집 부엌 안
민호가 팔다 남은 신문을 끼고 들어와 신들메를 끌르며

민호 : 에이 날씨도 꼭 겨울 같네.

철호ⓔ : 어쨌든 너도 인젠 정신을 차려야지! 군대에서 나온 지도 이태나 되잖니.

**영호Ⓔ** : 정신 차려야죠. 그렇잖아도 금명간 판결이 날 겁니다.

**철호Ⓔ** : 어디 취직을 해야지.

#### #74. 철호의 집 방 안

**영호** : 취직이요. 형님처럼 전차 값도 안 되는 월급을 받고 남의 살림이나 계산해 주란 말예요? 싫습니다.

**철호** : 그럼 뭐 뾰죽한 수가 있는 줄 아니?

**영호** : 있지요. 남처럼 용기만 조금 있으면.

(하략)

| 선지 유형 | 근거가 있어서 허용 가능 |
|---|---|
| 실전에서의 판단 과정 | ㉠, ㉡ 내용은 지문 읽으면서 했던 생각이고, #73~#74는 영호와 철호의 대화로 결합되지. |
| 해설 | ㉡은 ㉠에 제시된 '결혼식'이 있던 날 동시에 벌어진 사건에 해당합니다. 이는 지문을 읽으면서 미리 생각했던 내용이죠? 둘은 '골목'과 '신전 집'이라는 서로 다른 공간을 배경으로 하면서 같은 날에 일어난 사건이라는 점에서 '결합'된다고 할 수 있겠습니다.<br><br>한편 #73과 #74는 '철호의 집 부엌 안'과 '철호의 집 방 안'으로 서로 다른 공간에서 펼쳐지는 이야기인데, 이 공간들은 '철호'와 '영호'라는 인물들의 이어지는 대화를 통해 결합되고 있습니다. 길어서 그렇지 어렵지는 않아요. |

③ ㉡에서는 일련의 상황을 선택적으로 제시하면서 인물들에 대한 감정을 서술하고 있고, #73~#75에서는 두 인물의 대화를 매개로 서로 다른 공간을 결합함으로써 #73과 #75의 장면에 등장하는 인물들이 #74의 상황을 공유할 수 있도록 구성하고 있군.

#### #73. 철호의 집 부엌 안

민호가 팔다 남은 신문을 끼고 들어와 신들메를 끌르며

**민호** : 에이 날씨도 꼭 겨울 같네.

**철호Ⓔ** : 어쨌든 너도 인젠 정신을 차려야지! 군대에서 나온 지도 이태나 되잖니.

**영호Ⓔ** : 정신 차려야죠. 그렇잖아도 금명간 판결이 날 겁니다.

**철호Ⓔ** : 어디 취직을 해야지.

#### #74. 철호의 집 방 안

**영호** : 취직이요. 형님처럼 전차 값도 안 되는 월급을 받고 남의 살림이나 계산해 주란 말예요? 싫습니다.

**철호** : 그럼 뭐 뾰죽한 수가 있는 줄 아니?

**영호** : 있지요. 남처럼 용기만 조금 있으면.

(중략)

#### #75. 철호의 집 골목

스카프를 두르고 핸드백을 걸친 명숙이가 엿듣고 있다.

**철호Ⓔ** : 그게 바루 억설이란 말이다. 마음 한구석이 어딘가 비틀려서 하는 억지란 말이다.

**영호Ⓔ** : 비틀렸죠. 분명히 비틀렸어요. 그런데 그 비틀리기가 너무 늦었단 말입니다.

| 선지 유형 | 근거가 있어서 허용 가능 |
|---|---|
| 실전에서의 판단 과정 | ㉡에서는 낙향하는 모습을 선택적으로 제시하면서 애달프다는 감정 서술했고, #73~#75 관련 내용은 영호와 철호의 대화를 민호와 명숙이가 듣고 있으니 허용되겠다. |
| 해설 | ㉡에서는 낙향하는 '신전 집' 가족들의 모습을 제시하고 있습니다. 이들이 낙향하기까지는 정말 많은 일이 있었을 것인데, 작가는 이 중에서 '살림을 거두어'라는 부분에만 주목하고 있습니다. 이렇게 '선택적 제시'를 하면서, 그 속에 '애달프게도'라는 표현으로 자신의 감정을 드러내고 있어요.<br><br>#73~#75에서는 '영호'와 '철호'의 대사가 Ⓔ로 제시되기도 하면서 '민호'와 '명숙이'라는 인물들이 이 상황을 공유할 수 있도록 하고 있죠? 어렵지 않게 허용할 수 있습니다. |

④ ㉠과 ㉡의 연결은 같은 날에 서로 다른 공간에서 발생하는 사건의 연결이라는 점에서는 #74와 #75의 연결과 유사하지만, 인물의 목소리를 활용하는 #74와 #75의 연결과 비교하면 연결 방식에서 구별되는군.

#### #74. 철호의 집 방 안

(중략)

**철호** : 네 말대로 꼭 잘살자면 양심이구 윤리구 버려야 한다는 것 아니야.

**영호** : 천만에요.

#### #75. 철호의 집 골목

스카프를 두르고 핸드백을 걸친 명숙이가 엿듣고 있다.

**철호Ⓔ** : 그게 바루 억설이란 말이다. 마음 한구석이 어딘가 비틀려서 하는 억지란 말이다.

**영호**Ⓔ : 비틀렸죠. 분명히 비틀렸어요. 그런데 그 비틀리기가 너무 늦었단 말입니다.

| 선지 유형 | 근거가 있어서 허용 가능 |
|---|---|
| 실전에서의 판단 과정 | ㉠과 ㉡은 같은 날, 서로 다른 공간이고 서술자의 목소리로 연결되고 있네. 한편 #74~#75 역시 같은 날, 서로 다른 공간인데 인물의 목소리로 연결되고 있네. |
| 해설 | 사실 선지 그대로 허용할 수 있는 내용입니다. ㉠과 ㉡이 '같은 날'에 '다른 공간'에서 발생하는 사건이라는 건 여러 번 확인했던 내용이에요. 나아가 #74와 #75 모두 '영호'와 '철호'가 말싸움을 벌이는 '같은 날'에 서로 '다른 공간'에서 발생하고 있으니, 이 점에서는 유사하다고 할 수 있겠습니다.<br><br>하지만 ㉠과 ㉡은 '인물'의 목소리가 아닌 '서술자'의 목소리를 통해 연결되고 있습니다. 이는 '영호'와 '철호'라는 '인물'의 목소리를 통해 연결되는 #74~#75와 구분되는 점이라고 할 수 있겠네요. |

⑤ ㉢은 시간의 흐름을 분할하고 대상의 특징적인 변화를 선택하여 제시한다는 점에서 #75와 유사하지만, 서로 다른 두 공간의 결합이 나타나지 않는다는 점에서는 #75와 구별되는군.

### #75. 철호의 집 골목

스카프를 두르고 핸드백을 걸친 명숙이가 엿듣고 있다.

**철호**Ⓔ : 그게 바루 역설이란 말이다. 마음 한구석이 어딘가 비틀려서 하는 억지란 말이다.

**영호**Ⓔ : 비틀렸죠. 분명히 비틀렸어요. 그런데 그 비틀리기가 너무 늦었단 말입니다.

| 선지 유형 | 근거가 없어서 허용 불가능 |
|---|---|
| 실전에서의 판단 과정 | #75에서는 시간의 흐름이 분할되지 않았는데? |
| 해설 | ㉢이 '얼마 있다', '좀 더 있다'라는 표현을 통해 '시간의 흐름'을 분할하고, '신전 집'이 '술집'에서 '하숙옥'으로 바뀌는 '변화'를 선택하여 제시한다는 건 당연하게 허용할 수 있겠습니다. 하지만 #75에는 '시간의 흐름'을 분할하는 모습이 나타나지 않습니다. 4번 선지에서 이야기한 것처럼 #73부터 #75까지는 동일한 시간의 흐름 속에 있으니까요. |

한편, ㉢에서는 '서로 다른 두 공간의 결합'이 나타나지 않습니다. '신전 집'이라는 같은 공간에 대한 이야기이니까요. 이는 '철호의 집 방 안'과 '철호의 집 골목'이라는 서로 다른 두 공간이 결합되고 있는 #75와 구별된다고 할 수 있겠습니다. 선지의 뒷부분은 맞는 말이네요.

진짜 좀 너무하지 않나 하는 생각이 드는 문제였습니다. 그 생각을 대변하듯 정답률은 낮지만, 사실 크게 어렵지는 않은 문제였습니다. 선지에서 묻는 부분으로 돌아가서 차분하게 판단하면 선지 그 자체로 허용 가능한 내용들밖에 없거든요. 하지만 선지의 길이가 지나치게 길고, 선지 하나하나 확인해야 하는 내용들이 너무 많아 시간을 오래 쓰게 하는 문제였습니다.

2019학년도 수능 이후 이렇게 긴 〈보기〉, 선지를 가진 문제의 출제를 지양하겠다고 공개적으로 밝힌 평가원의 입장을 고려해보면 이 정도의 문제를 다시 만나기는 쉽지 않다고 볼 수 있습니다. 하지만 우리가 배울 것은 명확합니다. 선지가 아주 길지만, 새로운 걸 물어보는 건 아니라는 것이에요. 그저 인물들에게 공감하며 이해한 내용을 선지에서 묻는 것과 연결지어 차근차근 생각해주시면 됩니다. '길고 긴 지문', '길고 긴 선지'가 나왔을 때, '와 진짜 어렵다.'가 아닌 '아... 귀찮게 하네.'라는 생각을 가지고 해결할 수 있도록 합시다.

| 몰랐던 어휘 정리하기 |
|---|
| |

① **허용 가능성 평가** : 선지의 내용을 '허용'하려는 태도를 바탕으로 지문을 '독해'하며 '근거'를 찾아야 합니다. 허용할 수 있는 '근거'가 있어야만 허용할 수 있습니다. 주관적인 생각을 개입시키면 안 됩니다.

② **소설 독해** : '심리와 행동의 근거'를 바탕으로 인물에게 '공감'하며 읽어야 합니다. 이 과정이 물흐르듯 이어지면 지문의 내용을 완벽하게 이해할 수 있어요.

③ **극문학 독해** : 소설과 마찬가지로, '심리와 행동의 근거'를 바탕으로 인물에게 '공감'하며 읽어야 합니다. 이 과정이 물흐르듯 이어지면 지문의 내용을 완벽하게 이해할 수 있어요. 이때 '대사 외 부분'에 주목하며 장면을 상상하면서 읽으면 훨씬 깊게 받아들일 수 있을 거예요.

④ **길고 긴 지문/선지** : 어려운 게 아닙니다. 귀찮은 겁니다. 겁먹지 말고, 시간 쓸 각오하면서 차분하게 해결하도록 합시다.

| 지문 내용 총정리 |

무지막지한 비주얼에 비하면 문제의 난이도는 그렇게 어렵지 않았습니다. 평범한 소설 지문/문제였다고 봐도 무방해요. 긴 지문/긴 선지가 나왔을 때, 그저 '귀찮은' 문제로 생각하며 차분하게 해결하는 태도를 꼭 갖춰주도록 합시다.

# 빠른 정답 (문학 1권 〈2017~2021〉)

## Day 1

| [1~3] 2021.12 [43~45] | | |
|---|---|---|
| **1** | **2** | **3** |
| ⑤ | ② | ④ |

| [4~7] 2020.09 [42~45] | | | |
|---|---|---|---|
| **4** | **5** | **6** | **7** |
| ② | ⑤ | ③ | ① |

| [8~10] 2017.06 [43~45] | | |
|---|---|---|
| **8** | **9** | **10** |
| ② | ⑤ | ② |

## Day 2

| [11~13] 2018.09 [43~45] | | |
|---|---|---|
| **11** | **12** | **13** |
| ① | ③ | ③ |

| [14~16] 2019.11 [36~38] | | |
|---|---|---|
| **14** | **15** | **16** |
| ⑤ | ⑤ | ④ |

| [17~21] 2020.11 [21~25] | | | | |
|---|---|---|---|---|
| **17** | **18** | **19** | **20** | **21** |
| ② | ⑤ | ① | ③ | ① |

## Day 3

| [22~25] 2019.06 [39~42] | | | |
|---|---|---|---|
| **22** | **23** | **24** | **25** |
| ③ | ③ | ① | ④ |

| [26~29] 2018.06 [42~45] | | | |
|---|---|---|---|
| **26** | **27** | **28** | **29** |
| ④ | ③ | ② | ⑤ |

| [30~32] 2021.06 [22~24] | | |
|---|---|---|
| **30** | **31** | **32** |
| ③ | ④ | ⑤ |

## Day 4

| [33~36] 2020.06 [23~26] | | | |
|---|---|---|---|
| **33** | **34** | **35** | **36** |
| ③ | ⑤ | ① | ② |

| [37~41] 2018.11 [33~37] | | | | |
|---|---|---|---|---|
| **37** | **38** | **39** | **40** | **41** |
| ① | ③ | ⑤ | ⑤ | ① |

| [42~44] 2019.06 [43~45] | | |
|---|---|---|
| **42** | **43** | **44** |
| ① | ⑤ | ② |

## Day 5

| [45~49] 2019.09 [16~20] | | | | |
|---|---|---|---|---|
| **45** | **46** | **47** | **48** | **49** |
| ① | ② | ⑤ | ③ | ③ |

| [50~53] 2021.09 [16~19] | | | |
|---|---|---|---|
| **50** | **51** | **52** | **53** |
| ⑤ | ② | ③ | ④ |

| [54~56] 2020.09 [32~34] | | |
|---|---|---|
| **54** | **55** | **56** |
| ① | ⑤ | ④ |

## Day 6

| [57~59] 2019.09 [39~41] | | |
|---|---|---|
| **57** | **58** | **59** |
| ⑤ | ⑤ | ⑤ |

| [60~62] 2020.09 [35~37] | | |
|---|---|---|
| **60** | **61** | **62** |
| ② | ③ | ④ |

| [63~67] 2021.09 [38~42] | | | | |
|---|---|---|---|---|
| **63** | **64** | **65** | **66** | **67** |
| ① | ③ | ① | ⑤ | ④ |

## Day 7

| [68~72] 2019.06 [27~31] | | | | |
|---|---|---|---|---|
| 68 | 69 | 70 | 71 | 72 |
| ① | ③ | ② | ⑤ | ④ |

| [73~76] 2018.11 [23~26] | | | |
|---|---|---|---|
| 73 | 74 | 75 | 76 |
| ② | ④ | ① | ⑤ |

| [77~80] 2017.06 [39~42] | | | |
|---|---|---|---|
| 77 | 78 | 79 | 80 |
| ① | ⑤ | ③ | ⑤ |

## Day 8

| [81~83] 2019.11 [33~35] | | |
|---|---|---|
| 81 | 82 | 83 |
| ① | ④ | ③ |

| [84~86] 2017.09 [16~18] | | |
|---|---|---|
| 84 | 85 | 86 |
| ③ | ④ | ④ |

| [87~91] 2021.06 [41~45] | | | | |
|---|---|---|---|---|
| 87 | 88 | 89 | 90 | 91 |
| ① | ② | ④ | ⑤ | ④ |

## Day 9

| [92~94] 2018.11 [43~45] | | |
|---|---|---|
| 92 | 93 | 94 |
| ③ | ② | ④ |

| [95~97] 2021.12 [31~33] | | |
|---|---|---|
| 95 | 96 | 97 |
| ④ | ② | ⑤ |

| [98~103] 2017.11 [27~32] | | | | | |
|---|---|---|---|---|---|
| 98 | 99 | 100 | 101 | 102 | 103 |
| ② | ② | ① | ② | ④ | ③ |

## Day 10

| [104~108] 2020.06 [32~36] | | | | |
|---|---|---|---|---|
| 104 | 105 | 106 | 107 | 108 |
| ① | ④ | ⑤ | ④ | ③ |

| [109~112] 2018.06 [35~38] | | | |
|---|---|---|---|
| 109 | 110 | 111 | 112 |
| ③ | ③ | ④ | ③ |

| [113~115] 2021.09 [43~45] | | |
|---|---|---|
| 113 | 114 | 115 |
| ⑤ | ② | ① |

## Day 11

| [116~118] 2017.06 [25~27] | | |
|---|---|---|
| 116 | 117 | 118 |
| ④ | ③ | ④ |

| [119~122] 2021.12 [22~25] | | | |
|---|---|---|---|
| 119 | 120 | 121 | 122 |
| ② | ① | ① | ④ |

| [123~125] 2018.09 [20~22] | | |
|---|---|---|
| 123 | 124 | 125 |
| ① | ④ | ③ |

## Day 12

| [126~127] 2017.09 [19~20] | |
|---|---|
| 126 | 127 |
| ④ | ③ |

| [128~130] 2019.11 [43~45] | | |
|---|---|---|
| 128 | 129 | 130 |
| ① | ③ | ④ |

| [131~133] 2018.06 [39~41] | | |
|---|---|---|
| 131 | 132 | 133 |
| ⑤ | ② | ⑤ |

## Day 13

| [134~138] 2021.12 [38~42] | | | | |
| --- | --- | --- | --- | --- |
| 134 | 135 | 136 | 137 | 138 |
| ⑤ | ⑤ | ⑤ | ③ | ③ |

| [139~142] 2017.09 [21~24] | | | |
| --- | --- | --- | --- |
| 139 | 140 | 141 | 142 |
| ④ | ③ | ④ | ⑤ |

| [143~145] 2019.09 [26~28] | | |
| --- | --- | --- |
| 143 | 144 | 145 |
| ③ | ③ | ③ |

## Day 14

| [146~149] 2021.06 [34~37] | | | |
| --- | --- | --- | --- |
| 146 | 147 | 148 | 149 |
| ② | ⑤ | ④ | ⑤ |

| [150~154] 2017.06 [34~38] | | | | |
| --- | --- | --- | --- | --- |
| 150 | 151 | 152 | 153 | 154 |
| ③ | ④ | ④ | ③ | ⑤ |

| [155~158] 2020.11 [33~36] | | | |
| --- | --- | --- | --- |
| 155 | 156 | 157 | 158 |
| ③ | ④ | ③ | ③ |

## Day 15

| [159~162] 2018.06 [26~29] | | | |
| --- | --- | --- | --- |
| 159 | 160 | 161 | 162 |
| ① | ② | ⑤ | ④ |

| [163~167] 2020.09 [16~20] | | | | |
| --- | --- | --- | --- | --- |
| 163 | 164 | 165 | 166 | 167 |
| ⑤ | ④ | ② | ③ | ⑤ |

| [168~173] 2017.11 [21~26] | | | | | |
| --- | --- | --- | --- | --- | --- |
| 168 | 169 | 171 | 171 | 172 | 173 |
| ④ | ④ | ⑤ | ③ | ③ | ⑤ |

## Day 16

| [174~176] 2017.11 [43~45] | | |
| --- | --- | --- |
| 174 | 175 | 176 |
| ③ | ⑤ | ① |

| [177~179] 2020.06 [16~18] | | |
| --- | --- | --- |
| 177 | 178 | 179 |
| ⑤ | ③ | ③ |

| [180~182] 2021.09 [31~33] | | |
| --- | --- | --- |
| 180 | 181 | 182 |
| ⑤ | ② | ③ |

## Day 17

| [183~185] 2020.11 [43~45] | | |
| --- | --- | --- |
| 183 | 184 | 185 |
| ④ | ② | ④ |

| [186~190] 2018.09 [33~37] | | | | |
| --- | --- | --- | --- | --- |
| 186 | 187 | 188 | 189 | 190 |
| ④ | ④ | ④ | ③ | ⑤ |

| [191~194] 2019.09 [42~45] | | | |
| --- | --- | --- | --- |
| 191 | 192 | 193 | 194 |
| ② | ④ | ⑤ | ① |

## Day 18

| [195~198] 2018.09 [23~26] | | | |
| --- | --- | --- | --- |
| 195 | 196 | 197 | 198 |
| ⑤ | ④ | ④ | ⑤ |

| [199~201] 2020.06 [43~45] | | |
| --- | --- | --- |
| 199 | 200 | 201 |
| ⑤ | ① | ④ |

| [202~204] 2021.06 [38~40] | | |
| --- | --- | --- |
| 202 | 203 | 204 |
| ③ | ② | ③ |

| [205~207] 2018.11 [20~22] | | |
|---|---|---|
| **205** | **206** | **207** |
| ③ | ④ | ⑤ |

| [208~210] 2020.11 [30~32] | | |
|---|---|---|
| **208** | **209** | **210** |
| ① | ⑤ | ⑤ |

| [211~213] 2019.06 [32~34] | | |
|---|---|---|
| **211** | **212** | **213** |
| ④ | ⑤ | ② |



| [214~219] 2017.09 [40~45] | | | | | |
|---|---|---|---|---|---|
| **214** | **215** | **216** | **217** | **218** | **219** |
| ⑤ | ⑤ | ① | ① | ④ | ① |

| [220~225] 2019.11 [21~26] | | | | | |
|---|---|---|---|---|---|
| **220** | **221** | **222** | **223** | **224** | **225** |
| ⑤ | ① | ④ | ② | ⑤ | ⑤ |

PiRAM

# PROLOGUE

"공부란 '머릿속에 지식을 쑤셔넣는 행위'가 아니라

'세상의 해상도를 올리는 행위'라고 생각한다.

뉴스의 배경음악에 불과했던 코스피 평균 주가가 의미를 지닌 숫자가 되거나

외국인 관광객의 대화를 알아들을 수 있게 되거나

단순한 가로수가 '개화 시기를 맞이한 배롱나무'가 되기도 한다.

이 '해상도 업그레이드감'을 즐기는 사람은 강하다."

인터넷에서 우연히 보고 큰 감명을 받았던 글입니다.

왜 공부를 해야 하는가에 대한 막연한 의문을 꽤 구체적으로 풀어준 것만 같은 느낌이 들었습니다. 흐릿하던 세상의 여러 요소들이 점점 뚜렷하게 보이는 과정, 이것이 바로 '공부'의 진짜 목적이었습니다.

수능 국어 공부도 마찬가지라고 생각합니다. 단순한 활자의 조합으로 보였던 지문이 하나의 유기성을 가진 '글'로 보이고, 다 다른 이야기를 하는 것 같던 여러 지문들이 사실은 다 같은 원리로 이루어졌다는 것을 깨닫는 과정, 이렇게 '수능 국어의 해상도'가 업그레이드되는 과정을 즐기는 것이 진정한 국어 공부의 의의가 아닐까 하는 생각이 듭니다.

"상상력의 한계가 그 사람의 한계가 된다."라는 말이 있습니다. 어쩌면 우리는 우리가 바라볼 수 있는 세상의 해상도를 지나치게 낮은 한계 속에 가둬두고 있는지도 모르겠습니다. 이 교재는 학생들이 만나게 될 세상의 해상도를 높이는, 나아가 그렇게 높아진 해상도를 바탕으로 학생 스스로의 상상력 한계치를 높여 주기 위한 하나의 프로젝트입니다. 수능 국어에 대해 아무것도 모른 채 지방에서 공부하는 학생도, 주요 학군지에서 훌륭한 교육을 받으며 공부하는 학생도 제대로 된 공부를 할 수 있도록. 열심히 하지 않아서가 아닌, 잘 몰라서 성적이 나오지 않는 일이 일어나지 않도록. 그래서 그 학생의 상상력에 한계가 생기지 않도록. 그런 세상을 위한 작은 노력의 일부입니다.

이 교재는 하위권부터 상위권, 나아가 대치동 학원 강사까지 모두 경험한 저의 경험이 녹아 있습니다. 특정 지문, 특정 제재에서만 통하는 잡기술이 아닌, 근본적인 '생각의 힘'을 키울 수 있는 당연한 이야기들만 적혀 있습니다. 여러분은 이 교재에서 이야기하는 내용을 바탕으로, '생각'하고 '고민'하는 습관을 들여 주시면 됩니다.

'생각'하고 '고민'하는 과정은 역설적이게도 즐겁습니다. 내 사고력의 한계가 뚫리는 느낌을 받고, 처음에 어려웠던 내용이 사실 별 것 아니라는 것을 깨닫고, 내가 더 큰 상상을 할 자격이 있는 사람임을 인지하는 것은 정말로 즐거운 과정입니다. 힘들고 외로운 수험생활에서 이 '즐거움'이 작은 위로가 되었으면 좋겠습니다. 그리고 이 교재가 그 과정에 큰 도움이 되었으면 좋겠습니다. 너무나 냉정한 수능 결과에 상관없이, '올 한해 국어 공부 즐겁게 했다.'라는 생각이 앞으로의 인생을 상상할 수 있는 원동력이 되었으면 좋겠습니다.

아직 저는 많이 부족한 사람입니다. 다른 사람들의 인생에 영향을 줄 만큼 대단한 업적을 이루거나, 엄청난 깨달음을 얻은 사람도 아닙니다. 그저 미래를 '상상'하고, 그 상상을 '현실'로 만들기 위해 노력하는 과정은 너무나 즐겁다는 걸 굳게 믿는 한 범인입니다. 여러분도 제가 믿고 있는 이 즐거움을 함께 느꼈으면 좋겠습니다. 이 교재와 함께, 저도 열심히 돕겠습니다.

범람하는 컨텐츠의 홍수 속에서 기꺼이 이 교재를 선택해주신 수험생 여러분께 진심으로 감사합니다. 이제부터 여러분의 선택이 헛되지 않았음을 증명하겠습니다. 이 교재와 함께, 즐거운 국어 공부를 시작해봅시다.

P.I.R.A.M 국어 저자 김민재

# 연도별 기준 목차 (문학 1권 : 2017~2021)

이 교재의 구성대로 푸는 것이 아니라 연도별로 풀어보고 싶으신 분들을 위해 '연도별 기준 목차'를 제공합니다. 이 페이지에 제시된 순서대로 푸시면 2017학년도 6월 모의평가부터 순차적으로 공부하실 수 있으니, 많은 참고 바랍니다.

## 교재의 사용법

완벽한 국어영역 독학서, "P.I.R.A.M 국어"를 선택해주신 여러분 반갑습니다. 혜성같이 나타나 수능 국어 공부를 위한 보편적 커리큘럼의 일부가 된 이 교재. 도대체 어떻게 이용해야 최대한으로 뽑아낼 수 있을지 자세하게 알아보도록 합시다.

〈"P.I.R.A.M 국어"는 하나의 시리즈로 여러분의 국어 공부를 완성하는 것을 목표로 합니다.〉

학생들이 수능 국어에 대한 깨달음을 얻을 수 있도록, 나아가 글을 읽고 '생각'하는 즐거움을 만끽할 수 있도록, 가장 정석적이고 효과가 확실한 학습 방향을 제시하려고 노력했습니다. 대부분의 교재는 'Daily' 방식으로 구성되어 있으며. 자신의 학습 수준에 맞추어 유동적으로 따라가면 됩니다.

## 0. For 2027 "P.I.R.A.M 국어" 시리즈 표준 커리큘럼

| 단계 | 기반 닦기 | A to Z | EBS 학습 | 고난도 독서 | 마지막 정리 | 기출문제 학습 |
|---|---|---|---|---|---|---|
| 독서 | 생각의 발단 | 생각의 전개 | | 생각의 절정 | 생각의 결말 | 10개년 기출문제집 |
| 문학 | 필수 고전시가 | 생각 워크북 | 생각의 위기:기회 | | (전자책) | 옛기출 선별집 |

| 시기 | ~1월 말 | ~4월 말 | ~6월 모의평가 | ~여름방학 | ~10월 말 | ~수능 |
|---|---|---|---|---|---|---|
| 커리큘럼 | 생각의 발단 + 필수 고전시가 | 생각의 전개 + 생각 워크북 | 생각의 전개 + 생각 워크북 (2회독) | 10개년 기출문제집 + 옛기출 선별집 + 생각의 위기:기회 | 10개년 기출문제집 + 옛기출 선별집 + 생각의 절정 | 생각의 결말 |

2027학년도 수능 대비 'P.I.R.A.M 국어' 시리즈는 다음과 같은 표준 커리큘럼으로 제공됩니다. 본인의 실력, 남은 시간 등을 고려하여 나만의 효율적인 커리큘럼을 구성해보세요. 각 단계의 대략적인 소개는 다음과 같습니다.

## 기반 닦기

먼저 '생각의 발단'의 경우, '생각의 전개 독서편' 초반부 내용의 확장판이라고 보시면 됩니다. 독서 지문을 제대로 읽어내기 위한 기본적인 공부 태도를 설정하고, '문장→문단→지문'의 순서로 사고력을 확장시켜나가는 단계입니다. 아무 생각없이 국어를 공부하던 학생들에게 '생각'하며 글을 읽고 이해하는 것의 즐거움을 알려주는 교재입니다. 공부를 거의 처음 시작하는 노베이스라면 꼼꼼하게, 어느 정도 실력이 있다면 속도를 내면서 가볍게 정리해주시면 됩니다. 본인이 이 교재를 봐야 하는 수준인지 궁금하다면, '생각의 전개 독서편' 교재의 초반 4일차를 먼저 진행해보세요. 아무런 무리없이 이해가 되고 글이 읽힌다면 계속 '생각의 전개'를 보시면 되고, 조금 어렵고 더 많은 공부가 필요할 것 같다고 판단되시면 '생각의 발단'을 보시면 됩니다.

또한 고전시가에 대한 두려움을 가지고 있는 학생들을 위한 '필수 고전시가' 교재가 있습니다. 만약 고등학교 2학년까지 내신 대비를 열심히 했고, 따라서 대부분의 필수적인 고전시가들이 공부가 된 학생들이라면 굳이 공부하지 않아도 되는 교재입니다. 하지만 고전시가에 대해 막연한 두려움을 가지고 있거나, 제대로 고전시가를 정리해 본 경험이 없다면 꼭 먼저 공부해주세요. 가장 효율적이고 확실하게 필수적인 고전시가의 정리를 도와드릴 것입니다.

## A to Z

말 그대로 수능 국어의 A부터 Z까지 모두 다루는, 'P.I.R.A.M 국어' 시리즈의 메인 커리큘럼입니다. '생각의 전개' 시리즈의 경우, 교재의 이름처럼 국어 영역을 정복하기 위해 어떤 '생각'을 '전개'해야 하는지 자세히 알려드리는 교재입니다. 테마를 정해 각 테마별로 어떤 '생각'을 해야 하는지 정립하고, 평가원 기출문제 위주로 그 태도를 연습합니다. 이 과정에서 국어 영역에 필요한 '생각의 힘'을 키우는 것은 물론이고, 주요 평가원 기출문제를 누구보다 완벽하게 정리하는 경험을 하실 수 있습니다. 'A to Z'라는 이름답게 꽤 많은 분량을 자랑하며, <u>이에 따라 1권/2권 두 권으로 나눠 출판됩니다. 두 교재는 내용이 연결되는 하나의 교재이니, '생각의 전개'로 공부하고자 하시는 분들은 조금 부담스럽더라도 두 권 모두 구입해 주세요.</u> 돈이 아깝다는 생각은 절대 하지 않으실 것이니까요.

'생각 워크북'의 경우, '생각의 전개'에서 다루지 않았던 주요 평가원 기출문제를 바탕으로 더 많은 연습을 해보는 교재입니다. 교재 이름처럼 '생각의 전개'의 워크북 역할을 하며, 교재에서 배운 내용을 더 탄탄하게 하는 데 의의가 있습니다. '생각의 전개'와 '생각 워크북'을 모두 공부하시면, 10개년 기출문제 전문항을 포함해 19개년 기출문제 주요 문항을 공부하시는 것이 됩니다. 이 정도는 해야 기출 공부를 했다고 할 수 있겠죠?

## EBS 학습

문학 EBS를 가장 '수능답게' 정복하는 단계입니다. 단순한 작품 분석·주제 및 줄거리 정리 등이 아니라, '생각의 전개'에서 배운 내용을 문학 EBS 작품들을 통해 더 많이 연습할 수 있도록 돕는 교재입니다. 지루하게 달달 외우는 공부가 아니라, EBS 연계를 가장 실질적으로 활용할 수 있는 방법들을 제시합니다. 단순하고 지루한 EBS 지문 공부로 인해 상반기에 공들여 쌓아 놓은 '생각의 힘'에 '위기'가 찾아옵니다. 이 생각의 '위기'를, '기회'로 바꾸어 드리는 교재가 바로 '생각의 위기:기회'입니다.

## 고난도 독서

다시 찾아온 불독서의 시대. 우리는 그보다 높은 수준에서 준비해야 합니다. '생각의 절정' 교재는 엄선된 LEET언어이해 교재를 통해 우리의 '생각'을 '절정'으로 이끌어주는 교재입니다. 시중에서 가장 친절하고 깔끔한 LEET언어이해 해설지를 통해 압도적인 독서 실력을 만들어드립니다.

## 마지막 정리

파이널 기간은 새로운 것을 쌓는 기간이 아닌, 지금껏 배운 것들을 총정리하는 시간입니다. '생각의 결말' 교재는 전자책으로 무료 배포될 예정이며, 반드시 아름다울 우리 생각의 '결말'을 준비할 수 있도록 돕는 교재입니다. 당해 모의평가 해설지 / 분석서를 비롯, 최신 경향을 반영한 마지막 기출, 수능 직전 이용할 예열 자료 등이 포함될 예정입니다. 수능 당일 아침까지, 여러분의 '생각'은 피램이 에스코트합니다.

## 기출문제 분석

기출문제 분석은 한 번으로 끝나면 안 됩니다. 수능의 그날까지, 지겹도록 반복해야만 하죠. 그리고 이 과정을 돕기 위해 'P.I.R.A.M 국어' 시리즈는 '10개년 기출문제집'과 '옛기출 선별집'을 준비했습니다. 교재에서 제시하는 방법대로 우직하게 기출문제 분석을 하다 보면, 수능 국어 만점도 더 이상 꿈이 아닐 것입니다.

## 1. 누구를 위한 교재인가요?

'P.I.R.A.M 국어 10개년 기출문제집 문학편'은 기본적으로 수능 국어를 준비하는 모든 학생들 중 최소한의 문장 독해력과 어휘력이 갖춰진 '4~5등급 이상의 학생들'을 위한 교재입니다. 기출분석이라는 가장 중요한 공부를 하는 학생들에게 도움이 되기 위한 교재로, 사실상 수능을 준비하는 모든 학생들의 필독서라고 할 수 있습니다.


## 2. 이 교재는 어떻게 구성되어 있나요?

이 교재는 하루에 세 지문 정도씩 풀 수 있게끔 Daily 형식으로 구성되어 있습니다. **각 Day별로 난이도, 지문 길이, 제재, 글쓰기 방식 및 배울 점 등을 조화롭게 고려하여 풀어나갈 수 있도록 구성했습니다.** 단순하게 난이도순이나 연도별로 나열한 방식이 아닙니다. 정말 많이 고민하여 매일매일 일정한 수준으로 최적의 학습이 가능하도록 짜 놨으니, 매일매일 즐겁게 국어 공부를 해 주시기 바랍니다. 다시 강조하지만, 본인의 상황에 맞게 '매일매일 꾸준히' 풀어주셔야 합니다. 매일같이 기출을 공부하는 걸 '습관화'하는 게 이 교재의 목표니까요.

이 교재에는 국어 영역이 본격적으로 어려워진 2017학년도부터의 기출이 실려 있습니다. 다만 분량의 문제로 아래와 같이 두 권으로 구성되어 있습니다.

**1권** : 본격적으로 국어영역이 어려워지기 시작했던 시기. 2017~2021학년도 기출문제
**2권** : 현 교육과정 및 선택과목 체제로 출제되었던 시기. 2022~2026학년도 기출문제

2022학년도 수능 예시문항을 포함한 10개년 전 지문을 실어 두었기 때문에, 최근의 기출문제를 부족함 없이 공부하실 수 있습니다. 그만큼 양이 상당한 교재이기 때문에, 지치지 않고 다 풀어낸다는 것을 목표로 열심히 공부해주시기 바랍니다. 앞에서도 언급했듯이, 2017학년도는 국어영역이 지금처럼 어려워지기 시작했던 역사적인 해였습니다. 따라서 이때부터의 기출 문제들은 모두 현재의 수능 국어의 기틀이 되는 문제들이라고 할 수 있기 때문에, 빠짐없이 모두 풀어볼 필요가 있습니다. 이에 10개년 전 문항을 실어 둔 것이기에, 부담되시더라도 1권과 2권을 모두 구매해 빈틈없는 국어 기출 분석을 해내시기 바랍니다. P.I.R.A.M 국어와 함께 10개년 기출문제만 제대로 풀어내도 국어에 큰 자신감이 생길 것이라고 자신하니 믿고 따라와 주세요.

또한, 교재 외 추가적인 학습을 위한 유튜브 채널 및 교재 수강생 전용 카페가 준비되어 있습니다. 여기서 제공하는 컨텐츠들을 적극적으로 활용하여 국어실력을 끌어올리세요.

피램의 국어공작소 유튜브 채널 : 유튜브 '피램의 국어공작소'
피램의 국어공작소 카페 제공 자료
1. 교재 복습용 지문 편집 파일
2. 생각의 발단 문학편 / 생각의 전개 언어(문법)편, 생각의 전개 화법과 작문편(파일 비밀번호 : todrkrrhdwkrth)
3. 평가원/교육청/사관학교 선별 핵심 단어장
4. EBS 연계교재 현대시 독해 연습 자료 (2024~2026)
5. 사관학교 전개년(2003~2027) 해설집
6. 수능 직전 예열 자료 (생각의 결말)
7. 그 외 피램이 만드는 모든 칼럼+자료

# 3. 이 교재는 어떻게 공부해야 하나요?

이 교재를 활용한 기본적인 공부 방법은 아래와 같습니다.

## 채점 전

1. 교재에 제시된 각 파트별 설명을 한 글자 한 글자 천천히 읽고 정리한다.
2. 그 내용을 상기하며 뒤에 있는 문제들을 '시간을 재고' 푼다. (추천 : 문제 수 × 1.4분, 생략 가능)
3. 채점을 하기 전에 '시간 제한 없이' 모든 문장을 분석하고 이해한다. 가상의 학생에게 과외를 한다는 생각으로 분석한다.
4. 문제를 다시 분석적으로 푼다. 이때 모든 선지에 대해 이 선지가 왜 맞는지, 틀린지를 남에게 설명할 수 있을 정도여야 한다.

## 채점 후

5. 해설지를 통해 자신의 사고과정과 해설지의 설명을 비교한다.
6. 해설지를 덮은 뒤, 해설지의 내용과 본인의 생각을 섞어 본인 스스로 모든 풀이 과정을 설명해본다.
7. 이번 공부에서 배운 점을 정리한다.
8. 다음 지문을 학습할 때 그 내용들을 의식하며 공부한다.

굉장히 귀찮아 보이지만, 이런 식으로 공부하셔야 교재의 내용을 100% 흡수할 수 있습니다. 천천히 시간 들여 '생각'하는 공부가 수반되지 않으면 절대로 성장할 수 없습니다. 힘들고 조급하더라도 한 문장, 한 문장 천천히 공부하시길 바랍니다. 만약 'P.I.R.A.M국어 생각의 전개'로 공부하지 않으셨다면 해설지에서 이야기하는 내용들과 전혀 비슷하지 않은 생각을 하고 있을 수도 있습니다. 하지만 해설지에서 정말 같은 말만, 그리고 직관적인 용어를 바탕으로 반복할 것이니, 꾸준히 공부하다 보면 어느 순간 피램의 독해 태도에 익숙해진 본인의 모습을 확인할 수 있을 것입니다.

나아가 이 교재를 공부하는 동안 '복습'하는 것은 그리 권하지 않습니다. 물론 복습하는 것 자체가 나쁘지는 않지만, 어떤 지문을 복습하면서 그 지문의 내용 및 배울 점 등을 '암기'해버리는 경우가 많거든요. '질 좋은 문제'의 수가 부족한 국어 영역의 특성상 이렇게 '암기'해버린 지문이 너무 많아지면 파이널 기간 공부가 너무 지루할 수 있습니다. 어차피 다른 지문을 공부하는 과정에서 앞에서 배운 내용을 자연스럽게 복습할 수 있기 때문에, 굳이 지문 단위로 복습하기보다는 꾸준히 진도를 나가는 것에 초점을 두세요. 이렇게 하면 2회독, 3회독을 할 때 더 효과적인 '복습'을 할 수 있을 것입니다. 기억이 가물가물하기 때문에, 마치 처음 그 지문을 볼 때처럼 공부할 수 있으니까요.

이 교재를 끝내고 난 뒤에는 기출문제를 해설 없이 공부할 수 있는 경지가 되어야 합니다. 처음에는 이 교재의 해설지가 너무 과한 생각을 요구하는 것처럼 보이다가도, 이 교재를 끝낸 뒤에는 해설지의 생각보다 훨씬 깊은 수준으로 독해할 수 있게 되었으면 좋겠습니다. 그 정도로 많은 '생각'을 해 주시는 걸 학습의 목표로 삼아 주시기 바랍니다.

다시 강조하지만, 가장 좋은 공부법은 '습관화'입니다. 매일 기출문제를 공부하고, 해설지와 사고를 비교하는 걸 습관처럼 만들어 주시는 것. 국어영역 고득점을 위한 가장 기본적인 태도입니다.

## 4. 꼭 제시된 Day에 맞춰 공부해야 하나요?

이 교재는 총 42일(1권+2권) 간 공부할 수 있도록 만들어져 있습니다. 각 파트별, 지문별로 할당된 Day의 양은 '평범한 고3 학생이 2시간 정도 공부한다고 가정했을 때 교재의 내용을 완벽하게 받아들이면서 공부하는 것'을 기준으로 정했습니다. 따라서 여러분이 각 Day를 공부했을 때 지나치게 적은 시간이 걸렸다면 대충 공부했을 가능성이 높습니다. 앞에서 제시한 공부법대로 제대로 공부했는지 계속해서 성찰해야 합니다.

그런데 어떤 경우에는 한 지문을 공부하는 데 지나치게 오랜 시간이 걸릴 수도 있습니다. 도저히 하루치 공부를 끝낼 수 없을 것 같다는 생각이 드는 날이 있을 수도 있습니다. 하지만 그렇다고 조바심을 느끼거나 할 필요는 없습니다. 위 경우와 달리, 시간이 오래 걸리는 것은 괜찮아요. 그만큼 여러분이 한 지문에 대해 깊이 '생각'하고 '고민'했다는 것이니까요!

나아가 본인의 실력이 좋고, 교재에 있는 지문들이 대부분 몇 번 공부했던 경험이 있는 지문들이라면 조금 빠르게 끝낼 수도 있겠죠? 본인이 대충 공부한 게 아니라면, 이 경우도 괜찮습니다. 42일은 임의의 '표준적인 학생'을 상정했을 때의 기준일 뿐, 본인의 상황에 따라 더 빠르게 끝낼 수도, 더 느리게 끝낼 수도 있는 거예요. 교재가 시키는 대로만 수동적으로 공부하는 학생이 아닌, 본인의 상황에 맞게 이 교재를 능동적으로 이용할 수 있는 똑똑한 학생이 되길 바라겠습니다!

다만 한 가지 확실한 것은, 해설을 읽기 전에 스스로 생각하고 고민하는 시간이 길수록 빠르게 성장할 확률이 높습니다. 조금 늦는다고 조바심 낼 필요는 없어요. 계속 강조하지만, 설정된 Day는 어디까지나 '가이드라인'일 뿐입니다. 여러분이 생각하셨을 때 위 방법대로 정직하게 공부하고 계신다면 전혀 걱정하실 필요 없어요. 가장 확실한 공부를 하는 데 초점을 맞추고 나아가시길 바랍니다!

# 5. 이 교재로 공부할 때 추가적으로 주의할 점은 없을까요?

### ① 수강생 카페에 대해

➔ 제 교재를 선택해주신 분들의 국어 공부를 끝까지 책임지기 위한 카페가 있습니다. 해당 카페에서는 교재 관련 자료 제공과 질문답변 등이 이루어집니다. 카페에 가입하신 후, 교재를 구매하셨다는 것을 인증해 주시면 해당 자료 및 질문답변 서비스를 받으실 수 있습니다. 여러분의 성적 향상에 해당 카페를 적극적으로 활용하시기 바랍니다!

카페 주소 : https://cafe.naver.com/piramgukeo

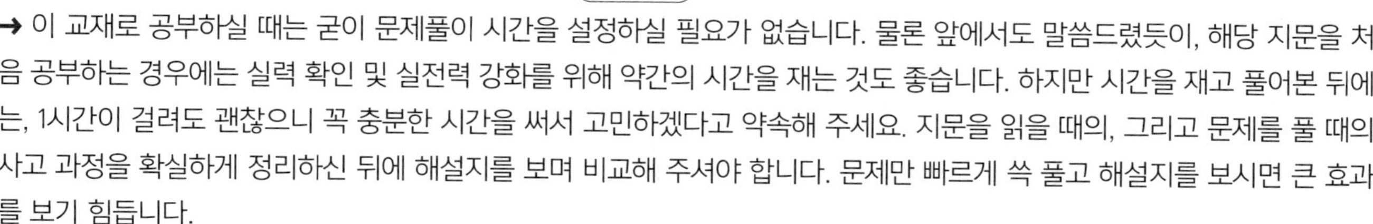

### ② 시간 제한에 대해

➔ 이 교재로 공부하실 때는 굳이 문제풀이 시간을 설정하실 필요가 없습니다. 물론 앞에서도 말씀드렸듯이, 해당 지문을 처음 공부하는 경우에는 실력 확인 및 실전력 강화를 위해 약간의 시간을 재는 것도 좋습니다. 하지만 시간을 재고 풀어본 뒤에는, 1시간이 걸려도 괜찮으니 꼭 충분한 시간을 써서 고민하겠다고 약속해 주세요. 지문을 읽을 때의, 그리고 문제를 풀 때의 사고 과정을 확실하게 정리하신 뒤에 해설지를 보며 비교해 주셔야 합니다. 문제만 빠르게 쓱 풀고 해설지를 보시면 큰 효과를 보기 힘듭니다.

### ③ 해설과 실전의 괴리에 대해

➔ 이 교재로 열심히 공부하시다 보면, 해설이 무슨 말인지는 알겠는데, '실전에서 이렇게 할 수 있을까?'에 대한 의문이 드는 경우도 있을 겁니다. 제 해설은 기본적으로 '시험장에서' 할 수 있는 가장 '이상적'인 상태가 가정되어 있습니다. 이는 다시 말해 제 해설만큼 읽어내고 생각하지 못하더라도, 어떻게든 답을 고르는 과정까지는 도달할 수 있다는 것입니다. 저와 완전 똑같이 사고하지 못했다고 자책하지는 마세요. 이상적인 상태로 도달하려고 노력하다 보면, 수능날에도 그 '이상'에 그나마 가까운, 즉 답을 모두 골라내는 정도의 독해는 할 수 있게 될 겁니다. 저와 생각이 조금 다르거나 놓친 부분이 있다면 왜 그렇게 되었는지, 그리고 교정하기 위해서는 어떻게 해야 하는지 등을 고민하면서 '이상적인 독해'에 다가가려고 최대한 노력하신다면, 그것만으로도 족합니다.

### ④ 생각합시다!

➔ 이 교재의 핵심은, 여러분의 '생각의 힘'을 키워드리는 겁니다. 끊임없이, 머리가 터질 듯이 '능동적으로' 생각하셔야 합니다. 교재의 내용을 그냥 받아들이지 마시고, 자신이 무엇을 공부하고 있고 이게 왜 중요한지를 계속 생각하세요. 처음엔 '이걸 왜 강조하는 거지?' 싶다가도, 생각하며 따라오면 결국 교재에서 말하고자 하는 바가 온전히 이해될 겁니다. 주체성을 가지고 공부하셔야 합니다! 그래야 재밌게 공부할 수 있어요.

### ⑤ 읽기를 두려워하지 마세요.

➔ 최근 한국의 실질문맹(글을 읽을 줄은 아는데, 그 맥락적 의미를 파악하지 못하는 경우) 문제가 심각하다고 합니다. 동영상, 토막글 같은 자극적 매체의 발달이 그 원인이라고 하네요. 인터넷 커뮤니티에서도 '3줄 요약'이라는 것이 유행할 정도이니, 조금 신경을 써야 할 문제이기는 합니다. 만약 여러분이 읽기를 귀찮아하고, 이해하기를 게을러 한다면 국어 영역 점수뿐 아니라 인생 전체에서도 큰 불편을 안고 살아야 할 거예요. 이 교재에는 텍스트가 정말 많습니다. 그 텍스트들을 두려워하지 말고, '모든' 글자를 읽고 이해한다는 마음으로 공부하시기 바랍니다.

## 6. 피램 국어 시리즈가 처음인데, 해설지를 이해하지 못할까봐 걱정됩니다.

앞서 언급드렸듯이, 직관적이고 일반적인 용어 및 내용을 통해 계속 같은 방식으로 해설해드릴 것이기 때문에 며칠만 적응하면 큰 문제가 없을 것입니다. 그래도 아예 국어 공부를 처음 하는 학생들도 있을 것이니, "P.I.R.A.M 국어 생각의 전개"에서 다루는 내용들을 아주 간략하게 설명해드리겠습니다. 참고하시고, 이 내용들에 대해 자세히 배우고 싶다면 "P.I.R.A.M 국어 생각의 전개"를 이용해주세요.

### – 문학 문제 풀이의 전제

수능 문학에서는 '독해력'과 '공감력'을 측정합니다. 문학 작품 역시 하나의 글이라는 점에서, 읽고 이해하는 '독해'의 과정을 거쳐야 답이 나온다는 것을 잊으시면 안 됩니다. 나아가 문학이라는 장르의 특성상, 결국 지문에 제시된 화자나 인물의 내면에 얼마나 잘 공감하느냐도 중요합니다. '이런 상황이라면 충분히 이렇게 느낄 수 있겠다~'라는 생각이 계속 들어야 합니다.

또한, 문학 문제를 풀 때는 〈보기〉를 먼저 보는 것을 원칙으로 합니다. 〈보기〉를 통해 작품의 주제, 줄거리 등을 미리 체크하고 지문을 읽어주시면 훨씬 효율적입니다. 물론 〈보기〉가 지문 내용과 무관하게 일반적인 지식을 전달하는 경우도 있는데, 그럴 때는 굳이 먼저 읽지 않아도 좋습니다.

### – 허용 가능성 평가

수능 문학의 선지 판단 과정에서는, '이거 틀린 거 아니야?'와 같은 생각보다는 '그래 맞다고 쳐 보고, 지문에 근거가 있는지 확인해 보자.'라는 생각으로 접근하셔야 합니다. 본인의 생각과 다르다고 일단 틀렸다고 하기보다는, '허용'한다고 했을 때 그것을 '허용'할 만한 '근거'가 있는지 확인한다는 생각으로 접근하시는 거예요. 중요한 것은, 이때의 '근거'는 여러분의 머릿속이 아니라 지문에 제시되어 있어야 한다는 것입니다.

### – 운문문학 문제풀이

운문문학의 화자의 내면세계(정서)가 곧 주제입니다. 그리고 평가원에서는 이러한 '주제'와 직결되는 내용 위주로 선지를 구성합니다. '주제'를 바탕으로, '독해력'을 발휘하며 지문의 내용을 대강 파악하고, '허용 가능성 평가'라는 선지 판단의 원칙에 따라 정확하게 판단하는 연습을 하셔야 합니다. 단, 최근 어려워지고 있는 수필의 경우에는 독서 지문을 읽듯이 정독하는 것을 원칙으로 합시다. 수필의 경우에도 핵심은 글쓴이의 내면세계, 즉 '주제'입니다.

### – 산문문학 문제풀이

산문문학에서는 여러분의 '공감력'을 적극적으로 묻습니다. 특정한 '시 · 공간적 배경'에서 다양한 '인물'들이 부대끼는 모습을 보면서, 각 인물들이 어떤 상황에서 어떤 '내면세계(심리 · 생각)'를 가지고 있는지 파악하고, '왜 그런 내면세계를 가지게 되었는지' 생각하면서 그들의 마음에 '공감'할 수 있어야 합니다. 나아가 배경 묘사는 작품의 전반적인 분위기 혹은 인물의 심리와 관련되어 있고, 외양 묘사는 인물의 성격과 관련되어 있다는 것도 잊지 말아야 합니다.

### – 고전시가의 세계관

고전시가는 매우 단순한 세계관 아래에서 만들어진 문학 작품입니다. 이에 '도덕적 삶에 대한 지향', '임금에 대한 충정 표현', '자연에 대한 지향'과 같은 주제 의식에서 크게 벗어나지 않는 모습을 보입니다. 이러한 주제 중심으로 독해하고 허용 가능성을 평가한다는 원칙만 잊지 않으시면 됩니다. 또한 평가원에서 여러분이 당연히 알고 있을 것이라 생각하며 디테일하게 출제하는 '필수 고전시가'들이 있습니다. 이에 대한 대비가 필요합니다. "P.I.R.A.M 국어 필수 고전시가" 교재를 참고하세요.

## – 고전소설 클리셰

고전소설 역시 단순한 클리셰 아래에서 진행됩니다. 특히 '영웅 소설'이나 '애정 소설'이 자주 등장하는데, 모두 '비정상적인 출생', '주인공의 위기 극복', '조력자의 도움', '해피엔딩'과 같은 특징을 보입니다. 이런 클리셰를 적극적으로 활용하면서 지문을 읽으면 인물에게 공감하는 것이 더욱 쉬워질 것입니다. 즉, 고전소설에서도 결국 핵심은 '인물에 대한 공감'입니다.


## – 현대소설 클리셰

현대소설은 암울했던 우리의 현대사를 살아갔던 인물들의 내면세계를 다루고 있습니다. 이러한 이유로, 대개 현대소설의 주인공들은 우울하고 비참한 처지에 처해 있는 경우가 많아요. 나아가 근대적인 관념인 '개인'이라는 개념이 들어오면서, 현대소설의 주인공들은 자신에 대한 성찰을 하는 경우도 많아요. 이런 내용들을 바탕으로, 인물에게 '공감'한다는 기본적인 원칙을 살려 읽어주시면 됩니다.


## – 현대시 창작 원리

현대시의 화자는 외부세계나 내면세계 중 하나를 반드시 인식합니다. 이때 화자가 인식하는 외부세계는 화자 자신의 내면세계와 관련되어 있습니다. 외부세계의 대상에 주목하는 형태의 작품을 읽을 때는 그 외부세계의 대상이 화자의 어떤 내면세계와 연관되는지 생각하면서 읽어야 합니다.

아직 무슨 말인지 잘 모르겠다고요? 3일만 기다리세요. 해설지가 완벽하게 이해될 것입니다. 그럼, 완벽한 해설과 함께 수능 국어 영역 문학 기출문제를 정복하러 떠나 봅시다.

P . I . R . A . M

# PART 1

## 2017~2021
## 기출문제(문학)

**[1~3] 다음 글을 읽고 물음에 답하시오.**  　2021.12 [43~45]

——— (해설 p.010) ———

(가)

눈이 오는가 북쪽엔
함박눈 쏟아져 내리는가

험한 벼랑을 굽이굽이 돌아간
백무선 철길 위에
느릿느릿 밤새어 달리는
화물차의 검은 지붕에

연달린 산과 산 사이
너를 남기고 온
작은 마을에도 복된 눈 내리는가

잉크병 얼어드는 이러한 밤에
어쩌자고 잠을 깨어
그리운 곳 차마 그리운 곳

눈이 오는가 북쪽엔
함박눈 쏟아져 내리는가

　　　　　　　　　　　　　-이용악, 「그리움」-

(나)

왜 그곳이 자꾸 안 잊히는지 몰라
가름젱이 사래 긴 우리 밭 그 건너의 논실 이센 밭
가장자리에 키 작은 탱자 울타리가 쳐진,
훗날 나 중학생이 되어
아침마다 콩밭 이슬을 무릎으로 적시며
그곳을 지나다녔지
수수알이 ㉠쫙쫙 여무는 가을이었을까
깨꽃이 하얗게 부서지는 햇빛 밝은 여름날이었을까
아랫냇가 굽이치던 물길이 옆구리를 들이받아
벌건 황토가 드러난 그곳
허리 굵은 논실댁과 그의 딸 영자 영숙이 순임이가
밭 사이로 일어섰다 앉았다 하며 커다란 웃음들을 웃고
나 그 아래 냇가에 소고삐를 풀어놓고
어항을 놓고 있었던가 가재를 쫓고 있었던가
나를 부르는 소리 같기도 하고

㉡쏴르르 쏴르르 무엇이 물살을 헤짓는 소리 같기도
하여
고개를 들면 아, ㉢청청히 푸르던 하늘
갑자기 무섬증이 들어 언덕 위로 달려 오르면
들꽃 싸아한 향기 속에 두런두런 논실댁의 목소리와
㉣까르르 까르르 밭 가장자리로 울려 퍼지던
영자 영숙이 순임이의 청랑한 웃음소리
나 그곳에 오래 앉아
푸른 하늘 아래 가을 들이 ㉤또랑또랑 익는 냄새며
잔돌에 호미 달그락거리는 소리 들었다
왜 그곳이 자꾸 안 잊히는지 몰라
소를 몰고 돌아오다가
혹은 객지로 나가다가 들어오다가
무엇이 나를 부르는 것 같아
나 오래 그곳에 서 있곤 했다

　　　　　　　　-이시영, 「마음의 고향 2 - 그 언덕」-

**01** (가)에 대한 이해로 가장 적절한 것은?

① '오는가'를 '쏟아져 내리는가'로 변주하여 대상에 대한
　화자의 거부감을 드러내고 있다.
② '돌아간'과 '달리는'의 대응을 활용하여 두 대상 간에
　조성되는 긴장감을 묘사하고 있다.
③ '철길'에서 '화물차의 검은 지붕'으로 묘사의 초점을 이
　동하여 정적인 이미지를 강화하고 있다.
④ '잉크병'이라는 사물이 '얼어드는' 현상을 활용하여 화
　자가 처한 현실의 변화 가능성을 암시하고 있다.
⑤ '잠을' 깬 자신에게 '어쩌자고'라는 의문을 던져 현재의
　상황에서 느끼는 화자의 애달픈 심정을 드러내고 있다.

**02** ㉠~㉤의 의미를 고려하여 (나)를 감상한 내용으로 적절하지 <u>않은</u> 것은?

① ㉠을 활용하여 유년의 화자가 경험한 가을이 단단한 결실을 맺는 시간임을 부각하고 있군.

② ㉡을 활용하여 냇가에서 놀던 유년의 화자가 누군가 자신을 부르는 소리를 물소리로 느낀 경험을 부각하고 있군.

③ ㉢을 활용하여 유년의 화자에게 순간적 감동을 느끼게 한 맑고 푸른 하늘의 색채를 부각하고 있군.

④ ㉣을 활용하여 무섬증에 언덕을 달려 오른 유년의 화자에게 또렷하게 인식된 이웃들의 밝은 웃음을 부각하고 있군.

⑤ ㉤을 활용하여 유년의 화자가 곡식이 익어 가는 들녘의 인상을 선명하게 지각한 경험을 부각하고 있군.

**03** 〈보기〉를 참고하여 (가)와 (나)를 이해한 내용으로 적절하지 <u>않은</u> 것은? [3점]

> ─────[보기]─────
>
> 이용악과 이시영의 시 세계에서 고향은 창작의 원천이 되는 공간이다. 이용악의 시에서 고향은 척박한 국경 지역이지만 언젠가 돌아가야 할 근원적 공간으로 그려지는데, (가)에서는 가족이 기다리는 궁벽한 산촌으로 구체화된다. 이시영의 시에서 고향은 지금은 상실했지만 기억 속에서 계속 되살아나는 공간으로 그려지는데, (나)에서는 이웃들과 함께했던 삶의 터전이자 생명이 살아 숨 쉬는 평화로운 농촌으로 구체화된다.

① (가)는 '함박눈'으로 연상되는 겨울의 이미지를 통해 '북쪽' 국경 지역의 고향을, (나)는 '햇빛'을 받은 '깨꽃'에서 그려지는 여름의 이미지를 통해 생명력 넘치는 고향을 보여 준다.

② (가)는 '험한 벼랑' 너머 '산 사이'라는 위치를 통해 산촌 마을인 고향의 궁벽함을, (나)는 '소고삐'를 풀어놓고 '가재를 쫓'는 모습을 통해 농촌 마을인 고향의 평화로움을 보여 준다.

③ (가)는 '남기고' 온 '너'를 떠올림으로써 고향에서 기다리는 사람에 대한, (나)는 '밭 사이'에서 웃던 이웃들의 이름을 떠올림으로써 고향에서 함께 살아가던 이웃에 대한 기억을 보여 준다.

④ (가)는 '눈'을 '복된' 것으로 인식함으로써 고향에 돌아갈 날에 대한, (나)는 '무엇'이 '부르는 것 같'았던 언덕을 회상함으로써 고향으로의 귀환에 대한 기대를 드러낸다.

⑤ (가)는 '차마 그리운 곳'이라는 표현을 통해 근원적 공간인 고향에 대한 애틋함을, (나)는 '자꾸 안 잊히는지'라는 표현을 통해 내면에 존재하는 고향에 대한 변함없는 애정을 드러낸다.

　지욱은 차츰 선생의 그런 신념이 두려워지기 시작했다. 지욱의 이해와 능력으로는 감당할 수 없는 어떤 무거운 **압박감**이 그를 못 견디게 짓눌러 왔다. 믿음이 논리를 초월할 수도 있다고는 했지만 그러나 논리적인 이해가 불가능한 **신념**은 맹목적인 아집에 그칠 위험성이 있었다. 뿐만 아니라 그 자신감이 넘치고 있는 선생의 신념은 털끝만큼 한 자기 회의마저 용납을 하지 않고 있었다. 회의가 없는 신념은 맹목적인 **자기 독단**에 흐를 위험 또한 큰 것이었다. 그리고 무엇보다도 그것은 지욱이 그에게 소망해 온 어떤 [감동적인 자서전적 인물상]으로는 치명적인 결함일 수 있었다. **회의**가 없는 자서전이야말로 영락없이 한 거인의 동상에 불과할 뿐이었다. 지욱이 최상윤의 신념을 두려워한 것은 그 자신 최상윤 선생에게서와 같은 어떤 **의식의 경화** 현상을 싫어해 온 성격 이외에도, 그와 같은 위험성을 어슴푸레 느끼고 있었기 때문이다. 하나 그보다도 지욱이 더더욱 그 선생의 신념을 두려워한 것은 그의 너무나도 일사불란한 언동이나 생활 방식에서 오히려 어떤 씻을 수 없는 가식의 냄새를 맡고 있었기 때문이다. 사람이 도대체 이럴 수가 있을까. 한 인간의 생애에서 이처럼이나 말끔하게 후회나 의구가 없을 수 있단 말인가. 이 깐깐하고 **결백**스런 노인에게서라도 어찌 따뜻한 아랫목과 좋은 음식에 대한 바람이 전혀 없을 수 있단 말인가. 아무리 **엄격한 극기**의 세월이었던들 그것이 어찌 감히 사람의 가장 사람다운 욕망까지를 송두리째 근멸시켜 버릴 수가 있단 말인가. 이 노인은 어찌하여 그것을 끝끝내 시인하려 들지 않고 있는 것인가. 그것이 진실로 그의 **부끄러움**이 될 수는 없단 말인가―

(중략)

　"이거 아무리 맘에 없는 웃음을 팔아먹고 사는 무식쟁이라고 누구한테 지금 설교를 하려는 거야 뭐야, 건방지게. 그래 내가 지금 당신 같은 위인의 신세 하소연이나 듣자고 이런 델 찾아온 줄 알아? 그렇게 내가 한가한 사람으로 보이느냐 말야. 왜 내 일을 안 하겠다는 건지 그걸 말해 보라는 거야. 이유를……"
　"아니, 그런 게 아니라 ……"
　갑자기 **반말 투로** 윽박질러 오는 피문오 씨의 어조에 지욱은 새삼 가슴이 내려앉는 표정이었으나, 이미 본색을 드러내기 시작한 피문오 씨의 행패는 걷잡을 수가 없을 지경이었다.

　"그게 아니라니? 아니 이거 당신 정말 이런 식으로 날 바보 취급하고 나설 테야? 당신 눈엔 정말로 내가 그렇게 얼렁뚱땅 되잖은 소리로도 그냥 넘어갈 것 같아 보인 모양이지? 그래, 뭐가 어째? 내 일을 하지 않게 된 게 내 탓이 아니구 당신의 그 **알량한 양심** 때문이라구? 내가 그래 그 알량한 당신의 양심에 **들러리**라도 서야 한다는 거야 뭐야. 업어치나 메치나 그게 그놈 아들놈 같은 소릴 가지고, 정 내게 ㉠말재간을 한번 부려 보고 싶어서 이래? 당신 눈엔 이 피문오가 그래 그만 ㉡말귀도 못 알아들을 바보 멍청이로만 보이느냔 말야? 내 아까부터 참자 참자 하다 보니 이 친구 아주 형편없이 맹랑한 데가 있는 작자로구만 그래."
　피문오 씨는 이제 스스로도 분을 참을 수 없게 된 것 같았다. 벌건 얼굴에 튀어나올 듯 두 눈알을 부라려 대면서 장갑을 몰아 쥔 한쪽 손을 피스톤처럼 마구 지욱의 턱 앞으로 내질러 대고 있었다.
　지욱은 그만 기가 콱 질리고 말았다. ㉢무슨 말을 할래도 목이 말라 소리가 되어 나오질 않았다. 그는 부들부들 떨려 오는 두 다리를 간신히 버티고 선 채 절망적인 눈초리로 피문오 씨의 폭풍우 같은 수모를 고스란히 견디고 있었다.
　불현듯 최상윤 선생의 일이 이 처참스런 곤욕을 견뎌 낼 수 있는 어떤 서광처럼 머릿속으로 떠올라 왔다. 최상윤 선생과의 약속이 그의 참을성에는 상당한 힘을 보태기 시작했다. 이런 자의 자서전 따윌 대필하려 했다니! 최상윤 선생과 같은 분에게조차 내 주관을 굽힐 수 없었던 이 지욱이 아닌가. 이런 자의 책을 쓰면서 그의 밑구멍을 핥느니 차라리 선생의 발밑에라도 나가 엎드려 선생의 신념을 찬미함이 낫지 않으냐. 참자! 작자의 일을 피하자면 이쯤 굴욕은 즐거이 참아 넘기자. 참아서 넘겨야 한다―
　하지만 피문오 씨는 그 정도로는 물론 분통이 풀릴 수가 없는 모양이었다.
　"어디 선생! ㉣말씀을 좀 해 보시라구. 아니 글에서는 그처럼 잘난 체 말이 많더니, 제 잘난 소리나 시부렁거릴 줄 알았지 선생도 남의 말을 알아듣는 덴 귀가 꽉 멀어 버리셨나. 왜 통 대답이 없으셔? 그렇담 내가 좀 더 수고를 해 주실까? 어째서 내 일을 하지 않게 되었느냐, 내 일을 하기가 싫어졌느냐…… 그 이율 좀 더 솔직하게 말해 달라 이거야. 이 무식한 놈도 좀 분명하게 알아듣고 납득이 가게끔 말이야. 알아들어? 그래도 못 알아들으시겠다면 ㉤내 좀 더 똑똑히 말을 해 줄까?"

묵묵히 입을 다물고 있는 지욱을 마음 내키는 대로 매도해 대다 말고 피문오 씨는 무슨 생각을 해 냈는지 갑자기 목을 잔뜩 가다듬었다. 그리고는 청승맞도록 능청스런 목소리로 허공을 향해 외쳐 대기 시작했다.

ⓐ"고장 난 시계나 라디오들 고칩시다아ー 채권 삽니다아ー 부서진 우산이나 빈 병 삽니다아ー 자서전이나 회고록들 쓰십시다아ー"

고저단속(高低斷續)을 적당히 조화시켜 가며 길게 외쳐 대고 난 피문오 씨가 이젠 좀 알아듣겠느냐는 듯 여유만만한 표정으로 지욱을 이윽히 건너다보았다.

-이청준, 「자서전들 쓰십시다」-

## 04 윗글의 서술상 특징으로 가장 적절한 것은?

① 장면의 빈번한 교차를 통해 인물 간의 갈등을 입체적으로 드러내고 있다.

② 서술자가 중심인물의 내면을 묘사하며 인물이 처한 갈등 상황을 제시하고 있다.

③ 이야기 내부의 서술자가 인물의 행위를 묘사하며 사건의 원인을 추리하고 있다.

④ 인물 간의 대화를 통해 인물이 겪은 사건의 비현실적인 면모를 드러내고 있다.

⑤ 공간의 이동에 따라 서술자를 달리하여 사건에 대한 다양한 관점을 서술하고 있다.

## 05 문맥상 의미를 고려할 때, ㉠~㉤에 대한 설명으로 적절하지 않은 것은?

① ㉠: 피문오가 지욱의 말을 무시하고자 하는 경멸의 감정을 담고 있다.

② ㉡: 지욱에게서 무시당하고 있다고 여기는 피문오의 성난 감정을 담고 있다.

③ ㉢: 피문오에게서 수모를 당하는 지욱이 항변도 못하고 주눅이 든 상태를 나타낸다.

④ ㉣: 피문오가 지욱의 해명을 요구하면서 닦달하고 있음을 나타낸다.

⑤ ㉤: 침묵하는 지욱에게 피문오가 자신에 대한 의구심을 풀 것을 독촉하고 있음을 나타낸다.

## 06 〈보기〉를 참고할 때, 감동적인 자서전적 인물상에 대한 이해로 적절하지 않은 것은? [3점]

─[보기]─

「자서전들 쓰십시다」의 주인공은 자서전 대필 작가로서의 글쓰기에 환멸을 느끼고 있다. 이러한 글쓰기는 의뢰인의 삶을 미화하여 결국 의뢰인에게 아첨하는 것일 뿐이기 때문이다. 어떤 의뢰인들은 자신의 요구를 강요하는 일까지 서슴지 않아 주인공을 괴롭히기도 한다. 주인공이 바라는 의뢰인은 작가의 의사를 존중하면서 삶을 거짓 없이 성찰하는 사람이다. 또한 주인공은, 후회나 의문이 없는 확신에 찬 태도로 독자를 사로잡는 주장을 하는 사람보다는 타인의 삶에 기여할 수 있는 정직한 고백을 하는 사람을 원한다.

① 작가에게 '압박감'이 느껴질 정도로 '자기 독단'이 강할 뿐만 아니라 확신에 찬 태도로 '신념'을 내세우는 것은 독자를 사로잡는 자기주장을 하는 것이라는 점에서 감동적인 자서전적 인물상에 부합한다고 할 수 없겠군.

② 스스로 '회의'하며 '의식의 경화'를 경계할 줄 아는 것은 삶을 거짓 없이 성찰할 수 있다는 점에서 감동적인 자서전적 인물상에 부합한다고 할 수 있겠군.

③ '엄격한 극기'로 '부끄러움' 없이 '결백'하게 사는 것은 독자에게 후회나 의문이 없는 삶을 주장할 수 있다는 점에서 감동적인 자서전적 인물상에 부합한다고 할 수 있겠군.

④ 자서전을 쓰라고 '반말 투로' 작가를 '윽박'지르는 것은 자서전을 통해 자신에게 아첨하기를 요구하는 것으로 보인다는 점에서 감동적인 자서전적 인물상에 부합한다고 할 수 없겠군.

⑤ 작가의 '양심'을 '알량'하다고 여기고 자신은 '들러리'가 아님을 주장하는 것은 작가를 존중하지 않고 삶을 미화하도록 요구한다는 점에서 감동적인 자서전적 인물상에 부합한다고 할 수 없겠군.

**07** ⓐ에 대해 이해한 내용으로 가장 적절한 것은?

① 피문오는 지욱이 생각하는 자서전의 가치를 폄하하여 지욱을 우롱하고 있다.

② 피문오가 자서전을 상품으로 팔기 위한 방법을 지욱에게 직접 보여 주고 있다.

③ 피문오가 '잘난 소리'를 하는 지욱에게 자신은 '무식한 놈'이 아님을 과시하고 있다.

④ 피문오가 자서전 쓰기를 더 많은 사람들에게 권해야 한다고 지욱에게 요청하고 있다.

⑤ 피문오는 지욱의 자서전 쓰기에 소재를 제공하고자 '맘에 없는 웃음을 팔아먹'어 왔던 자신의 직업적 능력을 발휘하고 있다.

──── (해설 p.022) ────

　　경자년(庚子年, 1600년) 늦봄, 최척(崔陟)은 주우(朱佑)*와 함께 배를 타고 이곳저곳을 돌아다니며 차(茶)를 팔다가 마침내 안남*에 이르게 되었다. 이때 일본인 상선(商船) 10여 척도 강어귀에 정박하여 10여 일을 함께 머물게 되었다.

　　날짜는 어느덧 4월 보름이 되어 있었다. 하늘에는 구름 한 점 없고 물은 비단결처럼 빛났으며, 바람이 불지 않아 물결 또한 잔잔하였다. 이날 밤이 장차 깊어 가면서 밝은 달이 강에 비치고 엷은 안개가 물 위에 어리었으며, 뱃사람들은 모두 깊은 잠에 빠지고 물새만이 간간이 울고 있었다. 이때 문득 일본인 배 안에서 염불하는 소리가 은은히 들려왔는데, 그 소리가 매우 구슬펐다. 최척은 홀로 선창에 기대어 있다가 이 소리를 듣고 자신의 신세가 처량하게 느껴졌다. 그래서 즉시 행장에서 피리를 꺼내 몇 곡을 불어서 가슴속에 맺힌 회한을 풀었다. 때마침 바다와 하늘은 고요하고 구름과 안개가 걷히니, 애절한 가락과 그윽한 흐느낌이 피리 소리에 뒤섞이어 맑게 퍼져 나갔다. 이에 수많은 뱃사람들이 놀라 잠에서 깨어났으며, 그들은 처연하게 앉아 피리 소리에 조용히 귀를 기울였다. 격분해서 머리가 곧추선 사람도 피리 소리에 분을 가라앉힐 정도였다.

　　잠시 후에 일본인 배 안에서 조선말로 칠언절구(七言絕句)를 읊었다.

　　왕자진*의 피리 소리에 달마저 떨어지려 하는데,
　　[王子吹簫月欲底]
　　바다처럼 푸른 하늘엔 이슬만 서늘하구나.
　　[碧天如海露凄凄]

　　시를 읊는 소리는 처절하여 마치 원망하는 듯, 호소하는 듯하였다. 시를 다 읊더니, 그 사람은 길게 한숨을 내쉬었다. 최척은 그 시를 듣고 크게 놀라서 피리를 땅에 떨어뜨린 것도 깨닫지 못한 채, 마치 실성한 사람처럼 멍하니 서 있었다. 이를 보고 주우가 말했다.

　　"어디 안 좋은 곳이라도 있는가?"

　　최척은 대답을 하고 싶었으나 목이 메고 눈물이 떨어져 말을 할 수 없었다. 시간이 조금 흐른 뒤에 최척은 기운을 차려 말했다.

　　"조금 전에 저 배 안에서 들려왔던 시구는 바로 내 아내가 손수 지은 것이라네. 다른 사람은 평생 저 시를 들어도 절대 알아내지 못할 것일세. 게다가 시를 읊는 소리마저 내 아내의 목소리와 너무 비슷해 절로 마음이 슬퍼진 것이라네. 하지만 어떻게 내 아내가 여기까

지 와서 저 배 안에 있을 수 있겠는가?"

　　이어서 온 가족이 왜군에게 포로로 잡혀간 일을 말하자, 배 안에 있던 사람들 가운데 비탄에 젖지 않은 사람이 없었다. 그 가운데는 두홍(杜洪)*이라는 사람이 있었는데, 젊고 용맹한 장정이었다. 그는 최척의 말을 듣더니, 얼굴에 의기를 띠고 주먹으로 노를 치면서 분연히 일어나며 말했다.

　　"내가 가서 알아보고 오겠소."

　　주우가 저지하며 말했다.

　　"깊은 밤에 시끄럽게 굴면 많은 사람들이 동요할까 두렵네. 내일 아침에 조용히 물어보아도 늦지 않을 것일세."

　　주위 사람들이 모두 말했다.

　　"그럽시다."

　　최척은 앉은 채로 아침이 되기를 기다렸다. 동방이 밝아 오자, 즉시 강둑을 내려가 일본인 배에 이르러 조선말로 물었다.

　　"어젯밤에 시를 읊었던 사람은 조선 사람 아닙니까? 나도 조선 사람이기 때문에 한번 만나 보았으면 합니다. 멀리 다른 나라를 떠도는 사람이 비슷하게 생긴 고국 사람을 만나는 것이 어찌 그저 기쁘기만 한 일이겠습니까?"

　　옥영(玉英)도 어젯밤에 들려왔던 피리 소리가 조선의 곡조인데다 평소에 익히 들었던 것과 너무나 흡사하여서 남편 생각에 감회가 일어 저절로 시를 읊게 되었던 것이다. 옥영은 자기를 찾는 사람의 목소리를 듣고는 황망하게 뛰어나와 최척을 보았다. 두 사람은 서로 마주 바라보고는 놀라서 소리를 지르며 끌어 안고 모래밭을 뒹굴었다. 목이 메고 기가 막혀 마음을 안정할 수가 없었으며, 말도 할 수 없었다. 눈에서는 눈물이 다하자 피가 흘러내려 서로를 볼 수도 없을 지경이었다. 두 나라의 뱃사람들이 저잣거리처럼 모여들어 구경하였는데, 처음에는 단지 친척이나 잘 아는 친구인 줄로만 알았다. 뒤에 그들이 부부 사이라는 것을 알고 사람마다 서로 돌아보며 소리쳐 말했다.

　　"이상하고 기이한 일이로다! 이것은 하늘의 뜻이요, 사람이 이룰 수 있는 일이 아니로다. 이런 일은 옛날에도 들어 보지 못하였다."

　　최척은 옥영에게 그간의 소식을 물으며 말했다.

　　"산 속에서 붙들려 강가로 끌려갔다는데, 그때 아버님과 장모님은 어떻게 되었소?"

　　옥영이 말했다.

　　"날이 어두워진 뒤에 배에 오른 데다 정신이 없어 서

로 잃어버리게 되었으니, 제가 두 분의 안위를 어찌 알
수 있었겠습니까?"

두 사람이 손을 붙들고 통곡하자, 옆에서 지켜보던 사
람들도 슬퍼하며 눈물을 닦지 않는 이가 없었다.

주우는 돈우(頓于)*를 만나 백금 세 덩이를 주고 옥영
을 사서 데려 오려고 하였다. 그러자 돈우가 얼굴을 붉
히며 말했다.

"내가 이 사람을 얻은 지 이제 4년 되었는데, 그의 단
정하고 고운 마음씨를 사랑하여 친자식처럼 생각해
왔습니다. 그래서 침식을 함께하는 등 잠시도 떨어진
적이 없었으나, 지금까지 그가 아낙네인 것을 몰랐습
니다. 오늘 이런 일을 직접 겪고 보니, 이는 천지신명
도 오히려 감동할 일입니다. 내가 비록 어리석고 무디
기는 하지만 진실로 목석은 아닙니다. 그런데 차마 어
떻게 그를 팔아서 먹고살 수 있겠습니까?"

돈우는 즉시 주머니 속에서 은자(銀子) 10냥을 꺼내어
전별금(餞別金)으로 주면서 말했다.

"4년을 함께 살다가 하루아침에 이별하게 되니, 슬픈
마음에 가슴이 저리기만 하오. 온갖 고생 끝에 살아남
아 다시 배우자를 만나게 된 것은 실로 기이한 일이며,
이 세상에는 없었던 일일 것이오. 내가 그대를 막는다
면 하늘이 반드시 나를 미워할 것이오. 사우(沙于)*여!
사우여! 잘 가시게! 잘 가시게!"

–조위한, 「최척전(崔陟傳)」–

* 주우, 두홍 : 최척과 함께 장사를 하는 중국인들.
* 안남 : 베트남.
* 왕자진 : 주나라 영왕의 태자로, 죄를 입어 서인이 되었음.
* 돈우 : 옥영을 데리고 장사를 하는 일본인.
* 사우 : 돈우가 옥영에게 붙여 준 이름.

**08** 최척과 옥영의 재회에 대한 이해로 가장 적절한 것은?

① 타국에서 만난 동포의 도움을 통해 우연히 이루어진다.
② 두 인물이 공유하고 있는 과거의 기억을 매개로 하여
이루어진다.
③ 두 인물이 평소에 주변 사람들에게 베푼 자비로 인해
이루어진다.
④ 주변 사람들의 오해로 인해 우여곡절을 겪다가 기적
적으로 이루어진다.
⑤ 주변 인물들 중 대다수에게는 환영을 받지만 일부에
게는 의구심을 유발한다.

**09** 윗글의 '밤'과 '아침'에 대한 설명으로 가장 적절한 것은?

① 밤은 주인공이 초월적 존재와 교감하고, 아침은 주인
공이 현실적 문제와 대결하는 시간이다.
② 밤은 운명과의 대결을 통해 주인공이 위기에 처하고,
아침은 조력자의 등장으로 그 위기에서 벗어나는 시
간이다.
③ 밤은 폐쇄적인 공간에서 새로운 계획이 구상되고, 아
침은 개방적인 공간에서 그 계획을 실행할지 논의하
는 시간이다.
④ 밤은 인물의 내면적 갈등이 점진적으로 심화되고, 아
침은 그 내면적 갈등이 새로운 인물들 간의 갈등으로
비화되는 시간이다.
⑤ 밤은 주인공이 새로운 상황을 맞이하면서 서사적 긴
장이 조성되고, 아침은 극적 장면이 펼쳐지면서 그 긴
장이 해소되는 시간이다.

**10** 〈보기〉를 참고하여 윗글을 감상한 내용으로 적절하지 <u>않은</u> 것은? [3점]

---[보기]---

　임진왜란(1592~1598년) 등 16세기 말~17세기 초 동아시아에서 발생한 전쟁들은 각국 백성들의 삶에 심대한 수난을 초래했다. 이러한 역사를 반영한 대표적인 작품이 조위한의 「최척전」이다. 최척에게서 체험의 전말을 전해 듣고 이 작품을 썼다는 후기로 보면 이 작품이 실제 체험에 바탕을 둔 인물들의 이산(離散)과 귀향의 과정을 그린 유랑의 서사임을 알 수 있다. 특히 서사 공간이 조선을 포함하여 아시아 여러 국가에 걸쳐 있고 국가 간 갈등을 넘어선 개인 간의 인간적 배려 및 전쟁의 참상에 대해 각국 백성들이 보인 인류애적 연민의 모습도 형상화하고 있다는 점이 주목할 만하다.

---

① '경자년', '4년' 등은 최척과 옥영이 겪어야 했던 전란과 유랑체험이 역사적 실제성을 지닌 것임을 알려 주는군.

② 처절하게 시를 읊고 한숨까지 내쉰 것은 시가 옥영 자신의 이산과 유랑 체험을 계기로 지어진 것임을 알려 주는군.

③ '조선말', '조선의 곡조' 등이 사건 전개에 중요한 역할을 하는 것은 최척 부부의 재회가 외국에서 이루어지고 있기 때문이겠군.

④ 최척 가족의 이산의 사연을 듣고 주변 사람들이 눈물 흘린 것은 전쟁의 참상에 대한 인류애적인 연민을 보여 준 사례이겠군.

⑤ 돈우가 백금을 받고 옥영을 파는 대신 오히려 옥영에게 전별금을 주며 안타까이 보낸 것은 국가 간 갈등을 넘어선 인간적 배려를 보여 주는 사례이겠군.

[11~13] 다음 글을 읽고 물음에 답하시오.     2018.09 [43~45]

—— (해설 p.028) ——

    ㉠그렇게…… 그렇게도 배가 고프디야.
    그 넓은 운동장을 다 걸어 나올 때까지 불현듯 어머니의 입에서 새어 나온 말은 꼭 그 한마디였다. 하지만 그것은 반드시 그를 향해 묻는 말이라기보다는 넋두리에 더 가까웠다. 교문을 나선 어머니는 집으로 가는 길을 제쳐 두고 웬일인지 곧장 다릿목에서 왼쪽으로 꺾어 드는 것이었다. 저만치 구호소 식당이 눈에 들어왔을 때 그는 까닭 모를 두려움과 수치심으로 뒷걸음질을 쳤다. 그런 그를 어머니는 별안간 무서운 힘으로 잡아끌었다.
    ㉡가자. 아무리 없어서 못 먹고 못 입고 살더래도 나는 절대로 내 새끼를 거지나 도둑놈으로 키울 수는 없응께. 시상에…… 시상에, 돌아가신 느그 아버지가 이런 꼴을 보시면 뭣이라고 그러시끄나이.
    어머니의 음성은 돌연 냉랭하게 변해 있었다. 끝내 그는 와앙 울음을 터뜨려 버리고 말았다. 그러나 어머니는 기어코 구호소 식당 안의 때 묻은 널빤지 의자 위에 그를 끌어다가 앉혀 놓았다.
    잠시 후 어머니가 손바닥에 받쳐 들고 온 것은 ⓐ한 그릇의 국수였다. 긴 대나무 젓가락이 찔려져 있는 그것을 어머니는 그의 앞으로 밀어 놓으며 말했다.
    ㉢먹어라이. 어서 먹어 보란 말다이…….
    어머니의 음성에는 어느새 아까의 냉랭함이 거의 지워져 있었다. 그는 몇 번 망설이다가는 젓가락을 뽑아 들고 무 조각 하나가 덩그러니 떠 있는 그 구호용 가락국수를 먹기 시작했다. 그러다가 문득 고개를 들었던 그는 그만 젓가락을 딸각 놓아 버리고 말았다. 마주 앉아서 그때까지 그를 줄곧 지켜보고 있었을 어머니의 눈에는 소리도 없이 눈물이 그득히 괴어오르고 있었기 때문이었다. 탁자 밑에 가지런히 모아져 있는 어머니의 낡은 먹고무신을 내려다보며 그는 갑자기 목구멍이 뻐근해져 옴을 느껴야 했다.
    그 후, 그는 두 번 다시 그 빈민 구호소 식당 앞에서 얼쩡거리지 않았다. 아마도 그런 기억 때문이었는지는 몰라도, 두 아이의 아버지가 된 지금까지도 국수는 그에게 여전히 싫어하는 음식으로 남아 있었다.

(중략)

    어머니한테 뭔가 이상한 변화가 일어나고 있을지도 모른다는 불길한 조짐을 처음으로 느끼기 시작한 것은 두 달 전쯤부터였다. 그날따라 겨울이 전에 없이 일찍 앞당겨 찾아온 듯한 늦가을 날씨로 밖은 유난히 썰렁했다. 젓가락으로 밥알을 헤아리듯 하며 맛없는 아침상을 받고 있노라니까 아내가 심상찮은 기색으로 곁에 쪼그려 앉는 것이었다. 그녀가 미처 입을 열기도 전에 그는 짐짓 신경질적인 표정부터 준비했다. 그즈음은 마침 지난달의 봉급을 받지 못한 데다가 그달 봉급마저도 벌써 며칠째 넘기고 있던 참이었으므로, 이번에도 또 아내의 입에서 보나 마나 궁색한 소리가 튀어나오리라고 지레짐작했던 때문이었다. 급료도 제대로 나오지 않는 직장을 뭣하러 나다녀야 하느냐는 당연한 투정 때문에 얼마 전에도 한바탕 말다툼을 벌였던 적이 있었던 것이다. 그러나 이날 아침은 그게 아니었다.
    여보. 나가시기 전에 어머님 좀 잠시 들여다보세요. 암만 해도…….
    아니 왜. 감기약을 지어 드렸는데도 여전히 차도가 없으시대?
    며칠 전부터 몸이 편찮으시다고 누워 계시는 줄은 그도 알고 있었다. 병원에 가 보는 게 어떻겠느냐고 물었더니, 특별히 아픈 데는 없노라고, 아마도 고뿔인 것 같으니까 누워 있으면 곧 괜찮아질 거라고 하며 어머니는 손을 내젓던 것이었다.
    그게 아니라, 저어, 암만해도 어머님이 좀 이상해지신 것 같단 말예요.
    그, 그건 또 무슨 소리야.
    아내는 뭔가 숨기고 있는 듯한 어정쩡한 표정으로 그의 눈치를 살피고 있었다. 문득 불길한 예감이 뒤통수를 때렸다.
    아무리 봐도 예전 같지가 않으시다구요. 그렇게 정신이 총총하시던 분이 별안간 무슨 말인지도 모를 헛소리를 하시기도 하고……. 어쩌다가는 또 말짱해 보이시는 것 같다가도 막상 물어 보면 전혀 엉뚱한 대답을 하시는 거예요. 처음엔 일부러 그러시는가 했는데, 글쎄 그게 아니에요.
    도대체 난데없이 무슨 소릴 하고 있는 거야, 지금.
    설마 어머니가 그럴 리가 있을까 싶으면서도 왠지 섬뜩한 예감에 그는 숟가락을 놓고 곧장 건너가 보았다.
    어머니는 이불을 덮고 누워 무얼 생각하는지 멀거니 천장만 올려다보고 있었다. 의외로 안색이 나아 보였으므로 그는 적이 맘을 놓았다. 하지만 어머니는 두 번씩이나 부르는 아들의 목소리에도 대답이 없었다. 그저 꼼짝

도 하지 않고 망연한 시선을 천장의 어느 한 점에 멈춰
두고 있을 뿐이었다. 한동안 멍청하게 앉아 있던 그가
자리에서 마악 일어서려 할 때였다.

　ⓔ찬우야이!

　어머니의 입에서 불쑥 그 한마디가 튀어나오는 순간
그는 가슴이 철렁했다. 직감적으로 어떤 불길한 예감이
전신을 휩싸 안는 것 같았다. 아직까지 어머니는 한 번
도 그렇게 아들의 이름을 직접 부르는 적이 없었다. 적
어도 그가 결혼한 후로는 그랬다. 하지만 그보다도 더
그가 놀랐던 것은 어머니의 음성에서였다. 그것은 이미
예전의 귀에 익은 음성이 아니었다. 언제나 보이지 않는
따뜻함과 부드러움으로 흘러나오곤 하던 그 목소리에는
대신 어딘가 냉랭하면서도 들떠 있는 듯한 건조함이 배
어 있었다. 그 음성을 듣는 순간 그가 내심 섬찟했던 것
은 바로 그 생경한 이질감 때문이었는지도 모른다. 그는
놀란 눈으로 황급히 어머니의 얼굴을 들여다보았다.

　ⓜ 찬우야이. 어서 꼬두메로 돌아가자이. 느그 아부지
랑 찬세가 얼매나 기다리겠냐아. 더 추워지기 전에 싸게
싸게 집으로 가야 한단 말다이.

　어머니는 나직하게, 그러나 힘이 서린 목소리로 그렇
게 말하는 것이었다. 그가 너무 당황하여 그 말이 무슨
뜻인지를 얼른 쉽사리 가려낼 수가 없었다.

-임철우, 「눈이 오면」-

## 11　윗글의 서술상 특징으로 가장 적절한 것은?

① 특정 인물의 회상을 중심으로 이야기를 전개하고 있다.
② 계절의 변화를 통해 사건 해결의 실마리가 드러나고
　있다.
③ 공간적 배경에 대한 상세한 묘사를 통해 사건 전개를
　지연시키고 있다.
④ 서술자가 관찰자의 입장에서 사건을 전달함으로써 객
　관성을 높이고 있다.
⑤ 서술의 초점을 다양한 인물로 옮겨 가며 갈등을 다각
　적으로 조명하고 있다.

## 12　ⓐ에 대한 설명으로 가장 적절한 것은?

① '어머니'와 '그'의 갈등을 지속시키는 매개물이다.
② '그'가 사회 문제에 관심을 갖게 하는 매개물이다.
③ '그'가 '어머니'의 속마음을 깨닫게 하는 매개물이다.
④ '어머니'에 대한 '그'의 배려를 드러내는 매개물이다.
⑤ 어려운 처지의 '어머니'에게 위안을 주는 매개물이다.

## 13　〈보기〉를 참고하여 ⓒ~ⓜ을 감상한 내용으로 적절하지 않은 것은? [3점]

> ─────[보기]─────
>
> 　「눈이 오면」에서는 어머니의 목소리가 발화 내용
> 과 어우러져 '그'에게 특별한 메시지를 전달한다. 그
> 목소리는 '그'에게 수치심, 죄책감, 불길함, 섬찟함,
> 당혹감 등의 감정을 불러일으키거나 특정한 행동을
> 야기한다.

① ⓒ에서 '어머니'가 넋두리에 가까운 말로 아들의 배고
　픔을 언급한 것은 '그'가 구호소 식당을 보았을 때 느낀
　까닭 모를 두려움과 수치심으로 이어지는군.
② ⓛ에서 '어머니'가 냉랭한 음성으로 '아버지'를 언급한
　것은 '그'에게 죄책감을 불러일으켜 결국 '그'로 하여금
　울음을 터뜨리게 하는군.
③ ⓒ에서 '어머니'가 냉랭함이 사라진 음성으로 '그'에게
　국수를 먹으라고 권하는 것은 '그'에게 불길함을 느끼
　게 하여 젓가락을 딸각 놓는 행동에 영향을 주는군.
④ ⓔ에서 '어머니'가 생경한 이질감이 느껴지는 음성으로
　'그'의 이름을 부른 것은 '그'에게 '어머니'의 변화를 인
　식하게 하여 섬찟함을 느끼게 하는군.
⑤ ⓜ에서 '어머니'가 힘이 서린 목소리로 돌아가신 아버
　지가 있는 집으로 가자고 하는 것은 과거와 현재를 구
　분하지 못하는 '어머니'의 모습을 드러내어 '그'에게 당
　혹감을 갖게 하는군.

## [14~16] 다음 글을 읽고 물음에 답하시오.



— (해설 p.034) —

　자점이 심복을 보내 거짓 조서를 전하고 옥에 가두니, 경업이 옥에 갇혀 생각하되,
　'세자와 대군이 어찌 내 일을 모르고 구치 아니시는고?' 하며 주야번민하여 목이 말라 물을 찾는데, 옥졸이 자점의 부촉(咐囑)*을 들은 고로 물도 주지 아니하여 경업이 더욱 한하더니, 전옥(典獄) 관원은 강직한지라 경업의 애매함을 불쌍히 여겨 경업더러 왈,
　"장군을 역적으로 잡음이 다 자점의 흉계니, 잘 주선하여 누명을 벗으라."
　경업이 그제야 자점의 흉계로 알고 통분을 이기지 못하여 바로 몸을 날려 옥문(獄門)을 깨치고 궐내에 들어가 상을 뵙고 청죄한데, 상이 경업을 보시고 반겨 가로되,
　"경이 만리타국에 갔다가 이제 돌아오매 반가움이 끝이 없거늘 무삼 일로 청죄하느뇨?"
　경업이 돈수사죄 왈,
　"신이 무인년에 북경에 잡혀가다가 중간에 도망한 죄는 만사무석이오나, 대명(大明)과 함께 호왕을 베어 병자년 원수를 갚고 세자와 대군을 모셔오고자 하였더니, 간인에게 속아 북경에 잡혀갔다가 천행으로 살아 돌아오옵더니, 의주(義州)에서 잡혀 아무 연고인 줄 알지 못하옵고 오늘을 당하와 천안(天顔)을 뵈오니 이제 죽어도 한이 없사옵니다."
　상이 들으시고 대경하사 신하더러 왈,
　"경업을 무슨 죄로 잡아온고?"
　하시고 자점을 패초(牌招)*하사 실사를 물으시니, 자점이 속이지 못하여 주왈,
　"경업이 역적이옵기로 잡아 가두고 계달코자 하였나이다."
　경업이 대로하여 고성대매 왈,
　"이 몹쓸 역적아! 들으라. 벼슬이 높고 국록이 족하거늘 무엇이 부족하여 모반할 마음을 두어 나를 해코자 하느뇨?"
　자점이 듣고 무언이거늘, 상이 노하여 왈,
　"경업은 삼국의 유명한 장수요, 또한 만고충신이거늘 네 무슨 일로 죽이려 하느뇨?"
　하시고,
　"자점과 함께한 자를 금부에 가두고 경업은 물러가 쉬게 하라."
　하시다.

[A] ┌　경업이 사은하고 퇴궐할새, 자점은 궐문 밖에 나와 심복 수십 명을 매복하였다가, 경업이 나옴을 보

고 불시에 달려들어 난타하니, 경업이 아무리 용맹한들 손에 촌철이 없는지라. 여러 번 맞아 중상하매 자점이 용사들을 분부하여 경업을 옥에 가두고 금
└　부로 가니라.

　이때 대군이 시자(侍者)더러 문왈,
　"임 장군이 입성하였으나 지금 어디 있느뇨?"
　시자가 대왈,
　"소인 등은 모르나이다."
　대군이 의심하여 바삐 입궐하여 경업의 거처를 묻되, 상이 수말을 이르시니 대군이 주왈,
　"자점이 이런 만고충신을 해하려 하오니 이는 역적이라. 엄치하소서."
　하고, 명일을 기다려 친히 경업을 가 보려 하시더라.

[B] ┌　차시, 경업이 자점에게 매를 많이 받아 천명이 진하게 되매 분기대발하여 신음하다 죽으니, 시년 사
└　십팔 세요, 기축(己丑) 9월 26일이라.

(중략)

　자점이 반심을 품은 지 오래다가 절도(絶島)에 안치되매 더욱 앙앙(怏怏)하여* 불측지심이 나타나거늘, 우의정 이시백이 자점의 일을 아뢰니, 상이 놀라 금부도사를 보내 엄형 국문하신 후 옥에 가두었더니, 이날 밤 한 꿈을 얻으시니, 경업이 나아와 주왈,
　"흉적 자점이 소신을 죽이고 반심을 품어 거의 일이 되었사오니 바삐 국문하옵소서."
　하고 울며 가거늘, 상이 놀라 깨달으시니 경업이 앞에 있는 듯 한지라. 상이 슬픔을 이기지 못하시고 날이 밝으매 자점을 올려 국문하시니, 자점이 자복하여 역심을 품은 일과 경업을 모해한 일을 승복하거늘, 상이 노하여 자점의 삼족을 다 내어,
　"저자 거리에서 죽이라."
　하시고,
　"그 동류를 다 문죄하라."
　하시며, 경업의 자식들을 불러 하교 왈,
　"너희 아비가 자결한 줄로 알았더니, 꿈에 와 '자점의 모해로 죽었다.' 하기로 내어 주나니 원수를 갚으라."
　하시다.

-작자 미상, 「임장군전」-

* 부촉 : 부탁하여 맡김.
* 패초 : 임금이 승지를 시켜 신하를 부름.
* 앙앙하여 : 매우 마음에 차지 아니하거나 야속하여.

**14** 윗글에 대한 설명으로 적절하지 <u>않은</u> 것은?

① 인물들의 대립 구도를 통해 서사적인 흥미를 높이고 있다.
② 주인공의 죽음을 제시하여 작품의 비극성을 고조하고 있다.
③ 대화의 내용을 통해 이전에 일어난 사건의 정황을 나타내고 있다.
④ 악인의 횡포를 징벌함으로써 권선징악의 세계관을 드러내고 있다.
⑤ 적대자와의 지략 대결을 통해 주인공의 초월적 능력을 보여 주고 있다.

**15** 윗글에 대한 이해로 가장 적절한 것은?

① 경업은 옥에 갇히기 전부터 거짓 조서 때문에 자점의 흉계를 알고 있었다.
② 옥졸은 자점의 부탁을 받고 경업의 죄를 상에게 밀고했다.
③ 대군은 자점을 의심하며 경업에게 옥에 갇힌 경위를 물었다.
④ 우의정 이시백은 경업이 옥에 갇힐 만한 정보를 상에게 제공했다.
⑤ 상은 꿈에 나타난 경업의 발언 이후 자점의 자복을 받아 내었다.

**16** 〈보기〉를 참고할 때, [A]와 [B]에 대한 이해로 적절하지 <u>않은</u> 것은? [3점]

> ──────[보기]──────
>
> 「임장군전」을 읽은 당시 독자층은 책의 여백과 말미에 특정 대목에 대한 자신의 생각을 적은 다양한 필사기를 남겼다. '식자층'은 "㉠대역 김자점의 소행이 혐오스러워 붓을 멈춘다."라는 시각을 나타내거나 "㉡잡혔으니 가히 아프고 괴로우며 애석하네."라며 경업에 대한 안타까움을 드러냈다. 한편 '평민층'은 "㉢슬프다, 임 장군이여. 남의 손에 죽으니 어찌 천운이 아니랴."라며 숙명론적인 반응을 보이거나, "㉣조회하고 나오는 것을 문외의 무사로 박살하니 그 아니 가엾지 아니리오."라는 안타까운 반응을 남기거나, "㉤사람마다 알게 하기는 동국충신의 말임에 혹 만민이라도 깨달아 본받게 함이라."라는 필사기를 남겼다. ㉠, ㉢, ㉤은 경업이 죽는 대목에, ㉡과 ㉣은 경업이 자점에게 피습되는 대목에 남아 있는 필사기이다.

① [B]를 읽은 식자층은, ㉠을 통해 자점의 행위에 대해 부정적 평가를 내리고 있군.
② [A]를 읽은 식자층은, ㉡을 통해 경업의 시련에 대한 안타까움을 나타내고 있군.
③ [B]를 읽은 평민층은, ㉢을 통해 경업의 죽음이 자점 때문임을 알고 있으면서도 그의 죽음에 대해 운명론적인 태도를 보이고 있군.
④ [A]를 읽은 평민층은, ㉣을 통해 자점을 비판하면서도 그의 행위에 대한 연민을 드러내고 있군.
⑤ [B]를 읽은 평민층은, ㉤을 통해 충신의 이야기가 널리 알려지기를 바라고 있군.

(가)

동녁 두던 밧긔 크나큰 너븐 들히
**만경(萬頃) 황운(黃雲)**이 혼 빗치 되야 잇다
중양이 거의로다 **내노리 호쟈스라**
**블근 게** 여믈고 눌은 **둙**기 슬져시니
술이 니글션졍 버디야 업슬소냐
전가(田家) 흥미는 날로 기퍼 가노매라
살여흘 긴 몰래예 밤블이 볼가시니
㉠게 잡는 아히돌이 그믈을 훗텨 잇고
호두포* 엔 구븨예 **아젹믈이 미러오니**
㉡돗돈비 애내셩(欸乃聲)*이 고기 푸는 댱시로다
경(景)도 됴커니와 **생리(生理)라 괴로오랴**

(중략)

어와 이 청경(淸景) 갑시 이실 거시런돌
적막히 다둔 문애 **내** 분으로 드려오랴
사조(私照)* 업다 호미 거즌말 아니로다
㉢모재(茅齋)*예 빗췬 빗치 옥루(玉樓)라 다룰소냐
청준(淸樽)을 밧쎄 열고 큰 잔의 ㄱ득 브어
㉣죽엽(竹葉) ㄱ는 술룰 둘빗 조차 거후로니
표연혼 일흥(逸興)이 져기면 눌리로다
이적선(李謫仙) 이려 호야 둘을 보고 밋치닷다
춘하추동애 경물이 아름답고
주야조모(晝夜朝暮)애 완상이 새로오니
㉤몸이 한가호나 귀 눈은 겨룰 업다
여생이 언마치리 백발이 날로 기니
세상 공명은 계륵이나 다룰소냐
ⓐ강호 어조(魚鳥)애 새 밍셰 깁퍼시니
옥당금마(玉堂金馬)*의 몽혼(夢魂)*이 섯긔엿다
초당연월(草堂煙月)의 시룸업시 누워 이셔
촌주강어(村酒江魚)로 장일취(長日醉)를 원(願)호노라
이 몸이 이러구롬도 역군은(亦君恩)이샷다

　　　　　　　　　　　　－신계영, 「월선헌십육경가」－

* 호두포 : 예산현의 무한천 하류.
* 애내셩 : 어부가 노를 저으면서 부르는 노랫소리.
* 사조 : 사사로이 비춤.
* 모재 : 띠로 지붕을 이어 지은 집.
* 옥당금마 : 관직 생활.
* 몽혼 : 꿈.

(나)

　어촌(漁村)은 나의 벗 **공백공**의 자호(自號)다. 백공은 나와 태어난 해는 같으나 생일이 뒤이기 때문에 내가 **아우**라고 한다. 풍채와 인품이 소탈하고 명랑하여 사랑할 만하다. **대과에 급제하고** 좋은 벼슬에 올라, 갓끈을 나부끼고 인끈을 두르고 필기를 위한 붓을 귀에 꽂고 나라의 옥새를 주관하니, 사람들은 진실로 그에게 원대한 기대를 하였으나, 담담하게 강호의 취미를 지니고 있다. 가끔 흥이 무르익으면, 「어부사」를 노래한다. 그 음성이 맑고 밝아서 천지에 가득 찰 것 같다. 증자가 상송(商頌)을 노래하는 것을 듣는 듯하여, 사람의 가슴으로 하여금 멀리 강호에 있는 것 같게 만든다. 이것은 그의 **마음에 사욕이 없어** 사물에 초탈하였기 때문에 소리의 나타남이 이와 같은 것이다.

　하루는 나에게 말하기를,
　"나의 뜻은 어부(漁父)에 있다. 그대는 어부의 즐거움을 아는가. **강태공**은 성인이니 **내가 감히** 그가 주 문왕을 만난 것과 같은 그런 만남을 기약할 수 없다. **엄자릉**은 현인이니 **내가 감히** 그의 깨끗함을 바랄 수는 없다. ㉧아이와 어른들을 데리고 갈매기와 백로를 벗하며 어떤 때는 낚싯대를 잡고, ㉢외로운 배를 노 저어 조류를 따라 오르고 내리면서 가는 대로 맡겨 두고, 모래가 깨끗하면 뱃줄을 매어 두고 산이 좋으면 그 가운데를 흘러간다. ㉨구운 고기와 신선한 생선회로 술잔을 들어 주고받다가 해가 지고 달이 떠오르며 바람은 잔잔하고 물결이 고요한 때에는 배에 기대어 길게 휘파람을 불며, 돛대를 치고 큰 소리로 노래를 부른다. ㉪흰 물결을 일으키고 맑은 빛을 헤치면, 멀고 멀어서 마치 성사*를 타고 하늘에 오르는 것 같다. 강의 연기가 자욱하고 짙은 안개가 내리면, 도롱이와 삿갓을 걸치고 그물을 걷어 올리면 금빛 같은 비늘과 옥같이 흰 꼬리의 물고기가 제멋대로 펄떡거리며 뛰는 모습은 ㉫넉넉히 눈을 즐겁게 하고 마음을 기쁘게 한다. 밤이 깊어 구름은 어둡고 하늘이 캄캄하면 사방은 아득하기만 하다. 어촌의 등불은 가물거리는데 배의 지붕에 빗소리는 울어 느리다가 빠르다가 우수수하는 소리가 차갑고도 슬프다. …(중략)… 여름날 뜨거운 햇빛에 더위가 쏟아질 적엔 버드나무 늘어진 낚시터에 미풍이 불고, 겨울 하늘에 눈이 날릴 때면 차가운 강물에서 홀로 낚시를 드리운다. 사계절이 차례로 바뀌건만 어부의 즐거움은 없는 때가 없다.

　저 영달에 얽매여 벼슬하는 자는 구차하게 **영화에**

매달리지만 나는 만나는 대로 편안하다. 빈궁하여 고기잡이를 하는 자는 구차하게 **이익**을 계산하지만 나는 스스로 유유자적을 즐긴다. 성공과 실패는 운명에 맡기고, 진퇴도 오직 때를 따를 뿐이다. 부귀 보기를 뜬구름과 같이 하고 공명을 헌신짝 벗어 버리듯하여, 스스로 세상의 물욕 밖에서 방랑하는 것이니, 어찌 시세에 영합하여 이름을 낚시질하고, 벼슬길에 빠져들어 생명을 가볍게 여기며 이익만 취하다가 스스로 함정에 빠지는 자와 같겠는가. ⓑ이것이 내가 몸은 벼슬을 하면서도 뜻은 강호에 두어 매양 노래에 의탁하는 것이니, 그대는 어떻게 생각하는가?"

하니 내가 듣고 **즐거워하며** 그대로 기록하여 백공에게 보내고, 또한 나 자신도 살피고자 한다. 을축년 7월 어느 날.

－권근, 「어촌기」－

* 성사 : 옛날 장건이 타고 하늘에 다녀왔다고 하는 배.

## 17  ㉠~㉨에 대한 이해로 적절하지 <u>않은</u> 것은?

① ㉠에는 전원에서의 생활상이, ㉮에는 자연과 동화되는 삶이 나타난다.
② ㉡에는 한가로운 자연 속 흥취가, ㉯에는 고독을 해소하려는 의지가 나타난다.
③ ㉢에는 자연현상에서 연상된 그리움의 대상이, ㉱에는 배의 움직임에 따른 청아한 풍경이 나타난다.
④ ㉣에는 운치 있는 풍류의 상황이, ㉺에는 자연에서 누리는 흥겨운 삶의 모습이 나타난다.
⑤ ㉤에는 변화하는 자연에서 얻는 즐거움이, ㉽에는 생동감 넘치는 자연에서 느끼는 만족감이 나타난다.

## 18  〈보기〉를 바탕으로 [A]를 감상한 내용으로 적절하지 <u>않은</u> 것은? [3점]

> ─[보기]─
>
> 　17세기 가사 「월선헌십육경가」는 월선헌 주변의 16경관을 그린 작품으로 자연에서의 유유자적한 삶을 읊으면서도 현실적 생활 공간으로서의 전원에 새롭게 관심을 두었다. 그에 따라 생활 현장에서 볼 수 있는 풍요로운 결실, 여유로운 놀이 장면, 그리고 생업의 현장에서 느끼는 정서 등을 다양한 표현 방법을 통해 현장감 있게 노래했다.

① 전원생활에서 목격한 풍요로운 결실을 '만경 황운'에 비유해 드러냈군.
② 전원생활 가운데 느끼는 여유를 '내노리 ᄒ쟈스라'와 같은 청유형 표현을 통해 드러냈군.
③ 전원생활의 풍족함을 여문 '블근 게'와 살진 '놀은 둙'과 같이 색채 이미지에 담아 드러냈군.
④ 전원생활에서의 현장감을 '밤블이 볼가시니'와 '아젹 믈이 미러오니'와 같은 묘사를 활용해 드러냈군.
⑤ 전원생활의 여유를 즐기면서도 생업의 현장에서 느끼는 고단함을 '생리라 괴로오랴'와 같은 설의적인 표현으로 드러냈군.

## 19  (나)의 '공백공'에 대한 설명으로 가장 적절한 것은?

① 시간에 따른 공간의 다채로운 모습을 제시하며 자신의 감정을 드러내고 있다.
② 상대의 말과 행동이 불일치함을 언급하여 자신의 결백을 입증하고 있다.
③ 상대에 대해 심리적 거리감을 느껴 자신의 생각 표현을 자제하고 있다.
④ 질문에 답변하며 현실에 대처하는 자신의 태도를 밝히고 있다.
⑤ 대상과 관련된 행위를 열거하며 자신의 무력감을 깨닫고 있다.

**20** 〈보기〉를 참고하여 (나)를 이해한 내용으로 적절하지 <u>않은</u> 것은?

---[보기]---

「어촌기」의 작가는 벗의 말을 인용하여 자신의 생각을 드러내고 있다. 작가는 벗에 관한 이야기가 기록할 만한 가치가 있다는 근거를 벗과의 관계와 그의 성품에 대한 평을 통해 마련하고 있다. 이를 통해 작가는 자신이 추구하는 삶의 방향성과 가치관을 드러내며 벗의 생각에 공감하고 있다.

---

① 벗이 '영화'와 '이익'을 중시하는 삶을 거부한다는 것을 통해 벗의 가치관을 알 수 있군.

② 작가가 벗의 말을 '즐거워하며' 자신도 살피려 하는 것을 통해 작가는 벗의 생각에 공감하고 있음을 알 수 있군.

③ 작가가 벗을 '아우'로 삼고 있다는 것을 통해 벗이 추구하는 삶의 자세가 작가로부터 전해 받은 것임을 알 수 있군.

④ 벗이 '강태공'과 '엄자릉'을 들어 '내가 감히'라는 말을 언급한 것을 통해 그들의 삶에 미치지 못함을 스스로 인정하는 벗의 겸손한 성품을 알 수 있군.

⑤ 작가가 벗이 '대과에 급제'하여 기대를 받고 있는데도 '마음에 사욕이 없'다고 평한 것을 통해 벗의 말이 기록할 만한 가치가 있다고 여김을 알 수 있군.

**21** ⓐ와 ⓑ를 비교한 내용으로 가장 적절한 것은?

① ⓐ는 '내'가 '강호'에서의 은거를 긍정하지만 정치 현실에 미련이 있음을, ⓑ는 '공백공'이 정치 현실에 몸 담고 있지만 '강호'에 은거하려는 지향을 나타낸다.

② ⓐ는 '내'가 '강호'에서의 은거를 마치고 정치 현실로 복귀하려는 의지를, ⓑ는 '공백공'이 정치 현실에서 신뢰를 잃어 '강호'에 은거하려는 소망을 나타낸다.

③ ⓐ는 '내'가 '강호'에서 경치를 완상하며 정치 현실의 번뇌를 해소하려는 자세를, ⓑ는 '공백공'이 정치 현실과 갈등하여 '강호'에 은거하려는 자세를 나타낸다.

④ ⓐ는 '내'가 '강호'에서 늙어 감에 체념하면서도 정치 현실을 지향함을, ⓑ는 '공백공'이 정치 현실을 외면하면서 '강호'에 은거하려는 염원을 나타낸다.

⑤ ⓐ는 '내'가 '강호'에서 임금께 맹세하며 정치 현실의 이상을 실현하려는 태도를, ⓑ는 '공백공'이 정치 현실의 폐단에 실망하며 '강호'에 은거하려는 희망을 나타낸다.

[22~25] 다음 글을 읽고 물음에 답하시오.     2019.06 [39~42]

—— (해설 p.048) ——

**[앞부분 줄거리]** 옹고집은 성격이 고약한 부자이다. 어느 날 옹고집 앞에 가짜 옹고집이 나타나, 서로가 자신이 진짜라고 주장한다.

　두 옹고집이 송사 가는 제, 읍내를 들어가니 짚옹고집 거동 보소. 주저 없이 제가 앞에 가며 읍의 촌가인 하나와 만나 보면 깜짝 반겨 두 손을 잡고, "나는 가변을 송사하러 가는지라. 자네와 나와 아무 연분에 서로 알아 죽마고우로 지냈으니 나를 몰라볼쏘냐."

　또 하나를 보면, "자네 내게서 아무 연분에 돈 오십 냥을 취하여 갔으니 이참에 못 주겠느냐. 노잣돈 보태 쓰게 하라."

　또 하나 보면, "자네 쥐골평 논 두 섬지기 이때까지 소작할 제, 거년 선자(先資)* 스물닷 말을 어찌 아니 보내는가."

　이처럼 하니 참옹고집이 짚옹고집을 본즉 낱낱
[A] 이 내 소견대로 내가 할 말을 제가 먼저 하니 기가 질려 뒤에 오며, 실성한 사람같이, 아는 사람도 오히려 짚옹고집같이도 모르는지라.

　짚옹고집이 노변에서 지나가는 사람 데리고 하는 말이,

　"가운이 불길하여 어떠한 놈이 왔으되 용모 나와 비슷해 제가 내라 하고 자칭 옹고집이라 하기로, 억울한 분을 견디지 못하여 일체 구별로 송사하러 가는지라. 뒤에 오는 사람이 기네. 자네들도 대소간 눈이 있거든 혹 흑백을 가릴쏘냐."

　참옹고집이 뒤에 오면서 기가 막히고 얼척도 없어 말도 못하고 울음 울 제, 행인들이 이어 보고 하는 말이, "누가 알아보리오. 뉘 아들인지 알 수가 없다. 아마도 상동이란 말밖에 또 하리오."

(중략)

　짚옹고집 반만 웃고 집으로 돌아와서 바로 내정으로 들어가니 처자 권속이 내달아 잡고 들어가니, "하늘도 무심치 아니하기로 **내 좋은 형세와 처자를 빼앗기지 아니하였다.**"

　송사를 이긴 내력을 말하니 처자 권속이며 상하 노복

등이 참옹고집으로 알고, 마누라는, "㉠우리 서방님이 그런 고생이 또 있을까."

　뭇 아들 나서며, "그런 자식에게 아버지가 큰 봉재를 보았다."

　노복 종이며 마을 사람들이 다 칭찬하거늘, 짚옹고집이, "내가 혈혈단신으로 자수성가하기로 전곡을 과연 아낄 줄만 알았더니 내빈 왕객 접대 상과 **만가 동냥 거지들을 독하게 박대**하였더니 인심부득 절로 되어 이런 재변이 난 듯싶으니, 사람 되고 개과천선 못할쏘냐. 오늘부터 재물과 곡식을 흩어 활인구제(活人救濟)하리라."

　**전곡을 흩어 사방에 구차한 사람을 구제한단 말이 낭자하니** 팔도 거지들과 각 절 유걸승들이 구름 모이듯 모여드니 **백 냥 돈 천 냥 돈을 흩어** 주니 옹고집은 인심 좋단 말이 낭자하더라.

　하루는 주효를 낭자케 장만하고 원근에 모모한 친구며 사방 사람을 청좌하여 대연을 배설할 제, 이때의 참옹고집 **전전걸식**하다가 맹랑촌 옹고집 활인구제한단 말 듣고 분심으로 하는 말이,

　"㉡남의 재물 갖고 제 마음대로 쓰는 놈은 어떤 놈의 팔자인고. 찾아가서 내 집 망종 보고 죽자."

하고 죽장망혜로 찾아갈 제, ㉢짚옹고집 도술 보고 근처에 참옹고집 온 줄 알고 사환을 분부하되,

　"오늘 큰 잔치에 음식도 낭자하고 걸인도 많을 제, 타일 천하게 다투던 거짓 옹가 놈이 배도 고프고 기한(飢寒)을 견디지 못하여 전전걸식 다닐 제, 잔치 소문을 듣고 마을 근처에 왔으나 차마 못 들어오는가 싶으니 너희 등은 가서 데려오라. 일변 생각하면 되도 못할 일 하다가 중장(重杖)만 맞았으니 불쌍하다."

　사환 등이 영을 듣고 사방으로 나가 보니 ㉣과연 마을 뒷산에 앉아 잔치하는 데를 보고 눈물을 흘리고 앉았거늘 사환들이 바로 가서 엉겁결에 배례하고 문안하니, 슬프다. 참옹고집이 대성통곡 절로 난다.

　사환들이 가자 하니, "㉤갈 마음 전혀 없다."

　여러 놈이 부축하여 들어가서 좌상에 앉히니 짚옹고집 일어서며 인사 후에,

　"네 들어라. 형세 있어 좋다 하는 것이 활인구제하여 만인적선이 으뜸이거늘 천여 석 거부로서 첫째로는 부모 박대하니 세상에 용납지 못할 놈이요, 둘째는 유걸산승 욕보이니 불도가 어찌 허사리오. 우리 절 도승이 나를 보내어 묘하신 불법으로 가르쳐서 너의 죄목을 잡아 아주 죽여 세상
[B] 에 영영 자취 없게 하여 세상 사람에게 모범이 되

게 하라 하시거늘 너를 다시 세상에 내어 보내기
는 나의 어진 용심으로 살린 것이니, 이만해도 후
생에게 너 같은 행실을 징계한 사례가 될 듯싶으
니 이후는 아무쪼록 개과하라."
하고, 좌상에 나앉으며 문득 자빠지니 허수아비 찰
벼 짚 묶음이라.
　　이로 좌상이 다 놀라 공고를 하고 옹고집이 이날
부터 개과천선하여 세상에 전하여 일가친척이며
원근친고 사람에게 인심을 주장하니 옹고집의 인
심을 만만세에 전하더라.
-작자 미상, 「옹고집전」-

* 선자 : 일을 시작하기에 앞서 드는 돈.

## 22  [A]에 대한 설명으로 가장 적절한 것은?

① 송사 원인이 금전적 이해관계에 있음이 밝혀진다.
② 송사 결과에 대한 행인들의 상반된 예측이 제시된다.
③ 송사 가는 이의 답답한 심정이 서술자에 의해 드러
　난다.
④ 송사 가는 이들 간에 서로를 비방하는 대화가 이어
　진다.
⑤ 송사 가는 길에 새롭게 등장한 인물의 외양이 묘사
　된다.

## 23  ㉠~㉤에 대한 이해로 적절하지 않은 것은?

① ㉠: '마누라'는 집에 돌아온 이를 '참옹고집'으로 알고
　있다.
② ㉡: '참옹고집'은 '짚옹고집'을 못마땅하게 여기고
　있다.
③ ㉢: '짚옹고집'은 '참옹고집'의 거동을 수상히 여기고
　있다.
④ ㉣: '참옹고집'은 집에 들어가지 못한 채 서러워하고
　있다.
⑤ ㉤: '참옹고집'은 '사환들'에게 거절의 의사를 표하고
　있다.

## 24  〈보기〉를 참고하여 윗글을 감상한 내용으로 적절하지 않은 것은?

[보기]

　「옹고집전」은 주인공 '참옹고집'이 소외를 경험하
도록 그와 똑같이 생긴 '짚옹고집'을 등장시켜 그를
대신하게 하는 독특한 인물 관계를 설정하였다. 이
는 '참옹고집'으로 형상화된 조선 후기 향촌 사회의
부유층에게 요구되는 사회적 책무와도 연결된다.
부유하게 살면서도 가난한 이들을 구제하지 않고
외면하면 공동체로부터 소외될 수 있음을 보여 주
고 있기 때문이다.

① '내 좋은 형세와 처자를 빼앗기지 아니하였다'고 말한
　데에서, '참옹고집'이 송사 이전부터 가족에게 소외되
　어 온 정황이 '짚옹고집'을 통해 드러남을 알 수 있군.
② '만가 동냥 거지들을 독하게 박대'하였다고 말한 데에
　서, 가난한 이들을 외면했던 '참옹고집'의 행적이 '짚옹
　고집'을 통해 언급됨을 알 수 있군.
③ '전곡을 흩어 사방에 구차한 사람을 구제'한다는 데에
　서, 가난한 이들을 구제해야 하는 '참옹고집'의 책무가
　'짚옹고집'을 통해 이행됨을 알 수 있군.
④ '짚옹고집'이 '백 냥 돈 천 냥 돈을 흩어' 줄 수 있을 만
　큼 '참옹고집'의 재물이 많았다는 데에서, 조선 후기
　향촌 사회의 부유층을 연상시키는 '참옹고집'의 모습
　이 확인되는군.
⑤ '참옹고집'이 '짚옹고집'에게 자리를 빼앗기고 '전전걸
　식'하며 살아가는 데에서, 공동체로부터 소외되어 고
　통을 겪는 '참옹고집'의 처지가 확인되는군.

**25** 〈보기〉는 「옹고집전」 이본의 일부이다. [B]와 〈보기〉를 비교하여 이해한 내용으로 적절하지 <u>않은</u> 것은? [3점]

---



참옹고집 듣기를 다하여 천방지방 도사 앞에 급히 나아가 합장배례하며 공손히 하는 말이, "이놈의 죄를 생각하면 천사(千死)라도 무석(無惜)이요 만 사라도 무석이나 명명하신 도덕하에 제발 덕분 살려 주오. 당상의 늙은 모친 규중의 어린 처자 다시 보게 하옵소서. 원견지 하온 후 지하에 돌아가도 여한이 없을까 하나이다. 제발 덕분 살려 주옵소서."

만단으로 애걸하니 도사 하는 말이, "천지간에 몹쓸 놈아. 인제도 팔십 당년 늙은 모친 냉돌방에 구박할까, 불도를 능멸 할까. 너 같은 몹쓸 놈은 응당 죽일 것이로되 정상(情狀)이 불쌍하고 너의 처자 가여운 고로 놓아주니 돌아가 개과천선하라."

부적을 써 주며 왈, "이 부적을 몸에 붙이고 네 집에 돌아가면 괴이한 일 있으리라."

하고 홀연 간데없거늘 참옹고집 즐겨 돌아와서 제 집 문전 다다르니 고루거각 높은 집에 청풍명월 맑은 경은 옛 놀던 풍경이라.

---

① '참옹고집'을 살려 두는 이유로 [B]는 '나의 어진 용심'을, 〈보기〉는 '정상이 불쌍'함을 제시하는 것으로 보아, [B]에서는 용서하는 이의 마음을 고려했고, 〈보기〉에서는 용서받는 이의 처지까지도 고려하였군.

② '참옹고집'을 살려 두는 이유로 [B]는 '이만해도 후생에게' '징계한 사례'가 됨을, 〈보기〉는 '너의 처자 가여'움을 제시하는 것으로 보아, [B]에서는 징계의 사회적 효용이, 〈보기〉에서는 징계로 인한 가족의 피해가 고려되었군.

③ '참옹고집'의 악행으로 [B]는 '부모 박대'를, 〈보기〉는 '모친' '구박'을 거론하는 것으로 보아, [B]와 〈보기〉에서 모두 '참옹고집'의 비인륜적 행위가 징계의 사유에 포함되었군.

④ '참옹고집'에게 개과천선하라는 요청이 [B]와 〈보기〉 모두 인물의 발화에 나타나는 것으로 보아, [B]와 〈보기〉에서 모두 인물의 발화는 '참옹고집'이 용서를 구하기 시작하는 계기에 해당하는군.

⑤ '참옹고집'을 훈계하던 존재가 [B]에서는 '허수아비'로 변하고, 〈보기〉에서는 '홀연' 사라지는 것으로 보아, [B]와 〈보기〉에서 모두 신이한 사건이 벌어지는군.

—— (해설 p.054) ——

(가)

사람 사람마다 이 말삼 드러사라
이 말삼 아니면 **사람이라도 사람** 아니니
이 말삼 잇디 말고 배우고야 마로리이다

〈제1수〉

아바님 날 나흐시고 어마님 날 기르시니
**부모(父母)**곧 아니시면 내 몸이 업실랏다
이 덕(德)을 갚흐려 하니 하늘 가이 업스샷다

〈제2수〉

종과 주인과를 뉘라셔 삼기신고
**벌과 개미**가 이 뜻을 몬져 아니
한 마암애 두 뜻 업시 속이지나 마옵사이다

〈제3수〉

**지아비** 밭 갈라 간 데 밥고리 이고 가
반상을 들오되 눈썹에 마초이다
진실로 고마오시니 손이시나 다르실가

〈제4수〉

**형님** 자신 **젖**을 내 조처 먹나이다
어와 우리 **아우**야 어마님 너 사랑이야
형제(兄弟)가 불화(不和)하면 **개돼지**라 하리라

〈제5수〉

**늙은이**는 부모 같고 **어른**은 형 같으니
같은데 불공(不恭)하면 어디가 다를고
나이가 많으시거든 절하고야 마로리이다

〈제6수〉

-주세붕, 「오륜가」-

(나)

　나는 집이 가난해서 말이 없기 때문에 간혹 남의 말을 빌려서 탔다. 그런데 **노둔하고 야윈 말**을 얻었을 경우에는 일이 아무리 급해도 감히 채찍을 대지 못한 채 금방이라도 쓰러지고 넘어질 것처럼 **전전긍긍**하기 일쑤요, 개천이나 도랑이라도 만나면 또 말에서 내리곤 한다. 그래서 후회하는 일이 거의 없다. 반면에 발굽이 높고 귀가 쫑긋하며 잘 달리는 **준마**를 얻었을 경우에는 **의기양**

양하여 방자하게 채찍을 갈기기도 하고 고삐를 놓기도 하면서 언덕과 골짜기를 모두 평지로 간주한 채 매우 유쾌하게 질주하곤 한다. 그러나 간혹 위험하게 말에서 떨어지는 환란을 면하지 못한다.

　아, 사람의 감정이라는 것이 어쩌면 이렇게까지 달라지고 뒤바뀔 수가 있단 말인가. 남의 물건을 빌려서 잠깐 동안 쓸 때에도 오히려 이와 같은데, 하물며 진짜로 자기가 가지고 있는 경우야 더 말해 무엇 하겠는가.

　그렇긴 하지만 사람이 **가지고 있는 것** 가운데 남에게 빌리지 않은 것이 또 뭐가 있다고 하겠는가. 임금은 백성으로부터 힘을 빌려서 존귀하고 부유하게 되는 것이요, 신하는 임금으로부터 권세를 빌려서 총애를 받고 귀한 신분이 되는 것이다. 그리고 자식은 어버이에게서, 지어미는 지아비에게서, 비복(婢僕)은 주인에게서 각각 빌리는 것이 또한 심하고도 많은데, 대부분 자기가 본래 가지고 있는 것처럼 여기기만 할 뿐 끝내 돌이켜 보려고 하지 않는다. 이 어찌 **미혹**된 일이 아니겠는가.

　그러다가 혹 잠깐 사이에 그동안 빌렸던 것을 돌려주는 일이 생기게 되면, 만방(萬邦)의 **임금**도 독부(獨夫)가 되고 백승(百乘)의 대부(大夫)도 고신(孤臣)이 되는 법인데, 더군다나 미천한 자의 경우야 더 말해 무엇 하겠는가.

　**맹자(孟子)**가 말하기를 "오래도록 차용하고서 반환하지 않았으니, 그들이 자기의 소유가 아니라는 것을 어떻게 알았겠는가."라고 하였다. 내가 **이 말**을 접하고서 느껴지는 바가 있기에, 「차마설」을 지어서 그 뜻을 부연해 보노라.

-이곡, 「차마설」-

**26** (가), (나)의 공통점으로 가장 적절한 것은?

① 영탄적 표현을 통해 대상의 속성을 예찬하고 있다.
② 상반된 세계관이 대구의 형식을 통해 구체화되고 있다.
③ 바람직하지 않은 인간에 대한 연민의 시선을 담고 있다.
④ 삶의 태도에 대한 경계와 권고의 의도를 드러내고 있다.
⑤ 이상향에 대한 의식을 역설적 표현을 통해 진술하고 있다.

**27** (가), (나)에 대한 설명으로 가장 적절한 것은?

① (가)는 관념적 덕목을 열거하여 각각이 지닌 모순을 밝히고 있다.

② (가)는 사람들 사이의 관계를 의식하지 않는 삶의 모습을 옹호하며 시상을 전개하고 있다.

③ (나)는 개인적 체험에서 얻은 깨달음을 사회적 차원으로 일반화하고 있다.

④ (나)는 인물의 내면 심리를 형상화하여 욕망의 실현을 돕는 자연적 질서에 대한 경이감을 표출하고 있다.

⑤ (가)와 (나)는 모두 자연물이 지닌 덕성을 부각하여 인간적 삶에 대한 긍지를 드러내고 있다.

**28** 〈보기〉를 바탕으로 (가)를 감상한 내용으로 적절하지 않은 것은? [3점]

―――――――[보기]―――――――

　교훈적 내용의 시조에는 설득력을 높이기 위한 몇 가지 특징적인 표현 전략이 있다. 우선 윤리적 덕목을 실천해야 하는 인물을 화자로 설정하여 대화 형식을 취하는 경우가 있다. 또한 비유나 상징, 유추, 다른 인물이나 사물과의 대비 등을 통해 화자가 개인 윤리는 물론 가정과 사회의 윤리를 실천하는 주체로서 추구해야 하는 가치를 정당화하기도 한다.

① 〈제3수〉에서는 '벌과 개미'의 생태로부터 윤리 실천의 주체가 추구해야 하는 가치를 유추하고 있다.

② 〈제4수〉에서는 화자로 내세운 '지아비'와 지어미의 문답 방식을 통해 아내가 추구해야 할 윤리적 가치를 정당화하고 있다.

③ 〈제5수〉에서 어머니의 '젖'은 어머니의 사랑을 상징하는 표현으로서, '형님'과 '아우'가 이를 화제로 삼아 대화를 나누는 형식을 취하고 있다.

④ 〈제5수〉의 '개돼지'는 〈제1수〉의 '사람이라도 사람 아니니'의 의미를 비유적으로 표현한 것으로서 화자가 추구하는 가치를 따르는 윤리적 주체와 대비되고 있다.

⑤ 〈제6수〉에서 '부모'와 '형'은, 〈제2수〉의 '부모'와 〈제5수〉의 '형님'과는 달리, '늙은이'와 '어른'에 빗대어져 쓰임으로써 사회 윤리가 가정 윤리와 연결되어 있음을 보여 주고 있다.

**29** (나)의 '나'에 대한 이해로 가장 적절한 것은?

① '나'는 '노둔하고 야윈 말'을 빌리는 경우 '전전긍긍'하다가 위험에 처하기 때문에 후회하게 된다고 여기고 있다.

② '나'는 '준마'를 빌려 탈 때의 '의기양양'한 감정이 그것을 소유할 때에는 발생하지 않을 것이라고 예상하고 있다.

③ '나'는 '가지고 있는 것'이 없는 천한 사람들을 '미혹'되었다고 생각하고 있다.

④ '나'는 자기가 소유하고 있는 권력이 빌린 것임을 돌아보는 '임금'의 모습을 '독부'로 표현하고 있다.

⑤ '나'는 '맹자'의 '이 말'에서, 빌린 것을 소유했다고 여기는 사람들에 대한 문제의식을 떠올리고 있다.

───── (해설 p.060)

(가)

　　**높으디높은 산마루**
　　낡은 고목(古木)에 못 박힌 듯 기대어　　　[A]
　　내 홀로 긴 밤을
　　**무엇을 간구**하며 울어 왔는가.

　　아아 **이 아침**
　　시들은 핏줄의 구비구비로
　　**사늘한 가슴**의 한복판까지
　　은은히 울려오는 종소리.

　　이제 눈감아도 오히려
　　꽃다운 하늘이거니
　　내 영혼의 촛불로
　　어둠 속에 **나래 떨던 샛별**아 숨으라.

　　환히 트이는 이마 우
　　떠오르는 햇살은
　　시월상달의 꿈과 같고나.
　　**메마른 입술**에 피가 돌아
　　오래 잊었던 피리의
　　가락을 더듬노니

　　새들 즐거이 구름 끝에 노래 부르고
　　사슴과 토끼는
　　한 포기 **향기로운 싸릿순**을 사양하라.

　　**여기 높으디높은 산마루**
　　**맑은 바람** 속에 옷자락을 날리며　　　[B]
　　내 홀로 서서
　　**무엇을 기다리며 노래**하는가.

　　　　　　　　　　　-조지훈, 「산상(山上)의 노래」-

(나)

　　꽃이 피었다,
　　도시가 나무에게
　　반어법을 가르친 것이다
　　이 도시의 이주민이 된 뒤부터
　　속마음을 곧이곧대로 드러낸다는 것이
　　얼마나 어리석은가를 나도 곧 깨닫게 되었지만

　　살아 있자, 악착같이 들뜬 **뿌리**라도 내리자
　　속마음을 감추는 대신
　　비트는 법을 익히게 된 서른 몇 이후부터
　　나무는 나의 스승
　　그가 견딜 수 없는 건
　　꽃향기 따라 나비와 벌이
　　붕붕거린다는 것,
　　**내성이 생긴 이파리를**
　　벌레들이 변함없이 아삭아삭
　　뜯어 먹는다는 것
　　도로변 **시끄러운 가로등 곁**에서 허구한 날
　　**신경증과 불면증**에 시달리며 피어나는 꽃
　　참을 수 없다 나무는, 알고 보면
　　**치욕으로 푸르다**

　　　　　　　　　　　-손택수, 「나무의 수사학 1」-

**30** (가)와 (나)에 대한 설명으로 가장 적절한 것은?

① (가)는 계절의 변화에 따라 달라지는 주변 풍경을, (나)는 공간의 이동에 따른 풍경 변화를 묘사하고 있다.

② (가)는 시각적 이미지를 통해 자연의 위대함을, (나)는 청각적 이미지를 통해 자연에 대한 두려움을 표현하고 있다.

③ (가)는 명령형 어조를 활용하여 대상의 행동을 유도하고, (나)는 단정적 진술을 활용하여 주제 의식을 드러내고 있다.

④ (가)와 (나)는 인격화된 사물을 청자로 하여 화자의 소망을 전달하고 있다.

⑤ (가)와 (나)는 도치된 표현을 활용하여 화자가 처한 부정적 현실에 대한 극복 의지를 강조하고 있다.

**31** [A]와 [B]를 이해한 내용으로 적절하지 <u>않은</u> 것은?

① [A]의 '높으디높은 산마루'에서 화자를 울게 한 문제는 [B]의 '여기 높으디높은 산마루'에서의 기다림의 대상이 아니다.

② [A]의 '못 박힌 듯' 기댄 자세는 과거의 고통을, [B]의 '옷자락을 날리며' 서 있는 자세는 미래에 대한 기대를 드러내고 있다.

③ [A]의 '긴 밤'에 담긴 부정적 상황은 '이 아침' 이후 [B]의 '맑은 바람'을 동반하는 새로운 상황으로 변화하고 있다.

④ [A]의 '무엇'이 [B]의 '무엇'으로 이행하는 과정에서 '나래 떨던 샛별'과 '향기로운 싸릿순'은 화자의 지향점으로 기능하고 있다.

⑤ [A]의 '간구'는 '사늘한 가슴'의 생명력 회복을 바라는 기원을, [B]의 '노래'는 '메마른 입술'에 생명력이 회복된 이후의 소망을 표출하고 있다.


**32** 〈보기〉를 바탕으로 (나)를 감상한 내용으로 적절하지 <u>않은</u> 것은? [3점]

> ─────[보기]─────
>
> 「나무의 수사학 1」의 화자는 도심 속 가로수를 관찰하며 도시를 비판적으로 조망한다. 도시의 가로수는 나무의 푸름이나 아름다운 꽃조차도 도구적 가치에 의해서 평가된다. 화자는 삭막한 도시 환경에도 불구하고 고통을 참아 내며 꽃을 피우는 모습을 나무의 반어법으로 인식한다. 도시에 제대로 뿌리박지 못하면서도 도시 환경에 적응하여 꽃을 피우는 나무에서 치욕을 읽어 낸 것이다. 그것은 도시의 이주민인 화자가 나무에 대해 동질감을 느끼는 이유이기도 하다.

① '들뜬 뿌리'는 나무가 처한 상황에 대한 화자의 동질감을 반영하고 있군.

② '내성이 생긴 이파리'는 나무가 도시에 적응하면서 지니게 된 성질을 보여 주는군.

③ '시끄러운 가로등 곁'은 꽃을 피우며 참아 내야 할 삭막한 도시 환경을 드러내고 있군.

④ '신경증과 불면증'은 나무가 도시에 적응하기 위해 견뎌 내야 할 고통을 보여 주고 있군.

⑤ '치욕으로 푸르다'는 도구적 가치로 평가받아 그 환경에 적응하지 못하는 나무에 대한 비판적 표현이군.

**[33~36] 다음 글을 읽고 물음에 답하시오.**　　2020.06 [23~26]

────── (해설 p.068) ──────

[앞부분 줄거리] 조웅은 송나라 회복을 위해 태자를 구해 함께 위국으로 가던 중 서번국 병사가 매복한 함곡을 향한다.

이적에 원수가 여러 날 만에 연주에 도달하여 군마를 다 쉬게 하고 원수도 노곤하여 사관에서 쉬고 있었는데,

　[A]　한 나비가 침상에 날아들거늘 원수도 자연스럽게 날개를 얻어 그 나비를 따라 공중에 날아 한 곳에 이르니, 첩첩한 산중에 수목이 빽빽한 곳을 깊이 들어가니 그 가운데 광활하여 완연한 별세계라. 또 한 곳을 들어가니 아름다운 궁궐이 하늘에 닿았거늘, 나아가 보니 문에 현판을 붙였으되, '만고충렬문'이라 뚜렷이 쓰여 있었다.

궁궐 위를 바라보니 한 노인이 앉았으되 얼굴은 관옥 같고 머리에 황금관을 쓰고 몸에 용포를 입고 윗자리에 높이 앉았는데, 무수한 사람들이 열좌하여 큰 잔치를 배설하고 술과 음식이 가득한 중에 절대 가인이 차례로 앉았으니, 그 아름다움이 측량없더라. 좌석에 가득 앉은 사람들이 여러 왕의 흥망성쇠와 만고역대를 역력히 이르는지라. 맨 윗자리에 앉은 제왕은 어찌 된 줄을 모르매 분부 왈,

"그대 등은 각각 공을 밝히어 올리라."

하니 좌석에 가득 앉은 사람들이 각각 공을 밝히는 글을 올리니 그 공적에 왈,

"저는 본래 한나라 신하로 깊은 뜻이 많지 아니하리로다. 옛 일을 살펴보니 복이 북두칠성과 일월에 찬란하리로다."

또 한 공적에 왈,

"칼을 잡아 흉적을 소멸하니 제후 될 만하도다. 천하를 성처럼 막았으니 문호 세상에 진동하는도다."

하였더라.

그 남은 공적은 어찌 다 기록하리오. 좌중의 여러 사람들이 각각 소회를 다하고, 혹 노기 등천하며, 혹 칼을 빼들고 매우 성을 내고, 어떤 자는 땅에 섰고, 어떤 자는 깡충깡충 뛰며, 어떤 자는 노래하고, 어떤 자는 춤추기도 하는지라. 이러한 좋은 장면을 세밀히 구경할새, 한 사람이 좌중에 나와 앉으며 왈,

"우리 각각 소회는 옛일이라. 한하여도 미치지 못하려

니와 알지 못하겠노라. 대송이 역적에 망하니 인하여 멸송이 되오면 언제 회복되오리까?"

하니 한 사람이

"송나라의 복은 아직 길고 멀었는지라. 어찌 회복이 없사오리까?"

한데, 또 한 사람이,

"그대 등은 알지 못하는도다. 하늘이 송나라 왕실을 회복하고자 조웅을 명하였더니, 불쌍하도다 조웅이여! 일시가 극난하여 명일 미명에 서번 적의 간계에 걸려 들어 죽을 듯하니 불쌍하도다. 조웅의 일도 우리와 같을지라. 정해진 나이를 못 마치고 전쟁의 패한 혼이 될 듯하니 불쌍코 가련하다."

이러할 제 문 지키는 군사 급히 고하기를,

"송나라 문제 들어오시나이다."

하니, 여러 사람이 일시에 뜰로 내려와 영접하여 상좌한 후에 여러 사람이 아뢰기를,

"오늘날 만날 약속을 정하옵고 어찌 늦게 도착하시나이까?"

문제 왈,

"송나라 왕실을 회복할 신하는 조웅이라. 오다가 한 곳을 보니 불측한 서번이 조웅을 잡으려고 이러저러하였거늘, 행여 그러할까 하여 시운일수를 통치 못하여 죽을 듯함에, 도사를 찾아가 구하라 하고 부탁하고 오노라."

하시니, 좌중이 외쳐 왈,

"우리는 분명 조웅이 죽으리라 하고 불쌍한 공론을 하였더니, 대운이 막히지 아니하였사오니 천수를 어찌 하오리까?"

원수가 깨달으니 남가일몽이라.

(중략)

원수 꿈속의 일을 생각하니 저절로 마음이 비창하여 슬픔을 머금고 종일 행군할 동안에 염려가 끊이지 않았다.

　[B]　이날 함곡에 도달하니 해는 서쪽 산 위로 떨어지고 달은 동쪽 고개 위로 떠올랐는데, 무심한 잔나비는 달빛 아래에서 슬피 울고, 그윽한 두견성은 불여귀를 일삼았다. 갈 길은 험악한데 동쪽은 험한 산이고 서쪽은 깊은 골짜기여서 층층이 험한 산봉우리는 가슴을 찌르는 듯하고 야광은 희미하기만 했다.

선봉을 재촉하여 함곡으로 들어가는데 문득 바라보니 동편 작은 골짜기에 갈포로 만든 두건과 베옷을 입은 한 노옹이 있어 푸른 나귀를 재촉하며 백우선으로 원수를

만류하거늘 원수가 그 노옹을 바라보니 정신이 황홀하
였다. 원수가 말을 머물게 하고 잠깐 기다리니 그 노옹
이 묻기를,

"연주로부터 오십니까?"

원수가 답 왈,

"그러하오이다."

노옹이 왈,

"위국으로 가는 조 원수를 혹 보셨습니까? 보시면 바
삐 알려 주소서."

하였다. 원수는 마음속으로 의심하고 한편으로 이상하
게 여겨 왈,

"내가 바로 조웅이거니와 무슨 일로 긴히 찾습니까?"

하니, 노옹이 크게 기뻐하며 왈,

"나는 떠돌아다니는 나그네라. 성품이 남과 달라 빼어
난 산천과 명승지지를 즐겨 구경하고 두루 다녔는데,
오로봉에 들어갔다가 천명 도사를 만나 수삼 일을 머
물렀더니 출발할 때 한 서찰을 주며 왈, '그대에게 오
늘 오시에 전하라' 하여 나귀를 바삐 몰아 진시에 도착
하려고 했으나 피곤한 나귀 탓으로 시간을 넘겨 버렸
기에 행여 못 만날까 염려하였더니 이곳에서 만나니
어찌 즐겁지 아니하겠습니까?"

하며, 소매 속에서 한 통 편지를 내어 주고는 팔을 들어
하직하거늘 원수 다시 노옹을 바라보니 행색이 아득하
였다. 마음속으로 신기하게 여겨 그 편지를 급히 떼어
보니 다른 말은 없고 '함곡에 들어가지 말고 성중으로
먼저 들어가서 포를 한 번 쏘라'고만 쓰여 있었다. 원수
가 편지를 다 보고는 대경실색하여 좌장군 위홍창을 불
러 왈,

"장졸을 함곡에 들어가지 못하게 하라."

하니, 홍창이 급히 아뢰길,

"선봉이 이미 함곡에 들어갔습니다."

하거늘 원수가 크게 놀라며 왈,

"너는 급히 들어가 선봉을 데려오라. 데려올 때 조금도
어수선하게 하지 말고 그곳에 진을 치고 있는 것처럼
하면서 한둘씩 숨어 나오되 빨리 데리고 나오너라."

홍창이 원수의 명을 듣고는 급히 함곡에 들어가서 전
하니 선봉이 군사를 물려 돌아왔다. 원수가 편지를 얻어
기뻐하며 진을 쳤다.

-작자 미상, 「조웅전」-

**33** 윗글에 대한 이해로 가장 적절한 것은?

① 송 문제는 서번 적의 간계에 빠져 사람들과의 약속을
지키지 못했다.

② 원수는 함곡에서 연주로 가는 도중에 사관에서 쉬려
고 군마를 멈추었다.

③ 노옹은 자신의 계획보다 늦게 도착했음에도 조웅을
만나게 되어 기뻐했다.

④ 위홍창은 역적에게 망한 송나라를 구하고자 선봉을
이끌고 함곡에 들어갔다.

⑤ 황금관을 쓴 노인은 모임의 상석에 앉아 있다가 뜰로
내려와 여러 사람을 맞이했다.

**34** [A]와 [B]에 대한 설명으로 가장 적절한 것은?

① [A]에서는 공간의 광활함을 통해 인물의 진취적인 기
상이 드러나고 있다.

② [B]에서는 시간의 흐름을 통해 인물의 낙관적 태도가
드러나고 있다.

③ [A]에서는 낭만적인 사건에 의한 환상성이, [B]에서
는 구체적인 시대적 상황에 의한 현실성이 부각되고
있다.

④ [A]에서는 공간적 변화에서 비롯되는 긴장감이, [B]에
서는 계절적 상황에서 비롯되는 쓸쓸함이 강조되고
있다.

⑤ [A]에서는 비현실적 공간에서 느껴지는 신비로움이,
[B]에서는 현실 공간에서 느껴지는 불길함이 드러나
고 있다.

**35** 큰 잔치 에 대한 설명으로 적절하지 <u>않은</u> 것은?

① 참석자들은 서로의 공적을 평가하며 소회를 드러내고 있다.
② 참석자들은 특정 인물에 대한 염려와 기대를 드러내고 있다.
③ 참석자들은 대화를 통해 국가의 흥망성쇠에 대한 관심을 드러내고 있다.
④ 참석자들은 소회를 다한 후 여러 행위를 통해 각자의 심정을 드러내고 있다.
⑤ 많은 참석자와 가득한 음식 차림을 통해 풍성한 잔치 분위기를 드러내고 있다.

**36** 〈보기〉를 참고하여 윗글을 감상한 내용으로 적절하지 <u>않은</u> 것은? [3점]

---
[보기]

「조웅전」에서 꿈은 초월적 세계의 뜻을 주인공에게 전달하는 기능을 한다. 꿈속 경험을 통해 주인공은 자신에게 부여된 천명과 현실 세계에서의 위기, 자신에 대한 초월적 세계의 비호 등을 알게 된다. 이러한 초월적 세계의 뜻에 대해 주인공은 확신하지 못하지만, 전달자와 구체적 증거물을 통해 초월적 세계의 뜻을 확인하게 된다. 주인공은 이와 같이 초월적 세계의 뜻을 확인하고 실천하여 영웅적 면모를 드러낸다.

---

① 꿈속에서 송 문제가 조웅을 구하려 하는 것은, 조웅에 대한 초월적 세계의 비호를 보여 주는 것이겠군.
② 조웅이 행군 중에 슬퍼하는 것은, 전쟁에 패한 혼이 될 것이라는 꿈속의 말에 대해 확신하지 못한 것이겠군.
③ 꿈속에서 송나라 왕실을 회복할 신하로 조웅이 거론되는 것은, 조웅에게 주어진 천명을 알게 하려는 것이겠군.
④ 조웅이 노옹을 통해 전달 받은 편지의 지시에 따른 것은, 조웅이 꿈속 경험에서 알게 된 초월적 세계의 뜻을 신뢰한 것이겠군.
⑤ 노옹이 천명 도사의 부탁을 받아 편지를 전하고 떠나는 것은, 노옹이 초월적 세계의 뜻을 조웅에게 전달하는 사람임을 보여 주는 것이겠군.

**(가)**

반(半) 밤중 혼자 일어 묻노라 이내 **꿈아**
만 리(萬里) 요양(遼陽)*을 **어느덧 다녀온고**
반갑다 **학가(鶴駕)* 선객(仙客)**을 친히 뵌 듯ᄒ여라
〈제1수〉


**박제상*** 죽은 후에 **님의 시름** 알 이 업다
이역(異域) 춘궁(春宮)을 **뉘라서 모셔 오리**
지금에 치술령 귀혼(歸魂)을 못내 슬허ᄒ노라
〈제4수〉


조정을 바라보니 **무신(武臣)**도 하 만하라
**신고(辛苦)ᄒ 화친(和親)**을 누를 두고 ᄒ 것인고
슬프다 **조구리(趙廐吏)*** 이미 죽으니 참승(參乘)흘*
이 업세라
〈제6수〉


**구중(九重)** 달 발근 밤의 성려(聖慮)* 일정 만흐려니
**이역 풍상(風霜)**에 학가인들 이즐쏘냐
이 밖에 억만창생(億萬蒼生)을 못내 분별ᄒ시도다
〈제7수〉


구렁에 났는 ㉠**풀**이 **봄비**에 절로 길어
아는 일 업스니 긔 아니 조흘쏘냐
우리는 너희만 못ᄒ야 시름겨워 ᄒ노라
〈제8수〉


조그만 이 한 **몸**이 하늘 밖에 떨어지니
오색 구름 깊은 곳에 어느 것이 **서울**인고
바람에 지나는 ㉡**검불*** 갓ᄒ야 갈 길 몰라 ᄒ노라
〈제9수〉
-이정환, 「비가(悲歌)」-

* 요양 : 청나라의 심양.
* 학가 : 세자가 탄 수레. 또는 세자. 여기서는 병자호란에서 패배
　하여 심양에 잡혀간 소현 세자를 가리킴.
* 박제상 : 신라의 충신. 왕의 아우가 왜에 볼모로 잡히자 그를 구
　하고 자신은 희생됨.
* 조구리 : 조씨 성을 가진 마부. 충신을 가리킴.
* 참승흘 : 높은 이를 호위하여 수레에 같이 탈.
* 성려 : 임금의 염려.
* 검불 : 마른 나뭇가지나 낙엽 따위.

**(나)**

　이전 서울 계동 홍술햇골에서 살 때 일이었다. 휘문 중학교의 교편을 잡고, 독서, 작시(作詩)도 하고, 고서도 사들이고, 그 틈으로써 난을 길렀던 것이다. 한가롭고 자유로운 맛은 몹시 바쁜 가운데에서 깨닫는 것이다. 원고를 쓰다가 밤을 새우기도 왕왕하였다. 그러하면 그러할수록 난의 **위안**이 더 필요하였다. 그 푸른 잎을 보고 방렬(芳烈)한 향을 맡을 순간엔, 문득 환희의 별유세계(別有世界)에 들어 무아무상의 경지에 도달하기도 하였다.

　그러다가 조선어 학회 사건에 피검되어 홍원·함흥서 2년 만에 돌아와 보니 난은 반수 이상이 죽었다. 그해 여산으로 돌아와서 십여 분을 간신히 살렸다. 갑자기 8·15 광복이 되자 나는 서울로 또 가 있었다. 한 겨울을 지내고 와 보니 난은 모두 죽었고, 겨우 뿌리만 성한 것이 두어 개 있었다. 그걸 서울로 가지고 가 또 살려 잎이 돋아나게 하였다. 건란(建蘭)과 춘란(春蘭)이다. 춘란은 중국 춘란이 진기한 것이다. 꽃이나 보려 하던 것이, 또 6·25 전쟁으로 피란하였다가 그 다음 해 여름에 가 보니, 장독대 옆 풀섶 속에 그 고해(枯骸)만 엉성하게 남아 있었다.

　그 후 전주로 와 양사재에 있으매, 소공(素空)이 건란 한 분을 주었고, 고경선 군이 제주서 풍란 한 등걸을 가지고 왔다. 풍란에 웅란(雄蘭)·자란(雌蘭) 두 가지가 있는데, 자란은 이왕 안서(岸曙) 집에서 보던 것으로서 잎이 넓적하고, 웅란은 잎이 좁고 빼어났다. 물을 자주 주고, 겨울에는 특히 옹호하여, 자란은 네 잎이 돋고 웅란은 다복다복하게 길었다. 벌써 네 해가 되었다.

　십여 일 전 나는 바닷게를 먹고 중독되어 곽란(霍亂)이 났다. 5, 6일 동안 미음만 마시고 인삼 몇 뿌리 달여 먹고 나았으되, 그래도 **병석**에 누워 더 조리하였다. 책도 보고, 시도 생각해 보았다. 풍란은 곁에 두었다. 하얀 꽃이 몇 송이 벌었다. 방렬·청상(淸爽)한 향이 움직이고 있다. 나는 밤에도 자다가 깼었다. 그 향을 맡으며 이렇게 생각을 하여 등불을 켜고 노트에 적었다.


　잎이 빳빳하고도 오히려 영롱(玲瓏)하다
　**썩은 향나무 껍질에 옥(玉) 같은 뿌리를 서려 두고**
　청량(淸凉)한 물기를 머금고 바람으로 사노니

[A]

　꽃은 하양고도 여린 자연(紫煙) 빛이다
　**높고 조촐한 그 품(品)이며 그 향(香)이**
　숲속에 숨겨 있어도 **아는 이**는 아노니

완당 선생이 한묵연(翰墨緣)이 있다듯이 나는 **난연
(蘭緣)**이 있고 **난복(蘭福)**이 있다. 당외자, 계수나무도
있으나, 이 웅란에는 백중(伯仲)할 수 없다. 이 웅란은 난
가운데에도 가장 진귀하다.

　'간죽하수문주인(看竹何須問主人)*'이라 하는 시구가
있다. 그도 그럴듯하다. 나는 어느 집에 가 그 난을 보면,
그 주인이 어떤 사람인가를 알겠다. 고서도 없고, 난도
없이 되잖은 서화나 붙여 놓은 방은, 비록 **화려 광활**하
다 하더라도 그건 한 요릿집에 불과하다. **두실 와옥(斗
室蝸屋)***이라도 고서 몇 권, 난 두어 분, 그리고 그 사이
술이나 한 병을 두었다면 삼공(三公)을 바꾸지 않을 것
아닌가! 빵은 육체나 기를 따름이지만 난은 정신을 기르
지 않는가!

–이병기, 「풍란」–

* 간죽하수문주인 : '대숲을 봤으면 그만이지 그 주인이 누구인지
　물을 필요가 있겠는가.'라는 뜻.
* 두실 와옥 : 몹시 작고 누추한 집.

## 37 (가)와 (나)에 대한 설명으로 가장 적절한 것은?

① (가)에는 해소하기 어려운 문제적 상황에 당면하여 고
　뇌하는 태도가 드러나 있다.
② (가)에는 시대적 고난에 맞서지 못하는 자신의 나약함
　을 극복하고자 하는 태도가 드러나 있다.
③ (나)에는 인간의 유한한 삶에 대해 한탄하는 태도가
　드러나 있다.
④ (나)에는 희망을 찾을 수 없는 절망적 현실에 대한 냉
　소적인 태도가 드러나 있다.
⑤ (가)와 (나)에는 이상과 현실의 괴리에서 비롯된 삶에
　대한 회의적 태도가 드러나 있다.

## 38 (가), (나)에 대한 감상으로 적절하지 않은 것은? [3점]

① (가)는 '학가 선객'을 '꿈'에서나마 본 일을 언급함으로써
　그를 만나고 싶어 하는 화자의 소망을 드러내고 있군.
② (가)는 '박제상'이 살았던 시대와 대비함으로써 그와
　같은 충신을 찾기 어려운 시대적 상황에 대한 화자의
　안타까움을 드러내고 있군.
③ (가)는 자신의 '몸'이 하늘 밖에 떨어진 상황을 설정하
　여 현실의 문제를 떠나 고통을 잠시라도 잊으려는 화
　자의 지향을 드러내고 있군.
④ (나)는 역사적 상황에 따른 작가의 행적과 '난'의 생사
　를 관련지어 언급함으로써 '난'에 대한 작가의 애착을
　드러내고 있군.
⑤ (나)는 '두실 와옥'에 사는 사람이라도 만족감을 느낄
　수 있도록 해 주는 '난'을 통해 작가가 지향하는 정신
　적 가치를 드러내고 있군.

## 39 ㉠과 ㉡을 비교한 내용으로 가장 적절한 것은?

① ㉠과 ㉡은 모두 화자가 경외감을 가지고 바라보는 소
　재이다.
② ㉠과 ㉡은 모두 세월의 흐름을 나타내어 인생의 무상
　함을 느끼게 하는 소재이다.
③ ㉠은 화자의 울분을 심화하는 소재로, ㉡은 화자의 울
　분을 완화하는 소재로 활용되고 있다.
④ ㉠은 현재의 상황에 대한 인식의 계기가, ㉡은 과거의
　사건에 대한 회고의 계기가 된 소재이다.
⑤ ㉠은 화자의 처지와 대비되는 소재로, ㉡은 화자의 처
　지와 동일시되는 소재로 제시되고 있다.

**40** 〈보기〉를 바탕으로 (가)를 이해한 내용으로 적절하지 <u>않은</u> 것은?

---[보기]---

　　임병양란 이후의 사대부들 사이에서는 긴 사연을 담을 수 있는 연시조 양식을 활용해 전란 후 현실의 문제를 다루려는 경향이 나타났다. 병자호란 직후 지어진 「비가」에도, 잡혀간 세자를 그리는 마음, 임금을 향한 충정, 전란 후 상황에 대한 견해 등 여러 내용이 복합되어 있다. 각 수의 시어를 연결하여 이해할 때 그 같은 내용들이 올바로 파악될 수 있다.

---

① 〈제1수〉의 '어느덧 다녀온고'와 〈제4수〉의 '뉘라서 모셔 오리'라는 진술에는 잡혀간 세자를 그리는 화자의 마음이 투영되어 있다.

② 〈제4수〉의 아무도 알아주지 못하는 '님의 시름'에 대해, 〈제6수〉의 '조구리'와 같은 인물이 없는 현실에 처한 화자는 애석함을 느끼고 있다.

③ 〈제6수〉에서 조정에 많은 '무신'이 남아 있음에도 '신고훈 화친'을 맺은 결과로 〈제7수〉에서 세자가 '이역 풍상'을 겪는다고 화자는 판단하고 있다.

④ 〈제7수〉에서 근심에 싸여 있는 '구중'의 임금을 떠올렸던 화자는 〈제9수〉에서는 '서울'을 찾지 못해 애태우고 있다.

⑤ 〈제7수〉의 '달 발근 밤'과 〈제8수〉의 '봄비'에는 부정적 현실이 개선되리라는 화자의 전망과 기대가 담겨 있다.

**41** (나)의 맥락을 고려하여 [A]를 감상한 내용으로 적절하지 <u>않은</u> 것은?

① [A]의 '썩은 향나무 껍질'과 대조적인 의미를 지니는 '옥 같은 뿌리'는 '화려 광활'한 이미지를 지닌다고 볼 수 있겠군.

② [A]의 '높고 조촐한 그 품이며 그 향'은 '풍란'의 속성을 드러낸 것으로, 작가가 '풍란'을 곁에 두고자 하는 이유로 볼 수 있겠군.

③ [A]의 '아는 이'는 '풍란'의 가치를 볼 수 있는 안목을 갖춘 사람으로, '난연'과 '난복'이 있다고 생각하는 작가도 이에 해당된다고 볼 수 있겠군.

④ [A]는 평소 '난'을 통해 '위안'을 얻던 작가가 '병석'에 누워 조리할 때 '풍란'에서 영감을 얻어서 창작한 것으로 볼 수 있겠군.

⑤ [A]는 '난'과 함께한 작가의 정신세계를 함축적으로 제시하는 한편, '풍란'에 대한 예찬적 태도를 드러낸다고 볼 수 있겠군.

(해설 p.083)

**[앞부분 줄거리]** 어린 시절의 친구 은자를 주인공으로 한 소설을 발표했던 '나'는 어느 날 오랫동안 소식을 몰랐던 은자로부터 연락을 받는다.

다음날 아침 어김없이 은자의 전화가 걸려 왔다. 토요일이었다. 이제 오늘 밤과 내일 밤뿐이었다. 은자도 그것을 강조하였다.

"설마 안 올 작정은 아니겠지? 고향 친구 한번 만나 보려니까 되게 힘드네. 야, 작가 선생이 밤무대 가수 신세인 옛 친구 만나려니까 체면이 안 서데? 그러지 마라. 네 보기엔 한심할지 몰라도 오늘의 미나 박이 되기까지 참 숱하게도 넘어지고 또 넘어지고 했으니까."

그렇게 말할 만도 하였다. 고상한 말만 골라서 신문에 내고 이렇게 해야 할 것 아니냐, 저렇게 되면 곤란하다, 라고 말하는 게 능사인 작가에게 밤무대 가수 친구가 웬 말이냐고 볼멘소리를 해 볼 만도 하였다. 나는 아무런 대꾸도 할 수 없었다. 박은자에서 미나 박이 되기까지 그 애는 수없이 넘어지고 또 넘어진 모양이었다. 누군들 그러지 않겠는가. 부천으로 옮겨 와 살게 되면서 나는 그런 삶들의 윤기 없는 목소리를 많이 듣고 있었다. 딱히 부천이어서가 아니라 내가 부천 사람이어서 그랬을 것이었다. 창가에 붙어 앉아 귀를 모으고 있으면 지금이라도 넘어져 상처 입은 원미동 사람들의 이야기를 들을 수 있었다. 넘어졌다가 다시 일어나고, 또 넘어지는 실패의 되풀이 속에서도 그들은 정상을 향해 열심히 고개를 넘고 있었다. 정상의 면적은 좁디 좁아서 아무나 디딜 수 있는 곳이 아니라는 엄연한 현실도 그들에게는 단지 속임수로밖에 납득되지 않았다. 설령 있는 힘을 다해 기어올랐다 하더라도 결국은 내리막길을 마주해야 한다는 사실 또한 수긍하지 않았다. 부딪치고, 아등바등 연명하며 기어 나가는 삶의 주인들에게는 다른 이름의 진리는 아무런 소용도 없는 것이었다. 그들에게 있어 인생이란 탐구하고 사색하는 그 무엇이 아니라 몸으로 밀어 가며 안간힘으로 두들겨야 하는 굳건한 쇠문이었다. 혹은 멀리 보이는 높은 산봉우리였다.

(중략)

일 년에 한 번씩 타인의 낯선 얼굴을 확인하러 고향 동네에 가는 일은 쓸쓸함뿐이었다. 이제는 그 쓸쓸함조차도 내 것으로 남지 않게 될 것이었다. 누구라 해도 다시는 고향으로 돌아가지 못할 것이었다. 고향은 지나간

시간 속에 있을 뿐이니까. 누구는 동구 밖의 느티나무로, 갯마을의 짠 냄새로, 동네를 끼고 흐르는 긴 강으로 고향을 확인하며 산다고 했다. 내게 남은 마지막 표지판은 은자인 셈이었다. 보이는 것들은, 큰오빠까지도 다 변하였지만 상상 속의 은자는 언제나 같은 모습이었다. 은자만 떠올리면 옛 기억들이, 내게 남은 고향의 모든 숨소리가 손에 잡힐 듯이 다가오곤 하였다. 허물어지지 않은 큰오빠의 모습도 그 속에 온전히 남아 있었다. 내가 새 부천 클럽에 가서 은자를 만나 버리고 나면 그때부터는 어떤 표지판에 기대어 고향을 찾아갈 수 있을 것인지 정말 알 수 없었다.

은자의 지금 모습이 어떤지 나는 전혀 떠올릴 수가 없다. 설령 클럽으로 찾아간다 하여도 그 애를 알아볼 수 있을지 자신할 수도 없었다. 내 기억 속의 은자는 상고머리에, 때 낀 목덜미를 물들인 박 씨의 억센 손자국, 그리고 터진 겨드랑이 사이로 내 보이던 낡은 내복의 계집아이로 붙박여 있었다. 서른도 훨씬 넘은 중년 여인의 그 애를 어떻게 그려 낼 수 있는가. 수십 년 간 가슴에 품어 온 고향의 얼굴을 현실 속에서 만나고 싶지는 않다, 라고 나는 생각하였다. 만나 버린 뒤에는 내게 위안을 주었던 유년의 소설도, 소설 속의 한 시대도 스러지고야 말리라는 불안감을 떨쳐 버릴 수가 없었다. 그렇다 하더라도 이미 현실로 나타난 은자를 외면할 수 있을는지 그것만큼은 풀 수 없는 숙제로 남겨 둔 채 토요일 밤을 나는 원미동 내 집에서 보내고 말았다.

일요일 낮 동안 나는 전화 곁을 떠나지 못하였다. 이제 은자는 가시 돋친 음성으로 나의 무심함을 탓할 것이었다. 그녀의 질책을 나는 고스란히 받아들일 작정이었다. 나는 그 애가 던져 올 말들을 하나하나 상상해 보면서 전화를 기다렸다. 오전에는 그러나 한 번도 전화벨이 울리지 않았다.

－양귀자, 「한계령」－

**42** 윗글의 서술상 특징으로 가장 적절한 것은?

① 독백적 진술을 중심으로 인물의 내면 심리를 드러낸다.
② 동시에 벌어진 사건들을 삽화처럼 나열하여 이야기의 흐름을 지연시킨다.
③ 이야기 외부의 서술자가 인물의 행위를 해설하고 사건의 의미를 직접 제시한다.
④ 서술자가 다양한 인물로 바뀌면서 인물 간의 갈등을 다각적으로 조명한다.
⑤ 서술자가 의문과 추측의 진술을 통하여 다른 인물에 대한 반감을 드러낸다.

**43** 윗글의 '나'와 '은자'에 대한 이해로 가장 적절한 것은?

① '은자'는 가수로서의 성공을, '나'는 작가로서의 성공을 확신하고 있다.
② '나'는 '은자'의 전화로부터 심리적 위안을 얻으며 갈등을 해소하고 있다.
③ '은자'는 '나'와의 재회를 기대하고 있고, '나'는 '은자'의 제안을 단호히 거절하고 있다.
④ '나'는 '은자'가 도도하다고 여기고 있고, '은자'는 '나'가 체면을 차린다고 여기고 있다.
⑤ '은자'는 현재의 자신을 '나'에게 보여 주려 하고 있고, '나'는 '은자'를 통해 옛 기억을 돌아보고 있다.

**44** 〈보기〉를 바탕으로 윗글을 감상한 내용으로 적절하지 <u>않은</u> 것은? [3점]

---[보기]---

아이러니는 흔히 말하는 반어보다 넓은 개념이다. 소설에서는 어떤 인물의 행위나 내면, 그리고 그가 살고 있는 세계에서 대립적인 두 의미를 동시에 찾을 수 있을 때에 아이러니가 발견될 수 있다. 이때 대립적인 의미는 양면성을 생성한다. 「한계령」에서는 인물이 바라보는 대상, 인물의 행위와 의식의 대립, 인물의 심리 등에서 이러한 양면성을 발견할 수 있다.

---

① '결국은 내리막길을 마주해야' 하는데도, '있는 힘을 다해 기어' 오르고 있는 '그들'에게서 '나'는 양면성을 발견하는군.
② '몸으로 밀어 가'야 할 '굳건한 쇠문'을 '탐구하고 사색'하려 하는 '그들'에게서 '나'는 양면성을 발견하는군.
③ '일 년에 한 번씩' '고향 동네에 가'면서도, '누구라 해도 다시는 고향으로 돌아가지 못할 것'이라고 생각하는 '나'의 모습에서 양면성이 나타나는군.
④ '변해' 버린 '큰오빠'와 '온전히 남아' 있는 '큰오빠'가 '나'의 생각 속에 공존하고 있는 것에서 양면성이 나타나는군.
⑤ '은자'를 '만나고 싶지는 않다'고 생각하면서도, 만나자는 '은자'의 '전화를 기다'리는 '나'의 모습에서 양면성이 나타나는군.

[45~49] 다음 글을 읽고 물음에 답하시오.　　2019.09 [16~20]

────── (해설 p.088) ──────

(가)

　생평(生平)에 원ᄒᆞ느니 다만 충효(忠孝)뿐이로다
　이 두 일 말면 금수(禽獸) ㅣ 나 다르리야
　마음에 ᄒᆞ고져 ᄒᆞ야 십재황황(十載遑遑)*ᄒᆞ노라
　　　　　　　　　　　　　　　　　〈제1수〉

　계교(計校)* 이렇더니 공명(功名)이 늦었어라
　부급동남(負笈東南)*ᄒᆞ야 여공불급(如恐不及)*ᄒᆞ눈 뜻을
　세월이 물 흐르듯 ᄒᆞ니 못 이룰까 ᄒᆞ야라
　　　　　　　　　　　　　　　　　〈제2수〉

　강호(江湖)에 놀자 ᄒᆞ니 성주(聖主)를 버리겠고
　성주를 섬기자 ᄒᆞ니 소락(所樂)에 어긋나네
　호온자 기로(岐路)에 서서 갈 데 몰라 ᄒᆞ노라
　　　　　　　　　　　　　　　　　〈제4수〉

　출(出)ᄒᆞ면 치군택민(致君澤民) 처(處)ᄒᆞ면 조월경운(釣月耕雲)
　명철군자(明哲君子)는 이룰사 즐기느니
　하물며 부귀(富貴) 위기(危機) ㅣ 라 빈천거(貧賤居)를 ᄒᆞ오리라
　　　　　　　　　　　　　　　　　〈제8수〉

　행장유도(行藏有道)*ᄒᆞ니 버리면 구태 구ᄒᆞ랴
　산지남(山之南) 수지북(水之北) 병들고 늙은 나를
　뉘라서 회보미방(懷寶迷邦)*ᄒᆞ니 오라 말라 ᄒᆞ뇨
　　　　　　　　　　　　　　　　　〈제16수〉

　성현(聖賢)의 가신 길이 만고(萬古)에 흔가지라
　은(隱)커나 현(見)*커나 도(道) ㅣ 어찌 다르리
　일도(一道) ㅣ 오 다르지 아니커니 아무 덴들 어떠리
　　　　　　　　　　　　　　　　　〈제17수〉
　　　　　　　　　　　　　-권호문, 「한거십팔곡」-

* 십재황황 : 급한 마음에 십 년을 허둥지둥함.
* 계교 : 견주어 헤아림.
* 부급동남 : 책을 짊어지고 여기저기 다니면서 열심히 공부함.
* 여공불급 : 이르지 못할까 두려워하듯 함.
* 행장유도 : 쓰이면 세상에 나아가 도(道)를 행하고 버려지면 은둔하는 것을 자신의 상황에 따라 알맞게 함.

* 회보미방 : 뛰어난 능력을 지니고서 은둔하는 것은 나라를 혼란스럽게 하는 것과 같음.
* 현 : 세상에 나아감.

(나)

　진주 장터 생어물전에는
　바닷밑이 깔리는 해 다 진 어스름을,

　울 엄매의 장사 끝에 남은 고기 몇 마리의
　빛 발(發)하는 눈깔들이 속절없이
　은전(銀錢)만큼 손 안 닿는 한(恨)이던가
　울 엄매야 울 엄매,

　별 밭은 또 그리 멀리
　우리 오누이의 머리 맞댄 골방 안 되어
　손 시리게 떨던가 손 시리게 떨던가,

　진주 남강 맑다 해도
　오명 가명
　신새벽이나 밤빛에 보는 것을,
　울 엄매의 마음은 어떠했을꼬,
　달빛 받은 옹기전의 옹기들같이
　말없이 글썽이고 반짝이던 것인가.
　　　　　　　　　　　　-박재삼, 「추억에서」-

(다)

　시의 원심력을 담당하는 비유와 달리 리듬은 시의 구심력을 담당한다. 글자의 개수이건 음의 보폭이건 동일 요소의 반복은 시에 질서를 부여하고 리듬을 형성한다. 그런데 고전 시가의 리듬에는 외적 규율이 전제되어 있는 반면 현대 시의 리듬은 내적 규범을 창출한다. 가령 시조는 4음보를 기본으로 종장 첫 음보는 3음절을 유지하고, 둘째 음보는 그보다 길게 하는 규율을 따른다. 현대 시에서는 따라야 할 규율이 없는 대신 말소리, 휴지(休止), 고전 시가에 없던 쉼표나 마침표 등 모든 요소들의 책임이 더 커졌다. 이들의 반복은 내적 규범을 형성하여 시의 고유한 의미를 만들어 낸다.

　"멀위랑 / 두래랑 / 먹고"와 같은 고려 속요의 3음보, "동짓돌 / 기나긴 밤을 / 한 허리를 / 버혀 내여"와 같은 시조의 4음보 등 고전 시가의 리듬은 현대에 이르러 해체되었다기보다는 배후로 물러나 때로는 강하게, 때로는 약하게 압력을 행사하고 있다고 보는 것이 적절하다. 어떤 시는 고전 시가의 리듬이 강하게 감지되어 친숙하지만 어떤 시는 리듬이라고 할 만한 부분이 거의 감지되

지 않아 낯설다. 우리는 앞의 예를 김소월의 시에서, 뒤의 예를 이상의 시에서 찾을 수 있다. 한국의 현대 시는 김소월과 이상 사이에서 각각의 좌표를 찍는다.

**45** (가)와 (나)의 공통점으로 가장 적절한 것은?

① 의문형 어미를 활용하여 화자의 정서를 강조하고 있다.
② 특정 대상과 대화하는 방식으로 주제를 부각하고 있다.
③ 시적 공간의 탈속성이 시상을 형성하는 데 기여하고 있다.
④ 계절적 배경을 소재로 하여 시적 분위기를 고조하고 있다.
⑤ 의성어와 의태어를 구사하여 화자의 상황을 제시하고 있다.

**46** (가)에 대한 설명으로 적절하지 <u>않은</u> 것은?

① 〈제2수〉의 '부급동남'은 〈제4수〉의 '성주를 섬기'기 위해 화자가 행한 일이다.
② 〈제2수〉의 '공명'을 이루기 위해 화자는 〈제17수〉의 '성현의 가신 길'을 따르고자 한다.
③ 〈제4수〉의 '강호'를 화자가 선택한 이유 중 하나는 〈제8수〉의 '부귀 위기'이다.
④ 〈제4수〉의 '기로'가 〈제17수〉의 '일도'로 나타난 데에서 화자의 내적 갈등이 해소되었음을 알 수 있다.
⑤ 〈제8수〉의 '빈천거를 ㅎ'면서도 화자는 〈제17수〉의 '도'를 실천할 수 있다고 생각한다.

**47** 〈보기〉를 통해 (가)를 감상한 것으로 적절하지 <u>않은</u> 것은?

[3점]

─────[보기]─────
　　조선 시대에 과거 급제는 개인이 입신양명하는 길이자 부모에게 효도하고, 임금을 보필할 수 있는 주된 통로였다. 권호문 역시 이를 위해 과거에 여러 번 응시하였으나 뜻을 이루지 못했다. 모친 사후, "뜻을 얻으면 그 은택을 백성들에게 베풀고, 뜻을 얻지 못하면 자신을 수양한다."라는 유교적 출처관(出處觀)에 따라 은자로서의 삶을 살아가던 그는 42세 이후 줄곧 조정에 천거되어 정치 현실로 나올 것을 권유받았으나 매번 이를 거절했다. 「한거십팔곡」에는 권호문의 이러한 삶과 생각이 반영되어 있는 것으로 보인다.
─────────────────

① 〈제1수〉의 '충효'는 화자가 이루고자 했던 삶의 덕목으로 볼 수 있겠군.
② 〈제1수〉에서 화자가 '십재황황'하는 모습은 과거에 여러 차례 응시했으나 급제하지 못했기 때문으로 볼 수 있겠군.
③ 〈제16수〉의 '행장유도ㅎ니'는 화자가 유교적 출처관을 따르고 있음을 보여 주는 것이라고 할 수 있겠군.
④ 〈제16수〉의 '병들고 늙은 나를'은 화자가 정치 현실로 나오라는 권유를 거절하는 표면적 이유라고 할 수 있겠군.
⑤ 〈제16수〉의 '회보미방'은 조정의 권유에 대한 화자의 답변으로 볼 수 있겠군.

**48** (나)에 대한 감상으로 적절하지 <u>않은</u> 것은?

① '해 다 진 어스름'은 어둠이 깔리는 파장 무렵 '생어물전'의 분위기를 보여 주는군.
② '빛 발하는 눈깔'은 '손 안 닿는' '은전'과 연결되어 '한'의 정서를 유발하는군.
③ '손 시리게 떨던가'에서는 추운 밤 '별 밭' 아래의 '골방' 속에서 느꼈던 행복감이 드러나는군.
④ '진주 남강'은 공간적 구체성을 보여 주는 한편 낮에 강을 보지 못할 정도로 바삐 생계를 꾸려 가던 '울 엄매'를 떠올리게 하는군.
⑤ '글썽이고 반짝이던'은 달빛이 비친 '옹기'의 표면과 '울 엄매'의 눈물을 함께 환기하는군.

**49** (다)를 참고하여 (가)와 (나)를 이해한 내용으로 가장 적절한 것은?

① (가)에서 각 수의 종장 첫째 음보를 3음절로 한 것은 내적 규범을 따른 것이다.
② (가)에서 각 수의 종장 둘째 음보의 글자 수가 첫째 음보의 글자 수보다 많은 것은 따라야 하는 규칙을 위반한 것이다.
③ (나)에서 '울 엄매야 울 엄매'는 울림소리의 반복으로 리듬을 창출하고 화자의 정서를 표출한 것이다.
④ (나)에서 '오명 가명'은 외적 규율에 따라 'ㅇ'을 반복하여 일터의 무료한 삶에 생동감을 불어넣은 예이다.
⑤ (나)에서 1연부터 3연까지 쉼표로 연을 마무리한 것은 고전 시가의 리듬을 계승한 예이다.

—— (해설 p.097) ——

안승학은 원래 이 고을 읍내에서 살았다. 지금부터 이십 년 전만 해도 그는 다 찌그러진 오막살이에서 **콩나물죽으로 연명**하던 처지였다. 그러던 사람이 오늘은 수백 석 추수를 하고 서울 사는 민판서 집 **사음***까지 얻어서 이 동리로 옮겨 앉은 것이다.

그것은 안승학의 **근본**을 아는 사람은 누구나 놀랄 만한 일이었다. 그는 **지체도 없고** 형세도 없이 타관에서 떠들어온 사람이었다. 그러므로 이 고을에는 그의 일가친척이라고는 면 서기를 다니는 아우 하나밖에 아무도 없다. 그의 부친은 경기도 죽산이라던가 어디서 호방 노릇을 하던 아전이었다는데 승학이가 성년 되기 전에 별세하고 그의 모친도 부친이 돌아간 지 삼 년 만에 마저 세상을 떠났다 한다. 그래서 거기서는 살 수가 없어서 아내와 어린 동생 하나를 데리고 이 고장으로 들어왔다. 이 고을 읍내에는 그의 처가가 사는 터이므로.

[A]

처가도 역시 가난하였으나 그래도 처가 끝으로 옹대가리나마 다시 장만해 놓고 살림이라고 떠벌였다.

그런데 그 **무렵**이 마침 **경부선이 개통**한 직후이다. 이 근처 사람들은 생전 처음 보는 기차와 정거장과 전봇대를 보고 경이의 눈을 크게 떴다.

안승학은 지금도 그때 **목판차를 맨 처음**으로 먼저 타고 서울을 가 보았다는 것을 자랑삼아 말하였다. 그때 그는 어떤 **친구의 심부름**으로 혼수 흥정을 하러 따라간 것이었다.

그의 **자만**(自慢)은 그것뿐만 아니었다. 그는 경기도 출생이라고 이 지방에서는 제일 똑똑한 체를 하였다.

우편소가 새로 생긴 것을 보고 이웃 사람들은 그게 무엇인지 몰라서 겁을 잔뜩 집어먹고 있었다. 장승같이 늘어선 전봇대에는 노상 잉-하는 소리가 들렸다. 그것은 전신줄을 감은 사기 안에다 귀신을 잡아넣어서 그런 소리가 무시로 난다는 것이다. 그리고 우편소 안에는 무슨 이상한 기계를 해 앉히고 거기서는 무시로 괴상한 소리가 들렸다. 그래서 이웃 사람들은 그것도 무슨 귀신을 잡아넣어서 그런 소리가 들리는 것이라고 하였다.

[B]

그럴 때에 안승학은 마술사처럼 이 귀신을 부리는 재주를 그들 앞에서 시험해 보였다.

그는 엽서 한 장을 사서 자기 집 통호수와 자기 이름을 쓰고 편지 사연을 써서 우편통 안으로 집어넣었다. 그리고 그들에게 장담하기를 이것이 오늘 해전 안에 우리 집으로 들어갈 터이니 가 보자는 것이었다. 과연 그날 저녁때였다. 지옥사자 같은 누렁 옷을 입은 사람은 안승학의 집에 엽서 한 장을 던지고 갔다. 그것은 아까 써 넣던 그 엽서였다.

"참, 조홧속이다!"

하고 그들은 일시에 소리를 질렀다.

(중략)

안승학이는 사랑방에서 혼자 앉아서 금테 안경을 콧잔등에 걸고는 문서질을 하다가 인동이를 앞세우고 김선달 조첨지 수동이아버지 희준이 이렇게 다섯 사람이 일시에 달려드는 것을 보고 적이 마음에 불안을 느꼈다.

그래 그는 붓을 놓고서 마당을 내려다보며

"무슨 일들인가? 식전 댓바람에 내 집에를 이렇게 찾아오거든 문간에서 주인을 찾고 들어와야지."

매우 **위엄스럽게** 하는 말이었다.

"아무도 없는데 누구보고 말하랍니까? 대문 기둥에다 대고 말씀하랍시오."

김선달이 받는 말이다.

저런 괘씸한 놈 말하는 것 좀 봐…… 그런데 행랑 놈은 어디를 갔기에 문간에 아무도 없었더람! 안승학은 속으로 분해했다.

그러나 **호령할 용기**는 생기지 않는다. 희준이와 인동이와 김선달은 신발을 벗고 마루에 올라가 앉았다.

조첨지와 수동 아버지는 뜰아래서 올라갈까 말까 하는 눈치다.

"하여간 무슨 일들인가?"

안승학은 얼른 이야기나 들어보고 돌려보내자는 계획이다.

"저희들이 이렇게 댁을 찾아왔을 때는 무슨 별다른 소관사가 있겠습니까…… 지난번에도 왔다가 코만 떼우고 갔습니다만 대관절 어떻게 저희들의 요구 조건을 들어주시겠습니까?"

희준이가 정식으로 말을 꺼냈다.

"그따위 이야기를 할 작정으로 이렇게들 식전 아침에 왔어? 못 들어주겠어! 발써 여러 번째 요구 조건은 들을 수 없다고 말했는데, 자꾸 조르기만 하면 될 줄 아는가? 어림없지…… 괜히 그러지들 말고 일찍이 **나락을 베는 것**이 당신들에게 유익할 것이야……."

안승학이는 긴 장죽에 담배를 한 대 담아 가지고 불을

붙이기 위해서 성냥을 세 개비나 허비했건만 잘 붙지 아
니하므로 그래 네 번째 불을 댕겨서는 쉴 새 없이 빠끔
빠끔 빨다가 그만 입귀로 붉은 침을 주르르 흘리고서는
제 풀에 화가 나서 담뱃대를 탁 밀어 내던진다.

"괜스리 시간만 낭비하고 **피차의 물질상 손해**만 더
나게 하지 말고 어서 돌아가서 잘들 의논해서 오늘부
터라도 일을 시작하란 말이야! 나도 아침부터 바쁜 일
이 있으니 어서들 가소."

"그래 정녕코 요구 조건을 못 들어주시겠다는 말씀이
지요."

"암!"

-이기영, 「고향」-

* 사음 : 마름. 지주를 대리하여 소작권을 관리하는 사람.

## 50 [A]의 서술상 특징에 대한 설명으로 가장 적절한 것은?

① 서술 대상에 대한 독백적 서술을 통해 서술 대상에 대
한 정서적 반응이 제시되고 있다.

② 서술 대상에 대한 회고적 서술을 통해 서술 대상에 대
한 성찰적 태도가 드러나고 있다.

③ 서술 대상에 대한 병렬적 서술을 통해 서술 대상에 관
한 정보가 반복적으로 제시되고 있다.

④ 서술 대상에 대한 묘사적 서술을 통해 서술 대상에 관
한 정보가 단계적으로 제시되고 있다.

⑤ 서술 대상에 대한 요약적 서술을 통해 서술 대상에 관
한 정보가 개괄적으로 제시되고 있다.

## 51 [B]에 대한 이해로 적절하지 <u>않은</u> 것은?

① 새로운 문물의 도입이 사람들의 의식을 혼란스럽게
하는 상황이 나타나고 있다.

② 새로운 문물이 실생활에 쓰이는 현장을 소개함으로써
사람들의 생활 방식이 변해야 함을 알려 주고 있다.

③ 새로운 문물의 이용 방법을 알고 있는 인물과 그렇지
못한 사람들 간에 문물에 대한 이해의 차이가 있음이
드러나고 있다.

④ 새로운 문물을 접한 사람들의 반응이 직접적으로 드
러남으로써 새로운 세상의 도래에 대한 정서적 충격
을 표현하고 있다.

⑤ 새로운 문물에서 신이한 현상을 연상하는 사람들의
반응을 통해 낯선 문물이 도입될 당시의 문화적인 환
경을 보여 주고 있다.

## 52 요구 조건 을 중심으로 윗글을 이해한 내용으로 적절하지 <u>않은</u> 것은?

① '요구 조건'을 관철시키러 온 '김선달'의 '안승학'에 대
한 비아냥거리는 태도가 표출되고 있다.

② '요구 조건'의 이행을 요청하는 '희준'에 대해 '안승학'
의 거부 의사가 직접적으로 표출되고 있다.

③ '요구 조건'의 불이행 때문에 벌어질 일을 경고하는
'희준'에 대해 '안승학'이 염려하고 있음이 암시되어
있다.

④ '요구 조건'의 수락 여부를 둘러싸고 빚어진 '안승학'과
'다섯 사람' 간의 갈등 양상이 긴장된 분위기를 자아내
고 있다.

⑤ '요구 조건'에 대한 확답을 받기 원하는 '다섯 사람'의
갑작스러운 방문에 대한 '안승학'의 심리적인 동요가
제시되고 있다.

**53** 〈보기〉를 참고하여 윗글을 감상한 내용으로 적절하지
않은 것은? [3점]



　　1930년대 리얼리즘 장편 소설에는 변화하는 사회
적 환경 속에서 사회적 지위가 상승한 인물형이 등
장한다. 이 유형의 인물들은 근대 문물에 발 빠르게
적응하면서도 소작제와 같은 전근대적 토지 제도에
편승하는 모습을 보인다. 이들은 근대 문물을 체험
해 보지 못한 사람들에게 자신을 과시하지만 자신
만의 이익을 추구하기 때문에 그 지위를 인정받지
못한다. 이러한 인물들을 통해 1930년대 농촌 사회
에 등장한 속물적 인물형의 면모를 확인할 수 있다.

① '지체도 없'이 '콩나물죽으로 연명하'다가 '사음까지'
된 인물의 모습은, 소작제를 이용하여 지위가 변한 인
물형을 보여 주는군.
② '경부선이 개통'할 '무렵'의 시대 변화에 적응하여 '근
본'에서 벗어날 기회를 얻었던 인물의 모습은, 근대 문
물이 유입되는 사회적 환경 속에서 변모해 갈 수 있었
던 인물형을 보여 주는군.
③ '친구의 심부름으로' '목판차를 맨 처음으로' 타 보고
서 '자만'하는 인물의 행동은, 근대 문물을 경험했다는
점을 앞세워 자신을 과시하는 인물의 모습을 보여 주
는군.
④ '위엄스럽게' 하대하면서도 '호령할 용기'를 내지 못하
는 인물의 심리는, 자신의 사회적 지위를 인정하지 않
는 이들에게 반감을 드러내는 인물의 모습을 보여 주
는군.
⑤ '피차의 물질상 손해'를 강조하면서도 일방적으로 사
람들에게 '나락을 베는 것'을 종용하는 인물의 모습은,
다른 사람의 이익보다 사적인 이익을 우선시하는 인
물형을 보여 주는군.

‘콩알 하나 없으니 주린 처자를 어이할꼬? 어떻든 협사촌의 서대주가 도적들과 아래위 낭청을 다니며 함께 도적하여 부유하다 하니 찾아가 얻어 보리라.’
하고 협사촌을 찾아간다. 허위허위 이 산 저 산 어정어정 걸어가며 생각하되,
‘이놈이 본디 큰 쥐로 도적질하는 놈이니 무엇이라 부를꼬? 쥐라 해도 좋지 않고, 서대주라 해도 좋지 않으니, 이놈 부르기 어렵구나. 어떻든 대접함이 으뜸이라.’
길을 재촉해 협사촌을 찾아 서대주 집 문 앞에서 장끼 큰기침 두 번 하고,
“서동지 계시오?”
하며 찾으니, 이윽고 시비 쥐 나오거늘 장끼 문왈,
“이 댁이 아래위 낭청으로 다니며 관리하시는 서동지 댁이오?”
물으니 시비 답왈,
“어찌 찾으시오?”
장끼 가로되,
“잠깐 뵈오리다.”
이때 서대주 자녀의 재미 보며 아내와 함께 있더니, 시비 와서 왈,
“문전에 어떤 객이 왔으되 위풍이 헌앙(軒昂)*하고 빛갓 쓰고 옥관자 붙이고 여차여차 동지 님을 뵈러 왔다 하나이다.”
서대주 동지란 말을 듣더니 대희하여 외헌으로 청하고, 정주(頂珠) 탕건 모자 쓰고 평복으로 나아가 장끼를 맞아 예하고 자리를 정하니, 장끼 하는 말이,
“댁이 서동지라 하시오? 나는 양지촌 사는 화충이라고도 하고, 세상에서 부르기를 장끼라고도 혹 꿩이라고도 하는데, 귀댁을 찾아 금일 만나니 구면처럼 반갑소이다. 한 번도 뵌 적 없으나 평안하시었소?”
서대주 맹랑하다, 탕건을 어루만지며 답왈,
“존객의 이름은 높이 들었더니 나를 먼저 찾아 누지에 와 주시니 황공 감사하오이다.”
장끼 답왈,
“서로 찾기에 선후가 있는 것 아니니 아무커나 반갑다 못하여 진저리 나노라.”
하거늘 서대주 웃으며 온갖 음식으로 대접하고 고금사를 문답하며 장끼를 조롱하며 벗하더니, 장끼 콧소리를 내며 말하기를,
“서동지께 청할 말이 있노라. 내 본시 넉넉지 못해 오늘까지 먹지 못하다가 처음 청하온데 양미 이천 석만

빌려주시면 내년 가을에 갚으리니 동지 님 생각에 어떠시오?”
서대주 웃으며 하는 말이,
“속담에 ‘우마(牛馬)도 초분식(草分食)하고, 산저(山猪)도 갈분식(葛分食)이라*.’ 하였거든 우리 사이에 무엇이 어려우리오?”

(중략)

장끼 감사함을 칭사하고 양지촌으로 돌아가니라. 이때 서대주 노비 쥐를 명하여 창고를 열고 이천 석 콩을 배로 옮겨 양지촌으로 보내니라.
각설. 이때 동지촌에 딱부리란 새가 있으되 주먹볏에 흑공단 두루마기, 홍공단 끝동이며, 주둥이는 두 자나 하고 위풍이 헌앙한 짐승이라. 양지촌 장끼를 찾아가 오래 못 본 인사 하고 하는 말이,
“자네는 어찌하여 양식이 저리 풍족하여 쌓아 두었는가?”
장끼가 협사촌 서대주를 찾아가 양식 빌린 사연을 자세히 말하니, 딱부리 놈이 고개를 끄덕이며,
“자네 마음이 녹녹지 아니하거늘 미천한 도적놈을 무엇이라 찾았는가?”
장끼 답왈,
“나도 생각이 있으나 옛글에 ‘교만한 자는 집이 망한다.’ 했고, ‘남을 대접하면 내가 대접을 받는다.’ 했고, 내 가난하여 빌리러 갔기로 저를 대접하여 서동지라 존칭하였더니 대희하여 후대하고 종일 문답하며 여차여차하였노라.”
하거늘 딱부리 하는 말이,
“자네 일정 간사하도다. 만일 입신양명하면 충신을 험담하여 귀양 보내고 조정을 농권하며 임금을 어둡게 하리로다. 나는 그놈을 찾아가서 서대주라 하고 도적질한 말을 하면 그놈이 겁내어 만석이라도 추심(推尋)*하리라.”
장끼 답왈,
“자네 재주를 몰랐더니 오늘에야 알리로다.”
딱부리 웃으며 나와 협사촌을 찾아가, 구멍 앞에 나가서 생각은 많으나 이를 갈고 “서대주, 서대주.” 찾으니 이윽하여 시비 쥐 나오며 하는 말이,
“뉘 집을 찾아오시니까?”
딱부리 하는 말이,
“네 명색이 무엇이냐? 이 집이 아래위 낭청으로 다니며 도적질하는 서대주 집이냐? 나는 동지촌 사는 딱장군이니 와 계시다 일러라.”

하거늘 쥐란 놈이 골을 내어 대답하고 들어가 고하니,
서대주 크게 성내고 분부하는 말이,
　"어떤 놈이든지 잡아들이라."
하니 수십 명 범 같은 쥐들이 명을 듣고 딱부리를 에워
싸고 결박하고 이 뺨 치고 저 뺨 치며 몰아가니 딱부리
애걸하며 비는 말이,
　"내 무슨 잘못이 있다 이리하시오? 내 손주 노릇할 터
　이니 놓아주고 달아났다 하시오."
한데 듣지 않고 잡아들여 서대주 앞에다 꿇리니 서대주
호령하되,
　"이놈! 너는 어인 놈이기에 주인 찾을 때 근본을 해하
　여 찾으니 그중에 너 같은 놈은 만단을 내리라."
하며 매우 치라 하니 딱부리 머리를 조아리고 애걸하며
빌더라.

-작자 미상, 「장끼전」-

* 헌앙 : 풍채가 좋고 의기가 당당함.
* 우마도 초분식하고, 산저도 갈분식이라: 소와 말도 풀을 나눠 먹
　고, 산돼지도 칡을 나눠 먹는다.
* 추심 : 찾아내어 가지거나 받아 냄.


**54** 윗글에 대한 설명으로 가장 적절한 것은?

　① 세밀한 외양 묘사를 통해 인물의 속성을 드러내고 있다.
　② 서술자가 개입하여 인물의 행동에 대해 호감을 보이
　　고 있다.
　③ 속담과 옛글을 삽입하여 인물의 내적 갈등을 강조하
　　고 있다.
　④ 과거와 현재를 대비하여 인물의 초월적 능력을 부각
　　하고 있다.
　⑤ 공간적 배경을 자세히 묘사하여 인물의 심리 변화를
　　암시하고 있다.


**55** '장끼'와 '딱부리'가 '서대주'를 각각 방문하는 상황에
　대한 이해로 적절하지 <u>않은</u> 것은?

　① 서대주를 방문하기 전에, 장끼와 딱부리는 서대주의
　　정체에 대해 알고 있었다.
　② 서대주를 방문하기 전에, 장끼와 딱부리는 각자의 생
　　각에 따라 서대주를 대할 방식을 계획했다.
　③ 서대주를 방문하여, 장끼는 시종 일관된 태도를 보였
　　고 딱부리는 상황의 변화에 따라 자신의 태도를 바꾸
　　었다.

　④ 서대주의 거처를 확인하면서, 장끼는 서대주의 환심
　　을 살 만하게, 딱부리는 서대주의 반감을 살 만하게 표
　　현했다.
　⑤ 서대주를 방문하는 목적을, 장끼는 경제적인 이익을
　　취하는 데에 두었고 딱부리는 도적질을 벌로 다스리
　　고 교화하는 데 두었다.


**56** 〈보기〉를 참고하여 윗글을 감상한 내용으로 적절하지
<u>않은</u> 것은? [3점]

─[보기]─

　「장끼전」은 '까투리'를 중심으로 남존여비와 여성
의 개가 금지 같은 가부장제 사회의 문제를, '장끼'
를 중심으로는 몰락 양반의 삶과 조선 후기 향촌 사
회의 다양한 변화상을 형상화했다. 이 대목은 가족
의 생계 문제를 걱정하는 몰락 양반의 출현과 향촌
사회에 새롭게 등장한 신흥 부호의 생활상을 보여
주고 있다. 또한 신흥 부호의 위세로 인해 빚어지는
신흥 부호와 몰락 양반의 갈등, 그리고 신흥 부호를
둘러싼 몰락 양반 간의 불화를 그려 내고 있다.


　① 장끼가 양식이 떨어져 굶주리는 처자식을 위해 부유한
　　서대주를 찾아가 양식을 빌리는 장면에서, 가장으로서
　　의 책무를 다하려는 몰락 양반의 면모를 알 수 있군.
　② 서대주가 '시비 쥐'를 부리고 복색을 갖추어 손님을
　　'외헌'에서 맞이하는 장면에서, 신흥 부호의 생활상을
　　알 수 있군.
　③ 서대주를 대접하여 양식을 빌린 장끼에게 딱부리가
　　'간사하도다'라고 언급하는 장면에서, 신흥 부호에 대
　　한 처신을 놓고 몰락 양반 간에 의견 차이가 있었음을
　　알 수 있군.
　④ 서대주의 '시비 쥐'가 딱부리에게 골을 내는 장면에서,
　　몰락 양반의 경제적 곤궁함을 업신여기는 신흥 부호
　　의 모습을 알 수 있군.
　⑤ 서대주가 '수십 명 범 같은 쥐들'에게 명령하여 딱부리
　　를 결박하는 장면에서, 향촌 사회에서의 신흥 부호의
　　위세를 알 수 있군.

[57~59] 다음 글을 읽고 물음에 답하시오.　　　　2019.09 [39~41]

―― (해설 p.110) ――

[앞부분 줄거리] 공동 경비 구역에서 근무하는 국군 이수혁 병장, 남성식 일병(수정의 오빠)과 인민군 오경필 중사, 정우진 전사 사이에 총격 사건이 일어난다. 중립국 감독 위원회는 소피 소령을 파견하여 보타 소장 관할 아래 사건을 조사하게 한다.

ⓐS#79. 팔각정 (낮)
　팔각정에서 본 판문각 근처 부감* 전경 ― 대질 심문을 받고 나온 수혁, 경필 일행이 회담장 앞에서 각각 차를 타고 현장을 떠난다. 카메라, 후진하면서 팔각정 내부로 초점 이동하면 보타의 손이 쑥 들어와 서류 봉투를 내민다.

소피 : (영어) (봉투를 받아 들고) 뭐죠?

　보타, 대답 대신 관측경을 들여다본다.

보타 : (영어) 한국이 처음이랬지?

　㉠ 보타의 관측경으로, 판문각 앞에서 쌍안경을 들고 이쪽을 관찰하는 북한 군인이 보인다.

보타 : (영어) (목소리) 그래 '아버지' 나라가 마음에 들던가?

　㉡ 판문각 쪽에서 북한 군인의 쌍안경 시점으로, 사진을 보고 있는 소피의 모습이 잡힌다.
　보타의 설명 사이사이, 한국전 당시 거제도 포로수용소의 생활과 좌우 투쟁, 종전 후 공산 포로 북송, 반공 포로 석방 및 제3국행 포로의 출발과 도착 장면들이 사진과 기록 영화 화면으로 편집된다.

보타 : (영어) (목소리) ㉢ 한국전 당시 거제도에는 인민군 포로 수용소가 있었지. 그 속에서 공산주의자와 반공주의자, 두 무리 간엔 처참한 살육이 계속됐어. 종전되고 그들에게 선택권이 주어졌어. 남으로의 귀순이냐, 북으로의 귀환이냐… 그 17만 포로 중 76명은 둘 다를 거부했어. 그들 중 지금도 행방이 묘연한 사람이 있네. 바로… 자네 아버지 장연우 같은 사람이지.

　소피, 놀란 얼굴로 손에 든 다른 사진을 내려다보면 거제 포로 수용소에서 포로들, 결박당한 채 쪼그리고 앉아 있다. ㉣ 그중 동그라미가 처진 사람 얼굴로 줌인*.

보타 : (영어) 표 장군이 매우 잽싸게 움직였더군. 국방부, 외무부, 인도, 아르헨티나, 스위스 대사관… 며칠 사이 정보란 정보는 다 모았어. 표 장군으로선 ⓑ 전 인민군 장교의 딸인 자네에게 사건을 맡길 수 없었겠지.

소피 : (영어) (흥분해서) 3일이면 돼요. 곧 이 병장의 자백을 받아낼 수 있다구요.

(중략)

ⓒS#81. 소피의 숙소 (낮)
　침대에 가방을 올려놓고 짐을 싸는 소피. 사진 액자를 가방에 넣으려다 말고 들여다본다. 어린 시절의 소피와 스위스인 엄마 사진. 액자 뒤를 열어 가족사진을 꺼낸다. 접힌 부분을 펴자 숨겨진 아버지의 모습이 온전히 나타난다. 물끄러미 사진을 바라보는 소피.

S#82. 수사본부 (낮)
　문이 열리고 들어오는 수혁, 목발을 짚었다. 사진을 바라보고 앉아 있는 소피.

소피 : (수혁을 돌아보며) 오라고 해서 미안해요. 몸도 불편한데.

　영문을 모르고 불려 온 수혁이 가만히 지켜보는 가운데, 탁자에 놓인 서류 봉투를 집어 들고 출입구 앞으로 가는 소피, 과녁판에서 다트 화살을 뽑아 든 다음 서류 한 장을 꽂아 고정시킨다.

소피 : 내일 자정을 기해 나를 제이에스에이 근무에서 해제한다는 명령서예요.
수혁 : 들었습니다, 아버지 얘기.
소피 : 그래, 내가 인민군 장교의 딸이란 얘길 듣고 기분이 어떻던가요?
수혁 : (주저 없이) 친근감이 들었습니다.

　㉤ 소피, 당황한 듯 잠시 침묵했다가 군복 안에 받쳐 입은 터틀넥 스웨터의 목을 젖혀 보인다. 목에 나 있는 피멍 자국.

소피 : 난 아직 흔적이 남아 있는데 이 병장은 깨끗하네
　　요. 이 병장이 오 중사보다 힘이 센가 보지요?

　당황하는 수혁, 대답 없다.

소피 : 자, 진짜 재미난 쇼는 이제부터예요. 잘 봐요.

　수정의 얼굴이 프린트된 출력물을 과녁판에 꽂는 소
피. 당황하는 수혁.

소피 : 수정 씨를 만나자마자 전에 본 적이 있는 얼굴이
　　라고 생각했어요. 그런데 그 사람이 누군지 알아내는
　　건 그렇게 어려운 일이 아니었죠.

　이번에는 수정의 초상화를 과녁판에 꽂는 소피. 놀라
는 수혁.

소피 : 정우진이 그린 초상화예요. 그리고 이건 (찢어져
　　너덜 너덜한 얼굴 없는 사진을 과녁에 꽂으며) 정우진
　　의 시신에서 나온 사진이에요.

　과녁판에 나란히 부착된 ⓒ석 장의 이미지. 충격받은
표정의 수혁.

소피 : '사라진 탄환'이 남 일병의 알리바이를 깨는 증거
　　였다면… (얼굴이 찢겨 나간 사진을 가리키며) '사라진
　　얼굴'은 네 명의 병사가 오랫동안 친하게 지냈다는 걸
　　뜻하는 증거죠.

　수혁, 애써 외면하고 걸어간다.

수혁 : 그래서요?

　ⓓ노란색과 빨간색 디스켓 두 개를 꺼내 보이는 소피.

소피 : 완전히 다른 두 개의 수사 보고서예요. 내가 뭘 제
　　출하느냐는 이 병장한테 달렸어요. 진실을 말해 준다면
　　난 후임자한테 어떤 증거나 추리도 제공하지 않겠어요.
수혁 : 협박입니까?
소피 : 거래죠.
수혁 : 영창을 가든 훈장을 받든 전 관심 없습니다. 그렇
　　다면 ⓔ진실의 대가로 소령님이 저한테 해 줄 수 있는
　　게 뭡니까?

소피 : 이 병장이 끝까지 보호하려고 하는 사람… 오경필
　　의 안전이에요.

–박상연 원작, 박찬욱 외 각색, 「공동 경비 구역 JSA」–

* 부감 : 카메라가 인물의 시선보다 높은 곳에서 아래로 내려다보
　며 촬영하는 것.
* 줌인 : 피사체의 크기를 점점 확대 촬영하는 것.

**57** 윗글의 인물에 대한 설명으로 가장 적절한 것은?

① '소피'의 아버지는 전쟁이 끝나자 북으로 귀환한다.
② '소피'는 사건의 진실에 대해 조사 의지가 없다.
③ '수혁'은 '소피'의 아버지의 전력을 듣고 '소피'를 경계
　한다.
④ '소피'는 '사라진 얼굴'이 누구인지 짐작하지 못한다.
⑤ '소피'는 '수혁'이 '오경필'의 안전을 염려한다고 생각
　한다.

**58** ⓐ~ⓔ에 대한 설명으로 적절하지 <u>않은</u> 것은?

① ⓐ의 공간 범위는 팔각정 내부뿐만 아니라 외부도 포
　함한다.
② ⓑ는 '소피'가 직무에서 해제되는 원인이 된다.
③ ⓒ는 '소피'가 네 병사의 관계를 짐작하게 된 단서
　이다.
④ ⓓ는 '수혁'이 진실을 밝히느냐에 따라 어느 것이 제출
　될지가 정해질 것이다.
⑤ ⓔ는 '수혁'이 수사본부에 있는 '소피'를 만나러 온 이
　유이다.

**59** 윗글을 영상화한다고 가정할 때, ㉠~㉯에 해당하는 감독의
연출 계획으로 적절하지 <u>않은</u> 것은? [3점]

① ㉠과 ㉡은 각각 관측경과 쌍안경으로 상대측을 바라
　보는 장면을 설정하여 남북한 대치 국면에 있는 S#79
　공간의 특수성을 그려야겠어.
② ㉢은 인물에 초점을 맞추는 촬영과 달리 사진이나 기
　록 영상물을 제시하여 당시 상황을 보여 주어야겠어.
③ ㉣은 동그라미 처진 얼굴을 확대 촬영하여 '소피'의
　아버지가 포로 중 한 사람이었다는 사실을 환기해야
　겠어.
④ ㉤은 대사 없이 인물의 행동과 소품으로 인물의 심리
　를 간접적으로 표현해야겠어.
⑤ ㉯은 사건의 맥락이 관객에게 인지될 수 있도록 실내
　전체를 한 화면에 담아야겠어.

(가)

호르 호르르 호르르르 가을 아침
취어진* 청명을 마시며 거닐면
㉠수풀이 호르르 벌레가 호르르르
청명은 내 머릿속 가슴속을 젖어 들어
발끝 손끝으로 새어 나가나니

온 살결 터럭 끝은 모두 눈이요 입이라
나는 수풀의 정을 알 수 있고
벌레의 예지를 알 수 있다
그리하여 나도 이 아침 청명의
가장 고웁지 못한 노래꾼이 된다

수풀과 벌레는 자고 깨인 어린애라
밤새워 빨고도 이슬은 남았다
남았거든 나를 주라
나는 이 청명에도 주리나니
방에 문을 달고 벽을 향해 숨 쉬지 않았느뇨

㉡햇발이 처음 쏟아오아
청명은 갑자기 으리으리한 관을 쓴다
그때에 토록 하고 동백 한 알은 빠지나니
오! 그 빛남 그 고요함
간밤에 하늘을 쫓긴 별살의 흐름이 저러했다

온 소리의 앞 소리요
온 빛깔의 비롯이라
㉢이 청명에 포근 취어진 내 마음
감각의 낯익은 고향을 찾았노라
평생 못 떠날 내 집을 들었노라

　　　　　　　　　　　-김영랑, 「청명」-

* 취어진 : 계절의 정취에 젖어 든.

(나)

뒷동산 청솔잎을 빗질해주던 바람이
무어라 무어라 하는 솔나무의 속삭임을 듣고
㉣푸른 햇살 요동치는 강변으로 달려갔다 하자.
달려가선, 거기 미루나무에게 전하니
알았다 알았다는 듯 나무는 잎새를 흔들어
강물 위에 짤랑짤랑 구슬알을 쏟아냈다 하자.

그 의중 알아챈 바람이 이젠 그 누구보단
앞들 보리밭에서 물결치듯 김을 매다
이마의 구슬땀 씻어올리는 여인에게 전하니,
여인이야 이윽고 아픈 허리를 곧게 펴곤
눈앞 가득 일어서는 마을의 정자나무를 향해
고개를 끄덕끄덕, 무언가 일별을 보냈다 하자.

㉤아무려면 어떤가, 산과 강과 들과 마을이
한 초록으로 짙어가는 오월도 청청한 날에,
소쩍새는 또 바람결에 제 한 목청 다 싣는 날에.

　　　　　　　　　　-고재종, 「초록 바람의 전언」-

**60** (가)와 (나)에 대한 설명으로 가장 적절한 것은?

① (가)와 (나)는 가정의 진술을 활용하여 현실과 이상의
　거리감을 드러내고 있다.

② (가)와 (나)는 각각 동일한 종결 어미의 반복을 활용하
　여 리듬감을 형성하고 있다.

③ (가)와 (나)는 화자의 시선이 화자 내면에서 외부 세계
　로 이동하는 방식으로 시상을 전개하고 있다.

④ (가)는 여정에 따른 공간의 이동을 통해, (나)는 계절
　의 흐름에 따른 대상의 변화를 통해 풍경을 묘사하고
　있다.

⑤ (가)는 종교적 관념에 대한 사색을 바탕으로, (나)는
　일상생활에서 깨달은 바를 바탕으로 주제를 구체화하
　고 있다.

**61** ㉠~㉤에 대한 이해로 적절하지 <u>않은</u> 것은?

① ㉠은 청각적 심상을 활용하여 산뜻한 가을 아침에 대
　한 화자의 인상을 표현하고 있다.

② ㉡은 청명한 날이 으리으리한 관을 쓴다는 비유를 활
　용하여 햇빛이 쏟아지는 순간의 아름다운 모습을 표
　현하고 있다.

③ ㉢은 청명한 가을날에 느끼는 마음을 고향의 낯익음
　에 비유하여 지나가는 가을에 대한 아쉬움을 드러내
　고 있다.

④ ㉣은 역동적인 이미지를 활용하여 바람이 부는 강변
　의 풍경을 감각적으로 표현하고 있다.

⑤ ㉤은 청청한 날의 정경에 대한 화자의 반응을 제시하여
　시적 상황에 대한 정서를 집약적으로 드러내고 있다.

**62** 〈보기〉를 참고하여 (가)와 (나)를 감상한 내용으로 적절하지 <u>않은</u> 것은? [3점]



　자연은 시인에게 상상력의 주요한 원천이 되어 왔다. 그중 생태학적 상상력은 생태계 구성원 간의 관계에 주목한다. 생태학적 상상력은 모든 생태계 구성원을 평등한 존재로 보는 데에서 출발하여, 서로 교감·소통하며 유대감을 느끼는 관계로, 나아가 영향을 주고받는 순환의 관계로 인식한다. 생태학적 상상력을 통해 시인은 자연의 근원적 가치와, 인간과 자연의 조화로운 관계를 드러내며 궁극적으로는 이들을 하나의 생태 공동체로 형상화한다.

① (가)에서 화자가 '온 살결 터럭 끝'을 '눈'과 '입'으로 삼아 자연을 대하는 것은 인간과 자연 간의 교감을, (나)에서 '바람'이 '뒷동산 청솔잎을 빗질'하는 것은 자연과 자연 간의 교감을 드러내는군.

② (가)에서 화자가 '수풀의 정'과 '벌레의 예지'를 '알 수 있다'고 하는 것과 (나)에서 '솔나무'가 '무어라' 하고 '미루나무'가 '알았다'고 하는 것은 구성원들이 서로 소통하는 조화로운 생태계의 모습을 보여 주는군.

③ (가)에서 화자가 '수풀'과 '벌레'의 소리를 듣고 '나도' 청명함의 '노래꾼이 된다'고 하는 것과 (나)에서 '솔나무의 속삭임'을 '바람'이 '미루나무'에게 전하고, 이를 '여인'도 '정자나무'에게 전하는 것은 자연과 인간 간의 유대감을 드러내는군.

④ (가)에서 화자가 '동백 한 알'이 떨어지는 모습에서 '하늘'의 '별살'을 떠올린 것과 (나)에서 화자가 '잎새'의 흔들림에서 반짝이는 '구슬알'을 떠올린 것은 생명의 탄생을 계기로 순환하는 생태계의 질서를 보여 주는군.

⑤ (가)에서 자연을 '온 소리의 앞 소리'와 '온 빛깔의 비롯'이라고 표현한 것은 근원적 존재로서의 자연의 가치를, (나)에서 '오월'에 '산'과 '마을'이 '한 초록으로 짙어' 간다고 표현한 것은 인간과 자연이 하나가 되어 가는 생태 공동체를 형상화하는군.

— 해설 p.124 —

**(가)**

　ⓐ 문학 작품의 의미가 생성되는 양상은 세 가지로 나누어 볼 수 있다. 첫째는 자기의 경험은 물론 자기 내면의 정서나 의식 등을 대상에 투영하여, 외부 세계에 새로운 의미를 부여하는 경우이다. 둘째는 외부 세계의 일반적 삶의 방식이나 가치관, 이념 등을 자기 내면으로 수용하여, 자신을 새롭게 해석함으로써 의미를 만들어 내는 경우이다. 셋째는 자기와 외부 세계를 상호적으로 대비하여 양자에 대한 새로운 해석을 통해 의미를 생성하는 경우이다.

　문학적 의미 생성의 이러한 세 가지 양상은 문학 작품에서 자기와 외부 세계의 관계를 파악할 때 적용할 수 있다. 첫째와 둘째의 경우, 자기와 외부 세계와의 거리는 가까워지고 친화적 관계가 형성된다. 셋째의 경우는 자기가 외부 세계를 바라보는 관점에 따라 둘 사이의 거리가 가까워져 친화적 관계가 형성되기도 하고, 그 거리가 드러나 소원한 관계가 유지되기도 한다.

**(나)**

　**산슈 간**(山水間) 바회 아래 뛰집을 짓노라 ᄒᆞ니
　그 모론 **ᄂᆞᆷ**들은 욷는다 ᄒᆞ다마ᄂᆞᆫ
　㉠어리고 햐암의 뜻의ᄂᆞᆫ 내 분(分)인가 ᄒᆞ노라
〈제1수〉

　보리밥 픗ᄂᆞ물을 알마초 머근 후(後)에
　**바횟 긋 묽ᄀᆞ**의 슬ᄏᆞ지 노니노라
　그 나믄 **녀나믄 일**이야 부를 줄이 이시랴
〈제2수〉

　잔 들고 혼자 안자 먼 **뫼흘** ᄇᆞ라보니
　그리던 **님**이 오다 **반가옴**이 이리ᄒᆞ랴
　말ᄉᆞᆷ도 우움도 아녀도 몯내 됴하ᄒᆞ노라
〈제3수〉

　누고셔 **삼공**(三公)도곤 낫다 ᄒᆞ더니 **만승**(萬乘)이 이만ᄒᆞ랴
　이제로 혜어든 소부(巢父) 허유(許由) ᅵ 냑돗더라
　아마도 **님쳔 한흥**(林泉閑興)을 비길 곳이 업세라
〈제4수〉

　내 셩이 게으르더니 하ᄂᆞᆯ히 아ᄅᆞ실샤
　인간 만ᄉᆞ(人間萬事)를 ᄒᆞᆫ 일도 아니 맛뎌

　다만당 ᄃᆞ토리 업슨 강산(江山)을 딕희라 ᄒᆞ시도다
〈제5수〉

　**강산**이 됴타 ᄒᆞᆫ들 내 분(分)으로 누얻ᄂᆞ냐
　**님군 은혜**(恩惠)를 이제 더옥 아노이다
　아므리 갑고쟈 ᄒᆞ야도 히올 일이 업세라
〈제6수〉

–윤선도, 「만흥(漫興)」–

**(다)**

　산림(山林)에 살면서 명리(名利)에 마음을 두는 것은 큰 부끄러움[大恥]이다. 시정(市井)에 살면서 명리에 마음을 두는 것은 작은 부끄러움[小恥]이다. 산림에 살면서 은거(隱居)에 마음을 두는 것은 큰 즐거움[大樂]이다. 시정에 살면서 은거에 마음을 두는 것은 작은 즐거움[小樂]이다.

　작은 즐거움이든 큰 즐거움이든 나에게는 그것이 다 즐거움이며, 작은 부끄러움이든 큰 부끄러움이든 나에게는 그것이 다 부끄러움이다. 그런데 큰 부끄러움을 안고 사는 자는 백(百)에 반이요, 작은 부끄러움을 안고 사는 자는 백에 백이며, 큰 즐거움을 누리는 자는 백에 서넛쯤 되고, 작은 즐거움을 누리는 자는 백에 하나 있거나 아주 없거나 하니, 참으로 가장 높은 것은 작은 즐거움을 누리는 자이다.

　나는 시정에 살면서 은거에 마음을 두는 자이니, 그렇다면 이 작은 즐거움을 가장 높은 것으로 말한 ㉡나의 이 말은 대부분의 사람들의 생각과는 거리가 먼, 물정 모르는 소리일지도 모른다.

–이덕무, 「우언(迂言)」–

---

**63** (나)의 시상 전개에 대한 설명으로 가장 적절한 것은?

① 〈제1수〉에서는 경험적 성격과 연결된 공간으로부터, 〈제6수〉에서는 관념적 성격과 연결된 공간으로부터 시상이 전개된다.

② 〈제2수〉에서는 구체성이 드러나는 소재로, 〈제3수〉에서는 추상성이 강화된 소재로 시상이 시작된다.

③ 〈제2수〉에서 설의적 표현으로 제기된 의문이 〈제5수〉에서 해소되었음이 영탄적 표현으로 드러난다.

④ 〈제3수〉에서의 현재에 대한 긍정이 〈제4수〉에서의 역사에 대한 부정으로 바뀌며 시상이 전환된다.

⑤ 〈제3수〉에 나타난 정서적 반응이 〈제6수〉에서 감각적 표현을 통해 구체화된다.

**64** (가)를 참고하여 (나)를 감상한 내용으로 적절하지 <u>않은</u> 것은?

① '산슈 간'에서 살고자 하는 마음과 이에 공감하지 못하는 '놈들'의 생각을 병치하여 화자와 '놈들' 사이의 거리가 드러남으로써, 자기와 외부 세계 사이의 소원한 관계가 유지된다.

② '바횟 긋 믉ᄀ'에서 즐거움을 누리는 삶과 '녀나믄 일'을 대비하여 세상일과 거리를 두려는 화자의 태도가 드러남으로써, 자기와 외부 세계 사이의 소원한 관계가 유지된다.

③ '님'에 대한 '반가옴'보다 더한 감흥을 불러일으키는 '뫼'의 의미를 부각하여 화자와 '님' 사이의 거리가 드러남으로써, 자기와 외부 세계 사이의 소원한 관계가 유지된다.

④ '님쳔'에서의 '한흥'이 '삼공'이나 '만승'보다 더한 가치를 지닌다고 강조하여 화자와 '님쳔' 사이의 거리가 가까워짐으로써, 자기와 외부 세계 사이의 친화적 관계가 형성된다.

⑤ '강산' 속에서의 삶이 '님군'의 '은혜' 덕택임을 제시하여 화자와 '님군' 사이의 거리가 가까워짐으로써, 자기와 외부 세계 사이의 친화적 관계가 형성된다.

**65** (다)를 이해한 내용으로 적절하지 <u>않은</u> 것은?

① '부끄러움'과 '즐거움'을 조화시킴으로써 더 나은 삶의 방식을 결정할 수 있다.

② '나'는 어디에 사느냐와 어디에 마음을 두느냐를 고려하여 삶의 유형을 나누고 있다.

③ '산림'에 사는 사람들 중에는 '즐거움'을 누리는 경우보다 '부끄러움'을 가진 경우가 더 많다.

④ '큰 부끄러움'과 '작은 즐거움'은 어디에 사느냐와 어디에 마음을 두느냐가 모두 서로 다르다.

⑤ '명리'를 '부끄러움'에, '은거'를 '즐거움'에 대응시킨 것으로 보아 '나'는 '은거'의 가치를 '명리'의 가치보다 높이 두고 있음을 알 수 있다.

**66** ㉠, ㉡에 대한 설명으로 가장 적절한 것은?

① ㉠은 자신의 처지를 남의 일을 말하듯이 표현함으로써 자신의 문제를 회피하고 있다.

② ㉡은 자신의 행동을 냉철하게 성찰함으로써 자신의 과오를 인정하고 있다.

③ ㉠은 ㉡과 달리, 자신의 처지를 자문자답 형식으로 말함으로써 자신의 생각을 일반화하고 있다.

④ ㉡은 ㉠과 달리, 자신의 생각을 남의 말을 인용하여 표현함으로써 자신의 신념을 객관화하고 있다.

⑤ ㉠과 ㉡은 모두, 자신이 말하고자 하는 바를 우회하여 표현함으로써 자신의 삶에 대한 자부심을 드러내고 있다.

**67** ⓐ를 바탕으로 (나), (다)를 이해한 내용으로 적절하지 <u>않은</u> 것은? [3점]

① (나)에서 무정물인 대상에 대해 호감을 표현한 것은 자신의 정서를 대상에 투영한 것이라고 볼 수 있다.

② (다)에서 자연에 의미를 부여하는 것은 자신의 생각을 대상에 투영하여 세계를 해석하는 것이라고 볼 수 있다.

③ (다)에서 삶의 방식을 상대적 기준에 따라 나누어 평가한 것은 자신의 가치관과 세상 사람들의 생각을 비교하여 세계의 의미를 새롭게 파악한 것이라고 할 수 있다.

④ (나)에서는 선인들의 삶의 태도를 자기 내면으로 수용하는 과정을 거쳐, (다)에서는 대다수 사람들의 뜻을 자기 내면으로 수용하는 과정을 거쳐 새로운 의미를 생성한다고 볼 수 있다.

⑤ (나)에서 자기 본성을 하늘의 뜻에 연관 지은 것과, (다)에서 자기 삶의 방식을 일반적인 삶의 방식과 견준 것은 자기 삶의 가치를 새롭게 해석하여 의미를 만들어 낸 것이라고 할 수 있다.

**[68~72] 다음 글을 읽고 물음에 답하시오.**　　2019.06 [27~31]

——— (해설 p.133) ———

(가)

　산과 산이 마주 향하고 믿음이 없는 얼굴과 얼굴이 마
주 향한 항시 어두움 속에서 꼭 한 번은 **천동 같은 화산**
이 일어날 것을 알면서 요런 자세로 꽃이 되어야 쓰는가.

　저어 서로 응시하는 쌀쌀한 풍경. 아름다운 풍토는 이
미 고구려 같은 정신도 신라 같은 이야기도 없는가. **별
들이 차지한 하늘**은 끝끝내 하나인데 …… 우리 무엇에
불안한 얼굴의 의미는 여기에 있었던가.

　모든 **유혈**(流血)은 꿈같이 가고 지금도 나무 하나 안
심하고 서 있지 못할 광장. 아직도 **정맥**은 끊어진 채 휴
식인가 야위어 가는 이야기뿐인가.

　언제 한 번은 불고야 말 독사의 혀같이 **징그러운 바람**
이여. 너도 이미 아는 모진 겨우살이를 또 한 번 겪으라
는가 아무런 죄도 없이 피어난 꽃은 시방의 자리에서 얼
마를 더 살아야 하는가 아름다운 길은 이뿐인가.

　산과 산이 마주 향하고 믿음이 없는 얼굴과 얼굴이 마
주 향한 항시 어두움 속에서 꼭 한 번은 천동 같은 화산
이 일어날 것을 알면서 **요런 자세로 꽃**이 되어야 쓰는가.

　　　　　　　　　　　　　　　　　　－박봉우, 「휴전선」－

(나)

　　득음은 못하고, 그저 시골장이나 떠돌던
　　소리꾼이 있었다, 신명 한 가락에
　　막걸리 한 사발이면 그만이던 흰 두루마기의 그 사내
　　꿈속에서도 폭포 물줄기로 내리치는
　　한 대목 절창을 찾아 떠돌더니
　　오늘은, 왁새* 울음 되어 우항산 솔밭을 다 적시고　┐
　　우포늪 둔치, 그 눈부신 봄빛 위에 자운영 꽃불　[A]
　질러 놓는다　　　　　　　　　　　　　　　　　　　┘
　　살아서는 근본마저 알 길 없던 혈혈단신　　　　　┐
　　텁텁한 얼굴에 달빛 같은 슬픔이 엉켜 수염을 흔　[B]
　들곤 했다　　　　　　　　　　　　　　　　　　　　┘
　　늙은 고수라도 만나면

어깨 들썩 산 하나를 흔들었다
필생 동안 그가 찾아 헤맸던 소리가　　　　　　　　┐
적막한 늪 뒷산 솔바람 맑은 가락 속에 있었던가　　[C]
소목 장재 토평마을 양파들이 시퍼런 물살 몰아　┐
칠 때　　　　　　　　　　　　　　　　　　　　　　
일제히 깃을 치며 동편제* 넘어가는　　　　　　　　[D]
저 왁새들　　　　　　　　　　　　　　　　　　　　┘
완창 한 판 잘 끝냈다고 하늘 선회하는　　　　　　┐
그 소리꾼 영혼의 심연이　　　　　　　　　　　　　[E]
우포늪 꽃잔치를 자지러지도록 무르익힌다　　　　┘

　　　　　　　　　　　　　　　－배한봉, 「우포늪 왁새」－

* 왁새 : 왜가리의 별명.
* 동편제 : 판소리의 한 유파.

(다)

　그 바위를 가리켜 어느 건방진 옛사람이 오심암(吾心
岩)이라고 이름을 지어 주었다 한다. 그보다도 조금 겸
손한 누구는 세심암(洗心岩)이라고 불렀다 한다.

　기운차게 일어선 산발이 이곳에 이르러 오심암의 절
경을 남기기 위하여 한 둥근 골짜기를 이루어 놓고 다시
다물어졌다.

　짙은 단풍 빛에 붉게 누렇게 물든 **검은 절경**의 성장
(盛裝), 그것을 선을 두른 동해보다도 더 푸른 하늘빛, 천
사가 흘리고 간 헝겊인 듯 봉우리 위에 가볍게 비낀 백
옥보다도 흰 엷은 구름 조각.

　이것은 분명히 자연이 흘려 놓은 예술의 극치다. 그러
나 겸손한 자연은 그의 귀한 예술이 홍진(紅塵)에 물들
것을 염려하여 그것을 이 깊은 산골짜기에 감추었던 것
인가 보다.

　어귀까지 '버스'를 불러오고 이곳까지 2등 도로를 끌
어 오는 것은 본래부터 그의 뜻은 아니었을 게다. 오직
사람만이 장하지도 아니한 그들의 예술을 천하에 뽐낼
기회만 엿보나 보다.

　둘러보건대 이 골짜기에는 일찍이 먼지를 품은 **미친
바람**과 같은 것은 지나가 본 일이 아주 없었나 보아서
**아득히 쳐다보이는 높은 하늘 아래** 티끌을 품은 듯한
아무것도 없다. 잠깐 내 자신을 굽어보니 허옇게 먼지 낀
의복, 그 밑에 숨은 먼지 낀 내 몸뚱어리, 그리고 또 그
속에 엎드린 먼지 낀 내 마음, 나는 그 팃기 모르는 순결
한 자연 속에 쓰레기처럼 동떨어진 내 몸의 더러움을 새
삼스럽게 부끄러워하였다.

　　　　　　　　　　　　　　　　　　　　(중략)

차디찬 **바위** 위에 신발을 벗고 모자를 던지고 외투를 벗어 팽개치고 반듯이 누워서 눈을 감으니 인생도 예술도 다 어디로 사라지고 오직 끝없는 **망각**이 내 마음을 아니 우주를 채우며 온다. 그러나 몸을 식히며 스며드는 **찬기**는 어느새 거리에서 멀리 떨어진 우리들의 위치를 깨닫게 한다. 우리는 채 씻기지 않은 마음을 거두어 가지고 잠시나마 정을 들인 오심암을 두 번 세 번 돌아다보면서 간 길을 다시 내려오기 시작하였다. 좋은 벗 떠나기란 싫은 것처럼, 좋은 자연에도 석별의 정은 마찬가진가 보다. 또한 좋은 음식을 만났을 때 벗을 생각하는 것이 자연스러운 것처럼 떠나고 싶지 않은 자연을 앞에 두고는 멀리 있는 벗들이 갑자기 그리웁다. 나는 마음속으로 어느새 오심암에게 무언(無言)의 약속을 주어 버렸다.

'내년에는 벗을 데리고 또 찾아오마'고.

-김기림, 「주을온천행」-

## 68 (가)~(다)의 공통점으로 가장 적절한 것은?

① 인간의 삶과 공간의 의미를 연결 지어 주제 의식을 구체화하고 있다.
② 갈등과 대립이 없는 화합의 세계를 보여 줌으로써 희망적인 미래를 예견하고 있다.
③ 역사적 상황을 직시함으로써 부정적 현실을 극복하려는 참여 의식을 표방하고 있다.
④ 자연이 인간에게 미친 긍정적인 영향을 강조함으로써 사물에 대한 예찬적 태도를 드러내고 있다.
⑤ 특정한 장소에 대한 직접적인 경험을 바탕으로 인간의 교만한 태도에 대한 비판을 이끌어 내고 있다.

## 69 (가), (나)에 대한 설명으로 적절하지 <u>않은</u> 것은?

① (가)는 설의적 표현으로 현실에 대한 화자의 안타까움을 드러내고 있다.
② (나)는 청각의 시각화를 통해 소재의 생동감을 부각하고 있다.
③ (가)는 시간의 흐름에 따라, (나)는 시선의 이동에 따라 시상을 전개하고 있다.
④ (가)는 동일한 시구를 반복하여, (나)는 인물에 대한 이야기를 활용하여 주제 의식을 강조하고 있다.
⑤ (가)와 (나)는 모두 화자의 인식을 자연물에 투영하여 시적 정서를 환기하고 있다.

## 70 (가)와 (다)에 대한 감상으로 가장 적절한 것은?

① (가)의 '천동 같은 화산'은 신뢰를 잃은 상황이 초래한 불안한 현실을, (다)의 '검은 절경'은 아름다움을 잃은 풍경에서 느껴지는 암울한 심정을 드러내고 있다.
② (가)의 '별들이 차지한 하늘'은 하나로 이어진 세계를, (다)의 '아득히 쳐다보이는 높은 하늘 아래'는 흠결 없는 세계를 그려내고 있다.
③ (가)의 끊어진 '정맥'은 '유혈'을 이겨낸 삶의 의지를, (다)의 엄습하는 '찬기'는 정든 곳을 떠나야 하는 절망감을 환기하고 있다.
④ (가)의 '징그러운 바람'은 미래에 닥칠지 모를 모진 상황을, (다)의 '미친 바람'은 삶에서 지켜야 할 소중한 존재를 상징하고 있다.
⑤ (가)의 '꽃'은 죄 없이 '요런 자세'로 삶에 순응하는 존재를, (다)의 '바위'는 지나온 과거를 '망각'하며 삶을 회의하는 존재를 표현하고 있다.

**71** 〈보기〉를 참고하여 [A]~[E]를 이해한 내용으로 적절하지 <u>않은</u> 것은?

─────[보기]─────

　이 시의 화자는 '우포늪'에서 왁새 울음소리를 들으며, 득음을 못한 채 생을 마감했던 한 '소리꾼'을 상상적으로 떠올리고 있다. 화자는 왁새 울음소리에서 고단하고 외로웠던 소리꾼이 평생을 추구했던 절창을 연상함으로써, 우포늪의 생명력이 소리꾼의 영혼을 절창으로 이끌었음을 표현하고자 했다. 자연과 인간이 어우러진 세계에서 창조되는 예술의 경지와 우포늪의 아름다움을 조화롭게 형상화한 것이다.

① [A] : 화자는 왁새 울음소리와 우포늪의 풍경을 연결 지어 소리꾼이 추구했던 절창을 상상적으로 떠올리고 있다.

② [B] : 득음의 경지를 찾아 떠돌았던 소리꾼의 얼굴에 묻어나는 삶의 비애를 감각적으로 표현하고 있다.

③ [C] : 소리꾼이 평생 추구했던 절창을 우포늪에서 찾아낸 화자의 정서를 드러내고 있다.

④ [D] : 화자가 상상적으로 떠올린 세계를 우포늪 일대의 현실적 공간과 결부하고 있다.

⑤ [E] : 날아가는 왁새와 완창을 한 소리꾼을 대비하여 자연과 인간이 통합된 예술의 형상을 사실적으로 보여 주고 있다.

**72** 〈보기〉는 '선생님'의 안내에 따라 학생들이 (다)를 감상한 내용이다. ⓐ~ⓔ 중 적절하지 <u>않은</u> 것은? [3점]

─────[보기]─────

**선생님** : 수필은 글쓴이의 성찰을 보여 준다는 점에서 반성적이고, 깨달음을 전한다는 점에서 교훈적이며, 인생과 사회에 대한 인식과 판단을 드러낸다는 점에서 비판적인 특징을 갖습니다. 글쓴이의 발상과 통찰은 제재에서 새로운 의미를 이끌어 내고, 글쓴이의 문체는 내용을 효과적으로 표현하는 데 활용되지요. 그러면 이 작품에 드러난 수필의 특징을 확인해 봅시다.

**학생 1** : 가을의 풍경을 효과적으로 그려 내기 위해 감각적인 문체를 활용하고 있음을 알 수 있어요. ···························· ⓐ

**학생 2** : '예술의 극치'와 '장하지도 아니한' 예술을 대비하는 데에서, 인간에 대한 비판적 인식을 엿볼 수 있어요. ························· ⓑ

**학생 3** : '오심암'의 경치에서 '겸손한 자연', '순결한 자연'을 이끌어 내는 데에서, 대상의 새로운 의미에 대한 통찰을 엿볼 수 있어요. ·········· ⓒ

**학생 4** : 인간의 삶에서 자연이 '티끌'처럼 작아 보인다고 한다는 점에서, 사색을 통해 교훈을 얻는 수필의 특성을 확인할 수 있어요. ·········· ⓓ

**학생 5** : '먼지 낀 의복'을 보고 '몸뚱어리'와 '마음'에 대한 부끄러움을 떠올린 데에서, 스스로를 돌아보는 반성적인 태도를 확인할 수 있어요. ··· ⓔ

① ⓐ　　② ⓑ　　③ ⓒ　　④ ⓓ　　⑤ ⓔ

왕비가 웃으며 말했다.

"부인이 이곳에 오긴 오겠지만 아직 때가 멀었소. 남해 도인이 그대와 인연이 있으니 잠깐 의탁하게 될 것이오. 이 또한 하늘의 뜻이니라."

사 씨가 여쭈었다.

"남해라면 바다 끝으로 알고 있사옵니다. 첩에게는 탈 것이 없고 돈도 없는데 어찌 갈 수 있겠나이까?"

왕비가 말했다.

"조만간 길을 인도하는 자가 있을 것이니 조금도 염려 마라."

이윽고 좌우에 앉아 있는 부인들을 하나하나 소개했다. 위국 부인 장강*, 한나라의 반첩여* 등이 있었다. 사 씨가 다소곳이 일어나 머리를 조아리고 말했다.

"뜻밖에도 모든 부인님의 얼굴을 오늘 뵙게 되니 크나큰 영광입니다."

드디어 하직을 하고 여동의 인도를 받아 내려오는데, 걷었던 ㉠주렴을 내리는 소리가 요란하였다. 이 소리에 놀라 몸을 일으키니 유모와 시비가 부인이 깨신다 하고 부르거늘 사 씨가 일어나 앉으니 이미 날이 저물었다. 멍한 정신이 한참 만에야 진정되었다. 입에서는 향기로운 냄새가 났고 왕비께서 하시던 말씀이 뚜렷했다. 유모에게 물었다.

"내가 어디 갔다 왔느냐?"

유모와 시비가 대답했다.

"부인께서 기절하는 바람에 소인들이 간호하여 이제야 깨어나셨는데 어디를 가셨단 말입니까?"

사 씨가 조금 전에 있었던 일을 다 말하고 ㉡대나무 수풀을 가리키며 말했다.

"분명히 저 길로 갔다 왔으니 어찌 꿈이라 하리오. 믿지 못하겠다면 나를 따라오라."

그러고는 길을 찾아 대나무 수풀 뒤쪽으로 가니 사당이 하나 있었다. 현판이 걸려 있는데 황릉묘*라고 쓰여 있었다. 분명 아황과 여영, 두 왕비의 묘로 ⓐ꿈에서 본 것과 같았다. 사당 안으로 들어가 살펴보니 두 왕비의 ㉢초상화가 걸려 있는데 꿈에서 본 것과 같았다. 이에 사 씨가 향을 피우고 절하며 말했다.

"첩이 왕비의 가르치심을 입어 훗날 좋은 시절을 만나서 영화를 누리게 된다면 어찌 그 은혜를 잊으리까?"

분향을 마친 후 앉아서 신세를 생각하니 슬픔이 밀려왔다. 시비를 시켜 묘지기 집에 가서 밥을 구해 와서는

세 사람이 나누어 먹었다. 이윽고 사 씨가 말했다.

"의지할 곳이 없으니 신령이 나를 놀리시는구나."

앞길이 막막하여 어쩔 줄 모르는 중 벌써 달이 밝았다. 세 사람이 방황하고 있는데 묘문으로 두 사람이 들어와 물었다.

"어려움을 만나 물에 빠지려 하시는 부인이 아니옵니까?"

사 씨가 눈을 들어 자세히 보니 한 명은 여승이고 다른 한 명은 여동이었다. 크게 놀라며 말했다.

"어찌 우리를 아는가?"

여승이 합장하고 말했다.

"우리는 동정 군산에 사는 사람인데 조금 전 꿈결에 관음보살께서 어진 여자가 화를 만나 날이 저물어 갈 곳을 몰라 방황하니 급히 황릉묘로 가서 구하라고 하셨습니다. 이에 ㉣배를 저어 와서 부인을 만나게 되었습니다."

(중략)

한편 한림학사 유연수는 유배지에 도착하니 바람이 거세고 **인심이 사나워** 갖은 고초를 겪게 되었다. 외로운 가운데 이러한 고생을 하니 **예전의 총명함**이 점점 돌아와 뉘우치며 말했다.

"사 씨가 동청을 꺼렸는데 이제 와서 생각하니 그 말이 옳도다. 어진 아내를 의심했으니 무슨 면목으로 조상을 대하리오."

밤낮 이런 생각을 하면서 탄식하니 병에 걸리고 말았다. 이곳에는 마땅한 의약이 없었다. 병세는 날로 심해져 죽을 지경에 이르렀다. 하루는 흰 옷 입은 노파가 ㉤병(瓶)을 들고 와서 말했다.

"상공의 병이 위독하니 이 물을 먹으면 좋아지리라."

한림이 물었다.

"그대는 누구인데 유배당한 사람의 병을 구하시오?"

노파가 말했다.

"나는 동정 군산에 사는 사람이로다."

그러고는 병을 뜰 가운데 놓고 사라졌다. 한림이 놀라 일어나니 ⓑ꿈이었다. 이상하게 생각했는데 다음 날 아침 하인이 뜰을 청소하다가 들어와 고했다.

"뜰에서 물이 솟아나옵니다."

한림이 이상하게 여겨 창을 열고 보니 꿈에 노파가 병을 놓았던 자리였다. 물을 한 그릇 떠오라고 해서 마시니 맛이 달고 상쾌한 것이 마치 **단 이슬**을 먹은 것 같았다. 원래 행주는 수질이 좋지 않은 곳이다. 한림의 병도 그렇게 좋지 않은 물 때문에 생긴 것이었다. 그런데 이 물

을 먹은 즉시 병세가 사라지고 예전의 얼굴과 기력을 회
복하였다. 그것을 본 사람들이 모두 신기하게 여겼다. 이
후로도 그 샘은 마르지 않아 마을 사람들이 나누어 마셨
다. 이로 인해 물로 인한 병이 없어지자 사람들이 그 샘
을 학사정이라고 하였는데 **지금까지 전해진다.**

-김만중, 「사씨남정기」-

* 장강 : 춘추 전국 시대 위나라 장공의 아내.
* 반첩여 : 한나라 성제의 후궁.
* 황릉묘 : 순임금의 두 왕비인 아황과 여영을 추모하기 위해 세운
  사당.

**73** 윗글의 내용에 대한 이해로 적절하지 <u>않은</u> 것은?

① '사 씨'는 꿈에서 '왕비'로부터 '남해 도인'과 인연이 있
  어 바다 끝으로 향할 여정이 예비되어 있음을 들었다.

② '사 씨'가 기절한 사이 '유모'는 황릉묘에 가서 '사 씨'를
  깨울 방도를 찾아 왔다.

③ '사 씨'는 묘에서 만난 '여승'의 말을 통해 여승 일행이
  찾아 온 연유를 알게 되었다.

④ '유 한림'은 전에 '동청'을 꺼렸던 '사 씨'의 말을 받아들
  이지 않고 '사 씨'를 의심했었다.

⑤ '마을 사람들'은 '유 한림'의 사례를 보고 수질 탓에 생
  긴 병을 없앨 방도를 찾을 수 있었다.

**74** ㉠~㉤에 대한 설명으로 적절하지 <u>않은</u> 것은?

① ㉠ : '사 씨'가 꿈에서 깨게 되는 소리로, '사 씨'가 비현
  실 세계에서 현실 세계로 돌아오게 되는 계기이다.

② ㉡ : '사 씨'가 꿈에서 보았던 곳과 같은 장소로, 비현실
  적 상황과 현실적 상황의 경계를 모호하게 만드는 공
  간이다.

③ ㉢ : '사 씨'가 꿈에서 보았던 왕비의 모습을 환기하는
  물건으로, 초월적 존재에 대한 '사 씨'의 믿음을 드러
  내는 소재이다.

④ ㉣ : '사 씨'가 꿈에서 계시를 받아 사전에 준비한 수단
  으로, '사 씨'가 두 왕비와 재회할 수 있도록 돕는 매개
  체이다.

⑤ ㉤ : '유 한림'이 꾼 꿈에 등장한 물건으로, '유 한림'이
  처한 위급한 상태를 호전시킬 방도가 생기게 하는 단
  초이다.

**75** ⓐ와 ⓑ에 대한 이해로 가장 적절한 것은?

① ⓐ와 ⓑ에는 모두 꿈을 꾼 주체를 돕는 역할을 하는
  존재가 출현한다.

② ⓐ와 ⓑ에는 모두 꿈을 꾼 주체가 만나고 싶어 하던
  역사적 인물이 등장한다.

③ ⓐ와 ⓑ에는 모두 꿈을 꾼 주체가 처한 고난이 심화될
  것임을 암시하는 징표가 제시된다.

④ ⓐ에는 ⓑ에서와 달리, 꿈을 꾼 두 주체가 공유하고
  있는 과거의 기억이 나타나고 있다.

⑤ ⓑ에는 ⓐ에서와 달리, 꿈을 꾼 주체의 출생 내력이
  제시되어 있다.

> ──────[보기]──────
>
> 　18세기의 선비인 이양오는 「사씨남정기」를 읽고 「사씨남정기 후서」를 썼다. 그는 이 소설이 착한 사람은 복을 받고 악한 사람은 벌을 받는다는 '복선화음'의 이치를 담고 있다고 평가한다. 다만 과오가 있는 사람이라도 잘못을 깨닫고 착한 데로 나아가는 과정에서 재앙이 상서로움으로 바뀌는 경우에도 주목한다. 한편 꿈속에서 벌어지는 일이나 기이한 만남이 나타나는 등 허구적인 이야기라도 사람의 일에 연관된다면 이를 두고 괴이하거나 맹랑한 것이라고 치부할 수만은 없다고 평한다. 그러면서 "말이 교화에 관련되면 괴이해도 해롭지 않고 일이 사람을 감동시키면 괴이하고 헛되어도 기뻐할 만하네." 라는 김시습의 시 구절을 인용하였다.

① 유 한림이 유배지에서 얻은 질병이 '단 이슬'과 같은 물로써 치료된다는 설정에서, 유 한림의 재앙이 상서로움으로 전환되는 양상을 엿볼 수 있겠군.

② 유 한림이 유배지에서 고초를 겪는 가운데 '예전의 총명함'을 회복하는 장면에서, 과오가 있는 사람이라도 잘못을 깨닫고 착한 데로 나아가는 과정을 엿볼 수 있겠군.

③ 사 씨의 꿈에서 예견된 인도자와의 인연이 '여승'의 꿈에서 계시된 바와 조응하여 '여승' 일행이 사 씨를 찾은 장면에서, 기이한 만남이 이루어지는 양상을 엿볼 수 있겠군.

④ 학사정이 생기게 된 유래가 신이하지만 사람들에게 받아들여져 '지금까지 전해진다'고 한 점에서, 허구적인 이야기일지라도 사람의 일에 연관되므로 괴이한 것만으로는 볼 수 없겠군.

⑤ 유 한림에게 갖은 고초를 줄 만큼 '인심이 사나웠'던 행주 사람들이 샘에 얽힌 이야기를 듣고 복선화음의 이치를 깨달은 데서, 그 이야기를 맹랑한 것으로 치부해서는 곤란하다는 점을 알 수 있겠군.

[A]

"누가 돈 쓰는 것을 아랑곳하랬나? 누가 저더러 돈을 쓰라니 걱정인가? 내 돈 가지고 내가 어떻게 쓰든지……."

"아버지께서 하시는 일에……."

조금 뜸하여지며 부친이 쌈지를 풀어서 담배를 담는 동안에 상훈이는 나직이 말을 꺼냈다.

"……돈 쓰신다고만 하는 것도 아닙니다마는 어쨌든 공연한 일을 만들어 내는 사람들이 첫째 잘못이란 말씀입니다."

"무에 어째 공연한 일이란 말이냐?"

부친의 어기는 좀 낮추어졌다.

"대동보소만 하더라도 족보 한 질에 오십 원씩으로 매었다 하니 그 오십 원씩을 꼭꼭 수봉하면 무엇 하자고 삼사천 원이 가외로 들겠습니까?"

"삼사천 원은 누가 삼사천 원 썼다던?"

㉠영감은 아들의 말이 옳다고는 생각하였으나 실상 그 삼사천 원이란 돈이 족보 박이는 데에 직접으로 들어간 것이 아니라 ×× 조씨로 무후(無後)한 집의 계통을 이어서 일문일족에 끼려 한즉 군식구가 늘면 양반에 진국이 묽어질까 보아 반대를 하는 축들이 많으니까 그 입들을 씻기기 위하여 쓴 것이다. 하기 때문에 난봉자식이 난봉 피운 돈 액수를 줄이듯이 이 영감도 실상은 한 천 원 썼다고 하는 것이다. 중간의 협잡배는 이런 약점을 노리고 우려 쓰는 것이지만 이 영감으로서 성한 돈 가지고 이런 병신 구실해 보기는 처음이다.

"그야 얼마를 쓰셨던지요. 그런 돈은 좀 유리하게 쓰셨으면 좋겠다는 말씀입니다."

'재하자 유구무언(在下者 有口無言)'의 시대는 지났다 하더라도 노친 앞이라 말은 공손했으나 속은 달았다.

"어떻게 유리하게 쓰란 말이냐? 너같이 오륙천 원씩 학교에 디밀고 제 손으로 가르친 남의 딸자식 유인하는 것이 유리하게 쓰는 방법이냐?"

아까부터 상훈이의 말이 화롯가에 앉아서 폭발탄을 만지작거리는 것 같아서 위태위태하더라니 겨우 간정되려던 영감의 감정에 또 불을 붙여 놓고 말았다.

상훈이는 어이가 없어서 얼굴이 벌게진다

[중략 부분의 줄거리] 조 의관(덕기의 조부)이 죽고, 덕기가 재산 상속자가 된다. 조 의관의 유산 목록에 정미소가 없었다는 것을 안 상훈은 정미소를 차지하려고 한다. 한편 상훈은 세간 값을 적은 종이들을 덕기에게 보내 값을 치르라고 한다.

"어제 그건 봤니?"

부친이 비로소 말을 붙이나 아들은 다음 말을 기다리고 가만히 앉았다.

"치를 수 없거든 거기 두고 가거라."

역정스러운 목소리나 여자 손들이 많은데 구차스럽게 세간 값으로 부자 충돌을 하는 꼴을 보이기 싫기 때문에 ⓐ아들의 입을 미리 막으려는 것이다.

"안 치러 드린다는 것은 아닙니다마는……."

덕기는 너무 오래 잠자코 있을 수 없어서 말부리만 따고 또 가만히 고개를 떨어뜨리고 앉았다. 그러나 복통이 터져서 속은 끓었다. 속에 있는 말이나 시원스럽게 하고싶으나 부친 앞에서, 더구나 조인광좌(稠人廣座)* 중에서 그럴 수도 없다.

"이 판에 용이 이렇게 과하시면 어떡합니까. 여간한 세간 나부랭이야 저 집에 안 쓰고 굴리는 것만 갖다 놓으셔도 넉넉할 게 아닙니까?"

안방 치장 하나에 천여 원 돈을 묶어서 들인다는 것은 생돈 잡아먹는 것 같고, 누가 치르든지 간에 어려운 일이다.

"이 판이 무슨 판이란 말이냐? 그 따위 아니꼬운 소리 할 테거든 그거 내놓고 어서 가거라. 안 쓰고 굴리는 세간은 너나 쓰렴!"

영감은 자식에게라도 좀 점해서* 그런지 화만 버럭버럭 내고 호령이다.

"할아버지께서 산소에 돈 쓰신다고 반대하시던 걸 생각하시기로……."

"무어 어째? 널더러 먹여 살리라니? 걱정 마라. 아니꼽게 네가 무슨 총찰이냐? 그러나 정미소 장부는 이따라도 내게로 보내라."

[B]

부친은 이 말을 하려고 트집을 잡는 것이었다.

"정미소 아니라 모두 내놓으라셔도 못 드릴 것은 아닙니다마는, 늘 이렇게만 하시면야 어디 드릴 수 있겠습니까?"

"드릴 수 있고 없고 간에, 내 거는 내가 찾는 게 아니냐?"

"왜 그렇게 말씀을 하셔요. 제게 두시면 어디 갑니까?"

"이놈 불한당 같은 소리만 하는구나? 돈 천도 못

　　되는 것을 치러 줄 수 없다는 놈이 무어 어째?”
　　부친은 신경질이 일어났는지 별안간 달려들더니
주먹으로 빰을 갈기려는 것을 덕기가 벌떡 일어서
니까 주먹이 어깨에 맞았다. 병적인지 벌써 망녕인
지는 모르겠으나 점점 흥분하게 해서는 아니 되겠
다 하고 마루로 피해 나와 버렸다. 그러나 금시로
정이 떨어지는 것 같고, 그 속에 앉은 부친은 딴 세
상 사람같이 생각이 들었다. ⓛ신앙을 잃어버리고
사회적으로 활약할 야심이나 희망까지 길이 막히
고 보면야, 생활이 거칠어 가는 수밖에는 없을 것이
라고 동정도 하는 한편인데, 이미 신앙을 잃어버린
다음에야 가면을 벗어 버리고 파탈하고 나서는 것
도 오히려 나은 일이라고도 하겠으나, 노래(老來)
에 이렇게도 생활이 타락하여 갈까 하고, 덕기는 부
친에게 반항하기보다도 다만 혼자 탄식을 하는 것
이었다.

-염상섭, 「삼대」-

* 조인광좌 : 여러 사람이 빽빽하게 많이 모인 자리.
* 점해서 : 부끄럽고 미안해서.

## 77 윗글에 대한 이해로 적절하지 <u>않은</u> 것은?

① 상훈의 부친은 족보를 만드는 데에 ‘한 천 원’이 들었
다며 다행이라 여기고 있다.
② 상훈의 부친은 상훈이 ‘오륙천 원’을 학교에 ‘디밀’었던
것은 돈을 ‘유리하게’ 쓴 것이 아니라고 본다.
③ 상훈은 자신의 부친이 ‘산소’에 ‘돈’을 쓰는 것에 동의
하지 않았다.
④ 덕기는 ‘세간 값’으로 치러야 하는 돈을 낭비라고 생각
한다.
⑤ 덕기는 집안의 재산이 낭비되지 않게 하기 위해 ‘정미
소 장부’를 내놓지 않으려 한다.

## 78 윗글의 맥락을 고려할 때, ⓐ의 의미로 가장 적절한 것은?

① 아들에게 말을 돌려서 하려는 것이다.
② 아들의 말에 놀라움을 표시하려는 것이다.
③ 아들과 자신의 의견을 같게 하려는 것이다.
④ 아들에게 하고자 했던 말을 참으려는 것이다.
⑤ 아들이 말하고자 하는 것을 못 하게 하려는 것이다.

## 79 [A], [B]에서 각각 드러나는 부자간의 갈등에 대한 이해로 적절하지 <u>않은</u> 것은?

① [B]와 달리 [A]에서는 아버지가 아들의 치부를 들추어
내며 책망한다.
② [A]와 달리 [B]에서는 아들이 아버지를 동정한다.
③ [A]와 달리 [B]에서는 아버지가 자신의 잘못을 아들의
탓으로 돌린다.
④ [A]와 [B] 모두에서 아버지는 아들의 간섭을 못마땅해
한다.
⑤ [A]와 [B] 모두에서 아들은 자신과 생각이 다른 아버
지의 행위를 문제 삼는다.

## 80 〈보기〉를 바탕으로 ㉠과 ㉡을 설명한 내용으로 가장 적절한 것은? [3점]

━━━━━[보기]━━━━━

　「삼대」의 서술자는 대체로 특정 인물의 시각에 의
존하여 다른 인물을 서술 대상으로 포착한다. 이때
그 특정 인물은 장면에 따라 선택되며, 서술자는 특
정 인물의 시각을 통해 서술 대상이 되는 인물들의
심리를 보여 준다. 이러한 서술 방식으로 서술자는
특정 인물이 지닌 의식과 행동 사이의 인과관계, 다
른 인물과의 관계에서 겪는 심리적 갈등을 통해 인
물의 성격과 그에 대한 평가를 복합적으로 드러낸다.

① ㉠에서는 서술자가 선택한 특정 인물이 영감에서 아
들로 달라지는 반면, ㉡에서는 덕기로 고정되어 있다.
② ㉠에서는 서술 대상인 상훈의 의식과 행동 사이의 인
과관계가, ㉡에서는 덕기가 포착한 상훈의 심리적 갈
등이 드러난다.
③ ㉠에서는 영감의, ㉡에서는 덕기의 시각에서 서술 대
상인 상훈을 낮게 평가하며 그와의 심리적인 갈등을
드러내고 있다.
④ ㉠에서는 서술 대상인 상훈에 대한 영감의 평가가 달
라지는 반면, ㉡에서는 서술 대상인 상훈에 대한 덕기
의 평가가 달라지지 않는다.
⑤ ㉠에서는 서술자가 선택한 특정 인물인 영감의 성격
이, ㉡에서는 서술자가 선택한 특정 인물인 덕기와 서
술 대상인 상훈의 성격이 드러난다.

[81~83] 다음 글을 읽고 물음에 답하시오.　　2019.11 [33~35]

— (해설 p.156) —

(가)

　검정 포대기 같은 까마귀 울음소리 고을에 떠나
지 않고　　　　　　　　　　　　　　　　[A]
　밤이면 부엉이 괴괴히 울어
　남쪽 먼 포구의 백성의 순탄한 마음에도
　상서롭지 못한 세대의 어둔 바람이 불어오던
　-융희(隆熙) 2년!

　그래도 계절만은 천 년을 다채(多彩)하여
　지붕에 박넌출 남풍에 자라고　　　　　[B]
　푸른 하늘엔 석류꽃 피 뱉은 듯 피어
　나를 잉태한 어머니는
　짐짓 어진 생각만을 다듬어 지니셨고
　젊은 의원인 아버지는　　　　　　　　[C]
　밤마다 사랑에서 저릉저릉 글 읽으셨다

　왕고못댁 제삿날 밤 열나흘 새벽 달빛을 밟고
　유월이가 이고 온 제삿밥을 먹고 나서　　[D]
　희미한 등잔불 장지 안에
　번문욕례 사대주의의 욕된 후예로 세상에 떨어졌나니

　신월(新月)같이 슬픈 제 족속의 태반을 보고
　내 스스로 고고(呱呱)*의 곡성(哭聲)*을 지른 것
이 아니련만　　　　　　　　　　　　　[E]
　명(命)이나 길라 하여 할머니는 돌메라 이름 지
었다오

　　　　　　　　　-유치환, 「출생기(出生記)」-

* 고고 : 아이가 세상에 나오면서 처음 우는 울음소리.
* 곡성 : 사람이 죽어 슬퍼서 크게 우는 소리.

(나)

　**샤갈의 마을에는 삼월에 눈이 온다.**
　**봄을 바라고 섰는 사나이**의 관자놀이에
　**새로 돋은 정맥이**
　바르르 떤다.
　바르르 떠는 사나이의 관자놀이에
　새로 돋은 정맥을 어루만지며

　눈은 수천수만의 **날개**를 달고
　**하늘**에서 내려와 샤갈의 마을의
　**지붕과** 굴뚝을 덮는다.
　삼월에 눈이 오면
　샤갈의 마을의 쥐똥만 한 **겨울 열매**들은
　다시 **올리브빛**으로 물이 들고
　밤에 **아낙**들은
　그해의 제일 아름다운 불을
　**아궁이**에 지핀다.

　　　　　　　　-김춘수, 「샤갈의 마을에 내리는 눈」-

**81** (가)와 (나)의 공통점으로 가장 적절한 것은?

①　시간과 관련된 표지를 제시하여 시적 분위기를 조성
　　하고 있다.
②　과거 시제를 사용하여 서사적 사건을 들려주는 형식
　　을 취하고 있다.
③　시적 상황의 객관적 관찰에 초점을 둠으로써 주관적
　　의미의 서술을 배제하고 있다.
④　암울하고 비관적인 정서를 내포한 시어를 사용하여
　　비극적 상황을 고조하고 있다.
⑤　자연물을 살아 있는 대상으로 묘사하여 화자가 느끼
　　는 이국적인 세계의 모습을 담아내고 있다.

**82** [A]~[E]에 대한 이해로 적절하지 <u>않은</u> 것은? [3점]

①　[A] : 청각의 시각화를 통해 음산한 시적 상황을 조성
　　하고 있다.
②　[B] : 시대 상황과 대비되는 자연의 모습을 통해 생명
　　력을 표현하고 있다.
③　[C] : 대구 형식을 활용하여 화자의 출생을 앞둔 집안
　　의 분위기를 드러내고 있다.
④　[D] : 화자가 태어난 날의 상황을 구체적으로 서술하여
　　출생에 대한 감계를 드러내고 있다.
⑤　[E] : 울음소리에서 연상되는 상반된 의미와 연결하여
　　화자의 이름이 지어진 이유를 제시하고 있다.

**83** 〈보기〉를 참고하여 (나)를 감상한 내용으로 적절하지 않은 것은?

[보기]

　김춘수는 샤갈의 그림 「나와 마을」에서 받은 느낌을 시로 표현함으로써 상호 텍스트성을 구현했다. 올리브빛 얼굴을 가진 사나이와 당나귀가 서로 마주 보고 있는 그림에서 영감을 받은 시인은, "특히 인상 깊었던 것은 커다란 당나귀의 눈망울이었고, 그 당나귀의 눈망울 속에 들어앉아 있는 마을이었다."라고 느낌을 말했다. 또한 밝고 화려한 색감을 지닌 이질적 이미지들의 병치로 이루어진 샤갈의 초현실주의적 그림에 대한 감각적 인상을, 자신의 고향 마을에 투사하여 다양한 이미지의 병치로 변용했다. 이는 봄을 맞이한 생동감과 고향 마을의 따뜻한 풍경에 대한 그리움을 형상화한 것이라고 할 수 있다.

① '샤갈의 마을'은 시인이 그림 속 마을 풍경에서 받은 인상을 자신의 고향 마을에 투사하여 표현한 것이군.
② '삼월에 눈', '봄을 바라고 섰는 사나이', '새로 돋은 정맥' 등은 시인이 그림 속 이질적 이미지들의 병치를 다양한 이미지들의 병치로 변용하여 봄의 생동감을 형상화한 것이군.
③ '날개', '하늘', '지붕과 굴뚝' 등은 시인이 밝고 화려한 색감을 지닌 그림 속 마을의 모습을 공감각적 이미지의 풍경으로 변용한 것이군.
④ '올리브빛'은 시인이 그림 속에서 영감을 받은 것으로 '겨울 열매들'을 물들이는 따뜻한 봄의 이미지를 표상한 것이군.
⑤ '아낙', '아궁이' 등은 시인이 초현실주의적 그림 속 풍경에 대한 감각적 인상을 고향 마을을 떠올리게 하는 이미지로 전이시킨 것이군.

——— (해설 p.162)

(가)
산촌(山村)에 눈이 오니 돌길이 뭇쳐셰라
시비(柴扉)를 여지 마라 날 츠즈리 뉘 이스리
밤듕만 일편명월(一片明月)이 긔 벗인가 ㅎ노라
〈1수〉

(나)
섯ㄱ래 기나 즈르나 기동이 기우나 트나
수간모옥(數間茅屋)*을 죽은 줄 웃지 마라
어즈버 만산 나월(滿山蘿月)*이 다 니 거신가 ㅎ노라
〈8수〉

(다)
한식(寒食) 비 온 밤에 봄빗치 다 퍼졋다
무정(無情)ㅎ 화류(花柳)도 째를 아라 픠엿거든
엇더타 우리의 님은 가고 아니 오는고
〈17수〉

(라)
어지밤 비 온 후(後)에 석류(石榴)곳지 다 픠엿다
부용 당반(芙蓉塘畔)*에 수정렴(水晶簾)을 거더 두고
눌 향한 깁흔 시름을 못내 푸러 ㅎ노라
〈18수〉

(마)
창(窓)밧긔 워석버석 님이신가 이러 보니
혜란 혜경(蕙蘭蹊徑)*에 낙엽(落葉)은 무스 일고
어즈버 유한ㅎ 간장(肝腸)이 다 끈칠까 ㅎ노라
〈19수〉
　　　　　　　　　　－신흠, 「방옹시여(放翁詩餘)」－

* 수간모옥 : 방이 몇 칸 되지 않는 작은 초가.
* 만산 나월 : 산에 가득 자란 덩굴 풀에 비친 달.
* 부용 당반 : 연꽃이 피어 있는 연못가.
* 혜란 혜경 : 난초가 자라난 지름길.

**84** 윗글의 표현상 특징에 대한 설명으로 가장 적절한 것은?

① (가)에서는 대상과의 문답을 통해 시상을 심화하고 있다.
② (나)에서는 과거와 현재를 대비하여 화자의 삶의 태도를 암시하고 있다.
③ (다)에서는 선경후정의 전개 방식을 통해 화자의 내면을 드러내고 있다.
④ (라)에서는 대상에 감정을 이입하여 심리적 변화를 우회적으로 표출하고 있다.
⑤ (마)에서는 대상을 의인화하여 대상이 지닌 속성들을 점층적으로 나열하고 있다.

**85** 〈보기〉의 ⓐ, ⓑ를 고려하여 (가)~(라)를 이해한 내용으로 가장 적절한 것은?

[보기]

「방옹시여」는 선조(宣祖) 사후에 정계에서 밀려난 신흠이 은거 상황을 배경으로 창작한 시조 작품을 모아 놓은 것이다. 여기에 수록된 30수는 몇 개의 작품군으로 분류될 수 있다. 예컨대 ⓐ 은자로서의 자족감이나 자긍심을 표현한 작품군, ⓑ '님'으로 표상되는 선왕에 대한 그리움과 연모의 정을 표현한 작품군 등이 있다.

① (가)의 '눈'은 ⓐ와 연관된 시어로, 화자의 은거가 자발적으로 이루어졌음을 알려 주는 단서이다.
② (나)의 '수간모옥'은 ⓐ와 연관된 시어로, 화자의 답답한 심정이 투영되어 있는 대상이다.
③ (나)의 '만산 나월'은 ⓑ와 연관된 시어로, '님'이 부재한 상황을 절감하게 하는 소재이다.
④ (다)의 '봄빗'은 ⓑ와 연관된 시어로, '님'에 대한 화자의 그리움을 촉발하는 계기이다.
⑤ (라)의 '부용 당반'은 ⓑ와 연관된 시어로, 화자가 연모하는 대상과 함께 지내는 공간이다.

**86** (마)와 〈보기〉를 비교하여 감상한 내용으로 적절하지 않은 것은? [3점]



① (마)의 초장과 〈보기〉의 초장에서는 모두 감각적 자극이 착각을 불러일으키는 원인이 되고 있군.

② (마)의 초장과 〈보기〉의 초장에서는 모두 창밖의 변화에 즉각적으로 반응하는 화자의 모습이 그려지고 있군.

③ (마)의 중장과 〈보기〉의 중장에서는 모두 화자의 착각을 불러일으킨 대상이 확인되고 있군.

④ (마)의 중장에서는 착각을 야기한 대상에 대한 묘사가, 〈보기〉의 중장에서는 착각을 야기한 대상에 대한 비판이 제시되고 있군.

⑤ (마)의 종장에서는 화자의 내면적 고통을 토로하고 있고, 〈보기〉의 종장에서는 타인의 평가와 조소를 의식하고 있군.

— 해설 p.166 —

**(가)**

**[앞부분 줄거리]** 전우치는 구미호로부터 천서를 빼앗아 술법을 배웠으나 구미호가 전우치를 속여 천서의 일부를 가져간다.

우치 대노 왈,

"흉악한 요물이 나를 업수이 여겨 이같이 속이니 내 이제 여우굴에 가 책을 찾고 요괴를 소멸하리라."

하고 방망이와 송곳을 가지고 여우 굴로 가니, 산천이 깊고 길이 아득하여 찾을 수 없어 도로 돌아와 생각하되, '이 요괴 변화가 예측하기 어려우니 가히 이곳에 오래 머물지 못하리라.' 하고 서책을 수습하여 돌아오니, 대저 천서 상권은 부적을 붙인 까닭에 빼앗아 가지 못함이러라.

[A] 우치 집에 돌아와 천서를 보아 못 할 술법이 없으매, 과거에 뜻이 없어 스스로 생각하되, '내 벼슬하여 모친을 봉양하려 하면 자연히 더디리라.' 하고 이에 한 계교를 생각하여 몸을 흔들어 변하여 선관이 되어 오색구름을 타고 하늘에 올라 바로 궐내로 들어가 대명전에 자리하니 서기가 공중에 어리었으니 궁중이 황홀했다. 이에 조정의 신하들이 당황하여 갈팡질팡하고 임금께 아뢰기를,

"고금에 드문 괴변이라."

하니, 왕이 대경하사 여러 신하를 모아 의논하시더니, 우치가 운무 중에 서고 청의동자가 외쳐 왈,

"고려국 왕은 옥황상제 전교를 들으라."

하거늘, 왕이 명하사 바닥에 깔 자리와 향로를 올려 놓은 상을 갖춰 놓게 하고 나아가 보니 한 선관이 금관 홍포로 동자를 좌우에 세우고 오색구름 중에 싸여 단정히 섰거늘, 왕이 네 번 절한 후 땅에 엎드리시니, 우치 왈,

"하늘의 궁궐이 오래되어 낡고 헐었기에 이제 수리하고자 하여 인간 여러 나라에 뜻을 전하여 모든 물건을 다 바쳤으나 다만 황금 들보 하나가 없는지라. 옥황상제께서 그대 나라에 황금이 유족함을 아시고 이제 뜻을 전하사 칠 월 칠 일 오시에 상량하리니, 그날 미쳐 대령하되 길이 십 척 오 촌이요, 너비 삼 척 이 촌, 만일 그날 미치지 못하면 큰 변을 내리우시리라."

하고 말을 마치자 선악 소리 은은하며 오색구름이 남녘으로 향하여 가더라.

(중략)

우치 무안하여 달아나고자 하더니 화담이 알고 변신하여 삵이 되어 달려드니, 우치가 보라매 되어 날려 한즉, 화담이 또한 청사자가 되어 우치를 물어 쓰러뜨리고 크게 꾸짖어 왈,

"너 같은 요술이 임금을 속이고 세상을 희롱하니 어찌 죽이지 아니하리오?"

우치 애걸 왈,

"선생의 도술이 높으심을 모르고 존엄을 범하였으니 죄당만사(罪當萬死)이오나, 소생에게 노모가 있사오니 원컨대 선생은 잔명을 빌리소서."

화담 왈,

"내 이번은 살리거니와 다시 그런 버릇없는 일을 행치 말고 그대 모친을 봉양하다가 그대 모친이 돌아가신 후에 나와 영주산에 들어가 선도(仙道)를 닦음이 어떠하뇨?"

우치 왈,

"선생의 교훈대로 봉행하리이다."

하고 인하여 하직한 후에 집에 돌아와 요술을 행치 아니하고 모친을 봉양하더니, 세월이 여류하여 우치 모부인이 졸하니 우치 예를 갖추어 선산에 안장하고 삼 년을 받들더니, 하루는 화담이 왔거늘, 우치가 황망히 나와 맞아 인사를 마치고 자리에 앉은 후에 화담 왈,

"그대와 약속한 일이 있으매 그대 상중에 있는 것을 알고 왔거늘, 이제 그 산에 있는 구미호를 잡아 돌상자에 가두고 그 굴에 불 지름이 어떠하뇨?"

우치 왈,

"이제 선생이 그 여우를 없이하시면 진실로 온 나라의 아주 다행스러운 일이 아닐까 하나이다."

화담 왈,

"내 이제 그대를 데려가려 하나니, 행장을 꾸리거라."

하거늘, 우치 크게 기뻐하며 재산을 흩어 노복을 주며 왈,

"나는 이제 영원히 이별하려 하니, 너희들은 탈 없이 있어 나의 조상의 제사를 받들라."

하고 조상의 무덤에 하직한 후에 화담을 모시고 구름을 타고 영주산으로 향하니, 그 뒷일은 알지 못하니라.

                 -작자 미상, 「전우치전」-

(나)
S#1. 궁궐. 낮.

　궁궐을 향해 날아 내려가는 오색구름. ㉠선녀와 천군 호위 속에 전우치가 지상을 내려 본다.

**왕** : 옥황상제의 아드님께서 오신다. 예를 갖춰라.

　왕이 손짓하자, 궁중 악사들이 정악을 연주한다. 지상으로 내려온 구름. 전우치가 입을 연다. 쩌렁쩌렁한 목소리에 왕이 고개를 더 낮춘다.

**전우치** : 지상의 왕은 내가 시킨 대로 황금 1만 냥을 함경도 기근 지역에 보냈느냐?

**왕** : 그제 제 꿈에 나타나 하명하신 대로 한 치 틀림없이 그리 했습니다.

**전우치** : 하늘에서 그대의 덕을 높이 사 그대가 하늘로 돌아올 때 7배 70배 700배로 갚아 줄 것이다.

**왕** : 황공하옵니다. 왕가의 보물을 보자시길래 그것 역시 준비 했습니다.

**전우치** : 지상의 왕이 보기보다 아주 똘똘하구나. 근데… 에이 가락이 맘에 안 드는구나.

　전우치가 손짓하자, 궁중 악사들이 무엇에 홀린 듯 다른 음악을 연주한다. 맘에 안 드는지, 전우치가 손가락을 튕기자, 악사들은 음악을 바꾼다. 그제서야 맘에 든 전우치. 머리를 흔들어 박자를 느끼며, 보물이 늘어선 곳으로 걷는다. 보물을 발로 툭 쳐 보고, 도자기는 관심 없어 깨고, 보고, 던지고, 보고, 깨는데,

(중략)

　거울을 연신 깨던 전우치. ㉡한 거울에 눈이 멈춘다. 작고 투박하다. 앞면은 청동이라 탁하고 뒷면은 자개로 덮여 있다. 전우치가 슬쩍 주머니에 넣는다.

**전우치** : 왕은 고개를 들라.

**왕** : 예?

**전우치** : 내 본시 그림 그리기를 즐겨 해 나무를 그리면 나무가 점점 자라고 짐승을 그리면 그림에서 튀어나오니 내 재주가 아까워 그런데…

　전우치가 품에서 두루마리를 꺼내 펼친다. 산수화. 궁녀2 손에 들게 한다.

**전우치** : 어떤가?

**왕** : 지상의 풍경이 아닌 듯 살아 움직이는 것 같습니다. 소인이 과문하여 묻는데 주인 없는 빈 말은 무엇을 상징하는 것입니까?

**전우치** : 이 도사 전우치가 타고 갈 말이니라.

**왕** : … 전우치? 망나니 전우치?

　전우치가 대동하고 왔던 천군들을 보면, ㉢그저 허수아비에 불과하다.

**전우치** : 나를 아는가? 유명하면 아무리 이름을 숨긴다고 숨겨지는 것도 아니고 거 참.

**왕** : 감히 **도사 놈**이 주상을 능멸해. 여봐라 이놈을 잡아라.

　궁중 무관들이 들이닥치는데, 전우치는 태평하게 한 잔 더 걸치고는, 손가락을 튕겨 음악을 바꾼다. 음악은 점점 흥겨워진다. 진땀나는 궁중 악사들.

**전우치** : 도사 놈이라? 에… 도사는 무엇이냐? ㉣도사는 바람을 다스리고 (바람이 분다) 마른 하늘에 비를 내리고 (순식간에 장대비가 내린다) 땅을 접어 달리고 (술상을 향해 축지법으로 갔다가 돌아온다) 날카로운 검을 바람보다도 빨리 휘두르고 (검이 쉭 - 하는 소리와 함께 허공을 가르고) 그 검을 꽃처럼 다룰 줄 아니 (검이 왕 얼굴 앞에서 꽃으로 변한다) 가련한 사람들을 돕는 게 바로 도사의 일이다. 무릇 **생선은 대가리부터 썩는 법**! 왕과 대신들이 기근에 시달리는 백성을 보살피지 않아 이 도사 전우치가 친히 백성들 심부름을 하고자 왔으니 공치사 받을 일도 아니고.

　전우치를 에워싸는 궁중 무관들. 섣불리 접근하지 못하는데, 전우치 천천히 붉은 붓을 들어 술병 모가지 테두리를 둘러 원을 그린다. 서로를 바라보다 자신의 목을 보는 무관들. 모두의 목에 붉은 테두리가 그려져 있다.

**전우치** : 내가 이 병 목을 치면 너희들은 어떻게 될 거 같으냐?

　무관들, 술렁거리며 주춤한다.

**왕** : 저놈을 잡는 자에게 황금 2천 냥을 주겠다.

**전우치** : 하하하… 돈을 막 쓰는구나. 하하하…

　전우치가 그림 속으로 들어가 말을 타고 사라진다. ㉤웃음 소리는 오래도록 왕을 언짢게 한다.

-최동훈, 「전우치」-

**87** (가)의 화담 에 대한 이해로 가장 적절한 것은?

① 전우치가 요술로 세상을 어지럽히지 않도록 이끈다.
② 전우치의 요청에 따라 선도를 닦기 위해 함께 간다.
③ 전우치의 공격을 받으나 도술로 전우치를 제압한다.
④ 전우치와 함께 구미호를 퇴치하여 나라를 안정시킨다.
⑤ 전우치와의 약속을 지키지 않고 영주산에 갈 것을 재촉한다.

**88** 〈보기〉는 선생님의 안내에 따라 학생들이 (가)를 이해한 내용이다. ⓐ～ⓔ 중 적절하지 <u>않은</u> 것은? [3점]

─────────── [보기] ───────────

선생님: 일반적으로 영웅 소설에서 주인공은 고난을 겪지만 조력자를 만나 병서나 무기 등을 얻어 탁월한 능력을 갖게 됩니다. 이후 주인공이 위기에 처한 나라를 구하는 공을 세워 이름을 떨치며 부귀영화를 누리는 것으로 마무리됩니다. 이때 주인공은 유교적 이념을 존중하는 인물입니다. 이와 같은 전형적인 영웅 소설과 「전우치전」이 어떻게 유사하고 다른지 이야기해 봅시다.

학생 1 : 전우치가 천서를 익혀 뛰어난 능력을 얻게 된 것은 병서를 익혀 탁월한 능력을 갖게 된 일반적인 영웅 소설과 비슷해요. ················ ⓐ

학생 2 : 전우치가 충을 다함으로써 효를 실천하는 것은 충효라는 유교적 이념을 중시하는 일반적인 영웅 소설과 비슷해요. ··············· ⓑ

학생 3 : 전우치가 입신양명의 길을 선택하지 않은 것은 나라에 공을 세워 이름을 널리 떨치는 일반적인 영웅 소설과는 달라요. ·············· ⓒ

학생 4 : 전우치가 옥황상제의 권위를 이용하여 나라의 재산을 취하려 한 것은 위기에 처한 나라를 구하는 일반적인 영웅 소설과는 달라요. ····· ⓓ

학생 5 : 전우치가 재산을 흩어 노복에게 주고 떠나는 것으로 마무리되는 것은 부귀영화를 누리게 되는 일반적인 영웅 소설과는 달라요. ······· ⓔ

①ⓐ     ②ⓑ     ③ⓒ     ④ⓓ     ⑤ⓔ

**89** (가)를 토대로 (나)가 창작되었다고 할 때, [A]와 (나)에 대한 비교로 적절하지 <u>않은</u> 것은?

① 전우치가 왕에게 말하는 태도는 [A]에서는 근엄하였으나, (나)에서는 거드름을 피우는 것으로 변화하였다.
② 전우치가 왕에게 황금을 요구한 까닭은 [A]에서는 모친 봉양을 위한 것이었으나, (나)에서는 백성을 보살피는 것으로 바뀌었다.
③ 전우치가 자신의 요구 실현에 대해 취한 조치는 [A]에서는 실행하지 않을 경우 변을 당하리라 위협하는 것으로, (나)에서는 실행한 것에 대해 보상을 약속하는 것으로 표현되었다.
④ 전우치가 왕과의 만남을 끝내는 모습이 [A]에서는 구름을 타고 남쪽으로 가는 것으로, (나)에서는 돌아올 것을 예고하며 말을 타고 산수화 속으로 들어가는 것으로 나타났다.
⑤ 전우치가 왕에게 자신의 요구를 전하는 장면은 [A]에서는 왕에게 요구하는 모습이 자세히 서술되었으나, (나)에서는 꿈에 나타나 하명하였다는 왕의 대사로 간략히 처리되었다.

**90** (나)에 나타난 갈등 양상에 대한 이해로 적절하지 <u>않은</u> 것은?

① 전우치가 자신의 정체를 드러낸 것을 계기로 왕과의 갈등이 표출되어 상황이 새로운 국면으로 전환된다.
② 전우치가 '생선은 대가리부터 썩는 법'이라고 말함으로써 왕과의 갈등이 부패한 지배층에 대한 비판으로 확장된다.
③ 왕이 전우치에게 속아 그를 최고의 예우로 대하는 것은 장차 전우치의 정체가 밝혀질 때 갈등이 증폭되는 요인이 된다.
④ 왕이 전우치를 '옥황상제의 아드님'에서 '도사 놈'으로 바꿔 부르는 것에서 전우치를 향한 왕의 적대적인 인식이 드러난다.
⑤ 왕과 전우치의 주문에 따라 연주되는 음악이 계속 바뀜으로써 왕과 전우치 간의 대결이 우열을 가리기 힘든 상황임이 드러난다.

**91** (나)를 영화로 제작한다고 할 때, ㉠~㉤에 대한 연출 계획으로 적절하지 <u>않은</u> 것은?

① ㉠: 전우치의 권위와 위엄이 느껴지게 하려면, 지상을 내려다보는 전우치를 올려다보며 촬영해야겠군.

② ㉡: 전우치가 거울에 관심을 갖고 있음을 강조하려면, 전우치의 얼굴이나 눈동자를 화면에 가득 담아야겠군.

③ ㉢: 천군들의 정체로 인한 왕의 당혹감을 표현하려면, 천군이 있던 자리에 놓인 허수아비를 왕의 시점으로 보여 주어야겠군.

④ ㉣: 전우치가 도사로서 가진 출중한 능력을 입체적으로 전달하려면, 여러 공간에서 동시에 일어나는 각각의 장면을 번갈아 보여 주어야겠군.

⑤ ㉤: 왕이 전우치로 인해 불쾌감을 지속적으로 느끼고 있음을 감각적으로 표현하려면, 언짢아하는 왕의 표정을 보여 주며 전우치가 남긴 웃음소리를 효과음으로 길게 끌어야겠군.

**[92~94] 다음 글을 읽고 물음에 답하시오.**  2018.11 [43~45]

—————— (해설 p.174) ——————

　조무래기들은 도깨비불만 보면 네 그르니 내 옳으니 하며 **짜그락거리기 일쑤였고**, 그러면 나이 좀 있는 사람이 얼른 쉬쉬하면서, 도깨비가 들겠다고 나무라 주게 마련이었던 것이다. 도깨비가 들으면 무엇이 어떻다고 불똥 끄듯 서두르며 말리려 들었을까. 그것은 아무도 가르쳐 주지 않았다. 알면서도 짐짓 모르는 시늉을 해 보이려 했지만, 그네들도 어려서부터 가르쳐 준 이가 없어 **이렇다 하게 내놓지 못하는 눈치가 역연**하던 것이다. 그것은 바지랑대에 등을 매달고 멍석에 둘러앉아 삼을 삼거나 태모시를 톺던* 늘그막의 아낙네들도 마찬가지로 가늠을 못 해, **도깨비불에 손가락질하면 도깨비가 쫓아온다**는 것밖에 다른 말은 할 줄 모르고 있었다. 그네들은 **낮춘말로, 도깨비들이 벌거벗고 산다**더라고 **귀띔**해 주었으며, 그것은 그것들이 여름내 왕대뫼 자드락이나 갯가에 나와 불놀이를 하다가도, ㉠기러기 그림자에 논두렁 콩노굿*이 지고 오려논에 자마구*가 일며부터는 아무도 모르게 간곳없이 사라지던 것을 보아 믿을 만한 말이라고 우길 따름이었다.

　된내기* 빛에 두엄이 허옇게 쇤 위로 난초 치던 붓끝 같은 마늘 싹이 솟고, 보리밭 머리에 장끼가 내리기 시작하여 이듬해 구렁찰 논배미에서 뜸— 뜸— 뜸부기 짝 찾는 소리로 개구리 논두렁 넘기 바쁘던 여름까지는 도깨비들이 감묻하기도* 했었다. 그러나 아직 학령기에도 이르지 않았던 나는 정말 알지 못했다. 차지던 바람이 메져지고 개펄에 성에 엉기듯 허옇게 소금기가 끼는 철이 되면, 음습한 바람이 맴돌아야 난동하던 인화(燐火)가 전혀 일지 않던 것을.

　어른들이 눈을 끔적이며 먹탕곶 개펄께를 그만 보라고 타이른 밤이면 ㉡담 밑에 반딧불만 자주 날아도, 촛불 붙이려 혼자 사당(祠堂)문을 열 때처럼 뒷덜미가 선뜩하고 떨떠름하여 담 밑에도 가지 못할 만큼이나 그 도깨비불은 여간 두려운 존재가 아니었다. 그러므로 그런 날은 **아무리 무더워도** 모기가 떠메어 간다는 핑계로 **마실 마당에서 일찍 물러나곤** 하였다.

(중략)

　복산이가 자리를 만들 동안 나는 변소를 찾아 나섰다.

　농가라면 흔히 그렇듯 그곳은 저만치 밭마당 구석에 따로 나와 있었다. ㉢나는 마당을 가로질러 가면서 무심결에 개펄 쪽을 둘러보다가 소스라쳐 놀라며 그 자리에 굳어 버리고 말았다.

　아— 나는 참으로 오랜만에 가슴이 벅차오르는 것을 느꼈다. 도깨비불—— 그렇다. 왕대뫼 밑 먹탕곶 개펄에 푸른빛을 내뿜는 도깨비불이 즐비하게 늘어서 있던 것이다.

　하나 둘 서이 너이…… 나는 어느새 도깨비불들을 손가락으로 헤아려 나가고 있었다. 변치 않은 것이 한 가지 더 있다는 반가움, 반가움과 즐거움에 들떠 그것들을 차곡차곡 빠뜨리지 않고 세어 나갔다.

　“마흔다섯…….”

하고 중얼거리며 나는 손가락을 떨었다. ㉣내일 새벽엔 안개도 볼 수 있으리라고 믿어, 가슴의 설렘에 손가락마저 떨린 거였다. 모를 일이었다. 옛날로 돌아가 혹시 길 잃은 여우가 울부짖게 되는지도.

　“게서 뭣 허나?”

　복산이가 같은 용무로 나오면서 허텅지거리를 했다.

　“아, 도깨비불…… 생전 못 볼 줄 알았다가 보니 좋은데. 멋있는걸.”

　나는 건너편을 손가락질하면서 들뜬 소리로 말했다.

　“무엇이?”

　“저 도깨비불…….”

　“무엇 불?”

　“옛날에 보던 도깨비불, 그거 아녀?”

　“무슨 불? 허어 참, 그러게 장가를 가라구.”

　“…….”

　“도깨비불 좋아허네…… 저게? 술고래라서 안주두 고루 먹어 헛소리는 안 헐 줄 알았더니…….”

　“그럼 모르겠는데…….”

　“뭘 몰러? 저건 서울서 온 낚시꾼들의 간드레 불이여. 명색 문화인이라면서 밤낚시 한 번두 못 해 봤구먼.”

　나는 무엇에 받혀 하늘 높이 떠올랐다가 거꾸로 떨어진 기분이었다. 오랜 꿈결에서 순간적으로 깨어난 것처럼 허망하고 민망했다.

　“이리 죽 늘어앉은 디는 물길이구, 저쪽 저리 둘러앉은 디가 유수지여. 갯물이 들어오면 수문을 막았다가 쓸물 때 열어 물을 빼는디 민물고기 갯물 고기가 섞이구 해서 씨알두 게가 굵구, 물길에서는 잔챙이래두 붕어만 문다네. 남포, 청라 담에는 여기를 친다는 겨.”

　그제서야 나는 늘어앉은 불빛들이 제자리에 죽어 있

음을 비로소 깨달았다. ⓪무등 타기와 숨바꼭질을 하던 살아 있는 불이 아니란 것만 진작 알았어도 마흔다섯까지 수효를 헤아리지는 않았을 터였다. 나는 무슨 **재산붙이**를 어둠 속에 잃고 찾지 못한 투로 **무거워진 가슴을** 안고 복산이 따라 방으로 들어갔다.

-이문구, 「관촌수필」-

* 톺던 : 끝을 가늘고 부드럽게 하려고 톱으로 훑던.
* 콩노굿 : 콩의 꽃.
* 자마구 : 곡식의 꽃가루.
* 된내기 : 된서리.
* 감묫하기도 : 보이던 것이 전연 보이지 않아 찾을 곳이 감감하기도.

**92** 윗글에 대한 설명으로 가장 적절한 것은?

① 반복되는 사건을 제시하여 인물들의 갈등을 심화하고 있다.
② 빈번하게 장면을 교차하여 상황의 긴박한 분위기를 조성하고 있다.
③ 과거와 현재를 매개하는 경험을 제시하여 인물이 겪는 인식의 변화를 드러내고 있다.
④ 공간의 이동에 따라 서술자를 달리하여 사건에 대한 다양한 관점을 제시하고 있다.
⑤ 시간의 역전을 통해 인과 관계를 재구성한 서사를 함께 제시하여 사건의 내막을 감추고 있다.

**93** ㉠~㉤에 대한 이해로 적절하지 **않은** 것은?

① ㉠에는 어른들의 말을 온전하게 받아들이지는 않는 '나'의 미심쩍음이 드러난다.
② ㉡에는 착각으로 인해 연상된 상황을 궁금해 하는 '나'의 호기심이 나타난다.
③ ㉢에는 우연히 발견한 대상에 대한 '나'의 반가움이 담겨 있다.
④ ㉣에는 예측하는 상황이 일어날 것이라는 짐작에서 비롯된 '나'의 기대감이 나타난다.
⑤ ㉤에는 대상의 실체를 확인하기 전에 했던 자신의 행동에 대한 '나'의 허무감이 드러난다.

**94** 〈보기〉를 참고하여 윗글을 감상한 내용으로 적절하지 **않은** 것은? [3점]

> [보기]
>
> 금기란 어떤 대상을 꺼리거나 피하는 행위를 가리킨다. 공동체의 구성원들은 금기를 위반하면 그 대상에 의해 공동체 혹은 그 구성원이 처벌을 받는다는 인식을 공유한다. 일반적으로 금기를 설정하는 근본적인 이유는 알려지지 않지만, 금기와 그 대상에 대한 추측은 구전의 방식을 통해 은밀하게 전파되어 구성원들 간에 회자된다. 이를 통해 금기와 금기의 대상이 환기하는 의미는 세대를 거쳐 전달됨으로써 서로 다른 세대 간에 공동체의 체험을 공유하는 데에 기여하기도 한다.

① '짜그락'거리는 '조무래기들'을 말리던 어른들이 그 이유를 '이렇다 하게 내놓지 못하는 눈치가 역연'하였던 것은, 금기가 설정된 근본적 이유가 알려지지 않았기 때문이겠군.
② '늘그막의 아낙네들'이 아이들에게 '도깨비불에 손가락질하면 도깨비가 쫓아온다'고 말하는 것은, 공동체의 금기를 서로 다른 세대가 공유하는 장면이라고 할 수 있겠군.
③ '그네들'이 '낮춘말'로 '도깨비들이 벌거벗고 산다'고 '귀띔'을 해주는 행위는, 구전의 방식을 통해 금기의 대상에 대한 추측이 은밀하게 전파되는 정황을 보여 주는 것이겠군.
④ '아무리 무더워도' 핑계를 대고 '마실 마당에서 일찍 물러나곤' 한 것은, 금기를 위반한 '나'가 자신에게 닥칠 어른들의 처벌이 두려워서 한 행동이겠군.
⑤ '재산붙이'를 잃은 듯 '무거워진 가슴을 안고' 방으로 들어가는 행동은, 공동체에서 공유되던 금기에 관련된 일들이 추억으로만 남게 된 상황에 대한 '나'의 심리를 드러낸 것이라 할 수 있겠군.

　승상 나업은 딸 하나가 있었다. 재예(才藝)가 당대에 빼어났다. 아이는 이 말을 듣고 헌 옷으로 갈아입고 거울 고치는 장사라 속여 승상 집 앞에 가서 "거울 고치시오!"라 외쳤다. 소저는 이 말을 듣고 **거울**을 꺼내 유모에게 주어 보냈다. 소저는 유모 뒤를 따라 바깥문 안쪽까지 나가 문틈으로 엿보았다. 장사가 소저의 얼굴을 언뜻 보고 반해, 손에 쥐었던 **거울**을 일부러 떨어뜨려 깨뜨렸다. 유모가 놀라 화내며 때리자 장사가 울며 말했다.

　"거울이 이미 깨졌거늘 때려 무엇 하세요? 저를 노비로 삼아 거울 값을 갚게 해 주세요."

　유모가 들어가 이를 승상께 아뢰니 허락하였다. 승상은 그의 이름을 거울을 깨뜨린 노비라는 뜻으로 파경노(破鏡奴)라 짓고 말 먹이는 일을 시켰다. 말들은 저절로 살쪄 여윈 것이 하나도 없었다.

　하루는 천상의 선관들이 구름처럼 몰려와 말 먹일 꼴을 다투어 그에게 주었다. 이에 파경노는 말들을 풀어놓고 누워만 있었다. 날이 저물어 말들이 파경노가 누워 있는 곳에 와 그를 향해 머리를 숙이며 늘어서자 보는 자마다 모두 기이하게 여겼다. 승상 부인은 이 말을 듣고 승상에게 말했다.

　"파경노는 용모가 기이하고 탄복할 일이 많으니 필시 비범한 사람일 것입니다. 마부 일도, 천한 일도 맡기지 마세요."

　승상이 옳게 여겨 그 말을 따랐다. 이전에 승상은 동산에 꽃과 나무를 많이 심었는데, 파경노에게 이를 기르게 했다. 이때부터 동산의 **화초**가 무성하며 조금도 시들지 않아, 봉황이 쌍쌍이 날아들어 꽃가지에 깃들었다.

　열흘이 지났다. 파경노는 소저가 동산의 **꽃**을 보고 싶으나 파경노가 부끄러워 오지 못한다는 말을 들었다. 이에 파경노는 승상을 뵙고 말했다.

　"제가 이곳에 온 지 여러 해 지났습니다. 한 번도 노모를 뵙지 못했으니, 노모를 뵙고 올 말미를 주십시오."

　승상은 닷새를 주었다. 소저는 파경노가 귀향했다는 소식을 듣고 동산에 들어와 꽃을 보고,

　"꽃이 난간 앞에서 웃는데 소리는 들리지 않네."라고 시를 지었다. 파경노는 꽃 사이에 숨어 있다가,

　"새가 숲 아래서 우는데 눈물 보기 어렵네."라고 **시**로 화답했다. 소저가 부끄러워 얼굴을 붉히며 돌아갔다.

　**[중략 부분 줄거리]** 중국 황제는 신라 왕에게 석함을 보내, 그 안에 있는 물건을 알아내 시를 지어 올리라 명한다. 신라 왕은 이

를 해결하지 못하고 나업에게 과업을 넘긴다.

　나업은 집으로 돌아와 석함을 안고 통곡했다. 파경노는 이 말을 듣고 사람들에게 왜 우는지를 물었다. 사람들이 모두 말해 주자, 자못 기쁨을 띠며 꽃가지를 꺾어 외청으로 갔다.

　소저가 슬피 울다가 문득 벽에 걸린 **거울**에 비친 그림자를 보았다. 속으로 놀라 창틈으로 엿보니 파경노가 **꽃**을 들고 서 있었다. 소저가 이상히 여겨 묻자, 시치미를 떼며 말했다.

　"그대가 이 꽃을 보고 싶다 하여 그대를 위해 가져 왔소. 시들기 전에 받아 보시오."

　소저가 한숨을 크게 쉬니, 파경노가 위로하며 말했다.

　"거울 속에 비친 이가 반드시 그대 근심을 없애 줄 것이오. 근심치 말고 꽃을 받으시오."

　소저가 꽃을 받고 부끄러워하며 안으로 들어갔다.

　얼마 뒤 소저는 파경노의 말을 괴이히 여겨 승상께 말했다.

　"파경노가 비록 어리지만 재주가 남보다 뛰어나고, 신인(神人)의 기운이 있어 석함 속의 물건을 알아내어 시를 지을 수 있을 것입니다."

　승상이 말했다.

　"너는 어찌 쉽게 말하느냐? 만약 파경노가 할 수 있다면 나라의 이름난 선비 가운데 한 명도 시를 짓지 못해 이 석함을 나에게 맡겼겠느냐?"

　소저가 말했다.

　"뱁새는 비록 작지만 큰 새매를 살린다 합니다. 그가 비록 노둔하나 큰 재주를 지니고 있는지 어찌 알겠습니까?"

　이어서 파경노가 걱정하지 말라고 했음을 고했다.

　"만약 그가 시를 지을 수 없다면 어찌 그런 말을 냈겠습니까? 원컨대 그를 불러 시험 삼아 시를 짓게 하소서."

　승상이 파경노를 불러 구슬리며 말했다.

　"만약 이 석함 속의 물건을 알아내 시를 짓는다면 후한 상을 줄 것이며, 마땅히 네 뜻을 이루어 주겠다."

　파경노가 거절하며 말했다.

　"비록 후한 상을 준다 한들 제가 어찌 시를 짓겠습니까?"

　소저가 이 말을 듣고 승상에게 말했다.

　"살고 싶고 죽기 싫은 것이 인지상정입니다. 옛날에 어떤 이가 사형을 당하게 되었을 때, 그에게 '네가 만약 시를 짓는다면 내 마땅히 사면해 주겠다.' 했습니다. 그 사람은 무식한 이였으나 그 명을 따랐습니다. 하물

며 파경노는 문학이 넉넉해 시를 지을 수 있지만 거짓
으로 못하는 체하고 있습니다. 지금 아버님께서 그를
겁박하시면 어찌 삶을 좋아하고 죽음을 싫어하는 마
음이 없어 복종치 않겠습니까?"
승상이 그럴듯하다 여기고 파경노를 불렀다.

-작자 미상, 「최고운전」-

## 95 윗글의 서술상 특징으로 가장 적절한 것은?

① 시간의 역전을 통해 사건의 진상을 밝히고 있다.

② 서술자의 개입을 통해 사건의 전모를 밝히고 있다.

③ 인물의 희화화를 통해 사건의 반전 효과를 나타내고
있다.

④ 인물 간의 대화를 통해 사건 해결의 방안을 제시하고
있다.

⑤ 꿈과 현실의 교차를 통해 앞으로 일어날 사건을 암시
하고 있다.

## 96 윗글의 내용에 대한 이해로 적절하지 <u>않은</u> 것은?

① 유모에게 주어 보낸 '거울'은 아이가 소저의 얼굴을 보
게 되는 계기를 만들고, 벽에 걸린 '거울'은 파경노가
소저에게 자신의 존재감을 드러내는 계기를 만든다.

② 깨뜨린 '거울'은 아이가 파경노라는 이름을 얻고 승상
의 집안으로 들어가는 계기가 되고, 파경노가 관리한
동산의 '화초'는 승상 부인으로부터 인정받는 계기로
작용한다.

③ 동산의 '꽃'은 소저가 보고 싶었으나 파경노로 인해 접
근하기 어렵게 된 대상이고, 파경노가 들고 서 있던
'꽃'은 소저에게 자신의 마음을 전달하기 위한 수단
이다.

④ 동산에서 화답한 '시'는 파경노가 소저와 교감하기 위
해 읊은 것이고, 석함 속 물건에 대한 '시'는 파경노가
해결할 수 있다고 소저가 기대하는 과제이다.

⑤ 석함 속 물건에 대한 '시'는 나업에게 슬픔을 유발하는
과업이지만, 파경노에게는 소저의 슬픔을 해소시켜
줄 수 있는 수단이다.

## 97 〈보기〉를 참고하여 윗글을 감상한 내용으로 적절하지 <u>않은</u> 것은? [3점]

—[보기]—

「최고운전」은 비범한 인물로서의 최치원을 형상
화했다. 주인공은 문제 해결의 국면에서 치밀함, 기
지, 당당함을 보인다. 또한 초월적 존재의 도움을 받
으면서도 이에 전적으로 의존하지 않고 자신이 지
닌 신이한 능력을 발휘하여 개인의 문제와 국가의
과제를 직접 해결한다. 이는 당대 독자들이 원했던
새로운 영웅상을 최치원에 투영하여 작품 속에서
구현한 것이다.

① 아이가 헌 옷으로 바꾸어 입고 거울 고치는 장사라 속
이는 장면은 최치원이 치밀한 면모를 지닌 인물임을
보여 주는군.

② 파경노에게 선관들이 몰려와 말먹이를 가져다주는 장
면은 최치원이 초월적 존재에게 도움을 받는 인물임
을 보여 주는군.

③ 파경노가 기른 뒤로 화초가 시들지 않아 봉황이 날아
드는 장면은 최치원이 신이한 능력을 지닌 인물임을
보여 주는군.

④ 파경노가 노모를 핑계 삼아 말미를 얻는 장면은 최치
원이 원하는 바를 얻기 위해 기지를 발휘하는 인물임
을 보여 주는군.

⑤ 파경노가 승상의 제안을 거절하는 장면은 최치원이
보상을 추구하기보다 스스로 국가의 과제를 해결하려
는 당당한 인물임을 보여 주는군.

-김수영, 「구름의 파수병」-

**(가)**

　만약에 나라는 사람을 유심히 들여다본다고 하자
　그러면 나는 **내가 시와는 반역된 생활을 하고 있다는**
것을 알 것이다

　**먼 산정에 서 있는 마음으로 나의 자식과 나의 아내와**
그 주위에 놓인 잡스러운 물건들을 본다

　그리고
**나는 이미 정해진 물체만을 보기로 결심하고 있는데**
만약에 또 어느 나의 친구가 와서 나의 꿈을 깨워 주고
나의 그릇됨을 꾸짖어 주어도 좋다

　함부로 흘리는 피가 싫어서
이다지 낡아빠진 생활을 하는 것은 아니리라
먼지 낀 잡초 우에
잠자는 구름이여
고생도 마음대로 할 수 없는 세상에서는
철 늦은 거미같이 존재 없이 살기도 어려운 일

　방 두 칸과 마루 한 칸과 말쑥한 부엌과 애처로
운 처를 거느리고
　외양만이라도 남과 같이 살아간다는 것이 이다   [A]
지도 쑥스러울 수가 있을까

　시를 배반하고 사는 마음이여
　자기의 나체를 더듬어 보고 살펴볼 수 없는 시인처럼
비참한 사람이 또 어디 있을까
　**거리**에 나와서 **집**을 보고 **집**에 앉아서 **거리**를 그리던
어리석음도 이제는 모두 사라졌나 보다
　날아간 제비와 같이

　날아간 제비와 같이 자국도 꿈도 없이
어디로인지 알 수 없으나
**어디로이든 가야 할 반역의 정신**

　나는 지금 산정에 있다―
　시를 반역한 죄로
　이 **메마른 산정**에서 오랫동안 꿈도 없이 바라보아야
할 구름
　그리고 그 **구름의 파수병**인 나.

**(나)**

**함이정 :** 처녀 때 난 생각했었지. 영리하고 듬직한 아
　　들 하나 있으면 얼마나 좋을까…… 기쁜 일 슬픈 일 뭐
　　든지 의논할 수 있는 내 아들…… 그러다가 너를 느꼈
　　고…… 네 느낌과 이야기하길 즐겼다. 사람들은 나 혼
　　자 중얼중얼거린다고 괴상하게 보더라. 사실은 너와
　　나, 둘이서 함께 말하고 있었는데…….

**조숭인 :** 처음부터 다시 이야기해 주세요, 어머니.

**함이정 :** 처음부터……?

**조숭인 :** 네. 제가 태어나기 전, **어머니의 처녀 시절부터**
　　요. 그때 두 분 아버지의 관계는 어땠죠?

**함이정 :** 그땐 좋았다. 두 분 다 우리 집에서 가족처럼 살
　　면서, 우리 아버님한테 불상 제작을 배우는 제자였지.
　　**그런데 어느 날, 스승인 아버님이 불상 제작장에 가**
　　**보니까 두 제자들이 자릴 비우고 없었어.** 몹시 화가
　　난 아버님은 집 안으로 들어와 제자들의 이름을 부르
　　셨지. "동연아! 서연아!" 아버님 목소리가 어찌나 쩌렁
　　쩌렁 울렸는지, 천 리 밖까지 들릴 것 같더라.

(조명, 밝게 변화한다. ⓐ한가운데 펼쳐 있던 천막이 접
혀지면서 무대 천장 위로 올라간다. 함묘진의 집. 함묘진
이 성난 모습으로 등장한다. 함이정과 조숭인은 서연의
관, 촛대, 향로 등을 무대 밖으로 갖고 나간다.)

**함묘진 :** 동연아! 서연아! 어디 있느냐?

**함이정 :** (무대 밖에서) 여긴 없어요, 아버지.

**함묘진 :** 여기 집 안에도 없다……?

**함이정 :** (무대 밖에서) 내가 나가서 찾아올까요?

**함묘진 :** 넌 가만 있거라. (다시 외쳐 부른다.) 동연아! 서
　　연아!

(ⓑ상복을 벗고 밝은 색 옷을 입은 함이정과 조숭인,
무대 안으로 나온다.)

**조숭인 :** 할아버지 목청은 왜 저렇게 커요?

**함이정 :** 귀머거리도 들을 정도야. 그치?

**함묘진 :** 동연아! 서연아!

(동연과 서연, 등장한다. 그들은 당황한 모습으로 함묘진
앞에 선다.)

**동연, 서연** : 부르셨습니까?

**함묘진** : 작업장엔 너희들이 없더구나!

**동연** : 죄송합니다. 잠깐 밖에 나가 있었습니다.

**함묘진** : 밖에는 왜?

**동연** : 말다툼 때문에…… 서로 의견이 달라서요.

**함묘진** : 말다툼?

**동연** : 네.

**함묘진** : 서연아, 네가 다툰 이유를 말해 봐라.

**서연** : 송구스럽습니다…….

**함묘진** : 너흰 생각도 행동도 똑같았다. 그런 너희들이 말다툼을 하다니, 도대체 다르다면 뭐가 달랐더냐?

**서연** : 동연은 부처의 모습을 만들면, 그 모습 속에 부처의 마음도 있다고 했습니다.

**함묘진** : 그런데, 너는?

**서연** : 그런데 저는…… 부처의 모습을 만들어도, 부처의 마음이 그 안에 없다면 무슨 소용이 있겠는가 했습니다.

**동연** : 사부님, 서연을 꾸짖어 주십시오. **서연은 쓸데없는 주장으로 저를 괴롭힙니다.**

(중략)

(서연과 함이정, 일어선다. **돌부처**를 만들면서 길을 따라간다. 물 흐르는 소리가 점점 가깝게 들려온다. ⓒ조명, 개울물의 흐름을 나타낸다.)

**함이정** : 개울물이에요, 서연 오빠. 여기서 길은 끊겼어요.

**서연** : (개울가로 다가가서 두 손으로 물을 떠서 마시며) 너도 마시렴. 목마를 텐데…….

**함이정** : (서연 곁으로 가서 개울물을 바라본다.) 물 위에 비쳐 보여요, 우리 얼굴이…… 얼굴 뒤엔 구름이…… 구름 뒤엔 **하늘**이……. (물을 떠서 마신다.) 물이 맑고 시원해요.  [B]

(서연, 장난스럽게 개울물을 마치 눈덩이처럼 뭉치는 동작을 한다.)

**함이정** : 오빠…… 뭘 하는 거죠?

**서연** : 물부처를 만든다.

**함이정** : 물부처요?

**서연** : 돌로도 부처님을 만드는데, 물이라고 안 될 건 없지.

(서연, 흐르는 물 속으로 들어가 물로 만든 부처를 세워 놓는다. 부처의 느낌은 남고 형태는 사라진다.)

**함이정** : 오빠, **이쪽**으로 나와요.

**서연** : (개울물을 건너가며) 난 이제 **저쪽**으로 간다.

**함이정** : 서연 오빠…….

**서연** : 넌 나중에 건너와.

**함이정** : (손을 흔든다.) 그래요, 오빠…… 먼저 가요. 나는 나중에…….

(서연과 함이정, 잠시 개울물 양쪽에서 서로를 바라본다. ⓓ조숭인이 피아노 앞에 앉아 건반을 두드리며 작곡 중이다. 개울물 건너쪽, 눈부시도록 밝아진다. 때를 놓치지 않으려는 듯 함묘진이 다급하게 휠체어 바퀴를 굴리면서 들어온다. 그는 피아노 옆을 지나 개울물을 건너간다. / 코러스(돌부처)들, 개울물을 건너가는 서연을 배웅하듯이, 따라가듯이, 마중하듯이, 서연과 함께 어우러져 춤을 추며 간다. 개울 저쪽, 눈부시도록 빛이 밝다. ⓔ함묘진이 다급하게 휠체어 바퀴를 굴리며 들어온다.)

**조숭인** : 할아버지, 어딜 그렇게 급히 가세요?

**함묘진** : 극락문이 열렸다! 극락문이 열렸어!

(함묘진, 휠체어에서 일어난다. 그는 서연의 뒤를 따라 빛 안으로 들어간다. 무대 조명, 변화한다. 동연, 등장한다. 그는 조숭인에게 다가와서 전보 용지를 내놓는다.)

-이강백, 「느낌, 극락같은」-

---

**98** (가)를 이해한 내용으로 적절하지 <u>않은</u> 것은?

① 화자는 자신과 가족뿐만 아니라 '주위'의 '물건들'까지 살펴보면서 자기의 생활을 성찰하고 있다.

② 화자는 '나의 친구'가 방문한 뒤에야 비로소 자신의 삶이 '그릇됨'을 자각하고 있다.

③ 화자는 '고생도 마음대로 할 수 없는 세상'에서 '존재 없이' 살아가는 것이 어렵다고 느끼고 있다.

④ 화자는 자신을 '자기의 나체를 더듬어 보고 살펴볼 수 없는' 비참한 존재로 인식하고 있다.

⑤ 화자는 '시와는 반역된 생활'을 '죄'로 받아들이면서 자신을 '구름의 파수병'으로 규정하고 있다.

**99** 〈보기〉를 고려하여 (가)를 감상한 내용으로 적절하지 <u>않은</u> 것은?

─────[보기]─────

「구름의 파수병」에는 시와 생활 사이에서 갈등하는 화자의 진솔한 자기 성찰이 드러난다. 화자는 ㉠생활에 몰두하려는 자아와 이러한 자아를 극복하고자 하면서 ㉡시를 새롭게 지향하려는 자아를 등장시킨다. ㉠은 시선을 고정하려는 태도나 움츠러들어 있는 이미지로 나타나는데, ㉠에서 벗어나 ㉡으로 변모하고자 하는 화자는 '날아간 제비'를 떠올리다가 '반역의 정신'을 추구하는 데 이른다.

① '내가 시와는 반역된 생활을 하고 있다'에서는 화자의 진솔한 성찰의 어조가 느껴지는군.
② '나는 이미 정해진 ~ 결심하고'는 ㉠과 ㉡의 갈등을 해소한 화자의 심정을 드러낸 것이겠군.
③ 화자가 자신을 '어디로이든 가야 할' 존재로 여기는 것은 ㉠에서 ㉡으로 나아가려는 의지에서 비롯한 것이겠군.
④ 화자가 '메마른 산정'에서 지향하는 '반역의 정신'은 ㉡이 추구하는 것이겠군.
⑤ '구름의 파수병'은 두 자아의 갈등 속에서 시를 새롭게 지향하려는 화자의 의식이 반영된 이미지이겠군.


**100** [A]와 [B]에 대한 설명으로 가장 적절한 것은?

① [A]는 대상을 나열함으로써 화자의 정서가 촉발된 상황을 제시하고 있다.
② [B]는 의미가 확장되는 대상들의 연쇄를 통해 인물의 혼란스러운 내면을 보여 주고 있다.
③ [A]의 대상들은 화자의 만족을, [B]의 대상들은 인물의 불만을 드러내는 기능을 하고 있다.
④ [A]에서는 화자와 대상들 간의 연속성이 드러나고, [B]에서는 인물 간의 단절감이 암시된다.
⑤ [A]와 [B]는 대상의 속성을 반어적으로 표현함으로써 화자나 인물의 심리적 상황을 드러내고 있다.


**101** 무대 상연을 전제로 하는 희곡의 특성을 고려할 때, ⓐ~ⓔ를 설명한 내용으로 가장 적절한 것은?

① ⓐ: 무대 장치의 이동으로 극중 공간을 좌우로 분리시킨다.
② ⓑ: 등장인물들의 의상 교체로 장면 전환을 나타낸다.
③ ⓒ: 조명 변화를 통해 등장인물들의 갈등 해소를 보여 준다.
④ ⓓ: 등장인물이 무대 밖에서 피아노로 음향 효과를 낸다.
⑤ ⓔ: 소품을 이용해서 극적 긴장감을 완화시킨다.


**102** 〈보기〉를 바탕으로 (가), (나)를 감상한 내용으로 적절하지 <u>않은</u> 것은? [3점]

─────[보기]─────

(가)의 공간이 화자의 내면이 투영된 상징적 공간이라면, (나)의 공간은 제한된 시간 내에 인생을 압축해서 보여 줘야 하는 극의 특성상 극중 인물의 현실이 상징화된 공간이라고 할 수 있다. (가)와 (나)에서, 공간들은 때로 대비되면서 여러 가지 상징적인 의미를 지닌다.

① (가)의 '집'과 '거리'는 삶의 방향을 정하지 못했던 화자에게 대비적으로 인식되었던 공간이군.
② (가)에서 생활공간과 대비되는 '먼 산정'은 화자가 자신의 현실을 응시하기 위해 상정한 공간이군.
③ (나)에서 '작업장'은 불상을 제작하는 과정에서 동연과 서연의 예술관이 부딪치는 공간이군.
④ (나)의 '돌부처'를 만들며 가는 '길'은 '하늘'과 대비되는 곳으로 서연의 예술관이 조숭인에게 전수되는 공간이군.
⑤ (나)의 개울물 '저쪽'은 개울물 '이쪽'과 대비되는 곳으로 예술의 본질을 추구하던 서연이 도달하게 되는 공간이군.

**103** (나)의 등장인물에 대한 이해로 적절하지 <u>않은</u> 것은?

① "그런데 어느 날, 스승인 아버님이 ~ 두 제자들이 자릴 비우고 없었어."라는 대사에서 함이정은 극 중의 사건을 현재에서 과거로 전환시키는 기능을 한다.

② "동연아! 서연아! 어디 있느냐?"라는 대사에서 함묘진은 '어머니의 처녀 시절' 이야기 속의 인물들을 무대로 등장하게 하는 기능을 한다.

③ "할아버지 목청은 왜 저렇게 커요?"라는 대사에서 조숭인은 등장인물의 행동을 평하면서 다른 인물들 간의 갈등을 유발하는 기능을 한다.

④ "서연은 쓸데없는 주장으로 저를 괴롭힙니다."라는 대사에서 알 수 있듯 동연은 '어머니의 처녀 시절' 이야기 속 갈등의 한 축으로서 기능한다.

⑤ "돌로도 부처님을 ~ 안 될 건 없지."라는 대사에서 알 수 있듯 서연은 작품의 주제 의식을 전달하는 인물 중 하나로 기능한다.

[104~108] 다음 글을 읽고 물음에 답하시오.　2020.06 [32~36]

— (해설 p.196) —

(가)

　　문장(文章)을 ᄒ쟈 ᄒ니 인생식자(人生識字) 우환시(憂患始)*오

　　공맹(孔孟)을 비호려 ᄒ니 도약등천(道若登天) 불가급(不可及)*이로다

　　이 내 몸 쓸 ᄃ 업ᄉ니 성대농포(聖代農圃)* 되오리라

〈제1장〉

　　홍진(紅塵)에 절교(絕交) ᄒ고 백운(白雲)으로 위우(爲友) ᄒ야

　　녹수(綠水) 청산(靑山)에 시름 업시 늘거 가니

　　이 듕의 무한지락(無限至樂)을 헌ᄉᄒᆯ가 두려웨라

〈제3장〉

　　인간(人間)의 벗 잇단 말가 나는 알기 슬희여라

　　물외(物外)에 벗 업단 말가 나는 알기 즐거웨라

　　슬커나 즐겁거나 내 분인가 ᄒ노라

〈제6장〉

　　유정(有情)코 무심(無心)ᄒᆯ 순 아마도 풍진(風塵) 붕우(朋友)

　　무심(無心)코 유정(有情)ᄒᆯ 순 아마도 강호(江湖) 구로(鷗鷺)

　　㉠이제야 작비금시(昨非今是)*을 ᄭᆡᄃ론가 ᄒ노라

〈제8장〉

　　도팽택(陶彭澤) 기관거(棄官去)*ᄒᆯ 제와 태부(太傅) 걸해귀(乞骸歸)*ᄒᆯ 제

　　호연(浩然) 행색(行色)을 뉘 아니 부러ᄒ리

　　알고도 부지지(不知止)*ᄒ니 나도 몰나 ᄒ노라

〈제9장〉

　　인간(人間)의 풍우(風雨) 다(多)ᄒ니 므스 일 머므ᄂᆞ뇨

　　물외(物外)에 연하(煙霞) 족(足)ᄒ니 므스 일 아니 가리

　　이제는 가려 정(定)ᄒ니 일흥(逸興) 계워 ᄒ노라

〈제11장〉

-안서우, 「유원십이곡」-

* 인생식자 우환시 : 사람은 글자를 알게 되면서부터 근심이 시작됨.
* 도약등천 불가급 : 도는 하늘로 오르는 것과 같아 미치기 어려움.
* 성대농포 : 태평성대에 농사를 지음.
* 작비금시 : 어제는 그르고 지금은 옳음.
* 도팽택 기관거 : 도연명이 벼슬을 버리고 떠남.
* 태부 걸해귀 : 한나라 태부 소광이 사직을 간청함.
* 부지지 : 그만두어야 할 때를 알지 못함.

(나)

　어느 날 나는 잠이 들었는데 비몽사몽간이었다. 정신이 산란하고 병이 아닌데 병이 든 듯하여 그 원기가 상했다. 가슴이 돌에 눌린 것처럼 답답한 게 게으름의 귀신이 든 것이 틀림없었다. 무당을 불러 귀신에게 말하게 했다.

　"네가 내 속에 숨어들어서 큰 병이 났다. …(중략)… 게을러서 집을 수리할 생각도 못하며, 솥발이 부러져도 게을러서 고치지 않고, 의복이 해져도 게을러서 깁지 않으며, 종들이 죄를 지어도 게을러서 묻지 않고, 사람들이 시비를 걸어도 게을러서 화를 내지 않아서, 마침내 날로 행동은 굼떠 가고, 마음은 바보가 되며, 용모는 날로 여위어 갈 뿐만 아니라 말수조차 줄어들고 있다. 이 모든 허물은 네가 내게 들어와 멋대로 함이라. 어째서 다른 이에게는 가지 않고 나만 따르며 귀찮게 구는가? 너는 어서 나를 떠나 저 낙토(樂土)로 가거라. 그러면 나에게는 너의 피해가 없고, 너도 너의 살 곳을 얻으리라."

이에 귀신이 말했다.

"그렇지 않습니다. 내가 어떻게 당신에게 화를 입히겠습니까? 운명은 하늘에 있으니 나의 허물로 여기지 마십시오. 굳센 쇠는 부서지고 강한 나무는 부러지며, 깨끗한 것은 더러워지기 쉽고, 우뚝한 것은 꺾이기 쉽습니다. 굳은 돌은 고요함으로 이지러지지 않고, 높은 산은 고요함으로 영원한 것입니다. 움직이는 것은 쉽게 요절하고 고요한 것은 장수합니다. 지금 당신은 저 산처럼 오래 살 것입니다. 경우에 따라서는 세상의 근면은 화근이, 당신의 게으름은 복의 근원이 될 수도 있지요. 세상 사람들은 세력을 좇다 우왕좌왕하여 그때마다 시비의 소리가 분분하지만, 지금 당신은 물러나 앉았으니 당신에 대한 시비의 소리가 전혀 없지 않습니까? 또 세상 사람들은 물욕에 휘둘려서 이익을 얻기 위해 날뛰지만, 지금 당신은 걱정이 없어 제정신을 잘 보존하니, 당신에게 어느 것이 흉하고 어느 것이 길한 것이겠습니까? 당신이 이제부터 유지(有知)를 버리고 무지(無知)를 이루며, 유위(有爲)를 버리고 무위(無爲)

에 이르며, 유정(有情)을 버리고 무정(無情)을 지키며,
유생(有生)을 버리고 무생(無生)을 즐기면, 그 도는
죽지 않고 하늘과 함께 아득하여 **태초와 하나가** 될 것
입니다. 내가 앞으로도 당신을 도울 것인데, 도리어 나
를 나무라시니 자신의 처지를 아십시오. 그래서야 어
디 되겠습니까?"

이에 나는 그만 말문이 막혔다. 그래서 ⓛ앞으로 나의
잘못을 고칠 터이니 그대와 함께 살기를 바란다고 했더
니, 게으름은 그제야 떠나지 않고 나와 함께 있기로 했다.

-성현, 「조용(嘲慵)」-

## 104 (가)와 (나)의 공통점으로 가장 적절한 것은?

① 대조적 소재를 통해 삶에 대한 글쓴이의 인식을 드러
내고 있다.

② 명령적 어조를 통해 세태에 대한 부정적 시각을 진술
하고 있다.

③ 공간의 이동을 통해 주어진 삶에 순응해야 함을 드러
내고 있다.

④ 구체적인 청자를 설정하여 자연에서 얻은 깨달음을
진술하고 있다.

⑤ 계절의 변화를 통해 과거와 대비되는 현재의 상황을
드러내고 있다.

## 105 〈보기〉를 참고하여 (가)를 이해한 내용으로 적절하지 <u>않은</u> 것은? [3점]

> ─────[보기]─────
>
> 「유원십이곡」은 강호에서의 삶을 추구하는 노래
> 지만, 화자는 강호에 머문 뒤에도 강호와 속세 사이
> 에서 갈등을 반복한다. 이는 강호에서의 만족한 삶
> 이라는 이상에 도달하는 것이 쉽지 않음을 보여 주
> 는 것이다. 그뿐 아니라 화자가 갈등을 반복하면서
> 도 항상 강호를 선택하는 모습은, 결국 자신의 결정
> 이 가치 있는 것임을 드러내기 위한 것으로 이해할
> 수 있다.

① 〈제1장〉의 초장에는 화자가 강호를 선택하게 되는 동
기가 드러난다.

② 〈제3장〉의 중장에는 강호를 선택한 삶의 모습이 긍정
적으로 드러난다.

③ 〈제6장〉의 종장에는 화자 자신이 분수에 맞는 선택을
했음이 드러난다.

④ 〈제9장〉의 중장에는 속세에 미련을 갖게 하는 가치를
언급함으로써 화자의 갈등이 드러난다.

⑤ 〈제9장〉의 종장에는 갈등하는 화자의 모습이, 〈제11
장〉의 종장에는 자신의 선택에 만족하는 화자의 모습
이 드러난다.

## 106 절교 와 위우 를 중심으로 (가)를 감상한 내용으로 적절하지 <u>않은</u> 것은?

① 화자가 '절교'하고자 하는 대상은 '인간의 벗'으로 볼
수 있다.

② 화자는 '붕우'를 '절교'하고자 하는 대상으로 인식한다
고 볼 수 있다.

③ 화자는 '백운'과의 '위우'를 통해 '무한지락'을 느끼고
있다고 볼 수 있다.

④ 화자가 '위우'하고자 하는 '구로'는 '물외에 연하 족'한
곳에 있다고 볼 수 있다.

⑤ 화자가 '물외에 벗'과 '위우'하고자 하는 이유는 '유정
코 무심'하기 때문으로 볼 수 있다.

**107** ㉠과 ㉡을 참고하여 (가)와 (나)를 이해한 내용으로 가장 적절한 것은?

① ㉠의 화자는 '공맹을 비호'기 위해 '성대농포'의 길을 가야 함을 알게 되었다.

② ㉡의 '나'는 '태초와 하나가' 되게 하는 상대방의 제안을 수용하며 '굳센 쇠'와 같은 변치 않는 삶을 다짐하고 있다.

③ ㉠의 화자는 '녹수 청산'에서의 삶을 즐거워하고, ㉡의 '나'는 '깨끗한 것'을 '길한 것'으로 받아들이고 있다.

④ ㉠의 화자는 현재의 삶이 옳음을 '씨 두론가'로 밝히고, ㉡의 '나'는 반성의 태도를 '고칠 터이니'로 드러내고 있다.

⑤ ㉠의 화자는 '풍우 다'한 현실을 긍정적으로 받아들이고, ㉡의 '나'는 '시비의 소리'에 흔들렸던 자신의 잘못을 고치겠다고 다짐하고 있다.

**108** 〈보기〉를 참고하여 (나)를 감상한 내용으로 적절하지 <u>않은</u> 것은?

──────[보기]──────

「조용」에서 필자는 '나'와 '게으름 귀신'의 대화라는 구조를 활용하여 게으름에 대한 사색의 결과를 담아내고 있다. 필자는 게으름의 양면성을 드러내어 게으름의 부정적 측면을 경계하는 한편 게으름의 긍정적 측면을 통해 세태에 대한 비판적 시각을 보여 준다.

① '나'가 무당을 내세워 '귀신'에게 말을 건네는 것에서, 자신의 게으른 생활에 대해 살펴보려는 필자의 모습을 알 수 있겠군.

② '나'가 집안의 대소사를 해결하지 않고 게으름을 피우는 행위를 나열하는 것에서, 게으름의 폐단을 드러내려는 필자의 생각을 알 수 있겠군.

③ '나'가 '멋대로' 행동하는 게으름을 탓하면서도 게으름은 자신의 '허물'이라 여기는 것에서, 게으름의 양면성을 드러내려는 필자의 의도를 알 수 있겠군.

④ '나'가 게으름 덕분에 '물욕'에서 벗어날 수 있다는 '귀신'의 말에서, 게으름의 긍정적 측면을 보여 주려는 필자의 의도를 알 수 있겠군.

⑤ '나'가 게으름 덕분에 세상 사람들과 달리 걱정 없이 살 수 있다는 '귀신'의 말에서, 이익을 얻기 위해 다투는 사람들에 대한 필자의 비판적 시각을 알 수 있겠군.

"이곳은 서방 세계(西方世界)라, 속객이 어찌 오시니잇가?"
성의가 공손히 답례하고 가로되,
"나는 안평국 사람이러니 천성금불 보탑존자를 뵈러 왔사오니 어디 계시니잇가?"
화상이 왈,
"보탑존자는 금강천불대사라. 인간 육신으로 이곳을 들어왔으니 정성을 가히 알지라. 그대 정성을 신령이 감동함이나 마음이 부정(不淨)하면 대사를 보지 못할지라. 물러가 칠 일 재계(齋戒) 후에 대사를 보소서."
하거늘 성의가 슬프게 눈물 흘리며 재배 왈,
"소자 무변광해를 주유하와 천신만고하여 왔삽거늘 어찌 물러가 칠 일을 머물리잇가? 바라건대 스님은 살피사 일각이 삼추 같사온 성의 마음을 불쌍히 여기지 아니하시면 차라리 이곳에서 죽어 사부의 어엿비 여기심을 바라나이다."
하니 화상이 왈,
"이곳을 한 번 보면 삼재팔난이 소멸되나니 귀객의 효성이 창천에 사무치는지라. 작일에 존자 분부하시되, '명일 유시에 안평국 왕자 내게 올 것이니 오는 즉시 아뢰라.' 하시더니, 생각건대 그대를 이르심이라."
하고,
"잠깐 머무소서."
하며 들어가더니 이윽고 나와 청하거늘 성의 따라 들어가니 칠층 전각의 일위 존자 머리에 누런 송라를 쓰고 칠건 가사를 메고 좌수에 금강경을 쥐고 우수로 백팔염주를 두르며 경문을 외우니, 좌편의 오백 나한이며 우편의 칠백 중들이 합송하니 송경 소리 반공에 사무치는지라. 성의 칠보대 아래에서 재배하는데, 존자 왈,
"내 일찍 수도하여 천하제국 중생의 선악을 보는지라. 이제 네 효도하여 위친지성(爲親至誠)이 지극하여 극락 서역이 창해 누만 리거늘 부모에게 효도함에 위친지성으로 길을 삼아 금일로 올 줄을 알았더니 과연 오도다."
하며 환약 일봉을 주며 왈,

[A]
"이 약이 일영주니 바삐 돌아가 모환을 구하라. 너는 본디 하계(下界) 사람이 아니라. 전세에 묘일성신과 혐의* 있더니, 금세에 형제 됨에 곤액(困厄)*이 있으나 필경에 원한을 풀 날이 있으리라."

[중략 줄거리] 일영주를 구해 돌아오던 중 성의는, 왕위를 이어받는 데 위협을 느낀 형 항의에게 공격을 당해 일영주를 빼앗기고 눈이 먼다.

각설, 이때 성의 한 조각 판자를 의지하였으니 어찌 가련치 아니하리오. 두 눈이 어두웠으니 천지일월성신이며 만물을 어찌 알리오. 동서남북을 어찌 분별하며 흑백장단을 어이 알리오. 다만 바람이 차면 밤인 줄 알고 일기가 따스한즉 낮인 줄 짐작하나 만경창파에 금수 소리도 없는지라.

[B]
삼일 삼야 만에 판자 조각이 다다른 곳이 있는지라. 놀래어 손으로 어루만지니 큰 바위라. 기어 올라가 정신을 수습하여 바위를 의지하고 앉아 탄식 왈,
"사형(兄)*이 어찌 이다지 불량하여 무죄한 인명을 창파 중에 원혼이 되게 하고, 나로 하여금 이 지경이 되게 하였으니 이제는 부모가 곁에 계신들 얼굴을 알지 못하게 되었으니 어찌 통한치 아니하리오. 그러나 모친 환우가 어떠하신지, 일영주를 썼는지 알지 못하니 어찌 원통치 아니하며, 인자하신 우리 모친이 속절없이 황천에 돌아가시겠도다."
하고 슬피 통곡하니 창천이 욕열하고 일월이 무광한지라.

사고무인(四顧無人) 적막한데 십이 세 적공자가 불량한 사형에게 두 눈을 상하고서 일시에 맹인이 되어 외로운 암석 상에 홀로 앉아 자탄하니 그 아니 처량한가. 적적무인(寂寂無人) 야삼경의 추풍은 삽삽하여 원객의 수심을 자아내고, 강수동류원야성(江水東流猿夜聲)의 잔나비 슬피 울고, 유의한 두견성과 창파만경의 백구들은 비거비래(飛去飛來) 소리 질러 자탄으로 겨우 든 잠을 놀라 깨니 첩첩원한 무궁리라. 하늘을 우러러 탄식을 마지 아니하더니 문득 ㉠청아한 소리 들리거늘 귀를 기울여 들으며 헤아리되, '이는 분명한 대 소리로다. 이 같은 대해 중에 어찌 대밭이 있는고.' 하며 '이는 반드시 촉나라 땅이로다.' 하고 소리를 쫓아 내려가고저 하더니, 문득 ㉡오작(烏鵲)이 우지지며 손에 자연 짚이는 것이 있거늘 이는 곧 실과라. 먹으니 배 부른지라 정신이 상쾌하거늘, 오작에게 사례하고 인하여 바위에 내려 죽림을 찾아가니 울밀한 죽림이라. 들으니 그중에 ㉢한 대가 금풍을 따라 스스로 응하여 우는지라. 여러 대를 더듬어 우는 대를 찾아 잡고 주머니에서 칼을 내 대를 베어 단저*를 만들어서 한 곡조를 부니 ㉣소리 처량하여 산천초목이 다 우짖는 듯하더라.

차시에 성의 오작에게 밥을 부치고 단저로 벗을 삼아 심회를 덜며 일분도 그 형을 원망치 아니하고, 주야에 부모를 생각하니 그 천성대효(天性大孝)를 천지신명이 어찌 돕지 아니하리오.

각설, 이때 중국에 호마령이라 하는 재상이 있으니 벼슬이 승상에 오른지라. 황명을 받자와 남일국에 사신 갔다가 삼 삭 만에 돌아오더니 이곳에 이르러 일행을 쉬더니 청풍은 서래하고 수파는 고요한데, ⓜ처량한 피리 소리 풍편에 들리거늘 호 승상이 혜오되, '이곳은 무인지경(無人之境)이라. 분명 선동(仙童)이 옥저를 불어 속객을 희롱하는도다.' 하고 시동(侍童)을 명하여,

"피리 소리 나는 곳을 찾아보라."

하시되 시동 승명하고 피리 소리를 따라 한곳에 이르니 한 동자 죽림 암상에 비겨 앉아 단저를 처량하게 불거늘 시동이 왈,

"그대 신동인가? 선동인가?"

하니 성의 놀라더라.

-작자 미상, 「적성의전」-

* 혐의 : 꺼리고 미워함.
* 곤액 : 몹시 딱하고 어려운 사정과 재앙이 겹친 불운.
* 사형 : 자기의 형을 겸손하게 이르는 말.
* 단저 : 짧은 피리.

## 109 윗글의 내용에 대한 이해로 가장 적절한 것은?

① 화상은 인간 육신으로 서방 세계에 온 성의를 의심하여 그의 능력을 시험하였다.
② 성의는 죽어서라도 대사의 제자가 되기를 원한다고 화상에게 전했다.
③ 보탑존자는 성의가 찾아올 것이라고 화상에게 미리 일러두었다.
④ 호 승상은 남일국에 사신으로 가는 길에 선동에게 희롱당하고 일행과 함께 자리를 떴다.
⑤ 시동은 사람이 살지 않는 곳에 혼자 나서는 것을 두려워하여 호 승상의 명령을 따르지 않았다.

## 110 [A]를 바탕으로 [B]를 이해한 내용으로 가장 적절한 것은?

① [A]에서 존자는 성의에게 '모환을 구하라'고 했는데, [B]를 보면 성의는 어머니가 돌아가셔서 한탄하고 있음을 알 수 있다.
② [A]에서 존자는 성의가 '본디 하계 사람이 아니라'고 했는데, [B]를 보면 성의가 황천으로 돌아가고 있음을 알 수 있다.
③ [A]에서 존자는 성의에게 '전세에 묘일성신과 혐의 있더니, 금세에 형제 됨에'라고 했는데, [B]를 보면 성의는 형과의 전세 악연을 이어 가고 있음을 알 수 있다.
④ [A]에서 존자가 성의에게 '곤액이 있'다고 했는데, [B]를 보면 성의는 이제 부모의 곁에 있게 되었지만 그 얼굴을 알지도 못하게 된 고통을 겪고 있음을 알 수 있다.
⑤ [A]에서 존자가 성의에게 '필경에 원한을 풀 날이 있으리라'고 했는데, [B]를 보면 성의는 탄식을 통해 자연물의 공감을 얻음으로써 형에 대한 통한을 풀고 있음을 알 수 있다.

## 111 ⓐ~ⓜ에 드러나는 소리에 대한 이해로 적절하지 않은 것은?

① ⓐ : 표류하던 성의가 자신이 있는 위치를 가늠할 수 있게 하는 정보다.
② ⓑ : 먹을 것이 주위에 있다는 것을 성의에게 알려 주는 신호다.
③ ⓒ : 성의가 피리의 재료로 쓸 대나무를 발견하는 계기가 된다.
④ ⓓ : 성의가 자신의 피리 부는 재능이 탁월함을 천상계에 알리는 신호다.
⑤ ⓜ : 고립되어 있던 성의가 타인과 만나는 계기가 된다.

**112** 〈보기〉를 참고하여 윗글을 감상한 내용으로 적절하지 않은 것은? [3점]



불교 설화를 근원으로 하고 있는 「적성의전」은 소설로 형성되는 과정에서 유교적 덕목인 효행이 강조된다. 또한 대결 구도를 근간으로 하면서 초월적 존재 혹은 천상계가 설정되는 특징을 보여 준다. 특히 형제 갈등이라는 가족 내의 문제를 다루면서 권선징악적 성격을 드러내고 있다.

① 성의가 원래 하계 사람이 아니라는 존자의 말로 보아 천상계가 설정된 이 소설의 특징을 알 수 있군.
② 금강경, 백팔염주, 보탑존자 등의 불교적 소재를 취한 것으로 보아 불교 설화의 흔적이 남아 있음을 알 수 있군.
③ 천하제국 중생의 선악을 볼 수 있는 존자가 부정한 성의를 만나지 않겠다고 한 것으로 보아 권선징악적 성격을 알 수 있군.
④ 형에 의해 두 눈이 멀고 홀로 암석 위에서 자탄하고 있는 성의의 모습으로 보아 인물 간의 갈등이 가족 내의 문제임을 알 수 있군.
⑤ 성의가 어머니를 위한 지극한 효성으로 창해 누만 리 떨어진 곳까지 일영주를 얻기 위해 갔다는 것으로 보아 유교적 덕목을 드러내고 있음을 알 수 있군.

(가)

…… **활자**(活字)는 반짝거리면서 **하늘 아래**에서
간간이
**자유를 말하는데**
나의 영(靈)은 죽어 있는 것이 아니냐

벗이여
그대의 말을 고개 숙이고 듣는 것이
그대는 마음에 들지 않겠지
마음에 들지 않아라

모두 다 **마음에 들지 않아라**
이 황혼도 저 돌벽 아래 잡초도
담장의 푸른 페인트빛도
저 고요함도 이 **고요함도**

그대의 정의도 우리들의 섬세도
행동이 죽음에서 나오는
이 욕된 교외에서는
어제도 오늘도 내일도 마음에 들지 않아라

그대는 반짝거리면서 하늘 아래에서
간간이
자유를 말하는데
**우스워라 나의 영(靈)은 죽어 있는 것이 아니냐**
　　　　　　　　　　　　　　-김수영, 「사령(死靈)」-

(나)

한강물 얼고, 눈이 내린 날
㉠강물에 붙들린 배들을 구경하러 나갔다.
㉡훈련받나봐, 아니야 발등까지 딱딱하게 얼었대.
우리는 강물 위에 서서 일렬로 늘어선 배들을
㉢비웃느라 시시덕거렸다.

㉣한강물 흐르지 못해 눈이 덮은 날
강물 위로 빙그르르, 빙그르르.
웃음을 참지 못해 나뒹굴며, 우리는
보았다. 얼어붙은 하늘 사이로 붙박힌 말들을.
**언 강물과 언 하늘이 맞붙은 사이로**
**저어가지 못하는 배들이 나란히**
**날아가지 못하는 말들이 나란히**

숨죽이고 있는 것을 비웃으며, 우리는
빙그르르. ㉤올 겨울 몹시 춥고 얼음이 꽝꽝꽝 얼고.
　　　　　　　　　-김혜순, 「한강물 얼고, 눈이 내린 날」-

**113**　(가)에 대한 이해로 가장 적절한 것은?

① 시간적 표현을 열거하여, 시대에 대한 화자의 인식 변화를 드러낸다.
② 대상에 대한 호칭을 전환하여, 시적 대상에 대한 화자의 경외감을 표현한다.
③ 원근을 나타내는 지시어를 사용하여, 화자의 시선에 포착된 대상의 움직임을 표현한다.
④ 물음의 형식으로 종결하여, 시적 대상에 대한 화자의 깨달음이 부정되고 있음을 나타낸다.
⑤ 동일한 구절을 반복하여, 시적 상황에 대한 화자의 부정적 정서가 심화되는 과정을 드러낸다.

**114**　㉠~㉤에 대한 이해로 적절하지 <u>않은</u> 것은?

① ㉠의 '붙들린 배'는 강이 얼었을 때 볼 수 있는 구경거리를 관심의 대상으로 표현한 것으로, 이를 통해 시상 전개의 계기가 형성된다.
② ㉡의 '아니야'는 배가 훈련을 받고 있다는 추측을 부정하는 표현으로, 배가 움직일 수 없는 상황이 배의 내부적 원인에서 기인하고 있음이 이를 통해 드러난다.
③ ㉢의 '시시덕거렸다'는 서로 모여 실없이 떠드는 모습을 표현한 것으로, 배가 질서정연하게 정렬된 모습에 대한 '우리'의 냉소가 이를 통해 드러난다.
④ ㉣의 '흐르지 못해'는 강이 언 상황이 강물의 흐름을 막고 있다고 여기는 것으로, 강물의 자연스러운 흐름을 방해하는 외부의 힘이 이를 통해 강조된다.
⑤ ㉤의 '꽝꽝꽝'은 강추위가 지속되는 현재의 상황을 감각적으로 표현한 것으로, 모든 것을 얼어붙게 하는 현실의 상황이 견고하다는 점이 이를 통해 강조된다.

**115** 〈보기〉를 참고하여 (가), (나)를 감상한 내용으로 적절하지 <u>않은</u> 것은? [3점]



> 자유로운 의사소통이 제한되는 사회에서 개인은 자신의 의사를 온전히 표현할 수 없어서 자유가 억압되고, 그 사회 또한 경직된다. 이런 맥락에서 (가)와 (나)를 해석할 수 있다.
> (가)는 활발한 의사소통의 수단이어야 할 언어가 '활자'의 상태로만 존재한다고 표현함으로써 언어가 제 기능을 제대로 하지 못하는 상황에 주목한다. 이러한 상황에서 화자는 위축된 의사소통의 장에 적극적으로 참여하지 못하여, 경직된 사회에 대응하지 못하는 자신을 성찰한다. (나)는 자유롭게 쓰여야 할 언어를 '붙박힌 말'로 표현함으로써 개인의 언어 사용이 제한된 상황을 비판한다. 이러한 상황에서 말을 대체할 수 있는 웃음이나 몸짓과 같은 또 다른 의사소통의 방법을 보여 준다.

① (가)에서 '나의 영'에 대해 '우스워라'라고 자조한 것은 의사소통의 여지가 축소된 상황에서 자신의 참여만으로는 의사소통의 장을 활성화할 수 없다는 성찰을 드러낸다고 볼 수 있군.

② (나)에서 '우리'가 '언 강물' 위에서 비웃는 모습이나 '빙그르르' 뒹구는 장면은 언어 사용이 제한된 상황에서 또 다른 의사소통의 방법을 모색함을 드러낸다고 볼 수 있군.

③ (가)의 '하늘 아래'는 '고요함'이 있는 공간이라는 점에서, (나)의 '맞붙은 사이'는 '배'와 '말'이 '숨죽이고 있는' 공간이라는 점에서, 의사소통이 자유롭지 못한 경직된 사회를 엿볼 수 있군.

④ (가)에서 '자유를 말하'는 것이 '활자'로 한정된 것은 의사소통의 장이 위축된 상황을 나타내고, (나)에서 '말'이 '날아가지 못'한다는 것은 자유로워야 하는 언어 사용이 제한되어 있는 상황을 나타낸다고 볼 수 있군.

⑤ (가)에서 주변 세계를 '마음에 들지 않'아 하는 것은 의사소통이 활발하지 못한 상황에 대한 생각을 드러낸 것이고, (나)에서 강물이 얼어 '배'를 '저어가지 못'하는 상황은 의사소통을 방해하는 환경을 표현한 것이라고 볼 수 있군.

[116~118] 다음 글을 읽고 물음에 답하시오.    2017.06 [25~27]

—— (해설 p.219) ——

**(가)**

고려 속요는 고려 시대 궁중에서 형성되어 조선 시대까지 궁중 연향(宴饗)에서 전승되어 불린 노래를 가리킨다. 고려 속요의 기원과 형성에는 민간의 노래가 관여되었다.

민간의 노래가 궁중 잔치의 노래로 사용된 연원은 중국의 오래된 시집인 『시경(詩經)』의 '풍(風)'에서 찾을 수 있다. '풍'에는 민간의 노래가 실려 있는데 사랑 노래가 대부분이다. '풍'에 실린 노래는 중국은 물론 고려와 조선의 궁중 잔치에서도 불렸다. 또한 조선의 궁중에서는 이를 참고하여 연향 악곡을 선정하였다.

남녀 간의 사랑 노래를 포함한 민간의 노래가 궁중악으로 수용될 수 있었던 까닭은 무엇일까? 왕을 정점으로 하는 통치 구조에서는 왕권을 공고히 하고 풍속을 교화(敎化)하는 수단이 필요했는데, 예법(禮法)과 음악도 중요한 역할을 하였다. 이때 그 과정에서 민중의 생활상을 진술하게 반영한 노래 가운데 인륜의 차원으로 확장될 가능성이 있는 노래들은 통치 질서를 구현하기에 적합한 노래로 여겨져 궁중악으로 편입되었다. 특히 남녀 간의 사랑 노래는 그 화자와 대상이 '신하'와 '임금'의 구도로 치환되기 용이했기 때문에 궁중악으로 편입될 수 있었다. 이처럼 민간 가요의 궁중 악곡으로의 전환은 하층에서 상층으로의 편입·흡수 과정을 통해 상·하층이 노래를 함께 향유한 화합의 차원으로 볼 수 있다.

[A]
關關雎鳩(관관저구) 꾸욱꾸욱 우는 물수리 한 쌍
在河之洲(재하지주) 하수(河水)의 모래톱에 있도다.
窈窕淑女(요조숙녀) 요조숙녀는
君子好逑(군자호구) 군자의 좋은 짝이로다.

위의 시는 '풍'에 실린 「관저(關雎)」 편 첫째 작품으로 작품의 짜임은 대칭 구조를 이루고 있다. 이미 짝을 지은 물수리 암수의 모습과 앞으로 짝을 이룰 요조숙녀와 군자의 모습이 상응하면서 자연과 사람, 사람과 사람 사이의 조화로움을 노래한 것으로 해석되어 왔다. 문왕(文王)과 후비(后妃)*의 덕을 읊은 것, 부부간의 화락(和樂)과 공경(恭敬)을 읊은 것, 풍속 교화의 시초 등 이 노래

에 대한 평(評)이 이를 짐작하게 한다. 이러한 점에서 이 노래는 궁중에서 불렸을 때 국가적 차원의 의미까지 담게 될 여지를 갖게 된다.

한편, 고려 속요와 『시경』의 '풍'은 공통점이 있지만 고려 속요는 '풍'과 구별되는 특성을 지니고 있기도 하다. 고려 속요는 민간의 사랑 노래가 궁중악으로 정제되어 편입되는 과정에서 변화를 겪기도 했다. 즉 작품의 특정 부분에 긴밀한 유기적 관계를 맺을 수 있는 형식적 장치를 마련하여 한 작품이 구성될 때 ㉠작품 전체에 통일성을 부여하는 기능을 더하였다. 그리고 궁중 연향을 고려한 것으로 보이는 특정한 부분이 덧붙여지기도 했다. 예컨대, 전체적으로 애틋한 그리움의 정서를 보이는 작품에 ㉡송축의 내용을 담거나 ㉢이별의 상황과 동떨어진 시어를 붙이기도 한다. 「동동」과 「가시리」는 이러한 변화를 비교적 잘 보여 주고 있다.

**(나)**

덕(德)으란 곰비예 받줍고 복(福)으란 림비예 받줍고
덕(德)이여 복(福)이라 호놀 나ᅀ라 오소이다
아으 동동(動動)다리                                    〈서사〉

정월(正月)ㅅ 나릿므른 아으 어져 녹져 ᄒ논디
누릿 가온디 나곤 몸하 ᄒ올로 녈셔
아으 동동(動動)다리                                  〈정월령〉

이월(二月)ㅅ 보로매 아으 노피 현 등(燈)ㅅ블 다호라
만인(萬人) 비취실 즈ᅀᅵ샷다
아으 동동(動動)다리                                  〈이월령〉

삼월(三月) 나며 개(開)혼 아으 만춘(滿春) 둘욋고지여
ᄂ미 브롤 즈슬 디녀 나샷다
아으 동동(動動)다리                                  〈삼월령〉
                                              -작자 미상, 「동동」-

**(다)**

가시리 가시리잇고 나는
ᄇ리고 가시리잇고 나는
위 증즐가 대평셩디(大平盛代)

날러는 엇디 살라 ᄒ고
ᄇ리고 가시리잇고 나는
위 증즐가 대평셩디(大平盛代)

잡스와 두어리마ᄂᆞᆫ
선ᄒᆞ면 아니 올셰라
위 증즐가 대평셩디(大平盛代)
셜온 님 보내ᄋᆞᆸ노니 나ᄂᆞᆫ
가시ᄂᆞᆫ 듯 도셔 오쇼셔 나ᄂᆞᆫ
위 증즐가 대평셩디(大平盛代)

-작자 미상, 「가시리」-

* 문왕과 후비 : 고대의 이상적인 성인 군주와 그의 부인인 태사.

## 116 (가)를 이해한 내용으로 적절하지 <u>않은</u> 것은?

① 고려 속요는 조선 시대까지 궁중 연향에서 사용되었다.
② 『시경』의 '풍'은 조선의 궁중악에 영향을 주기도 하였다.
③ 『시경』의 '풍'에 실린 노래에는 민중의 삶이 반영되어 있다.
④ 『시경』의 '풍'과 고려 속요는 모두 상층 노래가 하층 문화에 영향을 준 결과물이다.
⑤ 궁중악에서는 남녀의 사랑이 군신 간의 관계로 확장, 전환되어서 해석될 수 있었다.

## 117 ㉠~㉢을 바탕으로 (나)와 (다)를 설명한 내용으로 가장 적절한 것은?

① (나)의 '아으 동동다리'는 ㉠의 예로 볼 수 없다.
② (나)의 〈서사〉에서 '아으 동동다리'를 제외한 나머지 부분은 ㉠의 예로 볼 수 있으나, ㉢의 예로는 볼 수 없다.
③ (나)의 〈서사〉에서 '아으 동동다리'를 제외한 나머지 부분은 ㉡의 예로 볼 수 있다.
④ (다)의 '위 증즐가 대평셩디'는 ㉡의 예로 볼 수 있으나, ㉢의 예로는 볼 수 없다.
⑤ (다)의 제1연에서 '위 증즐가 대평셩디'를 제외한 나머지 부분은 ㉡의 예로 볼 수 있다.

## 118 (가)를 참고하여 [A], (나), (다)를 감상한 것으로 적절하지 <u>않은</u> 것은? [3점]

① [A]에서는 자연과 인간 간의 조화로움이, (나)의 〈정월령〉에서는 남녀 간의 사랑으로 인한 외로움이 드러나 있군.
② [A]의 '물수리 한 쌍'과 (나)의 '만춘 둘윗곶'은 생활 속에서 민중이 긍정적 가치를 부여하는 대상을 의미하는 것으로 볼 수 있군.
③ [A]에서는 화락의 상황을, (다)에서는 이별의 상황을 보여 주고 있군.
④ [A]에서는 제1행과 제2행이, (다)에서는 제1연과 제2연이 대상의 변화에 따른 대칭 구조를 이루고 있군.
⑤ [A]에서는 풍속을 교화할 만한 이상적인 사랑을, (나)에서는 모두가 우러러볼 만한 '덕'을, (다)에서는 '님'에 대한 사랑의 감정을 읊고 있는 것으로 볼 수 있군.

　　나는 집에 도착한 그 첫 순간에 베일에 가린 듯이 ⓐ모든 사물, 모든 사람들로부터 차단된 나 자신을 느꼈다. 집에서 맞는 첫날 아침을 나는 이상한 비현실감 속에서 맞았다. "이런 전선에서 두부 장수 종소리, TV에서 흘러나오는 노랫소리, 수돗물이 넘치는 소리가 웬일일까?"라고 중얼거리며 주위를 둘러보았던 것이다. '이런 전선에서'란 느낌은 어떤 긴박한 위기에 대처한 생생한 의지였다. 그것은 아직도 내 몸에 밴 전쟁 냄새였다. 그런데 두부 장수 종소리, 유행가 소리 따위를 의식했을 때 나는 뭔가 맥이 탁 풀리는 것 같았다. 나의 안에 있는 긴박감에 비해서 밖은 너무도 무의미하고 태평스럽고 어쩌면 패덕스럽기까지 했다. 나미도, 학교 공부도, 또 나로부터 그토록 수많은 밤을 앗아 갔던 아틀리에에도 예외일 수는 없었다. 나는 그것들과의 관계를 다시 시작할 하등의 흥미도 관심도 없었다. 나날이 권태스럽고 짜증스럽기만 했다. 이따금 나는 내 안의 긴장에 대해서, 적어도 숨김없는 그 진실에 대해서 누군가에게 말하려 애써보았다. 그러나 이해하는 사람은 아무도 없었다.

　　그렇다. 이제 생각이 난다. 며칠 전 다방에서의 일이. 실내엔 담배 연기가 꽉 차 있었고 선정적인 허스키로 어떤 여자가 느린 곡조로 노래를 들려주고 있었다. 어쩌다가 내가 나미에게 그 얘기를 들려주려고 했는지 알 수가 없다. 나는 다음과 같이 그 얘기를 시작했다.

　　나는 D고지에서 전투 중인 ○○ 연대 근처까지 물을 실어다 주라는 명령을 받았어. 음료수가 떨어져서 전 연대원이 전투는 고사하고 타는 듯한 갈증과 싸우고 있다는 소식이었어. T에서 거기까진 팔십 킬로 거리였지. 나와 한병장은 밤중에 급수차를 몰아 T를 떠났어. 한 치 앞도 가릴 수 없는 어둠과 정적. 목쉰듯한 엔진 소리는 어둠과 정적의 벽에 부딪혀 바로 우리의 귓가에서 부서지고, 부챗살 모양으로 어둠이 지워진 헤드라이트의 반경 속에선 사물이 극도로 정밀해져 마치 입체 영화에서처럼 눈 속으로 뛰어들었지. 그 정밀함이란 길바닥에 뒹구는 돌에 묻은 티, 풀포기에 매달려 잠자는 벌레 따위의 미세한 것들까지도 죄다 눈에 잡히는 듯했어. 나는 온갖 사물들이 바로 내 심장에 맞닿아 있는 듯한 그런 느낌을 이전엔 한 번도 가져 보지 못했어. 이따금씩 여우나 늑대 따위들이 길을 횡단하여 쏜살같이 사라지곤 했어. 어둠 속에서 한가로이 떠돌던 나방이 떼들은 갑작스런 불빛에 방향 감각을 잃고 윈도에 머리를 부딪혀 빗방울처럼 떨어져 죽었고, 나는 운전하고 있는 한병장의 팔을 건

드리며 유리창을 가리켰지. 그는 겁에 질린 해쓱한 표정으로 나를 힐끔 곁눈질했을 뿐이야. 그렇지, 혈관 속을 움직이는 피의 선회마저 느낄 듯한 이 비상한 감각, 그리고 심연에서 샘처럼 솟아오르는 넘칠 듯한 생동감이 없이는, 저 유리창에 부딪혀 죽는 나방이 따위야 아무것도 신기할 것이 없지, 라고 생각하며 나는 혼자서 빙긋 웃었어.

[A]
　　한병장이 다시 얼굴을 힐끔 돌리며 잡아 늘이는 듯한 목소리로 말했어. "차일병은 무섭지 않나?" "아뇨, 전연." "대단하군. 여기선 적이 언제 어디서라도 나타날 수 있지." "저는 적보다 진정으로 무서운 건 무감각이라고 깨달았습니다." "나는 제대하면 곧장 결혼할 거야." "언젭니까, 제대가?" "석 달 남았지." "저는 지금까지 마치 꿈을 꾸다가 깨어난 것 같아요. 이곳에 온 뒤론 바로 생명의 한가운데를 관통하는 느낌입니다." 그런데 중간에서 엔진이 고장났지. 몇 시간 지체하고 나니 벌써 동이 트더군. 이제부터 정말 위험이 시작된 것이라 싶더군. 왜냐하면 적의 정찰 비행에 발견되면 공중 사격을 받을 우려가 있는 데다 불볕 같은 폭염이 사정 없이 쏟아져 그도 또한 견디기 어려운 문제였지.

(중략)

　　아까부터 나는 창 옆에서 노인이 나타나기를 기다리고 있었다. 오늘도 그가 그토록 진지한 얼굴로 잃어버린 물건을 계속 찾을 것인지. 대체로 그렇지 못할 것이라고 나는 믿고 있다. 그러나 만에 하나라도 노인이 어제와 같은 모습으로 내 앞에 나타난다면 무료한 가운데서도 어떤 안정성을 획득하고 있던 나의 생활은 송두리째 무너질지도 모른다. 그가 창밖에서 뭔가 열심히 찾고 있는 한 나는 계속 도전을 받는 셈이기에. 때문에 사실을 좀 더 명확하게 파악할 필요가 있다. 노인이 찾고 있는 ⓑ물건의 정체가 무엇인지, 그런저런 것을 알아보노라면 노인의 그와 같은 숙연한 태도와 잃어버린 물건 사이의 상관관계도 알게 될 것이다. 아무튼 이제 나는 그와 한마디 얘기라도 나눠 보지 않으면 못 견딜 것 같은 심정이다.

　　드디어 자전거에 짐을 싣고 공터 안으로 들어오는 노인의 모습이 눈에 잡힌다. 그 곁엔 개가 종종 걸음으로 따르고 있다. 어제와 거의 같은 장소에서 노인은 자전거를 멈추고 짐을 내린다. 비치파라솔 · 궤짝 · 연탄불 따위들이 착착 있을 곳에 놓여진다. 그런데 얼마 후에 나를 놀라게 하는 일이 벌어진다. 준비를 끝낸 노인은 이내 포장 안에서 빠져나와 개를 데리고 물웅덩이 쪽으로 가는 게 아닌가.

[B]  개는 하루 사이 아주 눈에 띄게 쇠약한 모습이고, 노인도 피곤하고 지친 모습이긴 하나 끈질긴 어떤 힘이 그의 전신에서 면면히 솟아 나오고 있는 듯하다. 나는 완전히 안정을 잃고 방 안을 오락가락했다. 믿어지지 않는다. 거짓말이다. 무엇이 노인에게 저토록 소중하게 여겨진단 말인가. 아니, 노인은 무슨 실없는 망상을 하고 있는 걸까. 나는 방에서 뛰쳐나왔다.

-서영은, 「사막을 건너는 법」-

## 119 [A]와 [B]의 서술상 특징에 대한 설명으로 가장 적절한 것은?

① [A]는 회상 장면을 삽입하여, [B]는 시간의 흐름에 따라 사건을 서술하여 인물들이 처한 상황을 객관적으로 전달하고 있다.

② [A]는 구어체를 활용하여 경험한 사실을, [B]는 현재형 시제를 활용하여 관찰하고 있는 사실을 생생하게 나타내고 있다.

③ [A]는 공간 이동에 따라 일어나는 사건을 통해, [B]는 공간에 대한 묘사를 통해 인물들의 외적 갈등을 심화하고 있다.

④ [A]는 인물 간의 대화를 삽입하여, [B]는 인물들의 반복되는 행동을 제시하여 갈등 해소 과정을 보여 주고 있다.

⑤ [A]는 중심인물의 말을 제시하여, [B]는 주변 인물의 말을 제시하여 사건들의 인과 관계를 드러내고 있다.

## 120 윗글에 대한 이해로 가장 적절한 것은?

① '나'는 일상을 권태롭고 짜증스럽게 느끼는 상황에서 '나미'를 만나 전쟁의 경험담을 전한다.

② '나'는 D고지로 향하는 도중 음료수가 떨어져 곤란함이 가중된 상황에 처한다.

③ '나'와 '한병장'은 어둠을 밝히는 헤드라이트로 인해 적의 정찰 비행에 발견되어 공격을 받는다.

④ '나'는 임무 수행 중에 결혼할 계획을 밝히며 귀환 후의 꿈 같은 생활에 대한 기대를 갖는다.

⑤ '나'는 전장에서 귀환한 후 자신의 긴장감을 이해해 주는 사람들을 만난다는 사실에 생동감을 느낀다.

## 121 ⓐ, ⓑ에 대한 이해로 적절하지 않은 것은?

① '나'는 '노인'의 변화된 모습을 통해 ⓑ를 찾는 '노인'의 행위가 중단될 것임을 예감한다.

② '나'는 ⓑ의 정체와 '노인'이 ⓑ를 찾는 태도 사이의 상관관계를 알고 싶어한다.

③ '나'는 '노인'이 ⓑ를 가치 있는 대상으로 여기고 있다고 판단한다.

④ '나'는 자신과 ⓐ의 관계에 대해 타인들은 이해하지 못한다고 생각한다.

⑤ '나'는 ⓐ로부터 소외된 상태에, '노인'은 ⓑ를 상실한 상태에 있다.

## 122 〈보기〉를 참고하여 윗글을 감상한 내용으로 적절하지 않은 것은? [3점]

[보기]

이 작품은 신체의 감각을 활용해 '나'의 체험을 다양하게 형상화한다. 청각을 통해 현실에 대한 타인과의 인식 차이를 나타내거나, 과거 경험을 후각화하여 상징적으로 표현한다. 시각을 통해서는 긴장 상태에서 극대화된 감각 체험을 보여 주는 한편 전쟁의 실상을 체험하면서 갖게 된, 현실에 대한 체념을 드러낸다. 또한 체념 상태를 흔드는 사건을 주시하면서 생기는 번민을, 행동을 통해 제시한다. 이는 '나'가 사막 같은 현실에 발을 내딛는 계기로 작용한다.

① '집에서 맞는 첫날 아침'의 느낌을 '나'가 '전선에서' 느끼는 '전쟁 냄새'라고 지각하는 데에서, 과거의 경험이 상징적 감각으로 표현되고 있군.

② '두부 장수 종소리, 유행가 소리'를 듣고 '밖'은 '무의미하고 태평스럽'다고 생각하는 데에서, '나'의 현실 인식이 타인과 다르다는 것을 의식하고 있음이 드러나고 있군.

③ '돌', '벌레' 같은 것들을 '입체 영화'처럼 보며 '심장에 맞닿아 있는 듯' 체감하는 데에서, 전장의 긴장 속에서 '나'의 감각이 극대화되고 있음이 나타나고 있군.

④ '방향 감각'을 잃은 '나방이 떼들'이 차창에 '부딪혀' 죽는 것을 목격하는 데에서, '나'가 전쟁의 실상을 깨달음으로써 체념적 현실 인식을 갖게 된다는 것이 나타나고 있군.

⑤ '믿어지지' 않는 '노인'의 행위를 지켜보고 '방 안을 오락가락'하는 데에서, 현실 인식에 대한 '나'의 번민이 행동을 통해 제시되고 있군.

(가)

꿈을 아느냐 네게 물으면,
플라타너스,
너의 머리는 어느덧 파아란 하늘에 젖어 있다.

너는 사모할 줄을 모르나,
플라타너스,
너는 네게 있는 것으로 그늘을 늘인다.

먼 길에 올 제,
㉠홀로 되어 외로울 제,
플라타너스,
너는 그 길을 나와 같이 걸었다.

이제 너의 뿌리 깊이
나의 영혼을 불어넣고 가도 좋으련만,
플라타너스,
나는 너와 함께 신이 아니다!

수고론 우리의 길이 다하는 어느 날,
플라타너스,
너를 맞아 줄 검은 흙이 먼 곳에 따로이 있느냐?
나는 오직 너를 지켜 네 이웃이 되고 싶을 뿐,
그곳은 아름다운 별과 나의 사랑하는 창이 열린 길이다.
　　　　　　　　　　　-김현승, 「플라타너스」-


(나)

선뜻! 뜨인 눈에 하나 차는 영창
달이 이제 밀물처럼 밀려오다.

미욱한 잠과 베개를 벗어나
부르는 이 없이 불려 나가다.

한밤에 ㉡홀로 보는 나의 마당은
호수같이 둥긋이 차고 넘치노나.

쪼그리고 앉은 한옆에 흰 돌도
이마가 유달리 함초롬 고와라.

연연턴 녹음, 수묵색으로 짙은데
한창때 곤한 잠인 양 숨소리 설키도다.

비둘기는 무엇이 궁거워* 구구 우느뇨,
오동나무 꽃이야 못 견디게 향그럽다.
　　　　　　　　　　　-정지용, 「달」-


* 궁거워 : 궁금하여.


**123**　(가)에 대한 설명으로 가장 적절한 것은?

① 반복적 호명을 통해 중심 대상으로 초점을 모으고 있다.
② 반어적 표현을 활용하여 대상의 이중성을 부각하고 있다.
③ 색채어를 활용하여 대상의 고풍스러운 모습을 드러내고 있다.
④ 현재형 진술을 통해 대상의 역동적 성격을 보여 주고 있다.
⑤ 상승적 이미지를 활용하여 사물의 변화 과정을 표현하고 있다.


**124**　㉠과 ㉡에 대한 이해로 가장 적절한 것은?

① ㉠은 화자의 관조적 자세를, ㉡은 화자의 반성적 자세를 보여준다.
② ㉠은 화자가 경험한 시련을, ㉡은 화자가 간직한 추억을 환기한다.
③ ㉠은 화자의 무기력한 태도를, ㉡은 화자의 담담한 태도를 표현한다.
④ ㉠은 화자의 적막한 처지를, ㉡은 화자를 둘러싼 고즈넉한 분위기를 드러낸다.
⑤ ㉠은 현실에 대한 화자의 회의감을, ㉡은 앞날에 대한 화자의 기대감을 부각한다.

**125** 〈보기〉를 바탕으로 (가)와 (나)를 감상한 내용으로 적절하지 <u>않은</u> 것은? [3점]

> ─[보기]─
>
> (가)와 (나)는 특정한 공간에서 사물과 교감하는 화자의 내면을 보여 준다. (가)의 화자는 삶의 여정이자 구도적 공간인 '길'에서 이상 세계인 '하늘'을 지향하는 소망을 드러낸다. (나)의 화자는 달밤의 조화로운 풍경을 포착하는 심미적 공간인 '마당'에서 사물의 아름다움에 대한 충만한 정서를 드러낸다.

① (가)의 화자는 '플라타너스'와 '같이' 걷는 모습에서, (나)의 화자는 '흰 돌'의 '유달리' 고운 '이마'를 알아채는 모습에서 사물과의 교감을 보여 주는군.

② (가)의 화자는 '어느 날'에 이르는 과정을 통해 삶의 여정을 드러내고, (나)의 화자는 '한밤'에 '밀물'처럼 밀려온 달빛을 통해 조화로운 풍경을 포착하는군.

③ (가)의 '창'은 화자와 '하늘'을 잇는 매개체로서 이상 세계의 완전함을, (나)의 '영창'은 화자의 내면과 외부 세계를 잇는 매개체로서 화자의 만족감을 상징하는군.

④ (가)는 반짝이는 '별'의 이미지를 활용하여 화자가 지향하는 세계의 아름다움을, (나)는 차고 넘치는 '호수'의 이미지를 활용하여 화자가 느끼는 '마당'의 아름다움을 표현하는군.

⑤ (가)의 화자는 '플라타너스'와 '이웃'이 되어 구도의 '길'을 함께하고자 하는 소망을, (나)의 화자는 오동 꽃이 '못 견디게 향그럽다'고 표현하여 자연에 대한 감흥을 드러내는군.

**[126~127] 다음 글을 읽고 물음에 답하시오.**　　2017.09 [19~20]

*──── (해설 p.237) ────*

(가)

　살구나무 그늘로 얼굴을 가리고, 병원 뒤뜰에 누워, 젊은 여자가 흰옷 아래로 하얀 다리를 드러내 놓고 일광욕을 한다. 한 나절이 기울도록 가슴을 앓는다는 이 여자를 찾아오는 이, 나비 한 마리도 없다. 슬프지도 않은 살구나무 가지에는 바람조차 없다.

　나도 모를 아픔을 오래 참다 처음으로 이곳에 찾아왔다. 그러나 나의 늙은 의사는 젊은이의 병을 모른다. 나한테는 병이 없다고 한다. 이 지나친 시련, 이 지나친 피로, 나는 성내서는 안 된다.

　여자는 자리에서 일어나 옷깃을 여미고 화단에서 금잔화 한 포기를 따 가슴에 꽂고 병실 안으로 사라진다. 나는 그 여자의 건강이 ─ 아니 내 건강도 속히 회복되기를 바라며 그가 누웠던 자리에 누워 본다.

-윤동주, 「병원」-


(나)

　유성에서 조치원으로 가는 어느 들판에 우두커니 서 있는 한 그루 늙은 나무를 만났다. 수도승일까. 묵중하게 서 있었다.

　다음날은 조치원에서 공주로 가는 어느 가난한 마을 어귀에 그들은 떼를 져 몰려 있었다. 멍청하게 몰려 있는 그들은 어설픈 과객일까. 몹시 추워 보였다.

　공주에서 온양으로 우회하는 뒷길 어느 산마루에 그들은 멀리 서 있었다. 하늘 문을 지키는 파수병일까, 외로워 보였다.

　온양에서 서울로 돌아오자, 놀랍게도 그들은 이미 내 안에 뿌리를 펴고 있었다. 묵중한 그들의. 침울한 그들의. 아아 고독한 모습. 그 후로 나는 뽑아낼 수 없는 몇 그루의 나무를 기르게 되었다.

-박목월, 「나무」-


**126　(가), (나)에 대한 설명으로 가장 적절한 것은?**

① (가)와 (나)는 모두 색채 이미지를 활용하여 사물의 역동성을 드러내고 있다.

② (가)와 (나)는 모두 일상을 벗어난 공간과 대비하여 일상의 공간에 의미를 부여하고 있다.

③ (가)는 (나)와 달리, 사물의 속성을 분석하여 미래에 대한 긍정적인 전망을 제시하고 있다.

④ (나)는 (가)와 달리, 추측을 나타내는 표현을 변주하여 사물이 연상시키는 의미를 심화하고 있다.

⑤ (가)는 현재형 시제로 계절의 상징성을, (나)는 과거형 시제로 시간에 따른 사물의 변화상을 보여 주고 있다.

**127** 〈보기〉의 관점에서 (가), (나)의 '화자와 대상의 관계'에 대해 이해한 내용으로 적절하지 <u>않은</u> 것은? [3점]

[보기]

　(가), (나)의 화자는 특정한 대상에 대한 인식을 통해 자신을 성찰하고 대상에 공감한다. (가)의 화자는 병원에서 본 '여자'의 모습에 주목하고 '여자'의 아픔에 비추어 자신의 처지를 성찰하며 '여자'가 지닌 치유에 대한 소망에 공감한다. (나)의 화자는 여행 중에 만난 '나무'들의 모습에 주목하고 '나무'들에 비추어 자신의 내면을 성찰하며 '나무'들의 모습에서 드러나는 정서에 공감한다. 이를 통해 (가), (나)의 화자는 대상과의 동질성을 확인한다.

① (가)의 화자는 '병원 뒤뜰'에 누워 있는 '여자'를 관찰함으로써, (나)의 화자는 여로에서 만난 '나무'를 반복적으로 제시함으로써 대상을 인식하고 있음을 보여 주고 있다.

② (가)의 화자는 찾는 이가 없는 '가슴을 앓는다는 이 여자'의 처지에, (나)의 화자는 '나무'에게서 본 '수도승', '과객', '파수병'의 모습에 자신을 비추어 보고 있다.

③ (가)의 화자는 '젊은이의 병'을 모르는 '늙은 의사'에 대한 원망을 '여자'와 공유함으로써, (나)의 화자는 '멀리 서 있'는 '나무'들의 위치를 확인함으로써 대상과 자신의 거리를 좁히려 하고 있다.

④ (가)의 화자는 '금잔화 한 포기'를 꽂고 병실로 들어가는 '여자'에게서 '회복'에 대한 소망을 읽어 냄으로써, (나)의 화자는 '나무'들이 '외로워 보였다'고 표현함으로써 대상에 공감하고 있다.

⑤ (가)의 화자는 '그가 누웠던' 곳에 '누워 본다'고 함으로써, (나)의 화자는 '뽑아낼 수 없'는 '나무를 기르게 되었다'고 함으로써 대상과 자신의 동질성을 드러내고 있다.

— (해설 p.243) —

배 방에 누워 있어 내 신세를 생각하니
가뜩이 심란한데 대풍(大風)이 일어나서
태산(泰山) 같은 성난 물결 천지에 자욱하니
크나큰 만곡주가 나뭇잎 불리이듯
하늘에 올랐다가 지함(地陷)*에 내려지니
열두 발 쌍돛대는 차아*처럼 굽어 있고
쉰두 폭 초석(草席) 돛은 반달처럼 배불렀네
굵은 우레 잔 벼락은 등[背] 아래서 진동하고
성난 고래 동(動)한 용(龍)은 물속에서 희롱하니
방 속의 요강 타구(唾具) 자빠지고 엎어지며
상하좌우 배 방 널은 잎잎이 우는구나
이윽고 해 돋거늘 장관(壯觀)을 하여 보세
일어나 배 문 열고 문설주 잡고 서서
사면(四面)을 돌아보니 어와 장할시고
인생 천지간에 ㉠이런 구경 또 있을까
구만리 우주 속에 큰 물결뿐이로다

(중략)

그중에 전승산이 글 쓰는 양(樣) 바라보고  [A]
필담(筆談)으로 써서 뵈되 전문(傳聞)에 퇴석
(退石) 선생
쉬 짓기가 유명(有名)터니 선생의 빠른 재주  [B]
일생 처음 보았으니 엎디어 묻잡나니
필연코 귀한 별호(別號) 퇴석인가 하나이다
내 웃고 써서 뵈되 늙고 병든 둔한 글을  [C]
포장(褒獎)을 과히 하니 수괴(羞愧)*키 가이 없다
승산이 다시 하되 소국(小國)의 천한 선비
세상에 났삽다가 ㉡장(壯)한 구경 하였으니  [D]
저녁에 죽사와도 여한이 없다 하고
어디로 나가더니 또다시 들어와서
아롱보(褓)에 무엇 싸고 삼목궤(杉木櫃)에 무엇 넣어
이마에 손을 얹고 엎디어 들이거늘
받아 놓고 피봉(皮封)* 보니 봉(封)한 위에 쓰였으되
각색 대단(大緞) 삼단이요 사십삼 냥 은자(銀子)로다
놀랍고 어이없어 종이에 써서 뵈되
그대 비록 외국이나 선비의 몸으로서
은화를 갖다 가서 글 값을 주려 하니  [E]
그 뜻은 감격하나 의(義)에 크게 가하지 않아
못 받고 도로 주니 허물하지 말지어다

－김인겸, 「일동장유가」－

* 지함 : 땅이 움푹하게 주저앉은 곳.
* 차아 : 줄기에서 벋어 나간 곁가지.
* 수괴 : 부끄럽고 창피함.
* 피봉 : 겉봉.

**128** 윗글에 대한 설명으로 적절하지 <u>않은</u> 것은?

① 동물의 역동성을 통해 공간의 분위기를 긍정적으로
바꾸고 있다.
② 거대한 자연물에 비유하여 악화된 기상 상황을 표현
하고 있다.
③ 식물의 연약한 속성을 활용하여 화자의 위태로운 상
황을 드러내고 있다.
④ 상승과 하강의 이미지를 대비하여 목전에 닥친 위기
감을 강조하고 있다.
⑤ 인물의 행동을 시간의 흐름에 따라 열거하여 상황을
구체적으로 보여 주고 있다.

**129** ㉠과 ㉡에 대한 이해로 가장 적절한 것은?

① ㉠과 ㉡은 모두 화자의 고난 극복 의지를 드러내고
있다.
② ㉠과 ㉡은 모두 화자가 구경하는 대상의 실체를 은폐
하고 있다.
③ ㉠은 자연의 풍광에 대한 감탄을, ㉡은 인물의 능력에
대한 감탄을 표현하고 있다.
④ ㉠은 화자의 관찰력에 대한, ㉡은 화자의 창조력에 대
한 타인의 평가를 담고 있다.
⑤ ㉠은 대상에 대한 화자의 만족을, ㉡은 대상에 대한
화자의 아쉬움을 드러내고 있다.

**130** 〈보기〉를 바탕으로 윗글을 감상한 내용으로 적절하지 않은 것은? [3점]



　　사행 가사인 「일동장유가」에는 화자와 일본인 문인 사이의 필담 장면이 기술되어 있는데, 필담을 통한 문답 형식은 일종의 대화의 성격을 지닌다. 필담 속에는 대화가 시작되는 상황, 문답의 주요 내용, 의사소통의 심층적 의미, 선비로서의 예법 등이 자연스럽게 포함되어 있다.

① [A]는 [B]~[D]의 필담이 시작되는 계기를 보여 주는군.

② [B]의 '빠른 재주'는 '나'의 글에 대한 상대의 평가를, [C]의 '늙고 병든 둔한 글'은 자신의 글에 대한 '나'의 입장을 보여 주는군.

③ [B]의 '필담으로 써서 뵈되'와 [C]의 '내 웃고 써서 뵈되'를 통해, 문답의 형식을 활용하여 의사소통 장면을 구체적으로 제시하는군.

④ [B]의 '귀한 별호 퇴석'과 [D]의 '소국의 천한 선비'는 선비의 예법을 동원하여 동일한 사람을 다르게 지칭한 표현이군.

⑤ [D]에는 '나'의 글에 대한 상대의 찬사가 나타나 있고, [E]에는 상대의 글 값에 대한 '나'의 거절이 드러나 있군.

— (해설 p.247)

뒤에야 알았지만 아침에 그런 일이 있고 난 그날 밤에 아내는 그 **고무신짝**을 들고 골목길을 이리저리 기웃거리다가 길가의 아무 집이건 가림이 없이 여느 집 담장으로 휙 던졌던 모양이었다. 물론 아내는 제 자존심도 있었을 터여서 그런 얘기를 나에게는 입 밖에 내기는커녕 전혀 내색조차 하지 않았다. 나도 아침에 그런 일이 있고, 그 고무신짝은 대문 앞의 멋대가리 없게 생긴 시멘트 덩어리 쓰레기통에 버린 뒤, 그런 일은 없었던 셈으로 쳤다. 우리는 미심한 대로 그 일을 그렇게 처결해 버렸던 것이다. 그러나 아내는 그 미심한 점이 역시 미심했던 모양이었다. 나는 하루 종일 거리로 나와 있었지만 아내는 종일토록 집에만 있었으니까, 그 미심한 느낌도 나보다도 훨씬 더했을 것이다. 그렇게 아내는 이미 그 **고무신짝의 논리** 속에 흠뻑 빠져 들어가고 있었다. 그리하여 어두울 무렵에 혼자 나갔을 것이다. 쓰레기통 속에서 희끄무레한 남자 고무신짝을 끄집어냈을 것이다. 골목길을 오르내리며 마땅해 보이는 장소를 물색했을 것이다. 그러다가 **아무 집이건 담장 너머로** 휙 던져 버렸을 것이다. 그렇게 그쯤으로 **액땜**을 했다고 자처해 버렸을 것이다.

그 며칠 뒤, 정확하게 열흘쯤 지나서였다.

아침에 자리에서 눈을 뜨자 먼저 일어나 밖으로 나갔던 아내가,

"아빠아, 눈 왔다아, 눈 왔어어."

호들갑을 떨듯이 소리를 질러서, 나도 벌떡 자리에서 일어나 아내의 바람으로 달려 나갔다.

아내는 뜰 한가운데 파자마 바람으로 싱글벙글 웃고 서 있었다.

수북하게 눈이 와 있었다. 게다가 하늘은 활짝 개고 해는 금방 떠오를 모양이었다.

"밤새 왔던 모양이지요."

"그걸 말이라고 하나. 당연하지."

"아이, 야박스러. 좀 그렇다고 맞장구를 쳐 주면 어때요."

"**나는 합리적인 사람**이니까 **이치에 닿지 않는 소린** **싫거든.**"

"흥, 이치 좋아하시네."

하며 아내는 입은 비시시 웃고 눈은 얄팍하게 나를 흘겨보듯 하더니, 다시 **장난스러운 표정**이 되며 물었다.

"하늘에 깝북 구름이 차 있다가, 가장 빠른 시간 안으로 이렇게 온 하늘이 깨끗이 개어 오르려면 몇 분이나 걸리는지 알아요?"

나는 잠시 무슨 뜻인지 몰라서 뚱하게 아내를 쳐다보았다.

"그건 하늘 나름일 테지."

"하늘 나름이라뇨?"

"넓은 하늘도 있고 좁은 하늘도 있지 않겠어. 그건 어쨌든, 당신은? 당신은 아나?"

"몰라요, 모르니까 묻죠."

하고 아내는 낭랑한 목소리로 한바탕 또 웃었다.

[눈 내린 겨울 아침]과 저 낭랑한 웃음. 이 눈 내린 겨울 아침이 훨씬 더 눈 내린 겨울 아침으로 느껴지도록 하고 있는 저 웃음. 또한 저 웃음으로 하여금 더욱더 저 웃음이도록 해 주고 있는 이 활짝 개어 오른 눈 내린 겨울 아침.

그러나 무엇인가 빠져 있다. 나는 문득 고향의 그 큰 산이 떠오르려고 하는 것을 머리를 설레설레 흔들어 지워 버렸다.

그러고 보니, 비나 눈이 오다가 개어 오를 때는 대개 바람이 불면서 스름스름 걷히는데, 어느새 눈 깜짝할 사이에 온 하늘은 활짝 개어 있곤 하는 것이다. 선들바람이 지나가면서 두꺼운 하늘 한복판에 파아란 구멍 하나가 깊숙하게 뽕 뚫렸다 싶으면 스름스름 구름이 날아간다. 다음 순간 눈 깜짝할 사이에 어느새 온 하늘은 끝까지 활짝 개어 있곤 한다. 그렇다, 늘 '어느새'다. '어느새'라는 낱말 하나로 간단히 처리되지만, 간단히 처리 안 될 수도 없게 그렇게 '어느새'다. 하늘 끝에서 끝까지 완전히 개어 오르는 그 과정을 처음부터 끝까지 완벽하게 지켜본 사람이 있을까. 온 하늘의 구름 조각 하나하나가 한꺼번에 스러져 가는 것을 완전히 본 사람이 있을까. 설령 보았대도 마찬가지일 것이다. 정신이 번쩍 들듯이 정신을 차려 보니까 '어느새' 온 하늘이 활짝 개어 있기는 마찬가지일 것이다.

이렇게 눈이 내려서, 게다가 하늘이 개어 올라서 아내는 저렇게도 단순하게 기분이 좋은 모양이었다. 눈을 밟으며 사뿐사뿐 큰 문 쪽으로 달려 나갔다. 그러더니 뜰 끝에서 멈칫 섰다. 일순 여들여들하게 유연하던 아내의 뒷등이 무언가 현실적인 분위기로 굳어지고 있었다.

"어마, 저게 뭐유?"

헛간 쪽의 블록 담 밑을 꾸부정하게 들여다보았다.

"뭔데?"

나도 가슴이 철렁해지며 문득 열흘쯤 전의 그 일이 떠올라 그쪽으로 급하게 다가갔다.

동시에 좀 전의 그 환하던 겨울 아침은 대뜸 우리 둘 사이에서 음산한 분위기로 둔갑을 하고 있었다.

"고무신짝이에요, 또 그, 그 고무신짝."

아내의 목소리는 **완연히 떨고 있었다.** 거의 헐떡거리
듯 하였다. 맞다. 고무신짝이었다. 그 새하얗게 씻은 **남
자 고무신짝.**

"……"

나는 마치 머릿속의 저 아득한 맨 끝머리에 쩌엉스런
깊고 빈 들판이 있다가, 그것이 또 확 열려 오는 듯한 공
포 속으로 휘어 감겼다.

-이호철, 「큰 산」-

## 131 윗글에 대한 설명으로 가장 적절한 것은?

① 다른 장소에서 동시에 벌어진 사건을 병치하여 서사
의 진행을 지연시키고 있다.

② 작중 인물이 아닌 서술자가 등장하여 인물 간의 갈등
을 새 국면으로 이끌고 있다.

③ 연상을 통해 새로운 공간을 제시하여 시대 상황의 이
념적 성격을 구체화하고 있다.

④ 사건에 개입되지 않은 이의 객관적 관점을 통해 인물
의 위선적 면모를 표면화하고 있다.

⑤ 추측을 포함한 요약적 진술로 사건의 경과를 드러내
어 현재 상황에 대한 이해를 돕고 있다.

## 132 눈 내린 겨울 아침에 대한 이해로 가장 적절한 것은?

① 눈 내린 겨울 아침의 활짝 갠 하늘을 보고 '나'는 '아내'
의 자존심을 세워 주겠다고 다짐한다.

② 눈 내린 겨울 아침의 밝은 분위기가 '나'와 '아내'의 불
안감으로 인해 음산한 분위기로 바뀐다.

③ 눈 내린 겨울 아침에 '나'와 '아내'는 '열흘쯤 전의' 일에
대한 대화를 나누며 상실감에 젖는다.

④ 눈 내린 겨울 아침에 '아내'는 감정에 들떠 한때 '나'에
대해 가졌던 '미심한 느낌'을 떨쳐 버린다.

⑤ 눈 내린 겨울 아침에 '나'는 '고향의 그 큰 산'에서 겪은
일에 대한 기억을 낱낱이 되살리려 애쓴다.

## 133 〈보기〉를 참고하여 윗글을 감상한 내용으로 적절하지 않은 것은? [3점]

[보기]

「큰 산」에는 도시화로 인한 가치관의 변화와 과
도기적 상황이 드러난다. 도시화 과정에서 도시인
들은 공동체의 이익보다 개인의 이익을 중시하고,
남을 배려하기보다 자신의 안위를 보장받는 데 더
관심을 둔다. 또한 미신과 같은 주술적인 사고방식
이 남아 있는가 하면 합리적인 사고방식으로 사태
에 대처하려는 태도를 보이기도 한다. 이렇듯 상이
한 가치관 사이에서 사람들은 혼란을 겪는다.

① '고무신짝의 논리'가 '액땜'과 연관되어 있다는 점에서
주술적인 방식으로 문제를 인식하는 태도를 엿볼 수
있겠군.

② '아내'가 '아무 집이건 담장 너머로' '고무신짝'을 던져
버렸다는 점에서 자신의 안위를 앞세우는 태도를 엿
볼 수 있겠군.

③ '아내'가 '완연히 떨고 있'는 목소리로 무엇인가를 염려
하는 듯한 모습에서, 사태를 합리적 방식으로 파악하
는 데 익숙하지 않은 과도기적 상황을 엿볼 수 있겠군.

④ '나'가 '이치에 닿지 않는 소린 싫'다고 하면서도 '남자
고무신짝'에 대해서는 '공포'를 느끼며 합리적으로 사
고하지 못한다는 설정에서, 가치관이 혼재된 상황을
짐작할 수 있겠군.

⑤ 스스로 '합리적인 사람'이라고 강조하는 '나'에게 '아
내'가 '장난스러운 표정'으로 응대하는 대화 내용에서,
합리적 자세로 남을 배려하는 새로운 가치의 면모를
확인할 수 있겠군.

[134~138] 다음 글을 읽고 물음에 답하시오.   2021.12 [38~42]

— (해설 p.252) —

(가)

이 몸 삼기실 제 님을 조차 삼기시니
혼싱 **연분(緣分)**이며 **하늘** 모롤 일이런가
나 ᄒ나 **졈어 잇고** 님 ᄒ나 날 괴시니
이 ᄆᄋ음 이 ᄉ랑 견졸 ᄃ 노여 업다
평싱(平生)애 원(願)ᄒ요디 ᄒ디 녜쟈 ᄒ얏더니
**늙거야** 므ᄉ 일로 외오 두고 그리ᄂ고
**엇그제** 님을 뫼셔 광한뎐(廣寒殿)의 올낫더니
그 더디 엇디ᄒ야 하계(下界)예 ᄂ려오니
올 저긔 비슨 머리 헛틀언 디 **삼 년일쇠**
연지분(臙脂粉) 잇ᄂ마ᄂ 눌 위ᄒ야 고이 홀고
ᄆᄋ음의 미친 실음 **텹텹(疊疊)**이 ᄡ혀 이셔
짓ᄂ니 한숨이오 디ᄂ니 눈믈이라
**인싱(人生)**은 유호(有限)ᄒᄃ 시름도 그지업다
**무심(無心)**ᄒ 셰월(歲月)은 믈 흐르ᄃ ᄒᄂ고야
**염냥(炎凉)**이 째를 아라 **가ᄂ 둣 고텨** 오니
듯거니 보거니 늣길 일도 하도 할샤
동풍이 건듯 부러 젹셜(積雪)을 헤텨 내니
창(窓) 밧긔 심근 **미화(梅花)** 두세 가지 픠여셰라
ᄀ득 넝담(冷淡)ᄒᄃ 암향(暗香)은 므ᄉ 일고
황혼의 둘이 조차 벼마틔 빗쵀니
늣기ᄂ 둣 반기ᄂ 둣 **님이신가** 아니신가
뎌 미화 것거 내여 님 겨신 ᄃ 보내오져
님이 너를 보고 엇더타 너기실고

—정철, 「사미인곡」—

(나)

창 밧긔 워석버석 **님이신가** 니러 보니
**혜란(蕙蘭)** 혜경(蹊徑)*에 낙엽은 므ᄉ 일고
어즈버 유한(有限)ᄒ 간장(肝腸)이 **다 그츨가 ᄒ노라**

—신흠—

* 혜란 혜경 : 난초 핀 지름길.

(다)

나는 예전에 장흥방의 길갓집에 살았다. 그 집은 저잣거리에 제법 가까워서 소란스러웠다. 문 옆에 한 칸짜리 초당이 있어 볏짚으로 덮고 흙을 쌓았더니 그윽하고 조용해서 살 만했다. 그러나 초당이 동쪽으로 치우쳐 햇볕을 받았기에 여름이면 너무 더웠다. 그래서 '고요함이 더위를 이긴다[靜勝熱]'는 말을 당호(堂號)*로 정해 문설주에 편액을 해 걸어 두고 위안을 삼았다.

대저 고요함에는 두 가지가 있으니 하나는 몸의 고요함이요, 다른 하나는 마음의 고요함이다. 몸이 고요한 사람은, 앉고 눕고 일어나고 서는 등 모든 행동에 있어 편안함을 취할 뿐이다. 마음이 고요한 사람은, 천하만사가 마치 촛불로 비춰 보고 거북이로 점을 치는 듯하니 시원한 날씨와 더운 날씨가 무슨 상관이 있겠는가? 그러므로 '고요함이 이긴다'고 한 지금의 말은 마음의 고요함을 가리킨다.

그 집에서 이십 년을 살고 이사하였다. 그로부터 삼 년이 흐른 뒤 옛집을 찾아가 보았다. 그새 주인이 바뀐 지 여러 번이지만 집은 옛 모습 그대로였다.

은은하게 처마에 들어오는 산빛, 콸콸콸 담을 따라 도는 골짜기 물, 밀랍으로 발라 번들번들한 살창, 쪽빛으로 물들여 놓은 늘어진 천막.

(중략)

내가 여기에 살던 시절은 집안이 번성하던 때였다. 선친께서 승명전에 봉직하실 때라, 퇴근하신 밤이면 우리 형제들이 모시고 앉아 학문과 예술을 담론하고 옛일을 기록하거나, 시를 읽거나 거문고를 들었으니 유중영의 옛일*과 비슷하였다. 그 즐거움을 잊을 수는 없건마는 다시 되찾을 수는 없다!

『서경』에 '그릇은 새것을 찾고, 사람은 옛 사람을 찾는다.'라고 했다. 집 역시 그릇과 같이 무언가를 담는 부류이긴 하나, 사람은 집이 아니면 몸을 붙여 머물 데가 없고 집보다 더 거처를 많이 하는 것은 없으므로, 집은 그릇보다는 사람에 가깝다 하겠다. 그러니 어찌 그리워하지 않을 수 있으랴!

그렇지만 인간사가 벌써 바뀌어, 사물에 닿을 때마다 슬픔만 더하므로 이 집에 다시 살고 싶지는 않다. 마땅히 임원(林園)*에 집터를 보아 집을 지어서 옛 이름의 편액을 걸어 옛집에서 지녔던 뜻을 잊지 않으려 한다.

누군가는 '임원이 이미 고요하거늘, 지금 다시 '고요함이 이긴다'고 하면 또한 군더더기가 아닌가?'라고 말할

수 있으리라. 나는 답하리라. '고요한데 또 고요하니, 이
것이야말로 고요함이라네.'라고.

-유본학, 「옛집 정승초당을 둘러보고 쓰다」-

* 당호 : 집에 붙이는 이름.
* 유중영의 옛일 : 당나라 때 문신 유중영이 늘 책을 가까이하며
  자식들을 가르치던 일.
* 임원 : 산림.

**134** (가)와 (나)에 대한 설명으로 가장 적절한 것은?

① (가)의 '노여'와 (나)의 '다'라는 수식어는 모두 임에 대
한 원망의 정서를 강조하기 위해 사용된 것이다.
② (가)의 'ᄒᆞᄂᆞ고야'와 (나)의 'ᄒᆞ노라'는 모두 화자의 의
지를 단정적인 종결형으로 나타낸 것이다.
③ (가)의 '미화'와 (나)의 '혜란'은 모두 화자와 동일시되
는 자연물을 의인화하여 나타낸 것이다.
④ (가)의 'ᄆᆞᄉ 일고'와 (나)의 'ᄆᆞᄉ 일고'는 모두 뜻밖의
대상과 마주하게 된 반가움을 영탄적 어조로 표현한
것이다.
⑤ (가)의 '님이신가'와 (나)의 '님이신가'는 모두 임을 만
나고 싶은 간절함을 독백적 어조로 드러낸 것이다.

**135** 〈보기〉를 바탕으로 (가)를 감상한 내용으로 적절하지
<u>않은</u> 것은?

━━━━━━━━[보기]━━━━━━━━

　(가)에는 천상의 시간과 지상의 시간이 모두 나타
난다. 천상에서는 지상과 달리 생로병사의 과정 없
이 끝없는 사랑이 지속된다. 이러한 시간적 질서는
지상에 내려온 화자를 힘겹게 하는데, 이 과정에서
화자는 지상의 물리적 시간을 심리적으로 변형하여
자신의 심경을 드러낸다.

① 임과의 '연분'을 '하늘'과 연결 짓는 것은, 임과의 사랑
이 천상의 시간 질서처럼 끝없이 이어지기를 바라는
마음이 반영된 것이라 볼 수 있겠어.
② '졈어 잇고'와 '늙거야'를 통해 화자가 천상의 시간에서
벗어나 지상의 시간으로 편입되었음을 알 수 있겠어.
③ '삼 년' 전을 '엇그제'로 인식하는 것에서, 임과 함께한
기억이 아직도 선명하게 남아 있어 지상의 물리적 시
간이 심리적으로 압축되어 나타나고 있음을 알 수 있
겠어.
④ '인싱은 유훈'과 '무심ᄒᆞᆫ 셰월'을 통해 지상의 시간적
질서에 따라 소망을 이룰 수 있는 시간이 줄고 있는 것
에 대한 불안한 마음을 엿볼 수 있겠어.
⑤ '염냥'이 'ᄀᆞ논 ᄃᆞᆺ 고텨' 온다는 인식에서, 임과의 관계
단절에 따른 절망감으로 인해 지상의 물리적 시간이
심리적으로 지연되어 나타나고 있음을 알 수 있겠어.

**136** 〈보기〉를 바탕으로 (나), (다)를 감상한 내용으로 적절하지 <u>않은</u> 것은? [3점]



① (나)에서 '낙엽' 소리가 창 안에서도 들린다는 것은 화자가 외적 고요의 상태에 있었다는 것을 의미하겠군.
② (나)에서 '낙엽' 소리를 임이 오는 소리로 착각했다는 것은 화자의 심리가 내적 고요의 상태에 있지 못했기 때문이겠군.
③ (다)에서 '사물에 닿을 때마다 슬픔만 더'한다는 것은 옛집을 돌아본 경험이 필자로 하여금 내적 고요를 이루기 어렵게 만들었다는 인식이 반영된 것이겠군.
④ (다)에서 '옛집'의 '초당'에 붙였던 당호를 '임원'의 새 집에서도 사용하겠다는 것은 필자가 외적 고요에 더해 내적 고요를 추구하고 있음을 보여 주는 것이겠군.
⑤ (다)에서 '누군가'가 '고요함이 이긴다'는 당호를 '군더더기'로 본다는 것은 외적 고요만으로는 삶에서 느끼는 불편이나 슬픔을 이겨 내기 어렵다고 여겼기 때문이겠군.

**137** (가)와 (다)를 비교하여 이해한 내용으로 가장 적절한 것은?

① (가)와 (다) 모두 인간의 외양이 변화하는 상황에 대한 안타까움이 나타나 있다.
② (가)와 (다) 모두 오래된 것보다는 새로운 것을 더 중시하는 삶의 자세가 나타나 있다.
③ (가)와 (다) 모두 자신이 있는 공간에서 그 공간에 부재하는 대상을 떠올리는 상황이 나타나 있다.
④ (가)에는 인생의 허무함에 대한 순응적 태도가, (다)에는 인생의 허무함에 대한 극복 의지가 나타나 있다.
⑤ (가)에는 과거와 달라진 타인의 마음에 대한, (다)에는 과거와 달라진 자신의 마음가짐에 대한 아쉬움이 나타나 있다.

**138** (다)에 대한 이해로 적절하지 <u>않은</u> 것은?

① 여름에 더웠던 경험을 바탕으로 옛집 초당의 당호를 정하게 된 내력을 서술하고 있다.
② 과거 인물의 행적에 비추어, 다시 찾은 옛집에서 떠올린 기억에 대한 감회를 드러내고 있다.
③ 새집에 붙이고자 하는 당호의 의미를 통해 옛집에서 다시 살고 싶어하는 마음을 표현하고 있다.
④ 변함없는 옛집의 외양과 달리, 변해 버린 인간사로 인해 새집을 지으려는 마음을 갖게 되었음을 밝히고 있다.
⑤ 집이 그릇과 같은 부류이지만 사람을 담고 있는 존재라는 점에 주목하여 옛집에 대한 그리움을 부각하고 있다.

─ (해설 p.261) ─

(가)

**# 124. 뜸막 안**

자리에 누운 송 영감. 나직히 신음한다. 처가 와서 약그릇을 놓는다.

**옥　수** : 약 잡수셔야죠 ……

**송 영감** : (눈을 뜨며) 음?!

옥수 일어나려는 송 영감을 부축하며 약그릇을 대 준다. 약을 마시는 송 영감.

**송 영감** : (걱정스럽게) 가만 어떻게 됐지?

**옥　수** : ㉠저녁때 독을 끌어내야죠 ……

**송 영감** : 음!

그의 시선은 구석에 놓인 백자기에 가 있다. 햇볕을 받아 더욱 고담한 백자기의 형체. ─DIS*─

**# 125. 가마 앞(황혼)**

마당에 놓인 중옹, 통옹, 반옹 등 갖가지 독들. 그런데 그 형태가 모두 고르지 않다. 비틀어진 독, 밑이 내려앉은 독, 거미줄처럼 금이 간 독들.

왱손이, 석현이 걱정스럽게 본다. 그러자 송 영감이 비실거리며 달려온다. 독을 하나하나 살핀다.

**송 영감** : (혼잣말처럼) 이럴 수가 …… 지금까지 이런 일은 없었는데 …… 이게 내가 만든 독이야! (절망) 아냐! 이건 독이 아냐! (계속 보며) 이것두! 이것두 …… (비통하게) 이건 흙덩이다! 가마 앞에 달려가 망치를 든다.

**왱손이** : ㉡아니 여보게! 무슨 짓인가!

**송 영감** : 비켯! (뿌리친다)

나가떨어지는 왱손이

**석　현** : ㉢(잡으며) 안됩니다! 성한 것두 있어요!

**송 영감** : 닥쳣! 이건 부정을 탔어! 모두 쳐부셔야 햇!

밀어붙이며 달려가 미친 사람처럼 ⓐ독을 박살 내기 시작한다.

㉣ * 뚜왕! 뚜왕!

박살 나는 독들. 마치 자기 심장이 박살 나는 것처럼 느껴지는 옥수.

**왱손이** : (비통 혼잣말같이) 자네 환장했구먼!

석현이 매섭게 보다가 휑하니 간다. 옥수 몹시 불안하게 그를 바라본다.

㉣ 뚜왕! 뚜왕!

송 영감 그만 숨이 턱에 닿는다. 풀썩 주저앉고 만다. 목구멍에서 차츰 오열이 새어 나온다.

㉣ 뚜왕! 뚜왕! 뚜왕!

옥수 귀엔 언제까지나 확대되어 가는 박살 나는 독 소리. 송 영감 조각난 독을 쓸어안고 오열해 운다. 석양에 물든 하늘.

　─DIS─

─ 황순원 원작, 여수중 각색, 「독 짓는 늙은이」 ─

* DIS : 화면이 서서히 사라지면서 그 위로 다음 화면이 나타남.
* ㉣ : 효과음.

(나)

차차 송 영감의 솜씨에는 틈이 생기기 시작했다. 더구나 조마구와 부채마치*로 두드려 올릴 때, 퍼뜩 눈앞에 아내와 조수의 환영이 떠오르면 짓던 독을 때리는지 아내와 조수를 때리는지 분간 못 하는 새, 독이 그만 얇게 못나게 지어지곤 했다. 그리고 전*을 잡는 손이 떨려, 가뜩이나 제일 힘든 마무리의 전이 잘 잡히지를 않았다. 열 때문도 있었다. 송 영감은 ㉤쓰러지듯이 짓던 독 옆에 눕고 말았다.

송 영감이 정신이 들었을 때는 저녁때가 기울어서였다. 왱손이도 흙 몇 덩이를 이겨 놓고 가고 없었다. 언제부터인가 바깥 저녁그늘 속에 애가 ㉤남쪽 장길을 향해 쪼그리고 앉아 있었다. 어머니를 기다리는 거라. 언제나처럼 장 보러 간 어머니가 언제나처럼 저녁때면 조수에게 장감을 지워 가지고 돌아올 줄로만 아직 아는가 보다.

밖을 내다보던 송 영감은 제힘만이 아닌 어떤 힘으로 벌떡 일어나 다시 ⓑ독 짓기를 시작하는 것이었으나, 이번에는 겨우 한 개를 짓고는 다시 쓰러지듯이 눕고 말았다.

다음에 송 영감이 정신이 든 것은 아주 어두운 속에서 애가 흔들어 깨워서였다. 울먹이던 애가 깨나는 아버지를 보고 그제야 안심된 듯이 저쪽에서 밥그릇을 가져다 아버지 앞에 놓았다. 웬 거냐고 하니까 애가, 앵두나뭇집 할머니가 주더라고 한다. 송 영감은 확 분노가 치밀어, 누가 거랑질해 오라더냐고 밥그릇을 밀쳐 놓자 애가 훌쩍훌쩍 울기 시작했다.

[A] 송 영감은 아침에 어제의 저녁밥 남은 것을 조금 뜨는 것처럼 하고는 하루 종일 아무것도 입에 대지 않은 것을 생각하고는, 애도 아직 저녁을 못 먹었을지 모른다고 밥그릇을 도로 끌어다 한 술 입에 떠넣으며 이번에는 애보고, 맛있으니 너도 먹으라는 것이었으나, 자신은 입맛을 잃은 탓만도 아닌 무엇이 밥 넘기려는 목을 치밀어 올라오곤 해, 좀처럼 밥을 넘길 수가 없었다.

다음날 아침에는 송 영감이 죽인지 밥인지 모를 것을 끓였다. 여전히 입맛은 없었으나 어제 저녁처럼 목이 메어 오르는 것은 없었다.

오늘은 또 지어 올리는 독을 말리느라고 처음에는 독 밖에 피워 놓았다가 독이 한 반쯤 지어지면 독 안에 매달아 놓은 숯불의 숯내까지가 머리를 더 무겁게 했다. 사십 년래 없이 숯내를 다 먹는 듯했다.

송 영감은 어제보다 더 쓰러져 넘어지는 도수가 많았다. 흙 이기던 왱손이가 이래서는 도무지 한 가마 채우지 못하리라고 송 영감에게 내년에 마저 지어 첫 가마에 넣도록 하는 게 어떠냐고 몇 번이고 권해 보았으나 송 영감은 일어났다가는 쓰러지고, 일어났다가는 쓰러지고 하면서도 독 짓기를 그만두려고 하지는 않았다.

-황순원, 「독 짓는 늙은이」-

* 조마구와 부채마치 : 옹기를 제작할 때 사용하는 한 쌍의 도구.
* 전 : 옹기 등 물건의 위쪽 가장자리가 조금 넓적하게 된 부분.

**139** 〈보기〉의 관점에서 ⓐ, ⓑ를 이해한 것으로 적절하지 <u>않은</u> 것은?

―――――[보기]―――――

'장인(匠人)'을 소재로 한 문학 작품에서 '장인'은 실용적 가치를 추구하는 기술자의 모습과 미적 가치를 추구하는 예술가의 모습을 모두 지닌 존재로 등장하는 경우가 많다. 오랜 시간의 숙련 과정에서 다양한 갈등을 극복하며 경지에 이른 장인은 자신이 제작하는 작품을 통해 예술가적 집념과 열의를 보여 준다.

① '아냐! 이건 독이 아냐!'는 ⓐ의 원인이 되는 장인의 엄격한 미적 기준을 드러내며, '일어났다가는 쓰러지고, 일어났다가는 쓰러지고'는 ⓑ를 향한 장인의 예술가적 집념을 보여 준다.

② '흙덩이다!'는 장인의 가치 판단으로 ⓐ의 동기를 드러내고, '흙 몇 덩이'는 ⓑ에서 장인이 자신의 작품을 제작할 때 사용하는 소재를 지칭한다.

③ '매섭게 보다가 휑하니 간다'는 ⓐ로 인해 벌어지는 장인과 주변 인물의 갈등을 보여 주고, '조수의 환영'은 ⓑ의 과정에서 장인의 고뇌에 영향을 미치는 갈등 요인을 드러낸다.

④ '풀썩 주저앉고 만다'는 ⓐ를 계기로 예술가의 집념이 좌절됨을, '사십 년래 없이 숯내를 다 먹는 듯했다'는 ⓑ의 과정에서 부딪힌 장인으로서의 능력의 한계를 드러낸다.

⑤ ⓐ의 행동 이후 '조각난 독을 쓸어안고 오열하는' 것은 미적 가치 추구의 어려움을, ⓑ를 '그만두려고 하지는 않'는 것은 미적 가치의 실현에 대한 열의를 드러낸다.

**140** ㉠~㉤에 대한 설명으로 가장 적절한 것은?

① ㉠: '옥수'의 걱정이 '송 영감'보다는 독에 가 있음을 알려준다.
② ㉡: '왱손이'가 '송 영감'의 행동을 오만함에서 비롯한 것으로 바라보고 있음을 알려 준다.
③ ㉢: '석현'이 독의 완성도에 대해 가지고 있는 기준이 '송 영감'의 기준과 다름을 보여 준다.
④ ㉣: '송 영감'이 독을 제대로 구워 내지 못하는 가마에 불만을 품고 있음을 드러낸다.
⑤ ㉤: '애'가 언제나처럼 '왱손이'가 아버지를 모시고 올 것이라 믿고 있음을 나타낸다.

**141** [A]의 서술 방식으로 가장 적절한 것은?

① 시간의 흐름을 단계적으로 보여 줌으로써, 갈등이 해소되는 과정을 부각하고 있다.
② 인물 간의 대화에 서술자가 개입함으로써, 인물에 대한 서술자의 평가를 제시하고 있다.
③ 새로운 인물이 다른 인물의 발화를 통해 등장함으로써, 인물 간의 대립 구도가 전환되고 있다.
④ 서술자가 인물의 분노를 직접적으로 제시함으로써, 상황에 대한 인물의 태도를 드러내고 있다.
⑤ 인물들의 심리 상태를 공간적 거리와 결부하여 서술함으로써, 인물 간의 심리적 거리감을 보여 주고 있다.

**142** 〈보기〉를 참고하여 (가), (나)를 감상한 내용으로 적절하지 <u>않은</u> 것은? [3점]

─────[보기]─────

　시나리오 「독 짓는 늙은이」는 원작과 달리, 인물의 관점에서 사건을 재구성하고 인물들의 행동과 대사를 통해 인물의 성격을 드러냄으로써 개연성을 높였다. 또한 영화 기법 용어들의 사용과 지시문을 통한 시각적 묘사는 현실감을 높이고 현장성을 강화하고 있다.

① (가)에서는 '백자기의 형체'가 '햇볕을 받아 더욱 고담'하다고 함으로써 이를 바라보는 행위에 개연성을 더하고 있다.
② (가)에서는 '나가떨어지는'과 같은 사실적인 행위를 통해 갈등 상황을 현실감 있게 표현하고 있다.
③ (가)에서는 '뚜왕 뚜왕 뚜왕'의 효과음을 이용하여 현장성을 강조하고 인물의 내면적 반응을 드러내고 있다.
④ (나)의 '못나게 지어지곤 했다'와 같이 진술되는 내용이 (가)에서는 '비틀어진 독'과 같은 구체적인 사물에 대한 시각적 묘사로 현실감을 높이고 있다.
⑤ (나)의 '제힘만이 아닌 어떤 힘으로 벌떡 일어나'와 (가)의 '마치 자기 심장이 박살 나는 것처럼 느껴지는'은 모두 시각적 묘사를 통해 인물의 성격을 드러내고 있다.

— (해설 p.269) —

길동이 대희하여 채문 안에 들어가니 비단 병풍을 치고 영웅 호걸 수백이 앉았는지라. ㉠그중에 상좌(上座)의 사람을 보니, 청포운삼에 자금관을 쓰고 팔을 가볍게 들며 용력을 자랑하니, 길동이 거만하게 들어가 길게 읍만 하고 절하지 않으며, 좌우 중인을 하찮게 여기고 윗자리에 앉으니, 청포 입은 사람이 먼저 문왈,

"소년은 어디로 오며, 성명은 뉘라 하느뇨?"

　　길동이 대왈,

　　"나는 다른 사람이 아니요, 서울 장안에 있는 홍 정승의 아들이러니, 들은즉 활빈당에 천하 역사(力士) 모여 용맹을 자랑한다 하기로 내 한번 찾아와 힘을 자랑코자 왔나니, 그대 등은 무슨 재주와 용력이 있으며, 나와 ⓐ시험할쏘냐?"

　　그 사람들이 길동의 말을 듣고 서로 바라볼 뿐 답을 못하더니, 상석에 앉은 사람이 방목(榜目)을 지어 가지고 쓴 ⓑ글을 내여 왈,

　　"그대는 이 세 가지를 행할쏘냐?"

[가] 하거늘 길동이 받아 보니,

　　"제일은 이 앞에 초부석(樵夫石)이란 돌이 있으되 무게 천 근이라, 능히 그 돌을 들면 우리 우두머리를 삼을 것이요, 제이는 무쇠로 철관을 만들었으니 무게 오백 근이라, 그 철관을 쓰고 이 앞 돌문 삼백 단을 세웠으니 그 돌문을 뛰어넘으면 가히 그 용맹을 알 것이요, 또한 해인사라 하는 절이 있으되 재물이 누거만(累巨萬)이요, 그 절 중의 용맹이 과인하기로 우리 등이 마음대로 못하는 고로, 우두머리에게 지략과 술법을 배우고 이후에 ⓒ상장군 자리에 모시려 하나이다."

길동이 한 번 보고 대소 왈,

"이 세 가지를 어렵다 하니, 어찌 가소롭지 아니하리오?"

하고, 모든 역사를 데리고 초부석 있는 곳에 나아가 흔연히 소매를 걷고 그 돌을 잡아 공중에 던지니, 그 돌이 미처 땅에 떨어지기 전에 발로 돌을 차니 수십 보 밖에 내려지는지라. 중인이 대경하여 또 돌문 앞에 나아가니, 길동이 또한 ㉡철관 오백 근을 쓰고 돌문 삼백 단을 넘어가니, 모든 무리 일시에 고함하여 왈,

"천하장사로다!"

하고 용력을 칭찬하고, 길동을 장군 자리로 모신 후에 여러 도적 천여 명이 일시에 자리 아래 엎드려 군례(軍禮)를 마친 후에 그 용맹을 치하하더라.

(중략)

상이 하교하사 왈,

"경은 자식을 분명히 알지라. 저 많은 길동 중에 경의 자식을 잡아내라."

하신대, 홍 의정 주왈,

"신의 자식 길동은 왼쪽 다리의 붉은 기미, 용의 비늘 같은 일곱 점이 있사오니, 그를 보면 알리이다."

상이 그리 여겨,

"빨리 잡아들여 수검(搜檢)하여 보라."

하신대, 홍 의정이 물러나와 길동을 바라보고 왈,

"내 자식 길동은 빨리 나와 나를 보라."

한대, 무수한 길동이 홍 의정을 보고 다 나와 절하여 왈,

"부친께선 강녕하시나이까?"

하거늘, 홍 의정 왈,

"내 자식은 왼쪽 다리에 검은 일곱 점이 있으니, 일곱 점 있는 자 길동이라."

하니, 많은 길동이 홍 의정 말을 듣고 일시에 다리를 걷고 보이니 각각 일곱 점이 있는지라. 홍 의정이 할 수 없어 상께 주왈,

"신의 역자(逆子)를 조사하여 밝힐 수 없사오니, 황공 대죄하나이다."

상이 진노하사 길동을 보시고 왈,

"너희 등은 물러가 임의로 하라."

하시고 금부도사를 명하여 다 물려 보내라 하시니, 모든 길동 등이 나올새 종일토록 나오더니, 그제야 참 길동이 다시 궐내에 들어가 명을 받들고 절하며 슬피 통곡하여 왈,

"신의 아비 대대로 국은을 입었거늘 신이 어찌 나라를 저버리리까? 신의 몸이 천비(賤婢)에서 나와 아버지를 아버지라 못하옵고 형을 형이라 못하여 제 몸이 천대를 받으매, 여의주 없는 용이요 날개 부러진 봉이라, 어찌 장부의 힘을 갖고 속절없이 집안에서만 늙으리까? 그러므로 한번 재주를 시험코자 ㉢각 읍 각 관을 치고 군기를 탈취하기는 신의 책략을 자랑함이요, 상의 어위대장 이흡을 속임도 재주를 보임이요, 또 신의 가슴에 경서와 병서와 음양조화며 세상을 다스릴 재주를 지녔사오니 어찌 속절없이 세월만 보내오리까? 복걸 ㉣상께서 신에게 병조판서 삼 년만 제수하시면 남의 천대를 면하옵고 충성을 다하여 상을 받들리다."

상이 길동의 아룀을 듣고 탄식하여 왈,

"난세의 영웅이로다. 어찌 쓰지 아니 하리요?"

즉시 공부상서를 명해 홍길동에게 병조판서를 제수하니, ㉤뒷일은 어찌 된고? 다음 권을 볼지어다.

**143** 윗글의 내용에 대한 이해로 적절하지 <u>않은</u> 것은?

① '청포 입은 사람'은 길동의 정체를 궁금해한다.
② 길동은 활빈당 무리에게 자기를 소개하며 자신감을 드러낸다.
③ 홍 의정은 '참 길동'을 찾으라는 상의 명령에 유보적 태도를 보인다.
④ 무수한 길동이 홍 의정 앞에서 동일한 언행을 보이고 있다.
⑤ 상에게 길동은 자신이 저지른 행위의 이유를 밝히고 있다.

**144** [가]의 ⓐ~ⓒ에 대한 설명으로 가장 적절한 것은?

① ⓐ는 길동이 활빈당 무리와 한편이 될 수 없음을 보여 준다.
② ⓑ는 길동에게 활빈당이 세워진 이유가 무엇인지를 알려준다.
③ ⓒ는 길동이 활빈당에서 ⓑ에 제시된 과제를 통과하면 차지할 지위이다.
④ ⓐ는 길동이 활빈당에서 자아를 실현하게 하는 역할을 하고, ⓑ와 ⓒ는 이를 방해하는 역할을 한다.
⑤ ⓐ는 길동이 활빈당에서 무리들과 갈등하게 되는 계기가 되고, ⓑ와 ⓒ는 이를 심화하는 역할을 한다.

**145** 〈보기〉를 참고하여 ㉠~㉤을 감상한 내용으로 적절하지 <u>않은</u> 것은? [3점]

[보기]

　「홍길동전」은 19세기에 오면 특정 대목을 확대·변형한 이본이 여럿 등장한다. 윗글은 이러한 이본 중 하나로, 이전에는 길동이 용력을 과시하는 장면이 바위를 드는 것으로만 제시되었으나 윗글에서는 철관을 쓰고 돌문을 넘는 장면이 추가되었다. 또한 활빈당의 우두머리가 되는 장면에서는 활빈당을 이끌던 수령을 새롭게 등장시켜 자신의 자리를 길동에게 넘겨주는 것으로 흥미를 높였다. 특히 이전에는 왕이 길동을 잡기 위한 계략으로 병조판서를 제수하였지만 윗글에서는 길동이 왕에게 직접 요구하여 원하던 바를 얻는 것으로 변형하였다. 이는 자신의 능력에 따라 신분 상승이 가능하기를 바라던 당대 독자들의 욕망을 작품에 반영한 것이다. 단, 이 과정에서 군신 관계를 바탕으로 한 조선의 유교적 질서에 대한 부정으로까지는 나아가지 않았다. 한편, 특정 장면에서 서술을 중단한 것은 다음 권을 보게 하려는 소설업자들의 상업적 전략에서 나온 것이다.

① ㉠은 추가된 인물을 통해서 작품의 흥미를 높이려는 것이겠군.
② ㉡은 길동의 용력을 보여 주는 장면이 더해진 것이겠군.
③ ㉢은 군신 관계를 바탕으로 한 유교적 질서를 무너뜨리고자 한 시도이겠군.
④ ㉣은 주인공의 신분 상승을 바라는 독자의 욕망이 반영된 것이겠군.
⑤ ㉤은 독자들의 궁금증을 유발하여 돈을 벌려는 소설업자의 전략으로 볼 수 있겠군.

**[146~149] 다음 글을 읽고 물음에 답하시오.**  2021.06 [34~37]

———— (해설 p.274) ————

**[앞부분 줄거리]** 황만근은 마을 사람들에게 바보 취급을 받지만, 외지 출신인 민 씨는 달리 생각한다. 어느 날, 밤늦게 집에 가던 황만근은 토끼 고개에서 거대한 토끼를 만난다.

"그기 뭔 소리라? 내가 내 집에 내 발로 가는데 니가 뭐라꼬 집에 못 간다 카나. 귀신이마 썩 물러가고 토끼마 착 엎디리라. 내가 너를 타고서라도 집에 갈란다."

**거대한 토끼**는 황만근이 한 번도 맡아 본 적이 없는 비린 냄새를 풍기면서 느릿하고 탁한 음성으로 다시 말했다.

"너는 ⓐ여기서 죽는다. **너는 여기서 죽는다.** 너는 여기서 죽는다. 너는 집에 못 간다."

황만근은 온몸에 소름이 돋고 털이란 털은 모두 위로 곤두섰다. 그래도 있는 힘을 다해 토끼를 밀치며 "비키라!" 하고 소리를 질렀다. 그런데 토끼를 밀친 황만근의 팔이 토끼의 털에 묻히는가 싶더니 진공청소기에 빨려 드는 파리처럼 쑤욱 안으로 빨려 들어가는 것이었다 ㉠(황만근이 한 말이 아니라 그 말을 들은 민 씨의 표현이다). 황만근은 한 팔로 옆에 있는 나무를 붙잡으면서 빨려 들어간 팔을 도로 빼려고 안간힘을 썼다. 황만근을 빨아들이려는 공간은 아무것도 잡히지 않을 정도로 넓었고 허전했고 또한 소름끼치도록 차가웠다. 토끼는 토끼대로 쉽게 끌려 들어오지 않는 황만근을 마저 끌어들이기 위해 온몸을 떨면서 뒷발을 든 채 버티고 있었다.

그런 상태로 시간이 하염없이 흘렀다. 어느새 동쪽 하늘이 부옇게 밝아 오기 시작했다. 그러자 토끼는 황만근을 향해 "너는 이제 살았다. 너는 이제 살았다. 너는 이제 살았으니 나를 놓아라"하고 말했다. 황만근은 오기가 나서 "택도 없는 소리 말거라. 니를 탕으로 끓이서 어무이하고 나하고 마주 앉아서 먹어 치울끼다. 니 가죽을 빗기서 어무이 목도리를 하고 내 토시를 하고 장갑을 할끼다. **니는 인자 죽었다**, 자슥아" 하고 소리쳤다. 토끼는 다급하게 물었다. "그럼 어떻게 하면 네 팔을 빼겠느냐." 황만근은 팔을 안 빼는 게 아니라 못 빼고 있는데 토끼가 그렇게 물어 오자 할 말이 없었다. 그래서 되는 대로 "내 소원을 세 가지 들어주기 전에는 니까잇 거는 못 간다" 하고 말했다.

"네 소원이 뭐냐."

"우리 어무이가 팥죽 할마이겉이 오래오래 사는 거다."

㉡(팥죽 할마이란 팥죽을 파는 할머니, 혹은 늘 팥죽을 쑤고 있는 할머니 같은데 그 할머니가 누구인지, 어째서 오래 산다고 하는지 민 씨는 모른다.)

토끼는 ⓑ마을이 있는 서쪽으로 고개를 기울였다가 몸을 소스라치게 떨고 나서 힘겨운 목소리로 말했다.

"지금 들어주었다. 그 다음은?"

"여우 겉은 마누라가 생기는 거다."

"송편을 세 번 먹으면 네 집으로 올 거다. 다음은 무엇이냐?"

"떡두깨(떡두꺼비) 겉은 아들이다."

"마누라가 들어오면 용왕이 와서 그렇게 해 준다. 이제 나를 놓아라."

"내가 언제 니를 잡았나. 니가 가 뿌리만 되지, **바보 자슥아.**"

그러자 토끼는 속았다는 걸 알았는지 얼굴을 무섭게 부풀리더니 황만근의 얼굴에 뜨겁고 매운 김을 내뿜었다. 황만근이 눈을 뜨지 못하고 쩔쩔매다가 간신히 떠 보니 어느새 자신의 팔이 돌아와 있는 것이었다. 황만근의 ⓒ주변에는 토끼털이 무수히 떨어져 바늘처럼 반짝이고 있었다. 황만근은 제대로 숨 쉴 겨를도 없이 집으로 달려갔다. 동네 곳곳의 닭들이 횃대에서 소리쳐 울고 있었다. 황만근은 밖에서 "어무이, 어무이" 하고 소리치면서 ⓓ마당으로 뛰어 들어갔지만 방 안에서는 아무 기척이 없었다. 방 안에 들어가 보니 그의 어머니는 그가 나갔을 때의 모습 그대로, 얼굴이 백지장처럼 변해 앉아 있었다.

"어무이, 어무이!"

그가 어깨를 흔들자 젊은 어머니는 모로 쓰러져 버렸다. 그러면서 "카악!" 하고는 목에서 **주먹밥 덩어리를** 토해 냈다. 황만근이 어머니를 껴안고 통곡을 하다가 손발을 주무르고 온몸을 어루만지자 어머니는 눈을 떴다.

"니 와 인자 왔노?"

"밤새도록 토깨이 귀신하고 씨름을 하다 왔다. 니는 괘않나."

"니 기다리다가 아까 해 뜰 녘에 닭이 울길래 밥 한 딩이를 입에 넣었다가 목이 맥히서 죽을 뿐했다. 움직있다가는 더 맥힐 거 같애서 손가락 하나 까딱 모하고 이래 니가 오기 기다리고 있었니라. 이 문디 겉은 놈의 자슥아, 와 밥만 해 놓고 물은 안 떠다 놨나!"

황만근은 울다가 웃다가 덩실덩실 춤을 추었다. 그러고는 어머니에게 엉덩이를 채어 물을 뜨러 동네 ⓔ우물로 달려갔다.

> ┌ 그날 우물가에서는 황만근의 기이한 체험이 여러
> │ 사람의 입으로 하루 종일 수십 번 되풀이되었고 종
> [A] 내 황만근이 우물가로 초청되어 입이 아프도록 같
> └ 은 **이야기**를 늘어놓아야 했다.
> ┌ 송편을 세 번 빚을 만큼의 시간, 곧 세 해가 흐른 뒤
> [B] 에 토끼의 **말**대로 어떤 처녀가 그의 집으로 들어왔을
> └ 때 동네 사람들이 황만근을 보는 눈이 달라졌다.
>
> $\qquad\qquad$ –성석제, 「황만근은 이렇게 말했다」–

## 146 ㉠, ㉡의 서술 효과로 가장 적절한 것은?

① ㉠을 통해 민 씨가 황만근에게 들은 말을 그대로 전하고 있음을 알 수 있다.

② ㉡을 통해 황만근의 말을 전하는 민 씨도 다른 인물들처럼 서술자의 서술 대상임을 알 수 있다.

③ ㉠과 ㉡을 삭제하면 황만근과 토끼의 대결 과정을 파악하기 어렵게 된다.

④ ㉠과 ㉡은 황만근과 토끼의 대결 과정 자체에 더 몰입하여 읽도록 도와주는 기능을 한다.

⑤ ㉠과 ㉡을 통해 황만근이 민 씨로부터 전해 들은 이야기가 다시 서술되고 있음을 알 수 있다.

## 147 ⓐ~ⓔ를 이해한 내용으로 적절하지 **않은** 것은?

① ⓐ: 주인공이 기이한 체험을 하는 공간

② ⓑ: 주인공이 복귀해야 할 일상적 공간

③ ⓒ: 주인공의 지난밤 체험의 흔적이 남아 있는 공간

④ ⓓ: 주인공이 어머니에 대한 불안을 감지하는 공간

⑤ ⓔ: 주인공이 어머니의 요청을 동네 사람들에게 전하러 간 공간

## 148 [A], [B]에 대한 설명으로 가장 적절한 것은?

① [A]는 마을 사람들이 '이야기'를 여러 차례 들었으나 여전히 흥미를 느끼지 못했음을 보여 준다.

② [A]는 직접 경험한 사건이라도 반복적으로 전달되면서 '이야기'의 내용이 점차 달라지고 있음을 보여 준다.

③ [B]는 새로운 등장인물의 '말'에 따라 '말'을 처음 전한 존재에 대한 평가가 달라졌음을 보여 준다.

④ [B]의 '말'은 [A]의 '이야기'의 일부로, '말'의 실현이 '이야기'의 신뢰성을 높이고 있음을 보여 준다.

⑤ [B]는 [A]의 '이야기'가 삼 년 동안 전해질 수 있었던 이유가 '말'의 실현에 대한 공동체의 확신 때문임을 보여 준다.

## 149 〈보기〉를 참고하여 윗글을 감상한 내용으로 적절하지 **않은** 것은? [3점]

> ─[보기]─
>
> 윗글은 민담적 요소를 적극 활용한 현대 소설이다. 바보 취급을 받는 황만근이 신이한 존재와 대면했으나 위기를 극복하며 의외의 승리를 거둔다는 비현실적 이야기는 민담적 특징을 잘 보여 준다. 또한 반복적이거나 위협적인 어구 사용, 구성진 입담 등에는 언어의 주술성과 해학성이 잘 드러난다.

① 황만근이 '거대한 토끼'와 겨루는 비현실적인 이야기 전개는 민담의 일반적 특성과 맞닿아 있는 것이겠군.

② 토끼가 '너는 여기서 죽는다.'라는 말을 세 번 반복한 것은 언어의 주술적 특성을 드러내는 것이겠군.

③ 황만근이 '니는 인자 죽었다.'라고 발언하며 위협한 것은 의외의 결과를 가져와 토끼가 황만근의 소원을 들어주기로 하였겠군.

④ '바보 자슥아'라는 말은 황만근에 대한 신이한 존재의 우위가 변했음을 보여 주는 것이겠군.

⑤ 어머니가 '주먹밥 덩어리'를 토해 내는 것은 황만근에게 속은 것을 깨달은 토끼의 주술적 복수라 할 수 있겠군.

(가)

　아랫도리 다박솔 깔린 산(山) 넘어 큰 산(山) 그 넘엇 산(山) 안 보이어 내 마음 둥둥 구름을 타다.

　우뚝 솟은 산(山), 묵중히 엎드린 산(山), 골골이 장송(長松) 들어섰고, 머루 다랫넝쿨 바위 엉서리에 얽혔고, 샅샅이 떡갈나무 억새풀 우거진 데 너구리, 여우, 사슴, 산(山)토끼, 오소리, 도마뱀, 능구리 등(等), 실로 무수한 짐승을 지니인,

　산(山), 산(山), 산(山)들! 누거만년(累巨萬年) 너희들 침묵(沈默)이 흠뻑 지리함즉 하매,

　산(山)이여! 장차 너희 솟아난 봉우리에, 엎드린 마루에, 확 확 치밀어 오를 화염(火焰)을 내 기다려도 좋으랴?

　핏내를 잊은 여우 이리 등속이 사슴 토끼와 더불어 싸릿순 칡순을 찾아 함께 즐거이 뛰는 날을 믿고 길이 기다려도 좋으랴?

-박두진, 「향현(香峴)」-

(나)

우리가 물이 되어 만난다면
가문 어느 집에선들 좋아하지 않으랴.
우리가 키 큰 나무와 함께 서서
㉠우르르 우르르 비 오는 소리로 흐른다면.

흐르고 흘러서 저물녘엔
저 혼자 깊어지는 강물에 누워
죽은 나무뿌리를 적시기도 한다면.
아아, 아직 처녀인
부끄러운 바다에 닿는다면.

그러나 지금 우리는
불로 만나려 한다.
벌써 숯이 된 뼈 하나가
세상에 불타는 것들을 쓰다듬고 있나니
만 리 밖에서 기다리는 그대여
저 불 지난 뒤에
흐르는 물로 만나자.

㉡푸시시 푸시시 불 꺼지는 소리로 말하면서
올 때는 인적 그친
넓고 깨끗한 하늘로 오라.

-강은교, 「우리가 물이 되어」-

(다)

　ⓐ눈은 따뜻하다. 오버를 걸치고 눈길을 걸을 때 이마를 적시는 함박눈은 가슴속까지 따뜻하게 한다. 작은 산 너머 거의 눈에 파묻힌 초가집 굴뚝에서 나오는 연기가 삶의 짙은 온도를 체험케 한다. 눈이, 함박눈이 쏟아지는 저녁, 잊고 있던 친구들의 얼굴이 각별히 그리워지고 마치 두터운 옷 속에 간직된 체온처럼 그들을 생각하는 따뜻한 정이 조용히 피어남을 느낀다. 안부 편지를 쓰고 싶어지고 어디선가 정다운 전화를 받고 싶은 것이다. 이웃 동네와 교통이 단절된 자기 집에 식구들과 모여 앉아 따뜻한 온돌에 발을 뻗고 옛 이야기를 나누는 삶의 따뜻함을 느낀다.

　눈은 조용하다. 사뭇 쏟아지는 함박눈은 한 송이 한 송이가 무한한 이야기를 도란거리는 것 같으면서도 모든 것을 더욱 고요하게 한다. 그것은 고요한 가락들로 이루어진 웅장한 교향곡이라는 인상을 준다. 특히 어두운 밤중에 창밖으로 그칠 줄 모르고 내리는 함박눈을 바라보면 온 세상 아니 온 우주가 무한히 깊은 고요 속에 파묻혀 가는 듯하다.

　눈이 쌓이는 밤은 고요하다. 그러기에 고독하기 마련이다. 그러나 그 고독은 삭막하거나 허전하기보다는 흐뭇한 내용을 갖게 한다. 고요 속에서 나는 나 자신을, 우리는 우리 자신을 새삼 의식하게 되고, 오랫동안 잊혀졌던 스스로를 다시금 발견하고 생각하게 된다. 나의 삶, 나의 위치, 우리와 자연의 관계를 그 본연의 모습 속에서 발견할 수 있는 기회를 갖게 되는 것이다.

　그래서 눈은 명상적이다. 눈이 소리 없이 쌓이는 밤, 혼자 방 안에 앉아 있으면 책상 위의 전깃불을 끄고 잠자리에 들어가지지 않는다. 각별한 무슨 사무적인 일이나 공부 때문이 아니다. 어느덧 명상에 잠기게 되기 때문이다. 이런 밤 누가 사색가가 되지 않을 수 있겠는가. 누가 철학가로 변하지 않겠는가. 무한히 고요하고 거룩할 만큼 순수한 시간이다. 사색이 날개를 펴고 자유로운 명상에 잠긴다. 눈이 쌓이는 깊은 밤 혼자 앉아 있는 서재는 사색의 보금자리요, 책상 위에 밝혀 놓은 램프불은 사색의 꽃이다. 눈 내리는 밤늦게까지 책상 앞에 앉아 있는 철학가의 모습은 자연스럽다.

-박이문, 「눈」-

**150** (가)~(다)에 대한 설명으로 가장 적절한 것은?

① (가)는 대구 표현을 통해 회고적인 정서를 드러내고 있다.

② (나)는 대립적 이미지를 통해 계절의 변화를 부각하고 있다.

③ (가)와 (나)는 청자를 명시적으로 드러내어 화자의 바람을 표출하고 있다.

④ (가)와 (다)는 비유적 표현의 반복을 통해 과거의 체험을 드러내고 있다.

⑤ (나)와 (다)는 특정 어구를 점층적으로 나열하여 긴박감을 조성하고 있다.

**151** (가), (나)에 대한 감상으로 적절하지 않은 것은? [3점]

① (가)는 산이 '누거만년' 동안 '침묵'하고 있는 것을 '지리함즉 하'다고 말함으로써 화자가 마주한 현실이 지향하는 세계와 거리가 있음을 보여 주는 것이겠군.

② (가)의 '내 기다려도 좋으랴'와 관련하여 볼 때 '화염'이 치밀어 오르는 것은 화자가 기대하는 산의 변화를 나타내는 것이겠군.

③ (나)에서 '만난다면', '좋아하지 않으랴'라고 말하는 화자는 자신이 소망하는 만남이 앞으로 실현되기를 바라는 태도를 취하고 있는 것이겠군.

④ (가)의 '내 마음'이 '둥둥 구름을 타'는 것은 '큰 산', '그 넘엇산'을 바꾸려는 화자의 바람이 이루어지는 과정을, (나)의 '키 큰 나무와 함께 서서'는 화자가 현실에서 벗어나 자연과 하나가 되고 싶은 마음을 표현한 것이겠군.

⑤ (가)의 '핏내를 잊은 ~ 즐거이 뛰는 날'은 평화로운 세계를, (나)의 '넓고 깨끗한 하늘'은 화자가 '그대'와 만나 진정한 합일을 이루려는 세계를 표현한 것으로 볼 수 있겠군.

**152** ㉠과 ㉡에 대한 설명으로 가장 적절한 것은?

① ㉠은 물의 결핍감을, ㉡은 불의 충족감을 비유한다.

② ㉠은 비의 부정적 의미를, ㉡은 소리의 긍정적 의미를 함축한다.

③ ㉠은 비에 대한 불안감을, ㉡은 소리에 대한 불안감을 반영한다.

④ ㉠은 물의 생동하는 힘을, ㉡은 불이 소멸하는 상황을 형상화한다.

⑤ ㉠은 상승하는 물의 움직임을, ㉡은 하강하는 불의 움직임을 구체화한다.

**153** (다)에 드러나는 글쓴이의 태도로 가장 적절한 것은?

① 글쓴이는 '온 세상'이 '깊은 고요' 속에 파묻혀 가는 듯한 모습을 보며 스스로에게 연민을 느끼고 있다.

② 글쓴이는 '눈이 쌓이는 깊은 밤'에 '서재'에 앉아 '철학가'의 경지에 미치지 못하는 자신을 성찰하고 있다.

③ 글쓴이는 자아를 재발견하는 계기가 된다는 점에서 '눈이 쌓이는 밤'에 체험하는 '고독'을 긍정적으로 인식하고 있다.

④ 글쓴이는 '눈이 소리 없이 쌓이는 밤'에 '사무적인 일이나 공부'와 같은 일상적인 일들에 새롭게 가치를 부여하고 있다.

⑤ 글쓴이는 '옛 이야기를 나누는 삶의 따뜻함'을 떠올리면서 유대감이 '단절'된 '이웃'과의 관계가 회복되기를 바라고 있다.

**154** (다)를 바탕으로 〈보기〉에 제시된 선생님의 안내에 따라 학습 활동을 수행한 결과로 가장 걱절한 것은?

[보기]

ⓐ는 ㉮ 감각과 정서를 동시에 드러내는 단어인 '따뜻하다'를 사용하여 '눈'이라는 사물의 속성을 개성적으로 표현한 것입니다. 그 정서는 글쓴이가 ㉯ 그 사물과 함께 떠올린 기억속의 정경과 관련되어 있습니다. ㉮와 ㉯를 모두 포함하는 짧은 글을 두 문장으로 지어 봅시다.

① 현재는 없다. 기나긴 과거와 끝없는 미래만 있을 뿐이다.

② 우리는 둘이 아니다. 너와 나는 한길을 걷는 영원한 벗이다.

③ 시간은 모순이다. 힘겨운 시간은 천천히, 즐거운 시간은 빨리 지나간다.

④ 지식은 차갑다. 지혜의 따뜻함이야말로 인간의 마음에 생기를 북돋아 준다.

⑤ 자갈밭은 포근하다. 자갈밭에서 어머니가 예쁜 자갈들을 내 손에 쥐어 주시던 모습에서 포근함을 느낀다.

──────────── (해설 p.289) ────────────

[앞부분의 줄거리] 아들 유세기가 부모의 허락 없이 백공과 혼사를 결정했다고 여긴 선생은 유세기를 집에서 내쫓는다.

백공이 왈,

"혼인은 좋은 일이라 서로 헤아려 잘 생각할 것이니 어찌 이같이 좋지 않은 일 이 일어나는가? 내가 한림의 재모를 아껴 이같이 기별해 사위를 삼고자 하였더니 선생 형제는 도학 군자라 예가 아닌 것을 문책하시는도다. 내가 마땅히 곡절을 말하리라."

이에 백공이 유씨 집안에 이르러 선생 형제를 보고 인사를 하고 나서 흔쾌히 웃으며 가로되,

"제가 두 형과 더불어 죽마고우로 절친하고 또 아드님의 특출함을 아껴 제 딸의 배필로 삼고자 하여, 어제 세기를 보고 여차여차하니 아드님이 단호하게 말하고 돌아가더이다. 제가 더욱 흠모하여 염치를 잊고 거짓말로 일을 꾸며 구혼하면서 '정약'이라는 글자 둘을 더했으니 이는 진실로 저의 희롱함이외다. 두 형께서 과도히 곧이듣고 아드님을 엄히 꾸짖으셨다 하니, 혼사에 도리어 훼방이 되었으므로 어찌 우습지 않으리까? 원컨대 두 형은 아드님을 용서하여 아드님이 저를 원망하게 하지 마오."

선생과 승상이 바야흐로 아들의 죄가 없는 줄을 알고 기뻐하면서 사례하여 왈,

"저희 자식이 분에 넘치게 공의 극진한 대우를 받으니 마땅히 그 후의를 받들 만하되, 이는 선조로부터 대대로 내려오는 가법이 아니기에 감히 재취를 허락하지 못하였소이다. 저희 자식이 방자함이 있나 통탄하였더니 그간 곡절이 이렇듯 있었소이다."

백공이 화답하고 이윽고 돌아가서 다시 혼삿말을 이르지 못하고 딸을 다른 데로 시집보냈다. 선생이 백공을 돌려보낸 후에 한림을 불러 앞으로 더욱 행실을 닦을 것을 훈계하자 한림이 절을 하면서 명령을 받들었다. 차후 더욱 예를 삼가고 배우기를 힘써 학문과 도덕이 날로 숙연하고, 소 소저와 더불어 백수해로하면서 여덟 아들, 두 딸을 두고, 집안에 한 명의 첩도 없이 부부 인생 희로를 요동함이 없더라.

승상의 둘째 아들 세형의 자는 문희이니, 형제 중 가장 빼어났으니 산천의 정기와 일월의 조화를 타고 태어나 아름다운 얼굴은 윤택한 옥과 빛나는 봄꽃 같고, 호탕하고 깨끗한 풍채는 용과 호랑이의 기상이 있으며, 성품이 호기롭고 의협심이 강하여 맑고 더러움의 분별을 조금도 잃지 않으니, 부모가 매우 사랑하여 며느리를 널리 구하더라.

(중략)

화설, 장 씨 ⑦ 이화정에 돌아와 긴 단장을 벗고 난간에 기대어 하늘가를 바라보며 평생 살아갈 계책을 골똘히 헤아리자, 한이 눈썹에 맺히고 슬픔이 마음속에 가득하여 생각하되,

[A]
'내가 재상가의 귀한 몸으로 유생과 백년가약을 맺었으니 마음이 흡족하고 뜻이 즐거울 것이거늘, 천자의 귀함으로 한 부마를 뽑는데 어찌 구태여 나의 아름다운 낭군을 빼앗아 가 위세로써 나로 하여금 공주 저 사람의 아래가 되게 하셨는가? 도리어 저 사람의 덕을 찬송하고 은혜를 읊어 한없는 영광은 남에게 돌려보내고 구차한 자취는 내 일신에 모이게 되었도다. 우주 사이는 우러러 바라보기나 하려니와 나와 공주의 현격함은 하늘과 땅 같도다. 나의 재주와 용모가 저 사람보다 떨어지는 것이 없고 먼저 혼인 예물까지 받았는데 이처럼 남의 천대를 감심할 줄 어찌 알리오? 공주가 덕을 베풀수록 나의 몸엔 빛이 나지 않으리니 제 짐짓 능활하여 아버님, 어머님이나 시누이를 제 편으로 끌어들인다면 낭군의 마음은 이를 좇아 완전히 달라질지라. 슬프다, 나의 앞날은 어이 될고?'

생각이 이에 미치자 북받쳐 오르는 한이 마음속에 가득 쌓이기 시작하니 어찌 좋은 뜻이 나리오? 정히 눈물을 머금고 마음을 붙일 곳 없어하더니, 문득 세형이 보라색 두건과 녹색 도포를 가볍게 나부끼며 이르러 장 씨의 참담한 안색을 보고 옥수를 잡고 어깨를 비스듬히 기대게 하며 물어 왈,

"그대 무슨 일로 슬픈 빛이 있나뇨? 나를 좇음을 원망하는가?"

장 씨가 잠시 동안 탄식 왈,

"낭군은 부질없는 말씀 마옵소서. 제가 낭군을 좇는 것을 원망했다면 어찌 깊은 규방에서 홀로 늙는 것을 감심하였사오리까? 다만 제가 귀댁에 들어온 지 오륙일이 지났으나 좌우에 친한 사람이 없고 오직 우러르는 바는 아버님, 어머님과 낭군뿐이라 어린 여자의 마음이 편안하지 못한 바이옵니다. 공주가 위에 계셔 온 집의 권세를 오로지

[B] 하시니 그 위의와 덕택이 저로 하여금 변변찮은
재주 가진 하졸이 머릿수나 채워 우물 속에서 하
늘을 바라보는 것 같게 만드옵니다. 제가 감히 항
거할 뜻이 있는 것이 아니나 평생의 신세가 구차
하여 슬프고, 진양궁에 나아가면 궁비와 시녀들
이 다 저를 손가락질하며 비웃어 한 가지 일도 자
유롭게 하지 못하게 하옵고, 제 입에서 말이 나면
일천여 시녀가 다 제 입을 가리니, 공주의 은덕에
의지하여 겨우 실례를 면하고 돌아왔사옵니다.”

부마가 바야흐로 장 씨의 외로움을 가련하게 여기고
공주의 위세가 장 씨를 억누르는 것을 좋지 않게 여기고
있다가 장 씨의 이렇듯 애원한 모습을 보자 크게 불쾌하
여 장 씨를 위한 애정이 샘솟는 듯하였다. 은근하고 간
곡하게 장 씨를 위로하고 그 절개와 외로움에 감동하여
이날부터 발자취가 ⓛ 이화정을 떠나지 않았다. 연리지
와 같은 신혼의 정은 양왕의 꿈에 빠진 듯 어지럽고, 낙
천의 마음이 취한 듯 기쁘고 즐거워 바라던 바를 다 얻
은 듯한 마음은 세상에 비할 데가 없더라.

–작자 미상, 「유씨삼대록」–

**155** [이같이 좋지 않은 일]에 대한 이해로 적절하지 <u>않은</u> 것은?

① 백공의 거짓말 때문에 일어난 일이다.
② 백공이 한림을 곤경에 처하게 한 일이다.
③ 선생과 승상 사이에서 의견 대립이 심화된 일이다.
④ 한림이 선생과 승상으로부터 꾸지람을 당한 일이다.
⑤ 백공이 한림을 자신의 딸과 혼인시키려다 일어난 일
이다.

**156** [A]와 [B]에 대한 설명으로 적절하지 <u>않은</u> 것은?

① [A]와 [B]는 모두 과거 사건에 대한 정보를 제공하고
있다.
② [A]와 [B]는 모두 비유적 진술을 통해 자신이 처한 상
황을 부각하고 있다.
③ [A]는 [B]와 달리 타인에 대한 자신의 원망을 의문형
표현을 활용하여 드러내고 있다.
④ [B]는 [A]와 달리 대화 상대의 환심을 사기 위해 자신
의 우월한 지위를 드러내고 있다.
⑤ [A]는 앞으로의 일을 추정하는, [B]는 지난 일을 토로
하는 방식으로 자신의 우려를 제시하고 있다.

**157** ‘장 씨’를 중심으로 ⓙ과 ⓛ을 이해한 내용으로 가장
적절한 것은?

① ⓙ은 학문을 연마하는 공간이고, ⓛ은 덕행을 닦는 공
간이다.
② ⓙ은 불신을 드러내는 공간이고, ⓛ은 조소를 당하는
공간이다.
③ ⓙ은 한탄을 드러내는 공간이고, ⓛ은 애정을 확인하
는 공간이다.
④ ⓙ은 계책을 꾸미는 공간이고, ⓛ은 외로움을 인내하
는 공간이다.
⑤ ⓙ은 선후 시비를 따지는 공간이고, ⓛ은 오해를 해소
하는 공간이다.

**158** 〈보기〉를 참고하여 윗글을 감상한 내용으로 적절하지
<u>않은</u> 것은? [3점]

─────[보기]─────

「유씨삼대록」은 유씨 3대 인물들의 이야기들을
연결한 국문 장편 가문 소설이다. 각 이야기는 그 자
체로 완결성을 갖추고 있어 독립적이지만, 혼사나
그로부터 파생된 각각의 갈등이 동일한 가문 내에
서 전개된다는 점에서 연결된다. 이러한 갈등은 가
법이나 인물의 성격에서 유발된다. 가문의 구성원
들은 혼사를 둘러싼 갈등이 가문의 안정과 번영을
저해한다고 여겼기에, 가문 차원에서 이를 해결해
간다.

① 유세기 이야기와 유세형 이야기를 보니, 각각의 갈등
이 한 가문의 혼사를 중심으로 발생한다는 점에서 두
이야기가 서로 연결되어 있음을 알 수 있군.
② 유세기의 혼사 문제에 선생과 승상이 관여한 것을 보
니, 혼사를 둘러싼 갈등 해결이 가문 구성원들의 문제
로 다루어짐을 알 수 있군.
③ 유세기가 혼사와 관련한 곤욕을 치른 것과 유세형이
공주를 멀리 한 것을 보니, 가법과 인물의 성격 간의
대립이 갈등의 원인임을 알 수 있군.
④ 백공이 유세기를 사위 삼으려는 것과 천자가 유세형
을 부마 삼은 것을 보니, 혼사가 혼인 당사자 개인의
문제에 그치지 않음을 알 수 있군.
⑤ 유세기가 평생 첩을 두지 않고 소 소저와 해로했다는
것을 보니, 유세기를 둘러싼 혼사 갈등이 해소되며 이
야기 하나가 마무리됨을 알 수 있군.

**[159~162] 다음 글을 읽고 물음에 답하시오.**  2018.06 [26~29]

—— (해설 p.296) ——

**(가)**

　문학적 시간은 작가의 체험이나 의식에 따라 자연적 시간을 의도적으로 재구성하여 미적 효과를 드러낸다. 삶의 과정과 시간의 흐름을 담은 사건은 주로 과거형으로, 대상의 특징을 감각적으로 형상화하는 이미지는 주로 현재형으로 표현한다.

　하지만 과거형과 현재형의 적용은 작품 내적 상황에 따라 달라질 수 있다. 과거의 사건이나 동작의 변화를 실감나게 드러내기 위해 현재형으로 표현하기도 하고, 이미지 묘사를 시간의 흐름이 드러나도록 과거형으로 표현하기도 한다.

[A] 　특히 서정시는 현재의 순간에 과거의 경험들이 공존해 있다는 점에서 이러한 시간의 모호성이 두드러진다. 즉 서정시는 과거와 현재를 분리하지 않고 시적 현재로 통합하는 시간의 의도적 변형을 드러내는 것이다.

**(나)**

　하늘로 날을 듯이 길게 뽑은 부연* 끝 풍경이 운다
　처마 끝 곱게 늘이운 주렴에 반월(半月)이 숨어
　아른아른 봄밤이 ㉠두견이 소리처럼 깊어 가는 밤
　㉡곱아라 고아라 진정 아름다운지고
　파르란 구슬빛 바탕에 자줏빛 호장*을 받친 호장저고리
　호장저고리 하얀 동정이 환하니 밝도소이다
　살살이 퍼져나린 곧은 선이 스스로 돌아 곡선을 이루는 곳
　열두 폭 기인 치마가 사르르 물결을 친다
　초마* 끝에 곱게 감춘 운혜(雲鞋) 당혜(唐鞋)
　㉢발자취 소리도 없이 대청을 건너 살며시 문을 열고
　그대는 어느 나라의 고전(古典)을 말하는 한 마리 호접(蝴蝶)
　호접인 양 사풋이 춤을 추라 아미(蛾眉)를 숙이고……
　나는 ㉣이 밤에 옛날에 살아 눈 감고 거문곳줄 골라 보리니
　㉤가는 버들인 양 가락에 맞추어 흰 손을 흔들어지이다

　　　　　　　　　　　　　-조지훈, 「고풍 의상」-

**(다)**

　어머님,
　제 예닐곱 살 적 겨울은
　목조 적산 가옥 이층 다다미방의
　벌거숭이 유리창 깨질 듯 울어 대던 외풍 탓으로
　한없이 추웠지요, 밤마다 나는 벌벌 떨면서
　아버지 가랭이 사이로 시린 발을 밀어 넣고
　그 가슴팍에 벌레처럼 파고들어 얼굴을 묻은 채
　겨우 잠이 들곤 했었지요.

[B] 　요즈음도 추운 밤이면
　곁에서 잠든 아이들 이불깃을 덮어 주며
　늘 그런 추억으로 마음이 아프고,
　나를 품어 주던 그 가슴이 이제는 한 줌 뼛가루로 삭아
　붉은 흙에 자취 없이 뒤섞여 있음을 생각하면
　옛날처럼 나는 다시 아버지 곁에 눕고 싶습니다.

　그런데 어머님,
　오늘은 영하(零下)의 한강교를 지나면서 문득
　나를 품에 안고 추위를 막아 주던
　예닐곱 살 적 그 겨울밤의 아버지가
　이승의 물로 화신(化身)해 있음을 보았습니다.
　품 안에 부드럽고 여린 물살은 무사히 흘러
　바다로 가라고,
　꽝 꽝 얼어붙은 잔등으로 혹한을 막으며
　하얗게 얼음으로 엎드려 있던 아버지,
　아버지, 아버지……

　　　　　　　　　　　　　-이수익, 「결빙(結氷)의 아버지」-

* 부연(附椽) : 긴 서까래 끝에 덧얹는 네모지고 짧은 서까래.
* 호장 : 회장(回裝). 여자 저고리를 색깔 있는 헝겊으로 꾸민 것.
* 초마 : '치마'의 방언.

**159** (가)를 바탕으로 (나)의 ㉠~㉤을 이해한 내용으로 가장 적절한 것은?

① ㉠은 자연적 시간이 작가의 의식에 의해 문학적으로 재구성된 경우에 해당한다.
② ㉡은 과거형과 현재형의 적용이 작품 내적 상황에 따라 달라진 경우에 해당한다.
③ ㉢은 서정시에서 동작의 변화를 현재형으로 묘사하지 않은 경우에 해당한다.
④ ㉣은 과거와 현재를 통합적으로 인식함으로써 시간의 정확성을 드러낸 경우에 해당한다.
⑤ ㉤은 시간의 흐름이 드러나도록 과거형을 사용한 경우에 해당한다.

**160** [A]를 중심으로 (다)를 이해할 때 적절하지 <u>않은</u> 것은?

[3점]

① 화자가 '아버지'와 겪었던 유년 시절을 '어머님'에게 들려주는 시상 전개 방식으로 과거와 현재의 시간을 이어 준다.
② '목조 적산 가옥 이층 다다미방'이라는 현재 위치에서 화자가 과거의 이야기를 전해 주는 방식으로 시적 현재의 의미를 생성해 낸다.
③ '옛날처럼 나는'에서 현재의 순간에 과거의 경험들이 공존해 있는 시적 상황을 설정하고 있다.
④ '예닐곱 살 적 그 겨울밤'을 '영하의 한강교를 지나면서' 떠올리는 데서 과거와 현재의 통합이 드러난다.
⑤ '그 겨울밤의 아버지'가 '이승의 물로 화신'했다고 표현함으로써 과거와 현재를 분리하지 않는 시간의 모호성을 드러낸다.

**161** (나)의 표현상 특징에 대한 설명으로 적절하지 <u>않은</u> 것은?

① 의도적으로 변형한 시어를 통하여 리듬감에 변화를 주고 있다.
② 전통적인 소재와 예스러운 말투로 고전적 분위기를 조성하고 있다.
③ 시적 상황에 등장하는 인물의 행위를 자연물에 빗대어 표현하고 있다.
④ 색채어를 활용하여 시적 대상의 아름다움을 감각적으로 형상화하고 있다.
⑤ 말줄임표를 사용하여 시적 대상의 정적인 상태와 동적인 상태가 충돌하는 상황을 표현하고 있다.

**162** [B]를 중심으로 (다)를 감상한 것으로 적절하지 <u>않은</u> 것은?

① '곁에서 잠든 아이들 이불깃을 덮어 주'는 모습이 '나를 품에 안고 추위를 막아 주던' 모습과 호응하여, 자식을 걱정하는 아버지의 마음이 시적 화자에게로 이어짐을 보여 주는군.
② '늘 그런 추억으로 마음이 아프'다는 것으로 미루어 볼 때, '아버지, 아버지……'에서 아버지의 부재에 대한 시적 화자의 애틋함을 여운으로 남기고 있음을 알 수 있군.
③ '한 줌 뼛가루'의 이미지와 '하얗게 얼음으로 엎드려 있'는 강의 이미지를 연관시켜, 아버지의 모습을 감각적으로 표현하고 있군.
④ '나를 품어 주던 그 가슴'과 '꽝 꽝 얼어붙은 잔등'의 대비를 통하여, 내면의 의도와 반대되는 행동을 보여 주셨던 아버지의 태도를 강조하고 있군.
⑤ '다시 아버지 곁에 눕고 싶'은 현재와 '아버지 가랭이 사이로 시린 발을 밀어 넣'었던 과거를 연결하여, 아버지에 대한 그리움을 담아내고 있군.

(가)

　㉠홍진(紅塵)에 뭇친 분네 이 내 생애 엇더ᄒᆞ고
　녯사ᄅᆞᆷ 풍류ᄅᆞᆯ 미ᄎᆞᆯ가 못 미ᄎᆞᆯ가
　천지간 남자 몸이 날만 ᄒᆞᆫ 이 하건마ᄂᆞᆫ
　산림에 뭇쳐 이셔 지락(至樂)을 ᄆᆞ를 것가
　ⓐ수간모옥(數間茅屋)을 벽계수(碧溪水) 앎픠 두고
　송죽 울울리*예 풍월주인 되여셔라
　엇그제 겨을 지나 새봄이 도라오니
　도화행화(桃花杏花)ᄂᆞᆫ 석양리(夕陽裏)예 퓌여 잇고
　녹양방초(綠楊芳草)ᄂᆞᆫ 세우(細雨) 중에 프르도다
　칼로 ᄆᆞᆯ아 낸가 붓으로 그려 낸가
　조화신공(造化神功)이 물물마다 헌ᄉᆞ롭다
　수풀에 우는 새ᄂᆞᆫ 춘기(春氣)ᄅᆞᆯ 믓내 계워 소ᄅᆡ마다 교
태로다
　물아일체(物我一體)어니 흥이이 다ᄅᆞᆯ소냐
　시비예 거러 보고 ⓑ정자애 안자 보니
　소요음영*ᄒᆞ야 산일(山日)이 적적ᄒᆞᆫ디
　한중진미(閒中眞味)ᄅᆞᆯ 알 니 업시 호재로다
　㉡이바 니웃드라 산수 구경 가쟈스라
　답청(踏靑)으란 오ᄂᆞᆯ ᄒᆞ고 욕기(浴沂)란 내일 ᄒᆞ새
　아춤에 채산(採山)ᄒᆞ고 나조히 조수(釣水)ᄒᆞ새
　ᄀᆞᆺ 괴여 닉은 술을 갈건(葛巾)으로 밧타 노코
　곳나모 가지 것거 수 노코 먹으리라
　화풍(和風)이 건ᄃᆞᆺ 부러 녹수(綠水)ᄅᆞᆯ 건너오니
　청향(淸香)은 잔에 지고 낙홍(落紅)은 옷새 진다
　㉢준중(樽中)이 뷔엿거든 날ᄃᆞ려 알외여라
　소동 아히ᄃᆞ려 주가에 술을 믈어
　얼운은 막대 집고 아히ᄂᆞᆫ 술을 메고
　미음완보(微吟緩步)ᄒᆞ야 ⓒ시냇ᄀᆞ의 호자 안자
　명사(明沙) 조ᄒᆞᆫ 믈에 잔 시어 부어 들고
　청류(淸流)ᄅᆞᆯ 굽어보니 ᄯᅥ오ᄂᆞ니 도화(桃花)ㅣ로다
　무릉이 갓갑도다 져 ᄆᆡ이 긘 거인고

　　　　　　　　　　　　　　　 −정극인, 「상춘곡」−

* 울울리: 빽빽하게 우거진 속.

* 소요음영 : 자유로이 천천히 걸으며 시를 읊조림.

(나)

　ⓓ고산구곡담(高山九曲潭)을 사ᄅᆞᆷ이 모로더니
　주모복거(誅茅卜居)ᄒᆞ니 벗님ᄂᆡ 다 오신다
　어즈버 무이를 상상ᄒᆞ고 학주자(學朱子)를 ᄒᆞ리라
　　　　　　　　　　　　　　　　　　　　　〈1수〉

　일곡은 어디미오 ⓔ관암에 ᄒᆡ 비쵠다
　평무(平蕪)에 ᄂᆡ 거드니 원산(遠山)이 그림이로다
　송간(松間)에 녹준*을 노코 벗 오는 양 보노라
　　　　　　　　　　　　　　　　　　　　　〈2수〉

　이곡은 어디미오 화암에 춘만(春晩)커다
　벽파*에 곳을 ᄯᅴ워 야외로 보니노라
　㉣사ᄅᆞᆷ이 승지(勝地)를 모로니 알게 ᄒᆞᆫ들 엇더리
　　　　　　　　　　　　　　　　　　　　　〈3수〉

　오곡은 어디미오 은병(隱屛)이 보기 됴타
　수변(水邊) 정사ᄂᆞᆫ 소쇄홈*도 ᄀᆞ이 업다
　이 중에 강학(講學)도 ᄒᆞ려니와 영월음풍ᄒᆞ리라
　　　　　　　　　　　　　　　　　　　　　〈6수〉

　칠곡은 어디미오 ⓕ풍암에 추색(秋色) 됴타
　청상(淸霜) 엷게 치니 절벽이 금수(錦繡)ㅣ로다
　한암(寒巖)에 혼ᄌᆞ셔 안쟈 집을 잇고 잇노라
　　　　　　　　　　　　　　　　　　　　　〈8수〉

　구곡은 어디미오 문산에 세모(歲暮)커다
　기암괴석이 눈 속에 무쳐셰라
　㉤유인(遊人)은 오지 아니ᄒᆞ고 볼 것 업다 ᄒᆞ더라
　　　　　　　　　　　　　　　　　　　　　〈10수〉
　　　　　　　　　　　　　　　　　　−이이, 「고산구곡가」−

* 녹준 : 술잔 또는 술동이.

* 벽파 : 푸른 물결.

* 소쇄홈 : 기운이 맑고 깨끗함.

## 163　(가)와 (나)의 공통점으로 가장 적절한 것은?

① 과거를 회상하며 현실의 덧없음을 환기하고 있다.

② 음성 상징어의 사용으로 생동감을 부각하고 있다.

③ 점층적인 표현으로 대상과의 거리감을 강조하고 있다.

④ 역사적 인물들을 호명하여 회고적 분위기를 조성하고
　있다.

⑤ 자연물을 통하여 시간적 배경을 시각적으로 드러내고
　있다.

**164** 〈보기〉를 참고하여 ㉠~㉤을 설명한 내용으로 가장 적절한 것은?

─[보기]─

　　조선 전기의 시조와 가사는 노래로 향유되며, 사대부들이 서로의 문화적 동질성을 확인하는 데 활용되었다. 이러한 갈래적 특성으로 인해 사대부 시가에는 대화 상황이 연상되는 여러 표현으로 공감을 유도하는 방식이 관습화되었다.

① ㉠에서는 청자와 화자가 서로 동질적인 삶을 살고 있음을 질문하기를 통해 확인하고 있다.
② ㉡에서는 청자를 불러들여 함께했던 지난날의 경험을 상기시키며 동질성 회복을 권유하고 있다.
③ ㉢에서는 화자가 상대의 부탁을 수용하며 자신과 뜻을 같이 할 것을 청자에게 명령하고 있다.
④ ㉣에서는 사람들을 일깨우려는 화자의 생각을 청자에게 묻는 방식으로 제시해 공감을 유도하고 있다.
⑤ ㉤에서는 눈으로 확인한 사실만을 믿어야 한다고 주장하는 이의 말을 청자에게 전하며 조언을 구하고 있다.

**165** (가)에 대한 감상으로 적절하지 <u>않은</u> 것은?

① 자신의 삶을 옛사람과 비교하며 스스로를 풍월주인이라 여기는 데에서 화자의 자부심이 드러나는군.
② 붓으로 그린 듯한 숲 속에서 봄의 흥을 노래하는 새를 바라보는 데에서 새에 대한 화자의 부러움이 드러나는군.
③ 오늘과 내일, 아침과 저녁에 할 일들을 나열하는 데에서 하고 싶은 일에 대한 화자의 기대감이 드러나는군.
④ 맑은 향이 담긴 술잔과 옷에 떨어지는 꽃잎을 주목하는 데에서 자연과 화자의 일체감이 드러나는군.
⑤ 시냇물에 떠내려오는 도화를 보며 이상향을 연상하는 데에서 화자의 고조되는 감흥이 드러나는군.

**166** ⓐ~ⓕ를 중심으로 (가)와 (나)를 이해한 내용으로 적절하지 <u>않은</u> 것은?

① (가)의 화자는 거처인 ⓐ를 나와 ⓑ와 ⓒ의 장소들로 옮겨 다니고 있다.
② (나)의 화자가 소개하는 ⓔ와 ⓕ는 ⓓ를 구성하는 장소들이라는 점에서 서로 대등한 관계에 있다.

③ (가)와 (나)의 화자는 각각 ⓑ와 ⓔ를 주위에서 가장 빼어난 경치를 볼 수 있는 곳이라고 예찬하고 있다.
④ (가)의 화자는 ⓐ에 인접한 맑은 풍경을, (나)의 화자는 자신이 ⓓ에 터를 정함으로써 생긴 변화를 드러내고 있다.
⑤ (가)의 화자는 ⓒ에서 주변으로 시선을 보내고 있고, (나)의 화자는 ⓕ를 향해 시선을 보내고 있다.

**167** 〈보기〉를 활용하여 (나)를 탐구한 내용으로 적절하지 <u>않은</u> 것은? [3점]

─[보기]─

　　이이의 생애를 기록한 연보에는, 그가 고산구곡에 정사를 건립한 일이 주자가 무이구곡의 은병에서 후학을 양성한 것을 본받았다는 점과 「고산구곡가」의 창작 이후 이곳을 찾는 이들이 더 많아졌다는 사실이 기록되어 있다. 한편 그가 고산구곡의 곳곳에서 지인들과 교유한 경험을 소개한 「송애기」에는 욕심 없는 마음으로 자연과 인간이 별개가 아님을 느끼고, 자연으로부터 마음을 바르게 하는 도리를 찾으면 군자의 참된 즐거움을 누릴 수 있다는 그의 생각이 나타나 있다.

① 고산구곡에서의 생활에 대한 「송애기」의 기록을 참고할 때, 고산구곡이 작자와 '벗님'들의 교유 장소로도 활용되었음을 추리할 수 있겠군.
② 작품 창작 이후와 관련한 연보의 기록을 참고할 때, '학주자'를 하려는 작자의 선택에 대한 사람들의 긍정적 반응을 추측할 수 있겠군.
③ 정사에 대한 연보의 기록을 참고할 때, '은병'이 주자를 학문적으로 계승하기 위해 선택된 공간이기도 했음을 짐작할 수 있겠군.
④ 참된 즐거움과 관련한 「송애기」의 기록을 참고할 때, '강학'과 '영월음풍'이 모순 없이 서로 어울릴 수 있는 행위임을 유추할 수 있겠군.
⑤ 자연의 감상에 대한 「송애기」의 기록을 참고할 때, 바위를 덮은 '눈'에서 자연과 합일을 이루려는 인간의 의지를 엿볼 수 있겠군.

**(가)**

　전쟁을 다룬 소설 중에는 실재했던 전쟁을 제재로 한 작품들이 있다. 이런 작품들은 허구를 매개로 실재했던 전쟁을 새롭게 조명하고 있다. 가령, 「박씨전」의 후반부는 패전했던 병자호란을 있는 그대로 받아들이고 싶지 않았던 조선 사람들의 욕망에 따라, 허구적 인물 박씨가 패전의 고통을 안겼던 실존 인물 용골대를 물리치는 장면을 중심으로 허구화되었다. 외적에 휘둘린 무능한 관군 탓에 병자호란 당시 여성은 전쟁의 큰 피해자였다. 「박씨전」에서는 이 비극적 체험을 재구성하여, 전화를 피하기 위한 장소인 피화당(避禍堂)에서 여성 인물과 적군이 전투를 벌이는 장면을 설정하고 있다. 이들 간의 대립 구도 하에서 전개되는 이야기는 조선 사람들의 슬픔을 위로하고 희생자를 추모함으로써 공동체로서의 연대감을 강화하였다. 한편, 「시장과 전장」은 한국전쟁이 남긴 상흔을 직시하고 이에 좌절하지 않으려던 작가의 의지가, 이념 간의 갈등에 노출되고 생존을 위해 몸부림치는 인물을 통해 허구화되었다. 이 소설에서는 전장을 재현하여 전쟁의 폭력에 노출된 개인의 연약함이 강조되고, 무고한 희생을 목도한 인물의 내면이 드러남으로써 개인의 존엄이 탐색되었다.

　우리는 이런 작품들을 통해 전쟁의 성격을 탐색할 수 있다. 두 작품에서는 외적의 침략이나 이념 갈등과 같은 공동체 사이의 갈등이 드러나고 있다. 그런데 전쟁이 폭력적인 것은 이 과정에서 사람들이 죽기 때문만은 아니다. 전쟁의 명분은 폭력을 정당화하기에, 적의 죽음은 불가피한 것으로, 우리 편의 죽음은 불의한 적에 의한 희생으로 간주된다. 전쟁은 냉혹하게도 아군이나 적군 모두가 민간인의 죽음조차 외면하거나 자신의 명분에 따라 이를 이용하게 한다는 점에서 폭력성을 띠는 것이다. 두 작품에서 사람들이 죽는 장소가 군사들이 대치하는 전선만이 아니라는 점도 주목된다. 전쟁터란 전장과 후방, 가해자와 피해자가 구분되지 않는 혼돈의 현장이다. 이 혼돈 속에서 사람들은 고통 받으면서도 생의 의지를 추구해야 한다는 점에서 전쟁은 비극성을 띤다. 이처럼, **전쟁의 허구화**를 통해 우리는 전쟁에 대한 인식을 새롭게 할 수 있다.

**(나)**

　문득 나무들 사이에서 한 여인이 나와 크게 꾸짖어 왈, "무지한 **용골대**야, 네 아우가 내 손에 죽었거늘 너조차 죽기를 재촉하느냐?" 용골대가 대로하여 꾸짖어 왈, "너는 어떠한 계집이완데 장부의 마음을 돋우느냐? 내 아우가 불행하여 네 손에 죽었지만, 네 나라의 화친 언약을 받았으니 이제는 너희도 다 우리나라의 신첩(臣妾)이라. 잔말 말고 바삐 내 칼을 받아라."

　**계화**가 들은 체 아니하고 크게 꾸짖어 왈, "네 동생이 내 칼에 죽었으니, 네 또한 명이 내 손에 달렸으니 어찌 가소롭지 아니리오." 용골대가 더욱 분기등등하여 군중에 호령하여, "일시에 활을 당겨 쏘라." 하니, 살이 무수하되 감히 한 개도 범치 못하는지라. 용골대 아무리 분한들 어찌하리오. 마음에 탄복하고 **조선 도원수** 김자점을 불러 왈, "너희는 이제 내 나라의 신하라. 내 영을 어찌 어기리오." 자점이 황공하여 왈, "분부대로 거행 하오리다."

　용골대가 호령하여 왈, "네 군사를 몰아 박 부인과 계화를 사로잡아 들이라." 하니, 자점이 황겁하여 방포일성에 군사를 몰아 피화당을 에워싸니, 문득 팔문이 변하여 백여 길 함정이 되는지라. 용골대가 이를 보고 졸연히 진을 깨지 못할 줄 알고 한 꾀를 생각하여, 군사로 하여금 피화당 사방 십 리를 깊이 파고 화약 염초를 많이 붓고, 군사로 하여금 각각 불을 지르고, "너희 무리가 아무리 천변만화지술이 있은들 어찌하리오." 하고 군사를 호령하여 일시에 불을 놓으니, 그 불이 화약 염초를 범하매 벽력 같은 소리가 나며 **장안 삼십 리에 불길이 충천**하여 죽는 자가 무수하더라.

　박씨가 주렴을 드리우고 부채를 쥐어 불을 부치니, 불길이 오랑캐 진을 덮쳐 오랑캐 장졸이 타 죽고 밟혀 죽으며 남은 군사는 살기를 도모하여 다 도망하는지라. 용골대가 할 길 없어, "이미 화친을 받았으니 대공을 세웠거늘, 부질없이 조그만 계집을 시험하다가 공연히 장졸만 다 죽였으니, 어찌 분한(憤恨)치 않으리오." 하고 회군하여 발행할 제, **왕대비**와 세자 대군이며 **장안미색**을 데리고 가는지라.

　박씨가 시비 계화로 하여금 외쳐 왈, "무지한 오랑캐야, 너희 왕 놈이 무식하여 **은혜지국(恩惠之國)**을 침범하였거니와, 우리 왕대비는 데려가지 못하리라. 만일 그런 뜻을 두면 너희들은 본국에 돌아가지 못하리라." 하니 오랑캐 장수들이 가소롭게 여겨, "우리 이미 화친 언약을 받고 또한 인물이 나의 장중(掌中)에 매였으니 그런 말은 생심(生心)도 말라." 하며, 혹 욕을 하며 듣지 아니하거늘, 박씨가 또 계화로 하여금 다시 외쳐 왈, "너희가 일양 그리하려거든 내 재주를 구경하라." 하더니, 이윽고 공중으로 두 줄기 무지개 일어나며, 모진 비가 천지를 뒤덮게 오며, 음풍이 일어나며 백설이 날리고, 얼음이 얼어 군마의 발굽이 땅에 붙어 한 걸음도 옮기지 못하는지라. 그제야 오랑캐 장수들이 황겁하여 아무리 생각하여도 모두 함몰할지라. 마지못하여 장수들이 투구를 벗고 창을 버려, 피화당 앞에 나아가 꿇어 애걸하기를, "오늘날 이미 화친을 받았으나 왕대비는 아니 뫼셔 갈 것이니, 박 부인 덕택에 살려 주옵소서."

박씨가 주렴 안에서 꾸짖어 왈, "너희들을 모두 죽일 것이로되, 천시(天時)를 생각하고 용서하거니와, 너희 놈이 본디 간사하여 외람된 죄를 지었으나 이번에는 아는 일이 있어 살려 보내나니, 조심하여 들어가며, 우리 세자 대군을 부디 태평히 모셔 가라. 만일 그렇지 아니하면 내 오랑캐를 씨도 없이 멸하리라."

이에 오랑캐 장수들이 백배 사례하더라.

-작자 미상, 「박씨전」-

(다)

"피란 안 갔다고 야단맞지 않을까요?"

윤씨가 걱정스럽게 묻는다. 김씨 댁 아주머니의 얼굴도 잠시 흐려진다. 그러나 이내 쾌활한 목소리로,

"쌀 배급을 주는데 야단을 치려구요? 세상에 불쌍한 백성을 더 이상 어쩌겠어요?"

"그래도 댁은…… 우린 애아범이 그래 놔서…… 전에도 배급을 못 타 먹었는데."

"이 마당에서 그걸 누가 알겠어요? 어지간히 시달려 놔서 이젠 그렇게들 안 할 거예요."

둑길을 건너서 인도교 가까이 갔을 때 노량진 쪽에서 사람들이 몰려온다. 어느 구석에 끼여 있었던지 용케 죽지도 않고, 스무 명 가량의 사람들이 떼 지어 간다. 김씨 댁 아주머니는,

"여보시오! 어디서 배급을 줍니까?"

하고 물었으나 그들은 미친 듯 뛰어갈 뿐이다.

"여보, 여보시오! 어디서 배급을 줍니까?"

다시 물었으나 여전히 그들은 뛰어간다. 윤씨와 김씨 댁 아주머니도 이제 더 이상 묻지 않고 그들을 따라 뛰어간다. 그들이 간 곳은 한강 모래밭이었다. 강의 얼음은 아직 풀리지 않았다. 그곳에는 여남은 명가량의 사람들이 몰려 있었다. 사실은 배급이 아니었다. 밤사이에 **중공군**과 인민군이 후퇴하면서 미처 날라 가지 못했던 **식량**

이 여기저기 흩어져 있었던 것이다. 사람들은 **갈가마귀 떼**처럼 몰려들어 가마니를 열었다. 그리고 악을 쓰면서 자루에다 쌀과 수수를 집어넣는다. 쌀과 수수가 강변에 흩어진다. 사람들은 **굶주린 이리떼**처럼 눈에 핏발이 서서 자루에 곡식을 넣어 짊어지고 일어섰다. 쌀자루를 짊어지고 강변을 따라 급히 도망쳐 가는 사나이들, 쌀자루에 쌀을 옮겨 넣는 아낙들, 필사적이다. 그야말로 전쟁이다. 김씨 댁 아주머니와 윤씨도 허겁지겁 달려들어 쌀을 퍼낸다. 그리고 떨리는 손으로 자루 끝을 여민 뒤 머리에 이고 일어섰다. 그 순간 하늘이 진동하고 땅이 꺼지는 듯 고함 소리, 총성과 함께 윤씨가 푹 쓰러진다. 윤씨는 외마디 소리를 지르며 쌀자루 위에 얼굴을 처박는다. 거무죽죽한 피가 모래밭에 스며든다.

(중략)

김씨 부인이,

"애기 엄마……."

하고 소리쳐 부른다. 지영은 그냥 쫓아간다.

"큰일 나요! 큰일 나, 지금 가면 안 돼요! 애기를 어쩌려고 그러는 거요."

지영은 언덕길을 미끄러지는 듯 달려간다. 둑길을 넘었다. 강변에는 아무도 없었다. 강물도 하늘도 강 건너 서울도 회색빛 속에 싸여 있었다. 지영은 윤씨를 내려다본다. 쌀자루를 꼭 껴안고 있다. **쌀자루는 피에 젖어 거무죽죽하다**. 지영은 윤씨를 안아 일으킨다. 그리고 들쳐 업는다. 그는 한 발 한 발 힘을 주며 걸음을 옮긴다. 윤씨를 업고 **벼랑을 기어오른다**. 아무것도 기억할 수가 없었다. 아무것도 보이지 않았다. 얼마나 오랜 시간이 흘렀는지 그는 둑길까지 나왔다. 둑길에서 저 멀리 과천으로 뻗은 길을 바라본다. 길은 외줄기…… 멀리멀리 뻗어 있다. 지영은 집으로 돌아왔다.

-박경리, 「시장과 전장」-

**168** (가)의 '전쟁의 허구화'를 바탕으로 (나), (다)를 설명한 것으로 적절하지 <u>않은</u> 것은?

① (나)는 실재했던 전쟁을 다루면서도 이를 있는 그대로 받아들이지 않으려는 욕망에 따라 허구화가 이루어졌다.

② (나)는 박씨 등의 여성 인물과 용골대 등의 가해 세력 간의 대립 구도를 통해 전쟁을 조명하고 있다.

③ (다)는 실재했던 전쟁을 다루면서도 그 상흔을 직시하려는 의지에 따라 허구화가 이루어졌다.

④ (다)는 윤씨와 지영의 관계에서 나타나는 피해자와 가해자의 대립 구도를 통해 전쟁을 조명하고 있다.

⑤ (나)와 (다)는 '용골대'나 '중공군'과 같은 단어를 통해 실재했던 전쟁이 환기되도록 했다.

**169** (가)를 바탕으로 (나)에 대해 〈학습 활동〉을 수행한 내용으로 적절하지 <u>않은</u> 것은? [3점]

> **[학습 활동]**
>
> ○ 병자호란에 대한 백성들의 욕망을 담은 「박씨전」과 다음의 「임장군전」을 읽고 전쟁 체험이 소설에 반영된 양상을 살펴봅시다.
>
> ----
>
> 　상께서 왈, "길이 막혀 인적이 통하지 못하니 경업이 어찌 알리오. 목전의 형세가 여차하여 아무리 생각하여도 항복할 밖에 다른 묘책이 없으니 경들은 다시 말 말라."
> 하시고, 앙천통곡하시니 산천초목이 다 슬퍼하더라. 병자년 12월 20일에 상이 항서를 닦아 보내시니, 그 망극함을 어찌 측량하리오.
> 　용골대가 송파장에 결진하고 승전고를 울리며 교만이 자심하여 승전비를 세워 거드럭거리며, 왕대비와 중궁을 돌려보내고 세자 대군을 잡아 북경으로 가려 하더라.
>
> 　　　　　　　　　　　　－작자 미상, 「임장군전」－

① (나)에서 용골대를 꾸짖는 계화와 박씨가 등장하는 것에는 병자호란 때에 있었으면 좋았을 인물에 대한 백성들의 소망이 반영되었겠군.

② 「임장군전」에서 항서를 보낸 것에 대해 서술자도 슬픔을 토로하는 것은 패전한 나라의 백성이라는 연대감이 반영된 것이겠군.

③ (나)와 「임장군전」에서 모두 용골대가 부정적인 모습으로 그려진 데에는 백성들이 겪었던 패전의 고통이 반영되었겠군.

④ (나)에서는 박씨의 용서를 통해, 「임장군전」에서는 용골대의 승전비 건립을 통해, 조선 백성들의 희생에 대한 추모 의식이 반영되었겠군.

⑤ 「임장군전」과 달리 (나)에서 박씨의 승전을 통해 왕대비가 볼모로 가지 않게 된 과정이 형상화된 것은 패전의 상실감을 위로받고자 하는 백성들의 욕망이 반영된 결과이겠군.

**170** (가)를 바탕으로 (나)를 설명한 것으로 적절하지 <u>않은</u> 것은?

① 장안 삼십 리에 불길이 충천하고 장안 미색이 끌려 가는 장면은 조선 백성들의 비극적 체험을 드러내고 있다.

② 용골대에게 조선 도원수가 복종하여 명령을 따르는 장면은 관군의 무능함을 허구를 매개로 조명하고 있다.

③ 박씨의 재주에 오랑캐 장수들이 황겁해 하는 장면에서, 패전의 고통이 허구적 인물의 활약을 통해 위로받고 있다.

④ 오랑캐군의 침략이 은혜지국에 대한 침범이라는 박씨의 비난은 용골대를 비롯한 오랑캐군이 불의한 존재임을 드러내고 있다.

⑤ 용골대가 장졸들의 죽음에 탄식하는 장면에서, 죽음의 책임을 폭력적인 방식으로 박씨에게 돌리려는 오랑캐의 모습이 드러나고 있다.

**171** (가)를 바탕으로 (다)를 감상한 내용으로 적절하지 <u>않은</u> 것은?

① '식량'을 얻으려다가 인물이 죽게 되는 것은 전장과 후방이 구분되지 않는 혼돈의 현장을 보여 주는 것이로군.

② '갈가마귀떼'는 전쟁으로 인해 기본적인 존엄성마저 상실한 채 살아가는 사람들의 모습을 상기하게 하는군.

③ '굶주린 이리떼'는 사람들이 전쟁의 폭력에 노출되어 이웃의 죽음조차 외면하는 냉혹한 존재로 변해 버렸음을 드러내는군.

④ 피에 젖은 '쌀자루'는 전쟁의 폭력이 무고한 인물에게 끼친 전쟁의 상흔을 나타내는군.

⑤ '벼랑을 기어오른다'는 전쟁 속에서 생존을 위해 몸부림치는 인물의 처지를 상징적으로 보여 주는군.

**172** (나), (다)에 대한 이해로 가장 적절한 것은? [3점]

① (나)에서 용골대는 화공이 실패하자 화살로 피화당을 공격하였다.

② (나)에서 박씨는 오랑캐군이 화친 언약을 받았다는 것을 몰랐기에 회군하는 오랑캐군을 공격했다.

③ (다)에서 지영은 윤씨 때문에 김씨 부인의 만류에도 불구하고 강변으로 나갔다.

④ (다)에서 윤씨가 식량을 마련하기 위해 사람들을 따라 도착한 곳은 인도교였다.

⑤ (다)에서 김씨 댁 아주머니는 피란 갔던 것을 걱정하는 윤씨를 안심시키려 하였다.

**173** (다)의 서술상의 특징에 대한 설명으로 가장 적절한 것은?

① 인물의 회상을 통해 인물 간 갈등의 원인을 제시하고 있다.

② 시간적 배경을 묘사하여 인물의 성격 변화를 암시하고 있다.

③ 인물의 경험을 관념적으로 서술하며 사건의 원인을 분석하고 있다.

④ 대화를 통해 과거로 돌아가려 하는 인물들의 심리를 보여주고 있다.

⑤ 인물의 연속적인 행위를 제시하여 인물이 처한 긴박한 상황을 드러내고 있다.

**[174~176] 다음 글을 읽고 물음에 답하시오.**  2017.11 [43~45]

─ (해설 p.321) ─

좌우에 탁자 놓아 만권 서책 쌓아 놓고
㉠자명종과 자명악은 절로 울어 소리하며
좌우에 당전(唐氈) 깔고 담방석과 백전요며
㉡이편저편 화류교의(樺榴交椅) 서로 마주 걸터앉고

　거기 사람 처음 인사 차 한 그릇 갖다 준다
　화찻종에 대를 받쳐 가득 부어 권하거늘
　파르스름 노르스름 향취가 만구한데
　저희들과 우리들이 언어가 같지 않아
　말 한마디 못 해 보고 덤덤하니 앉았으니
　귀머거리 벙어린 듯 물끄러미 서로 보다
[A]　천하의 글은 같아 필담이나 하오리라
　당연(唐硯)에 먹을 갈아 양호수필(羊毫鬚筆) 덤
뻑 찍어
　시전지(詩箋紙)를 빼어 들고 글씨 써서 말을 하니
　묻는 말과 대답함을 글귀 절로 오락가락
　간담을 상응하여 정곡(情曲) 상통(相通)하는구나

(중략)

　황상이 상을 주사 예부상서 거행한다
　삼 사신과 역관이며 마두와 노자(奴子)까지
　은자며 비단 등속 차례로 받아 놓고
　삼배(三拜)에 구고두(九叩頭)*로 사례하고 돌아
오니
　상마연* 잔치한다 예부에서 지휘하기로
　삼 사신과 역관들이 예부로 나아가니
　대청 위에 포진하고 상을 차려 놓은 모양
[B]　메밀떡에 밀다식에 겉밤 머루 비자(榧子) 등물
(等物)
　푸닥거리 상 벌이듯 좌우에 떠벌였다
　다 각기 한 상씩을 앞에다 받아 놓으니
　비위가 뒤집혀서 먹을 것이 전혀 없네
　삼배주를 마시는 듯 연파(宴罷)하고 일어서서
　뜰에 내려 북향하여 구고두 사례한 후
　관소로 돌아와서 회환(回還) 날짜 택일하니
㉢사람마다 짐 동이느라 각 방은 분분하고
흥정 외상 셈하려 주주리는 지저귄다
㉣장계(狀啓)를 발정(發程)하여 선래 군관(先來軍官)

전송하고
추칠월 십일일에 회환하여 떠나오니
한 달 닷새 유하다가 시원하고 상연(爽然)하구나
천일방(天一方) 우리 서울 창망하다 갈 길이여
풍진이 분운(紛紜)한데 집 소식이 돈절하니
사오 삭(朔) 타국 객이 귀심(歸心)이 살 같구나
숭문문 내달아서 통주로 향해 가니
㉤올 적에 심은 곡식 추수가 한창이요
서풍이 삽삽하여 가을빛이 쾌히 난다

－홍순학, 「연행가」－

* 구고두 : 공경하는 뜻으로 머리를 땅에 아홉 번 조아림.
* 상마연 : 일을 마치고 떠나가는 외국 사신들을 위하여 베풀던 잔치.

---

**174** 윗글에 대한 설명으로 가장 적절한 것은?

① 자연의 경이로운 풍광에 대한 감상을 장황하게 서술
하고 있다.
② 학문과 관련된 사물을 나열하여 입신양명에 대한 화
자의 관심을 드러내고 있다.
③ 객지에서의 낯선 풍물 및 경험에 대한 정서를 드러내
고 회환할 때의 심정을 서술하고 있다.
④ 공식적인 행사에 참여한 다양한 사람들의 외양과 감
정을 개성적으로 표현하고 있다.
⑤ 구체적인 시간을 나타내는 표현을 제시하여 귀국까지
의 여정이 마무리되었음을 알려 주고 있다.

---

**175** ㉠~㉤을 이해한 내용으로 가장 적절한 것은?

① ㉠: 청각적 이미지를 사용하여 대상이 지닌 슬픔을 표
현하고 있다.
② ㉡: 지시적 표현을 사용하여 상대와의 친밀감을 드러
내고 있다.
③ ㉢: 음성 상징어를 사용하여 이동을 앞둔 여유로운 분
위기를 드러내고 있다.
④ ㉣: 대구적 표현을 사용하여 새로운 계책을 마련한 기
쁨을 드러내고 있다.
⑤ ㉤: 계절감을 드러내는 표현을 사용하여 시간의 경과
를 보여주고 있다.

 **[A], [B]에 대한 감상으로 적절하지 <u>않은</u> 것은?** [3점]

① [A]에서 '간담을 상응하여'는 상대방에 대한 경계심을, [B]에서 '뜰에 내려 북향하여'는 상대방에 대한 거부감을 드러내는군.

② [A]에서 '우리들'은 '거기 사람'에게 인사로 차를 대접받고, [B]에서 '삼 사신' 일행은 '예부상서'를 통해 황상의 상을 하사받고 있군.

③ [A]에서 '필담'은 의사소통의 어려움을 해결하는 수단을, [B]에서 '구고두'는 의례적 상황에서 감사를 표하는 공식적 예법을 나타내는군.

④ [A]에서 '글귀 절로 오락가락'은 난처한 상황이 해소되고 있음을, [B]에서 '비위가 뒤집혀서'는 난감한 상황에 처하게 되었음을 드러내는군.

⑤ [A]의 '귀머거리 벙어린 듯'은 대화가 이루어지지 못하는 상황을, [B]의 '메밀떡에 밀다식에 겉밤' 등은 여러 가지 음식을 차려 놓은 상황을 알려 주는군.

**[앞부분 줄거리]** 조준구와 아내 홍 씨는 서희가 물려받아야 할 최 참판가의 재산을 가로채고, 하인 삼수를 내세워 마을 사람들을 착취한다. 한편, 윤보는 의병 자금을 확보하기 위해 최 참판가 습격을 준비하는데 삼수가 찾아온다.

"아무리 그리 시치미를 떼 쌓아도 알 만치는 나도 알고 있으니께요. 머 내가 훼방을 놓자고 찾아온 것도 아니겠고, 나는 나대로 생각이 있어서 온 긴데 너무 그러지 마소. 한마디로 딱 짤라서 말하겠소. 왜눔들하고 한통속인 조가 놈을 먼지 치고 시작하라 그 말이오. 고방에는 곡식이 썩을 만큼 쌓여 있고 안팎으로 쌓인 기이 재물인데 큰일을 하자 카믄 빈손으로 우찌하겠소. 그러니 왜눔과 한통속인 조가부터 치고 보믄 ㉠꿩 묵고 알 묵는 거 아니겠소."

"야아가 참 제정신이 아니구마는."

"하기사 전력이 있으니께 나를 믿지 않는 것도 무리는 아니겠소. 하지마는 두고 보믄 알 거 아니오?"

"야, 야 정신 산란하다. 나는 원체 입이 무겁고 또 초록은 동색이더라도 내 안 들은 거로 해 둘 기니 어서 돌아가거라. 공연히 신세 망칠라."

윤보는 삼수 등을 민다.

"이거 놓으소. 누가 안 가까 바 이러요? 지내 놓고 보믄 알 기니께요. 내가 머 염탐이라도 하러 온 줄 아요? 훙, ㉡그랬을 양이믄 벌써 조가 놈한테 동네 소문 고해바칫일 기고 읍내서 순사가 와도 몇 놈 왔일 거 아니오."

큰소리로 지껄이며 삼수는 언덕을 내려간다.

'빌어묵을, 이거 다 된 죽에 코 빠지는 거 아닌지 모르겠네. 날을 다가야겄다.'

[A]  삼수가 왔다 간 다음 날 밤, 자정이 넘었다. 칠흑의 밤을 타고 덩어리 같은 침묵을 지키며 타작마당에 장정들이 모여들었다. 마을에서는 개들이 짖는다. 불은 켜지 않았지만 집집에선 인적기가 난다. 언덕 위의 최 참판댁은 어둠에 묻혀 위엄에 찬 그 형태는 보이지 않는다. 타작마당에서는 윤보의 그 우렁우렁한 목소리가 평소보다 얕게 울리고, 이윽고 횃불이 한 개 두 개 또 세 개, 계속하여 늘어나고 그 횃불은 움직이기 시작한다.

**[중략 부분 줄거리]** 윤보 일행이 습격하자 조준구와 홍 씨는 사당 마루 밑에 숨어 있다가 삼수의 도움을 받는다. 윤보 일행이 떠나고 날이 밝았다.

"서희 이, 이년! 썩 나오지 못할까!"

나오길 기다릴 홍 씨는 아니다. 방문을 박차고 들어가서 서희를 끌어 일으킨다.

"네년 소행인 줄 뉘 모를 줄 알았더냐? 자아! 내 왔다! 이제 죽여 보아라! ㉢화적 놈 불러들일 것 없이!"

나오지 않는 목청을 뽑으며, 거품이 입가에 묻어 나온다.

[B]  "자아! 자아! 못 죽이겠니?"

손이 뺨 위로 날았다. 앞가슴을 잡고 와락와락 흔들어 댄다. 서희 얼굴이 흙빛으로 변한다. 울고 있던 봉순이,

"왜 이러시오!"

달려들어 서희 몸을 잡아당기니 실 뜯어지는 소리와 함께 홍 씨 손에 옷고름이 남는다.

"감히 누굴! 감히!"

하다가 별안간 방에서 뛰쳐나간다. 맨발로 연못을 향해 몸을 날린다. 그는 죽을 생각을 했던 것이다.

"애기씨!"

울부짖으며 봉순이 뒤쫓아 간다.

"죽어라! 죽어! 잘 생각했어! 어차피 너는 산목숨은 아니란 말이야! 죽고 남지 못할 거란 말이야!"

고래고래 소리를 지른다. 서희는 연못가에서 걸음을 뚝 멈춘다. 돌아본다. 흙빛 얼굴에 웃음이 지나간다.

"내가 왜 죽지? 누구 좋아하라고 죽는단 말이냐?"

나직한 음성이다. 홍 씨 눈을 똑바로 주시한다.

"㉣사람 영악한 것은 범보다 더 무섭다는 말 못 들으셨소?"

여전히 나직한 음성이다.

"무서우면 어떻게 무서워! 우리 내외한테 비상을 먹이겠다 그 말이냐?"

아이고! 아이고! 눈물도 안 나오는 헛울음을 울더니 이번에는 봉순에게 달려들어 머리끄덩이를 꺼두르고 한 소동을 피운다. 읍내서 헌병, 순사들이 왔다는 말에 홍 씨는 겨우 본채로 돌아 갔다. 서희는 찢겨진 저고리를 내려다본다.

"길상이 놈이 날 죽으라고 내버리고 갔다."

눈이 부어오른 봉순이는,

"마지막까지 남아서 찾았지마는 사당 마릿장 밑에 숨은 줄이야 우, 우찌 …… 으흐흐흐."

되풀이 입술을 떨면서 서희는 말했다.

"길상이 놈이 날 죽으라고 내버리고 갔다."

달려온 헌병들에게 맨 먼저 당한 것은 삼수다.

“나, 나으리! 이, 이기이 우찌 된 영문입니까!”

헌병이 총대를 들이대자 겁에 질린 삼수는 그러나 무엇인가 잘못 되었거니 믿는 구석이 있어서 조준구를 향해 도움을 청하였다.

“이놈! 이 찢어 죽일 놈 같으니라구!”

무섭게 눈을 부릅뜬 조준구를 바라본 삼수 얼굴은 일순 백지장으로 변한다.

“예? 머, 머, 머라 캤십니까?”

“이놈! 네 죄를 몰라 하는 말이냐? ⓜ간밤에 감수한 생각을 하면 네놈을 내 손으로 타살할 것이로되 으음, 능지처참할 놈 같으니라구. 이놈! 어디 한번 죽어 봐라!”

“나, 나으리! 꾸, 꿈을 꾸시는 깁니까? 이, 이 목심을 건지 디린 이, 이 삼수 놈을 말입니다!”

그러나 조준구는 바로 저놈이 폭도의 앞잡이였다고 이미 한 말을 다시 강조할 뿐이다. 물론 이 경우 폭도란 의병을 일컬은 것이다.

-박경리, 「토지」-

## 177 [A]와 [B]에 대한 설명으로 적절하지 <u>않은</u> 것은?

① [A]는 비유적 표현을 활용하여 인물의 은밀한 행동 양상을 드러낸다.

② [B]는 음성 상징어를 활용하여 행동의 격렬함을 강조한다.

③ [A]는 장면에 대한 관찰을 중심으로 서술하고, [B]에는 인물의 내면에 대한 직접적 서술이 나타난다.

④ [A]는 시제가 과거형에서 현재형으로 바뀌면서 장면에 긴장감을 더하고, [B]는 현재형 진술을 활용하여 인물 간 갈등을 더욱 생생하게 전달한다.

⑤ [A]는 시간적 배경을 통해 장면의 분위기를 드러내고, [B]는 공간적 배경의 변화를 통해 인물 간 대립의 원인을 드러낸다.

## 178 ㉠~㉤에 대한 이해로 가장 적절한 것은?

① ㉠: 삼수는 자신의 말대로 하면 ‘조가’도 제거할 수 있고 윤보의 계획도 숨길 수 있음을 알리고 있다.

② ㉡: 삼수는 자신이 윤보의 계획을 이미 알고 있어 이를 동네에 알리겠다며 윤보를 협박하고 있다.

③ ㉢: 홍 씨는 자신을 습격했던 무리를 ‘화적 놈’이라 부르며 서희가 그들과 공모했다고 몰아가고 있다.

④ ㉣: 서희는 홍 씨에게 홍 씨의 뻔뻔함과 영악함이 도를 넘었음을 경고하고 있다.

⑤ ㉤: 조준구는 지난밤 자신을 습격했던 삼수의 행동에 분노하고 있다.

## 179 〈보기〉를 바탕으로 윗글을 감상한 내용으로 적절하지 <u>않은</u> 것은? [3점]

> ────────[보기]────────
>
> 「토지」는 개화기부터 해방 무렵까지 우리 민족의 수난과 저항의 역사를 다루고 있다. 근대 이전까지 비교적 안정적이었던 신분 질서와 사회적 관계는 이 시기를 거치며 큰 변화를 겪는데, 「토지」에서는 몰락한 양반층, 친일 세력, 저항 세력, 기회주의자 등 다양한 인물들이 때로 협력하고 때로 대립하면서 복잡한 관계망을 형성한다.

① 최 참판가 습격을 준비하던 윤보가 삼수의 제안을 듣지 않은 것으로 하겠다는 내용으로 보아, 윤보는 삼수와의 협력 관계를 거부한 것이군.

② 타작마당에 모인 장정들이 횃불을 들고 윤보와 함께 움직이는 것으로 보아, 이들은 조준구로 대표되는 친일 세력과 대립하고 있군.

③ 봉순이가 달려들어 서희 몸을 잡아당기는 것으로 보아, 이전까지 비교적 안정적이었던 신분 질서가 흔들리며 봉순이와 서희의 협력 관계가 약화되고 있군.

④ 홍 씨의 모욕에 죽을 생각을 했던 서희가 홍 씨의 눈을 똑바로 주시한 것으로 보아, 홍 씨와 서희는 대립 관계를 이어 가겠군.

⑤ 윤보에게 조준구를 치라고 했던 삼수가 조준구의 목숨을 구해 줬다는 것으로 보아, 조준구와 삼수의 관계는 상황에 따라 변하는군.

심청이 왈,

"나는 이 동네 사람이러니, 우리 부친 앞을 못 봐 '공양미 삼백 석을 지성으로 불공하면 눈을 떠 보리라.' 하되 가난하여 장만할 길이 전혀 없어 내 몸을 팔려 하니 어떠하뇨?"

뱃사람들이 이 말을 듣고,

"효성이 지극하나 가련하다."

하며 허락하고, 즉시 쌀 삼백 석을 몽운사로 보내고,

"금년 삼월 십오 일에 배가 떠난다."

하고 가거늘 심청이 부친께,

"공양미 삼백 석을 이미 보냈으니 이제는 근심치 마옵소서."

심봉사 깜짝 놀라,

"너 그 말이 웬 말이냐?"

심청같이 타고난 효녀가 어찌 부친을 속이랴마는 어찌할 수 없는 형편이라 잠깐 ㉠거짓말로 속여 대답하길,

"장승상댁 노부인이 일전에 저를 수양딸로 삼으려 하셨으나 차마 허락지 아니하였는데, 지금 공양미 삼백 석을 주선할 길이 전혀 없어 이 사연을 노부인께 여쭌즉 쌀 삼백 석을 내어 주시기에 수양딸로 가기로 했나이다."

하니 심봉사 물색 모르고 이 말 반겨 듣고,

"그렇다면 고맙구나. 그 부인은 일국 재상의 부인이라 아마도 다르리라. 복이 많겠구나. 저러하기에 그 자제 삼 형제가 벼슬길에 나아갔으리라. 그러하나 양반의 자식으로 몸을 팔았단 말이 이상하다마는 장승상댁 수양딸로 팔린 거야 관계하랴. 언제 가느냐?"

"다음 달 보름에 데려간다 하더이다."

"어, 그 일 매우 잘 되었다."

심청이 그날부터 곰곰이 생각하니, **눈 어두운 백발 부친 영영 이별**하고 죽을 일과 사람이 세상에 나서 십오 세에 죽을 일이 정신이 아득하고 일에도 뜻이 없어 식음을 전폐하고 근심으로 지내더니 **다시금 생각**하되,

'엎질러진 물이요, 쏘아 놓은 화살이다.'

날이 점점 가까워 오니,

'**이러다간 안 되겠다. 내가 살았을 제** 부친 의복 빨래나 하리라.'

하고 춘추 의복 상침 겹것, 하절 의복 한삼 고이 박아 지어 들여 놓고, 동절 의복 솜을 넣어 보에 싸서 농에 넣고, 청목으로 갓끈 접어 갓에 달아 벽에 걸고, 망건 꾸며 당

줄 달아 걸어 두고, 행선 날을 세어 보니 하룻밤이 남은지라. 밤은 깊어 삼경인데 은하수 기울어졌다. 촛불을 대하여 두 무릎 마주 꿇고 머리를 숙이고 한숨을 길게 쉬니, 아무리 효녀라도 마음이 온전할쏘냐.

'아버지 버선이나 마지막으로 지으리라.'

하고 바늘에 실을 꿰어 드니 가슴이 답답하고 두 눈이 침침, 정신이 아득하여 하염없는 울음이 간장으로조차 솟아나니, 부친이 깰까 하여 크게 울지 못하고 흐느끼며 얼굴도 대어 보고 손발도 만져 본다.

(중략)

황후 반기시사 가까이 입시하라 하시니 상궁이 명을 받아 심봉사의 손을 끌어 별전으로 들어갈 새 심봉사 아무란 줄 모르고 겁을 내어 걸음을 못 이기어 별전에 들어가 계단 아래 섰으니 심 맹인의 얼굴은 몰라볼레라 백발은 소소하고 황후는 삼 년 용궁에서 지냈으니 부친의 얼굴이 가물가물하여 물으시길,

"처자 있으신가?"

심봉사 땅에 엎드려 눈물을 흘리면서,

[A]

"아무 연분에 상처하옵고 초칠일이 못 지나서 어미 잃은 딸 하나 있삽더니 눈 어두운 중에 어린 자식을 품에 품고 동냥젖을 얻어먹여 근근 길러 내어 점점 자라나니 효행이 출천하여 옛사람을 앞서더니 요망한 중이 와서 '공양미 삼백 석을 시주하오면 눈을 떠서 보리라.' 하니 신의 여식이 듣고 **'어찌 아비 눈 뜨리란 말을 듣고 그저 있으리오.'** 하고 달리 마련할 길이 전혀 없어 신도 모르게 남경 선인들에게 삼백 석에 몸을 팔아서 인당수에 제물이 되었으니 그때 십오 세라, 눈도 뜨지 못하고 **자식만 잃었사오니** 자식 팔아먹은 놈이 세상에 살아 쓸데없으니 죽여 주옵소서."

황후 들으시고 슬피 눈물 흘리시며 그 말씀을 자세히 들으심에 정녕 부친인 줄은 아시되 부자간 천륜에 어찌 그 말씀이 그치기를 기다리랴마는 자연 말을 만들자 하니 그런 것이었다. 그 말씀을 마치자 황후 버선발로 뛰어 내려와서 부친을 안고,

"아버지, 제가 그 심청이어요."

심봉사 깜짝 놀라,

"이게 웬 말이냐?"

하더니 어찌나 반갑던지 **뜻밖에 두 눈에 딱지 떨어지는** 소리가 나면서 두 눈이 활짝 밝았으니, 그 자리 맹인들이

심봉사 눈 뜨는 소리에 일시에 눈들이 '희번덕, 짝짝' 까치 새끼 밥 먹이는 소리 같더니, 뭇 소경이 천지 세상 보게 되니 맹인에게는 천지개벽이라.

-작자 미상, 「심청전」-

**180** ㉠에 대한 이해로 적절하지 <u>않은</u> 것은?

① '심청'과 '뱃사람'의 대화 속에서, ㉠으로 감추려고 한 사건을 확인할 수 있다.

② '심청'이 ㉠을 결심할 때 드러나는 생각에서, '심청'이 불가피하게 ㉠을 선택했음을 알 수 있다.

③ ㉠을 전후하여 진행된 '심청'과 '심봉사'의 대화에서, ㉠에 등장하는 인물이 '심봉사'에게 낯설지 않은 존재임을 알 수 있다.

④ '심봉사'가 ㉠을 듣고 보인 반응에서, ㉠이 '심봉사'에게 의심 없이 받아들여졌음을 확인할 수 있다.

⑤ '심봉사'가 ㉠을 듣고 한 말에서, ㉠이 '심청'과 '심봉사' 사이의 갈등을 해소하는 단초가 됨을 알 수 있다.

**181** [A]에 대한 설명으로 가장 적절한 것은?

① '황후'가 있는 별전에 '심봉사'가 들어가는 과정을 묘사함으로써 두 사람이 동일한 감정을 느끼고 있음을 보여 주고 있다.

② '심봉사'에게 가족에 관한 질문을 함으로써 '황후'가 '심봉사'의 정체를 확인할 수 있는 계기가 마련되고 있다.

③ '심봉사'가 부인과 일찍 사별하게 된 이유를 눈물을 흘리며 언급함으로써 '심봉사'의 기구한 삶이 드러나고 있다.

④ '심봉사'가 딸에게 그녀의 의지와는 무관한 선택을 강요함으로써 결국 영원히 이별하게 된 과정을 풀어내고 있다.

⑤ '심봉사'가 자신의 아버지임을 알아차린 '황후'가 '심봉사'의 발언이 끝나기 전에 자신이 딸임을 밝힘으로써 상봉의 기쁨을 강조하고 있다.

**182** 〈보기〉를 참고하여 윗글을 감상한 내용으로 적절하지 <u>않은</u> 것은? [3점]

> ─────────[보기]─────────
>
> 「심청전」은 효의 실현 과정에서 다양한 양상의 모순적 상황이 발생한다. 심청이 효를 실천하기 위해 자기희생을 선택함으로써 정작 부친 곁에 남아 있지 못하게 되는 것은 심청의 효행으로 인한 모순적 상황이다. 그리고 심청의 자기희생의 목적이었던 부친의 개안(開眼)이 뒤늦게 실현되는 것은 결말의 지연을 위해 설정된 모순적 상황이라 할 수 있다. 이러한 모순적 상황들로 인해 결말은 보다 극적인 양상을 띠게 되고 심청의 효녀로서의 면모가 더욱 강조된다.

① 심청이 '눈 어두운 백발 부친'과의 '영영 이별'을 근심하면서도 이를 '다시금 생각'하는 것으로 보아, 심청은 자신의 효행으로 인한 모순적 상황을 염려하면서도 결국은 이를 수용하려 함을 알 수 있군.

② 심청이 '이러다간 안 되겠다'며 '내가 살았을 제' 할 일을 생각하는 것으로 보아, 심청은 자신의 효행으로 인한 모순적 상황을 걱정하며 이를 대비하고 있음을 알 수 있군.

③ 심청이 '어찌 아비 눈 뜨리란 말을 듣고 그저 있으리오'라고 말했다는 것으로 보아, 심청은 효행 그 자체보다는 효행으로 인한 모순적 상황을 걱정하고 있음을 알 수 있군.

④ 심봉사가 '자식만 잃었사오니'라고 말하는 것으로 보아, 심봉사는 결말의 지연을 위해 설정된 모순적 상황에 직면하여 자책하고 있음을 알 수 있군.

⑤ 심봉사가 심청과의 상봉으로 인해 '뜻밖에 두 눈'을 뜨게 되는 것으로 보아, 모순적 상황으로 인한 결말의 지연이 극적인 효과를 자아내고 있음을 알 수 있군.

**[183~185] 다음 글을 읽고 물음에 답하시오.**　　2020.11 [43~45]

──── (해설 p.339)

(가)

바람이 어디로부터 불어와
어디로 불려 가는 것일까,

㉠바람이 부는데
내 괴로움에는 이유가 없다.

내 괴로움에는 이유가 없을까,

단 한 여자를 사랑한 일도 없다.
시대를 슬퍼한 일도 없다.

㉡바람이 자꾸 부는데
내 발이 반석 위에 섰다.

강물이 자꾸 흐르는데
내 발이 언덕 위에 섰다.

－윤동주, 「바람이 불어」－

(나)

새는 새장 밖으로 나가지 못한다.
매번 머리를 부딪치고 날개를 상하고 나야 보이는,
창살 사이의 간격보다 큰, 몸뚱어리.
하늘과 산이 보이고 ㉢울음 실은 공기가 자유로이 드
나드는
그러나 살랑거리며 날개를 굳게 다리에 매달아 놓는,
그 적당한 간격은 슬프다.
그 창살의 간격보다 넓은 몸은 슬프다.
넓게, 힘차게 뻗을 날개가 있고
㉣날개를 힘껏 떠받쳐 줄 공기가 있지만
새는 다만 네 발 달린 짐승처럼 걷는다.
부지런히 걸어 다리가 굵어지고 튼튼해져서
닭처럼 날개가 귀찮아질 때까지 걷는다.
새장 문을 활짝 열어 놓아도 날지 않고
닭처럼 모이를 향해 달려갈 수 있을 때까지 걷는다.
㉤걸으면서, 가끔, 창살 사이를 채우고 있는 바람을
부리로 쪼아 본다, 아직도 벽이 아니고
공기라는 걸 증명하려는 듯.

유리보다도 더 환하고 선명하게 전망이 보이고
울음 소리 숨내음 자유롭게 움직이도록 고안된 공기,
그 최첨단 신소재의 부드러운 질감을 음미하려는 듯.

－김기택, 「새」－

**183** (가)에 대한 이해로 가장 적절한 것은?

① '불려 가는'이라는 피동 표현을 통해 자신이 처한 현실
　에 순응하려는 화자의 태도를 강조하고 있다.
② '이유가 없을까'라는 물음의 형식으로 화자의 정신적
　고통에 타당한 이유가 없음을 단정하고 있다.
③ '사랑한 일'과 '슬퍼한 일'을 병치하여 화자의 개인적 불
　행이 시대에 대한 무관심의 원인임을 암시하고 있다.
④ '없다'의 반복을 활용하여 자신의 삶과 내면을 응시하
　는 화자의 반성적 자세를 드러내고 있다.
⑤ '흐르는데'와 '섰다'의 대비를 통해 변함없는 자연에서
　깨달음을 얻으려는 화자의 의지를 드러내고 있다.

**184** 다음에 제시된 선생님의 안내에 따라, ㉠~㉤을 탐구한
　　내용으로 적절하지 <u>않은</u> 것은?

> 공기와 바람은 눈에 보이지 않지만 사물의 움직임
> 을 통해 지각되고, 계속 움직이며 대상에 영향을 주는
> 힘으로 인식되기도 합니다. 이런 속성이 시에 어떻게
> 활용되는지 알아봅시다.

① ㉠에서는 움직임이라는 '바람'의 속성을 '괴로움'이라
　는 내면의 흔들림을 지각하는 계기로 활용하고 있다.
② ㉡에서는 끊임없이 움직이는 '바람'의 속성을 활용해
　'내 발'을 '반석 위'로 이끄는 힘을 보여 주고 있다.
③ ㉢에서는 자유롭게 창살 사이를 이동하는 '공기'의 속
　성을 '새'가 처한 상황을 부각하는 데 활용하고 있다.
④ ㉣에서는 '날개'를 '힘껏' 떠받치는 '공기'의 속성을 활
　용해 '새'의 '날개'가 '공기'의 힘을 이용할 수 있음을 암
　시하고 있다.
⑤ ㉤에서는 보이지 않지만 존재하는 '바람'의 속성을 활
　용해 '창살 사이'의 빈 공간을 쪼는 '새'의 동작에 의미
　를 부여하고 있다.

**185** 〈보기〉를 바탕으로 (나)를 감상한 내용으로 적절하지 않은 것은? [3점]



「새」에서 '새장에 갇힌 새'는 일상의 안온함에 길들어 자유를 억압하는 일상을 벗어나지 못하는 현대인의 알레고리이다. '새'의 행동에 대한 묘사는 일상에 충실할수록 잠재된 힘과 본질을 잃어 가는 아이러니와, 일상에 만족하며 자유로운 삶의 가능성을 외면하는 현대인의 모습을 보여 준다.

① 몸이 창살에 부딪치고 나서야 창살의 간격이 보이는 새는, 일상에 갇힌 자신을 의식하는 현대인의 모습을 보여 주는군.

② 바깥 풍경이 보일 정도로 적당한 간격의 창살로 된 새장은, 안온함과 억압성이라는 양가성을 지닌 일상을 보여 주는군.

③ 닭처럼 날개가 귀찮아질 때까지 부지런히 걷는 새는, 성실한 생활이 잠재력의 상실로 이어지는 아이러니를 보여 주는군.

④ 새장 문이 열려도 날지 않고 모이를 향해 달려갈 수 있을 때까지 걷는 새는, 자신의 본질에 충실하다 보니 오히려 자유를 상실하게 되는 상황을 보여 주는군.

⑤ 하늘을 자유롭게 날도록 날개를 밀어 올리는 공기를 음미할 대상으로만 여기는 듯한 새는, 자유로운 삶의 가능성을 외면하고 일상에 안주하려는 현대인의 모습을 보여 주는군.

**(가)**

[A]

　만금 같은 너를 만나 백년해로하잤더니, 금일 이별 어이하리! 너를 두고 어이 가잔 말이냐? 나는 아마도 못 살겠다! 내 마음에는 어르신네 공조참의 승진 말고, 이 고을 풍헌(風憲)만 하신다면 이런 이별 없을 것을, 생눈 나올 일을 당하니, 이를 어이한단 말인고? 귀신이 장난치고 조물주가 시기하니, 누구를 탓하겠냐마는 속절없이 춘향을 어찌할 수 없네! 네 말이 다 못 될 말이니, 아무튼 잘 있거라!

　춘향이 대답하되, 우리 당초에 광한루에서 만날 적에 내가 먼저 도련님더러 살자 하였소? 도련님이 먼저 나에게 하신 말씀은 다 잊어 계시오? 이런 일이 있겠기로 처음부터 마다하지 아니하였소? 우리가 그때 맺은 금석 같은 약속 오늘날 다 허사로세! 이리해서 분명 못 데려가겠소? 진정 못 데려가겠소? 떠보려고 이리하시오? 끝내 아니 데려가시려 하오? 정 아니 데려가실 터이면 날 죽이고 가오!

　그렇지 않으면 광한루에서 날 호리려고 ㉠명문(明文) 써 준 것이 있으니, ㉡소지(所志) 지어 가지고 본관 원님께 이 사연을 하소연하겠소. 원님이 만일 당신의 귀공자 편을 들어 패소시키시면, 그 소지를 덧붙이고 다시 글을 지어 전주 감영에 올라가서 순사또께 소장(訴狀)을 올리겠소. 도련님은 양반이기에 ㉢편지 한 장만 부치면 순사또도 같은 양반이라 또 나를 패소시키거든, 그 글을 덧붙여 한양 안에 들어가서, 형조와 한성부와 비변사까지 올리면 도련님은 사대부라 여기저기 청탁하여 또다시 송사에서 지게 하겠지요. 그러면 그 ㉣판결문을 모두 덧보태어 똘똘 말아 품에 품고 팔만장안 억만가호마다 걸식하며 다니다가, 돈 한 푼씩 빌어 얻어서 동이전에 들어가 바리뚜껑 하나 사고, 지전으로 들어가 장지 한 장 사서 거기에다 언문으로 ㉤상언(上言)을 쓸 때, 마음속에 먹은 뜻을 자세히 적어 이월이나 팔월이나, 동교(東郊)로나 서교(西郊)로나 임금님이 능에 거둥하실 때, 문밖으로 내달아 백성의 무리 속에 섞여 있다가, 용대기(龍大旗)가 지나가고, 협련군(挾輦軍)의 자개창이 들어서며, 붉은 양산이 따라오며, 임금님이 가마나 말 위에 당당히 지나가실 제, 왈칵 뛰어 내달아서 바리뚜껑 손에 들고, 높이 들어 땡땡하고 세 번만 쳐서 억울함을 하소연하는 격쟁(擊錚)을 하오리다! 애고애고 설운지고!

　그것도 안 되거든, 애쓰느라 마르고 초조해하다 죽은 후에 넋이라도 삼수갑산 험한 곳을 날아다니는 제비가

되어 도련님 계신 처마에 집을 지어, 밤이 되면 집으로 들어가는 체하고 도련님 품으로 들어가 볼까! 이별 말이 웬 말이오?

　이별이란 두 글자 만든 사람은 나와 백 년 원수로다! 진시황이 분서(焚書)할 때 이별 두 글자를 잊었던가? 그때 불살랐다면 이별이 있을쏘냐? 박랑사(博浪沙)*에서 쓰고 남은 철퇴를 천하장사 항우에게 주어 힘껏 둘러메어 이별 두 글자를 깨치고 싶네! 옥황전에 솟아올라 억울함을 호소하여, 벼락을 담당하는 상좌가 되어 내려와 이별 두 글자를 깨치고 싶네!

–작자 미상, 「춘향전」–

* 박랑사 : 중국 지명. 장량이 진시황을 암살하려 했던 곳.

**(나)**

[B]

　이별이라네 이별이라네 이 도령 춘향이가 이별이로다
　춘향이가 도련님 앞에 바짝 달려들어 눈물짓고 하는 말이
　도련님 들으시오 나를 두고 못 가리다
　나를 두고 가겠으면 홍로화(紅爐火) 모진 불에
　다 사르겠으면 사르고 가시오
　날 살려 두고는 못 가시리라
　잡을 데 없으시면 ⓐ삼단같이 좋은 머리를
　휘휘칭칭 감아쥐고라도 날 데리고 가시오
　살려 두고는 못 가시리다
　날 두고 가겠으면 용천검(龍泉劍) 드는 칼로다
　요 내 목을 베겠으면 베고 가시오
　날 살려 두고는 못 가시리라
　두어 두고는 못 가시리다
　날 두고 가겠으면 ⓑ영천수(潁川水) 맑은 물에다
　던지겠으면 던지고나 가시오
　날 살려 두고는 못 가시리다
　이리 한참 힐난하다 할 수 없이 도련님이 떠나실 때
　방자 놈 분부하여 나귀 안장 고이 지으니
　도련님이 나귀 등에 올라앉으실 때
　춘향이 기가 막혀 미칠 듯이 날뛰다가
　우르르 달려들어 나귀 꼬리를 부여잡으니
　㉢나귀 네 발로 동동 굴러 춘향 가슴을 찰 때
　안 나던 생각이 절로 나
　그때에 이별 별(別) 자 내인 사람 나와 한백 년 대원수로다
　깨치리로다 깨치리로다 박랑사 중 쓰고 남은 철퇴로

천하장사 항우 주어 이별 두 자를 깨치리로다
할 수 없이 도련님이 떠나실 때
향단이 준비했던 주안을 갖추어 놓고
풋고추 겨리김치 문어 전복을 곁들여 놓고
잡수시오 잡수시오 이별 낭군이 잡수시오
언제는 살자 하고 화촉동방(華燭洞房) 긴긴 밤에
청실홍실로 인연을 맺고 백 년 살자 언약할 때
물을 두고 맹세하고 산을 두고 증삼(曾參)* 되자더니
ⓓ산수 증삼은 간 곳이 없고
이제 와서 이별이란 웬 말이오
잘 가시오
잘 있거라
산첩첩(山疊疊) 수중중(水重重)한데 부디 편안히 잘
가시오
나도 ⓔ명년 양춘가절*이 돌아오면 또다시 상봉할까나
-작자 미상, 「춘향이별가」-

* 증삼 : 공자의 제자. 고지식하여 약속을 반드시 지킴.
* 양춘가절 : 따뜻하고 좋은 봄철.

## 186 (가)에 대한 이해로 적절하지 <u>않은</u> 것은?

① '도련님'은 이별의 상황이 자신의 입장에서는 불가피
한 것임을 드러내고 있다.
② '춘향'은 '도련님'을 처음 만날 때부터 이별의 상황을
우려하였음을 말하고 있다.
③ '춘향'은 '도련님' 곁에 머물고 싶은 마음을 자연물에
의탁하여 드러내고 있다.
④ '춘향'은 고사를 활용하여 자신의 상황이 역사적 사건
과 관련되어 있음을 말하고 있다.
⑤ '춘향'은 천상의 존재에게 억울함을 전하는 상황을 설
정하여 자신의 감정을 드러내고 있다.

## 187 ㉠~㉤에 대한 설명으로 가장 적절한 것은?

① ㉠ : '도련님'의 마음을 확인하고자 '춘향'이 쓴 글이다.
② ㉡ : '도련님'이 자신의 무고함을 밝히는 내용이 담길
것이다.
③ ㉢ : '춘향'과의 친밀감을 강화하려는 '도련님'의 마음
을 전하는 내용이 담길 것이다.
④ ㉣ : '도련님'에게는 약속 파기의 책임을 물을 수 없음
을 밝히는 내용이 담길 것이다.
⑤ ㉤ : '춘향'이 '순사또'의 힘을 빌려 '임금'에게 자신의
입장을 전하는 내용이 담길 것이다.

## 188 ⓐ~ⓔ에 대한 설명으로 가장 적절한 것은?

① ⓐ는 인물이 지닌 자부심을 환기하여 좌절감을 완화
하는 소재이다.
② ⓑ는 초월적 공간에 대한 지향을 드러내어 현재의 고
통과 대비하기 위한 소재이다.
③ ⓒ는 부정적인 상황을 희화화함으로써 당면한 현실을
풍자하는 표현이다.
④ ⓓ는 기대가 어긋나 버린 사정을 부각하여 비애감을
심화하는 표현이다.
⑤ ⓔ는 미래에 대한 전망을 바탕으로 대상과의 재회를
확신하는 표현이다.

 〈보기〉를 바탕으로 (가), (나)를 이해한 내용으로 적절하지 <u>않은</u> 것은?

---[보기]---

　　여러 작품에서 '춘향'은 다양한 면모를 지닌 인물로 형상화되었다. '춘향'은 원치 않는 상황을 받아들이는 수용적 면모를 보이기도, 목표를 이루려 단호하게 행동하는 적극적 면모를 보이기도 한다. 신세를 한탄하며 절규하는 격정적 면모를 드러내는가 하면, 문제를 숙고하여 대응책을 모색하는 치밀한 면모를 표출하기도 한다. 한편 '춘향'은 당대 민중의 시각을 대변하는 면모를 지니기도 한다.

① (가)에서 양반들이 한통속이어서 '도련님'을 두둔할 것이라고 언급하는 모습을 통해, 민중의 입장을 취하는 '춘향'의 면모를 확인할 수 있다.

② (가)에서 구걸하고 다니면서라도 자신의 상황을 알리겠다는 모습을 통해, 뜻한 바를 성취하려는 '춘향'의 적극적 면모를 확인할 수 있다.

③ (나)에서 이별 후 자신이 겪을 고난을 말하며 '도련님'의 마음을 돌리려는 모습을 통해, 문제 해결책을 강구하는 '춘향'의 치밀한 면모를 확인할 수 있다.

④ (나)에서 '도련님'에게 주안을 올리며 어쩔 수 없이 이별을 받아들이는 모습을 통해, 서글픈 현실을 감내하려는 '춘향'의 수용적 면모를 확인할 수 있다.

⑤ (가), (나)에서 '이별'이라는 두 글자를 철퇴로 깨뜨리고자 하는 모습을 통해, 북받친 감정을 토로하면서 탄식하는 '춘향'의 격정적 면모를 확인할 수 있다.

---

 〈보기〉를 바탕으로 [A], [B]를 감상한 내용으로 적절하지 <u>않은</u> 것은? [3점]

---[보기]---

　　조선 후기에 책을 대여하고 값을 받는 세책업자는 「춘향전」을 (가)와 같은 세책본 소설로, 유흥적 노래를 지은 잡가의 담당층은 「춘향전」의 대목을 (나)와 같은 잡가로 제작했다. 세책업자는 과장되고 재치 있는 표현을 활용하여 흥미를 높이거나 특정 부분의 분량을 늘려 이윤을 얻으려 했다. 잡가의 담당층은 노래의 내용을 단시간에 전달하기 위해 상황을 집약해 설명하고 인물의 감정을 드러내는 가사를 반복해 청중의 공감을 끌어냈다. 연속되지 않은 장면들을 엮어 노래를 구성할 때에는 작품 속 화자의 역할이 바뀌기도 하였다.

① [A]에서 '생눈 나올 일'이라는 과장된 표현을 쓴 것은 작품의 흥미를 높이려는 취지와 관련되겠군.

② [A]에서 '도련님'에게 거듭하여 묻는 형식을 사용한 것은 분량을 늘리려는 의도와 관련되겠군.

③ [B]에서 첫 행에 작품의 상황을 제시한 것은 청중을 작품의 내용에 빠르게 끌어 들이려는 전략과 관련되겠군.

④ [B]에서 '못 가시리다'라는 구절을 반복하여 인물의 감정을 강조한 것은 청중의 공감을 유발하려는 목적과 관련되겠군.

⑤ [B]에서 화자가 해설자에서 인물로 역할을 바꾸는 것은 연속되지 않은 장면들이 엮여 작품이 구성되었음을 알게 해 주는 단서이겠군.

—— (해설 p.353) ——

　도시의 발전은 옛 성벽을 깨트리고, 아직도 초평(草坪)이 남아 있는 이 성 밖으로 뀌여 나오기 시작한 것이었다. 그리하여 아직도 자리 잡지 않은 이 거리의 누렇던 길이 매연과 발걸음에 나날이 짙어서 ⓐ꺼멓게 멍들기 시작한 이 거리를 지나면 얼마 안 가서 옛 성문이 있었다. 그 성문을 통하여 이 신작로의 수직선으로 뚫린 시가가 바라보이는 것이었다. 그 성문 밖을 지나치면 신흥 상공 도시라는 이 도시의 공장 지대에 들어서게 된다. 병일이가 봉직하고 있는 공장도 그곳에 있었다. 병일이는 이 길을 2년간이나 걸었다. 아침에는 집에서 공장으로, 저녁에는 공장에서 집으로 가는 가장 가까운 길이므로 이 길을 걷는 것이었다.

　병일이는 취직한 지 2년이 되도록 신원 보증인을 얻지 못하였다. 매일 저녁마다 병일이가 장부의 시재(時在)를 막아 놓으면, 주인은 금고의 현금을 헤였다. 병일이가 장부에 적어 놓은 숫자와 주인이 헤인 현금이 맞맞아떨어진 후에야 그날 하루의 일이 끝나는 것이었다. 주인이 금고 문을 잠근 후에 병일이는 모자를 집어 들고 사무실 문밖에 나선다. 한 걸음 앞서 나섰던 주인은 곧 사무실 문을 잠가 버리는 것이었다. 사무실 마루를 쓸고, 훔치고, 손님에게 차와 점심 그릇을 나르고, 수십 장의 편지를 쓰고, 장부를 정리하는 등 ⓑ소사와 급사와 서사의 일을 한 몸으로 치르고 난 뒤에 하숙으로 돌아가는 병일의 다리와 머리는 물병과 같이 무거웠다.

　주인에게 작별 인사를 하고 공장 문밖을 나서면 하루의 고역에서 벗어났다는 시원한 느낌보다도 작은 별들이 반짝이는 하늘 아래 말할 수 없이 호젓해짐을 금할 수 없었다. 그는 주인 앞에서 참고 있었던 담배를 가슴 속 깊이 빨아 들이켜며, ㉠2년 내로 구하여도 얻지 못하는 신원 보증인을 다시금 궁리하여 보는 것이었다. 현금에 손을 대지 못하고, 금고에 들어 있는 서류에 참견을 못 하는 것이 책임 문제로 보아서 무한히 간편한 것이지만 ㉡취직한 첫날부터 지금까지 하루도 변함없이 자기를 감시하는 주인의 꾸준한 태도에 병일이도 꾸준히 불쾌한 감을 느껴온 것이었다. 주인의 이러한 감시에 처음 얼마 동안은 신원 보증이 없어서 그같이 못 미더운 자기를 그래도 써 주는 주인의 호의를 한없이 감사하고 미안하게 여겼다. 그다음 얼마 동안은 병일이가 스스로 믿고 사는 자기의 담박한 성정을 그리도 못 미더워하는 주인의 태도에 원망과 반감을 가지게 되었다.

(중략)

　근자에 병일이는 사무실에서 장부 정리를 할 때에도 혹시 후원에서 성낸 소와 같이 거닐고 있던 니체가 푸른 이끼 돋친 바위를 붙안고 이마를 부딪치는 것을 상상하고 작은 신음 소리가 나오려는 것을 깨닫고는 몸서리를 치기도 하였다. 그럴 때마다 곁에서 담배를 피우며 신문을 뒤적이고 있는 주인을 바라볼 때 ㉢신문 외에는 활자와 인연이 없이 살아갈 수 있는 그들의 생활이 부럽도록 경쾌한 것 같았다. 사실 ㉣월급에서 하숙비를 제하고 몇 푼 안 남는 돈으로 탐내어 사들인 책들이 요즈음에는 무거운 짐같이 겨웠다. 활자로 박힌 말의 퇴적이 발호하여서 풍겨 오는 문학의 자극에 자기의 신경은 확실히 피곤하여졌다고 병일은 생각하였다.

　피곤한 병일이는 사무실에서 돌아올 때마다 이 지루한 ⓒ장마는 언제까지나 계속할 셈인가고 중얼거렸다. 지금부터는 마음대로 할 수 있는 '나의 시간'이라고 생각하며 돌아가는 길에 언제나 발을 멈추고 바라보는 성문을 요즈음에는 우산 속에 숨어서 그저 지나치는 때가 많았다. 혹시 생각나서 돌아볼 때에는 수없는 빗발에 씻기며 서 있는 ⓓ누각을 박쥐조차 나들지 않았다. 전날 큰 구렁이가 기왓장을 떨어쳤다는 말이 병일에게는 육친의 시체를 보는 듯한 침울한 인상을 주는 것이었다. 모기 소리와 빈대 냄새와 반들거리다가 새침히 뛰어오르는 벼룩이가 기다릴 뿐인 바람 한 점 없는 하숙방에서 활자로 시꺼멓게 메워진 책과 마주 앉을 용기가 없어진 병일이는 어떤 유혹에 끌리듯이 사진관으로 찾아가게 되었다.

　사진사도 병일이를 환영하였다. 그리고 거기는 술과 한담이 있었다. 아직껏 취흥을 향락해 본 경험이 없던 병일이는 자기도 적지 않게 마시고 제법 사진사와 같이 한담을 주고받을 수 있다는 것이 만족하게 생각되기도 하였다. 사진사가 수다스럽게 주워섬기는 이야기를 듣고 있는 동안에 병일이는 ㉤문득 자기를 기다릴 듯한 어젯밤 펴놓은 대로 있을 책을 생각하고 시계를 쳐다보기도 하였으나 문밖에 빗소리를 듣고는 누구에 대한 것인지도 모른 송구한 마음을 가라앉히는 것이었다. 그럴 때마다 그는 이야기에 신이 나서 잊고 있는 사진사의 잔을 집어서 거푸 마셨다.

　밤 12시가 거진 되어서 하숙으로 돌아가는 병일이는 비를 맞는 것이 오히려 마음이 편하였다. '이것이 무슨 짓이냐!' 하는 반성은 갈라진 검은 구름 밖으로 보이는 별 밑에 한층 더하므로 '이 생활은 일시적이다. 장마의

탓이다.' 하는 생각을 오는 비에 핑계하기가 편하였던 것
이다. 책상 앞에 돌아온 병일이는 '내 마음대로 할 수 있
는 시간'이 모두 없어진 것을 새삼스럽게 느끼고 있는
자기를 발견하는 것이었다. 이른 아침 시간을 위하여 자
야 할 병일이는 벌써 깊이 잠들었을 사진사의 ⓔ<u>코 고
는 소리</u>가 들리는 듯하여 잠이 오지 않았다.

-최명익, 「비 오는 길」-

## 191 윗글에 대한 설명으로 가장 적절한 것은?

① 풍자적 어조를 통해 세태를 우회적으로 비판하고 있다.
② 상황에 대한 인물의 주관적인 판단을 중심으로 이야
　기를 서술하고 있다.
③ 인물의 과장된 말과 행동을 통해서 비극적인 분위기
　에 반전을 꾀하고 있다.
④ 자연에 대한 감각적인 묘사를 중심으로 환상적인 분
　위기를 그려내고 있다.
⑤ 빈번하게 장면을 전환하여 인물들 사이에 조성된 긴
　장감을 해소하고 있다.

## 192 ⓐ~ⓔ에 대한 이해로 적절하지 <u>않은</u> 것은?

① ⓐ는 변화하고 있는 주변 환경을 말하고 있다.
② ⓑ는 '병일'이 '사무실'에서 하는 반복적인 일이다.
③ ⓒ는 피곤한 '병일'에게 지루함을 더하는 요인 중 하나
　이다.
④ ⓓ는 노동에서 벗어난 '병일'이 '나의 시간'을 보내는
　곳이다.
⑤ ⓔ는 '병일'의 휴식을 방해하는 상상의 소리이다.

## 193 〈보기〉를 참고하여 ㉠~㉤을 감상한 내용으로 적절하지 <u>않은</u> 것은? [3점]

[보기]

　소망이나 욕구가 충족되지 못해서 갈등을 겪는
개인은 심리적으로 불안한 상태에 빠진다. 특히 사
회적으로 불안정한 처지에 놓여 있는 개인은 긴장
과 갈등 상황에 과민하게 반응하며 현실에 적응하
는 데에 어려움을 겪는다. 이 과정에서 불쾌감, 고
독, 우울, 불면 같은 심리적 불안 증세가 표출된다.
이 같은 증세를 보이는 개인은 불안을 야기하는 요
소를 차단하기 위해 자기만의 세계에 몰두하려고
한다. 그렇다고 자기만의 세계에 만족하는 것은 아
니며 타인의 삶에 대한 관심과 실망을 오가는 이중
적 감정을 드러낸다.

① ㉠은 사회적으로 불안정한 처지에 놓여 있는 '병일'의
　상태를 보여 주는군.
② ㉡은 자신이 의심을 받는다고 생각하는 '병일'의 심리
　적 불안이 드러난 예이군.
③ ㉢에서는 자신의 세계에 만족하지 못하는 '병일'이 타
　인의 세속적 삶에 관심을 갖고 있음을 알 수 있군.
④ ㉣에서는 자신이 몰두하던 세계에서 '병일'이 더 이상
　만족을 찾지 못하고 있음을 알 수 있군.
⑤ ㉤에서는 '병일'이 타인의 삶에 대한 관심과 실망을 오
　가고 있음을 알 수 있군.

## 194 하숙방과 사진관에 대한 이해로 가장 적절한 것은?

① 하숙방은 '병일'이 자신을 대면하는 고독한 곳이고, 사
　진관은 삶에 지친 '병일'이 일시적으로 도피하는 곳
　이다.
② 하숙방은 '병일'이 '니체'에 관한 상상을 하였던 곳이
　고, 사진관은 '사진사'에 대한 '병일'의 동정이 드러나
　는 곳이다.
③ 하숙방은 '병일'이 자신의 사회적 관계를 회복하려고
　노력하는 곳이고, 사진관은 '병일'에게 위안을 주는 곳
　이다.
④ 하숙방은 '주인'의 감시가 계속되는 곳이고, 사진관은
　'병일'이 이전에 해 보지 못한 경험을 하는 곳이다.
⑤ 하숙방은 '병일'이 '고역'을 지속하는 곳이고, 사진관은
　'병일'이 자신의 과거를 긍정하는 곳이다.

**[195~198] 다음 글을 읽고 물음에 답하시오.**　2018.09 [23~26]

— (해설 p.360) —

최 노인 : (화단 쪽을 가리키며) 저기 심어 놓은 화초며 고추 모가 도무지 자라질 않는단 말이야! 아까도 들여다보니까 고추 모에서 꽃이 핀 지는 벌써 오래전인데 열매가 열리지 않잖아! 이상하다 하고 생각을 해 봤더니 저 멋없는 것이 좌우로 탁 들어 막아서 햇볕을 가렸으니 어디 자라날 재간이 있어야지! 이러다간 땅에서 풀도 안 나는 세상이 될 게다! ㉠말세야 말세!

이때 경재 제복을 차려 입고 책을 들고 나와서 신을 신다가 아버지의 이야기를 듣고는 깔깔대고 웃는다.

경재 : 원 아버지두……

최 노인 : 이눔아 뭐가 우스워?

경재 : 지금 세상에 남의 집 고추 밭을 넘어다보며 집을 짓는 사람이 어디 있어요?

최 노인 : ⓐ옛날엔 그렇지 않았어!

경재 : 옛날 일이 오늘에 와서 무슨 소용이 있어요? 오늘은 오늘이지. ㉡(웅변 연사의 흉을 내며) 역사는 강처럼 쉴 새 없이 흐르고 인생은 뜬구름처럼 변화무쌍하다는 이 엄연한 사실을, 이 역사적인 사실을 똑바로 볼 줄 아는 사람만이 자신의 운명을 개척할 수 있다는 사실을 최소한도로 아셔야 할 것입니다! 에헴!

(중략)

경수 : 여보 영감님! 여긴 종로 한복판입니다. 게다가 가게와 살림집이 붙었는데 그래 겨우 이백오십만 환이라구요? ⓑ그런 당치도 않은 거짓말은 공동묘지에서나 하시오.

복덕방 : 뭐 뭐요? 공동묘지에서라고? 예끼 버릇없는 놈 같으니라구!

경수 : 아니 이 영감님이……

복덕방 : 그래 이눔아 너는 애비도 에미도 없는 놈이기에 나이 먹은 늙은이더러 공동묘지에 가라구? 이 천하에.

최 노인 : 여보 김 첨지. 젊은 애들이 말버릇이 나빠서 그런 걸 가지고 탓할 게 뭐요?

복덕방 : 그래 내가 집 거간이나 놓고 다니니까 뭐 사고 무친한 외도토린 줄 아느냐? 이눔아! 나도 장성 같은 아들에다 딸이 육 남매여!

경수 : 아니 제가 뭐라고 했길래……

어머니 : 넌 잠자코 있어! 용서하시우. 요즘 젊은 놈들이란 아무 생각 없이 말을 하니까요…… 게다가 술을 마셨다우.

복덕방 : 음 이놈이 한낮부터 술 처먹고 어른에게 행패구나! 이눔아! 내가 그렇게 만만하니?

최 노인 : 김 첨지! 글쎄 진정하시라니까…… 내가 대신 이렇게 사죄하겠소 원!

복덕방 : 그러고 이백오십만 환이 터무니없는 값이라고? 이눔아 누군 돈이 바람 맞은 대추알이라던? 응? 그것도 잘 생각해서야! 음! 이런 분한 일이 있나!

최 노인 : 글쎄 참으시고 이리 앉으세요.

복덕방 : 난 그만 가 보겠소이다. 이런 일도 기분 문제니까요! 다른 사람 골라서 공동묘지로 보내구려! 에잇.

최 노인 : 아 ㉢김 첨지! 김 선생! (하며 뒤를 쫓아 나간다.)

경수 : 제길 무슨 놈의 영감이 저래?

어머니 : 네가 잘못이지 뭐니……

경수 : 집을 팔지 말라고 했는데……

이때 최 노인 쌔근거리면서 등장하자 이 말을 듣고는 성을 더 낸다.

최 노인 : 이눔아! ⓒ누가 이 집을 판다고 했어? 응?

경수 : 아니 그럼 이 집을 파시는 게 아니면 뭣 하러 복덕방은……

최 노인 : 저런 쓸개 빠진 녀석 봤나! 아니 내가 뭣 때문에 이 집을 팔아? 응? 옳아 네놈 취직 자본을 대기 위해서? 응?

어머니 : 아니 그럼 이백오십만 환이란 무슨 얘깁니까?

최 노인 : 네 따위 놈을 위해서 하나 남은 집마저 팔아야만 속이 시원하겠니? 전세로 육 개월만 내놓겠다는 거야!

경수 : 예? 전세라구요?

　㉣(어머니와 경운은 서로 얼굴을 바라본다.)

최 노인 : 왜 아주 안 파는 게 양에 안 차지? 이눔아! 이 애비가 집도 절도 없는 거지가 되어서 죽는 꼴이 그렇게도 보고프냐?

경수 : (당황하며) 아버지 아니에요! 저는……

최 노인 : 아니면 껍질이냐?

어머니 : ⓓ여보 그럼 집을 전세로 줘서 뭣 하시게요?

최 노인 : 글쎄 아까 어떤 친구 얘기가 요즘 그 실내에서 하는 그 뭐드라 '샤풀이뽈'이라든가……

경운 : '샤뿔뽀오드*' 말씀이에요?

최 노인 : 그래 '샤뿔뽀오드' 말이다! 그건 차리는 데 돈도 안 들고 수입이 괜찮다고 하면서 4가에 적당한 집이 있다기에 그걸 해 볼까 하고 이 집을 보였지. 그래 애

기가 거이 익어 가는 판인데 글쎄 다 되어 간 음식에
코 빠치기로 저 녀석이……

어머니 : 아니 그럼 전세로 이백오십만 환이란 말인가요?

최 노인 : 그렇지! 저 가게만 해도 백만 환은 받을 수 있어!

어머니 : 그런 걸 가지고 나는 괜히……

최 노인 : 뭐가 괜히야?

경운 : ⓔ아버지께서 이 집을 팔으실 줄만 알았어요.

최 노인 : 흥! 너희들은 모두 한속이 되어서 어쩌든지 내
일을 안 되게 하고 이 집을 날려 버릴 궁리들만 하고
있구나! 이 천하에 못된 것들! (하며 불쑥 일어선다.)

어머니 : 그럴 리가 있겠어요! 다만……

최 노인 : 듣기 싫어! (화초밭으로 나오며) 이 집안에서
는 되는 거라곤 하나도 없어! 흔한 햇볕도 안 드는 집
이 뭐이 된단 말이야! 뭣이 돼! (하며 화초밭을 함부로
작신작신 짓밟고 뽑아 헤친다.)

어머니 : ⓜ(맨발로 뛰어내리며) 여보! 이게 무슨 짓이오!
그렇게 정성을 들여서 가꾼 것들을…… 원…… 당신도……

최 노인 : 내가 정성을 안 들인 게 뭐가 있어…… 나는 모든
일에 정성을 들였지만 안 되지 않아! 하나도 씨도 말야!

-차범석, 「불모지」-

* 샤뿔뽀오드(shuffleboard) : 오락의 한 종류.

## 195 윗글에 대한 이해로 가장 적절한 것은?

① 언어유희를 통해 인물 간의 긴장을 고조시키고 있다.
② 장면의 전환을 통해 각 인물의 내면이 부각되고 있다.
③ 인물들의 복장을 통해 인물들의 심리를 드러내고 있다.
④ 인물의 등퇴장을 통해 인물의 성격 변화를 드러내고
있다.
⑤ 실제 지명의 노출을 통해 극중 상황에 사실감을 부여
하고 있다.

## 196 ㉠~㉤에 대한 설명으로 적절하지 <u>않은</u> 것은?

① ㉠ : 주변 환경의 변화에 대한 '최 노인'의 부정적 인식
이 드러나 있다.
② ㉡ : '경재'의 말에 주목하게 하는 효과를 드러내고 있다.
③ ㉢ : 호칭을 달리하면서 상대방의 마음을 돌리기 위한
'최 노인'의 노력이 드러나 있다.
④ ㉣ : 두 인물이 '경수'와는 다른 생각을 가지고 있음을
동시에 확인하고 있다.
⑤ ㉤ : '어머니'의 다급한 심리를 행동을 통해 제시하고
있다.

## 197 〈보기〉와 ⓐ~ⓔ를 관련지어 윗글을 감상한 내용으로 적절하지 <u>않은</u> 것은? [3점]

―――――――――[보기]―――――――――

'발견'이란 인물이 극의 전개 과정에서 사건의 숨
겨진 측면을 알아차리는 계기를 드러내는 기법이
다. '발견'의 대상은 중요한 의미를 지닌 물건이 될
수도 있고 몰랐던 사실이나 새로운 가치, 인물의 다
른 면 등이 될 수도 있다. 이러한 '발견'을 통해 사건
은 새로운 국면으로 바뀌기도 하고 인물들의 갈등
양상이 변모되기도 한다.

① '경재'는 ⓐ를 통해 '최 노인'이 예전과 달라진 현실을
부정적으로 인식한다는 것을 발견함으로써, '최 노인'
에게 변화를 수용하는 태도가 필요함을 드러내는군.
② '복덕방'은 ⓑ를 통해 '경수'가 자신을 무시한다는 것
을 발견함으로써, '최 노인'과의 흥정을 중지하게 되
는군.
③ '경수'는 ⓒ를 통해 '최 노인'이 집을 팔 의도가 없다는
것을 발견함으로써, '최 노인'에 대한 오해가 풀리게
되는군.
④ '최 노인'은 ⓓ를 통해 자신의 계획을 '어머니'가 못마
땅해 한다는 것을 발견함으로써, 자신의 계획을 변경
하게 되는군.
⑤ '최 노인'은 ⓔ를 통해 집 문제에 대한 자신의 의도를
'경운'이 잘 모르고 있었다는 것을 발견함으로써, 가족
들에 대한 불만을 드러내는군.

## 198 화초밭에 대한 이해로 가장 적절한 것은?

① 경제적 안정에 대한 가족들의 희망이 드러나는 장소
이다.
② 중심인물이 집을 지키기 위해 자신의 꿈을 포기하는
장소이다.
③ 두 인물의 상반된 행동을 통해 인물 간의 갈등이 해소
되는 장소이다.
④ 중심인물이 현재의 고통이 자신에게서 비롯되었음을
자책하는 장소이다.
⑤ 자신의 노력이 결실을 맺지 못하여 허망해하는 중심
인물의 감정이 드러나는 장소이다.

—— (해설 p.367) ——

**(가)**

낙엽은 폴 – 란드 망명정부의 지폐
포화(砲火)에 이즈러진
도룬 시(市)의 가을 하늘을 생각케 한다
길은 한 줄기 구겨진 넥타이처럼 풀어져
일광(日光)의 폭포 속으로 사라지고
조그만 담배 연기를 내어 뿜으며
새로 두 시의 급행차가 들을 달린다
포플라 나무의 근골(筋骨) 사이로
공장의 지붕은 흰 이빨을 드러내인 채
한 가닥 구부러진 철책이 바람에 나부끼고
그 위에 세로팡지(紙)로 만든 구름이 하나
자욱 – 한 풀벌레 소리 발길로 차며
호올로 황량한 생각 버릴 곳 없어
허공에 띄우는 돌팔매 하나
기울어진 풍경의 장막 저쪽에
고독한 반원을 긋고 잠기어 간다

　　　　　　　　　　　　-김광균, 「추일서정」-


**(나)**

담쟁이덩굴이 가벼운 공기에 **업혀** 허공에서
허공으로 이동하고 있다

새가 푸른 하늘에 **눌려** 납작하게 날고 있다

들찔레가 길 밖에서 하얀 꽃을 **버리며**
빈자리를 만들고

사방이 몸을 비워놓은 마른 길에
하늘이 내려와 누런 돌멩이 위에 **앉힌다**

길 한켠 모래가 바위를 **들어올려**
자기 몸 위에 놓아두고 있다

　　　　　　　　　　　　-오규원, 「하늘과 돌멩이」-


**199** (가)에 대한 설명으로 가장 적절한 것은?

① 수미상관의 기법을 활용하여 구조적 안정감을 얻고 있다.
② 유사한 문장 형태를 변주하여 시간의 흐름을 드러내고 있다.
③ 의도적으로 변형한 시어를 통해 현실 극복 의지를 드러내고 있다.
④ 추측을 나타내는 표현을 통해 대상에 대한 회의감을 드러내고 있다.
⑤ 자연물을 인공물에 빗대어 풍경에 대한 화자의 인상을 드러내고 있다.

**200** 다음은 (나)에 대한 〈학습 활동〉 과제이다. 이를 수행한 결과로 적절하지 <u>않은</u> 것은? [3점]

〈학습 활동〉

「하늘과 돌멩이」는 사물에 대한 우리의 고정관념을 버리고 새로운 시각으로 사물들을 바라보려고 시도한다. 각 연의 서술어에 주목하여, 이 시에 나타난 새로운 관점을 사물에 대한 고정관념과 비교하여 탐구해 보자.

| | 사물 | 사물에 대한 고정관념 | 서술어 | 새로운 관점 |
|---|---|---|---|---|
| 1연 | 담쟁이 덩굴 | 담쟁이덩굴은 벽에 붙어 자란다. | 업혀 | ㉠ |
| 2연 | 새 | 새는 자유롭게 하늘을 난다. | 눌려 | ㉡ |
| 3연 | 들찔레 | 들찔레의 꽃이 떨어진다. | 버리며 | ㉢ |
| 4연 | 하늘 | 하늘은 땅에서 멀리 떨어져 있다. | 얹힌다 | ㉣ |
| 5연 | 모래 | 모래가 바위 밑에 깔려 있다. | 들어 올려 | ㉤ |

① ㉠: '업혀'에 주목하면, 담쟁이덩굴은 벽에 붙어 자라는 것이 아니라 공기를 누르며 수직 상승하는 강인한 존재로 볼 수 있다.

② ㉡: '눌려'에 주목하면, 새가 아무 제약 없이 하늘을 나는 것이 아니라 하늘의 무게를 견디며 나는 것으로 볼 수 있다.

③ ㉢: '버리며'에 주목하면, 꽃이 저절로 떨어지는 것이 아니라 들찔레가 스스로 꽃을 떨어뜨리는 것으로 볼 수 있다.

④ ㉣: '얹힌다'에 주목하면, 하늘은 땅과 멀리 떨어져 있지 않고 길에 가깝게 내려와 돌멩이 위에 닿는 존재로 볼 수 있다.

⑤ ㉤: '들어올려'에 주목하면, 모래는 바위 밑에 깔려 있지 않고 자신의 힘으로 거대한 바위를 지탱할 수 있는 존재로 볼 수 있다.

**201** 이미지의 활용을 중심으로 (가)와 (나)를 감상한 내용으로 적절하지 <u>않은</u> 것은?

① (가)는 '낙엽'을 '망명정부의 지폐'에 연결하여 낙엽의 이미지에서 연상되는 무상감을 드러내고 있군.

② (가)는 '돌팔매'가 땅으로 떨어지는 이미지를 '고독한 반원'으로 표현하여 외로움의 정서를 부각하고 있군.

③ (나)는 '빈자리'를 '들찔레'가 의도적으로 만들어 낸 대상인 것처럼 표현하여 비어 있는 공간의 이미지를 떠올릴 수 있도록 의미를 부여하고 있군.

④ (가)는 '길'을 '구겨진 넥타이'의 이미지와 연결하여 도시에서 느껴지는 소외감을 표현하고, (나)는 '길 밖'과 '길 한켠'처럼 중심에서 벗어난 공간의 이미지를 활용하여 대상들 간의 거리감을 드러내고 있군.

⑤ (가)는 '허공'을 '황량한 생각'이 드러나는 공허한 이미지로 활용하고, (나)는 '담쟁이덩굴'의 움직임을 활용하여 '허공'을 감각적으로 경험할 수 있는 대상으로 묘사하고 있군.

—— (해설 p.373) ——

금강대 맨 우층의 선학(仙鶴)이 삿기 치니
춘풍 옥적성(玉笛聲)의 첫잠을 깨돗던디
호의현상*이 반공(半空)의 소소 뜨니
서호 녯 주인*을 반겨셔 넘노는 듯
소향로 대향로 눈 아래 구버보고
정양사 진헐대 고텨 올나 안즌마리
여산 진면목이 여긔야 다 뵈는구나
어와 조화옹이 헌사토 헌사할샤
날거든 뛰디 마나 섯거든 솟디 마나
부용(芙蓉)을 고잣는 듯 백옥(白玉)을 믓것는 듯   [A]
동명(東溟)*을 박차는 듯 북극(北極)을 괴왓는 듯
놉흘시고 망고대 외로올샤 혈망봉이
하늘의 추미러 므스 일을 사로려
천만겁(千萬劫) 디나도록 구필 줄 모르느냐
어와 너여이고 너 가트니 또 잇는가
개심대 고텨 올나 중향성 바라보며
만이천봉을 녁녁(歷歷)히 혀여 하니
봉마다 맷쳐 잇고 굿마다 서린 긔운
맑거든 조티 마나 조커든 맑디 마나
뎌 긔운 흐터 내야 인걸을 만들고쟈
형용도 그지업고 톄세(體勢)도 하도 할샤
천지 삼기실 제 자연이 되연마는
이제 와 보게 되니 유정(有情)도 유정할샤

(중략)

그 알픠 너러바회 화룡소 되어셰라
천년 노룡(老龍)이 구비구비 서려 이셔
주야의 흘녀 내여 창해(滄海)예 니어시니
풍운을 언제 어더 삼일우(三日雨)를 디련느냐
음애예 이온 플*을 다 살와 내여스라
마하연 묘길상 안문재 너머 디여
외나모 써근 다리 불정대 올라 하니
천심(千尋) 절벽을 반공애 셰여 두고
은하수 한 구비를 촌촌이 버혀 내여
실가티 플텨 이셔 베가티 거러시니
도경(圖經) 열두 구비 내 보매는 여러히라
이적선 이제 이셔 고텨 의논하게 되면
여산*이 여긔도곤 낫단 말 못 하려니

－정철, 「관동별곡」－

* 호의현상 : 흰 저고리에 검은 치마란 뜻으로 학을 가리킴.
* 서호 녯 주인 : 송나라 때 서호에서 학을 자식으로 여기며 살았던 은사(隱士) 임포.
* 동명 : 동해 바다.
* 음애예 이온 플 : 그늘진 벼랑에 시든 풀.
* 여산 : 당나라 시인 이백(이적선)의 시구에 나오는 중국의 명산.

**202** 윗글에 대한 설명으로 가장 적절한 것은?

① '금강대'에서 '진헐대'로 이동하면서 자연에 대한 화자의 이중적 태도를 보여 주고 있다.

② '진헐대'와 '불정대'에서는 이미지의 대립을 통해 화자의 내적 갈등이 고조되고 있다.

③ '개심대'에서는 선경후정의 방식으로 화자가 바라본 풍경과 그에 대한 감흥이 서술되고 있다.

④ '화룡소'에서는 화자의 시선이 원경에서 근경으로 이동하며 대상의 특징을 묘사하고 있다.

⑤ '화룡소'에서 '불정대'까지의 이동 경로를 드러내지 않아 시상이 빠르게 전개되고 있다.

**203** [A]를 이해한 내용으로 적절하지 <u>않은</u> 것은?

① 봉우리를 '부용'을 꽂고 '백옥'을 묶은 듯한 시각적 형상으로 묘사하여 대상의 아름다움을 표현하였다.

② 봉우리를 '백옥', '동명'과 같은 무생물에 빗대어 대상에서 느낄 수 있는 자연의 영속성을 표현하였다.

③ 봉우리를 '동명'을 박차고 '북극'을 받치는 듯한 모습에 빗대어 대상의 웅장한 느낌을 표현하였다.

④ '날거든 뛰디 마나 섯거든 솟디 마나'와 같이 행위를 부각하는 대구를 통해 봉우리의 역동적인 느낌을 표현하였다.

⑤ '고잣는 듯', '박차는 듯'과 같이 상태나 동작을 보여 주는 유사한 통사 구조의 나열을 통해 봉우리의 다채로운 면모를 표현하였다.

**204** 〈보기〉를 바탕으로 윗글을 감상한 내용으로 적절하지 <u>않은</u> 것은? [3점]

---[보기]---

　조선의 사대부들은 자연에 하늘의 이치[天理]가 구현된 것으로 보았으며, 그들 중 대부분은 자연의 미를 관념적으로 형상화하였다. 한편 「관동별곡」의 작가는 자연의 미를 현실에서 발견하여 사실감 있게 묘사함으로써 그들과의 차별성을 드러내었다. 또한 그는 자연을 바라보며 사회적 책무를 떠올리고 자연에 투사된 이상적 인간상을 모색하기도 하였다.

① '혈망봉'을 '천만겁'이 지나도록 굽히지 않는 존재로 본 것은, 작가가 지향하는 이상적 인간상을 자연에 투사한 것이군.

② '개심대'에서 '뎌 긔운 흐터 내야 인걸을 만들'겠다는 의지를 드러낸 것은, 작가가 자연을 바라보며 자신의 사회적 책무를 인식하고 있음을 보여 주는군.

③ '중향성'을 바라보며 천지가 '자연이 되'었다고 본 것은, 자연의 미가 하늘의 이치가 구현된 인간 사회의 영향을 받는다고 생각하는 작가의 인식을 보여 주는군.

④ '불정대'에서 본 폭포의 아름다움을 '실'이나 '베'와 같은 구체적 사물을 활용하여 표현한 것은, 자연을 사실감 있게 나타내려는 작가의 태도를 반영한 것이군.

⑤ '불정대'에서 본 풍경을 중국의 '여산'과 비교하며 우리 자연의 아름다움을 강조한 것은, 관념이 아닌 현실에서 아름다움을 발견하는 작가의 차별성을 보여 주는군.

**[205~207] 다음 글을 읽고 물음에 답하시오.**  2018.11 [20~22]

— (해설 p.378) —

(가)

설달에도 보름께 달 밝은 밤
㉠앞내강 쨍쨍 얼어 조이던 밤에
내가 부른 노래는 강 건너 갔소

㉡강 건너 하늘 끝에 사막도 닿은 곳
내 노래는 제비같이 날아서 갔소

못 잊을 계집애 집조차 없다기에
가기는 갔지만 어린 날개 지치면
㉢그만 어느 모래불에 떨어져 타서 죽겠죠.

사막은 끝없이 푸른 하늘이 덮여
㉣눈물 먹은 별들이 조상* 오는 밤

㉤밤은 옛일을 무지개보다 곱게 짜내나니
한 가락 여기 두고 또 한 가락 어디멘가
내가 부른 노래는 그 밤에 강 건너 갔소.

-이육사, 「강 건너간 노래」-

* 조상 : 남의 죽음에 대하여 슬퍼하는 뜻을 드러내어 위문함.

(나)

한 줄의 시(詩)는커녕
단 한 권의 소설도 읽은 바 없이
그는 한평생을 행복하게 살며
많은 돈을 벌었고
높은 자리에 올라
이처럼 훌륭한 비석을 남겼다
그리고 어느 유명한 문인이
그를 기리는 묘비명을 여기에 썼다
비록 이 세상이 잿더미가 된다 해도
불의 뜨거움 꿋꿋이 견디며
이 묘비는 살아 남아
귀중한 사료(史料)가 될 것이니
역사는 도대체 무엇을 기록하며
시인(詩人)은 어디에 무덤을 남길 것이냐

-김광규, 「묘비명(墓碑銘)」-

(다)

[A]
시는 인간의 삶을 반영한다. 시에서 반영은 현실과 인생을 모방한다는 의미에서 외부 현실을 시 속에 담아내는 것으로, 역사와 현실의 상황을 시를 통해 어떻게 재현할 것인가에 초점을 둔다. 여기서 반영은 '있는 그대로의 현실'로서의 반영과 '있어야 하는 현실'로서의 반영으로 구분할 수 있다. 전자는 역사와 현실의 모습을 사실 그대로 보여 주는 일상적 진실을 반영하는 것을 말하고, 후자는 일상적 현실을 넘어 화자가 지향하는 당위적 진실을 반영하는 것을 말한다.

한편 '시에 대한 시 쓰기'라는 형식을 통해 시 그 자체를 반영하는 특수한 경우도 있다. 이때 반영의 대상은 외부 현실이 아니라 시 쓰기 상황이나 시를 쓰는 시인이 된다. 이 경우 시는 그 자체로 시론 혹은 시인론의 성격을 지닌다. 이러한 성격의 작품에서 시는 노래나 기타 여러 갈래의 글로 표상되기도 한다.

이처럼 시인들은 시 속에 형상화된 세계를 통해 인간이 지향해야 할 바람직한 삶의 방향을 모색한다. 이를 통해 시는 무엇을 말해야 하고, 시인은 어떤 존재로 살아가야 하는가에 대한 자기 성찰의 태도를 드러내는 것이다.

**205** (가)와 (나)의 공통점으로 가장 적절한 것은?

① 청자를 명시적으로 설정하여 풍자적으로 비판하고 있다.
② 유사한 시구를 반복함으로써 화자의 의지를 강조하고 있다.
③ 시적 대상에 생명력을 부여하여 의지를 지닌 존재로 나타내고 있다.
④ 다양한 이미지를 통해 자연의 모습을 감각적으로 드러내고 있다.
⑤ 반어적 어조를 활용하여 현실에 대한 비판적 태도를 드러내고 있다.

**206** [A]의 관점에서 ㉠~㉤을 이해한 내용으로 적절하지 <u>않은</u> 것은?

① ㉠: 극한의 추위를 드러내는 시간적 배경을 제시하여, 화자나 인물이 처한 상황을 드러내고 있다.

② ㉡: 현실의 모습을 사막으로 표상하여, 화자나 인물이 직면하게 될 공간적 배경을 드러내고 있다.

③ ㉢: 죽음의 상황을 가정하여, 화자에게 닥친 일상적 현실이 절망적인 상황임을 노래에 투영하여 드러내고 있다.

④ ㉣: 자연물에 대한 화자의 태도 변화를 통해, 일상적 현실이 희망적으로 바뀌었음을 보여 주고 있다.

⑤ ㉤: 밤과 무지개의 이미지를 대응시켜, 화자가 추구하는 당위적 진실에 대한 소망을 담아내고 있다.


**207** (다)를 참고하여, (가)의 노래와 (나)의 묘비명을 이해한 것으로 적절하지 <u>않은</u> 것은? [3점]

① '노래'가 시를 표상한다면, 이 '노래'는 (가)를 쓴 시인 자신이 추구하는 바람직한 삶의 방향을 반영하고 있다고 할 수 있겠군.

② '노래'가 시를 표상한다면, 이 '노래'는 시가 '집조차 없'는 처지에 있는 이의 삶에 다가서야 한다는, (가)를 쓴 시인의 관점을 드러내고 있겠군.

③ '묘비명'이 시를 표상한다면, 이 '묘비명'은 (나)를 쓴 시인 자신이 추구하는 삶과는 거리가 있는 사람의 인생을 반영하고 있겠군.

④ '묘비명'이 시를 표상한다면, 이 '묘비명'은 (나)를 쓴 시인이 시 쓰기를 통해 '무엇을 기록'해야 하는지에 대해 자기 성찰을 하게 되는 계기라 할 수 있겠군.

⑤ '묘비명'이 시를 표상한다면, 이 '묘비명'은 한 줄의 시조차 읽지 않아도 '행복하게 살' 수 있다는, (나)를 쓴 시인의 관점을 드러내는 소재라 할 수 있겠군.

　**한 평도 채 안 되는 구멍가게**는 중풍으로 쓰러져 정상적 건강 상태가 아니었던 아버지의 유일한 수입원이자 **생존 이유**였다. 때문에 ㉠그 구멍가게에 대한 아버지의 몰두와 자존심은 각별했다.

　한번은 내가 아버지가 가게를 잠깐 비운 사이에 곁에 허연 인공 설탕 가루를 묻힌 '미키대장군'이라는 **캐러멜**을 하나 아무 생각 없이 널름 집어먹은 적이 있었다. 하나에 이 원, 다섯 개에 십 원이었다. 잠시 뒤에 돌아온 아버지는 단박에 그 사실을 알아채고는 불같이 화를 내며 내 목덜미에 당수를 한 대 세게 내려 꽂는 것이었다. 그 캐러멜 갑 안에 미키대장군이 몇 개 들어 있는지조차 훤히 꿰차고 있는 아버지였다.

　— 이런 민한 종간나래! 얌생이처럼 기러케 쏠라닥질을 허자면 이 가게 안에 뭐이가 하나 제대로 남아나겠니, 웅?

　그러고 나서는 좀 머쓱했는지 입이 한 발쯤 튀어나와 뾰로통해서 서 있는 내게 미키대장군 네 개를 집어 내미는 거였다. 어차피 짝이 맞아야 파니까니, 하면서 억지로 내 손아귀에 쥐어 주었다. ㉡나는 그 무허가 불량 식품인 캐러멜 네 개가 끈끈하게 녹아내릴 때까지 먹지 않고 쥔 채 서 있었다.

　— 닐큼 털어 넣지 못하겠니, 으잉?

　목덜미에 아버지의 가벼운 당수를 한 대 더 얹은 다음에야 한입에 털어 넣고 돌아서 나왔다. 아버지도 가게 일을 수월하게 보려면 잔심부름꾼인 나를 무시하고는 아쉬울 때가 많을 터였다. 워낙 짧은 밑천으로 가게를 꾸려 가자니 아버지는 물건 구색을 맞추느라 하루에도 많을 때는 세 번까지 시장통 도매상으로 정부미 포대를 거머쥐고 종종걸음을 쳐야 했고, 막내인 나는 번번이 아버지의 뒤로 팔을 늘어뜨린 채 졸졸 따를 수밖에 없었다.

　그땐 그게 죽도록 싫었다. 하마 **시장통**에서 야구 글러브를 끼거나 조립용 신형 무기 장난감 상자를 든 **반 친구**를 만나거나, 심지어 과외나 주산 학원을 가는 여자아이들을 만나는 날에는 정말 그 자리에서 혀를 빼물고 죽고 싶은 생각뿐이었다.

(중략)

　어느 날이었다. 아버지와 나는 앞서거니 뒤서거니 하면서 그 정부미 자루를 날라 왔다. 그런데 집에 도착해 한숨을 돌린 뒤 자루를 풀고 물건을 정리해 보니 스무 병이 와야 할 소주가 두 병이 모자란 채 열여덟 병만 온

것이었다.

　㉢아버지의 얼굴은 맞보기가 민망할 정도로 금세 하얗게 질렸다. 왜냐하면 그 덜 온 두 병을 빼고 나면 나머지 것들을 몽땅 팔아 봤자 결국 본전치기일 뿐이었기 때문이다. 아버지는 내 등을 떼밀어 물건을 받아 온 수도 상회의 혹부리 영감한테 내려 보냈다. 아버지는 말주변도 말주변이었지만 **중풍 후유증** 때문에 약간의 **언어 장애**가 있어 일부러 나를 보냈던 것이다.

　— 뭐 하러 왔네?

　가게 안에 북적거리는 손님들에게 셈을 치러 주느라 몇 번이고 주판알을 고르는 데 바쁜 혹부리 영감의 눈길을 잡아 두는 데 성공한 나는 더듬더듬 자초지종을 말했다. 그러나 귓등에 연필을 꽂은 채 심술이 덕지덕지 모여 이뤄진 듯한 왼쪽 이마빡의 눈깔 사탕만 한 혹을 어루만지며 듣던 ㉣혹부리 영감은 풍기 때문에 왼쪽으로 힐끗 돌아간 두터운 입술을 떠들쳐 굵은 침방울을 내 얼굴에 마구 튀겼다. 애초 자기 눈앞에서 까 보이지 않은 것은 인정할 수 없다며 막무가내였다. 나중엔 아버지까지 함께 내려가서 하소연을 해 봤지만 돌아온 대답은 정 그렇게 우기면 거래를 끊겠다는 협박성 경고뿐이었다. 거래가 끊긴다면 아버지한테는 큰 타격이 아닐 수 없었다.

　혹부리 영감은 아버지한테 무슨 큰 특혜를 내려 주듯이 거래를 터 준다고 허락을 놓았었다. 같은 함경도 동향이기 때문이라는 말을 덧붙이면서. 하긴 혹부리 영감한테는 매번 소주 열 병 안짝에다 새우깡 열 봉지, 껌 대여섯 개, 빵 예닐곱 개 등 일반 소매 가격 구매자보다 더 많은 물건을 떼어 가지도 않으면서 부득부득 도맷값으로 해 달라고 통사정을 해 쌓는 아버지 같은 사람 하나쯤 **거래를 끊어도** 장부상 거의 표가 나지 않을 것이었다.

　결국 아버지는 자신의 과오를 인정하지 않을 수 없었다. ㉤당신의 자그마한 구멍가게로 돌아와 나머지 열여덟 병의 소주를 넋 나간 사람처럼 쓰다듬던 아버지는 기어코 아들인 내 앞에서 눈물을 보이고 말았다. 아! 아버지…….

–김소진, 「자전거 도둑」–

**208** 윗글에 대한 이해로 가장 적절한 것은?

① 혹부리 영감의 위협적인 경고 때문에, 아버지는 혹부리 영감의 주장을 따를 수밖에 없었다.
② 아버지는 소주 두 병을 덜 받아 왔기 때문에 곤란했지만, '나'에게 당황한 내색을 하지 않았다.
③ 아버지는 '나'의 잘못을 묵인했지만, 혹부리 영감과의 잘못된 거래는 바로잡으려 노력했다.
④ 혹부리 영감은 가게 일로 바빴지만, '나'의 자초지종을 듣고 마지못해 '나'의 염려를 덜어 주었다.
⑤ 아버지는 '나'의 도움이 필요했기에, 친구들의 시선을 의식하여 우울해 하는 '나'를 기분 좋게 하려 노력했다.

**209** 윗글을 감상한 내용으로 적절하지 <u>않은</u> 것은?

① '한 평도 채 안 되는 구멍가게'를 각별한 애정으로 운영하던 아버지에 대한 기억은, '나'에게 아버지의 '생존 이유'를 짐작하게 했겠어.
② '캐러멜'을 먹었다고 화를 냈다가 남은 '캐러멜'을 '나'의 손에 쥐어 준 아버지에 대한 기억은, '나'에게 아버지가 속마음을 드러내는 데 서툰 사람이라고 생각하게 했겠어.
③ '팔을 늘어뜨린 채' 아버지를 따르던 '나'가 '시장통'에서 '반 친구'를 만났던 경험은, '나'에게 궁핍으로 인한 내면의 상처로 남은 기억이겠어.
④ '중풍 후유증' 때문에 '언어 장애'가 있는 아버지 대신 혹부리 영감을 상대하게 된 경험은, '나'에게 어린 나이에 이해타산적인 어른들의 세계를 느끼게 한 기억이겠어.
⑤ '거래를 끊어도' 표가 나지 않을 사람이었던 아버지와 거래를 끊지 않은 혹부리 영감에 대한 기억은, '나'에게 형편이 어려운 사람들 간의 유대감을 느끼게 했겠어.

**210** 〈보기〉를 참고할 때, ㉠~㉢에 대한 반응으로 적절하지 <u>않은</u> 것은? [3점]

---
[보기]

이 소설의 서술자인 성인 '나'는 주로 세 가지 서술 방식을 활용한다. 첫째는 서술자가 등장인물의 내면 심리나 사건을 설명하는 것이다. 이 경우 독자는 서술자의 해석을 통해 사건을 이해하게 된다. 둘째는 서술자가 인물의 외양이나 행위만을 묘사하는 것이다. 이 경우 독자는 그 묘사가 갖는 의미를 스스로 해석해야 한다. 셋째는 서술자가 유년 '나'로 시선을 제한하여 유년 '나'의 눈에 보이는 다른 인물의 외양이나 행위를 묘사하는 것이다. 이 경우 독자는 사건의 현장을 직접 보는 듯한 느낌을 가질 수 있으며, 둘째 방식에서처럼 그 묘사에 대해 해석해야 한다. 셋째 방식에 유년 '나'의 심리가 함께 서술되면 독자는 인물의 심리에 쉽게 공감하게 된다.

---

① ㉠: 서술자가 아버지의 내면을 설명하여 독자는 서술자의 해석을 통해 상황을 이해하겠군.
② ㉡: 서술자가 유년 '나'의 행위를 묘사하여 독자는 그 행위가 갖는 의미를 스스로 해석하겠군.
③ ㉢: 유년 '나'로 시선을 제한하여 아버지의 내면이 직접적으로 서술되지 않았다고 생각한 독자라면 아버지의 내면을 스스로 해석하겠군.
④ ㉣: 유년 '나'로 시선을 제한하여 혹부리 영감의 모습과 행동을 묘사했다고 생각한 독자라면 장면을 직접 보는 듯한 느낌을 받겠군.
⑤ ㉤: 유년 '나'로 시선을 제한하여 아버지의 행위와 표정을 묘사하면서 유년 '나'의 심리를 함께 제시하여 독자는 그 심리에 공감하겠군.

**(가)**

서경(西京)이 아즐가 서경(西京)이 셔울히마르는
위 두어렁셩 두어렁셩 다링디리
닷곤디 아즐가 닷곤디 쇼셩경 고외마른
위 두어렁셩 두어렁셩 다링디리
여히므론 아즐가 여히므논 **질삼뵈** 부리시고
위 두어렁셩 두어렁셩 다링디리
괴시란디 아즐가 괴시란디 **우러곰 좃니노이다**
위 두어렁셩 두어렁셩 다링디리

〈제1연〉

구스리 아즐가 구스리 바회예 디신돌
위 두어렁셩 두어렁셩 다링디리
긴히똔 아즐가 긴힛똔 그츠리잇가 나는
위 두어렁셩 두어렁셩 다링디리
즈믄 히를 아즐가 즈믄 히를 외오곰 녀신돌
위 두어렁셩 두어렁셩 다링디리
신(信)잇돈 아즐가 신(信)잇돈 **그츠리잇가** 나는
위 두어렁셩 두어렁셩 다링디리

[A]

〈제2연〉

–작자 미상, 「서경별곡」–

**(나)**

이 몸이 녹아져도 옥황상제 처분이요
이 몸이 식여져도 옥황상제 처분이라
녹아지고 식여지어 혼백(魂魄)조차 흣어지고
공산(空山) 촉루(髑髏)*같이 임자 업시 구닐다가
곤륜산(崑崙山) 제일봉의 만장송(萬丈松)이 되어 이셔
바람비 뿌린 소리 님의 귀에 들리기나
윤회(輪廻) 만겁(萬劫)ᄒ여 금강산(金剛山) 학(鶴)이 되어
일만 이천봉에 무음껏 솟아올라
ᄀᆞ을 둘 불근 밤에 두어 소리 **슬피 우러**
님의 귀에 들리기도 옥황상제 처분이로다
혼(恨)이 뿌리 되고 눈물로 가지 삼아
님의 집 창밧긔 외나모 매화(梅花) 되어
설중(雪中)에 혼자 피어 침변(枕邊)*에 시드는 듯
월중(月中) 소영(疎影)*이 님의 옷에 **빗취어든**
어엿븐 이 얼굴을 너로다 **반기실가**
동풍이 유정(有情)ᄒ여 암향(暗香)을 불어 올려
고결(高潔)ᄒᆞᆫ 이내 생애 죽림(竹林)에나 부치고져

빈 낙대 빗기 들고 빈 비를 혼자 띄워
백구(白溝) 건네 저어 **건덕궁(乾德宮)**에 가고지고

–조위, 「만분가」–

* 공산 촉루 : 텅 빈 산의 해골.
* 침변 : 베갯머리.
* 월중 소영 : 달빛에 언뜻언뜻 비치는 그림자.

**211** (가)와 (나)에 대한 설명으로 가장 적절한 것은?

① (가)의 '셔울'과 (나)의 '건덕궁'은 모두 화자가 현재 머무르고 있는 공간이다.
② (가)의 '질삼뵈'와 (나)의 '빈 낙대'는 모두 화자가 현재 회피하고 싶은 대상이다.
③ (가)의 '우러곰'과 (나)의 '슬피 우러'는 모두 임의 심정을 드러내고 있다.
④ (가)의 '좃니노이다'와 (나)의 '빗취어든'은 모두 임의 곁에 있고 싶은 화자의 소망을 드러내고 있다.
⑤ (가)의 '그츠리잇가'와 (나)의 '반기실가'는 모두 미래 상황에 대한 의혹을 드러내고 있다.

**212** (나)에 대한 감상으로 적절하지 **않은** 것은?

① '임자 업시 구닐'던 '이 몸'이 '학'이 되어 솟아오르게 함으로써 상승의 이미지를 구현하고 있다.
② '만장송'과 '매화'라는 소재를 활용하여 임을 향한 화자의 마음을 표상하고 있다.
③ '바람비 뿌린 소리'와 '두어 소리'의 청각적 이미지를 활용하여 임에게 알리고 싶은 화자의 심정을 나타내고 있다.
④ '매화'의 '뿌리'와 '가지'를 활용하여 '혼'의 정서를 형상화하고 있다.
⑤ 'ᄀᆞ을 둘 불근 밤'과 '월중'이라는 시간적 배경을 통해 임과 재회한 순간을 드러내고 있다.

**213** 〈보기〉를 참고할 때, (가)의 [A]와 〈보기〉의 [B]를
비교하여 이해한 내용으로 적절하지 <u>않은</u> 것은? [3점]



　「서경별곡」의 제2연에서 여음구를 제외한 부분
은 당시 유행하던 민요의 모티프를 수용한 것으로,
「정석가」에도 동일한 모티프가 나타난다. 고려 시
대의 문인 이제현도 당시에 유행하던 민요를 다음
과 같이 한시로 옮긴 적이 있다.

| | |
|---|---|
| 비록 구슬이 바위에 떨어져도 | 縱然巖石落珠璣 |
| 끈은 진실로 끊어질 때 없으리. | 縷縷固應無斷時 |
| 낭군과 천 년을 이별한다고 해도 | 與郎千載相離別 |
| 한 점 붉은 마음이야 어찌 바뀌리오? | 一點丹心何改移 |

[B]

① [A]와 [B]에서 '구슬'은 변할 수 있는 것을, '긴'이나 '끈'
은 변하지 않는 것을 비유하는 소재로 활용하였군.
② [A]에서는 '신'을, [B]에서는 '붉은 마음'을 굳건한 '바
위'로 형상화하였군.
③ [A]와 [B] 모두에서 변하지 않는 마음을 소중한 가치
로 여기는 화자의 태도가 나타나는군.
④ [A]와 [B]를 보니 동일한 모티프가 서로 다른 형식의
작품으로 수용되었군.
⑤ [A]와 [B]를 보니 여음구의 사용 여부에 차이가 있군.

[214~219] 다음 글을 읽고 물음에 답하시오.　　2017.09 [40~45]

—— (해설 p.397) ——

**(가)**

우리나라 전기소설(傳奇小說)은 중국의 전기(傳奇)와 우리의 설화 등 다양한 서사 갈래의 영향을 받아 성립했다. 중국의 전기는 기이한 사건을 다채로운 문체로 엮은 서사 양식이다. 이는 당나라 문인들이 자신의 글 솜씨가 담긴 작품집을 출세의 수단으로 삼았던 관습에서 유래했다. 기이한 사건은 흥미를 끌기 위한 소재로만 쓰여서, 서사 구조가 유기적이지 못했고 결말의 양상도 다양했다. 이에 비하면 우리의 전기소설에서 기이한 사건은 작가의 불우함을 위로하기 위한 창작 동기에 걸맞게 유기적으로 짜였다. 작가의 분신으로서 불우한 처지에 놓인 전기소설의 남주인공은 기이한 사건을 겪으면서 자신의 능력을 인정받고 위로받지만, 결국 비극적 종결을 맞이하는 전형성을 보인다. 이처럼 우리의 전기소설은 중국 전기의 영향을 받아 기이한 사건을 다루면서도, 비극적 종결을 통해 전기와 구별되는 독자성을 보인다.

우리 전기소설의 성립에는 민담과 전설 등 설화도 영향을 끼쳤다. 구전되던 설화를 기록하면서 작가의 역량이 발휘되었고, 이 과정에서 새로운 유형의 인물이 등장하여 전기소설의 갈래적 성격을 드러내었다. 전기소설 주인공의 특질은 다음과 같다. 첫째는 외로움이다. 주인공은 사회적으로 소외된 존재이거나 짝을 얻지 못한 상태에서 실의에 빠져 있는 존재이다. 외로운 주인공은 현실에서의 소외를 부당하다고 느껴 온갖 금기를 넘어선 사랑을 하거나 용궁과 같은 이계(異界)에 가기를 주저하지 않는다. 둘째는 내면성이다. 주인공은 풍부한 감성을 지녀서 외로움을 토로하거나 시를 자주 짓고 시를 통해 자신의 능력을 인정받거나 서로 소외감을 나누고 싶어 한다. 셋째는 소극성이다. 남주인공은 소심하고 나약한 존재로서 자신으로서는 받아들이기 어려운 상황이나 모순된 현실에 대해 적극적으로 저항하지는 않는다. 사랑에 몰두하거나 세상을 등지는 등 세상과 소통하지 않으려는 폐쇄성을 통해 모순된 현실에 대한 비극적 인식을 보여 줄 뿐이다. 이처럼 전기소설의 주인공은 서사 문학사에서 새로운 인물이었다. 이런 주인공을 내세운 작품들은 설화로부터 분기되어 '소설'로 접근하게 되었고 동시에 다른 작품들과 달리 '전기소설'로 구분되었다.

물론 전기소설의 정립은 점진적으로 진행되어서, 「조신」, 「김현감호」, 「최치원」 등은 정도의 차이는 있지만 설화와 전기소설 중 어느 한쪽만으로 갈래적 성격을 규정할 수 없는 작품들로 평가받는다. 이들 작품은 남녀의 기이한 만남과 파국을 그린다는 점에서 전기소설의 성격을 지녔지만, 기이한 사건으로써 환기되는 현실에 대한 이해는 전설의 성격을 띤다. 전설에서 인물은 특정한 시공간에서 현실의 문제에 부딪히지만 이것은 인간의 힘으로는 어찌할 수 없는 경이로운 세계의 일부분으로 다루어진다. 가령 「김현감호」는 벼슬에 대한 김현의 간절함에 부처가 감동하여 범의 희생으로 응답하고, 김현이 이를 기린다는 이야기이다. ㉠개인의 욕망을 포용하는 부처의 전능함을 형상화한 것이다. 전설과 달리 소설에서 인물은 구체적인 사회현실에서 현실의 문제에 부딪히고 갈등함으로써 인간과 세계는 서로 맞서는 관계로 다루어진다. 가령 「이생규장전」은 사랑하는 남녀가 전쟁 때문에 이별했다가 기이한 방식으로 다시 결연하지만 결국 비극적으로 종결되는 이야기이다. 생사를 초월한 사랑을 통해 개인과 세계의 갈등 관계를 형상화한 것이다. 전기소설은 「금오신화」를 통해 소설사에 안착했고, 「금오신화」는 현실의 문제를 드러내는 ㉡다양한 소설적 면모를 보였다. 그리고 이는 후대로 계승되었다. 사대부 남성이 이계를 체험하고 돌아오는 구도는 몽유록 소설로, 이원적 공간 구도는 적강한 영웅의 일생을 다룬 영웅 소설로 계승되었다. 금기에 도전하는 애정 추구의 구도와 능동적인 여인상 그리고 애정 교류의 매개로써의 시의 활용은 애정 소설로 이어졌다. 이렇게 보면 전기소설은 우리나라 최초의 소설 양식인 것이다.

**(나)**

김현이 말하기를, "사람과 사람의 사귐은 인륜의 도리이지만 다른 유와 사귀는 것은 대개 정상이 아닙니다. 이미 조용히 만난 것은 진실로 천행이라고 할 것인데, 어찌 차마 배필의 죽음을 팔아서 일생의 벼슬을 바랄 수 있겠소?"라고 하였다.

처녀가 말하기를, "낭군은 그런 말 마십시오. 지금 제가 일찍 죽는 것은 천명이며, 또한 저의 소원이요, 낭군의 경사요, 우리 일족의 복이요, 나라 사람들의 기쁨입니다. 한 번 죽어 다섯 이로움이 갖춰지니 어떻게 그것을 어길 수 있겠습니까? 다만 저를 위하여 절을 짓고 불경을 강하여 불법(佛法)을 얻도록 도와주시면 낭군의 은혜는 더없이 클 것입니다."라고 하였다.

드디어 서로 울면서 헤어졌다.

다음 날 과연 사나운 범이 성 안으로 들어왔는데, 매우 사나워 감당할 수가 없었다. 원성왕이 이 소식을 듣고 범을 잡은 자에게는 벼슬 2급을 주라고 하였다. 김현이 대궐로 들어가서, "소신이 잡을 수 있습니다."라고 아뢰자, 임금이 우선 벼슬을 주어 그를 격려하였다. 김현이 단도를 지니고 숲 속으로 들어갔다. 범이 처녀로 변하여 반갑게 웃으면서, "간밤에 낭군과 함께 마음속 깊이 정을 맺던 일을 잊지 마십시오. 오늘 내 발톱에 상처를 입은 사람들은 모두 흥륜사의 간장을 바르고 그 절의 나발 소리를 들으면 나을 것입니다."라고 하였다.

이에 처녀가 김현의 칼을 뽑아 스스로 목을 찔러 쓰러지니 곧 범이었다. 김현이 숲 속에서 나와, "지금 범을 쉽게 잡았다."라고 소리쳤다. 그 사정은 누설하지 않았다. 일러 준 대로 상한 사람들을 치료하니 그 상처가 모두 나았다. 지금도 세간에서는 그 방법을 쓰고 있다.

김현은 등용된 뒤 서천(西川)에 절을 세워 호원사(虎願寺)라고 하고 항상 「범망경」을 강설하여 범의 저승길을 인도하고, 범이 제 몸을 죽여서 자기를 성공시켜 준 은혜에 보답하였다.

-작자 미상, 「김현감호」-

(다)

"장차 백년해로의 낙을 누리려 했는데 어찌 횡액(橫厄)을 만나 구렁에 넘어질 줄 알았겠습니까? 이리 같은 놈들에게 정조를 잃지는 않았으나, 육체는 진흙탕에서 찢겼사옵니다. 절개는 중하고 목숨은 가벼워 해골은 들판에 던져졌으나, 혼백을 의탁할 곳이 없었습니다. 가만히 옛일을 생각하면 원통한들 어찌하겠습니까? 당신과 그날 깊은 산골짜기에서 헤어진 뒤 속절없이 짝 잃은 새가 되었던 것입니다. 이제 저의 환신은 이승에 돌아와 남은 인연을 맺어 옛날의 굳은 맹세를 결코 헛되게 하지 않으려 하는데 당신 생각은 어떠십니까?"

이생은 매우 기뻐하고 감사히 여기며, "그것이 원래 나의 소원이오."라고 대답했다. 둘은 말을 주고받았다.

이생은, "모든 가산은 어떻게 되었소?"라고 물었다.

"하나도 잃지 않고 어떤 골짜기에다 묻어 두었습니다."

"그럼 양가 부모님의 유골은 어찌 되었소?"

"하는 수 없이 어떤 곳에 그냥 내버려 두었습니다."

이야기를 마치고 함께 취침하니 기쁜 정은 옛날과 조금도 다를 바 없었다. 이튿날 부부는 가산을 묻어 둔 곳을 찾아갔다. 그곳에는 금은 몇 덩이와 약간의 재물이 있었다. 그들은 양가 부모의 유골을 거두고 금은, 재물을 팔아 각각 오관산 기슭에 합장하고는 나무를 세우고 제

사를 드려 모든 예를 다 마쳤다.

그 후 이생은 벼슬을 구하지 않고 최낭과 함께 살았고, 피란 갔던 노복들도 찾아왔다. 이생은 이제 세상사를 완전히 잊은 채 친척의 길흉사에도 가 보지 않고 집에서 늘 최낭과 함께 시를 지어 주고받으며 즐거이 세월을 보냈다.

어느덧 몇 년이 지난 어느 날 밤에 최낭은, "세 번 가약을 맺었건만, 세상일은 뜻대로 되지 않나 봅니다. 즐거움도 다하기 전에 슬픈 이별이 닥쳐왔습니다."라고 말하고는 오열하였다.

(중략)

"나도 부인과 함께 황천으로 갔으면 하오. 어찌 무료히 홀로 여생을 보내겠소. 지난번에 난리를 겪어 친척들과 노복들이 뿔뿔이 흩어지고, 부모님의 유골이 들판에 버려졌을 때, 부인이 아니었더라면 누가 능히 장사를 지내 주었겠소. 옛사람 말씀에, '부모님이 살아 계실 때에 예의를 다하여 섬기고 돌아가신 뒤에 예의를 다하여 장례 지낸다.' 했는데, 부인이 이를 실천했소. 그것은 부인의 천성이 순효하고 인정이 두터운 때문이니, 감격해 마지않았으며 스스로 부끄러움을 이기지 못하였소. 이승에서 함께 오래 살다가 백 년 후에 같이 세상을 떠날 수는 없겠소?"

[A]

최낭은, "낭군의 수명은 아직 남아 있으나 저는 이미 저승의 명부에 이름이 올라 있어 더 이상 머물 수 없습니다. 만일 제가 인간 세상을 그리워해 미련을 가지면 저승의 법에 위반되고, 죄가 제게만이 아니라 낭군님께도 미칠 것입니다. 다만 제 유골이 아무 곳에 흩어져 있으니 은혜를 베풀어 유골을 거두어 비바람 맞지 않게 해 주십시오." 하였다.

두 사람은 서로 바라보며 눈물을 흘렸다.

"낭군님 부디 안녕히 계십시오." 말을 마치자 점점 사라져서 마침내 자취를 감추었다. 이생은 아내가 말한 대로 그녀의 시신을 거두어 부모의 무덤 곁에 묻어 주었다.

그 후 이생은 최낭을 지극히 생각한 나머지 병이 나서 두어 달 만에 세상을 떠났다.

이 소식을 들은 사람들은 모두 슬퍼하고 탄식하면서 그들의 절개를 사모하지 않는 사람이 없었다.

-김시습, 「이생규장전」-

**214** (가)에서 설명한 중국의 전기와 우리의 전기소설에 대한 이해로 가장 적절한 것은?

① 전기에서 작가는 현실적 사건을 통해 독자들의 관심을 유도했다.
② 전기와 전기소설의 결말은 모두 유기적인 서사 구조 속에서 전형성을 보여 주었다.
③ 전기소설은 작가가 자신의 글 솜씨가 담긴 작품집을 출세의 수단으로 삼기 위해 창작하였다.
④ 전기는 전기소설의 영향을 받아 다채로운 문체를 활용하면서도 서사적 독자성을 지향했다.
⑤ 전기소설의 작가는 불우한 처지에 놓여 있는 자신의 삶을 작품 속 주인공을 통해 위로받고자 했다.

**215** (가)를 바탕으로 (나), (다)의 인물에 대해 설명한 것으로 적절하지 <u>않은</u> 것은? [3점]

① (나)의 김현은 배필의 죽음을 결국 막지 못하는 나약한 모습을 보인다는 점에서 '소극성'을 지닌 인물임을 알 수 있다.
② (나)의 범은 자신의 죽음을 통해 불법을 얻을 수 있도록 도와달라고 김현에게 부탁한다는 점에서 (나)에서 갈등 해결은 종교적 차원에서 모색되고 있음을 알 수 있다.
③ (다)의 이생은 최낭의 환신과 더불어 지낼 뿐 벼슬을 구하려하지 않는다는 점에서 '폐쇄성'을 지닌 인물임을 알 수 있다.
④ (다)의 최낭은 혼백을 의탁할 곳이 없어서 기이한 방식으로 이생과 인연을 이어 가려 한다는 점에서 '외로움'을 지닌 인물임을 알 수 있다.
⑤ (다)의 최낭이 이생의 말을 따르지 않고 자취를 감춘다는 점에서 (다)에서 현실의 문제는 서로 대등하게 맞서는 개인 사이의 갈등에서 비롯되고 있음을 알 수 있다.

**216** (나)와 [A]를 비교한 내용으로 가장 적절한 것은?

① (나)의 남주인공은 여주인공이 스스로 희생을 선택한 것을 안타까워하고, [A]의 남주인공은 여주인공과 영원히 함께하고 싶은 마음을 드러낸다.
② (나)의 여주인공은 자신의 죽음이 서로에게 이로운 일이라며, [A]의 여주인공은 자신의 죽음이 저승의 법을 어긴 대가라며 남주인공을 설득한다.
③ (나)의 여주인공은 남주인공에게 타인과의 관계에서 맺힌 한을 풀어달라는, [A]의 여주인공은 생전에 자신에게 맺힌 한을 풀어달라는 부탁을 한다.
④ (나)의 남주인공은 여주인공의 부탁을 실현함으로써 사회로부터 인정을 받고, [A]의 남주인공은 여주인공의 부탁을 실현함으로써 사회로부터의 소외감을 해소한다.
⑤ (나)의 남주인공은 세속적 삶에 회의를 느끼며 속세를 등지고, [A]의 남주인공은 세속적 삶의 무의미함을 견디지 못하고 세상을 떠난다.

**217** ㉠을 참고하여 (나)를 이해한 것으로 가장 적절한 것은?

① 처녀가 자신의 죽음을 '낭군의 경사'라고 말하는 장면은 김현에 대한 부처의 응답을 암시한다.
② 매우 '사나운 범'이 사람들을 해치는 장면은 김현 개인의 욕망 실현을 가로막는 현실의 경이로움을 보여 준다.
③ 김현이 임금에게 범을 '잡을 수 있'다고 아뢰는 장면은 김현과 범 사이의 긴장감이 해소됨을 보여 준다.
④ 임금이 김현에게 '벼슬을 주어' 격려하는 장면은 부처의 전능함을 실현하려는 임금 개인의 의지를 드러낸다.
⑤ 범이 김현 앞에서 '처녀로 변하여 반갑게 웃'는 장면은 부처가 남녀의 기이한 만남에 감동하는 계기를 드러낸다.

**218** (다)에 나타난 주인공들의 사랑에 대한 감상으로 적절하지 <u>않은</u> 것은?

① 최낭이 '횡액을 만나 구렁에' 넘어졌다고 하는 것에서, 주인공들의 사랑이 외부적 요인에 의해 좌절되었음을 알 수 있군.

② 최낭이 '깊은 산골짜기에서' 이생과 이별한 자신을 '짝 잃은 새'로 표현하는 것에서, 사랑을 잃은 여주인공의 슬픔을 알 수 있군.

③ '굳은 맹세'를 지키자는 최낭의 말에 이생이 '그것이 원래 나의 소원'이라고 대답하는 것에서, 사랑을 지속하고 싶었던 남녀주인공의 마음을 알 수 있군.

④ 최낭이 이생에게 '세 번 가약을 맺었건만, 세상일은 뜻대로 되지 않나 봅니다'라고 하는 것에서, 현세에서 좌절된 사랑을 저승에서 완성하고자 하는 여주인공의 의지를 알 수 있군.

⑤ 최낭이 자신의 '죄'가 이생에게도 미칠 것을 염려하는 것에서, 남주인공의 안위를 우선시하는 여주인공의 사랑에 대한 인식을 알 수 있군.

**219** (다)에서 구현된 ⓛ에 대한 이해로 적절하지 <u>않은</u> 것은?

① 사대부 남성이 이계를 체험하고 돌아오는 구도는 이생이 '가산을 묻어 둔 곳'을 찾아가 금은과 재물을 가져오는 데에서 나타나고 있다.

② 능동적 여인상은 최낭의 '환신'이 이생에게 '남은 인연'을 맺자고 제안하는 데에서 나타나고 있다.

③ 금기에 도전하는 애정 추구는 이생이 최낭의 '환신'과 옛날과 다름없이 '기쁜 정'을 누리는 데에서 나타나고 있다.

④ 이원적 공간 구도는 최낭의 '환신'이 '이승'에 있음에도 '저승의 법'을 따라 '황천'으로 가야 한다는 데에서 나타나고 있다.

⑤ 시가 애정 교류의 매개로 활용되는 것은 이생과 최낭이 '시를 지어 주고받'는 데에서 나타나고 있다.

—— (해설 p.406)

(가)

　그 골목이 그렇게도 짧은 것을 그가 처음으로 느낄 수 있었을 때, 신랑의 몸은 벌써 차 속으로 사라지고, 자기와 차 사이에는 몰려든 군중이 몇 겹으로 길을 가로막았다. 이쁜이 어머니는 당황하였다. 그들의 틈을 비집고,

　'이제 가면, 네가 언제나 또 온단 말이냐?……'

　딸이 이제 영영 돌아오지 못하기나 하는 것같이, 그는 막 자동차에 오르려는 딸에게 달려들어,

　"이쁜아."

　한마디 불렀으나, 다음은 목이 메어, 얼마를 벙하니 딸의 옆 얼굴만 바라보다가, 그러한 어머니의 마음을 알아줄 턱없는 운전수가, 재촉하는 경적을 두어 번 울렸을 때, 그는 또 소스라치게 놀라며, 그 입에서 나오는 대로,

　"모든 걸, 정신 채려, 조심해서, 해라 ……"

　그러나 ⊙자동차의 문은 유난히 소리 내어 닫히고, 다시 또 경적이 두어 번 운 뒤, 달리는 자동차 안에 이쁜이 모양을, 어머니는 이미 찾아볼 수가 없었다. 그는 실신한 사람같이, 얼마를 그곳에 서 있었다. 깨닫지 못하고, 눈물이 뺨을 흐른다. 그 마음속을 알아주면서도, 아낙네들이, 경사에 눈물이 당하냐고, 그렇게 책망하였을 때, 그는 갑자기 조금 웃고, 그리고, 문득, 정신을 바짝 차리지 않으면, 그대로 그곳에서 혼도해 버리고 말 것 같은 극도의 피로와, 또 이제는 이미 도저히 구할 길 없는 마음속의 공허를, 그는 일시에 느꼈다.


　　　　제6절 몰락

　한편에서 이렇게 경사가 있었을 때—(그야, 외딸을 남을 주고 난 그 뒤에, 홀어머니의 외로움과 슬픔은 컸으나 그래도 아직 그것은 한 개의 경사라 할 밖에 없을 것이다)—, 또 ⓒ한편 개천 하나를 건너 신전 집에서는, 바로 이날에 이제까지의 서울에서의 살림을 거두어, 마침내 애달프게도 온 집안이 시골로 내려갔다.

[A]
　독자는, 그 수다스러운 점룡이 어머니가, 이미 한 달도 전에, 어디서 어떻게 들었던 것인지, 쉬이 신전 집이 낙향을 하리라고 가장 은근하게 빨래터에서 하던 말을 기억하고 계실 것이다. 이를테면 그것이 그대로 실현된 것에 지나지 않는다. 그러나 다만 그들의 가는 곳은, 강원도 춘천이라든가 그러한 곳이 아니라, 경기 강화였다.

　이 봄에 대학 의과를 마친 둘째 아들이 아직 취직처가 결정되지 않은 채, 그대로 서울 하숙에 남아 있을 뿐으로

—(그러나, 그도 그로써 얼마 안 되어 충청북도 어느 지방의 '공의'가 되어 서울을 떠나고 말았다)—, 신전 집의 온 가족은, 아직도 장가를 못 간 주인의 처남까지도 바로 어디 나들이라도 가는 것처럼, 별로 남들의 주의를 끄는 일도 없이, 스무 해를 살아온 이 동리에서 사라지고 말았다.

　한번 기울어진 가운은 다시 어쩌는 수 없어, 온 집안사람은, 언제든 당장이라도 서울을 떠날 수 있는 준비 아래, 오직 주인 영감의 명령만을 기다리고 있었던 것이므로, 동리 사람들도 그것을 단지 시일 문제로 알고 있었던 것이나, 그래도 이 신전 집의 몰락은, 역시 그들의 마음을 한때, 어둡게 해 주었다.

　그러나 오직 그뿐이다. 이 **도회에서의 패잔자**는 좀 더 남의 마음에 애달픔을 주는 일 없이 무심한 이의 눈에는, 참말 어디 볼일이라도 보러 가는 사람같이, 그곳에서 얼마 안 되는 작은 광교 차부에서 강화행 자동차를 탔다. 천변에 일어나는 온갖 일에 관찰을 게을리하지 않는 이발소 소년 이, 용하게도 막, 그들의 이미 오래 전에 팔린 집을 나오는 일행을 발견하고 그래 이발소 안의 모든 사람이 그것을 알았을 뿐으로, 그들이 남부끄럽다 해서, 고개나마 변변히 못 들고 빠른 걸음걸이로 천변을 걸어 나가, 그대로 큰길로 사라지는 뒷모양이라도 흘낏 본 이는 몇 명이 못 된다. ⓒ얼마 있다, 원래의 신전은 술집으로 변하고, 또 그들의 살던 집에는 좀 더 있다, 하숙옥 간판이 걸렸다.

　　　　　　　　　　　　　　　　–박태원, 「천변풍경」–


(나)

**#68. 산비탈 길**

　뚜벅뚜벅 걷고 있는 철호.

**#69. 피난민 수용소 안(회상)**

　담요바지 철호의 아내가 주워 모은 널빤지 조각을 이고 들어와 부엌에 내려놓고 흩어진 머리칼을 치키며 숨을 돌리고 있다.

**철호**ⓔ* : 저걸 저토록 고생시킬 줄이야.

　담요바지 아내의 모습 위에 —O·L* —

　여학교 교복을 입고 강당에 서서 노래를 부르고 있는 그 시절의 아내. 또 O·L되며 신부 차림의 아내가 노래를 부르고 있다. 그 옆에 상기되어 앉아 있는 결혼 피로연 석상의 철호. 노래는 '돌아오라 소렌토'.

**#70. 산비탈**

　철호가 멍하니 시가지를 내려다보고 섰다. 황홀에 묻힌 거리.

#71. 자동차 안

해방촌의 **골목길**을 운전수가 땀을 빼며 빠져나와서 뒤를 돌아보고

운전수 : 손님! 이상 더 올라가지 못하겠는데요.

영호 : 그럼 내립시다. **시시한 동네까지 몰구 오느라고** 수고했소.

천 환짜리 한 장을 꺼내 준다.

운전수 : (공손히) 감사합니다.

#72. 철호의 방 안

철호의 아내가 만삭의 배를 안고 누더기를 꿰매고 있다. 옆에서 콜콜 자고 있는 혜옥.

영호 : (들어오며) 혜옥아!

(중략)

#73. 철호의 집 부엌 안

민호가 팔다 남은 신문을 끼고 들어와 신들메를 끌르며

민호 : 에이 날씨도 꼭 겨울 같네.

철호ⓔ : 어쨌든 너도 인젠 정신을 차려야지! 군대에서 나온 지도 이태나 되잖니.

영호ⓔ : 정신 차려야죠. 그렇잖아도 금명간 판결이 날 겁니다.

철호ⓔ : 어디 취직을 해야지.

#74. 철호의 집 방 안

영호 : 취직이요. 형님처럼 전차 값도 안 되는 월급을 받고 남의 살림이나 계산해 주란 말에요? 싫습니다.

철호 : 그럼 뭐 뾰죽한 수가 있는 줄 아니?

영호 : 있지요. 남처럼 용기만 조금 있으면.

철호 : 용기?

영호 : 네. 분명히 용기지요.

철호 : 너 설마 엉뚱한 생각을 하고 있는 건 아니겠지.

영호 : 엉뚱하긴 뭐가 엉뚱해요.

철호 : (버럭 소리를 지르며) 영호야! 그렇게 살자면 이 형도 벌써 잘살 수 있었단 말이다.

영호 : 저도 형님을 존경하지 않는 건 아녜요. 가난하더라도 깨끗이 살자는 형님을 ……. 허지만 형님! 인생이 저 골목에서 십 환짜리를 받고 코 흘리는 어린애들에게 보여 주는 요지경이라면야 가지고 있는 돈값만치 구멍으로 들여다보고 말 수도 있죠. 그렇지만 어디 인생이 자기 주머니 속의 돈 액수만치만 살고 그만둘 수 있는 요지경인가요? 형님의 **어금니**만 해도 푹푹 쑤시고 아픈 걸 견딘다고 절약이 되는 건 아니죠. 그러니 비극이 시작되는 거죠. 지긋지긋하게 살아야 하니까

문제죠. 왜 우리라고 좀 더 넓은 테두리까지 못 나가라는 법이 어디 있어요.

영호는 반쯤 끌러 놨던 넥타이를 풀어서 방구석에 픽 던진다. 철호가 무겁게 입을 연다.

철호 : 그건 억설이야.

영호 : 억설이오?

철호 : 네 말대로 꼭 잘살자면 양심이구 윤리구 버려야 한다는 것 아니야.

영호 : 천만에요.

#75. 철호의 집 골목

스카프를 두르고 핸드백을 걸친 명숙이가 엿듣고 있다.

철호ⓔ : 그게 바루 억설이란 말이다. 마음 한구석이 어딘가 비틀려서 하는 억지란 말이다.

영호ⓔ : 비틀렸죠. 분명히 비틀렸어요. 그런데 그 비틀리기가 너무 늦었단 말입니다.

-이범선 원작, 이종기 각색, 「오발탄」-

* ⓔ : 효과음(effect). 화면에 삽입된 음향.
* O·L(overlap) : 하나의 화면이 끝나기 전에 다음 화면이 겹치면서 먼저 화면이 차차 사라지게 하는 기법.

**220** (가)와 (나)의 공통점으로 가장 적절한 것은?

① 인물 간의 대결 의식을 통해 사건의 긴장감을 조성하고 있다.

② 인물 간의 대화를 통해 특정 인물의 생각과 행동을 희화화하고 있다.

③ 인물의 회상 장면을 통해 사건 해결의 실마리를 과거에서 찾고 있다.

④ 인물 간의 갈등을 다각적으로 조명하여 사건 전개의 양상을 다면화하고 있다.

⑤ 인물의 내면을 행위로 제시하여 상황을 받아들이기 어려워하는 심리를 보여 주고 있다.

**221** (가)의 이발소 소년 에 대한 이해로 가장 적절한 것은?

① 주변을 관찰하여 일상의 변화를 포착한다.
② 특정 가족이 몰락하게 된 이유를 분석한다.
③ 새로운 사건을 모으고 그 진위를 논평한다.
④ 천변의 소식을 타 지역 주민에게 전해 준다.
⑤ 천변 주민들 사이에 발생하는 문제를 중재한다.

**222** [A]에 대한 설명으로 적절하지 <u>않은</u> 것은?

① 독자가 가진 정보를 상기시키고 있다.
② 정보를 제공한 인물을 독자에게 환기시키고 있다.
③ 독자를 언급하여 서술자의 개입을 드러내고 있다.
④ 정보가 실현되지 못한 원인을 독자의 망각에서 찾고
   있다.
⑤ 인물의 행선지와 관련한 정보를 독자에게 제공하고
   있다.

**223** (가)와 (나)에 대한 감상으로 적절하지 <u>않은</u> 것은?

① (가)의 짧게 느껴지는 '골목'은 어머니의 아쉬움을,
   (나)의 빠져 나오기 힘든 '골목길'은 '시시한 동네'의 열
   악함을 보여 주고 있다.
② (가)는 딸이 멀리 떠나는 모습을 통해, (나)는 명숙이
   집 밖에서 엿듣는 모습을 통해 가족들 간의 갈등 상황
   을 보여 주고 있다.
③ (가)의 '눈물'은 가족을 떠나보내는 자의 아픔을, (나)
   의 '어금니'는 가족의 생계를 꾸려 나가는 자의 견딤을
   보여 주고 있다.
④ (가)는 주인 영감의 명령만을 기다리는 신전 집 가족
   들을 통해, (나)는 만삭의 몸에도 누더기를 꿰매는 아
   내의 모습을 통해 가족이 처한 불우한 상황을 보여 주
   고 있다.
⑤ (가)는 '도회에서의 패잔자'가 낙향하는 모습을 통해,
   (나)는 영호가 취직을 거부하는 모습을 통해 현실에
   적응하지 못하는 인물의 처지를 보여 주고 있다.

**224** (나)의 '#68~#71'에 대한 이해로 적절하지 <u>않은</u> 것은?

① #68의 장면에 이어지는 #69에서 '철호ⓔ'를 삽입하여
   회상의 주체가 철호임을 알려 주고 있다.
② #69에서 '철호ⓔ'를 삽입하여 아내에 대한 연민을 드
   러내고 있다.
③ #69에서 '노래'를 활용하여 학창 시절 아내의 화면을
   결혼 피로연장 아내의 화면으로 전환하고 있다.
④ #70에서 침묵하는 철호의 모습과 시가지의 분위기를
   대비하여, 거리를 바라보는 철호의 심리를 암시하고
   있다.
⑤ #70의 침묵과 #71의 대화를 상호 대비하여 영호의 소
   심함을 드러내고 있다.

**225** 〈보기〉를 바탕으로 (가)의 ㉠~㉢과 (나)의 '#71~#75'에 대해 이해한 내용으로 적절하지 <u>않은</u> 것은? [3점]

---[보기]---

　　작가는 시간의 흐름에 따라 나타나는 모든 상황을 서술하지는 않는다. 일련의 상황이나 사건들 중 작가의 시선에 의해 특정한 부분이 부각되어 서술되는 것이다. 즉, 서사는 시간과 공간을 배경으로 하는 사건의 선택과 결합을 통해 구성된다. 선택이란 시간과 공간을 분할한 후 의미 있는 부분을 선택하는 것을, 결합이란 이렇게 선택된 시간과 공간을 다양한 방식으로 연결하여 새롭게 사건을 구성하는 것을 의미한다. 이렇게 서사는 다양한 사건 구성의 방식을 통해 인간의 문제를 총체적으로 파악하고자 하는 고민을 담고 있다.

---

① ㉠에서는 두 인물 사이에서 발생한 여러 상황에서 몇 개의 상황만을 선택적으로 제시하여 그 상황에 대한 인물의 심리를 암시하고 있고, #71과 #72에서는 서로 다른 두 공간을 동일 인물의 등장으로 연결하여 인물의 공간 이동을 나타내는군.

② ㉡에서는 같은 날에 서로 다른 공간을 배경으로 하는 사건이 일어났음을 밝혀 ㉡의 공간에서 일어나는 사건과 ㉠의 공간에서 일어나는 사건을 결합하고 있고, #73과 #74의 서로 다른 공간은 동일한 인물들의 이어지는 대화를 통해 서로 결합하고 있군.

③ ㉡에서는 일련의 상황을 선택적으로 제시하면서 인물들에 대한 감정을 서술하고 있고, #73~#75에서는 두 인물의 대화를 매개로 서로 다른 공간을 결합함으로써 #73과 #75의 장면에 등장하는 인물들이 #74의 상황을 공유할 수 있도록 구성하고 있군.

④ ㉠과 ㉡의 연결은 같은 날에 서로 다른 공간에서 발생하는 사건의 연결이라는 점에서는 #74와 #75의 연결과 유사하지만, 인물의 목소리를 활용하는 #74와 #75의 연결과 비교하면 연결 방식에서 구별되는군.

⑤ ㉢은 시간의 흐름을 분할하고 대상의 특징적인 변화를 선택하여 제시한다는 점에서 #75와 유사하지만, 서로 다른 두 공간의 결합이 나타나지 않는다는 점에서는 #75와 구별되는군.

# 빠른 정답 (문학 1권 〈2017~2021〉)

## Day 1

| [1~3] 2021.12 [43~45] | | |
|---|---|---|
| 1 | 2 | 3 |
| ⑤ | ② | ④ |

| [4~7] 2020.09 [42~45] | | | |
|---|---|---|---|
| 4 | 5 | 6 | 7 |
| ② | ⑤ | ③ | ① |

| [8~10] 2017.06 [43~45] | | |
|---|---|---|
| 8 | 9 | 10 |
| ② | ⑤ | ② |

## Day 2

| [11~13] 2018.09 [43~45] | | |
|---|---|---|
| 11 | 12 | 13 |
| ① | ③ | ③ |

| [14~16] 2019.11 [36~38] | | |
|---|---|---|
| 14 | 15 | 16 |
| ⑤ | ⑤ | ④ |

| [17~21] 2020.11 [21~25] | | | | |
|---|---|---|---|---|
| 17 | 18 | 19 | 20 | 21 |
| ② | ⑤ | ① | ③ | ① |

## Day 3

| [22~25] 2019.06 [39~42] | | | |
|---|---|---|---|
| 22 | 23 | 24 | 25 |
| ③ | ③ | ① | ④ |

| [26~29] 2018.06 [42~45] | | | |
|---|---|---|---|
| 26 | 27 | 28 | 29 |
| ④ | ③ | ② | ⑤ |

| [30~32] 2021.06 [22~24] | | |
|---|---|---|
| 30 | 31 | 32 |
| ③ | ④ | ⑤ |

## Day 4

| [33~36] 2020.06 [23~26] | | | |
|---|---|---|---|
| 33 | 34 | 35 | 36 |
| ③ | ⑤ | ① | ② |

| [37~41] 2018.11 [33~37] | | | | |
|---|---|---|---|---|
| 37 | 38 | 39 | 40 | 41 |
| ① | ③ | ⑤ | ⑤ | ① |

| [42~44] 2019.06 [43~45] | | |
|---|---|---|
| 42 | 43 | 44 |
| ① | ⑤ | ② |

## Day 5

| [45~49] 2019.09 [16~20] | | | | |
|---|---|---|---|---|
| 45 | 46 | 47 | 48 | 49 |
| ① | ② | ⑤ | ③ | ③ |

| [50~53] 2021.09 [16~19] | | | |
|---|---|---|---|
| 50 | 51 | 52 | 53 |
| ⑤ | ② | ③ | ④ |

| [54~56] 2020.09 [32~34] | | |
|---|---|---|
| 54 | 55 | 56 |
| ① | ⑤ | ④ |

## Day 6

| [57~59] 2019.09 [39~41] | | |
|---|---|---|
| 57 | 58 | 59 |
| ⑤ | ⑤ | ⑤ |

| [60~62] 2020.09 [35~37] | | |
|---|---|---|
| 60 | 61 | 62 |
| ② | ③ | ④ |

| [63~67] 2021.09 [38~42] | | | | |
|---|---|---|---|---|
| 63 | 64 | 65 | 66 | 67 |
| ① | ③ | ① | ⑤ | ④ |

## Day 7

| [68~72] 2019.06 [27~31] | | | | |
|---|---|---|---|---|
| **68** | **69** | **70** | **71** | **72** |
| ① | ③ | ② | ⑤ | ④ |

| [73~76] 2018.11 [23~26] | | | |
|---|---|---|---|
| **73** | **74** | **75** | **76** |
| ② | ④ | ① | ⑤ |

| [77~80] 2017.06 [39~42] | | | |
|---|---|---|---|
| **77** | **78** | **79** | **80** |
| ① | ⑤ | ③ | ⑤ |

## Day 8

| [81~83] 2019.11 [33~35] | | |
|---|---|---|
| **81** | **82** | **83** |
| ① | ④ | ③ |

| [84~86] 2017.09 [16~18] | | |
|---|---|---|
| **84** | **85** | **86** |
| ③ | ④ | ④ |

| [87~91] 2021.06 [41~45] | | | | |
|---|---|---|---|---|
| **87** | **88** | **89** | **90** | **91** |
| ① | ② | ④ | ⑤ | ④ |

## Day 9

| [92~94] 2018.11 [43~45] | | |
|---|---|---|
| **92** | **93** | **94** |
| ③ | ② | ④ |

| [95~97] 2021.12 [31~33] | | |
|---|---|---|
| **95** | **96** | **97** |
| ④ | ② | ⑤ |

| [98~103] 2017.11 [27~32] | | | | | |
|---|---|---|---|---|---|
| **98** | **99** | **100** | **101** | **102** | **103** |
| ② | ② | ① | ② | ④ | ③ |

## Day 10

| [104~108] 2020.06 [32~36] | | | | |
|---|---|---|---|---|
| **104** | **105** | **106** | **107** | **108** |
| ① | ④ | ⑤ | ④ | ③ |

| [109~112] 2018.06 [35~38] | | | |
|---|---|---|---|
| **109** | **110** | **111** | **112** |
| ③ | ③ | ④ | ③ |

| [113~115] 2021.09 [43~45] | | |
|---|---|---|
| **113** | **114** | **115** |
| ⑤ | ② | ① |

## Day 11

| [116~118] 2017.06 [25~27] | | |
|---|---|---|
| **116** | **117** | **118** |
| ④ | ③ | ④ |

| [119~122] 2021.12 [22~25] | | | |
|---|---|---|---|
| **119** | **120** | **121** | **122** |
| ② | ① | ① | ④ |

| [123~125] 2018.09 [20~22] | | |
|---|---|---|
| **123** | **124** | **125** |
| ① | ④ | ③ |

## Day 12

| [126~127] 2017.09 [19~20] | |
|---|---|
| **126** | **127** |
| ④ | ③ |

| [128~130] 2019.11 [43~45] | | |
|---|---|---|
| **128** | **129** | **130** |
| ① | ③ | ④ |

| [131~133] 2018.06 [39~41] | | |
|---|---|---|
| **131** | **132** | **133** |
| ⑤ | ② | ⑤ |

## Day 13

| [134~138] 2021.12 [38~42] | | | | |
| --- | --- | --- | --- | --- |
| **134** | **135** | **136** | **137** | **138** |
| ⑤ | ⑤ | ⑤ | ③ | ③ |

| [139~142] 2017.09 [21~24] | | | |
| --- | --- | --- | --- |
| **139** | **140** | **141** | **142** |
| ④ | ③ | ④ | ⑤ |

| [143~145] 2019.09 [26~28] | | |
| --- | --- | --- |
| **143** | **144** | **145** |
| ③ | ③ | ③ |

## Day 14

| [146~149] 2021.06 [34~37] | | | |
| --- | --- | --- | --- |
| **146** | **147** | **148** | **149** |
| ② | ⑤ | ④ | ⑤ |

| [150~154] 2017.06 [34~38] | | | | |
| --- | --- | --- | --- | --- |
| **150** | **151** | **152** | **153** | **154** |
| ③ | ④ | ④ | ③ | ⑤ |

| [155~158] 2020.11 [33~36] | | | |
| --- | --- | --- | --- |
| **155** | **156** | **157** | **158** |
| ③ | ④ | ③ | ③ |

## Day 15

| [159~162] 2018.06 [26~29] | | | |
| --- | --- | --- | --- |
| **159** | **160** | **161** | **162** |
| ① | ② | ⑤ | ④ |

| [163~167] 2020.09 [16~20] | | | | |
| --- | --- | --- | --- | --- |
| **163** | **164** | **165** | **166** | **167** |
| ⑤ | ④ | ② | ③ | ⑤ |

| [168~173] 2017.11 [21~26] | | | | | |
| --- | --- | --- | --- | --- | --- |
| **168** | **169** | **171** | **171** | **172** | **173** |
| ④ | ④ | ⑤ | ③ | ③ | ⑤ |

## Day 16

| [174~176] 2017.11 [43~45] | | |
| --- | --- | --- |
| **174** | **175** | **176** |
| ③ | ⑤ | ① |

| [177~179] 2020.06 [16~18] | | |
| --- | --- | --- |
| **177** | **178** | **179** |
| ⑤ | ③ | ③ |

| [180~182] 2021.09 [31~33] | | |
| --- | --- | --- |
| **180** | **181** | **182** |
| ⑤ | ② | ③ |

## Day 17

| [183~185] 2020.11 [43~45] | | |
| --- | --- | --- |
| **183** | **184** | **185** |
| ④ | ② | ④ |

| [186~190] 2018.09 [33~37] | | | | |
| --- | --- | --- | --- | --- |
| **186** | **187** | **188** | **189** | **190** |
| ④ | ④ | ④ | ③ | ⑤ |

| [191~194] 2019.09 [42~45] | | | |
| --- | --- | --- | --- |
| **191** | **192** | **193** | **194** |
| ② | ④ | ⑤ | ① |

## Day 18

| [195~198] 2018.09 [23~26] | | | |
| --- | --- | --- | --- |
| **195** | **196** | **197** | **198** |
| ⑤ | ④ | ④ | ⑤ |

| [199~201] 2020.06 [43~45] | | |
| --- | --- | --- |
| **199** | **200** | **201** |
| ⑤ | ① | ④ |

| [202~204] 2021.06 [38~40] | | |
| --- | --- | --- |
| **202** | **203** | **204** |
| ③ | ② | ③ |

## Day 19

| [205~207]  2018.11 [20~22] | | |
| --- | --- | --- |
| **205** | **206** | **207** |
| ③ | ④ | ⑤ |

| [208~210]  2020.11 [30~32] | | |
| --- | --- | --- |
| **208** | **209** | **210** |
| ① | ⑤ | ⑤ |

| [211~213]  2019.06 [32~34] | | |
| --- | --- | --- |
| **211** | **212** | **213** |
| ④ | ⑤ | ② |

## Day 20

| [214~219]  2017.09 [40~45] | | | | | |
| --- | --- | --- | --- | --- | --- |
| **214** | **215** | **216** | **217** | **218** | **219** |
| ⑤ | ⑤ | ① | ① | ④ | ① |

| [220~225]  2019.11 [21~26] | | | | | |
| --- | --- | --- | --- | --- | --- |
| **220** | **221** | **222** | **223** | **224** | **225** |
| ⑤ | ① | ④ | ② | ⑤ | ⑤ |